Frommhold/Hasenjäger

Wohnungsbau-Normen
Normen
Verordnungen
Richtlinien

Wohnungsbau-Normen

Normen – Verordnungen – Richtlinien

Begründet von Hanns Frommhold und
Siegfried Hasenjäger

Neubearbeitet von
Prof. Dipl.-Ing. Hans Dieter Fleischmann,
Prof. Dipl.-Ing. Klaus-Jürgen Schneider,
Prof. Dipl.-Ing. Rüdiger Wormuth

20., neubearbeitete und erweiterte Auflage 1994

Herausgeber:
DIN Deutsches Institut für Normung e.V.

Beuth Verlag GmbH · Berlin · Wien · Zürich
Werner-Verlag GmbH · Düsseldorf

Die Deutsche Bibliothek – CIP-Einheitsaufnahme

Wohnungsbau-Normen : Normen – Verordnungen – Richtlinien / Hrsg.: DIN Deutsches Institut für Normung e.V. Begr. von Hanns Frommhold und Siegfried Hasenjäger. Neubearb. von Hans Dieter Fleischmann ... – 20., neubearb. und erw. Auflage. – Berlin ; Köln : Beuth ; Düsseldorf : Werner, 1994

ISBN 3-410-13019-5 (Beuth)
ISBN 3-8041-1584-5 (Werner)
NE: Frommhold, Hanns [Begr.]; Fleischmann, Hans Dieter; Deutsches Institut für Normung

ISSN 0723-4228
Die DIN-Normen sind wiedergegeben mit Erlaubnis des DIN Deutsches Institut für Normung e.V. Maßgebend für das Anwenden der Norm ist deren Fassung mit dem neuesten Ausgabedatum, die im Beuth Verlag GmbH, Burggrafenstraße 4–10, 10772 Berlin, erhältlich ist.

© DIN Deutsches Institut für Normung e.V. 1994
Werner-Verlag GmbH · Düsseldorf · 1994

Alle Rechte, auch das der Übersetzung, vorbehalten.
Ohne ausdrückliche Genehmigung des Verlages ist es auch nicht gestattet, dieses Buch oder Teile daraus auf fotomechanischem Wege (Fotokopie, Mikrokopie) zu vervielfältigen.
Zahlenangaben ohne Gewähr.
Satz: Computersatz Bonn GmbH
Druck und Verarbeitung: Clausen & Bosse, Leck

Vorwort zur 20. Auflage

Die Neuauflage der „Wohnungsbau-Normen", es ist inzwischen die zwanzigste, ist ein aktuelles und umfassendes Kompendium von Normen, Verordnungen und Gesetzen, die bei der Planung und Durchführung von Wohnungsneu- und -umbauten anzuwenden sind.

Die Autoren haben bei Beibehaltung der bewährten Gliederung nach Sachgebieten alle Bereiche aktualisiert.

Weitreichende Auswirkungen auf andere Gesetze hatte das „Investitionserleichterungs- und Wohnbaulandgesetz" vom 22. 4. 1993. Diese Auswirkungen sind hier, soweit sie die Planung von Wohngebäuden betreffen, weitestgehend dargestellt. Änderungen haben u. a. erfahren: das Baugesetzbuch, das Wohnungsbau-Erleichterungsgesetz, die Baunutzungsverordnung und das Gesetz über die Umweltverträglichkeitsprüfung. Leicht geändert wurde auch die 2. Berechnungsverordnung.

Eine besondere Bedeutung für den Wohnungsbau hat die ab Januar 1995 gültige novellierte Wärmeschutzverordnung.

Neu aufgenommene Normen: *DIN EN 121, DIN EN 186 (Teil 1 und 2), DIN EN 187 (Teil 1 und 2), DIN EN 188;* Keramische Spaltplatten mit verschiedener Wasseraufnahme in % – *DIN 1053 Teil 3,* Bewehrtes Mauerwerk – *DIN 18 560 Teil 3,* Verbundestriche – *DIN 18 560 Teil 4,* Estriche auf Trennschicht – *DIN 57 185,* Blitzschutzanlage.

Normenneufassungen: *DIN 276,* Kosten im Hochbau – *DIN 4102 Teil 4,* Brandverhalten klassifizierter Baustoffe, Bauteile und Sonderbauteile – *DIN 4108 Teil 4,* Wärme- und feuchteschutztechnische Rechenwerte – *DIN 18 015, Teil 1,* Elektrische Anlagen – *DIN 18 025,* Barrierefreie Wohnungen – *DIN 18 164 Teil 1,* Dämmstoffe für Wärmedämmung – *DIN 18 560 Teil 1 und Teil 2,* Estriche im Bauwesen.

Anmerkungen der Autoren zu den Normen und Vorschriften sind im *Kursivdruck* wiedergegeben.

Wir danken allen, die uns konstruktive Hinweise zur Weiterentwicklung der Wohnungsbau-Normen gegeben haben, und den beiden Verlagen BEUTH und WERNER für die erfreuliche Zusammenarbeit.

Minden/Osnabrück, Februar 1994   Hans Dieter Fleischmann
                                        Klaus-Jürgen Schneider
                                        Rüdiger Wormuth

Hinweise zur Anwendung von DIN-Normen

Das DIN, Deutsches Institut für Normung e. V., ist die für die Normungsarbeit zuständige Institution der Bundesrepublik Deutschland. Es arbeitet auf der Grundlage seiner Satzung, der seine Arbeit bestimmenden Norm DIN 820 „Normungsarbeit, Grundsätze" und auf der Grundlage des mit der Bundesrepublik Deutschland geschlossenen Normenvertrages vom 5. Juni 1975.

Das DIN bildet den runden Tisch, an dem sich Hersteller, Handel, Verbraucher, Handwerk, Dienstleistungsunternehmen, Wissenschaft, technische Überwachung, Staat − kurz: jedermann, der ein Interesse an der Normung hat − zusammensetzen, um den Stand der Technik zu ermitteln und unter Berücksichtigung neuer Erkenntnisse in deutschen Normen niederzuschreiben.

Aufgrund ihres Zustandekommens nach den hierfür geltenden Grundsätzen und Regeln können Festlegungen in Normen damit als fachgerecht gelten. Sie sollen sich als anerkannte Regeln der Technik einführen. Eine besondere Stellung haben die allgemein anerkannten Regeln der Baukunst (Bautechnik) bekanntermaßen seit vielen Jahrzehnten im Bauaufsichtsrecht. Nach den Landesbauordnungen sind bauliche Anlagen so anzuordnen, herzustellen, zu unterhalten, zu ändern und abzubrechen, daß die öffentliche Sicherheit oder Ordnung, insbesondere Leben und Gesundheit, nicht gefährdet werden. Bauliche Anlagen müssen ohne Mißstände benutzt werden können. Für den bautechnischen Bereich wird zusätzlich bestimmt, daß die allgemein anerkannten Regeln der Baukunst zu beachten sind, wobei als allgemein anerkannte Regeln der Baukunst auch die von der obersten Bauaufsichtsbehörde eingeführten technischen Baubestimmungen zählen.*)

Zu dem Rechtsbegriff „allgemein anerkannte Regeln der Baukunst" hat das Reichsgericht bereits im Jahre 1910 in einem Urteil (RGSt. 44, 86) eine Auslegung gegeben, auf die auch heute noch ausnahmslos zurückgegriffen wird. Als allgemein anerkannte Regeln der Technik sind danach solche anzusprechen, die sich aus der Summe aller Erfahrungen im technischen Bereich ergeben, deren Bewährung in der Praxis feststeht und von deren Richtigkeit die Fachleute überzeugt sind. Hierzu zählen somit sowohl die oft ungeschriebenen Regeln handwerklicher Ausführung als auch die Regeln, die bei der Planung und Bemessung baulicher Anlagen zu beachten sind und die z. B. in DIN-Normen festgeschrieben sind.

Baunormen kommen im Einvernehmen zwischen Wissenschaft, Wirtschaft und Verwaltung zustande. Sie berücksichtigen insbesondere die Erfordernisse der Allgemeinheit, die wirtschaftlichen Gegebenheiten und zum Zeitpunkt ihrer Herausgabe den Stand der Wissenschaft und Technik. Die Öffentlichkeit und jeder einzelne hat im Normenverfahren ein großes Mitwirkungs-

---

*) DIN-Normen, die in mindestens einem Bundesland bauaufsichtlich eingeführt sind, wurden im Normenverzeichnis mit einem *) gekennzeichnet.

recht, das bis zur Beantragung eines Schiedsverfahrens geht. Dieser Verfahrensweg läßt die *tatsächliche Vermutung* zu, daß in der ganz überwiegenden Zahl aller Fälle der technische Inhalt der DIN-Normen als allgemein anerkannte Regel der Bautechnik anzusehen ist.

Durch die bauaufsichtliche Einführung*) entsteht darüber hinaus sogar eine *gesetzliche Vermutung,* daß dem so ist − nicht mehr und nicht weniger. So repräsentieren insbesondere die DIN-Normen im Bauwesen das technische Wissen und die Erfahrungen der zuständigen Fachwelt einschließlich der Behörden. Sie sind Maßstab für ein fachgerechtes, technisch-wissenschaftliches Verhalten sowohl des einzelnen im eigenen Bereich als auch für sein Verhalten gegenüber jedermann, insbesondere im Sicherheitsbereich.

Die Beachtung der Normen wird vom DIN aufgrund von Einsicht und Zweckmäßigkeit erwartet; sie kann technisch, muß aber nicht rechtlich geboten sein. Eine Anwendungspflicht kann sich jedoch aufgrund von Rechts- oder Verwaltungsvorschriften, Verträgen oder sonstigen Rechtsgründen ergeben. Wer den DIN-Normen folgt, beachtet damit eine von der einschlägigen Fachwelt aufgestellte und getragene Festlegung. Ein technisch nicht ordnungsgemäßes Verhalten kann ihm aber nicht vorgeworfen werden, wenn ein angestrebtes technisches Ziel auf andere Weise auch erreicht werden kann; denn DIN-Normen sind nicht die einzige, sondern stets nur eine Erkenntnisquelle für technisch ordnungsgemäßes Verhalten im Regelfall. Derjenige jedoch, der von der Norm abweicht, begibt sich damit des Vorteils, sich auf eine von der repräsentativen Fachwelt aufgestellte und getragene Festlegung berufen zu können.

Durch das Anwenden von Normen entzieht sich aber niemand der Verantwortung für eigenes Handeln. Jeder handelt insoweit auf eigene Gefahr. Deshalb wird auch jeder, der beim Anwenden einer DIN-Norm auf eine Unrichtigkeit oder eine Möglichkeit einer unrichtigen Auslegung stößt, gebeten, dies dem DIN unverzüglich mitzuteilen, damit etwaige Mängel beseitigt werden können.

Dipl.-Ing. Ebeling, **Normenausschuß Bauwesen (NABAU), Berlin**

Inhaltsverzeichnis (Gliederung nach Sachgebieten)

1 Grundnormen
(bearbeitet von Prof. Dipl.-Ing. H. D. Fleischmann)

Maßordnung im Hochbau (DIN 4172)	1
Modulordnung im Bauwesen (DIN 18 000)	3
Maßtoleranzen (DIN 18 201, DIN 18 202, DIN 18 203)	6
Kosten im Hochbau (DIN 276)	12
Grundflächen und Rauminhalte von Hochbauten (DIN 277 Teil 1)	39
Baunutzungskosten von Hochbauten (DIN 18 960 Teil 1)	41

2 Gesetzliche Vorschriften
(bearbeitet von Prof. Dipl.-Ing. R. Wormuth)

Zweites Wohnungsbaugesetz	45
Verordnung über wohnungswirtschaftliche Berechnungen (Zweite Berechnungsverordnung – II. BV)	51
Investitionserleichterungs- und Wohnbaulandgesetz	100
Gesetz zur Erleichterung des Wohnungsbaus (Wohnungsbau-Erleichterungsgesetz – WoBauErlG)	102
Baunutzungsverordnung (BauNVO)	114
Schallschutz im Städtebau; Schalltechnische Orientierungswerte für die städtebauliche Planung (Beibl. zu DIN 18 005 Teil 1)	125
Gesetz über die Umweltverträglichkeitsprüfung (UVPG)	126
Denkmalschutz	129

3 Planung
(bearbeitet von Prof. Dipl.-Ing. R. Wormuth)

Altenwohnstätten	139
Planungsempfehlungen des Bundesministers für Städtebau und Wohnungswesen	139
Planungsempfehlungen zum Bau und Umbau von Wohnungen für ältere Menschen und für Menschen aller Altersgruppen mit Behinderungen	147
Tageslicht in Innenräumen (DIN 5034)	155
Küchen, Bäder und WCs im Wohnungsbau; Planungsgrundlagen (DIN 18 022)	159
Barrierefreie Wohnungen; Wohnungen für Rollstuhlbenutzer. Planungsgrundlagen (DIN 18 025 Teil 1)	165
Planungsgrundlagen (DIN 18 025 Teil 2)	176
Spielplätze und Freiflächen zum Spielen Grundlagen und Hinweise für die Objektplanung (DIN 18 034)	183

4 Technische Gebäudeausrüstung
(bearbeitet von Prof. Dipl.-Ing. R. Wormuth)

Entwässerungsanlagen für Gebäude und Grundstücke; Technische Bestimmungen für den Bau (DIN 1986 Teil 1)	193
Kleinkläranlagen (DIN 4261 Teil 1)	232
Technische Regeln für Trinkwasser-Installationen (TRWI) (DIN 1988); Hinweis	243
Hausanschlußraum; Planungsgrundlagen (DIN 18 012)	244
Nischen für Zählerplätze; Elektrizitätszähler (DIN 18 013)	249
Elektrische Anlagen in Wohngebäuden Planungsgrundlagen (DIN 18 015 Teil 1)	251
Art und Umfang der Mindestausstattung (DIN 18 015 Teil 2)	261
Leitungsführungen und Anordnung der Betriebsmittel (DIN 18 015 Teil 3)	266
Graphische Symbole für Schaltungsunterlagen (DIN 40 900 Teil 3, 7, 8, 9 und 11)	270
Lüftung von Bädern und Toilettenräumen ohne Außenfenster Einzelschachtanlagen ohne Ventilatoren (DIN 18 017 Teil 1)	285
Lüftung von Bädern und Toilettenräumen ohne Außenfenster mit Ventilatoren (DIN 18 017 Teil 3)	289
Hausschornsteine (DIN 18 160 Teil 1)	299
Regenfalleitungen außerhalb von Gebäuden und Dachrinnen; Begriffe, Bemessungsgrundlagen (DIN 18 460)	333
Blitzschutzanlage; Allgemeines für das Errichten (DIN 57 185 Teil 1)	339
Errichtung besonderer Anlagen (DIN 57 185 Teil 2)	377

5 Bautenschutz
(bearbeitet von Prof. Dipl.-Ing. H. D. Fleischmann)

Brandverhalten von Baustoffen und Bauteilen (DIN 4102 Teil 1 bis 7, 9, 11, 13)	381
Wärmeschutz im Hochbau (DIN 4108 Teil 1 bis 5)	414
Wärmeschutzverordnung	440
Schallschutz im Hochbau (DIN 4109 mit Beiblatt 1 und 2)	457
Bauwerksabdichtungen (DIN 18 195 Teil 1 bis 10)	512
Dachabdichtungen (DIN 18 531)	535
Dränung zum Schutz baulicher Anlagen (DIN 4095)	540

6 Baustoffe und Bauteile
(bearbeitet von Prof. Dipl.-Ing. K.-J. Schneider)

Mauersteine und Wandbauplatten	545
Mauerziegel (DIN 105 Teil 1 bis 5)	545
Kalksandsteine (DIN 106 Teil 1 und 2)	565
Hüttensteine; Vollsteine, Lochsteine, Hohlblocksteine (DIN 398)	570
Gasbeton-Blocksteine (DIN 4165)	573

Gasbeton-Bauplatten (DIN 4166)	574
Baustoffe und Bauteile für dreischalige Hausschornsteine (DIN 18 147 Teil 2 bis 4)	576
Hohlwandplatten aus Leichtbeton (DIN 18 148)	582
Hohlblöcke aus Leichtbeton (DIN 18 151)	583
Vollsteine und Vollblöcke aus Leichtbeton (DIN 18 152)	591
Mauersteine aus Beton (DIN 18 153)	593
Wandbauplatten aus Leichtbeton; unbewehrt (DIN 18 162)	607
Glasbausteine; Anforderungen, Prüfung (DIN 18 175)	608
Dämmstoffe und Bauplatten	609
Holzwolle-Leichtbauplatten und Mehrschicht-Leichtbauplatten als Dämmstoffe für das Bauwesen Anforderungen und Prüfung (DIN 1101)	609
Holzwolle-Leichtbauplatten und Mehrschicht-Leichtbauplatten nach DIN 1101 als Dämmstoffe für das Bauwesen Verwendung und Verarbeitung (DIN 1102)	616
Schaumkunststoffe als Dämmstoffe für das Bauwesen Dämmstoffe für Wärmedämmung (DIN 18 164 Teil 1)	644
Dämmstoffe für Trittschalldämmung (DIN 18 164 Teil 2)	653
Faserdämmstoffe für das Bauwesen	659
Dämmstoffe für die Wärmedämmung (DIN 18 165 Teil 1)	659
Dämmstoffe für die Trittschalldämmung (DIN 18 165 Teil 2)	662
Gipskartonplatten; Arten, Anforderungen, Prüfung (DIN 18 180)	665
Gipskartonplatten im Hochbau Grundlagen für die Verarbeitung (DIN 18 181)	670
Gipskarton-Verbundplatten (DIN 18 184)	678
Bodenbeläge, Putze, Estriche	680
Stranggepreßte keramische Fliesen und Platten mit niedriger Wasseraufnahme (DIN EN 121)	680
mit Wasseraufnahme von 3 % < E ≤ 6 % (DIN EN 186 Teil 1)	684
mit Wasseraufnahme von 3 % < E ≤ 6 % (DIN EN 186 Teil 2)	688
mit Wasseraufnahme von 6 % < E ≤ 10 % (DIN EN 187 Teil 1)	692
mit Wasseraufnahme von 6 % < E ≤ 10 % (DIN EN 187 Teil 2)	696
mit Wasseraufnahme von E > 10 % (DIN EN 188)	700
Parkett (DIN 280 Teil 1 bis 5)	705
Bodenklinkerplatten (DIN 18 158)	715
Linoleum; Anforderungen, Prüfungen (DIN 18 171)	716
Linoleum-Verbundbelag; Anforderungen, Prüfungen (DIN 18 173)	717
Putz; Begriffe, Anforderungen (DIN 18 550 Teil 1)	718
Putz; Putze aus Mörteln mit mineralischen Bindemitteln; Ausführung (DIN 18 550 Teil 2)	723
Putz; Wärmedämmputzsysteme (DIN 18 550 Teil 3)	726
Kunstharzputze; Begriffe, Anforderungen, Ausführung (DIN 18 558)	733
Estriche im Bauwesen (DIN 18 560 Teil 1 bis 4)	737
Holz und Holzwerkstoffe	765

Sortierung von Nadelholz nach Tragfähigkeit
  Nadelschnittholz (DIN 4074 Teil 1) 765
Sperrholz; Vorzugsmaße (DIN 4078) 777
Sperrholz; Bau-Furniersperrholz (DIN 68 705 Teil 3) 779
Spanplatten; Flachpreßplatten für das Bauwesen;
  Begriffe, Eigenschaften, Prüfung, Überwachung (DIN 68 763) . 783
Unterböden aus Holzspanplatten (DIN 68 771) 785

7 Rohbaukonstruktionen
(bearbeitet von Prof. Dipl.-Ing. K.-J. Schneider)
Beton und Stahlbeton; Bemessung und Ausführung (DIN 1045) ... 791
Holzbauwerke (DIN 1052 Teil 1) 808
Mauerwerk; Rezeptmauerwerk (DIN 1053 Teil 1 und Teil 3) 820
Wände aus Leichtbeton mit haufwerkporigem Gefüge
  Bemessung und Ausführung (DIN 4232) 843
Nichttragende innere Trennwände 848
  Trennwände aus Gips-Wandbauplatten (DIN 4103 Teil 2) 848
  Unterkonstruktionen in Holzbauart (DIN 4103 Teil 4) 852
Nichttragende innere Trennwände aus künstlichen Steinen und Wand-
  bauplatten (Merkblatt der Deutschen Gesellschaft für Mauerwerks-
  bau) 859

Stichwortverzeichnis 863

Normenverzeichnis nach DIN-Nummern 867

1 Grundnormen

Maßordnung im Hochbau nach DIN 4172 (7.55)

Die auf dem „Backsteinmaß" (25 cm) aufbauende Maßordnung gilt neben der Modulordnung DIN 18 000 (siehe unten) weiter.

Begriffe

B a u n o r m z a h l : Baunormzahlen sind die Zahlen für Baurichtmaße und die daraus abgeleiteten Einzel-, Rohbau- und Ausbaumaße.

B a u r i c h t m a ß : Baurichtmaße sind zunächst theoretische Maße; sie sind aber die Grundlage für die in der Praxis vorkommenden Baumaße. Sie sind nötig, um alle Bauteile planmäßig zu verbinden.

N e n n m a ß : Nennmaß ist das Maß, das die Bauten haben sollen. Es wird in der Regel in die Bauzeichnungen eingetragen. Nennmaße entsprechen bei Bauarten ohne Fugen den Baurichtmaßen. Bei Bauarten mit Fugen ergeben sich die Nennmaße aus den Baurichtmaßen abzüglich der Fugen.

Kleinmaße

Kleinmaße sind Maße von 2,5 cm und darunter. Diese sind nach DIN 323, Reihe R 10 zu wählen in den Maßen:

2,5 cm; 2 cm; 1,6 cm; 1,25 cm; 1 cm;
8 mm; 6,3 mm; 5 mm; 4 mm; 3,2 mm;
2,5 mm; 2 mm; 1,6 mm; 1,25 mm; 1 mm.

Anwendung der Baunormzahlen

Baurichtmaße sind der Tafel zu entnehmen.

Nennmaße sind bei Bauarten ohne Fugen gleich den Baurichtmaßen. Sie sind ebenfalls der Tafel zu entnehmen.

Beispiel:
Baurichtmaß für Dicke geschütteter Betonwände = 25 cm
Nennmaß für Dicke geschütteter Betonwände = 25 cm
Baurichtmaß Raumbreite = 300 cm
Nennmaß Raumbreite = 300 cm

Nennmaße bei Bauarten mit Fugen sind aus den Baurichtmaßen durch Abzug oder Zuschlag des Fugenanteils abzuleiten.

Beispiel:
Baurichtmaß Steinlänge = 25 cm
Nennmaß Steinlänge = 25 − 1 = 24 cm;
Baurichtmaß Raumbreite = 300 cm
Nennmaß Raumbreite = 300 + 1 = 301 cm.

Wenn es nicht möglich ist, alle Baumaße nach Baunormzahlen festzulegen, sollen die Baunormzahlen in erster Linie für die Festlegung der Berührungspunkte und -flächen mit anderen Bauteilen, die nach Baunormzahlen gestaltet sind, verwendet werden.

DIN 4172   Maßordnung

Baunormzahlen

Reihen vorzugsweise für den Rohbau				Reihe vorzugsweise für Einzelmaße	Reihen vorzugsweise für den Ausbau			
a	b	c	d	e	f	g	h	i
25	$\frac{25}{2}$	$\frac{25}{3}$	$\frac{25}{4}$	$\frac{25}{10} = \frac{5}{2}$	5	2 x 5	4 x 5	5 x 5
			$6^{1}/_{4}$	2,5	5			
		$8^{1}/_{3}$		5				
				7,5				
	$12^{1}/_{2}$		$12^{1}/_{2}$	10	10	10		
				12,5				
		$16^{2}/_{3}$		15	15			
			$18^{3}/_{4}$	17,5				
				20	20	20	20	
				22,5				
25	25	25	25	25	25			25
				27,5				
			$31^{1}/_{4}$	30	30	30		
		$33^{1}/_{3}$		32,5				
				35	35			
	$37^{1}/_{2}$		$37^{1}/_{2}$	37,5				
				40	40	40	40	
		$41^{2}/_{3}$		42,5				
			$43^{3}/_{4}$	45	45			
				47,5				
50	50	50	50	50	50	50		50
				52,5				
			$56^{1}/_{4}$	55	55			
		$58^{1}/_{3}$		57,5				
				60	60	60	60	
	$62^{1}/_{2}$		$62^{1}/_{2}$	62,5				
				65	65			
		$66^{2}/_{3}$		67,5				
			$68^{3}/_{4}$	70	70	70		
				72,5				
75	75	75	75	75	75			75
				77,5				
			$81^{1}/_{4}$	80	80	80	80	
		$83^{1}/_{3}$		82,5				
				85	85			
	$87^{1}/_{2}$		$87^{1}/_{2}$	87,5				
				90	90	90		
		$91^{2}/_{3}$		92,5				
			$93^{3}/_{4}$	95	95			
				97,5				
100	100	100	100	100	100	100	100	100

Fugen und Verband

Bauteile (Mauersteine, Bauplatten usw.) sind so zu bemessen, daß ihre Baurichtmaße im Verband Baunormzahlen sind. Verbandsregeln, Verarbeitungsfugen und Toleranzen sind dabei zu beachten.

Beispiel	Baurichtmaß	Fuge	Nennmaß
Steinlänge	25 cm	1 cm	24 cm
Steinbreite	$\frac{25}{2}$ cm	1 cm	11,5 cm
Steinhöhe	$\frac{25}{3}$ cm	1,23 cm	7,1 cm
und	$\frac{25}{4}$ cm	1,05 cm	5,2 cm

Modulordnung im Bauwesen nach DIN 18 000 (5.84)

Die jetzt nur noch aus einem Teil bestehende Norm basiert auf Arbeitsergebnissen der internationalen Normung und soll als Hilfsmittel für die Abstimmung der Maße im Bauwesen dienen.

Maßliche Festlegungen

M o d u l n sind genormte Größen zur Bildung von abgestimmten Koordinationsmaßen.

Der G r u n d m o d u l M = 100 mm ist die Grundeinheit der Modulordnung. Als M u l t i m o d u l n sind die folgenden Vielfachen des Grundmoduls genormt: 3 M = 300 mm; 6 M = 600 mm; 12 M = 1 200 mm.

V o r z u g s z a h l e n sind begrenzte Folgen der Vielfachen von Grundmodul und Multimoduln gemäß Tabelle 1. Aus ihnen sollen die Koordinationsmaße vorzugsweise gebildet werden. Die Folgen sind bei den Vielfachen von M auf 30mal, bei den Vielfachen von 3 M und 6 M auf 20mal begrenzt. Die Folge bei den Vielfachen von 12 M ist unbegrenzt.

Als E r g ä n z u n g s m a ß e , die sich zu M ergänzen sollen, sind genormt: 25 mm; 50 mm; 75 mm.

Geometrische Festlegungen

K o o r d i n a t i o n s m a ß e sind die Abstandsmaße der Koordinationsebenen. Es sind in der Regel Vielfache eines Moduls. Aus ihnen werden die Nennmaße (siehe DIN 18 201) abgeleitet.

Das K o o r d i n a t i o n s s y s t e m besteht aus den rechtwinklig zueinander angeordneten Koordinationsebenen. Bauteile und Räume werden mittels festgelegter Bezugsarten − Grenzbezug, Achsbezug, Randlage, Mittellage (siehe Abb. 1) − dem Koordinationssystem zugeordnet.

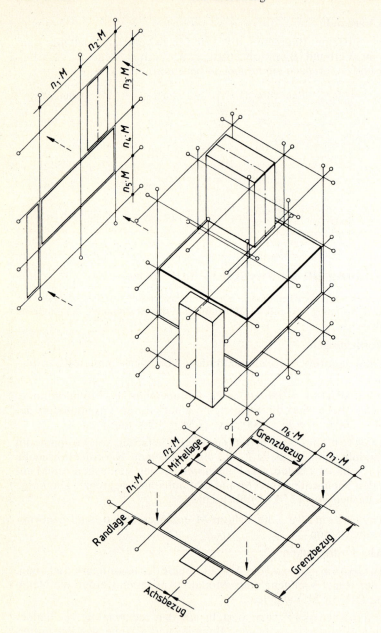

Abb. 1 Bezugsarten im Koordinationssystem

Modulordnung DIN 18 000

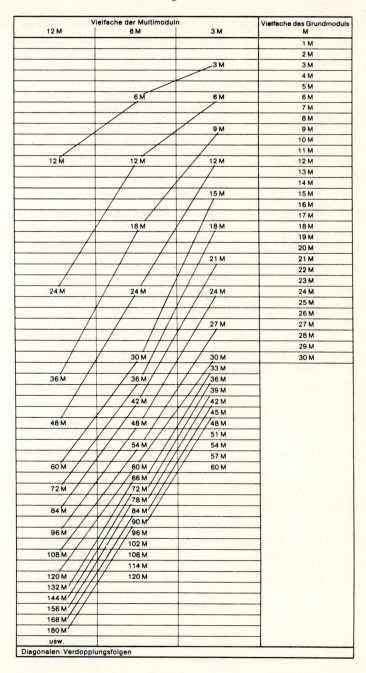

Tabelle 1
**Vorzugs-
zahlen**

DIN 18 201 Maßtoleranzen

Maßtoleranzen nach DIN 18 201, DIN 18 202, DIN 18 203

Regelungen über Maßtoleranzen im Bauwesen bzw. im Hochbau sind in den folgenden Normen enthalten (Neuausgaben nach Kurzverfahren sind in Vorbereitung):

- DIN 18 201 (12.84) Toleranzen im Bauwesen; Begriffe, Grundsätze, Anwendung, Prüfung
- DIN 18 202 (5.86) Toleranzen im Hochbau; Bauwerke
- DIN 18 203 Toleranzen im Hochbau
  Teil 1 (2.85) Vorgefertigte Teile aus Beton, Stahlbeton und Spannbeton
  Teil 2 (5.86) Vorgefertigte Teile aus Stahl (soll zurückgezogen werden)
  Teil 3 (8.84) Bauteile aus Holz und Holzwerkstoffen

1 Begriffe, Grundsätze, Anwendung, Prüfung nach DIN 18 201
Begriffe

Das Nennmaß (Sollmaß) ist ein Maß, das zur Kennzeichnung von Größe, Gestalt und Lage eines Bauteils oder Bauwerks angegeben und in Zeichnungen eingetragen wird.

Das Istmaß ist ein durch Messung festgestelltes Maß.

Das Istabmaß ist die Differenz zwischen Istmaß und Nennmaß.

Das Größtmaß ist das größte zulässige, das Kleinstmaß das kleinste zulässige Maß.

Das Grenzabmaß ist die Differenz zwischen Größtmaß und Nennmaß oder zwischen Kleinstmaß und Nennmaß.

Die Maßtoleranz ist die Differenz zwischen Größtmaß und Kleinstmaß.

Die Ebenheitstoleranz ist der Bereich für die zulässige Abweichung einer Fläche von der Ebene.

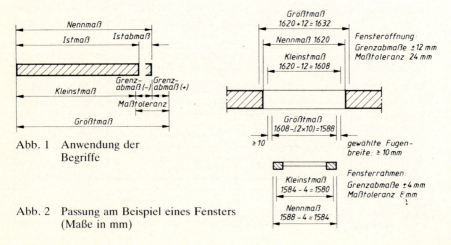

Abb. 1 Anwendung der Begriffe

Abb. 2 Passung am Beispiel eines Fensters (Maße in mm)

Maßtoleranzen   DIN 18 202

Grundsätze und Anwendung

Maßtoleranzen sollen die herstellungsbedingten Abweichungen von den Sollmaßen begrenzen. Für Maßabweichungen, die durch zeitabhängige, temperaturbedingte und lastabhängige Verformungen bedingt sind, gelten die Festlegungen dieser und der folgenden Normen nicht. Bei der Planung sind diese Maßabweichungen jedoch zusätzlich zu berücksichtigen[1]).

Die in DIN 18 202 und 18 203 festgelegten Maßtoleranzen stellen die im Rahmen üblicher Sorgfalt zu erreichende Genauigkeit dar. Höhere Anforderungen an die Genauigkeit sollen nur dann vereinbart werden, wenn ihre Notwendigkeit durch eine Passungsberechnung nachgewiesen wird, da sie in der Regel mit Mehrkosten verbunden sind.

Werden andere Genauigkeiten vereinbart, so müssen sie in den Vertragsunterlagen (im Leistungsverzeichnis oder in Zeichnungen) angegeben werden.

Prüfung

Die Einhaltung von Maßtoleranzen soll nur geprüft werden, wenn es technisch erforderlich ist oder Unstimmigkeiten auftreten. Bei Unstimmigkeiten ist die Prüfung so früh wie möglich durchzuführen, um die last- und zeitabhängigen Maßabweichungen auszuschalten, spätestens jedoch bei der Übernahme von Bauwerksteilen durch andere Auftragnehmer bzw. vor der Bauabnahme.

Bei Bauteilen aus Holz und Holzwerkstoffen muß zusätzlich die Holzfeuchtigkeit festgestellt und mit der Bezugsfeuchtigkeit (siehe Abschnitt 5) verglichen werden.

2 Toleranzen für Bauwerke nach DIN 18 202

Bei Messungen am Bauwerk sollen die Bauwerksmaße nach den folgenden Tabellen 1 und 2 wie folgt genommen werden:

- Maße im Grundriß (Zeile 1) zwischen Gebäudeecken und/oder Achsschnittpunkten an der Oberfläche des Bauwerksteiles, z. B. an der Deckenoberfläche;
- Maße im Aufriß (Zeile 2) an übereinander liegenden Meßpunkten an markanten Stellen, z. B. an Deckenkanten, Brüstungen, Unterzügen;
- lichte Maße im Grundriß (Zeile 3) in 10 cm Abstand von den Ecken und in Raummitte; die gleichen Meßpunkte gelten für die Prüfung von Winkeln; die Messungen sind in 3 Höhen, nämlich 10 cm über dem Fußboden, in halber Raumhöhe und 10 cm unterhalb der Decke vorzunehmen;
- lichte Maße im Aufriß (Zeile 4) wie im Grundriß, Messungen jetzt für jede Wandseite an 3 Stellen in 10 cm Abstand von der Wand; lichte Höhen unter Unterzügen an beiden Kanten jeweils 10 cm von der Auflagerkante entfernt und in Unterzugsmitte;

---
[1]) Bei Bauteilen aus Holz oder Holzwerkstoffen gilt das gleiche für die u. U. erheblichen Maßänderungen infolge von der Bezugsfeuchtigkeit abweichender Holzfeuchtigkeiten.

DIN 18 202   Maßtoleranzen

— Öffnungsmaße (Zeilen 5 und 6) an den Kanten in 10 cm Abstand von den Ecken und in der Mitte der Öffnungsseiten.

Die Ebenheit wird durch Einzelmessungen oder Rasternivellement festgestellt. Stichmaße t zu der auf Hochpunkten liegenden Richtlatte gem. Abb. 3.

Tabelle 1 **Grenzabmaße in mm für Bauwerksmaße**

Zeile	Bezug zum Bauwerk	Nennmaße in m				
		≤ 3	> 3 ≤ 6	> 6 ≤ 15	> 15 ≤ 30	> 30
1	Maße im Grundriß, z.B. Längen, Breiten, Achs- und Rastermaße	± 12	± 16	± 20	± 24	± 30
2	Maße im Aufriß, z.B. Geschoßhöhen	± 16	± 16	± 20	± 30	± 30
3	Lichte Maße im Grundriß, z.B. zwischen Stützen	± 16	± 20	± 24	± 30	–
4	Lichte Maße im Aufriß z.B. unter Decken und Unterzügen	± 20	± 20	± 30	–	–
5	Öffnungen mit nicht oberflächenfertigen Leibungen	± 12	± 16	–	–	–
6	Öffnungen mit oberflächenfertigen Leibungen	± 10	± 12	–	–	–

Tabelle 2 **Stichmaße in mm als Grenzwerte für Winkeltoleranzen**

Bauwerksteile	Abstand der Meßpunkte in m					
	≤ 1	> 1 ≤ 3	> 3 ≤ 6	> 6 ≤ 15	> 15 ≤ 30	> 30
Horizontale, vertikale und geneigte Flächen; Öffnungen	6	8	12	16	20	30

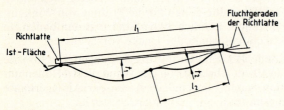

• Punkte auf der Fläche

Abb. 3   Prüfung der Ebenheit durch Einzelmessungen

Tabelle 3 **Ebenheitstoleranzen**

Zeile	Bauteile/Funktion	Stichmaße t als Grenzwerte in mm bei Abstand l der Meßpunkte von				
		0,1 m	1 m	4 m	10 m	15 m
1	Nichtflächenfertige Oberseiten von Decken, Unterbeton und Unterböden ohne erhöhte Anforderungen	10	15	20	25	30
2	Nichtflächenfertige Oberseiten von Decken, Unterbeton und Unterböden mit erhöhten Anforderungen, z.B. zur Aufnahme von schwimmenden Estrichen, Industrieböden, Fliesen- und Plattenbelägen, Verbundestrichen					
	Fertige Oberflächen für untergeordnete Zwecke, z.B. in Lagern, Kellern	5	8	12	15	20
3	Flächenfertige Böden, z.B. Nutzestriche, Estriche zur Aufnahme von Bodenbelägen, Boden- und Fliesenbeläge, gespachtelte und geklebte Beläge	2	4	10	12	15
4	Flächenfertige Böden nach Zeile 3 mit erhöhten Anforderungen, z.B. mit selbstverlaufenden Spachtelmassen	1	3	9	12	15
5	Nichtflächenfertige Wände und Unterseiten von Rohdecken	5	10	15	25	30
6	Flächenfertige Wände und Unterseiten von Decken, z.B. geputzte Wände, Wandbekleidungen, untergehängte Decken	3	5	10	20	25
7	Wie Zeile 6, jedoch mit erhöhten Anforderungen	2	3	8	15	20

Zwischenwerte sind geradlinig einzuschalten und auf mm zu runden.

Werden nach Zeile 2, 4 oder 7 „erhöhte Anforderungen" an die Ebenheit von Flächen gestellt, so ist dies im Leistungsverzeichnis zu vereinbaren. Die dafür erforderlichen Maßnahmen sind rechtzeitig festzulegen.

Bei Mauerwerk, dessen Dicke gleich einem Steinmaß ist, gelten die Ebenheitstoleranzen nur für die bündige Seite.

Bei flächenfertigen Wänden, Decken, Estrichen und Bodenbelägen sollen Sprünge und Absätze vermieden werden. Hierunter ist aber nicht die durch Flächengestaltung bedingte Struktur zu verstehen. Absätze und Höhensprünge zwischen benachbarten Bauteilen sind gesondert zu regeln.

Die bei Baustoffen für die Ebenheit zulässigen Abweichungen sind in den Ebenheitstoleranzen nicht enthalten, sondern zusätzlich zu berücksichtigen.

3 Vorgefertigte Teile aus Beton, Stahlbeton und Spannbeton
nach **DIN 18 203 Teil 1**

Tabelle 1 Längen- und Breitenmaße

Zeile	Bauteile	Grenzabmaße in mm bei Nennmaßen in m							
		≤ 1,5	> 1,5 ≤ 3	> 3 ≤ 6	> 6 ≤ 10	> 10 ≤ 15	> 15 ≤ 22	> 22 ≤ 30	> 30
1	Längen stabförmiger Bauteile	± 6	± 8	± 10	± 12	± 14	± 16	± 18	± 20
2	Längen und Breiten von Deckenplatten und Wandtafeln	± 8	± 8	± 10	± 12	± 16	± 20	± 20	± 20
3	Längen vorgespannter Bauteile	–	–	–	± 16	± 16	± 20	± 25	± 30
4	Längen und Breiten von Fassadentafeln	± 5	± 6	± 8	± 10	–	–	–	–

Tabelle 2 Querschnittsmaße

Zeile	Bauteile	Grenzabmaße in mm bei Nennmaßen in m					
		≤ 0,15	> 0,15 ≤ 0,30	> 0,30 ≤ 0,60	> 0,60 ≤ 1,00	> 1,00 ≤ 1,50	> 1,50
1	Dicken von Deckenplatten	± 6	± 8	± 10	–	–	–
2	Dicken von Wand- und Fassadentafeln	± 5	± 6	± 8	–	–	–
3	Querschnittsmaße stabförmiger Bauteile	± 6	± 6	± 8	± 12	± 16	± 20

Tabelle 3 Winkeltoleranzen

Zeile	Bauteile	Stichmaße[1]) in mm bei Nennmaßen in m					
		≤ 0,4	> 0,4 ≤ 1,0	> 1,0 ≤ 1,5	> 1,5 ≤ 3,0	> 3,0 ≤ 6,0	> 6,0
1	Nicht oberflächenfertige Wandtafeln, Deckenplatten	8	8	8	8	10	12
2	Oberflächenfertige Wandtafeln, Fassadentafeln	5	5	5	6	8	10
3	Querschnitte stabförmiger Bauteile	4	6	8	–	–	–

[1]) Die Stichmaße sind an der kürzeren Platten- bzw. Querschnittsseite zu nehmen.

Maßtoleranzen DIN 18 203

4 Vorgefertigte Teile aus Stahl nach DIN 18 203 Teil 2

Die folgenden Grenzabmaße gelten für Längen, Breiten, Höhen, Diagonalen sowie Querschnittsmaße vorgefertigter Bauteile aus Stahl wie Stützen, Träger, Binder und Tafeln für Wände, Decken und Dächer. Sie gelten nicht für Walzprofiltoleranzen und für Toleranzen von im Rollformverfahren hergestellten großflächigen Bauelementen sowie für Tore, Türen und Zargen.

	Grenzabmaße in mm bei Nennmaßen in mm				
bis 2000	über 2000 bis 4000	über 4000 bis 8000	über 8000 bis 12 000	über 12 000 bis 16 000	über 16 000
± 1	± 2	± 3	± 4	± 5	± 6

5 Bauteile aus Holz und Holzwerkstoffen nach DIN 18 203 Teil 3

Tabelle 1 **Stabförmige Bauteile**

Abmessung des Bauteils	Bezugsfeuchtigkeit	Grenzabmaße in mm bei Nennmaßen in m					
		≤ 0,20	> 0,20 ≤ 0,50	> 0,50 ≤ 1,50	> 1,50 ≤ 3,00	> 3,00 ≤ 6,00	> 6,00 ≤ 15,00	> 15,00
Querschnitte aus Vollholz[1]	30 %	± 4	± 6	± 8	± 10	± 12	–	–
Querschnitte aus einteiligen Holzleimbauteilen	15 %	± 3	± 4	± 5	± 6	± 8	–	–
Längen und Abstände	–	± 3	± 4	± 6	± 8	± 10	± 16	± 20

[1] Gilt auch für genagelte, gedübelte, geleimte oder auf andere Art verbundene Bauteile. Für Bauschnittholz siehe zulässige Querschnittsabweichungen nach DIN 4074 Teil 1 (S. 765).

Tabelle 2 **Wand-, Boden-, Decken- und Dachtafeln**

Länge und Breite[2] von	Bezugsfeuchtigkeit	Grenzabmaße in mm bei Nennmaßen in m			
		≤ 1,50	> 1,50 ≤ 3,00	> 3,00 ≤ 6,00	> 6,00
Tafeln und Öffnungen in Tafeln	15 %	± 6	± 8	± 10	± 12

[2] Die Abmaße gelten auch als Stichmaße, genommen an der kürzeren Außenkante, zur Prüfung der Rechtwinkligkeit. Die Winkeltoleranz für die Schmalflächen von Tafeln beträgt einheitlich 3 mm.

Das Grenzabmaß für die Dicke beträgt bei Tafeldicken ≤ 100 mm: ± 4 mm,
bei Tafeldicken > 100 mm: ± 6 mm.

Kosten im Hochbau nach DIN 276

Mit Ausgabedatum Juni 1993 ist eine Neufassung der Norm als Ersatz für die Ausgabe vom April 1981 erschienen. Gegenüber dieser Ausgabe wurden vor allem folgende Änderungen vorgenommen:

- Der Inhalt wurde gestrafft und zu einem Normenteil zusammengefaßt; es gibt keine Mustervordrucke mehr.
- Es muß von Fall zu Fall angegeben werden, ob die Mehrwertsteuer in den Kostenansätzen enthalten ist.
- Die Kostengliederung wurde auf einen dreiziffrigen Schlüssel umgestellt und etwas vereinfacht; die bisherige Systematik bleibt im Grundsatz erhalten (beachte aber die Umwidmungen gemäß Tabelle 3).
- Für die Kostengruppe 3 wird alternativ eine ausführungsorientierte Gliederung vorgeschlagen (siehe Tabelle 2).

1 Anwendungsbereich

Diese Norm gilt für die Ermittlung und die Gliederung von Kosten im Hochbau. Sie erfaßt die Kosten für Maßnahmen zur Herstellung, zum Umbau und zur Modernisierung der Bauwerke sowie die damit zusammenhängenden Aufwendungen (Investitionskosten); für Baunutzungskosten gilt DIN 18 960 Teil 1.

Die Norm legt Begriffe und Unterscheidungsmerkmale fest und schafft damit die Voraussetzungen für die Vergleichbarkeit der Ergebnisse von Kostenermittlungen. Die nach dieser Norm ermittelten Kosten können bei Verwendung für andere Zwecke (z. B. Honorierung von Auftragnehmerleistungen, steuerliche Förderung) den dabei erforderlichen Ermittlungen zugrunde gelegt werden. Eine Bewertung der Kosten im Sinne der entsprechenden Vorschriften nimmt die Norm jedoch nicht vor.

Die Norm gilt für Kostenermittlungen, die auf der Grundlage von Ergebnissen der Bauplanung durchgeführt werden. Sie gilt nicht für Kostenermittlungen, die vor der Bauplanung lediglich auf der Grundlage von Bedarfsangaben durchgeführt und z. B. als „Kostenrahmen" bezeichnet werden.

2 Begriffe

2.1 Kosten im Hochbau

Kosten im Hochbau sind Aufwendungen für Güter, Leistungen und Abgaben, die für die Planung und Ausführung von Baumaßnahmen erforderlich sind.[1]

---

[1] Der Kostenbegriff ist nach betriebswirtschaftlicher Definition falsch. Danach können Kosten nur bei denjenigen entstehen, die Bau- und Planungsleistungen erbringen. In dieser Norm geht es dagegen eigentlich um die Planung, d. h. Ermittlung, Kontrolle und Steuerung des vom Bauherrn (Investor) zu zahlenden (Bau-)Preises.

2.2 Kostenplanung

Die Kostenplanung ist die Gesamtheit aller Maßnahmen der Kostenermittlung, der Kostenkontrolle und der Kostensteuerung. Die Kostenplanung begleitet kontinuierlich alle Phasen der Baumaßnahme während der Planung und Ausführung. Sie befaßt sich systematisch mit den Ursachen und Auswirkungen der Kosten.

2.3 Kostenermittlung

Die Kostenermittlung ist die Vorausberechnung der entstehenden Kosten bzw. die Feststellung der tatsächlich entstandenen Kosten. Entsprechend dem Planungsfortschritt werden die in den Abschnitten 2.3.1 bis 2.3.4 aufgeführten Arten der Kostenermittlung unterschieden.

2.3.1 Kostenschätzung

Die Kostenschätzung ist eine überschlägige Ermittlung der Kosten.

2.3.2 Kostenberechnung

Die Kostenberechnung ist eine angenäherte Ermittlung der Kosten.

2.3.3 Kostenanschlag

Der Kostenanschlag ist eine möglichst genaue Ermittlung der Kosten.

2.3.4 Kostenfeststellung

Die Kostenfeststellung ist die Ermittlung der tatsächlich entstandenen Kosten.

2.4 Kostenkontrolle

Die Kostenkontrolle ist der Vergleich einer aktuellen mit einer früheren Kostenermittlung.

2.5 Kostensteuerung

Die Kostensteuerung ist das gezielte Eingreifen in die Entwicklung der Kosten, insbesondere bei Abweichungen, die durch die Kostenkontrolle festgestellt worden sind.

3 Kostenermittlung

3.1 Grundsätze der Kostenermittlung

3.1.1 Zweck

Kostenermittlungen dienen als Grundlagen, für die Kostenkontrolle, für Planungs-, Vergabe- und Ausführungsentscheidungen sowie zum Nachweis der entstandenen Kosten.

3.1.2 Darstellung

Kostenermittlungen sind in der Systematik der Kostengliederung zu ordnen und darzustellen.

3.1.3 Art

Die Art und die Detaillierung der Kostenermittlung sind abhängig vom Stand der Planung und Ausführung und den jeweils verfügbaren Informationen, z. B. in Form von Zeichnungen, Berechnungen und Beschreibungen.

Die Informationen über die Baumaßnahme nehmen entsprechend dem Projektfortschritt zu, so daß auch die Genauigkeit der Kostenermittlungen wächst.

3.1.4 Vollständigkeit

Die Kosten der Baumaßnahme sind in der Kostenermittlung vollständig zu erfassen.

3.1.5 Kostenermittlung bei Bauabschnitten

Besteht eine Baumaßnahme aus mehreren zeitlich oder räumlich getrennten Abschnitten, sollten für jeden Abschnitt getrennte Kostenermittlungen aufgestellt werden.

3.1.6 Kostenstand

Bei Kostenermittlungen ist vom Kostenstand zum Zeitpunkt der Ermittlung auszugehen; dieser Kostenstand ist durch die Angabe des Zeitpunktes zu dokumentieren.

Sofern Kosten auf den Zeitpunkt der Fertigstellung prognostiziert werden, sind sie gesondert auszuweisen.

3.1.7 Grundlagen und Erläuterungen

Die Grundlagen für die Kostenermittlung sind anzugeben. Erläuterungen zur Baumaßnahme sollten in der Systematik der Kostengliederung geordnet werden.

3.1.8 Besondere Kosten

Sofern Kosten durch außergewöhnliche Bedingungen des Standortes (z. B. Gelände, Baugrund, Umgebung), durch besondere Umstände des Projekts oder durch Forderungen außerhalb der Zweckbestimmung des Bauwerks verursacht werden, sollten diese Kosten bei den betreffenden Kostengruppen gesondert ausgewiesen werden.

3.1.9 Wiederverwendete Teile, Eigenleistungen

Der Wert wiederverwendeter Teile sowie der Wert von Eigenleistungen sollen bei den betreffenden Kostengruppen gesondert ausgewiesen werden. Für Eigenleistungen des Bauherrn sind die Kosten einzusetzen, die für entsprechende Auftragnehmerleistungen entstehen würden.

3.1.10 Umsatzsteuer

Die Umsatzsteuer kann entsprechend den jeweiligen Erfordernissen wie folgt berücksichtigt werden:
- In den Kostenangaben ist die Umsatzsteuer enthalten („Brutto-Angabe"),
- in den Kostenangaben ist die Umsatzsteuer nicht enthalten („Netto-Angabe"),
- nur bei einzelnen Kostenangaben (z. B. bei übergeordneten Kostengruppen) ist die Umsatzsteuer ausgewiesen.

In der Kostenermittlung und bei Kostenkennwerten ist immer anzugeben, in welcher Form die Umsatzsteuer berücksichtigt worden ist.

3.2 Arten der Kostenermittlung

In den Abschnitten 3.2.1 bis 3.2.4 werden die Arten der Kostenermittlung nach ihrem Zweck, den erforderlichen Grundlagen und dem Detaillierungsgrad festgelegt.

3.2.1 Kostenschätzung

Die Kostenschätzung dient als eine Grundlage für die Entscheidung über die Vorplanung.

Grundlagen für die Kostenschätzung sind:
- Ergebnisse der Vorplanung, insbesondere Planungsunterlagen, z. B. versuchsweise zeichnerische Darstellungen, Strichskizzen,
- Berechnung der Mengen von Bezugseinheiten der Kostengruppen, z. B. Grundflächen und Rauminhalte nach DIN 277 Teil 1 und Teil 2,
- erläuternde Angaben zu den planerischen Zusammenhängen, Vorgängen und Bedingungen,
- Angaben zum Baugrundstück und zur Erschließung.

In der Kostenschätzung sollen die Gesamtkosten nach Kostengruppen mindestens bis zur 1. Ebene der Kostengliederung ermittelt werden.

3.2.2 Kostenberechnung

Die Kostenberechnung dient als eine Grundlage für die Entscheidung über die Entwurfsplanung.

Grundlagen für die Kostenberechnung sind:
- Planungsunterlagen, z. B. durchgearbeitete, vollständige Vorentwurfs- und/oder Entwurfszeichnungen (Maßstab nach Art und Größe des Bauvorhabens), gegebenenfalls auch Detailpläne mehrfach wiederkehrender Raumgruppen,
- Berechnung der Mengen von Bezugseinheiten der Kostengruppen,

— Erläuterungen, z. B. Beschreibung der Einzelheiten in der Systematik der Kostengliederung, die aus den Zeichnungen und den Berechnungsunterlagen nicht zu ersehen, aber für die Berechnung und die Beurteilung der Kosten von Bedeutung sind.

In der Kostenberechnung sollen die Gesamtkosten nach Kostengruppen mindestens bis zur 2. Ebene der Kostengliederung ermittelt werden.

3.2.3 Kostenanschlag

Der Kostenanschlag dient als eine Grundlage für die Entscheidung über die Ausführungsplanung und die Vorbereitung der Vergabe.

Grundlagen für den Kostenanschlag sind:

— Planungsunterlagen, z. B. endgültige, vollständige Ausführungs-, Detail- und Konstruktionszeichnungen,
— Berechnungen, z. B. für Standsicherheit, Wärmeschutz, technische Anlagen,
— Berechnung der Mengen von Bezugseinheiten der Kostengruppen,
— Erläuterungen zur Bauausführung, z. B. Leistungsbeschreibungen,
— Zusammenstellungen von Angeboten, Aufträgen und bereits entstandenen Kosten.

Im Kostenanschlag sollen die Gesamtkosten nach Kostengruppen mindestens bis zur 3. Ebene der Kostengliederung ermittelt werden.

3.2.4 Kostenfeststellung

Die Kostenfeststellung dient zum Nachweis der entstandenen Kosten sowie gegebenenfalls zu Vergleichen und Dokumentationen.

Grundlagen für die Kostenfeststellung sind:

— geprüfte Abrechnungsbelege, z. B. Schlußrechnungen, Nachweise der Eigenleistungen,
— Planungsunterlagen, z. B. Abrechnungszeichnungen,
— Erläuterungen.

In der Kostenfeststellung sollen die Gesamtkosten nach Kostengruppen bis zur 2. Ebene der Kostengliederung unterteilt werden. Bei Baumaßnahmen, die für Vergleiche und Kostenkennwerte ausgewertet und dokumentiert werden, sollen die Gesamtkosten mindestens bis zur 3. Ebene der Kostengliederung unterteilt werden.

4 Kostengliederung

4.1 Aufbau der Kostengliederung

Die Kostengliederung nach Tabelle 1 sieht drei Ebenen der Kostengliederung vor; diese sind durch dreistellige Ordnungszahlen gekennzeichnet.

Kostengliederung DIN 276

In der 1. Ebene der Kostengliederung werden die Gesamtkosten in folgende sieben Kostengruppen gegliedert:

100 Grundstück

200 Herrichten und Erschließen

300 Bauwerk − Baukonstruktionen

400 Bauwerk − Technische Anlagen

500 Außenanlagen

600 Ausstattung und Kunstwerke

700 Baunebenkosten

Bei Bedarf werden diese Kostengruppen entsprechend der Kostengliederung in die Kostengruppen der 2. und 3. Ebene der Kostengliederung unterteilt.

Über die Kostengliederung dieser Norm hinaus können die Kosten entsprechend den technischen Merkmalen oder den herstellungsmäßigen Gesichtspunkten oder nach der Lage im Bauwerk bzw. auf dem Grundstück weiter untergliedert werden.

Darüber hinaus sollten die Kosten in Vergabeeinheiten geordnet werden, damit die projektspezifischen Angebote, Aufträge und Abrechnungen mit den Kostenvorgaben verglichen werden können.

4.2 Ausführungsorientierte Gliederung der Kosten

Soweit es die Umstände des Einzelfalls zulassen (z. B. im Wohnungsbau) oder erfordern (z. B. bei Modernisierungen), können die Kosten vorrangig ausführungsorientiert gegliedert werden, indem bereits die Kostengruppen der ersten Ebene der Kostengliederung nach herstellungsmäßigen Gesichtspunkten unterteilt werden.

Hierfür kann die Gliederung in Leistungsbereiche entsprechend dem Standardleistungsbuch für das Bauwesen (StLB) − wie in Tabelle 2 wiedergegeben − oder dem Standardleistungskatalog (StLK) oder eine Gliederung entsprechend anderen ausführungs- bzw. gewerkeorientierten Strukturen (z. B. Verdingungsordnung für Bauleistungen VOB Teil C) verwendet werden. Dies entspricht formal der 2. Ebene der Kostengliederung.

Im Falle einer solchen ausführungsorientierten Gliederung der Kosten ist eine weitere Unterteilung, z. B. in Teilleistungen[1]), erforderlich, damit die Leistungen hinsichtlich Inhalt, Eigenschaften und Menge beschrieben und erfaßt werden können. Dies entspricht formal der 3. Ebene der Kostengliederung.

---

[1]) In der Regel wohl eher in *Leistungsgruppen*, z. B. nach StLB oder dem von *Fleischmann* in „Angebotskalkulation mit Richtwerten" (Werner-Verlag, 1992) vorgeschlagenen Ordnungsschlüssel.

DIN 276   Hochbaukosten

Tabelle 1 **Darstellung der Kostengliederung**

Die in der Spalte „Anmerkungen" aufgeführten Güter, Leistungen oder Abgaben sind Beispiele für die jeweilige Kostengruppe; die Aufzählung ist nicht abschließend.

Kostengruppen		Anmerkungen
100	**Grundstück**	
110	**Grundstückswert**	
120	**Grundstücksnebenkosten**	Kosten, die im Zusammenhang mit dem Erwerb eines Grundstücks entstehen
121	Vermessungsgebühren	
122	Gerichtsgebühren	
123	Notariatsgebühren	
124	Maklerprovisionen	
125	Grunderwerbsteuer	
126	Wertermittlungen, Untersuchungen	Wertermittlungen, Untersuchungen zu Altlasten und deren Beseitigung, Baugrunduntersuchungen und Untersuchungen über die Bebaubarkeit, soweit sie zur Beurteilung des Grundstückswertes dienen
127	Genehmigungsgebühren	
128	Bodenordnung, Grenzregulierung	
129	Grundstücksnebenkosten, sonstiges	
130	**Freimachen**	Kosten, die aufzuwenden sind, um ein Grundstück von Belastungen freizumachen
131	Abfindungen	Abfindungen und Entschädigungen für bestehende Nutzungsrechte, z. B. Miet- und Pachtverträge
132	Ablösen dinglicher Rechte	Ablösung von Lasten und Beschränkungen, z. B. Wegerechten
139	Freimachen, sonstiges	
200	**Herrichten und Erschließen**	Kosten aller vorbereitenden Maßnahmen, um das Grundstück bebauen zu können
210	**Herrichten**	Kosten der vorbereitenden Maßnahmen auf dem Baugrundstück
211	Sicherungsmaßnahmen	Schutz von vorhandenen Bauwerken, Bauteilen, Versorgungsleitungen sowie Sichern von Bewuchs und Vegetationsschichten
212	Abbruchmaßnahmen	Abbrechen und Beseitigen von vorhandenen Bauwerken, Ver- und Entsorgungsleitungen sowie Verkehrsanlagen
213	Altlastenbeseitigung	Beseitigen von Kampfmitteln und anderen gefährlichen Stoffen, Sanieren belasteter und kontaminierter Böden

Kostengruppen	Anmerkungen
214 Herrichten der Geländeoberfläche 219 Herrichten, sonstiges	Roden von Bewuchs, Planieren, Bodenbewegungen einschließlich Oberbodensicherung
220 Öffentliche Erschließung	Anteilige Kosten aufgrund gesetzlicher Vorschriften (Erschließungsbeiträge/Anliegerbeiträge) und Kosten aufgrund öffentlich-rechtlicher Verträge für — die Beschaffung oder den Erwerb der Erschließungsflächen gegen Entgelt durch den Träger der öffentlichen Erschließung, — die Herstellung oder Änderung gemeinschaftlich genutzter technischer Anlagen, z. B. zur Ableitung von Abwasser sowie zur Versorgung mit Wasser, Wärme, Gas, Strom und Telekommunikation, — die erstmalige Herstellung oder den Ausbau der öffentlichen Verkehrsflächen, der Grünflächen und sonstiger Freiflächen für öffentliche Nutzung. Kostenzuschüsse und Anschlußkosten sollen getrennt ausgewiesen werden.
221 Abwasserentsorgung	Anschlußbeiträge, Anschlußkosten
222 Wasserversorgung	Kostenzuschüsse, Anschlußkosten
223 Gasversorgung	Kostenzuschüsse, Anschlußkosten
224 Fernwärmeversorgung	Kostenzuschüsse, Anschlußkosten
225 Stromversorgung	Kostenzuschüsse, Anschlußkosten
226 Telekommunikation	einmalige Entgelte für die Bereitstellung und Änderung von Netzanschlüssen
227 Verkehrserschließung	Erschließungsbeiträge für die Verkehrs- und Freianlagen einschließlich deren Entwässerung und Beleuchtung
229 Öffentliche Erschließung, sonstiges	
230 Nichtöffentliche Erschließung	Kosten für Verkehrsflächen und technische Anlagen, die ohne öffentlich-rechtliche Verpflichtung oder Beauftragung mit dem Ziel der späteren Übertragung in den Gebrauch der Allgemeinheit hergestellt und ergänzt werden. Kosten von Anlagen auf dem eigenen Grundstück gehören zu der Kostengruppe 500. Soweit erforderlich, kann die Kostengruppe 230 entsprechend der Kostengruppe 220 untergliedert werden.
240 Ausgleichsabgaben	Kosten, die aufgrund landesrechtlicher Bestimmungen oder einer Ortssatzung aus Anlaß des geplanten Bauvorhabens einmalig und zusätzlich zu den Erschließungsbeiträgen entstehen. Hierzu gehört ins-

DIN 276 Hochbaukosten

Kostengruppen	Anmerkungen
	besondere das Ablösen von Verpflichtungen aus öffentlich-rechtlichen Vorschriften, z. B. für Stellplätze, Baumbestand.
300 Bauwerk – Baukonstruktionen	Kosten von Bauleistungen und Lieferungen zur Herstellung des Bauwerks, jedoch ohne die Technischen Anlagen (Kostengruppe 400). Dazu gehören auch die mit dem Bauwerk fest verbundenen Einbauten, die der besonderen Zweckbestimmung dienen, sowie übergreifende Maßnahmen in Zusammenhang mit den Baukonstruktionen. Bei Umbauten und Modernisierungen zählen hierzu auch die Kosten von Teilabbruch-, Sicherungs- und Demontagearbeiten.
310 Baugrube	
311 Baugrubenherstellung	Bodenabtrag, Aushub einschließlich Arbeitsräumen und Böschungen, Lagern, Hinterfüllen, Ab- und Anfuhr
312 Baugrubenumschließung	Verbau, z. B. Schlitz-, Pfahl-, Spund-, Trägerbohl-, Injektions- und Spritzbetonwände einschließlich Verankerung, Absteifung
313 Wasserhaltung	Grund- und Schichtenwasserbeseitigung während der Bauzeit
319 Baugrube, sonstiges	
320 Gründung	Die Kostengruppen enthalten die zugehörigen Erdarbeiten und Sauberkeitsschichten.
321 Baugrundverbesserung	Bodenaustausch, Verdichtung, Einpressung
322 Flachgründungen[1]	Einzel-, Streifenfundamente, Fundamentplatten
323 Tiefgründungen[1]	Pfahlgründung einschließlich Roste, Brunnengründungen; Verankerungen
324 Unterböden und Bodenplatten	Unterböden und Bodenplatten, die nicht der Fundamentierung dienen
325 Bodenbeläge[2]	Beläge auf Boden- und Fundamentplatten, z. B. Estriche, Dichtungs-, Dämm-, Schutz-, Nutzschichten
326 Bauwerksabdichtungen	Abdichtungen des Bauwerks einschließlich Filter-, Trenn- und Schutzschichten
327 Dränagen	Leitungen, Schächte, Packungen
329 Gründung, sonstiges	
330 Außenwände	Wände und Stützen, die dem Außenklima ausgesetzt sind bzw. an das Erdreich oder an andere Bauwerke grenzen

[1] Gegebenenfalls können die Kostengruppen 322 und 323 zusammengefaßt werden; die Zusammenfassung ist kenntlich zu machen.
[2] Gegebenenfalls können die Kosten der Bodenbeläge (Kostengruppe KG 325) mit den Kosten der Deckenbeläge (KG 352) in einer Kostengruppe zusammengefaßt werden; die Zusammenfassung ist kenntlich zu machen.

Kostengliederung **DIN 276**

Kostengruppen	Anmerkungen
331 Tragende Außenwände[1]	Tragende Außenwände einschließlich horizontaler Abdichtungen
332 Nichttragende Außenwände[1]	Außenwände, Brüstungen, Ausfachungen, jedoch ohne Bekleidungen
333 Außenstützen[1]	Stützen und Pfeiler mit einem Querschnittsverhältnis $\leq 1:5$
334 Außentüren und -fenster	Fenster und Schaufenster, Türen und Tore einschließlich Fensterbänken, Umrahmungen, Beschlägen, Antrieben, Lüftungselementen und sonstigen eingebauten Elementen
335 Außenwandbekleidungen außen	Äußere Bekleidungen einschließlich Putz-, Dichtungs-, Dämm-, Schutzschichten an Außenwänden und -stützen
336 Außenwandbekleidungen innen[2]	Raumseitige Bekleidungen, einschließlich Putz-, Dichtungs-, Dämm-, Schutzschichten an Außenwänden und -stützen
337 Elementierte Außenwände	Elementierte Wände, bestehend aus Außenwand, -fenster, -türen, -bekleidungen
338 Sonnenschutz	Rolläden, Markisen und Jalousien einschließlich Antrieben
339 Außenwände, sonstiges	Gitter, Geländer, Stoßabweiser und Handläufe
340 Innenwände	Innenwände und Innenstützen
341 Tragende Innenwände[1]	Tragende Innenwände einschließlich horizontaler Abdichtungen
342 Nichttragende Innenwände[1]	Innenwände, Ausfachungen, jedoch ohne Bekleidungen
343 Innenstützen[1]	Stützen und Pfeiler mit einem Querschnittsverhältnis $\leq 1:5$
344 Innentüren und -fenster	Türen und Tore, Fenster und Schaufenster einschließlich Umrahmungen, Beschlägen, Antrieben und sonstigen eingebauten Elementen
345 Innenwandbekleidungen[3]	Bekleidungen einschließlich Putz, Dichtungs-, Dämm-, Schutzschichten an Innenwänden und -stützen
346 Elementierte Innenwände	Elementierte Wände, bestehend aus Innenwänden, -türen, -fenstern, -bekleidungen, z. B. Falt- und Schiebewände, Sanitärtrennwände, Verschläge
349 Innenwände, sonstiges	Gitter, Geländer, Stoßabweiser, Handläufe, Rolläden einschließlich Antrieben

1) Gegebenenfalls können die Kostengruppen 331, 332 und 333 bzw. 341, 342 und 343 zusammengefaßt werden; die Zusammenfassung ist kenntlich zu machen.
2) Gegebenenfalls können die Kosten der Außenwandbekleidungen innen (KG 336) mit den Kosten der Innenwandbekleidungen (KG 345) zusammengefaßt werden; die Zusammenfassung ist kenntlich zu machen.
3) Gegebenenfalls können die Kosten der Innenwandbekleidungen (KG 345) mit den Kosten der Außenwandbekleidungen innen (KG 336) zusammengefaßt werden; die Zusammenfassung ist kenntlich zu machen.

DIN 276   Hochbaukosten

Kostengruppen		Anmerkungen
350	**Decken**	Decken, Treppen und Rampen oberhalb der Gründung und unterhalb der Dachfläche
351	Deckenkonstruktionen	Konstruktionen von Decken, Treppen, Rampen, Balkonen, Loggien einschließlich Über- und Unterzügen, füllenden Teilen wie Hohlkörpern, Blindböden, Schüttungen, jedoch ohne Beläge und Bekleidungen
352	Deckenbeläge[1]	Beläge auf Deckenkonstruktionen einschließlich Estrichen, Dichtungs-, Dämm-, Schutz-, Nutzschichten; Schwing- und Installationsdoppelböden
353	Deckenbekleidungen[2]	Bekleidungen unter Deckenkonstruktionen einschließlich Putz, Dichtungs-, Dämm-, Schutzschichten; Licht- und Kombinationsdecken
359	Decken, sonstiges	Abdeckungen, Schachtdeckel, Roste, Geländer, Stoßabweiser, Handläufe, Leitern, Einschubtreppen
360	**Dächer**	Flache oder geneigte Dächer
361	Dachkonstruktionen	Konstruktionen von Dächern, Dachstühlen, Raumtragwerken und Kuppeln einschließlich Über- und Unterzügen, füllenden Teilen wie Hohlkörpern, Blindböden, Schüttungen, jedoch ohne Beläge und Bekleidungen
362	Dachfenster, Dachöffnungen	Fenster, Ausstiege einschließlich Umrahmungen, Beschlägen, Antrieben, Lüftungselementen und sonstigen eingebauten Elementen
363	Dachbeläge	Beläge auf Dachkonstruktionen einschließlich Schalungen, Lattungen, Gefälle-, Dichtungs-, Dämm-, Schutz- und Nutzschichten; Entwässerungen der Dachfläche bis zum Anschluß an die Abwasseranlagen
364	Dachbekleidungen[2]	Dachbekleidungen unter Dachkonstruktionen einschließlich Putz, Dichtungs-, Dämm-, Schutzschichten; Licht- und Kombinationsdecken unter Dächern
369	Dächer, sonstiges	Geländer, Laufbohlen, Schutzgitter, Schneefänge, Dachleitern, Sonnenschutz
370	**Baukonstruktive Einbauten**	Kosten der mit dem Bauwerk fest verbundenen Einbauten, jedoch ohne die nutzungsspezifischen Anlagen (siehe Kostengruppe 470). Für die Abgrenzung gegenüber der Kostengruppe 610 ist maßgebend, daß die Einbauten durch ihre Beschaffenheit und Befestigung technische und bauplanerische Maßnahmen erforderlich machen, z. B. Anfertigen von

[1] Gegebenenfalls können die Kosten der Deckenbeläge (KG 352) mit den Kosten der Bodenbeläge (KG 325) zusammengefaßt werden; die Zusammenfassung ist kenntlich zu machen.
[2] Gegebenenfalls können die Kosten der Deckenbekleidungen (KG 353) mit den Kosten der Dachbekleidungen (KG 364) zusammengefaßt werden; die Zusammenfassung ist kenntlich zu machen.

Kostengliederung — DIN 276

Kostengruppen		Anmerkungen
371	Allgemeine Einbauten	Werkplänen, statischen und anderen Berechnungen, Anschließen von Installationen. Einbauten, die einer allgemeinen Zweckbestimmung dienen, z. B. Einbaumöbel wie Sitz- und Liegemöbel, Gestühl, Podien, Tische, Theken, Schränke, Garderoben, Regale
372	Besondere Einbauten	Einbauten, die einer besonderen Zweckbestimmung dienen, z. B. Werkbänke in Werkhallen, Labortische in Labors, Bühnenvorhänge in Theatern, Altäre in Kirchen, Einbausportgeräte in Sporthallen, Operationstische in Krankenhäusern
379	Baukonstruktive Einbauten, sonstiges	
390	**Sonstige Maßnahmen für Baukonstruktionen**	Übergreifende Maßnahmen im Zusammenhang mit den Baukonstruktionen, die nicht einzelnen Kostengruppen der Baukonstruktionen zuzuordnen sind oder nicht in anderen Kostengruppen erfaßt werden können
391	Baustelleneinrichtung	Einrichten, Vorhalten, Betreiben, Räumen der übergeordneten Baustelleneinrichtung, z. B. Material- und Geräteschuppen, Lager-, Wasch-, Toiletten- und Aufenthaltsräume, Bauwagen, Misch- und Transportanlagen, Energie- und Bauwasseranschlüsse, Baustraßen, Lager- und Arbeitsplätze, Verkehrssicherungen, Abdeckungen, Bauschilder, Bau- und Schutzzäune, Baubeleuchtung, Schuttbeseitigung
392	Gerüste	Auf-, Um-, Abbauen, Vorhalten von Gerüsten
393	Sicherungsmaßnahmen	Sicherungsmaßnahmen an bestehenden Bauwerken; z. B. Unterfangungen, Abstützungen
394	Abbruchmaßnahmen	Abbruch- und Demontagearbeiten einschließlich Zwischenlagern wiederverwendbarer Teile, Abfuhr des Abbruchmaterials
395	Instandsetzungen	Maßnahmen zur Wiederherstellung des zum bestimmungsgemäßen Gebrauch geeigneten Zustandes
396	Recycling, Zwischendeponierung und Entsorgung	Maßnahmen zum Recycling, zur Zwischendeponierung und zur Entsorgung von Materialien, die bei dem Abbruch, bei der Demontage und bei dem Ausbau von Bauteilen oder bei der Erstellung einer Bauleistung anfallen
397	Schlechtwetterbau	Winterbauschutzvorkehrungen wie Notverglasung, Abdeckungen und Umhüllungen, Erwärmung des Bauwerks, Schneeräumung
398	Zusätzliche Maßnahmen	Schutz von Personen, Sachen und Funktionen; Reinigung vor Inbetriebnahme; Maßnahmen aufgrund von Forderungen des Wasser-, Landschafts- und Lärmschutzes während der Bauzeit; Erschütterungsschutz

DIN 276   Hochbaukosten

Kostengruppen		Anmerkungen
399	Sonstige Maßnahmen für Baukonstruktionen, sonstiges	Schließanlagen, Schächte, Schornsteine, soweit nicht in anderen Kostengruppen erfaßt
400	**Bauwerk – Technische Anlagen**[1]	Kosten aller im Bauwerk eingebauten, daran angeschlossenen oder damit fest verbundenen technischen Anlagen oder Anlagenteile. Die einzelnen technischen Anlagen enthalten die zugehörigen Gestelle, Befestigungen, Armaturen, Wärme- und Kältedämmung, Schall- und Brandschutzvorkehrungen, Abdeckungen, Verkleidungen, Anstriche, Kennzeichnungen sowie Meß-, Steuer- und Regelanlagen.
410	**Abwasser-, Wasser-, Gasanlagen**	
411	Abwasseranlagen	Abläufe, Abwasserleitungen, Abwassersammel- und Abwasserbehandlungsanlagen, Hebeanlagen
412	Wasseranlagen	Wassergewinnungs-, Aufbereitungs- und Druckerhöhungsanlagen, Rohrleitungen, dezentrale Wassererwärmer, Sanitärobjekte
413	Gasanlagen	Gasanlagen für Wirtschaftswärme: Gaslagerungs- und Erzeugungsanlagen, Übergabestationen, Druckregelanlagen und Gasleitungen, soweit nicht zu den Kostengruppen 420 oder 470 gehörend
414	Feuerlöschanlagen	Sprinkler-, CO_2-Anlagen, Löschwasserleitungen, Wandhydranten, Feuerlöschgeräte
419	Abwasser-, Wasser-, Gasanlagen, sonstiges	Installationsblöcke, Sanitärzellen
420	**Wärmeversorgungsanlagen**	
421	Wärmeerzeugungsanlagen	Brennstoffversorgung, Wärmeübergabestationen, Wärmeerzeugung auf der Grundlage von Brennstoffen oder unerschöpflichen Energiequellen einschließlich Schornsteinanschlüsse, zentrale Wassererwärmungsanlagen
422	Wärmeverteilnetze	Pumpen, Verteiler; Rohrleitungen für Raumheizflächen, raumlufttechnische Anlagen und sonstige Wärmeverbraucher
423	Raumheizflächen	Heizkörper, Flächenheizsysteme
429	Wärmeversorgungsanlagen, sonstiges	Schornsteine, soweit nicht in anderen Kostengruppen erfaßt
430	**Lufttechnische Anlagen**	Anlagen mit und ohne Lüftungsfunktion
431	Lüftungsanlagen	Abluftanlagen, Zuluftanlagen, Zu- und Abluftanlagen ohne oder mit einer thermodynamischen Luft-

[1] Bei Bedarf können die Kosten der technischen Anlagen in die Installationen und die zentrale Betriebstechnik aufgeteilt werden.

Kostengliederung **DIN 276**

Kostengruppen	Anmerkungen
	behandlungsfunktion, mechanische Entrauchungsanlagen
432 Teilklimaanlagen	Anlagen mit zwei oder drei thermodynamischen Luftbehandlungsfunktionen
433 Klimaanlagen	Anlagen mit vier thermodynamischen Luftbehandlungsfunktionen
434 Prozeßlufttechnische Anlagen	Farbnebelabscheideanlagen, Prozeßfortluftsysteme, Absauganlagen
435 Kälteanlagen	Kälteanlagen für lufttechnische Anlagen: Kälteerzeugungs- und Rückkühlanlagen einschließlich Pumpen, Verteiler und Rohrleitungen
439 Lufttechnische Anlagen, sonstiges	Lüftungsdecken, Kühldecken, Abluftfenster; Installationsdoppelböden, soweit nicht in anderen Kostengruppen erfaßt
440 Starkstromanlagen	
441 Hoch- und Mittelspannungsanlagen	Schaltanlagen, Transformatoren
442 Eigenstromversorgungsanlagen	Stromerzeugungsaggregate einschließlich Kühlung, Abgasanlagen und Brennstoffversorgung, zentrale Batterie- und unterbrechungsfreie Stromversorgungsanlagen, photovoltaische Anlagen
443 Niederspannungsschaltanlagen	Niederspannungshauptverteiler, Blindstromkompensations-, Maximumüberwachungsanlagen
444 Niederspannungsinstallationsanlagen	Kabel, Leitungen, Unterverteiler, Verlegesysteme, Installationsgeräte
445 Beleuchtungsanlagen	Ortsfeste Leuchten, einschließlich Leuchtmittel
446 Blitzschutz- und Erdungsanlagen	Auffangeinrichtungen, Ableitungen, Erdungen
449 Starkstromanlagen, sonstiges	Frequenzumformer
450 Fernmelde- und informationstechnische Anlagen	Die einzelnen Anlagen enthalten die zugehörigen Verteiler, Kabel, Leitungen.
451 Telekommunikationsanlagen	
452 Such- und Signalanlagen	Personenrufanlagen, Lichtruf- und Klingelanlagen, Türsprech- und Türöffneranlagen
453 Zeitdienstanlagen	Uhren- und Zeiterfassungsanlagen
454 Elektroakustische Anlagen	Beschallungsanlagen, Konferenz- und Dolmetscheranlagen, Gegen- und Wechselsprechanlagen
455 Fernseh- und Antennenanlagen	Fernsehanlagen, soweit nicht in den Such-, Melde-, Signal- und Gefahrenmeldeanlagen erfaßt, einschließlich Sende- und Empfangsantennenanlagen, Umsetzer
456 Gefahrenmelde- und Alarmanlagen	Brand-, Überfall-, Einbruchmeldeanlagen, Wächterkontrollanlagen, Zugangskontroll- und Raumbeobachtungsanlagen

Kostengruppen	Anmerkungen
457 Übertragungsnetze	Kabelnetze zur Übertragung von Daten, Sprache, Text und Bild, soweit nicht in anderen Kostengruppen erfaßt
459 Fernmelde- und informationstechnische Anlagen, sonstiges	Verlegesysteme, soweit nicht in Kostengruppe 444 erfaßt; Fernwirkanlagen, Parkleitsysteme
460 Förderanlagen	
461 Aufzugsanlagen	Personenaufzüge, Lastenaufzüge
462 Fahrtreppen, Fahrsteige	
463 Befahranlagen	Fassadenaufzüge und andere Befahranlagen
464 Transportanlagen	Automatische Warentransportanlagen, Aktentransportanlagen, Rohrpostanlagen
465 Krananlagen	Einschließlich Hebezeuge
469 Förderanlagen, sonstiges	Hebebühnen
470 Nutzungsspezifische Anlagen	Kosten der mit dem Bauwerk fest verbundenen Anlagen, die der besonderen Zweckbestimmung dienen, jedoch ohne die baukonstruktiven Einbauten (Kostengruppe 370) Für die Abgrenzung gegenüber der Kostengruppe 610 ist maßgebend, daß die nutzungsspezifischen Anlagen technische und planerische Maßnahmen erforderlich machen, z. B. Anfertigen von Werkplänen, Berechnungen, Anschließen von anderen technischen Anlagen.
471 Küchentechnische Anlagen	Einrichtungen zur Speisen- und Getränkezubereitung, -ausgabe und -lagerung einschließlich zugehöriger Kälteanlagen
472 Wäscherei- und Reinigungsanlagen	Einschließlich zugehöriger Wasseraufbereitung, Desinfektions- und Sterilisationseinrichtungen
473 Medienversorgungsanlagen	Medizinische und technische Gase, Vakuum, Flüssigchemikalien, Lösungsmittel, vollentsalztes Wasser; einschließlich Lagerung, Erzeugungsanlagen, Übergabestationen, Druckregelanlagen, Leitungen und Entnahmearmaturen
474 Medizintechnische Anlagen	Ortsfeste medizintechnische Anlagen, soweit nicht in Kostengruppe 610 erfaßt
475 Labortechnische Anlagen	Ortsfeste labortechnische Anlagen, soweit nicht in Kostengruppe 610 erfaßt
476 Badetechnische Anlagen	Aufbereitungsanlagen für Schwimmbeckenwasser, soweit nicht in Kostengruppe 410 erfaßt
477 Kälteanlagen	Kälteversorgungsanlagen, soweit nicht in anderen Kostengruppen erfaßt; Eissportflächen
478 Entsorgungsanlagen	Abfall- und Medienentsorgungsanlagen, Staubsauganlagen, soweit nicht in Kostengruppe 610 erfaßt

Kostengliederung DIN 276

Kostengruppen		Anmerkungen
479	Nutzungsspezifische Anlagen, sonstiges	Bühnentechnische Anlagen, Tankstellen- und Waschanlagen
480	**Gebäudeautomation**	Kosten der anlagenübergreifenden Automation einschließlich der zugehörigen Verteiler, Kabel und Leitungen
481	Automationssysteme	Automationsstationen, Bedien- und Beobachtungseinrichtungen, Programmiereinrichtungen, Sensoren und Aktoren, Kommunikationsschnittstellen, Software der Automationsstationen
482	Leistungsteile	Schaltschränke mit Leistungs-, Steuerungs- und Sicherungsbaugruppen
483	Zentrale Einrichtungen	Leitstationen mit Peripherie-Einrichtungen, Einrichtungen für Systemkommunikation zu den Automationsstationen
489	Gebäudeautomation, sonstiges	
490	**Sonstige Maßnahmen für Technische Anlagen**	Übergreifende Maßnahmen im Zusammenhang mit den Technischen Anlagen, die nicht einzelnen Kostengruppen der Technischen Anlagen zuzuordnen sind oder nicht in anderen Kostengruppen erfaßt werden können
491	Baustelleneinrichtung	Einrichten, Vorhalten, Betreiben, Räumen der übergeordneten Baustelleneinrichtung, z. B. Material- und Geräteschuppen, Lager-, Wasch-, Toiletten- und Aufenthaltsräume, Bauwagen, Misch- und Transportanlagen, Energie- und Bauwasseranschlüsse, Baustraßen, Lager- und Arbeitsplätze, Verkehrssicherungen, Abdeckungen, Bauschilder, Bau- und Schutzzäune, Baubeleuchtung, Schuttbeseitigung
492	Gerüste	Auf-, Um-, Abbauen, Vorhalten von Gerüsten
493	Sicherungsmaßnahmen	Sicherungsmaßnahmen an bestehenden Bauwerken; z. B. Unterfangungen, Abstützungen
494	Abbruchmaßnahmen	Abbruch- und Demontagearbeiten einschließlich Zwischenlagern wiederverwendbarer Teile, Abfuhr des Abbruchmaterials
495	Instandsetzungen	Maßnahmen zur Wiederherstellung des zum bestimmungsgemäßen Gebrauch geeigneten Zustandes
496	Recycling, Zwischendeponierung und Entsorgung	Maßnahmen zum Recycling, zur Zwischendeponierung und zur Entsorgung von Materialien, die bei dem Abbruch, bei der Demontage und bei dem Ausbau von Bauteilen oder bei der Erstellung einer Bauleistung anfallen
497	Schlechtwetterbau	Winterbauschutzvorkehrungen wie Notverglasung, Abdeckungen und Umhüllungen, Erwärmung des Bauwerks, Schneeräumung

DIN 276 — Hochbaukosten

Kostengruppen	Anmerkungen
498 Zusätzliche Maßnahmen	Schutz von Personen, Sachen und Funktionen; Reinigung vor Inbetriebnahme; Maßnahmen aufgrund von Forderungen des Wasser-, Landschafts- und Lärmschutzes während der Bauzeit; Erschütterungsschutz
499 Sonstige Maßnahmen für Technische Anlagen, sonstiges	
500 Außenanlagen	Kosten der Bauleistungen und Lieferungen für die Herstellung aller Gelände- und Verkehrsflächen, Baukonstruktionen und technischen Anlagen außerhalb des Bauwerks, soweit nicht in Kostengruppe 200 erfaßt. In den einzelnen Kostengruppen sind die zugehörigen Leistungen, wie z. B. Erdarbeiten, Unterbau und Gründungen, enthalten.
510 Geländeflächen	
511 Geländebearbeitung	Bodenabtrag und Bodenauftrag; Boden- und Oberbodenarbeiten
512 Vegetationstechnische Bodenbearbeitung	Bodenlockerung, Bodenverbesserung, z. B. Düngung, Bodenhilfsstoffe
513 Sicherungsbauweisen	Vegetationsstücke, Geotextilien, Flechtwerk
514 Pflanzen	Einschließlich Fertigstellungspflege
515 Rasen	Einschließlich Fertigstellungspflege; ohne Sportrasenflächen (siehe Kostengruppe 525)
516 Begrünung unterbauter Flächen	Auf Tiefgaragen, einschließlich Wurzelschutz- und Fertigstellungspflege
517 Wasserflächen	Naturnahe Wasserflächen
519 Geländeflächen, sonstiges	Entwicklungspflege
520 Befestigte Flächen	
521 Wege[1])	Befestigte Fläche für den Fußgänger und Radfahrerverkehr
522 Straßen[1])	Flächen für den Leicht- und Schwerverkehr; Fußgängerzonen mit Anlieferungsverkehr
523 Plätze, Höfe[1])	Gestaltete Platzflächen, Innenhöfe
524 Stellplätze[1])	Flächen für den ruhenden Verkehr
525 Sportplatzflächen	Sportrasenflächen, Kunststoffsportflächen
526 Spielplatzflächen	
527 Gleisanlagen	
529 Befestigte Flächen, sonstiges	

1) Gegebenenfalls können die Kostengruppen 521, 522, 523 und 524 zusammengefaßt werden; die Zusammenfassung ist kenntlich zu machen.

Kostengliederung **DIN 276**

Kostengruppen		Anmerkungen
530	**Baukonstruktionen in Außenanlagen**	
531	Einfriedungen	Zäune, Mauern, Türen, Tore, Schrankenanlagen
532	Schutzkonstruktionen	Lärmschutzwände, Sichtschutzwände, Schutzgitter
533	Mauern, Wände	Stütz-, Schwergewichtsmauern
534	Rampen, Treppen, Tribünen	Kinderwagen- und Behindertenrampen, Block- und Stellstufen, Zuschauertribünen von Sportplätzen
535	Überdachungen	Wetterschutz, Unterstände; Pergolen
536	Brücken, Stege	Holz- und Stahlkonstruktionen
537	Kanal- und Schachtbauanlagen	Bauliche Anlagen für Medien- oder Verkehrserschließung
538	Wasserbauliche Anlagen	Brunnen, Wasserbecken, Bachregulierungen
539	Baukonstruktionen in Außenanlagen, sonstiges	
540	**Technische Anlagen in Außenanlagen**	Kosten der Technischen Anlagen auf dem Grundstück einschließlich der Ver- und Entsorgung des Bauwerks
541	Abwasseranlagen	Kläranlagen, Oberflächen- und Bauwerksentwässerungsanlagen, Sammelgruben, Abscheider, Hebeanlagen
542	Wasseranlagen	Wassergewinnungsanlagen, Wasserversorgungsnetze, Hydrantenanlagen, Druckerhöhungs- und Beregnungsanlagen
543	Gasanlagen	Gasversorgungsnetze, Flüssiggasanlagen
544	Wärmeversorgungsanlagen	Wärmeerzeugungsanlagen, Wärmeversorgungsnetze, Freiflächen- und Rampenheizungen
545	Lufttechnische Anlagen	Bauteile von lufttechnischen Anlagen, z. B. Außenluftansaugung, Fortluftausblasung, Kälteversorgung
546	Starkstromanlagen	Stromversorgungsnetze, Freilufttrafostationen, Eigenstromerzeugungsanlagen, Außenbeleuchtungs- und Flutlichtanlagen einschließlich Maste und Befestigung
547	Fernmelde- und informationstechnische Anlagen	Leitungsnetze, Beschallungs-, Zeitdienst- und Verkehrssignalanlagen, elektronische Anzeigetafeln, Objektsicherungsanlagen, Parkleitsysteme
548	Nutzungsspezifische Anlagen	Medienversorgungsanlagen, Tankstellenanlagen, badetechnische Anlagen
549	Technische Anlagen in Außenanlagen, sonstiges	
550	**Einbauten in Außenanlagen**	
551	Allgemeine Einbauten	Wirtschaftsgegenstände, z. B. Möbel, Fahrradständer, Schilder, Pflanzbehälter, Abfallbehälter, Fahnenmaste

Kostengruppen		Anmerkungen
552	Besondere Einbauten	Einbauten für Sport- und Spielanlagen, Tiergehege
559	Einbauten in Außenanlagen, sonstiges	
590	**Sonstige Maßnahmen für Außenanlagen**	Übergreifende Maßnahmen im Zusammenhang mit den Außenanlagen, die nicht einzelnen Kostengruppen der Außenanlagen zuzuordnen sind
591	Baustelleneinrichtung	Einrichten, Vorhalten, Betreiben, Räumen der übergeordneten Baustelleneinrichtung, z. B. Material- und Geräteschuppen, Lager-, Wasch-, Toiletten- und Aufenthaltsräume, Bauwagen, Misch- und Transportanlagen, Energie- und Bauwasseranschlüsse, Baustraßen, Lager- und Arbeitsplätze, Verkehrssicherungen, Abdeckungen, Bauschilder, Bau- und Schutzzäune, Baubeleuchtung, Schuttbeseitigung
592	Gerüste	Auf-, Um-, Abbauen, Vorhalten von Gerüsten
593	Sicherungsmaßnahmen	Sicherungsmaßnahmen an bestehenden baulichen Anlagen, z. B. Unterfangungen, Abstützungen
594	Abbruchmaßnahmen	Abbruch- und Demontagearbeiten einschließlich Zwischenlagern wiederverwendbarer Teile, Abfuhr des Abbruchmaterials
595	Instandsetzungen	Maßnahmen zur Wiederherstellung des zum bestimmungsgemäßen Gebrauch geeigneten Zustandes
596	Recycling, Zwischendeponierung und Entsorgung	Maßnahmen zum Recycling, zur Zwischendeponierung und zur Entsorgung von Materialien, die bei dem Abbruch, bei der Demontage und bei dem Ausbau von Bauteilen oder bei der Erstellung einer Bauleistung anfallen
597	Schlechtwetterbau	Winterbauschutzvorkehrungen wie Notverglasung, Abdeckungen und Umhüllungen, Erwärmung des Bauwerks, Schneeräumung
598	Zusätzliche Maßnahmen	Schutz von Personen, Sachen und Funktionen; Reinigung vor Inbetriebnahme; Maßnahmen aufgrund von Forderungen des Wasser-, Landschafts- und Lärmschutzes während der Bauzeit; Erschütterungsschutz
599	Sonstige Maßnahmen für Außenanlagen, sonstiges	
600	**Ausstattung und Kunstwerke**	Kosten für alle beweglichen oder ohne besondere Maßnahmen zu befestigenden Sachen, die zur Ingebrauchnahme, zur allgemeinen Benutzung oder zur künstlerischen Gestaltung des Bauwerks und der Außenanlagen erforderlich sind (siehe Anmerkungen zu den Kostengruppen 370 und 470).

Kostengruppen		Anmerkungen
610	**Ausstattung**	
611	Allgemeine Ausstattung	Möbel, z. B. Sitz- und Liegemöbel, Schränke, Regale, Tische; Textilien, z. B. Vorhänge, Wandbehänge, lose Teppiche, Wäsche; Haus-, Wirtschafts-, Garten- und Reinigungsgeräte
612	Besondere Ausstattung	Ausstattungsgegenstände, die einer besonderen Zweckbestimmung dienen wie z. B. wissenschaftliche, medizinische, technische Geräte
619	Ausstattung, sonstiges	Wegweiser, Orientierungstafeln, Farbleitsysteme, Werbeanlagen
620	**Kunstwerke**	
621	Kunstobjekte	Kunstwerke zur künstlerischen Ausstattung des Bauwerks und der Außenanlagen einschließlich Tragkonstruktionen, z. B. Skulpturen, Objekte, Gemälde, Möbel, Antiquitäten, Altäre, Taufbecken
622	Künstlerisch gestaltete Bauteile des Bauwerks	Kosten für die künstlerische Gestaltung, z. B. Malereien, Reliefs, Mosaiken, Glas-, Schmiede-, Steinmetzarbeiten
623	Künstlerisch gestaltete Bauteile der Außenanlagen	Kosten für die künstlerische Gestaltung, z. B. Malereien, Reliefs, Mosaiken, Glas-, Schmiede-, Steinmetzarbeiten
629	Kunstwerke, sonstiges	
700	**Baunebenkosten**	Kosten, die bei der Planung und Durchführung auf der Grundlage von Honorarordnungen, Gebührenordnungen oder nach weiteren vertraglichen Vereinbarungen entstehen
710	**Bauherrenaufgaben**	
711	Projektleitung	Kosten, die der Bauherr zum Zwecke der Überwachung und Vertretung der Bauherreninteressen aufwendet
712	Projektsteuerung	Kosten für Projektsteuerungsleistungen im Sinne der HOAI sowie für andere Leistungen, die sich mit der übergeordneten Steuerung und Kontrolle von Projektorganisation, Terminen, Kosten und Qualitätssicherung befassen
713	Betriebs- und Organisationsberatung	Kosten für Beratung, z. B. zur betrieblichen Organisation, zur Arbeitsplatzgestaltung, zur Erstellung von Raum- und Funktionsprogrammen, zur betrieblichen Ablaufplanung und zur Inbetriebnahme Baubetreuung
719	Bauherrenaufgaben, sonstiges	

DIN 276 — Hochbaukosten

Kostengruppen	Anmerkungen
720 Vorbereitung der Objektplanung	
721 Untersuchungen	Standortanalysen, Baugrundgutachten, Gutachten für die Verkehrsanbindung, Bestandsanalysen, z. B. Untersuchungen zum Gebäudebestand bei Umbau- und Modernisierungsmaßnahmen, Umweltverträglichkeitsprüfungen
722 Wertermittlungen	Gutachten zur Ermittlung von Gebäudewerten, soweit nicht in Kostengruppe 126 erfaßt
723 Städtebauliche Leistungen	vorbereitende Bebauungsstudien
724 Landschaftsplanerische Leistungen	vorbereitende Grünplanstudien
725 Wettbewerbe	Kosten für Ideenwettbewerbe und Realisierungswettbewerbe nach den GRW 1977
729 Vorbereitung der Objektplanung, sonstiges	
730 Architekten- und Ingenieurleistungen	Kosten für die Bearbeitung der in der HOAI beschriebenen Leistungen (Honorare für Grundleistungen und Besondere Leistungen) bzw. nach vertraglicher Vereinbarung
731 Gebäude	
732 Freianlagen	
733 Raumbildende Ausbauten	
734 Ingenieurbauwerke und Verkehrsanlagen	
735 Tragwerksplanung	
736 Technische Ausrüstung	
739 Architekten- und Ingenieurleistungen, sonstiges	
740 Gutachten und Beratung	Kosten für die Bearbeitung der in der HOAI beschriebenen Leistungen (Honorare für Grundleistungen und Besondere Leistungen) bzw. nach vertraglicher Vereinbarung
741 Thermische Bauphysik	
742 Schallschutz und Raumakustik	
743 Bodenmechanik, Erd- und Grundbau	
744 Vermessung	Vermessungstechnische Leistungen mit Ausnahme von Leistungen, die aufgrund landesrechtlicher Vorschriften für Zwecke der Landvermessung und des Liegenschaftskatasters durchgeführt werden (siehe Kostengruppe 771)

Kostengliederung | **DIN 276**

Kostengruppen	Anmerkungen
745 Lichttechnik, Tageslichttechnik	
749 Gutachten und Beratung, sonstiges	
750 Kunst	
751 Kunstwettbewerbe	Kosten für die Durchführung von Wettbewerben zur Erarbeitung eines Konzepts für Kunstwerke oder künstlerisch gestaltete Bauteile
752 Honorare	Kosten für die geistig-schöpferische Leistung für Kunstwerke oder künstlerisch gestaltete Bauteile, soweit nicht in der Kostengruppe 620 enthalten
759 Kunst, sonstiges	
760 Finanzierung	
761 Finanzierungskosten	Kosten für die Beschaffung der Dauerfinanzierungsmittel, die Bereitstellung des Fremdkapitals, die Beschaffung der Zwischenkredite und für Teilvalutierungen von Dauerfinanzierungsmitteln
762 Zinsen vor Nutzungsbeginn	Kosten für alle im Zusammenhang mit der Finanzierung des Projektes anfallenden Zinsen bis zum Zeitpunkt des Nutzungsbeginns
769 Finanzierung, sonstiges	
770 Allgemeine Baunebenkosten	
771 Prüfungen, Genehmigungen, Abnahmen	Kosten im Zusammenhang mit Prüfungen, Genehmigungen und Abnahmen, z. B. Prüfung der Tragwerksplanung, Vermessungsgebühren für das Liegenschaftskataster
772 Bewirtschaftungskosten	Baustellenbewachung, Nutzungsschädigungen während der Bauzeit; Gestellung des Bauleitungsbüros auf der Baustelle sowie dessen Beheizung, Beleuchtung und Reinigung
773 Bemusterungskosten	Modellversuche, Musterstücke, Eignungsversuche, Eignungsmessungen
774 Betriebskosten während der Bauzeit	Kosten für den vorläufigen Betrieb insbesondere der Technischen Anlagen bis zur Inbetriebnahme
779 Allgemeine Baunebenkosten, sonstiges	Kosten für Vervielfältigung und Dokumentation, Post- und Fernsprechgebühren, Kosten für Baufeiern, z. B. Grundsteinlegung, Richtfest
790 Sonstige Baunebenkosten	

DIN 276 Hochbaukosten

Tabelle 2 **Gliederung in Leistungsbereiche** gemäß Abschnitt 4.2

000	Baustelleneinrichtung
001	Gerüstarbeiten
002	Erdarbeiten
003	Landschaftsbauarbeiten
004	Landschaftsbauarbeiten, Pflanzen
005	Brunnenbauarbeiten und Aufschlußbohrungen
006	Verbau-, Ramm- und Einpreßarbeiten
007	Untertagebauarbeiten
008	Wasserhaltungsarbeiten
009	Entwässerungskanalarbeiten
010	Dränarbeiten
011	Abscheideranlagen, Kleinkläranlagen
012	Mauerarbeiten
013	Beton- und Stahlbetonarbeiten
014	Naturwerksteinarbeiten, Betonwerksteinarbeiten
016	Zimmer- und Holzbauarbeiten
017	Stahlbauarbeiten
018	Abdichtungsarbeiten gegen Wasser
020	Dachdeckungsarbeiten
021	Dachabdichtungsarbeiten
022	Klempnerarbeiten
023	Putz- und Stuckarbeiten
024	Fliesen- und Plattenarbeiten
025	Estricharbeiten
027	Tischlerarbeiten
028	Parkett- und Holzpflasterarbeiten
029	Beschlagarbeiten
030	Rolladenarbeiten; Rollabschlüsse, Sonnenschutz- und Verdunkelungsanlagen
031	Metallbau- und Schlosserarbeiten
032	Verglasungsarbeiten
033	Gebäudereinigungsarbeiten
034	Maler- und Lackierarbeiten
035	Korrosionsschutzarbeiten an Stahl- und Aluminiumbaukonstruktionen
036	Bodenbelagarbeiten
037	Tapezierarbeiten
039	Trockenbauarbeiten
040	Heizungs- und zentrale Brauchwassererwärmungsanlagen
042	Gas- und Wasserinstallationsarbeiten – Leitungen und Armaturen
043	Druckrohrleitungen für Gas, Wasser und Abwasser
044	Abwasserinstallationsarbeiten – Leitungen, Abläufe
045	Gas-, Wasser- und Abwasserinstallationsarbeiten – Einrichtungsgegenstände
046	Gas-, Wasser- und Abwasserinstallationsarbeiten – Betriebseinrichtungen
047	Wärme- und Kältedämmarbeiten an betriebstechnischen Anlagen
049	Feuerlöschanlagen, Feuerlöschgeräte
050	Blitzschutz- und Erdungsanlagen
051	Bauleistungen für Kabelanlagen
052	Mittelspannungsanlagen
053	Niederspannungsanlagen
055	Ersatzstromversorgungsanlagen
056	Batterien
058	Leuchten und Lampen
060	Elektroakustische Anlagen, Sprech- und Personenrufanlagen
061	Fernmeldeleitungsanlagen
063	Meldeanlagen
065	Empfangsantennenanlagen
067	Zentrale Leittechnik für betriebstechnische Anlagen in Gebäuden (ZLT-G)
069	Aufzüge
070	Regelung und Steuerung für heiz-, raumluft- und sanitärtechnische Anlagen
074	Raumlufttechnische Anlagen – Zentralgeräte und deren Bauelemente
075	Raumlufttechnische Anlagen – Luftverteilsysteme und deren Bauelemente
076	Raumlufttechnische Anlagen – Einzelgeräte
077	Raumlufttechnische Anlagen – Schutzräume
078	Raumlufttechnische Anlagen
080	Straßen, Wege, Plätze

Kostengliederung　　　　　　**DIN 276**

Tabelle 3 **Gegenüberstellung der neuen und bisherigen Kostengruppen**
(aus den Erläuterungen zur Neuausgabe)

Neue Kostengliederung		Nach Ausgabe April 1981	
100	**Grundstück**	1	Baugrundstück; – ohne 1.4 Herrichten
110	Grundstückswert	1.1	Wert
120	Grundstücksnebenkosten	1.2	Erwerb
130	Freimachen	1.3	Freimachen
200	**Herrichten und Erschließen**	2	Erschließen; – zuzüglich 1.4 Herrichten
210	Herrichten	1.4	Herrichten
220	Öffentliche Erschließung	2.1	Öffentliche Erschließung
230	Nichtöffentliche Erschließung	2.2	Nichtöffentliche Erschließung
240	Ausgleichsabgaben	2.3	Andere einmalige Abgaben
300	**Bauwerk –** **Baukonstruktionen**	3.1	Baukonstruktionen; – zuzüglich Teile aus 3.4 Betriebliche Einbauten, – zuzüglich 3.5.1 Besondere Baukonstruktionen, – zuzüglich Teile aus 3.5.4 Besondere betriebliche Einbauten, – zuzüglich Teile aus 6.2 Zusätzliche Maßnahmen beim Bauwerk
310	Baugrube	3.1.1.1	Baugrube; – zuzüglich Teile aus 3.5.1 Besondere Baukonstruktionen
320	Gründung	3.1.1.2	Fundamente, Unterböden; – zuzüglich Teile aus 3.5.1 Besondere Baukonstruktionen – zuzüglich Teile aus 3.1.3.3 Nichttragende Konstruktionen der Decken (Bodenbeläge auf Boden- und Fundamentplatten)
330	Außenwände	3.1.2.1 3.1.3.1	Tragende Außenwände, Außenstützen Nichttragende Außenwände; – zuzüglich Teile aus 3.5.1 Besondere Baukonstruktionen
340	Innenwände	3.1.2.2 3.1.3.2	Tragende Innenwände, Innenstützen Nichttragende Innenwände; – zuzüglich Teile aus 3.5.1 Besondere Baukonstruktionen
350	Decken	3.1.2.3 3.1.3.3	Tragende Decken, Treppen Nichttragende Konstruktion der Decken, Treppen; – ohne Bodenbeläge auf Boden- und Fundamentplatten, – zuzüglich Teile aus 3.5.1 Besondere Baukonstruktionen
360	Dächer	3.1.2.4 3.1.3.4	Tragende Dächer, Dachstühle Nichttragende Konstruktionen der Dächer; – zuzüglich Teile aus 3.5.1 Besondere Baukonstruktionen

DIN 276 Hochbaukosten

Neue Kostengliederung		Nach Ausgabe April 1981	
370	Baukonstruktive Einbauten	3.1.9	Teile aus 3.4 Betriebliche Einbauten; – zuzüglich Teile aus 3.5.4 Besondere betriebliche Einbauten
390	Sonstige Maßnahmen für Baukonstruktionen		Sonstige Konstruktionen; – zuzüglich Teile aus 3.5.1 Besondere Baukonstruktionen, – zuzüglich Teile aus 6.2 Zusätzliche Maßnahmen beim Bauwerk
400	**Bauwerk –** **Technische Anlagen**	3.2 3.3	Installationen Zentrale Betriebstechnik; – zuzüglich Teile aus 3.4 Betriebliche Einbauten, – zuzüglich 3.5.2 Besondere Installationen, – zuzüglich 3.5.3 Besondere zentrale Betriebstechnik, – zuzüglich Teile aus 3.5.4 Besondere betriebliche Einbauten, – zuzüglich 4.5 Beleuchtung, – zuzüglich Teile aus 6.2 Zusätzliche Maßnahmen beim Bauwerk
410	Abwasser-, Wasser-, Gasanlagen	3.2.1 3.2.2 3.2.4 3.3.1 3.3.2 3.3.4 3.5.2.1 3.5.2.2 3.5.2.4 3.5.3.1 3.5.3.2 3.5.3.4	Abwasser Wasser, Gase und sonstige Medien, Abwasser, Wasser, Gase und sonstige Medien, Abwasser, Wasser, Gase und sonstige Medien, Abwasser, Wasser, Gase und sonstige Medien.
420	Wärmeversorgungsanlagen	3.2.3 3.3.3 3.5.2.3 3.5.3.3	Heizung Heizung, Heizung, Heizung
430	Lufttechnische Anlagen	3.2.7 3.3.7 3.5.2.7 3.5.3.7	Raumlufttechnik (RLT) Raumlufttechnik (RLT), Raumlufttechnik (RLT), Raumlufttechnik (RLT)
440	Starkstromanlagen	3.2.5 3.3.5 3.5.2.5 3.5.3.5 4.5	Elektrischer Strom und Blitzschutz Elektrischer Strom, Elektrischer Strom, Elektrischer Strom, Beleuchtung
450	Fernmelde- und informationstechnische Anlagen	3.2.6 3.3.6 3.5.2.6 3.5.3.6	Fernmeldetechnik (ohne Zentrale Leittechnik), Fernmeldetechnik (ohne Zentrale Leittechnik), Fernmeldetechnik, Fernmeldetechnik
460	Förderanlagen	3.3.8	Fördertechnik

Kostengliederung — DIN 276

Neue Kostengliederung		Nach Ausgabe April 1981	
470	Nutzungsspezifische Anlagen		Teile aus 3.4 Betriebliche Einbauten; – zuzüglich Teile aus 3.5.4 Besondere betriebliche Einbauten
480	Gebäudeautomation		Teile aus 3.2.6 und 3.3.6 Fernmeldetechnik und neu definierte Leistungen
490	Sonstige Maßnahmen für Technische Anlagen		Teile aus 3.2.9 Sonstige Installationen; – zuzüglich Teile aus 3.3.9 Sonstige zentrale Betriebstechnik, – zuzüglich Teile aus 6.2 Zusätzliche Maßnahmen beim Bauwerk
500	**Außenanlagen**	5	Außenanlagen; – ohne 5.5 Kunstwerke und künstlerisch gestaltete Bauteile im Freien, – zuzüglich 6.3 Zusätzliche Maßnahmen bei den Außenanlagen
510	Geländeflächen	5.2.2	Vegetationstechnische Oberbodenarbeiten
		5.2.3	Bodenabtrag und -einbau,
		5.2.6	Vegetationstechnische Bodenverbesserung,
		5.2.9	Sonstige Geländebearbeitung und -gestaltung,
		5.8	Grünflächen
520	Befestigte Flächen	5.7	Verkehrsanlagen; – ohne 5.7.5 Beleuchtung, – ohne 5.7.7 Rampen, Treppen, Stufen, – ohne 5.7.8 Markierungen, Verkehrszeichen, Sicherheitsvorrichtungen, – zuzüglich Teile aus 5.6 Anlagen für Sonderzwecke (insbesondere Sportplatz- und Spielplatzflächen)
530	Baukonstruktionen in Außenanlagen	5.1	Einfriedungen
		5.2.1	Stützmauern und -vorrichtungen,
		5.2.4	Bodenaushub für Stützmauern usw., Fundamente,
		5.2.5	Freistehende Mauern,
		5.2.7	Bachregulierungen, offene Gräben, einschließlich Uferbefestigung,
		5.2.8	Wasserbecken,
		5.7.7	Rampen, Treppen, Stufen
540	Technische Anlagen in Außenanlagen	5.3	Abwasser- und Versorgungsanlagen; – zuzüglich 5.7.5 Beleuchtung – zuzüglich Teile aus 5.6 Anlagen für Sonderzwecke
550	Einbauten in Außenanlagen	5.4	Wirtschaftsgegenstände; – zuzüglich Teile aus 5.6 Anlagen für Sonderzwecke
590	Sonstige Maßnahmen für Außenanlagen	5.9	Sonstige Außenanlagen; – zuzüglich 6.3 Zusätzliche Maßnahmen bei den Außenanlagen
600	**Ausstattung und Kunstwerke**	4	Gerät; – ohne 4.5 Beleuchtung, – zuzüglich 3.5.5 Kunstwerke, künstlerisch gestaltete Bauteile, – zuzüglich 5.5 Kunstwerke und künstlerisch gestaltete Bauteile im Freien

DIN 276 Hochbaukosten

Neue Kostengliederung		Nach Ausgabe April 1981	
610	Ausstattung	4	Gerät;
			– ohne 4.5 Beleuchtung,
620	Kunstwerke	3.5.5	Kunstwerke, künstlerisch gestaltete Bauteile
		5.5	Kunstwerke und künstlerisch gestaltete Bauteile im Freien
700	**Baunebenkosten**	7	Baunebenkosten
710	Bauherrenaufgaben	7.1.4,	7.2.4, 7.3.4 Verwaltungsleistungen von Bauherr und Betreuer;
720	Vorbereitung der Objektplanung	7.1.9	Sonstige Kosten der Grundlagenermittlungen;
730	Architekten- und Ingenieurleistungen	7.1.1	Grundlagenermittlungen von Architekten und Ingenieuren
		7.2.1,	7.3.1 Leistungen von Architekten und Ingenieuren
740	Gutachten und Beratung	7.1.2,	7.1.3 Grundlagenermittlungen von Sonderfachleuten sowie Gutachtern und Beratern
		7.2.2,	7.2.3, 7.3.2, 7.3.3 Leistungen von Sonderfachleuten sowie von Gutachtern und Beratern
750	Kunst	7.2.5,	7.3.5 Leistungen für besondere künstlerische Gestaltung
760	Finanzierung	7.4	Finanzierung
770	Allgemeine Baunebenkosten	7.5	Allgemeine Baunebenkosten
790	Sonstige Baunebenkosten		

Grundflächen und Rauminhalte von Bauwerken im Hochbau nach DIN 277 Teil 1

Die Norm ist mit Ausgabedatum 6.87 wie folgt neu erschienen:
- *Teil 1   Begriffe, Berechnungsgrundlagen*
- *Teil 2   Gliederung der Nutzflächen, Funktionsflächen und Verkehrsflächen (Netto-Grundfläche)*

Teil 2 enthält eine einheitliche Gliederung der NGF für Hochbauten unterschiedlicher Nutzung und ist für den Wohnungsbau kaum von Bedeutung, weswegen er hier nicht wiedergegeben wird.

Teil 1 ist in der Neufassung vor allem besser gegliedert und gestrafft. Außerdem wurden einige wenige sachliche Änderungen, insbesondere zur Angleichung an die entsprechenden Bestimmungen der Zweiten Berechnungsverordnung (siehe Kap. 2), vorgenommen. Im wesentlichen sind es die folgenden Änderungen:
- Die Bestimmungen über die Grundstücksflächen (FBG, BF, UBF) sind entfallen.
- An die Stelle des Begriffs „Grundrißfläche" tritt „Grundfläche".
- Die Netto-Grundfläche ist getrennt für Raumteile mit lichten Höhen von $\geq 1,5$ m und $< 1,5$ m zu ermitteln.
- Nicht nutzbare Flächen von Flachdächern werden nicht mehr bei der Brutto-Grundfläche und damit auch nicht mehr beim Brutto-Rauminhalt erfaßt.

DIN 283 „Wohnungen" wurde ersatzlos zurückgezogen. Die Berechnung der Flächen und Rauminhalte muß für den öffentlich geförderten Wohnungsbau in der Regel nach der Verordnung über wohnungswirtschaftliche Berechnungen – II. BV (auszugsweise in Kap. 2 wiedergegeben) durchgeführt werden. In anderen Fällen ist wahlweise nach DIN 277 oder nach der II. BV zu verfahren.

In DIN 277 wird keine „Wohnfläche" definiert. An ihrer Stelle muß die zu einer Wohnung gehörende Nutzfläche ermittelt werden. Diese unterscheidet sich von der Wohnfläche gemäß II. BV dadurch, daß
- Nutzflächen außerhalb der Wohnung wie Wirtschaftskeller, Waschküchen, Trocken- und Abstellräume hinzuzurechnen sind;
- Treppen und Flure innerhalb der Wohnung nicht zur Nutzfläche (sondern zur Verkehrsfläche) gehören;
- bis zum Fußboden reichende Fenster- und Wandnischen, auch wenn sie tiefer als 0,13 m sind, nicht zur Nutzfläche (sondern zur Konstruktionsfläche) zu rechnen sind;
- die Grundflächen von Erkern, Wandschränken und anderen festeingebauten Gegenständen unabhängig von ihrer Größe zur Nutzfläche gehören;
- die Grundfläche unter Treppen, auch wenn die lichte Raumhöhe niedriger als 2 m ist, zur Netto-Grundfläche und, soweit sie mit einer Nutzfläche in Verbindung steht, auch zu dieser gehört;
- eine Bestimmung über die verminderte Anrechnung von Raumteilen mit lichten Höhen unter 2 m in DIN 277 nicht existiert; dort wird nur verlangt, daß Grundflächen von Raumteilen mit $h < 1,5$ m g e t r e n n t ermittelt werden;
- auch die Möglichkeit zur halben Anrechnung von Balkonen, Loggien und Freisitzen in DIN 277 nicht gegeben ist; dort müssen die entsprechenden Flächenbereiche (b, c) nur g e t r e n n t ermittelt werden.

Dagegen ist es üblich, daß die Vorschrift in § 45 Abs. 3 der II. BV, wonach Netto-Grundflächen, die aus Rohbaumaßen errechnet werden, um 3 % zu kürzen sind, auch bei entsprechender Ermittlung nach DIN 277 angewandt wird.

1 Grundflächen

1.1 Brutto-Grundfläche (BGF) = Summe der Grundflächen aller Grundrißebenen ohne nicht nutzbare Dachflächen, berechnet zwischen äußeren Maßen in Fußbodenhöhe, einschl. äußerer Bekleidung, aber ohne konstruktive oder gestalterische Vor- und Rücksprünge.

1.2 Konstruktions-Grundfläche (KGF) = Summe der Grundflächen aller aufgehenden Bauteile in den Grundrißebenen einschließlich der Grundflächen von Schornsteinen, nicht begehbaren Schächten, Türöffnungen[1]), Nischen und Schlitzen, gemessen in Fußbodenhöhe einschließlich Putz oder Bekleidungen, aber ohne Fußleisten und ohne vorstehende Teile von Fenster- und Türbekleidungen.

1.3 Netto-Grundfläche (NGF) = BGF − KGF; dazu gehören auch die Grundflächen freiliegender Installationen und von fest eingebauten Gegenständen wie Öfen, Heizkörpern, Tischplatten[2]), außerdem die senkrechte Projektion von u n t e r h a l b der Grundrißebene liegenden Treppen und Rampen sowie die Grundflächen von Aufzugsschächten und begehbaren Installationsschächten in j e d e r Grundrißebene, durch die sie führen.

Netto-Grundflächen von Raumteilen unter Schrägen mit lichten Höhen unter 1,5 m sind getrennt zu ermitteln.

NFG = NF + FF + VF

1.4 Nutzflächen (NF) dienen der Nutzung des Bauwerks aufgrund seiner Zweckbestimmung.

1.5 Funktionsflächen (FF) dienen der Unterbringung zentraler betriebstechnischer Anlagen, z. B. für Abwasser, Wasser, Heizung, Gas, elektrischen Strom, Fernmelde-, Raumluft- und Fördertechnik, von Abfall- und Feuerlöschanlagen.

1.6 Verkehrsflächen (VF) dienen dem Verkehr innerhalb des Bauwerks und dem Verlassen im Notfall (ausgenommen sind Bewegungsflächen innerhalb von Nutz- und Funktionsflächen wie Gänge zwischen Einrichtungsgegenständen).

1.7 Die überdeckten und allseitig in voller Höhe umschlossenen Flächenbereiche a sind getrennt von überdeckten, aber nicht allseitig in voller Höhe umschlossenen Bereichen b (z. B. von Loggien) sowie von nicht überdeckten Bereichen c (z. B. von Balkonen und Freisitzen) zu ermitteln. Teilweise überdeckte Flächen zählen nur unterhalb der senkrechten Projektion ihrer Überdeckung zum Bereich b.

---

[1] Nach den vom NABau herausgegebenen Bilderläuterungen gehört auch die Grundfläche einer größeren Wandöffnung, die von einem in den Raum greifenden Sturz überdeckt wird, zur KGF.

[2] Nach den vom NABau herausgegebenen Bilderläuterungen gehören auch die Grundflächen versetzbarer Trennwände zur NGF.

2 Rauminhalte

2.1 Brutto-Rauminhalt (BRI) = Brutto-Grundfläche × zugehörige Höhe. Die zugehörigen Höhen rechnen

- im untersten Geschoß von der Unterfläche der konstruktiven Bauwerkssohle bis zur Oberfläche Bodenbelag im folgenden Geschoß,
- in den mittleren Geschossen zwischen den Oberflächen der Bodenbeläge,
- im obersten Geschoß bis zur Oberfläche des Dachbelages,
- in Flächenbereichen c bis OK der umschließenden Bauteile wie Brüstungen, Attiken, Geländer.

Unberücksichtigt bleiben Fundamente, Kellerlichtschächte, Außentreppen und -rampen, Eingangsüberdachungen, Sonnenschutzanlagen, Dachgauben, Lichtkuppeln, Schornsteinköpfe, Dachüberstände (soweit nicht Überdeckungen von Flächenbereichen b).

Getrennte Ermittlung der Rauminhalte für Bereiche a, b und c.

2.2 Netto-Rauminhalt (NRI) = Netto-Grundfläche × zugehörige lichte Raumhöhe.

Baunutzungskosten von Hochbauten nach DIN 18 960

Bisher ist erschienen:

— Teil 1 (4.76) Begriff, Kostengliederung

Die Norm enthält die Begriffsbestimmung der Baunutzungskosten und ihre Gliederung nach Kostengruppen. Sie soll die Ermittlung der Baunutzungskosten nach einheitlichen Gesichtspunkten und damit Vergleiche ermöglichen.

1 Begriff

Baunutzungskosten sind alle bei Gebäuden, den dazugehörenden baulichen Anlagen und deren Grundstücken unmittelbar entstehenden regelmäßig oder unregelmäßig wiederkehrenden Kosten vom Beginn der Nutzbarkeit des Gebäudes bis zum Zeitpunkt seiner Beseitigung.

Als Gebäude gelten auch unterirdische Bauwerke, soweit sie einem vergleichbaren Zweck wie Hochbauten dienen.

Die betriebsspezifischen und produktionsbedingten Personal- und Sachkosten[1] sind nicht nach dieser Norm zu erfassen, soweit sie sich von den Baunutzungskosten trennen lassen.

Die Kosten der Herstellung, des Umbaues oder der Beseitigung von Gebäuden sind Kosten von Hochbauten nach DIN 276.

---

[1] Fußnoten siehe nächste Seite.

2 Kostengliederung

Kostengruppen[2])	Abgrenzung[2])
1 Kapitalkosten	Zinsen für Fremdmittel und vergleichbare Kosten Zinsen für den Wert von Eigenleistungen

1.1 Fremdmittel	Zinsen für Fremdmittel und vergleichbare Kosten
	z. B. Darlehenszinsen
	    Leistungen aus Rentenschulden
	    Leistungen aus Dienstbarkeiten auf fremden
	    Grundstücken, soweit sie mit dem Gebäude in
	    unmittelbarem Zusammenhang stehen
	    Erbbauzinsen
	Sonstige Kosten für Fremdmittel
	z. B. laufende Verwaltungskosten
	    Leistungen aus Bürgschaften

1.2 Eigenleistungen	Eigenkapitalzinsen und Zinsen für den Wert anderer Eigenleistungen
	
	z. B. der Arbeitsleistungen,
	    der eingebrachten Baustoffe,
	    des vorhandenen Grundstücks,
	    vorhandener Bauteile

2 Abschreibung	Verbrauchsbedingte Wertminderung der Gebäude, Anlagen und Einrichtungen
3 Verwaltungskosten	Fremd- und Eigenleistungen für Gebäude- und Grundstücksverwaltung
4 Steuern	Steuern für Gebäude und Grundstücke, z. B. Grundsteuer
5 Betriebskosten	Sicherung der Bedingungen für die vorgesehene Nutzung der Gebäude und Außenanlagen
5.1 Gebäudereinigung	Innenreinigung, z. B. Fußböden, Inneneinrichtung, Vorhänge, Sanitärobjekte oder Arbeitsplätze Fensterreinigung einschließlich Sonnenschutzeinrichtungen. R e g e l m ä ß i g e Reinigung von Fassaden (Reinigung der haus- und betriebstechnischen Anlagen gehört zu Abschnitt 5.6, Reinigung der Außenanlagen zu Abschnitt 5.7)

---

[1] Darunter sind beispielsweise zu verstehen: Fernmeldegebühren, Büromaterial, Reisekosten sowie Aufwendungen für Löhne, Gehälter, Maschinen, Geräte und Vergütungen, wenn sie in Erfüllung des Betriebs- oder Produktionszweckes entstehen.

[2] Die Gliederung der Baunutzungskosten in Kostengruppen ist als verbindlich anzusehen, während in der Spalte „Abgrenzung" Vorschläge für die weitere Untergliederung gemacht werden, die zunächst erprobt werden sollen.
Zur weiteren Untergliederung eignen sich auch die Kosten von Personal, Material und Fremdfirmen.

Kostengruppen[2])	Abgrenzung[2])
	Untergliederungsvorschlag: 1. Innenreinigung 2. Fensterreinigung 3. Fassadenreinigung
5.2 Abwasser und Wasser	Abwasser, auch wenn die Kosten dafür in Form von Gebühren anfallen, außer zur Erzeugung von Wärme und Kälte in zusammenhängenden Systemen nach Abschnitt 5.3
	Brauch- und Trinkwasser, auch aus eigenen Brunnenanlagen, außer zur Erzeugung von Wärme und Kälte in zusammenhängenden Systemen nach Abschnitt 5.3 (Chemikalien und Betriebsstoffe für Wasserbehandlung und Wasseraufbereitung gehören zu Abschnitt 5.6)
	Untergliederungsvorschlag: 1. Abwasser 2. Wasser
5.3 Wärme und Kälte	Heizstoffe, auch Fernwärme und Fernkälte, zur Erzeugung von Raum-, Lüftungs- und Wirtschaftswärme oder -kälte (hierzu gehören auch Wasser, Abwasser und Strom zur Erzeugung von Wärme und Kälte in zusammenhängenden Systemen)
	Gesamtverbrauch an Gas, jedoch nicht technische Gase
	Untergliederungsvorschlag: 1. Wärme 2. Kälte
5.4 Strom	Gesamtverbrauch, außer zur Erzeugung von Wärme und Kälte in zusammenhängenden Systemen nach Abschnitt 5.3
5.5 Bedienung	Bedienen von haus- und betriebstechnischen Anlagen
5.6 Wartung und Inspektion	Wartung und Inspektion der haus- und betriebstechnischen Anlagen einschließlich damit zusammenhängender kleinerer Reparaturen, Auswechseln von Verschleißteilen, Gebühren
	Hilfs- und Betriebsstoffe z. B. Lampen Chemikalien für Abwasser- und Wasseraufbereitung, Filter, Schmierstoffe, Dichtungen (hierzu gehören nicht allgemeine Hausdienste wie Pförtner, Nachtwächter oder Hausmeister)

---

[2]) Fußnote siehe links.

Kostengruppen[2])	Abgrenzung[2])
5.7 Verkehrs- und Grünflächen	Reinigung und Pflege der Verkehrsanlagen und Grünflächen einschließlich der notwendigen Hilfsstoffe z. B. Unterhaltungsarbeiten bei Vegetationsflächen Straßen- und Gehwegreinigung, Schneebeseitigung, Streudienst
5.8 Sonstiges	Sonstige Betriebskosten z. B. Abfallbeseitigung, Schornsteinreinigung, Aufsichts- und Hausmeisterdienst, Versicherungen für das Gebäude oder Grundstück
6 **Bauunterhaltungskosten**	Gesamtheit der Maßnahmen zur Bewahrung und Wiederherstellung des Sollzustandes von Gebäuden und dazugehörenden Anlagen, jedoch ohne Reinigung und Pflege der Verkehrs- und Grünflächen nach Abschnitt 5.7 und ohne Wartung und Inspektion der haus- und betriebstechnischen Anlagen nach Abschnitt 5.6 (Nicht zur Bauunterhaltung gehören Maßnahmen zur Nutzungsänderung der Gebäude oder Liegenschaften) Untergliederungsvorschlag: 1 Bauwerk 1.1 Baukonstruktionen 1.2 Installationen und betriebstechnische Anlagen 1.3 Betriebliche Einbauten 2 Gerät 3 Außenanlagen

---

[2] Fußnote siehe Seite 42.

2 Gesetzliche Vorschriften

Die hier abgedruckten Auszüge den Wohnungsbau betreffender gesetzlicher Vorschriften stellen lediglich ein Orientierungsgerüst für den Planer dar.
Wer Informationen über Rechtsgrundlagen und Finanzierungsbedingungen benötigt, möge die vollständigen Texte der Vorschriften heranziehen.
In den Bundesländern gelten unterschiedliche technische Vorschriften.

Zweites Wohnungsbaugesetz (Wohnungsbau- und Familienheimgesetz – II. WoBauG)

in der Neufassung vom 14. 8. 1990 (BGBl. 1990 Nr. 42 vom 21. 8. 1990)

Inhaltsübersicht (zusammengefaßt)

Teil I	Grundsätze, Geltungsbereich und Begriffsbestimmungen	§§ 1–17
Teil II	Bundesmittel und Bundesbürgschaften	§§ 18–24
Teil III	Öffentlich geförderter sozialer Wohnungsbau	§§ 25–72
Teil IV	Steuerbegünstigter und freifinanzierter Wohnungsbau	§§ 82–87 a
Teil V	Förderung des Wohnungsbaus durch besondere Maßnahmen und Vergünstigungen	§§ 88–96
Teil VI	Ergänzungs-, Durchführungs- und Überleitungsvorschriften	§§ 99–116
Teil VII	Änderung anderer Gesetze	weggefallen
Teil VIII	Schlußvorschriften	§§ 125–126

§ 1
Wohnungsbauförderung als öffentliche Aufgabe

(1) Bund, Länder, Gemeinden und Gemeindeverbände haben den Wohnungsbau unter besonderer Bevorzugung des Baues von Wohnungen, die nach Größe, Ausstattung und Miete oder Belastung für die breiten Schichten des Volkes bestimmt und geeignet sind (sozialer Wohnungsbau), als vordringliche Aufgabe zu fördern.

(2) Die Förderung des Wohnungsbaues hat das Ziel, den Wohnungsmangel zu beseitigen und für weite Kreise der Bevölkerung breitgestreutes Eigentum zu schaffen. Die Förderung soll eine ausreichende Wohnungsversorgung aller Bevölkerungsschichten entsprechend den unterschiedlichen Wohnbedürfnissen ermöglichen und diese namentlich für diejenigen Wohnungsuchenden sicherstellen, die hierzu selbst nicht in der Lage sind. In ausreichendem Maße sind solche Wohnungen zu fördern, die die Entfaltung eines gesunden Familienlebens, namentlich für kinderreiche Familien, gewährleisten. Die Förde-

II. WoBauG

rung des Wohnungsbaues soll überwiegend der Bildung von Einzeleigentum (Familienheimen und eigengenutzten Eigentumswohnungen) dienen. Zur Schaffung von Einzeleigentum sollen Sparwille und Bereitschaft zur Selbsthilfe angeregt werden.

§ 2
Wohnungsbau

(1) Wohnungsbau ist das Schaffen von Wohnraum durch Neubau, durch Wiederaufbau zerstörter oder Wiederherstellung beschädigter Gebäude oder durch Ausbau oder Erweiterung bestehender Gebäude. Der auf diese Weise geschaffene Wohnraum ist neugeschaffen im Sinne dieses Gesetzes.

(2) Der Wohnungsbau erstreckt sich auf Wohnraum der folgenden Arten:

a) Familienheime in der Form von Eigenheimen, Kaufeigenheimen und Kleinsiedlungen;

b) Eigentumswohnungen und Kaufeigentumswohnungen;

c) (weggefallen)

d) Genossenschaftswohnungen;

e) Mietwohnungen;

f) Wohnteile ländlicher Siedlungen;

g) sonstige Wohnungen;

h) Wohnheime;

i) einzelne Wohnräume.

§ 7
Familienheime

(1) Familienheime sind Eigenheime, Kaufeigenheime und Kleinsiedlungen, die nach Größe und Grundriß ganz oder teilweise dazu bestimmt sind, dem Eigentümer und seiner Familie oder einem Angehörigen und dessen Familie als Heim zu dienen. Zu einem Familienheim in der Form des Eigenheims oder des Kaufeigenheims soll nach Möglichkeit ein Garten oder sonstiges nutzbares Land gehören.

(2) Das Familienheim verliert seine Eigenschaft, wenn es für die Dauer nicht seiner Bestimmung entsprechend genutzt wird. Das Familienheim verliert seine Eigenschaft nicht, wenn weniger als die Hälfte der Wohn- und Nutzfläche des Gebäudes anderen als Wohnzwecken, insbesondere gewerblichen oder beruflichen Zwecken dient.

§ 9
Eigenheime und Kaufeigenheime

(1) Ein Eigenheim ist ein im Eigentum einer natürlichen Person stehendes Grundstück mit einem Wohngebäude, das nicht mehr als zwei Wohnungen

enthält, von denen eine Wohnung zum Bewohnen durch den Eigentümer oder seine Angehörigen bestimmt ist.

(2) Ein Kaufeigenheim ist ein Grundstück mit einem Wohngebäude, das nicht mehr als zwei Wohnungen enthält und von einem Bauherrn mit der Bestimmung geschaffen worden ist, es einem Bewerber als Eigenheim zu übertragen.

(3) Die in dem Wohngebäude enthaltene zweite Wohnung kann eine gleichwertige Wohnung oder eine Einliegerwohnung sein.

§ 10
Kleinsiedlungen

(1) Eine Kleinsiedlung ist eine Siedlerstelle, die aus einem Wohngebäude mit angemessener Landzulage besteht und die nach Größe, Bodenbeschaffenheit und Einrichtung dazu bestimmt und geeignet ist, dem Kleinsiedler durch Selbstversorgung aus vorwiegend gartenbaumäßiger Nutzung des Landes eine fühlbare Ergänzung seines sonstigen Einkommens zu bieten. Die Kleinsiedlung soll einen Wirtschaftsteil enthalten, der die Haltung von Kleintieren ermöglicht. Das Wohngebäude kann neben der für den Kleinsiedler bestimmten Wohnung eine Einliegerwohnung enthalten.

(2) Eine Eigensiedlung ist eine Kleinsiedlung, die von dem Kleinsiedler auf einem in seinem Eigentum stehenden Grundstück geschaffen worden ist.

(3) Eine Trägerkleinsiedlung ist eine Kleinsiedlung, die von einem Bauherrn mit der Bestimmung geschaffen worden ist, sie einem Bewerber zu Eigentum zu übertragen. Nach der Übertragung des Eigentums steht die Kleinsiedlung einer Eigensiedlung gleich.

§ 11
Einliegerwohnungen

Eine Einliegerwohnung ist eine in einem Eigenheim, einem Kaufeigenheim oder einer Kleinsiedlung enthaltene abgeschlossene oder nicht abgeschlossene zweite Wohnung, die gegenüber der Hauptwohnung von untergeordneter Bedeutung ist.

§ 12
Eigentumswohnungen und Kaufeigentumswohnungen

(1) Eine Eigentumswohnung ist eine Wohnung, an der Wohnungseigentum nach den Vorschriften des Ersten Teils des Wohnungseigentumsgesetzes begründet ist. Eine Eigentumswohnung, die zum Bewohnen durch den Wohnungseigentümer oder seine Angehörigen bestimmt ist, ist eine eigengenutzte Eigentumswohnung im Sinne des vorliegenden Gesetzes.

(2) Eine Kaufeigentumswohnung ist eine Wohnung, die von einem Bauherrn mit der Bestimmung geschaffen worden ist, sie einem Bewerber als eigengenutzte Eigentumswohnung zu übertragen.

II. WoBauG

§ 13
Genossenschaftswohnungen

Eine Genossenschaftswohnung ist eine Wohnung, die von einem Wohnungsunternehmen in der Rechtsform der Genossenschaft geschaffen worden und dazu bestimmt ist, auf Grund eines Nutzungsvertrages einem Mitglied zum Bewohnen überlassen zu werden.

§ 15
Wohnheime

Als Wohnheime im Sinne dieses Gesetzes gelten Heime, die nach ihrer baulichen Anlage und Ausstattung für die Dauer dazu bestimmt und geeignet sind, Wohnbedürfnisse zu befriedigen.

§ 16
Wiederaufbau und Wiederherstellung

(1) Wiederaufbau eines zerstörten Gebäudes ist das Schaffen von Wohnraum oder von anderem auf die Dauer benutzbarem Raum durch Aufbau dieses Gebäudes oder durch Bebauung von Trümmerflächen. Ein Gebäude gilt als zerstört, wenn ein außergewöhnliches Ereignis bewirkt hat, daß oberhalb des Kellergeschosses auf die Dauer benutzbarer Raum nicht mehr vorhanden ist.

(2) Wiederherstellung eines beschädigten Gebäudes ist das Schaffen von Wohnraum oder von anderem auf die Dauer benutzbarem Raum durch Baumaßnahmen, durch die die Schäden ganz oder teilweise beseitigt werden; hierzu gehören auch Baumaßnahmen, durch die auf die Dauer zu Wohnzwecken nicht mehr benutzbarer Wohnraum wieder auf die Dauer benutzbar gemacht wird. Ein Gebäude gilt als beschädigt, wenn ein außergewöhnliches Ereignis bewirkt hat, daß oberhalb des Kellergeschosses auf die Dauer benutzbarer Raum nur noch teilweise vorhanden ist.

(3) Raum ist auf die Dauer nicht benutzbar, wenn ein zu seiner Benutzung erforderlicher Gebäudeteil zerstört ist oder wenn der Raum oder der Gebäudeteil sich in einem Zustand befindet, der aus Gründen der Bau- oder Gesundheitsaufsicht eine dauernde, der Zweckbestimmung entsprechende Benutzung des Raumes nicht gestattet; dabei ist es unerheblich, ob der Raum tatsächlich benutzt wird.

(4) Ein Gebäude gilt nicht als zerstört oder beschädigt, wenn die Schäden durch Mängel der Bauteile oder infolge Abnutzung, Alterung oder Witterungseinwirkung entstanden sind.

§ 17
Ausbau und Erweiterung

(1) Wohnungsbau durch Ausbau eines bestehenden Gebäudes ist das Schaffen von Wohnraum durch Ausbau des Dachgeschosses oder durch eine unter wesentlichem Bauaufwand durchgeführte Umwandlung von Räumen, die

nach ihrer baulichen Anlage und Ausstattung bisher anderen als Wohnzwecken dienten. Als Wohnungsbau durch Ausbau eines bestehenden Gebäudes gilt auch der unter wesentlichem Bauaufwand durchgeführte Umbau von Wohnräumen, die infolge Änderung der Wohngewohnheiten nicht mehr für Wohnzwecke geeignet sind, zur Anpassung an die veränderten Wohngewohnheiten.

(2) Wohnungsbau durch Erweiterung eines bestehenden Gebäudes ist das Schaffen von Wohnraum durch Aufstockung des Gebäudes oder durch Anbau an das Gebäude.

§ 39
Wohnungsgrößen

(1) Mit öffentlichen Mitteln soll nur der Bau von angemessen großen Wohnungen innerhalb der nachstehenden Grenzen gefördert werden:

1. Familienheime mit nur einer Wohnung 130 m^2,
2. Familienheime mit zwei Wohnungen 200 m^2,
3. eigengenutzte Eigentumswohnungen und Kaufeigentumswohnungen 120 m^2,
4. andere Wohnungen in der Regel 90 m^2.

Bei Familienheimen mit zwei Wohnungen darf keine der Wohnungen die Wohnfläche von 130 m^2 übersteigen. Die zweite Wohnung darf nur als abgeschlossene Wohnung gefördert werden.

(2) Eine Überschreitung der in Absatz 1 Satz 1 Nr. 1 bis 4 und Satz 2 genannten Wohnflächengrenzen ist zulässig,

1. soweit die Mehrfläche zu einer angemessenen Unterbringung eines Haushalts mit mehr als vier Personen erforderlich ist oder
2. soweit die Mehrfläche zur angemessenen Berücksichtigung der besonderen persönlichen oder beruflichen Bedürfnisse des künftigen Wohnungsinhabers erforderlich ist oder
3. soweit die Mehrfläche im Rahmen der örtlichen Bauplanung bei Wiederaufbau, Wiederherstellung, Ausbau oder Erweiterung oder bei der Schließung von Baulücken durch eine wirtschaftlich notwendige Grundrißgestaltung bedingt ist.

(3) Die für das Wohnungs- und Siedlungswesen zuständigen obersten Landesbehörden oder die von ihnen bestimmten Stellen können die Wohnflächengrenzen des Absatzes 1 Satz 1 Nr. 1 bis 4 und Satz 2 herabsetzen und über Absatz 2 hinaus Überschreitungen für vergleichbare Fallgruppen zulassen.

(4) Soll ein durch Wiederherstellung, Ausbau oder Erweiterung neugeschaffener Wohnraum der Vergrößerung einer vorhandenen Wohnung dienen, so ist bei der Ermittlung der Wohnflächengrenze die Wohnfläche der gesamten Wohnung zugrunde zu legen.

II. WoBauG

§ 51
Baukosten

Die Bewilligung öffentlicher Mittel soll mit Bedingungen oder Auflagen verbunden werden, die der Senkung der Baukosten dienen. Sie kann auch mit der Auflage verbunden werden, daß höhere Grundstücks- und Baukosten, als in der Wirtschaftlichkeitsberechnung, die der Bewilligung zugrunde liegt, veranschlagt worden sind, in spätere Wirtschaftlichkeitsberechnungen nicht eingesetzt werden dürfen.

§ 63
Bauliche Ausführung

Mietwohnungen sollen nach Möglichkeit in Ein- oder Zweifamilienhäusern geschaffen und so gebaut werden, daß eine spätere Überlassung als Eigenheime möglich ist. Soweit aus städtebaulichen oder anderen Gründen Mehrfamilienhäuser geschaffen werden, soll ein angemessener Teil so gebaut werden, daß eine spätere Überlassung der Wohnungen als Eigentumswohnungen möglich ist.

§ 91
Maßnahmen zur Baukostensenkung

(1) Zum Zwecke der Senkung der Baukosten und der Rationalisierung des Bauvorganges fördert die Bundesregierung

a) die Bauforschung,

b) die Schaffung von Normen für Baustoffe und Bauteile,

c) die Entwicklung von Typen für Bauten und Bauteile.

(2) Die Bundesregierung wird ermächtigt, durch Rechtsverordnung Vorschriften zu erlassen über

a) die Zulassung von Baustoffen und Bauarten,

b) die Anwendung von Normen des Deutschen Normenausschusses,

c) die einheitliche Regelung des Verdingungswesens.

… II. BV

Verordnung über wohnungswirtschaftliche Berechnungen (Zweite Berechnungsverordnung – II. BV)

(Neufassung vom 12. 10. 1990. Veröffentlicht im BGBl. 1990 Nr. 55 vom 18. 10. 1990, geändert am 13. 7. 1992) (Gegenüber der Fassung von 1979 geänderte oder ergänzte Teile sind *kursiv* gedruckt.)

Inhaltsübersicht

Teil I Allgemeine Vorschriften

	§
Anwendungsbereich der Verordnung	1

Teil II Wirtschaftlichkeitsberechnung

Erster Abschnitt: Gegenstand, Gliederung und Aufstellung der Berechnung

	§
Gegenstand der Berechnung	2
Gliederung der Berechnung	3
Maßgebende Verhältnisse für die Aufstellung der Berechnung	4
Berücksichtigung von Änderungen bei Aufstellung der Berechnung	4 a
Berechnung für steuerbegünstigten Wohnraum, der mit Aufwendungszuschüssen oder Aufwendungsdarlehen gefördert ist	*4 b*
Berechnung des angemessenen Kaufpreises aus den Gesamtkosten	4 c

Zweiter Abschnitt: Berechnung der Gesamtkosten

	§
Gliederung der Gesamtkosten	5
Kosten des Baugrundstücks	6
Baukosten	7
Baunebenkosten	8
Sach- und Arbeitsleistungen	9
Leistungen gegen Renten	10
Änderung der Gesamtkosten, bauliche Änderungen	11
Nicht feststellbare Gesamtkosten	11 a

Dritter Abschnitt: Finanzierungsplan

	§
Inhalt des Finanzierungsplanes	12
Fremdmittel	13
Verlorene Baukostenzuschüsse	14
Eigenleistungen	15
Ersatz der Eigenleistung	16
(weggefallen)	17

Vierter Abschnitt: Laufende Aufwendungen und Erträge

	§
Laufende Aufwendungen	18
Kapitalkosten	19
Eigenkapitalkosten	20
Fremdkapitalkosten	21
Zinsersatz bei erhöhten Tilgungen	22
Änderung der Kapitalkosten	23
Marktüblicher Zinssatz für erste Hypotheken	23 a
Bewirtschaftungskosten	24
Abschreibung	25
Verwaltungskosten	26
Betriebskosten	27
Instandhaltungskosten	28
Mietausfallwagnis	29
Änderung der Bewirtschaftungskosten	30
Erträge	31

Fünfter Abschnitt: Besondere Arten der Wirtschaftlichkeitsberechnung

	§
Voraussetzungen für besondere Arten der Wirtschaftlichkeitsberechnung	32
Teilwirtschaftlichkeitsberechnung	33
Gesamtkosten in der Teilwirtschaftlichkeitsberechnung	34
Finanzierungsmittel in der Teilwirtschaftlichkeitsberechnung	35
Laufende Aufwendungen und Erträge in der Teilwirtschaftlichkeitsberechnung	36
Gesamtwirtschaftlichkeitsberechnung	37
Teilberechnungen der laufenden Aufwendungen	38
Vereinfachte Wirtschaftlichkeitsberechnung	39
Zusatzberechnung	*39 a*

Teil III Lastenberechnung

	§
Lastenberechnung	40
Aufstellung der Lastenberechnung durch den Bauherrn	40 a

51

II. BV

Aufstellung der Lastenberechnung durch den Erwerber	40 b
Ermittlung der Belastung	40 c
Belastung aus dem Kapitaldienst	40 d
Belastung aus der Bewirtschaftung	41

Teil IV Wohnflächenberechnung

Wohnfläche	42
Berechnung der Grundfläche	43
Anrechenbare Grundfläche	44

Teil V Schluß- und Überleitungsvorschriften
(ausgelassen)

Anlagen

Anlage 1 (zu § 5 Abs. 5): Aufstellung der Gesamtkosten
Anlage 2 (zu den §§ 11 a und 34 Abs. 1): Berechnung des umbauten Raumes
Anlage 3 (zu § 27 Abs. 1): Aufstellung der Betriebskosten

Die in der zweiten Berechnungsverordnung im Teil IV (Wohnflächenberechnung) und in den Anlagen 1 bis 2 (Aufstellung der Gesamtkosten; Berechnung des umbauten Raumes) dargestellten Verordnungen unterscheiden sich wesentlich von den derzeit gültigen Normen und den im Entwurf befindlichen Normen bzw. Normteilen. Im Zweifelsfalle sollte von der Bewilligungsbehörde für den öffentlich geförderten Wohnungsbau Auskunft darüber eingeholt werden, welche Berechnungsgrundlagen zu verwenden sind.

Teil I
Allgemeine Vorschriften

§ 1
Anwendungsbereich der Verordnung

(1) Diese Verordnung ist anzuwenden, wenn

1. die Wirtschaftlichkeit, Belastung, Wohnfläche oder der angemessene Kaufpreis für öffentlich geförderten Wohnraum
   bei Anwendung des Zweiten Wohnungsbaugesetzes oder des Wohnungsbindungsgesetzes,
2. die Wirtschaftlichkeit, Belastung oder Wohnfläche für steuerbegünstigten oder frei finanzierten Wohnraum
   bei Anwendung des Zweiten Wohnungsbaugesetzes,
3. die Wirtschaftlichkeit oder der angemessene Kaufpreis
   bei Anwendung der Verordnung zur Durchführung des Wohnungsgemeinnützigkeitsgesetzes

zu berechnen ist.

(2) Diese Verordnung ist ferner anzuwenden, wenn in anderen Rechtsvorschriften die Anwendung vorgeschrieben oder vorausgesetzt ist. Das gleiche gilt, wenn in anderen Rechtsvorschriften die Anwendung der Ersten Berechnungsverordnung vorgeschrieben oder vorausgesetzt ist.

Teil II
Wirtschaftlichkeitsberechnung

Erster Abschnitt
Gegenstand, Gliederung und Aufstellung der Berechnung

§ 2
Gegenstand der Berechnung

(1) Die Wirtschaftlichkeit von Wohnraum wird durch eine Berechnung (Wirtschaftlichkeitsberechnung) ermittelt. In ihr sind die laufenden Aufwendungen zu ermitteln und den Erträgen gegenüberzustellen.

(2) Die Wirtschaftlichkeitsberechnung ist für das Gebäude, das den Wohnraum enthält, aufzustellen. Sie ist für eine Mehrheit solcher Gebäude aufzustellen, wenn sie eine Wirtschaftseinheit bilden. Eine Wirtschaftseinheit ist eine Mehrheit von Gebäuden, die demselben Eigentümer gehören, in örtlichem Zusammenhang stehen und deren Errichtung ein einheitlicher Finanzierungsplan zugrunde gelegt worden ist oder zugrunde gelegt werden soll. Ob der Errichtung einer Mehrheit von Gebäuden ein einheitlicher Finanzierungsplan zugrunde gelegt werden soll, bestimmt der Bauherr. Im öffentlich geförderten sozialen Wohnungsbau kann die Bewilligungsstelle die Bewilligung öffentlicher Mittel davon abhängig machen, daß der Bauherr eine andere Bestimmung über den Gegenstand der Berechnung trifft. Wird eine Wirtschaftseinheit in der Weise aufgeteilt, daß eine Mehrheit von Gebäuden bleibt, die demselben Eigentümer gehören und in örtlichem Zusammenhang stehen, so entsteht insoweit eine neue Wirtschaftseinheit.

(3) In die Wirtschaftlichkeitsberechnung sind außer dem Gebäude oder der Wirtschaftseinheit auch zugehörige Nebengebäude, Anlagen und Einrichtungen sowie das Baugrundstück einzubeziehen. Das Baugrundstück besteht aus den überbauten und den dazugehörigen Flächen, soweit sie einen angemessenen Umfang nicht überschreiten; bei einer Kleinsiedlung gehört auch die Landzulage dazu.

(4) Enthält das Gebäude oder die Wirtschaftseinheit neben dem Wohnraum, für den die Wirtschaftlichkeitsberechnung aufzustellen ist, noch anderen Raum, so ist die Wirtschaftlichkeitsberechnung unter den Voraussetzungen und nach Maßgabe des Fünften Abschnittes als Teilwirtschaftlichkeitsberechnung oder als Gesamtwirtschaftlichkeitsberechnung oder mit Teilberechnungen der laufenden Aufwendungen aufzustellen.

(5) Ist die Wirtschaftseinheit aufgeteilt worden, so sind Wirtschaftlichkeitsberechnungen, die nach der Aufteilung aufzustellen sind, für die einzelnen Gebäude oder, wenn neue Wirtschaftseinheiten entstanden sind, für die neuen Wirtschaftseinheiten aufzustellen; Entsprechendes gilt, wenn die Wirtschaftseinheit aufgeteilt werden soll und im Hinblick hierauf Wirtschaftlichkeitsberechnungen aufgestellt werden. Auf die Aufstellung der Wirtschaft-

lichkeitsberechnungen sind die Vorschriften über die Teilwirtschaftlichkeitsberechnung sinngemäß anzuwenden, soweit nicht eine andere Aufteilung aus besonderen Gründen angemessen ist; im öffentlich geförderten sozialen Wohnungsbau bedarf die Wahl einer anderen Aufteilung der Zustimmung der Bewilligungsstelle. Ist Wohnungseigentum an den Wohnungen einer Wirtschaftseinheit oder eines Gebäudes begründet, ist die Wirtschaftlichkeitsberechnung entsprechend Satz 2 für die einzelnen Wohnungen aufzustellen.

(6) Im öffentlich geförderten sozialen Wohnungsbau dürfen mehrere Gebäude, mehrere Wirtschaftseinheiten oder mehrere Gebäude und Wirtschaftseinheiten nachträglich zu einer Wirtschaftseinheit zusammengefaßt werden, sofern sie demselben Eigentümer gehören, in örtlichem Zusammenhang stehen, die Wohnungen keine wesentlichen Unterschiede in ihrem Wohnungswert aufweisen und die Bewirtschaftung durch die Zusammenfassung erleichtert wird. Die Zusammenfassung bedarf der Zustimmung der Bewilligungsstelle. Sie darf nur erteilt werden, wenn öffentlich geförderte Wohnungen in sämtlichen Gebäuden vorhanden sind. In die Wirtschaftlichkeitsberechnungen, die nach der Zusammenfassung aufgestellt werden, sind die bisherigen Gesamtkosten, Finanzierungsmittel und laufenden Aufwendungen zu übernehmen. Die öffentlichen Mittel gelten als für sämtliche öffentlich geförderten Wohnungen der zusammengefaßten Wirtschaftseinheit bewilligt.

(7) *Absatz 6 gilt entsprechend im steuerbegünstigten oder freifinanzierten Wohnungsbau, der mit Wohnungsfürsorgemitteln gefördert worden ist. Anstelle der Zustimmung der Bewilligungsstelle ist die Zustimmung des Darlehns- oder Zuschußgebers erforderlich.*

(8) *Gelten nach § 15 Abs. 2 Satz 2 oder § 16 Abs. 2 oder 7 des Wohnungsbindungsgesetzes eine oder mehrere Wohnungen eines Gebäudes oder einer Wirtschaftseinheit nicht mehr als öffentlich gefördert, so bleibt für die übrigen Wohnungen die bisherige Wirtschaftlichkeitsberechnung mit den zulässigen Ansätzen für Gesamtkosten, Finanzierungsmittel und laufende Aufwendungen in der Weise maßgebend, wie sie für alle bisherigen öffentlich geförderten Wohnungen des Gebäudes oder der Wirtschaftseinheit maßgebend gewesen wäre.*

§ 3
Gliederung der Berechnung

Die Wirtschaftlichkeitsberechnung muß enthalten

1. die Grundstücks- und Gebäudebeschreibung,
2. die Berechnung der Gesamtkosten,
3. den Finanzierungsplan,
4. die laufenden Aufwendungen und die Erträge.

§ 4
Maßgebende Verhältnisse für die Aufstellung der Berechnung

(1) Ist im öffentlich geförderten sozialen Wohnungsbau der Bewilligung der öffentlichen Mittel eine Wirtschaftlichkeitsberechnung zugrunde zu legen, so ist die Wirtschaftlichkeitsberechnung nach den Verhältnissen aufzustellen, die beim Antrag auf Bewilligung öffentlicher Mittel bestehen. Haben sich die Verhältnisse bis zur Bewilligung der öffentlichen Mittel geändert, so kann die Bewilligungsstelle der Bewilligung die geänderten Verhältnisse zugrunde legen; sie hat sie zugrunde zu legen, wenn der Bauherr es beantragt.

(2) Ist im öffentlich geförderten sozialen Wohnungsbau der Bewilligung der öffentlichen Mittel eine Wirtschaftlichkeitsberechnung nicht zugrunde gelegt worden, wohl aber eine ähnliche Berechnung oder eine Berechnung der Gesamtkosten und Finanzierungsmittel, so ist die Wirtschaftlichkeitsberechnung nach den Verhältnissen aufzustellen, die der Bewilligung auf Grund dieser Berechnung zugrunde gelegt worden sind; soweit dies nicht geschehen ist, ist die Wirtschaftlichkeitsberechnung nach den Verhältnissen aufzustellen, die bei der Bewilligung der öffentlichen Mittel bestanden haben.

(3) Ist im öffentlich geförderten sozialen Wohnungsbau der Bewilligung der öffentlichen Mittel eine Wirtschaftlichkeitsberechnung oder eine Berechnung der in Absatz 2 bezeichneten Art nicht zugrunde gelegt worden, so ist die Wirtschaftlichkeitsberechnung nach den Verhältnissen aufzustellen, die bei der Bewilligung der öffentlichen Mittel bestanden haben.

(4) Im steuerbegünstigten Wohnungsbau ist die Wirtschaftlichkeitsberechnung nach den Verhältnissen bei Bezugsfertigkeit aufzustellen.

§ 4 a
Berücksichtigung von Änderungen bei Aufstellung der Berechnung

(1) Ist im öffentlich geförderten sozialen Wohnungsbau der Bewilligung der öffentlichen Mittel eine Wirtschaftlichkeitsberechnung zugrunde gelegt worden, so sind die Gesamtkosten, Finanzierungsmittel oder laufenden Aufwendungen, die bei der Bewilligung auf Grund dieser Berechnung zugrunde gelegt worden sind, in eine spätere Wirtschaftlichkeitsberechnung zu übernehmen, es sei denn, daß

1. sie sich nach der Bewilligung der öffentlichen Mittel geändert haben und ein anderer Ansatz in dieser Verordnung vorgeschrieben ist oder
2. nach der Bewilligung der öffentlichen Mittel bauliche Änderungen vorgenommen worden sind und ein anderer Ansatz in dieser Verordnung vorgeschrieben oder zugelassen ist oder
3. laufende Aufwendungen nicht oder nur in geringerer Höhe, als in dieser Verordnung vorgeschrieben oder zugelassen ist, in Anspruch genommen oder anerkannt worden sind oder auf ihren Ansatz ganz oder teilweise verzichtet worden ist oder

4. der Ansatz von laufenden Aufwendungen nach dieser Verordnung nicht mehr oder nur in geringerer Höhe zulässig ist.

In den Fällen der Nummern 3 und 4 bleiben die Gesamtkosten und die Finanzierungsmittel unverändert. Nummer 3 ist bei Wohnungen, für welche die öffentlichen Mittel erstmalig nach dem 31. Dezember 1956 bewilligt worden sind, erst nach dem Ablauf von 6 Jahren seit der Bezugsfertigkeit anzuwenden, es sei denn, daß eine kürzere Frist bei der Bewilligung der öffentlichen Mittel vereinbart worden ist.

(2) Ist im öffentlich geförderten sozialen Wohnungsbau der Bewilligung der öffentlichen Mittel eine Wirtschaftlichkeitsberechnung nicht zugrunde gelegt worden, wohl aber eine ähnliche Berechnung oder eine Berechnung der Gesamtkosten und Finanzierungsmittel, so gilt Absatz 1 entsprechend, soweit bei der Bewilligung auf Grund dieser Berechnung Gesamtkosten, Finanzierungsmittel oder laufende Aufwendungen zugrunde gelegt worden sind; im übrigen gilt Absatz 3 entsprechend.

(3) Ist im öffentlich geförderten sozialen Wohnungsbau der Bewilligung der öffentlichen Mittel eine Wirtschaftlichkeitsberechnung oder eine Berechnung der in Absatz 2 bezeichneten Art nicht zugrunde gelegt worden und haben sich die Gesamtkosten, Finanzierungsmittel oder laufenden Aufwendungen nach der Bewilligung der öffentlichen Mittel geändert oder sind danach bauliche Änderungen vorgenommen worden, so dürfen diese Änderungen nur berücksichtigt werden, soweit es sich bei entsprechender Anwendung der Vorschriften dieser Verordnung, die die Änderung von Gesamtkosten, Finanzierungsmitteln oder laufenden Aufwendungen oder die bauliche Änderungen zum Gegenstand haben, ergibt.

(4) Haben sich im steuerbegünstigten Wohnungsbau die Gesamtkosten, Finanzierungsmittel oder laufenden Aufwendungen nach der Bezugsfertigkeit geändert oder sind bauliche Änderungen vorgenommen worden, so dürfen diese Änderungen nur berücksichtigt werden, soweit es in dieser Verordnung vorgeschrieben oder zugelassen ist.

(5) Soweit eine Berücksichtigung geänderter Verhältnisse nach dieser Verordnung nicht zulässig ist, bleiben die Verhältnisse im Zeitpunkt nach § 4 maßgebend.

§ 4 b
**Berechnung für steuerbegünstigten Wohnraum,
der mit Aufwendungszuschüssen oder Aufwendungsdarlehen gefördert ist**

(1) Ist die Wirtschaftlichkeit für steuerbegünstigte Wohnungen, die mit Aufwendungszuschüssen oder Aufwendungsdarlehen nach § 88 des Zweiten Wohnungsbaugesetzes gefördert worden sind, zu berechnen, so sind die Vorschriften für öffentlich geförderte Wohnungen entsprechend anzuwenden. Bei der entsprechenden Anwendung von § 4 Abs. 1 sind die Verhältnisse im Zeitpunkt der Bewilligung der Aufwendungszuschüsse oder Aufwendungsdarlehen zugrunde zu legen.

(2) Sind die in Absatz 1 bezeichneten Wohnungen auch mit einem Darlehen oder einem Zuschuß aus Wohnungsfürsorgemitteln gefördert worden, so sind die Vorschriften für steuerbegünstigte Wohnungen mit den Maßgaben aus § 6 Abs. 1 Satz 4 und § 20 Abs. 3 anzuwenden.

§ 4 c
Berechnung des angemessenen Kaufpreises aus den Gesamtkosten

Ist in Fällen des § 1 Abs. 1 Nr. 1 oder Nr. 3 der angemessene Kaufpreis zu berechnen, so sind die Vorschriften der §§ 4 und 4 a bei der Ermittlung der Gesamtkosten, der Kosten des Baugrundstücks oder der Baukosten entsprechend anzuwenden, soweit sich aus § 54 a Abs. 2 Satz 2 letzter Halbsatz des Zweiten Wohnungsbaugesetzes oder aus § 14 Abs. 2 Satz 3 der Durchführungsverordnung zum Wohnungsgemeinnützigkeitsgesetz nichts anderes ergibt. Im übrigen sind die Gesamtkosten, die Kosten des Baugrundstücks und die Baukosten nach den §§ 5 bis 11 a zu ermitteln.

Zweiter Abschnitt
Berechnung der Gesamtkosten

§ 5
Gliederung der Gesamtkosten[1])

(1) Gesamtkosten sind die Kosten des Baugrundstücks und die Baukosten.

(2) Kosten des Baugrundstückes sind der Wert des Baugrundstücks, die Erwerbskosten und die Erschließungskosten. Kosten, die im Zusammenhang mit einer das Baugrundstück betreffenden freiwilligen oder gesetzlich geregelten Umlegung, Zusammenlegung oder Grenzregelung (Bodenordnung) entstehen, gehören zu den Erwerbskosten, außer den Kosten der dem Bauherrn dabei obliegenden Verwaltungsleistungen. Bei einem Erbbaugrundstück sind Kosten des Baugrundstücks nur die dem Erbbauberechtigten entstehenden Erwerbs- und Erschließungskosten; zu den Erwerbskosten des Erbbaurechts gehört auch ein Entgelt, das der Erbbauberechtigte einmalig für die Bestellung oder Übertragung des Erbbaurechts zu entrichten hat, soweit es angemessen ist.

(3) Baukosten sind die Kosten der Gebäude, die Kosten der Außenanlagen, die Baunebenkosten, die Kosten besonderer Betriebseinrichtungen sowie die Kosten des Gerätes und sonstiger Wirtschaftsausstattungen. Wird der Wert verwendeter Gebäudeteile angesetzt, so ist er unter den Baukosten gesondert auszuweisen.

(4) Baunebenkosten sind
1. die Kosten der Architekten- und Ingenieurleistungen,
2. die Kosten der dem Bauherrn obliegenden Verwaltungsleistungen bei Vorbereitung und Durchführung des Bauvorhabens,

---
1) Siehe Anlage 1 (S. 90).

3. die Kosten der Behördenleistungen bei Vorbereitung und Durchführung des Bauvorhabens, soweit sie nicht Erwerbskosten sind,
4. die Kosten der Beschaffung der Finanzierungsmittel, die Kosten der Zwischenfinanzierung und, soweit sie auf die Bauzeit fallen, die Kapitalkosten und die Steuerbelastungen des Baugrundstücks,
5. die Kosten der Beschaffung von Darlehen und Zuschüssen zur Deckung von laufenden Aufwendungen, Fremdkapitalkosten, Annuitäten und Bewirtschaftungskosten,
6. sonstige Nebenkosten bei Vorbereitung und Durchführung des Bauvorhabens.

(5) Der Ermittlung der Gesamtkosten ist die dieser Verordnung beigefügte Anlage 1 „Aufstellung der Gesamtkosten" zugrunde zu legen.

§ 6
Kosten des Baugrundstücks

(1) Als Wert des Baugrundstücks darf höchstens angesetzt werden,
1. wenn das Baugrundstück dem Bauherrn zur Förderung des Wohnungsbaues unter dem Verkehrswert überlassen worden ist, der Kaufpreis,
2. wenn das Baugrundstück durch Enteignung zur Durchführung des Bauvorhabens vom Bauherrn erworben worden ist, die Entschädigung,
3. in anderen Fällen der Verkehrswert in dem nach § 4 maßgebenden Zeitpunkt oder der Kaufpreis, es sei denn, daß er unangemessen hoch gewesen ist.

Für den Begriff des Verkehrswertes gilt § 142 Abs. 2 des Bundesbaugesetzes. Im steuerbegünstigten Wohnungsbau dürfen neben dem Verkehrswert Kosten der Zwischenfinanzierung, Kapitalkosten und Steuerbelastungen des Baugrundstücks, die auf die Bauzeit fallen, nicht angesetzt werden. Ist die Wirtschaftlichkeitsberechnung nach § 87 a des Zweiten Wohnungsbaugesetzes aufzustellen, so darf der Bauherr den Wert des Baugrundstücks nach Satz 1 ansetzen, soweit nicht mit dem Darlehens- oder Zuschußgeber vertraglich ein anderer Ansatz vereinbart ist.

(2) Bei Ausbau durch Umwandlung oder Umbau darf als Wert des Baugrundstücks höchstens der Verkehrswert vergleichbarer unbebauter Grundstücke für Wohngebäude in dem nach § 4 maßgebenden Zeitpunkt angesetzt werden. Der Wert des Baugrundstücks darf nicht angesetzt werden beim Ausbau durch Umbau einer Wohnung, deren Bau bereits mit öffentlichen Mitteln oder mit Wohnungsfürsorgemitteln gefördert worden ist.

(3) Soweit Preisvorschriften in dem nach § 4 maßgebenden Zeitpunkt bestanden haben, dürfen höchstens die danach zulässigen Preise zugrunde gelegt werden.

(4) Erwerbskosten und Erschließungskosten dürfen, vorbehaltlich der §§ 9 und 10, nur angesetzt werden, soweit sie tatsächlich entstehen oder mit ihrem Entstehen sicher gerechnet werden kann.

(5) Wird die Erschließung im Zusammenhang mit dem Bauvorhaben durchgeführt, so darf außer den Erschließungskosten nur der Wert des nicht erschlossenen Baugrundstücks nach Absatz 1 angesetzt werden. Ist die Erschließung bereits vorher ganz oder teilweise durchgeführt worden, so kann der Wert des ganz oder teilweise erschlossenen Baugrundstücks nach Absatz 1 angesetzt werden, wenn ein Ansatz von Erschließungskosten insoweit unterbleibt.

(6) Liegt das Baugrundstück in dem nach § 4 maßgebenden Zeitpunkt in einem nach dem Städtebauförderungsgesetz förmlich festgelegten Sanierungsgebiet, Ersatzgebiet, Ergänzungsgebiet oder Entwicklungsbereich, dürfen abweichend von Absatz 1 Satz 1 und den Absätzen 2, 4 und 5 als Wert des Baugrundstücks und an Stelle der Erschließungskosten höchstens angesetzt werden

1. der Wert, der sich für das unbebaute Grundstück ergeben würde, wenn eine Sanierung oder Entwicklung weder beabsichtigt noch durchgeführt worden wäre, der Kaufpreis für ein nach der förmlichen Festlegung erworbenes Grundstück, soweit er zulässig gewesen ist, oder, wenn eine Umlegung nach Maßgabe des Städtebauförderungsgesetzes durchgeführt worden ist, der Verkehrswert, der der Zuteilung des Grundstücks zugrunde gelegt worden ist,

2. der Ausgleichsbetrag, der nach den Vorschriften des Städtebauförderungsgesetzes für das Grundstück zu entrichten ist,

3. der Betrag, der auf den Ausgleichsbetrag nach den Vorschriften des Städtebauförderungsgesetzes angerechnet wird, soweit die Anrechnung nicht auf Umständen beruht, die in dem nach Nummer 1 angesetzten Wert des Grundstücks berücksichtigt sind.

§ 7
Baukosten

(1) Baukosten dürfen nur angesetzt werden, soweit sie tatsächlich entstehen oder mit ihrem Entstehen sicher gerechnet werden kann und soweit sie bei gewissenhafter Abwägung aller Umstände, bei wirtschaftlicher Bauausführung und bei ordentlicher Geschäftsführung gerechtfertigt sind. Kosten entstehen tatsächlich in der Höhe, in der der Bauherr eine Vergütung für Bauleistungen zu entrichten hat; ein Barzahlungsnachlaß (Skonto) braucht nicht abgesetzt zu werden, soweit er handelsüblich ist. Die Vorschriften der §§ 9 und 10 bleiben unberührt.

(2) Bei Wiederaufbau und bei Ausbau durch Umwandlung oder Umbau eines Gebäudes gehört zu den Baukosten auch der Wert der verwendeten Gebäudeteile. Der Wert der verwendeten Gebäudeteile ist mit dem Betrage anzusetzen, der einem Unternehmer für die Bauleistungen im Rahmen der Kosten des Gebäudes zu entrichten wäre, wenn an Stelle des Wiederaufbaues oder des Ausbaues ein Neubau durchgeführt würde, abzüglich der Kosten des Gebäudes, die für den Wiederaufbau oder den Ausbau tatsächlich entste-

hen oder mit deren Entstehen sicher gerechnet werden kann. Bei der Ermittlung der Kosten eines vergleichbaren Neubaues dürfen verwendete Gebäudeteile, die für einen Neubau nicht erforderlich gewesen wären, nicht berücksichtigt werden. Bei Wiederaufbau ist der Restbetrag der auf dem Grundstück ruhenden Hypothekengewinnabgabe von dem nach den Sätzen 2 und 3 ermittelten Wert der verwendeten Gebäudeteile mit dem Betrag abzuziehen, der sich vor Herabsetzung der Abgabeschulden nach § 104 des Lastenausgleichsgesetzes für den Herabsetzungsstichtag ergibt. § 6 Abs. 2 Satz 2 ist auf den Wert der verwendeten Gebäudeteile entsprechend anzuwenden.

(3) Bei Wiederherstellung, Ausbau eines Gebäudeteils und Erweiterung darf der Wert der verwendeten Gebäudeteile nur nach dem Fünften Abschnitt angesetzt werden.

§ 8
Baunebenkosten

(1) Auf die Ansätze für die Kosten der Architekten, Ingenieure und anderer Sonderfachleute, die Kosten der Verwaltungsleistungen bei Vorbereitung und Durchführung des Bauvorhabens und die damit zusammenhängenden Nebenkosten ist § 7 Abs. 1 anzuwenden. Als Kosten der Architekten- und Ingenieurleistungen dürfen höchstens die Beträge angesetzt werden, die sich nach Absatz 2 ergeben. Als Kosten der Verwaltungsleistungen dürfen höchstens die Beträge angesetzt werden, die sich nach den Absätzen 3 bis 5 ergeben.

(2) Der Berechnung des Höchstbetrages für die Kosten der Architekten- und Ingenieurleistungen sind die Teile I bis III und VII der Honorarordnung für Architekten und Ingenieure vom 17. September 1976 (BGBl. I S. 2805, 3616) zugrunde zu legen. Dabei dürfen

1. das Entgelt für Grundleistungen nach den Mindestsätzen der Honorartafel in den Honorarzonen bis einschließlich Honorarzone III,
2. die nachgewiesenen Nebenkosten und
3. die auf das ansetzbare Entgelt und die nachgewiesenen Nebenkosten fallende Umsatzsteuer

angesetzt werden. Höhere Entgelte und Entgelte für andere Leistungen dürfen nur angesetzt werden, soweit die nach Satz 2 Nummer 1 zulässigen Ansätze den erforderlichen Leistungen nicht gerecht werden. Die in Satz 3 bezeichneten Entgelte dürfen nur angesetzt werden, soweit

1. im öffentlich geförderten sozialen Wohnungsbau die Bewilligungsstelle,
2. im steuerbegünstigten oder freifinanzierten Wohnungsbau, der mit Wohnungsfürsorgemitteln gefördert worden ist, der Darlehns- oder Zuschußgeber ihnen zugestimmt hat.

(3) Der Berechnung des Höchstbetrages für die Kosten der Verwaltungsleistungen ist ein Vomhundertsatz der Baukosten ohne Baunebenkosten und, soweit der Bauherr die Erschließung auf eigene Rechnung durchführt, auch

der Erschließungskosten zugrunde zu legen, und zwar bei Kosten in der Stufe
1. bis 250 000 DM einschließlich 3,40 vom Hundert,
2. bis 500 000 DM einschließlich 3,10 vom Hundert,
3. bis 1 000 000 DM einschließlich 2,80 vom Hundert,
4. bis 1 600 000 DM einschließlich 2,50 vom Hundert,
5. bis 2 500 000 DM einschließlich 2,20 vom Hundert,
6. bis 3 500 000 DM einschließlich 1,90 vom Hundert,
7. bis 5 000 000 DM einschließlich 1,60 vom Hundert,
8. bis 7 000 000 DM einschließlich 1,30 vom Hundert,
9. über 7 000 000 DM 1,00 vom Hundert.

Die Vomhundertsätze erhöhen sich

1. um 0,5 im Falle der Betreuung des Baues von Eigenheimen, Eigensiedlungen und Eigentumswohnungen sowie im Falle des Baues von Kaufeigenheimen, Trägerkleinsiedlungen und Kaufeigentumswohnungen,
2. um 0,5, wenn besondere Maßnahmen zur Bodenordnung (§ 5 Abs. 2 Satz 2) notwendig sind,
3. um 0,5, wenn die Vorbereitung oder Durchführung des Bauvorhabens mit sonstigen besonderen Verwaltungsschwierigkeiten verbunden ist,
4. um 1,5, wenn für den Bau eines Familienheims oder einer eigengenutzten Eigentumswohnung Selbsthilfe in Höhe von mehr als 10 vom Hundert der Baukosten geleistet wird.

Erhöhungen nach den Nummern 1, 2 und 3 sowie nach den Nummern 2 und 4 dürfen nebeneinander angesetzt werden. Bei der Berechnung des Höchstbetrages für die Kosten von Verwaltungsleistungen, die bei baulichen Änderungen nach § 11 Abs. 4 bis 6 erbracht werden, sind Satz 1 und Satz 2 Nr. 3 entsprechend anzuwenden. Neben dem Höchstbetrag darf die Umsatzsteuer angesetzt werden.

(4) Statt des Höchstbetrages, der sich aus den nach Absatz 3 Satz 1 oder 4 maßgebenden Kosten und dem Vomhundertsatz der entsprechenden Kostenstufe ergibt, darf der Höchstbetrag der vorangehenden Kostenstufe gewählt werden. Die aus Absatz 3 Satz 2 und 3 folgenden Erhöhungen werden in den Fällen des Absatzes 3 Satz 1 hinzugerechnet. Absatz 3 Satz 5 gilt entsprechend.

(5) Wird der angemessene Kaufpreis nach § 4 c für Teile einer Wirtschaftseinheit aus den Gesamtkosten ermittelt, so sind für die Berechnung des Höchstbetrages nach den Absätzen 3 und 4 die Kosten für das einzelne Gebäude zugrunde zu legen, der Kostenansatz dient auch zur Deckung der Kosten der dem Bauherrn im Zusammenhang mit der Eigentumsübertragung obliegenden Verwaltungsleistungen. Bei Eigentumswohnungen und Kaufeigentumswohnungen sind für die Berechnung der Kosten der Verwaltungsleistungen die Kosten für die einzelnen Wohnungen zugrunde zu legen.

(6) Der Kostenansatz nach den Absätzen 3 bis 5 dient auch zur Deckung der

II. BV

Kosten der Verwaltungsleistungen, die der Bauherr oder der Betreuer zur Beschaffung von Finanzierungsmitteln erbringt.

(7) Kosten der Beschaffung der Finanzierungsmittel dürfen nicht für den Nachweis oder die Vermittlung von Mitteln aus öffentlichen Haushalten angesetzt werden.

(8) Als Kosten der Zwischenfinanzierung dürfen nur Kosten für Darlehen oder für eigene Mittel des Bauherrn angesetzt werden, deren Ersetzung durch zugesagte oder sicher in Aussicht stehende endgültige Finanzierungsmittel bereits bei dem Einsatz der Zwischenfinanzierungsmittel gewährleistet ist. Eine Verzinsung der vom Bauherrn zur Zwischenfinanzierung eingesetzten eigenen Mittel darf höchstens mit dem marktüblichen Zinssatz für erste Hypotheken angesetzt werden. Kosten der Zwischenfinanzierung dürfen, vorbehaltlich des § 11, nur angesetzt werden, soweit sie auf die Bauzeit bis zur Bezugsfertigkeit entfallen.

(9) Auf die Eigenkapitalkosten in der Bauzeit ist § 20 entsprechend anzuwenden. § 6 Abs. 1 Satz 3 bleibt unberührt.

§ 9
Sach- und Arbeitsleistungen

(1) Der Wert der Sach- und Arbeitsleistungen des Bauherrn, vor allem der Wert der Selbsthilfe, darf bei den Gesamtkosten mit dem Betrage angesetzt werden, der für eine gleichwertige Unternehmerleistung angesetzt werden könnte. Der Wert der Architekten-, Ingenieur- und Verwaltungsleistungen des Bauherrn darf mit den nach § 8 Abs. 2 Satz 2 Nr. 1 und Abs. 3 bis 5 zulässigen Höchstbeträgen angesetzt werden. Erbringt der Bauherr die Leistungen nur zu einem Teil, so darf nur der den Leistungen entsprechende Teil der Höchstbeträge als Eigenleistungen angesetzt werden.

(2) Absatz 1 gilt entsprechend für den Wert der Sach- und Arbeitsleistungen des Bewerbers um ein Kaufeigenheim, eine Trägerkleinsiedlung, eine Kaufeigentumswohnung und eine Genossenschaftswohnung sowie für den Wert der Sach- und Arbeitsleistungen des Mieters.

(3) Die Absätze 1 und 2 gelten entsprechend, wenn der Bauherr, der Bewerber oder der Mieter Sach- und Arbeitsleistungen mit eigenen Arbeitnehmern im Rahmen seiner gewerblichen oder unternehmerischen Tätigkeit oder auf Grund seines Berufes erbringt.

§ 10
Leistungen gegen Renten

(1) Sind als Entgelt für eine der Vorbereitung oder Durchführung des Bauvorhabens dienende Leistung eines Dritten wiederkehrende Leistungen zu entrichten, so darf der Wert der Leistung des Dritten bei den Gesamtkosten angesetzt werden,

1. wenn es sich um die Übereignung des Baugrundstücks handelt, mit dem Verkehrswert,
2. wenn es sich um eine andere Leistung handelt, mit dem Betrage, der für eine gleichwertige Unternehmerleistung angesetzt werden könnte.

(2) Absatz 1 gilt nicht für die Bestellung eines Erbbaurechts.

§ 11
Änderung der Gesamtkosten, bauliche Änderungen

(1) Haben sich die Gesamtkosten geändert

1. im öffentlich geförderten sozialen Wohnungsbau nach der Bewilligung der öffentlichen Mittel gegenüber dem bei der Bewilligung aufgrund der Wirtschaftlichkeitsberechnung zugrunde gelegten Betrag,
2. im steuerbegünstigten Wohnungsbau nach der Bezugsfertigkeit,

so sind in Wirtschaftlichkeitsberechnungen, die nach diesen Zeitpunkten aufgestellt werden, die geänderten Gesamtkosten anzusetzen. Dies gilt bei einer Erhöhung der Gesamtkosten nur, wenn sie auf Umständen beruht, die der Bauherr nicht zu vertreten hat. Bei öffentlich gefördertem Wohnraum, auf den das Zweite Wohnungsbaugesetz nicht anwendbar ist, dürfen erhöhte Gesamtkosten nur angesetzt werden, wenn sie in der Schlußabrechnung oder sonst von der Bewilligungsstelle anerkannt worden sind.

(2) Wertänderungen sind nicht als Änderungen der Gesamtkosten anzusehen.

(3) Die Gesamtkosten können sich auch dadurch erhöhen,

1. daß sich innerhalb von zwei Jahren nach der Bezugsfertigkeit Kosten der Zwischenfinanzierung ergeben, welche die für die endgültigen Finanzierungsmittel nach den §§ 19 bis 23 a angesetzten Kapitalkosten übersteigen oder
2. daß bei einer Ersetzung von Finanzierungsmitteln durch andere Mittel nach § 12 Abs. 4 einmalige Kosten entstehen oder
3. daß durch die Verlängerung der vereinbarten Laufzeit oder durch die Anpassung der Bedingungen nach der vereinbarten Festzinsperiode eines im Finanzierungsplan ausgewiesenen Darlehens einmalige Kosten entstehen, soweit sie auch bei einer Festsetzung nach § 12 Abs. 4 entstehen würden.

(4) Sind

1. im öffentlich geförderten sozialen Wohnungsbau nach der Bewilligung der öffentlichen Mittel,
2. im steuerbegünstigten Wohnungsbau nach der Bezugsfertigkeit

bauliche Änderungen vorgenommen worden, so dürfen die durch die Änderungen entstehenden Kosten nach den Absätzen 5 und 6 den Gesamtkosten hinzugerechnet werden. Erneuerungen, Instandhaltungen und Instandsetzungen sind keine baulichen Änderungen; jedoch fallen Instandsetzungen, die durch Maßnahmen der Modernisierung (Absatz 6) verursacht werden, unter die Modernisierung.

(5) Die Kosten von baulichen Änderungen dürfen den Gesamtkosten nur hinzugerechnet werden, soweit die Änderungen
1. auf Umständen beruhen, die der Bauherr nicht zu vertreten hat oder eine Modernisierung (Absatz 6) bewirken

   und dem gesamten Wohnraum zugute kommen, für den eine Wirtschaftlichkeitsberechnung aufzustellen ist, oder
2. dem Ausbau eines Gebäudeteils oder der Erweiterung dienen und nicht Modernisierung sind,

   es sei denn, daß es sich nur um die Vergrößerung eines Teils der Wohnungen handelt, für die eine Wirtschaftlichkeitsberechnung aufzustellen ist.

(6) Modernisierung sind bauliche Maßnahmen, die den Gebrauchswert des Wohnraums nachhaltig erhöhen, die allgemeinen Wohnverhältnisse auf die Dauer verbessern oder nachhaltig Einsparung von Heizenergie *oder Wasser* bewirken. Modernisierung sind auch der Ausbau und der Anbau im Sinne des § 17 Abs. 1 Satz 2 und Abs. 2 des Zweiten Wohnungsbaugesetzes, soweit die baulichen Maßnahmen den Gebrauchswert des bestehenden Wohnraums nachhaltig erhöhen.

(7) Eine Modernisierung darf im öffentlich geförderten sozialen Wohnungsbau nur berücksichtigt werden, wenn die Bewilligungsstelle ihr zugestimmt hat. Die Zustimmung gilt als erteilt, wenn Mittel aus öffentlichen Haushalten für die Modernisierung bewilligt worden sind.

§ 11 a
Nicht feststellbare Gesamtkosten

Sind die Bau-, Erwerbs- oder Erschließungskosten nach § 6 Abs. 4 und 5, den §§ 7 bis 11 ganz oder teilweise nicht oder nur mit verhältnismäßig großen Schwierigkeiten festzustellen, so dürfen insoweit die Kosten angesetzt werden, die zu der Zeit, als die Leistungen erbracht worden sind, marktüblich waren. Die marktüblichen Kosten der Gebäude (§ 5 Abs. 3) können nach Erfahrungssätzen über die Kosten des umbauten Raumes bei Hochbauten berechnet werden. Bei der Berechnung des umbauten Raumes ist die Anlage 2 dieser Verordnung zugrunde zu legen.

Dritter Abschnitt
Finanzierungsplan

§ 12
Inhalt des Finanzierungsplanes

(1) Im Finanzierungsplan sind die Mittel auszuweisen, die zur Deckung der in der Wirtschaftlichkeitsberechnung angesetzten Gesamtkosten dienen (Finanzierungsmittel), und zwar

1. die Fremdmittel mit dem Nennbetrag und mit den vereinbarten oder vorgesehenen Auszahlungs-, Zins- und Tilgungsbedingungen, auch wenn sie planmäßig getilgt sind,
2. die verlorenen Baukostenzuschüsse,
3. die Eigenleistungen.

Vor- oder Zwischenfinanzierungsmittel sind nicht als Finanzierungsmittel auszuweisen.

(2) Werden nach § 11 Abs. 1 bis 3 geänderte Gesamtkosten angesetzt, so sind die Finanzierungsmittel auszuweisen, die zur Deckung der geänderten Gesamtkosten dienen.

(3) Werden nach § 11 Abs. 4 bis 6 die Kosten von baulichen Änderungen den Gesamtkosten hinzugerechnet, so sind die Mittel, die zur Deckung dieser Kosten dienen, im Finanzierungsplan auszuweisen. Für diese Mittel gelten die Vorschriften über Finanzierungsmittel.

(4) Sind
1. im öffentlich geförderten sozialen Wohnungsbau nach der Bewilligung der öffentlichen Mittel oder
2. im steuerbegünstigten Wohnungsbau nach der Bezugsfertigkeit

Finanzierungsmittel durch andere Mittel ersetzt worden, so sind die neuen Mittel an der Stelle der bisherigen Finanzierungsmittel auszuweisen. Sind die Kapitalkosten der neuen Mittel zusammen mit den Kapitalkosten der Mittel, die der Deckung der einmaligen Kosten der Ersetzung dienen, höher als die Kapitalkosten der bisherigen Finanzierungsmittel, so sind die neuen Mittel nur auszuweisen, wenn die Ersetzung auf Umständen beruht, die der Bauherr nicht zu vertreten hat. Bei einem Tilgungsdarlehen ist der Betrag, der planmäßig getilgt ist, unter Hinweis hierauf in der bisherigen Weise auszuweisen; die Sätze 1 und 2 finden auf diesen Betrag keine Anwendung.

(5) Sind die als Darlehen gewährten öffentlichen Mittel gemäß § 16 des Wohnungsbindungsgesetzes vorzeitig zurückgezahlt oder abgelöst worden, so sind die zur Rückzahlung oder Ablösung aufgewandten Finanzierungsmittel an der Stelle der öffentlichen Mittel auszuweisen. Der Betrag des Darlehens, der planmäßig getilgt oder bei der Ablösung erlassen ist, ist unter Hinweis hierauf in der bisherigen Weise auszuweisen.

(6) Ist die Verbindlichkeit aus einem Aufbaudarlehen, das dem Bauherrn gewährt worden ist, nach Zuerkennung des Anspruchs auf Hauptentschädigung gemäß § 258 Abs. 1 Nr. 2 des Lastenausgleichsgesetzes ganz oder teilweise als nicht entstanden anzusehen, so gilt das Aufbaudarlehen insoweit als durch eigene Mittel des Bauherrn ersetzt. Die Ersetzung gilt als auf Umständen beruhend, die der Bauherr nicht zu vertreten hat, und von dem Zeitpunkt an als eingetreten, zu dem der Bescheid über die Zuerkennung des Anspruchs auf Hauptentschädigung unanfechtbar geworden ist.

§ 13
Fremdmittel

(1) Fremdmittel sind
1. Darlehen,
2. gestundete Restkaufgelder,
3. gestundete öffentliche Lasten des Baugrundstücks außer der Hypothekengewinnabgabe,
4. kapitalisierte Beträge wiederkehrender Leistungen, namentlich von Rentenschulden,
5. Mietvorauszahlungen,

die zur Deckung der Gesamtkosten dienen.

(2) Vor der Bebauung vorhandene Verbindlichkeiten, die auf dem Baugrundstück dinglich gesichert sind, gelten als Fremdmittel, soweit sie den Wert des Baugrundstücks und der verwendeten Gebäudeteile nicht übersteigen.

(3) Kapitalisierte Beträge wiederkehrender Leistungen, namentlich von Rentenschulden, dürfen höchstens mit dem Betrag ausgewiesen werden, der bei den Gesamtkosten für die Gegenleistung nach § 10 angesetzt ist.

§ 14
Verlorene Baukostenzuschüsse

Verlorene Baukostenzuschüsse sind Geld-, Sach- und Arbeitsleistungen an den Bauherrn, die zur Deckung der Gesamtkosten dienen und erbracht werden, um den Gebrauch von Wohn- oder Geschäftsraum zu erlangen oder Kapitalkosten zu ersparen, ohne daß vereinbart ist, den Wert der Leistung zurückzuerstatten oder mit der Miete oder einem ähnlichen Entgelt zu verrechnen oder als Vorauszahlung hierauf zu behandeln. Als verlorene Baukostenzuschüsse gelten auch Geldleistungen, mit denen die Gemeinde dem Eigentümer Kosten der Modernisierung gemäß § 43 Abs. 1 des Städtebauförderungsgesetzes erstattet.

§ 15
Eigenleistungen

(1) Eigenleistungen sind die Leistungen des Bauherrn, die zur Deckung der Gesamtkosten dienen, namentlich
1. Geldmittel,
2. der Wert der Sach- und Arbeitsleistungen, vor allem der Wert der eingebrachten Baustoffe und der Selbsthilfe,
3. der Wert des eigenen Baugrundstücks und der Wert verwendeter Gebäudeteile.

(2) Als Eigenleistung kann auch ganz oder teilweise ausgewiesen werden

1. ein Barzahlungsnachlaß (Skonto), wenn bei den Gesamtkosten die vom Bauherrn zu entrichtende Vergütung in voller Höhe angesetzt ist,
2. der Wert von Sach- und Arbeitsleistungen, die der Bauherr mit eigenen Arbeitnehmern im Rahmen seiner gewerblichen oder unternehmerischen Tätigkeit oder aufgrund seines Berufes erbringt.

(3) Die in Absatz 1 Nr. 2 und 3 bezeichneten Werte sind, vorbehaltlich der Absätze 2 und 4, mit dem Betrage auszuweisen, der bei den Gesamtkosten angesetzt ist.

(4) Bei Ermittlung der Eigenleistung sind gestundete Restkaufgelder und die in § 13 Abs. 2 bezeichneten Verbindlichkeiten mit dem Betrag abzuziehen, mit dem sie im Finanzierungsplan als Fremdmittel ausgewiesen sind.

§ 16
Ersatz der Eigenleistung

(1) Im öffentlich geförderten sozialen Wohnungsbau sind von der Bewilligungsstelle, soweit der Bauherr nichts anderes beantragt, als Ersatz der Eigenleistung anzuerkennen
1. ein der Restfinanzierung dienendes Familienzusatzdarlehen nach § 45 des Zweiten Wohnungsbaugesetzes,
2. ein Aufbaudarlehen an den Bauherrn nach § 254 des Lastenausgleichsgesetzes oder ein ähnliches Darlehen aus Mitteln eines öffentlichen Haushalts,
3. ein Darlehen an den Bauherrn zur Beschaffung von Wohnraum nach § 30 des Kriegsgefangenenentschädigungsgesetzes.

(2) Im öffentlich geförderten sozialen Wohnungsbau kann die Bewilligungsstelle auf Antrag des Bauherrn ganz oder teilweise als Ersatz der Eigenleistung anerkennen
1. der Restfinanzierung dienende verlorene Baukostenzuschüsse, soweit ihre Annahme nach § 50 Abs. 1 des Zweiten Wohnungsbaugesetzes zulässig ist,
2. auf dem Baugrundstück nicht dinglich gesicherte Fremdmittel,
3. im Range nach dem der nachstelligen Finanzierung dienenden öffentlichen Baudarlehen auf dem Baugrundstück dinglich gesicherte Fremdmittel,
4. der Restfinanzierung dienende öffentliche Baudarlehen.

(3) Für die als Ersatz der Eigenleistung anerkannten Finanzierungsmittel gelten im übrigen die Vorschriften für Fremdmittel oder verlorene Baukostenzuschüsse.

II. BV

§ 17
(weggefallen)

**Vierter Abschnitt
Laufende Aufwendungen und Erträge**

**§ 18
Laufende Aufwendungen**

(1) Laufende Aufwendungen sind die Kapitalkosten und die Bewirtschaftungskosten. Zu den laufenden Aufwendungen gehören nicht die Leistungen aus der Hypothekengewinnabgabe.

(2) Werden dem Bauherrn Darlehen oder Zuschüsse zur Deckung von laufenden Aufwendungen, Fremdkapitalkosten, Annuitäten oder Bewirtschaftungskosten für den gesamten Wohnraum gewährt, für den eine Wirtschaftlichkeitsberechnung aufzustellen ist, so verringert sich der Gesamtbetrag der laufenden Aufwendungen entsprechend. Der verringerte Gesamtbetrag ist auch für die Zeit anzusetzen, in der diese Darlehen oder Zuschüsse für einen Teil des Wohnraums entfallen oder in der sie aus solchen Gründen nicht mehr gewährt werden, die der Bauherr zu vertreten hat. Entfallen die Darlehen oder Zuschüsse für den gesamten Wohnraum aus Gründen, die der Bauherr nicht zu vertreten hat, so erhöht sich der Gesamtbetrag der laufenden Aufwendungen entsprechend; *dies gilt nicht, soweit Darlehen oder Zuschüsse nach vollständiger Tilgung anderer Finanzierungsmittel verringert werden.*

(3) Zinsen und Tilgungen, die planmäßig für Aufwendungsdarlehen im Sinne des § 42 Abs. 1 Satz 2 oder § 88 Abs. 1 Satz 1 des Zweiten Wohnungsbaugesetzes oder im Sinne des § 2 a Abs. 9 des Gesetzes zur Förderung des Bergarbeiterwohnungsbaues im Kohlenbergbau zu entrichten sind, erhöhen den Gesamtbetrag *der laufenden Aufwendungen. Zinsen und Tilgungen, die planmäßig für Annuitätsdarlehen im Sinne des § 42 Abs. 1 Satz 2 des Zweiten Wohnungsbaugesetzes zu entrichten sind, erhöhen den Gesamtbetrag der laufenden Aufwendungen; dies gilt jedoch nicht für Tilgungsbeträge für Annuitätsdarlehen, soweit diese zur Deckung der für Finanzierungsmittel zu entrichtenden Tilgungen bewilligt worden sind.*

(4) Sind Aufwendungs- oder Annuitätsdarlehen gemäß § 16 des Wohnungsbindungsgesetzes vorzeitig zurückgezahlt oder abgelöst worden, dürfen für den zur Rückzahlung oder Ablösung aufgewendeten Betrag vorbehaltlich des § 46 Abs. 2 keine höheren Zinsen und Tilgungen dem Gesamtbetrag der laufenden Aufwendungen hinzugerechnet werden, als im Zeitpunkt der Rückzahlung oder Ablösung für das Aufwendungs- oder Annuitätsdarlehen zu entrichten waren; soweit Annuitätsdarlehen zur Deckung der für Finanzierungsmittel zu entrichtenden Tilgungen bewilligt worden sind, können für das Ersatzfinanzierungsmittel Tilgungsbeträge nicht angesetzt werden.

§ 19
Kapitalkosten

(1) Kapitalkosten sind die Kosten, die sich aus der Inanspruchnahme der im Finanzierungsplan ausgewiesenen Finanzierungsmittel ergeben, namentlich die Zinsen. Zu den Kapitalkosten gehören die Eigenkapitalkosten und die Fremdkapitalkosten.

(2) Leistungen aus Nebenverträgen, namentlich aus dem Abschluß von Personenversicherungen, dürfen als Kapitalkosten auch dann nicht angesetzt werden, wenn der Nebenvertrag der Beschaffung von Finanzierungsmitteln oder sonst dem Bauvorhaben gedient hat.

(3) Für verlorene Baukostenzuschüsse ist der Ansatz von Kapitalkosten unzulässig.

(4) Tilgungen dürfen als Kapitalkosten nur nach § 22 angesetzt werden.

(5) Dienen Finanzierungsmittel zur Deckung von Gesamtkosten, mit deren Entstehen sicher gerechnet werden kann, die aber bis zur Bezugsfertigkeit nicht entstanden sind, dürfen Kapitalkosten hierfür nicht vor dem Entstehen dieser Gesamtkosten angesetzt werden.

§ 20
Eigenkapitalkosten

(1) Eigenkapitalkosten sind die Zinsen für die Eigenleistungen.

(2) Für Eigenleistungen darf eine Verzinsung in Höhe des im Zeitpunkt nach § 4 marktüblichen Zinssatzes für erste Hypotheken angesetzt werden. Im öffentlich geförderten sozialen Wohnungsbau darf für den Teil der Eigenleistungen, der 15 vom Hundert der Gesamtkosten des Bauvorhabens nicht übersteigt, eine Verzinsung von 4 vom Hundert angesetzt werden; für den darüber hinausgehenden Teil der Eigenleistungen darf angesetzt werden

a) eine Verzinsung in Höhe des marktüblichen Zinssatzes für erste Hypotheken, sofern die öffentlichen Mittel vor dem 1. Januar 1974 bewilligt worden sind,

b) in den übrigen Fällen eine Verzinsung in Höhe von 6,5 vom Hundert.

(3) Ist die Wirtschaftlichkeitsberechnung nach § 87 a des Zweiten Wohnungsbaugesetzes aufzustellen, so dürfen die Zinsen für die Eigenleistungen nach dem Zinssatz angesetzt werden, der mit dem Darlehens- oder Zuschußgeber vereinbart ist, mindestens jedoch entsprechend Absatz 2 Satz 2.

§ 21
Fremdkapitalkosten

(1) Fremdkapitalkosten sind die Kapitalkosten, die sich aus der Inanspruchnahme der Fremdmittel ergeben, namentlich

1. Zinsen für Fremdmittel,
2. laufende Kosten, die aus Bürgschaften für Fremdmittel entstehen,

3. sonstige wiederkehrende Leistungen aus Fremdmitteln, namentlich aus Rentenschulden.

Als Fremdkapitalkosten gelten auch die Erbbauzinsen. Laufende Nebenleistungen, namentlich Verwaltungskostenbeiträge, sind wie Zinsen zu behandeln.

(2) Zinsen für Fremdmittel, namentlich für Tilgungsdarlehen, sind mit dem Betrag anzusetzen, der sich aus dem im Finanzierungsplan ausgewiesenen Fremdmittel mit dem maßgebenden Zinssatz errechnet.

(3) Maßgebend ist, soweit nichts anderes vorgeschrieben ist, der vereinbarte Zinssatz oder, wenn die Zinsen tatsächlich nach einem niedrigeren Zinssatz zu entrichten sind, dieser, höchstens jedoch der für erste Hypotheken im Zeitpunkt nach § 4 marktübliche Zinssatz. Der niedrigere Zinssatz bleibt maßgebend

1. nach der planmäßigen Tilgung des Fremdmittels,
2. nach der Ersetzung des Fremdmittels durch andere Mittel, deren Kapitalkosten höher sind, wenn die Ersetzung auf Umständen beruht, die der Bauherr zu vertreten hat; § 23 Abs. 5 bleibt unberührt.

(4) Fremdkapitalkosten nach Absatz 1 Nr. 3 und Erbbauzinsen sind, soweit nichts anderes vorgeschrieben ist, in der vereinbarten Höhe oder, wenn der tatsächlich zu entrichtende Betrag niedriger ist, in dieser Höhe anzusetzen, höchstens jedoch mit dem Betrag, der einer Verzinsung zu dem im Zeitpunkt nach § 4 marktüblichen Zinssatz für erste Hypotheken entspricht; für die Berechnung dieser Verzinsung ist bei einem Erbbaurecht höchstens der im Zeitpunkt nach § 4 maßgebende Verkehrswert des Baugrundstücks, abzüglich eines einmaligen Entgeltes nach § 5 Abs. 2 Satz 3, zugrunde zu legen.

§ 22
Zinsersatz bei erhöhten Tilgungen

(1) Bei unverzinslichen Fremdmitteln, deren Tilgungssatz 1 vom Hundert übersteigt, dürfen Tilgungen als Kapitalkosten angesetzt werden (Zinsersatz); das gleiche gilt, wenn der Zinssatz niedriger als 4 vom Hundert ist.

(2) Der Ansatz für Zinsersatz darf bei den einzelnen Fremdmitteln deren Tilgung nicht überschreiten und zusammen mit dem Ansatz für Zinsen nicht höher sein als der Betrag, der sich aus einer Verzinsung des Fremdmittels mit 4 vom Hundert ergibt. Die Summe aller Ansätze für Zinsersatz darf auch nicht die Summe der Tilgungen übersteigen, die aus der gesamten Abschreibung nicht gedeckt werden können (erhöhte Tilgungen).

(3) Im öffentlich geförderten sozialen Wohnungsbau sind Ansätze für Zinsersatz nur insoweit zulässig, als die Bewilligungsstelle zustimmt.

(4) Auf Mietvorauszahlungen und Mieterdarlehen sind die Vorschriften über den Zinsersatz nicht anzuwenden.

(5) Ist vor dem 1. Januar 1971 ein höherer Ansatz für Zinsersatz zugelassen

worden oder zulässig gewesen, als er nach den Absätzen 1 bis 4 zulässig ist, darf der höhere Ansatz in Härtefällen für die Dauer der erhöhten Tilgungen in eine nach dem 30. Juni 1972 aufgestellte Wirtschaftlichkeitsberechnung aufgenommen werden, soweit

1. im öffentlich geförderten sozialen Wohnungsbau die Bewilligungsstelle,
2. im steuerbegünstigten oder freifinanzierten Wohnungsbau, der mit Wohnungsfürsorgemitteln gefördert worden ist, der Darlehens- oder Zuschußgeber,
3. im sonstigen Wohnungsbau von gemeinnützigen Wohnungsunternehmen die Anerkennungsbehörde

zustimmt. Dem höheren Ansatz soll zugestimmt werden, soweit der seit dem 1. Januar 1971 zulässige Ansatz unter Berücksichtigung aller Umstände des Einzelfalles für den Vermieter zu einer unbilligen Härte führen würde. Dem Ansatz von Zinsersatz für Mietvorauszahlungen oder Mieterdarlehen darf nicht zugestimmt werden.

§ 23
Änderung der Kapitalkosten

(1) Hat sich der Zins- oder Tilgungssatz für ein Fremdmittel geändert
1. im öffentlich geförderten sozialen Wohnungsbau nach der Bewilligung der öffentlichen Mittel gegenüber dem bei der Bewilligung aufgrund der Wirtschaftlichkeitsberechnung zugrunde gelegten Satz,
2. im steuerbegünstigten Wohnungsbau nach der Bezugsfertigkeit,

so sind in Wirtschaftlichkeitsberechnungen, die nach diesen Zeitpunkten aufgestellt werden, die Kapitalkosten anzusetzen, die sich aufgrund der Änderung nach Maßgabe des § 21 oder des § 22 ergeben. Dies gilt bei einer Erhöhung der Kapitalkosten nur, wenn sie auf Umständen beruht, die der Bauherr nicht zu vertreten hat, und nur insoweit, als der Kapitalkostenbetrag im Rahmen des § 21 oder des § 22 den Betrag nicht übersteigt, der sich aus der Verzinsung des Fremdmittels zu dem bei der Kapitalkostenerhöhung marktüblichen Zinssatz für erste Hypotheken ergibt.

(2) Bei einer Änderung der in § 21 Abs. 4 bezeichneten Fremdkapitalkosten gilt Absatz 1 entsprechend. Übersteigt der erhöhte Erbbauzins den nach Absatz 1 ermittelten Betrag, so darf der übersteigende Betrag im öffentlich geförderten sozialen Wohnungsbau nur mit Zustimmung der Bewilligungsstelle in der Wirtschaftlichkeitsberechnung angesetzt werden. Die Zustimmung ist zu erteilen, soweit die Erhöhung auf Umständen beruht, die der Bauherr nicht zu vertreten hat, und unter Berücksichtigung aller Umstände nach dem durch das Gesetz vom 8. Januar 1974 (BGBl I S. 41) eingefügten § 9 a der Verordnung über das Erbbaurecht nicht unbillig ist. Im steuerbegünstigten Wohnungsbau darf der übersteigende Betrag angesetzt werden, soweit die Voraussetzungen der Zustimmung nach Satz 3 gegeben sind.

(3) Absatz 1 gilt nicht bei einer Erhöhung der Zinsen oder Tilgung für das der

nachstelligen Finanzierung dienende öffentliche Baudarlehen nach Tilgung anderer Finanzierungsmittel. Auf eine Erhöhung der Zinsen und Tilgungen nach den §§ 18 a bis 18 e des Wohnungsbindungsgesetzes oder nach § 44 Abs. 2 und 3 des Zweiten Wohnungsbaugesetzes ist Absatz 1 jedoch anzuwenden.

(4) Werden an der Stelle der bisherigen Finanzierungsmittel nach § 12 Abs. 4 oder Abs. 6 andere Mittel ausgewiesen, so treten die Kapitalkosten der neuen Mittel insoweit an die Stelle der Kapitalkosten der bisherigen Finanzierungsmittel, als sie im Rahmen des § 20, des § 21 oder des § 22 den Betrag nicht übersteigen, der sich aus der Verzinsung zu dem bei der Ersetzung marktüblichen Zinssatz für erste Hypotheken ergibt. Bei einem Tilgungsdarlehen bleibt es für den Betrag, der planmäßig getilgt ist (§ 12 Abs. 4 Satz 3), bei der bisherigen Verzinsung. Sind Finanzierungsmittel durch eigene Mittel des Bauherrn ersetzt worden, so dürfen im öffentlich geförderten sozialen Wohnungsbau Zinsen nur unter entsprechender Anwendung des § 20 Abs. 2 Satz 2 angesetzt werden.

(5) Werden an der Stelle der als Darlehen gewährten öffentlichen Mittel nach § 12 Abs. 5 andere Mittel ausgewiesen, dürfen als Kapitalkosten der neuen Mittel Zinsen nach Absatz 4 Satz 1 angesetzt werden. *Vorbehaltlich des § 46 Abs. 2 darf jedoch keine höhere Verzinsung angesetzt werden, als im Zeitpunkt der Rückzahlung für das öffentliche Baudarlehen zu entrichten war. Ist ein Schuldnachlaß gewährt worden, dürfen Kapitalkosten für den erlassenen Darlehnsbetrag nicht angesetzt werden.*

(6) Werden nach § 11 Abs. 4 bis 6 die Kosten von baulichen Änderungen den Gesamtkosten hinzugerechnet, so dürfen für die Mittel, die zur Deckung dieser Kosten dienen, Kapitalkosten insoweit angesetzt werden, als sie im Rahmen des § 20, des § 21 oder des § 22 den Betrag nicht übersteigen, der sich aus der Verzinsung zu dem bei Fertigstellung marktüblichen Zinssatz für erste Hypotheken ergibt. Sind die Kosten durch eigene Mittel des Bauherrn gedeckt worden, so dürfen im öffentlich geförderten sozialen Wohnungsbau Zinsen nur unter entsprechender Anwendung des § 20 Abs. 2 Satz 2 und im steuerbegünstigten und freifinanzierten Wohnungsbau, der mit Wohnungsfürsorgemitteln gefördert worden ist, nur unter entsprechender Anwendung des § 20 Abs. 3 angesetzt werden.

§ 23 a
Marktüblicher Zinssatz für erste Hypotheken

(1) Der marktübliche Zinssatz für erste Hypotheken im Zeitpunkt nach § 4 kann ermittelt werden

1. aus dem durchschnittlichen Zinssatz der durch erste Hypotheken gesicherten Darlehen, die zu dieser Zeit von Kreditinstituten oder privatrechtlichen Unternehmen, zu deren Geschäften üblicherweise die Hergabe derartiger Darlehen gehört, zu geschäftsüblichen Bedingungen für Bauvorhaben an demselben Ort gewährt worden sind, oder

2. in Anlehnung an den Zinssatz der zu dieser Zeit zahlenmäßig am meisten abgesetzten Pfandbriefe unter Berücksichtigung der üblichen Zinsspanne.

(2) Absatz 1 gilt sinngemäß, wenn der marktübliche Zinssatz für einen anderen Zeitpunkt als den nach § 4 festzustellen ist.

§ 24
Bewirtschaftungskosten

(1) Bewirtschaftungskosten sind die Kosten, die zur Bewirtschaftung des Gebäudes oder der Wirtschaftseinheit laufend erforderlich sind. Bewirtschaftungskosten sind im einzelnen
1. Abschreibungen,
2. Verwaltungskosten,
3. Betriebskosten,
4. Instandhaltungskosten,
5. Mietausfallwagnis.

(2) Der Ansatz der Bewirtschaftungskosten hat den Grundsätzen einer ordentlichen Bewirtschaftung zu entsprechen. Bewirtschaftungskosten dürfen nur angesetzt werden, wenn sie ihrer Höhe nach feststehen oder wenn mit ihrem Entstehen sicher gerechnet werden kann und soweit sie bei gewissenhafter Abwägung aller Umstände und bei ordentlicher Geschäftsführung gerechtfertigt sind. Erfahrungswerte vergleichbarer Bauten sind heranzuziehen. Soweit nach den §§ 26 und 28 Ansätze bis zu einer bestimmten Höhe zugelassen sind, dürfen Bewirtschaftungskosten bis zu dieser Höhe angesetzt werden, es sei denn, daß der Ansatz im Einzelfall unter Berücksichtigung der jeweiligen Verhältnisse nicht angemessen ist.

§ 25
Abschreibung

(1) Abschreibung ist der auf jedes Jahr der Nutzung fallende Anteil der verbrauchsbedingten Wertminderung der Gebäude, Anlagen und Einrichtungen. Die Abschreibung ist nach der mutmaßlichen Nutzungsdauer zu errechnen.

(2) Die Abschreibung soll bei Gebäuden 1 vom Hundert der Baukosten, bei Erbbaurechten 1 vom Hundert der Gesamtkosten nicht übersteigen, sofern nicht besondere Umstände eine Überschreitung rechtfertigen.

(3) Als besondere Abschreibung für Anlagen und Einrichtungen dürfen zusätzlich angesetzt werden von den Kosten

1. der Öfen und Herde   3 vom Hundert,
2. der Einbaumöbel   3 vom Hundert,
3. der Anlagen und der Geräte zur Versorgung mit Warmwasser, sofern sie nicht mit einer Sammelheizung verbunden sind   4 vom Hundert,
4. der Sammelheizung einschließlich einer damit verbundenen Anlage zur Versorgung mit Warmwasser   3 vom Hundert,

II. BV

5. der Fernheizung 0,5 vom Hundert,
und einer damit verbundenen Anlage zur Versorgung mit Warmwasser
4 vom Hundert,
6. des Aufzugs 2 vom Hundert,
7. der Gemeinschaftsantenne 9 vom Hundert,
8. der maschinellen Wascheinrichtung 9 vom Hundert.

§ 26
Verwaltungskosten

(1) Verwaltungskosten sind die Kosten der zur Verwaltung des Gebäudes oder der Wirtschaftseinheit erforderlichen Arbeitskräfte und Einrichtungen, die Kosten der Aufsicht sowie der Wert der vom Vermieter persönlich geleisteten Verwaltungsarbeit. Zu den Verwaltungskosten gehören auch die Kosten für die gesetzlichen oder freiwilligen Prüfungen des Jahresabschlusses und der Geschäftsführung.

(2) Die Verwaltungskosten dürfen höchstens mit 420 Deutsche Mark jährlich je Wohnung, bei Eigenheimen, Kaufeigenheimen und Kleinsiedlungen je Wohngebäude angesetzt werden.

(3) Für Garagen oder ähnliche Einstellplätze dürfen Verwaltungskosten höchstens mit 55 Deutsche Mark jährlich je Garagen- oder Einstellplatz angesetzt werden.

§ 27
Betriebskosten

(1) Betriebskosten sind die Kosten, die dem Eigentümer (Erbbauberechtigten) durch das Eigentum am Grundstück (Erbbaurecht) oder durch den bestimmungsmäßigen Gebrauch des Gebäudes oder der Wirtschaftseinheit, der Nebengebäude, Anlagen, Einrichtungen und des Grundstückes laufend entstehen. Der Ermittlung der Betriebskosten ist die dieser Verordnung beigefügte Anlage 3 „Aufstellung der Betriebskosten" zugrunde zu legen.

(2) Sach- und Arbeitsleistungen des Eigentümers (Erbbauberechtigten), durch die Betriebskosten erspart werden, dürfen mit dem Betrag angesetzt werden, der für eine gleichwertige Leistung eines Dritten, insbesondere eines Unternehmers, angesetzt werden könnte. Die Umsatzsteuer des Dritten darf nicht angesetzt werden.

(3) Im öffentlich geförderten sozialen Wohnungsbau und im steuerbegünstigten oder freifinanzierten Wohnungsbau, der mit Wohnungsfürsorgemitteln gefördert worden ist, dürfen die Betriebskosten nicht in der Wirtschaftlichkeitsberechnung angesetzt werden.

(4) *(weggefallen)*

§ 28
Instandhaltungskosten

(1) Instandhaltungskosten sind die Kosten, die während der Nutzungsdauer zur Erhaltung des bestimmungsmäßigen Gebrauchs aufgewendet werden müssen, um die durch Abnutzung, Alterung und Witterungseinwirkung entstehenden baulichen oder sonstigen Mängel ordnungsgemäß zu beseitigen. Der Ansatz der Instandhaltungskosten dient auch zur Deckung der Kosten von Instandsetzungen, nicht jedoch der Kosten von Baumaßnahmen, soweit durch sie eine Modernisierung vorgenommen wird oder Wohnraum oder anderer auf die Dauer benutzbarer Raum neu geschaffen wird. Der Ansatz dient nicht zur Deckung der Kosten einer Erneuerung von Anlagen und Einrichtungen, für die eine besondere Abschreibung nach § 25 Abs. 3 zulässig ist.

(2) Als Instandhaltungskosten dürfen je Quadratmeter Wohnfläche im Jahr angesetzt werden

1. für Wohnungen, die bis zum 31. Dezember 1952 bezugsfertig geworden sind, höchstens *20,00 Deutsche Mark,*
2. für Wohnungen, die in der Zeit vom 1. Januar 1953 bis zum 31. Dezember 1969 bezugsfertig geworden sind, höchstens *18,50 Deutsche Mark,*
3. *für Wohnungen, die in der Zeit vom 1. 1. 1970 bis zum 31. 12. 1979 bezugsfertig geworden sind,* höchstens *14,00 Deutsche Mark.*
4. *für Wohnungen, die nach dem 31. Dezember 1979 bezugsfertig geworden sind oder bezugsfertig werden,* höchstens *11,00 Deutsche Mark.*

Diese Sätze verringern sich, wenn in der Wohnung weder ein eingerichtetes Bad noch eine eingerichtete Dusche vorhanden sind, um *1,15 Deutsche Mark.* Diese Sätze erhöhen sich für Wohnungen, für die eine Sammelheizung vorhanden ist, um *0,80 Deutsche Mark, bei eigenständig gewerblicher Lieferung von Wärme, soweit die Hausanlage vom Vermieter instand gehalten wird, jedoch höchstens um 0,50 Deutsche Mark* und für Wohnungen, für die ein maschinell betriebener Aufzug vorhanden ist, um *1,65 Deutsche Mark.*

(3) Trägt der Mieter die Kosten für kleine Instandhaltungen in der Wohnung, so verringern sich die Sätze nach Absatz 2 um *1,90 Deutsche Mark.* Die kleinen Instandhaltungen umfassen nur das Beheben kleiner Schäden an den Installationsgegenständen für Elektrizität, Wasser und Gas, den Heiz- und Kocheinrichtungen, den Fenster- und Türverschlüssen sowie den Verschlußvorrichtungen von Fensterläden.

(4) Die Kosten der Schönheitsreparaturen in Wohnungen sind in den Sätzen nach Absatz 2 nicht enthalten. Trägt der Vermieter die Kosten dieser Schönheitsreparaturen, so dürfen sie höchstens mit *12,00 Deutsche Mark* je Quadratmeter Wohnfläche im Jahr angesetzt werden. Dieser Satz verringert sich für Wohnungen, die überwiegend nicht tapeziert sind, um *1,20 Deutsche Mark.* Der Satz erhöht sich für Wohnungen mit Heizkörpern um *0,95 Deutsche Mark* und für Wohnungen mit Doppelfenstern oder Verbundfenstern

II. BV

um *1,00 Deutsche Mark*. Schönheitsreparaturen umfassen nur das Tapezieren, Anstreichen oder Kalken der Wände und Decken, das Streichen der Fußböden, Heizkörper einschließlich Heizrohre, der Innentüren sowie der Fenster und Außentüren von innen.

(5) Für Garagen oder ähnliche Einstellplätze dürfen als Instandhaltungskosten einschließlich Kosten für Schönheitsreparaturen höchstens *110 Deutsche Mark* jährlich je Garagen- oder Einstellplatz angesetzt werden.

(6) Für Kosten und Unterhaltung von Privatstraßen und Privatwegen, die dem öffentlichen Verkehr dienen, darf ein Erfahrungswert als Pauschbetrag neben den vorstehenden Sätzen angesetzt werden.

(7) Kosten eigener Instandhaltungswerkstätten sind mit den vorstehenden Sätzen abgegolten.

§ 29
Mietausfallwagnis

Mietausfallwagnis ist das Wagnis einer Ertragsminderung, die durch uneinbringliche Rückstände von Mieten, Pachten, Vergütungen, Umlagen und Zuschlägen oder durch Leerstehen von Raum, der zur Vermietung bestimmt ist, entsteht. Es umfaßt auch die uneinbringlichen Kosten einer Rechtsverfolgung auf Zahlung oder Räumung. Das Mietausfallwagnis darf höchstens mit 2 vom Hundert der Erträge im Sinne des § 31 Abs. 1 Satz 1 angesetzt werden. Soweit die Deckung von Ausfällen anders, namentlich durch einen Anspruch auf Erstattung gegenüber einem Dritten, gesichert ist, darf kein Mietausfallwagnis angesetzt werden.

§ 30
Änderung der Bewirtschaftungskosten

(1) Haben sich die Verwaltungskosten, die Betriebskosten oder die Instandhaltungskosten geändert

1. im öffentlich geförderten sozialen Wohnungsbau nach der Bewilligung der öffentlichen Mittel gegenüber dem bei der Bewilligung auf Grund der Wirtschaftlichkeitsberechnung zugrunde gelegten Betrag,

2. im steuerbegünstigten Wohnungsbau nach der Bezugsfertigkeit,

so sind in Wirtschaftlichkeitsberechnungen, die nach diesen Zeitpunkten aufgestellt werden, die geänderten Kosten anzusetzen. Dies gilt bei einer Erhöhung dieser Kosten nur, wenn sie auf Umständen beruht, die der Bauherr nicht zu vertreten hat. Die Verwaltungskosten dürfen bis zu der in § 26 zugelassenen Höhe, die Instandhaltungskosten bis zu der in § 28 zugelassenen Höhe ohne Nachweis einer Kostenerhöhung angesetzt werden, es sei denn, daß der Ansatz im Einzelfall unter Berücksichtigung der jeweiligen Verhältnisse nicht angemessen ist. Eine Überschreitung der für die Verwaltungskosten und die Instandhaltungskosten zugelassenen Sätze ist nicht zulässig.

(2) Der Ansatz für die Abschreibung ist in Wirtschaftlichkeitsberechnungen,

die nach den in Absatz 1 bezeichneten Zeitpunkten aufgestellt werden, zu ändern, wenn nach § 11 Abs. 1 bis 3 geänderte Gesamtkosten angesetzt werden; eine Änderung des für die Abschreibung angesetzten Vomhundertsatzes ist unzulässig.

(3) Der Ansatz für das Mietausfallwagnis ist in Wirtschaftlichkeitsberechnungen, die nach den in Absatz 1 bezeichneten Zeitpunkten aufgestellt werden, zu ändern, wenn sich die Jahresmiete ändert; eine Änderung des Vomhundertsatzes für das Mietausfallwagnis ist zulässig, wenn sich die Voraussetzungen für seine Bemessung nachhaltig geändert haben.

(4) Werden nach § 11 Abs. 4 bis 6 die Kosten von baulichen Änderungen den Gesamtkosten hinzugerechnet, so dürfen die infolge der Änderungen entstehenden Bewirtschaftungskosten den anderen Bewirtschaftungskosten hinzugerechnet werden. Für die entstehenden Abschreibungen und Instandhaltungskosten gelten § 25 und § 28 Abs. 2 bis 6 entsprechend.

§ 31
Erträge

(1) Erträge sind die Einnahmen aus Mieten, Pachten und Vergütungen, die bei ordentlicher Bewirtschaftung des Gebäudes oder der Wirtschaftseinheit nachhaltig erzielt werden können. Umlagen und Zuschläge, die zulässigerweise neben der Einzelmiete erhoben werden, bleiben als Ertrag unberücksichtigt.

(2) Als Ertrag gilt auch der Miet- oder Nutzungswert von Räumen oder Flächen, die vom Eigentümer (Erbbauberechtigten) selbst benutzt werden oder auf Grund eines anderen Rechtsverhältnisses als Miete oder Pacht überlassen sind.

(3) Wird die Wirtschaftlichkeitsberechnung aufgestellt, um für Wohnraum die zur Deckung der laufenden Aufwendungen erforderliche Miete (Kostenmiete) zu ermitteln, so ist der Gesamtbetrag der Erträge in derselben Höhe wie der Gesamtbetrag der laufenden Aufwendungen auszuweisen. Aus dem nach Abzug der Vergütungen verbleibenden Betrag ist die Miete nach den für ihre Ermittlung maßgebenden Vorschriften zu berechnen.

Fünfter Abschnitt
Besondere Arten der Wirtschaftlichkeitsberechnung

§ 32
Voraussetzungen für besondere Arten der Wirtschaftlichkeitsberechnung

(1) Die Wirtschaftlichkeitsberechnung ist, vorbehaltlich des Absatzes 3, als Teilwirtschaftlichkeitsberechnung aufzustellen, wenn das Gebäude oder die Wirtschaftseinheit neben dem Wohnraum, für den die Berechnung aufzustellen ist, auch anderen Wohnraum oder Geschäftsraum enthält.

(2) Enthält das Gebäude oder die Wirtschaftseinheit steuerbegünstigten oder freifinanzierten Wohnraum, für den eine Wirtschaftlichkeitsberechnung nach § 87 a des Zweiten Wohnungsbaugesetzes aufzustellen ist, und anderen steuerbegünstigten oder freifinanzierten Wohnraum, so ist die Wirtschaftlichkeitsberechnung als Teilwirtschaftlichkeitsberechnung aufzustellen.

(3) Die Wirtschaftlichkeitsberechnung für öffentlich geförderten Wohnraum ist als Teilwirtschaftlichkeitsberechnung oder mit Zustimmung der Bewilligungsstelle als Gesamtwirtschaftlichkeitsberechnung aufzustellen, wenn das Gebäude oder die Wirtschaftseinheit auch freifinanzierten Wohnraum oder Geschäftsraum enthält.

(4) Die Wirtschaftlichkeitsberechnung für öffentlich geförderten Wohnraum ist in der Form von Teilwirtschaftlichkeitsberechnungen oder als Wirtschaftlichkeitsberechnung mit Teilberechnungen der laufenden Aufwendungen aufzustellen, wenn für einen Teil dieses Wohnraums (begünstigter Wohnraum) gegenüber dem anderen Teil des Wohnraums eine stärkere oder länger dauernde Senkung der laufenden Aufwendungen erzielt werden soll

1. durch Gewährung öffentlicher Mittel als Darlehen oder Zuschüsse zur Deckung von laufenden Aufwendungen, Fremdkapitalkosten, Annuitäten oder Bewirtschaftungskosten (§ 18 Abs. 2) oder
2. durch Gewährung von höheren, der nachstelligen Finanzierung dienenden öffentlichen Baudarlehen.

Anstelle einer besonderen Form der Wirtschaftlichkeitsberechnung nach Satz 1 darf eine Wirtschaftlichkeitsberechnung nach den Vorschriften des ersten bis vierten Abschnittes aufgestellt werden, wenn eine Senkung der laufenden Aufwendungen für den begünstigten Wohnraum auf Grund von Umständen, die vom Bauherrn nicht zu vertreten sind, nicht mehr erzielt werden kann oder die besondere Zweckbestimmung für diesen Teil des Wohnraums entfallen ist.

(4 a) Ist eine Wirtschaftlichkeitsberechnung nach den Vorschriften des Ersten bis Vierten Abschnitts oder nach den Absätzen 1 bis 4 aufgestellt worden, bleibt diese als Teilwirtschaftlichkeitsberechnung für den Wohnraum, der Gegenstand ihrer Berechnung ist, weiterhin maßgebend, wenn neuer Wohnraum durch Ausbau oder Erweiterung des Gebäudes oder der zur Wirtschaftseinheit gehörenden Gebäude geschaffen worden ist. Ist für den neu geschaffenen Wohnraum eine Wirtschaftlichkeitsberechnung erforderlich, ist sie als Teilwirtschaftlichkeitsberechnung aufzustellen.

(5) Wird eine Wirtschaftlichkeitsberechnung für öffentlich geförderten Wohnraum erstmalig nach dieser Verordnung aufgestellt, so bleibt die der Bewilligung der öffentlichen Mittel zugrunde gelegte Art der Wirtschaftlichkeitsberechnung maßgebend, wenn diese Art auch nach Absatz 1, 3 oder 4 zulässig wäre; ist der Bewilligung öffentlicher Mittel eine ähnliche Berechnung oder eine Berechnung der Gesamtkosten und Finanzierungsmittel zugrunde gelegt worden, so gilt dies sinngemäß. Wäre die der Bewilligung zugrunde gelegte Art der Berechnung nicht nach Absatz 1, 3 oder 4 zulässig oder ist der Bewilligung eine Berechnung nicht zugrunde gelegt worden, so ist die Wirtschaftlichkeitsberechnung, die erstmalig nach dieser Verordnung aufgestellt wird, unter Anwendung des Absatzes 1, 3 oder 4 und unter Ausübung der dabei zulässigen Wahl aufzustellen.

(6) Die nach Absatz 3, 4 oder 5 getroffene Wahl bleibt für alle späteren Wirtschaftlichkeitsberechnungen maßgebend.

(7) Für die Aufstellung der Wirtschaftlichkeitsberechnung gelten

1. bei der Teilwirtschaftlichkeitsberechnung die sich aus den §§ 33 bis 36 ergebenden Besonderheiten,
2. bei der Gesamtwirtschaftlichkeitsberechnung die sich aus § 37 ergebenden Besonderheiten,
3. bei den Teilberechnungen der laufenden Aufwendungen die sich aus § 38 ergebenden Besonderheiten.

§ 33
Teilwirtschaftlichkeitsberechnung

In der Teilwirtschaftlichkeitsberechnung ist die Gegenüberstellung der laufenden Aufwendungen und der Erträge auf den Teil des Gebäudes oder der Wirtschaftseinheit zu beschränken, der den Wohnraum enthält, für den die Berechnung aufzustellen ist.

§ 34
Gesamtkosten in der Teilwirtschaftlichkeitsberechnung

(1) In der Teilwirtschaftlichkeitsberechnung sind nur die Gesamtkosten anzusetzen, die auf den Teil des Gebäudes oder der Wirtschaftseinheit fallen, der Gegenstand der Berechnung ist. Soweit bei Gesamtkosten nicht festgestellt werden kann, auf welchen Teil des Gebäudes oder der Wirtschaftseinheit sie fallen, sind sie bei Wohnraum nach dem Verhältnis der Wohnflächen aufzuteilen; enthält das Gebäude oder die Wirtschaftseinheit auch Geschäftsraum, so sind sie für den Wohnteil und den Geschäftsteil im Verhältnis des umbauten Raumes aufzuteilen. Kosten oder Mehrkosten, die nur durch den Wohn- oder Geschäftsraum entstehen, der nicht Gegenstand der Berechnung ist, dürfen nur diesem zugerechnet werden. Bei der Berechnung des umbauten Raumes ist die Anlage 2 dieser Verordnung zugrunde zu legen.

(2) Enthält das Gebäude oder die Wirtschaftseinheit außer Wohnraum auch Geschäftsraum von nicht nur unbedeutendem Ausmaß, so dürfen die Kosten

des Baugrundstücks, die dem Wohnraum zugerechnet werden, 15 vom Hundert seiner Baukosten nicht übersteigen; in besonderen Fällen, namentlich bei Grundstücken in günstiger Wohnlage, kann der Vomhundertsatz überschritten werden. Erhöhte Kosten des Baugrundstücks, die durch die Geschäftslage veranlaßt sind, dürfen nicht dem Wohnraum zugerechnet werden.

(3) Bei Wiederherstellung, Ausbau und Erweiterung gehört zu den Baukosten auch der Wert der beim Bau des Wohnraums, für den die Berechnung aufzustellen ist, verwendeten Gebäudeteile; er ist entsprechend § 7 Abs. 2 Satz 2 bis 4 zu ermitteln. Kommt eine Wiederherstellung auch dem noch vorhandenen, auf die Dauer benutzbaren Raum zugute, so dürfen Baukosten nur insoweit angesetzt werden, als die Wiederherstellung dem neugeschaffenen Wohnraum zugute kommt; Absatz 1 gilt entsprechend.

(4) Ist Wohnraum durch Ausbau oder Erweiterung neu geschaffen worden, gehören zu den Gesamtkosten, die diesem Wohnraum in der Teilwirtschaftlichkeitsberechnung zuzurechnen sind, nur diejenigen Kosten, die durch den Ausbau oder die Erweiterung entstanden sind; dies gilt auch, wenn Zubehörräume von öffentlich geförderten Wohnungen zu neuen Wohnungen ausgebaut werden. Kosten des Baugrundstücks dürfen bei Ausbau nicht, bei Erweiterung nur dann angesetzt werden, wenn das Grundstück für einen Anbau neu erworben worden ist.

§ 35
Finanzierungsmittel in der Teilwirtschaftlichkeitsberechnung

In der Teilwirtschaftlichkeitsberechnung sind zur Deckung der angesetzten anteiligen Gesamtkosten die Finanzierungsmittel, die nur für den Teil des Gebäudes oder der Wirtschaftseinheit bestimmt sind, der Gegenstand der Berechnung ist, in voller Höhe im Finanzierungsplan auszuweisen. Die anderen Finanzierungsmittel sind angemessen zu verteilen.

§ 36
Laufende Aufwendungen und Erträge in der Teilwirtschaftlichkeitsberechnung

(1) In der Teilwirtschaftlichkeitsberechnung sind die laufenden Aufwendungen anzusetzen, die für den Teil des Gebäudes oder der Wirtschaftseinheit, der Gegenstand der Berechnung ist, entstehen.

(2) Bewirtschaftungskosten, die für das ganze Gebäude oder die ganze Wirtschaftseinheit entstehen, sind nur mit dem Teil anzusetzen, der sich nach dem Verhältnis der Teilung der Gesamtkosten nach § 34 ergibt. Bewirtschaftungskosten oder Mehrbeträge von Betriebswirtschaftskosten, die allein durch den Wohn- oder Geschäftsraum, der nicht Gegenstand der Berechnung ist, entstehen, dürfen nur diesem zugerechnet werden. Bei Wiederherstellung, Ausbau und Erweiterung dürfen Bewirtschaftungskosten nur insoweit angesetzt werden, als sie für den Teil des Gebäudes oder der Wirtschaftseinheit, der Gegenstand der Berechnung ist, zusätzlich entstehen; ist auch für den vor-

handen gewesenen Wohnraum eine Teilwirtschaftlichkeitsberechnung aufzustellen, so dürfen Bewirtschaftungskosten nur nach den Sätzen 1 und 2 angesetzt werden.

(3) In der Teilwirtschaftlichkeitsberechnung sind die Erträge auszuweisen, die sich für den Teil des Gebäudes oder der Wirtschaftseinheit, der Gegenstand der Berechnung ist, nach § 31 ergeben.

§ 37
Gesamtwirtschaftlichkeitsberechnung

(1) In der Gesamtwirtschaftlichkeitsberechnung ist die Gegenüberstellung der laufenden Aufwendungen und der Erträge für das gesamte Gebäude oder die gesamte Wirtschaftseinheit vorzunehmen und sodann der Teil der laufenden Aufwendungen und der Erträge auszugliedern, der auf den öffentlich geförderten Wohnraum entfällt.

(2) Bewirtschaftungskosten für Geschäftsraum sind mit den Beträgen anzusetzen, die zur ordentlichen Bewirtschaftung des Geschäftsraums laufend erforderlich sind.

(3) Zur Ausgliederung des Teils der laufenden Aufwendungen, der auf den öffentlich geförderten Wohnraum fällt, ist der Gesamtbetrag der laufenden Aufwendungen auf diesen Wohnraum und auf den anderen Wohnraum sowie den Geschäftsraum angemessen zu verteilen. Laufende Aufwendungen oder Mehrbeträge laufender Aufwendungen, die allein durch den öffentlich geförderten Wohnraum oder durch den anderen Wohnraum oder den Geschäftsraum entstehen, dürfen jeweils nur dem in Betracht kommenden Raum zugerechnet werden.

(4) Wird für öffentlich geförderten Wohnraum eine Gesamtwirtschaftlichkeitsberechnung aufgestellt, so finden die Absätze 1 bis 3 auch dann Anwendung, wenn in der Berechnung, die der Bewilligung der öffentlichen Mittel zugrunde gelegt worden ist, eine Ausgliederung des auf den öffentlich geförderten Wohnraum fallenden Teiles der laufenden Aufwendungen nicht oder nach einem anderen Verteilungsmaßstab vorgenommen worden ist oder wenn Bewirtschaftungskosten für Geschäftsraum nicht oder nur in geringerer Höhe in Anspruch genommen oder anerkannt worden sind oder wenn auf Ansätze ganz oder teilweise verzichtet worden ist.

§ 38
Teilberechnungen der laufenden Aufwendungen

(1) Für die Teilberechnungen der laufenden Aufwendungen ist der in der Wirtschaftlichkeitsberechnung für den öffentlich geförderten Wohnraum errechnete Gesamtbetrag der laufenden Aufwendungen nach dem Verhältnis der Wohnfläche auf den begünstigten Wohnraum und den anderen Wohnraum aufzuteilen. Laufende Aufwendungen oder Mehrbeträge laufender Aufwendungen, die allein durch den begünstigten Wohnraum oder den ande-

II. BV

ren Wohnraum entstehen, dürfen nur dem jeweils in Betracht kommenden Wohnraum zugerechnet werden.

(2) Im Falle des § 32 Abs. 4 Nr. 1 ist nach Aufteilung des Gesamtbetrages der laufenden Aufwendungen auf den begünstigten Wohnraum und den anderen Wohnraum die Verminderung der laufenden Aufwendungen nach § 18 Abs. 2 jeweils bei dem Teil der laufenden Aufwendungen vorzunehmen, der auf den Wohnraum fällt, für den die Darlehen oder Zuschüsse zur Deckung von laufenden Aufwendungen, Fremdkapitalkosten, Annuitäten oder Bewirtschaftungskosten gewährt werden.

(3) Im Falle des § 32 Abs. 4 Nr. 2 sind bei Berechnungen des Gesamtbetrages der laufenden Aufwendungen für die der nachstelligen Finanzierung dienenden öffentlichen Baudarlehen Rechnungszinsen in Höhe des im Zeitpunkt nach § 4 marktüblichen Zinssatzes für erste Hypotheken anzusetzen. Nach Aufteilung des Gesamtbetrages der laufenden Aufwendungen auf den begünstigten Wohnraum und den anderen Wohnraum sind wieder abzuziehen

1. von dem Teil der laufenden Aufwendungen, der auf den begünstigten Wohnraum fällt, die für die höheren öffentlichen Baudarlehen angesetzten Rechnungszinsen,
2. von dem Teil der laufenden Aufwendungen, der auf den anderen Wohnraum fällt, die für die anderen öffentlichen Baudarlehen angesetzten Rechnungszinsen.

Die Zinsen, die sich nach § 21 Abs. 2 und 3 für die öffentlichen Baudarlehen ergeben, sind sodann jeweils hinzuzurechnen.

(4) Absatz 3 gilt sinngemäß, wenn Darlehen oder Zuschüsse zur Senkung der Kapitalkosten von Fremdmitteln unmittelbar dem Gläubiger gewährt werden und für den begünstigten Wohnraum höhere Fremdmittel dieser Art ausgewiesen sind als für den anderen Wohnraum; Absatz 2 ist in diesem Falle nicht anzuwenden.

§ 39
Vereinfachte Wirtschaftlichkeitsberechnung

(1) In der vereinfachten Wirtschaftlichkeitsberechnung ist die Ermittlung der laufenden Aufwendungen sowie die Gegenüberstellung der laufenden Aufwendungen und der Erträge in vereinfachter Form zulässig. Die vereinfachte Wirtschaftlichkeitsberechnung kann auch als Auszug aus einer Wirtschaftlichkeitsberechnung aufgestellt werden. Der Auszug aus einer Wirtschaftlichkeitsberechnung muß enthalten

1. die Bezeichnung des Gebäudes,
2. die Höhe der einzelnen laufenden Aufwendungen,
3. die Darlehen und Zuschüsse zur Deckung von laufenden Aufwendungen für den gesamten Wohnraum,
4. die Mieten und Pachten, den entsprechenden Miet- oder Nutzwert und die Vergütung.

(2) Absatz 1 Satz 3 ist sinngemäß anzuwenden, wenn der Auszug zur Berechnung einer Mieterhöhung nach § 10 Abs. 1 des Wohnungsbindungsgesetzes aufgestellt wird. Aus dem Auszug muß auch die Erhöhung der einzelnen laufenden Aufwendungen erkennbar werden.

§ 39 a
Zusatzberechnung

(1) Ist bereits eine Wirtschaftlichkeitsberechnung aufgestellt worden und haben sich nach diesem Zeitpunkt laufende Aufwendungen geändert, so kann eine neue Wirtschaftlichkeitsberechnung in der Weise aufgestellt werden, daß die bisherige Wirtschaftlichkeitsberechnung um eine Zusatzberechnung ergänzt wird, in der die Erhöhung oder Verringerung der einzelnen laufenden Aufwendungen ermittelt und der Erhöhung oder Verringerung der Erträge gegenübergestellt wird. Eine Zusatzberechnung kann auch aufgestellt werden, wenn die in § 18 Abs. 2 Satz 1 bezeichneten Darlehen oder Zuschüsse nicht mehr oder nur in verminderter Höhe gewährt werden und der Vermieter den Wegfall oder die Verminderung nicht zu vertreten hat.

(2) Hat der Vermieter den Änderungsbetrag zur Vergleichsmiete nach § 12 oder nach § 14 Abs. 6 der Neubaumietenverordnung 1970 zu ermitteln, sind die einzelnen laufenden Aufwendungen nach den Verhältnissen zum Zeitpunkt der Bewilligung der öffentlichen Mittel zusammenzustellen und eine Zusatzberechnung nach Absatz 1 aufzustellen. Dabei bleiben Änderungen der laufenden Aufwendungen, die sich nicht auf den Wohnraum beziehen, dessen Vergleichsmiete zu ermitteln ist, unberücksichtigt. Enthält das Gebäude neben dem öffentlich geförderten Wohnraum auch anderen Wohnraum oder Geschäftsraum, sind die laufenden Aufwendungen und die Zusatzberechnung entsprechend § 37 aufzustellen.

(3) Ist bereits eine Wirtschaftlichkeitsberechnung aufgestellt und sind nach diesem Zeitpunkt bauliche Änderungen vorgenommen worden, so kann eine neue Wirtschaftlichkeitsberechnung in der Weise aufgestellt werden, daß die bisherige Wirtschaftlichkeitsberechnung um eine Zusatzberechnung ergänzt wird. In der Zusatzberechnung sind die Kosten der baulichen Änderungen anzusetzen, die zu ihrer Deckung dienenden Finanzierungsmittel auszuweisen und die sich danach für die bauliche Änderungen ergebenden Aufwendungen den Ertragserhöhungen gegenüberzustellen.

(4) Hat der Vermieter den Erhöhungsbetrag zur Vergleichsmiete nach § 13 der Neubaumietenverordnung 1970 für sämtliche öffentlich geförderten Wohnungen zu ermitteln, so ist eine Zusatzberechnung nach Absatz 3 Satz 2 aufzustellen.

II. BV

Teil III
Lastenberechnung

§ 40
Lastenberechnung

Die Belastung des Eigentümers eines Eigenheims, einer Kleinsiedlung oder einer eigengenutzten Eigentumswohnung oder des Inhabers eines eigengenutzten eigentumsähnlichen Dauerwohnrechts wird durch eine Berechnung (Lastenberechnung) ermittelt. Das gleiche gilt für die Belastung des Bewerbers um ein Kaufeigenheim, eine Trägerkleinsiedlung, eine Kaufeigentumswohnung oder eine Wohnung in der Rechtsform des eigentumsähnlichen Dauerwohnrechts.

(2) Wird durch Ausbau oder Erweiterung neuer, fremden Wohnzwecken dienender Wohnraum unter Einsatz öffentlicher Mittel geschaffen, ist hierfür eine Teilwirtschaftlichkeitsberechnung aufzustellen. Die Regelungen des § 32 Abs. 4 a und des § 34 Abs. 4 sind entsprechend anzuwenden.

§ 40 a
Aufstellung der Lastenberechnung durch den Bauherrn

(1) Ist der Eigentümer der Bauherr, so kann er die Lastenberechnung auf Grund einer Wirtschaftlichkeitsberechnung aufstellen. In diesem Fall beschränkt sich die Lastenberechnung auf die Ermittlung der Belastung nach den §§ 40 c bis 41.

(2) Wird die Lastenberechnung vom Bauherrn nicht auf Grund einer Wirtschaftlichkeitsberechnung aufgestellt, so muß sie enthalten

1. die Grundstücks- und Gebäudebeschreibung,
2. die Berechnung der Gesamtkosten,
3. den Finanzierungsplan,
4. die Ermittlung der Belastung nach den §§ 40 c bis 41.

(3) Die Lastenberechnung ist aufzustellen

1. bei einem Eigenheim, einer Kleinsiedlung oder einem Kaufeigenheim für das Gebäude,
2. bei einer eigengenutzten Eigentumswohnung oder einer Kaufeigentumswohnung
   a) für die im Sondereigentum stehende Wohnung und den damit verbundenen Miteigentumsanteil an dem gemeinschaftlichen Eigentum oder
   b) in der Weise, daß die Berechnung für die Eigentumswohnungen oder Kaufeigentumswohnungen des Gebäudes oder der Wirtschaftseinheit (§ 2 Abs. 2) zusammengefaßt und die Gesamtkosten nach dem Verhältnis der Miteigentumsanteile aufgeteilt werden,

3. bei einer Wohnung in der Rechtsform des eigentumsähnlichen Dauerwohnrechts für die Wohnung und den Teil des Grundstücks, auf den sich das Dauerwohnrecht erstreckt.

(4) Für die Aufstellung der Lastenberechnung gelten im übrigen § 2 Abs. 3 und 5, § 4 Abs. 1 bis 3, § 4 a Abs. 1 bis 3, 5 sowie die §§ 5 bis 15 entsprechend. § 12 Abs. 4 Satz 2 gilt dabei mit der Maßgabe, daß an Stelle der Erhöhung der Kapitalkosten die Erhöhung der Kapitalkosten und Tilgungen zu berücksichtigen ist.

§ 40 b
Aufstellung der Lastenberechnung durch den Erwerber

(1) Hat der Eigentümer das Gebäude oder die Wohnung auf Grund eines Veräußerungsvertrages gegen Entgelt erworben, so ist die Lastenberechnung nach § 40 a Abs. 2 und 3 mit folgenden Maßgaben aufzustellen:

1. An die Stelle der Gesamtkosten treten der angemessene Erwerbspreis, die auf ihn fallenden Erwerbskosten und die nach dem Erwerb entstandenen Kosten nach § 11;
2. im Finanzierungsplan sind die Mittel auszuweisen, die zur Deckung des Erwerbspreises und der in Nr. 1 bezeichneten Kosten dienen.

(2) Für die Aufstellung der Lastenberechnung gelten im übrigen § 2 Abs. 3 und 5 und die §§ 12 bis 15 entsprechend. § 12 Abs. 4 Satz 2 gilt dabei mit der Maßgabe, daß an Stelle der Erhöhung der Kapitalkosten die Erhöhung der Kapitalkosten und Tilgungen zu berücksichtigen ist.

(3) Die Absätze 1 und 2 gelten entsprechend für die Aufstellung der Lastenberechnung durch einen Bewerber nach § 40 Satz 2.

§ 40 c
Ermittlung der Belastung

(1) Die Belastung wird ermittelt

1. aus der Belastung aus dem Kapitaldienst und
2. aus der Belastung aus der Bewirtschaftung.

(2) Hat derjenige, dessen Belastung zu ermitteln ist, einem Dritten ein Nutzungsentgelt oder einen ähnlichen Beitrag zum Kapitaldienst oder zur Bewirtschaftung zu leisten, so ist dieses Entgelt in die Lastenberechnung an Stelle der sonst ansetzbaren Beträge aufzunehmen, soweit es zur Deckung der Belastung bestimmt ist.

(3) Bei einer Kleinsiedlung vermehrt sich die Belastung um die Pacht einer gepachteten Landzulage.

(4) Werden von einem Dritten Aufwendungsbeihilfen, Zinszuschüsse oder Annuitätsdarlehen gewährt, so vermindert sich die Belastung entsprechend.

(5) Erträge aus Miete oder Pacht, die für den Gegenstand der Berechnung (§ 40 a Abs. 3) erzielt werden, vermindern die Belastung. Dies gilt nicht für Ertragsteile, die zur Deckung von Betriebskosten dienen, die bei der Berechnung der Belastung aus der Bewirtschaftung nicht angesetzt werden dürfen. Als Ertrag gilt auch der Miet- oder Nutzungswert der Räume, die von demjenigen, dessen Belastung zu ermitteln ist, ausschließlich zu anderen als Wohnzwecken oder als Garagen benutzt werden, sowie der von ihm gewerblich benutzten Flächen.

§ 40 d
Belastung aus dem Kapitaldienst

(1) Zu der Belastung aus dem Kapitaldienst gehören

1. die Fremdkapitalkosten,
2. die Tilgung der Fremdmittel.

(2) Die Fremdkapitalkosten sind entsprechend den §§ 19, 21 und 23 a zu berechnen. Die Tilgungen für Fremdmittel sind aus dem im Finanzierungsplan ausgewiesenen Fremdmittel mit dem maßgebenden Tilgungssatz zu berechnen. Maßgebend ist der vereinbarte Tilgungssatz oder, wenn die Tilgungen tatsächlich nach einem niedrigeren Tilgungssatz zu entrichten sind, dieser.

(3) Ist im Falle des § 40 b im Finanzierungsplan eine Verbindlichkeit ausgewiesen, die ohne Änderung der Vereinbarung über die Verzinsung und Tilgung vom Erwerber übernommen worden ist, so gilt Absatz 2 mit der Maßgabe, daß die Zinsen und Tilgungen aus dem Ursprungsbetrag der Verbindlichkeit mit dem maßgebenden Zins- und Tilgungssatz zu berechnen sind.

(4) Hat sich der Zins- und Tilgungssatz für ein Fremdmittel geändert, so sind die Zinsen und Tilgungen anzusetzen, die sich auf Grund der Änderung bei entsprechender Anwendung der Absätze 2 und 3 ergeben; dies gilt bei einer Erhöhung des Zins- oder Tilgungssatzes nur, wenn sie auf Umständen beruht, die derjenige, dessen Belastung zu ermitteln ist, nicht zu vertreten hat, und für die Zinsen nur insoweit, als sie im Rahmen der Absätze 2 und 3 den Betrag nicht übersteigen, der sich aus der Verzinsung zu dem bei der Erhöhung marktüblichen Zinssatz für erste Hypotheken ergibt.

(5) Bei einer Änderung der in § 21 Abs. 4 bezeichneten Fremdkapitalkosten gilt Absatz 4 entsprechend.

(6) Werden an der Stelle der bisherigen Finanzierungsmittel nach § 12 Abs. 4 andere Mittel ausgewiesen, so treten die Kapitalkosten und Tilgungen der neuen Mittel an die Stelle der Kapitalkosten und Tilgungen der bisherigen Finanzierungsmittel; dies gilt für die Kapitalkosten nur insoweit, als sie im Rahmen der Absätze 2 und 3 den Betrag nicht übersteigen, der sich aus der Verzinsung zu dem bei der Ersetzung marktüblichen Zinssatz für erste Hypotheken ergibt. Sind Finanzierungsmittel durch eigene Mittel ersetzt worden, so dürfen Zinsen oder Tilgungen nicht angesetzt werden.

(7) Werden nach § 11 Abs. 4 bis 6 den Gesamtkosten die Kosten von baulichen Änderungen hinzugerechnet, so dürfen für die Fremdmittel, die zur Deckung dieser Kosten dienen, bei Anwendung des Absatzes 2 Kapitalkosten insoweit angesetzt werden, als sie den Betrag nicht überschreiten, der sich aus der Verzinsung zu dem bei Fertigstellung der baulichen Änderungen marktüblichen Zinssatz für erste Hypotheken ergibt.

(8) Soweit für Fremdmittel, die ganz oder teilweise im Finanzierungsplan ausgewiesen sind, Kapitalkosten oder Tilgungen nicht mehr zu entrichten sind, dürfen diese nicht angesetzt werden.

§ 41
Belastung aus der Bewirtschaftung

(1) Zu der Belastung aus der Bewirtschaftung gehören
1. die Ausgaben für die Verwaltung, die an einen Dritten laufend zu entrichten sind,
2. die Betriebskosten,
3. die Ausgaben für die Instandhaltung.

Die Vorschriften der §§ 24, 28 und 30 sind entsprechend anzuwenden.

(2) § 26 ist entsprechend anzuwenden mit der Maßgabe, daß bei Eigentumswohnungen, Kaufeigentumswohnungen oder Wohnungen in der Rechtsform des eigentumsähnlichen Dauerwohnrechts als Ausgaben für die Verwaltung höchstens 290 Deutsche Mark angesetzt werden dürfen.

(3) § 27 ist entsprechend anzuwenden mit der Maßgabe, daß als Betriebskosten angesetzt werden dürfen
1. laufende öffentliche Lasten des Grundstücks, namentlich die Grundsteuer, jedoch nicht die Hypothekengewinnabgabe,
2. Kosten der Wasserversorgung,
3. Kosten der Straßenreinigung und Müllabfuhr,
4. Kosten der Entwässerung,
5. Kosten der Schornsteinreinigung,
6. Kosten der Sach- und Haftpflichtversicherung.

Bei einer Eigentumswohnung, einer Kaufeigentumswohnung und einer Wohnung in der Rechtsform des eigentumsähnlichen Dauerwohnrechts dürfen als Betriebskosten außerdem angesetzt werden
1. Kosten des Betriebes des Fahrstuhls,
2. Kosten der Hausreinigung und Ungezieferbekämpfung,
3. Kosten für den Hauswart.

Teil IV
Wohnflächenberechnung

§ 42
Wohnfläche

(1) Die Wohnfläche einer Wohnung ist die Summe der anrechenbaren Grundflächen der Räume, die ausschließlich zu der Wohnung gehören.

(2) Die Wohnfläche eines einzelnen Wohnraumes besteht aus dessen anrechenbarer Grundfläche, hinzuzurechnen ist die anrechenbare Grundfläche der Räume, die ausschließlich zu diesem einzelnen Wohnraum gehören. Die Wohnfläche eines untervermieteten Teils einer Wohnung ist entsprechend zu berechnen.

(3) Die Wohnfläche eines Wohnheimes ist die Summe der anrechenbaren Grundflächen der Räume, die zur alleinigen und gemeinschaftlichen Benutzung durch die Bewohner bestimmt sind.

(4) Zur Wohnfläche gehört nicht die Grundfläche von

1. Zubehörräumen; als solche kommen in Betracht: Keller, Waschküchen, Abstellräume außerhalb der Wohnung, Dachböden, Trockenräume, Schuppen (Holzlegen), Garagen und ähnliche Räume;
2. Wirtschaftsräumen; als solche kommen in Betracht: Futterküchen, Vorratsräume, Backstuben, Räucherkammern, Ställe, Scheunen, Abstellräume und ähnliche Räume;
3. Räumen, die den nach ihrer Nutzung zu stellenden Anforderungen des Bauordnungsrechts nicht genügen;
4. Geschäftsräumen.

§ 43
Berechnung der Grundfläche

(1) Die Grundfläche eines Raumes ist nach Wahl des Bauherrn aus den Fertigmaßen oder den Rohbaumaßen zu ermitteln. Die Wahl bleibt für alle späteren Berechnungen maßgebend.

(2) Fertigmaße sind die lichten Maße zwischen den Wänden ohne Berücksichtigung von Wandgliederungen, Wandbekleidungen, Scheuerleisten, Öfen, Heizkörpern, Herden und dergleichen.

(3) Werden die Rohbaumaße zugrunde gelegt, so sind die errechneten Grundflächen um 3 vom Hundert zu kürzen.

(4) Von den errechneten Grundflächen sind abzuziehen die Grundflächen von

1. Schornsteinen und anderen Mauervorlagen, freistehenden Pfeilern und Säulen, wenn sie in der ganzen Raumhöhe durchgehen und ihre Grundfläche mehr als $0{,}1\ m^2$ beträgt.
2. Treppen mit über drei Steigungen und deren Treppenabsätze.

(5) Zu den errechneten Grundflächen sind hinzuzurechnen die Grundflächen von

1. Fenster- und offenen Wandnischen, die bis zum Fußboden herunterreichen und mehr als 0,13 m tief sind,
2. Erkern und Wandschränken, die eine Grundfläche von mindestens 0,5 m² haben,
3. Raumteilen unter Treppen, soweit die lichte Höhe mindestens 2 m ist.

Nicht hinzuzurechnen sind die Grundflächen der Türnischen.

(6) Wird die Grundfläche auf Grund der Bauzeichnung nach den Rohbaumaßen ermittelt, so bleibt die hiernach berechnete Wohnfläche maßgebend, außer wenn von der Bauzeichnung abweichend gebaut ist. Ist von der Bauzeichnung abweichend gebaut worden, so ist die Grundfläche auf Grund der berichtigten Bauzeichnung zu ermitteln.

§ 44
Anrechenbare Grundfläche

(1) Zur Ermittlung der Wohnfläche sind anzurechnen

1. voll
   die Grundflächen von Räumen und Raumteilen mit einer lichten Höhe von mindestens 2 m;
2. zur Hälfte
   die Grundflächen von Räumen und Raumteilen mit einer lichten Höhe von mindestens 1 m und weniger als 2 m und von Wintergärten, Schwimmbädern und ähnlichen, nach allen Seiten geschlossenen Räumen;
3. nicht
   die Grundflächen von Räumen oder Raumteilen mit einer lichten Höhe von weniger als 1 m.

(2) Gehören ausschließlich zu dem Wohnraum Balkone, Loggien, Dachgärten oder gedeckte Freisitze, so können deren Grundflächen zur Ermittlung der Wohnfläche bis zur Hälfte angerechnet werden.

(3) Zur Ermittlung der Wohnfläche können abgezogen werden

1. bei einem Wohngebäude mit einer Wohnung bis zu 10 vom Hundert der ermittelten Grundfläche der Wohnung,
2. bei einem Wohngebäude mit zwei nicht abgeschlossenen Wohnungen bis zu 10 vom Hundert der ermittelten Grundfläche beider Wohnungen,
3. bei einem Wohngebäude mit einer abgeschlossenen und einer nicht abgeschlossenen Wohnung bis zu 10 vom Hundert der ermittelten Grundfläche der nicht abgeschlossenen Wohnung.

(4) Die Bestimmung über die Anrechnung oder den Abzug nach Absatz 2 oder 3 kann nur für das Gebäude oder die Wirtschaftseinheit einheitlich getroffen werden. Die Bestimmung bleibt für alle späteren Berechnungen maßgebend.

II. BV

**Teil V
Schluß- und Überleitungsvorschriften**

(nicht abgedruckt)

Anlage 1

(zu § 5 Abs. 5)

Aufstellung der Gesamtkosten

Die Gesamtkosten bestehen aus:

1. Kosten des Baugrundstücks

Zu den Kosten des Baugrundstücks gehören:

1. Der Wert des Baugrundstücks

2. Die Erwerbskosten

Hierzu gehören alle durch den Erwerb des Baugrundstücks verursachten Nebenkosten, z. B. Gerichts- und Notarkosten, Maklerprovisionen, Grunderwerbsteuern, Vermessungskosten, Gebühren für Wertberechnungen und amtliche Genehmigungen, Kosten der Bodenuntersuchung zur Beurteilung des Grundstückswertes.

Zu den Erwerbskosten gehören auch Kosten, die im Zusammenhang mit einer das Baugrundstück betreffenden freiwilligen oder gesetzlich geregelten Umlegung, Zusammenlegung oder Grenzregelung (Bodenordnung) entstehen, außer den Kosten der dem Bauherrn dabei obliegenden Verwaltungsleistungen.

3. Die Erschließungskosten

Hierzu gehören:

a) Abfindungen und Entschädigungen an Mieter, Pächter und sonstige Dritte zur Erlangung der freien Verfügung über das Baugrundstück,

b) Kosten für das Herrichten des Baugrundstücks, z. B. Abräumen, Abholzen, Roden, Bodenbewegung, Enttrümmern, Gesamtabbruch,

c) Kosten der öffentlichen Entwässerungs- und Versorgungsanlagen, die nicht Kosten der Gebäude oder der Außenanlagen sind, und Kosten öffentlicher Flächen für Straßen, Freiflächen und dgl., soweit diese Kosten vom Grundstückseigentümer auf Grund gesetzlicher Bestimmungen (z. B. Anliegerleistungen) oder vertraglicher Vereinbarungen (z. B. Unternehmerstraßen) zu tragen und vom Bauherrn zu übernehmen sind,

d) Kosten der nichtöffentlichen Entwässerungs- und Versorgungsanlagen, die nicht Kosten der Gebäude oder der Außenanlagen sind, und Kosten nichtöffentlicher Flächen für Straßen, Freiflächen und dgl., wie Privatstraßen, Abstellflächen für Kraftfahrzeuge, wenn es sich um Daueranlagen handelt, d. h. um Anlagen, die auch nach etwaigem Abgang der Bauten im Rahmen der allgemeinen Ortsplanung bestehen bleiben müssen,

e) andere einmalige Abgaben, die vom Bauherrn nach gesetzlichen Bestimmungen verlangt werden (z. B. Bauabgaben, Ansiedlungsleistungen, Ausgleichsbeträge).

2. Baukosten

Zu den Baukosten gehören:

1. Die Kosten der Gebäude

Das sind die Kosten (getrennt nach der Art der Gebäude oder Gebäudeteile) sämtlicher Bauleistungen, die für die Errichtung der Gebäude erforderlich sind.

Zu den Kosten der Gebäude gehören auch

die Kosten aller eingebauten oder mit den Gebäuden fest verbundenen Sachen, z. B. Anlagen zur Beleuchtung, Erwärmung, Kühlung und Lüftung von Räumen und zur Versorgung mit Elektrizität, Gas, Kalt- und Warmwasser (bauliche Betriebseinrichtungen), bis zum Hausanschluß an die Außenanlagen, Öfen, Koch- und Waschherde, Bade- und Wascheinrichtungen, eingebaute Rundfunkanlagen, Gemeinschaftsantennen, Blitzschutzanlagen, Luftschutzanlagen, Luftschutzvorsorgeanlagen, bildnerischer und malerischer Schmuck an und in Gebäuden, eingebaute Möbel,

die Kosten aller vom Bauherrn erstmalig zu beschaffenden, nicht eingebauten oder nicht fest verbundenen Sachen an und in den Gebäuden, die zur Benutzung und zum Betrieb der baulichen Anlagen erforderlich sind oder zum Schutz der Gebäude dienen, z. B. Öfen, Koch- und Waschherde, Bade- und Wascheinrichtungen, soweit sie nicht unter den vorstehenden Absatz fallen, Aufsteckschlüssel für innere Leitungshähne und -ventile, Bedienungseinrichtungen für Sammelheizkessel (Schaufeln, Schürstangen usw.), Dachausstiege- und Schornsteinleitern, Feuerlöschanlagen (Schläuche, Stand- und Strahlrohre für eingebaute Feuerlöschanlagen), Schlüssel für Fenster- und Türverschlüsse usw.

Zu den Kosten der Gebäude gehören auch die Kosten von Teilabbrüchen innerhalb der Gebäude sowie der etwa angesetzte Wert verwendeter Gebäudeteile.

2. Die Kosten der Außenanlagen

Das sind die Kosten sämtlicher Bauleistungen, die für die Herstellung der Außenanlagen erforderlich sind.

II. BV

Hierzu gehören

a) die Kosten der Entwässerungs- und Versorgungsanlagen vom Hausanschluß ab bis an das öffentliche Netz oder an nichtöffentliche Anlagen, die Daueranlagen sind (I 3 d), außerdem alle anderen Entwässerungs- und Versorgungsanlagen außerhalb der Gebäude, Kleinkläranlagen, Sammelgruben, Brunnen, Zapfstellen usw.

b) die Kosten für das Anlegen von Höfen, Wegen und Einfriedungen, nichtöffentlichen Spielplätzen usw.

c) die Kosten der Gartenanlagen und Pflanzungen, die nicht zu den besonderen Betriebseinrichtungen gehören, der nicht mit einem Gebäude verbundenen Freitreppen, Stützmauern, fest eingebauten Flaggenmaste, Teppichklopfstangen, Wäschepfähle usw.

d) die Kosten sonstiger Außenanlagen, z. B. Luftschutzaußenanlagen, Kosten für Teilabbrüche außerhalb der Gebäude, soweit sie nicht zu den Kosten für das Herrichten des Baugrundstücks gehören.

Zu den Kosten der Außenanlagen gehören auch

die Kosten aller eingebauten oder mit den Außenanlagen fest verbundenen Sachen,

die Kosten aller vom Bauherrn erstmalig zu beschaffenden, nicht eingebauten oder nicht fest verbundenen Sachen an und in den Außenanlagen, z. B. Aufsteckschlüssel für äußere Leitungshähne und -ventile, Feuerlöschanlagen (Schläuche, Stand- und Strahlrohre für äußere Feuerlöschanlagen).

3. Die Baunebenkosten

Das sind

a) Kosten der Architekten- und Ingenieurleistungen; diese Leistungen umfassen namentlich Planungen, Ausschreibungen, Bauleitung, Bauführung und Bauabrechnung,

b) Kosten der dem Bauherrn obliegenden Verwaltungsleistungen bei Vorbereitung und Durchführung des Bauvorhabens,

c) Kosten der Behördenleistungen; hierzu gehören die Kosten der Prüfungen und Genehmigungen der Behörden oder Beauftragten der Behörden,

d) folgende Kosten:

   aa) Kosten der Beschaffung der Finanzierungsmittel, z. B. Maklerprovisionen, Gerichts- und Notarkosten, einmalige Geldbeschaffungskosten (Hypothekendisagio, Kreditprovisionen und Spesen, Wertberechnungs- und Bearbeitungsgebühren, Bereitstellungskosten usw.),

   bb) Kapitalkosten und Erbbauzinsen, die auf die Bauzeit entfallen,

   cc) Kosten der Beschaffung und Verzinsung der Zwischenfinanzierungsmittel einschließlich der gestundeten Geldbeschaffungskosten (Disagiodarlehen), dd) Steuerbelastungen des Baugrundstücks, die auf die Bauzeit entfallen,

ee) Kosten der Beschaffung von Darlehen und Zuschüssen zur Deckung von laufenden Aufwendungen, Fremdkapitalkosten, Annuitäten und Bewirtschaftungskosten,

e) sonstige Nebenkosten, z. B. die Kosten der Bauversicherungen während der Bauzeit, der Bauwache, der Baustoffprüfungen des Bauherrn, der Grundsteinlegungs- und Richtfeier.

4. Die Kosten der besonderen Betriebseinrichtungen

Das sind z. B. die Kosten für Personen- und Lastenaufzüge, Müllbeseitigungsanlagen, Hausfernsprecher, Uhrenanlagen, gemeinschaftliche Wasch- und Badeeinrichtungen usw.

5. Die Kosten des Gerätes und sonstiger Wirtschaftsausstattungen

Das sind

die Kosten für alle vom Bauherrn erstmalig zu beschaffenden beweglichen Sachen, die nicht unter die Kosten der Gebäude oder der Außenanlagen fallen, z. B. Asche- und Müllkästen, abnehmbare Fahnen, Fenster- und Türbehänge, Feuerlösch- und Luftschutzgerät, Haus- und Stallgerät usw.

die Kosten für Wirtschaftsausstattungen bei Kleinsiedlungen usw., z. B. Ackergerät, Dünger, Kleinvieh, Obstbäume, Saatgut.

Anlage 2

(zu den §§ 11 a und 34 Abs. 1)

Berechnung des umbauten Raumes

Der umbaute Raum ist in m^3 anzugeben.

1.1 Voll anzurechnen ist der umbaute Raum eines Gebäudes, der umschlossen wird:

1.1.1 seitlich von den Außenflächen der Umfassungen,

1.1.2 unten

1.1.2.1 bei unterkellerten Gebäuden von den Oberflächen der untersten Geschoßfußböden,

1.1.2.2 bei nichtunterkellerten Gebäuden von der Oberfläche des Geländes. Liegt der Fußboden des untersten Geschosses tiefer als das Gelände, gilt Abschnitt 1.1.2.1,

1.1.3 oben

1.1.3.1 bei nicht ausgebautem Dachgeschoß von den Oberflächen der Fußböden über den obersten Vollgeschossen,

II. BV

1.1.3.2 bei ausgebautem Dachgeschoß, bei Treppenhausköpfen und Fahrstuhlschächten von den Außenflächen der umschließenden Wände und Decken (bei Ausbau mit Leichtbauplatten sind die begrenzenden Außenflächen durch die Außen- oder Oberkante der Teile zu legen, welche diese Platten unmittelbar tragen),

1.1.3.3 bei Dachdecken, die gleichzeitig die Decke des obersten Vollgeschosses bilden, von den Oberflächen der Tragdecke oder Balkenlage,

1.1.3.4 bei Gebäuden oder Bauteilen ohne Geschoßdecken von den Außenflächen des Daches, vgl. Abschnitt 1.3.5.

1.2 Mit einem Drittel anzurechnen ist der umbaute Raum des nichtausgebauten Dachraumes, der umschlossen wird von den Flächen nach Abschnitt 1.1.3.1 oder 1.1.3.2 und den Außenflächen des Daches.

1.3 Bei den Berechnungen nach Abschnitt 1.1 und 1.2 ist:

1.3.1 die Gebäudegrundfläche nach den Rohbaumaßen des Erdgeschosses zu berechnen,

1.3.2 bei wesentlich verschiedenen Geschoßgrundflächen der umbaute Raum geschoßweise zu berechnen,

1.3.3 nicht abzuziehen der umbaute Raum, der gebildet wird von:

1.3.3.1 äußeren Leibungen von Fenstern und Türen und äußeren Nischen in den Umfassungen,

1.3.3.2 Hauslauben (Loggien), d. h. an höchstens zwei Seitenflächen offenen, im übrigen umbauten Räumen,

1.3.4 nicht hinzuzurechnen der umbaute Raum, den folgende Bauteile bilden:

1.3.4.1 stehende Dachfenster und Dachaufbauten mit einer vorderen Ansichtsfläche bis zu je 2 m^2 (Dachaufbauten mit größerer Ansichtsfläche siehe Abschnitt 1.4.2),

1.3.4.2 Balkonplatten und Vordächer bis zu 0,5 m Ausladung (weiter ausladende Balkonplatten und Vordächer siehe Abschnitt 1.4.4),

1.3.4.3 Dachüberstände, Gesimse, ein bis drei nichtunterkellerte, vorgelagerte Stufen, Wandpfeiler, Halbsäulen und Pilaster,

1.3.4.4 Gründungen gewöhnlicher Art, deren Unterfläche bei unterkellerten Bauten nicht tiefer als 0,5 m unter der Oberfläche des Kellergeschoßfußbodens, bei nichtunterkellerten Bauten nicht tiefer als 1 m unter der Oberfläche des umgebenden Geländes liegt (Gründungen außergewöhnlicher Art und Tiefe siehe Abschnitt 1.4.8),

1.3.4.5 Kellerlichtschächte und Lichtgräben,

1.3.5 für Teile eines Baues, deren Innenraum ohne Zwischendecken bis zur Dachfläche durchgeht, der umbaute Raum getrennt zu berechnen, vgl. Abschnitt 1.1.3.4,

1.3.6 für zusammenhängende Teile eines Baues, die sich nach dem Zweck und deshalb in der Art des Ausbaues wesentlich von den übrigen Teilen unterscheiden, der umbaute Raum getrennt zu berechnen.

1.4 Von der Berechnung des umbauten Raumes nicht erfaßt werden folgende (besonders zu veranschlagende) Bauausführungen und Bauteile:

1.4.1 geschlossene Anbauten in leichter Bauart und mit geringwertigem Ausbau und offene Anbauten wie Hallen, Überdachungen (mit oder ohne Stützen) von Lichthöfen, Unterfahrten auf Stützen, Veranden,

1.4.2 Dachaufbauten mit vorderen Ansichtsflächen von mehr als 2 m^2 und Dachreiter,

1.4.3 Brüstungen von Balkonen und begehbaren Dachflächen,

1.4.4 Balkonplatten und Vordächer mit mehr als 0,5 m Ausladung,

1.4.5 Freitreppen mit mehr als 3 Stufen und Terrassen (u. ihre Brüstungen),

1.4.6 Füchse, Gründungen für Kessel und Maschinen,

1.4.7 freistehende Schornsteine und der Teil von Hausschornsteinen, der mehr als 1 m über den Dachfirst hinausragt,

1.4.8 Gründungen außergewöhnlicher Art, wie Pfahlgründungen, und Gründungen außergewöhnlicher Tiefe, deren Unterfläche tiefer liegt, als im Abschnitt 1.3.4.4 angegeben,

1.4.9 wasserdruckhaltende Dichtungen.

Anlage 3

(zu § 27 Abs. 1)

Aufstellung der Betriebskosten

Betriebskosten sind nachstehende Kosten, die dem Eigentümer (Erbbauberechtigten) durch das Eigentum (Erbbaurecht) am Grundstück oder durch den bestimmungsmäßigen Gebrauch des Gebäudes oder der Wirtschaftseinheit, der Nebengebäude, Anlagen, Einrichtungen und des Grundstücks laufend entstehen, es sei denn, daß sie üblicherweise vom Mieter außerhalb der Miete unmittelbar getragen werden:

1. Die laufenden öffentlichen Lasten des Grundstücks

Hierzu gehört namentlich die Grundsteuer, jedoch nicht die Hypothekengewinnabgabe.

2. Die Kosten der Wasserversorgung

Hierzu gehören die Kosten des Wasserverbrauchs, die Grundgebühren, *die Kosten der Anmietung oder anderer Arten der Gebrauchserfassung von Wasserzählern, sowie der Kosten ihrer Verwendung einschließlich der Kosten der Berechnung und Aufteilung*, die Kosten des Betriebs einer hauseigenen Wasserversorgungsanlage und einer Wasseraufbereitungsanlage einschließlich der Aufbereitungsstoffe.

II. BV

3. Die Kosten der Entwässerung

Hierzu gehören die Gebühren für die Benutzung einer öffentlichen Entwässerungsanlage, die Kosten des Betriebs einer entsprechenden nichtöffentlichen Anlage und die Kosten des Betriebs einer Entwässerungspumpe.

4. Die Kosten

a) des Betriebs der zentralen Heizungsanlage *einschließlich der Abgasanlage;*

hierzu gehören die Kosten der verbrauchten Brennstoffe und ihrer Lieferung, die Kosten des Betriebsstroms, die Kosten der Bedienung, Überwachung und Pflege der Anlage, der regelmäßigen Prüfung ihrer Betriebsbereitschaft und Betriebssicherheit einschließlich der Einstellung durch einen Fachmann, der Reinigung der Anlage und des Betriebsraums, die Kosten der Messungen nach dem Bundes-Immissionsschutzgesetz, *die Kosten der Anmietung oder anderer Arten der Gebrauchsüberlassung einer Ausstattung zur Verbrauchserfassung sowie die Kosten der Verwendung einer Ausstattung zur Verbrauchserfassung einschließlich der Kosten der Berechnung und Aufteilung;*

oder

b) des Betriebs der zentralen Brennstoffversorgungsanlage;

hierzu gehören die Kosten der verbrauchten Brennstoffe und ihre Lieferung, die Kosten des Betriebsstroms und die Kosten der Überwachung sowie die Kosten der Reinigung der Anlage und des Betriebsraums;

oder

c) der eigenständig gewerblichen Lieferung von Wärme, auch aus Anlagen im Sinne des Buchstabens a);

hierzu gehören das Entgelt für die Wärmelieferung und die Kosten des Betriebs der zugehörigen Hausanlagen entsprechend Buchstabe a);

d) der Reinigung und Wartung von Etagenheizungen;

hierzu gehören die Kosten der Beseitigung von Wasserablagerungen und Verbrennungsrückständen in der Anlage, die Kosten der regelmäßigen Prüfung der Betriebsbereitschaft und Betriebssicherheit und der damit zusammenhängenden Einstellung durch einen Fachmann sowie die Kosten der Messungen nach dem Bundes-Immissionsschutzgesetz.

5. Die Kosten

a) des Betriebs der zentralen Warmwasserversorgungsanlage;

hierzu gehören die Kosten der Wasserversorgung entsprechend Nummer 2, soweit sie nicht dort bereits berücksichtigt sind, und die Kosten der Wassererwärmung entsprechend Nummer 4 Buchstabe a);

oder

b) *der eigenständig gewerblichen Lieferung von Warmwasser, auch aus Anlagen im Sinne des Buchstabens a);*
hierzu gehören das Entgelt für die Lieferung des Warmwassers und die Kosten des Betriebs der zugehörigen Hausanlagen entsprechend Nummer 4 Buchstabe a);

oder

c) der Reinigung und Wartung von Warmwassergeräten;
hierzu gehören die Kosten der Beseitigung von Wasserablagerungen und Verbrennungsrückständen im Innern der Geräte sowie die Kosten der regelmäßigen Prüfung der Betriebsbereitschaft und Betriebssicherheit und der damit zusammenhängenden Einstellung durch einen Fachmann.

6. Die Kosten verbundener Heizungs- und Warmwasserversorgungsanlagen

a) bei zentralen Heizungsanlagen entsprechend Nummer 4 Buchstabe a) und entsprechend Nummer 2, soweit sie nicht dort bereits berücksichtigt sind;
oder

b) bei der *eigenständig gewerblichen Lieferung* entsprechend Nummer 4 Buchstabe c) und entsprechend Nummer 2, soweit sie nicht dort bereits berücksichtigt sind;
oder

c) bei verbundenen Etagenheizungen und Warmwasserversorgungsanlagen entsprechend Nummer 4 Buchstabe d) und entsprechend Nummer 2, soweit sie nicht dort bereits berücksichtigt sind;

7. Die Kosten des Betriebs des maschinellen Personen- oder Lastenaufzuges

Hierzu gehören die Kosten des Betriebsstroms, die Kosten der Beaufsichtigung, der Bedienung, Überwachung und Pflege der Anlage, der regelmäßigen Prüfung ihrer Betriebsbereitschaft und Betriebssicherheit einschließlich der Einstellung durch einen Fachmann sowie die Kosten der Reinigung der Anlage.

8. Die Kosten der Straßenreinigung und Müllabfuhr

Hierzu gehören die für die öffentliche Straßenreinigung und Müllabfuhr zu entrichtenden Gebühren oder die Kosten entsprechender nichtöffentlicher Maßnahmen.

9. Die Kosten der Hausreinigung und Ungezieferbekämpfung

Zu den Kosten der Hausreinigung gehören die Kosten für die Säuberung der von den Bewohnern gemeinsam benutzten Gebäudeteile, wie Zugänge, Flure, Treppen, Keller, Bodenräume, Waschküchen, Fahrkorb des Aufzugs.

II. BV

10. Die Kosten der Gartenpflege

Hierzu gehören die Kosten der Pflege gärtnerisch angelegter Flächen einschließlich der Erneuerung von Pflanzen und Gehölzen, der Pflege von Spielplätzen einschließlich der Erneuerung von Sand und der Pflege von Plätzen, Zugängen und Zufahrten, die dem nichtöffentlichen Verkehr dienen.

11. Die Kosten der Beleuchtung

Hierzu gehören die Kosten des Stroms für die Außenbeleuchtung und die Beleuchtung der von den Bewohnern gemeinsam benutzten Gebäudeteile, wie Zugänge, Flure, Treppen, Keller, Bodenräume, Waschküchen.

12. Die Kosten der Schornsteinreinigung

Hierzu gehören die Kehrgebühren nach der maßgebenden Gebührenordnung, *soweit sie nicht bereits als Kosten nach Nummer 4 Buchstabe a) berücksichtigt sind.*

13. Die Kosten der Sach- und Haftpflichtversicherung

Hierzu gehören namentlich die Kosten der Versicherung des Gebäudes gegen Feuer-, Sturm- und Wasserschäden, der Glasversicherung, der Haftpflichtversicherung für das Gebäude, den Öltank und den Aufzug.

14. Die Kosten für den Hauswart

Hierzu gehören die Vergütung, die Sozialbeiträge und alle geldwerten Leistungen, die der Eigentümer (Erbbauberechtigte) dem Hauswart für seine Arbeit gewährt, soweit diese nicht die Instandhaltung, Instandsetzung, Erneuerung, Schönheitsreparaturen oder die Hausverwaltung betrifft.

Soweit Arbeiten vom Hauswart ausgeführt werden, dürfen Kosten für Arbeitsleistungen nach den Nummern 2 bis 10 nicht angesetzt werden.

15. Die Kosten

a) des Betriebs der Gemeinschafts-Antennenanlage;

hierzu gehören die Kosten des Betriebsstroms und die Kosten der regelmäßigen Prüfung ihrer Betriebsbereitschaft einschließlich der Einstellung durch einen Fachmann oder das Nutzungsentgelt für eine nicht zur Wirtschaftseinheit gehörende Antennenanlage;

oder

b) des Betriebs der mit einem Breitbandkabelnetz verbundenen privaten Verteilanlage;

hierzu gehören die Kosten entsprechend Buchstabe a), ferner die laufenden monatlichen Grundgebühren für Breitbandanschlüsse.

16. Die Kosten des Betriebs der maschinellen Wascheinrichtung

Hierzu gehören die Kosten des Betriebsstroms, die Kosten der Überwachung, Pflege und Reinigung der maschinellen Einrichtung, der regelmäßigen Prüfung ihrer Betriebsbereitschaft und Betriebssicherheit sowie die Kosten der Wasserversorgung entsprechend Nummer 2, soweit sie nicht dort bereits berücksichtigt sind.

17. Sonstige Betriebskosten

Das sind die in den Nummern 1 bis 16 nicht genannten Betriebskosten, namentlich die Betriebskosten von Nebengebäuden, Anlagen und Einrichtungen.

InvErlWohnbaulG

Gesetz zur Erleichterung von Investitionen und der Ausweisung und Bereitstellung von Wohnbauland (Investitionserleichterungs- und Wohnbaulandgesetz)

vom 22. April 1993 (Dieses Gesetz trat am 1. 5. 1993 in Kraft.)

Dieses neue Artikel-Gesetz verändert zehn bestehende Gesetze und schafft zwei neue. Es enthält Aussagen zu folgenden Bereichen des öffentlichen Baurechts: Maßnahmen zur Beschleunigung von Baulandausweisungen und zur zügigen Bereitstellung von Bauland; Erleichterungen im Genehmigungsverfahren; städtebauliche Entwicklungsmaßnahmen; Verhältnis des Naturschutzrechts zum Baurecht. Das öffentliche Baurecht wird durch dieses Gesetz noch komplizierter.

Soweit in den Wohnungsbau-Normen abgedruckte Gesetze und Verordnungen durch dieses Gesetz verändert wurden, sind diese Veränderungen sofort dort vorgenommen worden. Ansonsten wird der sehr umfangreiche Gesetzestext hier nicht abgedruckt, sondern nur die einzelnen Artikel kurz beschrieben.

Artikel 1 Änderung des Baugesetzbuchs

Änderung des BauGB vom 8. 12. 1986, zuletzt geändert durch Artikel 12 des Gesetzes v. 11. 1. 1993. Wichtigste Neuerung: **Städtebauliche Entwicklungs-**

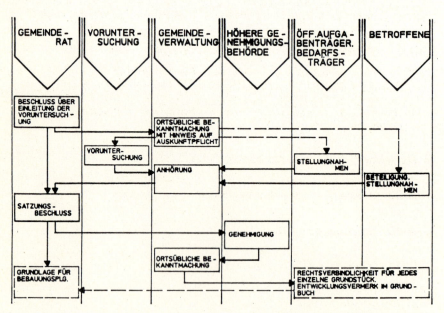

Städtebauliche Entwicklungsmaßnahme nach BauGB §§ 165 ff – Verfahrensablauf

maßnahmen *sind ein eigenes Rechtsinstrument, um der schnellen Befriedigung erhöhten Wohn- und Arbeitsstättenbedarfs Rechnung zu tragen. Dabei ist es möglich, durch die Planung entstandene Wertgewinne für die Finanzierung der Kosten der Baulandausweisung und -erschließung abzuschöpfen. Bei ehemaligem Ackerland ist diese Abschöpfung allerdings durch eine Wertklausel eingeschränkt (BauGB, Zweiter Teil; Städtebauliche Entwicklungsmaßnahmen §§ 165 ff).*

Artikel 2 Änderung des Wohnungsbau-Erleichterungsgesetzes

Änderung des WoBauErl G vom 17. 5. 1990. Der die Gültigkeitsdauer des WoBauErl G auf fünf Jahre begrenzende Artikel 1 wird aufgehoben. Artikel 2 – Maßnahmengesetz zum Baugesetzbuch – wurde neu gefaßt.

Artikel 3 Änderung der Baunutzungsverordnung

§ 25 c der BauNVO vom 23. 1. 1990, geändert durch Anlage I Kap. XIV Abschn. II Nr. 2 des Einigungsvertrages vom 31. 8. 1990 in Verbindung m. Art. 1 des Gesetzes v. 23. 9. 1990 wurde geändert.

Artikel 4 Änderung des Raumordnungsgesetzes

Das ROG vom 25. 7. 1991 wird geändert. Dabei wird dem Aspekt des dringenden Wohnbedarfs und der funktionalen Zuordnung von Wohnen und Arbeiten Rechnung getragen. § 6 a – Raumordnungsverfahren – wird neu gefaßt.

Artikel 5 Änderung des Bundesnaturschutzgesetzes

Das BNatSchG vom 12. 3. 1987, zuletzt geändert durch Art. 6 des Gesetzes v. 12. 2. 1990 wird geändert. U. a. werden die §§ 8 a bis 8 c eingefügt. Diese Vorschriften, die die Eingriffsregelung betreffen, gelten unmittelbar, bedürfen also keiner besonderen Ländergesetzgebung. Es wird das Verhältnis des Naturschutzrechts zum Baurecht neu bestimmt.

Artikel 6 und 7 Änderung des Abfallgesetzes

Artikel 8 Änderung des Bundes-Immissionsschutzgesetzes

Artikel 9 Änderung der 4. BImSchV

Artikel 11 Änderung des Gesetzes über die Umweltverträglichkeitsprüfung

Das UVPG vom 12. 2. 1990, zuletzt geändert durch Art. 4 des Gesetzes vom 20. 6. 1990, wird geändert.

Artikel 10 und 12 bis 16 werden hier nicht erfaßt.

WoBauErlG

Gesetz zur Erleichterung des Wohnungsbaus im Planungs- und Baurecht sowie zur Änderung mietrechtlicher Vorschriften (Wohnungsbau-Erleichterungsgesetz – WoBauErlG)

Vom 17. Mai 1990, geändert durch das Investitionserleichterungs- und Wohnbaulandgesetz vom 22. 4. 1993. (Geänderte oder ergänzte Textteile sind kursiv gedruckt.)

Artikel 1
Geltungsdauer

(Artikel 1 wird aufgehoben)

Artikel 2
Maßnahmengesetz zum Baugesetzbuch (BauGB-MaßnahmenG)[1])

Erster Teil
Einzelne Vorschriften

§ 1
Grundsätze der Bauleitplanung, Flächennutzungs- und Bebauungsplan

(1) Bei der Aufstellung, Ergänzung und Aufhebung von Bauleitplänen nach dem Baugesetzbuch soll einem dringenden Wohnbedarf der Bevölkerung besonders Rechnung getragen werden. *In Gemeinden mit einem dringenden Wohnbedarf der Bevölkerung soll bei der Aufstellung, Änderung und Ergänzung von Bebauungsplänen für Gewerbe- und Industriegebiete einem durch den Bebauungsplan voraussichtlich hervorgerufenen zusätzlichen Wohnbedarf in geeigneter Weise Rechnung getragen werden.*

(2) Ein Bebauungsplan, der der Deckung eines dringenden Wohnbedarfs der Bevölkerung dienen soll, kann auch aufgestellt, geändert oder ergänzt werden, bevor der Flächennutzungsplan geändert oder ergänzt ist; die geordnete städtebauliche Entwicklung des Gemeindegebiets darf nicht beeinträchtigt werden. Der Bebauungsplan bedarf der Genehmigung der höheren Verwaltungsbehörde; für die Genehmigung des Bebauungsplans ist § 6 Abs. 2 und 4 des Baugesetzbuchs entsprechend anzuwenden. Der Flächennutzungsplan ist im Wege der Berichtigung anzupassen.

§ 2
Verfahren der Bauleitplanung

(1) Werden Bebauungspläne zur Deckung eines dringenden Wohnbedarfs der Bevölkerung aufgestellt, geändert oder ergänzt, sind die Absätze 2 bis 7 anzuwenden.

---

[1] Wichtige, im Gesetzestext angesprochene Textstellen des Baugesetzbuchs (BauGB) werden im Kleindruck an den Bezugsstellen eingefügt.

(2) Von der Anwendung des § 3 Abs. 1 des Baugesetzbuchs kann abgesehen werden. Wird von der Anwendung des § 3 Abs. 1 des Baugesetzbuchs abgesehen, ist den Bürgern im Rahmen des Auslegungsverfahrens nach § 3 Abs. 2 des Baugesetzbuchs auch Gelegenheit zur Erörterung zu geben; hierauf ist in der Bekanntmachung nach § 3 Abs. 2 Satz 2 des Baugesetzbuchs hinzuweisen.

BauGB
§ 3 Beteiligung der Bürger

(1) Die Bürger sind möglichst frühzeitig über die allgemeinen Ziele und Zwecke der Planung, sich wesentlich unterscheidende Lösungen, die für die Neugestaltung oder Entwicklung eines Gebiets in Betracht kommen, und die voraussichtlichen Auswirkungen der Planung öffentlich zu unterrichten; ihnen ist Gelegenheit zur Äußerung und Erörterung zu geben. Von der Unterrichtung und Erörterung kann abgesehen werden, wenn

1. der Flächennutzungsplan geändert oder ergänzt wird und dadurch die Grundzüge nicht berührt werden,
2. ein Bebauungsplan aufgestellt, geändert, ergänzt oder aufgehoben wird und sich dies auf das Plangebiet und die Nachbargebiete nur unwesentlich auswirkt oder
3. die Unterrichtung und Erörterung bereits zuvor auf anderer planerischer Grundlage erfolgt sind.

An die Unterrichtung und Erörterung schließt sich das Verfahren nach Absatz 2 auch an, wenn die Erörterung zu einer Änderung der Planung führt.

(2) Die Entwürfe der Bauleitpläne sind mit dem Erläuterungsbericht oder der Begründung auf die Dauer eines Monats öffentlich auszulegen. Ort und Dauer der Auslegung sind mindestens eine Woche vorher ortsüblich bekanntzumachen mit dem Hinweis darauf, daß Bedenken und Anregungen während der Auslegungsfrist vorgebracht werden können. Die nach § 4 Abs. 1 Beteiligten sollen von der Auslegung benachrichtigt werden. Die fristgemäß vorgebrachten Bedenken und Anregungen sind zu prüfen; das Ergebnis ist mitzuteilen. Haben mehr als hundert Personen Bedenken und Anregungen mit im wesentlichen gleichem Inhalt vorgebracht, kann die Mitteilung des Ergebnisses der Prüfung dadurch ersetzt werden, daß diesen Personen die Einsicht in das Ergebnis ermöglicht wird; die Stelle, bei der das Ergebnis der Prüfung während der Dienststunden eingesehen werden kann, ist ortsüblich bekannt zu machen. Bei der Vorlage der Bauleitpläne nach § 6 oder § 11 sind die nicht berücksichtigten Bedenken und Anregungen mit einer Stellungnahme der Gemeinde beizufügen.

(3) Wird der Entwurf des Bauleitplans nach der Auslegung geändert oder ergänzt, ist er erneut nach Absatz 2 auszulegen; bei der erneuten Auslegung kann bestimmt werden, daß Bedenken und Anregungen nur zu den geänderten oder ergänzten Teilen vorgebracht werden können. Werden durch die Änderung oder Ergänzung des Entwurfs eines Bebauungsplans die Grundzüge der Planung nicht berührt oder sind Änderungen oder Ergänzungen von Flächen oder sonstigen Darstellungen im Entwurf des Flächennutzungsplans im Umfang geringfügig oder von geringer Bedeutung, kann von einer erneuten öffentlichen Auslegung abgesehen werden; § 13 Abs. 1 Satz 2 ist entsprechend anzuwenden.

(3) Die Dauer der Auslegung nach § 3 Abs. 2 und 3 Satz 1 des Baugesetzbuchs kann bis auf zwei Wochen verkürzt werden.

WoBauErlG

(4) Die Träger öffentlicher Belange haben ihre Stellungnahme nach § 4 des Baugesetzbuchs innerhalb eines Monats abzugeben, wenn die Gemeinde bei der Beteiligung erklärt hat, daß der Bebauungsplan der Deckung eines dringenden Wohnbedarfs der Bevölkerung dienen soll. Die Gemeinde kann diese Frist angemessen verlängern. Auf Verlangen eines Trägers öffentlicher Belange soll die Frist bei Vorliegen eines wichtigen Grundes angemessen verlängert werden. Belange, die von den Trägern öffentlicher Belange nach den Sätzen 1 bis 3 nicht fristgerecht vorgetragen wurden, müssen in der Abwägung nach § 1 Abs. 6 des Baugesetzbuchs nicht berücksichtigt werden; dies gilt nicht, wenn später von einem Träger öffentlicher Belange vorgebrachte Belange der Gemeinde auch ohne sein Vorbringen bekannt sind oder hätten bekannt sein müssen. Wird der Entwurf des Bebauungsplans nachträglich geändert oder ergänzt und werden dadurch Träger öffentlicher Belange berührt, finden bei einer erneuten Beteiligung die Sätze 1 bis 4 entsprechend Anwendung.

BauGB
§ 4   Beteiligung der Träger öffentlicher Belange

(1) Bei der Aufstellung von Bauleitplänen sollen die Behörden und Stellen, die Träger öffentlicher Belange sind und von der Planung berührt werden können, möglichst frühzeitig beteiligt werden. In ihrer Stellungnahme haben sie der Gemeinde auch Aufschluß über von ihnen beabsichtigte oder bereits eingeleitete Planungen und sonstige Maßnahmen sowie deren zeitliche Abwicklung zu geben, die für die städtebauliche Entwicklung und Ordnung des Gebiets bedeutsam sein können. Diesen Beteiligten soll für die Abgabe ihrer Stellungnahmen eine angemessene Frist gesetzt werden; äußern sie sich nicht fristgemäß, kann die Gemeinde davon ausgehen, daß die von diesen Beteiligten wahrzunehmenden öffentlichen Belange durch den Bauleitplan nicht berührt werden.

(2) Die Beteiligung nach Absatz 1 kann gleichzeitig mit dem Verfahren nach § 3 Abs. 2 durchgeführt werden.

(5) Die Gemeinde kann anstelle *einer Beteiligung* nach Absatz 4 einen Anhörungstermin festsetzen, in dem die beteiligten Träger öffentlicher Belange ihre Belange geltend machen müssen. Auf Antrag eines Trägers öffentlicher Belange im Anhörungstermin ist ihm Gelegenheit für eine abschließende Stellungnahme *innerhalb von zwei Wochen* zu geben. Auf Belange, die von den Trägern öffentlicher Belange in dem Anhörungstermin nach Satz 1 oder in der Stellungnahme nach Satz 2 nicht vorgetragen wurden, ist Absatz 4 Satz 4 entsprechend anzuwenden. Im übrigen ist Absatz 4 Satz 5 entsprechend anzuwenden.

(6) Bebauungspläne, die der Deckung eines dringenden Wohnbedarfs der Bevölkerung dienen sollen und die nach § 8 Abs. 2 Satz 1 des Baugesetzbuchs aus dem Flächennutzungsplan entwickelt worden sind, sind der höheren Verwaltungsbehörde nicht nach § 11 Abs. 1 Halbsatz 2 des Baugesetzbuchs anzuzeigen. Die Gemeinde hat ortsüblich bekannt zu machen, daß ein Bebauungsplan beschlossen worden ist; § 12 Satz 2 bis 5 des Baugesetzbuchs ist anzuwenden.

BauGB
§ 11 Genehmigung und Anzeige des Bebauungsplans

(1) Bebauungspläne nach § 8 Abs. 2 Satz 2 und Abs. 4 bedürfen der Genehmigung der höheren Verwaltungsbehörde; andere Bebauungspläne sind der höheren Verwaltungsbehörde anzuzeigen.

(2) Für die Genehmigung von Bebauungsplänen ist § 6 Abs. 2 und 4 entsprechend anzuwenden.

(3) Ist ein Bebauungsplan anzuzeigen, hat die höhere Verwaltungsbehörde die Verletzung von Rechtsvorschriften, die eine Versagung der Genehmigung nach § 6 Abs. 2 rechtfertigen würde, innerhalb von drei Monaten nach Eingang der Anzeige geltend zu machen. Der Bebauungsplan darf nur in Kraft gesetzt werden, wenn die höhere Verwaltungsbehörde die Verletzung von Rechtsvorschriften nicht innerhalb der in Satz 1 bezeichneten Frist geltend gemacht oder wenn sie vor Ablauf der Frist erklärt hat, daß sie keine Verletzung von Rechtsvorschriften geltend macht.

(7) Die vereinfachte Änderung oder Ergänzung nach § 13 Abs. 1 des Baugesetzbuchs kann auch durchgeführt werden, wenn die Grundzüge der Planung berührt werden.

§ 2 a
Bebauungsplan über Vergnügungsstätten

In den im Zusammenhang bebauten Gebieten, auf die § 34 Abs. 1 des Baugesetzbuchs Anwendung findet, können in einem Bebauungsplan aus besonderen städtebaulichen Gründen Bestimmungen über die Zulässigkeit von Vergnügungsstätten festgesetzt werden, um eine Beeinträchtigung

1. von Wohnnutzungen oder

2. von anderen schutzbedürftigen Anlagen, wie Kirchen, Schulen und Kindertagesstätten, oder

3. der sich aus der vorhandenen Nutzung ergebenden städtebaulichen Funktion des Gebiets

zu verhindern; in Gebieten mit überwiegend gewerblicher Nutzung können solche Bestimmungen nur zum Schutz der in Nummer 2 bezeichneten Anlagen oder zur Verhinderung einer städtebaulich nachteiligen Massierung von Vergnügungsstätten festgesetzt werden.

§ 3
Allgemeines Vorkaufsrecht der Gemeinde

(1) Der Gemeinde steht ein Vorkaufsrecht beim Kauf von unbebauten Grundstücken zu, soweit es sich um Flächen handelt, für die nach dem Flächennutzungsplan eine Nutzung als Wohnbaufläche oder Wohngebiet dargestellt ist oder die nach den §§ 30, 33 oder 34 des Baugesetzbuchs vorwiegend mit Wohngebäuden bebaut werden können. Hat die Gemeinde beschlossen, einen Flächennutzungsplan aufzustellen, zu ändern oder zu ergänzen, kann das Vorkaufsrecht bereits ausgeübt werden, wenn nach dem Stand der Planungsarbei-

WoBauErlG

ten anzunehmen ist, daß der künftige Flächennutzungsplan eine solche Nutzung darstellen wird.

(Absätze (2) bis (5) nicht abgedruckt.)

§ 4
Zulässigkeit von Vorhaben

(1) Wird im Geltungsbereich eines Bebauungsplans, auf den § 20 Abs. 2 Satz 2 der auf Grund des § 2 Abs. 5 des Baugesetzbuchs erlassenen Verordnung in einer bis zum 26. Januar 1990 geltenden Fassung anzuwenden ist, die zulässige Geschoßfläche durch Flächen von Aufenthaltsräumen in anderen als Vollgeschossen überschritten, kann die Überschreitung zugelassen werden, wenn öffentliche Belange nicht entgegenstehen; die Zulassung ist nicht auf Einzelfälle beschränkt. Die Gemeinde kann Gebiete bezeichnen, in denen über die Zulassung nach Satz 1 im Einvernehmen mit ihr entsprechend § 36 des Baugesetzbuchs entschieden wird.

(1 a) Gründe des Wohls der Allgemeinheit im Sinne des § 31 Abs. 2 Nr. 1 des Baugesetzbuchs liegen bei dringendem Wohnbedarf, auch zur vorübergehenden Unterbringung und zum vorübergehenden Wohnen, vor. *Bei dringendem Wohnbedarf kann auch in mehreren vergleichbaren Fällen befreit werden;* bei vorübergehender Unterbringung und bei vorübergehendem Wohnen ist die Befreiung nicht auf Einzelfälle beschränkt. Die Sätze 1 und 2 sind auf die Befreiung nach § 34 Abs. 2 Halbsatz 2 des Baugesetzbuchs entsprechend anzuwenden.

§ 31 Ausnahmen und Befreiungen

(2) Von den Festsetzungen des Bebauungsplans kann im Einzelfall befreit werden, wenn

1. Gründe des Wohls der Allgemeinheit die Befreiung erfordern oder
2. die Abweichung städtebaulich vertretbar ist und die Grundzüge der Planung nicht berührt werden oder
3. die Durchführung des Bebauungsplans zu einer offenbar nicht beabsichtigten Härte führen würde

und wenn die Abweichung auch unter Würdigung nachbarlicher Interessen mit den öffentlichen Belangen vereinbar ist.

§ 34 Zulässigkeit von Vorhaben innerhalb der im Zusammenhang bebauten Ortsteile

(1) Innerhalb der im Zusammenhang bebauten Ortsteile ist ein Vorhaben zulässig, wenn es sich nach Art und Maß der baulichen Nutzung, der Bauweise und der Grundstücksfläche, die überbaut werden soll, in die Eigenart der näheren Umgebung einfügt und die Erschließung gesichert ist. Die Anforderungen an gesunde Wohn- und Arbeitsverhältnisse müssen gewahrt bleiben; das Ortsbild darf nicht beeinträchtigt werden.

(2) Entspricht die Eigenart der näheren Umgebung einem der Baugebiete, die in der aufgrund des § 2 Abs. 5 erlassenen Verordnung bezeichnet sind, beurteilt sich die Zu-

lässigkeit des Vorhabens nach seiner Art allein danach, ob es nach der Verordnung in dem Baugebiet allgemein zulässig wäre; auf die nach der Verordnung ausnahmsweise zulässigen Vorhaben ist § 31 Abs. 1, im übrigen ist § 31 Abs. 2 entsprechend anzuwenden.

(3) Nach den Absätzen 1 und 2 unzulässige Erweiterungen, Änderungen, Nutzungsänderungen und Erneuerungen von zulässigerweise errichteten baulichen und sonstigen Anlagen können im Einzelfall zugelassen werden, wenn
1. die Zulassung aus Gründen des Wohls der Allgemeinheit erforderlich ist oder
2. das Vorhaben einem Betrieb dient und städtebaulich vertretbar ist

und wenn die Abweichung auch unter Würdigung nachbarlicher Interessen mit den öffentlichen Belangen vereinbar und die Erschließung gesichert ist. Satz 1 findet keine Anwendung auf Einzelhandelsbetriebe, die die verbrauchernahe Versorgung der Bevölkerung beeinträchtigen können.

(4) Die Gemeinde kann durch Satzung
1. die Grenzen für im Zusammenhang bebaute Ortsteile festlegen,
2. bebaute Bereiche im Außenbereich als im Zusammenhang bebaute Ortsteile festlegen, wenn die Flächen im Flächennutzungsplan als Baufläche dargestellt sind,
3. einzelne Außenbereichsgrundstücke zur Abrundung der Gebiete nach den Nummern 1 und 2 einbeziehen.

(2) Nach § 34 Abs. 1 und 2 des Baugesetzbuchs unzulässige Erweiterungen, Änderungen, Nutzungsänderungen und Erneuerungen von zulässigerweise errichteten baulichen und sonstigen Anlagen können im Einzelfall zugelassen werden, wenn das Vorhaben Wohnzwecken dient und städtebaulich vertretbar ist und wenn die Abweichung auch unter Würdigung nachbarlicher Interessen mit den öffentlichen Belangen vereinbar und die Erschließung gesichert ist. Auf § 34 Abs. 3 Satz 1 Nr. 1 des Baugesetzbuchs ist Absatz 1 a Satz 1 entsprechend anzuwenden.

(2 a) Die Gemeinde kann durch Satzung über § 34 Abs. 4 Satz 1 Nr. 3 des Baugesetzbuchs hinaus Außenbereichsflächen in die Gebiete nach § 34 Abs. 4 Satz 1 Nr. 1 oder 2 des Baugesetzbuchs einbeziehen, wenn
1. *die einbezogenen Flächen durch eine überwiegende Wohnnutzung des angrenzenden Bereichs geprägt sind,*
2. *die Einbeziehung ausschließlich zugunsten Wohnzwecken dienender Vorhaben erfolgt und*
3. *für die einbezogenen Flächen nach § 34 Abs. 4 Satz 3 des Baugesetzbuchs festgesetzt wird, daß ausschließlich Wohngebäude zulässig sind.*

(3) *§ 35 Abs. 4 des Baugesetzbuchs ist für Vorhaben zu Wohnzwecken in folgender Fassung anzuwenden:*

„(4) *Den nachfolgend bezeichneten sonstigen Vorhaben im Sinne des § 35 Abs. 2 des Baugesetzbuchs kann nicht entgegengehalten werden, daß sie Darstellungen des Flächennutzungsplans oder eines Landschaftsplans widersprechen, die natürliche Eigenart der Landschaft beeinträchtigen oder die Entstehung, Verfestigung oder Erweiterung einer Splittersiedlung befürchten lassen:*

WoBauErlG

1. *die Änderung der bisherigen Nutzung einer baulichen Anlage im Sinne des § 35 Abs. 1 Nr. 1 bis 3 des Baugesetzbuchs; die Änderung muß dabei an einem Gebäude der Hofstelle im Rahmen des am 1. Mai 1990 vorhandenen Bestands, das in einem räumlich-funktionalen Zusammenhang mit dem land- oder forstwirtschaftlichen Wohngebäude steht, vorgenommen werden; die äußere Gestalt des Gebäudes muß im wesentlichen gewahrt bleiben; die Frist zwischen der Aufgabe der Nutzung nach § 35 Abs. 1 Nr. 1 bis 3 des Baugesetzbuchs und der Nutzungsänderung darf nicht mehr als fünf Jahre betragen; neben den Wohnungen nach § 35 Abs. 1 Nr. 1 bis 3 des Baugesetzbuchs sind höchstens drei Wohnungen je Hofstelle zulässig, wenn die erforderlichen Anlagen der Versorgung und Entsorgung vorhanden oder gesichert sind,*
2. *die Neuerrichtung eines gleichartigen, zulässigerweise errichteten Wohngebäudes an gleicher Stelle, wenn das vorhandene Gebäude Mißstände oder Mängel aufweist, es seit längerer Zeit von dem Eigentümer selbst genutzt wird und Tatsachen die Annahme rechtfertigen, daß das neu errichtete Wohngebäude für den Eigenbedarf des bisherigen Eigentümers oder seiner Familie genutzt wird; hat der Eigentümer das Wohngebäude im Wege der Erbfolge von einem Voreigentümer erworben, der es seit längerer Zeit selbst genutzt hat, reicht es aus, wenn Tatsachen die Annahme rechtfertigen, daß das neu errichtete Wohngebäude für den Eigenbedarf des Eigentümers oder seiner Familie genutzt wird,*
3. *die alsbaldige Neuerrichtung eines zulässigerweise errichteten, durch Brand, Naturereignisse oder andere außergewöhnliche Ereignisse zerstörten, gleichartigen Gebäudes an gleicher Stelle,*
4. *die Änderung oder Nutzungsänderung von erhaltenswerten, das Bild der Kulturlandschaft prägenden Gebäuden, auch wenn sie aufgegeben sind, wenn das Vorhaben einer zweckmäßigen Verwendung der Gebäude und der Erhaltung des Gestaltwerts dient,*
5. *die Erweiterung von zulässigerweise errichteten Wohngebäuden, wenn die Erweiterung im Verhältnis zum vorhandenen Wohngebäude und unter Berücksichtigung der Wohnbedürfnisse angemessen ist; dabei sind höchstens zwei Wohnungen zulässig, wenn bei Einrichtung einer zweiten Wohnung Tatsachen die Annahme rechtfertigen, daß das Wohngebäude vom bisherigen Eigentümer oder seiner Familie selbst genutzt wird.*

In den Fällen des Satzes 1 Nr. 2 und 3 sind geringfügige Erweiterungen des neuen Gebäudes gegenüber dem beseitigten oder zerstörten Gebäude sowie geringfügige Abweichungen vom bisherigen Standort des Gebäudes zulässig."

BauGB
§ 35 Bauen im Außenbereich

(1) Im Außenbereich ist ein Vorhaben nur zulässig, wenn öffentliche Belange nicht entgegenstehen, die ausreichende Erschließung gesichert ist und wenn es

1. einem land- oder forstwirtschaftlichen Betrieb dient und nur einen untergeordneten Teil der Betriebsfläche einnimmt,

2. einem Landwirt zu Wohnzwecken dient, dessen Betrieb nach Übergabe zum Zweck der Vorwegnahme der Erbfolge später aufgegeben worden ist, und
   a) vor der Übergabe des Betriebs die Errichtung eines Altenteilerhauses nach Nummer 1 zulässig gewesen wäre,
   b) im Übergabevertrag die Errichtung eines Altenteilerhauses vereinbart worden ist,
   c) das Vorhaben in unmittelbarer Nähe der Hofstelle errichtet wird und
   d) rechtlich gesichert ist, daß die Fläche, auf der das Altenteilerhaus errichtet werden soll, nicht ohne das Hofgrundstück veräußert wird,
3. einer Landarbeiterstelle dient,

(2) Sonstige Vorhaben können im Einzelfall zugelassen werden, wenn ihre Ausführung oder Benutzung öffentliche Belange nicht beeinträchtigt.

(3) Den nachfolgend bezeichneten sonstigen Vorhaben im Sinne des Absatzes 2 kann nicht entgegengehalten werden, daß sie Darstellungen des Flächennutzungsplans oder eines Landschaftsplans widersprechen, die natürliche Eigenart der Landschaft beeinträchtigen oder die Entstehung, Verfestigung oder Erweiterung einer Splittersiedlung befürchten lassen:
1. die Änderung der bisherigen Nutzung ohne wesentliche Änderung einer baulichen Anlage im Sinne des Absatzes 1 Nr. 1 bis 3.

(4) Die Gemeinde kann für bebaute Bereiche im Außenbereich, die nicht überwiegend landwirtschaftlich geprägt sind und in denen eine Wohnbebauung von einigem Gewicht vorhanden ist, durch Satzung bestimmen, daß Wohnzwecken dienenden Vorhaben im Sinne des § 35 Abs. 2 des Baugesetzbuchs nicht entgegengehalten werden kann, daß sie einer Darstellung im Flächennutzungsplan über Flächen für die Landwirtschaft oder Wald widersprechen oder die Entstehung oder Verfestigung einer Splittersiedlung befürchten lassen. Die Satzung kann auch auf Vorhaben erstreckt werden, die kleinen Handwerks- und Gewerbebetrieben dienen. In der Satzung können nähere Bestimmungen über die Zulässigkeit getroffen werden. Im übrigen ist auf die Satzung § 34 Abs. 4 Satz 2 und Abs. 5 des Baugesetzbuchs entsprechend anzuwenden. Von der Satzung bleibt die Anwendung des Absatzes 3 sowie des § 35 Abs. 4 des Baugesetzbuchs unberührt.

(5) § 36 Abs. 2 Satz 1 des Baugesetzbuchs ist nach Maßgabe der Absätze 1 bis 4 anzuwenden.

§ 5
Fristen bei der Erteilung von Genehmigungen
(nicht abgedruckt)

§ 6
Städtebaulicher Vertrag
(nicht abgedruckt)

WoBauErlG

§ 7
Satzung über den Vorhaben- und Erschließungsplan
(nicht abgedruckt)

§ 8
Baugebot
(weggefallen)

§ 9
Unbeachtlichkeit der Verletzung von Vorschriften
(nicht abgedruckt)

§ 10
Allgemeine Vorschriften
(nicht abgedruckt)

Zweiter Teil
Überleitungs- und Schlußvorschriften

§ 11
Überleitungsvorschrift für die Bauleitplanung

(1) § 1 Abs. 2 ist anzuwenden auf Bebauungspläne, für die vor dem 1. Juni 1990 noch kein Beschluß nach § 10 des Baugesetzbuchs gefaßt worden ist.

(2) § 2 Abs. 2, 3 und 7 ist auch auf Bebauungsplanverfahren, die vor dem 1. Juni 1990 eingeleitet worden sind, anzuwenden, soweit mit den dort bezeichneten Verfahrensschritten vor dem 1. Juni 1990 noch nicht begonnen worden ist. *§ 2 Abs. 4 und 5 in der ab dem 1. Mai 1993 geltenden Fassung ist auf Bebauungsplanverfahren anzuwenden, soweit mit den dort bezeichneten Verfahrensschritten vor dem 1. Mai 1993 noch nicht begonnen worden ist. Nach dem 31. Dezember 1997 ist § 2 Abs. 2 bis 5 und 7 weiter anzuwenden auf Verfahren, in denen vor dem 1. Januar 1998 der Entwurf des Bebauungsplans nach § 3 Abs. 2 des Baugesetzbuchs öffentlich ausgelegt oder mit der Beteiligung der Betroffenen nach § 13 Abs. 1 des Baugesetzbuchs in Verbindung mit § 2 begonnen worden ist.*

(2 a) § 2 Abs. 6 ist in der bis zum 30. April 1993 geltenden Fassung auf Bebauungspläne anzuwenden, die vor dem 1. Mai 1993 der höheren Verwaltungsbehörde nach § 11 Abs. 1 Halbsatz 2 des Baugesetzbuchs angezeigt worden sind. Auf Bebauungspläne, die vor dem 1. Januar 1998 als Satzung beschlossen worden sind, ist § 2 Abs. 6 weiter anzuwenden.

(3) Das Recht der Gemeinde, das Bauleitplanverfahren erneut einzuleiten, bleibt unberührt.

§ 12
Überleitungsvorschrift für das Vorkaufsrecht

(1) Auf Verkaufsfälle aus der Zeit vor dem 1. Juni 1990 finden die Vorschriften dieses Gesetzes keine Anwendung.

(2) Auf Verkaufsfälle aus der Zeit vor dem 1. Juni 1995 sind die Vorschriften dieses Gesetzes weiter anzuwenden.

(3) Auf Verkaufsfälle aus der Zeit nach dem 30. April 1993 und vor dem 1. Januar 1998 sind die Vorschriften dieses Gesetzes weiter anzuwenden.

§ 13
Überleitungsvorschrift für die Zulässigkeit von Vorhaben

(1) § 4 Abs. 1 bis 3 ist anzuwenden auf Vorhaben,
1. über deren Zulässigkeit vor dem 1. Juni 1990 entschieden worden und die Entscheidung noch nicht unanfechtbar geworden ist,
2. für die nach dem 31. Mai 1990 und vor dem 1. Juni 1998 bei der zuständigen Behörde ein Antrag auf Genehmigung gestellt wurde und darüber vor dem 1. Juni 1998 noch nicht unanfechtbar entschieden worden ist.

(2) § 4 Abs. 1, 1 a und 3 ist anzuwenden auf Vorhaben,
   1. *über deren Zulässigkeit vor dem 1. Mai 1993 entschieden worden und die Entscheidung noch nicht unanfechtbar geworden ist,*
   2. *für die nach dem 30. April 1993 und vor dem 1. Januar 1998 bei der zuständigen Behörde ein Antrag auf Genehmigung gestellt wurde und darüber vor dem 1. Januar 1998 noch nicht unanfechtbar entschieden worden ist.*

(3) § 4 Abs. 2 a und 4 ist auch auf Satzungen anzuwenden, für die vor dem 1. Januar 1998 das Anzeigeverfahren eingeleitet worden ist.

§ 14
Überleitungsvorschrift für Fristen bei der Erteilung von Genehmigungen
(nicht abgedruckt)

§ 15
Überleitungsvorschrift *zur Satzung über den Vorhaben- und Erschließungsplan*
(nicht abgedruckt)

§ 16
Überleitungsvorschrift zum Baugebot
(weggefallen)

§ 17
Überleitungsvorschrift zur Unbeachtlichkeit der Verletzung von Vorschriften
(nicht abgedruckt)

§ 18
Überleitungsvorschrift zu den Allgemeinen Vorschriften
(nicht abgedruckt)

§ 19
Erstreckung auf die neuen Länder; besondere Überleitungsvorschriften

(1) Abweichend von Anlage I Kapitel XIV Abschnitt I Nr. 1 des Einigungsvertrages vom 31. August 1990 in Verbindung mit Artikel 1 des Gesetzes vom 23. September 1990 (BGBl. 1990 II S. 885, 1122), tritt dieses Gesetz am 1. Mai 1993 in dem in Artikel 3 des Einigungsvertrages genannten Gebiet in Kraft. § 2 Abs. 2 und 3 kann auch auf Bebauungspläne angewendet werden, die anderen Zwecken als der Deckung eines dringenden Wohnbedarfs der Bevölkerung dienen sollen.

(2) In dem in Artikel 3 des Einigungsvertrages genannten Gebiet gelten die Überleitungsvorschriften der §§ 11 bis 18 mit folgenden besonderen Maßgaben:

1. *(Bauleitplanung)*

    § 1 Abs. 2 ist anzuwenden auf Bebauungspläne, für die vor dem 1. Mai 1993 noch kein Beschluß nach § 10 des Baugesetzbuchs gefaßt worden ist. § 2 Abs. 2 bis 5 und 7 ist auch auf Bebauungsplanverfahren, die vor dem 1. Mai 1993 eingeleitet worden sind, anzuwenden, soweit mit den dort bezeichneten Verfahrensschritten vor dem 1. Mai 1993 noch nicht begonnen worden ist.

2. *(Gesetzliche Vorkaufsrechte der Gemeinde)*

    § 12 Abs. 2 ist nicht anzuwenden.

3. *(Zulässigkeit von Vorhaben)*

    § 4 Abs. 1 a, 2 Satz 2 und Abs. 3 ist anzuwenden auf Vorhaben
    a) *über deren Zulässigkeit vor dem 1. Mai 1993 entschieden worden und die Entscheidung noch nicht unanfechtbar geworden ist,*
    b) *für die nach dem 30. April 1993 und vor dem 1. Januar 1998 bei der zuständigen Behörde ein Antrag auf Genehmigung gestellt wurde und darüber vor dem 1. Januar 1998 noch nicht unanfechtbar entschieden worden ist.*

4. *(Fristen über die Erteilung von Genehmigungen)*

    § 5 ist anzuwenden auf Anträge und Ersuchen, die nach dem 30. April 1993 und vor dem 1. Januar 1998 bei der zuständigen Behörde eingehen.

5. *(Vorhaben- und Erschließungsplan)*

   Ist die Genehmigung einer Satzung über den Vorhaben- und Erschließungsplan vor dem 1. Mai 1993 beantragt worden, sind hinsichtlich des Genehmigungsverfahrens die Maßgaben des § 246 a Abs. 1 Satz 1 Nr. 4 des Baugesetzbuchs in der bis zum 30. April 1993 geltenden Fassung weiter anzuwenden. Ist vor dem 1. Mai 1993 über die Zulässigkeit des Vorhabens entschieden worden und die Entscheidung noch nicht unanfechtbar geworden, ist § 7 Abs. 4 anzuwenden.

6. *(Allgemeine Vorschriften)*

   § 18 Abs. 2 Satz 2 ist nicht anzuwenden.

§ 20
Geltungsdauer

Bis zum 31. Dezember 1997 gelten im Rahmen ihres Anwendungsbereichs die besonderen Vorschriften des Ersten Teils dieses Gesetzes anstelle der Vorschriften des Baugesetzbuchs oder ergänzend dazu.

Baunutzungsverordnung (BauNVO)

Verordnung über die bauliche Nutzung der Grundstücke (Neufassung vom 23. 1. 1990)

Auszug. Es sind nur die den Wohnungsbau besonders berührenden Textstellen abgedruckt.

Erster Abschnitt
Art der baulichen Nutzung

§ 1
Allgemeine Vorschriften für Bauflächen und Baugebiete

(1) Im Flächennutzungsplan können die für die Bebauung vorgesehenen Flächen nach der allgemeinen Art ihrer baulichen Nutzung (Bauflächen) dargestellt werden als

1. Wohnbauflächen (W)
2. gemischte Bauflächen (M)
3. gewerbliche Bauflächen (G)
4. Sonderbauflächen (S).

(2) Die für die Bebauung vorgesehenen Flächen können nach der besonderen Art ihrer baulichen Nutzung (Baugebiete) dargestellt werden als

1. Kleinsiedlungsgebiete (WS)
2. reine Wohngebiete (WR)
3. allgemeine Wohngebiete (WA)
4. besondere Wohngebiete (WB)
5. Dorfgebiete (MD)
6. Mischgebiete (MI)
7. Kerngebiete (MK)
8. Gewerbegebiete (GE)
9. Industriegebiete (GI)
10. Sondergebiete (SO).

(3) Im Bebauungsplan können die in Absatz 2 bezeichneten Baugebiete festgesetzt werden. Durch die Festsetzung werden die Vorschriften der §§ 2 bis 14 Bestandteil des Bebauungsplans, soweit nicht auf Grund der Absätze 4 bis 10 etwas anderes bestimmt wird. Bei Festsetzung von Sondergebieten finden die Vorschriften über besondere Festsetzungen nach den Absätzen 4 bis 10 keine Anwendung; besondere Festsetzungen über die Art der Nutzung können nach den §§ 10 und 11 getroffen werden.

(4) Gliederung der Baugebiete

(5) Veränderung des Katalogs der allgemein zulässigen Nutzungen in den Baugebieten nach §§ 2, 4 bis 9 und 13

(6) Veränderung des Katalogs der ausnahmsweise zulässigen Nutzungen in den Baugebieten nach §§ 2 bis 9.

(7) bis (10) Weitere Differenzierungsmöglichkeiten

§ 2
Kleinsiedlungsgebiete

(1) Kleinsiedlungsgebiete dienen vorwiegend der Unterbringung von Kleinsiedlungen einschließlich Wohngebäuden mit entsprechenden Nutzgärten und landwirtschaftlichen Nebenerwerbsstellen.

(2) Zulässig sind

1. Kleinsiedlungen einschließlich Wohngebäude mit entsprechenden Nutzgärten, landwirtschaftliche Nebenerwerbsstellen und Gartenbaubetriebe,
2. die der Versorgung des Gebiets dienenden Läden, Schank- und Speisewirtschaften sowie nicht störende Handwerksbetriebe.

(3) Ausnahmsweise können zugelassen werden

1. sonstige Wohngebäude mit nicht mehr als zwei Wohnungen,
2. Anlagen für kirchliche, kulturelle, soziale, gesundheitliche und sportliche Zwecke,
3. Tankstellen,
4. nicht störende Gewerbebetriebe.

§ 3
Reine Wohngebiete

(1) Reine Wohngebiete dienen dem Wohnen.

(2) Zulässig sind Wohngebäude.

(3) Ausnahmsweise können zugelassen werden

1. Läden und nicht störende Handwerksbetriebe, die zur Deckung des täglichen Bedarfs für die Bewohner des Gebiets dienen, sowie kleine Betriebe des Beherbergungsgewerbes,
2. Anlagen für soziale Zwecke sowie den Bedürfnissen der Bewohner des Gebiets dienende Anlagen für kirchliche, kulturelle, gesundheitliche und sportliche Zwecke.

(4) Zu den nach Absatz 2 sowie den §§ 2, 4 bis 7 zulässigen Wohngebäuden gehören auch solche, die ganz oder teilweise der Betreuung und Pflege ihrer Bewohner dienen.

§ 4
Allgemeine Wohngebiete

(1) Allgemeine Wohngebiete dienen vorwiegend dem Wohnen.

BauNVO

(2) Zulässig sind

1. Wohngebäude,
2. die der Versorgung des Gebiets dienenden Läden, Schank- und Speisewirtschaften sowie nicht störende Handwerksbetriebe,
3. Anlagen für kirchliche, kulturelle, soziale, gesundheitliche und sportliche Zwecke.

(3) Ausnahmsweise können zugelassen werden

1. Betriebe des Beherbergungsgewerbes,
2. sonstige nicht störende Gewerbebetriebe,
3. Anlagen für Verwaltungen,
4. Gartenbaubetriebe,
5. Tankstellen.

§ 4 a
Gebiete zur Erhaltung und Entwicklung der Wohnnutzung (besondere Wohngebiete)

(1) Besondere Wohngebiete sind überwiegend bebaute Gebiete, die aufgrund ausgeübter Wohnnutzung und vorhandener sonstiger in Absatz 2 genannter Anlagen eine besondere Eigenart aufweisen und in denen unter Berücksichtigung dieser Eigenart die Wohnnutzung erhalten und fortentwickelt werden soll. Besondere Wohngebiete dienen vorwiegend dem Wohnen; sie dienen auch der Unterbringung von Gewerbebetrieben und sonstigen Anlagen im Sinne der Absätze 2 und 3, soweit diese Betriebe und Anlagen nach der besonderen Eigenart des Gebiets mit der Wohnnutzung vereinbar sind.

(2) Zulässig sind

1. Wohngebäude,
2. Läden, Betriebe des Beherbergungsgewerbes, Schank- und Speisewirtschaften,
3. sonstige Gewerbebetriebe,
4. Geschäfts- und Bürogebäude,
5. Anlagen für kirchliche, soziale, gesundheitliche und sportliche Zwecke.

(3) Ausnahmsweise können zugelassen werden

1. Anlagen für zentrale Einrichtungen der Verwaltung,
2. Vergnügungsstätten, soweit sie nicht wegen ihrer Zweckbestimmung oder ihres Umfangs nur in Kerngebieten allgemein zulässig sind,
3. Tankstellen.

(4) Für besondere Wohngebiete oder Teile solcher Gebiete kann, wenn besondere städtebauliche Gründe dies rechtfertigen (§ 9 Abs. 3 des Baugesetzbuchs), festgesetzt werden, daß

1. oberhalb eines im Bebauungsplan bestimmten Geschosses nur W o h n u n g e n zulässig sind oder
2. in Gebäuden ein im Bebauungsplan bestimmter Anteil der zulässigen Geschoßfläche oder eine bestimmte Größe der Geschoßfläche für W o h n u n g e n zu verwenden ist.

§ 5
Dorfgebiete

(1) Dorfgebiete dienen der Unterbringung der Wirtschaftsstellen land- und forstwirtschaftlicher Betriebe, dem Wohnen und der Unterbringung von nicht wesentlich störenden Gewerbebetrieben sowie der Versorgung der Bewohner des Gebiets dienenden Handwerksbetrieben. Auf die Belange der land- und forstwirtschaftlichen Betriebe einschließlich ihrer Entwicklungsmöglichkeiten ist vorrangig Rücksicht zu nehmen.

(2) Zulässig sind

1. Wirtschaftsstellen land- und forstwirtschaftlicher Betriebe und die d a z u gehörigen Wohnungen und Wohngebäude,
2. Kleinsiedlungen einschließlich Wohngebäude mit entsprechenden Nutzgärten und landwirtschaftliche Nebenerwerbsstellen,
3. sonstige Wohngebäude,
4. Betriebe zur Be- und Verarbeitung und Sammlung land- und forstwirtschaftlicher Erzeugnisse,
5. Einzelhandelsbetriebe, Schank- und Speisewirtschaften sowie Betriebe des Beherbergungsgewerbes,
6. sonstige Gewerbebetriebe,
7. Anlagen für örtliche Verwaltungen sowie für kirchliche, kulturelle, soziale, gesundheitliche und sportliche Zwecke,
8. Gartenbaubetriebe,
9. Tankstellen.

§ 6
Mischgebiete

(1) Mischgebiete dienen dem Wohnen und der Unterbringung von Gewerbebetrieben, die das Wohnen nicht wesentlich stören.

(2) Zulässig sind

1. Wohngebäude,
2. Geschäfts- und Bürogebäude,

BauNVO

3. Einzelhandelsbetriebe, Schank- und Speisewirtschaften sowie Betriebe des Beherbergungsgewerbes,
4. sonstige Gewerbebetriebe,
5. Anlagen für Verwaltungen sowie für kirchliche, kulturelle, soziale, gesundheitliche und sportliche Zwecke,
6. Gartenbaubetriebe,
7. Tankstellen,
8. Vergnügungsstätten im Sinne des § 4 a Abs. 3 Nr. 2 in den Teilen des Gebietes, die überwiegend durch gewerbliche Nutzungen geprägt sind.

(3) Ausnahmsweise können Vergnügungsstätten im Sinne des § 4 a Abs. 3 Nr. 2 außerhalb der in Absatz 2 Nr. 8 bezeichneten Teile des Gebietes zugelassen werden.

§ 7
Kerngebiete

(1) Kerngebiete dienen vorwiegend der Unterbringung von Handelsbetrieben sowie der zentralen Einrichtungen der Wirtschaft, der Verwaltung und der Kultur.

(2) Zulässig sind

1. Geschäfts-, Büro- und Verwaltungsgebäude,
2. Einzelhandelsbetriebe, Schank- und Speisewirtschaften, Betriebe des Beherbergungsgewerbes und Vergnügungsstätten,
3. sonstige nicht wesentlich störende Gewerbebetriebe,
4. Anlagen für kirchliche, kulturelle, soziale, gesundheitliche und sportliche Zwecke,
5. Tankstellen im Zusammenhang mit Parkhäusern und Großgaragen,
6. W o h n u n g e n für Aufsichts- und Bereitschaftspersonen sowie für Betriebsinhaber und Betriebsleiter,
7. sonstige Wohnungen nach Maßgabe von Festsetzungen des Bebauungsplans.

(3) Ausnahmsweise können zugelassen werden

1. Tankstellen, die nicht unter Absatz 2 Nr. 5 fallen,
2. W o h n u n g e n, die nicht unter Absatz 2 Nr. 6 und 7 fallen.

(4) Für Teile eines Kerngebiets kann, wenn besondere städtebauliche Gründe dies rechtfertigen (§ 9 Abs. 3 des Baugesetzbuchs), festgesetzt werden, daß

1. oberhalb eines im Bebauungsplan bestimmten Geschosses nur W o h n u n g e n zulässig sind oder

2. in Gebäuden ein im Bebauungsplan bestimmter Anteil der zulässigen Geschoßfläche oder eine bestimmte Größe der Geschoßfläche für W o h n u n g e n zu verwenden ist.

Dies gilt auch, wenn durch solche Festsetzungen dieser Teil des Kerngebiets nicht vorwiegend der Unterbringung von Handelsbetrieben sowie der zentralen Einrichtungen der Wirtschaft, der Verwaltung und der Kultur dient.

§ 8
Gewerbegebiete

(1) Gewerbegebiete dienen vorwiegend der Unterbringung von nicht erheblich belästigenden Gewerbebetrieben.

(2) Zulässig sind

1. Gewerbebetriebe aller Art, Lagerhäuser, Lagerplätze und öffentliche Betriebe,
2. Geschäfts-, Büro- und Verwaltungsgebäude,
3. Tankstellen,
4. Anlagen für sportliche Zwecke.

(3) Ausnahmsweise können zugelassen werden

1. W o h n u n g e n für Aufsichts- und Bereitschaftspersonen sowie für Betriebsinhaber und Betriebsleiter, die dem Gewerbebetrieb zugeordnet und ihm gegenüber in Grundfläche und Baumasse untergeordnet sind,
2. Anlagen für kirchliche, kulturelle, soziale und gesundheitliche Zwecke,
3. Vergnügungsstätten.

§ 9
Industriegebiete

(1) Industriegebiete dienen ausschließlich der Unterbringung von Gewerbebetrieben, und zwar vorwiegend solcher Betriebe, die in anderen Baugebieten unzulässig sind.

(2) Zulässig sind

1. Gewerbebetriebe aller Art, Lagerhäuser, Lagerplätze und öffentliche Betriebe,
2. Tankstellen.

(3) Ausnahmsweise können zugelassen werden

1. W o h n u n g e n für Aufsichts- und Bereitschaftspersonal sowie für Betriebsinhaber und Betriebsleiter, die dem Gewerbebetrieb zugeordnet und ihm gegenüber in Grundfläche und Baumasse untergeordnet sind,
2. Anlagen für kirchliche, kulturelle, soziale, gesundheitliche und sportliche Zwecke.

BauNVO

§ 10
Sondergebiete, die der Erholung dienen[1])

(1) Als Sondergebiete, die der Erholung dienen, kommen insbesondere in Betracht

Wochenendhausgebiete,

Ferienhausgebiete,

Campingplatzgebiete.

(2) Für Sondergebiete, die der Erholung dienen, sind die Zweckbestimmung und die Art der Nutzung darzustellen und festzusetzen. Im Bebauungsplan kann festgesetzt werden, daß bestimmte, der Eigenart des Gebiets entsprechende Anlagen und Einrichtungen zur Versorgung des Gebiets und für sportliche Zwecke allgemein zulässig sind oder ausnahmsweise zugelassen werden können.

(3) In Wochenendhausgebieten sind Wochenendhäuser als Einzelhäuser zulässig. Im Bebauungsplan kann festgesetzt werden, daß Wochenendhäuser nur als Hausgruppen zulässig sind oder ausnahmsweise als Hausgruppen zugelassen werden können. Die zulässige Grundfläche der Wochenendhäuser ist im Bebauungsplan, begrenzt nach der besonderen Eigenart des Gebiets, unter Berücksichtigung der landschaftlichen Gegebenheiten festzusetzen.

(4) In Ferienhausgebieten sind Ferienhäuser zulässig, die aufgrund ihrer Lage, Größe, Ausstattung, Erschließung und Versorgung für den Erholungsaufenthalt geeignet und dazu bestimmt sind, überwiegend und auf Dauer einem wechselnden Personenkreis zur Erholung zu dienen. Im Bebauungsplan kann die Grundfläche der Ferienhäuser, begrenzt nach der besonderen Eigenart des Gebiets, unter Berücksichtigung der landschaftlichen Gegebenheiten festgesetzt werden.

(5) In Campingplatzgebieten sind Campingplätze und Zeltplätze zulässig.

§ 11
Sonstige Sondergebiete[1])

Für den Wohnungsbau bedeutsam sind hier allenfalls Kurgebiete und Gebiete für die Fremdenbeherbergung.

§ 12
Stellplätze und Garagen
(nicht abgedruckt)

---

1) Im Rahmen der verbindlichen Bauleitplanung für die Errichtung von Feriendörfern, Hotelkomplexen und sonstigen großen Einrichtungen für die Ferien- und Fremdenbeherbergung muß eine Umweltverträglichkeitsprüfung durchgeführt werden. (Siehe: Auszug aus dem UVP-Gesetz in Kap. 2)

§ 13
Gebäude und Räume für freie Berufe
(nicht abgedruckt)

§ 14
Nebenanlagen
(nicht abgedruckt)

§ 15
Allgemeine Voraussetzungen für die Zulässigkeit baulicher und sonstiger Anlagen

(1) Die in den §§ 2 bis 14 aufgeführten baulichen und sonstigen Anlagen sind im Einzelfall unzulässig, wenn sie nach Anzahl, Lage, Umfang oder Zweckbestimmung der Eigenart des Baugebiets widersprechen. Sie sind auch unzulässig, wenn von ihnen Belästigungen oder Störungen ausgehen können, die nach der Eigenart des Baugebiets im Baugebiet selbst oder in dessen Umgebung unzumutbar sind, oder wenn sie solchen Belästigungen oder Störungen ausgesetzt werden.

(2) Die Anwendung des Absatzes 1 hat nach den städtebaulichen Zielen und Grundsätzen des § 1 Abs. 5 des Baugesetzbuchs zu erfolgen.

(3) Die Zulässigkeit der Anlagen in den Baugebieten ist nicht allein nach den verfahrensrechtlichen Einordnungen des Bundes-Immissionsschutzgesetzes und der auf seiner Grundlage erlassenen Verordnungen zu beurteilen.

Zweiter Abschnitt
Maß der baulichen Nutzung

§ 16
Bestimmung des Maßes der baulichen Nutzung

(1) Wird im Flächennutzungsplan das allgemeine Maß der baulichen Nutzung dargestellt, genügt die Angabe der Geschoßflächenzahl, der Baumassenzahl oder der Höhe baulicher Anlagen.

(2) Im Bebauungsplan kann das Maß der baulichen Nutzung bestimmt werden durch Festsetzung

1. der Grundflächenzahl oder der Größe der Grundflächen der baulichen Anlagen,
2. der Geschoßflächenzahl oder der Größe der Geschoßfläche, der Baumassenzahl oder der Baumasse,
3. der Zahl der Vollgeschosse,
4. der Höhe baulicher Anlagen.

(3) Bei Festsetzung des Maßes der baulichen Nutzung im Bebauungsplan ist festzusetzen

BauNVO

1. stets die Grundflächenzahl oder die Größe der Grundflächen der baulichen Anlagen,
2. die Zahl der Vollgeschosse oder die Höhe baulicher Anlagen, wenn ohne ihre Festsetzung öffentliche Belange, insbesondere das Orts- und Landschaftsbild, beeinträchtigt werden können.

(4) Bei Festsetzung des Höchstmaßes für die Geschoßflächenzahl oder die Größe der Geschoßfläche, für die Zahl der Vollgeschosse und die Höhe baulicher Anlagen im Bebauungsplan kann zugleich ein Mindestmaß festgesetzt werden. Die Zahl der Vollgeschosse und die Höhe baulicher Anlagen können auch als zwingend festgesetzt werden.

(5) Im Bebauungsplan kann das Maß der baulichen Nutzung für Teile des Baugebiets, für einzelne Grundstücke oder Grundstücksteile und für Teile baulicher Anlagen unterschiedlich festgesetzt werden; die Festsetzungen können oberhalb und unterhalb der Geländeoberfläche getroffen werden.

(6) Im Bebauungsplan können nach Art und Umfang bestimmte Ausnahmen von dem festgesetzten Maß der baulichen Nutzung vorgesehen werden.

§ 17
Obergrenzen für die Bestimmung des Maßes der baulichen Nutzung

(1) Bei der Bestimmung des Maßes der baulichen Nutzung nach § 16 dürfen, auch wenn eine Geschoßflächenzahl oder eine Baumassenzahl nicht dargestellt oder festgesetzt wird, folgende Obergrenzen nicht überschritten werden:

1	2	3	4
Baugebiet	Grundflächenzahl (GRZ)	Geschoßflächenzahl (GFZ)	Baumassenzahl (BMZ)
in Kleinsiedlungsgebieten (WS)	0,2	0,4	–
in reinen Wohngebieten (WR) allgemeinen Wohngebieten (WA) Ferienhausgebieten	0,4	1,2	–
in besonderen Wohngebieten (WB)	0,6	1,6	–
in Dorfgebieten (MD) Mischgebieten (MI)	0,6	1,2	–
in Kerngebieten (MK)	1,0	3,0	–
in Gewerbegebieten (GE) Industriegebieten (GI) sonstigen Sondergebieten	0,8	2,4	10,0
in Wochenendhausgebieten	0,2	0,2	–

(2) Die Obergrenzen des Absatzes 1 können überschritten werden, wenn
1. besondere städtebauliche Gründe dies erfordern,
2. die Überschreitungen durch Umstände ausgeglichen sind oder durch Maßnahmen ausgeglichen werden, durch die sichergestellt ist, daß die allgemeinen Anforderungen an gesunde Wohn- und Arbeitsverhältnisse nicht beeinträchtigt, nachteilige Auswirkungen auf die Umwelt vermieden und die Bedürfnisse des Verkehrs befriedigt werden, und
3. sonstige öffentliche Belange nicht entgegenstehen.

Dies gilt nicht für Wochenendhausgebiete und Ferienhausgebiete.

(3) In Gebieten, die am 1. August 1962 überwiegend bebaut waren, können die Obergrenzen des Absatzes 1 überschritten werden, wenn städtebauliche Gründe dies erfordern und sonstige öffentliche Belange nicht entgegenstehen. Absatz 2 Satz 1 Nr. 2 ist entsprechend anzuwenden.

§ 18
Höhe baulicher Anlagen

(1) Bei Festsetzung der Höhe baulicher Anlagen sind die erforderlichen Bezugspunkte zu bestimmen.

(2) Ist die Höhe baulicher Anlagen als zwingend festgesetzt (§ 16 Abs. 4 Satz 2), können geringfügige Abweichungen zugelassen werden.

§ 19
Grundflächenzahl, zulässige Grundfläche[1])

(1) Die Grundflächenzahl gibt an, wieviel Quadratmeter Grundfläche je Quadratmeter Grundstücksfläche im Sinne des Absatzes 3 zulässig sind.

(2) Zulässige Grundfläche ist der nach Absatz 1 errechnete Anteil des Baugrundstücks, der von baulichen Anlagen überdeckt werden darf.

(3) Für die Ermittlung der zulässigen Grundfläche ist die Fläche des Baugrundstücks maßgebend, die im Bauland und hinter der im Bebauungsplan festgesetzten Straßenbegrenzungslinie liegt. Ist eine Straßenbegrenzungslinie nicht festgesetzt, so ist die Fläche des Baugrundstücks maßgebend, die hinter der tatsächlichen Straßengrenze liegt oder die im Bebauungsplan als maßgebend für die Ermittlung der zulässigen Grundfläche festgesetzt ist.

(4) Bei der Ermittlung der Grundfläche sind die Grundflächen von
1. Garagen und Stellplätzen mit ihren Zufahrten,[2])

---

[1]) Die Grundflächenzahl oder die Grundfläche der Grundstücke, die von baulichen Anlagen überdeckt werden darf, ist nach § 16 (2) stets anzugeben.
[2]) Hier wird deutlich Bezug auf die Bodenschutzklausel des Baugesetzbuchs (BauGB § 1 (5), letzter Satz) genommen:
Mit Grund und Boden soll sparsam und schonend umgegangen werden. Landwirtschaftlich, als Wald oder für Wohnzwecke genutzte Flächen sollen nur im notwendigen Umfang für andere Nutzungsarten vorgesehen und in Anspruch genommen werden.

BauNVO

2. Nebenanlagen im Sinne des § 14,[2])
3. baulichen Anlagen unterhalb der Geländeoberfläche, durch die das Baugrundstück lediglich unterbaut wird,[2])

mitzurechnen. Die zulässige Grundfläche darf durch die Grundflächen der in Satz 1 bezeichneten Anlagen bis zu 50 vom Hundert überschritten werden, höchstens jedoch bis zu einer Grundflächenzahl von 0,8; weitere Überschreitungen in geringfügigem Ausmaß können zugelassen werden. Im Bebauungsplan können von Satz 2 abweichende Bestimmungen getroffen werden. Soweit der Bebauungsplan nichts anderes festsetzt, kann im Einzelfall von der Einhaltung der sich aus Satz 2 ergebenden Grenzen abgesehen werden

1. bei Überschreitungen mit geringfügigen Auswirkungen auf die natürlichen Funktionen des Bodens, oder[2])
2. wenn die Einhaltung der Grenzen zu einer wesentlichen Erschwerung der zweckentsprechenden Grundstücksnutzung führen würde.

§ 20
Vollgeschosse, Geschoßflächenzahl, Geschoßfläche

(1) Als Vollgeschosse gelten Geschosse, die nach landesrechtlichen Vorschriften Vollgeschosse sind oder auf ihre Zahl angerechnet werden.

(2) Die Geschoßflächenzahl gibt an, wieviel Quadratmeter Geschoßfläche je Quadratmeter Grundstücksfläche im Sinne des § 19 Abs. 3 zulässig sind.

(3) Die Geschoßfläche ist nach den Außenmaßen der Gebäude in allen Vollgeschossen zu ermitteln. Im Bebauungsplan kann festgesetzt werden, daß die Flächen von Aufenthaltsräumen in anderen Geschossen einschließlich der zu ihnen gehörenden Treppenräume und einschließlich ihrer Umfassungswände ganz oder teilweise mitzurechnen oder ausnahmsweise nicht mitzurechnen sind.

(4) Bei der Ermittlung der Geschoßfläche bleiben Nebenanlagen im Sinne des § 14, Balkone, Loggien, Terrassen sowie bauliche Anlagen, soweit sie nach Landesrecht in den Abstandsflächen (seitlicher Grenzabstand und sonstige Abstandsflächen) zulässig sind oder zugelassen werden können, unberücksichtigt.

§ 21
Baumassenzahl, Baumasse (nicht abgedruckt)

§ 21 a
Stellplätze, Garagen und Gemeinschaftsanlagen (nicht abgedruckt)

Dritter Abschnitt
Bauweise, überbaubare Grundstücksfläche (nicht abgedruckt)

---
[2]) Siehe Vorseite.

DIN 18 005

Schallschutz im Städtebau
Berechnungsverfahren. Schalltechnische Orientierungswerte für die städtebauliche Planung

Beiblatt 1 zu DIN 18 005 Teil 1 (5.87)

(Auszug)

Baugebiet nach BauNVO §§ 2 bis 11[1]) und **Öffentliche Grünflächen** nach BauGB § 9 (1) 15.[2])	Höchstwert (dB)		
	tags	nachts	
		Industrie-, Gewerbe-, Freizeitlärm	sonstiger Lärm
Reine Wohngebiete, Wochenend- und Ferienhausgebiete	50	35	40
Allgemeine Wohngebiete, Kleinsiedlungsgebiete, Campingplatzgebiete	55	40	45
Besondere Wohngebiete	60	40	45
Dorf- und Mischgebiete	60	45	50
Kerngebiete, Gewerbegebiete	65	50	55
Sonstige Sondergebiete, soweit sie schutzbedürftig sind (z. B. Klinikgebiete), je nach Nutzungsart	45–65	35–65	
Friedhöfe, Kleingartenanlagen, Parkanlagen	55		
Industriegebiete	Emissionen nach DIN 18005 T 1 (5.87) Immissionswerte werden nicht angegeben.		

---

1) Siehe Kap. 2: Auszug aus der Baunutzungsverordnung
2) Baugesetzbuch § 9 (1) 15.:
   „Im Bebauungsplan können festgesetzt werden:
   ...
   15. die öffentlichen und privaten Grünflächen, wie Parkanlagen, Dauerkleingärten, Spiel-, Sport-, Zelt- und Badeplätze, Friedhöfe

UVPG

Gesetz zur Umsetzung der Richtlinie des Rates vom 27. Juni 1985 über die Umweltverträglichkeitsprüfung bei bestimmten öffentlichen und privaten Projekten
vom 12. 2. 1990

Das UVP-Gesetz ist im Wohnungsbau nur auf die in Anlage zu § 3 Punkt 15. benannten Planungen im Bereich der Fremdenbeherbergung anwendbar. Es werden daher nur die Begriffsbestimmungen und der Vorhabenkatalog wörtlich zitiert. Rechtsnatur und Verfahren der UVP werden in stichwortartiger Darstellung zusammengefaßt.

Artikel 1
Gesetz über die Umweltverträglichkeitsprüfung (UVPG)

§ 1
Zweck des Gesetzes
(nicht abgedruckt)

§ 2
Begriffsbestimmungen

(1) Die Umweltverträglichkeitsprüfung ist ein unselbständiger Teil verwaltungsbehördlicher Verfahren, die der Entscheidung über die Zulässigkeit von Vorhaben dienen. Die UVP umfaßt die Ermittlung, Beschreibung und Bewertung der Auswirkungen eines Vorhabens auf

1. Menschen, Tiere und Pflanzen, Boden, Wasser, Luft, Klima und Landschaft, einschließlich der jeweiligen Wechselwirkungen,
2. Kultur- und sonstige Sachgüter.

Sie wird unter Einbeziehung der Öffentlichkeit durchgeführt. Wird über die Zulässigkeit eines Vorhabens im Rahmen mehrerer Verfahren entschieden, werden die in diesen Verfahren durchgeführten Teilprüfungen zu einer Gesamtbewertung aller Umweltauswirkungen, einschließlich der Wechselwirkungen, zusammengefaßt.

(2) Vorhaben sind nach Maßgabe der Anlage zu § 3 (Vorhabenkatalog)

1. bauliche Anlagen, die errichtet und betrieben werden sollen,
2. sonstige Anlagen (...),
3. sonstige Eingriffe in Natur und Landschaft,
4. die wesentliche Änderung einer Anlage nach Nr. 1 und 2, soweit sie erhebliche Auswirkungen auf die Umwelt haben kann.

(3) Entscheidungen im Sinne des Absatzes (1) Satz 1 sind

1. Bewilligung, Erlaubnis, Genehmigung, Planfeststellungsbeschluß und sonstige behördliche Entscheidungen über die Zulässigkeit von Vorhaben, die in einem Verwaltungsverfahren getroffen werden, mit Ausnahme von Anzeigeverfahren,

2. (...),
3. Beschlüsse nach § 10 des BauGB (Satzungsbeschluß) über die Aufstellung, Änderung oder Ergänzung von Bebauungsplänen, *durch die die Zulässigkeit von bestimmten Vorhaben im Sinne der Anlage zu § 3 begründet werden soll, sowie Beschlüsse nach § 10 des BauGB über Bebauungspläne, die Planfeststellungsbeschlüsse für Vorhaben im Sinne der Anlage 3 zu ersetzen,*
4. Beschlüsse *nach § 7 des Maßnahmengesetzes zum BauGB über Satzungen über den Vorhaben- und Erschließungsplan für Vorhaben im Sinne der Anlage zu § 3.*

§ 17
Aufstellung von Bauleitplänen

Werden *Bebauungspläne oder Satzungen* im Sinne des § 2 (3) Nr. 3 und 4 aufgestellt, geändert oder ergänzt, wird die UVP nach § 2 (1) Satz 1 bis 3 im Bauleitplanverfahren nach den Vorschriften des BauGB durchgeführt; der Umfang der Prüfung richtet sich dabei nach den für die Aufstellung, Änderung oder Ergänzung des Bauleitplans anzuwendenden Vorschriften. (...)

Anlage zu § 3

Die Umweltverträglichkeitsprüfung ist durchzuführen für folgende Vorhaben:
(...)
15. Errichtung von Feriendörfern, Hotelkomplexen und sonstigen großen Einrichtungen für die Ferien- und Fremdenbeherbergung, für die Bebauungspläne aufgestellt werden;
(...)

Inhalt (§ 6 (3/4): Grundsatz der Erheblichkeit)

- **Beschreibung** des Vorhabens: Standort/Art und Umfang des Bedarfs an Grund und Boden/Beschreibung der Anlagen-Verfahren
- **Alternative** Vorhabenkonzepte und deren Bewertung
- Beschreibung der **Emissionen** und **Reststoffe** (Art und Menge)
- Beschreibung der Maßnahmen zur **Vermeidung** von erheblichen **Umweltbeeinträchtigungen** und von **Ersatzmaßnahmen** nach NatSchG
- Beschreibung der erheblichen **Auswirkungen** des Vorhabens auf die Umwelt
- Angabe von technischen Lücken und fehlenden Kenntnissen, die bei der Zusammenstellung der Unterlagen zutage traten.

Verfahren

- **Auslegung** der Unterlagen (in allgemeinverständlicher Art) bei Beginn eines Verfahrens mit den übrigen Unterlagen (§ 6)
- **Einholung von Stellungnahmen** der durch das Vorhaben berührten Behörden (§ 7)
- **Öffentlichkeitsbeteiligung (Anhörung)** entsprechend den Vorschriften des VwVfG (§ 9)

  Bei **vorgelagerten Verfahren:** (§ 15 (3/2))

  * öffentl. Bekanntmachung
  * Auslegung der Unterlagen (1 Monat)
  * Gelegenheit zur Äußerung geben
  * Unterrichtung der Öffentlichkeit über die Entscheidung
- Zusammenfassende und umfassende Darstellung der Umweltauswirkungen (§ 11) mit Ergebnis der Stellungnahmen und der Beteiligung der Öffentlichkeit
- **Bewertung** der Umweltauswirkungen (§ 12)
- **Vorbescheid** bzw. **Teilzulassungen** (§ 13)
- **Zulassung** des Vorhabens (§ 14)

Bereits begonnene Verfahren müssen das UVP-Gesetz berücksichtigen, bei B-Plänen jedoch entfällt eine Einbindung in das UVPG, wenn die Träger öff. Belange bereits beteiligt wurden oder das Auslegungsverfahren (BauGB § 3 (2)) stattgefunden hatte.

Rechtsnatur

Umweltverträglichkeitsprüfung ist unselbständiger Teil verwaltungsbehördlicher Verfahren zur Entscheidung über die Zulässigkeit von Vorhaben:

- **Bewilligung**
- **Erlaubnis**   (z. B. wasserrechtl. Art/LWG)
- **Genehmigung**   (z. B. Baugenehmigung/LBO)
- **Planfeststellungsbeschluß**   (n. VwVfG)
- **B-Plan-Beschluß**
- **F-Plan-Beschluß**   (... wenn Grundl. f. Zul. v. Vorh.)

Denkmalschutz

Altbausanierung und -modernisierung haben sich oft den Anforderungen des Denkmalschutzes unterzuordnen. Es werden daher beispielhaft einige wichtige Grundsätze und Vorschriften des **Niedersächsischen Denkmalschutzgesetzes (NDSchG)** vom 30. 5. 1978 (Nds. GVBl. S. 515) und des **Gesetzes zum Schutz und zur Pflege der Denkmäler im Lande Nordrhein-Westfalen (DSchG)** vom 11. 3. 1980 (GV NW S. 716, ber. S. 716/SGV NW 224) und vom 18. 5. 1982 (GV NW S. 248), alphabetisch und thematisch geordnet, gegenübergestellt. Im konkreten Anwendungsfall muß das Denkmalschutzgesetz des entsprechenden Bundeslandes herangezogen werden. Denkmalschutz und Denkmalpflege sind Sache von Ländern und Gemeinden.

Aufgaben des Denkmalschutzes

(DSchG) § 1
Aufgaben des Denkmalschutzes und der Denkmalpflege

(1) Denkmäler sind zu schützen, zu pflegen, sinnvoll zu nutzen und wissenschaftlich zu erforschen. Sie sollen der Öffentlichkeit im Rahmen des Zumutbaren zugänglich gemacht werden.

(2) (...)

(3) Bei öffentlichen Planungen und Maßnahmen sind die Belange des Denkmalschutzes und der Denkmalpflege angemessen zu berücksichtigen. Die für den Denkmalschutz und die Denkmalpflege zuständigen Behörden sind frühzeitig einzuschalten und so mit dem Ziel in die Abwägung mit anderen Belangen einzubeziehen, daß die Erhaltung und Nutzung der Denkmäler und Denkmalbereiche sowie eine angemessene Gestaltung ihrer Umgebung möglich sind. Ihrerseits wirken Denkmalschutz und Denkmalpflege darauf hin, daß die Denkmäler in die Raumordnung und Landesplanung, die städtebauliche Entwicklung und die Landespflege einbezogen und einer sinnvollen Nutzung zugeführt werden.

(NDSchG) § 1
Grundsatz

Kulturdenkmale sind zu schützen, zu pflegen und wissenschaftlich zu erforschen. Im Rahmen des Zumutbaren sollen sie der Öffentlichkeit zugänglich gemacht werden.

(NDSchG) § 2
Denkmalschutz und Denkmalpflege als öffentliche Aufgaben

(1) Aufgabe des Landes ist es, für den Schutz, die Pflege und die wissenschaftliche Erforschung der Kulturdenkmale zu sorgen. Bei der Wahrnehmung von Denkmalschutz und Denkmalpflege wirken das Land, die Gemeinden, Landkreise und sonstigen Kommunalverbände sowie die in der Denk-

Denkmalschutz

malpflege tätigen Einrichtungen und Vereinigungen und die Eigentümer und Besitzer von Kulturdenkmalen zusammen.

(2) (...)

(3) In öffentliche Planungen und öffentliche Baumaßnahmen sind die Belange des Denkmalschutzes und der Denkmalpflege rechtzeitig und so einzubeziehen, daß die Kulturdenkmale erhalten werden und ihre Umgebung angemessen gestaltet wird, soweit nicht andere öffentliche Belange überwiegen.

Denkmalliste/Verzeichnis der Kulturdenkmale

(DSchG) § 3
Denkmalliste

(1) Denkmäler sind getrennt nach Baudenkmälern, ortsfesten Bodendenkmälern und beweglichen Denkmälern in die Denkmalliste einzutragen; (...). Mit der Eintragung oder der vorläufigen Unterschutzstellung unterliegen sie den Vorschriften dieses Gesetzes. (...)

(2) Die Denkmalliste wird von der Unteren Denkmalbehörde geführt. Die Eintragung erfolgt im Benehmen mit dem Landschaftsverband von Amts wegen oder auf Antrag des Eigentümers oder des Landschaftsverbandes.

(3) Über die Eintragung ist ein Bescheid zu erteilen.

(4) bis (6) (...)

(NDSchG) § 4
Verzeichnis der Kulturdenkmale

(1) Die Kulturdenkmale sind in ein Verzeichnis aufzunehmen, das durch die zuständige staatliche Denkmalbehörde mit Unterstützung der Gemeinden aufzustellen und fortzuführen ist. (...)

(2) Die unteren Denkmalschutzbehörden und die Gemeinden führen für ihr Gebiet Auszüge aus dem Verzeichnis. Jedermann kann Einblick in das Verzeichnis und die Auszüge nehmen.

Entschädigung

(DSchG) § 33
Entschädigung

Soweit der Vollzug dieses Gesetzes enteignende Wirkung hat, ist eine angemessene Entschädigung in Geld zu gewähren. (...)

**(NDSchG) § 29
Entschädigung**

(1) Soweit der Vollzug dieses Gesetzes im Einzelfall eine über den Rahmen der Sozialbindung des Eigentums (Artikel 14 Abs. 2 des Grundgesetzes) hinausgehende enteignende Wirkung hat, hat das Land eine angemessene Entschädigung in Geld zu gewähren. Die Gemeinden und Landkreise sollen zu dem Entschädigungsaufwand beitragen, wenn und soweit durch die zugrunde liegende Maßnahme auch ihre örtlichen Belange begünstigt sind.

(2) (...)

Erhaltung von Denkmälern

**(DSchG) § 7
Erhaltung von Denkmälern**

(1) Die Eigentümer und sonstigen Nutzungsberechtigten haben ihre Denkmäler instand zu halten, instand zu setzen, sachgemäß zu behandeln und vor Gefährdung zu schützen, soweit ihnen das zumutbar ist. Für die Zumutbarkeit ist auch zu berücksichtigen, inwieweit Zuwendungen aus öffentlichen Mitteln oder steuerliche Vorteile in Anspruch genommen werden können. Die Eigentümer und sonstigen Nutzungsberechtigten können sich nicht auf Belastungen durch erhöhte Erhaltungskosten berufen, die dadurch verursacht worden sind, daß Erhaltungsmaßnahmen diesem Gesetz oder sonstigem öffentlichen Recht zuwider unterblieben sind.

(2) (...)

**(DSchG) § 8
Nutzung von Baudenkmälern und ortsfesten Bodendenkmälern**

(1) Baudenkmäler (...) sind so zu nutzen, daß die Erhaltung der Substanz auf Dauer gewährleistet ist.

(2) Wird ein Baudenkmal (...) nicht oder auf eine die erhaltenswerte Substanz gefährdende Weise genutzt und ist dadurch eine Schädigung zu befürchten, so kann die Untere Denkmalbehörde Eigentümer und sonstige Nutzungsberechtigte verpflichten, das Baudenkmal (...) in bestimmter, ihnen zumutbarer Weise zu nutzen. Den Verpflichteten ist auf Antrag zu gestatten, das Baudenkmal in einer angebotenen anderen Weise zu nutzen, wenn seine Erhaltung dadurch hinreichend gewährleistet und die Nutzung mit dem öffentlichen Recht vereinbar ist.

**(NDSchG) § 6
Pflicht zur Erhaltung**

(1) Kulturdenkmale sind instand zu halten, zu pflegen, vor Gefährdung zu schützen und, wenn nötig, instand zu setzen. Verpflichtet sind der Eigentümer

Denkmalschutz

oder Erbbauberechtigte und der Nießbraucher; neben ihnen ist verpflichtet, wer die tatsächliche Gewalt über das Kulturdenkmal ausübt.

(2) Kulturdenkmale dürfen nicht zerstört, gefährdet oder so verändert oder von ihrem Platz entfernt werden, daß ihr Denkmalwert beeinträchtigt wird.

(NDSchG) § 7
Grenzen der Erhaltungspflicht

(1) Erhaltungsmaßnahmen können nicht verlangt werden, soweit die Erhaltung den Verpflichteten wirtschaftlich unzumutbar belastet.

(2) Ein Eingriff in ein Kulturdenkmal ist zu genehmigen, soweit

1. der Eingriff aus wissenschaftlichen Gründen im öffentlichen Interesse liegt,
2. ein überwiegendes öffentliches Interesse anderer Art den Eingriff zwingend verlangt,
3. die unveränderte Erhaltung den Verpflichteten wirtschaftlich unzumutbar belastet.

(3) Unzumutbar ist eine wirtschaftliche Belastung insbesondere, soweit die Kosten der Erhaltung und Bewirtschaftung nicht durch die Erträge oder den Gebrauchswert des Kulturdenkmals aufgewogen werden können. Kann der Verpflichtete Zuwendungen aus öffentlichen oder privaten Mitteln oder steuerliche Vorteile in Anspruch nehmen, so sind diese anzurechnen. Der Verpflichtete kann sich nicht auf die Belastung durch erhöhte Erhaltungskosten berufen, die dadurch verursacht wurden, daß Erhaltungsmaßnahmen diesem Gesetz oder sonstigem öffentlichem Recht zuwider unterblieben sind.

(4) Absatz 1 und Absatz 2 Nr. 3 gelten nicht für das Land, die Gemeinden, die Landkreise und die sonstigen Kommunalverbände.

(NDSchG) § 9
Nutzung von Baudenkmalen

Für Baudenkmale ist eine Nutzung anzustreben, die ihre Erhaltung auf Dauer gewährleistet. Das Land, die Gemeinden, die Landkreise und die sonstigen Kommunalverbände sollen die Eigentümer und sonstigen Nutzungsberechtigten hierbei unterstützen.

Erlaubnis und Genehmigung von Maßnahmen

(DSchG) § 9
Erlaubnispflichtige Maßnahmen

(1) Der Erlaubnis der Unteren Denkmalbehörde bedarf, wer

Denkmalschutz

a) Baudenkmäler oder ortsfeste Bodendenkmäler beseitigen, verändern, an einen anderen Ort verbringen oder die bisherige Nutzung ändern will,

b) in der engeren Umgebung von Baudenkmälern oder ortsfesten Bodendenkmälern Anlagen errichtet, verändern oder beseitigen will, wenn hierdurch das Erscheinungsbild des Denkmals beeinträchtigt wird, oder

c) bewegliche Denkmäler beseitigen oder verändern will.

(2) Die Erlaubnis ist zu erteilen, wenn

a) Gründe des Denkmalschutzes nicht entgegenstehen

oder

b) ein überwiegendes öffentliches Interesse die Maßnahme verlangt.

(3) Erfordert eine erlaubnispflichtige Maßnahme nach anderen gesetzlichen Bestimmungen eine Planfeststellung, Genehmigung, Erlaubnis, Bewilligung, Zulassung oder Zustimmung, so haben die dafür zuständigen Behörden die Belange des Denkmalschutzes und der Denkmalpflege entsprechend diesem Gesetz in angemessener Weise zu berücksichtigen. Im Falle einer bauaufsichtlichen oder immissionsschutzrechtlichen Genehmigung oder Zustimmung kann die Erlaubnis nach Absatz 1 auch gesondert beantragt werden.

(DSchG) § 10
Veräußerungs- und Veränderungsanzeige

(1) Wird ein Denkmal veräußert, so haben der frühere und der neue Eigentümer den Eigentumswechsel unverzüglich, spätestens jedoch innerhalb eines Monats, der Unteren Denkmalbehörde anzuzeigen. Die Anzeige eines Pflichtigen befreit den anderen.

(2) Wird ein bewegliches Denkmal an einen anderen Ort verbracht, so hat der Eigentümer oder sonstige Nutzungsberechtigte dies der Unteren Denkmalbehörde innerhalb eines Monats anzuzeigen.

(DSchG) § 26
Erlaubnisverfahren

(1) Der Antrag auf Erteilung einer Erlaubnis nach diesem Gesetz ist schriftlich mit den zur Beurteilung des Vorhabens erforderlichen Unterlagen bei der zuständigen Denkmalbehörde einzureichen.

(2) Eine Erlaubnis nach diesem Gesetz erlischt, wenn nicht innerhalb von zwei Jahren nach ihrer Erteilung mit der Durchführung des Vorhabens begonnen oder wenn die Durchführung zwei Jahre unterbrochen worden ist. Die Frist kann verlängert werden.

(NDSchG) § 10
Genehmigungspflichtige Maßnahmen

(1) Einer Genehmigung der Denkmalschutzbehörde bedarf, wer

1. ein Kulturdenkmal zerstören, verändern, instand setzen oder wiederherstellen,

Denkmalschutz

2. ein Bau- oder Bodendenkmal oder einen in § 3 Abs. 3 genannten Teil eines Baudenkmals von seinem Standort entfernen oder mit Aufschriften oder Werbeeinrichtungen versehen,
3. die Nutzung eines Baudenkmals ändern oder
4. in der Umgebung (vergl.: Umgebung von Baudenkmalen) eines Baudenkmals Anlagen, die das Erscheinungsbild des Denkmals beeinflussen, errichten, ändern oder beseitigen

will.

(2) Instandsetzungsarbeiten bedürfen keiner Genehmigung nach Absatz 1, wenn sie sich nur auf Teile des Kulturdenkmals auswirken, die für seinen Denkmalwert ohne Bedeutung sind.

(3) Die Genehmigung ist zu versagen, soweit die Maßnahme gegen dieses Gesetz verstoßen würde. Die Genehmigung kann unter Bedingungen oder mit Auflagen erteilt werden, soweit dies erforderlich ist, um die Einhaltung dieses Gesetzes zu sichern. Insbesondere kann verlangt werden, daß ein bestimmter Sachverständiger die Arbeiten leitet, daß ein Baudenkmal an anderer Stelle wieder aufgebaut wird oder daß bestimmte Bauteile erhalten bleiben oder in einer anderen baulichen Anlage wieder verwendet werden.

(4) Ist für eine Maßnahme eine Baugenehmigung oder eine die Baugenehmigung einschließende oder ersetzende behördliche Entscheidung erforderlich, so umfaßt diese die Genehmigung nach Absatz 1. Absatz 3 gilt entsprechend.

(NDSchG) § 11
Anzeigepflicht

(1) (...)

(2) Sind Instandsetzungsarbeiten zur Erhaltung eines Kulturdenkmals notwendig oder droht ihm sonst eine Gefahr, so haben die Erhaltungspflichtigen, wenn sie die Arbeiten nicht ausführen oder die Gefahr nicht abwenden, dies unverzüglich der Denkmalschutzbehörde anzuzeigen.

(3) Die Anzeige eines Pflichtigen befreit die anderen.

(NDSchG) § 24
Genehmigungsverfahren

(1) Der Antrag auf eine Genehmigung nach diesem Gesetz ist schriftlich mit den zur Beurteilung erforderlichen Unterlagen der Gemeinde zuzuleiten, (...). Die Gemeinde leitet den Antrag unverzüglich mit ihrer Stellungnahme an die untere Denkmalschutzbehörde weiter, wenn sie deren Aufgaben nicht selbst wahrnimmt.

Ordnungswidrigkeiten, Straftaten

(DSchG) § 41
Ordnungswidrigkeiten

(1) Ordnungswidrig handelt, wer vorsätzlich oder fahrlässig

1. eine nach § 10 oder § 15 Abs. 1 erforderliche Anzeige nicht unverzüglich erstattet,
2. Maßnahmen, die nach §§ 9 Abs. 1, 12, 13 Abs. 1 oder 14 Abs. 2 der Erlaubnis bedürfen, ohne Erlaubnis oder abweichend von ihr durchführt oder durchführen läßt,
3. entdeckte Bodendenkmäler oder die Entdeckungsstätte nicht nach § 16 Abs. 1 unverändert läßt,
4. eine nach § 28 Abs. 1 geforderte Auskunft nicht erteilt,
5. seinen Verpflichtungen gemäß § 39 nicht nachkommt.

(2) Die Ordnungswidrigkeiten können mit Geldbußen bis zu 500 000 DM geahndet werden. Wird ohne Erlaubnis nach § 9 Abs. 1 Buchstabe a ein Baudenkmal zerstört, kann eine Geldbuße bis zu 1 000 000 DM festgesetzt werden.

(3) Die Verfolgung der Ordnungswidrigkeit verjährt in fünf Jahren.

(4) Zuständige Behörde im Sinne des § 36 Abs. 1 Nr. 1 des Gesetzes über Ordnungswidrigkeiten ist die Untere Denkmalbehörde.

(NDSchG) § 34
Zerstörung eines Kulturdenkmals

(1) Wer ohne die nach § 10 erforderliche Genehmigung und ohne Vorliegen der Voraussetzungen des § 7 ein Kulturdenkmal oder einen wesentlichen Teil eines Kulturdenkmals zerstört, wird mit Freiheitsstrafe bis zu drei Jahren oder mit Geldstrafe bestraft.

(2) Reste eines Kulturdenkmals, das durch eine Tat nach Absatz 1 zerstört worden ist, können eingezogen werden.

(NDSchG) § 35
Ordnungswidrigkeiten

(1) Ordnungswidrig handelt, wer vorsätzlich oder fahrlässig

1. eine nach § 11 oder § 14 Abs. 1 erforderliche Anzeige nicht unverzüglich erstattet,
2. Maßnahmen, die nach § 10 Abs. 1, § 12 Abs. 1, § 13 Abs. 1 oder § 16 Abs. 2 der Genehmigung bedürfen, ohne Genehmigung oder abweichend von ihr durchführt oder durchführen läßt,
3. Auflagen nach § 10 Abs. 3, § 12 Abs. 2 oder § 13 Abs. 2 nicht erfüllt,

Denkmalschutz

4. die Beschränkung der wirtschaftlichen Nutzung eines Grundstücks (§ 17) nicht einhält,
5. gefundene Gegenstände und die Fundstelle nicht gemäß § 14 Abs. 2 unverändert läßt,
6. eine nach § 27 Abs. 2 geforderte Auskunft nicht erteilt,
7. ein Hinweisschild (§ 28) beschädigt oder beseitigt.

(2) Ordnungswidrig handelt, wer wider besseres Wissen unrichtige Angaben macht oder unrichtige Pläne oder Unterlagen vorlegt, um einen Verwaltungsakt nach diesem Gesetz zu erwirken oder zu verhindern.

(3) Ordnungswidrig handelt, wer einer nach diesem Gesetz erlassenen vollziehbaren schriftlichen Anordnung zuwiderhandelt. Eine Geldbuße darf jedoch nur festgesetzt werden, wenn die Anordnung auf diese Bußgeldvorschrift verweist.

(4) Die Ordnungswidrigkeiten können mit Geldbußen bis zu fünfhunderttausend Deutsche Mark geahndet werden.

(5) Es können eingezogen werden:

1. Reste eines Kulturdenkmals, das durch eine ordnungswidrige Handlung zerstört worden ist,
2. Gegenstände, die durch ordnungswidrige Handlungen unter Verletzung des § 12 Abs. 1, § 13 Abs. 1, § 14 Abs. 1 und 2, § 16 Abs. 2 oder § 17 erlangt worden sind.

§ 23 des Gesetzes über Ordnungswidrigkeiten ist anzuwenden.

(6) Die Verfolgung der Ordnungswidrigkeit verjährt in fünf Jahren.

(7) Zuständige Behörde im Sinne des § 36 Abs. 1 Nr. 1 des Gesetzes über Ordnungswidrigkeiten ist die Denkmalschutzbehörde.

Umgebung von Baudenkmalen

(NDSchG)   § 8 (vergl.: Wiederherstellung – NDSchG   § 25 (1))
Anlagen in der Umgebung von Baudenkmalen

In der Umgebung eines Baudenkmals dürfen Anlagen nicht errichtet, geändert oder beseitigt werden, wenn dadurch das Erscheinungsbild des Baudenkmals beeinträchtigt wird. (...).
(Vergl.: Erlaubnis und Genehmigung von Maßnahmen, DSchG § 9 (1) b.)

Wiederherstellung

(NDSchG)   § 25
Wiederherstellung des ursprünglichen Zustandes

(1) Wer diesem Gesetz zuwider in ein Kulturdenkmal oder in dessen Umgebung eingreift, hat auf Verlangen der Denkmalschutzbehörde den bisherigen Zustand wiederherzustellen.

(2) Wer widerrechtlich ein Kulturdenkmal vorsätzlich oder fahrlässig beschädigt oder zerstört, ist auf Verlangen der Denkmalschutzbehörde verpflichtet, das Zerstörte nach ihren Anweisungen zu rekonstruieren.

(DSchG) § 27
Wiederherstellung des ursprünglichen Zustandes

(1) Wer eine Handlung, die nach diesem Gesetz der Erlaubnis bedarf, ohne Erlaubnis, unsachgemäß oder im Widerspruch zu Auflagen durchführt, muß auf Verlangen der Unteren Denkmalbehörde die Arbeiten sofort einstellen und den bisherigen Zustand wiederherstellen.

(2) Wer widerrechtlich ein Denkmal vorsätzlich oder fahrlässig beschädigt oder zerstört, ist auf Verlangen der Unteren Denkmalbehörde verpflichtet, das Zerstörte wiederherzustellen.

(3) Im übrigen finden die Vorschriften des Ordnungsbehördengesetzes Anwendung.

Zuschußmittel, Förderung (vergl.: Entschädigung)

(DSchG) § 35
Leistungen

(1) Leistungen nach diesem Gesetz werden aus Mitteln des Landes, der Gemeinden und Gemeindeverbände erbracht. Die Förderung der Pflege von Denkmälern setzt den Antrag des Eigentümers voraus.

(2) Die Förderung geschieht in Form von Zuschüssen, Darlehen und Zinszuschüssen. Die Leistungsfähigkeit des Eigentümers wird bei Festsetzung der Beteiligung bzw. Förderung des Landes berücksichtigt.

(3) Landesmittel werden gewährt als
1. Pauschalzuweisungen an die Gemeinden und Gemeindeverbände zur Förderung privater Denkmalpflegemaßnahmen,
2. Einzelzuschüsse zur Förderung von Denkmälern, die im Eigentum von Gemeinden oder Gemeindeverbänden stehen,
3. Einzelzuschüsse für Denkmäler, die im Eigentum von Kirchen oder Religionsgemeinschaften stehen,
4. Einzelzuschüsse für größere private Denkmalpflegemaßnahmen.

Die Höhe der Pauschalzuweisungen an die Gemeinden soll sich an der Bedeutung des Denkmälerbestandes und am Umfang der Denkmalpflegemaßnahmen ausrichten.

Denkmalschutz

(4) Es können auch Denkmalpflegeorganisationen, gemeinnützige Träger und Einzelpersonen gefördert werden, die denkmalpflegerische Aufgaben wahrnehmen.

(5) Führt die Beteiligung öffentlicher Hände an den Kosten des Denkmalschutzes und der Denkmalpflege zu einer Wertsteigerung des Denkmals, so haben Eigentümer und Nutzungsberechtigte den diesbezüglichen Aufwand zu ersetzen, soweit ihnen dieses zugemutet werden kann.

(DSchG) § 37
Städtebauförderung, Wohnungsmodernisierung

Baudenkmäler und Denkmalbereiche können auch nach den Vorschriften des Bundes und des Landes über den Einsatz von Städtebau- und Wohnungsmodernisierungsmitteln erhalten, erneuert und einer funktionsgerechten Nutzung zugeführt werden. Die Landschaftsverbände wirken hierbei im Rahmen ihrer Aufgaben als Träger öffentlicher Belange mit.

(DSchG) § 40
Bescheinigungen für steuerliche Zwecke

Bescheinigungen für die Erlangung von Steuervergünstigungen werden von der Unteren Denkmalbehörde im Benehmen mit dem Landschaftsverband ausgestellt. Sie dürfen nur erteilt werden, wenn das Denkmal in die Denkmalliste eingetragen ist oder gemäß § 4 Abs. 1 und 2 als vorläufig eingetragen gilt.

(NDSchG) § 32
Zuschußmittel des Landes

Das Land trägt, unbeschadet bestehender Verpflichtungen, zu den Kosten der Erhaltung und Instandsetzung von Kulturdenkmalen nach Maßgabe der im Haushaltsplan bereitgestellten Mittel bei. Zuschüsse des Landes können insbesondere mit der Auflage verbunden werden, ein Kulturdenkmal im Rahmen des Zumutbaren der Öffentlichkeit zugänglich zu machen oder Hinweisschilder anzubringen.

(NDSchG) § 33
Befreiung von der Grundsteuer

Der Erwerb eines Grundstücks, auf dem sich ein Baudenkmal oder ein Bodendenkmal befindet, ist insoweit von der Grunderwerbsteuer befreit, wie der Erwerb nach einer Bescheinigung der Denkmalschutzbehörde der Erhaltung des Kulturdenkmals dient. Die Bescheinigung kann davon abhängig gemacht werden, daß der Erwerber sich zu bestimmten Erhaltungsmaßnahmen verpflichtet, die über das Ausmaß der gesetzlichen Erhaltungspflicht hinausgehen, sowie davon, daß die Erfüllung der Verpflichtung in geeigneter Weise gesichert wird.

3 Planung

Altenwohnstätten

Im Rahmen dieses Buches sollen nur technische und funktionale Anforderungen an Wohnungen für alte Menschen dargestellt werden. Kenntnisse dieser Anforderungen entbindet den Planer nicht von der Verpflichtung der Auseinandersetzung mit den sozialpsychologischen Bedingungen des Wohnens alter Menschen. Auf die Problematik von Heimen ist hier nur kurz hinzuweisen. Die geläufige Differenzierung in Altenwohnung, Altenwohnheim, Altenheim und Altenpflegeheim birgt die Gefahr enger funktionalistischer Sicht. Dieses Problem wird bei den entsprechenden Verbänden gesehen. Es gibt den Leitsatz: Wohneinrichtungen schaffen, in denen gepflegt werden kann, Pflegeeinrichtungen schaffen, in denen gewohnt werden kann. Die im folgenden abgedruckten Planungsempfehlungen waren als Grundlage für Verordnungen in den Bundesländern gedacht. Sie haben inzwischen ihre Aufgabe erfüllt, sind aber dennoch, obwohl teilweise nicht mehr dem aktuellen Diskussionsstand entsprechend, gültig.

Bei der Planung von Altenwohnstätten sollten auf jeden Fall die entsprechenden Ministerialerlasse in den einzelnen Bundesländern berücksichtigt werden. Deren Aussagen sind jedoch unterschiedlich. Teils stimmen sie inhaltlich mit diesen Planungsempfehlungen überein, teils sind sie dem aktuellen Diskussionsstand, wie er vom Kuratorium Deutsche Altershilfe präsentiert wird, näher.

Altenwohnstätten

Planungsempfehlungen
des Bundesministers für Städtebau und Wohnungswesen (jetzt: Bundesminister für Raumordnung, Bauwesen und Städtebau)
für

Altenwohnungen
Wohnungen in Altenwohnheimen
Wohnplätze in Altenheimen
(bearbeitet) (Stand 8. 12. 1972)[1])

Die für die Planung von Familienwohnungen geltenden Entwurfs- und Ausstattungsregeln sind in Normen, Richtlinien und Förderungsbestimmungen niedergelegt. Auf die Sonderaufgabe des Wohnungsbaues für ältere Menschen sind diese Regeln nur zum Teil anwendbar. Um den besonderen Gege-

---

1) Das Institut für Altenwohnbau im Kuratorium Deutsche Altershilfe (Wilhelmine-Lübke-Stiftung) (An der Pauluskirche 3, 50677 Köln) hat eine bisher noch unveröffentlichte Studie zur Neufassung dieser Planungsempfehlungen im Auftrag des BMBau verfaßt (siehe folgender Abschnitt). Bemerkenswerte Abweichungen zu den Planungsempfehlungen von 1972 werden als kurze Ergänzungen (kursiv) eingefügt.

Altenwohnstätten

benheiten älterer Menschen gerecht zu werden, bedürfen diese Regeln der Ergänzung und teilweisen Abwandlung.

Die Planungsempfehlungen für Altenwohnstätten bauen auf Untersuchungen auf, die das Institut für Bauforschung im Auftrag des Bundesministers für Städtebau und Wohnungswesen durchgeführt hat.

I. Wohnformen

Die bisherige funktionalistische Differenzierung wird aufgegeben und statt dessen folgende Gliederung vorgeschlagen:

Nicht „altenspezifische" Wohnformen;
Wohnung zum „alt werden";
gemeinschaftliche, integrierte Wohnangebote;
gemeinschaftliche, autarke Wohnangebote (Sonderwohnformen).
Wohnformen „selbständigen Wohnens" sollen immer auch
Betreuungsangebote und
Gemeinschaftsangebote
erhalten, damit ältere Menschen, deren Fähigkeit, sich selbst zu versorgen, nachläßt, in ihrer gewohnten Umgebung verbleiben können und überhaupt eine funktionale „Ghettoisierung" unterbleibt. Der Betreuungsservice soll nicht standortgebunden sein, sondern flexibel dem Bedarf und der Wohnform angepaßt.

Folgende Wohnformen werden unterschieden:

a) Altenwohnungen

Altenwohnungen sind Ein- oder Zweipersonenwohnungen, die nach Bemessung, Ausstattung und Lage den Bedürfnissen älterer Menschen besonders entsprechen.

Altenwohnungen können zusammen mit anderen Wohnungen, insbesondere Familienwohnungen, innerhalb ein und desselben Gebäudes angeordnet oder aber auch in Altenwohnanlagen zusammengefaßt sein.

Für die Betreuung der Bewohner selbständiger Altenwohnungen wird die Einrichtung von Sozialstationen oder organisierter Nachbarschaftshilfe empfohlen.

b) Wohnungen in Altenwohnheimen

Sind Altenwohnungen in einem Gebäude zusammengefaßt und haben die Bewohner die Möglichkeit, wirtschaftliche und soziale Betreuung in Anspruch zu nehmen, so bezeichnet man diese Wohnform als Altenwohnheim. Die Betreuung muß durch den Heimträger sichergestellt sein. Gemeinschaftseinrichtungen sind in räumlich enger Beziehung zu den Altenwohnungen vorzusehen.

Bei baulichem und organisatorischem Anschluß eines Altenwohnheimes an ein Altenheim (vgl. c)) ist diese Betreuungsmöglichkeit am einfachsten gewährleistet.

c) Wohnplätze in Altenheimen

Ein Altenheim gewährt seinen Bewohnern ständige wirtschaftliche und soziale Betreuung sowie zeitweilige individuelle Pflege.[1])

In Altenheimen sind deshalb

- gemeinschaftlich genutzte Räume (z. B. Räume zur Einnahme der Mahlzeiten und Pflege der Geselligkeit, Wandelgänge, Teeküchen, Waschanlagen, Trockenräume, Bäder, Therapieräume, Abstellräume usw.),
- Räume zur Wirtschaftsführung (z. B. Zentralküche mit Zubehörräumen, Werkstätten, Rezeption usw.),
- Räume für das Personal (z. B. Aufenthaltsräume mit Zubehörräumen, Personalwohnplätze bzw. -wohnungen usw.)

vorzusehen. Hierbei ist die Funktionsfähigkeit des Gesamtkomplexes ebenso wichtig wie die richtige Bemessung und Ausstattung des einzelnen Wohnplatzes. Insbesondere ist genügend Bewegungsmöglichkeit innerhalb des Gesamtkomplexes zu schaffen.

Anforderungen an das Wohnumfeld werden unter der Maxime einer selbstverständlichen Integration in ein geeignetes soziales und räumliches Umfeld formuliert, d. h. keine funktionale Spezialisierung des Altenwohnens, sondern Verbesserung des gesamten Wohnumfelds einschließlich der Infrastruktur zugunsten älterer Menschen.

II. Lage und Hausform

Altenwohnstätten sollen innerhalb der normalen Bebauung, möglichst lärmgeschützt und in der Nähe des bisherigen Lebensbereiches ihrer Bewohner gelegen sein. Die Massierung in großen Altenwohnheim- oder Altenheimbereichen ist möglichst zu vermeiden.

Für die Wahl des Standorts und der Hausform ist die städtebauliche Gesamtkonzeption richtungweisend. Die Errichtung von Altenwohnstätten sollte deshalb in der Bauleitplanung von vornherein berücksichtigt werden.[2])

Nahegelegene Einkaufsgelegenheiten für den täglichen Bedarf sowie leicht und sicher zu erreichende Haltestellen der Nahverkehrsmittel sind erwünscht.

Das Grundstück, auf dem Altenwohnstätten errichtet werden, soll Grünflächen mit Sitzplätzen aufweisen. Hiervon kann abgesehen werden, wenn sich in der Nachbarschaft öffentliche Grünanlagen befinden.

Für Altenwohnstätten sind eingeschossige wie mehrgeschossige Bauten gleich geeignet. Hierbei ist zu berücksichtigen, daß viele Möglichkeiten des

---

1) Ältere Menschen, die ständig pflegebedürftig sind, sollten Aufnahme in einem Pflegeheim finden.
2) Inzwischen erlaubt die Baunutzungsverordnung (BauNVO v. 23. 1. 1990: siehe Kap. 2) selbst im Reinen Wohngebiet Altenwohnen und Altenpflegeeinrichtungen. (BauNVO § 3 (4))

Altenwohnstätten

Wohnens in mehrgeschossigen Bauten zur Zeit noch nicht genutzt werden. Geschoßtreppen dürfen nicht gewendelt sein und müssen einen Zwischenpodest aufweisen; eine beidseitige Ausstattung mit Handläufen wird empfohlen. Altenwohnstätten, die höher als im 1. Obergeschoß liegen, müssen über einen Personenaufzug erreichbar sein. Für Altenwohnstätten, die höher als im 4. Obergeschoß liegen, sind Einrichtungen für den Krankentransport in horizontaler Lage zu schaffen.

Es wird empfohlen, den Zugang zu den Erdgeschoßwohnungen – d. h. die Strecke zwischen öffentlichem Fußweg und Haustür sowie zwischen Haustür und Erdgeschoßwohnungen – stufenlos auszuführen.

Die Wohnzimmer von Altenwohnstätten müssen, auch im Winter, ausreichend besonnt werden. Soweit möglich, sollten die Wohnzimmerfenster einen Ausblick auf die Straße gestatten.

III. Raumprogramme, Bemessung und Ausstattung

Auch die Anforderungen an die Wohnung gehen tendenziell in die Richtung größerer Vielfalt hinsichtlich der Nutzungsmöglichkeiten und größerer Wohnungen. Behindertengerechte Planung wird vorausgesetzt.

Die Bemessungsregeln für Altenwohnungen (vgl. I a)) und Wohnungen in Altenwohnheimen (vgl. I b)) lehnen sich unmittelbar an die Mindestforderungen der Planungsnormen DIN 18011 und DIN 18022 an. Bei den Bemessungsregeln für Wohnplätze in Altenheimen (vgl. I c)) hingegen konnten die Planungsnormen DIN 18011 und DIN 18022 nur bedingt zugrunde gelegt werden.

Als Beheizung von Altenwohnstätten kommt nur zentrale Beheizung – mit Heizkörpern bzw. Heizgeräten in allen Aufenthaltsräumen sowie Bad bzw. Sanitärraum – in Frage. Die Heizung ist für eine Raumtemperatur von 22 °C zu bemessen. Eine schnelle Inbetriebnahme der Heizung, z. B. an kalten Sommertagen, muß möglich sein. Heizkörper und Heizrohrleitungen sind so anzuordnen, daß sie außerhalb der Mindeststellflächen und -bewegungsflächen liegen. (Redaktioneller Hinweis: Die Empfehlungen bezüglich der Heizung sind auf den heutigen Stand der Technik hin zu überprüfen. Niedertemperaturheizungen [Fußbodenheizungen] sollten aus Gründen der Behaglichkeit, der Bequemlichkeit, der Raumausnutzung und der Energieversorgung auf jeden Fall als Alternative diskutiert werden.)

Ein über die Mindestforderungen von DIN 4108 und DIN 4109 hinausgehender Wärme- und Schallschutz wird empfohlen.

Alle Türen müssen eine lichte Breite von mindestens 80 cm aufweisen. In begründeten Ausnahmen darf dieses Maß bis zu 10 cm unterschritten werden.

Altenwohnstätten

1 Altenwohnungen bzw. Wohnungen in Altenwohnheimen

1.1 Folgende Raumprogramme sind zu unterscheiden:

1.1.1 Ein-Personen-Wohnungen

a) Vorraum
Wohnzimmer
Küche nach DIN 18022 oder Kleinküche nach 1.2.6
Schlafzimmer oder Schlafnische
Bad
Abstellraum

oder

b) Vorraum
Wohnzimmer
Kleinküche nach 1.2.6
Schlafzimmer
Bad
Abstellraum
Eine Loggia ist erwünscht.[3])

1.1.2 Zwei-Personen-Wohnungen

Vorraum
Wohnzimmer
Küche nach DIN 18022 oder Kleinküche nach 1.2.6
Schlafzimmer
Bad
Abstellraum
Eine Loggia ist erwünscht.[3])

1.2. Die genannten Räume sind wie folgt zu bemessen[4]) bzw. auszustatten:

1.2.1 Vorraum

Der Vorraum darf die Abmessung 1,25 m × 1,25 m *(besser: 1,50 m × 1,50 m)* nicht unterschreiten. Für die Mantelablage ist eine freie Wandfläche von mindestens 100 cm Breite nachzuweisen. *Zusätzlich Pflegemittelschrank.*[5])

1.2.2 Wohnzimmer

Das Wohnzimmer in einer Ein-Personen-Wohnung muß mindestens 18 m^2, in einer Zwei-Personen-Wohnung mindestens 20 m^2 groß sein.

1.2.3 Schlafzimmer

---

[3]) Soweit besondere klimatische Gegebenheiten (und Immissionen) nicht entgegenstehen.
[4]) Es ist von Rohbaumaßen auszugehen.
[5]) Mittel für die Altenpflege.

Altenwohnstätten

Für folgende Einrichtung sind Stellflächen nachzuweisen:

a) Ein-Personen-Wohnungen

		cm	cm
1.	1 Bett	$b = 205$	$t = 100$
2.	1 Schrank	$b \geq 110$	$t = 65$
3.	1 tischhohes Möbel	$b \geq 110$	$t = 55$

b) Zwei-Personen-Wohnungen

		cm	cm
1.	2 Betten	$b = 205$	$t = 100$
2.	1 Schrank	$b \geq 220$	$t = 65$
3.	1 tischhohes Möbel	$b \geq 110$	$t = 55$

c) Die Bewegungsflächen vor den Stellflächen müssen

— so breit wie Stellflächen[6]) und

— mindestens 70 cm[7]) tief

sein. *(Verbesserung: Vor einer Bettseite mindestens 1,20 m × 1,20 m, sonst ≧ 0,90 m Tiefe.)*

Zwischen Stellflächen und Wänden sind 5 cm Abstand einzuhalten. Bei Wänden, deren Rohbaumaße zugleich Ausbaumaße sind, genügt ein Abstand von 3 cm.

1.2.4 Schlafnische

Eine Schlafnische — anstelle eines Schlafzimmers — darf nur in Ein-Personen-Wohnungen und nur dann angeordnet werden, wenn die Wohnung eine Küche nach DIN 18022 oder eine direkt belichtete und belüftete Kleinküche enthält (vgl. 1.1.1 a)).

Es gelten die Festlegungen nach 1.2.3 a) und 1.2.3 c).

1.2.5 Küche

Küchen sind nach DIN 18022 zu bemessen und auszustatten.

Hierbei sollten unterhalb des Fensters jedoch weder Ausstattungsteile angeordnet noch Stellflächen für Einrichtungsteile eingeplant werden.

1.2.6 Kleinküche

(siehe: Studie zur Neufassung der Planungsempfehlungen des BMBau im folgenden Abschnitt)

Folgende Ausstattung ist mindestens einzubauen:

	cm	cm	cm
1. Unterschrank mit Arbeitsplatte	$b \geq 60$	$t = 60$	$h = 85$
2. Spüle	$b \geq 40$	$t = 60$	$h = 85$

---

[6] Bei L-förmiger Anordnung der Stellflächen von Bett und tischhohem Möbel genügt vor dem Bett eine Bewegungsfläche von ≧ 150 cm Breite.

[7] Erwünscht sind ≧ 90 cm Breite.

3. Unterschrank mit Arbeitsplatte, $b \geqq 60$ $t = 60$ $h = 85$
   Schublade und herausziehbarer
   Arbeitsplatte für Arbeiten im
   Sitzen
4. Herd mit Backofen $b \geqq 50$ $t = 60$ $h = 85$
5. Unterschrank mit Arbeitsplatte $b \geqq 60$ $t = 60$ $h = 85$
6. Kühlschrank $b \geqq 60$ $t = 60$

Die Ausstattungsteile Nr. 1 bis 5 sind in genannter Reihenfolge auf einer durchlaufenden Platte anzuordnen. Der Kühlschrank (vgl. Nr. 6) ist entweder als Unter-Tisch-Gerät, ebenfalls unter der durchlaufenden Platte, oder in einem Hochschrank einzubauen.

Die Bewegungsflächen vor den Ausstattungsteilen müssen
— so breit wie die Ausstattungsteile und
— mindestens 110 cm tief

sein.

Zwischen Ausstattungsteilen und Wänden sind 3 cm Abstand einzuhalten. Bei Wänden, deren Rohbaumaße zugleich Ausbaumaße sind, braucht kein Abstand eingehalten zu werden.

Unterhalb des Fensters sollten weder Ausstattungsteile noch Stellflächen für Einrichtungsteile eingeplant werden.

Kleinküchen für das Raumprogramm gemäß 1.1.1 a) müssen direkt belichtet und belüftet sein.

Kleinküchen für die Raumprogramme gemäß 1.1.1 b) und 1.1.2 können innenliegend angeordnet werden, wenn sie mit einer leistungsfähigen mechanischen Entlüftung (mindestens 5facher Luftwechsel/Std.) ausgestattet sind.

1.2.7 Bad

Bäder sind nach DIN 18022 zu bemessen und auszustatten.

Die Tür muß nach außen aufschlagen.

Der Fußbodenbelag muß rutschsicher sein.

Neben dem Spülklosett ist ein Handgriff anzubringen.

Die Wanne (Bade- oder Brausewanne) ist mit Ein- und Ausstieghilfen zu versehen.

Altersgerechte Wannenformen sind zu bevorzugen.

In Altenwohnheimen sind die Bäder mit einer Rufanlage auszustatten.

1.2.8 Abstellraum

Innerhalb der Wohnung ist ein Abstellraum[8] von mindestens 1 m² Grundfläche — bei mindestens 50 cm und höchstens 101 cm Tiefe — erforderlich. Der

---

[8] Außerhalb der Wohnung ist weiterer Abstellraum erforderlich; er muß ausreichend bemessen, kühl und frostsicher sein (z. B. Keller).

Altenwohnstätten

Abstellraum sollte dem Vorraum zugeordnet sein.

Türen von Abstellräumen dürfen nicht nach innen aufschlagen.

1.2.9 Loggia

Die Loggia muß eine nutzbare Grundfläche von mindestens 3 m² — bei einer nutzbaren Tiefe von mindestens 140 cm — aufweisen.

2 Wohnplätze in Altenheimen[9])

2.1 Der einzelne Wohnplatz muß mindestens folgende Räume umfassen:

Vorraum
Wohnschlafzimmer
Sanitärraum

2.2 Das Raumprogramm kann durch eine Loggia (Bemessung nach 1.2.9) und durch Trennung des Wohnschlafzimmers in Wohnzimmer und Schlafzimmer (vgl. 2.3.2) erweitert werden.

2.3 Die Räume sind wie folgt zu bemessen[10]) bzw. auszustatten.

2.3.1 Vorraum

Der Vorraum darf die Abmessung 1,25 m × 1,25 m *(besser: 1,50 m × 1,50 m)* nicht unterschreiten. Für die Mantelablage ist eine freie Wandfläche von mindestens 100 cm Breite nachzuweisen. *Zusätzlich Pflegemittelschrank.*[5])

2.3.2 Wohnschlafzimmer

Das Wohnschlafzimmer muß mindestens 16 m² groß sein.

Bei einer Trennung in Wohnzimmer einerseits und Schlafzimmer bzw. Schlafnische andererseits muß das Wohnzimmer mindestens 16 m² groß sein; das Schlafzimmer bzw. die Schlafnische sind nach 1.2.3 a) und 1.2.3 c) zu bemessen.

2.3.3 Sanitärraum

Folgende Ausstattung ist mindestens einzubauen:

		cm	cm
1.	Waschtisch	$b \geqq 55$	$t \geqq 45$
2.	Spülklosett	$b = 40$	t nach Fabrikat[11])

Die zusätzliche Ausstattung mit einer altersgerechten Bade- oder Brausewanne ist erwünscht.

---

5) Siehe Seite 143.
9) Gemeinschaftlich genutzte Räume zur Wirtschaftsführung vgl. I c).
10) Es ist von Rohbaumaßen auszugehen.
11) Rechnerisch sind 65 cm — gemessen von der Vorderkante des Spülklosetts bis zur dahinterliegenden Wand — anzunehmen.

Die Bewegungsflächen vor den Ausstattungsteilen müssen
- so breit wie die Ausstattungsteile[12]) und
- mindestens 75 cm tief sein.

Zwischen der Seitenkante eines Waschtisches und einer Wand müssen mindestens 20 cm Abstand vorhanden sein. Dieser Abstand ist der Breite der vor dem Waschtisch erforderlichen Bewegungsfläche hinzuzurechnen.

Seitlich des Spülklosetts müssen zu anderen Ausstattungsteilen oder zu Wänden mindestens 25 cm Abstand vorhanden sein. Dieser Abstand ist der Breite der vor dem Spülklosett erforderlichen Bewegungsfläche hinzuzurechnen.

Die Tür muß nach außen aufschlagen.

Der Fußbodenbelag muß rutschsicher sein.

Neben dem Spülklosett ist ein Haltegriff anzubringen.

Der Sanitärraum ist mit einer Rufanlage auszustatten.

2.4 Falls ein Wohnplatz in einem Altenheim für die Unterbringung von 2 Personen geplant wird, muß er mindestens folgende Räume aufweisen:

Vorraum
Wohnzimmer
Schlafzimmer
Sanitärraum

Das Raumprogramm kann durch eine Loggia (Bemessung nach 1.2.9) erweitert werden.

Das Wohnzimmer muß mindestens 18 m² groß sein. Der Vorraum ist nach 1.2.1, das Schlafzimmer nach 1.2.3 b) und 1.2.3 c) zu bemessen. Der Sanitärraum ist nach 2.3.3 zu bemessen und auszustatten.

Altenwohnungen

Planungsempfehlungen zum Bau und Umbau von Wohnungen für ältere Menschen und für Menschen aller Altersgruppen mit Behinderungen

Studie zur Neufassung der Planungsempfehlungen des BMBau (1972) (siehe vorhergehender Abschnitt) des Kuratoriums Deutsche Altershilfe – Wilhelmine-Lübke-Stiftung e. V., An der Pauluskirche 3, 50677 Köln. Verfasser: H. Stolarz und G. Lenz in Zusammenarbeit mit H. P. Winter und D. Schaarschmidt, Beratung: D. P. Philippen und L. Marx.

Zusammenfassung (unveröffentlicht) (Juli 1989)

Altenwohnungen werden so geplant, daß sie nicht nur für alte Menschen nutzbar sind, sondern auch als Normalwohnung für alle Menschen, die bezüglich des Zugangs und der Bewegungsfreiheit in der Wohnung Erleichterungen bedürfen.

---

12) Vor der Wanne genügt eine Bewegungsfläche von ≥ 90 cm.

Altenwohnungen

Zu I. Wohnformen

Die scharfe Abgrenzung zwischen „selbständigen" Altenwohnungen einerseits und „Versorgung" im Heim andererseits wird aufgegeben.
Statt dessen enthalten Wohnformen „selbständigen Wohnens" immer auch

- Betreuungsangebote

 und

- Gemeinschaftsangebote.

Die unterschiedlichen Wohnformen – von den einzelnen Altenwohnungen in einem Mehrgenerationenhaus über eine Wohnungsgemeinschaft bis zu einem „Servicehaus" nur für alte Menschen – werden nicht durch das Ausmaß an Betreuungsleistungen bestimmt. Vielmehr paßt sich die Betreuungsorganisation der Wohnform und dem Hilfebedarf an. Die Betreuung kann „hausextern" oder „hausintern" erfolgen. In jedem Fall muß der persönliche Kontakt zwischen Bewohner und Helfer sichergestellt sein. Wohnformen mit unterschiedlichem Angebot an Gemeinschaftseinrichtungen sind sowohl im Normalwohnungsbau als auch als Sonderwohnformen für alte Menschen möglich.

Es werden folgende Wohnformen unterschieden:

- Nicht ‚altenspezifische' Wohnformen – Wohnungen zum „alt werden"
- Gemeinschaftliche, integrierte Wohnangebote
- Gemeinschaftliche, autarke Wohnangebote (Sonderwohnformen)

Zu II. Wohnumfeld

Selbständiges, betreutes Wohnen setzt neben der geeigneten Wohnung ein soziales und räumliches Umfeld voraus, das

- selbständigkeitsfördernd

 und

- Hilfe aktivierend

ist. Hierfür ist neben der Standortwahl und der geeigneten Bauform häufig auch eine Verbesserung der Infrastruktur des umgebenden Wohnquartiers notwendig.

1. Anforderungen an das Wohnquartier

– Erreichbarkeit „normaler" Infrastruktureinrichtungen in einer Entfernung von 300 m bzw. 10 Gehminuten
– Erreichbarkeit öffentlicher Verkehrsmittel: Haltestelle in einer Entfernung von höchstens 300 m, nutzbar auch für Gehbehinderte
– Anschluß an ein sicheres und attraktives Fußgängernetz
– Erreichbarkeit ergänzender Hilfsangebote

2. Anforderungen an das Grundstück

Der Bau von Altenwohnungen und nachbarschaftsfördernden Bauformen insgesamt sollte von vornherein in der Bauleitplanung berücksichtigt werden, insbesondere bezüglich Gebäudetiefe, Erschließung und maßstäbliche Außenräume.

Weitere Anforderungen sind:
- Nutzbarkeit der Außenräume
- stufenlose, sichere Außenerschließung nach DIN 18025, Teil 1
- Anfahrbarkeit des Gebäudes
- stufenlose Erreichbarkeit der Stellplätze

3. Anforderungen an das Gebäude
- stufenlose und „rollstuhlgängige" Erschließung aller Wohnungen, d. h. Aufzug ab 1. Obergeschoß
- rollstuhlgängige Ausstattung von Aufzügen nach DIN 18025, Teil 2
- behindertenfreundliche Treppen
- bequeme und rollstuhlgängige Hauseingänge nach DIN 18025, Teil 1
- Abstellplatz für Rollstühle
- überschaubare Erschließung der Wohnungen
- individuelle Wohnungseingänge (ausgezont, schwellenlos)

Zu III. Anforderungen an die Wohnung

Das wesentliche Merkmal einer Altenwohnung ist nicht, daß sie „klein" ist, sondern daß sie
- für unterschiedliche Wohngewohnheiten
- bei Gebrechlichkeit und Behinderungen
- für Pflege und Betreuung

nutzbar ist. Hierfür sind insbesondere ausreichende Stell- und Bewegungsflächen erforderlich.

1. Wohnungsorganisation und -größen
- Ermöglichung von Zweizimmerwohnungen für 1 Person
  Größe: auch über 50 m^2
- Ermöglichung von Dreizimmerwohnungen für 2 Personen
  Größe: auch über 60 m^2
- Ermöglichung von „offenen Grundrissen", insbesondere das Einbeziehen des Vorflurs in den Wohnraum
- Ausschließung von sog. „Schlafkammern"

Altenwohnungen

2. Behindertenfreundliche Bemessung

Die Wohnung soll nutzbar sein:
- bei sensorischen Behinderungen
- bei Gehbehinderungen, einschl. Verwendung von Gehhilfen
- für Rollstuhlfahrer mit bewegungsfähigem Oberkörper bzw. für teilweise oder vorübergehende Verwendung eines Rollstuhls (eingeschränkte Rollstuhlnutzung, „rollstuhlmöglich")

Abmessungen in Anlehnung an DIN 18025, Teil 2:
- 1,20 m zwischen Ausstattungsteilen
- Abbiegen im rechten Winkel:
  eine Breite mind. 1,20 m – andere Breite mind. 0,90 m
- lichte Durchfahrtbreite bei Türen:
  mind. 0,80 m (Rohbaurichtmaß: 87,5 cm)
- Bewegungsfläche vor oder neben aufgeschlagener Tür: mind. 1,20 m
- Schwellen nur bei Türen ins Freie: max. 0,02 m
- Höhe von Bedienungselementen: 0,85 m

3. Bemessung und Ausstattung einzelner Raumbereiche

(1) Vorraum Bewegungsfläche 1,50 m × 1,50 m
(zusätzliches Angebot eines Pflegemittelschrankes)

(2) Wohnzimmer Brüstungshöhe: max. 0,60 m
Größe:
Einpersonen-Wohnung mind. 18 m^2
Zweipersonen-Wohnung mind. 20 m^2
Jeweils Vergrößerung um mind. 2 m^2, wenn Erker statt Balkon.

(3) Eßplatz nicht in fensterlosem Raum
Größe: mind. 3 m^2

(4) Schlafzimmer
- flexible Bettenstellung
- 1 Bett dreiseitig zugänglich
- Bewegungsfläche vor einer Bettseite:
  mind. 1,20 m × 1,20 m, sonst mind. 0,90 m
- Telefonanschluß
- Notruf
- vollständige Ausstattung
  (einschl. Nachttisch)
- Stellfläche für Arbeitsplatz

Mindestgröße für 1 Person: 12 m^2
Mindestraumbreite: 3 m

Altenwohnungen

(5) Schlafnische
- direkt belichtet
- abgeschlossene Küche/Kleinküche Voraussetzung
- dreiseitige Zugänglichkeit des Bettes
- Bewegungsfläche von 1,20 m × 1,20 m vor einer Bettseite
- Nachweis von Stellflächen für fehlende Ausstattung an anderer Stelle

Mindestgröße: 7 m²

(6) Küche/Kleinküche

Nachweis ausreichender Stellflächen
Küche: 5,7 m
Kleinküche: 3,6 m
- unterfahrbares Element mit Spüle, Arbeitsplatte und Kochmulde (Unterschränke auf Rollen)
- Backofen und Kühlschrank auf mittlerer Bedienungshöhe von 1,20 m
- Unterschränke mit Schüben
- Unterkante Kühlschrank mind. 0,40 m über Fußboden
- Arbeitsplatte im Sitzen (Höhe 0,65 m)
- direkte Beleuchtung der Arbeitsflächen
- leistungsfähige mechanische Belüftung auch bei Küchen mit Fenstern (Kleinküchen ohne Fenster sind als Ausnahme zulässig)
- Fenster über Arbeitsflächen müssen eine Höhendifferenz von mind. 0,30 m haben und bedienbar sein.

Grundsatz: Einschränkungen dürfen nur die Größe der Ausstattungselemente, nicht aber die Bedienbarkeit und die Bewegungsflächen von mind. 1,20 m betreffen.

(7) Bad

Bequeme Bäder sind kein Luxus, sondern eine Voraussetzung für selbständiges und betreutes Wohnen.

Mindestforderung:
- bodengleiche Dusche 1,30 m × 1,30 m (inkl. jeweils 0,10 m für Haltegriffe)
- Waschbecken im Sitzen (unterfahrbar)

Bewegungsfläche:
vor Waschbecken   1,20 m
neben Waschbecken (für Helfer)   0,65 m
- WC

Altenwohnungen

	Bewegungsfläche:	
	vor WC	1,20 m
	neben WC	0,90 m
	— Schrank für Badeutensilien	
	— Notruf	
	— Türaufschlag nach außen	
(8) Abstellraum	Größe mind. 1 m²	
(9) Loggia	mind. 1,50 m tief	
	Schwelle max. 0,02 m	
	Größe mind. 3 m²	

4. Technische Anforderungen

— Zentralheizung für Raumtemperatur von 24 °C

— Heizkörper etc. außerhalb der Bewegungsflächen

— Heizkörperventile zwischen 0,85 m und mind. 0,40 m über dem Fußboden

— Schall- und Wärmeschutz über Mindestanforderungen

— technische Voraussetzung für moderne Medien und Fernbedienungssysteme, Notruf

Zu IV. Gemeinschafts- und Funktionsräume

Mindestausstattung eines Altenwohnhauses mit ca. 30 Bewohnern, das in ein Wohnquartier integriert ist und „extern" betreut wird.

1. Zentrale Betreuungs- und Gemeinschaftseinrichtungen

1.1 Betreuungsstützpunkt als Relaisstelle für Personaleinsatz:		Größe ca. 25 m²
— Dienstzimmer	ca. 15 m²	
— Abstellraum	ca. 10 m²	
1.2 Bewohnerbad:		Größe ca. 15 m²
1.3 Gemeinschaftsbereich:		Größe ca. 45 m²
— Gemeinschaftsraum	ca. 30 m²	
— Küche	ca. 8 m²	
— WC (behindertengerecht)	ca. 8 m²	
Insgesamt:		Größe ca. 85 m²

2. Wohnungsbezogene Einrichtungen

— Waschen und Trocknen im Bügelraum (zentral möglich)	Größe ca. 20 m²
— Ausgußräume (dezentral, multifunktional)	Größe ca. 4–5 m²/Raum

Altenwohnungen

- Müllsammelräume in Verbindung mit Ausgußraum oder zentral (verzichtbar, wenn wettergeschützter Zugang zu leicht bedienbaren Mülltonnen)   Größe ca. 5 m²/Raum
- Abstellräume (zentral im Keller, teilweise auch dezentral)   Größe ca. 3 m²/Wohnung
- Abstellraum für Rollstuhl (auch für Fahrrad/Kinderwagen)   Größe ca. 15 m²

3. Weitere Einrichtungen in der Nähe

- Begegnungszentrum mit Café, Küche und zusätzlichen Räumen für Therapie, Kurse, Hobby etc.
- Gästewohnungen für alte und junge Bewohner

V. Abweichende Anforderungen

Auch bei Einschränkungen, z. B. bei Mehrgenerationenhäusern, Umbauten etc. muß ausreichender Bewegungsraum angeboten werden.

1. Aufzug

- 1 Geschoßtreppe ist möglich, wenn nur 1–2 Wohnungen erschlossen werden.
- kleinerer Aufzug: mind. 0,80 m × 1,20 m
- nach Möglichkeit Aufzugsschacht vorsehen.

2. Treppen

Außentreppen müssen geradläufig und wettergeschützt sein.

3. Mindestraumprogramm

- Wohn-(Schlaf-)raum
- Kochpantry
- Bad

müssen auf einer Ebene sein.

4. Bewegungsfläche

- zwischen Ausstattungsteilen (außer Küche und vor WC)   mind. 0,90 m

5. Bad

- Stufe zur Duschtasse   max. 0,15 m
- Anfahrbarkeit WC:
  schräg von vorn, vor WC   mind. 1,20 m × 1,20 m

Altenwohnungen

- Waschbecken:
  unterfahrbar, vor Waschbecken   mind. 0,90 m
- Dusche   mind. 0,90 m × 0,90 m
- Mindestdurchgangsbreite
  (bei Übereckstellung)   mind. 0,70 m
- Tür   mind. 0,70 m (RR 0,75 m)

6. Küche/Kochpantry

- Bewegungsfläche vor Ausstattung   mind. 1,20 m
- Arbeitsplatte im Sitzen
- unterfahrbare Einheit vorsehen
  (Kochmulde, Arbeitsplatte, Spüle)
- Unterschränke mit Schüben

7. Wohnungsgrößen

- 1 Person   mind. 35 m^2
- 2 Personen   mind. 50 m^2

wenn Gemeinschaftseinrichtungen in unmittelbarer Nähe zur Wohnung liegen.

Tageslicht in Innenräumen
nach **DIN 5034**

Der Stand der Normung stellt sich derzeit folgendermaßen dar:
DIN 5034 (12.69) ist 1982 zurückgezogen worden und durch
DIN 5034 T 1 (2.83) − Tageslicht in Innenräumen; Allgemeine Anforderungen − und
DIN 5034 T 2 (2.85) − Tageslicht in Innenräumen; Grundlagen −
ersetzt worden. Nach wie vor haben die Beiblätter 1 (11.63) und 2 (7.66) ihre Gültigkeit behalten. Folgender Normentwurf liegt vor:
E DIN 5034 T 5 (9.83) − Messung −

DIN 5034 T 1 (2.83) ist hinsichtlich der Anwendbarkeit in der Entwurfspraxis nur bedingt brauchbar, da die hier formulierten „allgemeinen Anforderungen" wenig konkret sind und sich größtenteils auf allgemein bekannte Tatsachen stützen.

Die funktionalistische Einengung der Betrachtungen auf die Auswirkung des Tageslichts und der Fensteröffnungen auf „Sehaufgaben" und der Verzicht auf intensive Darstellung physiologischer und psychologischer Kriterien bedeutet für den planenden und gestaltenden Architekten eine weitere Einschränkung der Anwendbarkeit.

Es wird DIN 5034 T 1 (2.83) lediglich als erweitertes und kommentiertes Inhaltsverzeichnis dargestellt. Die noch gültige Fassung des Beiblatts Nr. 2 vom Juni 1966 ist in der 16. Auflage der Wohnungsbaunormen enthalten. Eine Darstellung des Entwurfs von DIN 5034 T 4 (12.81) erscheint derzeit nicht sinnvoll, da die endgültige Normfassung vom Entwurf abweichen kann.

Tageslicht in Innenräumen; Allgemeine Anforderungen
nach **E DIN 5034 T 1** (2.83)

Inhaltsverzeichnis (z. T. mit kommentierenden Erläuterungen)

1 Anwendungsbereich und Zweck

Die Norm nennt Kriterien für die Qualität der durch Tageslicht in Innenräumen zu erzielenden Beleuchtungsverhältnisse. Sie gilt für Aufenthalts- und Arbeitsräume, jedoch nicht für Sporthallen.

2 Begriffe

2.1 Arbeitsraum
2.2 Beleuchtungsstärke. Siehe DIN 5031 T 3
2.3 Fenster
2.4 Leuchtdichte. Siehe DIN 5031 T 3

DIN 5034

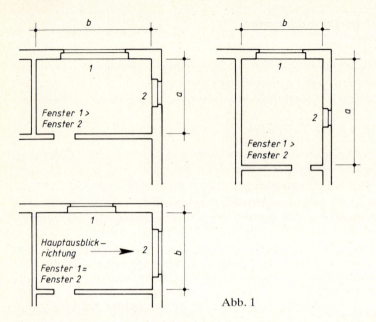

Abb. 1

2.5 **Mögliche Sonnenscheindauer**
2.6 **Nutzungszeit**
2.7 **Oberlicht**
2.8 **Raumbreite b** (siehe Abb. 1)
2.9 **Raumtiefe a** (siehe Abb. 1)
2.10 **Tageslichtquotient**
2.11 **Wohnraum**

3 Forderungen an Fenster aufgrund ihrer psychischen Bedeutung

3.1 Allgemeines

Die Norm wertet die Fensterfunktion des Sichtkontakts zwischen Innen- und Außenraum als entscheidendes Kriterium für psychisches Wohlbefinden.

3.2 Wohnräume

3.2.1 Ausreichende Helligkeit. *Eine durch Tageslicht erzeugte ausreichende Helligkeit wird für psychisches Wohlbefinden für notwendig gehalten. Die Helligkeit wird durch den sog. Tageslichtquotienten ausgedrückt. Der Tageslichtquotient D soll betragen im Mittel wenigstens*

1. $D = 0{,}9\,\%$ in 0,85 m Höhe über dem Fußboden in halber Raumtiefe und in 1 m Abstand von den Seitenwänden, am ungünstigsten Punkt jedoch wenigstens 0,75 %.
2. $D = 1\,\%$ bei Wohnräumen mit Fenstern an einander angrenzenden Wänden am ungünstigsten Bezugspunkt.

Die Formel für den Tageslichtquotienten heißt:

$$\frac{E_p}{E_a} \cdot 100\,\%.$$ Dabei wirken folgende Parameter:

E_p = Beleuchtungsstärke in einem Punkt einer gegebenen Ebene, die durch direktes und/oder indirektes Himmelslicht bei angenommener oder bekannter Leuchtdichteverteilung des Himmels erzeugt wird.

E_a = Horizontalbeleuchtungsstärke im Freien bei unverbauter Himmelshalbkugel.

Bei beiden Beleuchtungsstärken bleibt direktes Sonnenlicht unberücksichtigt, hingegen sind Einflüsse aus Fenstersprossen und verschmutzter Verglasung eingeschlossen.

3.2.2 Sichtverbindung nach außen. Hierbei sind hinsichtlich der psychischen Bedeutung folgende Forderungen zu erfüllen: Oberkante des Fensters mindestens 2,20 m über Oberkante Fußboden. Oberkante Fensterbrüstung höchstens 0,90 m über Oberkante Fußboden.[1] Breite der durchsichtigen Fensterteile mindestens 55 % der Wohnraumbreite (siehe Punkt 2.8).

3.3 Arbeitsräume

3.3.1 Ausreichende Helligkeit

3.3.2 Sichtverbindung nach außen

3.4 Krankenzimmer

4 Innenraumbeleuchtung mit Tageslicht

4.1 Allgemeines
4.2 Beleuchtungsstärke auf der Nutzfläche

4.2.1 Grundsätzliches

4.2.2 Erforderliche Beleuchtungsstärke

---

[1] Die Sicherheitsanforderungen der Landesbauordnungen hinsichtlich der Fensterbrüstungshöhen sind zu beachten. Die Höhen von Fensterbrüstungen in Krankenzimmern (siehe Punkt 4), Altenwohnstätten (siehe Kapitel 3.1) und Wohnungen für Schwerbehinderte (siehe Kapitel 3.7) unterliegen anderen Kriterien.

4.3 Begrenzung der Blendung

4.4 Planungshinweise

4.4.1 R ä u m e   m i t   F e n s t e r n. *Ziel der Norm ist es u. a., Planungshinweise zu geben, wie eine größtmögliche Gleichmäßigkeit der Beleuchtung (Tageslichtquotient in der Bezugsebene) zu erreichen sei. Es werden keinerlei konkrete Aussagen über die Beleuchtung von Wänden, Decken und Fußböden gemacht und auch nicht begründet, warum Gleichmäßigkeit der Beleuchtung anzustreben sei. Gleichmäßigkeit sei zu erreichen, wenn die Fenster in der Außenwand gleichmäßig verteilt werden bzw., bei nur einem Fenster, die Mittellage vorgesehen wird. Es wird darauf hingewiesen, daß die Höhe der Fensteroberkante über Fußboden und Bauteile im Fensterbereich den Wert des Tageslichtquotienten beeinflussen.*

4.4.2 R ä u m e   m i t   O b e r l i c h t e r n

4.4.3 B e r ü c k s i c h t i g u n g   d e r   G e s t a l t   u n d   d e r   A b m e s s u n g e n   d e s   G e b ä u d e s   u n d   d e r   I n n e n r ä u m e. *Hier wird lediglich auf den Einfluß der Raumtiefe, der Höhe des Innenraumes, zusätzlicher Fenster und Oberlichter, Vorbauten oberhalb der Fenster (Balkone, Vordächer u. a.), Sonnenschutzvorrichtungen und seitlicher vorspringender Bauteile (z. B. Balkontrennwände) verwiesen.*

4.4.4 B e r ü c k s i c h t i g u n g   d e r   V e r b a u u n g

4.4.5 B e r ü c k s i c h t i g u n g   d e r   R a u m n u t z u n g. *Es werden Hinweise für Arbeitsplätze gegeben.*

4.4.6 A u s s t a t t u n g   d e r   I n n e n r ä u m e. *Gegenstand dieses Abschnittes ist die Berücksichtigung der Reflexion der raumbegrenzenden Flächen (Wände, Fußboden, Decke) und ihr Einfluß auf Raumhelligkeit, Gleichmäßigkeit der Beleuchtung und die Leuchtdichtekontraste zwischen Wand- und Deckenflächen einerseits und dem Himmelsausschnitt andererseits.*

5 Besonnung und Sonnenschutz

Es wird auf die Auswirkungen von Sonnenstrahlungswärme auf die Raumtemperatur und von Sonnenschutzanlagen auf den Tageslichteinfall hingewiesen.

6 Bauhygienische Aspekte

Es werden der Beachtung empfohlen: Schallschutz- und Lüftungsfunktion von Fenstern sowie Kaltluftabstrahlung und Zuglufterscheinungen während der Heizperiode. Hygienische Aspekte werden nicht abgehandelt.

DIN 18 022

Küchen, Bäder und WCs im Wohnungsbau
Planungsgrundlagen
DIN 18 022 (11.89)

1 Anwendungsbereich und Zweck

Diese Norm dient der Planung und Bemessung von Küchen, Bädern und WCs im Wohnungsbau. Sie enthält Angaben über Einrichtungen, Stellflächen, Abstände und Bewegungsflächen.

Bei Aus- und Umbau sowie Modernisierung ist diese Norm unter Berücksichtigung der baulichen Gegebenheiten sinngemäß anzuwenden.

Die Norm berücksichtigt nicht ausdrücklich die Anforderungen zugunsten alter und behinderter Menschen und entspricht somit kaum den Tendenzen zur Integration dieses Personenkreises in das tägliche Leben. (Vergl.: Altenwohnstätten; DIN 18025!)

2 Begriffe

2.1 Einrichtungen

Einrichtungen sind die zur Erfüllung der Raumfunktion notwendigen Teile, z. B. Sanitär-Ausstattungsgegenstände, Geräte und Möbel; sie können sowohl bauseits als auch vom Wohnungsnutzer eingebracht werden.

2.2 Stellflächen

Stellflächen geben den Platzbedarf der Einrichtungen im Grundriß nach Breite (b) und Tiefe (t) an.

2.3 Abstände

Abstände sind die Maße zwischen zwei Stellflächen sowie zwischen Stellflächen und fertigen Wandoberflächen.

2.4 Bewegungsflächen

Bewegungsflächen sind die zur Nutzung der Einrichtungen erforderlichen Flächen. Ihre Sicherstellung erfolgt durch Einhalten der notwendigen Abstände.

3 Küchen

3.1 Größe und Einrichtung von Küchen hängen vorrangig von der Anzahl der Personen ab, für die Wohnungen oder Einfamilienhäuser geplant werden. Die Mindestmaße ergeben sich aus den Stellflächen und Abständen; Küchen können um einen Eßplatz erweitert werden. Voraussetzungen für eine ausreichende Lüftung und Heizung sind zu schaffen.

Kleinküchen in Wohnungen für 1 oder 2 Personen (siehe Bild 2) entsprechen hauswirtschaftlichen Anforderungen nur bedingt.

3.2 Kücheneinrichtungen und ihre Stellflächen sind in Tabelle 1 aufgeführt.

3.3 Die Zuordnung der Kücheneinrichtungen soll einen rationellen Arbeitsablauf ermöglichen, deshalb sollen die Stellflächen vorzugsweise von rechts nach links in folgender Reihenfolge angeordnet werden:
- Abstellfläche nach Tabelle 1, Zeile 10,
- Herd oder Einbaukochstelle nach Tabelle 1, Zeile 12 oder Zeile 13,
- Kleine Arbeitsfläche nach Tabelle 1, Zeile 7,
- Spüle nach Tabelle 1, Zeile 16, Zeile 17 oder Zeile 19,
- Abstellfläche nach Tabelle 1, Zeile 11.

3.4 Die Höhe von Arbeits- und Abstellflächen, Herden und Spülen kann maximal 92 cm betragen; Fensterbrüstungen sind entsprechend höher festzulegen.

3.5 Als Abstände sind erforderlich:

zwischen Stellflächen und
- gegenüberliegenden Stellflächen $\geq$ 120 cm,
- gegenüberliegenden Wänden $\geq$ 120 cm,
- anliegenden Wänden $\geq$ 3 cm,
- Türleibungen $\geq$ 10 cm.

Die Anordnung von Schaltern, Steckdosen, Leuchten und Lüftungseinrichtungen sowie von Warmwasserbereitern, Heizkörpern und Rohrleitungen ist bei der Planung der Stellflächen und Abstände zu berücksichtigen.

3.6 Für Vorwandinstallationen ist der zusätzliche Platzbedarf zu beachten.

3.7 Beispiele für die Anordnung von Stellflächen und Abständen in Küchen zeigen die Bilder 1 und 2. Die Indizes der Stellflächenbreiten und -tiefen entsprechen der Zeilenbenummerung in Tabelle 1.

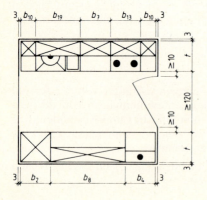

Bild 1. Zweizeilige Küche

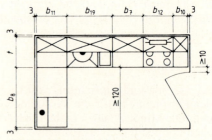

Bild 2. Kleinküche

DIN 18 022

Tabelle 1 **Kücheneinrichtungen** (Maße in cm) (Symbole für Einrichtungsgegenstände siehe DIN 1986 T 1 und DIN 40 900 T 11)

Einrichtungen		Stellflächen	
		Breite	Tiefe
Schränke für Geschirr, Töpfe, Geräte, Hilfsmittel, Speisen, Vorräte usw.			
1	Unterschrank	30 − 150	60
2	Hochschrank	60	60
3	Oberschrank	30 − 150	≤ 40
Kühl- und Gefriergeräte			
4	Kühlgeräte/Kühl-Gefrier-Kombination	60	60
5	Gefrierschrank	60	60
6	Gefriertruhe	≥ 90	je nach Fabrikat
Arbeits- und Abstellflächen			
7	Kl. Arbeitsfläche zw. Herd od. Einbaukochstelle und Spüle ggf. mit ausziehbarer Arbeitsfläche zum Sitzen	≥ 60	60
8	Große Arbeitsfläche, sonst wie vor	≥ 120	60
9	Fläche zum Aufstellen von Küchenmaschinen und Geräten	≥ 60	60
10	Abstellfläche neben Herd, Einbaukochstelle oder Spüle	≥ 30	60
11	Abstell- oder Abtropffläche neben Spüle	≥ 60	60
Koch- und Backeinrichtungen			
12	Herd mit Backofen und Dunstabzug (Gas)	60	60
13	Einbaukochstelle mit Unterschrank (elektr.)	60 − 90	60
14	Einbaubackofen mit Schrank (wahlweise mit 15 übereinander kombinierbar)	60	60
15	Mikrowellenherd	60	60
Spüleinrichtungen			
16	Einbeckenspüle mit Abtropffläche	≥ 90	60
17	Doppelbeckenspüle mit Abtropffläche	≥ 120	60
18	Geschirrspülmaschine	60	60
19	Spülzentrum (Einbeckenspüle mit Abtropffläche, Unterschrank u. Geschirrspülmaschine)	≥ 90	60

4 Bäder und WCs

4.1 Anzahl und Größe von Bädern und WCs hängen vorrangig von der Anzahl der Personen ab, für die Wohnungen oder Einfamilienhäuser geplant werden, sowie von den dafür vorgesehenen Einrichtungen. In Wohnungen für mehrere Personen ist die Anordnung eines vom Bad getrennten WCs zweckmäßig. Die Mindestmaße ergeben sich aus den Stellflächen und Abständen. Voraussetzung für eine ausreichende Lüftung und Heizung ist zu schaffen.

4.2 Einrichtungen für Bäder und WCs und ihre Stellflächen sind in Tabelle 2 aufgeführt.

4.3 Als Abstände sind erforderlich:

zwischen Stellflächen oder Wänden und

– gegenüberliegenden Stellflächen ≥ 75 cm,

    mit Ausnahme von

– gegenüberliegenden Stellflächen von Waschmaschinen und Wäschetrocknern ≥ 90 cm,

zwischen Stellflächen für bewegliche Einrichtungen und

– anliegenden Wänden ≥ 3 cm,

zwischen Stellflächen und

– Türleibungen ≥ 10 cm.

Bei Badewannen ist der erforderliche Abstand auf mindestens 90 cm Breite einzuhalten (siehe Bild 8).

Die erforderlichen seitlichen Abstände sind Tabelle 3 zu entnehmen.

Die Anordnung von Schaltern, Steckdosen, Leuchten und Lüftungseinrichtungen sowie von Warmwasserbereitern, Heizkörpern und Rohrleitungen ist bei der Planung der Stellflächen und Abstände zu berücksichtigen.

4.4 Für Vorwandinstallationen ist zusätzlicher Platzbedarf zu berücksichtigen:

– bei horizontaler Leitungsführung 20 cm,

– bei vertikaler Leitungsführung 25 cm.

4.5 In Räumen mit Badewannen oder Duschen sind die Schutzbereiche nach DIN VDE 0100 Teil 701 zu beachten.

4.6 Beispiele für die Anordnung von Stellflächen, Abständen und Bewegungsflächen in Bädern und WCs zeigen die Bilder 3 bis 9. Die Indizes der Stellflächenbreiten und -tiefen entsprechen der Zeilenbenummerung in Tabelle 2.

DIN 18 022

Tabelle 2 **Einrichtungen für Bäder und WCs** (Maße in cm) (Symbole für Einrichtungsgegenstände siehe DIN 1986 T 1 und DIN 40 900 T 11)

Einrichtungen		Stellflächen	
		Breite	Tiefe
Waschtische, Hand- und Sitzwaschbecken			
1	Einzelwaschtisch	≧ 60	≧ 55
2	Doppelwaschtisch	≧ 120	≧ 55
3	Einbauwaschtisch mit einem Becken und Unterschrank	≧ 70	≧ 60
4	Einbauwaschtisch mit zwei Becken und Unterschrank	≧ 140	≧ 60
5	Handwaschbecken	≧ 45	≧ 35
6	Sitzwaschbecken (Bidet), bodenstehend oder wandhängend	40	60
Wannen			
7	Duschwanne (Brausetasse)	≧ 80 ≧ 90	≧ 80 75
8	Badewanne	≧ 170	≧ 75
Klosett- und Urinalbecken (Urinale)			
9	Klosettbecken mit Spülkasten oder Druckspüler vor der Wand	40	75
10	Klosettbecken mit Spülkasten oder Druckspüler für Wandeinbau	40	60
11	Urinal	40	40
Wäschepflegegeräte			
12	Waschmaschine	60	60
13	Wäschetrockner	60	60
Badmöbel			
14	Hochschrank (Unter- und Oberschrank)	≧ 30	≧ 40

DIN 18 022

Tabelle 3 **Seitliche Abstände von Stellflächen in Bädern und WCs** (nicht abgedruckt, da entbehrlich, denn Abstandsmaße enthalten wesentlich übersichtlicher die Bilder 3–9)

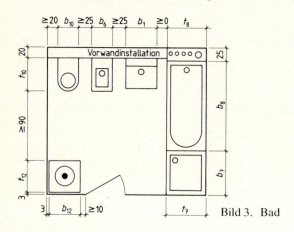

Bild 3. Bad

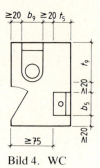

Bild 4. WC

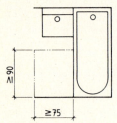

Bild 5.
Bewegungsfläche zwischen gegenüberliegenden Stellflächen am Beispiel eines Einzelwaschtisches

Bild 6.
Bewegungsfläche auf der Bedienungsseite einer Waschmaschine

Bild 7.
Abstand zu Türleibungen am Beispiel eines Hochschrankes

Bild 9.
Bewegungsfläche vor einer Badewanne

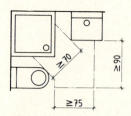

Bild 9.
Bewegungsfläche vor einer Duschwanne mit Eckeinstieg

DIN 18 025 Teil 1

Barrierefreie Wohnungen

Wohnungen für Rollstuhlbenutzer; Planungsgrundlagen
DIN 18 025 Teil 1 (12.92)

DIN 18 025 ist völlig neu gefaßt worden. Auch die Änderung des Normentitels (zuvor: „Wohnungen für Schwerbehinderte") macht deutlich, daß inzwischen der Aspekt der Integration und des Zusammenlebens einen hohen Stellenwert bekommen hat.

1 Anwendungsbereich und Zweck

Diese Norm gilt für die Planung, Ausführung und Einrichtung von rollstuhlgerechten neuen Miet- und Genossenschaftswohnungen und entsprechenden Wohnanlagen. Sie gilt sinngemäß für die Planung, Ausführung und Einrichtung von rollstuhlgerechten neuen Wohnheimen, Aus- und Umbauten sowie Modernisierungen von Miet- und Genossenschaftswohnungen und entsprechenden Wohnanlagen und Wohnheimen.

Sie gilt sinngemäß − entsprechend dem individuellen Bedarf − für die Planung, Ausführung und Einrichtung von rollstuhlgerechten Neu-, Aus- und Umbauten sowie Modernisierungen von Eigentumswohnungen, Eigentumswohnanlagen und Eigenheimen.

Rollstuhlbenutzer − auch mit Oberkörperbehinderungen − müssen alle zur Wohnung gehörenden Räume und alle den Bewohnern der Wohnanlage gemeinsam zur Verfügung stehenden Räume befahren können. Sie müssen grundsätzlich alle Einrichtungen innerhalb der Wohnung und alle Gemeinschaftseinrichtungen innerhalb der Wohnanlage nutzen können. Sie müssen in die Lage versetzt werden, von fremder Hilfe weitgehend unabhängig zu sein.

Die in den Anmerkungen enthaltenen Empfehlungen sind besonders zu vereinbaren.

Anmerkung: Benachbarte, nicht für Rollstuhlbenutzer bestimmte Wohnungen sowie alle den Bewohnern der Wohnanlage gemeinsam zur Verfügung stehenden Räume und Einrichtungen sollten neben den Anforderungen nach dieser Norm den Anforderungen nach DIN 18 025 Teil 2 entsprechen.

2 Begriffe

2.1 Einrichtungen

Einrichtungen sind die zur Erfüllung der Raumfunktion notwendigen Teile, z. B. Sanitär-Ausstattungsgegenstände, Geräte und Möbel; sie können sowohl bauseits als auch vom Wohnungsnutzer eingebracht werden.

(Aus: DIN 18022 (11.89))

2.2 Bewegungsflächen für den Rollstuhlbenutzer

Bewegungsflächen für den Rollstuhlbenutzer sind die zur Bewegung mit dem Rollstuhl notwendigen Flächen. Sie schließen die zur Benutzung der Einrichtungen erforderlichen Flächen ein.

Bewegungsflächen dürfen sich überlagern (siehe Bild 6).

Die Bewegungsflächen dürfen nicht in ihrer Funktion eingeschränkt sein, z. B. durch Rohrleitungen, Mauervorsprünge, Heizkörper, Handläufe.

3 Maße der Bewegungsflächen

3.1 Bewegungsflächen, 150 cm breit und 150 cm tief

Die Bewegungsfläche muß mindestens 150 cm breit und 150 cm tief sein:
- als Wendemöglichkeit in jedem Raum, ausgenommen kleine Räume, die der Rollstuhlbenutzer ausschließlich vor- und rückwärtsfahrend uneingeschränkt nutzen kann,
- als Duschplatz (siehe Bilder 1 und 3),
- vor dem Klosettbecken (siehe Bild 4),
- vor dem Waschtisch (siehe Bild 5),
- auf dem Freisitz,
- vor den Fahrschachttüren (siehe Bild 12),
- am Anfang und am Ende der Rampe (siehe Bilder 7 und 8),
- vor dem Einwurf des Müllsammelbehälters.

3.2 Bewegungsflächen, 150 cm tief

Die Bewegungsfläche muß mindestens 150 cm tief sein:
- vor einer Längsseite des Bettes des Rollstuhlbenutzers (siehe Bild 16),
- vor Schränken,
- vor Kücheneinrichtungen (siehe Bilder 18 und 19),
- vor der Einstiegseite der Badewanne (siehe Bilder 2 und 3),
- vor dem Rollstuhlabstellplatz (siehe Bild 15),
- vor einer Längsseite des Kraftfahrzeuges (siehe Bild 20).

3.3 Bewegungsflächen, 150 cm breit

Die Bewegungsfläche muß mindestens 150 cm breit sein:
- zwischen Wänden außerhalb der Wohnung,
- neben Treppenauf- und -abgängen; die Auftrittsfläche der obersten Stufe ist auf die Bewegungsfläche nicht anzurechnen (siehe Bild 14).

3.4 Bewegungsflächen, 120 cm breit

Die Bewegungsfläche muß mindestens 120 cm breit sein:
- entlang der Möbel, die der Rollstuhlbenutzer seitlich anfahren muß,
- entlang der Betteinstiegseite – Bett des Nicht-Rollstuhlbenutzers (siehe Bild 17),
- zwischen Wänden innerhalb der Wohnung,
- neben Bedienungsvorrichtungen (siehe Bild 13),
- zwischen den Radabweisern einer Rampe (siehe Bilder 7 und 9),
- auf Wegen innerhalb der Wohnanlage.

3.5 Bewegungsfläche neben Klosettbecken

Die Bewegungsfläche muß links oder rechts neben dem Klosettbecken mindestens 95 cm breit und 70 cm tief sein. Auf einer Seite des Klosettbeckens muß ein Abstand zur Wand oder zu Einrichtungen von mindestens 30 cm eingehalten werden (siehe Bild 4).

3.6 Bewegungsflächen vor handbetätigten Türen

Vor handbetätigten Türen sind die Bewegungsflächen nach den Bildern 10 oder 11 zu bemessen.

4 Türen

Türen müssen eine lichte Breite von mindestens 90 cm haben (siehe Bilder 10, 11 und 12).

Die Tür darf nicht in den Sanitärraum schlagen.

Große Glasflächen müssen kontrastreich gekennzeichnet und bruchsicher sein.

Bewegungsflächen vor handbetätigten Türen siehe Abschnitt 3.6.

Untere Türanschläge und -schwellen siehe Abschnitt 5.2.

Anmerkung: Türen sollten eine lichte Höhe von mindestens 210 cm haben.

5 Stufenlose Erreichbarkeit, untere Türanschläge und -schwellen, Aufzug, Rampe

5.1 Stufenlose Erreichbarkeit

Alle zur Wohnung gehörenden Räume und die gemeinschaftlichen Einrichtungen der Wohnanlage müssen stufenlos, gegebenenfalls mit einem Aufzug oder einer Rampe, erreichbar sein.

Alle nicht rollstuhlgerechten Wohnungen innerhalb der Wohnanlage müssen zumindest durch den nachträglichen Ein- oder Anbau eines Aufzuges oder einer Rampe stufenlos erreichbar sein.

DIN 18 025 Teil 1

5.2 Untere Türanschläge und -schwellen

Untere Türanschläge und -schwellen sind grundsätzlich zu vermeiden. Soweit sie technisch unbedingt erforderlich sind, dürfen sie nicht höher als 2 cm sein.

5.3 Aufzug

Der Fahrkorb des Aufzugs ist mindestens wie folgt zu bemessen:
- lichte Breite 110 cm,
- lichte Tiefe 140 cm.

Bei Bedarf muß der Aufzug mit akustischen Signalen nachgerüstet werden können.

Bedienungstableau und Haltestangen siehe Bilder 21 bis 24. Für ein zusätzliches senkrechtes Bedienungstableau gilt DIN 15 325.

Bewegungsflächen vor den Fahrschachttüren siehe Abschnitt 3.1 und Bild 12.

Lichte Breite der Fahrschachttüren siehe Abschnitt 4.

Anmerkung: Im Fahrkorb sollte gegenüber der Fahrkorbtür ein Spiegel zur Orientierung angebracht werden.

5.4 Rampe

Die Steigung der Rampe darf nicht mehr als 6 % betragen. Bei einer Rampenlänge von mehr als 600 cm ist ein Zwischenpodest von mindestens 150 cm Länge erforderlich. Die Rampe und das Zwischenpodest sind beidseitig mit 10 cm hohen Radabweisern zu versehen. Die Rampe ist ohne Quergefälle auszubilden.

An Rampe und Zwischenpodest sind beidseitig Handläufe mit 3 cm bis 4,5 cm Durchmesser in 85 cm Höhe anzubringen. Handläufe und Radabweiser müssen 30 cm in den Plattformbereich waagerecht hineinragen (siehe Bilder 7, 8 und 9).

Bewegungsflächen am Anfang und am Ende der Rampe und zwischen den Radabweisern siehe Abschnitte 3.1 und 3.4.

6 Besondere Anforderungen an Küche, Sanitärraum, zusätzliche Wohnfläche, Freisitz, Rollstuhlabstellplatz und Pkw-Stellplatz

6.1 Küche

Herd, Arbeitsplatte und Spüle müssen uneingeschränkt unterfahrbar sein. Sie müssen für die Belange des Nutzers in die ihm entsprechende Arbeitshöhe montiert werden können. Zur Unterfahrbarkeit der Spüle ist ein Unterputz- oder Flachaufputzsiphon erforderlich.

Zusätzlich gilt DIN 18 022.

Bewegungsflächen vor Kücheneinrichtungen siehe Abschnitt 3.2.

Anmerkung: Herd, Arbeitsplatte und Spüle sollten übereck angeordnet werden können (siehe Bild 19).

6.2 Sanitärraum (Bad, WC)

Der Sanitärraum (Bad, WC) ist mit einem rollstuhlbefahrbaren Duschplatz auszustatten. Das nachträgliche Aufstellen einer mit einem Lifter unterfahrbaren Badewanne im Bereich des Duschplatzes muß möglich sein (siehe Bild 3).

Der Waschtisch muß flach und unterfahrbar sein; ein Unterputz- oder Flachaufputzsiphon ist vorzusehen.

Der Waschtisch muß für die Belange des Nutzers in die ihm entsprechende Höhe montiert werden können.

Die Sitzhöhe des Klosettbeckens, einschließlich Sitz, muß 48 cm betragen. Im Bedarfsfall muß eine Höhenanpassung vorgenommen werden können.

Der Sanitärraum muß eine mechanische Lüftung nach DIN 18 017 Teil 3 erhalten.

Zusätzlich gilt DIN 18 022.

Bewegungsflächen vor und neben Sanitärraumeinrichtungen siehe Abschnitte 3.1, 3.2 und 3.5.

Besondere Anforderungen an die Sanitärraumtür siehe Abschnitt 4.

In Wohnungen für mehr als drei Personen ist ein zusätzlicher Sanitärraum nach DIN 18 022 mit mindestens einem Waschbecken und einem Klosettbecken vorzusehen.

6.3 Zusätzliche Wohnfläche

Für den Rollstuhlbenutzer ist bei Bedarf eine zusätzliche Wohnfläche vorzusehen. Die angemessene Wohnungsgröße erhöht sich hierdurch im Regelfall um 15 m^2.[1]

6.4 Freisitz

Anmerkung: Jeder Wohnung soll ein mindestens 4,5 m^2 großer Freisitz (Terrasse, Loggia oder Balkon) zugeordnet werden.

Bewegungsfläche auf dem Freisitz siehe Abschnitt 3.1.

6.5 Rollstuhlabstellplatz

Für jeden Rollstuhlbenutzer ist ein Rollstuhlabstellplatz, vorzugsweise im Eingangsbereich des Hauses oder vor der Wohnung, zum Umsteigen vom Straßenrollstuhl auf den Zimmerrollstuhl vorzusehen. Der Rollstuhlabstellplatz muß mindestens 190 cm breit und mindestens 150 cm tief sein (siehe Bild 15).

---

[1] Siehe § 39 Abs. 2 Zweites Wohnungsbaugesetz und § 5 Abs. 2 Wohnungsbindungsgesetz.

DIN 18 025 Teil 1

Bewegungsfläche vor dem Rollstuhlabstellplatz siehe Abschnitt 3.2.

Zur Ausstattung eines Batterieladeplatzes für Elektro-Rollstühle ist DIN VDE 0510 Teil 3 zu beachten.

6.6 Pkw-Stellplatz

Für jede Wohnung ist ein wettergeschützter Pkw-Stellplatz oder eine Garage vorzusehen.

Bewegungsfläche vor einer Längsseite des Kraftfahrzeuges siehe Abschnitt 3.2.

Anmerkung: Der Weg zur Wohnung sollte kurz und wettergeschützt sein.

7 Wände, Decken, Brüstungen und Fenster

Wände und Decken sind zur bedarfsgerechten Befestigung von Einrichtungs-, Halte-, Stütz- und Hebevorrichtungen tragfähig auszubilden.

Anmerkungen: Brüstungen in mindestens einem Aufenthaltsraum der Wohnung und von Freisitzen sollten ab 60 cm Höhe durchsichtig sein.

Fenster und Fenstertüren im Erdgeschoß sollten einbruchhemmend ausgeführt werden.

8 Bodenbeläge

Bodenbeläge im Gebäude müssen rutschhemmend, rollstuhlgeeignet und fest verlegt sein; sie dürfen sich nicht elektrostatisch aufladen.

Bodenbeläge im Freien müssen mit dem Rollstuhl leicht und erschütterungsarm befahrbar sein. Hauptwege (z. B. zu Hauseingang, Garage, Müllsammelbehälter) müssen auch bei ungünstiger Witterung gefahrlos befahrbar sein; das Längsgefälle darf 3 % und das Quergefälle 2 % nicht überschreiten.

9 Raumtemperatur

Die Heizung von Wohnungen und gemeinschaftlich zu nutzenden Aufenthaltsräumen ist für eine Raumtemperatur nach DIN 4701 Teil 2 zu bemessen.

Die Beheizung muß je nach individuellem Bedarf ganzjährig möglich sein, z. B. durch eine Zusatzheizung.

10 Fernmeldeanlagen

In der Wohnung ist zur Haustür eine Gegensprechanlage mit Türöffner vorzusehen.

Fernsprechanschluß muß vorhanden sein.

11 Bedienungsvorrichtungen

Bedienungsvorrichtungen (z. B. Schalter, häufig benutzte Steckdosen, Taster, Sicherungen, Raumthermostat, Sanitärarmaturen, Toilettenspüler, Rolladengetriebe, Türdrücker, Querstangen zum Zuziehen von Drehflügeltüren, Öffner von Fenstertüren, Bedienungselemente automatischer Türen, Briefkastenschloß, Mülleinwurföffnungen) sind in 85 cm Höhe anzubringen.

Bedienungsvorrichtungen müssen ein sicheres und leichtes Zugreifen ermöglichen. Sie dürfen nicht versenkt und scharfkantig sein.

Heizkörperventile müssen in einer Höhe zwischen 40 cm und 85 cm bedient werden können.

Bedienungsvorrichtungen müssen einen seitlichen Abstand zur Wand oder zu bauseits anzubringenden Einrichtungen von mindestens 50 cm haben (siehe Bild 13).

Sanitärarmaturen sind als Einhebel-Mischbatterien mit Temperaturbegrenzern und schwenkbarem Auslauf vorzusehen.

Die Tür des Sanitärraumes muß abschließbar und im Notfall von außen zu entriegeln sein.

Hauseingangstüren, Brandschutztüren zur Tiefgarage und Garagentore müssen kraftbetätigt und manuell zu öffnen und zu schließen sein.

An kraftbetätigten Türen müssen Quetsch- und Scherstellen vermieden werden oder gesichert sein.

Schalter für kraftbetätigte Drehflügeltüren sind bei frontaler Anfahrt mindestens 250 cm vor der aufschlagenden Tür und auf der Gegenseite 150 cm vor der Tür anzubringen.

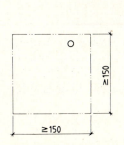
Bild 1. Bewegungsfläche im Bereich des Duschplatzes

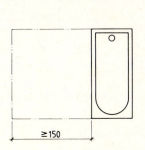
Bild 2. Bewegungsfläche vor der Einstiegseite der Badewanne

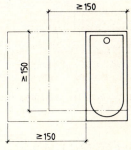
Bild 3. Bewegungsfläche Duschplatz; alternativ: Badewanne

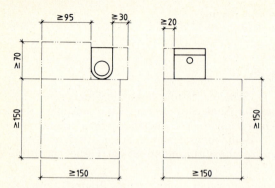

Bild 4. Bewegungsfläche vor und neben dem Klosettbecken

Bild 5. Bewegungsfläche vor dem Waschtisch

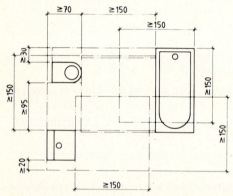

Bild 6. Beispiel bei der Überlagerung der Bewegungsflächen im Sanitärraum

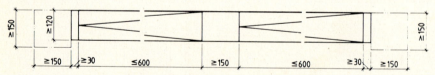

Bild 7. Rampe (Rampenlänge ≥ 600 cm)

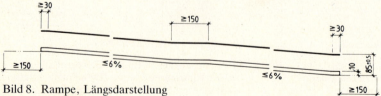

Bild 8. Rampe, Längsdarstellung

DIN 18 025 Teil 1

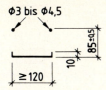

Bild 9. Rampe, Querdarstellung

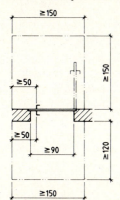

Bild 10. Bewegungsfläche vor Drehflügeltüren

Bild 11. Bewegungsfläche vor Schiebtüren

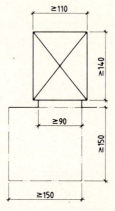

Bild 12. Lichte Maße des Aufzugsfahrkorbs und der Bewegungsfläche vor den Fahrschachttüren

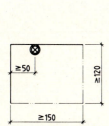

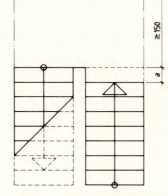

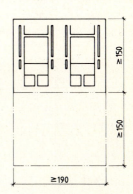

Bild 13. Bewegungsfläche neben Bedienungsvorrichtungen

Bild 14. Bewegungsfläche neben Treppenauf- und -abgängen

Bild 15. Platzbedarf für den Rollstuhlabstellplatz und Bewegungsfläche

173

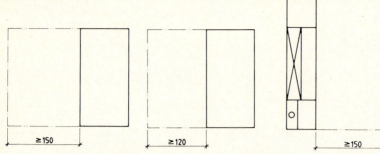

Bild 16. Bewegungsfläche vor einer Längsseite des Bettes des Rollstuhlbenutzers

Bild 17. Bewegungsfläche vor einer Längsseite des Bettes des Nicht-Rollstuhlbenutzers

Bild 18. Bewegungsfläche in einer zweizeiligen Küche

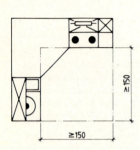

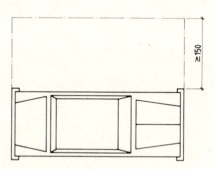

Bild 19. Bewegungsfläche in einer übereck angeordneten Küche

Bild 20. Bewegungsfläche vor einer Längsseite des Kraftfahrzeugs

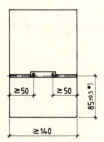

Bild 21. Höhenlage und Ansicht des Bedienungstableaus

Bild 22. Tiefenlage des Bedienungstableaus

*) Bei 2reihiger Anordnung der Taster oberste Reihe höchstens 100 cm.

DIN 18 025 Teil 1

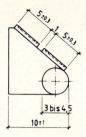

Bild 23. Querschnitt des horizontal angeordneten Bedienungstableaus und der Haltestange

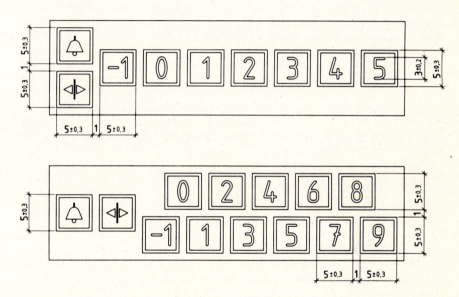

Bild 24. Anordnung der Taster auf dem Bedienungstableau, Schrift und Tasterrand erhaben

175

DIN 18 025 Teil 2

Barrierefreie Wohnungen Planungsgrundlagen,
DIN 18 025 Teil 2 (12.92)

Völlige Neufassung der DIN 18 025 Teil 2 (7.74): „Wohnungen für Schwerbehinderte; Planungsgrundlagen, Wohnungen für Blinde und wesentlich Sehbehinderte".

1 Anwendungsbereich und Zweck

Diese Norm gilt für die Planung, Ausführung und Einrichtung von barrierefreien, neuen Miet- und Genossenschaftswohnungen und entsprechenden Wohnanlagen. Sie gilt sinngemäß für die Planung, Ausführung und Einrichtung von barrierefreien, neuen Wohnheimen, Aus- und Umbauten sowie Modernisierungen von Miet- und Genossenschaftswohnungen und entsprechenden Wohnanlagen und Wohnheimen. Sie gilt sinngemäß — entsprechend dem individuellen Bedarf — für die Planung, Ausführung und Einrichtung von barrierefreien Neu-, Aus- und Umbauten sowie Modernisierungen von Eigentumswohnungen, Eigentumswohnanlagen und Eigenheimen. Die Wohnungen müssen für alle Menschen nutzbar sein. Die Bewohner müssen in die Lage versetzt werden, von fremder Hilfe weitgehend unabhängig zu sein. Das gilt insbesondere für

— Blinde und Sehbehinderte,

— Gehörlose und Hörgeschädigte,

— Gehbehinderte,

— Menschen mit sonstigen Behinderungen,

— ältere Menschen,

— Kinder, klein- und großwüchsige Menschen.

Planungsgrundlagen für Wohnungen für Rollstuhlbenutzer siehe DIN 18 025 Teil 1.

Die in den Anmerkungen enthaltenen Empfehlungen sind besonders zu vereinbaren.

2 Begriffe

2.1 Einrichtungen

Einrichtungen sind die zur Erfüllung der Raumfunktion notwendigen Teile, z. B. Sanitär-Ausstattungsgegenstände, Geräte und Möbel; sie können sowohl bauseits als auch vom Wohnungsnutzer eingebracht werden.

(Aus: DIN 18 022 (11.89))

2.2 Bewegungsflächen

Bewegungsflächen sind die zur Nutzung der Einrichtungen erforderlichen Flächen. Ihre Sicherstellung erfolgt durch Einhalten der notwendigen Abstände.

(Aus: DIN 18 022 (11.89))

Bewegungsflächen dürfen sich überlagern.

Die Bewegungsflächen dürfen nicht in ihrer Funktion eingeschränkt sein, z. B. durch Rohrleitungen, Mauervorsprünge, Heizkörper, Handläufe.

3 Maße der Bewegungsflächen

3.1 Bewegungsflächen, 150 cm breit und 150 cm tief

Die Bewegungsfläche muß mindestens 150 cm breit und 150 cm tief sein:
- auf dem Freisitz,
- vor den Fahrschachttüren (siehe DIN 18 025 Teil 1, Bild 12),
- am Anfang und am Ende der Rampe (siehe DIN 18 025 Teil 1, Bilder 7 und 8).

3.2 Bewegungsflächen, 150 cm breit

Die Bewegungsfläche muß mindestens 150 cm breit sein:
- zwischen Wänden außerhalb der Wohnung,
- neben Treppenauf- und -abgängen; die Auftrittsfläche der obersten Stufe ist auf die Bewegungsfläche nicht anzurechnen.

3.3 Bewegungsfläche, 150 cm tief

Anmerkung: Bei einem Teil der zu den Wohnungen gehörenden Kraftfahrzeug-Stellplätzen sollte vor der Längsseite des Kraftfahrzeuges eine 150 cm tiefe Bewegungsfläche vorgesehen werden.

3.4 Bewegungsfläche, 120 cm breit und 120 cm tief

Die Bewegungsfläche muß mindestens 120 cm breit und 120 cm tief sein:
- vor Einrichtungen im Sanitärraum,
- im schwellenlos begehbaren Duschbereich.

3.5 Bewegungsflächen, 120 cm breit

Die Bewegungsfläche muß mindestens 120 cm breit sein:
- entlang einer Längsseite eines Bettes, das bei Bedarf von drei Seiten zugänglich sein muß,
- zwischen Wänden innerhalb der Wohnung,
- vor Kücheneinrichtungen,

DIN 18 025 Teil 2

- zwischen den Radabweisern einer Rampe (siehe DIN 18 025 Teil 1, Bilder 7 und 9),
- auf Wegen innerhalb der Wohnanlage.

3.6 Bewegungsfläche, 90 cm tief

Die Bewegungsfläche muß mindestens 90 cm tief sein:
- vor Möbeln (z. B. Schränken, Regalen, Kommoden, Betten).

4 Türen

Türen müssen eine lichte Breite von mindestens 80 cm haben.

Hauseingangs-, Wohnungseingangs- und Fahrschachttüren müssen eine lichte Breite von mindestens 90 cm haben.

Die Tür darf nicht in den Sanitärraum schlagen.

Große Glasflächen müssen kontrastreich gekennzeichnet und bruchsicher sein.

Untere Türanschläge und -schwellen siehe Abschnitt 5.2.

Anmerkungen: Türen sollten eine lichte Höhe von mindestens 210 cm haben.

Im Bedarfsfall sollten Türen mit Schließhilfen ausgestattet werden können.

5 Stufenlose Erreichbarkeit, untere Türanschläge und -schwellen, Aufzug, Rampe, Treppe

5.1 Stufenlose Erreichbarkeit

Der Hauseingang und eine Wohnebene müssen stufenlos erreichbar sein, es sei denn, nachweislich zwingende Gründe lassen dies nicht zu.

Alle zur Wohnung gehörenden Räume und die gemeinschaftlichen Einrichtungen der Wohnanlage müssen zumindest durch den nachträglichen Ein- oder Anbau eines Aufzuges oder durch eine Rampe stufenlos erreichbar sein.

Anmerkung: Alle zur Wohnung gehörenden Räume und die gemeinschaftlichen Einrichtungen der Wohnanlage sollten stufenlos erreichbar sein.

5.2 Untere Türanschläge und -schwellen

Untere Türanschläge und -schwellen sind grundsätzlich zu vermeiden. Soweit sie technisch unbedingt erforderlich sind, dürfen sie nicht höher als 2 cm sein.

(Aus: DIN 18 025 Teil 1 (12.92))

5.3 Aufzug

Der Fahrkorb des Aufzugs ist mindestens wie folgt zu bemessen:
- lichte Breite 110 cm,
- lichte Tiefe 140 cm.

Bei Bedarf muß der Aufzug mit akustischen Signalen nachgerüstet werden können.

Bedienungstableau und Haltestangen siehe DIN 18 025 Teil 1, Bilder 21 bis 24. Für ein zusätzliches senkrechtes Bedienungstableau gilt DIN 15 325.

Bewegungsflächen vor den Fahrschachttüren siehe Abschnitt 3.1.

Lichte Breite der Fahrschachttüren siehe Abschnitt 4 und DIN 18 025 Teil 1, Bild 12.

Anmerkung: Im Fahrkorb sollte gegenüber der Fahrkorbtür ein Spiegel zur Orientierung angebracht werden.

(Aus: DIN 18 025 Teil 1 (12.92))

5.4 Rampe

Die Steigung der Rampe darf nicht mehr als 6 % betragen. Bei einer Rampenlänge von mehr als 600 cm ist ein Zwischenpodest von mindestens 150 cm Länge erforderlich. Die Rampe und das Zwischenpodest sind beidseitig mit 10 cm hohen Radabweisern zu versehen. Die Rampe ist ohne Quergefälle auszubilden.

An Rampe und Zwischenpodest sind beidseitig Handläufe mit 3 cm bis 4,5 cm Durchmesser in 85 cm Höhe anzubringen. Handläufe und Radabweiser müssen 30 cm in den Plattformbereich waagerecht hineinragen (siehe DIN 18 025 Teil 1, Bilder 7, 8 und 9).

Bewegungsflächen am Anfang und am Ende der Rampe und zwischen den Radabweisern siehe Abschnitte 3.1 und 3.5.

(Aus: DIN 18 025 Teil 1 (12.92))

5.5 Treppe

An Treppen sind beidseitig Handläufe mit 3 cm bis 4,5 cm Durchmesser anzubringen. Der innere Handlauf am Treppenauge darf nicht unterbrochen sein. Äußere Handläufe müssen in 85 cm Höhe 30 cm waagerecht über den Anfang und das Ende der Treppe hinausragen. Anfang und Ende des Treppenlaufs sind rechtzeitig und deutlich erkennbar zu machen, z. B. durch taktile Hilfen an den Handläufen.

In Mehrfamilienhäusern müssen taktile Geschoß- und Wegebezeichnungen die Orientierung sicherstellen.

Treppe und Treppenpodest müssen ausreichend belichtet bzw. beleuchtet und deutlich erkennbar sein, z. B. durch Farb- und Materialwechsel. Die Trittstufen müssen durch taktiles Material erkennbar sein.

Stufenunterschneidungen sind unzulässig.

Anmerkung: Der Treppenlauf sollte nicht gewendelt sein.

6 Besondere Anforderungen an Küche, Sanitärraum, zusätzliche Wohnfläche und Freisitz

6.1 Küche

Herd, Arbeitsplatte und Spüle müssen für die Belange des Nutzers in die ihm entsprechende Arbeitshöhe montiert werden können.

Zusätzlich gilt DIN 18 022.

Bewegungsflächen vor Kücheneinrichtungen siehe Abschnitt 3.4.

Anmerkungen: Herd, Arbeitsplatte und Spüle sollten nebeneinander mit Beinfreiraum angeordnet werden können.

Die Spüle sollte mit Unterputz- oder Flachaufputzsiphon ausgestattet werden.

6.2 Sanitärraum (Bad, WC)

Der Sanitärraum (Bad, WC) ist mit einem stufenlos begehbaren Duschplatz auszustatten.

Anmerkung: Das nachträgliche Aufstellen einer Badewanne im Bereich des Duschplatzes sollte möglich sein.

Unter dem Waschtisch muß Beinfreiraum vorhanden sein; ein Unterputz- oder Flachaufputzsiphon ist vorzusehen.

Zusätzlich gilt DIN 18 022.

Besondere Anforderungen an die Sanitärraumtür siehe Abschnitte 4 und 12.

Bewegungsfläche siehe Abschnitt 3.4.

6.3 Zusätzliche Wohnfläche

Für z. B. Kleinwüchsige, Blinde und Sehbehinderte ist bei Bedarf eine zusätzliche Wohnfläche vorzusehen. Die angemessene Wohnungsgröße erhöht sich hierdurch im Regelfall um 15 m^2.[1]

6.4 Freisitz

Anmerkung: Jeder Wohnung sollte ein mindestens 4,5 m^2 großer Freisitz (Terrasse, Loggia oder Balkon) zugeordnet werden.

Bewegungsfläche auf dem Freisitz siehe Abschnitt 3.1.

(Aus: DIN 18 025 Teil 1 (12.92))

---

[1] Siehe § 39 Abs. 2 Zweites Wohnungsbaugesetz und § 5 Abs. 2 Wohnungsbindungsgesetz.

7 Wände, Brüstungen und Fenster

Wände der Küche sind tragfähig auszubilden.

Anmerkungen: Brüstungen in mindestens einem Aufenthaltsraum der Wohnung und von Freisitzen sollten ab 60 cm Höhe durchsichtig sein. Fenster und Fenstertüren im Erdgeschoß sollten einbruchhemmend ausgeführt werden.

Schwingflügelfenster sind unzulässig.

8 Bodenbeläge

Bodenbeläge im Gebäude müssen reflexionsarm, rutschhemmend und fest verlegt sein; sie dürfen sich nicht elektrostatisch aufladen.

Hauptwege (z. B. zu Hauseingang, Garage, Müllsammelbehälter) müssen auch bei ungünstiger Witterung gefahrlos begehbar sein; das Längsgefälle darf 3 % und das Quergefälle 2 % nicht überschreiten.

Anmerkung: Bodenbeläge in den Verkehrsbereichen sollten als Orientierungshilfe innerhalb und außerhalb des Gebäudes in der Beschaffenheit ihrer Oberfläche und in der Farbe kontrastreich wechseln (siehe auch Abschnitt 5.5).

9 Raumtemperatur

Die Heizung von Wohnungen und gemeinschaftlich zu nutzenden Aufenthaltsräumen ist für eine Raumtemperatur nach DIN 4701 Teil 2 zu bemessen.

Die Beheizung muß je nach individuellem Bedarf ganzjährig möglich sein, z. B. durch eine Zusatzheizung.

(Aus: DIN 18 025 Teil 1 (12.92))

10 Beleuchtung

Anmerkung: Beleuchtung mit künstlichem Licht höherer Beleuchtungsstärke sollte nach dem Bedarf Sehbehinderter möglich sein.

11 Fernmeldeanlagen

In der Wohnung ist zur Haustür eine Gegensprechanlage mit Türöffner vorzusehen.

Fernsprechanschluß muß vorhanden sein.

(Aus: DIN 18 025 Teil 1 (12.92))

DIN 18 025 Teil 2

12 Bedienungsvorrichtungen

Bedienungsvorrichtungen (z. B. Schalter, häufig benutzte Steckdosen, Taster, Türdrücker, Öffner von Fenstertüren, Bedienungselemente automatischer Türen) sind in 85 cm Höhe anzubringen. Sie dürfen nicht versenkt und scharfkantig sein. Schalter außerhalb von Wohnungen sind durch abtastbare Markierungen und Farbkontraste zu kennzeichnen.

Heizkörperventile müssen in einer Höhe zwischen 40 cm und 85 cm bedient werden können.

Namensschilder an Hauseingangs- und Wohnungseingangstüren sollen mit taktil erfaßbarer, aufgesetzter Schrift versehen sein.

Die Tür des Sanitärraumes muß abschließbar und im Notfall von außen zu entriegeln sein.

DIN 18 034

Spielplätze und Freiflächen zum Spielen
Grundlagen und Hinweise für die Objektplanung
DIN 18 034 (10.88)

Die Neufassung der DIN 18034 beschränkt ihre Aussagen nicht mehr wie die von ihr ersetzte Norm auf Spielplätze für Wohnanlagen. Sie verzichtet weitgehend auf die Gestaltung einengende Festlegungen.

1 Anwendungsbereich

Diese Norm enthält Grundlagen und Hinweise für die Objektplanung von Spielplätzen und Freiflächen zum Spielen für Kinder, Jugendliche und Erwachsene.

Dazu gehören außer den zum Spielen ausgewiesenen Spielplätzen und Flächen auch solche Flächen, die neben anderer Nutzung teil- oder zeitweise zum Spielen geeignet und freigegeben sind, z. B.

- Wohnumfeld (Blockinnenbereiche, Abstandsflächen, Eingangsbereiche),
- Schulhöfe,
- Freiflächen von Kindertagesstätten,
- Freizeiteinrichtungen (Grünanlagen, Sportplätze, Freibäder).

2 Begriffe

2.1 Spielbereichskonzept

Ein Spielbereichskonzept ist eine Anordnung von Spielbereichen für alle Altersgruppen in ein Netz innerhalb einer Gemeinde, welches auf die Bedürfnisse der Bevölkerung abgestimmt ist.

2.2 Spielbereich

Der Spielbereich umfaßt nachbarlich zusammengefaßte Spielflächen verschiedener Art und Nutzung.

2.3 Spielplatz

Der Spielplatz stellt ein räumlich zusammenhängendes und aufeinander abgestimmtes Spielangebot dar.

2.4 Spielfläche

Eine Spielfläche ist eine zum Spielen bestimmte und geeignete natürliche oder hergerichtete Fläche mit oder ohne Spieleinrichtungen.

Es können
- natürlich belassene Flächen,
- gestaltete Flächen,
- gestaltbare/veränderbare Flächen

sein.

2.5 Spieleinrichtung

Eine Spieleinrichtung ist ein zum Spielen hergerichtetes und bestimmtes Ausstattungselement (z. B. Sandkasten, Spielgerät, Fußballtor, Gartenschachfeld), welches auf einer Spielfläche ein bestimmtes Spielen ermöglicht.

3 Spielbereiche

3.1 Allgemeines

Allgemeine Hinweise für ein Spielbereichskonzept der Gemeinde einschließlich der Orientierungswerte für den Spielflächenbedarf sind in einem Mustererlaß der ARGE-BAU[1]) vom 03. 06. 1987 enthalten.

Der Mustererlaß unterscheidet nach den unter den Abschnitten 3.2, 3.3 und 3.4 aufgeführten Spielbereichen.

Nach dem Mustererlaß ist anzustreben, die Spielflächen in ein Grünflächen- sowie Fuß- und Radwegesystem einzubeziehen. Dies ist angeraten, um eine Verkehrsgefährdung der Nutzer nach Möglichkeit zu vermeiden. Dies trifft insbesondere für die in den Abschnitten 3.3 und 3.4 beschriebenen Spielbereiche B und C zu, die sich innerhalb der Wohnbereiche bzw. des Wohnquartiers befinden. Es sollte besonders bei diesen Spielbereichen vermieden werden, daß stark befahrene Straßen gekreuzt werden müssen.

Bei den Spielbereichskonzepten handelt es sich um Beispiele, die andere Konzepte zur Berücksichtigung der örtlichen Anforderungen möglich machen.

3.2 Spielbereich A

Er ist der Bereich mit dem vielfältigsten Angebot an Spielmöglichkeiten. Er hat zentrale Versorgungsfunktionen für alle Altersstufen in einem Ort bzw. Ortsteil. Er sollte in größeren Gemeinden nach Möglichkeit betreut und beispielsweise wie folgt ausgestattet sein:

a) Spielhaus,

b) Einrichtungen für
- Bauspiele,
- Werken und Töpfern,
- Wasserspiele,

---

[1]) Siehe Erläuterungen.

- Ballspiele,
- Spielgeräte,
- Abenteuerspiele,
- Tierhaltung

und

- Pflanzenbau.

c) besondere Spielangebote für Kleinkinder.

3.3 Spielbereich B

Er dient der Versorgung vorzugsweise von Jugendlichen und Schulkindern im Wohnbereich. Er ist dazu geeignet, dem Bewegungsdrang von Kindern und Jugendlichen im schulpflichtigen Alter entgegenzukommen (z. B. auch ein gestalteter Schulhof).

Es sind Spielbereiche mit unterschiedlicher Ausstattung (z. B. Bolzplätze, Geräteplätze, Sandflächen, Flächen für Bodenspiele, Tischtennis, Flächen für Rollschuhe oder Skateboards). Sie sollen auch angemessene Spielangebote für Kleinkinder enthalten.

3.4 Spielbereich C

Er ist den Wohnungen in angemessener Entfernung (bis etwa 200 m) zugeordnet, soweit er nicht nach der Landesbauordnung auf dem Baugrundstück vorzusehen ist.

Es handelt sich um kleine, überschaubare Spielbereiche, die dem Wegenetz zugeordnet sind und sich als platzartige Erweiterungen oder speziell dafür ausgestattete Flächen im Fußwegenetz darstellen können. Sie sollen spontanes Spiel in Wohnungsnähe ermöglichen und sollten gleichzeitig zur Kommunikation der Bewohner dienen. Sie sind entsprechend auszustatten, z. B. mit Nischen, Bänken, Sandkästen, Sitzwinkeln, Laufbalken, Reckstangen, erweiterten Stufenanlagen, speziellen Bodenbelägen (z. B. Tennenfläche, vorgezeichnete Bodenspiele).

4 Objektplanung

4.1 Planungsziele

Freiflächen zum Spielen sollen

- vor Gefährdungen durch den Verkehr gesichert sein,
- in Teilräume gegliedert sein, die zu sozialen Kontakten und gemeinsamem Spiel zwischen unterschiedlichen Alters- und Nutzer-Gruppen anregen (Gruppenbildung), z. B. auch Treffpunkte für Jugendliche,
- den örtlichen Bedürfnissen entsprechend behindertengerecht gestaltet sein,

- durch Nischen, Winkel, Pflanzungen usw. Rückzugsmöglichkeiten für Kinder beinhalten; Spielflächen für Kleinkinder sollen von der Nachbarschaft gut einsehbar sein,
- durch die Art der Gestaltung, Raumbildung und Bewuchs zum Aufenthalt einladen und durch die Ausstattung ein intensives Spiel ermöglichen; dabei müssen durch die funktionsgerechte Zusammenfassung von Spielangeboten Überschneidungen vermieden und ein gegenseitiger Ausschluß verhindert werden,
- die Anpassung der Spieleinrichtungen infolge sich ändernder Spielwünsche oder Altersstruktur der Nutzer zulassen,
- zusammenhängende, vielgestaltige Spiel- und Bewegungsabläufe ermöglichen,
- Mehrfachnutzungen ermöglichen (z. B. Sommer-/Winternutzung) und bei entsprechender Geländegröße erweiterungsfähig sein (z. B. Ergänzung um einen Bauspielplatz),
- sowohl besonnte Flächen, insbesondere für bewegungsarme Spiele und Ruhebereiche, als auch schattenspendende Bäume, Schutzpflanzungen gegen Wind und nach Möglichkeit auch Schutz gegen Regen (Bäume, Schutzdach usw.) enthalten.

4.2 Anforderungen für Teilbereiche

4.2.1 Teilbereiche für Sand- und Sandmatschspiele

Diese Teilbereiche sollen sonnig und windgeschützt und von Spielplatzgebäuden, Sitzplätzen, Wegen und — soweit möglich — von der angrenzenden Bebauung gut einsehbar sein.

Der Sandspielbereich ist nach Möglichkeit für kleinere und ältere Kinder zu gliedern. Bei größeren Sandspielbereichen sollte ein Buddelberg oder ein Buddelgelände eingerichtet werden.

Ein Teil des Sandspielbereichs kann als Sandmatschecke ausgebildet sein. Die Anlage ist mit Frischwasser zu betreiben. Die Wasserentnahme ist zu begrenzen, überschüssiges Wasser ist abzuführen.

4.2.2 Teilbereiche für freie Bewegung und für Bewegung mit mobilen Geräten

Diese Teilbereiche sollten durch unterschiedliche Formen und Elemente der freien Landschaft (Naturflächen, Geländeformen, Vegetation, Gewässer), unterschiedlich befestigte Flächen (Wege, Parcours, z. B. für Dreirad-, Roller- und Fahrradfahren) und besondere Anlagen wie Begrenzungsanlagen (Wälle, Mauern) gebildet werden.

4.2.3 Teilbereiche mit Spielgeräten

Für Einbau, Sicherheitsbereiche und Bodenarten unter Spielgeräten gilt DIN 7926 Teil 1.

Dies gilt auch sinngemäß für bauliche Anlagen, deren Einbeziehung in das Spiel vorgesehen ist (siehe DIN 7926 Teil 1 (08.85) Abschnitt 3).

4.2.4 Teilbereiche für Ballspiele

Diese Teilbereiche sollen in spielgerechte Größen (siehe DIN 18035 Teil 1 (06.79) Abschnitt 6), geplant werden. Wettkampfregelgerechte oder normgerechte Spielfeldmaße sind nicht erforderlich.

Es ist eine möglichst große Nutzungsvariabilität anzustreben, z. B. durch Maße der Spielfläche, Ausführung des Bodens und Ausstattung mit Geräten (z. B. Tore, Netze, Körbe und Ballwände).

4.2.5 Teilbereiche für Werken und Gestalten

Diese Teilbereiche bedürfen im Regelfall der Betreuung; sie sollen

- zum Aufenthalt der Betreuer eine Unterkunft mit Geräteraum für Spielmaterial und sonstiges Gerät (transportable Sitzgelegenheiten, Tische und ähnliches) sowie Toiletten für Betreuer und Nutzer haben,
- gegebenenfalls Anschlüsse für Wasser, Strom und Kanalisation erhalten, wenn z. B. Spielmobile und ähnliches regelmäßig benutzt werden,
- soweit möglich Innen- und Außenräume für unterschiedliche Aktivitäten (z. B. Werken, Malen, Theater- und Singspiele) haben,
- soweit möglich Flächen (angelegt oder naturbelassen) für Pflanzanbau und Ställe für Tierhaltung vorsehen,
- bei Nutzung als Bauspielplatz durch Pflanzungen oder Zäune abgegrenzt werden (Schutz des Spieles und des Spielergebnisses gegen Fremdeinwirkung).

4.2.6 Teilbereiche für Kommunikation und Ruhe

Sie sind kleinräumig (z. B. durch Pflanzung, Pergola) anzulegen. Je nach Größe und zu erwartendem Nutzungsgrad sind sie zu befestigen und/oder mit Strapazierrasen (siehe DIN 18917 (z. Z. Entwurf)) zu versehen. Der Teilbereich muß so bemessen und ausgestattet sein, daß er sich zum Aufenthalt und/oder zu Versammlungen eignet.

4.3 Elemente für die Objektplanung

4.3.1 Allgemeines

Vorhandene Landschaftselemente (Hügel, Bäume, Sträucher, Bachläufe usw.) sind in die Gestaltung einzubeziehen, um Verständnis für die Natur zu wecken und der kindlichen Abenteuerlust entgegenzukommen.

4.3.2 Böden

Die Wahl der Bodenarten bzw. deren Gestaltung ist für die vorgesehene Spielnutzung und für die Sicherheit von besonderer Bedeutung.

Die vorhandene Bodenqualität und Oberflächenprofilierung sind unter Beachtung einer landschaftstypischen Gestaltung und in Abwägung ihrer Eignung für die vorgesehenen Nutzungen soweit wie möglich zu verwenden oder nicht mehr als nötig zu verändern.

Für die unterschiedlichen Nutzungen kommen unterschiedliche Bodenarten, z. B. Naturboden, Sand, Rasen, Wiese und gebundene Flächen, in Betracht. Scharfkantiges Bodenmaterial, z. B. Splitt, ist ungeeignet. Für Böden im Bereich von Spielgeräten gilt DIN 7926 Teil 1.

4.3.2.1 Oberboden

Als natürlich belassene Oberbodenflächen eignen sich nur ausreichend wasserdurchlässige Oberböden der Bodengruppen 2 und 4 nach DIN 18915 (z. Z. Entwurf) auf wasserdurchlässigem Untergrund. Bindige und starkbindige Oberböden sind im Regelfall nicht geeignet. Durch hohe Sandbeimischungen oder ausreichende Oberflächenneigung zur Ableitung des Oberflächenwassers kann eine bedingte Eignung erreicht werden.

Maßnahmen gegen Bodennässe sind bei wenig belasteten Flächen nach DIN 18915 (z. Z. Entwurf), bei stark belasteten Flächen nach DIN 18035 Teil 4 (z. Z. Entwurf) auszuführen.

4.3.2.2 Sand

Spielsand sollte im Korngrößenbereich 0 bis 2 mm liegen. Spielsand zum Formen und Backen sollte bindige Bestandteile enthalten. Bei wasserundurchlässigem Untergrund ist für eine Entwässerung zu sorgen. Für Sand unter Spielgeräten gilt DIN 7926 Teil 1 (08.85) Abschnitt 4.3.6, laufende Nummer 8.

4.3.2.3 Gebundene Flächen

Gebundene Flächen müssen witterungsbeständig sein. Wassergebundene Flächen (Tennenflächen) sollen wasserdurchlässig sein (siehe DIN 18035 Teil 5). Zementgebundene Flächen müssen verschleißbeständig sein. Notwendige Fugen sind so schmal wie möglich auszubilden. Kunststoffgebundene Flächen sind nach DIN 18035 Teil 6 auszubilden.

4.3.3 Vegetation

4.3.3.1 Rasen

Rasenflächen zum Spielen sollen wegen der Ansprüche an ihre Strapazierfähigkeit nach DIN 18917 (z. Z. Entwurf) hergestellt werden.

Die Größe der Rasenflächen sollte so bemessen sein, daß ein Teil zur Regeneration gesperrt werden kann.

4.3.3.2 Wiesen

Wiesenflächen mit geringem Pflegeaufwand, insbesondere hinsichtlich der Schnitthäufigkeit, sind nur bei großflächigen Spielbereichen möglich und zum Spielen nur bedingt geeignet.

Die Saatgutmischung für Gräser und Kräuter ist nach der Widerstandsfähigkeit und den Standortbedingungen auszuwählen.

4.3.3.3 Bepflanzung

Mit der Bepflanzung soll eine differenzierte Raumbildung und Sichtschutz zwischen unterschiedlichen Spielbereichen bzw. Ruhezonen geschaffen werden.

Bepflanzungen sollen zum Spiel anregen (z. B. durch Wechsel von dichten und lockeren Strauch- und Baumpflanzungen wird Versteckspiel im Buschlabyrinth ermöglicht, Bäume − Heister, Solitäre − mit niedrigem und stabilem Astansatz sollten das ursprüngliche Klettern auf Bäumen erleichtern).

Für Neuanpflanzungen und Nachpflanzungen sollen in großer Artenvielfalt standortgerechte, widerstandsfähige und rasch wachsende Gehölze gewählt werden. Sträucher und Bäume mit genießbaren Früchten sollten Spielwert und Naturerlebnis erweitern (zu vermeidende Giftpflanzen siehe Abschnitt 5.4).

Anpflanzungen müssen die Funktion des Witterungsschutzes erfüllen, d. h. Minderung des Windes, der Sonneneinstrahlung und von Niederschlägen.

Vorzugsweise ist die Verwendung von Laubgehölzen wegen der Verbesserung des Kleinklimas und der Lufthygiene zu beachten (Ausgleich der Luftfeuchtigkeit, Minderung der Staubanteile in der Luft, Staubbindung am Boden und Minderung der Temperaturspitzen).

Verkehrslärm benachbarter Straßen kann mit intensiv bepflanzten Lärmschutzwällen gemindert werden.

4.3.4 Wasser

Die unterschiedlichen Spiel- und Erlebnismöglichkeiten von natürlichem, künstlichem, fließendem oder stehendem Gewässer sollen genutzt und/oder angeboten werden. Die Wassertiefe darf bei zum Spielen angelegten Gewässern max. 40 cm betragen.

Auf betreuten Spielplätzen können auch Wassermulden und mobile Wasserbecken angeboten werden, wenn sie täglich entleert werden können.

Im Wasserbecken darf das Bodengefälle nicht mehr als 6 % betragen. Die Bodenfläche muß rutschhemmend und leicht zu reinigen sein.

5 Sicherheit und Wartung

5.1 Allgemeines

Sicherheit und Gesunderhaltung der Nutzer müssen bei allen Maßnahmen der Objektplanung, Anlage, Sanierung, Ausstattung und Unterhaltung von Spielflächen bedacht werden.

Sicherheitsmaßnahmen sind zusammen mit der Forderung zu sehen, daß Spielflächen, abgestuft nach Altersgruppen, vor allem auch eine erzieherische Funktion ausüben. Freude am Abenteuer und Bestehen eines Risikos als Bestandteil des Spielwertes sind im Rahmen kalkulierter spielerisch-sportlicher Betätigung erwünscht. Für Kinder nicht erkennbare Gefahrensituationen sind zu vermeiden.

5.2 Einfriedungen

Freiflächen zum Spielen müssen gegenüber Straßen, Kraftfahrzeugabstellplätzen, Bahnkörpern, tiefen Wasserläufen, Abgründen und ähnlichen Gefahrenquellen mit einer wirksamen Einfriedung von mindestens 1 m Höhe (dichte Hecken, Zäune und ähnliches) versehen werden.

Bereiche für Bau- und Werkspiele sind mit einer Einfriedung, die nicht ohne weiteres überstiegen werden kann, zu umgeben. Es sollte eine Höhe von 1,80 m zugrunde gelegt werden.

Ballspielbereiche sind gegebenenfalls mit Schutzgitter von mindestens 4 m Höhe gegen Verkehrsflächen und Nachbargrundstücke abzuschirmen.

Bei Ausmuldung des Geländes kann die Höhe entsprechend geringer sein.

5.3 Zugänge

Der Eingang zum Spielplatz sollte abseits vom Durchgangsverkehr liegen; er ist so vorzusehen, daß sich zwischen Verkehrsbereich und Spielplatz eine Abstandszone befindet.

Ein- und Ausgänge sind durch versetzte Schutzeinrichtungen so zu sichern, daß den Kindern das Verlassen des Platzes bewußt wird. Andere Lösungen sind zulässig, wenn die Sicherheit der Kinder gewahrt bleibt.

Für Pflege- und Hilfsfahrzeuge sind Zufahrten vorzusehen. Die notwendigen Bewegungsflächen müssen mit einem tragfähigen Unterbau ausgestattet werden.

5.4 Giftpflanzen

Im Bereich von Freiflächen zum Spielen dürfen folgende Pflanzenarten nicht gepflanzt werden:

- Euonymus europaea (Pfaffenhütchen),
- Daphne mezereum (Seidelbast),
- Ilex aquifolium (Stechpalme),
- Laburnum anagyroides (Goldregen).

Landesrechtliche Vorschriften bleiben davon unberührt.

5.5 Wartung

Die Spielbereiche bedürfen einer regelmäßigen Wartung und Kontrolle. Diese soll sich auf

- Sauberkeit von Spielbereichen, Spieleinrichtungen und sonstigen Anlagen,
- Funktionsfähigkeit und Sicherheit der Spielgeräte, sonstiger Spieleinrichtungen und Böden (z. B. Auflockerung von Sand unter Spielgeräten),
- Zustand von Einfriedungen, Zugängen usw.

erstrecken.

DIN 18 034

Erläuterungen

Praktische Erfahrungen und Forschungen auf den Gebieten der Planung, Pädagogik, Psychologie, Soziologie und Medizin haben die große gesundheitliche, erzieherische und gesellschaftliche Bedeutung des Spiels für die Entwicklung und das Wohlbefinden des Menschen erwiesen. Daher soll unsere Umwelt dem Bedürfnis nach Spiel im weitesten Sinn Rechnung tragen. Entsprechend den geänderten Verhältnissen und aufgrund der neuen Erkenntnisse über DIN 18034 „Spielplätze für Wohnanlagen", Ausgabe November 1971, hinaus, soll die Umwelt so gestaltet werden, daß Spielen nicht mehr nur auf ausgewiesene Flächen beschränkt bleibt, sondern sich auf sonstige Spielbereiche (z. B. auf Wohnstraßen, Höfe, allgemeine Grünflächen) ausdehnen kann. Dabei soll die Begegnung der Familien, der unterschiedlichen Alters- und Gesellschaftsgruppen und die Integration der Behinderten unterstützt werden.

Die Spielbereiche sollen so gestaltet sein, daß sie die Fähigkeiten der Nutzer anregen und fördern.

Sicherheitsmaßnahmen sollen Gefahren für die Nutzer möglichst ausschalten, aber auch einen „Freiraum" lassen, damit Kinder und Jugendliche frühzeitig lernen, Gefahren zu erkennen, um sich entsprechende Verhaltensweisen anzueignen. Maßstab hierfür ist das Risiko spielerisch-sportlicher Betätigung.

Als Grundlage für die Planung von Freiflächen zum Spielen im Rahmen der Stadtentwicklung, Stadterneuerung und Bauleitplanung gelten Bestimmungen der Länder. Die Empfehlungen und Hinweise hierfür sind in einem Mustererlaß der Arbeitsgemeinschaft der für das Bau-, Wohnungs- und Siedlungswesen zuständigen Minister der Länder (ARGEBAU) vom 03. 06. 1987 enthalten. Die Übernahme dieser Empfehlungen und Hinweise in Landesrecht gehört in die Zuständigkeit der Bundesländer.

Die Norm befaßt sich − ergänzend zur städtebaulichen Planung − mit der Objektplanung. Sie soll den Beteiligten, d. h. Planern, Auftraggebern (Gemeinden, Wohnungsbauträgern, privaten Bauherren und andere), aber auch interessierten Bürgern allgemeine Festlegungen für neuzeitliche Spielflächen und ihre Teilbereiche darlegen und zur Verbesserung der Spielumwelt beitragen.

Die Norm soll im öffentlichen und privaten Bereich dazu dienen, bei der Neugestaltung und der Modernisierung bestehender Freiflächen zum Spielen bewährte Erfahrungen für die Verbesserung der Spielumwelt für alle Bevölkerungs- und Altersgruppen umzusetzen.

4 Technische Gebäudeausrüstung

Entwässerungsanlagen für Gebäude und Grundstücke
Technische Bestimmungen für den Bau
DIN 1986 Teil 1 (6.88)

Inhalt

1	**Anwendungsbereich**
2	**Grundlagen**
2.1	Allgemeines
2.2	Planung, Instandhaltung
2.3	Schwerkraftentwässerung
2.4	Beschaffenheit des Abwassers
2.5	Getrennte Ableitung verschiedener Abwasserarten
2.6	Schallschutz
2.7	Brandschutz
2.8	Frostfreiheit innerhalb von Gebäuden
2.9	Frostfreiheit außerhalb von Gebäuden
2.10	Dichtheit
2.11	Wechselwirkungen
2.12	Klassifizierung nach der Einbaustelle
2.13	Mitbenutzung von Leitungen
2.14	Dränung des Untergrundes
3	**Begriffe und Sinnbilder**
3.1	Abwasserkanäle und -leitungen
3.1.1	Anschlußkanal
3.1.2	Grundleitung
3.1.3	Sammelleitung
3.1.4	Falleitung
3.1.4.1	Schmutzwasserfalleitung
3.1.4.2	Regenfalleitung
3.1.5	Anschlußleitung
3.1.5.1	Einzelanschlußleitung
3.1.5.2	Sammelanschlußleitung
3.1.6	Verbindungsleitung
3.1.7	Umgehungsleitung
3.1.8	Lüftungsleitung
3.2	Lüftungssysteme
3.2.1	Hauptlüftung
3.2.2	Nebenlüftung
3.2.2.1	Direkte Nebenlüftung
3.2.2.2	Indirekte Nebenlüftung
3.2.3	Umlüftung

DIN 1986 Teil 1

3.2.4 Sekundär-Lüftung
3.3 Frostfreie Tiefe
3.4 Zeichnerische Darstellungen

4 Allgemeine Anforderungen an Rohre, Formstücke und Rohrverbindungen
4.1 Rohre und Formstücke
4.2 Rohrverbindungen
4.3 Dichtheit
4.4 Vorfertigung

5 Ablaufstellen
5.1 Verhinderung des Austritts von Gasen, Geruchverschlüsse
5.2 Schutz des Gebäudes gegen Abtropfwasser, Überlaufwasser und Regenwasser; Ablaufstellen von Balkonen und Loggien
5.3 Schutz gegen Verschmutzung und Verstopfung der Leitungen
5.4 Klosett- und Urinanlagen

6 Verlegen von Leitungen
6.1 Allgemeines
6.2 Schmutzwasserfalleitungen
6.3 Regenwasserleitungen
6.4 Lüftung
6.5 Reinigungsöffnungen
6.6 Schächte

7 Schutz gegen Rückstau

8 Rückhalten schädlicher Stoffe

9 Grundstückskläranlagen

10 Beseitigung nicht mehr benutzter Entwässerungsanlagen

1 Anwendungsbereich

Diese Norm gilt für Entwässerungsanlagen zur Ableitung von Abwasser in Gebäuden und auf Grundstücken in Verbindung mit DIN 1986 Teil 2, Teil 3, Teil 4, Teil 30, Teil 31, Teil 32 und Teil 33[1]). Sie legt im Interesse der öffentlichen Sicherheit einheitliche technische Bestimmungen für den Bau von Entwässerungsanlagen zur Ableitung von Abwasser in Gebäuden und auf Grundstücken fest.

2 Grundlagen

2.1 Allgemeines

Im Interesse einer einwandfreien technischen Ausführung und der Rationalisierung im Bauwesen sollen solche Gegenstände verwendet werden, für die DIN-Normen bestehen. Neue Baustoffe, Bauteile, Bauarten und Einrichtungen[2]) dürfen, soweit sie nicht von der Prüfpflicht freigestellt sind, nur eingebaut oder verwendet werden, wenn sie ein Prüfzeichen[3]) haben oder für sie eine bauaufsichtliche Zustimmung im Einzelfall erteilt ist.

2.2 Planung, Instandhaltung

Entwässerungsanlagen sind so zu planen, zu bauen, zu betreiben und zu warten, daß die nach DIN 1986 Teil 2[1]) getroffenen Festlegungen eingehalten werden, die nach DIN 1986 Teil 3[1]) erforderlichen Arbeiten zur Instandhal-

---

[1]) Teil 2: Ermittlung der Nennweiten von Rohrleitungen
    Teil 3: Allgemeine Regeln für Betrieb und Wartung
    Teil 4: Verwendungsbereiche von Abwasserrohren
    Teil 30: Instandhaltung von Entwässerungsanlagen
    Teil 31: Inspektion und Wartung von Abwasserhebeanlagen
    Teil 32: Inspektion und Wartung von Rückstauverschlüssen für fäkalienfreies Abwasser
    Teil 33: Inspektion und Wartung von Rückstauverschlüssen für fäkalienhaltiges Abwasser

[2]) Folgende werkmäßig hergestellte Baustoffe, Bauteile, Bauarten und Einrichtungen dürfen nur verwendet oder eingebaut werden, wenn sie ein Prüfzeichen haben:
- Rohre und Formstücke für Leitungen und Schächte zur Ableitung von Abwasser und Niederschlagswasser einschließlich Dichtmittel mit Ausnahme von Regenfallleitungen im Freien und Druckleitungen sowie Dichtmittel aus Weißstrick und Blei;
- Urinalbecken, Geruchverschlüsse, Becken und Abläufe mit eingebauten oder angeformten Geruchverschlüssen, Abläufe für Niederschlagswasser über Räumen;
- Spülkästen und Steckbeckenspülapparate;
- Rückstauverschlüsse;
- Abwasserhebeanlagen und Rückflußverhinderer für Abwasserhebeanlagen;
- Rückstauverschlüsse für fäkalienfreies und fäkalienhaltiges Abwasser;
- Kleinkläranlagen, die für einen durchschnittlichen Anfall häuslichen Abwassers bis zu 8 m^3/d bemessen sind;
- Abscheider und Sperren für Leichtflüssigkeiten, wie Benzin und Heizöl;
- Fettabscheider.

Von der Prüfpflicht sind genormte Entwässerungsgegenstände unter bestimmten Voraussetzungen freigestellt; Einzelheiten regelt die Prüfzeichenverordnung.

[3]) Zuständig für die Erteilung von Prüfzeichen ist das Institut für Bautechnik, Reichpietschufer 74–76, 10785 Berlin.

tung leicht durchgeführt werden können und die notwendige Betriebssicherheit vorhanden ist. Müssen bei der Ausführung spezielle Eigenschaften der Bauteile berücksichtigt werden, hat der Hersteller hierfür eine verbindliche Anleitung zu geben, die bei der Planung und Ausführung zu beachten ist.

Montagehöhen für Entwässerungsgegenstände und für wandhängende Sanitär-Ausstattungsgegenstände sind im Planungsstadium zweckentsprechend festzulegen.

2.3 Schwerkraftentwässerung

Alle über der Rückstauebene liegenden Entwässerungsgegenstände sind mit natürlichem Gefälle (Schwerkraftprinzip) zu entwässern; das Abwasser dieser Entwässerungsgegenstände darf nicht über Rückstauverschlüsse und nur in zwingend erforderlichen Ausnahmefällen über Abwasserhebeanlagen abgeleitet werden.

2.4 Beschaffenheit des Abwassers

Entwässerungsanlagen dürfen nur der Ableitung von Abwasser im Sinne von DIN 1986 Teil 3[1]) dienen. Zerkleinerungsgeräte für Küchenabfälle, Müll, Papier usw. sowie Handtuchspender mit Spülvorrichtung, bei denen das zerkleinerte Spülgut in die Entwässerungsanlage gelangen kann, dürfen nicht an Abwasserleitungen angeschlossen werden.

2.5 Getrennte Ableitung verschiedener Abwasserarten

Regen- und Schmutzwasser müssen getrennt abgeleitet werden. In Anschluß-, Fall- und Sammelleitungen für Schmutzwasser darf kein Regenwasser, in Regenfall- und Regensammelleitungen darf kein Schmutzwasser eingeleitet werden. Beim Mischverfahren dürfen Regen- und Schmutzwasser nur in Grundleitungen oder in Sammelleitungen, bei letzteren jedoch möglichst nahe am Anschlußkanal, zusammengeführt werden.

2.6 Schallschutz

Entwässerungsanlagen sind unter Beachtung von DIN 4109 Teil 1[4]) bis Teil 3[4]) und Teil 5[4]) sowie der Ergänzungserlasse der Länder zu DIN 4109 zu planen und auszuführen.

2.7 Brandschutz

Werden Rohrleitungen durch Wände oder Decken, an die Anforderungen hinsichtlich ihrer Feuerwiderstandsdauer gestellt werden, geführt, so sind die entsprechenden bauaufsichtlichen Vorschriften (Bauordnungen der Länder) zu beachten. Angaben über klassifizierte Installationsschächte und -kanäle sind in DIN 4102 Teil 4[5]) enthalten; darüber hinaus kann der Nachweis über das Brandverhalten von eingebauten Rohren, Formstücken und sonstigen Bauteilen nach DIN 4102 Teil 11[5]) geführt werden.

---

4) Schallschutz im Hochbau
5) Brandverhalten von Baustoffen

2.8 Frostfreiheit innerhalb von Gebäuden

Innerhalb von Gebäuden sind alle Entwässerungsanlagen und die zum Spülen nötigen Anlagen so zu planen und auszuführen, daß der Frost sie bei bestimmungsgemäßem Gebrauch weder zerstören noch den Betrieb gefährden kann.

2.9 Frostfreiheit außerhalb von Gebäuden

Außerhalb der Grundfläche von Gebäuden sind Leitungen und Geruchverschlüsse in frostfreier Tiefe einzubauen.

Da die frostfreie Tiefe nach den klimatischen Verhältnissen verschieden ist, empfiehlt es sich, daß die zuständige Behörde diese Tiefe entsprechend den örtlichen Erfordernissen z. B. mit 800 mm, 1 000 mm oder größeren Werten festlegt.

2.10 Dichtheit

Alle Entwässerungsanlagen müssen für die auftretenden Drücke wasserdicht sein. Sie müssen innerhalb von Gebäuden dicht sein gegenüber den innerhalb der Anlage auftretenden Gasen und Dämpfen. Sie müssen außerhalb von Gebäuden dicht gegenüber den in der Anlage auftretenden Gasen und Dämpfen sein, soweit es aufgrund der örtlichen Gegebenheiten erforderlich ist.

2.11 Wechselwirkungen

Bauteile von Entwässerungsanlagen dürfen an ihren Außenflächen nicht mit Stoffen in Berührung gebracht werden, die den Werkstoff angreifen.

Beim Einbau in Decken, Wände und Fußbodenauffüllungen sind sie durch sicher wirkende, dauerhafte Mittel zu schützen. Je nach Werkstoffart sind durch Temperaturschwankungen hervorgerufene Dehnungen und Schrumpfungen zu berücksichtigen.

2.12 Klassifizierung nach der Einbaustelle

Abläufe, Aufsätze und Abdeckungen sind so auszuführen, daß sie den möglichen Belastungen an der Einbaustelle genügen. Die Bauteile sind entsprechend ihrer Klassifizierung (siehe DIN 1229[6]) und DIN 19599[7])) der Einbaustelle zuzuordnen.

2.13 Mitbenutzung von Leitungen

Die Mitbenutzung von Abwasserleitungen für die Lüftung von Räumen ist unzulässig; jedoch können Abwasserleitungen von Mittel- und Großgaragen zu deren Entlüftung mitbenutzt werden.

---

[6] Aufsätze und Abdeckungen für Verkehrsflächen
[7] Abläufe und Abdeckungen in Gebäuden

2.14 Dränung des Untergrundes

Bei der Dränung des Untergrundes zum Schutz von baulichen Anlagen ist DIN 4095[8]) zu beachten.

3 Begriffe und Sinnbilder

Die Teile einer Entwässerungsanlage sind in den Bildern 1 bis 5 dargestellt.

Weitere Begriffe der Abwassertechnik siehe auch DIN 4045[9]).

3.1 Abwasserkanäle und -leitungen

3.1.1 Anschlußkanal[10])

Kanal zwischen dem öffentlichen Abwasserkanal und der Grundstücksgrenze bzw. der ersten Reinigungsöffnung (z. B. Übergabeschacht) auf dem Grundstück (aus: DIN 4045 (12.85)).

3.1.2 Grundleitung

Im Erdreich oder in der Grundplatte unzugänglich verlegte Leitung, die das Abwasser in der Regel dem Anschlußkanal zuführt.

3.1.3 Sammelleitung

Liegende Leitung zur Aufnahme des Abwassers von Fall- und Anschlußleitungen, die nicht im Erdreich oder in der Grundplatte verlegt ist.

3.1.4 Falleitung

3.1.4.1 Schmutzwasserfalleitung

Lotrechte Leitung, gegebenenfalls mit Verziehung, die durch ein oder mehrere Geschosse führt, über Dach gelüftet wird und das Abwasser einer Grund- oder Sammelleitung zuführt.

3.1.4.2 Regenfalleitung

Innen- oder außenliegende lotrechte Leitung, gegebenenfalls mit Verziehung, zum Ableiten des Regenwassers von Dachflächen, Balkonen oder Loggien.

3.1.5 Anschlußleitung

3.1.5.1 Einzelanschlußleitung

Leitung von dem Geruchverschluß eines Entwässerungsgegenstandes bis zur weiterführenden Leitung oder bis zu einer Abwasserhebeanlage.

Bei Entwässerungsgegenständen ohne Geruchverschluß beginnt die Einzelanschlußleitung am Abflußstutzen des Entwässerungsgegenstandes (z. B. Flachdachablauf).

---

[8]) Dränung des Untergrundes zum Schutz von baulichen Anlagen
[9]) Abwassertechnik, Begriffe
[10]) Anschlußkanäle werden in dieser Norm nicht behandelt. Die Sollweite des Anschlußkanals wird von der zuständigen Behörde festgelegt.

3.1.5.2 Sammelanschlußleitung

Leitung zur Aufnahme des Abwassers mehrerer Einzelanschlußleitungen bis zur weiterführenden Leitung oder bis zu einer Abwasserhebeanlage.

3.1.6 Verbindungsleitung

Leitung zwischen Ablaufstelle und Geruchverschluß.

3.1.7 Umgehungsleitung

Leitung zur Aufnahme von Anschlußleitungen im Staubereich einer Falleitungsverziehung bzw. im Bereich des Übergangs einer Falleitung in eine Sammel- oder Grundleitung.

3.1.8 Lüftungsleitung

Leitung, die die Entwässerungsanlage be- und entlüftet, aber kein Abwasser aufnimmt.

3.2 Lüftungssysteme

3.2.1 Hauptlüftung

Lüftung von einzelnen oder mehreren zusammengefaßten Falleitungen bis über Dach.

3.2.2 Nebenlüftung

3.2.2.1 Direkte Nebenlüftung

Zusätzliche Lüftung der Falleitung durch eine Lüftungsleitung, die in jedem Geschoß mit der Falleitung verbunden ist.

3.2.2.2 Indirekte Nebenlüftung

Zusätzliche Lüftung der Anschlußleitungen durch eine Lüftungsleitung über Dach oder Rückführung an die Hauptlüftung.

3.2.3 Umlüftung

Lüftung einer Anschlußleitung oder einer Umgehungsleitung durch Rückführung an die zugehörige Falleitung oder an eine belüftete Grundleitung.

3.2.4 Sekundär-Lüftung

Zusätzliche Lüftung jeder Anschlußleitung am Geruchverschluß durch ein zweites Lüftungssystem.

3.3 Frostfreie Tiefe

Unter frostfreier Tiefe ist das Maß von Geländeoberkante bis zum Wasserspiegel im Geruchverschluß bzw. bis zum Scheitel der Grundleitung zu verstehen.

3.4 Zeichnerische Darstellungen

Die Bilder 1 bis 14 sind Schemazeichnungen.

Sinnbilder und Zeichen zur Darstellung von Abwasserleitungen, Lüftungsleitungen, Entwässerungsgegenständen und Sanitär-Ausstattungsgegenständen in Grund- und Aufriß sind in Tabelle 1 angegeben.

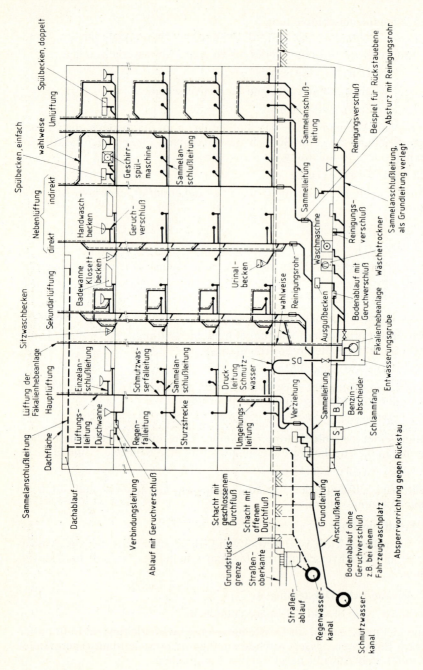

Bild 1. Schema einer Entwässerungsanlage mit Darstellung von Rohrleitungen und Lüftungssystemen

DIN 1986 Teil 1

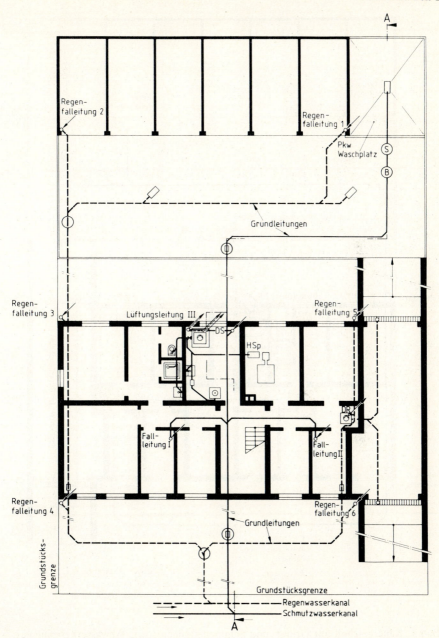

Bild 2. Kellergeschoß mit Grund- und Sammelleitungen sowie Abwasserhebeanlage beim Trennverfahren

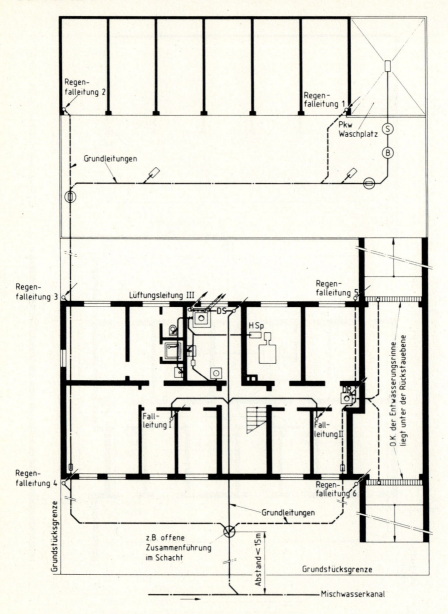

Bild 3. Kellergeschoß mit Grund- und Sammelleitungen sowie Abwasserhebeanlage beim Mischverfahren

DIN 1986 Teil 1

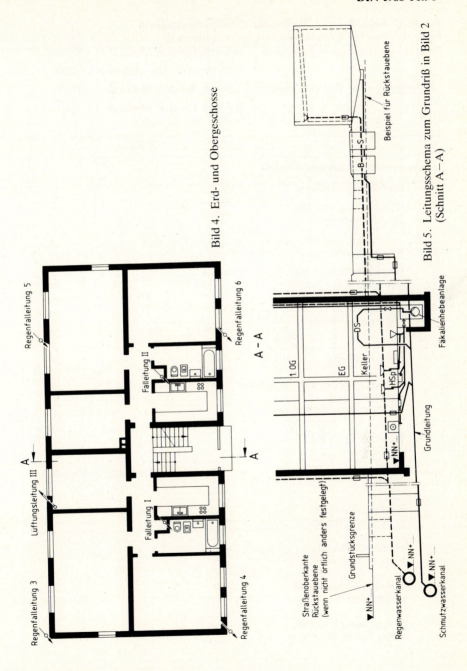

Bild 4. Erd- und Obergeschosse

Bild 5. Leitungsschema zum Grundriß in Bild 2 (Schnitt A–A)

203

DIN 1986 Teil 1

Tabelle 1 **Sinnbilder und Zeichen für Entwässerungsanlagen**
Linienbreiten für Entwässerungsgegenstände und
Sanitär-Ausstattungsgegenstände: 0,5 mm für den Maßstab 1 : 50
                                                                    0,25 mm für den Maßstab 1 : 100
Linienbreiten für Rohrleitungen: 1,0 mm für den Maßstab 1 : 50
                                                                    0,5 mm für den Maßstab 1 : 100

Nr.	Benennung	Grundriß	Aufriß
1 Abwasser- und Lüftungsleitungen			
1.1	Schmutzwasserleitung Druckleitung wird mit DS gekennzeichnet:	—DS—	∥ DS
1.2	Regenwasserleitung Druckleitung wird mit DR gekennzeichnet:	----- --DR--	∥ DR
1.3	Mischwasserleitung	—·—·—	¦
1.4	Lüftungsleitung	======	
1.5	Lüftungsleitung, Richtungshinweise wie Nr. 1.7, z. B. beginnend und aufwärtsverlaufend	⟋	∥
1.6	Falleitung	○	je nach Leitungsart
1.7	Richtungshinweise: a) hindurchgehend b) beginnend und abwärts verlaufend c) von oben kommend und endend d) beginnend und aufwärtsverlaufend	⟋ ⟋ ⟋ ⟋	je nach Leitungsart

Tabelle 1 (Fortsetzung)

Nr.	Benennung	Grundriß	Aufriß
1.8	Nennweitenänderung		
1.9	Werkstoffwechsel		
1.10	Reinigungsrohr mit runder oder rechteckiger Öffnung		
1.11	Reinigungsverschluß		
1.12	Rohrendverschluß		
1.13	Geruchverschluß		
2 Abläufe, Abscheider, Abwasserhebeanlagen, Schächte			
2.1	Ablauf oder Entwässerungsrinne ohne Geruchverschluß		
2.2	Ablauf oder Entwässerungsrinne mit Geruchverschluß		
2.3	Ablauf mit Rückstauverschluß für fäkalienfreies Abwasser		
2.4	Schlammfang		
2.5	Fettabscheider		

DIN 1986 Teil 1
Tabelle 1 (Fortsetzung)

Nr.	Benennung	Grundriß	Aufriß
2.6	Stärkeabscheider	—(St)—	—[St]—
2.7	Benzinabscheider (Abscheider für Leichtflüssigkeiten)	—(B)—	—[B]—
2.8	Heizölabscheider (Abscheider für Leichtflüssigkeiten)	—(H)—	—[H]—
2.9	Heizölsperre	HSp	HSp
2.10	Heizölsperre mit Rückstauverschluß	HSp	HSp
2.11	Rückstauverschluß für fäkalienfreies Abwasser	—▯—	—▯—
2.12	Rückstauverschluß für fäkalienhaltiges Abwasser	—⊠—	—⊠—
2.13	Kellerentwässerungspumpe		
2.14	Fäkalienhebeanlage		
2.15	Schacht mit offenem Durchfluß (dargestellt mit Schmutzwasserleitung)	—○—	▯
2.16	Schacht mit geschlossenem Durchfluß	—⊖—	▯

206

DIN 1986 Teil 1

Tabelle 1 (Fortsetzung)

Nr.	Benennung	Grundriß	Aufriß
3 Sanitär-Ausstattungsgegenstände			
3.1	Badewanne		
3.2	Duschwanne		
3.3	Waschtisch, Handwaschbecken		
3.4	Sitzwaschbecken		
3.5	Urinalbecken		
3.6	Urinalbecken mit automatischer Spülung		
3.7	Klosettbecken		
3.8	Ausgußbecken		
3.9	Spülbecken, einfach		
3.10	Spülbecken, doppelt		
3.11	Geschirrspülmaschine[11]		
3.12	Waschmaschine[11]		
3.13	Wäschetrockner[11]		
3.14	Klimagerät[11]		

[11] Zeichen nach DIN 40900 Teil 11 Graphische Symbole für Schaltungsunterlagen

4 Allgemeine Anforderungen an Rohre, Formstücke und Rohrverbindungen

4.1 Rohre und Formstücke

Bis zur Herausgabe einer Norm mit allgemeinen Anforderungen an Rohre und Formstücke für Abwasser- und Lüftungsleitungen, die innerhalb von Gebäuden verlegt werden, gelten die Festlegungen nach den Abschnitten 4.1.1 bis 4.1.7 sowie Abschnitt 4.3. Für erdverlegte Abwasserleitungen gelten die Festlegungen nach DIN 19550.[12])

4.1.1 Rohre und Formstücke für Abwasser- und Lüftungsleitungen müssen beständig sein gegen Abwasser und daraus entstehende Gase und Dämpfe (siehe auch DIN 1986 Teil 3[1])).

4.1.2 Die Verwendungsbereiche von Rohren und Formstücken aus den für Abwasser- und Lüftungsleitungen zur Verfügung stehenden Werkstoffen sind in DIN 1986 Teil 4[1]) festgelegt.

4.1.3 Rohre und Formstücke müssen so ausgebildet und innen so beschaffen sein, daß Inkrustationen, Ablagerungen und Verstopfungen nicht begünstigt werden.

4.1.4 Rohre und Formstücke einer Nennweite aus gleichen Werkstoffen verschiedener Hersteller müssen solche Maße haben, daß sie unmittelbar austauschbar sind.

4.1.5 Rohre und Formstücke für Anschluß-, Fall- und Sammelleitungen müssen für eine maximale Abwassertemperatur von 95 °C, solche für Grundleitungen für eine Abwassertemperatur von 45 °C mit kurzzeitig höheren Temperaturen geeignet sein.

4.1.6 Die Werkstoffe von Rohren und Formstücken müssen im eingebauten Zustand untereinander dauernd verträglich sein.

4.1.7 Es sind Rohre und Formstücke mit folgenden Nennweiten zu verwenden: DN 32, DN 40, DN 50, DN 70, DN 100 und darüber hinaus Nennweiten nach DIN 4263.[13]) Wegen der Verwendung der Nennweite anstelle der Sollweite ist DIN 4045[9]) zu beachten.

Für Nennweiten von Regenfalleitungen außerhalb von Gebäuden gilt DIN 18460.[14])

4.2 Rohrverbindungen

Für Rohrverbindungen gelten DIN 19543[15]) und DIN 4060[16]).

---

[12]) Anforderungen an Rohre und Formstücke für erdverlegte Abwasserkanäle und -leitungen
[13]) Querschnitte von Kanälen und Leitungen
[14]) Regenfalleitungen außerhalb von Gebäuden und Dachrinnen
[15]) Anforderungen an Rohrverbindungen für Abwasserkanäle und -leitungen
[16]) Dichtmittel aus Elastomeren

4.3 Dichtheit

4.3.1 Abwasser- und Lüftungsleitungen müssen bei einem inneren oder äußeren Überdruck von 0 bis 0,5 bar unter den zwischen ihnen und ihrer Umgebung möglichen Wechselwirkungen dauernd dicht sein (siehe auch Abschnitt 6.1.10).

4.3.2 Für Leitungen, bei denen ein höherer Über- oder Unterdruck auftreten kann (z. B. Regenwasserleitungen innerhalb von Gebäuden), sind besondere Anforderungen an Rohre, Formstücke, Verbindungen und Halterungen zu berücksichtigen; gegebenenfalls sind druckfeste Rohre und Formstücke einzusetzen (siehe auch Abschnitt 6.1.12).

4.4 Vorfertigung

4.4.1 Vorgefertigte Installationseinheiten müssen so beschaffen sein, daß sie die bei Transport, Lagerung und Einbau üblicherweise auftretenden Beanspruchungen aufnehmen können, damit Schäden vermieden werden, die sowohl den Einbau der Installationseinheiten als auch ihre Funktion nachteilig beeinträchtigen würden.

4.4.2 Die Verbindung von vorgefertigten Installationseinheiten untereinander und mit bestehenden Anlageteilen muß so gestaltet sein, daß sie nach dem Einbau der Installationseinheiten herstellbar ist. Die Verbindung muß so beschaffen sein, daß der Ausgleich einer zu erwartenden Achsverschiebung bis zu 30 mm spannungsfrei, wasser- und gasdicht und ohne Verminderung des Leitungsquerschnitts möglich ist. Die erforderlichen Aussparungen müssen in den Installationseinheiten vorhanden sein.

4.4.3 Werden Bauteile zum Ableiten von Abwasser in geschlossene Installationseinheiten eingebaut, so müssen die bei Fertigung, Einbau und Betrieb auftretenden Beanspruchungen (Wärme, Druck, Stoß) schadlos aufgenommen werden können.

5 Ablaufstellen

5.1 Verhinderung des Austritts von Gasen, Geruchverschlüsse

5.1.1 Jede Ablaufstelle ist mit einem Geruchverschluß zu versehen.

5.1.2 Von den Festlegungen nach Abschnitt 5.1.1 sind ausgenommen:

a) Ablaufstellen für Regenwasser, die an Regenwasserleitungen im Trennverfahren angeschlossen sind,

b) Ablaufstellen für Regenwasser, die an Regenwasserleitungen im Mischverfahren angeschlossen sind, wenn die Ablaufstellen mindestens 2 m von Fenstern und Türen von Aufenthaltsräumen entfernt sind oder die Leitungen Geruchverschlüsse an frostfreier Stelle erhalten,

c) Bodenabläufe in Garagen, die an Regenwasserleitungen im Trennverfahren angeschlossen sind,

d) Bodenabläufe in Garagen, die an Regenwasserleitungen im Mischverfahren angeschlossen sind, wenn die Leitungen Geruchverschlüsse an frostfreier Stelle erhalten,

e) Bodenabläufe, die über Abscheider für Leichtflüssigkeiten (siehe DIN 1999 Teil 1 bis Teil 3[17])) entwässern,

f) Überläufe in andere Ablaufstellen.

5.1.3 Mehrere Ablaufstellen gleicher Art können einen gemeinsamen Geruchverschluß erhalten (z. B. Reihenwaschanlagen nach DIN 19563[18]), wenn die Verbindungsleitung nicht länger als 4 m ist und an der höchsten Stelle der Verbindungsleitung eine Reinigungsöffnung angebracht wird.

5.1.4 Einzubauende Geruchverschlüsse oder Bauteile mit Geruchverschluß müssen den dafür geltenden Normen (z. B. DIN 1390 Teil 1 und Teil 2[19]), DIN 19541[20]), DIN 19545[21]), DIN 19599[7])) entsprechen. Die Geruchverschlußhöhe muß mindestens betragen:

— für Klosett- und Urinalbecken, Ablaufgarnituren nach DIN 19545 und Badabläufe　50 mm
— für alle übrigen Abläufe für Schmutzwasser (z. B. Bodenabläufe, Fettabscheider)　60 mm
— für Abläufe für Regenwasser　100 mm

Bei Abläufen in Räumen mit Über- und Unterdruck (z. B. Klimakammern) sind je nach Unterdruck oder Überdruck sichere Geruchverschlußhöhen zu wählen. Notfalls sind Bodenabläufe ohne Geruchverschluß vorzusehen, die mit absperrbarer Verbindungsleitung und freiem Auslauf zu einer nicht gefährdeten Ablaufstelle führen.

5.1.5 Überläufe und Abläufe von Apparaten und Armaturen, z. B. Rohrbelüfter, die aus einer Trinkwasserleitung gespeist werden, dürfen nur über einen Geruchverschluß und nicht unmittelbar mit der Abwasserleitung verbunden werden (siehe auch DIN 1988 Teil 2 und Teil 4[22])).

Unzumutbare Belästigungen, z. B. durch heißes Wasser, dürfen dadurch nicht entstehen.

5.1.6 Kühlschränke, Kühlanlagen, Fischkästen, Speiseschränke und ähnliche Behälter für Nahrungsmittel dürfen nicht unmittelbar mit der Abwasserleitung verbunden werden.

---

17) Abscheider für Leichtflüssigkeit — Benzinabscheider, Heizölabscheider
18) Reihenwaschanlage
19) Urinale
20) Geruchverschlüsse für Entwässerungsanlagen
21) Ablaufgarnituren (Geruchverschlüsse und Zubehör)
22) Technische Regeln für Trinkwasser-Installationen (TRWI)

5.2 Schutz des Gebäudes gegen Abtropfwasser, Überlaufwasser und Regenwasser; Ablaufstellen von Balkonen und Loggien

5.2.1 Unter jeder Zapfstelle in Gebäuden, außer denen für Feuerlöschzwecke und für Wasch- und Geschirrspülmaschinen nach Abschnitt 5.2.2, muß eine Ablaufstelle vorhanden sein, wenn nicht der Abfluß über wasserdichtem Fußboden ohne Pfützenbildung nach einer anderen Ablaufstelle möglich ist.

Ablaufstellen, deren Ablauföffnungen verschlossen werden können, wie z. B. bei Waschtischen, Spülbecken, Badewannen, müssen einen freien Überlauf (bei Duschwannen gilt hierfür auch ein Standrohr) mit ausreichendem Abflußvermögen haben. Dieses muß bei folgenden Sanitär-Ausstattungsgegenständen betragen (siehe auch DIN 19541[20])):

– Badewannen min. 0,6 l/s
– Duschwannen min. 0,35 l/s
– Spülbecken, Waschtische und Sitzwaschbecken min. 0,25 l/s

Wenn in derartigen Fällen ein freier Überlauf aus zwingenden Gründen (z. B. Behandlungsräume und Naßräume in Krankenhäusern) nicht angeordnet werden kann, ist entweder ein Bodenablauf, der als freier Überlauf anzusehen ist, oder eine nicht verschließbare Ablaufvorrichtung vorzusehen.

Das Wasser aus Überläufen darf nicht auf Dächer geleitet werden.

Bodenabläufe sind in die Decke wasserdicht einzubauen (siehe auch DIN 18337[23])).

5.2.2 Bei Wasch- und Geschirrspülmaschinen, die fest mit der Abwasserleitung verbunden sind oder die über einen in eine Ablaufstelle einhängbaren Abwasserschlauch das Abwasser abpumpen, ist eine besondere Ablaufstelle unter der Zapfstelle nicht erforderlich. Einhängbare Abwasserschläuche müssen durch geeignete Vorrichtungen gegen Herausfallen gesichert sein. Fest angeschlossene Maschinen müssen über einen Geruchverschluß entwässert werden.

5.2.3 Sanitärräume in Gebäuden, die ständig für einen größeren Personenkreis bestimmt sind (z. B. Hotels, Schulen), müssen einen Bodenablauf mit Geruchverschluß erhalten. Bäder in Wohnungen sollten einen Badablauf erhalten. Die ständige Erneuerung des Sperrwassers ist durch Anschluß eines Entwässerungsgegenstandes sicherzustellen.

5.2.4 Balkone und Loggien müssen einen Bodenablauf erhalten; haben sie eine geschlossene Brüstung, so muß außer dem Bodenablauf noch eine Durchlaßöffnung von mindestens 40 mm lichter Weite in der Brüstung vorhanden sein. Die Durchlaßöffnung ist so anzuordnen, daß das sich auf dem Boden sammelnde Wasser bei Verstopfung des Bodenablaufes ins Freie ablaufen kann.

---

[23] VOB Teil C, Abdichtung gegen nichtdrückendes Wasser

Sofern die Brüstungen nicht allseits umschlossen sind, darf das Regenwasser in die Fallleitung der Dachentwässerung eingeleitet werden (siehe auch Abschnitt 5.1.2b). Nur wenn Dritte dadurch nicht beeinträchtigt werden, kann das Regenwasser auch direkt über Wasserspeier und Tropfleisten auf das Grundstück abgeleitet werden.

5.3 Schutz gegen Verschmutzung und Verstopfung der Leitungen

5.3.1 Ablaufstellen von Trinkbrunnen, Spülbecken, Ausgußbecken, Wannen, Balkonen und Loggien müssen Roste, Kreuzstäbe oder Siebe erhalten. Mit Ausgüssen müssen die Roste, Kreuzstäbe oder Siebe fest, mit Balkonabläufen lösbar verbunden sein. Ausgenommen sind Steckbeckenspülapparate, Krankenhausausgüsse und Fäkalienausgüsse.

5.3.2 Bodenabläufe, bei denen viel Sinkstoffe (z. B. in Molkereien oder anderen gewerblichen Anlagen) anfallen, müssen genügend große Schlammfänge besitzen. Bei Einbau im Freien muß der Wasserspiegel frostfrei unter Geländeoberkante liegen (siehe Abschnitt 2.9). Können grobe Stoffe oder auch Vögel in die Regenfallleitungen gelangen, so sind die Rinnenabläufe mit Rinnensieben zu versehen.

5.3.3 Autowaschplätze sind durch Wasserscheiden zu begrenzen. Sie müssen im Trennverfahren an die Schmutzwasserleitung angeschlossen werden (siehe auch Abschnitt 8.5).

5.3.4 Können Mineralöle und Leichtflüssigkeiten, vor allem solche, die feuergefährlich sind oder eine explosionsfähige Atmosphäre bilden können, in das Entwässerungsnetz gelangen, sind hinter den Ablaufstellen Abscheider für Leichtflüssigkeiten (Benzinabscheider oder Heizölabscheider) bzw. Heizölsperren einzubauen (siehe DIN 1999 Teil 1 bis Teil 3[17]) und DIN 4043[24])).

5.3.5 Bei Abläufen für Verkehrsflächen, Höfe und Gärten ist die Umgebung im Umkreis von mindestens 1 m um den Ablauf zu befestigen.

5.3.6 Zur Vermeidung von Inkrustationen sollen beregnete Flächen aus zementgebundenen Werkstoffen nicht ohne eine vorherige Oberflächenbehandlung an eine innenliegende Regenfallleitung angeschlossen werden.

5.4 Klosett- und Urinalanlagen

5.4.1 Räume mit Klosett- und/oder Urinalanlagen, die ständig für einen größeren Personenkreis bestimmt oder allgemein zugänglich sind, müssen Bodenabläufe mit Geruchverschluß erhalten. Die ständige Erneuerung des Sperrwassers ist sicherzustellen.

5.4.2 Klosettbecken müssen DIN 1385[25]) entsprechen. Flachspülklosetts mit einfacher Zunge sind für den Einbau nicht zugelassen. Für die Verbindung zwischen Ablaufstutzen des Klosettbeckens und Anschlußleitung dürfen nur

---

24) Sperren für Leichtflüssigkeiten; Heizölsperren
25) Klosettbecken mit angeformtem Geruchverschluß

Tabelle 2 **Einbauhöhen und Spülwasservolumen für Spülkästen**

Nr.	Spülkasten für	Einbauhöhe	Abstand des Spülkastenbodens von Oberkante Becken mm	Abstand des Spülkastenbodens von Oberkante Fußboden mm min.	Spülwasservolumen l
1	Flachspül- oder Tiefspülklosetts	aufgesetzt	0	–	6 bzw. 9*)
		tiefhängend	120 bis 250	–	
		hochhängend	min. 1 500	–	
2	Absaugeklosetts	aufgesetzt	0	–	6; 9 bzw. 14*)
		tiefhängend	≤ 250	–	
3	Fäkalienausgüsse	hochhängend	–	2 000	6 bis 9
4	Urinalbecken	hochhängend	–	1 400	2 bis 4

*) In Abhängigkeit von der Art der Klosettbecken, je nach der auf diesen angebrachten Kennzeichnung; Spülkästen für Klosettbecken ohne Kennzeichnung nach Nr. 1 sind grundsätzlich auf 9 l, die nach Nr. 2 grundsätzlich auf 14 l einzustellen.

Klosettanschlußstücke und Dichtmittel nach DIN 1389 Teil 1 und Teil 2[26]) verwendet werden.

5.4.3 Urinalbecken müssen DIN 1390 Teil 1 und Teil 2[19]) entsprechen, sie dürfen kein frei ausmündendes Ablaufrohr haben. Urinalwände sind zu vermeiden.

5.4.4 Die Spülung von Klosettbecken und Urinalbecken ist durch eine besondere, an eine Wasserleitung angeschlossene Spüleinrichtung zu bewirken; ausgenommen sind Urinalanlagen, die aufgrund ihrer Konstruktion auch ohne Wasserspülung einwandfrei funktionieren. Die Spülvorrichtung von Urinalbecken soll selbsttätig funktionieren. Für Klosettbecken dürfen nur Spülkästen nach DIN 19542[27]) oder Druckspüler nach DIN 3265 Teil 1 und Teil 2[28]) verwendet werden, der Einbau von anderen Spülaggregaten (z. B. Spülventilen) ist unzulässig. Spülaggregate für Urinalbecken müssen die nach DIN 1390 Teil 2[19]) geforderten hydraulischen Werte erfüllen.

5.4.5 Der Spülvorgang bei Klosettbecken darf unterbrochen oder abgekürzt werden. Das Spülwasservolumen sollte dafür mindestens 3 l betragen (Richtwert). In diesem Falle ist für Spülkästen die unverzügliche Wiederauffüllung sicherzustellen (siehe DIN 19542[27])).

5.4.6 Spülrohre für Spülkästen müssen DIN 3268[29]), Spülrohre für Druckspüler DIN 3267[30]) entsprechen.

---

26) Klosettanschlußstücke
27) Spülkästen
28) Druckspüler
29) Spülrohre für Spülkästen
30) Spülrohre für Druckspüler

DIN 1986 Teil 1

5.4.7 Spülkästen für Klosettbecken müssen DIN 19542[27]) und Tabelle 2, Nr. 1 und 2, Spülkästen für Fäkalienausgüsse und Urinalbecken Tabelle 2, Nr. 3 und 4, entsprechen.

5.4.8 Druckspüler müssen DIN 3265 Teil 1 und Teil 2[28]) und Tabelle 3 entsprechen.

6 Verlegen von Leitungen

6.1 Allgemeines

6.1.1 Alle Rohrleitungen müssen leerlaufen können und sind deshalb mit Gefälle zu verlegen, ausgenommen planmäßig vollgefüllt betriebene Regenwasserleitungen.

Tabelle 3 **Funktionsanforderungen für Druckspüler**

Spülwasservolumen nach 1 s Betätigungsdauer l	Nennweite DN	Kennzeichnender Spülstrom l/s	Fließdruck beim kennzeichnenden Spülstrom bar
6 bzw. 9*)	15	min. 0,7 max. 1,0	max. 1,2 max. 4,0
	20	min. 1,0 max. 1,3	max. 1,2 max. 4,0
14	25	min. 1,0 max. 1,8	max. 0,4 max. 4,0

*) In Abhängigkeit von der Art der Klosettbecken, je nach der auf diesen angebrachten Kennzeichnung; Druckspüler für Flach- oder Tiefspülklosetts sind grundsätzlich auf 9 l, für Absaugeklosetts auf 14 l einzustellen.

6.1.1.1 Liegende Leitungen sind in gleichmäßigem Gefälle zu verlegen, das nicht größer als 1 : 20 sein soll.

6.1.1.2 Für größere Höhenunterschiede sind gegebenenfalls Abstürze mit Reinigungsmöglichkeiten anzuordnen.

6.1.1.3 Das jeweilige Mindestgefälle nach Tabelle 4 ist einzuhalten.

Wenn in begründeten Einzelfällen von den angegebenen Werten abgewichen werden soll, darf die Mindestgeschwindigkeit von 0,7 m/s nicht unterschritten werden.

Für Zuleitungen zu Fettabscheidern gilt Abschnitt 8.7.

6.1.1.4 Einzelanschlußleitungen für Klosettbecken dürfen nicht länger als 5 m sein.

Bild 6. Geneigter Anschluß an Leitungen für Schmutzwasser

Tabelle 4 **Mindestgefälle von Leitungen**[31])

DN	Mindestgefälle für				
	Schmutzwasserleitungen innerhalb von Gebäuden	Regenwasserleitungen innerhalb von Gebäuden	Mischwasserleitungen innerhalb von Gebäuden	Schmutzwasserleitungen außerhalb von Gebäuden	Regenwasser- und Mischwasserleitungen außerhalb von Gebäuden
bis 100	1 : 50	1 : 100	1 : 50	1 : DN	1 : DN
125	1 : 66,7	1 : 100	1 : 66,7	1 : DN	1 : DN
150	1 : 66,7	1 : 100	1 : 66,7	1 : DN	1 : DN
ab 200	$1 : \frac{DN}{2}$	$1 : \frac{DN}{2}$	$1 : \frac{DN}{2}$	1 : DN	1 : DN
Füllungsgrad h/d (nach DIN 1986 Teil 2)	0,5	0,7	0,7	0,5*)	0,7**)

*) Für Grundleitungen ab DN 150 auch 0,7
**) Für Grundleitungen ab DN 150 im Anschluß an einen Schacht mit offenem Durchfluß auch 1,0

6.1.1.5 Anschlüsse an Sammelanschlußleitungen, Sammelleitungen und Grundleitungen für Schmutzwasser sollen geneigt erfolgen (Neigung nicht unter 15°); dies gilt besonders für die Anschlüsse von Einzelanschlußleitungen von Klosettbecken an Sammelanschlußleitungen.

6.1.2 Richtungsänderungen von Grund- oder Sammelleitungen dürfen nur mit vorgefertigten Bögen ausgeführt werden, wobei jeder einzelne Bogen höchstens 45° haben darf.

Wenn die Zusammenführung von Grundleitungen mit Formstücken nicht möglich ist, ist ein Schacht anzuordnen.

In Grund- und Sammelleitungen dürfen nur Abzweige mit höchstens 45° eingebaut werden.

In liegenden Leitungen sind Doppelabzweige unzulässig.

Eine Leitung darf in Fließrichtung gesehen nicht in eine solche mit geringerer Nennweite eingeführt werden (Ausnahme: Regenfalleitung außerhalb von

---

31) Als außerhalb von Gebäuden liegende Leitungen sind dabei solche Leitungen zu verstehen, die im Grundriß außerhalb der Umrisse des Gebäudes verlegt werden. Leitungen unterhalb der Kellersohle gelten als innerhalb eines Gebäudes liegend.

Gebäuden nach Abschnitt 4.1.7). Übergänge auf größere Nennweiten müssen mit Übergangsformstücken oder anderen geeigneten Verbindungen (z. B. Übergangsdichtungen) hergestellt werden.

6.1.3 Anbohrstutzen und Sattelstücke[32]) dürfen nur für den nachträglichen Anschluß von Entwässerungsanlagen an vorhandene Abwasserleitungen verwendet werden, wenn der Einbau eines Formstückes aus besonderen Gründen schwierig ist. Sie müssen jedoch so angeordnet und angebracht sein, daß eine dichte Rohrverbindung auf Dauer gesichert ist.

6.1.4 Werkstoffwechsel bei gleicher Nennweite dürfen nur mit Hilfe der hierfür eigens vorhandenen Anschlußformstücke, Nippel oder Dichtringe vorgenommen werden, welche die verschiedenen Außendurchmesser und Muffeninnenmaße der Werkstoffe einander anpassen.

6.1.5 Sanitär-Ausstattungsgegenstände müssen eine lösbare Verbindung zur Anschlußleitung haben.

6.1.6 Die Standfestigkeit tragender Bauteile darf durch die Leitungsführung nicht beeinträchtigt werden.

6.1.7 Abwasserleitungen dürfen nicht durch Bauteile beeinträchtigt werden. Eine Belastung der Abwasserleitungen durch unterschiedliche Setzungen des Bauwerkes muß durch geeignete Maßnahmen vermieden werden. Dies kann z. B. durch eine unmittelbar neben dem Bauteil beiderseitige gelenkige Rohrverbindung oder durch Anordnung eines Mantelrohres erfolgen.

6.1.8 Werden Leitungen durch im Erdreich liegende Außenwände hindurchgeführt, so müssen die Durchführungsstellen sorgfältig und dauerhaft abgedichtet werden, erforderlichenfalls mit Schutzrohren, damit weder Wasser noch Gase von außen an den Durchführungsstellen in das Gebäude eindringen können (siehe DIN 1833633)) oder DIN 18337[23])). Schutzrohre müssen eine solche lichte Weite aufweisen, daß diese Dichtung ordnungsgemäß ausgeführt werden kann. Der Anschluß an die Durchführung ist beiderseitig gelenkig auszuführen.

6.1.9 Öffnungen zur Durchführung von Rohrleitungen durch Decken sind erforderlichenfalls bauseits so abzudichten, daß Wasser nicht in die Decke eindringen kann.

6.1.10 Rohrleitungen sind sicher zu befestigen. Die Stützweiten der Rohrleitungen sowie Maßnahmen gegen Auseinandergleiten und Ausweichen aus der Achse sind entsprechend den Verlegeanleitungen der Hersteller für den jeweiligen Rohrwerkstoff festzulegen. Freiliegende Leitungen sollen nicht an Wänden anliegen.

---

[32] Anbohrstutzen und Sattelstücke unterliegen als Formstücke der Prüfpflicht, siehe auch Fußnote [2].
[33] VOB Teil C, Abdichtungsarbeiten

6.1.11 Für die Verlegung von Grundleitungen gelten die Festlegungen nach DIN 4033[34]) und DIN 4124[35]).

Nach der Prüfung und Abnahme eines Rohrstranges der Grundleitung ist der Rohrgraben unverzüglich zu verfüllen.

6.1.12 Bei Rohrleitungen mit nicht längskraftschlüssigen Verbindungen, z. B. Steckmuffen, in denen planmäßig Innendruck herrscht oder durch besondere Betriebszustände entstehen kann, sind – vor allem bei Richtungsänderungen – die Rohre gegen Auseinandergleiten und Ausweichen aus der Achse (bei Druckprüfungen und im Betrieb) durch Befestigung auf Widerlagern zu sichern.

Die dabei auftretenden Reaktionskräfte sind bei der Verlegung zu berücksichtigen (siehe Abschnitt 4.3.2).

6.1.13 Alle Grundleitungen sind nach der Verlegung und nach baulichen Änderungen einer Wasserdichtheitsprüfung nach DIN 4033[34]) zu unterziehen. Ist, z. B. durch die Lage der Rückstauebene, in der Grundleitung ein Druck zu erwarten, der über dem in DIN 4033 angegebenen liegt, ist für die Wasserdichtheitsprüfung dieser erhöhte Druck zu verwenden. Für Prüfungen, die im Rahmen der Instandhaltung durchzuführen sind, gilt DIN 1986 Teil 30[1]).

6.2 Schmutzwasserfalleitungen

6.2.1 Schmutzwasserfalleitungen sind ohne Nennweitenänderungen möglichst geradlinig durch die Geschosse zu führen.

6.2.2 Nebeneinanderliegende Wohnungen dürfen nicht an eine gemeinsame Schmutzwasserfalleitung angeschlossen werden.

6.2.3 Bei Richtungsänderungen von Schmutzwasserfalleitungen sind wegen der dadurch entstehenden Druckverhältnisse besondere verlegetechnische Maßnahmen nach den Abschnitten 6.2.4 und 6.2.5 erforderlich. Ausgenommen hiervon sind:

- Falleitungen mit Richtungsänderungen bis 45° (Sprungbogen, Verziehungen),
- Falleitungen, die nicht mehr als 3 Geschosse durchlaufen bzw. nicht länger als 10 m sind. Geht eine solche Falleitung in eine liegende Leitung über, ist ein Fußbogen mit 87° bis 90° abweichend von Bild 10 zulässig.

---

34) Ausführung von Entwässerungskanälen und -leitungen aus vorgefertigten Rohren; eine Erweiterung der Normenreihe DIN 1986 um Regeln für die Prüfung von Grundleitungen ist in Vorbereitung.
35) Baugruben und Gräben; Böschungen, Arbeitsraumbreiten, Verbau

6.2.4 Bei Falleitungen, die 4 bis 8 Geschosse durchlaufen bzw. 10 bis 22 m lang sind, sind Maßnahmen nach den Abschnitten 6.2.4.1 bis 6.2.4.5 erforderlich.

6.2.4.1 Die Falleitung ist oberhalb des zulaufseitigen Bogens einer Verziehung auf eine Höhe von mindestens 2 m von Anschlüssen freizuhalten (siehe Bild 7).

Anschlüsse aus diesem Bereich sind mit einem Mindestabstand von 1 m hinter dem zulauf- sowie 1 m vor oder hinter dem ablaufseitigen Bogen einer Verziehung an die liegende Leitung zu führen (siehe Bild 7).

Ist die Falleitungsverziehung < 2 m, ist eine Umgehungsleitung einzubauen (siehe Bild 8).

6.2.4.2 Beim Einbau einer Umgehungsleitung sind die Anschlüsse mit dieser zu verbinden.

6.2.4.3 Übergänge in eine liegende Leitung sowie die zulauf- und ablaufseitigen Bogen einer Verziehung sind mit einem Zwischenstück von 250 mm Länge aufzulösen (siehe Bild 10).

6.2.4.4 Bei Einbau einer Umgehungsleitung kann auf das Zwischenstück von 250 mm Länge verzichtet werden. Die Umgehungsleitung ist mindestens 1,5 m über Oberkante Fußboden und 2 m oberhalb des zulaufseitigen und 1 m unterhalb des ablaufseitigen Bogens anzuschließen (siehe Bild 8).

6.2.4.5 Die nach Bild 7 einzeln angeschlossenen Leitungen können auch durch eine gelüftete Sammelanschlußleitung mit der Verziehung oder der Sammel- oder Grundleitung verbunden werden (siehe Bild 11).

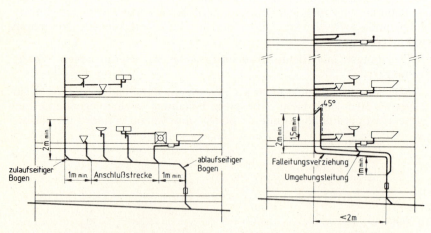

Bild 7. Anschlußfreie Leitungsteile bei Verziehung ohne Umgehungsleitung

Bild 8. Falleitungsverziehung < 2 m mit Umgehungsleitung

DIN 1986 Teil 1

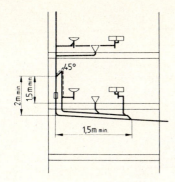

Bild 9. Falleitungsverziehung ≥ 2 m mit Umgehungsleitung oder Umgehungsleitung für den Übergang einer Falleitung in eine Sammel- oder Grundleitung

Bild 10. Übergang in eine liegende Leitung

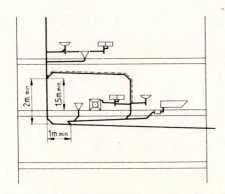

Bild 11. Umlüftung von Sammelanschlußleitung auf Falleitung

6.2.5 Bei Falleitungen, die mehr als 8 Geschosse durchlaufen bzw. länger als 22 m sind, müssen bei Falleitungsverziehungen und bei dem Übergang einer Falleitung in eine liegende Leitung Umgehungsleitungen eingebaut werden. Wenn die Verziehung < 2 m ist, gilt für die Ausführung Bild 8, bei längeren Verziehungen und bei dem Übergang in eine liegende Leitung gilt Bild 9.

6.2.6 Mehrfach verzogene Falleitungen, z. B. in Terrassenhäusern, sind mit einer direkten oder indirekten Nebenlüftung (siehe Bilder 12 und 13) auszuführen. Die Entwässerungsgegenstände sind möglichst an liegende Leitungen anzuschließen.

DIN 1986 Teil 1

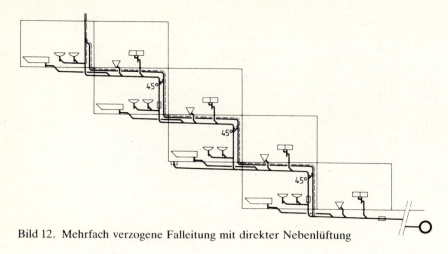

Bild 12. Mehrfach verzogene Falleitung mit direkter Nebenlüftung

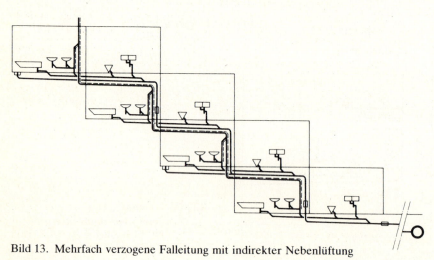

Bild 13. Mehrfach verzogene Falleitung mit indirekter Nebenlüftung

6.2.7 Für Anschlüsse an Falleitungen gelten die Abschnitte 6.2.7.1 bis 6.2.7.3.

6.2.7.1 Bei Anschlüssen von Anschlußleitungen bis einschließlich DN 70 an Falleitungen ab DN 100 sind Abzweige mit 87° bis 88,5° zu verwenden.

6.2.7.2 Anschlußleitungen für Klosettbecken, Bade- und Duschwannen sowie für Badabläufe sind so in die Falleitung einzuführen, daß das Maß $h \geq DN$ der Anschlußleitung ist (h = Höhenunterschied zwischen Wasserspiegel im

DIN 1986 Teil 1

Geruchverschluß und Sohle der Anschlußleitung am Falleitungsabzweig, siehe Bild 14).

6.2.7.3 Benachbarte Anschlußleitungen sind so zu verlegen, daß Fremdeinspülungen vermieden werden; für Anschlußleitungen, bei denen mit Fremdeinspülungen von Abwasser aus einem oder zwei Klosettbecken aus benachbarten Anschlußleitungen gerechnet werden muß, gilt Tabelle 5.

6.2.8 Auch für Anschlüsse von Einzelanschlußleitungen an Sammelanschlußleitungen bzw. Sammelleitungen gilt der Grundsatz, daß Fremdeinspülungen zu vermeiden sind. Abschnitt 6.2.7.2 gilt sinngemäß.

Tabelle 5 **Anordnung von Abzweigen in Falleitungen bei Anschluß von einem oder zwei Klosettbecken**

1	2	3
Nr.	Zulässiger Abstand der Sohlen zweier Anschlußleitungen (siehe a in Bild 14) für verschiedene Spreizwinkel und Einmündungen bei	
	Anschlußleitung und Klosett-Einzelanschlußleitung	Anschlußleitung und Klosett-Sammelanschlußleitung mit 2 Klosetts
1	Sohlenabstand $a = 0*$) bis < 150 mm Spreizwinkel bis 120°	Sohlenabstand $a = 0*$) bis < 200 mm Spreizwinkel bis 90°
2	Sohlenabstand $a = 150$ bis < 200 mm Spreizwinkel bis 135°	Sohlenabstand $a = 200$ bis < 250 mm Spreizwinkel bis 120°

DIN 1986 Teil 1

Tabelle 5 (Fortsetzung)

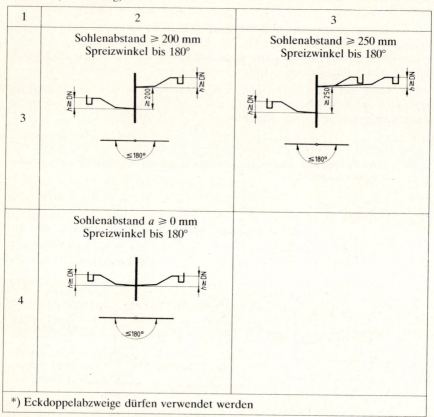

*) Eckdoppelabzweige dürfen verwendet werden

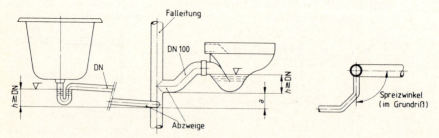

Bild 14. Beispiel für die Einmündung benachbarter Anschlußleitungen in eine Fallleitung (Abzweig um 90° versetzt)
(Siehe auch Tabelle 5, Spalte 2, Nr. 1)

6.3 Regenwasserleitungen

6.3.1 Für Regenwasserleitungen sind die in DIN 1986 Teil 4[1]) aufgeführten Verwendungsbereiche zu beachten.

Für Regenfalleitungen sind in Bereichen, in denen mit mechanischen Beschädigungen gerechnet werden muß, Rohre (Standrohre) aus geeignetem Werkstoff zu verwenden (siehe DIN 1986 Teil 4[1])).

6.3.2 Das auf Dächern anfallende Regenwasser soll, soweit im Einzelfall nicht anders geregelt, aufgefangen, in Regenfalleitungen abgeführt und erforderlichenfalls auch unterirdisch abgeleitet werden. Abwasser aus Regenfalleitungen, die nicht unmittelbar an öffentlichen Verkehrsflächen liegen, kann auch auf andere Art abgeführt werden, wenn Vorsorge getroffen wird, daß Gebäudeteile gegen Durchfeuchtung geschützt sind und das Regenwasser ungehindert und ohne Beeinträchtigung Dritter ablaufen kann.

6.3.3 Regenwasserleitungen, die im Innern der Gebäude verlegt werden, sollen gegen Schwitzwasser gesichert werden.

6.3.4 Flachdächer mit nach innen abgeführter Entwässerung müssen mindestens zwei Abläufe oder einen Ablauf und einen Überlauf von mindestens 40 mm lichter Weite erhalten.

6.4 Lüftung

6.4.1 Jede Falleitung ist als Lüftungsleitung bis über Dach zu führen. Grund- und Sammelleitungen in Anlagen ohne Falleitung sind mit einer Lüftungsleitung zu versehen. Belüftungsventile sind nicht zulässig.

Um die Lüftung sicherzustellen, dürfen in Schmutz- und Mischwasserleitungen weder Geruchverschlüsse noch Schlammfänge eingebaut werden. In Regenwasserleitungen dürfen nur Geruchverschlüsse unter Beachtung von Abschnitt 5.1.2 eingebaut werden.

6.4.2 Die Oberkante der Mündung von Lüftungsleitungen muß bei Dächern mit mehr als 15° Neigung, an der Firstseite der Lüftungsleitung lotrecht gemessen, mindestens 30 cm, bei Dächern bis 15° Neigung mindestens 15 cm über die Dachhaut geführt werden, in schneereichen Gegenden entsprechend höher.

Als Endrohre von Lüftungsleitungen sind nur Bauteile zu verwenden, die einen wasserdichten Anschluß an die Dachhaut ermöglichen. Die Mündung der Lüftungsleitungen muß nach oben offen sein.

6.4.3 Lüftungsleitungen dürfen in der Regel nur an lotrechte Teile von Abwasserleitungen angeschlossen werden. Sie sind möglichst geradlinig und lotrecht zur Mündung zu führen. Verziehungen (Schleifungen) müssen ein Mindestgefälle von 1 : 50 haben und sind bei mehr als 5 Geschossen mit 45°-Bogen auszuführen. Zwischen dem Endrohr und der weiterführenden Lüftungsleitung dürfen Zwischenteile mit einer Länge von höchstens 1 m flexibel ausgeführt werden, wobei ausreichend eigensteife und knickfeste Bauteile zu verwenden sind.

6.4.4 Lüftungsleitungen dürfen unter Beachtung von DIN 1986 Teil 2[1]) zusammengeführt werden, jedoch erst 10 cm oberhalb der Mündung der höchsten Anschlußleitung in die Falleitung und nur in spitzem Winkel.

6.4.5 Mündet eine Lüftungsleitung in der Nähe von Aufenthaltsräumen, so ist sie mindestens 1 m über den Fenstersturz hochzuführen oder so zu verlegen, daß sie mindestens 2 m seitlich der gefährdeten Öffnung liegt. Der vorgenannte Schutzabstand ist im Sogbereich von Ansaugstellen von Lüftungs- und Klimaanlagen im Einvernehmen mit der Herstellerfirma zu bestimmen.

6.4.6 Lüftungsschächte und Schornsteine dürfen zur Lüftung von Abwasserleitungen nicht benutzt werden.

6.4.7 Innerhalb von Gebäuden liegende Behälter oder Schächte, die der Aufnahme von Abwasser dienen, wie z. B. Schlammfänge, Abscheider, Neutralisationsanlagen, Behälter für Abwasserhebeanlagen, sind geruchdicht abzudecken und, falls notwendig, besonders zu lüften.

Eine solche Lüftungsleitung kann direkt (unmittelbar) über Dach geführt oder an die Sekundär- bzw. Nebenlüftung angeschlossen werden (siehe z. B. Bild 1).

6.5 Reinigungsöffnungen

6.5.1 Reinigungsöffnungen können ausgebildet sein als:
— Rohrendverschlüsse
— Reinigungsverschlüsse
— Reinigungsrohre mit runder Öffnung
— Reinigungsrohre mit rechteckiger Öffnung.

Reinigungsöffnungen sind an folgenden Stellen vorzusehen:
— als Reinigungsverschlüsse und Rohrendverschlüsse am oberen Ende der Sammelanschlußleitungen von Reihenanlagen,
— als Reinigungsrohre in Falleitungen und im lotrechten Teil von Sammelleitungen unmittelbar vor dem Übergang in eine Sammel- oder Grundleitung,
— als Reinigungsrohre oder Reinigungsverschlüsse in Grund- und Sammelleitungen.

Sie können auch eingebaut werden als Rohrendverschlüsse an zugänglichen Stellen am Übergang von einer lotrechten Leitung in eine liegende Leitung.

6.5.2 Reinigungsrohre mit rechteckiger Öffnung können für alle Leitungen verwendet werden.

6.5.3 Reinigungsrohre mit runder Öffnung sind nur für Anschluß-, Fall- und Sammelleitungen zu verwenden.

6.5.4 In Grund- und Sammelleitungen sind Reinigungsöffnungen mindestens alle 20 m vorzusehen.

Für Grundleitungen DN 150 und größer kann der Mindestabstand zwischen Reinigungsöffnungen auf 40 m erhöht werden, wenn zwischen diesen Reinigungsöffnungen keine Richtungsänderung vorliegt.

6.5.5 Reinigungsöffnungen sind nahe der Grundstücksgrenze, jedoch in der Regel nicht weiter als 15 m vom öffentlichen Abwasserkanal entfernt, anzuordnen.

6.5.6 In Grundleitungen dürfen anstelle von Reinigungsrohren Reinigungsverschlüsse eingebaut werden, sofern nicht durch Ortssatzung eine andere Lösung zwingend vorgeschrieben ist.

6.5.7 Reinigungsöffnungen müssen so eingebaut werden, daß sie ständig zugänglich bleiben können; gegebenenfalls ist ein Schacht anzuordnen.

6.5.8 Bei Reinigungsrohren mit Schraubenverschluß muß die Deckelbefestigung so ausgebildet sein, daß sich beim Herausschrauben der Befestigungsmittel die Teile mit dem Gegengewinde nicht mitdrehen.

6.5.9 In Arbeitsräumen von Bäckereien, Konditoreien, Fleischereien oder anderen Nahrungsmittelbereitungsstellen und in Räumen, in denen Lebensmittel gelagert werden, dürfen keine Reinigungsöffnungen eingebaut werden.

6.6 Schächte

6.6.1 Schächte müssen DIN 1954[36]) entsprechen.

Schächte mit geschlossener Rohrdurchführung sind tagwasserdicht abzudecken. Schächte mit offenem Gerinne sollen Abdeckungen mit Lüftungsöffnungen erhalten. Leitungen für Wasser, Gas und Öl sowie Kabel dürfen nicht durch Schächte oder deren Mauerwerk geführt werden. Die Schächte sind mit Abdeckungen, die DIN 1229[6]) und DIN EN 124[37]) bzw. DIN 1959[9][7]) entsprechen müssen, zu verschließen; die Deckel der Abdeckungen müssen gegen unbefugtes Entfernen gesichert sein. Schächte und Abdeckungen müssen die Verkehrslast sicher tragen. Bei Verwendung von Schachtringen aus Beton gilt außerdem DIN 4034[38]).

6.6.2 Schächte müssen mit Maßen nach Tabelle 6 ausgeführt werden.

6.6.3 Innerhalb von Gebäuden sind Abwasserleitungen geschlossen mit Reinigungsrohren durch die Schächte zu führen (siehe Bild 15).

Ausnahmen können gestattet werden, wenn durch geeignete technische Maßnahmen sichergestellt wird, daß in diesen Gebäuden weder Geruchsbelästigungen noch Überflutungen stattfinden können.

---

[36] Allgemeine Anforderungen an Schächte
[37] Aufsätze und Abdeckungen für Verkehrsflächen
[38] Schachtringe, Brunnenringe, Schachthälse, Übergangsringe, Auflageringe aus Beton

6.6.4 Außerhalb von Gebäuden können Abwasserleitungen mit offenem Durchfluß durch die Schächte geführt werden, sofern deren Deckel über der Rückstauebene liegen. Für Leitungen mit Schachtdeckeln unterhalb der Rückstauebene gilt Abschnitt 6.6.5.

Liegen Schächte außerhalb von Gebäuden weniger als 5 m von Fenstern oder Türen von Aufenthaltsräumen oder Terrassen entfernt, muß das Austreten von Kanalgasen verhindert werden. Diese Festlegung gilt nicht für Anlagen, die ausschließlich Niederschlagswasser führen.

Tabelle 6 **Maße von Schächten** (nach DIN 1954936))

Schachtquerschnitt	Lichte Weite (LW) von Schächten in m für eine Schachttiefe von	
	>0,4 m bis <0,8 m min.	≥0,8 m min.
○	0,8	1*)
□	–	0,9×0,9
▭	0,6×0,8	0,8×1
	ohne Steighilfen	mit Steighilfen

*) Schächte oberhalb einer Arbeitshöhe von 2 m über der Schachtsohle können auf einen Durchmesser von 0,8 m eingezogen werden.

6.6.5 Außerhalb von Gebäuden sind Abwasserleitungen durch Schächte, deren Deckel unterhalb der Rückstauebene liegen, entweder geschlossen hindurchzuführen, oder die Deckel sind in geeigneter Weise gegen das Austreten von Wasser zu dichten und gegen Abheben zu sichern. Innerhalb von Gebäuden ist Abschnitt 6.6.3 zu beachten.

6.6.6 Die Sohle der Schächte mit offenem Durchfluß darf nicht tiefer liegen als die der davon abgehenden Leitung. In der Sohle ist eine Rinne so auszubilden, daß das Abwasser sich nicht ausbreiten kann, sondern in geschlossenem Faden durch den Schacht hindurchfließt.

6.6.7 Wenn Druckrohrleitungen in Schächte einmünden, ist für eine wirksame Energieumwandlung zu sorgen.

DIN 1986 Teil 1

6.6.8 Bei Entwässerungsanlagen im Trennverfahren sind für Schmutzwasser und Regenwasser getrennte Schächte vorzusehen. Reinigungsrohre für Schmutzwasser- und Regenwasserleitungen dürfen nicht in einem gemeinsamen Schacht verlegt werden.

6.6.9 Der Anschluß der Leitungen an einen Schacht muß gelenkig sein, so daß alle auftretenden Bodenbewegungen und Verlagerungen ohne Nachteile für Rohrleitung und Schachtbauwerk aufgenommen werden (siehe Bild 15).

7 Schutz gegen Rückstau

7.1 Rückstau ist in Misch- und Regenwasserkanälen der kommunalen Abwasseranlagen in Abhängigkeit von den Entwurfsgrundlagen (Überlastungshäufigkeit) planmäßig vorgesehen und kann außerdem in der öffentlichen Kanalisation auch im laufenden Betrieb nicht dauerhaft vermieden werden. Angeschlossene Grundstücksentwässerungsanlagen sind daher wirkungsvoll und dauerhaft gegen schädliche Folgen von Rückstau durch eine sachgemäße Installation sowie den bestimmungsgemäßen Betrieb der in den Abschnitten 7.2.1 und 7.2.2 genannten Anlagen und regelmäßige Wartung nach DIN 1986 Teil 31 bzw. Teil 32 oder Teil 33[1]) zu sichern.

Die maßgebende Rückstauebene (siehe DIN 4045[9])) wird von der örtlichen Behörde (Ortssatzung) festgelegt. Sofern von der zuständigen Behörde die Rückstauebene nicht festgelegt worden ist, gilt als Rückstauebene die Höhe der Straßenoberkante an der Anschlußstelle.

7.2 Ablaufstellen für Schmutzwasser, deren Ruhewasserspiegel im Geruchverschluß unterhalb der Rückstauebene liegt, sind gegen Rückstau zu sichern.

Ablaufstellen für Niederschlagswasser, bei denen die Oberkante des Einlaufrostes unterhalb der Rückstauebene liegt, sind gegen Rückstau zu sichern.

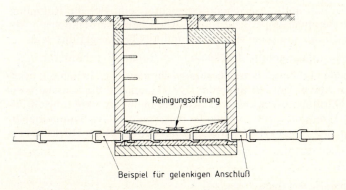

Bild 15. Schachtausbildung mit gelenkigem Anschluß und Reinigungsrohr

7.2.1 Niederschlagswasser von Flächen unterhalb der Rückstauebene darf der öffentlichen Kanalisation nur über eine automatisch arbeitende Hebeanlage rückstaufrei (Heben über die Rückstauebene, Rückstauschleife) zugeführt werden.

Niederschlagswasser kleiner Flächen von Kellerniedergängen, Garageneinfahrten und dergleichen (siehe auch Erläuterungen) kann versickert werden. Falls dies nicht möglich ist, dürfen jedoch solche Flächen bei Vorhandensein natürlichen Gefälles über Rückstauverschlüsse nach DIN 1997 Teil 1[39]) oder DIN 19578 Teil 1[40]) entwässert werden, wenn geeignete Maßnahmen, z. B. Schwellen bei Kellereingängen oder Regenauffangrinnen bei tiefliegenden Garageneinfahrten, ein Überfluten der tiefliegenden Räume durch Regenwasser verhindern, solange der Rückstauverschluß geschlossen ist.

7.2.2 Schmutzwasser, das unterhalb der Rückstauebene anfällt, ist der öffentlichen Kanalisation über eine automatisch arbeitende Abwasserhebeanlage rückstaufrei (Heben über die Rückstauebene, Rückstauschleife) zuzuführen; abweichend davon darf bei Vorhandensein natürlichen Gefälles und für Räume in Bereichen untergeordneter Nutzung

— Schmutzwasser aus Klosettanlagen oder Urinalanlagen (fäkalienhaltiges Abwasser) über Rückstauverschlüsse nach DIN 19578 Teil 1[40]) abgeleitet werden, wenn der Benutzerkreis der Anlagen klein ist (wie z. B. bei Einfamilienhäusern, auch mit Einliegerwohnung) und ihm ein WC oberhalb der Rückstauebene zur Verfügung steht,

— Schmutzwasser ohne Anteile aus Klosettanlagen oder Urinalanlagen (fäkalienfreies Abwasser) über Rückstauverschlüsse nach DIN 1997 Teil 1[39]) oder DIN 19578 Teil 1[40]) abgeleitet werden, wenn bei Rückstau auf die Benutzung der Ablaufstellen verzichtet werden kann.

7.3 Abwasserhebeanlagen müssen auftriebssicher eingebaut sein. Räume für Abwasserhebeanlagen müssen so groß sein, daß neben und über allen zu bedienenden und zu wartenden Teilen ein Arbeitsraum von mindestens 60 cm Breite bzw. Höhe zur Verfügung steht.

Der Aufstellungsraum muß ausreichend beleuchtet sein. Für die Raumentwässerung ist ein Pumpensumpf anzuordnen. Alle Leitungsanschlüsse an Abwasserhebeanlagen müssen schalldämmend und flexibel ausgeführt sein.

Zur Abwasserhebeanlage gehört druckseitig ein Rückflußverhinderer.

Auf der Zuflußseite und hinter dem Rückflußverhinderer ist ein Schmutzwasserschieber anzuordnen. Bei Leitungen < DN 80 kann auf die Schieber verzichtet werden. Darüber hinaus kann der Schieber in der Druckleitung entfallen, wenn deren Volumen kleiner ist als das Nutzvolumen des Sammelbehälters. Ist kein Schieber in der Druckleitung vorhanden, muß der Rückflußver-

---

39) Rückstauverschlüsse für fäkalienfreies Abwasser
40) Rückstauverschlüsse für fäkalienhaltiges Abwasser

hinderer eine Anlüftevorrichtung haben, oder es muß eine anderweitige Entleerung möglich sein.

Die Druckleitung der Abwasserhebeanlage muß mit ihrer Sohle über die Rückstauebene geführt werden. Abweichungen hiervon sind nur in Abstimmung mit der zuständigen Bauaufsichtsbehörde möglich.

An die Druckleitung dürfen keine Entwässerungsgegenstände angeschlossen werden.

Druckleitungen von Abwasserhebeanlagen dürfen nicht an Schmutzwasserfalleitungen angeschlossen werden.

In Anlagen, bei denen die Abwasserableitung nicht unterbrochen werden darf, ist eine automatische Reservepumpe oder eine Doppelanlage einzubauen.

7.4 Sammelbehälter von Abwasserhebeanlagen für Schmutzwasser, das Geruchsbelästigungen verursachen kann, insbesondere für fäkalienhaltiges Schmutzwasser, müssen geschlossen, wasserdicht und geruchdicht sein und ein Nutzvolumen von mindestens 20 l haben; die Behälter sind direkt zu lüften, dabei darf die Lüftungsleitung des Behälters alternativ auch in Nebenlüftungen oder Sekundärlüftungen eingeführt werden. Sammelbehälter von Abwasserhebeanlagen für Schmutzwasser, das keine Geruchsbelästigung verursachen kann, müssen wasserdicht und abgedeckt sein. Sammelbehälter von Abwasserhebeanlagen aus Werkstoffen, die einen äußeren Korrosionsschutz erfordern, müssen allseitig freistehend aufgestellt oder aushebbar sein.

7.5 Rückstauverschlüsse nach DIN 1997 Teil 1 und Teil 2[39]) und DIN 19578 Teil 1 und Teil 2[40]) sind so einzubauen, daß sie jederzeit leicht zugänglich sind. Schilder mit Hinweisen für die Bedienung sind in unmittelbarer Nähe und deutlich sichtbar anzubringen.

8 Rückhalten schädlicher Stoffe

8.1 Für Stoffe und Flüssigkeiten, die schädliche oder belästigende Ausdünstungen oder Gerüche verbreiten, Baustoffe der Entwässerungseinrichtungen angreifen oder den Betrieb stören, sind Anlagen zu schaffen, die das Eindringen dieser Stoffe und Flüssigkeiten in die Leitungen verhindern (siehe auch DIN 1986 Teil 3[1])).

Solchen Anlagen darf nur das Abwasser zugeführt werden, dessen schädliche Stoffe oder Flüssigkeiten zurückgehalten oder behandelt werden müssen.

8.2 Abwasser, das in Abschnitt 8.1 genannte Stoffe und Flüssigkeiten enthält, muß in geeigneten Anlagen (z. B. Abscheide-, Neutralisations-, Spalt-, Entgiftungs-, Desinfektionsanlagen) so behandelt und aufbereitet werden, daß es besonders auch nach DIN 1986 Teil 3[1]) als nicht mehr schädlich betrachtet werden kann.

Unmittelbar hinter Vorbehandlungsanlagen ist ein Prüf- oder Probenahmeschacht anzuordnen.

8.3 Für Anlagenteile, die dem Einfluß schädlicher Stoffe oder Flüssigkeiten ausgesetzt sind – z. B. in Fließrichtung vor Anlagen nach Abschnitt 8.2 und hinter Anlagen nach Abschnitt 8.4 –, müssen über die Festlegungen von DIN 1986 Teil 4[1]) hinaus entsprechende Anforderungen vereinbart werden.

8.4 Kondensate aus Feuerstätten dürfen nur in Anlagenteile eingeleitet werden, die gegen Abwasser mit pH-Werten unter 6,5[41]) beständig sind.

8.5 In Garagen und auf Stellplätzen sind alle Abläufe von Flächen, auf denen Kraftfahrzeuge gewaschen, gewartet oder betankt werden, über Abscheider für Leichtflüssigkeiten (Benzinabscheider, Heizölabscheider) an das Entwässerungsnetz anzuschließen (siehe auch Abschnitte 5.3.3 und 8.8). Die Abscheider sind möglichst nahe an der Ablaufstelle einzubauen.

Abscheider sind nach DIN 1999 Teil 2[17]) zu bemessen und einzubauen. Außerdem sind sie so einzubauen, daß Leichtflüssigkeit aus dem Abscheider nicht austreten kann, wenn Rückstau eintritt oder der selbsttätige Abschluß wirkt.

Abläufe von Flächen, auf denen Kraftfahrzeuge nur abgestellt werden, können ohne Abscheider an die Abwasserleitung angeschlossen werden.

8.6 Überall dort, wo im Störungsfall mit Abfließen von Leichtflüssigkeiten gerechnet werden muß (z. B. in Räumen für Ölheizungsanlagen), sind Sperren für Leichtflüssigkeiten (Heizölsperren), die den Anforderungen nach DIN 4043[24]) genügen, einzubauen.

8.7 In Betrieben, in denen fetthaltiges Wasser anfällt, sind Fettabscheider nach DIN 4040[42]) einzubauen.

Fettabscheider sollen außerhalb der Gebäude, jedoch so nahe wie möglich an den Ablaufstellen, eingebaut werden. Gegebenenfalls sind die Zuleitungen zu den Fettabscheidern wärmegedämmt oder beheizt zu verlegen. Diese müssen ein Gefälle von mindestens 1 : 50 haben.

Falls der Einbau außerhalb eines Gebäudes nicht möglich ist, sollen Fettabscheider in einen geruchdicht abgeschlossenen, be- und entlüftbaren Raum eingebaut werden.

Für jeden eingebauten Fettabscheider muß die Möglichkeit der Entleerung und Reinigung bestehen. Gegebenenfalls sind für die Entleerung bzw. Reinigung Saugleitungen von mindestens 50 mm lichter Weite anzuordnen. Die Saugleitung muß an beiden Enden geruchdicht abschließbar sein.

---

41) Siehe auch Wasserhaushaltsgesetz (WHG).
42) Fettabscheider

8.8 In Betrieben, in denen stärkehaltiges Wasser anfällt, sind Stärkeabscheider vorzusehen.

8.9 Sand- oder Schlammfänge sind vorzusehen, wenn sinkstoffhaltiges Abwasser anfällt. Schlammfänge vor Abscheidern für Leichtflüssigkeiten (Benzinabscheider/Heizölabscheider) sind nach DIN 1999 Teil 2[17]), solche vor Fettabscheidern sind nach DIN 4040[42]) zu bemessen.

8.10 Bei allen Anlagen nach diesem Abschnitt ist die Reinigungsmöglichkeit besonders zu beachten. Gegebenenfalls sind gesonderte Reinigungsleitungen fest zu verlegen.

9 Grundstückskläranlagen

Grundstückskläranlagen müssen, soweit es sich um Kleinkläranlagen ohne Abwasserbelüftung handelt, DIN 4261 Teil 1[43]), Kleinkläranlagen mit Abwasserbelüftung müssen DIN 4261 Teil 2[44]) entsprechen.

10 Beseitigung nicht mehr benutzter Entwässerungsanlagen

Nicht mehr benutzte Entwässerungsanlagen sind so zu sichern, daß Gefahren oder unzumutbare Belästigungen nicht entstehen können, wenn die Anlagen nicht völlig entfernt werden. Die Sicherung kann z. B. dadurch vorgenommen werden, daß Öffnungen in den Leitungen wasserdicht verschlossen werden. Nicht mehr benutzte Schächte und Gruben (z. B. Abort-, Klär- oder Sammelgruben) sind, nachdem sie ordnungsgemäß geräumt wurden, unverzüglich entweder zu beseitigen oder mit Erdreich zu verfüllen. Werden sie für andere Zwecke nutzbar gemacht, sind sie zu desinfizieren.

Zitierte Normen und andere Unterlagen

(nicht abgedruckt)

Erläuterungen

(nicht abgedruckt)

---

[43]) Kleinkläranlagen ohne Abwasserbelüftung
[44]) Kleinkläranlagen mit Abwasserbelüftung

DIN 4261 Teil 1

Kleinkläranlagen
Anlagen ohne Abwasserbelüftung; Anwendung, Bemessung und Ausführung
DIN 4261 Teil 1 (02.91) (gekürzt auf den für Wohnnutzung wichtigen Inhalt)

Weitere Normteile:
- DIN 4261 Teil 2 Kleinkläranlagen. Anlagen mit Abwasserbelüftung; Anwendung, Bemessung und Ausführung und Prüfung
- DIN 4261 Teil 3 Kleinkläranlagen. Anlagen ohne Abwasserbelüftung; Betrieb und Wartung
- DIN 4261 Teil 4 Kleinkläranlagen. Anlagen mit Abwasserbelüftung; Betrieb und Wartung

Die Zulässigkeit des Einbaues und des Betriebes von Kleinkläranlagen sowie die Wahl der Einbaustelle unterliegen den baurechtlichen und wasserrechtlichen Vorschriften. Das erforderliche Ausmaß der Abwasserbehandlung und die Art der Abwassereinleitung ergeben sich aus den örtlichen Gegebenheiten und den Erfordernissen des Gewässerschutzes. Hierüber entscheidet die zuständige Behörde.

Kleinkläranlagen sind meist nur als Behelf zu betrachten. An ihre Stelle sollte deshalb so bald wie möglich der Anschluß an ein öffentliches Entwässerungsnetz mit nachgeschalteter Kläranlage treten.

1 Anwendungsbereich

Diese Norm gilt für Kleinkläranlagen ohne Abwasserbelüftung zur Behandlung und Einleitung des im Trennverfahren erfaßten häuslichen Schmutzwassers aus einzelnen oder mehreren Gebäuden mit einem Schmutzwasserzufluß bis 8 m^3/d; das entspricht dem täglich anfallenden Schmutzwasser von etwa 50 Einwohnern (siehe Abschnitt 4.1).

Wenn im Einzelfall Anlagen zur Grundstücksentwässerung für einen Schmutzwasserzufluß über 8 m^3/d zulässig sind, können die Grundsätze dieser Norm herangezogen werden.

Der Kleinkläranlage dürfen nicht zugeleitet werden:
- gewerbliches Schmutzwasser, soweit es nicht häuslichem Schmutzwasser vergleichbar ist,
- Kondensate aus Feuerstätten mit ph-Werten unter 6,5 oder den Kläranlagenbetrieb störenden Inhaltsstoffen,
- Fremdwasser (z. B. Dränwasser),
- Kühlwasser,
- Ablaufwasser von Schwimmbecken,
- Niederschlagswasser.

Soweit in dieser Norm die Benennung Abwasser verwendet wird, ist hierunter häusliches Schmutzwasser sowie gewerbliches und landwirtschaftliches Schmutzwasser, soweit es häuslichem Schmutzwasser vergleichbar ist, zu verstehen.

2 Begriffe

2.1 Schmutzwasser[1])

Schmutzwasser ist durch Gebrauch verunreinigtes Wasser.

2.2 Häusliches Schmutzwasser[1])

Häusliches Schmutzwasser im Sinne dieser Norm ist Schmutzwasser aus Küchen, Waschküchen, Waschräumen, Baderäumen, Aborträumen und ähnlich genutzten Räumen.

2.3 bis 2.5 (nicht abgedruckt)

3 Abwasserbehandlung und -einleitung

3.1 Abwasserbehandlung

Bei allen Maßnahmen zur Abwasserbehandlung nach dieser Norm sind Mehrkammergruben erforderlich.

3.1.1 Mechanische Behandlung

In Mehrkammer-Absetzgruben werden absetzbare Stoffe und Schwimmstoffe aus dem Abwasser entfernt. Der abgesetzte Schlamm fault bis zur Räumung nur zu einem geringen Teil aus. Diese Gruben kommen für sich allein in Ausnahmefällen als Übergangslösung in Frage, wenn der Anschluß an ein öffentliches Entwässerungsnetz mit ausreichend bemessener Kläranlage in Kürze sichergestellt ist, oder gegebenenfalls unter Berücksichtigung eines zusätzlichen Schlammspeicherraumes als Vorbehandlungsanlage für Kleinkläranlagen mit Abwasserbelüftung nach DIN 4261 Teil 2.

3.1.2 Anaerobe biologische Behandlung

Mehrkammer-Ausfaulgruben bewirken zusätzlich zur Entfernung absetzbarer Stoffe und Schwimmstoffe einen teilweisen anaeroben Abbau der im Abwasser enthaltenen organischen Schmutzstoffe. Außerdem erhöhen sie gegenüber den Mehrkammer-Absetzgruben die Betriebssicherheit und Wirkung nachgeschalteter biologischer Abwasserbehandlungsanlagen durch besseren Belastungsausgleich und größeren Schlammraum. Jedoch wird auch hier keine vollständige anaerobe Stabilisierung des abgesetzten Schlammes erreicht.

---

[1]) Nach DIN 4045

3.1.3 Anaerobe-aerobe biologische Nachbehandlung

3.1.3.1 Bei der Untergrundverrieselung wird das in Mehrkammer-Ausfaulgruben vorbehandelte Abwasser zur flächenhaften Versickerung unter der Geländeoberfläche über ein Rieselrohrnetz verteilt. Bei der Bodenpassage wird das Abwasser durch teils anaerobe, teils aerobe biologische sowie durch physikalische und chemische Vorgänge nachbehandelt. Dies geschieht um so besser, je länger der Sickerweg ist. Die Untergrundverrieselung setzt günstige Boden- und Grundwasserverhältnisse und eine genügend große Fläche ohne Baumbestand voraus.

3.1.3.2 Bei Filtergräben wird das in Mehrkammer-Ausfaulgruben vorbehandelte Abwasser oberflächennah verlegten Rohrleitungen zugeführt, aus diesen in eine darunter liegende Filterschicht flächenhaft versickert, dabei vorwiegend aerob biologisch nachbehandelt, anschließend in unten liegenden Rohrleitungen gesammelt und zusammengefaßt in ein Gewässer eingeleitet.

3.1.4 Sonstige Nachbehandlung

Sonstige Einrichtungen für verbessernde Maßnahmen bedürfen der Einzelbeurteilung.

3.2 Abwassereinleitung[2])

3.2.1 Einbringen in den Untergrund

Das Einbringen in den Untergrund setzt voraus, daß eine schädliche Verunreinigung des Grundwassers oder eine sonstige nachteilige Veränderung seiner Eigenschaften nicht zu besorgen ist. Je länger die Bodenpassage ist, um so besser ist die Reinigungswirkung des Bodens für das Abwasser.

3.2.1.1 Die Untergrundverrieselung nach Abschnitt 3.1.3.1 dient der flächenhaften Versickerung des Abwassers in den Untergrund.

3.2.1.2 Über einen Sickerschacht wird das Abwasser punktförmig versickert. Ein Versenken ohne ausreichende Filterschicht unmittelbar in das Grundwasser oder in klüftigen Untergrund ist nicht zulässig.

3.2.2 Einleiten in ein oberirdisches Gewässer

Das Einleiten des behandelten Abwassers in ein oberirdisches Gewässer setzt voraus, daß dieses aufnahmefähig ist.

4 Bemessungsgrundlagen

4.1 Bemessungswerte und Schmutzwasserzufluß

Kleinkläranlagen sind zu bemessen nach dem Einwohnerwert (EW) (nach DIN 4045):

---

[2]) Über die Zulässigkeit von Einleitungen entscheiden die örtlichen Wasserbehörden auf der Grundlage der Wassergesetze der Bundesländer.

EW = Einwohnerzahl (EZ) + Einwohnergleichwert (EGW)

Bei der Festlegung der Bemessungswerte wurde ein Schmutzwasserzufluß von täglich 150 l je Einwohnerwert (EW) und ein stündlicher Schmutzwasserzufluß von $1/10$ des Tageszuflusses zugrunde gelegt. Ist durch die Nutzung der baulichen Anlage ein höherer Schmutzwasserzufluß zu erwarten, so ist dieser bei der Bemessung (siehe Abschnitt 6) zu berücksichtigen.

4.2 Wohngebäude

Kleinkläranlagen für Wohngebäude sind nach der Einwohnerzahl (EZ) zu bemessen. Je Wohneinheit mit einer Wohnfläche über 50 m^2 ist jedoch mit mindestens 4 Einwohnern und je Wohneinheit mit einer Wohnfläche bis 50 m^2 mit mindestens 2 Einwohnern zu rechnen.

4.3 Andere bauliche Anlagen (nicht abgedruckt)

5 Allgemeine Baugrundsätze

5.1 Einbaustelle

Bei der Wahl der Einbaustelle ist darauf zu achten, daß die Kleinkläranlage jederzeit zugänglich und die Schlammentnahme möglich ist. Der Abstand der Anlage von vorhandenen und geplanten Wassergewinnungsanlagen sowie von Gebäuden muß so groß sein, daß Beeinträchtigungen nicht zu besorgen sind. Die Bestimmungen für Wasserschutzgebiete sind zu beachten.

5.2 Werkstoff und Ausführung

Die Anlagen müssen standsicher, dauerhaft, wasserdicht und korrosionsbeständig sein.

5.2.1 Anlagen aus Beton oder Stahlbeton

Anlagen aus Beton oder Stahlbeton können in Ortbetonbauweise oder aus vorgefertigten Beton- oder Stahlbetonteilen hergestellt werden. Der Beton muß mindestens der Festigkeitsklasse B 35 nach DIN 1045 entsprechen. Vorgefertigte Betonteile müssen DIN 4034 Teil 1 oder Teil 2 oder anderen einschlägigen Normen entsprechen.

5.2.2 Gemauerte Anlagen

Bei gemauerten Anlagen sind die Außenwände vollfugig aus Vollziegeln oder Vollsteinen mit einer Druckfestigkeit von mindestens 15 N/mm^2 mindestens ein Stein dick, z. B. aus Kanalklinkern nach DIN 4051, unter Verwendung von Zementmörtel nach DIN 1053 Teil 1, Mörtelgruppe III, herzustellen.

5.2.3 Anlagen aus sonstigen Werkstoffen

Die Güteanforderungen an die Werkstoffe und Werkstoffverbindungen richten sich nach den einschlägigen Normen.

5.2.4 Wasserdichtheit

Außenwände und Sohlen der Anlageteile sowie Rohranschlüsse müssen wasserdicht sein. Zur Prüfung ist die Anlage bis zur Oberkante der Tauchwand bzw. des T-Stückes am Ablauf mit Wasser zu füllen. Sie gilt als wasserdicht, wenn nach einer Standzeit von 24 Stunden der Wasserspiegel in einer Beobachtungszeitspanne von 2 Stunden um weniger als 3 mm je m Füllhöhe sinkt.

5.2.5 Standsicherheit

Sofern in den einschlägigen Normen keine Angaben über die Standsicherheit enthalten sind, ist der Standsicherheitsnachweis in Anlehnung an das ATV Arbeitsblatt A 127 zu erbringen.

5.3 Zu- und Ablaufleitungen

Für die Zu- und Ablaufleitungen gelten DIN 1986 Teil 1, Teil 2, Teil 4 und Teil 30. Die außerhalb des Gebäudes verlegte Zulaufleitung sowie die Ablaufleitung sind hiervon abweichend mit einer lichten Weite von mindestens 150 mm auszuführen.

Ablaufleitungen sind so zu verlegen, daß sie rückstaufrei ausmünden.

Die Einleitungsstelle in ein oberirdisches Gewässer muß zugänglich und gegen äußere Einwirkungen gesichert sein.

5.4 Durchströmung

Zu- und Ablaufleitungen und die Verbindungen der Kammern untereinander sind so anzuordnen, daß die einzelnen Kammern möglichst gleichmäßig durchströmt werden (Kurzschlußströmungen vermeiden).

5.5 Versickerrohre

Siehe Abschnitt 6.3 und DIN 19 666.

5.6 Lüftung

Es ist sicherzustellen, daß alle Anlagenteile be- und entlüftet werden.

Falls erforderlich, sind zusätzliche Lüftungsleitungen oder Lüftungsöffnungen anzuordnen, z. B. bei Abwasserhebeanlagen, Mehrbehälteranlagen.

5.7 Ausbildung und Abdeckung

Die Anlagen müssen so ausgebildet sein, daß insbesondere Zulauf-, Ablauf- und Übertrittsstellen jederzeit leicht überwacht, gewartet und instand gehalten werden können. Am Zu- und Ablauf der Anlage müssen jederzeit Abwasserproben entnommen werden können.

Die Abdeckungen der Anlage müssen DIN EN 124 und DIN 1229 entsprechen, dabei sind die an der Einbaustelle auftretenden Verkehrslasten sind zu berücksichtigen. Bei erdüberdeckten Anlagen nach Bild 2 soll die Erdüberdeckung 300 mm nicht überschreiten. Bei größerer Überdeckung ist eine Ausführung nach Bild 3 zu wählen. Deckel müssen mit zwei am Rande angeordneten Aushebevorrichtungen versehen sein, von Hand geöffnet werden können und so beschaffen sein, daß sie nicht durch die Öffnung fallen können.

6 Bemessung und Ausführung

6.1 Bemessung von Mehrkammergruben

6.1.1 Mehrkammer-Absetzgruben für mechanische Behandlung müssen je Einwohnerwert ein Nutzvolumen von 300 l, mindestens jedoch ein Gesamtnutzvolumen von 3 000 l haben. Sie dürfen bis 4 000 l Gesamtnutzvolumen als Zweikammergruben ausgebildet sein.

6.1.2 Mehrkammer-Ausfaulgruben für anaerobe biologische Behandlung müssen je Einwohner ein Nutzvolumen von 1 500 l, mindestens jedoch ein Gesamtnutzvolumen von 6 000 l haben. Sie müssen mindestens als Dreikammergruben ausgebildet sein.

6.2 Ausführung von Mehrkammergruben

6.2.1 Das Volumen der ersten Kammer muß bei Zweikammergruben (siehe Bild 1) etwa Zweidrittel ($2/3$) des Gesamtnutzvolumens, bei Drei- und Vierkammergruben (siehe Bilder 2 und 3) etwa die Hälfte ($1/2$) des Gesamtnutzvolumens aufweisen. Eine Aufteilung der Anlage in mehrere Behälter ist zulässig, wobei das Volumen einer Kammer nicht auf mehrere Behälter aufgeteilt werden darf.

6.2.2 Das Abwasser ist der ersten Kammer mit einem Absturz von 100 mm zuzuführen. Das Zulaufrohr muß 50 bis 100 mm über die Innenwand hinausragen. Bei werkmäßig hergestellten Anlagen sind am Zulauf und am Ablauf Öffnungen zum Anschluß an Rohre DN 150 vorzusehen. Die Öffnung am Zulauf ist so anzuordnen, daß der geforderte Absturz sichergestellt ist.

6.2.3 Die Verbindung der Kammern untereinander ist so auszubilden, daß weder Bodenschlamm noch Schwimmschlamm übertreten kann.

Hierfür können Durchtrittsöffnungen von mindestens 175 cm^2 und höchstens 350 cm^2 Gesamtfläche oder senkrechte Schlitze von höchstens 15 mm Breite angeordnet werden; die Oberkanten der Durchtrittsöffnungen und Schlitze müssen mindestens 300 mm unter dem Wasserspiegel, die Unterkanten der Durchtrittsöffnungen müssen mindestens $1/2$ t über der Sohle liegen.

Kammerverbindungen anderer Art, deren Oberkante weniger als 300 mm unter dem Wasserspiegel liegt, müssen mit entsprechend tiefen Tauchwänden oder entsprechend tiefen und oben offenen T-Stücken versehen sein.

6.2.4 Der Ablauf ist gegen Abfließen von Schwimmschlamm durch eine Tauchwand oder ein oben offenes T-Stück zu schützen. Tauchwände und T-Stücke müssen mindestens 300 cm^2 der mit dem Ablauf in Verbindung ste-

DIN 4261 Teil 1

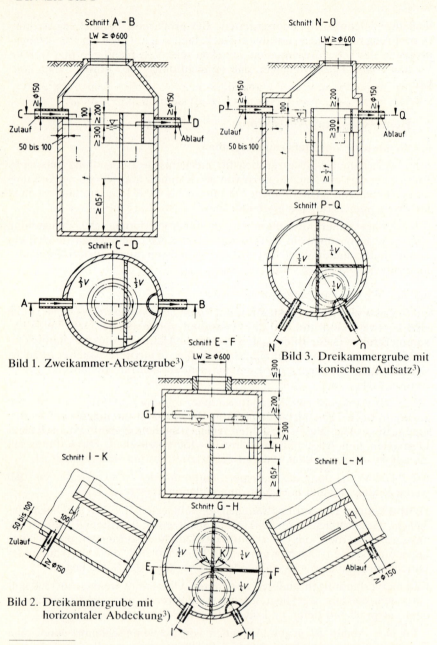

Bild 1. Zweikammer-Absetzgrube[3])

Bild 2. Dreikammergrube mit horizontaler Abdeckung[3])

Bild 3. Dreikammergrube mit konischem Aufsatz[3])

---

[3]) Bei den Bildern handelt es sich um Prinzipskizzen. Diese stellen nicht die einzige Ausführungsmöglichkeit dar; die angegebenen Maße sind einzuhalten (Maße in mm).

henden Wasseroberfläche abgrenzen und mindestens 300 mm unter dem Wasserspiegel beginnen. Tauchwände, T-Stücke und Trennwände müssen mindestens 200 mm über den Wasserspiegel hinausragen.

6.2.5 Die Wassertiefe t von Mehrkammergruben muß mindestens 1,2 m betragen. Die größte zulässige Wassertiefe richtet sich nach dem Gesamtnutzvolumen der Kleinkläranlage entsprechend nachstehender Tabelle:

Nutzvolumen der Grube V l	größte zulässige Wassertiefe t_{max} m
3 000 bis 4 000	1,9
über 4 000 bis 10 000	2,2
über 10 000 bis 50 000	2,5
über 50 000	3

6.3 Untergrundverrieselung und Filtergräben

6.3.1 Untergrundverrieselung

Die Länge der Rohrleitungen zum Verrieseln (siehe Bilder 4 und 5) ist unter Berücksichtigung der Aufnahmefähigkeit des Untergrundes zu bemessen. Wenn örtliche Erfahrungen fehlen, sind je Einwohnerwert mindestens anzusetzen

- bei Kies und Sand: 10 m
- bei lehmigem Sand: 15 m
- bei sandigem Lehm: 20 m.

Die Anwendung dieser Werte setzt voraus, daß bei den Aushubarbeiten die natürliche Durchlässigkeit der Grabenwandungen und der Sohle erhalten bleibt oder wiederhergestellt wird.

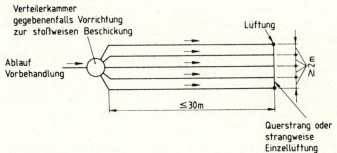

Bild 4. Anordnung einer Untergrundverrieselung

---

3) Siehe Seite 238

DIN 4261 Teil 1

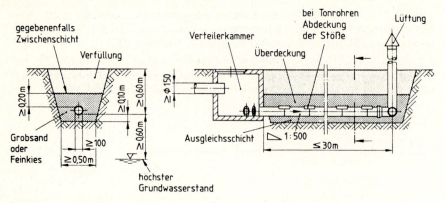

Bild 5. Untergrundverrieselung, Schnitte[3])

Bei geringerer Aufnahmefähigkeit des Bodens sind vorstehende Werte zu erhöhen. Eine Erweiterung des Rieselnetzes soll möglich sein.

Für die Rohrleitungen sind Dränrohre aus Ton nach DIN 1180 bzw. Kunststoffrohre nach DIN 1187 Form A in Stangenform, DIN 1187 Form B oder DIN 19 534 Teile 1 und 2, wenn letztere mit Schlitzen analog DIN 1187 versehen wurden, zu verwenden. Die Leitungen sollten mindestens 0,5 bis 0,6 m tief und mit einem Abstand von mindestens 0,60 m über dem höchsten Grundwasserstand verlegt werden.

Es sind wenigstens zwei Stränge, deren Einzellänge 30 m nicht überschreiten soll, mit einem Abstand von 2 m oder mehr anzuordnen. Um die gleichmäßige Verteilung des Abwassers auf die einzelnen Stränge sicherzustellen, sollen alle Stränge von einer Verteilerkammer ausgehen; sie sollen einzeln beschickbar sein. Sofern keine intermittierende Beschickung der Rohrleitungen zur Verrieselung erfolgt, soll eine Vorrichtung zur stoßweisen Beschickung eingebaut werden. Der Gefälleverlust ist zu berücksichtigen. Damit wird eine gleichmäßige Verteilung über die Rohrlänge, eine Erhöhung der Reinigungsleistung und höhere Standzeit erreicht.

Die Rohrleitungen sollen ein Gefälle von $\approx$ 1 : 500 haben. In Hanglagen sind erforderlichenfalls Absturzschächte einzubauen. An den Enden der Rohrleitungen sind Lüftungsrohre einzubauen und gegen das Eindringen von Fremdkörpern zu schützen. Gleichhoch liegende Rohrleitungsenden können durch einen Querstrang verbunden und durch eine gemeinsame Lüftungsleitung mit einem Gesamteintrittsquerschnitt von mindestens 175 cm^2 gelüftet werden.

Die Rohrleitungsenden können auch in einem Kontrollschacht mit Lüftungsöffnungen zusammengeführt werden.

---

[3]) Siehe Seite 238

Die Rohrgräben sollen an der Sohle mindestens 0,50 m breit sein. Die Rohrleitung ist auf einer mindestens 0,10 m dicken Ausgleichsschicht aus Feinkies zu verlegen. Der Graben ist 0,30 m hoch aufzufüllen. Zum weiteren Verfüllen des Rohrgrabens ist eine Bodenart zu verwenden, die das Zuschlämmen der darunter liegenden Schicht verhindert, andernfalls ist eine feststoffsperrende, aber wasser- und luftdurchlässige Zwischenschicht einzubringen.

6.3.2 Filtergräben

Filtergräben (siehe Bild 6) müssen eine Länge von mindestens 6 m je Einwohner haben. Die Länge eines Sickerstranges soll 30 m nicht überschreiten. Der Graben muß eine Sohlenbreite von mindestens 0,50 m haben und minde-

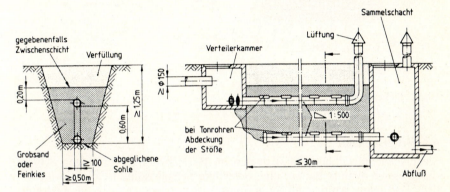

Bild 6. Filtergraben, Schnitte[3])

stens 1,25 m tief sein. Das anstehende Erdreich soll wenig wasserdurchlässig oder unterhalb des Filtergrabens künstlich abgedichtet sein, damit ein Eindringen des Abwassers in den Untergrund weitgehend vermieden wird. Auf die abgeglichene oder abgedichtete Sohle sind Rohrleitungen nach Abschnitt 6.3.1 zu verlegen. Darauf ist der Graben mit einer Filterschicht aus Feinkies 0,60 m hoch anzufüllen. Auf diese Filterschicht wird die Zulaufleitung, bestehend aus Rohren nach Abschnitt 6.3.1 verlegt. Bei Tonrohren sind die stumpfen Stöße oben abzudecken (siehe Bild 5 und 6).

Der Abstand der Sickerstränge untereinander soll mindestens 1 m betragen. Bei Zusammenrücken der Rohrstränge auf diesen Mindestabstand ergibt sich ein Filterbeet.

Die oben- und untenliegenden Leitungen sind getrennt zu lüften; die untenliegenden Leitungen sind nur über den Auslauf zu lüften. Im übrigen gilt Abschnitt 6.3.1 bezüglich der Lüftung und der stoßweisen Beschickung sinngemäß.

---

[3]) Siehe Seite 238

DIN 4261 Teil 1

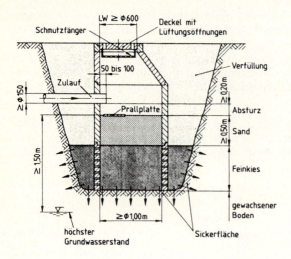

Bild 7. Sickerschacht[3])

6.4 Sickerschächte

Sickerschächte (siehe Bild 7) dürfen im Bereich der sickerfähigen Schicht durchlässige Wände haben; eine befestigte Schachtsohle ist nicht erforderlich. Die lichte Weite muß mindestens 1,00 m betragen. Die aus hydraulischer Sicht erforderliche nutzbare Sickerfläche, d. h. die in der sickerfähigen Schicht liegenden durchlässigen Flächen der Wände und der Sohle des Schachtes, richtet sich nach der Aufnahmefähigkeit des Bodens (Bodenart, Durchlässigkeit) und dem Druck, der durch die Wassersäule im Sickerschacht ausgeübt wird. Sie ist aufgrund örtlicher Gegebenheiten und Erfahrungen zu ermitteln. Wenn örtliche Erfahrungen fehlen, ist je Einwohnerwert mindestens 1 m² Sickerfläche anzusetzen.

Der Sickerschacht ist im unteren Teil mit Feinkies aufzufüllen. Die oberste Schicht muß aus Sand bestehen, mindestens 0,50 m hoch und gegen Ausspülen, z. B. durch eine Prallplatte, gesichert sein.

Um eine größere Sickerfläche bei weniger aufnahmefähigem Untergrund zu gewinnen, kann eine größere Grube ausgehoben werden, als aus bautechnischen Gründen notwendig wäre. Der den Schacht umgebende Raum im Bereich der gelochten Wände wird ebenfalls mit Feinkies aufgefüllt. Diese Lösung zur Vergrößerung der Sickerfläche ist aus Gründen des Grundwasserschutzes günstiger zu bewerten als eine Tieferlegung der Schachtsohle. Der Abstand zwischen der Oberkante der Filterschicht und dem höchsten Grund-

---

3) Siehe Seite 238

wasserstand soll mindestens 1,5 m betragen. Das Grundwasser schützende Bodendeckschichten dürfen nicht durchstoßen werden.

Der Absturz zwischen Zulauf und Filterschicht soll als Sicherheit gegen Rückstau mindestens 0,20 m sein.

7 Betrieb und Wartung

Für Betrieb und Wartung gelten die Festlegungen nach DIN 4261 Teil 3.

8 Typprüfung (nicht abgedruckt)

9 Kennzeichnung (nicht abgedruckt)

Technische Regeln für Trinkwasser-Installationen (TRWI)
DIN 1988 (12.88)

DIN 1988 ist völlig neu gefaßt worden. Man hat den Norminhalt nun auf acht Normteile verteilt. Der Norminhalt ist sehr umfangreich und insbesondere für den planenden TGA-Ingenieur interessant. Es werden daher nur die Titel der einzelnen Normteile aufgeführt:

DIN 1988		Technische Regeln für Trinkwasser-Installationen (TRWI)
	Teil 1	Allgemeines; Technische Regeln des DVGW
	Teil 2	Planung und Ausführung, Bauteile, Apparate, Werkstoffe; Technische Regeln des DVGW
Beiblatt zu Teil 2		Zusammenstellung von Normen und anderen technischen Regeln über Werkstoffe, Bauteile und Apparate; Technische Regeln des DVGW
	Teil 3	Ermittlung der Rohrdurchmesser; Technische Regeln des DVGW
Beiblatt zu Teil 3		Berechnungsbeispiele; Technische Regeln des DVGW
	Teil 4	Schutz des Trinkwassers, Erhaltung der Trinkwassergüte; Technische Regeln des DVGW
	Teil 5	Druckerhöhung und Druckminderung; Technische Regeln des DVGW
	Teil 6	Feuerlösch- und Brandschutzanlagen; Technische Regeln des DVGW
	Teil 7	Vermeidung von Korrosionsschäden und Steinbildung; Technische Regeln des DVGW
	Teil 8	Betrieb der Anlagen; Technische Regeln des DVGW

DIN 18 012

Hausanschlußräume
Planungsgrundlagen
DIN 18 012 (6.82)

1 Anwendungsbereich und Zweck

Diese Norm gibt Empfehlungen für die Planung und den Bau von Hausanschlußräumen in Wohn-, Geschäfts- und Bürogebäuden sowie vergleichbaren Bauwerken. Sie gilt sinngemäß auch bei wesentlichen Änderungen und Ergänzungen der Hausanschlüsse in bestehenden Gebäuden.

Bei Ein- und Zweifamilienhäusern sind keine gesonderten Hausanschlußräume erforderlich; die Bestimmungen für die Anschlüsse der Leitungen sind jedoch sinngemäß anzuwenden.

Die Norm gilt nicht für den Anschluß von Gebäuden an Starkstromanlagen über 1 000 V und an zentrale Müllentsorgungssysteme.

2 Begriffe

2.1 Hausanschlußraum

Der Hausanschlußraum ist der Raum eines Gebäudes, der zur Einführung der Anschlußleitungen für die Ver- und Entsorgung des Gebäudes bestimmt ist und in dem die erforderlichen Anschlußeinrichtungen und gegebenenfalls Betriebseinrichtungen (siehe Abschnitt 4.3.1) untergebracht werden.

2.2 Anschlußeinrichtung

Die Anschlußeinrichtung ist eine Einrichtung, mit der die Hausleitungen einer Versorgungsart an die jeweilige Anschlußleitung angeschlossen werden.

Anschlußeinrichtungen sind bei der

— Wasserversorgung:	die Wasserzähleranlage,
— Entwässerung:	die Reinigungsöffnung des Anschlußkanals[1],
— Starkstromversorgung:	die Hausanschlußsicherung,
— Fernmeldeversorgung:	die Anschlußpunkte des allgemeinen Netzes der Deutschen Bundespost oder die Anschlußpunkte sonstiger Fernmeldeanlagen,
— Gasversorgung:	die Hauptabsperreinrichtung,
— Fernwärmeversorgung:	die Übergabestation.

---

[1] Soweit die Reinigungsöffnung im Hausanschlußraum angeordnet wird.

2.3 Betriebseinrichtung

Eine Betriebseinrichtung ist eine der Anschlußeinrichtung nachgeordnete technische Einrichtung.

3 Allgemeine Anforderungen

3.1 Hausanschlußräume sind auf der Grundlage dieser Norm und erforderlichenfalls in Abstimmung mit den Ver- und Entsorgungsunternehmen so zu planen, daß alle Anschlußeinrichtungen und gegebenenfalls die dort vorgesehenen Betriebseinrichtungen ordnungsgemäß installiert und gewartet werden können.

3.2 Sie müssen über allgemein zugängliche Räume, z. B. Treppenraum, Kellergang, oder direkt von außen erreichbar sein. Sie dürfen nicht als Durchgang zu weiteren Räumen dienen.

3.3 Bei der Festlegung der Lage innerhalb des Gebäudes ist der Schallschutz nach DIN 4109 Teil 2 zu beachten.

3.4 Hausanschlußräume müssen an der Gebäudeaußenwand liegen, durch die die Anschlußleitungen geführt werden[2]. Von dieser Bestimmung darf abgewichen werden, wenn zwingende bauliche Gründe dagegen stehen und alle Ver- und Entsorgungsunternehmen dem zustimmen. Zur Einführung der Leitungen sind in der Gebäudeaußenwand die erforderlichen Schutzrohre (Mantelrohre) vorzusehen (siehe Abschnitt 5). Art und Größe der Schutzrohre sind vom jeweiligen Ver- und Entsorgungsunternehmen festzulegen.

3.5 Die Wände von Hausanschlußräumen müssen mindestens der Feuerwiderstandsklasse F 30 nach DIN 4102 Teil 2 entsprechen. Wände, an denen Leitungen, Anschluß- und Betriebseinrichtungen befestigt werden sollen, müssen den zu erwartenden Belastungen entsprechend ausgebildet sein.

3.6 Die Türen von Hausanschlußräumen müssen im Lichten mindestens 0,65 m breit und mindestens 1,95 m hoch sein, sofern nicht wegen des Einbaus von Betriebseinrichtungen eine größere Breite erforderlich ist. Sie müssen abschließbar sein, wobei jedoch die allgemeine Zugänglichkeit, z. B. für Feuerwehr, Ver- und Entsorgungsunternehmen, besonders zu regeln ist.

Hausanschlußräume mit Fernwärmeanschluß müssen eine Tür mit geschlossenem Türblatt haben.

3.7 In Hausanschlußräumen mit Wasser- oder Fernwärmeanschluß ist eine den baulichen Voraussetzungen angepaßte, ständig wirksame Entwässerungsmöglichkeit vorzusehen. Bodenabläufe, erforderlichenfalls mit Absperrvorrichtung gegen Rückstau, sollten dabei bevorzugt werden.

---

[2] Alle Anschlußleitungen sollen nach Möglichkeit an der gleichen Wand des Gebäudes eingeführt werden.

DIN 18 012

3.8 Hausanschlußräume müssen eine Lüftungsmöglichkeit direkt ins Freie haben, außer Räumen, in denen nur Starkstrom- und Fernmeldeanschlüsse vorhanden sind. Sofern ein Fernwärmeanschluß vorhanden ist, muß die Lüftung ständig wirksam sein.

3.9 Hausanschlußräume müssen frostfrei gehalten werden. Die Raumtemperatur darf jedoch 30 °C nicht überschreiten, dabei muß sichergestellt sein, daß die Temperatur des Trinkwassers nicht über 25 °C ansteigen kann.

3.10 Die nach DIN 18 015 Teil 1 erforderliche Potentialausgleichsschiene ist im Hausanschlußraum in der Nähe des Starkstromanschlusses vorzusehen, und die Anschlußfahne für den Fundamenterder ist dort anzuordnen.

3.11 Jeder Hausanschlußraum muß mindestens einen elektrischen Auslaß für Beleuchtung mit Schalter an der Tür und eine Schutzkontaktsteckdose aufweisen.

3.12 Einrichtungen für die Starkstrom- und die Fernmeldeversorgung sollen nicht an der gleichen Wand wie die Einrichtungen für die Wasser-, Gas- und Fernwärmeversorgung angeordnet werden.

3.13 Der Schutz- und Arbeitsabstand zwischen den Leitungen und Einrichtungen der einzelnen Versorgungsträger muß mindestens 0,3 m betragen.

3.14 Jeder Hausanschlußraum ist an seinem Zugang mit der Bezeichnung „Hausanschlußraum" zu kennzeichnen.

4 Größe und Anzahl der Hausanschlußräume

4.1 Allgemeines

4.1.1 Die Größe und die Anzahl der Hausanschlußräume richtet sich nach der Anzahl der vorgesehenen Anschlüsse, der Anzahl der zu versorgenden Verbraucher und nach der Art und Größe der Betriebseinrichtungen, die in den Hausanschlußräumen untergebracht werden sollen.

4.1.2 Die Größe ist so zu planen, daß vor Anschluß- und Betriebseinrichtungen stets eine Bedienungs- und Arbeitsfläche mit einer Tiefe von mindestens 1,2 m vorhanden ist.

4.2 Größe der Hausanschlußräume ohne Betriebseinrichtungen

4.2.1 Ein Hausanschlußraum für den Anschluß bis etwa 30 Wohneinheiten – bei Fernwärmeanschluß bis etwa 10 Wohneinheiten – muß im Lichten mindestens

- 1,8 m breit,
- 2,0 m lang und
- 2,0 m hoch sein.

Bei Nichtwohngebäuden ist diese Raumgröße in der Regel ausreichend, wenn folgende Anschlußwerte nicht überschritten werden:

bei der

- Wasserversorgung der Anschlußwert entsprechend dem Nenndurchfluß des Wasserzählers von $q_n = 10$ m³/h,
- Starkstromversorgung 165 kVA,
- Fernwärmeversorgung 80 kW.

4.2.2 Ein Hausanschlußraum für den Anschluß bis etwa 60 Wohneinheiten – bei Fernwärmeanschluß bis etwa 30 Wohneinheiten – muß im Lichten mindestens

- 1,8 m breit,
- 3,5 m lang und
- 2,0 m hoch sein.

Bei Nichtwohngebäuden ist diese Raumgröße in der Regel ausreichend, wenn folgende Anschlußwerte nicht überschritten werden:

Bei der

- Wasserversorgung der Anschlußwert entsprechend dem Nenndurchfluß des Wasserzählers von $q_n = 10$ m³/h,
- Starkstromversorgung 270 kVA,
- Fernwärmeversorgung 200 kW.

4.2.3 Die freie Durchgangshöhe unter Leitungen und ähnlichem darf im Hausanschlußraum nicht kleiner als 1,8 m sein.

4.2.4 Bei einer größeren Anzahl von Wohneinheiten oder höheren Anschlußwerten als nach Abschnitt 4.2.2 ist die Größe des Hausanschlußraumes in Abstimmung mit den betroffenen Ver- und Entsorgungsunternehmen im Einzelfall zu ermitteln.

4.3 Größe der Hausanschlußräume mit Betriebseinrichtungen

4.3.1 Betriebseinrichtungen, die in der Regel in Hausanschlußräumen untergebracht werden dürfen, sind bei der

- Wasserversorgung: Verteilungsleitungen, Wasserbehandlungsanlagen, Druckerhöhungsanlagen;
- Entwässerung: Schmutzwasser-Hebeanlagen, Abscheider;
- Starkstromversorgung: Hauptverteiler, Plätze für Meßeinrichtungen und Steuergeräte;
- Fernmeldeversorgung: Hausverteilung, Zusatzeinrichtungen;
- Gasversorgung: Verteilungsleitung, Gaszähler, gegebenenfalls Druckregelgerät;
- Fernwärmeversorgung: Pumpen, Regelanlagen, Wärmetauscher.

4.3.2 Die Größe von Hausanschlußräumen mit Betriebseinrichtungen ist in Abstimmung mit den betroffenen Ver- und Entsorgungsunternehmen im Einzelfall zu ermitteln.

4.4 Anzahl der Hausanschlußräume

Wenn bei einem Fernwärmeanschluß eine Begrenzung der Temperatur im Hausanschlußraum bei maximal 30 °C nicht sichergestellt werden kann, ist für den Fernwärmeanschluß ein eigener Hausanschlußraum vorzusehen (siehe auch Abschn. 3.9).

5 Einführung der Anschlußleitungen

Die Anschlußleitungen der einzelnen Versorgungsträger sollen entsprechend Abschnitt 3.4 durch die Gebäudeaußenwand in den Hausanschlußraum geführt werden. Bei unterirdischer Einführung sollen die in der Tabelle angegebenen Tiefen unter der Geländeoberfläche eingehalten werden.

Tabelle

Art der Leitung	Tiefe unter Geländeoberfläche [m]
Wasser	1,2 bis 1,5
Starkstrom	0,6 bis 0,8
Fernmelde	0,35 bis 0,6
Gas	0,5 bis 1,0
Fernwärme	0,6 bis 1,0

Nischen für Zählerplätze (Elektrizitätszähler)
DIN 18 013 (4.81)

1 Anwendungsbereich

Diese Norm gilt für Nischen für Zählerplätze (kurz Zählernischen), die für den Wandeinbau von Zählerplätzen in der Ausführung mit Zählerplatzumhüllung (UH) nach DIN 43 870 Teil 1 bestimmt sind.

2 Bezeichnung

Zählernischen werden mit der Anzahl für die Zählerplätze und der Nischenhöhe h in mm bezeichnet.

Beispiel: Zählernische für 3 Zählerplätze (3) mit einer Höhe $h = 1\,100$ mm:
Zählernische DIN 18 013 – 3 – 1 100

3 Anforderungen

3.1 Die Größe einer Zählernische richtet sich nach der Anzahl und der Bestückung der darin unterzubringenden Zählerplätze. Ihre Lage und Anordnung ist mit dem zuständigen Elektrizitätsversorgungsunternehmen (EVU) abzustimmen.

3.2 Wenn die mögliche Tiefe einer Zählernische bedingt, daß die Zählerplatzumhüllung nach dem Einbau in einen Treppenraum oder in einen anderen Rettungsweg ragt, dann muß sichergestellt sein, daß die erforderliche Breite des Rettungsweges entsprechend der gültigen Bauordnung vorhanden ist.

Anmerkung: Die maximale Tiefe umhüllter Zählerplätze nach DIN 43 870 Teil 1 beträgt 225 mm.

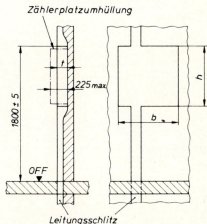

Bild 1. (Maße in mm)

DIN 18 013

3.3 Die lichten Maße von Zählernischen im fertigen Zustand müssen den Festlegungen in der Tabelle entsprechen.

3.4 Zählernischen sollen so angeordnet sein, daß ihre Oberkante (1 800 ± 5) mm über der Oberfläche des fertigen Fußbodens liegt (siehe Bild 1).

3.5 Eine Zählernische darf einen für die Wand geforderten
- Mindest-Brandschutz nach DIN 4102 Teil 2,
- Mindest-Wärmeschutz nach DIN 4108,
- Mindest-Schallschutz nach DIN 4109 Teil 2

sowie die Standfestigkeit der Wand nicht beeinträchtigen. Dies gilt auch für etwaige weitergehende bauaufsichtliche Anforderungen.

3.6 Die Leitungen werden senkrecht von oben oder von unten in die Zählernische eingeführt. Im Einführungsbereich zur Zählernische muß der Leitungsschlitz die gleiche Tiefe wie die Zählernische haben. Die Lage des Leitungsschlitzes in Verbindung mit der Nische ist im Einvernehmen mit dem EVU und dem Elektro-Installateur festzulegen.

3.7 Bei Zählernischen muß sichergestellt sein, daß ein einwandfreies Einführen der Leitungen nicht durch statisch tragende Bauteile, z. B. Stürze, verhindert wird.

3.8 Sofern Zählernischen mit größeren als in der Tabelle angegebenen Maßen, z. B. mit Nennmaßen nach DIN 4172, für den Rohbau hergestellt werden, sind die nach Einbau der Zählerplätze mit Zählerplatzumhüllung verbleibenden Hohlräume bauseitig zu schließen.

Tabelle

Anzahl der Zählerplätze	Breite b min.	Zählernische Tiefe t min.	Höhe[1] h min.
1	300	140	950,
2	550	140	1 100,
3	800	140	1 250
4	1 050	140	oder
5	1 300	140	1 400

[1] In Abhängigkeit von der Bestückung der Zählerplätze

Elektrische Anlagen in Wohngebäuden
Planungsgrundlagen
DIN 18 015 Teil 1 (3.92)

1 Anwendungsbereich

Diese Norm gilt für die Planung von elektrischen Anlagen in Wohngebäuden. Für Gebäude mit vergleichbaren Anforderungen an die elektrische Ausrüstung ist sie sinngemäß anzuwenden.

2 Begriffe

Allgemeine Begriffe siehe DIN VDE 0100 Teil 200.

2.1 Elektrische Anlagen in Wohngebäuden

Elektrische Anlagen in Wohngebäuden sind
- Starkstromanlagen mit Nennspannungen bis 1 000 V,
- Fernmeldeanlagen, zu denen die Fernmeldeanlagen der Deutschen Bundespost – TELEKOM (DBP-TELEKOM) – sowie andere Fernmelde- und Informationsverarbeitungsanlagen einschließlich Gefahrenmeldeanlagen gehören,
- Empfangsantennenanlagen für Ton- und Fernsehrundfunk,
- Blitzschutzanlagen.

2.2 Hauptstromversorgungssystem

Das Hauptstromversorgungssystem ist die Zusammenfassung aller Hauptleitungen und Betriebsmittel hinter der Übergabestelle des Elektrizitätsversorgungsunternehmens (EVU), die nicht gemessene elektrische Energie führen.

2.3 Hauptleitung

Die Hauptleitung ist die Verbindungsleitung zwischen der Übergabestelle des EVU und der Zähleranlage, die nicht gemessene elektrische Energie führt.

2.4 Meßeinrichtung

Eine Meßeinrichtung ist ein Zähler zum Erfassen der elektrischen Energie.

2.5 Steuereinrichtung

Eine Steuereinrichtung ist ein Rundsteuerempfänger oder eine Schaltuhr zur Tarifschaltung.

2.6 Überstrom-Schutzeinrichtung

Eine Überstrom-Schutzeinrichtung ist ein Betriebsmittel zum Schutz von Kabeln oder Leitungen gegen zu hohe Erwärmung durch betriebliche Überlastung oder bei Kurzschluß, z. B. Schmelzsicherung, Leitungsschutzschalter.

2.7 Fehlerstrom-Schutzeinrichtung

Eine Fehlerstrom-Schutzeinrichtung ist ein Betriebsmittel zum Schutz gegen gefährliche Körperströme und zum Brandschutz.

3 Allgemeine Planungshinweise

3.1 Planungshinweise

(1) Im Rahmen der Projekt- und Planungsvorbereitung sind die Anschlußvoraussetzungen für

– Starkstromanlagen mit dem zuständigen EVU,
– Fernmelde- einschließlich Breitband-Kommunikationsanlagen sowie die Errichtungsmöglichkeit von Gemeinschaftsantennenanlagen mit dem zuständigen Fernmeldeamt der DBP-TELEKOM,
– Notwendigkeit einer Ersatzstromversorgung (Notstromanlage) mit der zuständigen Bauaufsichtsbehörde

zu klären.

(2) Bei der Planung der Elektroinstallationsanlage sind die bauordnungsrechtlichen Anforderungen des jeweiligen Bundeslandes zu berücksichtigen.

(3) Die Einbringung von Fundamenterdern ist bei der Gebäudeplanung frühzeitig zu berücksichtigen.

(4) Befestigungspunkte für Antennenträger und Einführungen von Antennenleitungen sollen insbesondere bei Flachdächern rechtzeitig berücksichtigt werden.

3.2 Schlitze, Aussparungen, Öffnungen

Erforderliche Schlitze, Aussparungen und Öffnungen sind bereits bei der Gebäudeplanung zu berücksichtigen. Sie dürfen die Standfestigkeit sowie den Brand-, Wärme- und/oder Schallschutz nicht in unzulässiger Weise mindern. Bei Schlitzen und Aussparungen in tragenden Wänden ist DIN 1053 Teil 1 zu beachten.

Bei Öffnungen in bestimmten Wänden und Decken zum Durchführen von Kabeln und Leitungen sind geeignete Vorkehrungen zu treffen, die eine Übertragung von Feuer und Rauch verhindern.

3.3 Installationspläne

Für Installationspläne elektrischer Anlagen sind Schaltzeichen nach DIN 40 900 zu verwenden.

4 Starkstromanlagen

4.1 Allgemeines

(1) Kabel und Leitungen von Starkstromanlagen sind, sofern sie nicht in Rohren oder Elektroinstallationskanälen angeordnet werden, grundsätzlich im Putz, unter Putz, in Wänden oder hinter Wandbekleidungen zu verlegen. In Räumen, die nicht zu Wohnzwecken dienen, und bei Nachinstallation dürfen sie auch auf der Wandoberfläche verlegt werden.

(2) In Putz, unter Putz, in Wänden und hinter Wandbekleidungen unsichtbar verlegte Kabel und Leitungen sind, auch wenn sie in Rohren oder Elektroinstallationskanälen geführt werden, nach DIN 18 015 Teil 3 anzuordnen.

An und in Decken sowie in Fußböden dürfen sie auf dem kürzesten Weg verlaufen.

(3) Für die Auswahl von Kabeln und Leitungen in bezug auf äußere Einflüsse (mechanische, thermische und chemische Beschädigung) gilt DIN VDE 0100 Teil 520. Für die Installation in feuchten oder nassen Räumen sowie im Freien gilt insbesondere DIN VDE 0100 Teil 737.

4.2 Hausanschluß

(1) Bei unterirdischer Einführung in das Gebäude ist für den Kabelanschluß ein geeigneter Raum nach DIN 18 012 vorzusehen.

(2) Bei oberirdischer Einführung ist der Platz für den Freileitungsanschluß, z. B. für den Dachständer, in Abstimmung mit dem EVU festzulegen.

4.3 Hausinstallation

4.3.1 Hauptstromversorgungssysteme und Hauptleitungen

(1) Hauptstromversorgungssysteme oder Hauptleitungen sind in leicht zugänglichen Räumen, z. B. in Treppenräumen (außer Sicherheitstreppenräumen) oder in Kellerfluren, anzuordnen.

(2) Bei Kabelanschlüssen dürfen Hauptleitungen im Kellergeschoß vom Hausanschlußkasten ab auf der Wandoberfläche verlegt werden. Von der Kellerdecke ab sind Hauptleitungen in Schächten, Rohren, Kanälen oder unter Putz zu verlegen.

(3) Bei Freileitungsanschluß muß ein Leerrohr von 36 mm Innendurchmesser für die Aufnahme der Hauptleitung so vorgesehen werden, daß eine eventuelle spätere Umstellung auf einen unterirdischen Kabelanschluß mit möglichst geringem Aufwand vorgenommen werden kann.

(4) Hauptleitungen sind als Drehstromleitung auszuführen. Die Leiterquerschnitte sind auf der Grundlage des Diagramms (siehe Seite 254), jedoch mindestens für eine Belastung von 63 A zu bemessen. Der Leiterquerschnitt muß mindestens 10 mm^2 Cu betragen.

(5) Der zulässige Spannungsfall in der elektrischen Anlage zwischen der Übergabestelle des EVU und der Meßeinrichtung ist der „Verordnung über

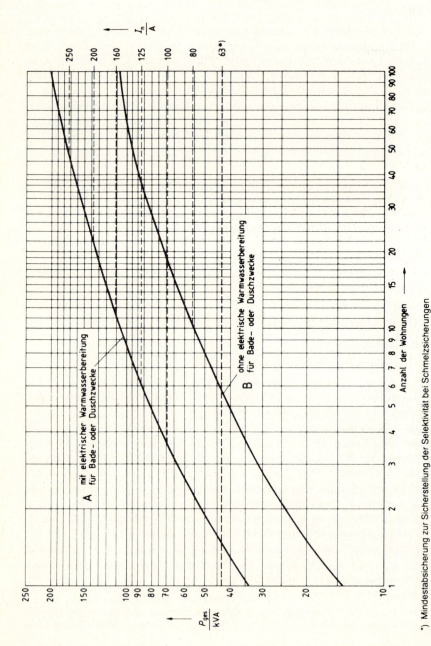

Allgemeine Bedingungen für die Elektrizitätsversorgung von Tarifkunden (AVBELtV)" sowie den „Technischen Anschlußbedingungen für den Anschluß an das Niederspannungsnetz" (TAB) des jeweiligen EVU zu entnehmen.

(6) Der Spannungsfall in der elektrischen Anlage hinter der Meßeinrichtung bis zum Anschlußpunkt der Verbrauchsmittel soll 3 % nicht überschreiten, dabei ist DIN VDE 0100 Teil 520 zu berücksichtigen. Für die Berechnung des Spannungsfalles ist der Nennstrom der vorgeschalteten Überstrom-Schutzeinrichtung zugrunde zu legen.

(7) Der Schlitz zur Unterbringung einer Hauptleitung soll einen Querschnitt von 60 mm × 60 mm haben.

4.3.2 Meßeinrichtungen und Steuergeräte

(1) Für Meß- und Steuereinrichtungen ist Platz an leicht zugänglicher Stelle, z. B. in besonderen Zählerräumen, in Hausanschlußräumen oder in Treppenräumen − jedoch nicht über Stufen −, vorzusehen. Art und Umfang der Meß- und Steuereinrichtungen sowie ihr Anbringungsort sind in Abstimmung mit dem EVU festzulegen.

(2) In Treppenräumen ist der Einbau von Zählerplätzen nach DIN 43 870 Teil 1 in Nischen nach DIN 18 013 zu bevorzugen. Dabei ist die Einhaltung der erforderlichen Rettungswegbreite zu beachten.

4.3.3 Gemeinschaftsanlagen

In Gebäuden mit mehr als zwei Wohnungen ist die Installation so zu planen, daß der Stromverbrauch von Gemeinschaftsanlagen gesondert gemessen werden kann.

4.3.4 Wohnungsanlagen

(1) Innerhalb jeder Wohnung sind in der Nähe des Belastungsschwerpunktes, in der Regel im Flur, ein Stromkreisverteiler nach DIN 43 871 für die erforderlichen Überstrom- bzw. Fehlerstrom-Schutzeinrichtungen sowie gegebenenfalls weitere Betriebsmittel vorzusehen. Der Stromkreisverteiler ist mit Reserveplätzen vorzusehen. Bei Mehrraumwohnungen sind mindestens zweireihige Stromkreisverteiler anzuordnen.

(2) Die Leitung vom Zählerplatz zum Stromkreisverteiler ist als Drehstromleitung für eine Belastung von mindestens 63 A auszulegen. Die Absicherung dieser Leitung muß unter Berücksichtigung der Selektivität zu vor- und nachgeschalteten Überstrom-Schutzeinrichtungen erfolgen.

(3) Als Überstrom-Schutzeinrichtungen für Beleuchtungs- und Steckdosenstromkreise sollen LS-Schalter vorgesehen werden.

(4) Die Anzahl von Stromkreisen, Steckdosen, Auslässen, Anschlüssen und Schaltern muß mindestens DIN 18 015 Teil 2 entsprechen (siehe auch RAL-RG 678).

DIN 18 015 Teil 1

(5) Bei elektrischer Warmwasserversorgung mit Durchlauferhitzer für Bade- und Duschzwecke ist eine Drehstromleitung mit einer Belastbarkeit von mindestens 35 A vorzusehen.

(6) Die Leitung zum Elektroherd ist bei Drehstromanschluß für eine Belastbarkeit von mindestens 16 A und bei Wechselstromanschluß von mindestens 25 A zu bemessen.

(7) Für Räume mit Badewanne oder Dusche und für Schwimmbäder sind Schutzbereiche nach DIN VDE 0100 Teil 701 und Teil 702 einzuhalten. Die diesbezüglichen Bestimmungen betreffen insbesondere

- die Abgrenzung der Schutzbereiche,
- die Einschränkung bzw. das Verbot von Leitungsführungen,
- die Einschränkung bzw. das Verbot zur Anbringung von Steckdosen, Schaltern, Leuchten und anderen Betriebsmitteln,
- die erforderliche Wanddicke und die Restwanddicke bei Aussparungen und Schlitzen,
- den zusätzlichen Schutz gegen gefährliche Körperströme.

(8) Steckdosen für den Außenbereich sind zusätzlich gegen gefährliche Körperströme nach DIN VDE 0100 Teil 737 zu schützen.

5 Fernmeldeanlagen

5.1 Fernmeldeanlagen zum Anschluß an das Netz der DBP-TELEKOM

5.1.1 Allgemeines

(1) Für das Herstellen von Rohrnetzen und anderen verdeckten Führungen von Kommunikationsleitungen in Gebäuden gilt die Technische Beschreibung der DBP-TELEKOM FTZ 731 TR 1. Danach sind Leitungen auswechselbar, z. B. in Rohren oder Kanälen, zu führen, sofern sie nicht auf der Wandoberfläche verlegt werden.

(2) In Ausnahmefällen dürfen sowohl bei Gebäuden bis zu zwei Wohnungen als auch innerhalb der Wohnungen von größeren Gebäuden Installationsleitungen in Putz oder unter Putz angeordnet werden, wenn aus konstruktiven Gründen der Einbau von Rohrnetzen nicht zweckmäßig oder nicht möglich ist.

(3) Rohre oder Kanäle sind nach DIN 18 015 Teil 3 anzuordnen.

(4) Rohre und Kanäle für die Verlegung in Fußböden sind nach den zu erwartenden mechanischen und thermischen Beanspruchungen auszuwählen.

(5) In Gebäuden von drei und mehr Wohnungen sind auch dann Leerrohrsysteme bis in die Wohnungen zu verlegen, wenn zunächst keine Kommunikationsanschlüsse vorgesehen sind.

5.1.2 Hausanschluß

(1) Das Kabel ist bei unterirdischer Verlegung in den Hausanschlußraum nach DIN 18 012 oder, wenn ein solcher nicht vorhanden ist, in einen entsprechenden, allgemein zugänglichen Raum einzuführen.

(2) Bei oberirdischer Einführung darf die Endeinrichtung (Abschlußpunkt der Kabelführung der DBP-TELEKOM) sowohl außen an der Fassade als auch in einem geeigneten oberirdischen Raum installiert werden. Dabei sind die entsprechenden einschränkenden Bestimmungen nach DIN VDE 0800 Teil 1 zu beachten.

(3) Im Gebäude soll die Endeinrichtung etwa 1 600 mm über dem Fußboden angebracht werden.

5.1.3 Rohrnetze

(1) Bei unterirdischer Einführung sind die Rohre vom Kellergeschoß aus bis zum letzten zu versorgenden Geschoß zu führen.

(2) Bei Einführung im Dachraum sind die Rohre bis zum Keller durchzuführen.

(3) Die Hoch- oder Niederführung der Rohre ist in allgemein zugänglichen Räumen, z. B. in Treppenräumen oder -fluren, jedoch nicht in Sicherheitstreppenräumen, vorzusehen. Bei mehrgeschossigen Gebäuden sind in jedem Geschoß Aussparungen für Durchzugs- bzw. Verteilerkästen anzuordnen.

(4) In Gebäuden mit bis zu acht Wohnungen dürfen durchgehende Rohre zu den Wohnungen ohne Verteilerkästen vorgesehen werden, sofern sie nicht länger als 15 m sind und in ihrem Verlauf nicht mehr als zwei Bögen aufweisen.

5.2 Sonstige Fernmelde- und Informationsverarbeitungsanlagen

5.2.1 Allgemeines

(1) Zu den sonstigen Fernmelde- und Informationsverarbeitungsanlagen gehören Klingel-, Türöffner- und Türsprechanlagen sowie Anlagen, die der Sicherung von Leben und hohen Sachwerten dienen, z. B. Gefahrenmeldeanlagen.

(2) Die für diese Anlagen im Treppenhaus zu verlegenden Leitungen oder Kabel dürfen im gleichen Schlitz oder Kanal mit anderen elektrischen Leitungen für Stark- oder Schwachstrom angeordnet werden.

5.2.2 Klingelanlagen

Bei Gebäuden mit mehr als zwei Wohnungen muß das Klingeltableau ausreichend beleuchtet sein. Türöffner- und Türsprechanlagen sind entsprechend DIN 18 015 Teil 2 vorzusehen (siehe auch DIN 18 025 Teil 1).

5.2.3 Gefahrenmeldeanlagen (GMA)

(1) Für Gefahrenmeldeanlagen werden besondere zusätzliche Maßnahmen gefordert, die der jederzeitigen Betriebsbereitschaft dienen und die eine so-

DIN 18 015 Teil 1

fortige Identifizierung und Lokalisierung von Gefahrenzuständen ermöglichen.

Dazu gehören z. B.

- die Überwachung der Stromkreise, die zur Bildung oder Weiterleitung von Gefahrenmeldungen oder -signalen dienen,
- die Signalisierung von Gefahrenmeldungen an mindestens eine ständig besetzte Kontrollstelle,
- die Installation der Anlagen in einer Weise, die ein unbefugtes Außerbetriebsetzen erschwert,
- die Stromversorgung über zwei voneinander unabhängige Stromquellen.

(2) Gefahrenmeldeanlagen müssen den allgemeinen Festlegungen nach DIN VDE 0833 Teil 1 entsprechen. Für Brandmeldungen gilt zusätzlich DIN VDE 0833 Teil 2 und für Einbruch- und Überfallmeldeanlagen zusätzlich DIN VDE 0833 Teil 3.

6 Empfangsanlagen für Ton- und Fernsehrundfunk

6.1 Allgemeines

(1) Anlagen zum Empfang von Ton- und Fernsehrundfunk sind nach den Normen der Reihe DIN VDE 0855 und den Bestimmungen der DBP-TELEKOM zu planen.

6.2 Antennen

(1) Der Standort von Antennen ist nach
- optimaler Nutzfeldstärke,
- geringsten Störeinflüssen, z. B. Reflexionen,
- möglichst großem Abstand von elektrischen Störquellen, z. B. Aufzugsmaschinen,
- sicherer Montagemöglichkeit und leichtem Zugang

zu bestimmen.

(2) Der Zugang zu Schornsteinen oder Abluftgebläsen darf durch Antennen nicht behindert werden; sollen sie an Schornsteinen befestigt werden, ist DIN VDE 0855 Teil 1 zu beachten.

(3) Der erforderliche Sicherheitsabstand nach DIN VDE 0855 Teil 1 zu Starkstromfreileitungen ist einzuhalten.

(4) Über Dach angeordnete Antennenträger sind nach DIN VDE 0855 Teil 1 zu erden.

6.3 Verstärkeranlagen

Der Platz für Verstärkeranlagen soll erschütterungsfrei und trocken sein. Die Angaben des Herstellers über die zulässige Umgebungstemperatur sind zu beachten. Für den Anschluß ist ein eigener Stromkreis vorzusehen.

6.4 Verteilungsnetz

(1) Die Leitungen müssen auswechselbar und gegen Beschädigung geschützt verlegt werden. Eine direkte Verlegung im Putz ist nicht zulässig.

(2) Die Leitungen dürfen in Schächten zusammen mit Starkstromleitungen bis 1 000 Volt Nennspannung verlegt werden.

(3) Die Umgebungstemperatur der Kabel darf in der Regel 55 °C nicht überschreiten (siehe DIN VDE 0855 Teil 1); dies ist insbesondere bei der Nennspannung in Heizungskanälen oder -schächten zu beachten.

(4) Zur Ausschöpfung aller Empfangsmöglichkeiten über
- terrestrische Antenne,
- Satellitenantenne und
- Breitband-Kommunikationseinspeisung

ist ein Leerrohr zwischen oberstem Geschoß (Dachgeschoß) und Kellergeschoß vorzusehen.

(5) Verteiler und Abzweiger des Netzes sind in jederzeit allgemein zugänglichen Räumen, z. B. Fluren, Kellergängen, Treppenräumen (ausgenommen Sicherheitstreppenräume), anzuordnen.

(6) Für das Verteilungsnetz ist der Potentialausgleich herzustellen und in den Hauptpotentialausgleich des Gebäudes einzubeziehen (siehe Abschnitt 8).

7 Fundamenterder

(1) Bei jedem Neubau ist ein Fundamenterder für das Gebäude und seine Installationen vorzusehen; er ist an die Potentialausgleichsschiene anzuschließen. Für die Planung und Ausführung von Fundamenterdern gelten die „Richtlinien für das Einbetten von Fundamenterdern in Gebäudefundamente".

(2) Der Fundamenterder ist als allseitig von Beton umgebener, geschlossener Ring unterhalb der Bauwerksabdichtung in den Fundamenten der Außenwände herzustellen.

(3) Die Anschlußfahne ist in der Nähe des Standortes der Potentialausgleichsschiene hochzuführen.

(4) Bei größeren Gebäuden sind weitere Anschlußfahnen zweckmäßig, z. B. zum Anschluß von Aufzugsführungsschienen, Klimaanlagen und Stahlkonstruktionen.

8 Potentialausgleich

(1) Zur Vermeidung gefahrbringender Potentialunterschiede sind elektrisch leitfähige Rohrleitungen und andere leitfähige Bauteile nach DIN VDE 0100 Teil 410 und Teil 540 untereinander und mit dem Schutzleiter durch Potentialausgleichsleiter unabhängig von der angewendeten Schutzmaßnahme gegen gefährliche Körperströme zu verbinden (Hauptpotentialausgleich).

(2) Im Hausanschlußraum bzw. in der Nähe der Hausanschlüsse ist eine Potentialausgleichsschiene vorzusehen.

(3) Darüber hinaus sind die Bestimmungen über den örtlichen Potentialausgleich in Räumen mit Badewanne oder Dusche und in Schwimmbädern zu beachten (DIN VDE 0100 Teil 701 und Teil 702).

9 Blitzschutzanlagen

(1) Sofern eine Blitzschutzanlage gefordert wird, gilt für die Planung und Ausführung DIN VDE 0185 Teil 1.

(2) Als Blitzschutzerder darf der Fundamenterder verwendet werden. In diesem Fall sind am Fundamenterder die dafür erforderlichen Anschlußfahnen an der Gebäudeaußenseite vorzusehen.

(3) Für die Ableitung dürfen nach DIN VDE 0185 Teil 1 unter bestimmten Voraussetzungen auch unsichtbare Verlegungen, z. B. in Stahlbeton oder unter Putz, gewählt werden. Die Meßtrennstellen müssen jedoch bezeichnet und zugänglich sein.

DIN 18 015 Teil 2

Elektrische Anlagen in Wohngebäuden
Art und Umfang der Mindestausstattung
DIN 18 015 Teil 2 (11.84)

1 Anwendungsbereich und Zweck

Diese Norm gilt für die Art und den Umfang der Mindestausstattung elektrischer Anlagen in Wohngebäuden, ausgenommen die Ausstattung der technischen Betriebsräume und der betriebstechnischen Anlagen.

2 Begriffe

Für die Definition von Begriffen gilt DIN 18 015 Teil 1.

3 Allgemeines

(1) Die in dieser Norm festgelegte Anzahl der Stromkreise, Steckdosen, Auslässe und Anschlüsse für Verbrauchsmittel von 2 kW und mehr stellen die erforderliche Mindestausstattung dar.

(2) Wird eine darüber hinausgehende Anzahl von Steckdosen, Auslässen und Anschlüssen vorgesehen, muß auch die Anzahl der Stromkreise angemessen erhöht werden.

(3) Bei den Auslässen ist festzulegen, ob sie schaltbar eingerichtet werden sollen. Soweit die Schaltbarkeit bestimmt wird, muß auch die Lage der Schalter festgelegt werden.

(4) Im Freien zugängliche Anlagen, insbesondere Steckdosen, sollen gegen unbefugte Benutzung gesichert sein.

(5) Bei Räumen mit mehr als einer Tür und bei internen Geschoßtreppen soll die Schaltmöglichkeit für mindestens einen Beleuchtungsauslaß in der Regel von mindestens zwei Stellen aus vorgesehen werden.

(6) Für die Leitungsführung und die Anordnung von Steckdosen, Auslässen und Schaltern gilt DIN 18 015 Teil 3.

4 Ausstattung

4.1 Starkstromanlagen

4.1.1 Stromkreise

(1) Die erforderliche Anzahl der Stromkreise für Steckdosen und Beleuchtung richtet sich nach Tabelle 1.

(2) Für Gemeinschaftsanlagen sind die erforderlichen Stromkreise zusätzlich zu Tabelle 1 vorzusehen.

(3) Für alle in der Planung vorgesehenen Verbrauchsmittel mit Anschlußwerten von 2 kW und mehr ist ein eigener Stromkreis anzuordnen, auch wenn sie über Steckdosen angeschlossen werden.

(4) In Räumen für besondere Nutzungen sind gegebenenfalls für Steckdosen und Beleuchtung getrennte Stromkreise vorzusehen.

(5) Für Keller- und Bodenräume, die den Wohnungen zugeordnet sind, müssen zusätzliche Stromkreise vorgesehen werden.

(6) Stromkreisverteiler sind mit Reserveplätzen vorzusehen. Bei Mehrraumwohnungen sind mindestens zweireihige Stromkreisverteiler anzuordnen.

Tabelle 1

Wohnfläche der Wohnung m^2	Anzahl der Stromkreise für Steckdosen und Beleuchtung
bis 50	2
über 50 bis 75	3
über 75 bis 100	4
über 100 bis 125	5
über 125	6

4.1.2 Steckdosen, Auslässe und Anschlüsse für Verbrauchsmittel von 2 kW und mehr

(1) Die erforderliche Anzahl der Steckdosen, Auslässe und Anschlüsse für Verbrauchsmittel richtet sich nach Tabelle 2. Sofern dort nichts anderes angegeben ist, sind die Auslässe für den Anschluß von Leuchten bestimmt (Beleuchtungsauslässe). Steckdosen, Auslässe und Anschlüsse sind in nutzungsgerechter räumlicher Verteilung anzuordnen.

(2) In Tabelle 2 nicht aufgeführte Gemeinschaftsräume von Mehrfamilien-Wohnanlagen, z. B. Treppenräume, sind nach den Erfordernissen der Zweckmäßigkeit auszustatten.

4.2 Fernmeldeanlagen

(1) Für jede Wohnung ist eine Klingelanlage, für Gebäude mit mehr als zwei Wohnungen ist ferner eine Türöffneranlage in Verbindung mit einer Türsprechanlage vorzusehen.

(2) In jeder Wohnung ist ein Auslaß für einen Fernmeldeanschluß der Deutschen Bundespost (DBP) vorzusehen.

Werden mehr als ein Auslaß angeordnet, sind die entsprechenden Bestimmungen der DBP zu beachten.

DIN 18 015 Teil 2

4.3 Empfangsantennenanlage für Ton- und Fernsehrundfunk

Bei Wohnungen bis zu 4 Räumen (Wohn-, Schlafräume und Küchen) ist eine, bei größeren Wohnungen sind mindestens zwei Antennensteckdosen vorzusehen.

Tabelle 2

Nr.	Art des Verbrauchsmittels	Anzahl der Steckdosen[1]	Anzahl der Auslässe	Anschlüsse für Verbrauchsmittel ab 2 kW
\multicolumn{5}{c}{Wohn- oder Schlafraum}				
1	Steckdosen[2], Beleuchtung bei Wohnfläche bis 8 m^2	2	1	
2	über 8 bis 12 m^2	3	1	
3	über 12 bis 20 m^2	4	1	
4	über 20 m^2	5	2	
\multicolumn{5}{c}{Küche, Kochnische}				
5	Steckdosen, Beleuchtung für Kochnischen	3	2[3]	
6	für Küchen	5	2[3]	
7	Lüfter/Dunstabzug		1[4]	
8	Herd			1
9	Kühl-/Gefriergerät	1		
10	Geschirrspülmaschine			1
11	Warmwassergerät			1[5]
\multicolumn{5}{c}{Bad}				
12	Steckdosen, Beleuchtung	2[6]	2[7]	
13	Lüfter		1[4] [8]	
14	Waschmaschine[9]			1[10]
15	Heizgerät	1		
16	Warmwassergerät			1[5]
\multicolumn{5}{c}{WC-Raum}				
17	Steckdosen, Beleuchtung	1[11]	1	
18	Lüfter		1[4] [8]	

Fußnoten auf S. 265

DIN 18 015 Teil 2

Tabelle 2 (Fortsetzung)

Nr.	Art des Verbrauchsmittels	Anzahl der Steckdosen[1])	Anzahl der Auslässe	Anschlüsse für Verbrauchsmittel ab 2 kW
\multicolumn{5}{c}{Hausarbeitsraum}			
19	Steckdosen, Beleuchtung	3	1[3])	
20	Lüfter		1[4])	
21	Waschmaschine			1[12])
22	Wäschetrockner			1[12])
23	Bügelmaschine			1
\multicolumn{5}{c}{Flur}			
24	Steckdosen, Beleuchtung bei Flurlänge bis 2,5 m	1	1[13])	
25	über 2,5 m	1	1[14])	
\multicolumn{5}{c}{Freisitz}			
26	Steckdosen, Beleuchtung	1	1[15])	
\multicolumn{5}{c}{Abstellraum ab 3 m²}			
27	Beleuchtung		1	
\multicolumn{5}{c}{Hobbyraum}			
28	Steckdosen, Beleuchtung	3	1	
\multicolumn{5}{c}{Zur Wohnung gehörender Keller-, Bodenraum[16])}			
29	Steckdosen, Beleuchtung	1	1	
\multicolumn{5}{c}{Gemeinschaftlich genutzter Keller-, Bodenraum}			
30	Steckdosen, Beleuchtung bei Nutzfläche bis 20 m²	1[17])	1	
31	über 20 m²	1[17])	2	
\multicolumn{5}{c}{Keller-, Bodengang}			
32	Beleuchtung		1[18])	

Fußnoten auf S. 265

Fußnoten zu Tabelle 2

1) Bzw. Anschlußdosen für Verbrauchsmittel unter 2 kW.
2) Die den Betten zugeordneten Steckdosen sind mindestens als Doppelsteckdosen, die neben Antennensteckdosen angeordneten Steckdosen sind als Dreifachsteckdosen vorzusehen. Diese Mehrfachsteckdosen gelten nach der Tabelle als jeweils eine Steckdose.
3) Die Arbeitsflächen sollen möglichst schattenfrei beleuchtet werden.
4) Sofern eine Einzellüftung vorzusehen ist.
5) Sofern die Warmwasserversorgung nicht auf eine andere Weise erfolgt.
6) Davon eine in Kombination mit Waschtischleuchte zulässig.
7) Bei Bädern bis 4 m^2 Nutzfläche genügt ein Auslaß über dem Waschtisch.
8) Bei fensterlosen Bädern oder WC-Räumen ist die Schaltung über die Allgemeinbeleuchtung mit Nachlauf vorzusehen.
9) In einer Wohnung nur einmal erforderlich.
10) Sofern kein Hausarbeitsraum vorhanden ist oder falls die Geräte nicht in einem anderen geeigneten Raum untergebracht werden können.
11) Für WC-Räume mit Waschtischen.
12) Sofern nicht im Bad oder einem anderen geeigneten Raum vorgesehen.
13) Von einer Stelle schaltbar.
14) Von zwei Stellen schaltbar.
15) Ab 8 m^2 Nutzfläche.
16) Gilt nicht für Keller- und Bodenräume, die durch gitterartige Abtrennungen, z. B. Maschendraht, gebildet werden.
17) Für Antennenverstärker, je Antennenanlage nur einmal erforderlich.
18) Bei Gängen über 6 m Länge ein Auslaß je angefangenen 6 m Ganglänge.

DIN 18 015 Teil 3

Elektrische Anlagen in Wohngebäuden
Leitungsführungen und Anordnung der Betriebsmittel
DIN 18 015 Teil 3 (7.90)

1 Anwendungsbereich

Diese Norm gilt für die Anordnungen von unsichtbar verlegten Leitungen (hierzu zählen auch Kabel) sowie von Auslässen, Schaltern und Steckdosen elektrischer Anlagen, die nach DIN 18 015 Teil 1 in den Räumen von Wohnungen geplant werden.

Sie gilt nicht für sichtbar verlegte Leitungen (Aufputz-Installationen, Installationskanalsysteme).

2 Zweck

Diese Norm hat den Zweck, die Anordnung von unsichtbar verlegten elektrischen Leitungen auf bestimmte festgelegte Zonen zu beschränken, um bei der Montage anderer Leitungen, z. B. für Gas, Wasser oder Heizung, oder bei sonstigen nachträglichen Arbeiten an den Wänden die Gefahr der Beschädigung der elektrischen Leitungen einzuschränken.

3 Installationen

Für die Unterbringung der elektrischen Leitungen werden an den Wänden die in den Abschnitten 3.1 und 3.2 aufgeführten Installationszonen (Z) festgelegt (siehe auch Bilder 1 und 2).

3.1 Waagerechte Installationszonen (ZW), 30 cm breit:

ZW-o	Obere waagerechte Installationszone	von 15 cm bis 45 cm	unter der fertigen Deckenfläche
ZW-u	Untere waagerechte Installationszone	von 15 cm bis 45 cm	über der fertigen Fußbodenfläche
ZW-m	Mittlere waagerechte Installationszone	von 90 cm bis 120 cm	über der fertigen Fußbodenfläche

Die mittlere waagerechte Installationszone (ZW-m) wird nur für Räume festgelegt, in denen Arbeitsflächen an den Wänden vorgesehen sind, z. B. Küchen.

3.2 Senkrechte Installationszonen (ZS), 20 cm breit:

ZS-t	Senkrechte Installationszonen an Türen	von 10 cm bis 30 cm	neben den Rohbaukanten
ZS-f	Senkrechte Installationszonen an Fenstern	von 10 cm bis 30 cm	neben den Rohbaukanten

ZS-e	Senkrechte Installationszonen an Wanddecken	von 10 cm bis 30 cm	neben den Rohbauecken

Die senkrechten Installationszonen reichen jeweils von der Deckenunterkante bis zur Fußbodenoberkante.

Für Fenster, zweiflügelige Türen und Wandecken werden die senkrechten Installationszonen beidseitig, für einflügelige Türen jedoch nur an der Schloßseite festgelegt.

Anmerkung 1: Bei Räumen mit schrägen Wänden, z.B. in ausgebauten Dachgeschossen, verlaufen die von oben nach unten führenden Installationszonen parallel zu den Bezugskanten. Sie gelten als senkrechte Installationszonen nach Abschnitt 3.2, auch wenn sie nicht in jeder Betrachtungsebene senkrecht verlaufen.

Anmerkung 2: Für Fußböden und Deckenflächen werden keine Installationszonen festgelegt.

4 Anordnung

4.1 Leitungen

Die elektrischen Leitungen sind innerhalb der in Abschnitt 3 festgelegten Installationszonen anzuordnen, soweit nicht diese Norm Ausnahmen zuläßt; dabei ist die Lage mit folgenden Maßen zu bevorzugen (Vorzugsmaße):

- in waagerechten Installationszonen
  - ZW-o: 30 cm unter der fertigen Deckenfläche,
  - ZW-u: 30 cm über der fertigen Fußbodenfläche,
  - ZW-m: 100 cm über der fertigen Fußbodenfläche;
- in senkrechten Installationszonen 15 cm neben den Rohbaukanten bzw. -ecken.

Für die Anordnung der Leitungen in Fußboden und an Deckenflächen gilt DIN 18 015 Teil 1.

4.2 Auslässe, Schalter, Steckdosen

Schalter sind vorzugsweise neben den Türen in den senkrechten Installationszonen so anzuordnen, daß ihre Mitte 105 cm über der fertigen Fußbodenfläche liegt.

Steckdosen und Schalter über Arbeitsflächen an Wänden sollen innerhalb der mittleren waagerechten Installationszone in einer Vorzugshöhe von 115 cm über der fertigen Fußbodenfläche angeordnet werden.

Der Anschluß von Auslässen, Schaltern und Steckdosen, die notwendigerweise außerhalb der Installationszonen angeordnet werden müssen, ist mit senkrecht geführten Stichleitungen aus der nächstgelegenen waagerechten Installationszone vorzunehmen.

DIN 18 015 Teil 3

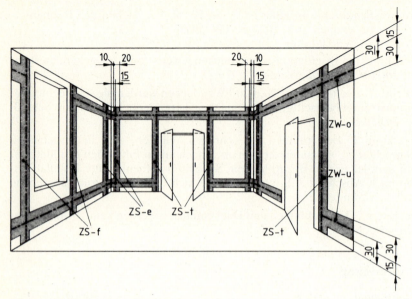

Bild 1. Installationszonen und Vorzugsmaße (unterstrichen) für Räume ohne Arbeitsflächen an Wänden. Sofern Wandfläche in ausreichendem Maße zur Verfügung steht, läuft die obere waagerechte Installationszone über dem Fenster durch (siehe Bild 2)

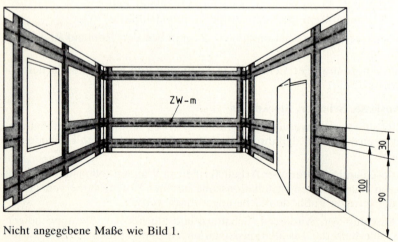

Nicht angegebene Maße wie Bild 1.

Bild 2. Installationszonen und Vorzugsmaße (unterstrichen) für Räume mit Arbeitsflächen an Wänden, z.B. Küchen

5 Ausnahmen

Von den festgelegten Installationszonen darf abgewichen werden, wenn die elektrischen Leitungen
- in den Wänden in Schutzrohren verlegt werden und eine Überdeckung der Schutzrohre von mindestens 6 cm sichergestellt ist,
- in Wandbau-Fertigteilen untergebracht sind, bei denen eine nachträgliche Beschädigung der Leitungen weitgehend ausgeschlossen ist. Dies gilt z. B. für Betonfertigteile mit einer Überdeckung der Leitungen von mindestens 6 cm und für Fertigteile in Leichtbauweise, bei denen die elektrischen Leitungen in ausreichend großen Hohlräumen so verlegt sind, daß sie gegebenenfalls ausweichen können oder durch konstruktive Maßnahmen geschützt sind.

DIN 40 900

Graphische Symbole für Schaltungsunterlagen
Schaltzeichen für Leiter und Verbinder

Auszug aus **DIN 40 900 Teil 3, 7, 8, 9 und 11** (3.88)
(Es sind nur die im Wohnungsbau gebräuchlichen Schaltzeichen dargestellt.)

Verbinder

Nr.	Schaltzeichen		Beschreibung
	bevorzugte Form	andere Form	
03-03-01	—⊂		Buchse Pol einer Steckdose
03-03-02		—<	
03-03-03	■—		Stecker Pol eines Steckers
03-03-04		←—	Anmerkung: Auf die Verdickung, die den Pol eines Steckers darstellt, darf verzichtet werden.
03-03-05	—⊂■—		Buchse und Stecker Steckverbindung
03-03-06		—⟨⟨—	
03-03-07	(6polig-Symbol)		Steckverbindung, vielpolig (6polig dargestellt) allpolige Darstellung
03-03-08	—⊂⫽⁶		einpolige Darstellung

Sicherungen und Sicherungsschalter

Nr.	Schaltzeichen	Beschreibung
07-21-01	▯	Sicherung, allgemein

DIN 40 900

Nr.	Schaltzeichen	Beschreibung
07-21-02		Sicherung. Die breite Seite kennzeichnet den netzseitigen Anschluß.
07-21-03		Sicherung mit mechanischer Auslösemeldung (Schlagbolzensicherung)
07-21-04		Sicherung mit Meldekontakt und drei Anschlüssen
107-05-04	D II 10 A	Schraubsicherung, dargestellt 10 A, Typ DII, dreipolig
107-05-05	00 25 A	Niederspannungs-Hochleistungssicherung (NH), dargestellt 25 A, Größe 00
107-05-06	3	Motorschutzschalter, dreipolig, mit thermischer und magn. Auslösung in einpol. Darst.
107-05-07	4	Fehlerstrom-Schutzschalter, vierpolig
107-05-08		Leitungsschutzschalter

Beispiele für integrierende Meßgeräte

Nr.	Schaltzeichen	Beschreibung
08-04-01	h	Betriebsstundenzähler
08-04-02	Ah	Amperestundenzähler

271

DIN 40 900

Nr.	Schaltzeichen	Beschreibung
08-04-03	Wh	Wattstundenzähler Elektrizitätszähler
08-04-04	→ Wh	Wattstundenzähler, der nur die in eine Richtung fließende Energie zählt
08-04-05	⊢→ Wh	Wattstundenzähler, der nur die von der Sammelschiene abgegebene Energie zählt
08-04-06	⊢← Wh	Wattstundenzähler, der nur die zur Sammelschiene fließende Energie zählt
08-04-07	⊢←→ Wh	Wattstundenzähler, der die von und zur Sammelschiene fließende Energie zählt
08-04-08	Wh	Mehrtarif-Wattstundenzähler, Zweitarifzähler dargestellt
08-04-09	Wh $P>$	Wattstundenzähler, der nur zählt, wenn ein vorgegebener Wert überschritten wird
08-04-10	Wh →	Wattstundenzähler mit Übertragungseinrichtung
08-04-11	→ Wh	Wattstundenzähler, fernbetätigt

Elektrische Uhren

Nr.	Schaltzeichen	Beschreibung
08-08-01	⏰	Uhr, allgemein Nebenuhr
08-08-02	⊙	Hauptuhr
08-08-03	⊕	Uhr mit Schalter

DIN 40 900

Leuchtmelder und Signaleinrichtungen

Nr.	Schaltzeichen	Beschreibung
08-10-01	⊗	Lampe, allgemein Leuchtmelder, allgemein Anmerkung 1: Neben dem Schaltzeichen darf die Farbe nach DIN IEC 757 angegeben werden. RD rot YE gelb GN grün BU blau WH weiß Anmerkung 2: Neben dem Schaltzeichen darf die Lampenart angegeben werden. Ne Neon Xe Xenon Na Natriumdampf Hg Quecksilber I Iod IN Glühfaden EL Lumineszenz ARC Lichtbogen FL Fluoreszenz IR Infrarot UV Ultraviolett LED Leuchtdiode
08-10-02	⊗ (blinkend)	Leuchtmelder, blinkend
08-10-03	⊖	Sichtmelder, elektromechanisch Schauzeichen Fallklappe

DIN 40 900

Beispiele für Gefahrenmeldeeinrichtungen

Nr.	Schaltzeichen	Beschreibung
108-08-01		Polizeimelder
108-08-02		Polizeimelder, dargestellt mit Sperrung und mit Fernsprecher
108-08-03		Brand-Druckknopf-Nebenmelder
108-08-04		Brandmelder
108-08-05		Brandmelder, selbsttätig
108-08-06		Brandmelder, dargestellt mit Laufwerk und mit elektronischer Auslösung
108-08-07		Brandmelder, Polizeimelder, dargestellt mit: – Laufwerk mit Sperrung – Polizeimelder mit Sperrung
108-08-08		Brandmeldeanlage, Hauptstelle (Zentrale), dargestellt mit: – vier Schleifen in Sicherheitsschaltung – Sirenenanlage für zwei Schleifen
108-08-09		Temperaturmelder
108-08-10		Temperaturmelder, selbsttätig, Bimetallprinzip
108-08-11		Rauchmelder, selbsttätig, lichtabhängiges Prinzip

DIN 40 900

Fernsprecher

Nr.	Schaltzeichen	Beschreibung
09-05-01		Fernsprecher, allgemein
09-05-02		Fernsprecher für Ortsbatterie-Betrieb
09-05-03		Fernsprecher für Zentralbatterie-Betrieb
09-05-04		Fernsprecher mit Nummernschalter Anmerkung: Die Punkte im Kreis dürfen entfallen, wenn dadurch keine Verwechslung möglich ist.
09-05-05		Fernsprecher mit Tastwahlblock
09-05-06		Fernsprecher mit Schalter oder mit Taste für Funktionen, die nicht im Zusammenhang mit der Nummern- oder Leitungswahl stehen
09-05-07		Münzfernsprecher
09-05-08		Fernsprecher mit Kurbelinduktor
09-05-09		Fernsprecher mit Lautsprecher
09-05-10		Fernsprecher mit Verstärker
09-05-11		Fernsprecher ohne Speisung Fernsprecher, batterielos
09-05-12		Fernsprecher für zwei oder mehr Amtsleitungen oder Nebenstellenleitungen

DIN 40 900

Netzwerke
Leiter, Leitungen

Nr.	Schaltzeichen	Beschreibung
11-03-01		Leiter im Erdreich Erdkabel
11-03-02		Leiter im Gewässer Seekabel
11-03-03		Leiter, oberirdisch Freileitung
11-03-04		Kabelkanal Trasse Elektro-Installationsrohr Anmerkung: Die Anzahl der Kabelkanäle, Querschnitt oder andere Angaben, z. B. Kabelbelegungen, dürfen über der Linie, die die Kabelkanalführung darstellt, angegeben werden.
11-03-05		Beispiel: Trasse mit sechs Kabelkanälen
11-03-06		Einstiegschacht in einer Trasse
11-03-07		Erdkabel mit Verbindungsstelle

DIN 40 900

Dosen

Nr.	Schaltzeichen	Beschreibung
11-08-01		Abzweigdose, allgemein Anmerkung 1: Die Linie innerhalb des Kreises darf durch eine Bezeichnung ersetzt werden. Anmerkung 2: Die senkrechte Linie stellt die Verbindung zu einer Dose dar, sie darf entfallen, wenn keine Unklarheiten entstehen.
11-08-02		Stichdose
11-08-03		Durchschleifdose

Installationen in Gebäuden

Kennzeichen für besondere Leiter

Nr.	Schaltzeichen	Beschreibung
11-11-01		Neutralleiter (N) Mittelleiter (M)
11-11-02		Schutzleiter (PE)
11-11-03		Neutralleiter mit Schutzfunktion (PEN)
11-11-04		Beispiel: Drei Leiter, ein Neutralleiter, ein Schutzleiter

277

DIN 40 900

Steckdosen

Nr	Schaltzeichen	Beschreibung
11-13-01	Es gilt das Schaltzeichen 03-03-01 nach DIN 40900 Teil 3.	Steckdose, allgemein
11-13-02	Form 1	Mehrfachsteckdose, dargestellt als Dreifachsteckdose
11-13-03	Form 2	
11-13-04		Schutzkontaktsteckdose
11-13-05		Steckdose mit Abdeckung
11-13-06		Steckdose, abschaltbar
11-13-07		Steckdose mit verriegeltem Schalter
11-13-08		Steckdose mit Trenntrafo, z. B. für Rasier-Apparat
11-13-09		Fernmeldesteckdose, allgemein Anmerkung: Zur Unterscheidung verschiedener Dosen dürfen z. B. folgende Bezeichnungen verwendet werden: TP = Telephon M = Mikrophon ⌕ = Lautsprecher FM = UKW-Rundfunk TV = Fernsehen TX = Telex

DIN 40 900

Schalter

Nr.	Schaltzeichen	Beschreibung
11-14-01		Schalter, allgemein
11-14-02		Schalter mit Kontrolleuchte
11-14-03		Zeitschalter, einpolig
11-14-04		Ausschalter, zweipolig Schalter 1/2
11-14-05		Serienschalter, einpolig Schalter 5/1
11-14-06		Wechselschalter, einpolig Schalter 6/1
11-14-07		Kreuzschalter Zwischenschalter Schalter 7/1
11-14-08		Dimmer
11-14-09		Schalter mit Zugschnur
11-14-10		Taster
11-14-11		Taster mit Leuchte
11-14-12		Taster mit eingeschränkter Zugänglichkeit, z. B. mit Glasabdeckung
11-14-13		Zeitrelais

279

DIN 40 900

Nr.	Schaltzeichen	Beschreibung
11-14-14		Schaltuhr
11-14-15		Schlüsselschalter Wächtermelder

Auslässe und Installationen für Leuchten

Nr	Schaltzeichen	Beschreibung
11-15-01		Leuchtenauslaß, dargestellt mit Leitung
11-15-02		Leuchtenauslaß auf Putz, dargestellt mit nach links führender Leitung
11-15-03	Es gilt das Schaltzeichen 08-10-01 aus DIN 40900 Teil 8.	Leuchte, allgemein Anmerkung: Das Schaltzeichen darf durch zusätzliche Angaben — siehe DIN 40900 Teil 8, Ausgabe März 1988, Hauptabschnitt 10 — ergänzt werden.
11-15-04		Leuchte für Leuchtstofflampe, allgemein Beispiele:
11-15-05		Leuchte mit drei Leuchtstofflampen
11-15-06	5	Leuchte mit fünf Leuchtstofflampen
11-15-07		Scheinwerfer, allgemein
11-15-08		Punktleuchte

Nr	Schaltzeichen	Beschreibung
11-15-09		Flutlichtleuchte
11-15-10		Vorschaltgerät für Entladungs-lampen Anmerkung: Das Vorschaltgerät wird nur dargestellt, wenn es nicht in der Leuchte unterge-bracht ist.
11-15-11		Sicherheitsleuchte Notleuchte mit getrenntem Stromkreis Rettungszeichenleuchte
11-15-12		Sicherheitsleuchte mit eingebau-ter Stromversorgung

Kennzeichen der Verlegeart

Nr.	Schaltzeichen	Beschreibung
111-05-01		Leiter auf Putz
111-05-02		Leiter im Putz
111-05-03		Leiter unter Putz

DIN 40 900

Verschiedene Geräte

Nr.	Schaltzeichen	Beschreibung
11-16-01		Heißwassergerät, dargestellt mit Leitung
11-16-02		Ventilator, dargestellt mit Leitung
11-16-03		Zeiterfassungsgerät
11-16-04		Türöffner
11-16-05		Wechselsprechstelle Haus- oder Torsprechstelle

Elektro-Hausgeräte

Nr	Schaltzeichen	Beschreibung
111-06-01		Elektrogerät, allgemein
111-06-02		Küchenmaschine
111-06-03		Elektroherd, allgemein
111-06-04		Mikrowellenherd
111-06-05		Backofen
111-06-06		Wärmeplatte
111-06-07		Friteuse

Nr	Schaltzeichen	Beschreibung
111-06-08		Heißwasserspeicher
111-06-09		Durchlauferhitzer
111-06-10		Infrarotgrill
111-06-11		Futterdämpfer
111-06-12		Waschmaschine
111-06-13		Wäschetrockner
111-06-14		Geschirrspülmaschine
111-06-15		Händetrockner Haartrockner
111-06-16		Speicherheizgerät
111-06-17		Infrarotstrahler
111-06-18		Klimagerät
111-06-19		Kühlgerät Tiefkühlgerät
111-06-20		Gefriergerät

DIN 40 900

Schalter, Steckdosen, Leuchten, Sprechstelle

Nr.	Schaltzeichen	Beschreibung
111-07-01		Schalter 1/1 (Ausschalter, einpolig) Benennung nach DIN 49290
111-07-02		Stromstoßschalter
111-07-03	3/N/PE	Schutzkontaktsteckdose, dargestellt für Drehstrom, 5polig
111-07-04		Antennensteckdose
111-07-05		Leuchte mit Schalter
111-07-06		Leuchte mit veränderbarer Helligkeit
111-07-07		Sicherheitsleuchte in Dauerschaltung
111-07-08		Leuchte, dargestellt mit zusätzlicher Sicherheitsleuchte in Dauerschaltung
111-07-09		Leuchte, dargestellt mit zusätzlicher Sicherheitsleuchte in Bereitschaftsschaltung
111-07-10		Gegensprechstelle
111-07-11	Lx<	Dämmerungsschalter
111-07-12		Leuchte für Entladungslampe, allgemein

DIN 18 017 Teil 1

Lüftung von Bädern und Toilettenräumen ohne Außenfenster
(DIN 18 017)

Grundsätzlich gilt diese Norm nur für innenliegende Bäder und innenliegende Aborte mit Spülaborten.

Allgemein sind nach den Bauordnungen der Bundesländer innenliegende Aborte ohne Wasserspülung unzulässig.

Auch für innenliegende Waschräume wird im Bauordnungsrecht ausdrücklich ausreichende Lüftung gefordert.

Die Landesbauordnungen enthalten für Lüftungsanlagen bzw. Lüftungsschächte und -kanäle eigene Vorschriften, die in erster Linie am Brandschutz orientiert sind. Die Beachtung der Landesbauordnungen wird empfohlen.

Lüftung von Bädern und Toilettenräumen ohne Außenfenster ;
Einzelschachtanlagen ohne Ventilatoren
DIN 18 017 Teil 1 (2. 87)

1 Anwendungsbereich

Die Norm legt lüftungstechnische Anforderungen an Einzelschachtanlagen ohne Ventilatoren zur Lüftung von Bädern und Spülaborten ohne Außenfenster fest.

Die Norm regelt nicht die Lüftung, soweit sie für den Betrieb von Feuerstätten erforderlich wird.

2 Grundsätze für die Ausführung der Einzelschachtanlage

Für jeden zu lüftenden Raum ist ein eigener Zuluftschacht und ein eigener Abluftschacht einzubauen (siehe Bild 1).

Liegen Bad und Spülabort derselben Wohnung nebeneinander, so dürfen sie einen gemeinsamen Zuluftschacht und einen gemeinsamen Abluftschacht haben. Der Zuluftschacht ist von unten bis zur Zuluftöffnung in den zu lüftenden Raum hochzuführen; an seinem unteren Ende ist er mit einem ins Freie führenden Zuluftkanal zu verbinden. Anstelle des Zuluftschachtes kann eine andere dichte Zuluftleitung zur Außenwand angeordnet werden. Der Abluftschacht ist von der Abluftöffnung im Raum nach oben über Dach zu führen.

DIN 18 017 Teil 1

3 Schächte (Vgl. DIN 18 160 Teil 1 Abschn. 5.4.1 und 5.5.4)

Die Schächte müssen einen nach Form und Größe gleichbleibenden lichten Schachtquerschnitt haben. Er darf kreisförmig oder rechteckig und muß mindestens 140 cm^2 groß sein. Bei rechteckigen lichten Schachtquerschnitten darf das Maß der längeren Seite höchstens das 1,5fache der kürzeren betragen.

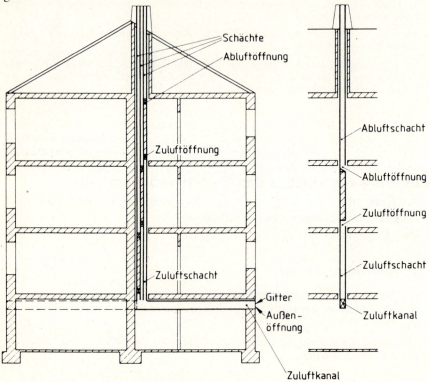

Bild 1. Einzelschachtanlage (Beispiel)

Die Schächte sind senkrecht und im übrigen entsprechend Abschnitt 2 zu führen. Sie dürfen einmal schräg geführt werden. Bei der Schrägführung darf der Winkel zwischen der Schachtachse und der Waagerechten nicht kleiner als 60 ° sein. Die Schächte sollen Dächer mit einer Neigung von mehr als 20 ° im First oder in unmittelbarer Nähe des Firstes durchdringen und müssen diesen mindestens 0,4 m überragen; über einseitig geneigten Dächern sind die Schachtmündungen entsprechend nahe über der höchsten Dachkante anzuordnen. Die Schächte müssen Dachflächen mit einer Neigung von weniger als 20 ° mindestens 1 m überragen. Schächte, die Windhindernissen auf dem Dach näher liegen, als deren 1,5fache Höhe über Dach beträgt, müssen mindestens so hoch wie das Windhindernis sein. Grenzen Schächte an Windhindernisse, müssen sie diese um mindestens 0,4 m überragen. Schächte müssen Brüstungen auf Dächern mindestens 0,5 m überragen.

Schächte müssen Revisionsöffnungen haben.

4 Zuluftkanal

Am unteren Ende sind die Schächte mit einem ins Freie führenden Kanal zu verbinden. Dieser Kanal kann auch mit zwei gegenüberliegenden Öffnungen ausgeführt werden. Der Zuluftkanal muß einen nach Form und Größe gleichbleibenden lichten Querschnitt haben. Er darf kreisförmig oder rechteckig sein. Bei rechteckigen lichten Querschnitten müssen die Rechteckseiten mindestens 90 mm lang sein. Das Maß der längeren Seite darf höchstens das 10fache der kürzeren betragen. Die Fläche eines Zuluftkanals mit kreisförmigen lichten Querschnitt muß mindestens 80 % der Summe aller angeschlossenen Zuluftschachtquerschnitte betragen. Die Fläche eines Zuluftkanals mit rechteckigem lichtem Querschnitt muß, abhängig vom Verhältnis der längeren zur kürzeren Rechteckseite, einen Anteil der gesamten Fläche der angeschlossenen Schächte entsprechend Tabelle 1 haben.

Die Zuluftkanäle sind möglichst waagerecht und geradlinig zu führen.

Tabelle 1 **Lichte Querschnitte von Zuluftkanälen**

Verhältnis der längeren zur kürzeren Rechteckseite	Lichter Querschnitt des Zuluftkanals, bezogen auf die Gesamtfläche der lichten Querschnitte der angeschlossenen Schächte % min.
bis 2,5	80
über 2,5 bis 5	90
über 5 bis 10	100

Die Außenöffnungen der Zuluftkanäle müssen vergittert sein; das Gitter muß eine Maschenweite von mindestens 10 mm × 10 mm haben und herausnehmbar sein. Der freie Querschnitt des Gitters muß insgesamt mindestens so groß sein wie der Mindestquerschnitt des Zuluftkanals. Zuluftkanäle dürfen am Ende, das dem Freien zugekehrt ist, entgegen vorstehender Anforderung aufgeweitet sein.

5 Zuluftöffnung

Die Zuluftöffnung muß einen freien Querschnitt von mindestens 150 cm^2 haben. Die Zuluftöffnung muß mit einer Einrichtung ausgestattet sein, mit der der Zuluftstrom gedrosselt und die Zuluftöffnung verschlossen werden kann.

Die Zuluftöffnung sollte nach Möglichkeit im unteren Bereich des Raumes angeordnet sein. Aus baulichen Gründen kann sie aber auch in jeder beliebigen Höhe angebracht werden. Liegen die Zu- und Abluftöffnungen unmittelbar übereinander, so ist an der Zuluftöffnung eine Luftleitvorrichtung anzubringen.

6 Abluftöffnung

Die Abluftöffnung muß einen lichten Querschnitt von mindestens 150 cm^2 haben und muß möglichst nahe unter der Decke angeordnet sein.

7 Reinigung

Alle Verschlußteile müssen leicht zu reinigen sein und auch die Reinigung des anschließenden Schachtes ermöglichen.

8 Anschluß von Gasfeuerstätten

Der Abgasschornstein von Gasfeuerstätten kann zugleich die Funktion des Abluftschachtes übernehmen; die *TRGI (Technische Regeln für Gas-Installationen*[1]*)* sind zu beachten.

---

[1] Zu beziehen beim ZfGW-Verlag GmbH, Frankfurt(M.)

DIN 18 017 Teil 3

Lüftung von Bädern und Toilettenräumen ohne Außenfenster mit Ventilatoren
DIN 18 017 Teil 3 (8.90) (gekürzt)

DIN 18 017 T 3 (8.90) ersetzt Ausgabe 4.88.

Inhalt:

1	**Anwendungsbereich**
2	**Art der Anlagen und deren Betriebsweise**
2.1	Einzelentlüftungsanlagen
2.2	Zentralentlüftungsanlagen
3	**Grundsätzliche lüftungstechnische und hygienische Anforderungen**
3.1	Volumenströme
3.2	Zuluftführung
3.3	Abluftführung
3.4	Luftführung in Bädern
3.5	Einregulierung der Anlagen
3.6	Übertragung von Gerüchen und Staub
3.7	Ventilatoren[1]
3.8	Filter, Abluftventile, Drosseleinrichtungen[1]), Rückschlagklappen und Reinigungsverschlüsse
3.9	Abluftleitungen[1]
4	**Anlagenspezifische Anforderungen[1])**
4.1	Einzelentlüftungsanlagen mit eigenen Abluftleitungen[1]
4.2	Einzelentlüftungsanlagen mit gemeinsamer Abluftleitung[1]
4.3	Zentralentlüftungsanlagen mit nur gemeinsam veränderlichem Gesamtvolumenstrom[1]
4.4	Zentralentlüftungsanlagen mit wohnungsweise veränderlichen Volumenströmen[1]
4.5	Zentralentlüftungsanlagen mit unveränderlichen Volumenströmen[1]
5	**Messung der Volumenströme[1]**
6	**Prüfung von Ventilatoren, Lüftungsgeräten und Abluftventilen[1]**

1 Anwendungsbereich

Diese Norm gilt für Entlüftungsanlagen mit Ventilatoren zur Lüftung von Bädern und Toilettenräumen ohne Außenfenster in Wohnungen und ähnlichen Aufenthaltsbereichen, z. B. Wohneinheiten in Hotels. Andere Räume innerhalb von Wohnungen, z. B. Küchen oder Abstellräume, können ebenfalls

---

[1]) Abschnitte 3.7 bis 6 sind z. T. ausgelassen. Sie enthalten spezifische Anforderungen an einzelne Bauteile und besondere Anlagentypen.

über Anlagen nach dieser Norm entlüftet werden. Die Lüftung von fensterlosen Küchen ist nicht Gegenstand dieser Norm.

Diese Norm setzt voraus, daß die Zuluft ohne besondere Zulufteinrichtungen durch die Undichtheiten in den Außenbauteilen nachströmen kann. Deswegen darf der planmäßige Abluftvolumenstrom ohne besondere Zulufteinrichtung keinem größeren Luftwechsel als einem 0,8fachen, bezogen auf die gesamte Wohnung, entsprechen.

2 Art der Anlagen und deren Betriebsweise

2.1 Einzelentlüftungsanlagen

Einzelentlüftungsanlagen sind Entlüftungsanlagen mit eigenen Ventilatoren für jede Wohnung. Einzelentlüftungsanlagen ermöglichen die Entlüftung von Räumen nach dem Bedarf der Bewohner der einzelnen Wohnungen.

2.1.1 Einzelentlüftungsanlagen mit eigenen Abluftleitungen

Diese Entlüftungsanlagen haben je Wohnung mindestens eine Abluftleitung ins Freie (siehe Bild 1).

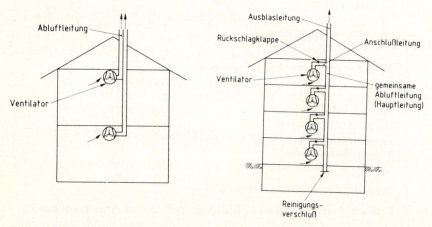

Bild 1. Einzelentlüftungsanlagen mit eigenen Abluftleitungen

Bild 2. Einzelentlüftungsanlagen mit gemeinsamer Abluftleitung (Hauptleitung)

2.1.2 Einzelentlüftungsanlagen mit gemeinsamer Abluftleitung

Diese Entlüftungsanlagen haben für mehrere Wohnungen eine gemeinsame Abluftleitung (Hauptleitung), durch die Abluft unter Überdruck ins Freie geleitet wird (siehe Bild 2).

2.2 Zentralentlüftungsanlagen

Zentralentlüftungsanlagen sind Entlüftungsanlagen mit gemeinsamem Ventilator für mehrere Wohnungen.

Zentralentlüftungsanlagen ermöglichen je nach Ausführungsart
- eine dauernde Entlüftung der Räume mit Volumenströmen, die für die angeschlossenen Wohnungen nur gemeinsam dem Bedarf der Bewohner angepaßt werden können (im folgenden genannt „Zentralentlüftungsanlagen mit nur gemeinsam veränderlichem Gesamtvolumenstrom");
- eine Entlüftung der Räume mit Volumenströmen, die wohnungsweise dem Bedarf der jeweiligen Bewohner angepaßt werden können (im folgenden genannt „Zentralentlüftungsanlagen mit wohnungsweise veränderlichen Volumenströmen");
- eine dauernde Entlüftung der Räume mit unveränderlichen Volumenströmen (im folgenden genannt „Zentralentlüftungsanlagen mit unveränderlichen Volumenströmen").

2.2.1 Zentralentlüftungsanlagen mit nur gemeinsam veränderlichem Gesamtvolumenstrom

Anlagen dieser Ausführungsart haben Abluftventile mit gleichen betrieblich unveränderlichen Ventilkennlinien. Durch eine entsprechende Schaltung des Ventilators können Anlagen dieser Ausführungsart mit planmäßigem Volumenstrom oder zeitweise reduziertem Volumenstrom betrieben werden. Die Volumenstromreduzierung wird an allen Abluftventilen gleichzeitig wirksam (siehe Bild 3).

2.2.2 Zentralentlüftungsanlagen mit wohnungsweise veränderlichen Volumenströmen

Anlagen dieser Ausführungsart haben einstellbare Abluftventile mit veränderlichen Kennlinien. Durch Einstellung der Abluftventile können die Bewohner den Volumenstrom wohnungsweise bzw. raumweise dem jeweiligen Bedarf anpassen (siehe Bild 4).

2.2.3 Zentralentlüftungsanlagen mit unveränderlichen Volumenströmen

Anlagen dieser Ausführungsart haben Abluftventile, die innerhalb eines erheblichen Bereichs der Druckdifferenz zwischen ihren beiden Seiten einen konstanten, also von der Größe der Druckdifferenz unabhängigen Volumenstrom, aus den zu entlüftenden Räumen sicherstellen. Wegen dieser Besonderheit der Abluftventile ist eine Volumenstromreduzierung nicht möglich (siehe Bild 5).

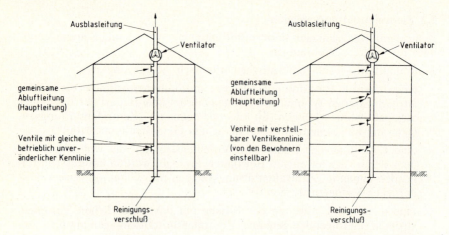

Bild 3. Zentralentlüftungsanlage mit nur gemeinsam veränderlichem Gesamtvolumenstrom

Bild 4. Zentralentlüftungsanlage mit wohnungsweise veränderlichen Volumenströmen

3 Grundsätzliche lüftungstechnische und hygienische Anforderungen

3.1 Volumenströme

3.1.1 Planmäßige Mindestvolumenströme

Entlüftungsanlagen zur Entlüftung von Bädern, auch mit Klosettbecken, können wahlweise, je nach Ausführungsart und Betriebsweise, für folgende planmäßige Mindestvolumenströme ausgelegt werden:

— 40 m³/h: Dieser Volumenstrom muß über eine Dauer von mindestens zwölf Stunden pro Tag abgeführt werden.

— 60 m³/h: Wenn der Volumenstrom auf 0 m³/h reduziert werden kann, muß sichergestellt werden, daß nach jedem Ausschalten weitere 5 m³ Luft über die Anlage (Lüftungsgerät oder Abluftventil) aus dem zu lüftenden Raum abgeführt werden. Dies bedeutet, daß z. B. bei Einzelentlüftungsanlagen das Abluftgerät nach jedem Betätigen des Ausschalters so lange nachläuft, bis weitere 5 m³ Luft abgeführt sind (siehe Abschnitt 3.7.2).

Für Toilettenräume muß der Volumenstrom mindestens die Hälfte dieser Werte betragen.

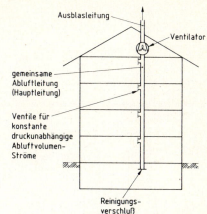

Bild 5. Zentralentlüftungsanlage mit unveränderlichen Volumenströmen

Bei Anlagen, die anlagenbedingt 24 Stunden pro Tag betrieben werden müssen, dürfen die genannten Werte in Zeiten geringen Luftbedarfs um die Hälfte reduziert werden.

Unter dem planmäßigen Volumenstrom versteht man denjenigen Volumenstrom, der ohne witterungs- und anlagenbedingte Einflüsse erreicht wird.

3.1.2 Größere Volumenströme

Größere planmäßige Volumenströme als die doppelten Volumenströme nach Abschnitt 3.1.1 sind durch die Aufgabe, innenliegende Bäder und Toilettenräume ordnungsgemäß zu entlüften, nicht gerechtfertigt.

3.1.3 Volumenstromabweichungen

Die Volumenströme dürfen sich gegenüber den planmäßigen Volumenströmen durch Wind und thermischen Auftrieb um nicht mehr als ±15 % ändern. Anstatt mit dem tatsächlichen Einfluß von Wind und thermischem Auftrieb ist bei der Planung einer Anlage damit zu rechnen, daß sich die Unterschiede der statischen Drücke zwischen den entlüfteten Räumen und den Außenseiten der Auslaßöffnungen (Stördrücke) um 40 Pa vergrößern bzw. verringern, wenn der Abluftvolumenstrom lotrecht über Dach austritt, andernfalls um 60 Pa (siehe Bild 6).

Bei Einzelentlüftungsanlagen mit gemeinsamer Hauptleitung muß bei alleinigem Betrieb des untersten Lüftungsgerätes von diesem Gerät der Mindestvolumenstrom nach Abschnitt 3.1.1 erreicht werden. Bei gleichzeitigem Betrieb aller Lüftungsgeräte darf sich der Volumenstrom am untersten Gerät gegenüber dem planmäßigen Volumenstrom um höchstens 10 % verringern.

Bei Zentralentlüftungsanlagen mit nur gemeinsam veränderlichem Gesamtvolumenstrom nach Abschnitt 2.2.1 muß am untersten Abluftventil wenigstens der Mindestvolumenstrom nach Abschnitt 3.1.1 erreicht werden. Am obersten Abluftventil darf der Volumenstrom max. 10 % höher liegen als am untersten Abluftventil.

DIN 18 017 Teil 3

a) Abluftvolumenstrom lotrecht und über Dach,
   Störrdruck 40 Pa

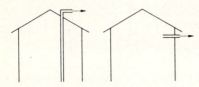

b) Abluftvolumenstrom nicht lotrecht,
   Störrdruck 60 Pa

Bild 6. Störrdruck in Abhängigkeit von der Führung des Abluftvolumenstromes

Bei Zentralentlüftungsanlagen mit wohnungsweise veränderlichem Volumenstrom nach Abschnitt 2.2.2 muß bei alleinigem Offenstehen des untersten Abluftventils an diesem Ventil der Mindestvolumenstrom nach Abschnitt 3.1.1 erreicht werden. Bei Offenstehen aller Abluftventile darf sich der Volumenstrom am untersten Abluftventil um höchstens 10 % verringern.

3.2 Zuluftführung
Jeder zu entlüftende innenliegende Raum muß eine unverschließbare Nachströmöffnung von 150 cm^2 freien Querschnitts haben.

3.3 Abluftführung
Aus dem zu entlüftenden Raum ist die Luft möglichst nahe der Decke abzuführen. Die Abluft ist ins Freie zu führen.

3.4 Luftführung in Bädern
In Bädern ist die Luft so zu führen, daß sie im Aufenthaltsbereich des Badenden keine Luftgeschwindigkeit über 0,2 m/s hat.

3.5 Einregulierung der Anlagen
Die Bauteile der Entlüftungsanlagen sind lüftungstechnisch so zu gestalten, daß die planmäßigen Volumenströme erreicht werden, ohne daß die Anlagen durch Drosseleinrichtungen oder ähnliche Bauteile in den Wohnungen einreguliert werden müssen. Abluftventile von Anlagen nach Abschnitt 2.2.2 bleiben davon unberührt.

3.6 Übertragung von Gerüchen und Staub

Die Entlüftungsanlagen sind so herzustellen und zu betreiben, daß Gerüche und Staub von Wohnung zu Wohnung nicht übertragen werden können. Werden außer Bädern und Toilettenräumen andere Räume an eine Entlüftungsanlage angeschlossen, so ist diese so herzustellen und zu betreiben, daß in die anderen Räume Gerüche und Staub nicht übertragen werden können.

3.7 Ventilatoren (Ventilatorkennlinie; Ausführung und Schaltung von Ventilatoren) (nicht abgedruckt)

3.8 Filter, Abluftventile, Drosseleinrichtungen, Rückschlagklappen und Reinigungsverschlüsse

Abluftventile, Drosseleinrichtungen, Rückschlagklappen und Reinigungsverschlüsse müssen leicht zugänglich, leicht zu warten und leicht austauschbar sein und dürfen durch Korrosion und Verschmutzung nicht funktionsunfähig werden.

Filter müssen ohne Werkzeug austauschbar sein. Rückschlagklappen müssen dicht und bei Druckdifferenzen von weniger als 10 Pa geschlossen sein. Ihr Leckluftvolumenstrom darf max. 0,01 m^3/h bei einer Druckdifferenz von 50 Pa betragen.

3.9 Abluftleitungen

Abluftleitungen müssen dicht und standsicher sein. Abluftleitungen müssen so beschaffen oder wärmegedämmt sein, daß Kondensatschäden nicht entstehen können. In den Abluftleitungen sind Reinigungsöffnungen mit dichten Verschlüssen in ausreichender Anzahl so anzubringen, daß die Abluftleitungen leicht gereinigt werden können. Einschraubbare Reinigungsverschlüsse sind nicht zulässig.

Reinigungsöffnungen sind entbehrlich, wenn die Abluftleitungen von Abluftöffnungen aus gereinigt werden können.

4 Anlagenspezifische Anforderungen

4.1 Einzelentlüftungsanlagen mit eigenen Abluftleitungen

4.1.1 Allgemeines (nicht abgedruckt)

4.1.2 Anordnung und Ausführung der Abluftleitungen

Leitungsabschnitte, die an der Druckseite des Lüftungsgerätes angeschlossen sind und durch andere als die entlüfteten Räume oder durch andere Wohnungen führen, müssen auch unter Überdruck dicht sein.

4.1.3 Anschluß mehrerer Räume einer Wohnung

Andere Räume einer Wohnung dürfen nicht über denselben Ventilator entlüftet werden, über den Bad und Toilettenraum entlüftet werden. Mehrere Lüftungsgeräte einer Wohnung dürfen an eine gemeinsame Abluftleitung angeschlossen werden. Dabei muß hinter jedem Lüftungsgerät vor dem Anschluß an die gemeinsame Leitung eine dichtschließende Rückschlagklappe eingebaut werden, soweit sie nicht Bestandteil des Lüftungsgerätes ist.

4.2 Einzelentlüftungsanlagen mit gemeinsamer Abluftleitung

4.2.1 Allgemeines (nicht abgedruckt)

4.2.2 Anordnung und Ausführung der Abluftleitungen

Die Abluftleitungen bestehen aus
- den Anschlußleitungen für die Ventilatoren und
- der gemeinsamen Abluftleitung (Hauptleitung).

Der Leitungsabschnitt oberhalb des obersten Geräteanschlusses wird als Ausblasleitung bezeichnet.

Die Ausblasleitung ist über Dach zu führen. Zwischen der untersten und der obersten Anschlußleitung soll die Hauptleitung gerade und lotrecht geführt werden und muß einen gleichbleibenden Querschnitt haben. Bei einer eventuellen Abweichung der Hauptleitung von der Lotrechten ist der rechnerische Nachweis zu führen, daß die Anforderung nach Abschnitt 3.1.3, zweiter Absatz, erfüllt ist; dabei ist der rechnerische Nachweis nach Abschnitt 4.2.1 nicht ausreichend. Bei der Bemessung der Hauptleitung ist vorauszusetzen, daß alle Ventilatoren gleichzeitig und mit größtmöglicher Förderleistung betrieben werden. Wegen des Überdruckes in den Leitungen müssen diese auch gegen Überdruck dicht sein.

4.2.3 Rückschlagklappe

In oder nach jedem Lüftungsgerät muß vor dem Zusammenschluß von Anschluß- und Hauptleitung eine Rückschlagklappe eingebaut werden.

4.2.4 Betriebsweise und Steuerung der Geräte

Keine Schaltstufe darf einem höheren Volumenstrom entsprechen, als der Bemessung der gemeinsamen Hauptleitung zugrunde liegt.

4.2.5 Anschluß mehrerer Räume einer Wohnung

Andere Räume einer Wohnung dürfen nicht über denselben Ventilator entlüftet werden, über den Bad und Toilettenraum entlüftet werden.

4.3 Zentralentlüftungsanlagen mit nur gemeinsam veränderlichem Gesamtvolumenstrom

4.3.1 Allgemeines (nicht abgedruckt)

4.3.2 Anordnung und Ausführung der Abluftleitungen

Die Abluftleitungen bestehen aus
- den Anschlußleitungen für die Abluftventile und
- einer oder mehreren Hauptleitungen.

Zwischen der untersten und der obersten Anschlußleitung soll jede Hauptleitung gerade und lotrecht geführt werden und muß einen gleichbleibenden Querschnitt haben. Bei einer eventuellen Abweichung einer Hauptleitung von der Lotrechten ist der rechnerische Nachweis zu führen, daß die Anforderung nach Abschnitt 3.1.3, dritter Satz, erfüllt ist; dabei ist der rechnerische Nachweis nach Abschnitt 4.3.1 nicht ausreichend.

Werden mehrere gemeinsame Hauptleitungen vor einem gemeinsamen Ventilator zusammengeführt, so muß die Zusammenführung über einen Sammelkasten, erfolgen.

4.3.3 Abluftventile und Drosseleinrichtungen

Alle Abluftventile in einer Anlage müssen die gleiche Kennlinie besitzen und dürfen nicht verstellbar sein.

Weitere Drosseleinrichtungen dürfen nur an zugänglichen Stellen außerhalb von Wohnungen, z. B. am Eintritt von Hauptleitungen in den Sammelkasten angeordnet werden.

4.4 Zentralentlüftungsanlagen mit wohnungsweise veränderlichen Volumenströmen

4.4.1 Allgemeines (nicht abgedruckt)

4.4.2 Anordnung und Ausführung der Abluftleitungen

Die Abluftleitungen bestehen aus

— den Anschlußleitungen für die Abluftventile und
— der gemeinsamen Anschlußleitung (Hauptleitung).

Zwischen der untersten und der obersten Anschlußleitung soll die Hauptleitung gerade und lotrecht geführt werden und muß einen gleichbleibenden Querschnitt haben. Bei einer eventuellen Abweichung der Hauptleitung von der Lotrechten ist der rechnerische Nachweis zu führen, daß die Anforderung nach Abschnitt 3.1.3, vierter Absatz, erfüllt ist; dabei ist der rechnerische Nachweis nach Abschnitt 4.4.1 nicht ausreichend.

4.4.3 Abluftventile

Alle Abluftventile in einer Anlage müssen gleichen Typs und gleicher Bauart sein (siehe auch Abschnitt 2.2.2).

4.4.4 Betriebsweise und Steuerung der Anlagen

Die Förderleistung des Ventilators muß sich selbsttätig dem zu fördernden Gesamtvolumenstrom anpassen. Sind alle Abluftventile einer Anlage geschlossen, so kann der Ventilator abgeschaltet werden, wenn sich hinter jedem Abluftventil eine Rückschlagklappe befindet.

4.5 Zentralentlüftungsanlagen mit unveränderlichen Volumenströmen

4.5.1 Allgemeines (nicht abgedruckt)

4.5.2 Abluftventile

Die Abluftventile müssen so beschaffen sein, daß ihre Funktion durch Schmutz und Korrosion nicht beeinträchtigt wird.

4.5.3 Betriebsweise und Steuerung der Anlagen

Wegen der besonderen Funktionsweise der Abluftventile ist eine Volumenstromreduzierung nicht möglich. Die Anlagen müssen dauernd betrieben werden.

5 Messung der Volumenströme

(nicht abgedruckt)

6 Prüfung von Ventilatoren, Lüftungsgeräten und Abluftventilen

(nicht abgedruckt)

Hausschornsteine
Anforderungen, Planung und Ausführung
Auszug aus **DIN 18 160 Teil 1** (2.87)

Mit dieser Normfassung ist eine Anpassung an inzwischen veränderte Verwaltungs- und Rechtsvorschriften sowie an veränderte oder neu erschienene Normen vollzogen worden.

Weitere Normteile:
DIN 18 160 Teil 2 Feuerungsanlagen; Verbindungsstücke
DIN 18 160 Teil 5 Hausschornsteine; Einrichtungen für Schornsteinfegearbeiten
DIN 18 160 Teil 6 Hausschornsteine; Prüfbedingungen und Beurteilungskriterien für Prüfungen an Prüfschornsteinen

Planung und Ausführung von Schornsteinen erfordern Kenntnis dieser Norm und ausreichende Erfahrung, da die fehlerhafte Errichtung von Schornsteinen Gefahren verursacht.

1 Anwendungsbereich

Die Norm ist auf Hausschornsteine, d. h. auf Schornsteine in und an Gebäuden für Feuerstätten zum Betrieb mit festen, flüssigen oder gasförmigen Brennstoffen, anzuwenden.

Für die feuerungstechnische Bemessung der Schornsteine sind DIN 4705 Teile 1 bis 3 heranzuziehen und für die statische Bemessung die einschlägigen Normen für Konstruktionen und Lastannahmen.

2 Zweck

Die Norm gibt auf der Grundlage bestehender Rechtsvorschriften dem Planer und Ausführenden konkrete Handlungsanweisungen.

Zusammenstellung der für den Wohnungsbau ggf. in diesem Sinne zu beachtenden Richtlinien und Vorschriften:
- Richtlinie für die Bemessung und Ausführung von Holzhäusern in Tafelbauart
- BImSchG vom 15. 3. 1974, zuletzt geändert: 24. 4. 1986
- 1. BImSchV vom 5. 2. 1979 (Feuerungsanlagen)
- 4. BImSchV vom 24. 7. 1985 (genehmigungsbedürftige Anlagen)
- Technische Anleitung zur Reinhaltung der Luft (TALuft) vom 27. 2. 1986, berichtigt am 4. 4. 1986

3 Begriffe

Statt der in der Norm vorgenommenen Begriffsdefinitionen, z. T. unpräzise formuliert, werden die Begriffe zeichnerisch und im Zusammenhang dargestellt.

DIN 18160 Teil 1

3.1–3.13 siehe Bild 1 und 2

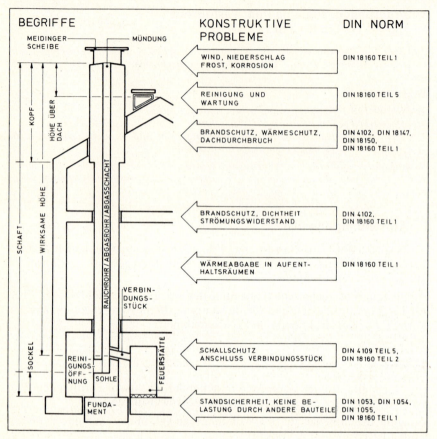

Bild 1. Begriffe, Zuordnungen
(Der Schornsteinkopf setzt konstruktiv in der Regel schon unter der Dachhaut an und nicht, wie in der Norm definiert, erst darüber. Der Schornsteinschaft umfaßt den Bereich zwischen Fundament und Kopf, häufig jedoch auch noch den Kopf.)

DIN 18 160 Teil 1

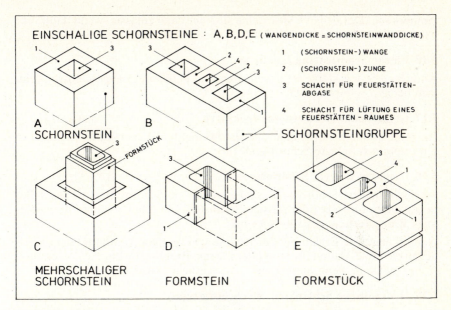

Bild 2. Begriffe

3.14 Schornsteine mit begrenzter Temperaturbeständigkeit

Schornsteine mit begrenzter Temperaturbeständigkeit sind Schornsteine, die nur gegen Abgas von Gasfeuerstätten mit Abgastemperaturen von nicht mehr als 350 °C widerstandsfähig sind, also nicht widerstandsfähig sind gegen Rußbrände im Innern des Schornsteins.

Anmerkung: Die Schornsteine gelten als Schornsteine aus neuen Baustoffen oder Bauteilen und als Schornsteine neuer Bauart; siehe Anmerkung zu Abschnitt 1. Diese Schornsteine sind ausschließlich für Gasfeuerstätten mit Brennern ohne Gebläse, einer Nennwärmeleistung von nicht mehr als 30 kW und einer Abgastemperatur von nicht mehr als 300 °C bestimmt.

3.15 Stahlschornsteine für verminderte Anforderungen

Stahlschornsteine für verminderte Anforderungen sind Stahlschornsteine, die

- gegen Rußbrände im Innern des Schornsteins oder Brände in Gebäuden vermindert widerstandsfähig sind,
- vermindert dauerhaft sind,
- Gebäude gegen Brandentstehung oder Brandausbreitung vermindert schützen,
- Aufenthaltsräume nicht gegen unzumutbare Erwärmung schützen oder
- der Wärmedurchlaßwiderstandsgruppe IV angehören.

Anmerkung: Derartige Schornsteine sind nur dann zulässig, wenn dafür eine baurechtliche Ausnahme erteilt ist.

3.16 Eigene Schornsteine (gekürzt)

An eigene Schornsteine ist jeweils nur eine Feuerstätte angeschlossen (einfach belegte Schornsteine).

3.17 Gemeinsame Schornsteine (gekürzt)

An gemeinsame Schornsteine sind jeweils mehrere Feuerstätten angeschlossen (mehrfach belegte Schornsteine).

3.18 Gemischt belegte Schornsteine

Gemischt belegte Schornsteine sind gemeinsame Schornsteine, an die außer Feuerstätten für feste oder flüssige Brennstoffe auch Feuerstätten für gasförmige Brennstoffe angeschlossen sind.

Anmerkung: Die Einleitung der Abgase von Gasfeuerstätten in Schornsteine, an die Feuerstätten für feste oder flüssige Brennstoffe angeschlossen sind, ist nur zulässig, wenn hierfür eine baurechtliche Ausnahme erteilt ist.

3.19 Hydraulische Schlankheit des Schornsteins

Die hydraulische Schlankheit des Schornsteins ist das Verhältnis der wirksamen Schornsteinhöhe zum hydraulischen Durchmesser des lichten Schornsteinquerschnitts.

3.20 Wärmedurchlaßwiderstand des Schornsteins

Der Wärmedurchlaßwiderstand des Schornsteins gleicht begrifflich grundsätzlich dem Wärmedurchlaßwiderstand ebener Wände entsprechend DIN 4108 Teil 2. Form und Aufgabe der Schornsteine (siehe Abschnitt 3.1) bedingen folgende begriffliche Ergänzungen:

Der Wärmedurchlaßwiderstand des Schornsteins ist der Mittelwert der Wärmedurchlaßwiderstände der Teilflächen der Schornsteinwände. Er wird auf die innere Oberfläche des Schornsteins und auf eine mittlere Temperatur dieser Fläche von 200 °C bezogen.

Anmerkung: Vorstehende Begriffsdefinition entspricht DIN 4705 Teil 1.

3.21 Wärmedurchlaßwiderstandsgruppen

Die Wärmedurchlaßwiderstandsgruppen I, II und III sind durch die Werte des Wärmedurchlaßwiderstandes von Schornsteinen entsprechend Tabelle 1 bestimmt. Schornsteine mit geringerem Wärmedurchlaßwiderstand als 0,12 $(m^2 \cdot K)/W$ gehören der Wärmedurchlaßwiderstandsgruppe IV an.

Anmerkung: Schornsteine der Wärmedurchlaßwiderstandsgruppe IV sind nur als Stahlschornsteine für verminderte Anforderungen und nur dann zulässig, wenn dafür eine baurechtliche Ausnahme erteilt ist.

Tabelle 1 **Wärmedurchlaßwiderstand, Wärmedurchlaßwiderstandsgruppe, Ausführungsart**

Wärmedurchlaß-widerstand $(m^2 \cdot K)/W$	Wärmedurchlaß-widerstandsgruppe	Ausführungsart nach DIN 4705 Teil 2
mindestens 0,65	I	I
von 0,22 bis 0,64	II	II
von 0,12 bis 0,21	III	III und III a

3.22 Verbindungsstücke (Bild 1)

Verbindungsstücke sind Leitungen, die Abgase von Feuerstätten in Schornsteine leiten.

3.23 Gemeinsame Verbindungsstücke

Gemeinsame Verbindungsstücke sind Verbindungsstücke mit abzweigenden Leitungsabschnitten, die Abgase mehrerer Feuerstätten gemeinsam an einer Anschlußöffnung in einen Schornstein leiten.

3.24 Feuerstätten

Feuerstätten im Sinne dieser Norm sind Einrichtungen zur Verbrennung von Brennstoffen oder anderen Stoffen wie Müll, deren Abgase in Schornsteine eingeleitet werden. Einrichtungen mit nur einem Abgasstutzen gelten als nur eine Feuerstätte.

Anmerkung: Die baurechtlichen Regelungen, nach denen in bestimmten Fällen die Abgase von Gasfeuerstätten nicht in Schornsteine eingeleitet zu werden brauchen, bleiben unberührt.

3.25 Regelfeuerstätten

Regelfeuerstätten sind Feuerstätten für die Brennstoffe Nußkohle, Koks, Briketts, Holzkohle, Holzstücke, Torf, Heizöl oder Gas, die in aller Regel keine Abgase mit höheren Temperaturen als 400 °C und keine Abgase mit brennbaren oder explosionsfähigen Stoffen erzeugen. Ruß bleibt außer Betracht.

3.26 Sonderfeuerstätten

Sonderfeuerstätten sind solche Feuerstätten, die keine Regelfeuerstätten sind. Sonderfeuerstätten sind z. B. Räucherkammern, Friteusen, Grillfeuerstätten und Feuerstätten zur Verbrennung von anderen Stoffen als Brennstoffen.

3.27 Drosselvorrichtungen

Drosselvorrichtungen sind Bauteile in Verbindungsstücken oder Abgasstutzen von Feuerstätten zur Erhöhung des Strömungswiderstandes des Abgasweges.

3.28 Absperrvorrichtungen

Absperrvorrichtungen sind Bauteile in Verbindungsstücken oder in Abgasstutzen von Feuerstätten oder − bei offenen Kaminen − in deren Rauchsammlern zum Absperren des Abgasweges während der Stillstandszeit der Feuerungseinrichtung bzw. während der Zeit, in der ein offener Kamin außer Betrieb ist.

3.29 Nebenluftvorrichtungen

Nebenluftvorrichtungen sind Bauteile, die Schornsteinen selbsttätig Nebenluft zuführen.

3.30 Rußabsperrer

Rußabsperrer sind Bauteile in Verbindungsstücken oder in Schornsteinwangen zum dichten Absperren der Abgaswege während der Reinigung der Schornsteine.

3.31 Abgasventilatoren

Abgasventilatoren sind Ventilatoren einschließlich der erforderlichen Anschlüsse, die dazu beitragen, daß die notwendigen Förderdrücke zur Verfügung stehen und der Widerstandsdruck des Schornsteins überwunden wird.

Anmerkung: Schornsteine mit Abgasventilatoren sind nur dann zulässig, wenn dafür eine baurechtliche Ausnahme erteilt ist.

4 Grundsätzliche Anforderungen

4.1 Schornsteine, Feuerstätten, Aufstellräume

Schornsteine sind in solcher Zahl, Beschaffenheit und Lage herzustellen, daß die vorgesehenen Feuerstätten in den Gebäuden ordnungsgemäß an Schornsteine angeschlossen und betrieben werden können. An Schornsteine dürfen nur ordnungsgemäß beschaffene Feuerstätten angeschlossen werden; die Aufstellräume müssen sicherstellen, daß den Feuerstätten ausreichend Verbrennungsluft zuströmt.

4.2 Feuerungstechnik

Lichter Querschnitt, Höhe, Anordnung, Dichtheit und Wärmedurchlaßwiderstand der Schornsteine müssen sicherstellen, daß die für die Verbrennungsluftzuführung, den Wärmeerzeuger und das Verbindungsstück notwendigen Förderdrücke zur Verfügung stehen und der Widerstandsdruck des Schornsteins überwunden wird. Für Feuerstätten mit Feuerungseinrichtungen mit Gebläse kann der notwendige Förderdruck für die Verbrennungsluftzuführung unberücksichtigt bleiben. Jedoch muß grundsätzlich, außer im Anfahrzustand der angeschlossenen Feuerstätten, der statische Druck des Abgases in den Schornsteinen und in den Verbindungsstücken geringer sein als der statische Druck der Luft in den umgebenden Räumen. Die Abgase müssen vom Schornstein so ins Freie gefördert und so gegen Abkühlung geschützt werden, daß Niederschlag dampfförmiger Abgasbestandteile in den Schornsteinen nicht zu Gefahren führen kann. Schornsteine müssen so angeordnet und gestaltet werden, daß die Verbrennungsluftzuführung und die Abgasförderung durch Luftströmungen nicht gefährdet werden können. Die innere Oberfläche der Schornsteine muß so glatt sein, wie dies mit den verwendeten Baustoffen und der angewendeten Bauart möglich ist.

Anmerkung: Schornsteine, die derart von den Sätzen 1 und 3 abweichen, daß Abgasventilatoren erforderlich werden oder statischer Überdruck in Verbindungsstücken oder Schornsteinen auftritt, sind nur dann zulässig, wenn hierfür eine baurechtliche Ausnahme erteilt ist.

4.3 Immissionsschutz

Schornsteine und ihre besonderen Betriebseinrichtungen müssen feuerungstechnisch so beschaffen sein, daß das Abgas der angeschlossenen Feuerstätten möglichst wenig Schadstoffe wie Ruß, Kohlenmonoxid und Zersetzungsprodukte des Öls enthält, soweit dies von Schornsteinen beeinflußt werden kann. Die Schornsteine müssen das Abgas so hoch ins Freie fördern, daß schädliche Luftverunreinigungen durch Abgas entsprechend dem Stand der Technik des Hausschornsteinbaus auf ein Mindestmaß beschränkt sind.

Für Schornsteine und Schornsteingruppen, an die Feuerstätten für die Brennstoffe

a) Kohle, Koks, Kohlebriketts, Torf, Holz, Holzreste, die nicht mit Kunststoffen beschichtet oder Holzschutzmittel behandelt sind,

b) Heizöle oder

c) gasförmige Brennstoffe

mit einer Gesamtfeuerungsleistung von 1 MW und mehr angeschlossen sind, sowie für Schornsteine und Schornsteingruppen, an die Feuerstätten für andere als die vorstehenden festen oder flüssigen Brennstoffe mit einer Gesamtfeuerungsleistung von 100 kW und mehr angeschlossen sind, bestehen besondere Vorschriften des Bundes-Immissionsschutzgesetzes oder aufgrund dieses Gesetzes.

4.4 Dichtheit unter Überdruck

Aus Schornsteinen darf durch die Wangen Abgas nicht in gefahrdrohender Menge austreten können, wenn der statische Druck des Abgases im Schornstein kurzzeitig, z. B. beim Anfahren des Brenners einer Feuerstätte, größer ist als der der Luft in den umgebenden Räumen. Durch Wangen und Zungen von Schornsteinen, die nicht nur kurzzeitig unter statischem Überdruck betrieben werden, darf Abgas auch nicht in kleiner Menge austreten können.

4.5 Standsicherheit des Schornsteins (zusammengefaßt) (s. Abschn. 12)

Schornsteine müssen den auftretenden Beanspruchungen standhalten, die z. B. aus
- Kehrbeanspruchungen,
- Gasdrücken,
- Schwinden und
- Wärmedehnungen herrühren.

Für die Standsicherheit sind entsprechende Halterung und Führung und ggf. Beweglichkeit der Schornsteine oder Schornsteinschalen gegenüber anderen Bauteilen erforderlich.

4.6 Widerstandsfähigkeit gegen Wärme, Abgas sowie Rußbrände im Innern des Schornsteins (gekürzt)

Schornsteine müssen widerstandsfähig gegen Beanspruchung durch Wärme, Abgase sowie Rußbrände im Innern des Schornsteins sein.

4.7 Brandverhalten der Baustoffe

Die Schornsteine müssen aus nichtbrennbaren Baustoffen der Baustoffklasse A 1 nach DIN 4102 Teil 1 bestehen.

4.8 Brandsicherheit und Standsicherheit des Gebäudes (gekürzt)

Die Schornsteinwangen müssen so wärmedämmend oder die Schornsteine so angeordnet sein, daß durchströmendes Abgas und Rußbrände im Innern des Schornsteins einen Brand im Gebäude nicht verursachen können. Tragende und aussteifende Bauteile dürfen im Hinblick auf ihre Standsicherheit nicht gefährlich erwärmt werden können.

4.9 Brandausbreitung im Gebäude

Einschalige Schornsteine und die Außenschalen mehrschaliger Schornsteine müssen bei einer Brandbeanspruchung von außen mindestens 90 Minuten standsicher bleiben. Die Schornsteinwangen bzw. die äußeren Schalen mehrschaliger Schornsteine müssen aus solchen Baustoffen bestehen, daß die Übertragung eines Brandes im Gebäude in andere Geschosse durch Wärmeleitung ausgeschlossen ist. Stahlschornsteine für verminderte Anforderungen und mehrschalige Schornsteine mit Außenschalen aus Stahl dürfen daher nur verwendet werden, wenn Bedenken wegen der Brandübertragung aus einem Geschoß in andere Geschosse nicht bestehen.

4.10 Dampfdiffusionsverhalten

Der Dampfdiffusionswiderstand der einzelnen Schalen mehrschaliger Schornsteine, hinterlüftete Schalen ausgenommen, darf nicht größer sein als der Dampfdiffusionswiderstand der Innenschale. Dies gilt sinngemäß auch für den Dampfdiffusionswiderstand zusätzlicher äußerer Beschichtungen, nicht hinterlüfteter Ummantelungen und nicht hinterlüfteter Verkleidungen, die Schornsteine großflächig bedecken.

4.11 Belästigung durch Wärme

Schornsteine müssen so angeordnet sein oder so wärmedämmende Schornsteinwangen haben, daß in Aufenthaltsräumen unzumutbare Belästigungen durch Wärme nicht entstehen können.

4.12 Reinigung und Prüfung der Schornsteine

Schornsteine müssen sicher gereinigt und auf ihren freien Querschnitt hin geprüft werden können.

4.13 Fremde Bauteile und Einrichtungen an und in Schornsteinen
   (vgl. Abschn. 11.5)

Auf Schornsteinen sowie innerhalb ihrer Wände und ihrer lichten Querschnitte dürfen keine Bauteile (z. B. Installationen, Holzdübel, Bankeisen, Mauerhaken und Anker) und keine Einrichtungen angebracht werden, die nicht bestimmungsgemäß Bestandteil des Schornsteins sind. Dies gilt nicht für Bauteile und Einrichtungen, die zum Zwecke der Reinigung oder Prüfung der Schornsteine anzubringen sind, und nicht für besondere Einrichtungen des Schornsteins, die für den ordnungsgemäßen Betrieb einer Feuerungsanlage notwendig sind.

4.14 Unzulässige Beanspruchung der Schornsteine

Schornsteinwangen dürfen durch Decken, Unterzüge und andere Bauteile grundsätzlich nicht unterbrochen, nicht − auch nicht unplanmäßig wie durch ungleichmäßige Setzungen − belastet und nicht auf sonstige Weise gefährlich beansprucht werden. Ans Freie grenzende Schornsteinwangen, die durch die Witterung durchfeuchtet oder zerstört werden können, dürfen nicht ungeschützt der Witterung ausgesetzt werden.

5 Feuerungstechnische Anforderungen

5.1 Allgemeines (nicht abgedruckt)

5.2 Räumliche Zuordnung von Schornsteinen und Feuerstätten

Hierzu wird auf die Vorschriften aufgrund der Landesbauordnungen über die Beschaffenheit der Aufstellräume von Feuerstätten und die Führung der Verbindungsstücke hingewiesen, zur Führung der Verbindungsstücke siehe auch DIN 18 160 Teil 2. Wegen der übrigen Anforderungen an die Zuordnung von Schornsteinen und Feuerstätten siehe Abschnitt 4.1.

5.3 Feuerstättenanschluß

5.3.1 Eigener Schornstein

An einen eigenen Schornstein ist anzuschließen:
- jede Feuerstätte mit einer Nennwärmeleistung von mehr als 20 kW, bei Gasfeuerstätten von mehr als 30 kW,

- jede Feuerstätte in Gebäuden mit mehr als 5 Vollgeschossen,
- jeder offene Kamin und jedes Schmiedefeuer und jede andere Feuerstätte mit offen zu betreibendem Feuerraum,
- jede Feuerstätte mit Brenner mit Gebläse,
- jede Feuerstätte, der die Verbrennungsluft durch dichte Leitungen so zugeführt wird, daß ihr Feuerraum gegenüber dem Aufstellraum dicht ist,
- jede Feuerstätte in Aufstellräumen mit ständig offener Verbindung zum Freien, z. B. mit Lüftungsöffnungen zur Verbrennungsluftzuführung, ausgenommen Feuerstätten im selben Feuerraum,
- jede Sonderfeuerstätte; siehe auch Abschnitt 5.3.6.

Mehrere Feuerstätten dürfen abweichend von Satz 1 an einen Schornstein angeschlossen werden, wenn jeweils nur eine Feuerstätte betrieben werden kann und der Schornstein für jede Feuerstätte geeignet ist. Der Anschluß mehrerer Feuerstätten nach Satz 1, die gleichzeitig betrieben werden können, an einen Schornstein kommt, sofern hierfür eine baurechtliche Ausnahme erteilt ist, nur in Betracht, wenn die Betriebssicherheit der Feuerstätten durch Typprüfungen oder anderweitig, z. B. durch Gutachten, derart nachweisbar ist, daß auch die feuerungstechnischen Belange des Schornsteins erfaßt werden.

Es wird empfohlen, eigene Schornsteine stets vorzusehen, zumindest dann, wenn andere Besonderheiten der Aufstellräume, des Gebäudes oder des Schornsteins beim gemeinsamen Anschluß mehrerer Feuerstätten Störungen des ordnungsgemäßen Betriebs befürchten lassen.

5.3.2 Gemeinsamer Schornstein

An einen gemeinsamen Schornstein dürfen bis drei Feuerstätten für feste oder flüssige Brennstoffe mit einer Nennwärmeleistung von je höchstens 20 kW oder bis drei Gasfeuerstätten mit einer Nennwärmeleistung von je höchstens 30 kW angeschlossen werden, sofern Abschnitt 5.3.1 nichts anderes bestimmt oder zuläßt. Jede Feuerstätte ist mit eigenem Verbindungsstück anzuschließen; die Verbindungsstücke sollten eine senkrechte Anlaufstrecke unmittelbar hinter dem Abgasstutzen der Feuerstätten haben. Verbindungsstücke dürfen nicht in gleicher Höhe in den Schornstein eingeführt werden. Der Abstand zwischen der Einführung des untersten und des obersten Verbindungsstücks darf nicht mehr als 6,5 m betragen.

Abweichend von Absatz 1 Satz 2 dürfen ein Gaswasserheizer sowie ein Gasraumheizer mit einer Nennwärmeleistung von nicht mehr als 3,5 kW mit gemeinsamem Verbindungsstück angeschlossen werden, wenn sie im selben Raum aufgestellt sind; sie gelten im Sinne des Absatzes 1 Satz 1 als eine Feuerstätte. Ein Gaswasserheizer sowie ein Umlaufwasserheizer dürfen mit gemeinsamem Verbindungsstück angeschlossen werden, wenn sie in demselben Raum aufgestellt sind, der Schornstein und das Verbindungsstück für beide Feuerstätten geeignet sind und eine Sicherheitseinrichtung sicherstellt, daß nur jeweils eine der beiden Feuerstätten in Betrieb sein kann; sie gelten im Sinne des Absatzes 1 Satz 1 als eine Feuerstätte.

Außerdem dürfen bei Gebäuden, die vor Erscheinen von DIN 18 160 Teil 1, Ausgabe Februar 1987, errichtet wurden, abweichend von Absatz 1 Satz 1 mehr als drei Feuerstätten an einen gemeinsamen Schornstein angeschlossen werden, wenn Gefahren oder erhebliche Beeinträchtigungen nicht zu befürchten sind.

Schornsteine dürfen, sofern hierfür eine baurechtliche Ausnahme erteilt ist, hinsichtlich der Brennstoffart abweichend von Absatz 1 Satz 1 gemischt belegt werden, wenn die Verbindungsstücke der Feuerstätten für feste oder flüssige Brennstoffe eine senkrechte Anlaufstrecke von mindestens 1 m unmittelbar hinter dem Abgasstutzen haben.

5.3.3 Einführung von Verbindungsstücken in den Schornstein

Verbindungsstücke sollten mit einer Steigung, in Strömungsrichtung gesehen, in den Schornstein eingeführt werden.

Anmerkung: Es wird empfohlen, Steigungswinkel von 30° oder 45° gegenüber der Waagerechten vorzusehen.

5.3.4 Drosselvorrichtungen (gekürzt)

Drosselvorrichtungen sind zulässig in Abgasstutzen von Feuerstätten für feste oder flüssige Brennstoffe mit Feuerungseinrichtungen ohne Gebläse oder in deren Verbindungsstücken; Drosselvorrichtungen sind ferner zulässig für Wechselbrandfeuerstätten, wenn sichergestellt ist, daß Feuerungseinrichtungen mit Gebläse nur bei geöffneter Drosselvorrichtung betrieben werden können. Drosselvorrichtungen dürfen die Prüfung und Reinigung der Verbindungsstücke und Schornsteine nicht behindern. Die Stellung der Drosselvorrichtung muß an der Einstellung des Bedienungsgriffs erkennbar sein.

In Abgasstutzen von Feuerstätten für feste, flüssige oder gasförmige Brennstoffe mit Feuerungseinrichtungen mit Gebläse oder in deren Verbindungsstücken sind Drosselvorrichtungen zulässig, wenn eine baurechtliche Ausnahme erteilt ist.

5.3.5 Absperrvorrichtungen (gekürzt)

Absperrvorrichtungen sind zulässig in Feuerstätten oder in deren Verbindungsstücken, wenn es sich um folgende Feuerstätten handelt:

a) Feuerstätten für flüssige oder gasförmige Brennstoffe mit Feuerungseinrichtungen mit Gebläse,

b) Feuerstätten für gasförmige Brennstoffe mit Feuerungseinrichtungen ohne Gebläse,

c) offene Kamine für den Brennstoff Holzstücke oder für gasförmige Brennstoffe.

Absperrvorrichtungen dürfen die Prüfung und Reinigung der Verbindungsstücke und Schornsteine nicht behindern.

Bei Absperrvorrichtungen nach Absatz 1, Aufzählung a und b muß sichergestellt sein, daß die Feuerungseinrichtungen nur bei ausreichend offener Absperrvorrichtung betrieben werden können. Vorgenannte Absperrvorrichtungen dürfen den Luftstrom durch Feuerstätten nur so weit begrenzen, daß Niederschlag dampfförmiger Abgasbestandteile in Schornsteinen während der Stillstandszeiten der Feuerungseinrichtungen abtrocknet; dementsprechend müssen die Absperrvorrichtungen ausreichend große Öffnungen haben. Dichtschließende Absperrvorrichtungen sind für Feuerstätten nach Absatz 1, Aufzählung a jedoch zulässig, wenn die Schornsteine der Wärmedurchlaßwiderstandsgruppe I angehören oder bei geschlossenen Absperrvorrichtungen durch Nebenluftvorrichtungen entsprechend Abschnitt 5.3.6 ausreichend durchlüftet werden.

Die Stellung der Absperrvorrichtungen für offene Kamine muß an der Einstellung des Betätigungsgriffs erkennbar sein. Werden die offenen Kamine mit gasförmigen Brennstoffen beheizt, gilt Absatz 4 Satz 1 entsprechend.

A n m e r k u n g : Im einzelnen sind die sicherheitstechnischen Anforderungen durch die einschlägigen technischen Regeln für Absperrvorrichtungen sowie für Feuerstätten, ihre Bauteile und ihre Einrichtung oder Aufstellung festgelegt; siehe insbesondere DIN 3388 Teil 2 und Teil 4. Diese Norm regelt auch die Größe der Öffnungen von Absperrvorrichtungen.

5.3.6 N e b e n l u f t v o r r i c h t u n g e n (gekürzt)

Nebenluftvorrichtungen sind zulässig in Feuerstätten oder in deren Verbindungsstücken, wenn sichergestellt ist, daß

— die einwandfreie Ableitung der Abgase sämtlicher an den Schornstein angeschlossener Feuerstätten nicht beeinträchtigt wird,

— die Abgase bei Stau oder Rückstrom nicht in gefahrdrohender Menge austreten können und

— die Prüfung und Reinigung der Verbindungsstücke und Schornsteine nicht behindert wird.

Nebenluftvorrichtungen dürfen nur in den Aufstellräumen der Feuerstätten angeordnet werden. Sind Feuerstätten mit gemeinsamem Schornstein in verschiedenen Räumen aufgestellt, so sind Nebenluftvorrichtungen unzulässig; dies gilt nicht für Strömungssicherungen von Gasfeuerstätten mit Feuerungseinrichtung ohne Gebläse und einer höchstmöglichen Wärmeleistung von nicht mehr als 30 kW. Nebenluftvorrichtungen an Schornsteinen müssen mindestens 40 cm oberhalb der Schornsteinsohle angeordnet sein.

Nebenluftvorrichtungen dürfen die Brandsicherheit der Schornsteine nicht gefährden. Sie dürfen nicht in besonders gefährdeten Räumen (siehe Abschnitt 7.9) angeordnet werden; dies gilt nicht für Räume mit schüttbaren brennbaren Stoffen, wenn im Bereich der Nebenluftvorrichtung Schutzvorkehrungen wie bei Stahlschornsteinen für verminderte Anforderungen entsprechend Abschnitt 7.9.1 Absatz 1 getroffen sind.

5.3.7 Rußabsperrer

Rußabsperrer sind nur zulässig für Feuerstätten für feste oder flüssige Brennstoffe. Diese Feuerstätten sollten sogar einen Rußabsperrer haben, wenn sie an gemeinsame Schornsteine angeschlossen sind.

Rußabsperrer müssen in Verbindungsstücken oder Rauchschornsteinen so eingebaut sein, daß sie die Prüfung und Reinigung der Verbindungsstücke und Schornsteine nicht behindern. Rußabsperrer dürfen nur von Hand betätigt werden können; ihre Stellung muß am Betätigungsgriff erkennbar sein.

Anmerkung: Rußabsperrer dürfen nach Vorschriften aufgrund der Landesbauordnungen nur eingebaut werden, wenn sie ein bauaufsichtliches Prüfzeichen haben.

5.4 Lichter Querschnitt

5.4.1 Form und Mindestmaße

Schornsteine müssen einen kreisförmigen oder rechteckigen lichten Querschnitt haben. Der lichte Querschnitt muß mindestens 100 cm^2 betragen. Die kleinste Seitenlänge rechteckiger lichter Querschnitte muß mindestens 10 cm, bei Schornsteinen, die aus Mauersteinen gemauert sind, mindestens 13,5 cm betragen; die längere Seite darf das 1,5fache der kürzeren nicht überschreiten.

5.4.2 Grundlagen für die Bemessung des erforderlichen lichten Querschnitts (gekürzt)

Der lichte Querschnitt der Schornsteine ist entsprechend DIN 4705 Teil 1, Teil 2 und Teil 3 zu bemessen.

5.4.3 Größter lichter Querschnitt

Der lichte Querschnitt eigener Schornsteine soll höchstens so groß sein, daß das Abgas bei der kleinsten planmäßigen Wärmeleistung der angeschlossenen Feuerstätten mit einer Geschwindigkeit von mindestens 0,5 m/s strömt. Satz 1 gilt auch für Schornsteine, an die mehrere Feuerstätten unter den Umständen des Abschnittes 5.3.1 Absatz 1 Sätze 2 und 3 angeschlossen sind.

Anmerkung: Für Schornsteine mit größeren lichten Querschnitten als den im vorstehenden angegebenen größten lichten Querschnitten sind Durchfeuchtung und betriebsstörende Kaltlufteinbrüche an der Mündung zu befürchten. Deshalb dürfen Schornsteine mit größeren lichten Querschnitten nur ausgeführt werden, wenn nachweisbar ist, daß vorgenannte Mißstände nicht auftreten können.

5.5 Höhe

5.5.1 Kleinste wirksame Höhe

Die wirksame Höhe eigener Schornsteine, deren lichter Querschnitt nach DIN 4705 Teil 2 bemessen ist, muß mindestens 4 m betragen.

Die wirksame Höhe gemeinsamer Schornsteine muß bezüglich der Feuerstätten für feste oder flüssige Brennstoffe mindestens 5 m, bezüglich der Feuerstätten für gasförmige Brennstoffe mindestens 4 m betragen; haben die Verbindungsstücke unmittelbar hinter dem Abgasstutzen der Feuerstätte eine senkrechte Anlaufstrecke von mindestens 1 m, genügt eine um das 1,5fache dieser Anlaufstrecke kleinere wirksame Höhe. Satz 1 gilt jedoch nicht für Schornsteine, an die mehrere Feuerstätten unter den Umständen des Abschnittes 5.3.1 Absatz 1 Sätze 2 und 3 oder nur ein Gaswasserheizer und nur ein Gasraumheizer so angeschlossen sind, daß sie im Sinne des Abschnittes 5.3.2 Absatz 2 Satz 1 als eine Feuerstätte gelten; für diese Schornsteine ist statt dessen Absatz 1 anzuwenden.

Aufgrund von DIN 4705 Teil 3 ergeben sich höhere Mindestwerte für die wirksame Höhe gemeinsamer Schornsteine, die schräg geführt oder mit Gasfeuerstätten belegt sind, deren Abgasrohr eine senkrechte Anlaufstrecke von mehr als 1 m enthält.

5.5.2 Größte wirksame Höhe

Die wirksame Höhe darf das 187,5fache, bei einschaligen Schornsteinen aus Mauersteinen das 150fache des hydraulischen Durchmessers des lichten Querschnitts nicht überschreiten.

Anmerkung: Diese Anforderung ist bei der Bemessung des erforderlichen lichten Querschnitts entsprechend DIN 4705 Teil 2 stets erfüllt; dies wird auch für die Norm gelten, die für mehrfach belegte Schornsteine in Vorbereitung ist. Diese Anforderung konnte dort wegen der gegenseitigen rechnerischen Abhängigkeit der erforderlichen Werte für den lichten Querschnitt und die wirksame Schornsteinhöhe bereits berücksichtigt werden.

5.5.3 Ermittlung der erforderlichen wirksamen Höhe

Die mindestens erforderliche Schornsteinhöhe ergibt sich bei günstiger Bemessung des lichten Querschnitts in aller Regel aus der Höhe und Dachform der Gebäude sowie aus den Anforderungen an die Höhe der Schornsteinmündungen über Dachkanten und Dachaufbauten in unmittelbarer Nähe der Schornsteinmündung. Wegen der gegenseitigen rechnerischen Abhängigkeit der erforderlichen Werte für den lichten Querschnitt und die wirksame Schornsteinhöhe können sich bei bestimmter Auswahl der Werte für den lichten Querschnitt im Zuge der Schornsteinbemessung entsprechend DIN 4705 Teil 1 und Teil 2 größere Schornsteinhöhen als die nach Satz 1 bestimmten erforderlich erweisen. Jedoch können größere Schornsteinhöhen als nach den Sätzen 1 und 2 bestimmte Höhen Betriebsstörungen an Schornsteinen, die entgegen den Festlegungen im Abschnitt 5.9 Satz 3 angeordnet und geführt sind, in aller Regel nicht zuverlässig verhindern.

Die Sätze 2 und 3 gelten auch für Schornsteine, die nach DIN 4705 Teil 3 bemessen werden.

5.5.4 Schornsteinhöhe über Dach (Bild 3)

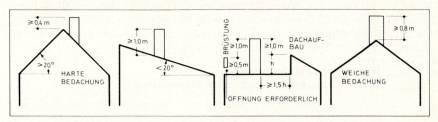

Bild 3. Schornsteinhöhe über Dach (bei Dachaufbauten sollte der Abstand des Schornsteins besser das 3fache der Dachaufbauhöhe ausmachen)

5.6 Wärmedämmung der Schornsteinwände

5.6.1 Erforderlicher Wärmedurchlaßwiderstand (gekürzt)

Der Wärmedurchlaßwiderstand der Schornsteine muß sicherstellen, daß die Temperatur an ihrer inneren Oberfläche unmittelbar unter der Schornsteinmündung mindestens der Wasserdampftaupunkttemperatur des Abgases entspricht. Für Schornsteinabschnitte, die über Dach oder in kalten Räumen liegen, muß außerdem der Wärmedurchlaßwiderstand der Wangen mindestens der Wärmedurchlaßwiderstandsgruppe II, für angebaute Schornsteine der Wärmedurchlaßwiderstandsgruppe I entsprechen; dies gilt nicht für den Fall, daß beim Nachweis der ausreichenden Temperatur an der inneren Oberfläche des Schornsteins unmittelbar unter der Schornsteinmündung die erhöhte Temperaturdifferenz zwischen dem Schornsteininnern und dem Freien bzw. dem kalten Raum berücksichtigt wurde. Stellen die Feuerstätten und die Verbindungsstücke eine Abgastemperatur am Eintritt in den Schornstein von mindestens 200 °C, bei Gasfeuerstätten mit Brennern ohne Gebläse von mindestens 160 °C sicher, gilt Satz 1 als erfüllt

- für Schornsteine der Wärmedurchlaßwiderstandsgruppe I,
- für Schornsteine der Wärmedurchlaßwiderstandsgruppe II mit einer hydraulischen Schlankheit von nicht mehr als 100 und
- für Schornsteine der Wärmedurchlaßwiderstandsgruppe III mit einer hydraulischen Schlankheit von nicht mehr als 50; entspricht der Wärmedurchlaßwiderstand des oberen Schornsteinabschnittes über mindestens $1/4$ der wirksamen Höhe der Wärmedurchlaßwiderstandsgruppe II, tritt an die Stelle des Wertes 50 der Wert 75.

Die Sätze 1 und 2 gelten nicht für Stahlschornsteine, an die hinsichtlich der Widerstandsfähigkeit gegen Korrosion durch Abgas nur verminderte Anforderungen gestellt werden.

5.6.2 Nachweis des ausreichenden Wärmedurchlaßwiderstandes (gekürzt)

Die Wärmedurchlaßwiderstandsgruppe von Schornsteinen muß bei deren Planung und Ausführung in jedem Einzelfall durch einen vom Normenausschuß Bauwesen im DIN Deutsches Institut für Normung e.V. und der Deutschen Gesellschaft für Warenkennzeichnung G.m.b.H. ausgestellten Registrierbescheid nachgewiesen sein, soweit im folgenden nicht anderes bestimmt ist; die Gültigkeit der Registrierbescheide ist befristet (DIN 18 160 Teil 6).

Tabelle 2 **Wärmedurchlaßwiderstandsgruppen von einschaligen Schornsteinen aus Mauersteinen**

Mauersteine	Rohdichte der Mauersteine kg/dm^3	Wangendicke mm	Wärmedurchlaßwiderstandsgruppe
Mauerziegel außer Hochlochziegel B und Langlochziegel nach DIN 105	≤1,8	≥115	III
	≤1,4	≥240	II
Kalksand-Vollsteine nach DIN 106 Teil 1	≤1,6	≥115	III
Hütten-Vollsteine nach DIN 398	≤2,0	≥115	III

Für die Wärmedurchlaßwiderstandsgruppen einschaliger gemauerter Schornsteine aus Steinen nach Abschnitt 10.2.1.1 gelten die Angaben der Tabelle 2 als nachgewiesen.

5.7 Dichtheit

Die Schornsteine müssen bereits ohne Oberflächenbehandlung wie Putz und dergleichen dicht sein. Die Gasdurchlässigkeit der Schornsteine darf bei einem statischen Überdruck von 40 Pa an ihrer inneren Oberfläche gegenüber der äußeren, bezogen auf die innere Schornsteinoberfläche, 0,003 m^3/(s · m^2) nicht überschreiten (Luftvolumenstrom bei etwa 20 °C). Die Schornsteinwände dürfen, ausgenommen Anschlußöffnungen, Reinigungsöffnungen, Öffnungen für Nebenluftvorrichtungen und Abgasventilatoren in den Wangen, keine Öffnungen haben.

5.8 Dampfdiffusionsverhalten der Baustoffe

Hierzu wird auf Abschnitt 4.10 verwiesen. Äußere Ummantelungen und Verkleidungen mit höherem Dampfdiffusionswiderstand als dem der Schornsteinwangen müssen, sofern sie den Schornstein großflächig bedecken, so angeordnet sein, insbesondere solchen Abstand vom Schornstein haben, daß die Schornsteinoberfläche dauernd gut durchlüftet ist. Großflächige äußere Beschichtungen mit höherem Dampfdiffusionswiderstand als dem der Schornsteinwange sind unzulässig.

5.9 Anordnung der Schornsteine im Gebäude (Bild 3)

Schornsteine müssen in oder an Gebäuden so angeordnet sein, daß die Schornsteinmündungen nicht in unmittelbarer Nähe von Fenstern und Balkonen liegen; insbesondere müssen die Schornsteine von terrassenförmigen Gebäuden aus dem Dach des höchsten Gebäudeteils austreten. Schornsteinmündungen dürfen über Dachflächen mit allseitig geschlossener Brüstung von mehr als 50 cm Höhe nur liegen, wenn die Brüstungen Öffnungen haben, die ein gefährliches Ansammeln von Abgasen verhindern. Schornsteine in oder an Gebäuden mit Dächern, die eine größere Neigung als 20° haben, sollen so angeordnet werden, daß die Schornsteinmündung in der Nähe der höchsten Dachkante liegt.

5.10 Innere Oberfläche

Die innere Oberfläche der Schornsteine darf nicht beschichtet werden; dies gilt nicht für Beschichtungen, die zur Verringerung des lichten Querschnitts zulässig sind. Wegen der Anforderungen an die Oberflächenbeschaffenheit wird auf Abschnitt 4.2 letzter Satz und Abschnitt 11.3 verwiesen.

6 Zusätzliche betriebliche Anforderungen

6.1 Allgemeines (nicht abgedruckt)

6.2 Einheitlichkeit des lichten Querschnitts

Schornsteine müssen auf ihrer ganzen Höhe einen nach Form und Fläche gleichbleibenden lichten Querschnitt haben; geringfügige Querschnittsverengungen an der Mündung durch Bauteile zum Schutz der Schornsteinwände gegen Eindringen von Niederschlagswasser sind unbedenklich. Größere Querschnittsverengungen an der Mündung von Schornsteinen, die unter Überdruck betrieben werden oder an der Mündung einen Abgasventilator haben, sind zulässig; siehe Abschnitt 5.4.2 Absätze 3 und 4. Die Sätze 1 und 2 sind auch auf Schornsteinaufsätze anzuwenden.

6.3 Reinigungsöffnungen

6.3.1 Erfordernis und Anordnung

Jeder Schornstein muß an seiner Sohle eine Reinigungsöffnung haben; diese muß mindestens 20 cm tiefer als der unterste Feuerstättenanschluß liegen. Schornsteine, die nicht von der Mündung aus gereinigt werden können, müssen im Dachraum oder über Dach eine weitere Reinigungsöffnung haben. Schräggeführte Schornsteine müssen außerdem in der Nähe der Knickstellen je eine Reinigungsöffnung haben, wenn diese zur ordnungsgemäßen Reinigung erforderlich sind.

6.3.2 Mindestgrößen

Reinigungsöffnungen müssen mindestens 10 cm breit und mindestens 18 cm hoch sein. Reinigungsöffnungen für Schornsteine, die zur Reinigung oder Prüfung innen bestiegen werden müssen (besteigbare Schornsteine), müssen mindestens 40 cm breit und mindestens 60 cm hoch sein.

DIN 18 160 Teil 1

6.3.3 Verschlüsse für Reinigungsöffnungen (gekürzt)
Verschlüsse für Reinigungsöffnungen bedürfen aufgrund der Prüfzeichenverordnungen zu den Landesbauordnungen eines Prüfzeichens.

6.4 Sohle
Schornsteine müssen eine Sohle haben. Ausgenommen sind
- Schornsteine für nur vorübergehend benutzte Feuerstätten mit einer Nennwärmeleistung von nicht mehr als 10 kW in frei stehenden eingeschossigen Gebäuden, die nur für einen vorübergehenden Aufenthalt bestimmt sind, wie Wochenendhäuser, Unterkunftshütten, Baubuden und Unterkünfte auf Baustellen,
- eigene Schornsteine für Gasfeuerstätten mit Brennern ohne Gebläse, deren Strömungssicherung und Abgasstutzen an einer Seite der Gasfeuerstätte so angeordnet sind, daß die Abgasschornsteine leicht und ohne Gefährdung der Gasfeuerstätten geprüft und gereinigt werden können; die Feuerstätten müssen im obersten Geschoß in einem Heizraum oder in einem Aufstellraum mit gleicher Brandsicherheit aufgestellt sein,
- Schornsteine für offene Kamine, die innerhalb des Aufstellraums allseitig frei stehen.

6.5 Besondere Betriebseinrichtungen
6.5.1 Abgasventilatoren (nicht abgedruckt)

6.5.2 Schornsteinaufsätze einschließlich Düsen (gekürzt)

Die grundsätzlichen Anforderungen der Abschnitte 4.2, 4.5, 4.6, 4.7 und 4.12 gelten sinngemäß auch für Schornsteinaufsätze.

Anmerkung: Schornsteinaufsätze sind nur dann zulässig, wenn dafür eine baurechtliche Ausnahme erteilt ist.

6.6 Kennzeichnung
Schornsteine, an die nur Feuerstätten für gasförmige Brennstoffe angeschlossen sind, müssen an den Reinigungsöffnungen und an den Schornsteinmündungen dauerhaft durch den Buchstaben „G", gemischt belegte Schornsteine durch die Buchstaben „GR" gekennzeichnet werden. Die Kennzeichnung an der Mündung von Schornsteinen kann entfallen, wenn die Schornsteine nicht von der Mündung aus gereinigt werden.

7 Zusätzliche Anforderungen zum Schutz des Gebäudes und seiner Benutzer
7.1 Allgemeines (nicht abgedruckt)

7.2 Standsicherheit der Schornsteine (vgl. Abschn. 12)

Schornsteine und Schornsteinteile müssen standsicher errichtet werden, insbesondere auf tragfähigen Fundamenten oder tragfähigen Bauteilen gestützt sein. Bauteile zur Aufnahme der Eigenlast müssen feuerbeständig sein, aus nichtbrennbaren Baustoffen bestehen und entsprechend unterstützt sein; für Schornsteine mit begrenzter Temperaturbeständigkeit und Stahlschornsteine für verminderte Anforderungen genügt, daß vorgenannte Bauteile aus nichtbrennbaren Baustoffen bestehen.

An m e r k u n g : Nach Satz 2 können also Bauteile aus brennbaren Baustoffen zum Aussteifen herangezogen werden, wenn die Bestimmungen des Abschnittes 7.3 eingehalten sind.

7.3 Schornsteine und angrenzende Bauteile aus brennbaren Baustoffen
(Bild 4)

Wo Schornsteine großflächig und nicht nur streifenförmig an Bauteile mit brennbaren Baustoffen angrenzen, müssen Schornsteine einen Abstand von mindestens 5 cm, Stahlschornsteine für verminderte Anforderungen einen Abstand von mindestens 40 cm zu den Bauteilen einhalten; der Zwischenraum muß dauernd gut durchlüftet, bei Stahlschornsteinen für verminderte Anforderungen gegenüber angrenzenden Räumen vollständig offen sein. Satz 1 gilt entsprechend für Verkleidungen aus brennbaren Baustoffen, nicht jedoch für Tapeten ohne Wärmedämmschicht auf Schornsteinen außer auf Stahlschornsteinen für verminderte Anforderungen.

Holzbalkendecken, Dachbalken aus Holz und ähnliche, streifenförmig an Schornsteine angrenzende Bauteile aus brennbaren Baustoffen müssen von den Außenflächen von Schornsteinen mindestens 5 cm Abstand haben; wenn der Zwischenraum belüftet ist, genügt ein Abstand von 2 cm. Für brennbare Baustoffe, die nur mit geringer Streifenbreite an Schornsteine grenzen, wie Fußböden, Fußleisten und Dachlatten, ist kein Abstand erforderlich. Der Zwischenraum zwischen vorgenannten Bauteilen aus brennbaren Baustoffen und Stahlschornsteinen für verminderte Anforderungen muß abweichend von den Sätzen 1 und 2 mindestens 40 cm betragen.

Die Schornsteinmündungen müssen ungeschützte Bauteile aus brennbaren Baustoffen mindestens 1 m überragen oder von ihnen, waagerecht gemessen, einen Abstand von mindestens 1,50 m haben; dies gilt nicht für den Abstand zur Bedachung. Schornsteine in Gebäuden mit weicher Bedachung müssen im First oder in seiner unmittelbaren Nähe austreten und den First mindestens 80 cm überragen; auf die Anforderungen an die Dachdurchführung nach Absatz 1 Satz 1 und den dort erforderlichen Wärmedurchlaßwiderstand des Schornsteins nach Abschnitt 5.6.1 Satz 2 wird hingewiesen.

Schornsteine für Sonderfeuerstätten, ausgenommen Fälle nach Abschnitt 5.3.6 Absatz 2 Satz 2, müssen in Hinblick auf die grundsätzlichen Anforderungen des Abschnittes 4.8 zu Bauteilen mit brennbaren Baustoffen größere Abstände als nach den Absätzen 1 bis 3 einhalten, oder es müssen andere zusätzliche Schutzvorkehrungen getroffen sein.

DIN 18 160 Teil 1

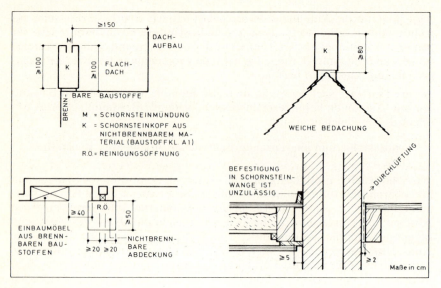

Bild 4. Brandschutz

7.4 Reinigungsöffnungen neben Bauteilen aus brennbaren Baustoffen (Bild 4)

Bauteile aus brennbaren Baustoffen sowie Einbaumöbel müssen mindestens 40 cm von den Reinigungsöffnungen entfernt sein; es genügt ein Abstand von 20 cm, wenn ein Schutz gegen Wärmestrahlung vorhanden ist. Fußböden aus brennbaren Baustoffen unter Reinigungsöffnungen sind durch nichtbrennbare Baustoffe zu schützen, die nach vorn mindestens 50 cm und seitlich mindestens je 20 cm über die Öffnungen vorspringen.

7.5 Schornsteine und angrenzende tragende oder aussteifende Bauteile

Schornsteine dürfen in tragende oder aussteifende Bauteile des Gebäudes nur so eingreifen, daß die Standsicherheit des Gebäudes nicht gefährdet wird. Wo Schornsteine großflächig an tragende Wände, Pfeiler oder Stützen oder an aussteifende Bauteile angrenzen, müssen solche Abstände eingehalten oder solche Schutzvorkehrungen aus nichtbrennbaren Baustoffen angeordnet werden, daß die Standsicherheit dieser Bauteile bei einer Eintrittstemperatur der Abgase in den Schornstein entsprechend der betriebsmäßig höchsten Temperatur am Abgasstutzen der Feuerstätte, mindestens jedoch von 400 °C, nicht gefährdet werden kann; die Oberflächen tragender Wände, Pfeiler und Stützen aus Beton oder Stahlbeton dürfen nicht auf mehr als 50 °C erwärmt werden können. Bei Schornsteinen für Sonderfeuerstätten, in denen mit gefährlicher Ansammlung brennbarer Stoffe zu rechnen ist, sind die Abstände oder Schutzvorkehrungen auch mit Rücksicht auf die besondere Gefahr von Bränden im Innern des Schornsteins festzulegen; dies gilt auch für Schornsteine von Feuerstätten, die häufige Rußbrände im Innern des Schornsteins bewirken.

7.6 Schornsteine und angrenzende Bauteile, die den Raumabschluß sicherstellen müssen

Schornsteine dürfen in Bauteile, die wegen des Raumabschlusses feuerwiderstandsfähig sein müssen, nur so eingreifen, daß die Feuerwiderstandsfähigkeit dieser Bauteile und der Raumabschluß nicht gefährdet werden; Zwischenräume zwischen Schornsteinen und vorgenannten Bauteilen müssen durch formbeständige nichtbrennbare Baustoffe dicht und brandsicher abgeschlossen sein. Zwischenräume zwischen Schornsteinen und der Dachhaut von Gebäuden sind so zu sichern, daß diese nicht durchfeuchten können.

Anmerkung: Ausfüllungen der vorgenannten Zwischenräume dürfen die Dehnung der Schornsteinschäfte nicht gefährlich behindern und ihre planmäßige seitliche Abstützung nicht gefährden; siehe Abschnitt 11.2.2.

7.7 Schornsteine in Aufenthaltsräumen

Wangen von Schornsteinen für Feuerstätten, die regelmäßig ganzjährig betrieben werden, müssen gegenüber Aufenthaltsräumen einen Wärmedurchlaßwiderstand haben, der mindestens der Wärmedurchlaßwiderstandsgruppe II entspricht. Dies gilt nicht, wenn die angeschlossenen Feuerstätten ganzjährig nur zur Warmwasserbereitung für nicht mehr als eine Wohnung betrieben werden.

7.8 Schornsteine für Sonderfeuerstätten

Schornsteine für Sonderfeuerstätten müssen der Wärmedurchlaßwiderstandsgruppe I oder II angehören. Schornsteine, in die beim regelmäßigen Betrieb Abgase mit einer höheren Temperatur als 400 °C eingeleitet werden, müssen nachweisbar widerstandsfähig gegen die höhere Abgastemperatur sein; dies gilt nicht, wenn Sicherheitseinrichtungen aufgrund Abschnitt 5.3.6 Absatz 2 Satz 2 vorhanden sind.

7.9 Schornsteine und besonders gefährdete Räume

7.9.1 Schornsteine in Räumen mit schüttbaren brennbaren Stoffen

Werden Schornsteine in Lagerräumen für schüttbare brennbare Stoffe oder in anderen Räumen in Bereichen errichtet, in denen mit dem Einschütten der Schornsteine durch derartige Stoffe aus anderen Gründen gerechnet werden muß, z. B. Bereitstellung zur weiteren Verarbeitung, sind die vom Einschütten bedrohten Schornsteinabschnitte im Abstand von mindestens 10 cm, bei Stahlschornsteinen für verminderte Anforderungen im Abstand von mindestens 40 cm geschlossen und so zu ummanteln, daß der Zwischenraum zwischen Schornstein und Schutzummantelung dauernd gut durchlüftet ist. Der Zwischenraum muß zu reinigen sein, wenn die schüttbaren brennbaren Stoffe hineingelangen können. Die Schutzummantelung muß aus nichtbrennbaren Baustoffen — Baustoffklasse A 1 oder A 2 nach DIN 4102 Teil 1 — bestehen.

Anmerkung: Die Schutzummantelung sollte Decken, an deren Feuerwiderstandsfähigkeit Anforderungen gestellt sind, nicht durchdringen. Andernfalls muß nach allgemeinen Grundsätzen des Brandschutzes sichergestellt sein, daß im Bereich der Durchdringung im Brandfall Feuer und Rauch nicht in andere Geschosse übertragen werden können.

7.9.2 Räume, in denen Stahlschornsteine für verminderte Anforderungen unzulässig sind (gekürzt)

Brennstofflagerräume; Heizöl in der für den störungsfreien Betrieb der Feuerstätten erforderlichen Menge kann außer Betracht bleiben.

7.9.3 Räume, in denen Reinigungsöffnungen unzulässig sind

In Wohnräumen, Schlafräumen, Ställen, Lagerräumen für Lebensmittel sowie in Räumen mit erhöhter Brandgefahr, wie Räumen nach den Abschnitten 7.9.1 und 7.9.2, dürfen Reinigungsöffnungen (siehe Abschnitt 6.3) nicht angeordnet werden.

7.10 Stahlschornsteine für verminderte Anforderungen und angrenzende begehbare Flächen

Stahlschornsteine für verminderte Anforderungen, die beim regelmäßigen Betrieb der Feuerungsanlagen Oberflächentemperaturen von mehr als 110 °C haben können, müssen bis zu einer Höhe von 2 m über Fußböden und über sonstigen zum Betreten bestimmten Flächen sowie bis zu einer Höhe von 2 m über der festgelegten Geländeoberfläche gegen unbeabsichtigte Berührung geschützt sein. Der Berührungsschutz muß aus nichtbrennbaren Baustoffen bestehen und so beschaffen sein, daß die Luftströmung um die Schornsteine nicht gefährlich beeinträchtigt wird. Hat der Berührungsschutz von Schornsteinen weniger als 40 cm Abstand, dürfen Gegenstände nicht darauf abgelegt oder daran aufgehängt werden können.

7.11 Körperschalldämmung an Feuerstättenanschlüssen

Die Verbindungsstücke sind an den Schornstein so anzuschließen, daß Körperschall nur geringfügig übertragen werden kann (siehe Abschnitt 11.2.3). Wegen der Anforderungen an den Schallschutz siehe DIN 4109 Teil 5 (z. Z. noch Entwurf).

7.12 Aufstellung von Abgasventilatoren (nicht abgedruckt)

8 Zusätzliche Anforderungen zum Schutz der Umwelt

8.1 Allgemeines (nicht abgedruckt)

8.2 Schornsteine von Feuerungsanlagen, die im Sinne des BImSchG nicht genehmigungsbedürftig sind

Wegen der Festlegung der Höhen von Schornsteinen und Schornsteingruppen, an die Feuerstätten für den Brennstoff Heizöl EL nach DIN 51 603 Teil 1 mit einer Gesamtfeuerungsleistung von 1 MW bis weniger als 5 MW oder für gasförmige Brennstoffe mit einer Gesamtfeuerungsleistung von 1 MW bis weniger als 10 MW angeschlossen sind, wird auf die Verordnung über Feuerungsanlagen – 1. BImSchV[1]) vom 5. Februar 1979 in der Fassung der Verordnung zur Neufassung und Änderung von Verordnungen zur Durchführung des Bundes-Immissionsschutzgesetzes[1]) vom 24. Juli 1985 – hingewiesen. Darüber hinaus entsprechen folgende Bestimmungen zur Beschränkung schädlicher Luftverunreinigungen durch Emissionen aus Schornsteinen und Schornsteingruppen, an die Feuerstätten mit einer Gesamtnennwärmeleistung von mehr als 250 kW angeschlossen sind, dem Stand der Technik:

— Schornsteine in Gebäuden mit Dächern, die weniger als 10° geneigt sind, müssen in der Nähe einer Außenwand des Gebäudes liegen oder, wenn Dachaufbauten wie Dachheizzentralen und Maschinenräume vorhanden sind, an deren Außenwand anliegen oder aus deren Dach austreten.

— Schornsteine mit Schornsteinköpfen, deren Wangen dicker als 20 cm sind, und Schornsteine von Schornsteingruppen sollten Schornsteinaufsätze nach Abschnitt 6.5.2 Absatz 3 enthalten.

Anmerkung: Weitergehende Empfehlungen, mit denen der Stand der Technik konkretisiert werden kann, sind in den VDI-Richtlinien VDI 3781 Blatt 4[1]) gegeben worden.

8.3 Schornsteine von Feuerungsanlagen, die im Sinne des BImSchG genehmigungspflichtig sind

Wegen der Schornsteine von Anlagen, die aufgrund von § 4 des Bundes-Immissionsschutzgesetzes[1]) in Verbindung mit den §§ 1 und 2 der Verordnung über genehmigungsbedürftige Anlagen – 4. BImSchV[1]) – in der Fassung der Verordnung zur Neufassung und Änderung von Verordnungen zur Durchführung des Bundes-Immissionsschutzgesetzes[1]) vom 24. Juli 1985 genehmigungsbedürftig sind, wird auf die Erste Allgemeine Verwaltungsvorschrift zum Bundes-Immissionsschutz (Technische Anleitung zur Reinhaltung der Luft – TALuft –)[1]) hingewiesen.

---

[1]) Siehe Abschnitt 2.

9 Zusätzliche Anforderungen zum Schutz der Schornsteine

9.1 Allgemeines (nicht abgedruckt)

9.2 Schutz der Schornsteine gegen Niederschlagwasser

Die Oberflächen der Schornsteine müssen, soweit sie ans Freie grenzen, aus frostbeständigen Baustoffen mit einer Wasseraufnahmefähigkeit von nicht mehr als 20 Massenprozent hergestellt sein oder gegen das Eindringen von Niederschlagwasser geschützt werden, z. B. durch Putz nach DIN 18 550, Ummantelung oder Verkleidung. An der Schornsteinmündung sind Wangen und Zungen von Schornsteinen aus mineralischen Baustoffen gegen Eindringen von Niederschlagwasser zu schützen.

9.3 Unzulässige Arbeiten an Schornsteinen und Schornsteinbauteilen

Stemmen an Schornsteinen und Schornsteinbauteilen und sonstige den ordnungsgemäßen Zustand von Schornsteinen gefährdende Arbeiten sind unzulässig, und zwar sowohl bei der Herstellung der Schornsteine als auch nachträglich. Bohren, Sägen, Fräsen oder Schneiden, z. B. mit der Trennscheibe, zur Herstellung von Anschlüssen in der Außenschale von dreischaligen Schornsteinen mit Dämmstoffschicht sowie zur nachträglichen Herstellung von Anschlüssen sind zulässig; Bohren ist auch zulässig zur Befestigung der Ummantelung nach Abschnitt 7.9.1 und Abschnitt 11.5 Absatz 2 und des Berührungsschutzes nach Abschnitt 7.10.

10 Baustoffe und Bauteile

10.1 Allgemeines (nicht abgedruckt)

10.2 Schornsteine für regelmäßige Anforderungen

10.2.1 Formstücke und Mauersteine

10.2.1.1 Einschalige Schornsteine

Für einschalige Schornsteine dürfen verwendet werden:

— Formstücke aus Leichtbeton nach DIN 18 150 Teil 1,
— Mauerziegel außer Hochlochziegel B und Langlochziegel nach DIN 105,
— Kalksand-Vollsteine nach DIN 106 Teil 1,
— Hütten-Vollsteine nach DIN 398.

10.2.1.2 Dreischalige Schornsteine mit Dämmstoffschicht und beweglicher Innenschale

Für Schalen dreischaliger Schornsteine mit Dämmstoffschicht und beweglicher Innenschale dürfen nachstehend genannte Formstücke und Mauersteine verwendet werden. Dabei ist jedoch darauf zu achten, daß für die Außenschale nur solche Baustoffe oder Bauteile verwendet werden dürfen, deren oberer Grenzwert der Wasserdampf-Diffusionswiderstandszahl nach

DIN 4108 Teil 4 nicht größer ist als der für die Innenschale ermittelte Dampfdiffusionswiderstand.

a) Für die Innenschalen:
  – Innenrohrformstücke aus Leichtbeton nach DIN 18 147 Teil 3,
  – Innenrohrformstücke aus Schamotte nach DIN 18 147 Teil 4.

Anmerkung: Formstücke für die Innenschale gelten als neue Baustoffe im Sinne der Landesbauordnungen, bedürfen also eines besonderen Nachweises der Brauchbarkeit, z. B. durch allgemeine bauaufsichtliche Zulassung.

b) für die Außenschale:
  – Mantelformstücke aus Leichtbeton nach DIN 18 147 Teil 2 (z. Z. noch Entwurf),
  – Mauersteine nach Abschnitt 10.2.1.1,
  – Hochlochziegel B nach DIN 105,
  – Kalksandsteine nach DIN 106 Teil 1,
  – Hüttensteine nach DIN 398,
  – Gasbeton-Blocksteine nach DIN 4165,
  – Hohlblocksteine aus Leichtbeton nach DIN 18 151 und
  – Vollsteine aus Leichtbeton nach DIN 18 152.

10.2.2 Dämmstoffe

Für die Dämmstoffschicht dreischaliger Schornsteine mit beweglicher Innenschale dürfen Dämmstoffe für dreischalige Schornsteine nach DIN 18147 Teil 5 verwendet werden.

Anmerkung: Dämmstoffe gelten als neue Baustoffe im Sinne der Landesbauordnungen, bedürfen also eines besonderen Nachweises der Brauchbarkeit, z. B. durch allgemeine bauaufsichtliche Zulassung.

10.2.3 Mörtel, Kitt

Für Schornsteine aus Formstücken oder Mauersteinen darf zum Versetzen Mörtel der Gruppe II oder II a nach DIN 1053 Teil 1 verwendet werden. Der Zuschlag des Mörtels für Innenschalen dreischaliger Schornsteine muß quarzarm sein. Diese Schalen können außerdem mit Säurekitt versetzt werden; entscheidend ist die Aussage der zugehörigen allgemeinen bauaufsichtlichen Zulassung.

10.3 Stahlschornsteine für verminderte Anforderungen

10.3.1 Stähle für Schornsteine ohne Dämmstoffschicht (nicht abgedruckt)

10.3.2 Baustoffe für Stahlschornsteine mit Dämmstoffschicht

Stahlschornsteine mit Dämmstoffschicht gelten als neue Bauart, ihre Baustoffe, insbesondere werkmäßig gefertigte Bauelemente, als neue Baustoffe oder Bauteile.

10.3.3 Verbindungs- und Befestigungsmittel
Die Verbindungsmittel und Befestigungsmittel müssen baustoffgerecht sein, Kontaktkorrosion ausschließen sowie Formbeständigkeit und Standsicherheit der Schornsteine auch während eines Rußbrandes im Innern des Schornsteins sicherstellen; für Schornsteine von Feuerstätten, die nur mit gasförmigen Brennstoffen betrieben werden können, genügt es hinsichtlich der Formbeständigkeit und Standsicherheit der Schornsteine, für die Verbindungsmittel und Befestigungsmittel Temperaturen entsprechend Abschnitt 4.6 Satz 2 zu berücksichtigen. Als Verbindungsmittel kommen Niete, Schrauben, Schweißverbindungen und Lötverbindungen mit Hartloten in Betracht. Außerdem kommen für Längsnähte Falzverbindungen, für Stöße Steckverbindungen, insbesondere Steckverbindungen mit Klemmbändern, in Betracht. Wegen der Schornsteine, in denen während des Betriebes der Feuerungsanlagen nicht nur kurzzeitig statischer Überdruck gegenüber der Luft in umgebenden Räumen herrscht, siehe Abschnitt 5.4.2 Absatz 3.

10.4 Ummantelungen und Verkleidungen von Schornsteinoberflächen zum Freien
Für Ummantelungen und Verkleidungen von Schornsteinoberflächen, die ans Freie grenzen, dürfen bis zu einem Abstand von 1 m von der Schornsteinmündung nur Baustoffe der Baustoffklasse A 1 und A 2 nach DIN 4102 Teil 1 verwendet werden. Für Ummantelungen und Verkleidungen kommen zum Beispiel in Betracht:
– Mauersteine entsprechend Abschnitt 10.2.1.2,
– Schieferplatten, Schieferschindeln,
– Asbestzementplatten, Asbestzementschindeln,
– Zinkblech und Kupferblech.

Wegen der Auswahl der Baustoffe für nicht hinterlüftete Ummantelungen und Verkleidungen siehe auch Abschnitte 4.10 und 5.8.

Für die Unterstützung der Ummantelung von Schornsteinköpfen sind Auskragungen aus Leichtbeton oder Mauerwerk zu verwenden.

Für Unterkonstruktionen von Verkleidungen der Köpfe von Schornsteinen und Schornsteingruppen für Regelfeuerstätten dürfen Holzlatten verwendet werden, wenn die Unterkonstruktion zum Schutz gegen Entflammen durch Flugfeuer oder strahlende Wärme dicht mit mineralischen Baustoffen abgedeckt ist. Andernfalls muß die Unterkonstruktion aus nichtbrennbaren Baustoffen bestehen.

10.5 Sonstige Baustoffe und Bauteile für Schornsteinköpfe
Für den Schutz der Schornsteinwangen gegen Eindringen von Niederschlagswasser an der Schornsteinmündung kommen Abdeckplatten aus Leichtbeton

oder Normalbeton in Betracht; Bauteile aus anderen nichtbrennbaren, witterungsbeständigen und abgasbeständigen Baustoffen sind zulässig. Für Dehnfugenbleche an der Mündung dreischaliger Schornsteine mit Dämmstoffschicht und beweglicher Innenschale werden nichtrostende Stähle empfohlen.

10.6 Schornsteinaufsätze einschließlich Düsen

Schornsteinaufsätze können aus gebranntem Ton, Steinzeug, Leichtbeton, Normalbeton, Stahlblech oder Gußeisen bestehen. Schornsteinaufsätze für Schornsteine mit begrenzter Temperaturbeständigkeit oder für Stahlschornsteine für verminderte Anforderungen können auch aus Faserzement bestehen.

11 Bauartbedingte Anforderungen

11.1 Allgemeines (nicht abgedruckt)

11.2 Für nachstehend behandelte Bauarten gemeinsame Bestimmungen

11.2.1 Einheitlichkeit und zulässige Abweichungen

Soweit im folgenden nichts anderes zugelassen ist, sind die Schornsteine durchgehend mit einheitlichen Baustoffen in einheitlicher Bauart und lotrecht herzustellen. Davon abweichend sind zulässig unterschiedliche Baustoffe für Sockel und übrigen Schornstein, aus statischen oder bauphysikalischen Gründen abschnittsweise unterschiedlich dick bemessene Schornsteinwände und -wandschalen, abschnittsweise zusätzliche äußere Dämmschichten, Schutzschichten und Ummantelungen sowie – bei Schornsteinen und Außenschalen aus Mauersteinen – abschnittsweise unterschiedliche Mauersteine; Putzen, Beschichten, Ummanteln und Verkleiden von Schornsteinen oder Schornsteinabschnitten unter Beachtung der Abschnitte 4.5 Satz 3, 5.8 und 7.3 sind zulässig. Bauteile des Gebäudes dürfen in den Schornstein nicht eingreifen, soweit im folgenden nichts anderes bestimmt ist; wegen sonstiger fremder Gegenstände in oder auf Schornsteinen siehe Abschnitt 4.13.

11.2.2 Statische Wechselwirkungen zwischen Gebäuden und Schornsteinen

Soweit im folgenden nichts anderes bestimmt ist, sind Schornsteine gegenüber Bauteilen des Gebäudes so anzuordnen, daß die Dehnung des Schornsteinschaftes infolge Schwindens oder Erwärmung durch Reaktionskräfte aus dem Gebäude nicht gefährlich behindert ist; Bauteile des Gebäudes dürfen auf Schornsteine nicht aufgelagert, sonstige Lasten nicht eingeleitet werden. Die Schornsteine müssen unter Dach vom Gebäude in Abständen von höchstens 5 m gegen seitliches Ausweichen abgestützt sein, soweit sie nicht aufgrund der Abschnitte 11.3.2 Absatz 2 und 11.3.4.4 Absatz 2 mit anschließenden Wänden im Verband gemauert sind oder die entsprechende Sicherheit auf andere Weise hergestellt ist.

11.2.3 Einführung von Verbindungsstücken und Anschlußleitungen für Abgasventilatoren

Verbindungsstücke und Anschlußleitungen von Abgasventilatoren sind so in den Schornstein einzuführen, daß sie die Anschlußformstücke nicht berühren können und möglichst nahe an den lichten Querschnitt des Schornsteins reichen, in diesen jedoch nicht hineinragen. Die Zwischenräume zwischen Verbindungsstücken bzw. Anschlußleitungen und Anschlußformstücken müssen mit nichtbrennbaren, wärmebeständigen und elastischen Dichtstoffen, z. B. Asbestschnur, dicht und so ausgefüllt sein, daß die Anschlußformstücke und Verbindungsstücke bzw. Anschlußleitungen sich ohne Gefährdung der Dichtheit entsprechend der Erwärmung der Feuerungsanlage gegeneinander verschieben können, Körperschall jedoch nicht in unzulässigem Maß (siehe DIN 4109 Teil 5) übertragen wird.

11.3 Gemauerte Schornsteine

11.3.1 Allgemeine Anforderungen

Die Fugen müssen vollständig ausgefüllt und glattgestrichen sein.

11.3.2 Einschalige Schornsteine aus Mauersteinen (gekürzt; siehe Bild 5)

Die Schornsteine sind in fachgerechtem Verband zu mauern; Zungen müssen eingebunden sein. Die Mauersteine sind an den Schornsteininnenflächen bündig zu legen. Die Fugendicke muß DIN 1053 Teil 1 entsprechen.

11.3.3 Einschalige Schornsteine aus Formstücken aus Leichtbeton (siehe Bild 2)

Die Schornsteine sind aus Formstücken desselben Herstellers mit derselben Artikelnummer nach DIN 18 150 Teil 1 zu errichten. Die Fugen dürfen nicht dicker als 10 mm sein. Zur Herstellung von Anschlußöffnungen, Reinigungsöffnungen, Öffnungen für Nebenluftvorrichtungen und Abgasventilatoren dürfen nur hierfür bestimmte werkmäßig hergestellte Formstücke verwendet werden. Die Schornsteine dürfen unter Verwendung der hierfür bestimmten werkmäßig hergestellten Formstücke schräggeführt werden (siehe Bild 5).

11.3.4 Dreischalige Schornsteine mit Dämmstoffschicht

11.3.4.1 Allgemeines

Die Schalen der Schornsteine sind gleichzeitig hochzuführen. Der Aufbau der Innenschale und Außenschale darf jeweils nur so weit voraneilen, daß die Dämmstoffschicht ordnungsgemäß eingebracht werden kann und die ordnungsgemäße Beschaffenheit vorgezogener Schalen nicht gefährdet ist. Die Fugen der Innenschale und der Außenschale sollen in der Regel, um Mörtelbrücken zu vermeiden (siehe Abschnitt 4.5 Satz 3), gegeneinander versetzt sein.

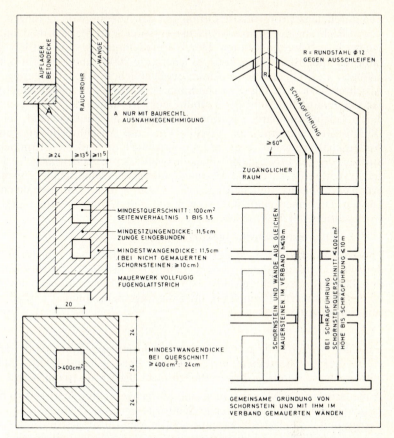

Bild 5. Einschalige Schornsteine aus Mauersteinen

11.3.4.2 Innenschale (gekürzt)

Für eine Innenschale dürfen nur Formstücke desselben Herstellers mit derselben Artikelnummer (entsprechend DIN 18 147 Teil 3 oder Teil 4) verwendet werden; Formstücke, deren Abmessungen zwar nur im Rahmen des Zulässigen, aber dennoch derart von den planmäßigen Abmessungen abweichen, daß ordnungsgemäße Fugen oder senkrechte Innenschalen nicht hergestellt werden können, sind vom Versetzen auszuschließen. Vor dem Versetzen sind die Fugenflächen der Formstücke anzufeuchten. Die Fugen zwischen Formstücken aus Leichtbeton dürfen nicht dicker als 10 mm, zwischen Formstücken aus Schamotte nicht dicker als 7 mm sein. Formstücke mit Anschlußöffnungen, Reinigungsöffnungen, Öffnungen für Nebenluftvorrichtungen und Abgasventilatoren dürfen nur aus den gleichen Baustoffen wie die übrige Innenschale hergestellt werden. An der Innenschale feste Anschlußstutzen sind durch derart vergrößerte Öffnungen der Außenschale zu führen, daß sie sich in Richtung der Schornsteinachse entsprechend der Wärmedehnung der Innenschale bewegen können. Der Wärmedehnung ist eine mittlere Temperatur der Innenschale zugrunde zu legen, die 200 K unter der für den regelmäßigen Betrieb des Schornsteins maßgeblichen Abgastemperatur (siehe Abschnitt 4.6) liegt. Die Zwischenräume zwischen den festen Anschlußstutzen der Innenschale und der Leibung der Öffnungen der Außenschale sind durch nichtbrennbare, wärmebeständige und ausreichend elastische Dämmstoffe vollständig zu verschließen. Lose Anschlußstutzen sind in der Außenschale ringsum dicht und so einzumörteln, daß die Stirnflächen der Stutzen, die der Innenschale zugekehrt sind, deren Außenfläche dicht anliegen (Gleitfuge); durch die Wärmedehnung der Innenschale entsprechend Satz 6 darf rings um die Gleitfuge keine Öffnung in der Innenschale entstehen können. Die Innenschale muß so weit unter der Abdeckplatte enden, wie es vorbeschriebener Wärmedehnung entspricht.

11.3.4.3 Dämmstoffschicht (gekürzt)

Für eine Dämmstoffschicht dürfen nur Dämmstoffe desselben Herstellers mit derselben Artikelnummer entsprechend DIN 18 147 Teil 5 verwendet werden. Dämmstoffschichten sind entsprechend den Bestimmungen der Bescheide des Instituts für Bautechnik über die allgemeine bauaufsichtliche Zulassung einzubauen.

11.3.4.4 Außenschale

Für eine Außenschale aus Formstücken dürfen nur Formstücke desselben Herstellers mit derselben Artikelnummer entsprechend DIN 18 147 Teil 2 verwendet werden. Die Fugen dürfen nicht dicker als 10 mm sein.

Außenschalen aus Mauersteinen sind im fachgerechten Verband zu mauern; zwischen den Schornsteinen einer Schornsteingruppe sowie zwischen Schornsteinen und zur Schornsteingruppe gehörenden Lüftungsschächten sind Zungen herzustellen. Die Mauersteine sind an den Schaleninnenflächen bündig zu legen. Die Wangen und Zungen müssen mindestens 11,5 cm dick sein. Außenschalen von Schornsteinen für Regelfeuerstätten sowie für Sonderfeuerstätten, die nach Abschnitt 5.3.6 Absatz 3 Satz 2 angeschlossen werden, dürfen mit Mauern aus Mauersteinen im Verband gemauert sein, wenn Mauer und Schornstein auf einem gemeinsamen Fundament oder gemeinsam auf demselben Bauteil gegründet sind, die Mauersteine der Festigkeitsklasse 6 oder einer höheren Festigkeitsklasse angehören und der Schornstein der Wärmedurchlaßwiderstandsgruppe I angehört; unter vorgenannten Umständen dürfen an die Außenschalen auch Stahlbetondecken anbetoniert werden. Soweit in vorliegender Norm nichts anderes bestimmt ist, gilt im übrigen DIN 1053 Teil 1.

11.4 Stahlschornsteine für verminderte Anforderungen

Stahlschornsteine für verminderte Anforderungen sollten weitestmöglich aus vorgefertigten Bauteilen und so errichtet werden, daß sie ausgetauscht werden können. Die Schornsteine müssen von außen besichtigt werden können. Werden die Schornsteinwände hinsichtlich der Beulgefahr durch große Längskräfte beansprucht wie bei hohen, an Gebäuden angebauten Schornsteinen oder ragen die Schornsteine mehr als das 12fache des lichten Durchmessers bzw. mehr als 2 m über die höchste seitliche Abstützung hinaus, sind die technischen Regeln für tragende Bauteile aus Metall zu beachten, insbesondere DIN 4133. In den übrigen Fällen gelten statt dessen nachstehende Grundsätze.

Die Schornsteine müssen, abgesehen von einem festen Auflager, längsbeweglich gehalten sein. Der Abstand der Abstützungen angebauter Schornsteine soll 2,50 m nicht überschreiten. Die Höhe der Schornsteine über dem festen Auflager soll nicht mehr als das 50fache des lichten Durchmessers betragen. Wegen der Fügetechnik für die Schornsteine siehe Abschnitt 10.3.3. Die Höhe der Schornsteine über der höchsten seitlichen Abstützung darf bis zum 12fachen des lichten Durchmessers, jedoch nicht mehr als 2 m betragen.

11.5 Ummantelungen und Verkleidungen von Schornsteinoberflächen zum Freien (vgl. Abschnitt 9.3 u. 10.4)

Mit Ausnahme der geschlossenen Ummantelungen der Köpfe von Schornsteinen und Schornsteingruppen müssen Ummantelungen aus Mauerwerk mit den angrenzenden Mauerwerkswänden des Gebäudes im Verband gemauert, Ummantelungen aus Beton mit angrenzenden Betonwänden des Gebäudes monolithisch verbunden sein; mindestens müssen die Ummantelungen in den Außenwänden des Gebäudes verankert sein. Ummantelungen aus Mauerwerk oder Beton für die Köpfe von Schornsteinen und Schornsteingruppen können auf Betondachdecken oder auf dem Schornstein – auf Auskragungen – aufgesetzt sein; wegen der Planung und Ausführung gemauerter Ummantelungen siehe im übrigen DIN 1053 Teil 1, wegen der Ummantelung aus Beton DIN 1045 und DIN 4219 Teil 2.

Ummantelungen der Köpfe von Schornsteinen und Schornsteingruppen aus Schieferplatten, Schieferschindeln, Faserzementplatten, Faserzementschindeln, Zinkblech oder Kupferblech (Verkleidungen) können auf Unterkonstruktionen genagelt oder geschraubt sein. Die Unterkonstruktion kann mittels Dübel, jedoch nicht mittels Holzdübel, am Schornstein befestigt sein. Vorgefertigte rahmenartige Ummantelungen werden empfohlen.

12 Nachweis der Standsicherheit

12.1 Allgemeines (nicht abgedruckt)

12.2 Gemauerte Schornsteine

12.2.1 Sockel und Schäfte

12.2.1.1 Allgemeine Bestimmungen

Die Standsicherheit ist für die Eigenlast nachzuweisen; dies gilt entsprechend für die Standsicherheit der einzelnen Schalen mehrschaliger Schornsteine mit beweglicher Innenschale. Beim Nachweis der Standsicherheit sind die Schwächungen des Schaftes oder Sockels durch Anschlußöffnungen und Reinigungsöffnungen zu berücksichtigen, insbesondere wenn sie nahe übereinanderliegen und − im Grundriß gesehen − gegeneinander versetzt sind.

12.2.1.2 Einschalige Schornsteine und Außenschalen dreischaliger Schornsteine aus Mauersteinen

Für den Standsicherheitsnachweis von einschaligen Schäften und Sockeln aus Mauersteinen gilt im übrigen DIN 1053 Teil 1. Diese Norm gilt auch für den Standsicherheitsnachweis des Schaftes aus Mauersteinen von dreischaligen Schornsteinen mit beweglicher Innenschale.

12.2.1.3 Einschalige Schornsteine und Schalen dreischaliger Schornsteine aus Formstücken aus Leichtbeton

Für den Standsicherheitsnachweis einschaliger Schornsteine aus Formstücken aus Leichtbeton gilt im übrigen DIN 4219 Teil 2; diese Norm gilt auch für den Nachweis der Standsicherheit der Schalen aus Formstücken aus Leichtbeton von dreischaligen Schornsteinen mit beweglicher Innenschale. Hierfür sind die Rechenwerte der Betonfestigkeit β_R für Formstücke nach DIN 18 150 Teil 1 und für Formstücke aus Leichtbeton für dreischalige Schornsteine nach DIN 18 147 Teil 2 und Teil 3 der nachfolgenden Tabelle 3 zu entnehmen; für einschalige Schornsteine und Innenschalen dreischaliger Schornsteine ist mindestens fünffache, für Außenschalen dreischaliger Schornsteine mindestens dreifache Sicherheit nachzuweisen.

Tabelle 3 **Rechenwerte der Betonfestigkeit** β_R

Festigkeitsklassen FLB bzw. ALB oder ILB	4	6	8	12
β_R in MN/m²	2,8	4,2	5,6	8,4

Der Nachweis der Standsicherheit einschaliger Schornsteine aus Formstücken aus Leichtbeton und entsprechenden Schalen dreischaliger Schornsteine kann auch durch den Nachweis geführt werden, daß die 5fache Eigenlast der einschaligen Schornsteine bzw. der Innenschale dreischaliger Schornsteine bzw. die 3fache Eigenlast der Außenschale dreischaliger Schornsteine nicht größer ist als die hierfür anrechenbare Bruchlast der entsprechenden Anschlußformstücke. Die anrechenbare Bruchlast der Anschlußformstücke ist den normgemäßen Technischen Lieferangaben für die Formstücke oder – bei Formstücken für Innenschalen dreischaliger Schornsteine – den Besonderen Bestimmungen der Bescheide des Instituts für Bautechnik über die allgemeine bauaufsichtliche Zulassung dieser Formstücke zu entnehmen.

12.2.1.4 Innenschalen dreischaliger Schornsteine aus Formstücken aus Schamotte

Der Nachweis der Standsicherheit von Innenschalen dreischaliger Schornsteine mit beweglicher Innenschale aus Formstücken aus Schamotte kann durch den Nachweis geführt werden, daß die 5fache Eigenlast der Innenschale nicht größer ist als die hierfür anrechenbare Bruchlast der Anschlußformstücke. Die anrechenbare Bruchlast der Anschlußformstücke ist den Besonderen Bestimmungen der Bescheide des Instituts für Bautechnik über die allgemeine bauaufsichtliche Zulassung der Formstücke aus Schamotte zu entnehmen.

12.2.2 Schornsteinabschnitte über der höchsten seitlichen Abstützung

12.2.2.1 Allgemeine Bestimmungen

Die Standsicherheit der Schornsteinabschnitte über der höchsten seitlichen Abstützung ist für Eigenlast und gleichzeitig wirkende Windlast nachzuweisen. Bei mehrschaligen Schornsteinen mit beweglicher Innenschale ist die Eigenlast der inneren Schale außer Betracht zu lassen.

12.2.2.2 Allgemein anwendbarer Standsicherheitsnachweis

Die Standsicherheit der Schornsteinabschnitte über der höchsten seitlichen Abstützung kann entsprechend DIN 1056 nachgewiesen werden.

12.2.2.3 Vereinfachter Standsicherheitsnachweis

Die Standsicherheit der Schornsteinabschnitte über der höchsten seitlichen Abstützung kann abweichend von den Bestimmungen der DIN 1056 für Windlast nach DIN 1055 Teil 4 und im übrigen vereinfacht nachgewiesen werden, wenn

a) dieser Schornsteinabschnitt nicht mehr als das 5fache der kleinsten äußeren Querschnittsabmessung des Schornsteinabschnittes zwischen der Mündung und der zweiten – von der Mündung aus gezählt – seitlichen Abstützung (siehe Abschnitt 11.2.2 Satz 2) und nicht mehr als 5 m beträgt,

b) die höchste seitliche Abstützung die Windkräfte auf den Schornsteinkopf offensichtlich aufnehmen kann und

c) der abstützende Bauteil offensichtlich nahezu unverschieblich ist im Verhältnis zu den seitlichen Verschiebungen des Schornsteinkopfes durch Windkräfte, die ohne die höchste seitliche Abstützung auftreten würden; dies ist z. B. bei Dachdecken aus Stahlbeton und bei Dachstühlen nach DIN 1052 Teil 1 auf Gebäuden mit tragenden Wänden aus Mauerwerk oder Beton gegeben, nicht immer dagegen bei Dachdecken entsprechend der Richtlinie für die Bemessung und Ausführung von Holzhäusern in Tafelbauart.

Hierzu ist nachzuweisen, daß die Resultierende aus Eigenlast und 1,5facher Windlast von der Schornsteinmündung bis zur zweiten seitlichen Abstützung innerhalb der äußeren Schornsteinumgrenzung verläuft (Nachweis der 1,5fachen Kippsicherheit). Beträgt der Schornsteinabschnitt über der höchsten seitlichen Abstützung mehr als 2,5 m, ist außerdem für Eigenlast und gleichzeitig wirkende Windlast bei einschaligen Schornsteinen die Bruchsicherheit des Schornsteins, bei dreischaligen Schornsteinen die Bruchsicherheit der äußeren Schale nachzuweisen, und zwar jeweils im Bereich zwischen der Mündung und der zweiten seitlichen Abstützung; die Abschnitte 12.2.1.2 und 12.2.1.3 gelten entsprechend.

Anmerkung: Nach Absatz 2 Satz 1 gelten die Schornsteinköpfe von rechteckigen Schornsteinen aus Mauerwerk mit einer Höhe des Schornsteinabschnittes über der höchsten seitlichen Abstützung bis zum 4fachen der kleineren äußeren Schaftabmessung im Schornsteinabschnitt nach Absatz 1, Aufzählung a, unter nachstehenden Umständen als standsicher:

— Rechenwert für die Eigenlast des Kopfmauerwerks: ≥ 18 kN/m^3,
— Wangendicke beim Schornsteinschaft und Schornsteinkopf: $\geq 11,5$ cm,
— kleinste lichte Weite des Schornsteins: $\geq 13,5$ cm,
— Staudruck entsprechend der maßgeblichen Windgeschwindigkeit: $\geq 0,8$ kN/m^2,
— höchste seitliche Abstützung des Schornsteins: in Höhe der Dachhaut.

Beträgt die Wangendicke des Schornsteinkopfes abweichend von vorstehendem mindestens 17,5 cm, kann die Höhe des obersten Schornsteinabschnittes bis zum 5fachen der kleineren äußeren Schaftabmessung betragen.

12.3 Stahlschornsteine für verminderte Anforderungen

Für Stahlschornsteine für verminderte Anforderungen aus Baustoffen nach Abschnitt 10.3.1 und Verbindungs- und Befestigungsmitteln nach Abschnitt 10.3.3, die entsprechend den Bestimmungen des Abschnittes 11.4 Absatz 2 errichtet sind, braucht kein Standsicherheitsnachweis geführt zu werden. Für sonstige Stahlschornsteine ist die Standsicherheit entsprechend den Bestimmungen von DIN 4133 nachzuweisen; soweit neue Baustoffe oder Bauteile verwendet oder neue Bauarten angewendet werden, sind hierbei die Bestimmungen der einschlägigen Bescheide des Instituts für Bautechnik über die allgemeine bauaufsichtliche Zulassung zu berücksichtigen.

DIN 18 460

Regenfalleitungen außerhalb von Gebäuden und Dachrinnen
Begriffe, Bemessungsgrundlagen
Auszug aus **DIN 18 460** (5.89)

1 Geltungsbereich
Diese Norm behandelt Begriffe und wesentliche Bemessungsgrundlagen für Dachrinnen und Regenfalleitungen außerhalb von Gebäuden, die der Ableitung des Niederschlagswassers von Dächern dienen.

2 Mitgeltende Normen
DIN 1986 Teil 2 Entwässerungsanlagen für Gebäude und Grundstücke; Bestimmungen für die Ermittlung der lichten Weiten und Nennweiten für Rohrleitungen

3 Begriffe (Bild 1)
3.1 Regenfalleitung
Innen- oder außenliegende Leitung zum Ableiten des Regenwassers von Dachflächen, Balkonen und Loggien (siehe aber Abschnitt 1).

3.1.1 Regenfallrohrmuffe

Loses oder angeformtes Teil zur Verbindung zweier Regenfallrohre.

3.1.2 Schrägrohr

Konisches Verbindungsrohr zwischen Rinnenstutzen und Regenfalleitung.

3.1.3 Standrohr

Teil einer Regenfalleitung am Anschluß an die Grund- bzw. Sammelleitung in einem Bereich, in dem mit mechanischen Beschädigungen gerechnet werden muß.

3.1.4 Rohrbogen

Rohrteil zur Richtungsänderung innerhalb einer Regenfalleitung.

3.1.5 Fallrohrabzweig

Formteil zum Verbinden von zwei unabhängigen Falleitungen.

3.1.6 Regenwasserklappe

Vorrichtung zur Entnahme von Regenwasser.

3.1.7 Rohrwulst (Nase)

An der Regenfalleitung befestigtes Auflager über der Rohrschelle.

DIN 18 460

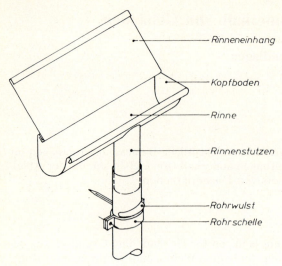

Bild 1.[1])

3.1.8 Rohrschelle
Halter zur Befestigung der Regenfalleitung.

3.2 Dachrinne
Dachrinne ist ein offenes Profil, in der Regel mit vorderer und hinterer Versteifung in Form von Wulst und Wasserfalz, zum Sammeln und Ableiten von Niederschlagswasser.

3.2.1 Rinnenverbinder
Teil zum Verbinden zweier Dachrinnen.

3.2.2 Rinnenablauf (Rinnenstutzen)
Rinnenstutzen als Übergangsstück zwischen Dachrinne und Regenfalleitung.

3.2.3 Rinnenwinkel
Rinnenstück zur Richtungsänderung einer Dachrinne.

3.2.4 Rinnenendstück
Abschlußteil an den Dachrinnenenden (auch = Kopfboden).

3.2.5 Rinnenhalter
Halter zur Befestigung der Dachrinne.

---

[1]) Nicht in der Originalnorm enthalten.

3.2.6 Rinneneinhang[1])
Blech als Übergang zwischen Rinne und Dachkonstruktion.

3.2.7 Rinnenkessel[1])
Wasserfangkasten zum Sammeln des Regenwassers bei langen Rinnenstrecken und zum Abführen in die Falleitung.

3.3 Bemessung

3.3.1 Regenspende (r)
Regensumme in der Zeiteinheit, bezogen auf die Fläche, in l/(s·ha).

3.3.2 Regenwasserabfluß (Q_r)
Regenwassermenge, die sich aus Regenspende, Abflußbeiwert und Niederschlagsfläche ergibt.

3.3.3 Regenwasserabflußspende (q_r)
Regenwasserabfluß, bezogen auf die Fläche, in l/(s·ha).

3.3.4 Abflußbeiwert (Ψ)
Verhältnis der Regenwasserabflußspende zur Regenspende.

4 Bemessungsgrundlagen

Die Bemessung der Regenfalleitungen und damit die Zuordnung der Dachrinnengröße ist abhängig von der Regenspende, der Dachgrundfläche (Grundrißfläche) und dem Abflußbeiwert (Neigung, Oberflächenbeschaffenheit). Es gelten für die Bemessung der Regenfalleitungen und der zugeordneten Dachrinnen die aus den lichten Maßen der wasserführenden Profile errechneten Querschnittsflächen. Bei Regenfalleitungen mit rechteckigem Querschnitt muß die kleinste Seite mindestens den Wert des Durchmessers (Nennmaß) der entsprechenden Regenfalleitungen mit kreisförmigem Querschnitt haben.

Wegen der erhöhten Verschmutzungsgefahr von Dachrinnen werden Regenfalleitungen, um Eindringen von Niederschlagswasser aus der Dachrinne in das Gebäude zu vermeiden, für eine Regenspende von mindestens 300 l/(s·ha) bemessen (siehe folgende Seiten Tabelle 1 bis 3).

5 Bemessung der Regenfalleitung

Tabelle 1 **Bemessung der Regenfalleitung mit kreisförmigem Querschnitt und Zuordnung der halbrunden und kastenförmigen Dachrinnen aus Metall** (siehe DIN 18 461)

anzuschließende Dachgrundfläche bei max. Regenspende $r = 300 \text{ l/(s·ha)}$ *)	Regenwasser-abfluß[2]) zul Q_r	Regenfalleitung		zugeordnete Dachrinne			
		Nenngröße (Durchmesser)	Querschnitt	halbrund		kastenförmig	
				Nenngröße (Abwicklung)	Rinnenquer-schnitt	Nenngröße (Abwicklung)	Rinnenquer-schnitt
m²	l/s	mm	cm²	mm	cm²	mm	cm²
37	1,1	60[1])	28	200	25	200	28
57	1,7	70	38	–	–	–	–
83	2,5	80[1])	50	250 / 285	43 / 63	250	42
150	4,5	100[1])	79	333	92	333	90
243[3])	7,3	120[1])	113	400	145	400	135
270	8,1	125	122	–	–	–	–
443	13,3	150[1])	177	500	245	500	220

*) Ist die örtliche Regenspende größer als 300 l/(s·ha), muß mit den entsprechenden Werten gerechnet werden (siehe Beispiel).
[1]) Für die Dachentwässerung übliche Nenngrößen.
[2]) Die angegebenen Werte resultieren aus trichterförmigen Einläufen.
[3]) In DIN 1986 Teil 2 nicht enthalten.

DIN 18 460

Tabelle 2 **Bemessung der Regenfalleitung mit rundem Querschnitt und Zuordnung der halbrunden und kastenförmigen Dachrinnen aus PVC hart** (siehe auch DIN 8062)[1]

anzuschließende Dachgrundfläche bei max. Regenspende $r = 300\,l/(s\cdot ha)$*	Regenwasserabfluß[2] zul Q_r	Regenfalleitung			zugeordnete Dachrinne halbrund		kastenförmig
		Außendurchmesser	Nenngröße (Durchmesser)	Querschnitt	Nenngröße (Lichte Weite)	Rinnenquerschnitt	Rinnenquerschnitt
m^2	l/s	mm	mm	cm^2		cm^2	cm^2
20	0,6	50	50	17	80	34	22
37	1,1	63	63	28	80	34	34
57	1,7	75	70	38	100	53	53
97	2,9	90	90	56	125	73	73
170	5,1	110	100	86	150	101	100
243	7,3	125	125	113	180	137	137
483	14,5	160	150	188	250	245	225

*) Ist die örtliche Regenspende größer als 300 l/(s·ha), muß mit den entsprechenden Werten gerechnet werden (siehe Beispiel).
1) In der Fassung der DIN 18 460 von 5.89 wird leider für sämtliche Maßbezeichnungen von Fallrohren und Regenrinnen summarisch der Begriff „Nenngröße" verwendet. Hier wird in Klammern noch ein erläuternder Hinweis gegeben.
2) Die angegebenen Werte resultieren aus trichterförmigen Einläufen.

Tabelle 3 **Abflußbeiwerte**[1])

Art der angeschlossenen Dachfläche	Abflußbeiwert Ψ
Dächer $\geq 15°$	1
Dächer $< 15°$	0,8
Dachgärten	0,3

1) Auszug aus DIN 1986 Teil 2
Tabelle 13: Abflußbeiwerte zur Ermittlung des Regenwasserabflusses Q_r:
Q_r (l/s) = Fläche (ha) × Regenspende r (l/(s·ha)) × Abflußbeiwert Ψ

6 Berechnungsbeispiele nach Tabelle 1 oder 2

Berechnungsbeispiel 1:

(bei einer örtlichen Regenspende $r \leq 300$ l/(s·ha))

Regenspende: $r = 300$ l/(s·ha)

Dachgrundfläche 12,5 m × 15 m: $A = 187,5$ m²

Abflußbeiwert: $\Psi = 0,8$ (Dach $< 15°$)

Regenwasserabfluß: $Q_r = \dfrac{187,5}{10\,000} \cdot 300 \cdot 0,8$

$Q_r = 4,5$ l/s

nach Tabelle 1 gewähltes Rohr für $Q_r \geq 4,5$ l/s:

Regenfalleitung mit Nenngröße 100 mm, oder wahlweise 2 Regenfallleitungen mit Nenngröße 80 mm

Berechnungsbeispiel 2:

(bei einer örtlichen Regenspende $r > 300$ l/(s·ha))

Regenwasserabfluß: $Q_r = A \cdot r \cdot \Psi$ in l/s

Regenspende z. B.: $r = 400$ l/(s·ha)

Dachgrundfläche 12,5 m × 17,5 m: $A = 220$ m²

Abflußbeiwert: $\Psi = 1,0$ (Dach $\geq 15°$)

Regenwasserabfluß: $Q_r = \dfrac{220}{10\,000} \cdot 400 \cdot 1,0$

$Q_r = 8,8$ l/s

nach Tabelle 1 gewähltes Rohr für $Q_r \geq 13,2$ l/s:

1 Regenfalleitung mit Nenngröße 150 mm, oder wahlweise 2 Regenfallleitungen mit Nenngröße 100 mm

Blitzschutzanlage
Allgemeines für das Errichten (VDE-Richtlinie Nr. 0185 Teil 1)
DIN 57 185 Teil 1 (11/82)

(gekürzt auf den für Wohngebäude relevanten Text)

Die Norm befindet sich seit geraumer Zeit in der Überarbeitung. Derzeit liegen Entwürfe von Neufassungen „Gebäudeblitzschutz; Allgemeine Grundsätze DIN/VDE 0185 Teil 100" (11/92) und „Schutz gegen elektromagnetischen Blitzimpuls (LEMP) Teil 1: Allgemeine Grundsätze" (12/92) vor.

Aus E DIN/VDE 0185 Teil 100 (11/92) seien hier lediglich einige bemerkenswerte einführende Sätze zitiert: „Es sei darauf hingewiesen, daß eine Blitzschutzanlage die Ausbildung eines Blitzes nicht verhindern kann.

Bis heute gibt es keine Geräte oder Methoden, die den wissenschaftlichen Beweis erbracht haben, daß sie in der Lage sind, Blitze zu verhindern oder aufzulösen.

Eine nach dieser Norm geplante und installierte Blitzschutzanlage kann für bauliche Anlagen, Personen oder Einrichtungen keinen absoluten Schutz garantieren; die Anwendung dieser Norm wird jedoch die Gefahr eines Blitzschadens in der geschützten baulichen Anlage erheblich vermindern."

1 Anwendungsbereich (gekürzt)

1.1 Diese Norm gilt für das Errichten einschließlich Planen, Erweitern und Ändern von Blitzschutzanlagen.

Anmerkung: Diese Norm enthält keine Angaben über die Blitzschutzbedürftigkeit baulicher Anlagen. Welche baulichen Anlagen Blitzschutz erhalten sollen, richtet sich nach den einschlägigen Verordnungen und Verfügungen der zuständigen Aufsichtsbehörden, nach den Unfallverhütungsvorschriften der Berufsgenossenschaften, den Empfehlungen der Sachversicherer usw. oder nach dem Auftrag der Bauherren.

2 Begriffe (Stichwortverzeichnis ist am Schluß des Normtextes abgedruckt)

2.1 Blitzschutzanlage

Blitzschutzanlage ist die Gesamtheit aller Einrichtungen für den äußeren und inneren Blitzschutz der zu schützenden Anlage.

2.1.1 **Äußerer Blitzschutz** ist die Gesamtheit aller außerhalb, an und in der zu schützenden Anlage verlegten und bestehenden Einrichtungen zum Auffangen und Ableiten des Blitzstromes in die Erdungsanlage.

2.1.2 **Innerer Blitzschutz** ist die Gesamtheit der Maßnahmen gegen die Auswirkungen des Blitzstromes und seiner elektrischen und magnetischen

Felder auf metallene Installationen und elektrische Anlagen im Bereich der baulichen Anlage.

2.1.3 **Isolierte Blitzschutzanlage** ist eine Blitzschutzanlage, bei der die Fangeinrichtungen und Ableitungen durch Abstand oder elektrische Isolation von der zu schützenden Anlage getrennt errichtet sind.

2.1.4 **Fangeinrichtung** ist die Gesamtheit der metallenen Bauteile auf, oberhalb, seitlich oder neben der baulichen Anlage, die als Einschlagspunkte für den Blitz dienen.

2.1.5 **Schutzbereich** ist der durch eine Fangeinrichtung gegen Blitzeinschläge als geschützt geltende Raum.

2.1.6 **Schutzwinkel** ist der Winkel zwischen der Vertikalen und der äußeren Begrenzungslinie des Schutzbereiches durch einen beliebigen Punkt einer Fangeinrichtung.

2.1.7 **Ableitung** ist eine elektrisch leitende Verbindung zwischen einer Fangeinrichtung und einem Erder.

2.1.8 **Trennstelle** ist eine lösbare Verbindung in einer Ableitung zur meßtechnischen Prüfung der Blitzschutzanlage.

2.2 Erde, Erder, Erden

2.2.1 **Erde** ist die Bezeichnung sowohl für die Erde als Ort als auch für die Erde als Stoff, z. B. die Bodenarten Humus, Lehm, Sand, Kies, Gestein.

2.2.2 **Erder** ist ein Leiter, der in die Erde eingebettet ist und mit ihr in leitender Verbindung steht, oder ein Leiter, der in Beton eingebettet ist, der mit der Erde großflächig in Berührung steht (z. B. Fundamenterder, siehe Abschnitt 2.2.11).

2.2.3 **Erdungsleitung** ist eine Leitung, die einen zu erdenden Anlageteil mit einem Erder verbindet, soweit sie außerhalb der Erde oder isoliert in Erde verlegt ist.

2.2.4 **Erdungsanlage** ist eine örtlich begrenzte Gesamtheit leitend miteinander verbundener Erder oder in gleicher Weise wirkender Metallteile und Erdungsleitungen.

2.2.5 **Erden** heißt, einen elektrisch leitfähigen Teil (z. B. die Blitzschutzanlage) über eine Erdungsanlage mit der Erde zu verbinden.

2.2.6 **Erdung** ist die Gesamtheit aller Mittel und Maßnahmen zum Erden.

2.2.7 **Blitzschutzerdung** ist die Erdung einer Blitzschutzanlage zur Ableitung des Blitzstromes in die Erde.

2.2.8 **Oberflächenerder** ist ein Erder, der im allgemeinen in geringer Tiefe von mindestens 0,5 m eingebracht wird. Er kann z. B. aus Rund- oder Flachleitern bestehen und als Ring-, Strahlen- oder Maschenerder oder als Kombination aus diesen ausgeführt sein.

2.2.8.1 Ringerder ist ein Oberflächenerder, der möglichst als geschlossener Ring um das Außenfundament der baulichen Anlage verlegt ist.

2.2.8.2 Strahlenerder ist ein Oberflächenerder aus Einzelleitern, die strahlenförmig auseinanderlaufen.

2.2.8.3 Maschenerder ist ein Oberflächenerder, der durch netzförmiges Verlegen des Erders den Erdungswiderstand verringert und die Schrittspannung vermindert.

2.2.9 Staberder ist ein im allgemeinen senkrecht in die Erde eingebrachter einteiliger Stab.

2.2.10 Tiefenerder ist ein Erder, der im allgemeinen senkrecht in größeren Tiefen eingebracht wird. Er kann aus Rohr-, Rund- oder anderem Profilmaterial bestehen und zusammensetzbar sein.

2.2.11 Fundamenterder ist ein Leiter, der in das Betonfundament einer baulichen Anlage eingebettet ist (siehe Abschnitt 2.2.2)[2].

2.2.12 Natürlicher Erder ist ein mit der Erde oder mit Wasser unmittelbar oder über Beton in Verbindung stehendes Metallteil, dessen ursprünglicher Zweck nicht die Erdung ist, das aber als Erder wirkt.

Anmerkung: Hierzu gehören z. B. Bewehrungen von Betonfundamenten und -pfählen, Stahlteile in Fundamenten, Spundwände und Rohrleitungen.

2.2.13 Erdungswiderstand eines Erders oder einer Erdungsanlage ist der Widerstand zwischen dem Erder oder der Erdungsanlage und der Bezugserde.

2.2.14 Bezugserde (neutrale Erde) ist ein Bereich der Erde, der außerhalb des Einflußbereiches des Erders bzw. der Erdungsanlage liegt, wobei zwischen beliebigen Punkten keine vom Erdungsstrom herrührenden Spannungen auftreten.

2.2.15 Spezifischer Erdwiderstand ϱ_E ist der spezifische elektrische Widerstand der Erde. Er wird in $\Omega\ m^2/m = \Omega\ m$ angegeben und stellt dann den Widerstand eines Erdwürfels von 1 m Kantenlänge zwischen zwei gegenüberliegenden Würfelflächen dar.

2.3 Ströme und Spannungen bei Erdungsanlagen

2.3.1 Erdungsstrom ist der durch einen Erder oder eine Erdungsanlage in die Erde fließende Strom.

2.3.2 Erdungsspannung ist die bei Stromfluß zwischen einem Erder oder einer Erdungsanlage und der Bezugserde auftretende Spannung.

---

[2] Siehe auch „Richtlinien für das Einbetten von Fundamenterdern in Gebäudefundamente". Herausgegeben von der Vereinigung Deutscher Elektrizitätswerke e. V. – VDEW.

2.3.3 **Berührungsspannung** ist der Teil der Erdungsspannung, der von Menschen überbrückt werden kann, wobei der Stromweg über den menschlichen Körper von Hand zu Fuß oder von Hand zu Hand verläuft.

2.3.4 **Schrittspannung** ist der Teil der Erdungsspannung, der von Menschen mit einem Schritt von 1 m Länge überbrückt werden kann, wobei der Stromweg über den menschlichen Körper von Fuß zu Fuß verläuft.

2.4 Potentialsteuerung und Isolierung des Standortes

2.4.1 **Potentialsteuerung** ist eine Maßnahme zur Beeinflussung des Erdoberflächenpotentials durch eine besondere Anordnung von Erdern zur Verminderung von Berührungs- und Schrittspannungen.

2.4.2 **Isolierung des Standortes** ist eine Maßnahme zur Herstellung eines Isolationswiderstandes zwischen Standort und Erde oder auch z. B. zwischen Masten und Standort zum Schutz gegen gefährliche Berührungs- und Schrittspannungen.

2.5 Potentialausgleich

2.5.1 **Potentialausgleich nach VDE 0190** ist das Beseitigen von Potentialunterschieden (im Zusammenhang mit dem Betrieb elektrischer Verbraucheranlagen), z. B. zwischen dem Schutzleiter der Starkstromanlage und Wasser-, Gas- und Heizrohrleitungen sowie zwischen diesen Rohrleitungen untereinander.

Das Beseitigen von Potentialunterschieden bei Blitzeinwirkung erfordert Maßnahmen, die über die Anforderungen nach VDE 0190 hinausgehen. Die Blitzschutzanlage wird dazu mit weiteren metallenen Installationen über Leitungen oder Trennfunkenstrecken, falls erforderlich auch mit aktiven Teilen von elektrischen Anlagen über Überspannungsschutzgeräte verbunden.

Diese Maßnahmen werden im folgenden kurz „Blitzschutz-Potentialausgleich" genannt.

2.5.2 **Potentialausgleichsleitung** ist eine zum Herstellen des Potentialausgleichs dienende elektrisch leitende Verbindung.

2.5.3 **Potentialausgleichsschiene** ist eine metallene Schiene zum Anschließen der Erdungsleitungen, der Potentialausgleichsleitungen und gegebenenfalls des Schutzleiters.

2.5.4 **Trennfunkenstrecke** für eine Blitzschutzanlage ist eine Funkenstrecke zur Trennung von elektrisch leitfähigen Anlageteilen. Bei einem Blitzeinschlag werden die Anlageteile durch Ansprechen der Funkenstrecke vorübergehend leitend verbunden.

2.5.5 **Ventilableiter** ist ein Überspannungsschutzgerät zur Verbindung der Blitzschutzanlage mit aktiven Teilen der Starkstromanlage, z. B. bei Gewitterüberspannungen. Er besteht im wesentlichen aus in Reihe geschalteter Funkenstrecke und spannungsabhängigem Widerstand.

2.6 Metallene Installationen, elektrische Anlagen

2.6.1 Metallene Installationen sind alle in und an der zu schützenden Anlage vorhandenen großen metallenen Einrichtungen, wie Wasser-, Gas-, Heizungs-, Feuerlösch- und sonstige Rohrleitungen, Gebläserohre, Treppen, Klima- und Lüftungskanäle, Hebezeuge, Führungsschienen von Aufzügen, Metalleinsätze in Schornsteinen, metallene Umhüllungen abgeschirmter Räume.

2.6.2 Isolierstück ist eine elektrisch nichtleitende Rohrverbindung. Es dient zur Unterbrechung der elektrischen Längsleitfähigkeit einer Rohrleitung (siehe DIN 3389).

2.6.3 Elektrische Anlagen sind Starkstrom- und Fernmeldeanlagen einschließlich elektrischer MSR-Anlagen.

2.6.3.1 Starkstromanlagen sind elektrische Anlagen mit Betriebsmitteln zum Erzeugen, Umwandeln, Speichern, Fortleiten, Verteilen und Verbrauchen elektrischer Energie mit dem Zweck des Verrichtens von Arbeit, z. B. in Form von mechanischer Arbeit, zur Wärme- und Lichterzeugung oder bei elektrochemischen Vorgängen.

2.6.3.2 Fernmeldeanlagen einschließlich Informationsverarbeitungsanlagen (im folgenden kurz Fernmeldeanlagen genannt) sind Anlagen zur Übertragung und Verarbeitung von Nachrichten und Fernwirkinformationen mit elektrischen Betriebsmitteln. Hierzu zählen z. B. elektrische MSR-Anlagen. Dies sind Anlagen mit Meß-, Steuer- und Regeleinrichtungen zum Erfassen und Verarbeiten von Meßwerten (Meßgrößen).

2.7 Dachständer

2.7.1 Freileitungs-Dachständer ist ein Stützpunkt des als Freileitung ausgeführten Verteilungsnetzes.

2.7.2 Installations-Dachständer ist Bestandteil einer Verbraucheranlage; er enthält Leitungen hinter dem Zähler, die z. B. von einem Wohnhaus zu einem Nebengebäude führen.

2.8 Näherung, Näherungsspannung

2.8.1 Näherung ist ein zu geringer Abstand zwischen Blitzschutzanlage und metallenen Installationen oder elektrischen Anlagen, bei der die Gefahr eines Über- oder Durchschlages bei Blitzeinschlag besteht.

2.8.2 Näherungsspannung ist die bei einem Blitzeinschlag in die Blitzschutzanlage an der Näherung auftretende Spannung.

2.9 Fachkraft

Als **Fachkraft** (Fachmann) gilt, wer auf Grund seiner fachlichen Ausbildung, Kenntnisse und Erfahrungen sowie Kenntnis der einschlägigen Bestimmungen die ihm übertragenen Arbeiten beurteilen und mögliche Gefahren erkennen kann.

Anmerkung: Zur Beurteilung der fachlichen Ausbildung kann auch eine mehrjährige Tätigkeit auf dem betreffenden Arbeitsgebiet herangezogen werden.

3 Allgemeine Anforderungen

3.1 Blitzschutzanlagen sind so zu planen und mit solchen Bauteilen und Werkstoffen zu errichten, daß bauliche Anlagen, Personen und Sachwerte gegen Blitzeinwirkungen möglichst dauerhaft geschützt werden. Diese Anforderung gilt als erfüllt, wenn die Blitzschutzanlage allen Anforderungen dieser Norm entspricht.

3.2 Eine Blitzschutzanlage muß aus Fangeinrichtungen, Ableitungen und Erdung bestehen; hinzu kommen die gegebenenfalls erforderlichen Maßnahmen für den inneren Blitzschutz.

3.3 Für die Blitzschutzanlage müssen Planungsunterlagen (Zeichnung mit Beschreibung) angefertigt werden, aus denen alle wesentlichen Einzelheiten der zu schützenden Anlage und der Blitzschutzanlage sowie die Maßnahmen für den inneren Blitzschutz entnommen werden können (siehe z. B. DIN 48 830, zur Zeit Entwurf). Für einfache Anlagen genügt eine Zeichnung mit Erläuterungen.

3.4 Fangeinrichtungen und Ableitungen müssen an den baulichen Anlagen so verlegt und befestigt werden und Leitungen im Erdreich müssen so geführt werden, daß sie außer den durch Blitzstrom zu erwartenden Beanspruchungen auch den zusätzlichen mechanischen Kräften, Temperaturschwankungen, Korrosionseinflüssen usw. standhalten und den Anforderungen nach Abschnitt 4 und Tabellen 1 und 2 entsprechen.

3.5 Blitzschutzanlagen müssen durch Fachkräfte errichtet werden.

3.6 Werden beim Errichten der Blitzschutzanlage auch Arbeiten an oder in der Nähe von elektrischen Anlagen durchgeführt, so sind die einschlägigen VDE-Bestimmungen (z. B. VDE 0100, DIN 57 105 Teil 1/VDE 0105 Teil 1) zu beachten.

4 Anforderungen an Bauteile

4.1 Werkstoffe, Bauteile und Betriebsmittel

4.1.1 Fangeinrichtungen, Ableitungen und Erder müssen den Werkstoffen und Mindestmaßen der Tabellen 1 und 2 entsprechen.

4.1.2 Bauteile und Betriebsmittel müssen den Festlegungen der einschlägigen VDE-Bestimmungen und DIN-Normen entsprechen. Werden Bauteile verwendet, die nicht genormt sind, so müssen sie hinsichtlich Querschnitt, Korrosionsschutz, elektrischer Verbindung und mechanischer Festigkeit den genormten Bauteilen mindestens gleichwertig sein.

4.1.2.1 Schrauben und Muttern müssen DIN 48 801 entsprechen. Verbindungen von Leichtmetallbauteilen mittels Schrauben müssen mit Federringen aus nichtrostendem Werkstoff, z. B. nach DIN 17 440, Ausgabe Dezember 1972, Werkstoffnummer 1.4301, gesichert werden.

4.1.2.2 Leitungshalter müssen dem Werkstoff der Leitungen angepaßt werden und können aus feuerverzinktem Stahl, Temperguß, Kupfer, Rotguß, Zinkdruckguß oder Kunststoff bestehen; sie müssen den einschlägigen DIN-Normen entsprechen.

4.1.2.3 Kunststoffmäntel von Leitungen für die Verwendung im Freien müssen wetterbeständig sein.

4.1.3 Trennfunkenstrecken für Blitzschutzanlagen müssen dem Anwendungszweck angepaßt sein (Norm in Vorbereitung).

4.1.4 Ventilableiter müssen VDE 0675 Teil 1 entsprechen.

4.1.5 Überspannungsschutzeinrichtungen für Fernmeldeanlagen müssen DIN 57 845/VDE 0845 entsprechen.

4.2 Verbindungen

4.2.1 Verbindungen müssen durch Klemmen, Kerben, Schrauben, Schweißen, Löten oder oberirdisch auch durch Nieten oder Falzen hergestellt werden. Würgeverbindungen oder Verbindungen mit Gewindestiften dürfen nicht verwendet werden. Im Beton dürfen auch Keilverbinder verwendet bzw. darf verrödelt werden.

Anmerkung: Für die Prüfung von Verbindungsbauteilen ist eine Norm in Vorbereitung.

4.2.2 Für Verbindungen und Anschlüsse mittels Schrauben von Flachleitern an Flachleiter sowie von Flachleitern an Stahlkonstruktionen gelten folgende Mindestanforderungen:

— zwei Schrauben mindestens M 8

  oder

— eine Schraube mindestens M 10.

4.2.3 Anschlüsse von Flachleitern an Blechen mit weniger als 2 mm Dicke müssen mit Gegenplatten mit mindestens 10 cm^2 Fläche unterlegt und mit zwei Schrauben mindestens M 8 verschraubt werden.

4.2.4 Sind Bleche nur einseitig zugänglich, so ist ein Anschluß von Flachleitern mittels Blindnieten, Blindeinnietmuttern oder bei Blechen mit mindestens 2 mm Dicke auch mittels Blechtreibschrauben zulässig. Es müssen dann mindestens 5 Blindnieten von 3,5 mm Durchmesser oder 4 Blindnieten von 5 mm Durchmesser oder 2 Schrauben M 6 oder 2 Blechtreibschrauben 6,3 mm Durchmesser aus nichtrostendem Stahl, z. B. DIN 17 440, Ausgabe Dezember 1972, Werkstoffnummer 1.4301, verwendet werden. Zugnägel von Blindnieten müssen aus nichtrostendem Stahl bestehen.

4.2.5 Schweißnähte sollen mindestens 100 mm lang und etwa 3 mm dick sein. Bei Lötverbindungen an Blechen muß die verlötete Fläche mindestens 10 cm² betragen.

Schweiß- und Lötverbindungen müssen allseitig dicht hergestellt sein.

4.2.6 Verbindungen im Erdreich müssen nach der Montage gegen Korrosion geschützt werden, z. B. mit Korrosionsschutzbinde oder Bitumenmasse.

4.3 Maßnahmen gegen Korrosion

Durch Verwenden von Werkstoffen nach den Tabellen 1 und 2 ist im allgemeinen ein ausreichender Korrosionsschutz sichergestellt. An Stellen erhöhter Korrosionsgefahr, z. B. bei Schrauben-, Niet- und Schweißverbindungen, sind zusätzliche Maßnahmen erforderlich, z. B. geeignete Beschichtungen (Anstriche) oder Umhüllungen, Schutzbinden, Sonderwerkstoffe oder Trennung verschiedener Metalle.

4.3.1 Fangeinrichtungen, Ableitungen und oberirdische Verbindungen

4.3.1.1 In Bereichen mit besonders aggressiver Atmosphäre, z. B. durch Rauch und Abgase, müssen die jeweiligen chemischen Einwirkungen auf die Blitzschutzbauteile berücksichtigt werden.

4.3.1.2 Schnittflächen und Verbindungsstellen von Leitungen aus verzinktem Stahl sowie Leitungen in Schlitzen und Fugen, in abgeschlossenen, nicht zugängigen Hohlräumen und in feuchten Räumen müssen zusätzlich durch geeignete Beschichtungen (Anstriche) oder Umhüllungen geschützt werden.

4.3.1.3 Leitungen an Ein- und Austrittsstellen bei Putz, Mauerwerk und Beton müssen so verlegt werden, daß an den Leitungen ablaufendes Wasser nicht in die Wände eindringen kann (Tropfnasen).

4.3.1.4 Wenn Dächer, Wände, Aufsätze, Verkleidungen, Regenrinnen und dergleichen aus Kupfer bestehen, müssen Stahl- und Aluminiumleitungen so verlegt werden, daß über Kupfer abfließendes Regenwasser nicht auf diese Leitungen herabfließen kann. Wo das nicht möglich ist, müssen die tiefer liegenden Leitungen ebenfalls in Kupfer ausgeführt werden.

4.3.1.5 Blanke Kupferleitungen dürfen nicht verwendet werden an Gebäuden mit großflächigen Bauteilen aus anderen leitfähigen Werkstoffen, z. B. Aluminium, Zink oder verzinktem Stahl und beschichteten Blechen aus diesen Werkstoffen, da diese durch Korrosion gefährdet wären. In solchen Fällen eignen sich verzinkte Stahlleitungen oder Aluminiumleitungen.

4.3.1.6 Bei der Verbindung von Bauteilen aus Stahl und Aluminium mit Bauteilen aus Kupfer sind zusätzliche Maßnahmen erforderlich, da die Werkstoffe an den Berührungsstellen sonst bei Feuchtigkeit korrodieren würden. In diesen Fällen sollen die Leitungshalter aus Kunststoff bestehen; metallene Leitungshalter müssen Zwischenlagen aus wetterfestem Kunststoff erhalten.

Bei Verbindungen sind Einlagen aus Doppelmetall zu verwenden, oder die Verbindungsstellen sind gegen Korrosion zu schützen.

Bei derartigen Verbindungen sind Bleizwischenlagen unzulässig.

4.3.2 Erder

Für Werkstoffe von Erdern gilt Tabelle 2. In Gebieten mit besonders aggressiven Böden, z. B. in chemischen Betrieben, kann die Verwendung eines besonderen, gegen derartige Einflüsse beständigen Werkstoffes erforderlich sein.

Bei der Auswahl der Erderwerkstoffe müssen das Korrosionsverhalten des Erders und mögliche schädigende Auswirkungen auf damit verbundene andere Anlagen infolge elektrochemischer Elementbildung beachtet werden.

Anmerkung: Bei einer galvanischen Verbindung zwischen im Erdboden befindlichen Metallen mit stark unterschiedlichen Metall/Elektrolyt-Potentialen besteht wegen der hohen wirksamen Elementspannung eine besonders starke Korrosionsgefahr für die Metalle mit den negativeren Potentialwerten. Die Korrosionsgeschwindigkeit wird außer von der Größe der Elementspannung wesentlich vom Oberflächenverhältnis der anodisch und kathodisch wirkenden Bereiche, von der Polarisierbarkeit der Metalle und vom spezifischen Erdwiderstand beeinflußt. Nähere Angaben sind in einer in Vorbereitung befindlichen VDE-Richtlinie für Werkstoffe und Mindestmaße von Erdern bezüglich der Korrosion zu erwarten. Wenn eine elektrische Trennung der verschiedenen Metalle nicht möglich oder nicht erwünscht ist, können kathodische Korrosionsschutzmaßnahmen erforderlich werden; vergleiche die AfK-Empfehlung Nr. 9 „Lokaler kathodischer Korrosionsschutz von unterirdischen Anlagen in Verbindung mit Stahlbetonfundamenten", herausgegeben von der Arbeitsgemeinschaft DVGW/VDE für Korrosionsfragen.

Bei Beachtung folgender Festlegungen können Korrosionsschäden, wenn nicht ganz vermieden, so doch erheblich verringert werden.

4.3.2.1 Erder sollen möglichst nicht aus Kupfer oder aus Stahl mit Kupfermantel bestehen.

Ist dies nicht zu vermeiden, so dürfen sie nur über Trennfunkenstrecken mit Rohrleitungen, Behältern aus Stahl oder Erdern aus verzinktem Stahl verbunden werden.

4.3.2.2 Erder aus verzinktem Stahl in Erde dürfen mit Bewehrungen von großen Stahlbetonfundamenten nur über Trennfunkenstrecken verbunden werden. Wenn elektrisch leitende Verbindungen unvermeidbar sind, darf als Werkstoff für Erder z. B. Kupfer mit Bleimantel oder Stahl mit Bleimantel verwendet werden.

DIN 57 185 Teil 1

Tabelle 1 **Werkstoffe für Fangeinrichtungen, Ableitungen, Verbindungsleitungen und ihre Mindestmaße**

1	2	3	4	5	6	7	8
Bauteile	Werkstoff	festgelegt in	Mindestmaße				
			Rundleiter		Flachleiter		
			Durchmesser mm	Querschnitt mm^2	Breite mm	Dicke mm	Querschnitt mm^2
1 Fangleitungen und Fangspitzen bis 0,5 m Höhe	Stahl verzinkt	DIN 48 801	8	50	20	2,5	50
2	nichtrostender Stahl[2]		10	78	30	3,5	105
3	Kupfer	DIN 48 801	8	50	20	2,5	50
4	Kupfer Seil mit 1 mm Bleimantel Rund		19 × 1,8	50 Kupfer			
			10 (8 Kupfer)	50 Kupfer			
5	Aluminium	DIN 48 801	10	78	20	4	80
	Alu-Knetleg.		8	50			
6 Fangleitungen zum freien Überspannen von zu schützenden Anlagen	Stahlseil, verzinkt	DIN 48 201 Teil 3*	19 × 1,8	50			
7	Kupferseil	DIN 48 201 Teil 1	7 × 2,5	35			
8	Aluminiumseil	DIN 48 201 Teil 5	7 × 2,5	35			
9	Alu-Stahl-Seil	DIN 48 204	9,6	50/8			
10	Aldrey-Seil	DIN 48 201 Teil 6	7 × 2,5	35			
11 Fangstangen	Stahl verzinkt	DIN 48 802	16; 20[3]				

DIN 57 185 Teil 1

1	2	3	4	5	6	7	8
Bauteile	Werkstoff	festgelegt in	Mindestmaße				
			Rundleiter		Flachleiter		
			Durchmesser mm	Querschnitt mm^2	Breite mm	Dicke mm	Querschnitt mm^2
12 Fangstangen	nichtrostender Stahl[2]		16; 20[3]				
13	Kupfer	DIN 48 802	16; 20[3]				
14 Winkelrahmen für Schornsteine	Stahl verzinkt[1]	DIN 48 814			50/50	5	
15	nichtrostender Stahl[2]				50/50	4	
16	Kupfer				50/50	4	
17 Blecheindeckungen[7]	Stahl verzinkt	DIN 17 162 Teil 1 und Teil 2				0,5	
18	Kupfer					0,3	
19	Blei					2,0	
20	Zink					0,7	
21	Aluminium und Al-Legierung					0,5	
22 Ableitungen und oberirdische Verbindungsleitungen	Stahl verzinkt	DIN 48 801	8; 10[3]; 16[4]	50; 78; 200	20 30	2,5 3,5	50 105
23	nichtrostender Stahl[2]		10; 12[3]; 16[4]	78; 113; 200	30 30	3,5[3] 4[4]	105 120
24	Kupfer[10]	DIN 48 801	8	50	20	2,5	50
25	Kupfer Seil mit 1 mm Bleimantel Rund		19 × 1,8 10 (8 Kupfer)	50 (Kupfer) 50 (Kupfer)			

349

DIN 57 185 Teil 1

Tabelle 1 (Fortsetzung)

1	2	3	4	5	6	7	8
Bauteile	Werkstoff	festgelegt in	Mindestmaße				
			Rundleiter		Flachleiter		
			Durchmesser mm	Querschnitt mm²	Breite mm	Dicke mm	Querschnitt mm²
26 Ableitungen und oberirdische Verbindungsleitungen	Aluminium[7]	DIN 48 801	10	78	20	4	80
	Alu-Knetleg.[7]		8	50			
27	Stahl mit 1 mm[7] Bleimantel		10 (8 Stahl)	50 (Stahl)			
28	Stahl verzinkt flexibel mit Kunststoffmantel			25[6)]			
29 Ableitungen, oberirdische und unterirdische Verbindungsleitungen[8]	Stahl mit[7] Kunststoffmantel		8 (Stahl)				
30	Kabel NYY[7]	VDE 0271		16			
31	Kabel NAYY[7]	VDE 0271		25			
32	Leitung HO7V-K[7] [9])	DIN 57 281 Teil 103 VDE 0281 Teil 103		16; 50[F])			

* Zur Zeit Entwurf
1) Nur Feuerverzinkung: Zinküberzug Schichtdicke: Mittelwert 70 μm, Einzelwert 55 μm
2) Zum Beispiel nach DIN 17 440, Ausgabe Dezember 1972, Werkstoffnummer 1.4301 oder 1.4541
3) Bei freistehenden Schornsteinen
4) Im Rauchgasbereich
5) Für Brückenlager, auch NSLFFÖU 50 mm² nach VDE 0250 verwendbar
6) Für kurze Verbindungsleitungen
7) Nicht bei freistehenden Schornsteinen
8) Für Blitzschutz-Potentialausgleichsleitungen siehe auch Abschnitt 6.1.1.2
9) Nicht für unterirdische Verbindungsleitungen
10) Siehe Tabelle 2, Fußnote 5

4.3.2.3 Fundamenterder dürfen als Blitzschutzerder verwendet werden, wenn sie mit den notwendigen Anschlußfahnen versehen sind. Verbindungsleitungen (Anschlußfahnen) aus verzinktem Stahl von Fundamenterdern zu Ableitungen (Erdungsleitungen) sollen im Beton oder Mauerwerk bis oberhalb der Erdoberfläche verlegt werden; siehe Bild 1 (Leitungsführung a).

Innerhalb des Mauerwerkes müssen diese Leitungen mit einer Umhüllung gegen Korrosion geschützt werden.

Verbindungsstellen in Beton von Kupfer mit Stahl oder Kupfer mit verzinktem Stahl müssen mit einer Umhüllung gegen Korrosion geschützt werden.

Falls die Leitungen durch das Erdreich geführt werden müssen, siehe Bild 1 (Leitungsführung b), sind zu verwenden: kunststoff- oder bleiummantelte Leitungen oder Kabel NYY 1×50 mm^2.

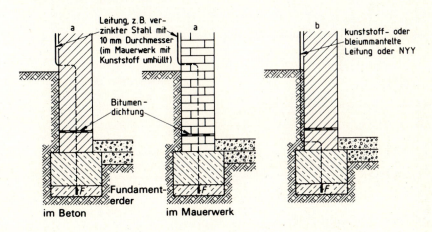

F = Fundamenterder

a = Leitungsführung in Beton oder Mauerwerk bis oberhalb der Erdoberfläche

b = Leitungsführung durch das Erdreich (für Bleiumhüllung im Beton Korrosionsschutz nach Abschnitt 4.3.2.4 erforderlich)

Bild 1. Anschlußfahnen an Fundamenterder für Ableitungen

DIN 57 185 Teil 1

Tabelle 2. **Werkstoffe für Erder und ihre Mindestmaße**

1	2	3	4	5	6	7	8
Bauteile	Werkstoff	festgelegt in	Mindestmaße				
			Rundleiter		Flachleiter		
			Durchmesser mm	Querschnitt mm²	Breite mm	Dicke mm	Querschnitt mm²
1	Stahl feuerverzinkt	Flach	DIN 48 801		100	3,5	55	70
2		Profil			100	3	55	70
3		Rohr		25				70
4		Rund für Tiefenerder	DIN 48 852 Teil 2	20			55	70
5		Rund für Oberflächenerder	DIN 48 801	10¹)			40¹)	50¹)
6		Rund für Erdeinführungen	DIN 48 802	16			55	70
7	Stahl mit Bleimantel²)	Rund		8 (Stahl)				1 mm (Bleimantel)
8	Stahl mit Kupfermantel	Rund für Tiefenerder		15 (Stahl)				2 mm (Kupfer)

352

DIN 57 185 Teil 1

1	2	3	4	5	6	7	8
Bauteile	Werkstoff	festgelegt in	Mindestmaße				
			Rundleiter		Flachleiter		
			Durchmesser mm	Querschnitt mm^2	Breite mm	Dicke mm	Querschnitt mm^2
9	Kupfer	Flach[5]	DIN 48 801		50[3]	2		
10		Rund		8	50[3]			
11		Rund für Erd-einführungen	DIN 48 802	16				
12		Seil[5]		19 × 1,8	50[3]			
13		Rohr		20		2		
14	Kupfer mit Blei-mantel[2]	Seil		19 × 1,8	50[3] (Kupfer)		1 mm (Bleimantel)	
15		Rund		8 (Kupfer)	50[3] (Kupfer)		1 mm (Bleimantel)	

1) Bei Verzinkung im Durchlaufbad zur Zeit fertigungstechnisch nur 50 μm herstellbar.
2) Nicht für unmittelbare Einbettung in Beton.
3) Bei Starkstromanlagen 35 mm^2.
4) Maß gilt nicht für Fernmeldeanlagen der Deutschen Bundespost.
5) Festlegungen für Kupferband, verzinkt, und Kupferseil, verzinnt, werden in der in Vorbereitung befindlichen DIN/VDE-Norm „Werkstoffe und Mindestmaße von Erdern bezüglich der Korrosion" enthalten sein.

4.3.2.4 Kupferleitungen mit Bleimantel oder Stahlleitungen mit Bleimantel dürfen nicht unmittelbar in Beton gebettet werden. In diesem Fall ist eine zusätzliche Umhüllung gegen Korrosion erforderlich.

4.3.2.5 Erdeinführungsstangen aus verzinktem Stahl müssen ab der Erdoberfläche nach oben und nach unten mindestens auf 0,3 m gegen Korrosion geschützt werden. Dafür eignet sich eine nicht Feuchtigkeit aufnehmende Umhüllung, z. B. Band aus Butyl-Kautschuk.

4.3.2.6 Beim Verfüllen von Gräben und Gruben, in denen Erder verlegt sind, dürfen Schlacke, Kohleteile und Bauschutt nicht unmittelbar mit dem Erder in Berührung kommen.

5 Ausführung des äußeren Blitzschutzes (gekürzt um die Abschnitte 5.1.2.3 bis 5.1.2.7)

5.1 Fangeinrichtungen

5.1.1 Fangeinrichtungen am Gebäude

5.1.1.1 Vom Blitz bevorzugte Einschlagstellen auf Gebäuden sind z. B. Turm- und Giebelspitzen, Schornsteine, Firste und Grate, Giebel- und Traufkanten, Brüstungen und Attiken, Antennen und sonstige herausragende Dachaufbauten.

Bevorzugte Einschlagstellen müssen, sofern sie nicht im Schutzbereich von Fangeinrichtungen liegen, mit Fangeinrichtungen versehen oder bei metallener Ausführung und ausreichendem Querschnitt als Fangeinrichtungen benutzt werden.

Anmerkung: Radioaktive Stoffe an Fangeinrichtungen haben keinen praktischen Nutzen für den Blitzschutz. Abgesehen davon, daß sie eine unnötige Belastung der Umwelt darstellen, unterliegt ihre Verwendung auch der behördlichen Genehmigung — Verordnung über den Schutz vor Schaden durch ionisierende Strahlen — (Strahlenschutzverordnung)[3].

5.1.1.2 Als Fangeinrichtung zu verlegende Leitungen sind im allgemeinen in Form von Maschen anzuordnen.

5.1.1.2.1 Maschenförmig auf Dächern verlegte Fangleitungen sind unter Einbeziehung vorhandener metallener als Fangeinrichtung dienender Bauteile so anzuordnen, daß kein Punkt des Daches einen größeren Abstand als 5 m von einer Fangeinrichtung hat.

Die Größe der einzelnen Masche darf nicht mehr als 10 m × 20 m betragen. Die Lage der Maschen ist unter Bevorzugung des Firstes, der Außenkanten und vorhandener als Fangeinrichtung dienender metallener Bauteile frei wählbar.

---

[3] Baatz, H.: Radioaktive Isotope verbessern nicht den Blitzschutz. etz-a Bd. 93 (1972) Heft 2, Seite 101–104.

5.1.1.2.2 Bei baulichen Anlagen bis 20 m Gesamthöhe, gemessen bis zum höchsten Punkt der Fangeinrichtung, darf diese aus einer Fangleitung oder Fangstange auf dem Gebäude bestehen, wenn deren Schutzbereich ausreichend ist. Als Schutzbereich gilt der Raum, der durch den Schutzwinkel von 45° nach allen Seiten gebildet wird (siehe Bilder 2 bis 4).

Bei mehreren Fangstangen gilt der Schutzbereich sinngemäß nach den Abschnitten 5.1.1.2, 5.1.2.2 und 5.1.2.3.

5.1.1.2.3 Dachaufbauten aus elektrisch nichtleitendem Material gelten als ausreichend geschützt, wenn sie nicht mehr als 0,3 m aus der Maschenebene oder dem Schutzbereich herausragen.

5.1.1.2.4 Dachaufbauten aus Metall (ohne Verbindung mit geerdeten Bauteilen) brauchen nicht an die Fangeinrichtungen angeschlossen zu werden, wenn alle folgenden Voraussetzungen erfüllt sind:

Die Dachaufbauten dürfen

- höchstens 0,3 m aus der Maschenebene oder dem Schutzbereich herausragen,
- höchstens eine eingeschlossene Fläche von 1 m^2 haben oder höchstens 2 m lang sein und
- nicht weniger als 0,5 m von einer Fangeinrichtung entfernt sein.

5.1.1.3 Dachaufbauten und Schornsteine, die nicht den Bedingungen der Abschnitte 5.1.1.2.3 und 5.1.1.2.4 entsprechen, sind mit Fangeinrichtungen zu versehen oder an Fangeinrichtungen anzuschließen. Für diese Fangeinrichtungen gilt unabhängig von der Gebäudehöhe ein Schutzwinkel von 45°.

5.1.1.4 Für Fangeinrichtungen gelten die Mindestmaße und Werkstoffe der Tabelle 1.

Fangleitungen müssen blank verlegt werden. Mit einer Beschichtung (Anstrich) versehene Fangeinrichtungen gelten als blank.

5.1.1.5 Fangleitungen an den Außenkanten von Gebäudeteilen müssen möglichst dicht an den Kanten verlegt werden. Sie dürfen an Kanten, z. B. Brüstungen, Attiken, Schornsteinen und Türmen, durch Blechabdeckungen, Winkelrahmen, Winkelringe oder Spannringe und dergleichen ersetzt werden.

Liegen Fangleitungen unterhalb von Gebäudekanten, so müssen zusätzlich Fangeinrichtungen oberhalb der Gebäudekanten angeordnet werden, z. B. Fangspitzen in Abständen von nicht mehr als 5 m, die die Gebäudekanten um mindestens 0,3 m überragen.

5.1.1.6 Fangleitungen auf dem First von Gebäuden müssen bis zu den Firstenden durchgezogen und über den Firstenden um mindestens 0,3 m aufwärts gebogen werden.

DIN 57 185 Teil 1

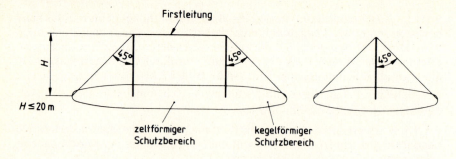

Bild 2. Schutzbereich einer horizontalen Fangleitung (Firstleitung)

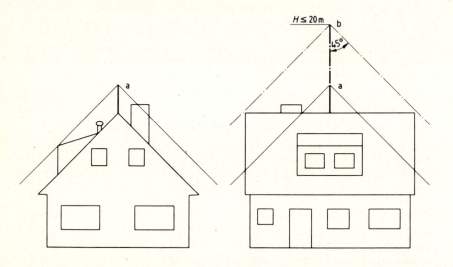

Bild 3. Schutzbereich einer Fangstange auf einem Gebäude
 a = Höhe der Fangstange nicht ausreichend
 b = Höhe der Fangstange ausreichend

5.1.1.7 Fangleitungen nach Abschnitt 5.1.1.2 dürfen ersetzt werden durch unterhalb der Dachhaut miteinander verbundene Fangspitzen mit Abständen von höchstens 5 m und mindestens 0,3 m Höhe über der Dachhaut. Verbindungsleitungen unter Dach sollen möglichst der Besichtigung zugänglich sein. Diese Ausführung ist nicht zulässig bei baulichen Anlagen mit besonders gefährdeten Bereichen nach DIN 57 185 Teil 2/VDE 0185 Teil 2. Für Verbindungen der Fangspitzen dürfen auch Stahlkonstruktionen und die Bewehrungen von Stahlbeton unter und im Dach verwendet werden, wobei dann bereits bei der Errichtung der baulichen Anlage unter Berücksichtigung von Abschnitt 5.2.9 die notwendigen Anschlußfahnen anzubringen sind.

5.1.1.8 Metalldeckungen auf Dächern, Metalleinfassungen von Dachkanten, Metallabdeckungen von Brüstungen und andere Blecheinfassungen dürfen als Fangeinrichtungen verwendet werden, wenn sie den in Tabelle 1 angegebenen Mindestdicken entsprechen und zuverlässig verbunden sind, z. B. mit Klemmprofilen, durch metallene Überbrückungen, durch Falzen, Nieten oder Überlappen (Wärmedehnungen sind zu berücksichtigen.)

Folgende Mindestmaße sind ausreichend:
- bei überlappten Blechen   100 mm Überlappung,
- bei Einfassungen   100 mm Überdeckung,
- bei eingeschobenen Verbindungslaschen   200 mm Länge und 100 mm Breite.

5.1.1.9 Dächer mit obenliegenden Isolierschichten zur Wärmedämmung und Unterkonstruktionen aus Metall, z. B. mit Trapezblechen, müssen mit Fangeinrichtungen nach Abschnitt 5.1.2 versehen werden. Zur Vermeidung von Dachschäden genügt es, wenn Fangleitungen oder Ableitungen an den Dachrändern und soweit möglich an etwa vorhandenen Dachöffnungen mit der Metallkonstruktion des Daches verbunden werden.

5.1.1.10 Bei Dächern auf Stahlbindern mit einer Dacheindeckung aus elektrisch nichtleitenden Werkstoffen sind die Metallteile der Dachkonstruktion in Abständen von nicht mehr als 20 m mit den Fangeinrichtungen zu verbinden.

5.1.1.11 Bei Dachdeckungen aus Wellfaserzement auf Stahlpfetten sind die vielen vorhandenen durchgehenden Befestigungsschrauben und Haken als Fangeinrichtung ausreichend, auch wenn die Befestigungsteile mit Kunststoff überzogen sind. Infolge der schlechten Kontaktgabe ist allerdings mit Funkenbildung bei Blitzeinschlag zu rechnen.

5.1.1.12 Bei begehbaren und befahrbaren Dächern, bei denen die üblichen Fangeinrichtungen auf der Dachfläche nicht befestigt werden können, müssen Leitungen z. B. in den Fugen der Fahrbahntafeln verlegt und Fangpilze in den Knotenpunkten der Maschen angebracht werden. Die größte Maschenweite soll dabei 10 m × 20 m nicht übersteigen (siehe Abschnitt 5.1.1.2.1).

5.1.1.13 (nicht abgedruckt)

5.1.1.14 Gebäude mit Höhen ab 30 m, die an den Außenwänden keine als Fangeinrichtungen wirksamen Metallteile wie Ableitungen, Metallfassaden oder Stahlkonstruktionen haben, müssen zum Schutz gegen seitliche Einschläge, beginnend ab 30 m Höhe, waagerechte Fangleitungen in Abständen von nicht mehr als 20 m erhalten. Bei Stahlbetonbauten, deren Bewehrungen als Ableitungen verwendet werden, und bei Stahlskelettbauten darf auf diese Fangleitungen verzichtet werden.

Bei Gebäuden bis zu 20 m Höhe brauchen an den Seitenwänden herauskragende (vorstehende) metallene Bauteile, z. B. Sonnenblenden, nicht mit den Ableitungen verbunden zu werden, wenn die Bauteile im Schutzbereich von Fangeinrichtungen liegen. Liegen sie nicht im Schutzbereich, so sind sie mit den Ableitungen dann zu verbinden, wenn die Metallteile Flächen von mehr als 5 m² oder Längen von mehr als 10 m haben.

Für Metallfassaden gilt Abschnitt 5.2.10.

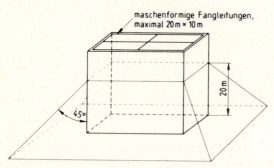

Bild 4. Schutzbereich für Gebäude mit einer Höhe von mehr als 30 m

Bei Gebäudehöhen über 20 m müssen äußere Metallteile, deren Fläche mehr als 1 m² oder deren Länge mehr als 2 m beträgt, beginnend ab 20 m Höhe, mit den Ableitungen verbunden werden, z. B. Balkongitter.

5.1.1.15 Maschinelle und elektrische Einrichtungen von Aufzügen, Klimaanlagen usw. auf dem Dach sollen zur Vermeidung von Schäden durch Blitzteilströme möglichst nicht mit den Fangeinrichtungen verbunden werden. Die Festlegungen des Abschnitts 6.1 Blitzschutz-Potentialausgleich und des Abschnitts 6.2 Näherung sind zu beachten. Bei Gebäudehöhen über 30 m kann jedoch für Fernmeldeanlagen eine Verbindung mit der Blitzschutzanlage unter Beachtung der Festlegungen des Abschnitts 6.3 zweckmäßig sein.

5.1.1.16 Kleinere elektrische Installationen auf dem Dach, z. B. Lüfter, dürfen mit daneben angebrachten Fangstangen mit Abständen nach Abschnitt 6.2 und einem Schutzwinkel von 45° abgeschirmt werden.

5.1.1.17 Fangstangen auf Dächern müssen so aufgestellt werden, daß sie nicht in elektrische Freileitungen fallen können.

5.1.2 Isolierte Fangeinrichtungen

5.1.2.1 Isolierte Fangeinrichtungen dürfen wahlweise mittels Fangstangen oder Fangleitungen oder Fangnetzen oder Kombinationen daraus errichtet werden. Folgende Anforderungen müssen erfüllt sein:

— Die gesamte zu schützende Anlage muß im Schutzbereich der Fangeinrichtungen liegen.

— Stützen aus Metall für Fangeinrichtungen und metallene Masten müssen neben der zu schützenden Anlage aufgestellt werden.

– Stützen aus elektrisch nichtleitenden Werkstoffen dürfen an der zu schützenden Anlage selbst befestigt werden.

Anstelle von Fangstangen dürfen auch Bäume, die an geeigneter Stelle stehen, mit Fangeinrichtungen versehen werden.

5.1.2.2 Eine **Fangeinrichtung mit einer Fangstange oder mit zwei Fangstangen** ist wie folgt zu errichten:

– Die Höhe der Fangstangen darf nicht größer als 20 m sein,
– der Abstand der Fangstangen von der zu schützenden Anlage muß mindestens 2 m betragen. Ist die Erdung einer Fangstange nicht mit dem Blitzschutz-Potentialausgleich der zu schützenden Anlage verbunden, ist der Abstand um das Maß $D = R/5$ nach Abschnitt 5.3.2 zu erhöhen.

Als Schutzbereich einer einzelnen Fangstange gilt der kegelförmige Raum um die Fangstangenspitze mit einem Schutzwinkel von 45° (siehe Bild 5).

Als Schutzbereich zweier benachbarter Stangen mit der Höhe H gilt zusätzlich der Raum zwischen ihnen, der durch den Schutzwinkel von 45° einer fiktiven, die Fangstangen verbindenden Fangleitung mit der Höhe h gebildet wird (siehe Bild 6). Die Höhe h der fiktiven Fangleitung beträgt

$h = H - \Delta H$

Die Werte für ΔH sind aus Bild 7 zu entnehmen.

Bei Abständen von mehr als 30 m zwischen 2 Fangstangen sind diese als einzelne Fangstangen zu bewerten.

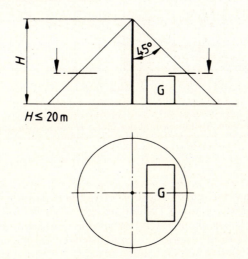

Bild 5. Schutzbereich einer Fangstange auf der Erde

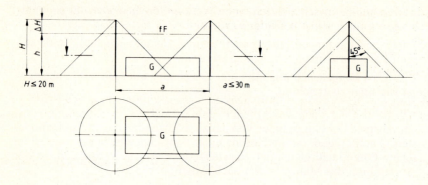

Bild 6. Schutzbereich von 2 Fangstangen
fF = fiktive Fangleitung
h = Höhe der fiktiven Fangleitung
h = H − ΔH (siehe Bild 7)

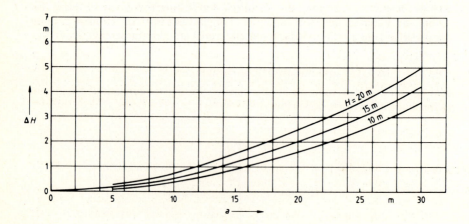

Bild 7. ΔH abhängig vom Abstand a und der Höhe H zweier Fangstangen

5.2 Ableitungen

5.2.1 Ableitungen müssen so angeordnet werden, daß die Verbindungen von den Fangeinrichtungen zur Erdungsanlage möglichst kurz sind. Auf je 20 m Umfang der Dachaußenkanten (Projektion des Daches auf die Grundfläche) ist eine Ableitung vorzusehen. Ergibt sich daraus eine ungerade Zahl, so ist diese bei symmetrischen Gebäuden um eine Ableitung zu erhöhen. Bei Gebäuden bis 12 m Länge oder Breite darf dagegen eine ungerade Zahl um eine Ableitung vermindert werden.

Die Ableitungen sind, ausgehend von den Ecken der baulichen Anlage, möglichst gleichmäßig auf den Umfang zu verteilen. Je nach den baulichen Gegebenheiten dürfen die Abstände zwischen einzelnen Ableitungen größer sein, z. B. bei breiten Toren oder Öffnungen. Die Gesamtzahl der erforderlichen Ableitungen ist einzuhalten; die Abstände sollen jedoch 10 m nicht unterschreiten.

Bei vermaschten Fangeinrichtungen sollen die Ableitungen möglichst an deren Eck- und Knotenpunkten als Fortsetzung der Fangeinrichtungen am Dachrand ansetzen.

Bei baulichen Anlagen mit geschlossenen Innenhöfen ist ab 30 m Umfang des Innenhofes ebenfalls je 20 m Umfang eine Ableitung anzuordnen, mindestens jedoch zwei.

Eine einzige Ableitung ist zulässig bei baulichen Anlagen mit einem Umfang bis zu 20 m. Dazu gehören z. B. nach Abschnitt 5.2.4 freistehende Schornsteine und Kirchtürme bis zu 20 m Höhe.

5.2.2   Haben bauliche Anlagen größere Grundflächen als 40 m × 40 m, so sind – soweit es die innere Gestaltung und die technische Ausstattung zulassen – auch innere Ableitungen zu verlegen. Der mittlere Abstand der inneren Ableitungen voneinander und von den äußeren Ableitungen soll höchstens 40 m betragen.

Sind innere Ableitungen nicht möglich, ist die Anzahl der äußeren Ableitungen zu erhöhen, ihr Abstand braucht aber nicht kleiner als 10 m zu sein.

5.2.3   Bei Anlagen mit Fangstangen auf dem Dach ist für jede Fangstange mindestens eine Ableitung erforderlich. Die Anzahl der erforderlichen Ableitungen ergibt sich aus Abschnitt 5.2.1.

5.2.4   (nicht abgedruckt)

5.2.5   Die Werkstoffe und Querschnitte der Ableitungen müssen der Tabelle 1 entsprechen.

Sie dürfen auch unter Putz, in Beton, in Fugen, in Schlitzen oder Schächten verlegt werden. Die Ableitungen sollen durchgehend in einem Stück verlegt werden.

5.2.6   Ableitungen sollen möglichst von Türen, Fenstern und sonstigen Öffnungen einen Abstand von mindestens 0,5 m einhalten.

5.2.7   Metallene Bauteile an den Außenwänden von Gebäuden, z. B. Feuerleitern, Schienen von Außenaufzügen, dürfen als Ableitungen verwendet werden.

5.2.8   Bei Stahlskelettbauten ist das Stahlskelett als Ableitung zu verwenden.

5.2.9   Bei Stahlbetonbauten sollen Bewehrungsstähle als Ableitungen verwendet werden, wenn eine elektrisch leitende Verbindung entsprechend Abschnitt 4.2 sichergestellt ist. Ist eine elektrisch leitende Verbindung nicht gewährleistet, müssen besondere Leitungen in den Stahlbeton eingelegt oder außen verlegt werden. An die Spannglieder von Spannbeton einschließlich deren Verankerungen dürfen Blitzschutzleitungen nur außerhalb des Spannbereiches angeschlossen werden.

Anmerkung: Die Bewehrung von Spannbeton ist gegen kleinste Kerbwirkungen sehr empfindlich und dadurch auf Bruch gefährdet.

Bei Stahlbeton-Fertigteilen darf die Bewehrung als Ableitung verwendet werden, wenn an den einzelnen Fertigteilen Anschlußstücke zum durchgehenden Verbinden der Bewehrung auf kurzem Weg angebracht sind. Es können auch besondere Leitungen mit Anschlußstücken eingelegt werden.

5.2.10 Bei Metallfassaden dürfen als Ableitungen senkrechte durchgehend elektrisch leitend verbundene Metallteile wie Profilbleche und Unterkonstruktionen aus Metall verwendet werden, wenn diese aus Werkstoffen mit Mindestmaßen nach Tabelle 1 bestehen. In allen anderen Fällen müssen besondere Ableitungen nach Abschnitt 5.2.1 verlegt werden. Einzelteile von Metallfassaden, die elektrisch voneinander isoliert befestigt sind, müssen dabei in die Blitzschutzanlage einbezogen werden.

Maßnahmen dazu sind z. B.:

Befestigung der Fassadenelemente auf waagerecht durchlaufenden Ankerschienen, die an den Kreuzungspunkten mit den Ableitungen nach Abschnitt 5.2.1 verbunden werden, oder Verbindung der einzelnen Fassadenelemente untereinander mittels Gleitkontakten und Anschluß der Elemente oben und unten an die Ableitungen nach Abschnitt 5.2.1. Für solche Gleitkontakte wird ein bestimmter Kontaktdruck nicht gefordert.

Abstände bis 1 mm sind zulässig. Die Überdeckung der Gleitkontakte muß mindestens 5 cm bei einer Breite von mindestens 10 cm betragen. Metallene Fassadenelemente mit elektrisch isolierenden Überzügen, wie Eloxalschichten, Email, Kunststoff, brauchen nicht elektrisch leitend überbrückt zu werden; isolierende Beschichtungen brauchen nicht entfernt zu werden.

5.2.11 Metallene Regenfallrohre dürfen als Ableitungen verwendet werden, wenn die Stoßstellen gelötet oder mit gelöteten oder genieteten Laschen verbunden sind. Metallene Regenfallrohre brauchen mit der Fangeinrichtung nicht verbunden zu werden, wenn sie in deren Schutzbereich liegen, es sei denn, daß Näherungen zu den Ableitungen vorhanden sind.

Metallene Regenfallrohre sollen jedoch unten zum Potentialausgleich mit der Blitzschutzanlage verbunden werden.

Metallene Regenrinnen müssen an den Kreuzungsstellen mit den Ableitungen verbunden werden, isolierende Beschichtungen brauchen nicht entfernt zu werden. Die Verlegung von Ableitungen innerhalb von Regenfallrohren ist nicht zulässig.

5.2.12 Metallene Installationen gelten nicht als Ableitungen; sie sind jedoch in jedem Falle unten im Gebäude zum Potentialausgleich mit der Blitzschutzanlage nach Abschnitt 6.1 zu verbinden. Führungsschienen von Aufzügen müssen oben mit dem Maschinenrahmen über bewegliche Leitungen verbunden werden.

5.2.13 Ableitungen müssen Trennstellen erhalten. Die Trennstellen sind möglichst oberhalb der Erdeinführung vorzusehen.

Eine Trennstelle ist nicht erforderlich, wenn durch die Art des Bauwerkes eine Trennung der Ableitung unwirksam ist, z. B. bei Überbrückung durch Bewehrungsstähle.

5.3 Erdung

5.3.1 Für jede Blitzschutzanlage muß eine Erdungsanlage errichtet werden, sofern nicht schon ausreichende Erder, z. B. Fundamenterder, Bewehrungen von Stahlbetonfundamenten, Stahlteile von Stahlskelettbauten oder Spundwände, vorhanden sind. Die Erdung muß ohne Mitverwendung von metallenen Wasserleitungen, anderen Rohrleitungen und geerdeten Leitern der elektrischen Anlage voll funktionsfähig sein. Die Verwendung von Erdungsanlagen nach DIN 57 141/VDE 0141 ist zulässig, wenn keine unzulässig hohe Erdungsspannung verschleppt werden kann.

Die Erdungsanlage ist unter Berücksichtigung der baulichen Gegebenheiten auf möglichst kurzem Wege an die Potentialausgleichsschiene anzuschließen.

5.3.2 Für eine Blitzschutzanlage mit Blitzschutz-Potentialausgleich nach Abschnitt 6.1 wird für die Erdung kein bestimmter Erdungswiderstand gefordert.

Für Blitzschutzanlagen ohne Blitzschutz-Potentialausgleich gilt

$$R \leq 5\,D$$

wobei R = Erdungswiderstand in Ω

D = geringster Abstand in m zwischen oberirdischen Blitzschutzleitungen und größeren Metallteilen oder einer Starkstromanlage.

Der Erdungswiderstand darf mit einem Erdungsmeßgerät (Meßfrequenz etwa 45 bis 140 Hz) ermittelt werden.

5.3.3 Die Erdungsanlage darf als Fundamenterder nach Abschnitt 5.3.4, als Ringerder nach Abschnitt 5.3.5 und in Sonderfällen aus Einzelerdern nach Abschnitt 5.3.6 errichtet werden.

5.3.4 Fundamenterder[2], die als Blitzschutzerder verwendet werden sollen, sind mit den notwendigen Verbindungsleitungen (Anschlußfahnen) für die Ableitungen und gegebenenfalls für weitere Anschlüsse für den Blitzschutz-Potentialausgleich zu versehen. Soweit diese Anschlußfahnen durch Erdreich oder Mauerwerk geführt werden, ist der Korrosionsschutz zu berücksichtigen (siehe Abschnitte 4.3.2.3 und 4.3.2.4).

---

[2] Siehe Seite 341

Die Bewehrungen von Platten- oder Streifenfundamenten dürfen als Erder benutzt werden, wenn die notwendigen Anschlußfahnen an die Bewehrungen angeschlossen und die Bewehrungen über die Fugen miteinander verbunden werden.

Sind bei einem bereits verlegten Fundamenterder keine Anschlußfahnen für die Ableitungen der Blitzschutzanlage vorhanden, so muß eine Erdungsanlage nach Abschnitte 5.3.5 oder 5.3.6 errichtet werden, die mit dem Fundamenterder (z. B. an der Potentialausgleichsschiene) zum Potentialausgleich verbunden werden muß. Der Korrosionsschutz nach Abschnitt 4.3.2 ist zu beachten.

5.3.5 Ein Ringerder ist in mindestens 0,5 m Tiefe und möglichst als geschlossener Ring um das Außenfundament der baulichen Anlage in einem Abstand von etwa 1 m zu verlegen.

Bei trockenem oder lockerem Erdreich muß der Erder eingeschlämmt oder das Erdreich verdichtet werden.

Ist ein geschlossener Ring außen um die bauliche Anlage nicht möglich, so ist es zweckmäßig, den Teilring zur Vervollständigung des Blitzschutz-Potentialausgleichs durch Leitungen im Inneren, z. B. durch den Keller, zu ergänzen. Hierzu können auch Rohrleitungen (außer Gasleitungen) oder sonstige metallene Bauteile verwendet werden.

Der im Erdboden verlegte Teilring muß hinsichtlich seiner Länge den Bedingungen für Einzelerder nach Abschnitt 5.3.6 für jede der mindestens erforderlichen Ableitungen entsprechen; weist er diese Länge nicht auf, muß er durch zusätzliche Erder ergänzt werden.

5.3.6 Als Einzelerder müssen je Ableitung entweder Oberflächenerder mit 20 m Länge oder Tiefenerder mit 9 m Länge in etwa 1 m Abstand vom Fundament der baulichen Anlage verlegt werden.

Die erforderlichen Erderlängen dürfen in mehrere parallel geschaltete Längen aufgeteilt werden. Bei Teillängen soll beim Oberflächenerder der Winkel zwischen je 2 Strahlen nicht kleiner als 60° und bei Tiefenerdern der gegenseitige Abstand der Einzelerder nicht kleiner als die Eintreibtiefe sein.

Als Einzelerder dürfen auch im Erdreich liegende Betonfundamente mit Stahleinlagen mit mindestens 5 m^3 Volumen verwendet werden. Bei Einzelfundamenten ohne Bewehrung muß ein Draht oder Band in die Fundamentsohle wie bei einem Fundamenterder eingelegt und nach oben herausgeführt werden.

Metallteile im Erdboden dürfen als Erder benutzt werden, sofern sie mindestens den Abmessungen für Einzelerder je Ableitung entsprechen, z. B. Pfahlgründungen, Stahlträger, Spundwände, Brunnenrohre.

Freistehende Konstruktionen oder Behälter aus Metall mit großflächiger Bodenauflage benötigen keine besondere Erdung; dasselbe gilt für Behälter, an die Rohrleitungen mit Erderwirkung angeschlossen sind.

5.3.7 (nicht abgedruckt)

5.3.8 Wenn das Einbringen eines Erders in die Erde, z. B. bei Fels, nicht möglich ist (Schutzhütten im Gebirge), müssen die Ableitungen an eine Ringleitung angeschlossen werden, die in etwa 1 bis 2 m Abstand um das Gebäude auf der Erdoberfläche verlegt wird. An diese Ringleitung müssen möglichst außerhalb begangener Wege mindestens zwei Strahlenerder von je 20 m Länge, vor allem talwärts, angeschlossen werden. Befinden sich in der Nähe des Gebäudes Felsspalten, Geröllablagerungen, bewachsene oder feuchte Stellen, so müssen die Strahlenerder bis an diese Stellen herangeführt werden. Ring- und Strahlenerder müssen auf der Erdoberfläche, z. B. mit Klammern, befestigt und im Bereich von Eingängen oder Gehwegen, um Stolpern und Beschädigung zu vermeiden, mit Beton abgedeckt werden.

5.3.9 Bei besonders blitzgefährdeten baulichen Anlagen, die dem öffentlichen Verkehr zugänglich sind, z. B. Aussichtstürme, Schutzhütten, Kirchtürme, Kapellen, Flutlichtmasten, Brücken und dergleichen, müssen im Bereich um die Eingänge, Aufgänge sowie am Fußpunkt von Masten Maßnahmen gegen eine Gefährdung von Menschen durch Berührungsspannungen und Schrittspannungen bei Blitzeinschlag getroffen werden.

Solche Maßnahmen sind z. B. je nach örtlichen Gegebenheiten einzeln oder kombiniert:

Vermeidung von Ableitungen und Erdern im gefährdeten Bereich,

Potentialsteuerung,

Isolierung des Standortes durch einen isolierenden Bodenbelag, isolierende Umhüllung von Masten.

6 Ausführung des inneren Blitzschutzes

6.1 Blitzschutz-Potentialausgleich

Zwischen der Blitzschutzanlage eines Gebäudes, den metallenen Installationen und den elektrischen Anlagen im und am Gebäude muß im Kellergeschoß oder etwa in Höhe der Geländeoberfläche der Blitzschutz-Potentialausgleich durchgeführt werden.

Bei Blitzschutzanlagen mit Einzel- oder Teilringerdern genügt der Blitzschutz-Potentialausgleich mit einem Erder oder dem Teilringerder.

Bei Bauwerken über 30 m Höhe muß, beginnend ab 30 m Höhe, je 20 m Höhenzunahme ein weiterer Blitzschutz-Potentialausgleich zwischen den Ableitungen, den metallenen Installationen und dem Schutzleiter der Starkstromanlagen durchgeführt werden. Im Bereich des Dachgeschosses entfällt jedoch ein solcher zusätzlicher Blitzschutz-Potentialausgleich. Für Gebäude mit medizinisch genutzten Räumen ist DIN 57 185 Teil 2/VDE 0185 Teil 2 (11.82) Abschnitt 4.6 zu beachten. Bei Stahlbetonbauten, deren Bewehrungen als Ableitungen verwendet werden, und bei Stahlskelettbauten entfällt dieser weitere Blitzschutz-Potentialausgleich; bei Fernmeldeanlagen gilt jedoch DIN 57 800 Teil 2/VDE 0800 Teil 2.

6.1.1 Blitzschutz-Potentialausgleich mit metallenen Installationen

6.1.1.1 Die metallenen Installationen, z. B. Wasser-, Gas-, Heizungs- und Feuerlöschleitungen, Sprinkleranlagen, Führungsschienen von Aufzügen, Krangerüste, Lüftungs- und Klimakanäle usw., müssen untereinander und mit der Blitzschutzanlage verbunden werden. Der Zusammenschluß soll möglichst an Potentialausgleichsschienen durchgeführt werden. Als Verbindungsleitungen dürfen auch durchgehend elektrisch leitfähige Rohrleitungen (ausgenommen Gasleitungen) benutzt werden.

Befindet sich in einer Gas- oder Wasser-Hausanschlußleitung ein Isolierstück, so darf der Anschluß in Strömungsrichtung nur hinter dem Isolierstück durchgeführt werden. Die Isolierstücke brauchen nicht mit Funkenstrecken überbrückt zu werden.

6.1.1.2 Für Blitzschutz-Potentialausgleichsleitungen sind folgende Mindestquerschnitte erforderlich:

Kupfer   10 mm^2,
Aluminium   16 mm^2,
Stahl   50 mm^2,

soweit nach VDE 0190 nicht größere Querschnitte gefordert werden.

6.1.1.3 Für das Verbinden von Blitzschutzanlagen mit metallenen Gas- und Wasserleitungen in Verbraucheranlagen ist das Arbeitsblatt GW 306 des DVGW[4]) zu beachten.

6.1.1.4 Unterirdische metallene Rohrleitungen, die ohne Anschlüsse zum Gebäude in der Nähe der Erdungsanlage vorbeilaufen, brauchen nicht mit der Blitzschutzanlage verbunden zu werden. Das gleiche gilt für Gleise von Bahnen.

Ist ein Anschluß solcher Rohrleitungen oder Gleise[5]) unmittelbar oder über Trennfunkenstrecken mit der Blitzschutzanlage dennoch geplant, so ist vorher mit den Eigentümern (Betreibern der Fremdanlagen) eine Vereinbarung zu treffen.

6.1.2 Blitzschutz-Potentialausgleich mit elektrischen Anlagen

6.1.2.1 Erforderliche Verbindungen zum Zwecke des Blitzschutz-Potentialausgleichs müssen unter Beachtung der zutreffenden VDE-Bestimmungen mit Leitungsquerschnitten nach 6.1.1.2 wie folgt durchgeführt werden:

a) Unmittelbare Verbindungen sind zulässig mit:
   — Schutzleitern bei der Anwendung der Schutzmaßnahme Nullung, der Fehlerstrom-Schutzschaltung, der Schutzerdung und des Schutzleitungssystems nach VDE 0100,

---

[4] Herausgegeben vom Deutschen Verein des Gas- und Wasserfaches e. V. (DVGW), Frankfurter Allee 27–29, 65760 Eschborn.
[5] Gleise von Bahnen der Deutschen Bundesbahn dürfen nur mit schriftlicher Genehmigung des Bundesbahnzentralamtes in München angeschlossen werden.

- Erdungsanlagen von Starkstromanlagen über 1 kV nach DIN 57 141/ VDE 0141, wenn keine unzulässig hohe Erdungsspannung verschleppt werden kann,
- Erdungsleitungen von Ventilableitern,
- Erdungen in Fernmeldeanlagen nach DIN 57 800 Teil 2/VDE 0800 Teil 2,
- Antennenanlagen nach VDE 0855 Teil 1.

(...)

b) Nur über Trennfunkenstrecken dürfen verbunden werden:
- Erdungsanlagen von Starkstromanlagen über 1 kV nach DIN 57 141/ VDE 0141, wenn unzulässig hohe Erdungsspannungen verschleppt werden können,
- Hilfserder von Fehlerspannungsschutzschaltern nach VDE 0100.

(...)

6.1.2.2 Wenn Starkstrom-Verbraucheranlagen durch Blitzeinwirkung gefährdet sind, ist ein Schutz dadurch zu erreichen, daß auch die aktiven Leiter in den Blitzschutz-Potentialausgleich mittels Überspannungsschutzgeräten einbezogen werden.

Über Ventilableiter müssen dann verbunden werden:
- Unter Spannung stehende Leiter (aktive Leiter) von Starkstromanlagen mit Nennspannungen bis 1 000 V,
- Mittelleiter (N-Leiter) in Netzen, in denen die Nullung nicht zugelassen ist.

Anmerkung: Nicht gefährdet sind im allgemeinen Starkstromanlagen innerhalb eines flächenhaft eng vermaschten Systems von Erdern oder gut geerdeten Bau-, Konstruktions- oder Anlagenteilen, z. B. in Industrieanlagen.

Zum Schutz gegen Gewitterüberspannungen, die von außerhalb über elektrische Freileitungen in elektrische Anlagen eindringen, eignen sich Ventilableiter.

6.1.2.3 Gegebenenfalls ist ein Ventilableiter je aktivem Leiter in der Verbraucheranlage in der Regel unmittelbar hinter dem Zähler[6]) einzubauen. Ventilableiter sind auf kürzestem Wege zu erden, z. B. an der nächsten Potentialausgleichsschiene.

6.1.2.4 Trennfunkenstrecken und Ventilableiter müssen so eingebaut werden, daß sie einer Prüfung zugänglich sind.

---

6) Bei Anlagen mit mehreren Zählern empfiehlt sich der Einbau hinter dem dem Hausanschluß nächstgelegenen Zähler oder dem für die Allgemeinversorgung.

6.1.2.5 Für den Blitzschutz-Potentialausgleich mit Fernmeldeanlagen einschließlich elektrischer MSR-Anlagen gilt zusätzlich zu den Angaben in Abschnitt 6.1.2.1 der Abschnitt 6.3.

6.2 Näherungen

6.2.1 Näherungen zu metallenen Installationen

6.2.1.1 Näherungen von Fangeinrichtungen und Ableitungen zu metallenen Installationen aller Art oberhalb jedes einzelnen Potentialausgleichs müssen vermieden oder beseitigt werden, entweder durch Vergrößern des Abstandes oder durch Verbinden der Blitzschutzanlage mit den metallenen Installationen.

Das gilt besonders für folgende Installationen:

Lüftungs- und Klimakanäle, Aufzugsführungsschienen, Wasser-, Gas- und Heizungsleitungen.

6.2.1.2 Näherungen zu maschinellen und elektrischen Einrichtungen in Aufzugsmaschinenräumen und Klimakammern und dergleichen auf dem Dach sind nach Möglichkeit durch Vergrößern der Abstände zu beseitigen (siehe Abschnitt 5.1.1.15).

6.2.1.3 Werden Näherungen überbrückt, so müssen die Verbindungen unmittelbar oder über Trennfunkenstrecken ausgeführt werden. Die Querschnitte der Verbindungsleitungen müssen der Tabelle 1 entsprechen.

6.2.1.4 Näherungen zu metallenen Installationen brauchen bei Stahlbetonbauten, deren Bewehrungen als Ableitungen verwendet werden, und bei Stahlskelettbauten nicht berücksichtigt zu werden.

6.2.1.5 Bei baulichen Anlagen mit nur **einer** Fangeinrichtung nach Abschnitt 5.1.1.2.2 und mit nur einer Ableitung soll der Abstand D zwischen Fangeinrichtung oder Ableitung und Installation mindestens $1/5$ der Länge der Ableitung L betragen, gemessen von der Stelle des geringsten Abstandes bis zur nächsten Potentialausgleichsschiene:

$D \geq L/5$ (mit D und L in m)

6.2.1.6 Bei baulichen Anlagen mit **mehreren** Ableitungen in Abständen von 20 m vermindert sich der zulässige Abstand D auf $\frac{1}{7n}$ der Länge der Ableitung L, gemessen von der Stelle des geringsten Abstandes bis zur nächsten Potentialausgleichsschiene. Dabei ist n die Anzahl der Ableitungen:

$D \geq \dfrac{L}{7n}$ mit (D und L in m).

Anmerkung: Ist der Abstand der Ableitungen wesentlich geringer als 20 m, so darf mit geringeren Abständen D gerechnet werden[7].

---

[7] Hierüber ist eine weitere Erläuterung im Rahmen der VDE-Schriftenreihe in Vorbereitung.

6.2.1.7 Für Blitzschutzanlagen an baulichen Anlagen ohne Blitzschutz-Potentialausgleich errechnet sich der zulässige Näherungsabstand
bei einer Fangeinrichtung: $D \geq \dfrac{L}{5} + \dfrac{R}{5}$

bei mehreren Fangeinrichtungen: $D \geq \dfrac{L}{7n} + \dfrac{R}{5}$
(siehe auch Abschnitt 5.3.2).

6.2.2 Näherungen zu elektrischen Anlagen

6.2.2.1 Starkstromanlagen

6.2.2.1.1 Näherungen von Fangeinrichtungen und Ableitungen zu Starkstromanlagen aller Art oberhalb des nächsten Potentialausgleichs müssen, soweit möglich, vermieden werden. Für den Mindestabstand gelten die gleichen Festlegungen wie sie im Abschnitt 6.2.1 für den Abstand zu metallenen Installationen angegeben sind.

6.2.2.1.2 Näherungen zu Starkstromanlagen brauchen bei Stahlbetonbauten, deren Bewehrungen als Ableitungen verwendet werden, sowie bei Stahlskelettbauten nicht berücksichtigt zu werden.

6.2.2.1.3 Zwischen Bauteilen der Blitzschutzanlage und Dachständern für Starkstromfreileitungen ist ein möglichst großer Abstand anzustreben.
Erfolgt eine gegenseitige Näherung unter 0,5 m, so muß eine gekapselte Schutzfunkenstrecke eingebaut werden.
Für das Verbinden mit dem Dachständer ist die Erlaubnis des zuständigen Energie-Versorgungsunternehmens (EVU) einzuholen.

Anmerkung: Gekapselte Schutzfunkenstrecken entsprechen der Schutzart IP 54 und haben eine Wechsel-Ansprechspannung bei 50 Hz von mindestens 10 kV. Diese Funkenstrecken sind Teile der Blitzschutzanlage und somit Eigentum des Gebäudeeigentümers. Werden solche Funkenstrecken z. B. vom EVU beim Auswechseln oder Versetzen eines Dachständers ausgebaut, ist der Gebäudeeigentümer hiervon in Kenntnis zu setzen.

6.2.2.1.4 Blitzschutzanlagen gelten als geerdete Bauteile im Sinne von VDE 0210 bzw. VDE 0211.

6.2.2.1.5 Für Starkstromanlagen auf dem Dach von baulichen Anlagen gilt auch der Abschnitt 5.1.1.16. Sind Verbindungen mit metallenen Gehäusen nicht zu vermeiden, so sind sie vorzugsweise über Trennfunkenstrecken herzustellen.

6.2.2.2 Fernmeldeanlagen und elektrische MSR-Anlagen

Für die Berücksichtigung von Näherungen bei Fernmeldeanlagen einschließlich elektrischer MSR-Anlagen gilt Abschnitt 6.3.

6.3 Überspannungsschutz für Fernmeldeanlagen und elektrische MSR-Anlagen im Zusammenhang mit Blitzschutzanlagen

6.3.1 Der Überspannungsschutz von Fernmeldegeräten und -anlagen, insbesondere der Geräte mit elektronischen Bauteilen, muß den Festlegungen in DIN 57 845/VDE 0845 sowie den Errichtungsfestlegungen für Fernmeldeanlagen nach DIN 57 800 Teil 2/VDE 0800 Teil 2 entsprechen. Eine Gebäude-Blitzschutzanlage nach den Abschnitten 3 bis 6 reicht nicht in jedem Fall aus, Fernmeldeanlagen vor schädlichen Überspannungen zu schützen.

6.3.2 Für umfangreiche Informationsverarbeitungsanlagen (z. B. MSR-Anlagen, Datenverarbeitungsanlagen) mit elektronischen Bauteilen können zusätzliche Maßnahmen sowohl an der Gebäudeblitzschutzanlage als auch an den Informationsverarbeitungsanlagen erforderlich sein.

An der Blitzschutzanlage sind z. B. folgende zusätzliche Maßnahmen zweckmäßig:

— Vermehrung der Fangleitungen und Ableitungen auf möglichst geringe Abstände, z. B. auf 5 bis 7 m,
— Ausbildung von Metallfassaden zu Abschirmungen,
— Anschluß der Bewehrungen aller Decken, Wände und Fußböden an die Blitzschutzanlage,
— Anschluß aller Bewehrungen in den Fundamenten an die Erdungsanlage,
— Blitzschutzerdungen von verschiedenen baulichen Anlagen, die unter anderem auch über Starkstrom- und Fernmeldeleitungen sowie Kabel eine betriebliche Einheit (z. B. Industrieanlagen) bilden, müssen untereinander verbunden und soweit wie möglich vermascht werden. Zur Verbindung dürfen auch Metallmäntel von Kabeln mit ausreichendem Querschnitt, geeignete elektrisch durchgehend verbundene unter- oder oberirdische Rohrleitungen (ausgenommen Gasleitungen), Bewehrungen von Kabelkanälen, Gleise von nichtelektrisch betriebenen Bahnen[5]) und dergleichen verwendet werden.

An den Informationsverarbeitungsanlagen sind z. B. folgende Zusatzmaßnahmen anwendbar (siehe DIN 57 845/VDE 0845):

— Abschirmung der Geräte gegen induktive und kapazitive Beeinflussungen,
— Abschirmungen der Leitungen und Kabel durch Metallmäntel, Stahlrohre, Kabelbühnen aus Blech, Kabelkanäle mit durchverbundenen Bewehrungen usw.,
— Einbau von Überspannungsschutzeinrichtungen zwischen aktiven Teilen und Masse oder Erde und zwischen aktiven Teilen.

---

[5]) Siehe Seite 366.

Anmerkung: Der Umfang der zusätzlichen Maßnahmen an der Blitzschutzanlage und an den Fernmeldeanlagen muß bereits bei der Planung berücksichtigt werden.

6.3.3 (nicht abgedruckt)

6.3.4 Ist eine Abschirmung der Gehäuse oder Träger von Fernmeldegeräten nach Abschnitt 6.3.3 gegen direkten Blitzeinschlag nicht möglich, z. B. bei Antennen, so müssen die Gehäuse oder Träger, die dann als Fangeinrichtung gelten, mit der Blitzschutzanlage verbunden werden.

Anmerkung: Der Überspannungsschutz von Fernmeldegeräten und -anlagen, insbesondere der Geräte mit elektrotechnischen Bauteilen, ist Aufgabe des Herstellers der Geräte bzw. Errichters der Fernmeldeanlage.

7 Prüfungen

Anmerkung: Prüfungen bestehender Blitzschutzanlagen können z. B. aufgrund von einschlägigen Verordnungen und Verfügungen zuständiger Aufsichtsbehörden, von Unfallverhütungsvorschriften der Berufsgenossenschaften vorgeschrieben sein oder nach den Empfehlungen der Sachversicherer u. a. sowie im Auftrag des Betreibers durchgeführt werden.

7.1 Prüfung nach Fertigstellung

Durch Besichtigen und Messen ist festzustellen (z. B. anhand der Planungsunterlagen oder einer Beschreibung nach DIN 48 830, zur Zeit Entwurf), ob die Blitzschutzanlage die Anforderungen nach den Abschnitten 3 bis 6 und den dort zitierten mitgeltenden Normen erfüllt.

Über das Ergebnis der Prüfung ist ein Bericht anzufertigen (z. B. nach DIN 48 831, zur Zeit Entwurf). Dazu gehört insbesondere auch die Angabe, welche Messungen im einzelnen durchgeführt wurden, und deren Werte. Der Prüfbericht ist dem Auftraggeber auszuhändigen.

7.2 Prüfung bestehender Blitzschutzanlagen

7.2.1 Bei der Prüfung bestehender Blitzschutzanlagen ist festzustellen, ob an der Blitzschutzanlage oder der baulichen Anlage (zu schützenden Anlage) Änderungen durchgeführt wurden.

7.2.2 Durch Besichtigen und Messen ist festzustellen, ob die Blitzschutzanlage in ordnungsgemäßem Zustand ist.

7.2.3 Nach wesentlichen Änderungen sind Beschreibungen und Zeichnungen auf Vollständigkeit zu prüfen und gegebenenfalls zu ergänzen.

7.2.4 Über das Ergebnis der Prüfung an bestehenden Blitzschutzanlagen ist ein Bericht anzufertigen (z. B. nach DIN 48 831, zur Zeit Entwurf). Dazu gehört insbesondere auch die Angabe, welche Messungen im einzelnen durchgeführt wurden, und deren Werte.

Erläuterungen

Diese als VDE-Richtlinie gekennzeichnete Norm wurde vom Komitee 251 „Errichten von Blitzschutzanlagen" der Deutschen Elektrotechnischen Kommission im DIN und VDE (DKE) zusammen mit der Arbeitsgemeinschaft für Blitzschutz und Blitzableiterbau (ABB) erarbeitet.

Ausführliche Erläuterungen erscheinen im Rahmen der VDE-Schriftenreihe als Band 44.

Gegenüber den Festlegungen des Teiles 3 (die Teile 1 und 2 sowie 4 und 5 werden nicht in diese Norm übernommen) des Buches „Blitzschutz und Allgemeine Blitzschutz-Bestimmungen", 8. Auflage, 1968, herausgegeben vom „Ausschuß für Blitzableiterbau e. V. (ABB)" – jetzt „Arbeitsgemeinschaft für Blitzschutz und Blitzableiterbau (ABB) e. V." – wurden folgende wesentlichen Änderungen vorgenommen:

a) Die bisher umständliche Ermittlung der Dachleitungen und Ableitungen, abhängig von der Dachneigung, Gebäudebreite oder anderen, sind durch eine einfache Abhängigkeit vom Gebäudeumfang ersetzt worden.

b) Die Begriffe Fremdnäherung und Eigennäherung sind fortgefallen. Fremdnäherungen sollen durch einen möglichst vollständigen Potentialausgleich aller metallenen Installationen, elektrischen Anlagen und Erdungsanlagen beseitigt werden. Demnach verbleiben nur noch Eigennäherungen, die jetzt als Näherung bezeichnet werden.

c) Neu eingeführt wurde ein Schutzbereich mit einem Schutzwinkel von 45° für Gebäude, deren oberster Teil der Blitzschutzanlage nicht mehr als 20 m über dem Gelände liegt. Hier kann künftig eine einzelne Stange, z. B. Antennenträger auf dem Dach, oder eine einzelne Firstleitung als Auffangeinrichtung genügen, wenn das ganze Gebäude in deren Schutzbereich liegt.

d) Neu eingeführt sind ferner isolierte Blitzschutzanlagen in Form von Fangstangen, Fangleitungen oder Fangnetzen, die von der baulichen Anlage getrennt errichtet werden. Diese Anordnung ist zugelassen für jede beliebige bauliche Anlage, nicht wie früher nur als Fangstangen für explosivstoffgefährdete Bereiche.

e) Für Gebäude mit Höhen über 30 m wurde zusätzlich festgelegt, daß ein Potentialausgleich nicht nur am Fuße des Gebäudes, sondern abhängig von der Höhe des Bauwerkes je 20 m erneut durchzuführen ist.

f) Für Erdungsanlagen wurden zusätzliche Hinweise für den Korrosionsschutz aufgenommen für Erder, die mit starkbewehrten Stahlbetonfundamenten von Gebäuden in Verbindung stehen.

g) Die Begriffsbestimmungen wurden wörtlich dem übrigen VDE-Vorschriftenwerk angeglichen. Die Begriffe Haupt- und Nebenableitungen sind entfallen.

DIN 57 185 Teil 1

Stichwortverzeichnis

Die hinter den Benennungen aufgeführten Nummern beziehen sich auf die zugehörigen Abschnitte.

Die in Klammern stehenden DIN-Normen und VDE-Bestimmungen geben den Hinweis, wo über den jeweiligen Gegenstand Festlegungen enthalten sind.

Der Verweis auf DIN 57 185 Teil 2/VDE 0185 Teil 2 bedeutet, daß dieser Begriff dort festgelegt wurde.

Ableitung	5.2	
Abschirmung	6.3	
Abstand	6.2.1/5.1.2	
Abstandhalter		(DIN 48 803)
Anordnung, von Bauteilen	3.4	
Anschlußbauteil		(DIN 48 841*)
Anschlußfahne	5.3.4	
Anschlußklemme, für Bleche		(DIN 48 840*)
Anschlußlasche		(DIN 48 841*)
Anschlußschelle, für Tiefenerder		(DIN 48 852 Teil 3*)
Antenne	5.1.1.1 (siehe auch DIN 57 185 Teil 2/ VDE 0185 Teil 2)	(VDE 0855 Teil 1*)
Bauteile, Anforderungen	4.1.2	
Befestigungsteil		(DIN 48 804)
Begriffe	2	(DIN 48 806*)
Benennungen		(DIN 48 806*)
Bericht, über Prüfung		(DIN 48 831*)
Beschreibung		(DIN 48 830*)
Betriebsmittel	4.1.2	
Bewehrung, Stahl	5.2.9	
Blitzschutz-Potentialausgleich	6.1	
Brücken	(DIN 57 185 Teil 2/ VDE 0185 Teil 2) 5.1.1.2/ 5.1.1.3	
Dachaufbauten	5.1.1.2/5.1.1.3	
Dachdurchführung		(DIN 48 807)
Dachleitungshalter		(DIN 48 811, DIN 48 812, DIN 48 826 bis DIN 48 829)
Dachständer	2.7/6.2.2.1.3	
Dehnungsstück	3.4	(DIN 48 842*)
Einzelerder	5.3.6	
Elektrische Anlagen	2.6.3/6.1.2	
Elektrosirene	(DIN 57 185 Teil 2/ VDE 0185 Teil 2)	

* Zur Zeit Entwurf

DIN 57 185 Teil 1

Erde	2.1.2	
Erdeinführungsstange	4.3.2.5	(DIN 48 802)
Erder	2.2.2/4.3.2	(DIN 48 852 Teil 1)
Erderwerkstoff	Tabelle 2	
Erdung	2.2.6/5.3	
Erdungsanlage	2.2.4/5.3	
Erdungsleitung	2.2.3	
Erdungswiderstand	5.3.2	
Explosionsgefährdeter Bereich	(DIN 57 185 Teil 2/ VDE 0185 Teil 2)	
Explosivstoffgefährdeter Bereich	(DIN 57 185 Teil 2/ VDE 0185 Teil 2)	
Fachkraft	2.9/3.5	
Fangeinrichtung	2.1.4/5.1	
Fangleitung	5.1	
Fangnetz	5.1.2.6/5.1.2.7	
Fangpilz	5.1.1.12	(DIN 48 832*)
Fangstange	5.1	(DIN 48 802)
Fassade	5.2.10	
Fernmeldeanlage	2.6.3.2/6.3	
Fernmeldeturm (Stahlbeton)	(DIN 57 185 Teil 2/ VDE 0185 Teil 2)	
Feuergefährdete Bereiche	(DIN 57 185 Teil 2/ VDE 0185 Teil 2)	
First	5.1.1.6	
Firstleitungshalter		(DIN 48 826)
Flachdach		(DIN 48 828, DIN 48 829, DIN 48 838)
Fundamenterder	4.3.2.3/5.3.4	
Funkenstrecke	2.5.4	
Gasleitung	6.1.1.3	
Gleisanlagen	6.1.1/6.1.2	
Graphische Symbole		(DIN 48 820)
Heizungs-Rohrleitungen	2.6.1/5.2.12	
Innerer Blitzschutz	6/2.1.2	
Installationen, metallene	2.6.1/6.1.1	
–, elektrische	5.1.1.15/5.1.1.16	
Isolierstück	2.6.2/6.1.1.1	
Isolierte Blitzschutzanlage	2.1.3/5.1.2	
Isolierung des Standortes	2.4.2/5.3.9	
Kamin(ring)	5.2.1/5.2.4	(DIN 48 802, DIN 48 803)
Keilverbinder		
Kirche, Kirchturm	(DIN 57 185 Teil 2/ VDE 0185 Teil 2)	
Klemmen		(DIN 48 809)
Klemmschuh		(DIN 48 819)
Klimakanäle	6.2.1.1/5.1.1.15	
Korrosion	4.3	
Korrosionsschutz	4.2.6/4.3.2	

* Zur Zeit Entwurf

Korrosionsschutz	4.2.6/4.3.2	
Krane (Turmdrehkran, Automobilkran)	(DIN 57 185 Teil 2/ VDE 0185 Teil 2)	
Krankenhaus, Klinik	(DIN 57 185 Teil 2/ VDE 0185 Teil 2)	
Kreuzverbinder		(DIN 48 843, DIN 48 845)
Kunststoff	4.1.2.3/4.3.1.6	
Kupfer	4.3.1.5/4.3.2.1	
Leitung	4.3.1/Tabelle 1	(DIN 48 801)
Leitungsführung	4.3.2.3/Bild 1	
Leitungshalter	4.1.2.2	(DIN 48 828)
—, schraubenlos		(DIN 48 838)
Leitungsquerschnitt	6.1.1.2/Tabelle 1	
Lötverbindung	4.2.5	
Maschen(form)	5.1.1.2/5.1.2.6	
Maschenerder	2.2.8.3	
Meßgeräte (auf dem Dach)	6.3.3	
Messungen	7.2.4	
Metallabdeckung	5.1.1.8	
Metallene Bauteile	5.2.7	
Metallene Installationen	2.6.1/5.2.12/6.1.1	
Metallfassaden	5.2.10	
Mindestabstand	6.2	
Mindestmaße	Tabellen 1 und 2/5.1.1.8/ 6.1.1.2	
Montagemaße		(DIN 48 803)
Munitionslager	(DIN 57 185 Teil 2/ VDE 0185 Teil 2)	
Mutter	4.1.2.1	(DIN 48 801)
Näherung	2.8/6.2	
Natürliche Erder	2.2.12	
Nummernschild		(DIN 48 821)
Oberflächenerder	2.2.8/5.3.5/5.3.6/Tabelle 2	
Oberirdische Verbindungen	4.3.1	
Planungsunterlagen	3.3	(DIN 48 830*)
Potentialausgleich	2.5/6.1	
Potentialausgleichsschiene (PAS)		
Potentialsteuerung	2.4.1/5.3.9	
Profilstaberder	5.3.6	(DIN 48 852 Teil 1)
Prüfung	7	(DIN 48 831*)
Querschnitt	6.1.1.2/Tabellen 1 und 2	
Regenfallrohr	5.2.11	(DIN 48 818)
Regenrinne	5.2.11	(DIN 48 809)
Ringerder	2.2.8.1/5.3.5	
Rohrleitung	5.3.5/6.1.1	
Schellen		(DIN 48 818)
Schornstein	5.2.4	
—, freistehend	(DIN 57 185 Teil 2/ VDE 0185 Teil 2)	

* Zur Zeit Entwurf

DIN 57 185 Teil 1

Schornstein		
—, rahmen, -ring		(DIN 48 814)
Schrauben	4.1.2.1	(DIN 48 801)
Schrittspannung	2.3.4/5.3.9	
Schutzbereich	2.1.5/5.1.1.2.2/5.1.2	
Schutzfunkenstrecke	6.2.2.1.3	
Schutzleiter	6.1	
Schutzwinkel	2.1.6/5.1.1.2.2	
Schweißnähte	4.2.5	
Seilbahn	(DIN 57 185 Teil 2/ VDE 0185 Teil 2)	
Sportanlagen	(DIN 57 185 Teil 2/ VDE 0185 Teil 2)	
Staberder	2.2.9	(DIN 48 852 Teil 1)
Stahlbeton	4.3.2.2/5.1.1/5.2.9/6.1/ 6.2.1.4/6.2.2	
Stahlkonstruktion	5.1.1.13/5.1.1.14	
Stahlskelett	5.2.8	
Standortisolierung	2.4.2/5.3.9	
Stangenhalter		(DIN 48 805, DIN 48 828)
Starkstromanlage	2.6.3.1/6.1.2.2/6.2.2.1	
Steigeisen (Klemme)		(DIN 1056, DIN 48 809)
Strahlenerder	2.2.8.2/5.3.6/5.3.8	
Tiefenerder	2.2.10/5.3.6	(DIN 48 852 Teil 2)
Tragluftbauten	(DIN 57 185 Teil 2/ VDE 0185 Teil 2)	
Trennfunkenstrecke	2.5.4/4.3.2/6.1.1/6.1.2/6.2.2	
Trennstelle	2.1.8/5.2.13	
Trennstellenkasten, -rahmen		(DIN 48 839)
Trennstück		(DIN 48 837)
Überbrückungsbauteil		(DIN 48 841*)
Überspannungsschutz	4.1.5/6.3	
Ventilableiter	2.5.5/4.1.4/6.1.2	
Verbinder		(DIN 48 837, DIN 48 843, DIN 48 845)
Verbindungen	4.2/4.3.1.6/4.3.2.3	
Verbindungsbauteil		
Verbindungsleitung	4.3.2.3/5.3.4	
Weichdächer	5.1.1.7 (DIN 57 185 Teil 2/ VDE 0185 Teil 2)	
Werkstoff	4.1	
Windmühle	(DIN 57 185 Teil 2/ VDE 0185 Teil 2)	
Zähler	6.1.2.3	
Zeichnung	3.3/7.2.3	

* Zur Zeit Entwurf

Blitzschutzanlage
Errichten besonderer Anlagen (VDE-Richtlinie Nr. 0185 Teil 2)
DIN 57 185 Teil 2 (11/82)

(gekürzt auf den für Wohngebäude relevanten Text)

1 Anwendungsbereich

1.1 Diese als VDE-Richtlinie gekennzeichnete Norm gilt für das Errichten einschließlich Planen, Erweitern und Ändern von Blitzschutzanlagen für besondere Anlagen, wie

a) bauliche Anlagen besonderer Art,

b) nichtstationäre Anlagen und Einrichtungen,

c) Anlagen mit besonders gefährdeten Bereichen.

Anmerkung: Diese Norm enthält keine Angaben über die Blitzschutzbedürftigkeit. Welche Anlagen Blitzschutz erhalten sollen, richtet sich nach den einschlägigen Verordnungen und Verfügungen der zuständigen Aufsichtsbehörden, nach den Unfallverhütungsvorschriften der Berufsgenossenschaften, den Empfehlungen der Sachversicherer usw. oder nach dem Auftrag der Bauherren.

Diese Norm regelt demnach nur die **Anforderungen** an Blitzschutzanlagen solcher baulicher und nichtstationärer Anlagen, für die nach anderen Grundlagen oder aufgrund freiwilligen Auftrags ein Blitzschutz gefordert wird.

1.2 Diese Norm gilt nur zusammen mit DIN 57 185 Teil 1/VDE 0185 Teil 1 „Blitzschutzanlage, Allgemeines für das Errichten". Soweit in DIN 57 185 Teil 2/VDE 0185 Teil 2 Festlegungen enthalten sind, die Änderungen gegenüber oder Ergänzungen zu vergleichbaren Festlegungen in DIN 57 185 Teil 1/VDE 0185 Teil 1 darstellen, gelten die Festlegungen des Teils 2 im Zweifel mit Vorrang.

2 Begriffe

Zusätzlich zu den Begriffen von DIN 57 185 Teil 1/VDE 0185 Teil 1 gelten die folgenden Begriffe.

2.1 Feuergefährdete Bereiche sind Bereiche in oder an baulichen Anlagen oder im Freien, in denen leichtentzündliche Stoffe in gefahrdrohender Menge vorhanden sind, z. B. landwirtschaftliche Betriebsstätten, offene Lager und Feldscheunen, Windmühlen, Papier-, Textil- und Holzverarbeitungsbetriebe.

Anmerkung: Leichtentzündliche Stoffe sind z. B. Heu, Stroh, Holzspäne, lose Holzwolle und Papier, Magnesiumspäne, Reisig, Baum- und Zellwollfasern.

2.2 Gebäude mit weicher Bedachung (Weichdächer) sind Gebäude mit einer Dacheindeckung aus Reet, Stroh oder Schilf.

Anmerkung: Die Befestigung der Eindeckung erfolgt üblicherweise durch Drahtbindung. Dächer z. B. mit Holzschindeln, Ziegeln in Strohdocken und ähnlichen brennbaren Baustoffen gelten im Sinne dieser Norm nicht als weiche Bedachung.

2.3 Explosionsgefährdete Bereiche (nicht abgedruckt)

2.4 Explosivstoffgefährdete Bereiche (nicht abgedruckt)

3 Allgemeine Anforderungen

Blitzschutzanlagen sind so zu planen und mit solchen Bauteilen und Werkstoffen zu errichten, daß bauliche Anlagen, Personen und Sachen gegen Blitzeinwirkungen geschützt werden. Diese Forderung gilt als erfüllt, wenn die Blitzschutzanlage allen Anforderungen dieser Norm und denen von DIN 57 185 Teil 1/VDE 0185 Teil 1 entspricht.

(Abschnitte 4 und 5 nicht abgedruckt)

6 Anlagen mit besonders gefährdeten Bereichen

Die Blitzschutzanlagen müssen so ausgeführt werden, daß bei einem Blitzschlag außer an den Einschlagstellen keine Schmelz- und Sprühwirkungen entstehen. Deshalb sind alle Verbindungen besonders sorgfältig herzustellen; Verbindungsstellen sind auf die unbedingt nötige Anzahl zu beschränken.

6.1 Feuergefährdete Bereiche

6.1.1 Allgemeines

6.1.1.1 Alle Fang- und Ableitungen müssen außerhalb des Gebäudes frei und sichtbar verlegt werden.

Anmerkung: Fangspitzen mit unter der Dachhaut verlegten Verbindungsleitungen nach DIN 57 185 Teil 1/VDE 0185 Teil 1, Abschnitt 5.1.1.7, sind unzulässig.

6.1.1.2 Bei Gebäuden oder Gebäudeteilen mit Stahlkonstruktionen, wie Stahlbindern oder -stützen, müssen die Stahlbauteile als Ableitungen verwendet werden. Bei Gebäuden aus Stahlbeton dürfen die Ableitungen nach DIN 57 185 Teil 1/VDE 0185 Teil 1, Abschnitt 5.2.9, ausgeführt werden.

6.1.1.3 Bei Dächern auf Stahlbindern mit einer Dacheindeckung aus elektrisch nichtleitenden Werkstoffen sind die Abstände nach DIN 57 185 Teil 1/ VDE 0185 Teil 1, Abschnitt 5.1.1.10, auf 10 m zu verringern.

6.1.1.4 Bei Wellfaserzementdächern sind Fangeinrichtungen nach DIN 57 185 Teil 1/VDE 0185 Teil 1, Abschnitt 5.1.1.11, nur zulässig, wenn durch zusätzliche bauliche Maßnahmen eine Einwirkung von Funken usw.

auf die gefährdeten Bereiche ausgeschlossen ist. Andernfalls sind auch auf solchen Dächern Fangeinrichtungen nach DIN 57 185 Teil 1/VDE 0185 Teil 1, Abschnitt 5.1.1, zu verlegen. Die Stahlunterkonstruktion ist daran anzuschließen.

6.1.1.5 Lassen sich Näherungen zu Heuaufzügen, Gebläseleitungen und ähnlichen Fördereinrichtungen bei der Verlegung einer Blitzschutzanlage nach DIN 57 185 Teil 1/VDE 0185 Teil 1, Abschnitt 5, nicht vermeiden, so müssen die Fangleitungen auf dem First und auf dem Dach auf isolierenden Stützen wie bei Weichdächern (siehe Abschnitt 6.1.2.1) so verlegt werden, daß ein Abstand von mindestens 1 m vorhanden ist.

6.1.1.6 Näherungen zu sonstigen metallenen Installationen im Gebäude müssen, soweit wie möglich, durch entsprechende Verlegung der Fang- und Ableitungen vermieden werden. Nicht vermeidbare Näherungen sind zu überbrücken. In jedem Falle müssen Näherungen zu elektrischen Anlagen z. B. durch geeignete Leitungsführung der Blitzschutzanlage oder durch entsprechende Verlegung der elektrischen Leitungen vermieden werden.

6.1.2 Gebäude mit weicher Bedachung (Weichdächer)

6.1.2.1 Bei Dachdeckungen aus Reet, Stroh oder Schilf müssen die Fangleitungen auf isolierenden Stützen (Holzpfählen nach DIN 48 812) gespannt verlegt werden. Der Abstand zwischen den Leitungen und dem First muß mindestens 0,6 m, zwischen den übrigen Leitungen auf dem Dach und der Dachhaut mindestens 0,4 m betragen. Diese Abstände gelten für neuwertige Dächer. Bei abgenutzten Dächern sind die Abstände entsprechend größer und so zu wählen, daß nach einer Neueindeckung die oben angegebenen Abstände nicht unterschritten sind. Der Abstand von der Weichdachtraufe zur Traufenstütze darf 0,15 m nicht unterschreiten.

Bei Firstleitungen sind Spannweiten bis etwa 15 m, bei Ableitungen Spannweiten bis etwa 10 m ohne zusätzliche Abstützungen anzustreben.

Der Abstand der Ableitungen voneinander ergibt sich aus DIN 57 185 Teil 1/ VDE 0185 Teil 1, Abschnitt 5.2.1.

6.1.2.2 Spannpfähle müssen mit der Dachkonstruktion (Sparren und Querhölzer) mit Durchgangsbolzen nebst Unterlegscheiben fest verbunden werden.

6.1.2.3 Oberhalb der Dachfläche befindliche metallene Teile (wie Windfahnen, Berieselungsanlagen, Leitern) müssen so befestigt werden, z. B. auf nichtleitenden Stützen, daß die Abstände nach Abschnitt 6.1.2.1 eingehalten sind.

Zuleitungen zu Berieselungsanlagen dürfen im Bereich der Durchführung durch die Dachhaut auf mindestens 0,6 m ober- und unterhalb nur aus Kunststoff bestehen.

6.1.2.4 Bei Weichdächern, die mit einem metallenen Drahtnetz überzogen sind, ist ein wirksamer Blitzschutz nach den Abschnitten 6.1.2.1 bis 6.1.2.3 nicht möglich.

Das gleiche gilt, wenn Abdeckungen, Berieselungsanlagen, Entlüftungsrohre, Schornsteineinfassungen, Dachfenster, Oberlichter und dergleichen aus Metall vorhanden sind.

In diesen Fällen ist ein wirksamer Blitzschutz nur durch eine isolierte Blitzschutzanlage mit Fangstangen neben den Gebäuden bzw. mit Fangleitungen oder Fangnetzen zwischen Masten neben den Gebäuden zu erreichen (siehe DIN 57 185 Teil 1/VDE 0185 Teil 1, Abschnitt 5.1.2).

6.1.2.5   Grenzt ein Weichdach an eine Dacheindeckung aus Metall und soll das Gebäude mit einer Blitzschutzanlage versehen werden, so muß zwischen dem Weichdach und dem übrigen Dach eine elektrisch nichtleitende Dacheindeckung von mindestens 1 m Breite, z. B. aus Faserzement oder Kunststoff, eingefügt werden. Für den Teil der Blitzschutzanlage auf dem Weichdach gelten die Abschnitte 6.1.2.1 bis 6.1.2.3.

6.1.2.6   Zweige von Bäumen sind in mindestens 2 m Abstand vom Weichdach zu halten.

Wenn Bäume dicht an einem Gebäude stehen und es überragen, muß an dem den Bäumen zugewandten Dachrand (Traufkante, Giebel) eine Fangleitung angebracht werden, die mit der Blitzschutzanlage zu verbinden ist. Die Abstände nach Abschnitt 6.1.2.1 sind dabei einzuhalten.

6.1.2.7   Antennen und Elektrosirenen sind auf weichgedeckten Dächern nicht zulässig.

Antennen und elektrische Anlagen unter Dach müssen von der Blitzschutzanlage einen größeren Abstand haben, als sich nach DIN 57 185 Teil 1/ VDE 0185 Teil 1, Abschnitt 5.3.2, ergibt.

(Die folgenden Normteile sind nicht abgedruckt.)

5 Bautenschutz

Brandverhalten von Baustoffen und Bauteilen
nach **DIN 4102**

Die DIN 4102 besteht zur Zeit aus folgenden Teilen:
- Teil 1 (5.81) Baustoffe; Begriffe, Anforderungen und Prüfungen
- Teil 2 (9.77) Bauteile; Begriffe, Anforderungen und Prüfungen
- Teil 3 (9.77) Brandwände und nichttragende Außenwände; Begriffe, Anforderungen und Prüfungen
- Teil 4 (3.94) Zusammenstellung und Anwendung klassifizierter Baustoffe, Bauteile und Sonderbauteile
- Teil 5 (9.77) Feuerschutzabschlüsse, Abschlüsse in Fahrschachtwänden und feuerwiderstandsfähige Verglasungen; Begriffe, Anforderungen und Prüfungen
- Teil 6 (9.77) Lüftungsleitungen; Begriffe, Anforderungen und Prüfungen
- Teil 7 (3.87) Bedachungen; Begriffe, Anforderungen und Prüfungen
- Teil 8 (5.86) Kleinprüfstand
- Teil 9 (5.90) Kabelabschottungen; Begriffe, Anforderungen und Prüfungen
- Teil 11 (12.85) Rohrummantelungen, Rohrabschottungen, Installationsschächte und -kanäle sowie Abschlüsse ihrer Revisionsöffnungen; Begriffe, Anforderungen und Prüfungen
- Teil 12 (1.91) Funktionserhalt von elektrischen Kabelanlagen; Anforderungen und Prüfungen
- Teil 13 (5.90) Brandschutzverglasungen; Begriffe, Anforderungen und Prüfungen
- Teil 14 (5.90) Bodenbeläge und Bodenbeschichtungen; Bestimmung der Flammenausbreitung bei Beanspruchung mit einem Wärmestrahler
- Teil 15 (5.90) Brandschacht; Beschreibung, Einstellungen
- Teil 16 (5.90) Brandschacht; Durchführung von Brandschachtprüfungen zur Einreihung von Baustoffen in die Klasse B1
- Teil 17 (12.90) Schmelzpunkt von Mineralfaserdämmstoffen; Begriffe, Anforderungen, Prüfung
- Teil 18 (3.91) Feuerschutzabschlüsse und Rauchschutztüren; Dauerfunktionsprüfung

In der Norm werden neben den Begriffsdefinitionen die Anforderungen formuliert, die an Baustoffe zu stellen sind, um sie in eine bestimmte Baustoffklasse einordnen zu können, sowie an Bauteile und Sonderbauteile, um sie in eine bestimmte Feuerwiderstandsklasse einordnen zu können. Außerdem enthalten die o. g. Normblätter – mit Ausnahme des Teiles 4 – Bestimmungen über die zum Nachweis der verlangten Anforderungen durchzuführenden Prüfungen. Nicht enthalten sind Angaben darüber, unter welchen Voraussetzungen Bauteile eines Gebäudes eine bestimmte Feuerwiderstandsdauer aufweisen oder die verwendeten Baustoffe einer bestimmten Baustoffklasse angehören müssen. DIN 4102 ist deshalb, im Unterschied zu anderen Normen aus dem Bereich des Bautenschutzes, wie z. B. DIN 4108 oder DIN 4109, keine Planungsnorm im eigentlichen Sinne.

Die Anforderungen an den baulichen Brandschutz in Abhängigkeit von Gebäudeart und -nutzung sind in den Landesbauordnungen und den sie ergänzenden

Verordnungen (z. B. über den Bau und Betrieb von Garagen, Geschäftshäusern, Krankenhäusern, Versammlungs- und Gaststätten) und bauaufsichtlichen Richtlinien (z. B. für Schulen) sowie in ergänzenden Runderlassen der zuständigen Länderminister enthalten. Brandschutztechnisch relevant sind auch die zu den Bauordnungen erlassenen Prüfzeichenverordnungen. Die entsprechenden Anforderungen weichen, auch wenn sie in der Regel auf gemeinsame Vorlagen (z. B. die Musterbauordnung von 1981) gründen, in Einzelheiten doch immer wieder voneinander ab.

Auf die in den einzelnen Normteilen enthaltenen umfangreichen Bestimmungen über Baustoff- und Bauteil p r ü f u n g e n sowie über P r ü f u n g s einrichtungen wird im folgenden nicht eingegangen, da sie für die Planung und Ausführung von Bauten in der Regel nicht relevant sind.

Eines P r ü f z e i c h e n s bedürfen nach den bauaufsichtlichen Vorschriften der Länder bis auf weiteres Baustoffe der Klasse A mit brennbaren Bestandteilen, Baustoffe der Klasse B1 (schwerentflammbar), Feuerschutzmittel für Baustoffe und Textilien, die schwerentflammbar sein müssen, sowie Absperrvorrichtungen gegen Feuer und Rauch in Lüftungsleitungen (Brandschutzklappen), soweit sie nicht in Teil 4 der Norm als klassifizierte Baustoffe oder Bauteile aufgeführt sind (siehe Abschn. 3). Im Zuge der Europäisierung soll die Prüfzeichenpflicht durch entsprechende europäische Normen und Richtlinien ersetzt werden.

P r ü f z e u g n i s s e für das bauaufsichtliche Verfahren dürfen nur von Prüfstellen ausgestellt werden, die in einem Verzeichnis beim Institut für Bautechnik geführt werden.

1 Baustoffe; Begriffe, Anforderungen und Prüfungen nach DIN 4102 Teil 1

Geltungsbereich

In dieser Norm werden brandschutztechnische Begriffe, Anforderungen, Prüfungen und Kennzeichnungen für Baustoffe festgelegt. Sie gilt für die Klassifizierung des Brandverhaltens von Baustoffen.

Als Baustoffe im Sinne dieser Norm gelten auch platten- und bahnenförmige Materialien, Verbundwerkstoffe, Bekleidungen, Dämmschichten, Beschichtungen, Rohre und Formstücke.

Baustoffklassen

Die Baustoffe werden nach ihrem Brandverhalten in folgende Klassen eingeteilt:

Baustoffklasse	Bauaufsichtliche Benennung
A A 1 A 2	nichtbrennbare Baustoffe[1]
B B 1 B 2 B 3	brennbare Baustoffe schwerentflammbare Baustoffe[1] normalentflammbare Baustoffe leichtentflammbare Baustoffe

1) Siehe obige Erläuterungen zum Prüfzeichen.

Diese Bezeichnungen dürfen nur dann verwendet werden, wenn das Brandverhalten nach dieser Norm ermittelt worden ist.

Nachweis der Baustoffklassen

Mit Brandversuchen
Die Baustoffklasse muß durch Prüfzeichen oder Prüfzeugnis[1] auf der Grundlage von Brandversuchen nach dieser Norm nachgewiesen werden.

Ohne Brandversuche
Die in DIN 4102 Teil 4 genannten Baustoffe sind ohne weiteren Nachweis in die dort angegebene Baustoffklasse einzureihen.

Sonstiger Nachweis
Für Baustoffe, deren Brandverhalten durch Prüfungen nach dieser Norm nicht hinreichend beurteilt werden kann, können zusätzliche Prüfverfahren angewendet werden.

Anmerkung: Die Einreihung von Baustoffen in Baustoffklassen aufgrund des sonstigen Nachweises kann nur durch ein Prüfzeichen[1] bzw. durch eine bauaufsichtliche Zulassung vorgenommen werden.

Kennzeichnung
Nach dieser Norm geprüfte Baustoffe müssen ihrem Brandverhalten entsprechend wie folgt gekennzeichnet[2] sein:

DIN 4102-A1   DIN 4102-B1
DIN 4102-A2   DIN 4102-B2
                    DIN 4102-B3 leichtentflammbar

Die Kennzeichnung ist auf den Baustoffen oder, wenn dies nicht möglich ist, auf oder an der Verpackung deutlich lesbar und dauerhaft anzubringen.

Von der Kennzeichnungspflicht sind ausgenommen:
- alle Baustoffe der Klasse A1, die in DIN 4102 Teil 4 aufgeführt sind,
- Holz und Holzwerkstoffplatten > 400 kg/m^3 Rohdichte und > 2 mm Dicke als Baustoffe der Klasse B2.

2 Bauteile und Sonderbauteile; Begriffe, Anforderungen und Prüfungen nach DIN 4102 Teil 2, 3, 5, 6, 7, 9, 11 und 13

Geltungsbereiche und Begriffe

Als Bauteile im Sinne von Teil 2 gelten Wände, Decken, Stützen, Unterzüge, Treppen usw. sowie Verglasungen der Feuerwiderstandsklassen F nach Teil 13.

---

[1] Siehe einführende Erläuterungen auf Seite 381.
[2] Die Kennzeichnungspflicht prüfzeichenpflichtiger Baustoffe entsprechend den Bestimmungen des Prüfbescheides bleibt hiervon unberührt.

Als Sonderbauteile gelten:

- Brandwände nach Teil 3 zur Trennung oder Abgrenzung von Brandabschnitten. Sie sind dazu bestimmt, die Ausbreitung von Feuer auf andere Gebäude oder Gebäudeabschnitte zu verhindern.
- Nichttragende Außenwände nach Teil 3. Dazu rechnen auch nichtraumabschließende, nichttragende Brüstungen und Schürzen, die den Überschlag des Feuers an der Außenseite von Gebäuden vergrößern (hinsichtlich tragender und nichttragender Wände siehe Definitionen in Abschn. 3).
- Feuerschutzabschlüsse nach Teil 5, das sind selbstschließende Türen und selbstschließende andere Abschlüsse (z. B. Klappen, Rolläden, Tore), die dazu bestimmt sind, im eingebauten Zustand den Durchtritt eines Feuers durch Öffnungen in Wänden oder Decken zu verhindern.
- Abschlüsse in Fahrschachtwänden der Feuerwiderstandsklasse F 90 nach Teil 5, das sind Türen und andere Abschlüsse, die so ausgebildet sind, daß Feuer und Rauch nicht in andere Geschosse übertragen werden.
- Feststehende Brandschutzverglasungen (G-Verglasungen) nach Teil 13[1]), bestehend aus lichtdurchlässigen Elementen sowie den dazu gehörenden Rahmen, Halterungen und Befestigungsmitteln, die nur den Durchtritt von Feuer und Rauch, nicht aber der Wärmestrahlung (wie die F-Verglasungen) verhindern.
- Lüftungsleitungen nach Teil 6, die allein oder in Verbindung mit weiteren Bauteilen verhindern, daß während der Feuerwiderstandsdauer Feuer und Rauch in andere Geschosse oder Brandabschnitte übertragen werden.
- Bedachungen nach Teil 7, die gegen Flugfeuer und strahlende Wärme widerstandsfähig sind (harte Bedachungen).

Als Bedachungen im Sinne der Norm gelten Dacheindeckungen und Dachabdichtungen einschließlich etwaiger Dämmschichten sowie Lichtkuppeln oder andere Abschlüsse für Öffnungen im Dach.

Gegen Flugfeuer und strahlende Wärme widerstandsfähige Bedachungen sollen die Ausbreitung des Feuers auf dem Dach und eine Brandübertragung vom Dach in das Innere des Gebäudes bei der in dieser Norm festgelegten Beanspruchung von außen verhindern.

- Kabelabschottungen nach Teil 9; sie müssen die Übertragung von Feuer und Rauch über Öffnungen, durch die elektrische Leitungen geführt werden, verhindern.
- Rohrummantelungen und -abschottungen sowie Installationsschächte und -kanäle nach Teil 11, die so ausgebildet sein müssen, daß sie während der Feuerwiderstandsdauer weder Feuer noch Rauch durch Decken oder Wände übertragen.

---

[1]) Die bisherigen Regelungen über G-Verglasungen im Teil 5 sind dadurch ersetzt.

Feuerwiderstandsklassen

Das Brandverhalten von Bauteilen und Sonderbauteilen wird durch die Feuerwiderstandsdauer, während derer im einzelnen festgelegte Bauteilfunktionen (z. B. tragende oder raumabschließende) nicht verlorengehen dürfen, gekennzeichnet. Die Bauteile werden entsprechend dieser Feuerwiderstandsdauer in die folgenden Feuerwiderstandsklassen eingestuft:

Feuerwiderstandsklassen nach DIN 4102 Teile 2, 3, 5, 6, 9, 11 und 13

Feuerwiderstandsdauer in min	≥30	≥60	≥90	≥120	≥180
Bauteile nach Teil 2	F 30	F 60	F 90	F 120	F 180
nichttragende Außenwände	W 30	W 60	W 90	W 120	W 180
Feuerschutzabschlüsse	T 30	T 60	T 90	T 120	T 180
F−Verglasungen ⎫ nach Teil 13	F 30	F 60	F 90	F 120	—
G−Verglasungen ⎭	G 30	G 60	G 90	G 120	—
Lüftungsleitungen – Rohre und Formstücke	L 30	L 60	L 90	L 120	—
– Brandschutzklappen	K 30	K 60	K 90	—	—
andere Rohrleitungen	R 30	R 60	R 90	R 120	—
Installationsschächte und -kanäle	I 30	I 60	I 90	I 120	—
Kabelabschottungen	S 30	S 60	S 90	S 120	S 180

Brandwände werden nicht in Feuerwiderstandsklassen eingestuft (siehe dazu Abschn. 3). Sie müssen aus Baustoffen der Klasse A bestehen und mindestens die Anforderungen der Feuerwiderstandsklasse F 90 erfüllen.

Nach bauaufsichtlichen Vorschriften sind auch Brandwände zulässig, die nicht allen diesen Anforderungen entsprechen; für diese Brandwände sind weitere Eignungsnachweise zu erbringen (z. B. im Rahmen der Erteilung einer allgemeinen bauaufsichtlichen Zulassung).

Zur vollständigen Benennung von Bauteilen nach DIN 4102 wird hinter der FW-Klasse noch die Baustoffklasse der verwendeten Baustoffe angegeben. Im Mustereinführungserlaß[1]) des Institutes für Bautechnik vom Febr. 1978 sind sich entsprechende bauaufsichtliche Benennungen und Benennungen nach DIN 4102 gegenübergestellt (siehe Seite 413).

Nachweis der Feuerwiderstandsklassen bzw. des Brandverhaltens

Die Feuerwiderstandsklasse von Bauteilen muß durch Prüfzeugnis[2]) auf der Grundlage von Prüfungen nach dem einschlägigen Normenteil (siehe oben) nachgewiesen werden.

Die in DIN 4102 Teil 4 genannten Bauteile und Sonderbauteile sind ohne Nachweis in die dort angegebene Feuerwiderstandsklasse einzureihen.

Nach den Prüfzeichenverordnungen der Länder bedürfen Absperrvorrichtungen gegen Brandübertragung (Brandschutzklappen) in Lüftungsleitungen eines Prüfzeichens des Instituts für Bautechnik in Berlin.

1) Die Einführungserlasse der einzelnen Länder weichen teilweise vom Mustererlaß ab.
2) Siehe einführende Erläuterungen auf Seite 382.

DIN 4102 Brandschutz

Nach dem Mustereinführungserlaß[1]) des Institutes für Bautechnik vom Febr. 78 sowie DIN 4109 Teile 9 und 13 ist für folgende Baustoffe, Bauteile und Sonderbauteile eine Beurteilung der Brauchbarkeit zur Herstellung der Feuerwiderstandsfähigkeit nach DIN 4102 allein nicht möglich; sie dürfen daher, sofern sie nicht in DIN 4102 Teil 4 beschrieben sind, nur verwendet oder angewendet werden, wenn ihre Brauchbarkeit für den Verwendungszweck nachgewiesen ist, z. B. durch eine allgemeine bauaufsichtliche Zulassung:

a) Beschichtungen, Folien und ähnliche Schutzschichten, die im Innern, auf der Oberfläche oder in Fugen von Bauteilen angeordnet werden (z. B. dämmschichtbildende Brandschutzbeschichtungen);

b) Verglasungen der Feuerwiderstandsklassen F und G nach Teil 13;

c) Putzbekleidungen, die brandschutztechnisch notwendig sind und die nicht durch Putzträger (Rippenstreckmetall, Drahtgewebe o. ä.) am Bauteil gehalten werden;

d) Unterdecken und Wände als Begrenzungen von Rettungswegen, wenn diese eine Konstruktionseinheit bilden;

e) Kabelabschottungen nach Teil 9 sowie Abschottungen von Rohrleitungen aus brennbaren Baustoffen mit lichten Durchmessern von mehr als 50 mm, die durch raumabschließende Bauteile der Feuerwiderstandsklasse F 90-AB geführt werden;

f) nicht genormte Bauarten von Feuerschutzabschlüssen und Abschlüsse in feuerbeständigen Fahrschachtwänden.

3 Klassifizierte Baustoffe, Bauteile und Sonderbauteile nach DIN 4102 Teil 4

Teil 4 der DIN 4102 war schon bisher mit der Zusammenstellung klassifizierter, d. h. ohne weiteren Nachweis des Brandverhaltens zu verwendender Baustoffe und Bauteile der für die Praxis wichtigste Teil der Norm. Die Neufassung hat jetzt allerdings einen Umfang von 194 Seiten (Ausgabe 1981: 108 Seiten, Ausgabe 1970: 8 Seiten). Sie muß daher leider als höchst fragwürdiges Dokument wissenschaftlicher Normungstätigkeit und für die praktische Handhabung als völlig ungeeignet angesehen werden. Mit der folgenden Bearbeitung wurde versucht, einen weitgehend anwendungsfreundlichen Auszug der wesentlichen Bestimmungen anzubieten. Dabei wurden insbesondere die vorwiegend den konstruktiven Bearbeiter interessierenden Bestimmungen über die Bewehrung von Normal- und Leichtbeton weggelassen.

Die Festlegungen über klassifizierte Bauteile aus Holz und Holzwerkstoffen sind außerordentlich umfangreich. Im folgenden werden Tabellen für Balken und Stützen aus Voll- oder Brettschichtholz wiedergegeben. Im übrigen wird neben der Norm auf die einschlägigen Veröffentlichungen der Entwicklungsgemeinschaft Holz (EGH) hingewiesen. Diese Unterlagen sind kostenlos bei der Arge Holz e.V., Postfach 30 01 41, 40 401 Düsseldorf, Telefon (02 11) 43 46 35, zu beziehen.

---

[1]) Die Einführungserlasse der einzelnen Länder weichen teilweise vom Mustererlaß ab.

Hinweise für die Verwendung von Baustoffen

Das Brandverhalten von Baustoffen und die Feuerwiderstandsdauer von aus diesen Baustoffen hergestellten Konstruktionen hängen im wesentlichen von der Beschaffenheit des jeweils verwendeten Baustoffes ab. Die gewünschte Klassifizierung wird nur dann erreicht, wenn der verwendete Baustoff in gleichbleibender Beschaffenheit ordnungsgemäß eingebaut wird. Abweichungen – z. B. im Gehalt brennbarer Bestandteile, in der Rohdichte, in der Wärmeleitfähigkeit, in den Abmessungen – sind nur zulässig im Rahmen der für den Baustoff gültigen Normen bzw. in Prüfbescheiden oder Prüfzeugnissen enthaltenen Bestimmungen. Die in dieser Norm, in Prüfbescheiden oder Prüfzeugnissen angegebenen Baustoffklassen gelten nur für den Baustoff selbst oder den dort genannten Verbund. In Verbindung mit anderen Stoffen kann die angegebene Baustoffklasse verlorengehen, gegebenenfalls auch deshalb, weil die Verbindungsmittel ungeeignet sind.[1)]

Einordnung in die Baustoffklassen

Mit der folgenden Tafel wird versucht, einen möglichst umfassenden Überblick über die Brennbarkeit von Baustoffen zu geben. Die Tafel geht daher über die in DIN 4102 Teil 4 aufgeführten klassifizierten Baustoffe hinaus und enthält im einzelnen:

- Klassifizierte Baustoffe nach DIN 4102 Teil 4, die ohne weiteren Nachweis in die angegebene Baustoffklasse eingereiht werden können; Abkürzungen in der Spalte „Nachweis": kl. B.
- Baustoffe, die aufgrund einschlägiger Baustoffnormen in bestimmte Baustoffklassen eingereiht werden müssen. Der Nachweis darüber ist – sofern keine Prüfzeichenpflicht vorliegt – in der Regel durch ein Prüfzeugnis zu führen; Abkürzung: Pzeug. Bei Verbundbaustoffen kann in einzelnen Fällen auf den Nachweis verzichtet werden, wenn für die Ausgangsstoffe ein entsprechender Nachweis geführt wurde (siehe z. B. Dreischicht-Leichtbauplatten nach DIN 1101). Solche Baustoffe sind in der Tafel ebenfalls mit kl. B. bezeichnet.
- Baustoffe der Klassen A und B1, für die bisher Prüfzeichen erteilt wurden; Abkürzung: Pzchn. Das Prüfzeichen wird normalerweise dem Baustoffhersteller verliehen. Der Prüfbescheid muß nach den allgemeinen Bestimmungen des Instituts für Bautechnik bei Verwendung des Baustoffes in Fotokopie vorliegen. Er ist gegebenenfalls über den Baustofflieferanten anzufordern. Verschiedene spezielle Verbundbaustoffe wurden nicht in die Tafel aufgenommen. Außerdem ist natürlich nicht auszuschließen, daß in Zukunft weitere Baustoffarten durch Prüfzeichen in die Klassen A und B1 eingeordnet werden.

In der Spalte „Kennzeichnung" wird zur Sicherheit noch einmal auf die Kennzeichnungspflicht nach DIN 4102 Teil 1 hingewiesen, die auch für klas-

---

[1)] Die Baustoffklasse A bleibt bei den klassifizierten Baustoffen der folgenden Tafel erhalten, wenn sie mit Anstrichen auf Dispersions- oder Alkydharzbasis oder mit üblichen Papiertapeten versehen sind.

DIN 4102 Brandschutz

sifizierte Baustoffe gilt, sofern sie nicht zu den Ausnahmen gehören (siehe oben unter Kennzeichnung). Das Kurzzeichen der entsprechenden Baustoffklasse ist normalerweise in der gemäß Baustoffnorm darüber hinaus erforderlichen Kennzeichnung enthalten, z. B. „Wärmedämmplatten DIN 18 164 – PUR – WD – B2 – 030 – 50". Bei prüfzeichenpflichtigen Baustoffen muß das Prüfzeichen der Gruppe 3 (PA-III-Nr., siehe Prüfzeichenverordnungen der Länder) in der Kennzeichnung enthalten sein.

Brennbarkeit von Baustoffen

Baustoffe	Klasse	Nachweis	Kennzeichng.
Sand, Kies, Lehm, Ton, natürliche Steine, Mineralien, Erden, Lavaschlacke, Naturbims	A 1	kl. B.	nein
Mineralfasern ohne organische Zusätze	A 1	kl. B.	nein
Mineralfaserplatten, -matten, -filze, -schalen	A 1/2	Pzchn	ja
	B 1	Pzchn	ja
	B 2	Pzeug	ja
Palusol-Brandschutzplatten 100 und 210	A 2	Pzchn	ja
Zement, Kalk, Gips, Anhydrit, Schlacken-, Hüttenbims, Blähton, -schiefer, -perlite, -vermiculite	A 1	kl. B	nein
Mörtel, Beton, Stahl- und Spannbeton, Steine und Bauplatten aus mineral. Bestandteilen	A 1	kl. B.	nein
Styropor- und Hostaporbeton	A 2	Pzchn	ja
Ziegel, Steinzeug, keramische Platten	A 1	kl. B.	nein
Glas, Schaumglas	A 1	kl. B.	nein
Glasfaserplatten, -matten, -filze, -watte	A 1/2	Pzchn	ja
	B 1	Pzchn	ja
	B 2	Pzeug	ja
Plexiglas	B 1	Pzchn	ja
Gipskartonplatten ⎰ mit geschlossener Oberfläche	A 2	kl. B.	ja
nach DIN 18 180 ⎱ mit gelochter Oberfläche[1]	B 1	kl. B.	ja
Gipskarton-Verbundplatten nach DIN 18 184	B 1	Pzchn	ja
	B 2	kl. B.	ja
Metalle und Legierungen in nicht feinverteilter Form wie Gußeisen, Stahl und Aluminium, ausgenommen Alkali- und Erdalkalimetalle	A 1	kl. B.	nein
beschichtetes verzinktes Stahlblech	A 2/B 1	Pzchn	ja
Holzwolle-Leichtbauplatten nach DIN 1101[2]	B 1	kl. B.	ja
Mineralfaser-ML-Platten nach DIN 1101[2]	B 1	kl. B.	ja
Hartschaum-ML-Platten nach DIN 1101[2]	B 1	Pzchn	ja
	B 2	kl. B.	ja

1) Rückseitige Beschichtungen auf Lochplatten müssen ebenfalls schwerentflammbar sein.
2) Für Leichtbauplatten mit nichtmineralischen oder organischen Beschichtungen ist B 2 durch Pzeug nachzuweisen.

Klassifizierte Baustoffe DIN 4102

Baustoffe	Klasse	Nachweis	Kennzeichng.
Holz und genormte Holzwerkstoffe allg. mit $d > 2$ mm und $\varrho \geq 400$ kg/m³ oder mit $d > 5$ mm und $\varrho \geq 230$ kg/m³ oder mit $d > 2$ mm und vollflächig aufgebrachten Holzfurnieren oder dekorative Schichtpreßstoffplatten nach DIN EN 438 Teil 1, kunststoffbeschichtete Holzfaserplatten nach DIN 68 751 mit $d \geq 3$ mm, kunststoffbeschichtete Spanplatten nach DIN 68 765 mit $d \geq 4$ mm beschichtete und unbeschichtete Spanplatten, Furnierplatten	B 2 A 1 B 1	kl. B. Pzchn Pzchn	ja[3] ja ja
Schichtpreßstoffplatten nach DIN EN 438 T 1, Kunststofftafeln aus PVC-U nach DIN 16927 sowie aus gegossenem PMMA nach DIN 16957, letztere nur mit $d \geq 2$ mm Kunststoff-Formmassen, ungeschäumt, aus PS nach DIN 7741 Teil 1 mit $d \geq 1,6$ mm PA nach DIN 16773 T 1 u. 2 mit $d \geq 1,0$ mm PP-B-M nach DIN 16774 T 1 mit $d \geq 1,4$ mm PE nach DIN 16 776 Teil 1 mit $d \geq 1,4$ mm UP nach DIN 16 946 Teil 2 mit $d \geq 1,6$ mm sonstige Kunststofftafeln Kunststofftafeln aller Art	B 2 B 2 B 2 B 1	kl. B. kl. B Pzeug Pzchn	ja ja ja ja
Kunststoffrohre und -formstücke aus PVC-U und PVCC, Wanddicke $\leq 3,2$ mm aus PVC-U, PP, PE-HD, ABS und ASA[4] sonstige Kunststoffrohre Kunststoffrohre aller Art	B 1 B 2 B 2 B 1	kl. B. kl. B. Pzeug Pzchn	ja ja ja ja
Fugendichtstoffe entsprechend DIN EN 26927 auf PUR-, SR-, SI- oder Acrylatbasis, eingebaut zwischen Baustoffen mind. der Klasse B 2	B 2	kl. B.	ja
Kunststoff-Folien u. -Gewebe, kunststoffbesch. Baumwollgewebe, Kunststoff-Fassadenputze	B 2 B 1	Pzeug Pzchn	ja ja
Schaumkunststoffe nach DIN 18164 u. 18159, pflanzl. Faserdämmstoffe nach DIN 18165, Korkerzeugnisse	B 2 B 1	Pzeug Pzchn	ja ja
Bodenbeläge aus Flex-Platten nach DIN 16950 und PVC nach DIN 16951, jeweils aufgeklebt auf massivem mineralischem Untergrund	B 1	kl. B.	ja

[3] Holz und Holzwerkstoffplatten mit $\varrho > 400$ kg/m³ und $d > 2$ mm sind von der Kennzeichnungspflicht ausgenommen.
[4] Auch aus Styrol-Copolymerisaten (ABS/ASA/PVC) nach DIN 19561.

Brennbarkeit von Baustoffen (Fortsetzung)

Baustoffe	Klasse	Nachweis	Kennzeichng.
Bodenbeläge auf beliebigem Untergrund aus Flex-Platten nach DIN 16 950 PVC nach DIN 16 951 und 16 952 T 1 bis 4 Elastomeren nach DIN 16 850 und 16 852 Linoleum nach DIN 18 171 und 18 173, textile Bodenbeläge nach DIN 66 090 T 1 Eichen-Parkett nach DIN 280 Teil 1 und 2 sonstige Fußbodenbeläge	B 2 B 1 B 2	kl. B. kl. B. Pzeug	ja ja ja
Hochpolymere Dach- und Dichtungsbahnen nach DIN 16 729, 16 730, 16 731, 16 734, 16 735, 16 737, 16 935, 16 937 und 16 938, Bitumen-, Dach- und Dichtungsbahnen nach DIN 18 190 T 4, 52 128, 52 130, 52 131, 52 132, 52 133 und 52 143[5])	B 2	kl. B.	ja

[5] Sofern es für bestimmte Anwendungsfälle erforderlich ist, muß durch Prüfung nach DIN 4102 T 1 nachgewiesen werden, daß Bitumen-, Dach- und Dichtungsbahnen nicht „brennend abfallen".

Feuerwiderstandsklassen von Wänden

Aus der Sicht des Brandschutzes muß zwischen tragenden und nichttragenden sowie zwischen raumabschließenden und nichtraumabschließenden Wänden unterschieden werden:

T r a g e n d e Wände sind überwiegend auf Druck beanspruchte scheibenartige Bauteile zur Aufnahme lotrechter Lasten, z. B. Deckenlasten, und/oder waagerechter Lasten, z. B. Windlasten, sowie zur Knickaussteifung tragender Wände. Sie können raumabschließend oder nicht raumabschließend sein.

N i c h t t r a g e n d e Wände sind scheibenartige Bauteile, die auch im Brandfall überwiegend nur durch ihre Eigenlast beansprucht werden und keine aussteifende Funktion haben; sie müssen aber senkrecht auf ihre Fläche wirkende horizontale Lasten, z. B. Windlasten, auf tragende Bauteile abtragen. Nichttragende Wände sind in DIN 4102 Teil 4 nur klassifiziert, soweit sie raumabschließende Funktion haben.

R a u m a b s c h l i e ß e n d e Wände sind z. B. Wände an Rettungswegen, Treppenraum- und Wohnungstrennwände sowie Brandwände. Sie dienen zur Verhinderung der Brandübertragung von einem Raum zum andern. Sie werden nur einseitig vom Feuer beansprucht. Als raumabschließende Wände gelten ferner Außenwandscheiben mit einer Breite von $> 1{,}0$ m. Im Bereich von Öffnungen sind Stürze, Balken, Unterzüge usw. jedoch unter wenigstens dreiseitiger Brandbeanspruchung zu bemessen.

N i c h t r a u m a b s c h l i e ß e n d e Wände sind Innenwände mit Öffnungen, die nicht durch Feuerschutzabschlüsse der vergleichbaren Feuerwiderstandsklasse geschlossen sind, und tragende Außenwandscheiben bis 1,0 m Breite. Diese Wände werden in der Regel mindestens zweiseitig beflammt.

In den folgenden Tafeln wird zwischen raumabschließenden und nichtraumabschließenden Wänden sowie Brandwänden unterschieden.

Die im Normaldruck wiedergegebenen Mindestdicken gelten für unbekleidete Wände, die *kursiv* gedruckten sind Mindestdicken (gemessen ohne Putz) für Wände mit beidseitigem P u t z der Mörtelgruppe IV nach DIN 18 550 Teil 2 oder aus Leichtmörtel nach DIN 18 550 Teil 4. Sofern diese brandschutztechnisch wirksamen Putze ohne Putzträger verwendet werden sollen, muß die ausreichende Haftung am Untergrund durch eine Ausführung gemäß DIN 18 550 Teil 2 sichergestellt werden. Die Brauchbarkeit brandschutztechnisch notwendiger Putze, die diesen Anforderungen nicht genügen, ist besonders nachzuweisen (siehe Seite 386).

Bei Bauteilen aus bewehrtem Normalbeton, haufwerksporigem Leichtbeton oder Porenbeton (ausgenommen bei Brandwänden) kann ein Teil der erforderlichen Wanddicke gemäß folgender Tabelle durch Putz ersetzt werden, die Dicke von Wänden aus Normalbeton muß jedoch, ohne Putz gemessen, bei tragenden Wänden $\geq$ 80 mm, bei nichttragenden $\geq$ 60 mm betragen (entsprechende Angaben für Wände aus Leicht- und Porenbeton sind in den folgenden Tafeln enthalten).

Ersatzdicke von Putzschichten für 10 mm Stahlbeton in mm

Zeile	Putzart	erforderliche Putzdicke		maximal anrechenb. Putzdicke
		Normalbeton	Leicht- oder Porenbeton	
1	Putze ohne Putzträger[1]) P II und P IVc	15	18	20
2	P IVa und P IVb	10	12	25
3	dto. auf nichtbrennb. Putzträgern	8	10	25[2])
4	Zweilagige Vermiculite- oder Perliteputze auf Putzträgern	5	6	30[2])

[1]) Mörtelgruppen und Anforderungen an den Untergrund nach DIN 18 550 Teil 2.
[2]) Jeweils gemessen über Putzträger.

Bei t r a g e n d e n Wänden hängt die Mindestwanddicke auch vom Ausnutzungsfaktor α ab. Dabei ist α das Verhältnis der vorhandenen zur zulässigen Beanspruchung. Letztere ergibt sich bei Wänden aus Beton zu $\beta_R/2,1$, bei Wänden aus Mauerwerk gemäß DIN 1053.

Anmerkung: Falls noch kein statischer Nachweis vorliegt, wird empfohlen, zunächst von $\alpha = 0,5$ bzw. 0,6 auszugehen, da eine höhere Ausnutzung von Wänden, zumindest im Wohnungsbau, eher selten vorkommt, andererseits ein Ausnutzungsgrad von nur 0,1 bzw. 0,2 schnell überschritten wird.

Bei Wänden aus Leichtbeton mit geschlossenem Gefüge nach DIN 4219 Teil 1 und 2 dürfen die Mindestwanddicken für raumabschließende und nichtraumabschließende Wände aus Normalbeton in der Rohdichteklasse 2,0 um 5 %, in der Rohdichteklasse 1,0 um 20 % abgemindert werden. Dazwischen kann linear interpoliert werden. Dabei darf eine Mindestwanddicke von 150 mm nicht unterschritten werden. Die Anrechnung von Putzschichten ist nicht zugelassen. Bei nichtraumabschließenden Wänden ist die Abminderung außerdem nur zulässig, wenn nicht gleichzeitig der Achsabstand der Bewehrung gegenüber den Werten für Normalbeton abgemindert wurde.

Bei raumabschließenden Wänden aus Betonfertigteilen sind die Fugen grundsätzlich so mit Mörtel nach DIN 1053 Teil 1 oder Beton nach DIN 1045 auszufüllen, daß die Dicke der Mörtelfuge der erforderlichen Mindestwanddicke für nichttragende Wände gemäß Tabelle entspricht. Bei Nut- und Federanschlüssen kann das mittlere Fugendrittel unvermörtelt bleiben. Werden raumabschließende Wände an Unterdecken befestigt, so ist die Feuerwiderstandsklasse durch Prüfungen nach DIN 4102 Teil 2 nachzuweisen.

Für Wände aus Gipskarton-Bauplatten wird hinsichtlich der Ausbildung von Fugen und Anschlüssen sowie der Befestigungsmittel auf DIN 18 181 sowie auf die sehr ausführlichen technischen Unterlagen der Hersteller von Gipskarton-Bauplatten verwiesen. Anschlüsse, die Wärmebrücken aufweisen, sind nach DIN 4102 auf ihre Eignung zu überprüfen. Letzteres gilt auch für Wände aus Holzwolle-Leichtbauplatten.

Für Brandwände gelten in der Regel die zulässigen Schlankheiten, die sich aus den einschlägigen Bemessungsnormen oder Zulassungsbescheiden ergeben. Für tragende Wände aus bewehrtem Normalbeton sowie für Wände aus Ziegelfertigbauteilen ist die zulässige Schlankheit mit $h_s/d = 25$ festgelegt. Aussteifungen von Brandwänden müssen wenigstens der Feuerwiderstandsklasse F90 angehören und vollfugig mit Mörtel nach DIN 1053 Teil 1 oder mit Beton nach DIN 1045 angeschlossen werden. Zur Ausbildung sonstiger Anschlüsse sowie der Fugen an aus Fertigteilen konstruierten Brandwänden enthält DIN 4102 Teil 4 umfangreiche Vorschriften, die hier im einzelnen nicht wiedergegeben werden können.

Raumabschließende, tragende und nichttragende Wände
mit einseitiger Brandbelastung (ausgenommen Brandwände)

Tab. [1]	Baustoff Bauteil	α [2]	Mindestdicke $d^{3)}$ in mm für				
			F30-A	F60-A	F90-A	F120-A	F180-A
35 T	Normalbeton, bewehrt und unbewehrt[4]	0,1 0,5 1,0	80 100 120	90 110 130	100 120 140	120 150 160	150 180 210
NT			80	90	100	120	150

Fußnoten siehe Seite 395

Klassifizierte Wände   DIN 4102

Tab.[1]	Baustoff Bauteil	α [2]	\multicolumn{5}{c}{Mindestdicke d^3) in mm für}				
			F30-A	F60-A	F90-A	F120-A	F180-A
43 T	Leichtbeton, haufwerksporig	0,2	115 *115*	150 *115*	150 *115*	150 *115*	175 *125*
		0,5	150 *115*	175 *150*	200 *175*	240 *200*	240 *200*
		1,0	175 *150*	200 *175*	240 *175*	300 *200*	300 *240*
NT	(gilt auch für stehende Stahlbetonhohldielen DIN 4028)		75 *60*	75 *75*	100 *100*	125 *100*	150 *125*
44 T	Porenbetontafeln, bewehrt	0,5	150 *125*	175 *150*	200 *175*	225 *200*	240 *225*
		1,0	175 *150*	200 *175*	225 *200*	250 *225*	300 *250*
NT	Bewehrte und unbewehrte Porenbetonplatten		75 *75*	75 *75*	100 *100*	125 *100*	150 *125*
39 T	Porenbeton-Blocksteine und -Plansteine nach DIN 4165, Rohdichteklasse ≥ 0,5[5]), mit Normal- oder Dünnbettmörtel	0,2	115 *115*	115 *115*	115 *115*	150 *115*	175 *115*
		0,6	115 *115*	150 *115*	175 *115*	175 *150*	200 *175*
		1,0	115 *115*	175 *150*	240 *175*	300 *200*	300 *200*
38 NT	Porenbeton-Steine und -Bauplatten DIN 4165 u. 4166		75[6]) *50*	75 *75*	100[6]) *75*	115 *75*	150 *115*
39 T	Hohlblöcke DIN 18 151, Vollsteine, -blöcke DIN 18 152, Betonsteine DIN 18 153, Rohdichteklasse ≥ 0,6[5]), mit Normal- oder Leichtmörtel	0,2	115 *115*	115 *115*	115 *115*	140 *115*	140 *115*
		0,6	140 *115*	140 *115*	175 *115*	175 *140*	190 *175*
		1,0	175 *140*	175 *140*	175 *140*	190 *175*	240 *190*
38 NT	(gilt auch für LB-Wandbauplatten DIN 18 148 und 18 162)		50 *50*	70 *50*	95 *70*	115 *95*	140 *115*
39 T	Mauerziegel DIN 105 Teil 1 Voll- und Hochlochziegel, Lochung: Mz, HLzA, HLzB, mit Normalmörtel	0,2	115 *115*	115 *115*	115 *115*	115 *115*	175 *140*
		0,6	115 *115*	115 *115*	140 *115*	175 *115*	240 *140*
		1,0[7])	115 *115*	115 *115*	175 *115*	240 *140*	240 *175*

Fußnoten siehe Seite 395

DIN 4102 — Brandschutz

Tab.[1])	Baustoff Bauteil	α [2])	Mindestdicke d[3]) in mm für				
			F30-A	F60-A	F90-A	F120-A	F180-A
39 T	Mauerziegel DIN 105 Teil 2, Leichthochlochziegel oder Leichthochlochziegel W, Rohdichteklasse $\geq 0,8$, mit Normal- oder Leichtmörtel	0,2 0,6 1,0	*115* *115* *115*	*115* *115* *115*	*115* *115* *115*	*115* *115* *140*	*140* *140* *175*
		0,2 0,6 1,0	*115* *115* *115*	*115* *140* *175*	*140* *175* *240*	*175* *300* *300*	*240* *300* *365*
38 NT	Mauerziegel DIN 105 Teile 1 bis 4		115 *70*	115 *70*	115 *100*	140 *115*	175 *140*
	Mauerziegel DIN 105 Teil 5, LLz und LLp		115 *70*	115 *70*	140 *115*	175 *140*	190 *175*
39 T	Kalksandsteine DIN 106 Teile 1, 1 A1 und 2, mit Normal- oder Dünnbettmörtel	0,2 0,6 1,0	115 *115* 115 *115* 115 *115*	115 *115* 115 *115* 115 *115*	115 *115* 115 *115* 115 *115*	115 *115* 140 *115* 200 *140*	175 *140* 200 *140* 240 *175*
38 NT	mit beliebigem Mörtel		70 *50*	115[6]) *70*	115 *100*	115 *115*	175 *140*
39 T	Ziegelfertigbauteile DIN 1053 Teil 4		115 *115*	165 *115*	165 *165*	190 *165*	240 *190*
38 NT			115 *115*	115 *115*	115 *115*	165 *140*	165 *140*
	Gips-Wandbauplatten DIN 18 163, Rohdichte $\geq 0,6$ kg/dm³		60	80	80	80	100
46 NT	HWL-Platten DIN 1101 zweischalig, mit Dämmschicht und Putz[8])	d_1 D d_2	50 15 40	50 15 40	50 15 40	50 15 40	50 20 40
48 NT	Gipskartonplatten GKF DIN 18 180, beidseitig,) Unterkonstruktion aus Stahlblechprofilen aus GKB- bzw. GKF- Streifenbündeln	d D/ϱ oder d D/ϱ oder oder	12,5 40/30 — — — —	2 × 12,5 40/40 — — — —	15 + 12,5 40/40 2 × 12,5 80/30 60/50 40/100	2 × 18 40/40 2 × 15 80/50 60/100 —	— — 3 × 12,5 80/50 60/100 —
49 NT	Wände wie vor[9]), aber mit Holzunterkonstruktion	d D/ϱ	12,5 40/30	2 × 12,5 40/40	2 × 12,5 80/100	— —	— —

Klassifizierte Wände DIN 4102

Nichtraumabschließende, tragende Wände und Pfeiler
mehrseitige Brandbeanspruchung; nach DIN 4102 Teil 4, Tab. 36, 40 und 41

Konstruktionsmerkmale	α [1]	b [2]	Mindestwanddicke d[3]) in mm für				
			F30-A	F60-A	F90-A	F120-A	F180-A
Unbekleidete Wände aus Normalbeton[4])	0,1	400	120	120	120	140	170
	0,5	400	120	120	140	160	200
	1,0	400	120	140	170	220	300
Porenbeton-Blocksteine und -Plansteine nach DIN 4165, Rohdichteklasse $\geq 0,5$, mit Normal- oder Dünnbettmörtel	0,2	990	115 / *115*	150 / *115*	150 / *115*	150 / *115*	175 / *115*
	0,6	990	150 / *115*	175 / *150*	175 / *150*	175 / *150*	240 / *175*
		615	175	175	175	175	175
		490	175	175	175	175	300
		365	175	175	200	240	365
		300	200	240	240	300	–
		240	240	240	240	365	–
	1,0	990	175 / *150*	175 / *150*	240 / *175*	300 / *240*	300 / *240*
		615	175	175	240	300	300
		490	175	175	300	300	–
		365	200	300	365	–	–
		300	240	300	–	–	–
		240	300	365	–	–	–

Fußnoten siehe Seite 397

Fußnoten zur Tafel Seiten 392 bis 394

1) Nummer der Tabelle in DIN 4102, aus der die Werte entnommen sind. T = tragende Wände; NT = nichttragende Wände.
2) Ausnutzungsfaktor (siehe Erläuterungen zu den tragenden Wänden im Text).
3) Die im Normaldruck angegebenen Dicken gelten für rohe Wände, die kursiv gedruckten für geputzte Wände (siehe dazu die Angaben im erläuternden Text).
4) Bei Betonfeuchtegehalten > 4 % (angegeben als Massenanteil) sowie bei Wänden mit sehr dichter Bewehrung (Stababstand < 10 cm) muß die Mindestwanddicke 120 mm betragen.
5) Die Mindestrohdichte gilt nur für tragende Wände.
6) Bei Verwendung von Dünnbettmörtel gilt die Mindestwanddicke für geputzte Wände.
7) Bei 3,0 < vorh σ $\leq$ 4,5 N/mm^2 gelten die Werte nur für Mauerwerk aus Voll-, Block- und Plansteinen.
8) d_1 = Mindestdicke je HWL-Schale; D = Mindestdicke der erforderlichen Dämmschicht aus Mineralfaserplatten der Baustoffklasse A, Rohdichte $\geq$ 30 kg/m^3; d_2 = Mindestdicke des beidseitigen Putzes der Gruppe II oder IV DIN 18 550.
9) d = Mindestdicke der Beplankung je Seite; D/ϱ = Mindestdicke/Mindestrohdichte in kg/m^3 der erforderlichen Dämmschicht gemäß Fußnote 8); für die Klasse F 30 sind auch GKB-Platten mit d $\geq$ 18 mm, für die anderen Klassen auch Kombinationen aus GKF-Platten anderer Dicken mit gleicher Gesamtdicke zulässig.

DIN 4102 — Brandschutz

Konstruktionsmerkmale	α [1]	b [2]	Mindestwanddicke d^3) in mm für				
			F30-A	F60-A	F90-A	F120-A	F180-A
Hohlblöcke DIN 18 151, Vollsteine und Vollblöcke DIN 18 152, Betonsteine DIN 18 153, Rohdichteklasse $\geq 0{,}6$, mit Normal- oder Leichtmörtel	0,2	990	115 / *115*	140 / *115*	140 / *115*	140 / *115*	175 / *115*
	0,6	990	140 / *115*	175 / *140*	190 / *175*	240 / *190*	240 / *240*
		490	175	175	175	240	240
		365	175	175	175	240	240
		300	175	175	240	240	300
		240	175	240	240	300	365
		240	175	240	300	365	–
	1,0	990	175 / *140*	175 / *175*	240 / *175*	300 / *240*	300 / *240*
		490	175	175	240	300	300
		365	175	240	240	300	–
		300	240	240	300	365	–
		240	240	300	365	–	–
Mauerziegel DIN 105 Teil 1, Voll- und Hochlochziegel, Lochung: Mz, HLzA, HLzB, mit Normalmörtel[5])	0,2	990	115	115	175	240	240
	0,6	990	115	115	175	240	300
		615	115	175	240	240	300
		490	175	240	240	240	300
		365	240	240	240	240	–
		300	240	240	240	–	–
		240	240	240	300	–	–
	1,0 [6])	990	115	115	240	365	–
		615	175	240	240	–	–
		490	240	240	300	–	–
		365	240	300	–	–	–
		300	300	365	–	–	–
Mauerziegel DIN 105 Teil 2, Leichthochlochziegel, Rohdichteklasse $\geq 0{,}8$, mit Normal- oder Leichtmörtel	0,2	990	*115*	*115*	*115*	*115*	*175*
	0,6	990	*115*	*115*	*115*	*115*	*200*
		615	*115*	*115*	*115*	*175*	*240*
		490	*115*	*115*	*175*	*175*	*240*
		365	*115*	*175*	*175*	*175*	*240*
		300	*175*	*175*	*175*	*175*	*240*
		240	*175*	*175*	*175*	*240*	*300*
	1,0	990	*115*	*115*	*115*	*175*	*240*
		615	*115*	*115*	*175*	*175*	*240*
		490	*115*	*175*	*175*	*175*	*240*
		365	*175*	*175*	*175*	*175*	*240*
		300	*175*	*175*	*240*	*240*	*300*
		240	*175*	*175*	*240*	*240*	*365*

Klassifizierte Wände — DIN 4102

Konstruktionsmerkmale	α [1]	b [2]	Mindestwanddicke d[3]) in mm für				
			F30-A	F60-A	F90-A	F120-A	F180-A
Mauerziegel DIN 105 Teil 2, Leichthochlochziegel W, Rohdichteklasse $\geq 0{,}8$, mit Normal- oder Leichtmörtel	0,2 0,6 1,0	990 300 240 300 240	*175* *175* *240* *240* *240*	*175* *175* *240* *240* *240*	*175* *240* *240* *240* *300*	*175* *240* *240* *300* *365*	*240* *300* *300* *365* —
Kalksandsteine DIN 106 Teile 1, 1 A1 und 2, mit Normal- oder Dünnbettmörtel	0,2	990	115 *115*	115 *115*	115 *115*	140 *115*	175 *140*
	0,6	990 615 490 365 300 240	115 *115* 115 115 115 175 175	115 *115* 115 115 115 175 175	115 *115* 115 115 175 175 175	175 *115* 175 175 175 175 175	175 *175* 175 175 175 240 300
	1,0 [6])	990 365 300 240	115 *115* 175 175 175	115 *115* 175 175 175	175 *115* 175 175 240	175 *175* 175 175 240	175 *175* 240 300 365
Ziegelfertigbauteile DIN 1053 Teil 4			115 *115*	165 *115*	165 *165*	190 *165*	240 *190*

1) Ausnutzungsfaktor (siehe Erläuterungen zu den tragenden Wänden im Text).
2) Erforderliche Mindestbreite von Pfeilern und Wandabschnitten; Wandabschnitte aus Normalbeton unter 40 cm Breite sind wie Stützen zu bemessen; die Werte für mindestens 99 cm breite Wandabschnitte und für „Wände" (nach Norm erf $b > 1{,}0$ m) wurden aus praktischen Gründen gleichgesetzt.
3) Die im Normaldruck angegebenen Dicken gelten für rohe Wände, die kursiv gedruckten für geputzte Wände (siehe dazu die Angaben im erläuternden Text).
4) Für Wände aus Leichtbeton mit haufwerksporigem Gefüge und aus bewehrtem Porenbeton gelten die gleichen Werte wie für entsprechende raumabschließende Wände.
5) Für geputzte Wände und Pfeiler gelten die folgenden für Wände aus Leichthochlochziegeln angegebenen Werte.
6) Im Spannungsbereich $3{,}0 < \text{vorh}\sigma \leq 4{,}5$ N/mm² dürfen nur Voll-, Block- oder Plansteine verwendet werden.

Ein- und zweischalige Brandwände nach DIN 4102 Teil 4, Tabelle 45

Wandbauart	$\varrho^{1)}$	Mindestdicke in mm einschalig	zweischalig
Normalbeton, unbewehrt		200	2 × 180
bewehrt, tragende Wandtafeln, Ortbeton		140	2 × 120[2]
bewehrt, nichttragende Wandtafeln		120	2 × 100
Leichtbeton, haufwerksporig,	1,4	250	2 × 200
nach DIN 4232	0,8	300	2 × 200
Porenbeton, bewehrt, Festigkeitsklasse 4,4			
tragende, stehende Wandtafeln	0,7	200[2]	2 × 200[2]
nichttragende Wandtafeln	0,7	175	2 × 175
nichttragende Wandtafeln, Fest.kl. 3,3	0,6	200	2 × 200
Ziegelfertigbauteile nach DIN 1053 Teil 4			
Hochlochtafeln, vollvermörtelb. Stoßfugen		165	2 × 165
Verbundtafeln mit zwei Ziegelschichten		240	2 × 165
Mauerwerk nach DIN 1053 Teil 1 und 2[3]			
Ziegelsteine nach DIN 105 Teil 1	1,4	240	2 × 175
	1,0	300	2 × 175
		240	*2 × 175*
Ziegelsteine nach DIN 105 Teil 2	0,8	365[4]	2 × 240
		300[4]	2 × 175
Kalksandsteine nach DIN 106	1,8	240[5]	2 × 175[5]
Teile 1, 1 A1 und 2	1,4	240	2 × 175
	0,9	300	2 × 200
		300	*2 × 175*
	0,8	300	2 × 240
		300	*2 × 175*
Porenbetonsteine nach DIN 4165, allg.	0,6	300	2 × 240
als Plansteine mit Dünnbettmörtel[6])	0,6	240	2 × 175
	0,5	300	2 × 240
Hohlblöcke und Vollsteine nach	0,8	240	2 × 175
DIN 18 151, 18 152, 18 153		*175*	2 × 175
	0,6	300	2 × 240
		240	*2 × 175*

1) Mindest-Rohdichteklasse.
2) Sofern nicht nach Tabelle 35 bzw. 44 (siehe unter raumabschließenden Wänden) größere Werte erforderlich sind.
3) Unter Verwendung von Normalmörtel der Gruppen II, II a, III oder III a.
4) Gilt nur bei Verwendung von Leichtmauermörtel und Ausnutzungsfaktor $\alpha \leq 0{,}6$.
5) Bei Verwendung von Plansteinen und Dünnbettmörtel 175 bzw. 2 × 150 zulässig.
6) Vermörtelung der Stoß- und Lagerfugen, bei $\varrho < 0{,}6$ auch Nuten und Federn erforderlich.

Feuerwiderstandsklassen von Decken

Für die Feuerwiderstandsdauer von Massivdecken ist u. a. das statische System ausschlaggebend. Statisch bestimmt gelagerte Decken (z. B. Einfeldplatten) haben in den meisten Fällen geringere Mindestdicken als statisch unbestimmt gelagerte (z. B. Durchlaufplatten). Bei Hohlplatten aus Normalbeton kommt es außerdem darauf an, ob an den Auflagern Massiv- oder Halbmassivstreifen bis zu den Momentennullpunkten angeordnet werden. Die Werte für „stat. unbestimmt" gelten nur bei Durchlaufplatten ohne Massiv- oder Halbmassivstreifen und bei Einfeldplatten mit Kragarm, sonst können die Werte für „stat. bestimmt" angenommen werden.

Hohlplatten aus Normalbeton mit rechteckigen Hohlräumen benötigen größere untere Flanschdicken d_F als solche mit runden oder ovalen Hohlräumen. In den Tafeln sind nur die erforderlichen unteren Flanschdicken angegeben. Daneben muß die bezogene Nettoquerschnittsfläche pro m Breite A_{Netto}/b [mm] $\geq$ der Mindestdicke einer entsprechenden Vollplatte sein.

Als Vollplatten aus Normalbeton sind hinsichtlich der Mindestdicken die folgenden Stahlbeton- oder Spannbetondecken zu behandeln:

– Ortbetonplatten nach DIN 1045, Abschnitt 20

– Platten von Plattenbalkendecken und Rippendecken ohne Zwischenbauteile nach DIN 1045, Abschnitt 21

– Fertigplatten mit statisch mitwirkender Ortbetonschicht nach DIN 1045, Abschnitt 19.7.6

– Balkendecken ohne Zwischenbauteile und mit ebener Untersicht nach DIN 1045, Abschnitt 19.7.7

– Balken- und Rippendecken mit Zwischenbauteilen nach DIN 278 (Hourdis), DIN 4158, DIN 4159 oder DIN 4160. Bei diesen Decken entspricht die brandschutztechnisch wirksame Deckendicke $d = A_{Netto}/b$, wobei A_{Netto} die Nettoquerschnittsfläche des Zwischenbauteiles und einer gegebenenfalls darüberliegenden Ortbetonschicht und b die Breite des Zwischenbauteiles bedeuten. Bei Zwischenbauteilen aus Leichtbeton oder Ziegeln darf die so errechnete „Ersatzdicke" um 10 % vergrößert werden. Bei Zwischenbauteilen nach DIN 4160 darf nur die oberste Ziegelschicht, bei Zwischenbauteilen aus brennbaren Baustoffen nur die obere Ortbetonschicht in Ansatz gebracht werden.

Bei unbekleideten Decken mit Zwischenbauteilen nach DIN 278 oder DIN 4158 muß für $\geq$ F90 auf der Deckenoberseite immer eine Ortbetonschicht oder ein Estrich $\geq$ 30 mm vorhanden sein.

Punktförmig gestützte Platten nach DIN 1045, Abschnitt 22, werden brandschutztechnisch nicht wie die übrigen Vollplatten behandelt. Die Abminderungen durch Putzschichten sowie die für geputzte oder bekleidete Vollplatten angegebenen Mindestdicken gelten für sie nicht.

Dicht verlegte Fertigteile aus Normalbeton als Platten-, Plattenbalken- oder Rippendecken können wie entsprechende Ortbetonbauteile behandelt werden, wenn die Fugen nach DIN 1045, Tabelle 27, Maßnahmen I, II b o. ä. ausgebildet sind und mit Mörtel oder Beton der Baustoffklasse A geschlossen werden. Das gilt sinngemäß auch, wenn an der Fuge zwei Rippen zusammentreffen (z. B. bei Verwendung von Trogplatten). Bei nicht dicht verlegten Fertigteilplatten sind offene Fugen bis zu einer maximalen Breite von 30 mm zulässig, wenn auf der Plattenoberseite ein im Fugenbereich bewehrter Estrich oder Beton aus Baustoffen der Klasse A von 30 mm Dicke in den Klassen F 30 und F60, 40 mm Dicke in F90, 45 mm Dicke in F120 und 50 mm Dicke in F180 aufgebracht wird. Dabei darf der Estrich zur Erzielung einer Sollbruchfuge auf der Oberseite einen maximal 15 mm tiefen Einschnitt erhalten. Dämmschichten von schwimmenden Estrichen müssen der Baustoffklasse A angehören und im übrigen der untenstehenden Fußnote [4]) entsprechen.

Werden Fertigteile in raumabschließenden Decken anders verbunden oder angeschlossen, sind Nachweise nach DIN 4102 Teil 2 zu führen.

Die Balken und Rippen von Decken mit nichtebener Unterseite sowie mit Zwischenbauteilen nach DIN 4160 oder aus brennbaren Baustoffen sind als Balken mit dreiseitiger Brandbeanspruchung zu bemessen (siehe Feuerwiderstandsklassen von Balken und Trägern).

Die Tafelwerte beziehen sich auf raumabschließende Decken mit einseitiger Brandbeanspruchung von unten oder von oben. Deckenplatten, die mehrseitig vom Brand beansprucht werden können, z. B. dreiseitig gelagerte oder auskragende Platten, müssen als Normalbeton-Vollplatten immer eine Mindestdicke von ≥ 100 mm haben.

---

[4]) Der Estrich muß aus nichtbrennbaren Baustoffen oder aus Asphalt bestehen, die Dämmschicht aus mineralischen Dämmstoffen nach DIN 18 165 Teil 2, Baustoffklasse B 2, $\varrho \geq 30$ kg/m³.
[5]) Bei Betonfeuchtigkeitsgehalten > 4 Gew.-% sowie bei Decken mit Bewehrungsabständen < 100 mm muß die Mindestdicke ≥ 80 mm (best.) bzw. ≥ 100 mm (unbest.) betragen.
[6]) Die Werte gelten auch für die Mindestgesamtdicke einschl. eines unmittelbar aufgebrachten nichtbrennbaren Estrichs, Dicke der Hohldiele aber ≥ 80 mm bzw. im Falle der Fußnote 5) ≥ 100 mm; die gleichen Mindestdicken gelten, wenn ein schwimmender Estrich gemäß Fußnote 4) in der für Vollplatten erforderlichen Dicke aufgebracht wird.
[7]) Nichtbrennbarer Estrich oder Asphaltestrich mit $d \geq 30$ mm.
[8]) Bei Betondecken nur, wenn die Abminderung aus Putz-Ersatzschichten (siehe Feuerwiderstandsklassen von Wänden) nicht größere Werte ergibt.
[9]) Unterdecken nach der Tafel auf S. 403.

Klassifizierte Decken — DIN 4102

Stahlbeton- und Spannbetondecken

Tab.[1]	Baustoff und Konstruktion		Mindestrohdicke in mm für FW-Klassen[2]				
			F30-A	F60-A	F90-A	F120-A	F180-A
1. Decken ohne untere Bekleidung							
9	Vollplatten aus Normalbeton[3]	best.	60[5]	80	100	120	150
		unb.	80[5]	80[5]	100	120	150
	dto., aber mit schwimmendem, nichtbrennb. Estrich[4]	best.	60[5]	60[5]	60[5]	60[5]	80
		unb.	80[5]	80[5]	80[5]	80[5]	80[5]
		$d_{Estr.}$	25	25	25	30	40
	punktf. gestützte Platten mit Stützenkopfverstärkung		150	150	150	150	150
	ohne Stützenkopfverstärkung		150	200	200	200	200
10	d_F von Hohlplatten aus Normalbeton ohne brennbare Bestandteile	□ best.	60	60	60	60	60
		unb.	80	80	80	80	80
		○ best.	50	50	50	50	50
		unb.	70	70	70	70	70
	dto., aber mit brennbaren Bestandteilen	□ best.	80	80	80	80	80
		unb.	80	80	100	120	150
		○ best.	70	70	70	70	70
		unb.	80	80	100	120	150
13	Normalbeton-Hohldielen[6]		80	100	120	140	170
	Leichtbeton-Hohldielen und Porenbetonplatten je nach Fugenausbildung		75	75	75	100	125
			75	75	100	125	150
27	Stahlsteindecken		115	140	165	240	290
	dto. mit Estrich[7]		90	90	115	140	165
2. Mindestdicke von geputzten Decken, gemessen ohne Putz[8]							
9 10	Vollplatten bzw. d_F von Hohlplatten aus Normalbeton		50	50	50	50	50
13	Normalbeton-Hohldielen		80	80	80	80	80
	Leichtbeton-Hohldielen und Porenbetonplatten		50	50	75	100	125
27	Stahlsteindecken ohne Estrich		90	115	140	165	240
	Stahlsteindecken mit Estrich[7]		90	90	90	115	140
3. Mindestdicke von Decken, die mit HWL-Platten nach DIN 1101 als verlorener Schalung bekleidet oder mit Unterdecken[9] versehen sind, gemessen ohne Bekleidung							
9 10 13	Platten nach nebenstehenden Tabellen mit	HWL ≥ 25 mm	50	50	—	—	—
		≥ 50 mm	50	50	50	50	50
		Unterdecken	50	50	50	50	50

1) Nummer der Tabelle in DIN 4102 T4, aus der die Werte entnommen sind.
2) Bei Verwendung brennbarer Bestandteile wie Füllkörpern der Klasse B, Asphaltestrichen, schwimmenden Estrichen mit brennbaren Dämmschichten, HWL-Platten müssen die Benennungen F30-AB, F60-AB usw. lauten.
3) Bei Vollplatten mit unmittelbar aufgebrachtem nichtbrennb. Estrich oder Asphaltestrich gelten die Werte für die Gesamtdicke einschl. Estrich. Dicke der Rohdecke aber ≥ 50 mm (für F30 bis F90), ≥ 60 mm (für F120) und ≥ 75 mm (für F180).
4) bis 9) siehe links.

DIN 4102 Brandschutz

In DIN 4102 Teil 4 sind auch U n t e r d e c k e n klassifiziert, die tragenden Beton- oder Stahlträgerdecken eine bestimmte Feuerwiderstandsklasse verleihen.

Es handelt sich um folgende Unterdecken:

a) hängende Drahtputzdecken nach DIN 4121

b) Unterdecken aus Holzwolle-Leichtbauplatten nach DIN 1101 mit verspachtelten Fugen oder unterseitigem Putz

c) Unterdecken aus 9,5 mm dicken Gipskarton-Putzträgerplatten (GKP) nach DIN 18 180 mit unterseitigem Putz

d) Unterdecken aus Gipskarton-Bauplatten F (GKF) nach DIN 18180 mit geschlossener Fläche, Befestigung und Verspachtelung nach DIN 18181

e) Unterdecken aus Deckenplatten DF oder SF nach DIN 18169.

Die klassifizierten Unterdecken müssen der folgenden Tafel entsprechen und dicht an den angrenzenden Wänden anschließen. Werden leichte, nichttragende Trennwände an den Unterdecken angeschlossen, so sind zusätzliche Nachweise durch Prüfungen nach DIN 4102 Teil 2 zu führen.

Fußnoten zu Seite 403

1) Die genaue Benennung muß je nach Brennbarkeit der Verkleidung oder der Unterkonstruktion F30-A ... oder F30-AB ... lauten. In DIN 4102 Teil 4 sind zusätzlich Deckenkonstruktionen mit Drahtputzdecken für die Klassen F120 und F180 sowie mit Unterdecken aus GKF-, SF- und DF-Platten für die Klasse F120 klassifiziert.
2) Oder Profile aus Stahlblech.
3) Abstand zwischen UK Balken oder Rippe und OK Putzträger oder Plattendecke. Bei Decken der Bauart IV dürfen in der Klasse F30 Unterdecken auch ohne Berücksichtigung der Abhängehöhen unmittelbar unter den Holzbalken angebracht werden.
4) Siehe dazu Erläuterungen im Text.
5) Auf Holzlattung ist in der Klasse F60 eine zweilagige Ausführung mit 2 × 12,5 mm erforderlich, die Klasse F90 ist nur für eine Tragkonstruktion aus Stahlblechprofilen klassifiziert. Unterdecken aus zwei Plattenlagen mit versetzten Fugen und geschlossener Fläche können bei Brandbeanspruchung von unten unabhängig von der darüberliegenden Rohdecke allein in eine Feuerwiderstandsklasse eingeordnet werden, und zwar mit 2 × 12,5 mm in F30-B bzw. F30-A (auf Blechprofilen), mit 15 + 18 mm in F60-B bzw. F60-A; max. Spannweite der Platten bei F60 nur 400 mm.
6) In der Feuerwiderstandsklasse F60 ist Einschub- oder Einlegemontage, in F90 immer Einschubmontage erforderlich (siehe dazu DIN 18169); bei vorhandener Dämmung im Zwischendeckenbereich ist nur F30 erreichbar.
7) Mörtelgruppen nach DIN 18550, Spezialputze als Vermiculite- oder Perliteputze.
8) Diese Unterdecken können bei Brandbeanspruchung von unten unabhängig von der darüberliegenden Deckenbauart allein in die genannten Feuerwiderstandsklassen eingeordnet werden.

Klassifizierte Unterdecken — DIN 4102

Unterdecken nach DIN 4102 Teil 4, Tabellen 96 bis 102 (alle Maße in mm)

Feuerwiderstandsklassen[1])	F30	F60	F90
Maximale Spannweiten der Unterkonstruktion			
Tragstäbe ⌀ ≥ 7 mm für Drahtputzdecken	750	700	400
Traglattung[2]) für Holzwolle-Leichtbauplatten	1 000	1 000	750
Grund- und Traglattung[2]) für GKP-, GKF- oder Gips-Deckenplatten	1 000	1 000	1 000
Max. Spannweiten der Putzträger bzw. Verkleidungen			
Putzträger aus Rippenstreckmetall	1 000	800	750
Putzträger aus Drahtgewebe	500	400	350
Holzwolle-Leichtbauplatten	500	500	–
Gipskartonplatten GKP oder GKF	500	500	500
Deckenplatten aus Gips DF oder SF	625	625	625
Mindest-Abhängehöhen[3])			
Drahtputzdecken	12	15	20
Holzwolle-Leichtbauplatten	25	25	–
Gipskartonplatten GKP oder GKF sowie Deckenplatten aus Gips DF oder SF	40	80	80

Feuerwiderstandsklassen[1]) Deckenbauart[4])	F30			F60			F90		
	I	II	III	I	II	III	I	II	III
Mindestplattendicken									
HWL-Platten ohne Putz	50	50	35	–	–	–	–	–	–
GKF-Platten mit Dämmung im Zwischendeckenbereich	15	15	15	–	–	–	–	–	–
GKF-Platten ohne Dämmung im Zwischendeckenbereich[5])	15	12,5	12,5	–	–	12,5	–	–	15
Deckenplatten DIN 18 169[6])	DF3/SF3			–	DF9/SF9		–	DF9/SF9	
Mindestputzdicken[7])									
Drahtputzdecken mit Wärmedämmung MG II od. IV c	15	15	15	–	–	–	–	–	–
MG IV a od. b	5	5	5	20	20	20	–	–	–
Spezialputze	5	5	5	10	10	10	20	20	20
ohne Wärmedämmung MG II od. IV c	15	10	5	–	15	5	–	25	15
MG IV a od. b	5	5	5	20	5	5	–	15	5
Spezialputze	5	5	5	10	5	5	20	10	5
[8]) MG IV a od. b		20			–			–	
Spezialputze		15			25			–	
HWL-Platten, ≥ 25 mm dick mit oder ohne Wärmed. MG II od. IV c	25	25	15	–	–	20	–	–	–
MG IV a od. b	20	20	10	–	–	15	–	–	–
Spezialputze	15	15	5	25	25	10	–	–	–
GKP-Platten, ≥ 9,5 mm dick mit Wärmedämmung MG IV a od. b	20	20	20	–	–	–	–	–	–
Spezialputze	15	15	15	–	–	–	–	–	–
ohne Wärmedämmung Holzlattg. IV a od. b	20	20	15	–	–	–	–	–	–
Spezialputze	15	15	10	–	–	20	–	–	–
Blechprof. IV a od. b	20	15	10	–	–	15	–	–	–
Spezialputze	15	10	5	–	20	10	–	–	20

1) Fußnoten siehe S. 402

DIN 4102   Brandschutz

Deckeneinbauten wie Leuchten oder klimatische Geräte heben die brandschutztechnische Wirkung einer Unterdecke im allgemeinen auf. Ihre Eignung ist daher stets durch Prüfungen nach DIN 4102 Teil 2 nachzuweisen. Die Klassifizierungen setzen außerdem voraus, daß sich im Zwischendeckenbereich zwischen Rohdecke und Unterdecke keine weiteren brennbaren Bestandteile befinden. Als unbedenklich gelten in diesem Zusammenhang brennbare Kabelisolierungen oder freiliegende Baustoffe der Klasse B1, sofern die dadurch entstehende Brandlast möglichst gleichmäßig verteilt und $\leq 6\ kWh/m^2$ ist. (Ein NYM-Kabel 3 × 1,5 mit PVC-Isolierung besitzt z. B. eine Brandlast von $q \approx 0{,}8\ kWh/m$.)

Die Unterdecken sind in Verbindung mit Rohdecken der Bauarten I bis III klassifiziert, Unterdecken aus GFK-Platten und Drahtputzdecken gemäß Fußnoten [5]) und [8]) der Tafel gegen Brandbeanspruchung von unten auch allein.

Decken der Bauart I sind
— Stahlbeton- oder Spannbetondecken mit Zwischenbauteilen aus Leichtbeton oder Ziegel nach DIN 278, 4158, 4159 und 4160 einschließlich Stahlsteindecken,
— Decken mit freiliegenden Stahlträgern und einem oberen, mind. 5 cm dicken Abschluß aus Leichtbetondielen oder Porenbetonplatten.

Decken der Bauart II sind Decken mit freiliegenden Stahlträgern und einem oberen, mind. 5 cm. dicken Abschluß aus Normalbeton.

Decken der Bauart III sind Stahlbeton- oder Spannbetondecken aus Normalbeton, auch mit Zwischenbauteilen nach DIN 4158 aus Normalbeton.

Feuerwiderstandsklassen von Balken und Trägern

Balken aus Normalbeton müssen bei dreiseitiger Brandbeanspruchung Mindestabmessungen gemäß folgender Tafel haben (Querschnittsbezeichnungen entsprechend Abb.). Eine dreiseitige Brandbeanspruchung liegt vor, wenn die Oberseite des Balkens durch eine Stahlbetondecke gemäß Tafel auf S. 401 abgedeckt ist. Bei I-Querschnitten muß der Wert $d_u^* = d_u + d_{su}/2 \geq$ der Mindestbreite b in der Biegezugzone unbekleideter Balken sein. Für I-Querschnitte mit $b/t > 3{,}5$ dürfen die Werte der Tafel nicht angewendet werden.

Bei vierseitiger Brandbeanspruchung wird neben den Mindestabmessungen der Tafel noch gefordert:
— min $d \geq$ min b, wobei min $b =$ der Mindestbreite in der Biegezone gemäß Tafel;
— bei Rechteck- oder Trapezquerschnitten eine Balkenfläche von $\geq 2 \cdot$ min b^2; dasselbe gilt für die Stege von Balken mit ⊥-Querschnitt;
— bei Balken mit T- oder I-Querschnitt $d_o^* = d_o + d_{so}/2 \geq$ min b.

Rippen und Balken von Rippen- und Balkendecken (siehe Erläuterungen zu „Vollplatten" bei den Decken) können ebenfalls nach der folgenden

Tafel bemessen werden. In Abhängigkeit vom statischen System, den vorhandenen Massiv- oder Halbmassivstreifen sowie der Lastverteilung sind dabei Ermäßigungen um 1 bis 2 Feuerwiderstandsklassen zulässig (siehe DIN 4102 Teil 4 Tab. 16 bis 26).

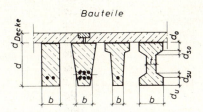

Bei dicht nebeneinanderliegenden Balken oder Rippen von Fertigteilen darf die Mindestbreite auf beide Balken bezogen werden, wenn die Sollfugenbreite ≤ 20 mm und die Fuge an der Oberseite mindestens 50 mm tief mit Mörtel oder Beton der Baustoffklasse A verschlossen ist.

Balken aus Porenbeton nach DIN 4223 mit Rechteckquerschnitt und statisch bestimmter Lagerung sind für dreiseitige Brandbeanspruchung klassifiziert (siehe Tafel).

Freiliegende Stahlträger müssen − je nach Brandbeanspruchung (siehe oben) − drei- oder vierseitig ummantelt werden. Klassifiziert sind Ummantelungen für auf Biegung beanspruchte Stahlträger der Güte St 37 oder St 52 mit einem Verhältniswert $U/A \leq 300 \text{ m}^{-1}$. Dieser Wert errechnet sich bei kastenförmiger Ummantelung und dreiseitiger Brandbeanspruchung zu $U/A = (2 \cdot h + b)/A$, bei vierseitiger Brandbeanspruchung zu $U/A = (2 \cdot h + 2 \cdot b)/A$, wobei für h und b die Querschnittshöhe und -breite und für A die Querschnittsfläche einzusetzen sind.

Die in der folgenden Tabelle angegebenen Mindestdicken gelten für:
− Putze nach DIN 18 550 auf nichtbrennbaren Putzträgern (Spezialputze als Vermiculite- oder Perlitputz), jeweils gemessen über Putzträger,
− Ausmauerung zwischen den Flanschen (im Bereich des Untergurts müssen die Mindestdicken für Putz eingehalten werden),
− Ummantelung mit Gipskarton-Bauplatten F (GKF) nach DIN 18 180 mit geschlossener Fläche.

In DIN 4102 Teil 4, Tabellen 90 bis 92 sind außerdem noch Klassifikationen für F120-A und F180-A angegeben.

Freiliegende Stahlträger unter Decken aus Normalbeton, Leichtbetondielen oder Porenbetonplatten können auch mit Unterdecken bestimmte Feuerwiderstandsklassen erreichen (siehe Tafel „Unterdecken").

Dämmschichtbildende Anstriche benötigen eine allgemeine bauaufsichtliche Zulassung und können Stahlbauteilen zur Zeit nur die FW-Klasse F30 verleihen.

DIN 4102 — Brandschutz

Betonbalken und Stahlträger (Maße für b, t, d_1 in mm)

Konstruktionsmerkmale[1])		F30-A	F60-A	F90-A	F120-A	F180-A
1) *Normalbeton*						
Unbekleidete Balken						
– in der Biegezugzone[3]) $\{$ $b =$		80[6])	120	150	200	240
bei stat. best. Lagerung $\{$ $t =$		80[6])	90[6])	100[6])	120	140
bei stat. unbest. Lagerung $b =$		80[6])	120	150	220	400
– in der Biegedruckzone $\{$ $b =$		140[7])	140[7])	140[7])	160	240
im Feld[4]) $\{$ $t =$		140[7])	140[7])	140[7])	140[7])	140
an der Stütze[5]), $d/b \leq 2$ $b =$		90[6])	100[6])	150	220	400
$d/b > 2$ $b =$		140[7])	140[7])	170	240	400
Geputzte Balken		Abminderung wie bei den Decken (s. dort), aber min b oder min $t \geq 80$				
2) *Porenbeton*, stat. best. Lagerung						
Unbekleidete Balken		80	120	150	200	240
Geputzte Balken[2])		80	120	140	190	230
3) *Balken über Unterdecken*[8])		b bzw. $t \geq 50$, bei Porenbeton ≥ 80				

	F30-A	F60-A	F90-A
4) *Stahlträger*			
Mindestputzdicken d_1			
MG II oder IV c	5	15	–
MG IV a oder b, $U/A \leq 119$	5	5	15
$U/A \leq 179$	5	15	15
$U/A \leq 300$	5	15	25
Spezialputze, $U/A \leq 179$	5	5	15
$U/A \leq 300$	5	5	25
Mindestdicke d_1 der Ausmauerung mit Steinen oder Bauplatten aus Poren- oder Leichtbeton, Mauerziegeln oder Kalksandsteinen	50	50	50
mit Wandbauplatten aus Gips	60	60	60
Mindestbekleidungsdicke d_1 mit Gipskarton-Bauplatten F (GKF)[9])	12,5	12,5+9,5	2×15

1) Definition von b und t siehe Abbildung.
2) Mit 15 mm Putz der MG II oder IV nach DIN 18550.
3) Die Werte gelten auch für die vorgedrückte Zugzone im Feldbereich. Bei Spannbetonbalken unter Verwendung von Spannstählen mit einer kritischen Temperatur von crit $T = 350$ °C (z. B. Drähten oder Litzen aus St 1400/1600, St 1500/1700 oder St 1600/1800) müssen die Breiten in den Klassen F30 bis F90 und 40 mm, in der Klasse F120 auf 240 mm erhöht werden.
4) Die Werte gelten auch für die vorgedrückte Zugzone im Auflagebereich statisch bestimmt gelagerter Balken.
5) Die Werte gelten auch für die vorgedrückte Zugzone an der Stütze.
6) Bei Betonfeuchtigkeitsgehalten > 4 Gew.-% sowie bei Balken mit Bügelabständen < 100 mm muß die Mindestbreite b oder $t \geq 120$ mm betragen.
7) Die Breiten können je nach verwendeter Betonfestigkeitsklasse und in Abhängigkeit von der Betondruckrandspannung auf bis zu 90 mm ermäßigt werden (siehe Tabelle 4 DIN 4102 Teil 4).
8) Unterdecken gemäß vorhergehender Tafel, unter Porenbetonbalken wie für Decken der Bauart I.
9) Platten mit geschlossener Oberfläche (Baustoffklasse A 2).

Holzbalken müssen Rechteckquerschnitte haben und mindestens der Sortierklasse S 10 bzw. MS 10 nach DIN 4074 Teil 1 entsprechen. Eine dreiseitige Brandbeanspruchung liegt vor, wenn die Balkenoberseite durch Platten aus Normalbeton, durch Leichtbetondielen oder Porenbetonplatten abgedeckt ist, bei Holzbalkendecken auch mit einer Beplankung (siehe folgende Abbildungen a und b) oder einer Decke in Holztafelbauart der entsprechenden Feuerwiderstandsklasse. Bei anderen Abdeckungen muß mit vierseitiger Brandbeanspruchung gerechnet werden.

Unbekleidete Balken können aus Vollholz oder Brettschichtholz (Nadelholz) bestehen. Die erforderlichen Abmessungen hängen von der Brandbeanspruchung, der statischen Beanspruchung und dem Seitenverhältnis h/b ab. Leider läßt der Umfang der neuen Tabellen 74 bis 83 (bisher Tabellen 61 und 62) eine auszugsweise Veröffentlichung nicht zu, so daß hier auf die Norm sowie auf das Holz-Brandschutz-Handbuch der DGfH (2. Aufl. München 1993) verwiesen werden muß.

Bekleidete Holzbalken mit dreiseitiger Brandbeanspruchung müssen zur Einordnung in die Feuerwiderstandsklasse F30-B vollständig (ausgenommen die Auflager) bekleidet werden und zwar mit

- 12,5 mm dicken Gipskarton-Bauplatten F (GKF) oder
- 19 mm dicken Sperrholzplatten nach DIN 68 705 Teil 3 oder
- 15 mm dicken Sperrholzplatten nach DIN 68 705 Teil 5 oder
- 19 mm dicken Spanplatten nach DIN 68 763 oder
- 24 mm dicken gespundeten Brettern aus Nadelholz nach DIN 4072.

Bei zweilagiger Bekleidung mit Gipskarton-Bauplatten F von je 12,5 mm Dicke können sie in die Feuerwiderstandsklasse F60-B eingeordnet werden.

Holzbalkendecken mit dreiseitiger Brandbeanspruchung der Klasse F30-B (Beispiele)

Schwimmender Fußboden, bestehend aus Holzwerkstoffplatten, $\varrho \geqslant 600$ kg/m³, $d_3 = 16$ mm

Dämmschicht aus mineralischen Fasern nach DIN 18 165 Teil 2, $\varrho \geqslant 30$ kg/m³, $d_2 = 15$ mm

gegebenenfalls, z. B. aus Schallschutzgründen, Zwischenschicht aus Beton, Schüttung, Kork, Holzwerkstoffen

Beplankung aus Holzwerkstoffplatten, $\varrho \geqslant 600$ kg/m³, $d_1 = 25$ mm, oder aus gespundeten Brettern, Profil- oder Fasebrettern (Nadelholz), $d_1 = 28$ mm

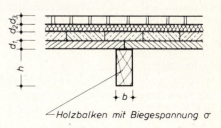

← Holzbalken mit Biegespannung σ

a) Holzbalkendecke mit vollständig freiliegenden Holzbalken und schwimmendem Fußboden

DIN 4102 Brandschutz

Schwimmender Estrich oder Fußboden, aus Mörtel, Gips oder Asphalt mit $d_4 = 20$ mm oder Holzwerkstoffplatten, Brettern, Parkett mit $d_4 = 16$ mm oder Gipskartonplatten, $d_4 = 9,5$ mm;

Dämmschicht aus mineralischen Fasern nach DIN 18 165 Teil 2, $\varrho \geq 30$ kg/m³, $d_3 = 15$ mm, ersetzbar durch eine Gipskartonplatte mit $d_3 = 9,5$ mm

Beplankung aus Holzwerkstoffplatten mit $\varrho \geq 600$ kg/m³ und $d_2 = 13$ mm (ohne Anrechnung der Dämmschicht mit $d_2 = 16$ mm) oder aus gespundeten Brettern mit $d_2 = 21$ mm

Dämmschicht aus mineralischen Fasern nach DIN 18165 Teil 1, nichtbrennbar, $D = 60$ mm¹)

Bekleidung aus Holzwerkstoffplatten mit $\varrho \geq 600$ kg/m³ und $d_1 = 16$ mm (ohne Anrechnung der Dämmschicht $d_1 = 19$ mm), ersetzbar durch Spanplatte $d = 13$ bzw. 16 mm + GKB-Platte $d = 9,5$ mm oder – bei Spannweiten ≤ 500 mm – durch GKF-Platte mit $d_1 = 12,5$ bzw. 15 mm.

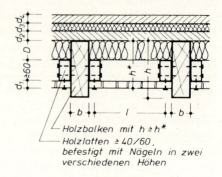

b) Holzbalkendecke mit teilweise freiliegenden Holzbalken

Feuerwiderstandsklassen von Stützen

Stahlbetonstützen können bei einseitiger Brandbelastung erheblich schlanker ausgeführt werden. Eine solche Belastung liegt aber nur vor, wenn Stützen in ganzer Höhe in raumabschließende Wände aus Beton oder Mauerwerk gemäß vorstehenden Tafeln eingebaut sind und die raumseitige Oberfläche der Stütze bündig mit der Wandoberfläche abschließt. Außerdem müssen Wandöffnungen mindestens um die Maße der Zeile 3 der folgenden Tafel von der Stütze entfernt sein. Bei hervorstehenden Stützen muß der in die Wand eingebettete Teil die Belastung allein aufnehmen, oder die Stütze ist für mehrseitige Brandbelastung zu bemessen.

Die Mindestdicke d entspricht bei Rechteckquerschnitten der Länge der kleinsten Seite, bei Kreisquerschnitten dem Durchmesser. Brandschutztechnisch in Rechnung gestellte Putzbekleidungen müssen mit einer Bewehrung aus Drahtgeflecht nach DIN 1200 mit 10 bis 16 mm Maschenweite umschlossen werden.

Dann kann d nach den Zeilen 3 und 4 der Tabelle auf Seite 391 abgemindert werden, wobei als rechnerische Putzdicke d_1 nur die Putzschicht innerhalb der Bewehrung einzusetzen ist und die Mindestwerte d für bekleidete Stützen der folgenden Tafel einzuhalten sind.

---

1) Die Dämmschicht ist brandschutztechnisch nicht unbedingt notwendig; fehlt sie oder wird sie dünner ausgeführt (Mindestanforderung B2!), so gelten für Beplankung und Bekleidung die in Klammern stehenden Dicken.

Klassifizierte Stützen   DIN 4102

Dehnfugenstützen können gemeinsam für die Mindestdicke bemessen werden, wenn die Sollfugen ohne Dichtung $\leq$ 15 mm ist oder die Fuge durch eine Dämmschicht aus mineralischen Faserdämmstoffen nach DIN 18165 Teil 1 der Baustoffklasse A mit einer Rohdichte $\geq$ 50 kg/m³ beidseitig mindestens 100 mm tief geschlossen wird. Die Dämmschicht muß, z. B. durch Anleimen mit einem feuerfesten Kleber, gegen Herausfallen gesichert sein.

Stahlstützen der Güte St 37 und St 52 bis zu einem Verhältniswert $U/A = 300$ m^{-1} (siehe dazu unter Stahlträger) sind mit folgenden Bekleidungen klassifiziert:

- Bekleidungen aus Beton, Mauerwerk, Wandbauplatten oder Gipskarton-Bauplatten gemäß Tafel. Bekleidungen aus Beton müssen bewehrt sein, Bekleidungen aus Mauerwerk oder Wandbauplatten im Verband gemauert und durch eingelegte Stahlbügel $\varnothing$ 5 mm mindestens alle 25 cm, Gipskarton-Bauplatten durch Stahlbänder oder Rödeldrähte mindestens alle 40 cm gesichert werden, sofern sie nicht auf einer entsprechenden Unterkonstruktion aus Stahlblechschienen befestigt werden.

- Bekleidungen aus Putz auf nichtbrennbaren Putzträgern und mit Bewehrungen aus Drahtgewebe gemäß Tafel (d_1 gemessen zwischen Putzträger und Bewehrung; Spezialputz als Vermiculite- oder Perliteputz).

Alle Bekleidungen müssen müssen allseitig von OK Fußboden – bei Fußböden der Baustoffklasse B von OK Rohdecke – bis UK Rohdecke angeordnet werden. Stützenbereiche oberhalb von Unterdecken müssen ebenfalls bekleidet sein, auch wenn die Unterdecken eine bestimmte Feuerwiderstandsklasse aufweisen. Auch Konsolen müssen bekleidet werden.

Holzstützen, die mindestens der Sortierklasse S 10 bzw. MS 10 nach DIN 4774 Teil 1 entsprechen, können in Abhängigkeit von der Brandbeanspruchung, der statischen Beanspruchung, der Knicklänge s_k und vom Seitenverhältnis h/b in die Feuerwiderstandsklasse F30-B, Stützen aus Brettschichtholz auch in F60-B eingeordnet werden. Dabei wird unterschieden zwischen

- vierseitiger Brandbeanspruchung,

- dreiseitiger Brandbeanspruchung bei Stützen, deren vierte Seite durch Mauerwerk o. ä. der gleichen Feuerwiderstandsklasse abgedeckt ist,

- zweiseitiger Brandbeanspruchung bei in Holzwänden eingebauten Stützen aus Brettschichtholz.

Unbekleidete Stützen müssen nach den gleichen Tabellen wie unbekleidete Holzbalken bemessen werden (siehe die dort gegebenen Hinweise). Für Stützen aus Brettschichtholz mit Kreuz- oder I-Querschnitt müssen die flächengleichen Ersatzquerschnitte gemäß Abb. 49 der DIN 4102 Teil 4 ermittelt werden.

Bekleidete Holzstützen können unabhängig von Brandbeanspruchung und statischer Beanspruchung mit den gleichen Bekleidungen wie bekleidete Holzbalken ausgeführt werden (siehe Seite 407).

Stützen und Konsolen aus Normalbeton, Stahlstützen (alle Maße in mm)

Zeile	Konstruktionsmerkmale			F30-A	F60-A	F90-A	F120-A	F180-A
	1) Normalbeton							
	Unbekleidete Stützen bei							
1	mehrseit. Brandbespruchg.	⎧		150	200	240	300	400
2	je nach Achsabstand u	⎩		150	240	300	400	500
3	einseit. Brandbeanspruchung			100	120	140	160	200
4	Konsolenbreite[2])	⎧		110	120	170	240	320
5	je nach Achsabstand u	⎩		200	300	400	500	600
6	Stützen mit Putzbekleidung			140	140	160	220	320
7	Achsabstände u[3])	⎧	1	18	30	45	55[4])	70[4])
8	der Bewehrung	⎨	4	25	40	55[4])	65[4])	80[4])
9	für die Zeilen	⎨	2, 3, 5	18	25	35	45	60[4])
10		⎩	6	18	18	18	18	30

			F30-A	F60-A	F90-A
	2) Stahlstützen[5])		[6])	[6])	[6])
	Mindestbekleidungsdicke d_1 aus	⎧	50	50	50
	Normalbeton oder Porenbeton	⎩	(30)	(30)	(40)
	Porenbetonsteinen od. -Bauplatten,	⎧	50	50	50
	Leichtbetonsteinen od. -Bauplatten	⎩	(50)	(50)	(50)
	Mauerziegeln (ausgenommen LLz),	⎧	52	52	71
	Kalksand- oder Hüttensteinen	⎩	(52)	(52)	(52)
	Wandbauplatten aus Gips		60	60	80
			(60)	(60)	(60)
	Gipskarton-Bauplatten B (GKB)[7])		18	—	—
	F (GKF)[7])		12,5	12,5+9,5	3×15
	Mindestputzdicke d_1 aus				
	MG II oder IV c, $U/A \leq 179$		15	25	45
	$U/A \leq 300$		15	25	55
	MG IV a oder b, $U/A \leq 89$		10	10	35
	$U/A \leq 119$		10	20	35
	$U/A \leq 300$		10	20	45
	Spezialputzen, $U/A \leq 89$		10	10	35
	$U/A \leq 179$		10	20	35
	$U/A \leq 300$		10	20	45

2) Mindesthöhe am Stützenanschnitt immer entsprechend Zeile 4; außerdem muß die Mindestquerschnittsfläche am Anschnitt $2 \cdot b^2$ betragen, wobei für b die Werte der Zeile 4 einzusetzen sind.
3) u = Mindestachsabstand der Längsbewehrung in Stützen bzw. der Bügel in Konsolen von der beflammten Oberfläche.
4) Bei Betondeckungen > 40 mm ist eine zusätzliche Schutzbewehrung erforderlich.
5) Die Klassifikationen für die Feuerwiderstandsklassen F120-A und F180-A sind hier nicht wiedergegeben. Zur Ausführung der Bekleidungen siehe Hinweise im Text.
6) Die Klammerwerte gelten für Stützen aus Hohlprofilen, die voll ausbetoniert, und für Stützen mit offenen Profilen, bei denen die Flächen zwischen den Flanschen voll ausbetoniert, vermörtelt oder ausgemauert sind.
7) Gipskarton-Bauplatten mit geschlossener Oberfläche (Baustoffklasse A 2).

Klassifizierte Sonderbauteile

Brandwände wurden bereits zusammen mit den übrigen Wänden behandelt.

Nichttragende Außenwände, die nach DIN 4102 Teil 3 in die Feuerwiderstandsklassen W 30 bis W 180 einzustufen sind, können wie nichttragende Wände der Klassen F30 bis F180 bemessen werden. Das gilt auch für die zugehörigen Brüstungen, soweit sie auf einer Stahlbetonkonstruktion ganz aufgesetzt sind. Die Eignung von Brüstungen mit anderen Unterkonstruktionen sowie von teilweise oder ganz vorgesetzten Brüstungen ist durch Prüfungen nach DIN 4102 Teil 3 nachzuweisen.

Als Feuerschutzabschlüsse mit bestimmter Feuerwiderstandsklasse nach DIN 4102 Teil 5 gelten z. Z.:

1. Stahltüren der Bauarten A und B nach DIN 18 082 Teil 1 und 2,
2. Feuerschutzabschlüsse, die durch das Institut für Bautechnik allgemein bauaufsichtlich zugelassen sind.

Als Abschlüsse in Fahrschachtwänden der Feuerwiderstandsklasse F90 nach DIN 4102 Teil 5 gelten z. Z.:

1. Türen nach DIN 18 090 Aufzüge; Flügel- und Falttüren für Fahrschächte mit feuerbeständigen Wänden
2. Türen nach DIN 18 091 Aufzüge; Horizontal- und Vertikal-Schiebetüren für Fahrschächte mit feuerbeständigen Wänden
3. Türen nach DIN 18 092 Kleinlasten-Aufzüge; Vertikal-Schiebetüren für Fahrschächte mit feuerbeständigen Wänden sowie
4. Abschlüsse, die durch das Institut für Bautechnik allgemein bauaufsichtlich zugelassen sind.

Verglasungen der Klassen G (G-Verglasungen) nach DIN 4102 Teil 13 können unter Beachtung der Randbedingungen in DIN 4102 Teil 4, Ziffer 8.4 wie folgt eingestuft werden:

1. Waagerecht angeordnete Verglasungen aus Betongläsern nach DIN 4243 in die Feuerwiderstandsklasse G 30,
2. einschalige senkrechte Verglasungen aus Glasbausteinen 190 × 190 × 80 mm nach DIN 18 175 bis zu einer Größe von 3,5 m^2 in G 60,
3. zweischalige senkrechte Verglasungen gemäß Ziffer 2 mit mindestens 30 mm Schalenabstand in G 120,
4. senkrechte Verglasungen aus 7 mm dickem Drahtglas (Guß- oder Spiegelglas) mit maximalen Rahmenmaßen von 2,0 × 0,8 m (im Hoch- oder Querformat) in G 30.

Andere Verglasungen können nur durch eine bauaufsichtliche Zulassung in bestimmte Feuerwiderstandsklassen eingeordnet werden.

Als Lüftungsleitungen der Feuerwiderstandsklasse L90 gelten Kanäle und Schächte aus geschlossenen Formstücken aus Leichtbeton, deren Wangen und Zungen mindestens 50 mm dick sind. Die Formstücke müssen bezüglich der Zuschläge, der Bindemittel, des Betongefüges und der Rohdichte DIN 18 150 Teil 1 entsprechen. Die Leitungen müssen mit Mörtel der Gruppe II, IIa oder III nach DIN 1053 Teil 1 aufgebaut werden.

Lüftungsschächte gehören auch der Feuerwiderstandsklasse L90 an, wenn sie aus Schornsteinformstücken nach DIN 18 150 Teil 1 oder nach DIN 18 147 Teile 2 bis 4 mit Dämmstoffen nach DIN 18 147 Teil 5 hergestellt sind.

Werden Schachtwände durch Decken unterbrochen, so müssen diese einschließlich ihrer Dämmschichten im Bereich des Schachtes aus nichtbrennbaren Baustoffen bestehen. Werden andere Lüftungsleitungen in diese Leitungen eingeführt, so sind sie an der Eintrittsstelle voll einzumörteln.

Als **Lüftungs-** und **Installationsschächte** der Feuerwiderstandsklassen L30 bis L120 bzw. I30 bis I120 gelten Schächte, die durch Wände aus nicht brennbaren Baustoffen der Klassen F30 bis F120 (siehe Feuerwiderstandsklassen von Wänden) oder durch Wände mit entsprechenden Prüfzeugnissen gebildet werden. Darüber hinaus gelten folgende Bestimmungen:

1. Schachtwände, die nur als nichttragende Wände feuerwiderstandsfähig sind, sind geschoßweise zu errichten. Sie sind so anzuordnen – z. B. in der Nähe von tragenden Wänden –, daß durch Deckenverformungen keine Kräfte in sie eingeleitet werden.
2. Decken im Bereich von Schächten aus geschoßweise aufgesetzten Wänden müssen aus nichtbrennbaren Baustoffen hergestellt werden.
3. Durch Schachtwände durchgeführte Leitungen sind im Bereich der Schachtwände voll einzumörteln, sofern nicht Durchführungen verwendet werden, die allgemein bauaufsichtlich zugelassen sind.
4. Installationsschächte, in denen sich brennbare Stoffe – z. B. Dämmstoffe, Leitungen oder Isolierungen aus brennbaren Stoffen – befinden (geringe Mengen brennbarer Stoffe wie z. B. Rohrschellen bleiben außer Betracht), müssen in jeder Decke mit einem mindestens 200 mm dicken Mörtelverguß abgeschottet werden; Leerrohre, die die Abschottung durchdringen, dürfen keinen größeren Durchmesser als 120 mm besitzen, müssen mindestens 200 mm lang und nach dem Einziehen von Leitungen oder wenn sie nicht benutzt werden, dicht mit Baustoffen der Klasse A ausgestopft sein.
5. Brennstoffleitungen in Installationsschächten müssen aus nichtbrennbaren Baustoffen bestehen. In Installationsschächten mit Brennstoffleitungen dürfen Leitungen aus brennbaren Baustoffen oder Leitungen, die Stoffe mit Temperaturen von mehr als 100 °C führen, nicht verlegt sein; die Installationsschächte müssen längs gelüftet sein.

Für Installationskanäle gelten diese Bestimmungen sinngemäß.

Als **harte Bedachungen** (gegen Flugfeuer und strahlende Wärme widerstandsfähige Bedachungen nach DIN 4102 Teil 7) gelten ohne weiteren Nachweis und ohne Rücksicht auf die Dachneigung (bei senkrechten Flächen jedoch nur bis zu 1,0 m Höhe):

Klassifizierte Sonderbauteile DIN 4102

1. Bedachungen aus natürlichen und künstlichen Steinen der Baustoffklasse A sowie aus Beton und Ziegeln,
2. Bedachungen mit einer obersten Lage aus mindestens 0,5 mm dickem Metallblech (z. B. auch Kernverbundelemente nach DIN 53 290 mit Deckschichten aus Blech), auch mit Kunststoffbeschichtung,
3. fachgerecht verlegte Bedachungen auf beliebigen tragenden Konstruktionen mindestens der Baustoffklasse B2 aus
   - Bitumendachbahnen nach DIN 52 128
   - Bitumen-Dachdichtungsbahnen nach DIN 52 130
   - Bitumen-Schweißbahnen nach DIN 52 131
   - Glasvlies-Bitumen-Dachbahnen nach DIN 52 143.

   Zwischenschichten aus Wärmedämmstoffen (mind. B2) sind zulässig. Bei Verwendung von PS-Hartschaum muß eine Bahn eine Trägerlage aus Glasvlies oder Glasgewebe aufweisen,
4. Bereiche von Bedachungen, die nicht widerstandsfähig gegen Flugfeuer und strahlende Wärme sind, mit vollständig bedeckender, mindestens 5 cm dicker Schüttung aus Kies 16/32 oder mit einer Abdeckung aus mindestens 4 cm dicken Betonwerkstein- oder anderen mineralischen Platten.

Gegenüberstellung von Benennungen gemäß Mustereinführungserlaß zu DIN 4102

	1	2	3
	Bauaufsichtliche Benennung	Benennung nach DIN 4102	Kurzbezeichnung
1	feuerhemmend	Feuerwiderstandsklasse F30	F30-B
2	feuerhemmend und in den tragenden Teilen aus nichtbrennbaren Baustoffen	Feuerwiderstandsklasse F30 und in den wesentlichen[1]) Teilen aus nichtbrennbaren Baustoffen	F30-AB
3	feuerhemmend und aus nichtbrennbaren Baustoffen	Feuerwiderstandsklasse F30 und aus nicht nichtbrennbaren Baustoffen	F30-A
4	feuerbeständig (z. B. bei Wänden); feuerbeständig und in den tragenden Teilen aus nichtbrennbaren Baustoffen (z. B. bei Decken)	Feuerwiderstandsklasse F90 und in den wesentlichen[1]) Teilen aus nicht brennbaren Baustoffen	F90-AB
5	Feuerbeständig und aus nichtbrennbaren Baustoffen (z. B. bei Wänden)	Feuerwiderstandsklasse F90 und aus nichtbrennbaren Baustoffen	F90-A

1) Zu den wesentlichen Teilen gehören:
  a) alle tragenden oder aussteifenden Teile, bei nichttragenden Bauteilen auch Konstruktionen, die deren Standsicherheit bewirken, z. B. Rahmenkonstruktionen von nichttragenden Wänden,
  b) bei raumabschließenden Bauteilen eine in Bauteilebene durchgehende Schicht, die bei der Prüfung nach der Norm nicht zerstört werden darf. Bei Decken muß diese Schicht mindestens 50 mm dick sein; Hohlräume im Innern der Schicht sind zulässig.
Bei Beurteilung des Brandverhaltens können übliche Anstriche oder Beschichtungen bis zu etwa 0,5 mm Dicke außer Betracht bleiben.

Wärmeschutz im Hochbau nach DIN 4108 und WärmeschutzV

Die Norm DIN 4108 besteht aus folgenden Teilen:
- Teil 1 (8.81)   Größen und Einheiten
- Teil 2 (8.81)   Wärmedämmung und Wärmespeicherung; Anforderungen und Hinweise für Planung und Ausführung
- Teil 3 (8.81)   Klimabedingter Feuchteschutz; Anforderungen und Hinweise für Planung und Ausführung
- Teil 4 (11.91)   Wärme- und feuchteschutztechnische Rechenwerte
- Teil 5 (8.81)   Berechnungsverfahren

Die folgenden Abschnitte 1 bis 4 geben einen Überblick über die wesentlichen Festlegungen, insbesondere die Tabellenwerte der DIN 4108. Hinweise zum sommerlichen Wärmeschutz enthält Abschnitt 6.

Neben der Norm gelten noch folgende Verordnungen und Bekanntmachungen:

- *Verordnung über einen energiesparenden Wärmeschutz bei Gebäuden (WärmeschutzV). Auszugsweise Wiedergabe der vom Bundesrat am 15. 10. 93 verabschiedeten, noch nicht erlassenen Fassung im folgenden Abschnitt 5. Die WärmeschutzV tritt am 1. 1. 1995 in Kraft.*
- *Laufende Bekanntmachung von Stoffwerten für die Berechnung des Wärmeschutzes nach der Wärmeschutzverordnung durch den Bundesminister für Raumordnung, Bauwesen und Städtebau, veröffentlicht im Bundesanzeiger (Rechenwerte aufgrund bauaufsichtlicher Bescheide sowie für Sonderverglasungen wurden in die folgenden Tabellen aufgenommen, nicht jedoch die im Rahmen von bauaufsichtlichen Zulassungen festgelegten Rechenwerte).*

Zur WärmeschutzV sind außerdem durch die zuständigen Länderminister Überwachungsverordnungen erlassen worden (siehe z. B. WärmeschutzÜVO vom 1. 2. 78, GV NW S. 28, zuletzt geändert durch VO vom 1. 4. 85, GV NW S. 325).

1 Größen, Einheiten, Berechnungsverfahren
nach **DIN 4108 Teile 1** und **5**

Seit dem 1. 1. 1978 müssen die neuen Einheiten nach DIN 1301 verwendet werden.

Dabei müssen die in der bisherigen Einheit angegebenen Werte für die Wärmeleitfähigkeit λ mit 1,163 multipliziert werden. Der Umrechnungsfaktor von cal auf Joule beträgt 4,187, von kcal auf Joule demnach $4{,}187 \cdot 10^3$.

Der Wärmedurchlaßwiderstand $1/\Lambda$ eines Bauteiles wird berechnet aus den Dicken der Baustoffschichten d in m und ihren Wärmeleitfähigkeiten λ zu

$$\frac{1}{\Lambda} = \frac{d_1}{\lambda_1} + \frac{d_2}{\lambda_2} + \ldots + \frac{d_n}{\lambda_n}$$

Bei belüfteten Bauteilen bleiben Außenschale und Luftschicht außer Ansatz (ausgenommen mehrschaliges Mauerwerk nach DIN 1053 Teil 1), bei Bauteilen mit Abdichtungen werden nur die Schichten innerhalb der Abdichtung berücksichtigt.

Wärme- und feuchteschutztechnische Begriffe, Formelzeichen und Einheiten

Begriff	Formel-zeichen	Einheit alt	Einheit neu
Temperatur	ϑ, T	°C, °K	°C, K
Temperaturdifferenz	$\Delta\vartheta, \Delta T$	grd, °C	K (Kelvin)
Wärmemenge	Q	kcal	J (Joule)[5]
Wärmestrom	$\dot{Q}, \Phi$	kcal/h	W (Watt)
Transmissionswärmeverlust	$\dot{Q}_T$	kcal/h	W
Wärmestromdichte	$\dot{q}, q$	kcal/(m²·h)	W/m²
Wärmeleitfähigkeit	λ	kcal/(m·h·grd)	W/(m·K)
Wärmedurchlaßkoeffizient[1]	Λ	kcal/(m²·h·grd)	W/(m²·K)
Wärmedurchlaßwiderstand[2]	$1/\Lambda$	m²·h·grd/kcal	m²·K/W
Wärmeübergangskoeffizient[1]	α	kcal/(m²·h·grd)	W/(m²·K)
Wärmeübergangswiderstand[3]	$1/\alpha$	m²·h·grd/kcal	m²·K/W
Wärmedurchgangskoeffizient	k	kcal/(m²·h·grd)	W/(m²·K)
Wärmedurchgangswiderstand[4]	$1/k$	m²·h·grd/kcal	m²·K/W
Spezifische Wärmekapazität	c	kcal/(kg·grd)	J/(kg·K)
relative Luftfeuchte	φ	1	1
Wasserdampf-Diffusionswiderstandszahl	μ	1	1
wasserdampfdiffusionsäquivalente Luftschichtdicke	s_d	m	m

[1] Diese Begriffe werden für den Wärmeschutznachweis nicht gebraucht, nur ihre Reziprokwerte.
[2] Nach DIN 4701 „Regeln für die Berechnung des Wärmebedarfs von Gebäuden" (3.83) Wärmeleitwiderstand R_λ.
[3] Nach DIN 4701 äußerer Wärmeübergangswiderstand R_a und innerer R_i.
[4] Nach DIN 4701 Wärmedurchgangswiderstand R_k.
[5] 1 J = 1 W·s = 1 N·m

Der Wärmedurchgangswiderstand $1/k$ wird durch Hinzuzählen der Wärmeübergangswiderstände zum Wärmedurchlaßwiderstand berechnet zu

$$\frac{1}{k} = \frac{1}{\Lambda} + \frac{1}{\alpha_i} + \frac{1}{\alpha_a}$$

Der Wärmedurchgangskoeffizient k ergibt sich dann als Kehrwert von $1/k$.
Bei Bauteilen mit Wärmebrücken, d. h. nebeneinanderliegenden Bereichen mit verschiedenen Wärmedurchgangskoeffizienten $k_1, k_2, \ldots k_n$, wird der mittlere k-Wert im Verhältnis der Flächenanteile $A_1, A_2, \ldots A_n$ zur Gesamtfläche A berechnet:

$$k = k_1 \cdot \frac{A_1}{A} + k_2 \cdot \frac{A_2}{A} + \ldots + k_n \cdot \frac{A_n}{A}.$$

Die wasserdampfdiffusionsäquivalente Luftschichtdicke s_d einer Baustoffschicht wird aus ihrer Dicke s in m und der Wasserdampf-Diffusionswiderstandszahl μ des Baustoffes berechnet: $s_d = \mu \cdot s$

Weitere Berechnungsansätze und Beispiele siehe *Schneider* (Hrsg.), Bautabellen, WIT 40, 11. Auflage 1994.

2 Wärme- und feuchteschutztechnische Kennwerte
nach DIN 4108 Teil 4

Die Rechenwerte der Wärmeleitfähigkeit gemäß Tabelle 1 sind DIN 4108 Teil 4 entnommen. Die Tabelle wird ergänzt durch Rechenwerte aufgrund bauaufsichtlicher Bescheide, die im Bundesanzeiger bekanntgegeben worden sind. Hinsichtlich der zugrunde liegenden Bedingungen wird auf den Wortlaut der Bescheide verwiesen. Dieser kann ebenfalls dem Bundesanzeiger oder den Mitteilungen des Instituts für Bautechnik entnommen oder vom Baustoffhersteller angefordert werden.

Außerdem wurden auch im Rahmen von allgemeinen bauaufsichtlichen Zulassungen Rechenwerte der Wärmeleitfähigkeit festgelegt. Auch diese werden im Bundesanzeiger veröffentlicht. Die Zulassungsbescheide können außerdem vom Hersteller oder in Form einer Loseblattsammlung (*Bub/Reuter/Wagner:* Bauaufsichtliche Zulassungen, Erich-Schmid-Verlag) bezogen werden.

Die in der Tabelle angegebenen Rohdichten ϱ_0 gelten für den völlig trockenen Zustand (Trockenrohdichte). Bei den Steinen sind die Klassenbezeichnungen nach den entsprechenden Baustoffnormen angegeben. Die Rohdichtewerte in Klammern dienen nur zur Ermittlung der flächenbezogenen Massen. Die Rechenwerte λ_R berücksichtigen dagegen den Einfluß der stets vorhandenen Feuchtigkeit (Dauerfeuchtigkeit) und sind daher größer als Laboratoriumswerte, die im trockenen oder lufttrockenen Zustand gewonnen werden.

Die Richtwerte der Wasserdampf-Diffusionswiderstandszahlen μ sind meist als obere und untere Grenzwerte angegeben. Es ist jeweils der für die Baukonstruktion ungünstigere Wert einzusetzen. Bei Berechnung der Tauwassermasse (siehe Abschnitt 4) sind die für die Tauperiode ungünstigeren Werte auch für die Verdunstungsperiode anzusetzen.

Tabelle 1 **Rechenwerte der Wärmeleitfähigkeit und Richtwerte der Wasserdampf-Diffusionswiderstandszahlen**

Zeile	Stoffe	ϱ_0 in kg/m³	λ_R in W/(m·K)	μ
1 Putze, Estriche und andere Mörtelschichten				
1.1	Kalkmörtel, Kalkzementmörtel, Mörtel aus hydraulischem Kalk	(1 800)	0,87	15/35
1.2	Leichtmörtel nach DIN 1053 Teil 1			
1.2.1	Leichtmörtel LM 21	($\leq$ 700)	0,21	15/35
1.2.2	Leichtmörtel LM 36	($\leq$ 1 000)	0,36	
1.3	Zementmörtel	(2 000)	1,4	15/35
1.4	Kalkgipsmörtel, Gipsmörtel, Anhydritmörtel, Kalkanhydritmörtel	(1 400)	0,70	10
1.5	Gipsputz ohne Zuschlag	(1 200)	0,35	10

Zeile	Stoffe		ϱ_0 in kg/m³	λ_R in W/(m·K)	μ
1.6	Wärmedämmputzsysteme nach DIN 18 550 Teil 3 Wärmeleitfähigkeitsgruppe	060 070 080 090 100	($\geq$ 200)	0,060 0,070 0,080 0,090 0,100	5/20
1.7	Anhydritestrich		(2 100)	1,2	
1.8	Zementestrich		(2 000)	1,4	15/35
1.9	Magnesiaestrich				
1.9.1	Unterböden und Unterschichten von zweilagigen Böden		(1 400)	0,47	
1.9.2	Industrieböden und Gehschicht		(2 300)	0,70	
1.10	Gußasphalt, Dicke $\geq$ 15 mm		(2 300)	0,90	[1])
2 Großformatige Bauteile					
2.1	Normalbeton nach DIN 1045 (Kies- oder Splittbeton mit geschlossenem Gefüge, auch bewehrt)		(2 400)	2,1	70/150
2.2	Leichtbeton und Stahlleichtbeton mit geschlossenem Gefüge nach DIN 4219 Teil 1 und Teil 2, hergestellt unter Verwendung von Zuschlägen mit porigem Gefüge nach DIN 4226 Teil 2 ohne Quarzsandzusatz[2])		800 900 1 000 1 100 1 200 1 300 1 400 1 500 1 600 1 800 2 000	0,39 0,44 0,49 0,55 0,62 0,70 0,79 0,89 1,0 1,3 1,6	70/150
2.3	Dampfgehärteter Gasbeton nach DIN 4223		400 500 600 700 800	0,14 0,16 0,19 0,21 0,23	5/10
2.4	Leichtbeton mit haufwerksporigem Gefüge, z. B. nach DIN 4232				
2.4.1	mit nichtporigen Zuschlägen nach DIN 4226 Teil 1, z. B. Kies		1 600 1 800 2 000	0,81 1,1 1,4	3/10 5/10
2.4.2	mit porigen Zuschlägen nach DIN 4226 Teil 2, ohne Quarzsandzusatz[2])		600 700 800 1 000 1 200 1 400	0,22 0,26 0,28 0,36 0,46 0,57	5/15

Fußnoten siehe Seite 427

Zeile	Stoffe	ϱ_0 in kg/m³	λ_R in W/(m·K)	μ
2.4.2	(Fortsetzung)	1 600	0,75	
		1 800	0,92	5/15
		2 000	1,2	
2.4.2.1	ausschließlich unter Verwendung von Naturbims	500	0,15	
		600	0,18	
		700	0,20	
		800	0,24	5/15
		900	0,27	
		1 000	0,32	
		1 200	0,44	
2.4.2.2	ausschließlich unter Verwendung von Blähton	500	0,18	
		600	0,20	
		700	0,23	
		800	0,26	5/15
		900	0,30	
		1 000	0,35	
		1 200	0,46	
3 Bauplatten				
3.1	Asbestzementplatten (die einschlägigen Normen wurden zurückgezogen)	(2000)	0,58	20/50
3.2	Gasbeton-Bauplatten, unbewehrt, nach DIN 4166			
3.2.1	mit normaler Fugendicke und Mauermörtel nach DIN 1053 Teil 1 verlegt	500	0,22	
		600	0,24	5/10
		700	0,27	
		800	0,29	
3.2.2	dünnfugig verlegt[16])	500	0,19	
		600	0,22	
		700	0,24	5/10
		800	0,27	
3.3	Wandbauplatten aus Leichtbeton nach DIN 18 162	800	0,29	
		900	0,32	
		1 000	0,37	5/10
		1 200	0,47	
		1 400	0,58	
3.4	Wandbauplatten aus Gips nach DIN 18 163, auch mit Poren, Hohlräumen, Füllstoffen oder Zuschlägen	600	0,29	
		750	0,35	
		900	0,41	5/10
		1 000	0,47	
		1 200	0,58	
3.5	Gipskartonplatten nach DIN 18 180	(900)	0,21	8

Fußnoten siehe Seite 427

Zeile	Stoffe	ϱ_0 in kg/m³	λ_R in W/(m·K)	μ
4 Mauerwerk einschließlich Mörtelfugen[5]				
4.1	Mauerwerk aus Mauerziegeln nach DIN 105 Teile 1 bis 4			
4.1.1	Vollklinker, Hochlochklinker, Keramikklinker	1 800 2 000 2 200	0,81 0,96 1,2	50/100
4.1.2	Vollziegel, Hochlochziegel	1 200 1 400 1 600 1 800 2 000	0,50 0,58 0,68 0,81 0,96	5/10
4.1.3	Leichtlochziegel mit Lochung A und Lochung B nach DIN 105 Teil 2	700 800 900 1 000	0,36 0,39 0,42 0,45	5/10
4.1.4	Leichthochlochziegel W nach DIN 105 Teil 2	700 800 900 1 000	0,30 0,33 0,36 0,39	5/10
4.2	Mauerwerk aus Kalksandsteinen nach DIN 106 Teile 1 und 2 und aus Kalksand-Plansteinen nach DIN 106 Teil 1 A1	1 000 1 200 1 400 1 600 1 800 2 000 2 200	0,50 0,56 0,70 0,79 0,99 1,1 1,3	5/10 5/25
4.3	Mauerwerk aus Hüttensteinen nach DIN 398	1 000 1 200 1 400 1 600 1 800 2 000	0,47 0,52 0,58 0,64 0,70 0,76	70/100
4.4 4.4.1	Mauerwerk aus Gasbetonsteinen Gasbeton-Blocksteine (G) nach DIN 4165	400 500 600 700 800	0,20 0,22 0,24 0,27 0,29	5/10
4.4.2	Gasbeton-Plansteine (GP) nach DIN 4165[17]	400 500 600 700 800	0,15 0,17 0,20 0,23 0,27	5/10
Fußnoten siehe Seite 427				

DIN 4108 — Wärmeschutz

Zeile	Stoffe	ϱ_0 in kg/m³	λ_R in W/(m·K)	μ
4.5	Mauerwerk aus Betonsteinen			
4.5.1	Hohlblocksteine aus Leichtbeton nach DIN 18 151 mit porigen Zuschlägen nach DIN 4226 Teil 2 ohne Quarzsandzusatz[2])			
4.5.1.1	2 K-Steine, Breite ≤ 240 mm	500	0,29	
	3 K-Steine, Breite ≤ 300 mm	600	0,32	
	4 K-Steine, Breite ≤ 365 mm	700	0,35	
	5 K-Steine, Breite ≤ 490 mm	800	0,39	5/10
	6 K-Steine, Breite ≤ 490 mm	900	0,44	
		1 000	0,49	
		1 200	0,60	
		1 400	0,73	
4.5.1.2	2 K-Steine, Breite = 300 mm	500	0,29	
	3 K-Steine, Breite = 365 mm	600	0,34	
		700	0,39	
		800	0,46	5/10
		900	0,55	
		1 000	0,64	
		1 200	0,76	
		1 400	0,90	
4.5.2	Vollsteine und Vollblöcke aus Leichtbeton nach DIN 18 152			
4.5.2.1	Vollsteine (V)	500	0,32	
		600	0,34	
		700	0,37	
		800	0,40	
		900	0,43	5/10
		1 000	0,46	
		1 200	0,54	
		1 400	0,63	
		1 600	0,74	
		1 800	0,87	10/15
		2 000	0,99	
4.5.2.2	Vollblöcke (Vbl) (außer Vollblöcken S-W aus Naturbims nach Zeile 4.5.2.3 und Vollblöcken S-W aus Blähton nach Zeile 4.5.2.4)	500	0,29	
		600	0,32	
		700	0,35	
		800	0,39	5/10
		900	0,43	
		1 000	0,46	
		1 200	0,54	
		1 400	0,63	
		1 600	0,74	
		1 800	0,87	10/15
		2 000	0,99	
Fußnoten siehe Seite 427				

Zeile	Stoffe	ϱ_0 in kg/m³	λ_R in W/(m·K)	μ
4.5.2.3	Vollblöcke S-W aus Naturbims			
	Länge $\geq$ 490 mm	500	0,20	
		600	0,22	
		700	0,25	
		800	0,28	5/10
	$240 \leq l <$ 490 mm	500	0,22	
		600	0,24	
		700	0,28	
		800	0,31	
4.5.2.4	Vollblöcke S-W aus Blähton oder Blähton-Naturbims-Gemisch			
	Länge $\geq$ 490 mm	500	0,22	
		600	0,24	
		700	0,27	5/10
		800	0,31	
4.5.2.4	$240 \leq l <$ 490 mm	500	0,24	
		600	0,26	5/10
		700	0,30	
		800	0,34	
4.5.3	Hohlblocksteine und T-Hohlsteine aus Normalbeton mit geschlossenem Gefüge nach DIN 18 153			
4.5.3.1	2 K-Steine, Breite $\leq$ 240 mm 3 K-Steine, Breite $\leq$ 300 mm 4 K-Steine, Breite $\leq$ 365 mm	($\leq$ 1 800)	0,92	20/30
4.5.3.2	2 K-Steine, Breite = 300 mm 3 K-Steine, Breite = 365 mm	($\leq$ 1 800)	1,3	20/30

5 Wärmedämmstoffe

5.1	Holzwolle-Leichtbauplatten nach DIN 1101[3])			
	Plattendicke $\geq$ 25mm	(360−480)	0,09	2/5
	= 15 mm	(570)	0,15	
5.2	Mehrschicht-Leichtbauplatten nach DIN 1101			
	Polystyrol-Partikelschaumschicht 040 nach DIN 18 164 Teil 1[4])	($\geq$15)	0,040	20/50
	Mineralfaserschicht 040 nach DIN 18 165 Teil 1[4])	(50−250)	0,040	1
	Holzwolle je Einzelschicht[3])			
	Dicken: $\geq$ 10 bis < 25 mm	(460−650)	0,15	2/5
	$\geq$ 25 mm	(360−480)	0,09	
5.3	Schaumkunststoffe nach DIN 18 159 Teil 1 und 2 an der Baustelle hergestellt			
5.3.1	Polyurethan (PUR)-Ortschaum nach DIN 18 159 Teil 1	($\geq$37)	0,030	30/100

Fußnoten siehe Seite 427

DIN 4108 Wärmeschutz

Zeile	Stoffe	ϱ_0 in kg/m³	λ_R in W/(m·K)	μ
5.3.2	Harnstoff-Formaldehydharz (UF)-Ortschaum nach DIN 18 159 Teil 2	(≥10)	0,041	1/3
5.4	Korkdämmstoffe Korkplatten nach DIN 18 161 Teil 1 Wärmeleitfähigkeitsgruppen 045 050 055	(80–500)	0,045 0,050 0,055	5/10
5.5	Schaumkunststoffe nach DIN 18 164 Teil 1[6])			
5.5.1	Polystyrol (PS)-Hartschaum Wärmeleitfähigkeitsgruppe 025 030 035 040		0,025 0,030 0,035 0,040	
	Polystyrol-Partikelschaum	(≥15) (≥20) (≥30)		30/50 30/70 40/100
	Polystyrol-Extruderschaum	(≥25)		80/250
5.5.2	Polyurethan (PUR)-Hartschaum Wärmeleitfähigkeitsgruppe 020 025 030 035	(≥30)	0,020 0,025 0,030 0,035	30/100
5.5.3	Phenolharz (PF)-Hartschaum Wärmeleitfähigkeitsgruppe 030 035 040 045	(≥30)	0,030 0,035 0,040 0,045	10/50
5.6	Mineralische und pflanzliche Faserdämmstoffe nach DIN 18 165 Teil 1[6]) Wärmeleitfähigkeitsgruppe 035 040 045 050	(8–500)	0,035 0,040 0,045 0,050	1
5.7	Schaumglas nach DIN 18 174 Wärmeleitfähigkeitsgruppe 045 050 055 060	(100–150)	0,045 0,050 0,055 0,060	[1])

6 Holz und Holzwerkstoffe[7])

6.1	Holz			
6.1.1	Fichte, Kiefer, Tanne	(600)	0,13	40
6.1.2	Buche, Eiche	(800)	0,20	

Fußnoten siehe Seite 427

Rechenwerte **DIN 4108**

Zeile	Stoffe	ϱ_0 in kg/m³	λ_R in W/(m·K)	μ
6.2	Holzwerkstoffe			
6.2.1	Sperrholz nach DIN 68 705 Teile 2, 3, 4	(800)	0,15	50/400
6.2.2	Spanplatten			
6.2.2.1	Flachpreßplatten nach DIN 68 761 und DIN 68 763	(700)	0,13	50/100
6.2.2.2	Strangpreßplatten nach DIN 68 764 Teil 1 (Vollplatten ohne Beplankung)	(700)	0,17	20
6.2.3	Holzfaserplatten			
6.2.3.1	Harte Holzfaserplatten nach DIN 68 750 und DIN 68 754 Teil 1	(1 000)	0,17	70
6.2.3.2	Poröse Holzfaserplatten DIN 68 750 und Bitumen-Holzfaserplatten DIN 68 752	≤ 300 ≤ 400	0,060 0,070	5
7 Beläge, Abdichtstoffe und Abdichtungsbahnen				
7.1	Fußbodenbeläge			
7.1.1	Linoleum nach DIN 18 171	(1 000)	0,17	
7.1.2	Korklinoleum	(700)	0,081	
7.1.3	Linoleum-Verbundbeläge nach DIN 18 173	(100)	0,12	
7.1.4	Kunststoffbeläge, z. B. auch PVC	(1 500)	0,23	
7.2	Abdichtstoffe, Abdichtungsbahnen			
7.2.1	Asphaltmastix, Dicke ≥ 7 mm	(2 000)	0,70	1)
7.2.2	Bitumen	(1 100)	0,17	
7.2.3	Dachbahnen, Dachdichtungsbahnen[10])			
7.2.3.1	Bitumendachbahnen nach DIN 52 128	(1 200)	0,17	10 000/ 80 000
7.2.3.2	nackte Bitumenbahnen nach DIN 52 129	(1 200)	0,17	2 000/ 20 000
7.2.3.3	Glasvlies-Bitumendachbahnen nach DIN 52 143			20 000/ 60 000
8 Sonstige gebräuchliche Stoffe[8])				
8.1	Lose Schüttungen [9]), abgedeckt,			
8.1.1	aus porigen Stoffen:			
	Blähperlit	(≤ 100)	0,060	
	Blähglimmer	(≤ 100)	0,070	
	Korkschrot, expandiert	(≤ 200)	0,050	
	Hüttenbims	(≤ 600)	0,13	
	Blähton, Blähschiefer	(≤ 400)	0,16	
	Bimskies	(≤ 1 000)	0,19	
	Schaumlava	≤ 1 200 ≤ 1 500	0,22 0,27	
8.1.2	aus Polystyrolschaumstoff-Partikeln	(15)	0,045	
8.1.3	aus Sand, Kies, Splitt (trocken)	(1 800)	0,70	
8.2	Fliesen	(2 000)	1,0	
8.3	Glas	(2 500)	0,80	
Fußnoten siehe Seite 427				

DIN 4108 — Wärmeschutz

Zeile	Stoffe	ϱ_0 in kg/m³	λ_R in W/(m·K)	μ
8.4	Natursteine			
8.4.1	Kristalline metamorphe Gesteine (Granit, Basalt, Marmor)	(2 800)	3,5	
8.4.2	Sedimentsteine (Sandstein, Muschelkalk, Nagelfluh)	(2 600)	2,3	
8.4.3	Vulkanische porige Natursteine	(1 600)	0,55	
8.5	Böden (naturfeucht)			
8.5.1	Sand, Kiessand		1,4	
8.5.2	Bindige Böden		2,1	
8.6	Mosaik aus Glas und Keramik	(2 000)	1,2	100/300
8.7	Kunstharzputz	(1 100)	0,70	50/200
8.8	Metalle			
8.8.1	Stahl		60	
8.8.2	Kupfer		380	
8.8.3	Aluminium		200	
8.9	Gummi (kompakt)	(1 000)	0,20	

Rechenwerte aufgrund bauaufsichtlicher Bescheide[11]

	Wandbausteine	ϱ_0 in kg/m³	λ_R in W/(m·K) mit[12] NM	LM 36	LM 21
W 34/89	BEHR Therm-Wärmedämmblöcke WD	500	–	–	0,16
		600	–	–	0,18
		700	–	–	0,21
W 35/89	BEHR Therm-Leichtblöcke LBL	500	–	–	0,18
		600	–	–	0,21
		700	–	–	0,24
W 14/91	BISO-Blöcke	500	0,18	0,16	0,14
		550	0,21	0,16	0,16
		600	0,21	0,18	0,16
		650	0,21	0,18	0,18
		700	0,24	0,21	0,18
W 15/91	BISOTHERM-Vollblöcke SW-Plus mit Nuten und Federn ohne Stoßfugenvermörtelung	500	0,16	0,13	0,12
		600	0,18	0,16	0,14
		700	0,21	0,18	0,16
		800	0,21	0,18	0,18
W 40/93	BISOTHERM-Vollsteine	550	0,24	0,16	0,16
		600	0,24	0,18	0,16
		650	0,27	0,18	0,18
		700	0,27	0,21	0,18
W 39/88	CALORIT-Mauerblöcke	500	0,18	0,16	0,16
		600	0,21	0,18	0,18
		700	0,24	0,21	0,21
		800	0,27	0,24	0,21

Fußnoten siehe Seite 427

Rechenwerte DIN 4108

	Wandbausteine	ϱ_0 in kg/m³	λ_R in W/(m·K) mit[12]		
			NM	LM 36	LM 21
W 21/88	DAHMIT-Therm-Voll-	600	0,21	0,18	0,18
	blöcke[13])	700	0,24	0,21	0,21
W 20/88	DAHMIT-Therm-Dämm-	500	0,21	0,18	0,18
	blöcke, Blocklänge 497 mm,	600	0,24	0,21	0,21
	Wanddicken 24 u. 30 cm	700	0,30	0,27	0,24
	DAHMIT-Therm-Dämm-	500	0,24	0,21	0,21
	blöcke, Blocklänge 242 mm,	600	0,27	0,24	0,24
	Wanddicke 36,5 cm	700	0,30	0,27	0,27
W 13/86	HEKLATHERM-Vollblöcke S-W	500	0,18	0,14	0,13
W 22/88	KLB-Klimaleichtblöcke	500	0,18	0,16	0,16
	„W3–NB"	600	0,21	0,18	0,18
		700	0,24	0,21	0,21
		800	0,27	0,24	0,24
		1 000	0,33	0,30	0,30
W 13/92	KLB-Klimaleichtblöcke	500	0,21	0,18	0,18
	„W2–NB"	600	0,24	0,24	0,24
W 12/92	KLB-Klimaleichtblöcke	500	0,27	0,24	0,21
	„W1–NB"[14])	600	0,30	0,27	0,24
		800	0,39	0,36	0,33
		1 000	0,50	0,45	0,45
W 30/89	KLB-Mauerblöcke	600	0,30	0,27	0,27
		800	0,36	0,33	0,33
		1 000	0,50	0,50	0,50
W 03/83	Kalk-Silikat-Leichtsteine „Yali"	700	–	0,27	–
W 17/90	Liapor-Systemblöcke	500	0,18	0,14	0,13
	Steinlänge 496 mm	600	0,21	0,16	0,16
		700	0,24	0,18	0,18
		800	0,24	0,21	0,21
	Steinlänge 372 mm	500	0,18	0,14	0,14
		600	0,21	0,16	0,16
		700	0,24	0,21	0,18
		800	0,27	0,21	0,21
	Steinlänge 246 mm	500	0,21	0,16	0,16
		600	0,24	0,21	0,18
		700	0,27	0,24	0,21
		800	0,30	0,27	0,24
W 25/90	Liapor-Vollwärme-Blöcke	500	0,18	0,16	0,14
	Steinlänge 497 mm	600	0,21	0,18	0,16
		700	0,24	0,18	0,18
		800	0,24	0,21	0,21
	Steinlänge 247 mm	500	0,21	0,16	0,14
		600	0,24	0,18	0,16
		700	0,24	0,21	0,21
		800	0,27	0,24	0,21

Fußnoten siehe Seite 427

	Wandbausteine	ϱ_0 in kg/m³	λ_R in W/(m·K) mit[12]		
			NM	LM 36	LM 21
W 03/86	Liapor-Mauerblöcke RA	500	0,24	0,18	0,18
	mit vermörtelten Stoßfugen	600	0,27	0,21	0,21
		700	0,33	0,30	0,27
W 29/92	RH-THERM-Vollblöcke SW	600	–	–	0,16
	mit Nuten und Federn	700	–	–	0,16
		800	–	–	0,18
W 28/92	RH-THERM-Wärmeblöcke	600	–	0,21	0,18
		700	–	–	0,21
W 27/92	Stockschläder Vollblöcke „S3"	500	–	–	0,14
W 22/93	Stockschläder Mauerblöcke „S2"	500	–	–	0,21
		600	–	–	0,24
W 12/88	Stockschläder Mauerblöcke „S1"	500	–	–	0,16
		600	–	–	0,18
W 13/88	thermolith-Mauerblöcke	500	0,18	0,16	0,14
	Steinlänge 497 mm	600	0,21	0,18	0,18
		700	0,24	0,21	0,21
	Steinlänge 247 mm und	500	0,21	0,16	0,16
	Wanddicke 36,5 cm	600	0,24	0,21	0,18
		700	0,27	0,24	0,21
W 23/93	thermolith-Leichtblöcke mit	500	0,21	0,18	0,16
	vermörtelten Stoßfugen	600	0,24	0,21	0,18
		700	0,24	0,21	0,21
	unvermörtelten Stoßfugen	500	0,21	0,18	0,18
		600	0,24	0,21	0,18
		700	0,24	0,24	0,21
W 35/83	Leichtziegel „klimaton SB"	800	0,24	0,21	0,18
		900	0,27	0,24	0,21
W 45/93	POROTON-Hochlochziegel	800	–	–	0,18
		900	–	–	0,21
W 17/82	THERMOPOR 60 Leichtziegel	800	0,24	0,21	0,18
W 21/85	THERMOPOR-WMZ H 113	800	0,30	0,24	0,21
	Leichtziegel	900	0,33	0,27	0,21
W 12/84	unipor-Leichthochlochziegel 113	800	0,30	0,24	0,21
W 44/84	Leichtziegel „unipor S"[15]	700	0,24	0,21	0,18
		800	*0,24*	*0,21*	0,18
		900	0,27	0,24	–
W 02/86	Leichtziegel „unipor B"	800	0,30	0,21	0,21
		900	–	0,21	–
W 15/87	Leichtziegel „unipor ZW 0,24"	800	0,27	–	–
	und „unipor ZWB", Höhe 113 mm	900	0,30	0,24	–
	dto., aber Höhe 238 mm	800	0,24	0,18	–
		900	0,27	0,21	–

Fußnoten siehe Seite 427

	Schüttungen aus	λ_R
W 04/79	ISOPERL-DUSTEX	0,055
W 10/81	Superlite-Staubex und Estroperl	0,050
W 03/82	Bituperl und Plano Fix	0,060
W 23/82	Thermoperl	0,070
W 02/83	Hyperdämm-Mineralkörnung	0,045
W 26/83	Isoself	0,050
W 01/87	MEHABIT	0,060
W 06/89	Fermacell-Ausgleichsschüttung	0,090
W 19/89	Raab-Trockenschüttung	0,080
W 20/89	Hyperlite S	0,050
W 19/91	Terraplan	0,060
W 26/92	Trockenschüttung „Planoperl"	0,060

1) Praktisch dampfdicht.
2) Mit Quarzsandzusatz gelten für Leichtbeton nach Zeilen 2.2 und 2.4.2 sowie für 2 K-Steine nach Zeile 4.5.1 um 20 %, für 3 K- bis 6 K-Steine um 15 % höhere Rechenwerte λ_R.
3) Holzwolle-Leichtbauplatten unter 15 mm Dicke sowie Holzwolleschichten von Mehrschicht-Leichtbauplatten unter 10 mm Dicke dürfen wärmeschutztechnisch nicht berücksichtigt werden.
4) Bei Verwendung anderer Wärmeleitfähigkeitsgruppen oder anderer Dämmstoffe nach DIN 18 164 Teil 1 oder DIN 18 165 Teil 1 gelten die Werte der Zeilen 5.5 und 5.6.
5) Die Rechenwerte λ_R für Mauerwerk dürfen bei Verwendung von Leichtmörtel nach DIN 1053 Teil 1 um 0,06 W/(m · K) verringert werden, bei Gasbeton-Blocksteinen nach Zeile 4.4.1 sowie Vollblöcken S-W aus Naturbims und/oder Blähton nach den Zeilen 4.5.2.3 und 4.5.2.4 jedoch höchstens auf die Werte für entsprechende großformatige Bauteile nach den Zeilen 2.3 sowie 2.4.2.1 und 2.4.2.2.
6) Auch Trittschalldämmplatten müssen gemäß DIN 18 164 Teil 2 und DIN 18 165 Teil 2 in eine Wärmeleitfähigkeitsgruppe eingeordnet werden.
7) Die angegebenen Rechenwerte der Wärmeleitfähigkeit λ_R gelten für Holz quer zur Faser, für Holzwerkstoffe senkrecht zur Plattenebene. Für Holz in Faserrichtung sowie für Holzwerkstoffe in Plattenebene ist näherungsweise der 2,2fache Wert einzusetzen, wenn kein genauer Nachweis erfolgt.
8) Diese Stoffe sind hinsichtlich ihrer wärmeschutztechnischen Eigenschaften nicht genormt. Die angegebenen Wärmeleitfähigkeitswerte stellen obere Grenzwerte dar.
9) Die Dichte wird bei losen Schüttungen als Schüttdichte angegeben.
10) Bei Kunststoff-Dachbahnen liegen die Richtwerte für μ zwischen 10 000 und 100 000, lediglich für Bahnen nach PIB nach DIN 16 371 zwischen 400 000 und 1 750 000, für PVC-Folien ≥ 1 mm zwischen 20 000 und 50 000, für PE-Folien $\geq 0,1$ mm bei 100 000; Alu-Folien $\geq 0,05$ mm und andere Metallfolien $\geq 0,1$ mm sind praktisch dampfdicht.
11) Stand Dez. 1993 (siehe Bundesanzeiger Nr. 12 vom 19. 1. 94). Außerdem sind weitere Rechenwerte der Wärmeleitfähigkeit im Rahmen bauaufsichtlicher Zulassungen festgelegt worden (siehe dazu Vorbemerkungen auf Seite 414).
12) Rechenwerte bei Verwendung von Normalmauermörtel nach DIN 1053 Teil 1 sowie von Leichtmauermörtel LM 36 und LM 21.
13) Für Blocklängen von 497 mm und Wanddicken von 24 und 30 cm lauten die Werte der letzten Spalte 0,16 und 0,18.
14) Für KLB-Klimaleichtblöcke „W1-BT" lauten die Werte der letzten Spalte 0,24; 0,27; 0,36; 0,45.
15) Nach Bescheid W 05/89 gelten die kursiv gedruckten Werte auch für Zahn-Ziegel „unipor ZD 0,24/0,8".
16) Für Hebel- und YTONG-Planbauplatten gelten nach den Bescheiden W 18/92 und W 19/92 die Rechenwerte $\lambda_R = 0,15$ (400 kg/m³); 0,17; 0,20; 0,23; 0,27.
17) Für Hebel- und YTONG-Plansteine W gelten nach den Bescheiden W 26/90 und W 12/91 die Rechenwerte $\lambda_R = 0,12$; 0,16; 0,18; 0,21; 0,24.

DIN 4108   Wärmeschutz

Rechenwerte der Wärmeübergangswiderstände

In der Neuausgabe von DIN 4108 werden gegenüber den bisherigen wesentlich spezifiziertere Werte in einer längeren Tabelle angegeben. Gleichzeitig werden jedoch folgende Vereinfachungen zugelassen, deren Anwendung sehr empfehlenswert erscheint:
– Wärmeübergangswiderstand an der Innenseite $1/\alpha_i = 0{,}13$ m² · K/W.
– Wärmeübergangswiderstand an der Außenseite $1/\alpha_a = 0{,}04$ m² · K/W.
Ausgenommen sind Bauteile, die an Erdreich angrenzen, für die $1/\alpha_a = 0$ wird.

Tabelle 2 **Rechenwerte der Wärmedurchlaßwiderstände von Luftschichten**[1])

Lage der Luftschicht	Dicke der Luftschicht mm	Wärmedurchlaßwiderstand $1/\Lambda$ in m² · K/W
lotrecht	10 bis 20	0,14
	über 20 bis 500	0,17
waagerecht	10 bis 500	0,17

[1]) Die Werte gelten für Luftschichten, die nicht mit der Außenluft in Verbindung stehen, und für Luftschichten bei mehrschaligem Mauerwerk nach DIN 1053 Teil 1. Bei anderen belüfteten Bauteilen ist der Wärmedurchlaßwiderstand der Luftschicht und der Außenschale nicht in Ansatz zu bringen.

Tabelle 3 **Rechenwerte der Wärmedurchgangskoeffizienten k_V für Verglasungen und k_F für Fenster und Fenstertüren einschl. Rahmen in W/(m² · K)**

Die Werte der Ziffern 1.1 bis 1.10 und 3 entstammen DIN 4108 Teil 4, die Werte unter Ziffer 2 sind im Bundesanzeiger veröffentlichte Festlegungen von Rechenwerten für bestimmte Sonderglasfabrikate (Stand Dez. 1993).

Ziffer, Hersteller	Glassorte	Verglasung[1])	Fenster und Fenstertüren der Rahmenmaterialgruppe[2])				
			1	2.1	2.2	2.3	3
1	Normalglas						
1.1	Einfachverglasung	5,8			5,2		
	Isolierverglasung, Luftzwischenraum						
1.2	≥ 6 bis ≤ 8 mm	3,4	2,9	3,2	3,3	3,6	4,1
1.3	> 8 bis ≤ 10 mm	3,2	2,8	3,0	3,2	3,4	4,0
1.4	> 10 bis ≤ 16 mm	3,0	2,6	2,9	3,1	3,3	3,8
1.5	zweimal ≥ 6 bis ≤ 8 mm	2,4	2,2	2,5	2,6	2,9	3,4
1.6	zweimal > 8 bis ≤ 10 mm	2,2	2,1	2,3	2,5	2,7	3,3
1.7	zweimal > 10 bis ≤ 16 mm	2,1	2,0	2,3	2,4	2,7	3,2
1.8	Doppelverglasung mit 20 bis 100 mm Scheibenabstand	2,8	2,5	2,7	2,9	3,2	3,7
1.9	dto., aber aus Einfachglas und Isolierglas gemäß 1.4	2,0	1,9	2,2	2,4	2,6	3,1
1.10	dto., aber aus 2 Isolierglaseinheiten gemäß 1.4	1,4	1,5	1,8	1,9	2,2	2,7

Rechenwerte DIN 4108

Ziffer. Hersteller	Glassorte	Verglasung[1]	Fenster und Fenstertüren der Rahmenmaterialgruppe[2]				
			1	2.1	2.2	2.3	3
2	Sonderglas						
Flachglas-AG	Thermoplus 1,6/12	2,2	2,1	2,3	2,5	2,7	3,3
	Thermoplus 1,4 Infrastop Neutral 51/39	2,1	2,0	2,3	2,4	2,7	3,2
	Thermoplus Neutral/12 Infrastop Neutral 51/38, K-Plus 14	2,0	1,9	2,2	2,4	2,6	3,1
	Thermoplus 1,4/16 und Neutral/14 Infrastop Auresin und Gold Infrastop Silber 50/30 Infrastop Bronze 36/26	1,8	1,8	2,0	2,2	2,5	3,0
	Infrastop Silber 48/48 Infrastop Bronze 49/33	1,9	1,8	2,1	2,3	2,5	3,1
	Infrastop Silber 50/35 und 36/22 Thermoplus Neutral/16	1,7	1,7	2,0	2,2	2,4	2,9
Vereinigte Glaswerke GmbH	Climaplus GLS 1,6 Eliotherm Grün 50/38	2,1	2,0	2,3	2,4	2,7	3,2
	Climaplus GLS 1,4 Eliotherm Silber 50/45 und Neutral	2,0	1,9	2,2	2,4	2,6	3,1
	Climaplus N 12 mm Eliotherm Gold 50/34 Eliotherm Cosmos 66/45	1,9	1,8	2,1	2,3	2,5	3,1
	Eliotherm Rubin 55/50 und Saphir Eliotherm Gold 47/29 und Azur Eliotherm Bronze 55/34, Climasol 12	1,8	1,8	2,0	2,2	2,5	3,0
	Eliotherm Gold 32/19, Platin, Silber 35/29 und Bronze 35/20 Climaplus N 15 mm	1,7	1,7	2,0	2,2	2,4	2,9
	Climasol 15	1,6	1,6	1,9	2,1	2,3	2,9
Interpane	iplus gold 1,4	1,6	1,6	1,9	2,1	2,3	2,9
	iplus neutral	1,5	1,6	1,8	2,0	2,3	2,8
	iplus neutral R	1,4	1,5	1,8	1,9	2,2	2,7
	iplus und ipasol neutral R, SZR 16 mm Calorex AO/iplus neutral	1,3	1,4	1,7	1,9	2,1	2,7

Fußnoten Seite 430

DIN 4108 — Wärmeschutz

Ziffer, Hersteller	Glassorte		Verglasung[1]	Fenster und Fenstertüren der Rahmenmaterialgruppe[2]				
				1	2.1	2.2	2.3	3
Isolar Glas-GmbH	solarlux-neutral und -blau-light		1,9	1,8	2,1	2,3	2,5	3,1
	solarlux-smaragd und -silber		1,7	1,7	2,0	2,1	2,4	2,9
	neutralux-Silber/SZR 12 mm		1,6	1,6	1,9	2,1	2,3	2,9
	neutralux-Silber/SZR 15 mm		1,4	1,5	1,8	1,9	2,2	2,7
OKA-LUX	Okalux lichtstreuendes Isolierglas	5/12/5	2,5	2,3	2,5	2,7	3,0	3,5
		5/16/5	2,2	2,1	2,3	2,5	2,7	3,2
		5/24/5	1,7	1,7	2,0	2,2	2,4	2,9
	dto. mit 40 mm Kapillareinlage		1,3	1,4	1,7	1,9	2,1	2,7
3	Glasbausteinwand nach DIN 4242 mit Hohlglasbausteinen nach DIN 18 175							3,5

[1] Bei Fenstern mit einem Rahmenanteil von nicht mehr als 5 % (z. B. Schaufensteranlagen) kann anstelle des Koeffizienten k_F der Koeffizient k_V der Verglasung angesetzt werden.

[2] Die Fensterrahmen sind wie folgt in die Rahmenmaterialgruppen einzustufen:
In Gruppe 1 Fenster mit Rahmen aus Holz. Holzkombinationen (z. B. Holzrahmen mit Aluminiumbekleidung) oder Kunststoff (sofern die Profilausbildung vom Kunststoff bestimmt wird und eventuell vorhandene Metalleinlagen nur der Aussteifung dienen) ohne besonderen Nachweis; weiterhin Fenster mit Rahmen aus beliebigen Profilen, wenn $k_R \leq 2.0$ W/(m² · K) durch Prüfungszeugnisse nachgewiesen wird.
In Gruppe 2 Fenster mit Rahmen aus wärmegedämmten Metall- oder Betonprofilen, wenn $k_R \leq 4.5$ W/(m² · K) durch Prüfzeugnisse nachgewiesen wird, und zwar in
Gruppe 2.1 für $2.0 < k_R \leq 2.8$ W/(m² · K).
Gruppe 2.2 für $2.8 < k_R \leq 3.5$ W/(m² · K).
Gruppe 2.3 für $3.5 < k_R \leq 4.5$ W/(m² · K).
Bei den in die Gruppen 2.2 und 2.3 eingestuften Fenstern muß die Kernzone der Profile besondere Merkmale aufweisen (siehe DIN 4108 Teil 4. S. 12 und 13).
In Gruppe 3 Fenster mit Rahmen aus Beton. Stahl. Aluminium sowie wärmegedämmten Metallprofilen, die nicht in Gruppe 2 eingestuft werden können, ohne besonderen Nachweis. Bei Verglasungen mit Rahmenanteil ≤ 15 % dürfen die k_F-Werte der Gruppe 3 um 0.5 W/(m² · K) herabgesetzt werden.

Tabelle 4 **Rechenwerte der Wärmedurchlaßwiderstände von Stahlbetondecken**

Zeile	Bezeichnung und Darstellung	Dicke s mm	Wärmedurchlaßwiderstand $1/\Lambda$ $m^2 \cdot K/W$ im Mittel	an der ungünstigsten Stelle
1	*Stahlbetonrippen- und Stahlbetonbalkendecken* nach DIN 1045 mit Zwischenbauteilen nach DIN 4158			
1.1	Stahlbetonrippendecke (ohne Aufbeton, ohne Putz)	120 140 160 180 200 220 250	0,20 0,21 0,22 0,23 0,24 0,25 0,26	0,06 0,07 0,08 0,09 0,10 0,11 0,12
1.2	Stahlbetonbalkendecke (ohne Aufbeton, ohne Putz)	120 140 160 180 200 220 240	0,16 0,18 0,20 0,22 0,24 0,26 0,28	0,06 0,07 0,08 0,09 0,10 0,11 0,12
2	*Stahlbetonrippen- und Stahlbetonbalkendecken* nach DIN 1045 mit Deckenziegeln nach DIN 4160			
2.1	Ziegel als Zwischenbauteile nach DIN 4160 ohne Querstege (ohne Aufbeton, ohne Putz)	115 140 165	0,15 0,16 0,18	0,06 0,07 0,08
2.2	Ziegel als Zwischenbauteile nach DIN 4160 mit Querstegen (ohne Aufbeton, ohne Putz)	190 225 240 265 290	0,24 0,26 0,28 0,30 0,32	0,09 0,10 0,11 0,12 0,13

Fortsetzung der Tabelle siehe nächste Seite

DIN 4108 — Wärmeschutz

Tabelle 4 (Fortsetzung)

Zeile	Bezeichnung und Darstellung	Dicke s mm	Wärmedurchlaß widerstand $1/\Lambda$ m² · K / W im Mittel	an der ungünstigsten Stelle
3 Stahlsteindecken nach DIN 1045 aus Deckenziegeln nach DIN 4159				
3.1	Ziegel für teilvermörtelbare Stoßfugen nach DIN 4159	115 140 165 190 215 240 265 290	0,15 0,18 0,21 0,24 0,27 0,30 0,33 0,36	0,06 0,07 0,08 0,09 0,10 0,11 0,12 0,13
3.2	Ziegel für vollvermörtelbare Stoßfugen nach DIN 4159	115 140 165 190 215 240 265 290	0,13 0,16 0,19 0,22 0,25 0,28 0,31 0,34	0,06 0,07 0,08 0,09 0,10 0,11 0,12 0,13
4 Stahlbetonhohldielen nach DIN 1045				
	(ohne Aufbeton, ohne Putz)	65 80 100	0,13 0,14 0,15	0,03 0,04 0,05

Fortsetzung der Fußnoten zu Seite 433

[6]) Bei schwimmenden Estrichen ist die Dicke der Dämmschicht in belastetem Zustand maßgebend. Sind Fußboden- oder Deckenheizungen vorhanden, müssen die Mindestanforderungen durch den oberhalb bzw. unterhalb der Heizungsrohre oder -matten liegenden Teil der Deckenkonstruktion eingehalten werden.

[7]) Die Zeile 6 gilt auch für Decken, die unter einem belüfteten Raum liegen, der nur bekriechbar oder noch niedriger ist, sowie für Decken unter belüfteten Räumen zwischen Dachschrägen und Abseitenwänden bei ausgebauten Dachgeschossen; bei gedämmten Dachschrägen gilt Zeile 4.

[8]) Die Zeile 7 gilt auch für Decken, die Aufenthaltsräume gegen abgeschlossene, unbeheizte Hausflure o. ä. abschließen.

[9]) Die Zeile 8 gilt auch für Decken, die Aufenthaltsräume gegen Garagen (auch beheizte) oder gegen Durchfahrten (auch verschließbare) und belüftete Kriechkeller abgrenzen.

[10]) $k = 0{,}93$ gilt für unmittelbar an das Erdreich grenzende, $k = 0{,}81$ für über einem belüfteten Hohlraum an das Erdreich grenzende Bauteile.

[11]) Zum Beispiel Dächer und Decken unter Terrassen.

[12]) Die Zeilen 6.1, 7.1, 8.1 und 9.1 enthalten Mittelwerte, die Zeilen 6.2, 7.2, 8.2 und 9.2 gelten an der ungünstigsten Stelle.

[13]) Obere Werte für Wärmestromverlauf von unten nach oben, untere Werte für Wärmestromverlauf von oben nach unten.

3 Mindestwerte des Wärmeschutzes bei Aufenthaltsräumen nach DIN 4108 Teil 2

Tabelle 1 **Mindestwerte der Wärmedurchlaßwiderstände $1/\Lambda$ und Maximalwerte der Wärmedurchgangskoeffizienten k** (Für leichte Bauteile gilt Tabelle 2.)

Zeile [12]	Bauteile		$1/\Lambda$ m²·K/W	k W/(m²·K)
1	Außenwände[1][2]		0,55	1,39
2	2.1 Wohnungstrennwände[3]) und Wände zwischen fremden Arbeitsräumen	in nicht zentralbeheizten Gebäuden	0,25	1,96
	2.2	in zentralbeheizten Gebäuden[4]	0,07	3,03
3	Treppenraumwände[5])		0,25	1,96
4	4.1 Wohnungstrenndecken[3][6][7]) und Decken zwischen fremden Arbeitsräumen	allgemein	0,35	1,64 1,45[13])
	4.2	in zentralbeheizten Bürogebäuden[4]	0,17	2,33 1,96[13])
5	Unterer Abschluß nicht unterkellerter Aufenthaltsräume[6])		0,90	0,93 0,81[10])
6	6.1 Decken unter nicht ausgebauten Dachgeschossen[6][7])		0,90	0,90
	6.2		0,45	1,52
7	7.1 Kellerdecken[6][8])		0,90	0,81
	7.2		0,45	1,27
8	8.1 Decken, die Aufenthaltsräume nach unten gegen Außenluft abgrenzen[6][9])		1,75	0,51
	8.2		1,30	0,66
9	9.1 Decken, die Aufenthaltsräume nach oben gegen Außenluft abgrenzen[6][11])		1,10	0,79
	9.2		0,80	1,03

[1]) Für kleinflächige Einzelbauteile (z. B. Pfeiler) bei Gebäudeanlagen bis 500 m über NN (Oberfl. EG-Fußboden) genügt $1/\Lambda = 0,47$ m²·K/W und $k = 1,56$ W/(m²·K); bei Bauteilen mit hinterlüfteter Außenhaut muß k im allgemeinen $\leq 1,32$ W/(m²·K), bei kleinflächigen Einzelbauteilen $\leq 1,47$ W/(m²·K) sein (siehe dazu Abschnitt 1).

[2]) Zeile 1 gilt auch für Wände, die Aufenthaltsräume gegen Bodenräume, Durchfahrten, offene Hausflure, Garagen (auch beheizte) oder dergleichen abschließen oder an das Erdreich angrenzen (siehe dazu Abschnitt 1); sie gilt nicht für Abseitenwände vor gedämmten Dachschrägen.

[3]) Wohnungstrennwände und -trenndecken sind Bauteile, die Wohnungen voneinander oder von fremden Arbeitsräumen trennen.

[4]) Als zentralbeheizt im Sinne dieses Normblattes gelten Gebäude, deren Räume an eine gemeinsame Heizzentrale angeschlossen sind, von der ihnen die Wärme mittels Wasser, Dampf oder Luft unmittelbar zugeführt wird.

[5]) Die Zeile 3 gilt auch für Wände, die Aufenthaltsräume von fremden, dauernd unbeheizten Räumen trennen, wie abgeschlossenen Hausfluren, Kellerräumen, Ställen, Lagerräumen usw. Die Anforderung nach Zeile 3 gilt nur für geschlossene, eingebaute Treppenhäuser; sonst gilt Zeile 1.

DIN 4108   Wärmeschutz

Tabelle 2 **Mindestwerte der Wärmedurchlaßwiderstände $1/\Lambda$ für leichte Bauteile**[1])
Zwischenwerte dürfen geradlinig eingeschaltet werden.

Flächenbezogene Masse[2]) kg/m^2	Wärmedurchlaßwiderstand $1/\Lambda$ $m^2 \cdot K/W$
0	1,75
20	1,40
50	1,10
100	0,80
150	0,65
200	0,60
300	0,55

[1]) Leichte Bauteile sind Außenwände, Decken unter nicht ausgebauten Dachräumen und Dächer mit einer flächenbezogenen Gesamtmasse unter 300 kg/m^2. Die Anforderungen gelten unter Vernachlässigung von Wärmebrücken, bei Holzbauteilen (z. B. bei Tafelbauweise) für den Gefachbereich.

[2]) Die flächenbezogene Masse errechnet sich bei Bauteilen mit einer Dämmschicht von mind. $1/\Lambda = 0,25 \text{ m}^2 \cdot K/W$ aus den Schichten zwischen raumseitiger Bauteiloberfläche und Dämmschicht, bei Bauteilen mit einer geringeren oder ohne Dämmschicht aus der Gesamtmasse. Holz und Holzwerkstoffe dürfen näherungsweise mit dem doppelten Wert ihrer Masse in Rechnung gestellt werden.

4 Tauwasser- und Schlagregenschutz von Bauteilen
nach **DIN 4108 Teil 3**

4.1 Tauwasserschutz

Auf O b e r f l ä c h e n von Bauteilen werden Schäden durch Tauwasserbildung im allgemeinen vermieden, wenn die Mindestwerte des Wärmedurchlaßwiderstandes nach DIN 4108 Teil 2 eingehalten werden und Raumtemperaturen und relative Luftfeuchte herrschen, wie sie sich in nicht klimatisierten Aufenthaltsräumen, z. B. Wohn- und Büroräumen, einschließlich häuslicher Küchen und Bäder, bei üblicher Nutzung und dementsprechender Lüftung und Heizung einstellen.

Im I n n e r n von Bauteilen ist Tauwasserbildung dann unschädlich, wenn durch Erhöhung des Feuchtegehaltes der Bau- und Dämmstoffe der Wärmeschutz und die Standsicherheit der Bauteile nicht gefährdet werden. Diese Voraussetzungen liegen vor, wenn das während der Tauperiode im Innern des Bauteils anfallende Wasser während der Verdunstungsperiode wieder an die Umgebung abgegeben werden kann und die Baustoffe, die mit dem Tauwasser in Berührung kommen, nicht geschädigt werden (z. B. durch Korrosion oder Pilzbefall). Dabei darf eine Tauwassermasse von $1,0 \text{ kg/m}^2$ Dach- oder Wandfläche nicht überschritten werden, an Berührungsflächen mit kapillar nicht wasseraufnahmefähigen Schichten (z. B. Dampfsperr- oder Betonschichten) eine Tauwassermasse von $0,5 \text{ kg/m}^2$.

Ein r e c h n e r i s c h e r N a c h w e i s des Tauwasserausfalls infolge Dampfdiffusion ist bei folgenden Bauteilen nicht erforderlich, sofern ausreichender Wärmeschutz nach DIN 4108 Teil 2 gegeben ist und die unten genannten Klimabedingungen zutreffen:

a) Außenwände aus künstlichen Steinen nach DIN 1053 Teil 1,
   - ein- oder zweischalig ohne Luftschicht und ohne zusätzliche Wärmedämmschicht, verblendet oder verputzt oder mit angemörtelter oder angemauerter Bekleidung nach DIN 18 515 (Fugenanteil mindestens 5 %);
   - zweischalig mit Luftschicht, ohne oder mit zusätzlicher Wärmedämmschicht;
   - mit außenseitig angebrachter Wärmedämmschicht und mineralisch gebundenem Außenputz nach DIN 18 550 Teile 1 und 2 oder Kunstharzputz[1]) oder mit hinterlüfteter Bekleidung[2]);
   - mit raumseitig angebrachten, verputzten oder bekleideten Holzwolle-Leichtbauplatten nach DIN 1101 und außenseitig als Sichtmauerwerk (ausgenommen Klinker nach DIN 105) oder verputzt oder mit hinterlüfteter Bekleidung[2]);
   - mit anderer raumseitig angebrachter Wärmedämmschicht (s_d einschließlich Innenputz $\geq 0,5$ m) und mit Außenputz oder hinterlüfteter Bekleidung[2]).

b) Außenwände aus
   - gefügedichtem Leichtbeton nach DIN 4219 Teile 1 und 2 ohne zusätzliche Wärmedämmschicht;
   - bewehrtem Gasbeton nach DIN 4223 ohne zusätzliche Wärmedämmschicht, mit Kunstharzputz[1]) oder mit hinterlüfteter Bekleidung oder Vorsatzschale[2]);
   - haufwerksporigem Leichtbeton nach DIN 4232 ohne zusätzliche Wärmedämmschicht, beidseitig verputzt oder außenseitig mit hinterlüfteter Bekleidung[2]);
   - Normalbeton nach DIN 1045 oder gefügedichtem Leichtbeton nach DIN 4219 Teile 1 und 2, mit außenseitiger Wärmedämmschicht und mineralisch gebundenem Außenputz nach DIN 18 550 Teile 1 und 2 oder Kunstharzputz oder Bekleidung oder Vorsatzschale;
   - Holz mit innenseitiger Dampfsperrschicht ($s_d \geq 10$ m), äußerer Beplankung aus Holz oder Holzwerkstoffen ($s_d \leq 10$ m) und hinterlüftetem Wetterschutz[2]).

c) Nichtbelüftete Dächer
   - mit einer Dampfsperrschicht ($s_d \geq 100$ m) unter oder in der Wärmedämmschicht (an Ort aufgebrachte Klebemassen bleiben bei der Berechnung von s_d unberücksichtigt), wobei der Wärmedurchlaßwiderstand der Bauteilschichten unterhalb der Dampfsperrschicht höchstens 20 % des Gesamtwärmedurchlaßwiderstandes beträgt (bei Dächern mit nebeneinanderliegenden Bereichen unterschiedlicher Wärmedämmung ist der Gefachbereich zugrunde zu legen);
   - einschalig, aus Gasbeton nach DIN 4223, ohne Dampfsperrschicht an der Unterseite.

---

[1] Diffusionsäquivalente Luftschichtdicke s_d der Putze $\leq 4,0$ m (siehe dazu Abschnitt 1).
[2] Zum Beispiel Hinterlüftung nach DIN 18 515.

DIN 4108 Wärmeschutz

d) Belüftete Dächer mit einer Dachneigung ≥ 10° (belüfteter Raum oberhalb der Wärmedämmung), die folgenden Bedingungen genügen[1]):
   - der freie Lüftungsquerschnitt der an zwei gegenüberliegenden Traufen angebrachten Öffnungen beträgt mindestens je 2 ‰ der zugehörigen geneigten Dachfläche, mindestens jedoch 200 cm² je m Traufe,
   - die Lüftungsöffnung am First mindestens 0,5 ‰ der gesamten geneigten Dachfläche,
   - der freie Lüftungsquerschnitt innerhalb des Dachbereiches über der Wärmedämmschicht im eingebauten Zustand mindestens 200 cm² je m senkrecht zur Strömungsrichtung und dessen freie Höhe mindestens 2 cm,
   - die diffusionsäquivalente Luftschichtdicke s_d der unterhalb des belüfteten Raumes angeordneten Bauteilschichten in Abhängigkeit von der Sparrenlänge a:

   $a \leq 10$ m: $s_d \geq$ 2 m
   $a \leq 15$ m: $s_d \geq$ 5 m
   $a > 15$ m: $s_d \geq$ 10 m

e) Belüftete Dächer mit einer Dachneigung < 10° (belüfteter Raum oberhalb der Wärmedämmung), die folgenden Bedingungen genügen[1]):
   - der freie Lüftungsquerschnitt der an mindestens zwei gegenüberliegenden Traufen angebrachten Öffnungen beträgt mindestens je 2 ‰ der gesamten Dachgrundfläche,
   - die Höhe des freien Lüftungsquerschnittes innerhalb des Dachbereiches über der Wärmedämmschicht im eingebauten Zustand mindestens 5 cm,
   - die diffusionsäquivalente Luftschichtdicke s_d der unterhalb des belüfteten Raumes angeordneten Bauteilschichten mindestens 10 m.

f) Belüftete Dächer aus Gasbeton nach DIN 4223, ohne zusätzliche Wärmedämmschicht und ohne Dampfsperrschicht an der Unterseite.

Zur B e r e c h n u n g der Tauwassermasse in nicht klimatisierten Wohn- und Bürogebäuden sowie vergleichbar genutzten Gebäuden können vereinfacht folgende Klimabedingungen angenommen werden:

a) in der Tauperiode
   Außenklima[2]): $\vartheta = -10$ °C, $\varphi = 80$ %
   Innenklima: $\vartheta = 20$ °C, $\varphi = 50$ %
   Dauer 1 440 Stunden (60 Tage)

---

[1] Bei Dächern mit etwa vorhandenen Dampfsperrschichten ($s_d \geq 100$ m) sind diese so angeordnet, daß der Wärmedurchlaßwiderstand der Bauteilschichten unterhalb der Dampfsperrschicht höchstens 20 % des Gesamtwärmedurchlaßwiderstandes beträgt (bei Dächern mit nebeneinanderliegenden Bereichen unterschiedlicher Wärmedämmung ist der Gefachbereich zugrunde zu legen). Bei Dächern mit massiven Deckenkonstruktionen sowie bei geschichteten Dachkonstruktionen ist die Wärmedämmschicht als oberste Schicht unter dem belüfteten Raum angeordnet.
[2] Gilt auch für nicht beheizte, belüftete Nebenräume, z. B. belüftete Dachräume, Garagen.

b) in der Verdunstungsperiode bei
- Wandbauteilen und Decken unter nicht ausgebauten Dachräumen
  Außenklima[2]) $\vartheta = 12\ °C$, $\varphi = 70\ \%$
  Innenklima $\vartheta = 12\ °C$, $\varphi = 70\ \%$
  Klima im Tauwasserbereich $\vartheta = 12\ °C$, $\varphi = 100\ \%$
  Dauer   2 160 Stunden (90 Tage)
- Dächern, die Aufenthaltsräume gegen die Außenluft abschließen
  Außenklima $\vartheta = 12\ °C$, $\varphi = 70\ \%$
  Temperatur der Dachoberfläche $\vartheta = 20\ °C$
  Innenklima $\vartheta = 12\ °C$, $\varphi = 70\ \%$
  Klima im Tauwasserbereich ϑ entsprechend dem Temperaturgefälle von außen nach innen
                           $\varphi = 100\ \%$
  Dauer   2 160 Stunden (90 Tage)

Vereinfachend dürfen bei diesen Dächern auch die Klimabedingungen für Wandbauteile zugrunde gelegt werden.

Bei schärferen Klimabedingungen (z. B. Schwimmbäder, klimatisierte Räume, extremes Außenklima) sind diese vereinfachten Annahmen nicht zulässig. In diesen Fällen muß auch für die oben vom rechnerischen Nachweis ausgenommenen Bauteile der Tauwasserausfall nachgewiesen werden.

Der Berechnungsablauf, die zugehörigen Formeln und Tabellen sowie ein Beispiel sind in *Schneider* (Hrsg.), Bautabellen, WIT 40, 11. Auflage 1994, enthalten.

4.2 Schlagregenschutz von Wänden

Bei Beregnung kann Wasser in Außenbauteile durch Kapillarwirkung eindringen. Außerdem kann unter dem Einfluß des Staudruckes bei Windanströmung durch Spalten, Risse und fehlerhafte Stellen im Bereich der gesamten der Witterung ausgesetzten Flächen Wasser in oder durch die Konstruktion geleitet werden.

Maßnahmen zur Begrenzung der kapillaren Wasseraufnahme von Außenbauteilen können darin bestehen, daß der Regen an der Außenoberfläche des wärmedämmenden Bauteils durch eine wasserdichte oder mit Luftabstand vorgesetzte Schicht abgehalten wird oder daß die Wasseraufnahme durch wasserabweisende oder wasserhemmende Putze an der Außenoberfläche oder durch Schichten im Innern der Konstruktion vermindert oder auf einen bestimmten Bereich (z. B. Vormauerschicht) beschränkt wird. Dabei darf aber die Wasserabgabe (Verdunstung) nicht unzulässig beeinträchtigt werden.

Die Beanspruchung von Gebäuden oder von einzelnen Gebäudeteilen durch Schlagregen wird durch die Beanspruchungsgruppen I, II oder III definiert. Bei der Wahl der Beanspruchungsgruppe sind die regionalen klimatischen Bedingungen (Regen, Wind), die örtliche Lage und die Gebäudeart zu berücksichtigen. Die Beanspruchungsgruppe ist daher im Einzelfall festzulegen. Hierzu dienen folgende Hinweise:

---
[2] Siehe linke Seite.

Beanspruchungsgruppe I (Geringe Schlagregenbeanspruchung):

Im allgemeinen Gebiete mit Jahresniederschlagsmengen unter 600 mm sowie besonders windgeschützte Lagen auch in Gebieten mit größeren Niederschlagsmengen.

Beanspruchungsgruppe II (Mittlere Schlagregenbeanspruchung):

Im allgemeinen Gebiete mit Jahresniederschlagsmengen von 600 bis 800 mm sowie windgeschützte Lagen auch in Gebieten mit größeren Niederschlagsmengen; Hochhäuser und Häuser in exponierter Lage in Gebieten, die auf Grund der regionalen Regen- und Windverhältnisse einer geringen Schlagregenbeanspruchung zuzuordnen wären.

Beanspruchungsgruppe III (Starke Schlagregenbeanspruchung):

Im allgemeinen Gebiete mit Jahresniederschlagsmengen über 800 mm sowie windreiche Gebiete auch mit geringeren Niederschlagsmengen (z. B. Küstengebiete, Mittel- und Hochgebirgslagen, Alpenvorland); Hochhäuser und Häuser in exponierter Lage in Gebieten, die auf Grund der regionalen Regen- und Windverhältnisse einer mittleren Schlagregenbeanspruchung zuzuordnen wären.

Beispiele für die Anwendung genormter Wandbauarten in Abhängigkeit von der Schlagregenbeanspruchung gibt Tabelle 2, Empfehlungen für die Ausbildung von Fugen zwischen vorgefertigten Wandplatten in Abhängigkeit von der Schlagregenbeanspruchung gibt Tabelle 1.

Tabelle 1. **Beispiele für die Zuordnung von Fugenabdichtungen und Beanspruchungsgruppen**

	I	II	III
Vertikalfugen in konstruktiver Ausbildung oder abgedichtet nach DIN 18540 Teil 1			×
Offene Horizontalfugen, schwellenförmig gemäß Abbildung – mit Schwellenhöhe $h \geq 60$ mm – mit Schwellenhöhe $h \geq 80$ mm – mit Schwellenhöhe $h \geq 100$ mm	×	×	×
Horizontalfugen, abgedichtet nach DIN 18540 Teil 1, mit zusätzlichen konstruktiven Maßnahmen, z. B. mit Schwelle $h \geq 50$ mm			×

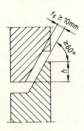

Schlagregenschutz   DIN 4108

Tabelle 2 **Beispiele für die Zuordnung von genormten Wandbauarten und Beanspruchungsgruppen**

	Gruppe		
	I	II	III
Mit Außenputz nach DIN 18 550 Teil 1 versehene Wände aus Mauerwerk, Wandbauplatten, Beton, Holzwolle-Leichtbauplatten (ausgeführt nach DIN 1102, mit Fugenbewehrung) oder Mehrschicht-Leichtbauplatten (ausgeführt nach DIN 1102, mit ganzflächiger Bewehrung)[1]			
– ohne besondere Anforderung an den Putz	×		
– mit wasserhemmendem Außenputz oder Kunstharzputz*)		×	
– mit wasserabweisendem Außenputz oder Kunstharzputz*)			×
Einschaliges Sichtmauerwerk nach DIN 1053 Teil 1[2],			
– 31 cm dick	×		
– 37,5 cm dick		×	
Zweischaliges Verblendmauerwerk n. DIN 1053 Teil 1,			
– mit Luftschicht			×
– ohne Luftschicht, mit Vormauersteinen			×
Gefügedichte Betonwände nach DIN 1045 oder DIN 4219 Teile 1 und 2			×
Bekleidete Wände nach DIN 18 515			
– mit angemörtelten Bekleidungen		×	
– mit angemörtelten oder angemauerten Bekleidungen, Unterputz und wasserabweisendem Fugenmörtel[3]			×
– mit hinterlüfteten Bekleidungen[4]			×
Holzwände unter Beachtung von DIN 68 800 Teil 2			
– mit 11,5 cm dicker Mauerwerks-Vorsatzschale[5]		×	
– dto., aber mit zusätzlicher Luftschicht ≥ 4 cm[5][6]			×
– mit vorgesetzter Bekleidung nach DIN 18 516 Teile 1 und 2 (siehe dazu Fußnote 4)			×

*) Kunstharzputz gemäß DIN 18 558.
[1] Falls die zu verputzende Holzwolleschicht < 15 mm dick ist, muß für die Gruppen II und III Werkmörtel nach DIN 18 557 verwendet werden.
[2] Übernimmt eine zusätzlich vorhandene Wärmedämmschicht den erforderlichen Wärmeschutz allein, so kann das Mauerwerk in die nächsthöhere Beanspruchungsgruppe eingeordnet werden.
[3] Wasserabweisende Fugenmörtel müssen einen Wasseraufnahmekoeffizienten $w \leq 0{,}5$ kg/(m²·h$^{1/2}$) aufweisen, ermittelt nach DIN 52 617.
[4] Die Bekleidungen können auch den „Richtlinien für Fassadenbekleidungen mit und ohne Unterkonstruktion" entsprechen, die später durch die Normblätter 18 516 Teil 1 (1.90), Teil 2 und Teil 3 (1.90) ersetzt werden sollen.
[5] Durch konstruktive Maßnahmen (z. B. Abdichtung des Wandfußpunktes, Ablauföffnungen in der Vorsatzschale) ist dafür zu sorgen, daß die hinter der Vorsatzschale auftretende Feuchte von den Holzteilen ferngehalten und abgeleitet wird (über Ausführungsbeispiele ist ein Beiblatt zu DIN 68 800 Teil 2 in Vorbereitung).
[6] Die Vorsatzschale ist unten und oben mit Lüftungsöffnungen zu versehen, die jeweils eine Fläche von mindestens 150 cm² auf etwa 20 m² Wandfläche haben. Bezüglich ausreichender Belüftung für den Tauwasserschutz siehe DIN 68 800 Teil 2.

5 Verordnung über einen energiesparenden Wärmeschutz bei Gebäuden (Wärmeschutzverordnung − WärmeschutzV)*)

*Text der WärmeschutzV mit eingearbeiteten Zustimmungsmaßgaben aus der Bundesratssitzung vom 15. 10. 1993 vorbehaltlich deren Annahme durch die Bundesregierung**)*

Auf Grund des § 1 Abs. 2, der §§ 4 und 5 sowie des § 7 Abs. 6 des Energieeinsparungsgesetzes vom 22. Juli 1976 (BGBl. I S. 1873), geändert durch Gesetz vom 20. Juni 1980 (BGBl. I S. 701), verordnet die Bundesregierung mit Zustimmung des Bundesrates:

1. Abschnitt: Neubauten mit normalen Innentemperaturen

§ 1 Anwendungsbereich

Bei der Errichtung der folgenden Gebäude ist zum Zwecke der Energieeinsparung der Jahres-Heizwärmebedarf dieser Gebäude durch Anforderungen an den Wärmedurchgang der Umfassungsfläche und an die Lüftungswärmeverluste nach den Vorschriften dieses Abschnittes zu begrenzen:
1. Wohngebäude,
2. Büro- und Verwaltungsgebäude,
3. Schulen, Bibliotheken,
4. Krankenhäuser, Altenwohnheime, Altenheime, Pflegeheime, Entbindungs- und Säuglingsheime sowie Aufenthaltsgebäude in Justizvollzugsanstalten und Kasernen,
5. Gebäude des Gaststättengewerbes,
6. Waren- und sonstige Geschäftshäuser,
7. Betriebsgebäude, soweit sie nach ihrem üblichen Verwendungszweck auf Innentemperaturen von mindestens 19 °C beheizt werden,
8. Gebäude für Sport- oder Versammlungszwecke, soweit sie nach ihrem üblichen Verwendungszweck auf Innentemperaturen von mindestens 15 °C und jährlich mehr als drei Monate beheizt werden,
9. Gebäude, die eine nach den Nummern 1 bis 8 gemischte oder eine ähnliche Nutzung aufweisen.

§ 2 Begriffsbestimmungen

(1) Der Jahres-Heizwärmebedarf eines Gebäudes im Sinne dieser Verordnung ist diejenige Wärme, die ein Heizsystem unter den Maßgaben des in Anlage 1 angegebenen Berechnungsverfahrens jährlich für die Gesamtheit der beheizten Räume dieses Gebäudes bereitzustellen hat.

(2) Beheizte Räume im Sinne dieser Verordnung sind Räume, die auf Grund bestimmungsgemäßer Nutzung direkt oder durch Raumverbund beheizt werden.

---

*) Festlegungen zum Wärmeschutz im Sommer siehe im folgenden Abschnitt 6.
**) Man kann davon ausgehen, daß die hier abgedruckte Fassung durch die Bundesregierung nur mit geringfügigen redaktionellen Änderungen verabschiedet wird.

§ 3 Begrenzung des Jahres-Heizwärmebedarfs Q_H

(1) Der Jahres-Heizwärmebedarf ist nach Anlage 1 Ziffer 1 und 6 zu begrenzen. Für kleine Wohngebäude mit bis zu zwei Vollgeschossen und nicht mehr als drei Wohneinheiten gilt die Verpflichtung nach Satz 1 als erfüllt, wenn die Anforderungen nach Anlage 1 Ziffer 7 eingehalten werden.

(2) Werden mechanisch betriebene Lüftungsanlagen eingesetzt, können diese bei der Ermittlung des Jahres-Heizwärmebedarfes nach Maßgabe der Anlage 1 Ziffern 1.6 und 2 berücksichtigt werden.

(3) Ferner gelten folgende Anforderungen:

1. Bei Flächenheizungen in Bauteilen, die beheizte Räume gegen die Außenluft, das Erdreich oder gegen Gebäudeteile mit wesentlich niedrigeren Innentemperaturen abgrenzen, ist der Wärmedurchgang nach Anlage 1 Ziffer 3 zu begrenzen.
2. Der Wärmedurchgangskoeffizient für Außenwände im Bereich von Heizkörpern darf den Wert der nichttransparenten Außenwände des Gebäudes nicht überschreiten.
3. Werden Heizkörper vor außenliegenden Fensterflächen angeordnet, sind zur Verringerung der Wärmeverluste geeignete, nicht demontierbare oder integrierte Abdeckungen an der Heizkörperrückseite vorzusehen. Der k-Wert der Abdeckung darf 0,9 W/(m²K) nicht überschreiten. Der Wärmedurchgang durch die Fensterflächen ist nach Anlage 1 Ziffer 4 zu begrenzen.
4. Soweit Gebäude mit Einrichtungen ausgestattet werden, durch die die Raumluft unter Einsatz von Energie gekühlt wird, ist der Energiedurchgang von außenliegenden Fenstern und Fenstertüren nach Maßgabe der Anlage 1 Ziffer 5 zu begrenzen.
5. Fenster und Fenstertüren in wärmetauschenden Flächen müssen mindestens mit einer Doppelverglasung ausgeführt werden. Hiervon sind großflächige Verglasungen, z. B. für Schaufenster, ausgenommen, wenn sie nutzungsbedingt erforderlich sind.

§ 4 Anforderungen an die Dichtheit

(1) Soweit die wärmeübertragende Umfassungsfläche durch Verschalungen oder gestoßene, überlappende sowie plattenartige Bauteile gebildet wird, ist eine luftundurchlässige Schicht über die gesamte Fläche einzubauen, falls nicht auf andere Weise eine entsprechende Dichtheit sichergestellt werden kann.

(2) Die Fugendurchlaßkoeffizienten der außenliegenden Fenster und Fenstertüren von beheizten Räumen dürfen die in Anlage 4 Tabelle 4 genannten Werte, die Fugendurchlaßkoeffizienten der Außentüren den in Anlage 4 Tabelle 4 Zeile 1 genannten Wert nicht überschreiten.

(3) Die sonstigen Fugen in der wärmeübertragenden Umfassungsfläche müssen entsprechend dem Stand der Technik dauerhaft luftundurchlässig abgedichtet sein.

(4) Soweit es im Einzelfall erforderlich wird zu überprüfen, ob die Anforderungen der Absätze 1 bis 3 erfüllt sind, gilt Anlage 4 Ziffer 2.

2. Abschnitt: Neubauten mit niedrigen Innentemperaturen
Die folgenden §§ 5 bis 7 beziehen sich nicht auf Wohngebäude.

3. Abschnitt: Bauliche Änderungen bestehender Gebäude

§ 8 Begrenzung des Heizwärmebedarfs

(1) Bei der baulichen Erweiterung eines Gebäudes nach dem ersten oder zweiten Abschnitt um mindestens einen beheizten Raum oder der Erweiterung der Nutzfläche in bestehenden Gebäuden um mehr als 10 m^2 zusammenhängende beheizte Gebäudenutzfläche nach Anlage 1 Ziffer 1.4 sind für die neuen beheizten Räume bei Gebäuden mit normalen Innentemperaturen die Anforderungen nach den §§ 3 und 4 einzuhalten.

(2) Soweit bei beheizten Räumen in Gebäuden nach dem ersten oder zweiten Abschnitt

1. Außenwände,
2. außenliegende Fenster und Fenstertüren sowie Dachfenster,
3. Decken unter nicht ausgebauten Dachräumen oder Decken (einschließlich Dachschrägen), welche die Räume nach oben oder unten gegen die Außenluft abgrenzen,
4. Kellerdecken oder
5. Wände oder Decken gegen unbeheizte Räume

erstmalig eingebaut, ersetzt (wärmetechnisch nachgerüstet) oder erneuert werden, sind die in Anlage 3 genannten Anforderungen einzuhalten. Dies gilt nicht, wenn die Anforderungen für Neubauten erfüllt werden oder wenn sich die Ersatz- oder Erneuerungsmaßnahme auf weniger als 20 vom Hundert der Gesamtfläche der jeweiligen Bauteile erstreckt; bei Außenwänden, außenliegenden Fenstern und Fenstertüren sind die jeweiligen Bauteilflächen der zugehörigen Fassade zugrunde zu legen. Satz 1 gilt auch bei Maßnahmen zur wärmeschutztechnischen Verbesserung der Bauteile. Die Sätze 1 und 3 gelten nicht, wenn im Einzelfall die zur Erfüllung der dort genannten Anforderungen aufzuwendenden Mittel außer Verhältnis zu der noch zu erwartenden Nutzungsdauer des Gebäudes stehen.

(3) Soweit Einrichtungen bei Gebäuden nach dem ersten oder zweiten Abschnitt nachträglich eingebaut werden, durch die die Raumluft unter Einsatz von Energie gekühlt wird, ist der Energiedurchgang von außenliegenden Fenstern und Fenstertüren nach Maßgabe der Anlage 1 Ziffer 5 zu begrenzen. Außenliegende Fenster und Fenstertüren sowie Außentüren der von Einrichtungen nach Satz 1 versorgten Räume sind mindestens mit Isolier- oder Doppelverglasungen auszuführen.

4. Abschnitt: Ergänzende Vorschriften

§ 9 Gebäude mit gemischter Nutzung

Bei Gebäuden, die nach der Art ihrer Nutzung nur zu einem Teil den Vorschriften des ersten bis dritten Abschnitts unterliegen, gelten für die entsprechenden Gebäudeteile die Vorschriften des jeweiligen Abschnitts.

§ 10 Regeln der Technik

(1) Für Bauteile von Gebäuden nach dieser Verordnung, die gegen die Außenluft oder Gebäudeteile mit wesentlich niedrigeren Innentemperaturen abgrenzen, sind die Anforderungen des Mindest-Wärmeschutzes nach den allgemein anerkannten Regeln der Technik einzuhalten, sofern nach dieser Verordnung geringere Anforderungen zulässig wären.

(2) Das Bundesministerium für Raumordnung, Bauwesen und Städtebau weist durch Bekanntmachung im Bundesanzeiger auf Veröffentlichungen sachverständiger Stellen über die jeweils allgemein anerkannten Regeln der Technik hin, auf die in dieser Verordnung Bezug genommen wird.

§ 11 Ausnahmen

(1) (betrifft keine Wohngebäude)

(2) Die nach Landesrecht zuständigen Stellen lassen auf Antrag für Baudenkmäler oder sonstige besonders erhaltenswerte Bausubstanz Ausnahmen von dieser Verordnung zu, soweit Maßnahmen zur Begrenzung des Jahres-Heizwärmebedarfs nach dem dritten Abschnitt die Substanz oder das Erscheinungsbild des Baudenkmals beeinträchtigen und andere Maßnahmen zu einem unverhältnismäßig hohen Aufwand führen würden.

(3) Die nach Landesrecht zuständigen Stellen lassen auf Antrag Ausnahmen von dieser Verordnung zu, soweit durch andere Maßnahmen die Ziele dieser Verordnung im gleichen Umfang erreicht werden.

(4) Über Anträge auf Ausnahmen nach § 3 Abs. 3 Nr. 4 Satz 2 oder § 8 Abs. 3 Satz 2 entscheiden die nach Landesrecht zuständigen Stellen.

§ 12 Wärmebedarfsausweis

(1) Für Gebäude nach dem ersten und zweiten Abschnitt sind die wesentlichen Ergebnisse der rechnerischen Nachweise in einem Wärmebedarfsausweis zusammenzustellen. Rechte Dritter werden durch den Ausweis nicht berührt. Näheres über den Wärmebedarfsausweis wird in einer Allgemeinen Verwaltungsvorschrift der Bundesregierung mit Zustimmung des Bundesrates bestimmt. Hierbei ist auf die normierten Bedingungen bei der Ermittlung des Wärmebedarfs hinzuweisen.

(2) Der Wärmebedarfsausweis ist der nach Landesrecht für die Überwachung der Verordnung zuständigen Stelle auf Verlangen vorzulegen und ist Käufern, Mietern oder sonstigen Nutzungsberechtigten eines Gebäudes auf Anforderung zur Einsichtnahme zugänglich zu machen.

(3) Dieser Wärmebedarfsausweis stellt die energiebezogenen Merkmale eines Gebäudes im Sinne der Richtlinie 93/... EWG des Rates vom ... zur Begrenzung der Kohlendioxidemissionen durch eine effizientere Energienutzung dar.

§ 13 Übergangsvorschriften

(1) Die Errichtung oder bauliche Änderung von Gebäuden nach dem ersten bis dritten Abschnitt, für die bis zum Tage vor dem Inkrafttreten dieser Verordnung der Bauantrag gestellt oder die Bauanzeige erstattet worden ist, ist von den Anforderungen dieser Verordnung ausgenommen. Für diese Bauvorhaben gelten weiterhin die Anforderungen der Wärmeschutzverordnung vom 24. Februar 1982.

(2) Genehmigungs- und anzeigefreie Bauvorhaben sind von den Anforderungen dieser Verordnung ausgenommen, wenn mit der Bauausführung bis zum Tage vor dem Inkrafttreten dieser Verordnung begonnen worden ist. Für diese Bauvorhaben gelten weiterhin die Anforderungen der Wärmeschutzverordnung vom 24. Februar 1982.

§ 14 Härtefälle

Die nach Landesrecht zuständigen Stellen können auf Antrag von den Anforderungen dieser Verordnung befreien, soweit die Anforderungen im Einzelfall wegen besonderer Umstände durch einen unangemessenen Aufwand oder in sonstiger Weise zu einer unbilligen Härte führen.

§ 15 Inkrafttreten

(1) Diese Verordnung tritt am 1. Januar 1995 in Kraft.

(2) Mit Inkrafttreten dieser Verordnung tritt die Wärmeschutzverordnung vom 24. Februar 1982 außer Kraft.

Anlage 1

Anforderungen zur Begrenzung des Jahres-Heizwärmebedarfs Q_H bei Neubauten mit normalen Innentemperaturen

1 Anforderungen zur Begrenzung des Jahres-Heizwärmebedarfs in Abhängigkeit von A/V

Die in Tabelle 1 angegebenen Werte des auf das beheizte Bauwerksvolumen V oder die Gebäudenutzfläche A_N bezogenen maximalen Jahres-Heizwärmebedarfs Q'_H oder Q''_H dürfen nicht überschritten werden. Die auf A_N bezogenen Tabellenwerte dürfen nur bei Gebäuden mit lichten Raumhöhen von 2,60 m oder weniger angewendet werden.

1.1 Umfassungsfläche A

Die wärmeübertragende Umfassungsfläche A eines Gebäudes wird wie folgt ermittelt:

$$A = A_W + A_F + A_D + A_G + A_{DL} + A_{AB}$$

Dabei bedeuten:

A_W die Fläche der an die Außenluft grenzenden Wände, im ausgebauten Dachgeschoß auch die Fläche der Abseitenwände zum nicht wärmegedämmten Dachraum. Es gelten die Gebäudeaußenmaße. Gerechnet wird von der Oberkante des Geländes oder, falls die unterste Decke über der Oberkante des Geländes liegt, von der Oberkante dieser Decke bis zu der Oberkante der obersten Decke oder der Oberkante der wirksamen Dämmschicht.

A_F die Fläche der Fenster, Fenstertüren, Türen und Dachfenster, soweit sie zu beheizende Räume nach außen abgrenzen. Sie wird aus den lichten Rohbaumaßen ermittelt.

A_D die nach außen abgrenzende wärmegedämmte Dach- oder Dachdeckenfläche.

A_G die Grundfläche des Gebäudes, sofern sie nicht an die Außenluft grenzt. Gerechnet wird die Bodenfläche auf dem Erdreich oder bei unbeheizten Kellern die Kellerdecke. Werden Keller beheizt, sind in der Gebäudegrundfläche A_G neben der Kellergrundfläche auch die erdberührten Wandflächenanteile zu berücksichtigen.

A_{DL} die Deckenfläche, die das Gebäude nach unten gegen die Außenluft abgrenzt.

A_{AB} die gegen Gebäudeteile mit wesentlich niedrigeren Raumtemperaturen abgrenzende Wand- und Deckenfläche (siehe Ziffer 1.6).

1.2 Beheiztes Bauwerksvolumen V

Das beheizte Bauwerksvolumen V in m³ ist das Volumen, das von den nach Ziffer 1.1 ermittelten Teilflächen umschlossen wird.

1.3 A/V-Werte

Das Verhältnis A/V in m^{-1} wird ermittelt, indem die nach Ziffer 1.1 errechnete wärmeübertragende Umfassungsfläche A eines Gebäudes durch das nach Ziffer 1.2 errechnete Bauwerksvolumen geteilt wird[1]).

1.4 Bezugsgrößen V_L und A_N

Das anrechenbare Luftvolumen V_L der Gebäude wird wie folgt ermittelt:

$$V_L = 0{,}80 \cdot V \text{ in } m^3.$$

Die Gebäudenutzfläche A_N wird für Gebäude, deren lichte Raumhöhen 2,60 m oder weniger betragen, wie folgt ermittelt:

$$A_N = 0{,}32 \cdot V \text{ in } m^2.$$

In beiden Fällen bedeutet V das nach Ziffer 1.2 ermittelte beheizte Bauwerksvolumen in m^3.

1.5 Wärmedurchgangskoeffizienten

Die Berechnung der Wärmedurchgangskoeffizienten k für die einzelnen Anteile der Umfassungsfläche A erfolgt nach den allgemein anerkannten Regeln der Technik.

Rechenwerte der Wärmeleitfähigkeit, Wärmeübergangswiderstände, Wärmedurchlaßwiderstände, Wärmedurchgangskoeffizienten, der äquivalenten Wärmedurchgangskoeffizienten für Systeme sowie der Gesamtenergiedurchlaßgrade für Verglasungen und D-Faktoren zur Berücksichtigung des temporären Wärmeschutzes für außenliegende Fenster und Fenstertüren dürfen für die Berechnung des Wärmeschutzes verwendet werden, wenn sie im Bundesanzeiger bekanntgemacht worden sind.

Bauteilspezifische Abminderungen von Wärmedurchgangskoeffizienten siehe unter Ziffer 1.6

1.6 Berechnung des Jahres-Heizwärmebedarfs Q_H

Der Jahres-Heizwärmebedarf für ein Gebäude wird ermittelt zu

$$Q_H = 0{,}9 \times (Q_T + Q_L) - (Q_I + Q_S) \text{ in kWh/a}.$$

Er setzt sich zusammen aus
- dem Transmissionswärmebedarf Q_T in kWh/a, d. h. dem durch den Wärmedurchgang durch die Außenbauteile verursachten Anteil, und
- dem Lüftungswärmebedarf Q_L in kWh/a, d. h. dem Anteil, der durch den Austausch der Raumluft gegen kalte Außenluft verursacht wird.

Bedarfsmindernd wirken

- die internen nutzbaren Wärmegewinne Q_I in kWh/a, die bei bestimmungsgemäßer Nutzung innerhalb des Gebäudes auftreten, und
- die nutzbaren solaren Wärmegewinne Q_S in kWh/a, die bei bestimmungsgemäßer Nutzung durch Sonneneinstrahlung entstehen. (Werden die solaren Wärmegewinne nicht gesondert, sondern mittels äquivalenter Wärmedurchgangskoeffizienten ermittelt, so sind sie in Q_T enthalten.)

Der Transmissionswärmebedarf Q_T in kWh/a wird wie folgt ermittelt:

$$Q_T = 84 \times (k_W \times A_W + k_F \times A_F + 0{,}8\, k_D \times A_D + 0{,}5\, k_G \times A_G + k_{DL} \times A_{DL} + 0{,}5\, k_{AB} \times A_{AB}).$$

Im Faktor 84 ist eine mittlere Heizgradtagzahl von 3 500 K × Tage/Jahr berücksichtigt.

Der Wärmedurchgangskoeffizient k_W ist für die Flächen von Abseitenwänden zum nicht wärmegedämmten Dachraum mit dem Faktor 0,8 zu reduzieren. Im Bereich von Rolladenkästen darf der Wärmedurchgangskoeffizient nicht größer als 0,6 W/(m²K) werden.

Der Summand $k_F \times A_F$ ist in den Fällen, in denen die nutzbaren solaren Wärmegewinne mittels äquivalenter Wärmedurchgangskoeffizienten ermittelt werden, durch $k_{eq.F} \times A_F$ zu ersetzen.

Für angrenzende Gebäudeteile mit wesentlich niedrigeren Raumtemperaturen (z. B. Treppenräume, Lagerräume) dürfen die Wärmedurchgangskoeffizienten der abgrenzenden Bauteilflächen k_{AB} gemäß vorstehender Gleichung mit dem Faktor 0,5 gewichtet werden. Hierbei werden für die Ermittlung der wärmeübertragenden Umfassungsfläche A und des beheizten Bauwerksvolumens V die abgrenzenden Bauteilflächen A_{AB} berücksichtigt. Die angrenzenden Gebäudeteile bleiben für die Ermittlung des Verhältnisses A/V unberücksichtigt.

Im Bereich geschlossener, nicht beheizter Glasvorbauten dürfen die Wärmedurchgangskoeffizienten k_W sowie k_F bzw. $k_{eq.F}$ wie folgt abgemindert werden:

- bei Glasvorbauten mit Einfachverglasung auf   0,7
- mit Isolier- oder Doppelverglasung (Klarglas) auf   0,6
- mit Wärmeschutzglas, $k_V \leq 2{,}0$ W/(m²K) auf   0,5

Der Lüftungswärmebedarf Q_L wird wie folgt ermittelt:

$$Q_L = 0{,}34 \cdot \beta \cdot 84 \cdot V_L \text{ in kWh/a}$$

Dabei bedeuten

β die Luftwechselzahl (Rechenwert) in h⁻¹,

V_L das anrechenbare Luftvolumen in m³ nach Ziffer 1.4.

Für den Nachweis des Lüftungswärmebedarfs ist die Luftwechselzahl β gleich $0.8\ h^{-1}$ zu setzen. Damit ergibt sich:

$$Q_L = 22{,}85 \cdot V_L \text{ in kWh/a}.$$

Wird ein Gebäude mit einer mechanisch betriebenen **Lüftungsanlage** nach Ziffer 2.1 (mit Wärmerückgewinnung) ausgestattet, darf der ermittelte Lüftungswärmebedarf Q_L bei Anlagen ohne Wärmepumpe mit dem Faktor 0,80 multipliziert werden, soweit je kWh aufgewendeter elektrischer Arbeit mindestens 5,0 kWh nutzbare Wärme abgegeben wird. Für Anlagen mit Wärmepumpen darf der Lüftungswärmebedarf Q_L mit dem Faktor 0,80 multipliziert werden, soweit je kWh aufgewendeter elektrischer Arbeit mindestens 4,0 kWh nutzbare Wärme abgegeben wird.

Soweit für Anlagen mit Wärmerückgewinnung ein Wärmerückgewinnungsgrad η_w, der größer ist als 65 vom Hundert, im Bundesanzeiger veröffentlicht worden ist, darf der Lüftungswärmebedarf Q_L mit dem Faktor 0,80 (65/η_w) multipliziert werden.

Wird ein Gebäude mit einer mechanisch betriebenen Lüftungsanlage nach Ziffer 2.2 (Abluftanlage) ausgestattet, darf der ermittelte Lüftungswärmebedarf Q_L mit dem Faktor 0,95 multipliziert werden.

Solare Wärmegewinne dürfen nur bei außenliegenden Fenstern und Fenstertüren sowie bei Außentüren und nur dann berücksichtigt werden, wenn der Glasanteil des Bauteils mehr als 60 vom Hundert beträgt. Die nutzbaren solaren Wärmegewinne werden wie folgt entweder gemäß a) oder b) ermittelt. Bei Fensteranteilen von mehr als ⅔ der Wandfläche darf der solare Gewinn nur bis zu dieser Größe berücksichtigt werden.

a) Gesonderte Ermittlung der nutzbaren solaren Wärmegewinne

Unter Berücksichtigung eines mittleren Nutzungsgrades, der Abminderung durch Rahmenanteile und Verschattungen sowie der Gesamtenergiedurchlaßgrade g_i der Verglasungen werden die nutzbaren solaren Wärmegewinne entsprechend den Fensterflächen i und der Orientierung j für senkrechte Flächen wie folgt ermittelt:

$$Q_S = \sum_{i,j} 0{,}46 \cdot I_j \cdot g_i \cdot A_{F,j,i} \text{ in kWh/a}.$$

In Abhängigkeit von der Himmelsrichtung sind folgende Werte des Strahlungsangebotes I_j anzusetzen:

I_S = 400 kWh/(m²a) für Südorientierung,
$I_{W/O}$ = 275 kWh/(m²a) für Ost- und Westorientierung,
I_N = 160 kWh/(m²a) für Nordorientierung.

Hierbei ist unter „Orientierung" eine Abweichung der Senkrechten auf die Fensterflächen von nicht mehr als 45 Grad von der jeweiligen Himmelsrichtung zu verstehen. In den Grenzfällen (NO, NW, SO, SW) gilt jeweils der kleinere Wert für I_j. Fenster in über 15 Grad geneigten Dachflächen sind wie Fenster in senkrechten Flächen, in bis 15 Grad geneigten Dachflächen wie Fenster mit Ost- und Westorientierung zu behandeln.

Sind die Fensterflächen überwiegend verschattet, so ist der Wert I_j für die Nordorientierung anzusetzen.

Für Fertighäuser darf der Nachweis unter Annahme einer West- und Ostorientierung aller Fensterflächen geführt werden.

b) Ermittlung der nutzbaren solaren Wärmegewinne mittels äquivalenter Wärmedurchgangskoeffizienten $k_{eq,F}$

Aus den unter Ziffer 1.5 ermittelten Wärmedurchgangskoeffizienten k_F werden äquivalente Wärmedurchgangskoeffizienten wie folgt ermittelt:

$$k_{eq,F} = k_F - g \cdot S_F \text{ in W/(m}^2\text{K)}.$$

Dabei bedeuten

g der Gesamtenergiedurchlaßgrad der Verglasung
  (siehe Tabelle 1 auf Seite 456),

S_F der Koeffizient für solare Wärmegewinne, mit

$S_F =$ 2,40 W/(m²K) für Südorientierung,

$S_F =$ 1,65 W/(m²K) für Ost- und Westorientierung sowie für Fenster in flachen oder bis zu 15 Grad geneigten Dachflächen,

$S_F =$ 0,95 W/(m²K) für Nordorientierung.

Die Regelungen zur Orientierung und Verschattung der Fensterflächen sowie für Fertighäuser gelten entsprechend a).

I n t e r n e W ä r m e g e w i n n e Q_I dürfen bei Gebäuden nach § 1 berücksichtigt werden, jedoch höchstens bis zu einem Wert von

$$Q_I = 8{,}0 \cdot V \text{ in kWh/a}.$$

Bei Wohngebäuden darf dieser Wert in jedem Fall zugrunde gelegt werden.

Bei lichten Raumhöhen von nicht mehr als 2,60 m können die nutzbaren, auf die Gebäudenutzfläche A_N bezogenen internen Wärmegewinne höchstens wie folgt angesetzt werden:

$$Q_I = 25 \cdot A_N \text{ in kWh/a}.$$

Der J a h r e s - H e i z w ä r m e b e d a r f Q'_H je m³ beheiztes Bauwerksvolumen gemäß Tabelle 1 ergibt sich zu:

$$Q'_H = Q_H / V \text{ in kWh/(m}^3 \cdot \text{a)}$$

Der Jahres-Heizwärmebedarf Q''_H je m² Gebäudenutzfläche A_N gemäß Tabelle 1 ergibt sich zu:

$$Q''_H = Q_H / A_N \text{ in kWh/(m}^2 \cdot \text{a)}$$

2 Anforderungen an mechanisch betriebene Lüftungsanlagen

Eine Abminderung des Lüftungswärmebedarfs nach Ziffer 1.6 ist nur bei den im folgenden beschriebenen Anlagen zulässig, wenn zusätzlich die Anforderungen an die Fugendurchlaßkoeffizienten gemäß Anlage 4 Ziffer 1 erfüllt sind und die Zuluft auch nicht unter Einsatz von elektrischer oder aus fossilen Brennstoffen gewonnener Energie gekühlt wird.

Das Bundesministerium für Raumordnung, Bauwesen und Städtebau kann im Bundesanzeiger die für die Beurteilung der Lüftungsanlagen nach Ziffer 2 maßgeblichen Kennwerte solcher Produkte veröffentlichen. Diese Werte sind von Prüfstellen zu ermitteln, die im Bundesanzeiger bekannt gemacht worden sind. Die nach Landesrecht für den Vollzug der Wärmeschutzverordnung zuständigen Stellen können verlangen, daß ausschließlich im Bundesanzeiger veröffentlichte Kennwerte zur Beurteilung der Anlageneigenschaften verwendet werden.

2.1 Anforderungen an mechanisch betriebene Lüftungsanlagen mit Wärmerückgewinnung

In den bei der Ermittlung des anrechenbaren Luftvolumens V_L nach Ziffer 1.4 zu berücksichtigenden Räumen eines Gebäudes muß ein zeitlicher Mittelwert des Außenluftwechsels von mindestens $0,5\ h^{-1}$ und höchstens $1,0\ h^{-1}$ eingehalten werden können. Unter Außenluftwechsel ist dabei der Volumenanteil der Raumluft zu verstehen, der je Stunde gegen Außenluft ausgetauscht wird.

Die zum Einbau gelangenden Anlagen sind mit Einrichtungen auszustatten, die geeignet sind, im Mittel 60 vom Hundert oder mehr der Wärmedifferenz zwischen Fortluft- und Außenluftvolumenstrom zurückzugewinnen. Die hierfür maßgebenden Anlageneigenschaften sind nach allgemein anerkannten Regeln der Technik zu bestimmen, soweit solche Regeln vorliegen.

Bei Gebäuden mit mehreren Nutzeinheiten soll die Wärmerückgewinnung für jede Nutzeinheit getrennt erfolgen. Unter Nutzeinheit ist hier die Einheit eines oder mehrerer Räume eines Gebäudes zu verstehen, deren Beheizung auf Rechnung desselben Nutzers erfolgt.

Die Lüftungsanlagen müssen mit Regeleinrichtungen ausgestattet sein, die eine Beeinflussung der Luftvolumenströme jeder Nutzeinheit durch den Nutzer erlauben.

Es muß sichergestellt sein, daß die aus der Fortluft rückgewonnene Wärme im Verhältnis zu der von der Heizungsanlage bereitgestellten Wärme vorrangig genutzt wird.

2.2 Anforderungen an mechanisch betriebene Lüftungsanlagen ohne Wärmerückgewinnung (Zu- und Abluftanlagen)

Mechanisch betriebene Lüftungsanlagen ohne Wärmerückgewinnung müssen so durch den Nutzer beeinflußbar und in Abhängigkeit von einer geeigneten Führungsgröße selbsttätig regelnd sein, daß sich durch ihren Betrieb in den bei der Ermittlung des anrechenbaren Luftvolumens V_L nach Ziffer 1.4 zu berücksichtigenden Räumen ein Luftwechsel von mindestens 0,3 h^{-1} und höchstens 0,8 h^{-1} einstellt.

3 Begrenzung des Wärmedurchgangs bei Flächenheizungen

Bei Flächenheizungen darf der Wärmedurchgangskoeffizient der Bauteilschichten zwischen der Heizfläche und der Außenluft, dem Erdreich oder Gebäudeteilen mit wesentlich niedrigeren Innentemperaturen den Wert 0,35 W/(m²K) nicht überschreiten.

4 Anordnung von Heizkörpern vor Fenstern

Bei Anordnung von Heizkörpern vor außenliegenden Fensterflächen darf der Wärmedurchgangskoeffizient k_F dieser Bauteile den Wert 1,5 W/(m²K) nicht überschreiten.

5 Begrenzung des Energiedurchganges bei großen Fensterflächenanteilen (sommerlicher Wärmeschutz)

Siehe dazu Abschnitt 6 (Sommerlicher Wärmeschutz) auf S. 455.

6 Aneinandergereihte Gebäude

Bei aneinandergereihten Gebäuden (z. B. Reihenhäuser, Doppelhäuser) ist der Nachweis der Begrenzung des Jahres-Heizwärmebedarfs Q_H für jedes Gebäude einzeln zu führen.

Beim Nachweis nach Ziffer 1.6 werden die Gebäudetrennwände als nicht wärmedurchlässig angenommen und bei der Ermittlung der Werte A und A/V nicht berücksichtigt. Werden beheizte Teile eines Gebäudes (z. B. Anbauten nach § 8 Absatz 2) getrennt berechnet, gilt Satz 1 sinngemäß für die Trennfläche der Gebäudeteile.

Bei Gebäuden mit zwei Trennwänden (z. B. Reihenmittelhaus) darf zusätzlich der Wärmedurchgangskoeffizient für die Fassadenfläche (einschließlich Fenster und Fenstertüren) den Wert

$$k_{m,W+F} = (k_W \times A_W + k_F \times A_F) / (A_W + A_F) = 1,0 \text{ W/(m}^2\text{K)}$$

nicht überschreiten. Diese Anforderung ist auch bei gegeneinander versetzten Gebäuden einzuhalten, wenn die anteiligen gemeinsamen Trennwände 50 vom Hundert oder mehr der Wandflächen betragen.

Ist die Nachbarbebauung nicht gesichert, müssen die Trennwände mindestens den Wärmeschutz nach § 10 Abs. 1 aufweisen.

7 Vereinfachtes Nachweisverfahren

Für kleine Wohngebäude mit bis zu zwei Vollgeschossen und nicht mehr als drei Wohneinheiten gelten die Anforderungen der Ziffern 1 und 6 auch dann als erfüllt, wenn die in Tabelle 2 genannten maximalen Wärmedurchgangskoeffizienten k nicht überschritten werden.

Anlage 2

Gilt nur für Gebäude nach Abschnitt 2 WärmeschutzV.

Anlage 3

Anforderungen zur Begrenzung des Wärmedurchgangs bei erstmaligem Einbau, Ersatz oder Erneuerung von Außenbauteilen bestehender Gebäude

Bei erstmaligem Einbau, Ersatz oder Erneuerung von Außenbauteilen bestehender Gebäude dürfen die in Tabelle 3 aufgeführten maximalen Wärmedurchgangskoeffizienten nicht überschritten werden. Dabei darf der bestehende Wärmeschutz der Bauteile nicht verringert werden.

Werden A u ß e n w ä n d e in der Weise erneuert, daß

a) Bekleidungen in Form von Platten oder plattenartigen Bauteilen oder Verschalungen sowie Mauerwerks-Vorsatzschalen angebracht werden,

b) bei beheizten Räumen auf der Innenseite der Außenwände Bekleidungen oder Verschalungen aufgebracht werden oder

c) Dämmschichten eingebaut werden,

gelten die Anforderungen nach Tabelle 3 Zeile 1.

Werden D e c k e n unter nicht ausgebauten Dachräumen und Decken (einschließlich Dachschrägen), die Räume nach oben oder unten gegen die Außenluft abgrenzen, sowie Kellerdecken, Wände und Decken gegen unbeheizte Räume sowie Decken und Wände, die an das Erdreich grenzen, in der Weise erneuert, daß

a) die Dachhaut (einschließlich vorhandener Dachverschalungen unmittelbar unter der Dachhaut) ersetzt wird,

b) Bekleidungen in Form von Platten oder plattenartigen Bauteilen, wenn diese nicht unmittelbar angemauert, angemörtelt oder geklebt werden, oder Verschalungen angebracht werden oder

c) Dämmschichten eingebaut werden,

gelten die Anforderungen nach Tabelle 3, Zeilen 3 und 4.

Anlage 4

Anforderungen an die Dichtheit zur Begrenzung der Wärmeverluste

1. Die Fugendurchlaßkoeffizienten der außenliegenden Fenster und Fenstertüren bei Gebäuden nach Abschnitt 1 WärmeschutzV dürfen die in Tabelle 4 genannten Werte, die Fugendurchlaßkoeffizienten von Außentüren den in Tabelle 4 Zeile 1 genannten Wert nicht überschreiten. Werden mechanisch betriebene Lüftungsanlagen nach Anlage 1 Ziffer 2 eingebaut, dürfen die Werte der Tabelle 4 Zeile 2 nicht überschritten werden.

2. Der Nachweis der Fugendurchlaßkoeffizienten der außenliegenden Fenster und Fenstertüren sowie der Außentüren nach Ziffer 1 erfolgt durch Prüfzeugnis einer im Bundesanzeiger bekannt gemachten Prüfanstalt.
3. Auf einen Nachweis nach Ziffer 2 und Tabelle 4 Zeile 1 kann verzichtet werden für Holzfenster mit Profilen nach DIN 68 121 – Holzprofile für Fenster und Fenstertüren –, Ausgabe Juni 1990. Auf einen Nachweis nach Ziffer 2 und Tabelle 4 Zeile 1 und 2 kann nur in den Beanspruchungsgruppen A und B (d. h. bei Gebäudehöhen bis 20 m) verzichtet werden für alle Fensterkonstruktionen mit umlaufender, alterungsbeständiger, weichfedernder und leicht auswechselbarer Dichtung.
4. Fenster ohne Öffnungsmöglichkeiten und feste Verglasungen sind nach dem Stand der Technik dauerhaft und luftundurchlässig abzudichten.
5. Zum Zwecke einer aus Gründen der Hygiene und Beheizung erforderlichen Lufterneuerung sind stufenlos einstellbare und leicht regulierbare Lüftungseinrichtungen zulässig. Diese Lüftungseinrichtungen müssen im geschlossenen Zustand der Tabelle 4 genügen. Soweit in anderen Rechtsvorschriften, insbesondere dem Bauordnungsrecht der Länder, Anforderungen an die Lüftung gestellt werden, bleiben diese Vorschriften unberührt.

Tabellen zu den Anlagen 1, 3 und 4

Tabelle 1 **Maximale Werte des Jahres-Heizwärmebedarfs** gemäß Anlage 1 Ziffer 1

A/V in m^{-1}	Q_H^I)[1], bezogen auf V in kWh/($m^3 \cdot a$)	Q_H^{II})[2], bezogen auf A_N in kWh/($m^2 \cdot a$)
≤ 0,20	17,3	54,0
0,3	19,0	59,4
0,4	20,7	64,8
0,5	22,5	70,2
0,6	24,2	75,6
0,7	25,9	81,1
0,8	27,7	86,5
0,9	29,4	91,9
1,0	31,1	97,3
≥ 1,05	32,0	100,0

[1]) Zwischenwerte sind wie folgt zu ermitteln: $Q_H^I = 13{,}82 + 17{,}32 \cdot (A/V)$ in kWh/($m^3 \cdot a$).
[2]) Zwischenwerte mit $Q_H^{II} = Q_H^I / 0{,}32$ in kWh/($m^2 \cdot a$).

WärmeschutzV   Tabellen

Tabelle 2 **Wärmedurchgangskoeffizienten für einzelne Außenbauteile** für kleine Wohngebäude gemäß Anlage 1 Ziffer 7

Zeile	Bauteile	k_{max} in W/(m²K)
1	Außenwände	$k_W \leq 0{,}50^1)$
2	Außenliegende Fenster und Fenstertüren sowie Dachfenster	$k_{m,eq,F} \leq 0{,}70^2)$
3	Decken unter nicht ausgebauten Dachräumen und Decken (einschl. Dachschrägen), die Räume nach oben und unten gegen die Außenluft abgrenzen	$k_D \leq 0{,}22$
4	Kellerdecken, Wände und Decken gegen unbeheizte Räume sowie Decken und Wände, die an das Erdreich angrenzen	$k_G \leq 0{,}35$

[1] Die Anforderung gilt bei 36,5 cm dickem Mauerwerk aus Baustoffen mit λ ≤ 0,21 W/(m K) als erfüllt.
[2] Mittlerer äquivalenter Wärmedurchgangskoeffizient über alle außenliegenden Fenster, Fenstertüren und Dachfenster einschl. solarer Wärmegewinne, ermittelt gemäß Anlage 1 Ziffer 1.6 b).

Tabelle 3 **Begrenzung des Wärmedurchgangs bei Änderungen am Gebäudebestand** gemäß Anlage 3 (bei Gebäuden nach Abschnitt 1 WärmeschutzV)

Zeile	Bauteile	k_{max} in W/(m²K)[1]
1a	Außenwände	$k_W \leq 0{,}50^2)$
1b	Außenwände bei Erneuerungsmaßnahmen a) und c) mit Außendämmung	$k_W \leq 0{,}40$
2	Außenliegende Fenster, Fenstertüren und Dachfenster	$k_F \leq 1{,}80$
3	Decken unter nicht ausgebauten Dachräumen und Decken (einschl. Dachschrägen), die Räume nach oben und unten gegen die Außenluft abgrenzen	$k_D \leq 0{,}30$
4	Kellerdecken, Wände und Decken gegen unbeheizte Räume sowie Decken und Wände, die an das Erdreich angrenzen	$k_G \leq 0{,}50$

[1] Der Wärmedurchgangskoeffizient kann unter Berücksichtigung vorhandener Bauteilschichten ermittelt werden.
[2] Die Anforderung gilt bei 36,5 cm dickem Mauerwerk aus Baustoffen mit λ ≤ 0,21 W/(m K) als erfüllt.

Tabelle 4 **Fugendurchlaßkoeffizient a für Fenster, Fenstertüren und Außentüren** gemäß Anlage 4 Ziffer 1

Zeile	Zahl der Vollgeschosse	Beanspruchungsgruppe[1]	a in $\dfrac{m^3}{h \cdot m \cdot (daPa)^{2/3}}$
1	≤ 2	A	2,0
2	> 2	B und C	1,0

[1] Beanspruchungsgruppen nach DIN 18 055 Teil 2 (10.81):
A = Gebäudehöhe bis 8 m; B = Gebäudehöhe bis 20 m; C = Gebäudehöhe bis 100 m.

6 Sommerlicher Wärmeschutz

Zur Begrenzung des Energiedurchgangs bei Sonneneinstrahlung soll das Produkt ($g_F \cdot f$) aus Gesamtenergiedurchlaßgrad g_F und Fensterflächenanteil f unter Berücksichtigung ausreichender Belichtungsverhältnisse den Wert 0,25 nicht überschreiten. Dies wird in DIN 4108 Teil 2 für Gebäude o h n e raumlufttechnische Anlagen e m p f o h l e n, um zu verhindern, daß bei einer Folge heißer Sommertage die Innentemperaturen in einzelnen Räumen über die Außentemperaturen ansteigen. Falls leichte Innenbauarten (z. B. Holzbauweise) angewandt werden, wird der empfohlene Höchstwert ($g_F \cdot f$) sogar auf 0,17 reduziert, wobei in beiden Fällen angenommen wird, daß die Möglichkeit einer erhöhten natürlichen Belüftung durch Öffnen der Fenster in den Nacht- und Morgenstunden gegeben ist, was für Wohngebäude im allgemeinen zutrifft.

Die WärmeschutzV f o r d e r t für Gebäude mit Kühlanlage sowie für Fassaden mit einem Fensterflächenanteil von ≥ 50 % die Begrenzung des Energiedurchgangs auf $g_F \cdot f$ = 0,25. Ausgenommen sind nach Norden orientierte oder ganztägig beschattete Fenster.[1]) Sonnenschutzvorrichtungen müssen mindestens teilweise beweglich sein. In geschlossenem Zustand darf der Wert von 0,25 nicht überschritten werden. Außerdem muß der bewegliche Teil einen Abminderungsfaktor von $z \leq 0{,}5$ erreichen.

Das Produkt ($g_F \cdot f$) ergibt sich aus

— dem Fensterflächenanteil f, bezogen auf die Fenster enthaltende Außenwandfläche (lichte Rohbaumaße)[2]), zu

$$f = \frac{A_F}{A_W + A_F}$$

— dem Gesamtenergiedurchlaßgrad $g_F = g \cdot z$, wobei g und z den Tabellen 1 und 2 entnommen werden können.

---

1) DIN 4108 empfiehlt, den Nachweis auch für diese Fenster zu führen, dabei aber das zulässige Produkt ($g_F \cdot f$) um den Wert 0,25 zu erhöhen.
Zu den jeweiligen Orientierungen läßt die DIN 4108 Winkelbereiche von ± 22,5° zu. Bei Beschattung durch Vordächer oder Loggien muß nach DIN 4108 der vertikale Abdeckwinkel nach Süden orientierter Fenster ≥ 50°, nach Osten oder Westen orientierter Fenster ≥ 85° sein. Die WärmeschutzV gibt in diesem Zusammenhang keine Winkelbereiche für Orientierung und Abdeckung an.

2) Bei Dachfenstern ist der Fensterflächenanteil auf die direkt besonnte Dach- bzw. Dachdeckenfläche zu beziehen. Die Erhöhung gemäß Fußnote 1 ist bei diesen Fenstern nicht vorzunehmen.

DIN 4108 Wärmeschutz

Tabelle 1 **Gesamtenergiedurchlaßgrade g von Verglasungen**

Zeile		Verglasung	g
1	1.1	Doppelverglasung aus Klarglas	0,8
	1.2	Dreifachverglasung aus Klarglas	0,7
2		Glasbausteine	0,6
3		Mehrfachverglasung mit Sondergläsern (Wärmeschutzglas, Sonnenschutzglas)[1]	0,2 bis 0,8

[1] Die Gesamtenergiedurchlaßgrade g von Sondergläsern können aufgrund der Einfärbung bzw. Oberflächenbehandlung der Glasscheiben sehr unterschiedlich sein. Im Einzelfall ist der Nachweis gemäß DIN 67507 zu führen. Ohne Nachweis darf nur der ungünstigere Grenzwert angegeben werden.

Tabelle 2 **Abminderungsfaktoren z von Sonnenschutzvorrichtungen in Verbindung mit Verglasungen**

Zeile	Sonnenschutzvorrichtung[1]	z
1	fehlende Sonnenschutzvorrichtung	1,0
2	innenliegend und zwischen den Scheiben liegend	
2.1	Gewebe bzw. Folien[2]	0,4 bis 0,7
2.2	Jalousien	0,5
3	außenliegend	
3.1	Jalousien, drehbare Lamellen, hinterlüftet	0,25
3.2	Jalousien, Rolläden, Fensterläden, feststehende oder drehbare Lamellen	0,3
3.3	Vordächer, Loggien[3]	0,3
3.4	Markisen, oben und seitlich ventiliert[3]	0,4
3.5	Markisen, allgemein[3]	0,5

[1] Die Sonnenschutzvorrichtung muß fest installiert sein (z. B. Lamellenstores). Übliche dekorative Vorhänge gelten nicht als Sonnenschutzvorrichtung. Bei mehreren, hintereinandergeschalteten Sonnenschutzvorrichtungen ist z als Produkt aus den einzelnen Abminderungsfaktoren ($z = z_1 \cdot z_2 \cdot \ldots \cdot z_n$) zu bilden.
[2] Die Abminderungsfaktoren z können aufgrund der Gewebestruktur, der Farbe und der Reflexionseigenschaften sehr unterschiedlich sein. Im Einzelfall ist der Nachweis in Anlehnung an DIN 67507 zu führen. Ohne Nachweis darf nur der ungünstigere Grenzwert angewendet werden.
[3] Die Abminderungsfaktoren gelten nur, wenn näherungsweise sichergestellt ist, daß keine direkte Besonnung der Fenster erfolgt (notwendige Abdeckwinkel siehe Fußnote 1 auf der vorherigen Seite).

Schallschutz im Hochbau nach DIN 4109

Die Norm ist mit Ausgabedatum 11.89 als vollständig überarbeitete Fassung wie folgt erschienen (Berichtigung 1 vom Aug. 92 ist eingearbeitet):
- DIN 4109   Schallschutz im Hochbau; Anforderungen und Nachweise
- Beiblatt 1   Ausführungsbeispiele und Rechenverfahren
- Beiblatt 2   Hinweise für Planung und Ausführung; Vorschläge für einen erhöhten Schallschutz; Empfehlungen für den Schallschutz im eigenen Wohn- und Arbeitsbereich

Ziel der Norm ist der Schutz von Menschen in Aufenthaltsräumen gegen
- *Geräusche aus fremden Räumen, z. B. Sprache, Musik, Gehen, Stühlerücken, Betrieb von Haushaltsgeräten,*
- *Geräusche aus haustechnischen Anlagen und aus Betrieben im selben Gebäude oder in baulich damit verbundenen Gebäuden,*
- *Außenlärm wie Verkehrslärm (Straßen-, Schienen-, Wasser-, Luftverkehr) und Lärm aus Gewerbebetrieben, die baulich mit den Aufenthaltsräumen im Regelfall nicht verbunden sind.*

Die Norm gilt n i c h t zum Schutz von Aufenthaltsräumen gegen
- *Geräusche aus haustechnischen Anlagen im eigenen Wohnbereich,*
- *ständig oder nahezu ständig in den Räumen selbst vorhandene Geräusche mit einem Schalldruckpegel L_{AF} von 40 dB(A),*
- *Fluglärm, soweit er im „Gesetz zum Schutz gegen Fluglärm" geregelt ist.*

In der Norm sind die Anforderungen an den Schallschutz sowie die erforderlichen Nachweise festgelegt. Die Beiblätter enthalten neben Rechenverfahren und Ausführungsbeispielen die im Titel genannten Hinweise, Vorschläge und Empfehlungen.

1 Begriffe nach DIN 4109 Anhang A

Schall

Mechanische Schwingungen und Wellen eines elastischen Mediums, insbesondere im Frequenzbereich des menschlichen Hörens von etwa 16 Hz bis 16 000 Hz. In DIN 4109 wird unterschieden zwischen:

Luftschall:	in Luft sich ausbreitender Schall
Körperschall:	in festen Stoffen sich ausbreitender Schall
Trittschall:	Schall, der beim Begehen und bei ähnlicher Anregung einer Decke oder Treppe als Körperschall entsteht und teilweise als Luftschall in einen anderen Raum abgestrahlt wird.

Schalldruckpegel L (Schallpegel) und Schallpegeldifferenz D

Die Größe des Schallpegels und aller Schallpegeldifferenzen wird in Dezibel[1] (Kurzzeichen dB) angegeben.

---

[1] Dezibel ist ein wie eine Einheit benutztes Zeichen, das zur Kennzeichnung von logarithmierten Verhältnisgrößen dient. Der Vorsatz „dezi" besagt, daß die Kennzeichnung Bel, die für den Zehnerlogarithmus eines Energieverhältnisses verwendet wird, zehnmal größer ist.

Der A-Schalldruckpegel L_A ist der mit der Frequenzbewertung A nach DIN IEC 651 bewertete Schalldruckpegel. Er ist ein Maß für die Stärke eines Geräusches und wird in dB (A) angegeben.

An m e r k u n g : Durch die Frequenzbewertung A werden die Beiträge der Frequenzen unter 1 000 Hz und über 5 000 Hz zum Gesamtergebnis abgeschwächt.

Der zeitabhängige A F - S c h a l l d r u c k p e g e l $L_{AF}(t)$ ist frequenz- und zeitbewertet (F steht für „fast", siehe DIN 45 645 Teil 1). Maximalpegel $L_{AF,\,max}$ sind dabei die mit der Zeitbewertung F gemessenen Schallpegelspitzen bei zeitlich veränderlichen Geräuschen. Der Mittelungspegel L_{AFm} wird aus den Meßwerten $L_{AF}(t)$ nach DIN 45 641 gebildet.

Der B e u r t e i l u n g s p e g e l L_r ist ein Maß für die durchschnittliche Geräuschimmission während der Beurteilungszeit T. Er setzt sich zusammen aus dem Mittelungspegel L_{AFm} und Zuschlägen für Impuls- und Tonhaltigkeit (siehe DIN 45 645 Teil 1).

Der A r m a t u r e n g e r ä u s c h p e g e l L_{ap} ist der A-bewertete Schalldruckpegel als charakteristischer Wert für das Geräuschverhalten einer Armatur (siehe DIN 52 218 Teil 1), der I n s t a l l a t i o n s - S c h a l l p e g e l L_{In} der am Bau beim Betrieb einer Armatur oder eines Gerätes gemessene A-Schallpegel (siehe DIN 52 219).

Die S c h a l l p e g e l d i f f e r e n z D ergibt sich aus dem Schallpegel L_1 im Senderaum und dem Schallpegel L_2 im Empfangsraum zu $D = L_1 - L_2$.

Die S c h a c h t p e g e l d i f f e r e n z D_K ist der Unterschied zwischen den mittleren Schallpegeln in der Nähe von Schachtöffnungen im Senderaum und im Empfangsraum.

Luftschalldämmung

Zur zahlenmäßigen Kennzeichnung der Luftschalldämmung von Bauteilen mit einer Zahl dient das b e w e r t e t e[1]) S c h a l l d ä m m - M a ß R_w bzw. R'_w. Das „Labor-Schalldämm-Maß" R_w wird verwendet, wenn der Schall ausschließlich durch das zu prüfende Bauteil übertragen wird, z. B. in einem Prüfstand ohne Flankenübertragung. Das „Bau-Schalldämm-Maß" R'_w wird verwendet bei zusätzlicher Flanken- oder anderer Nebenwegübertragung, z. B. bei Prüfungen in Prüfständen mit festgelegter bauähnlicher Flankenübertragung, bei Prüfungen in ausgeführten Bauten mit der dort vorhandenen Flanken- und Nebenwegübertragung oder bei Prüfungen von Außenbauteilen.

N e b e n w e g ü b e r t r a g u n g ist jede Form der Luftschallübertragung zwischen zwei aneinandergrenzenden Räumen, die nicht über die Trennwand oder Trenndecke erfolgt. Sie umfaßt auch die Übertragung durch Undicht-

---

1) Bewertung mit den in DIN 52 210 Teil 4 genormten frequenzabhängigen Bezugskurven. Die Trittschall-Bezugskurve wurde in der Ausgabe 8.84 der Norm zwecks Anpassung an die internationale Normung und wegen Umstellung der Messungen auf Terzbandbreite (Terzfilter-Analyse) gegenüber früher um insgesamt 8 dB abgesenkt.

heiten, Lüftungsanlagen, Rohrleitungen und ähnliches. **Flankenübertragung** ist der Teil der Nebenwegübertragung, der ausschließlich über die Bauteile erfolgt, d. h. unter Ausschluß der Übertragung durch Undichtheiten etc.

Das **Labor-Schall-Längsdämm-Maß** $R_{L,w}$ ist das auf eine Bezugs-Trennfläche und eine Bezugs-Kantenlänge zwischen flankierendem und trennendem Bauteil bezogene bewertete Schall-Längsdämm-Maß eines flankierenden Bauteils, wenn die Biegesteifigkeit zwischen trennendem und flankierendem Bauteil gering ist, also im wesentlichen nur die Übertragungswege Dd und Ff (siehe Abbildung 1) zu berücksichtigen sind. Es ist vor allem für den Schallschutz in Skelettbauten und Holzhäusern von Bedeutung. Bei Gebäuden in Massivbauart sind dagegen in der Regel auch die Übertragungswege Df und Fd zu berücksichtigen.

Anmerkung: Für die zahlenmäßige Kennzeichnung der Luftschalldämmung wurde früher das Luftschallschutzmaß *LSM* verwendet. Zwischen dem Luftschallschutzmaß *LSM* und dem bewerteten Schalldämm-Maß R_w bzw. R'_w besteht folgende Beziehung: $LSM = R_w - 52$.

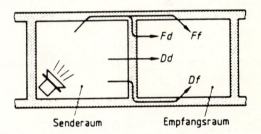

Abb. 1 Schallübertragungswege

Trittschalldämmung

Zur zahlenmäßigen Kennzeichnung der Trittschalldämmung von Decken und Treppen mit einer Zahl dient der bewertete[1] **Norm-Trittschallpegel** $L_{n,w}$ bzw. $L'_{n,w}$.

Zur Kennzeichnung der Eignung einer Massivdecke oder Massivtreppe ohne Auflage (Rohdecke bzw. -treppe) für die Verwendung als gebrauchsfertige Decke oder Treppe mit einer Auflage verwendet man den **äquivalenten bewerteten Normtrittschallpegel** $L_{n,w,eq}$. Er ergibt zusammen mit dem **Trittschallverbesserungsmaß** ΔL_w der Decken- oder Treppenauflage den Norm-Trittschallpegel $L_{n,w}$ bzw. $L'_{n,w}$ der gebrauchsfertigen Decke oder Treppe:

$$L_{n,w} = L_{n,w,eq} + \Delta L_w$$

Anmerkung: In der Neuausgabe von DIN 4109 wurden das Trittschallschutzmaß *TSM* durch den bewerteten Norm-Trittschallpegel $L_{n,w}$ bzw. $L'_{n,w}$, das Trittschallverbesserungsmaß *VM* durch ΔL_w und das äquivalente Trittschallschutzmaß TSM_{eq} durch den äquivalenten bewerteten Norm-Trittschallpegel $L_{n,w,eq}$ ersetzt. Es gelten die Beziehungen: $L_{n,w} = 63$ dB $- TSM$; $\Delta L_w = VM$; $L_{n,w,eq} = 63$ dB $- TSM_{eq}$.

Einschalige Bauteile

Bauteile, die als Ganzes schwingen. Sie können bestehen aus:

a) einem einheitlichen Baustoff (z. B. Beton, Mauerwerk, Glas),

b) mehreren Schichten verschiedener, aber in ihren schalltechnischen Eigenschaften verwandter Baustoffe, die fest miteinander verbunden sind (z. B. Mauerwerk- und Putzschichten).

Mehrschalige Bauteile

Bauteile aus zwei und mehreren Schalen, die nicht starr miteinander verbunden, sondern durch geeignete Dämmstoffe oder durch Luftschichten voneinander getrennt sind.

Grenzfrequenz f_g von Bauteilen

Frequenz, bei der die Wellenlänge des Luftschalls mit der Länge der freien Biegewelle der Bauteile übereinstimmt (Spuranpassung). Im Bereich oberhalb der Grenzfrequenz ist im allgemeinen die Luftschalldämmung ungünstiger.

Für Platten von gleichmäßigem Gefüge gilt näherungsweise:

$$f_g \approx \frac{60}{d}\sqrt{\frac{\varrho}{E}} \text{ in Hz}$$

Hierin bedeuten:
d Dicke der Platte in m
ϱ Rohdichte des Baustoffs in kg/m³
E Elastizitätsmodul des Bauteils in MN/m²

Eigenfrequenz f_0 zweischaliger Bauteile (Eigenschwingungszahl, Resonanzfrequenz)

Frequenz, bei der die beiden Schalen unter Zusammendrücken einer als Feder wirkenden Zwischenschicht (Luftpolster oder Dämmstoff) gegeneinander mit größter Amplitude schwingen.

Dynamische Steifigkeit s' von Zwischenschichten

Die dynamische Steifigkeit s' kennzeichnet das Federungsvermögen der Zwischenschicht (Luftpolster oder Dämmstoff) zwischen zwei Schalen. Sie ergibt sich aus der Luftsteifigkeit und gegebenenfalls aus der Gefügesteifigkeit des Dämmstoffes.

Zwischen s', gemessen nach DIN 52 214, und E besteht die Beziehung

$$s' \text{ in MN/m}^3 = \frac{E}{a}$$

a lichter Abstand zwischen den Schalen in m.

2 Luft- und Trittschalldämmung

2.1 Anforderungen, Vorschläge, Empfehlungen, Nachweise

In die Tabelle 1 wurden neben den Mindestanforderungen nach DIN 4109 Tabelle 3 wie bisher die Vorschläge für einen erhöhten Schallschutz mit aufgenommen, die in der Neuausgabe in Tabelle 2 des Beiblattes 2 gemacht werden. Ein erhöhter Schallschutz nach diesen Vorschlägen muß ausdrücklich zwischen Bauherr und Entwurfsverfasser vereinbart werden.

Die in der Tabelle 1 für die Schalldämmung der trennenden Bauteile angegebenen Werte gelten für die resultierende Dämmung aller an der Schallübertragung beteiligten Bauteile und Nebenwege im eingebauten Zustand; die Werte für Türen und Fenster gelten bei alleiniger Übertragung durch die Tür oder das Fenster.

Sind Aufenthaltsräume oder Wasch- und Aborträume durch Schächte oder Kanäle mit anderen Aufenthaltsräumen verbunden (z. B. bei Lüftungen, Luftheizungen und Abgasanlagen), so dürfen die für die Luftschalldämmung des trennenden Bauteils in Tabelle 1 genannten Werte durch Schallübertragung über die Schacht- oder Kanalanlage nicht unterschritten werden.

Wegen der möglichen Austauschbarkeit dürfen weichfedernde Bodenbeläge (siehe Tabelle 9) beim Nachweis der in Tabelle 1 Ziffer 1 *kursiv* gedruckten Werte $L'_{n.w}$ nicht angerechnet werden.

In Tabelle 2 sind Empfehlungen gegen Schallübertragungen im eigenen Wohn- und Arbeitsbereich gemäß Beiblatt 2 Tabelle 3 wiedergegeben. Sie sollen in den Fällen, in denen ein entsprechender Schallschutz mit dem Bauherrn vereinbart wurde, zur Orientierung des Planers dienen.

Der Nachweis für die Eignung der Bauteile kann geführt werden

- ohne bauakustische Messungen, wenn die Bauteile den in den folgenden Abschnitten mitgeteilten Ausführungsbeispielen entsprechen (Kennzeichnung der Rechenwerte mit zusätzlicher Fußnote R) oder bei Skelettbauten mit Skeletten aus Stahlbeton, Stahl oder Holz und leichtem Ausbau ein rechnerischer Nachweis gemäß Abschnitt 2.3 geführt wird;

- durch die Eignungsprüfung I (Prüfung in Prüfständen mit oder ohne Flankenübertragung nach DIN 52 210 Teil 2); die so gemessenen Werte (Kennzeichnung mit Fußnote P) müssen hinsichtlich der Luftschalldämmung mindestens um das Vorhaltemaß von 2 dB (bei Türen um 5 dB) über den nach den Tabellen 1 und 2 geforderten bzw. vorgeschlagenen Schalldämm-Maßen, hinsichtlich der Trittschalldämmung generell um 2 dB unter den erforderlichen Norm-Trittschallpegeln liegen;

- bei Sonderbauteilen, die nicht in Prüfständen geprüft werden können, durch die Eignungsprüfung III (Prüfung in ausgeführten Bauten); diese Prüfwerte (Kennzeichnung mit Fußnote B) können direkt als Rechenwerte verwendet werden.

Tabelle 1 **Schutz von Aufenthaltsräumen gegen Schallübertragung aus fremden Wohn- und Arbeitsbereichen** (Mindestanforderungen nach DIN 4109 Tabelle 3 und Vorschläge für erhöhten Schallschutz nach Beiblatt 2) Alle Angaben in dB

Bauteile	Mindestanforderungen R'_w	$L'_{n,w}$	erhöhter Schallschutz R'_w	$L'_{n,w}$
1 Geschoßhäuser mit Wohnungen und Arbeitsräumen	[1]		[1]	
Decken über/Wände neben Durch- und Einfahrten, über/unter/neben Spiel- und Gemeinschaftsräumen[2]	55	53 / 46	–	46 / –
Wohnungstrenndecken und -treppen [3][4] Decken unter Bad und WC[5]	54	53	55	46
Wohnungstrennwände[3] Decken unter allgemein nutzbaren Dachräumen[5]	53	– / 53	55	– / 46
Decken über Kellern, Hausfluren, Treppenräumen Wände neben Hausfluren und Treppenräumen[6]	52	53 / –	55	46 / –
Decken unter Terrassen, Loggien, Laubengängen, Hausfluren und innerhalb zweigesch. Wohneinheiten	–	53	–	46
Treppenläufe und -podeste[7]	–	58	–	46
Türen[8][9]	27	–	37	–
2 Einfamilien-Doppelhäuser und -Reihenhäuser				
Decken	–	48	–	38
Treppenläufe und -podeste, Decken unter Fluren	–	53	–	46
Haustrennwände	57	–	67	–
3 Beherbergungsstätten, Krankenanstalten, Sanatorien				
Decken unter/über Schwimmbädern, Spiel- und Gemeinschaftsräumen (in Beherbergungsstätten nur gegenüber Schlafräumen)[2]	55	46	–	–
Sonstige Decken[10]	54	53	55	46
Decken unter Fluren	–	53	–	46
Treppenläufe und -podeste[7]	–	58	–	46
Wände von Übernachtungs- und Krankenräumen sowie von Untersuchungsräumen und Sprechzimmern	47	–	52 / –	–
Wände von Operations- und Behandlungsräumen	42	–	–	–
Wände von Räumen der Intensivpflege	37	–	–	–
Türen zu Untersuchungs- und Sprechzimmern[8]	37	–	–	–
Flurtüren von Übernachtungs- und Krankenräumen[8]	32	–	37	–

Anforderungen DIN 4109

Bauteile	Mindestanforderungen		erhöhter Schallschutz	
	R'_w	$L'_{n,w}$	R'_w	$L'_{n,w}$
4 Schulen und vergleichbare Unterrichtsstätten		[1]		
Decken zwischen Unterrichtsräumen u. ä.[11]	55	53	–	–
Decken unter Fluren	52	–	–	–
Wände zwischen Unterrichtsräumen und Treppenhäusern	47	–	–	–
übrige Wände von Unterrichtsräumen u. ä.[11]	32	–	–	–
Flurtüren von Unterrichtsräumen u. ä.[8]	–	53	–	–

1) Die Werte für den Norm-Trittschallpegel gelten bei Decken ü b e r Kellern, Hausfluren, Treppenräumen, Durch- und Einfahrten, bei Decken u n t e r Fluren, Laubengängen, Bad und WC sowie bei Decken innerhalb zweigeschossiger Wohneinheiten und in Einfamilien-, Doppel- und -Reihenhäusern nur für die Trittschallübertragung in fremde Aufenthaltsräume, sowohl in waagerechter, schräger oder senkrechter (nach oben) Richtung.
2) Wegen der verstärkten Übertragung tiefer Frequenzen können zusätzliche Maßnahmen zur Körperschalldämmung erforderlich werden.
3) Wohnungstrenndecken und -wände sind Bauteile, die Wohnungen voneinander oder von fremden Arbeitsräumen trennen. Genauso werden Decken und Wände zwischen fremden Arbeitsräumen behandelt.
4) In Gebäuden mit nicht mehr als zwei Wohnungen beträgt die Anforderung erf R'_w = 52 dB; in solchen Gebäuden dürfen auch weichfedernde Gehbeläge gemäß Tabelle 9 berücksichtigt werden.
5) In Gebäuden mit nicht mehr als zwei Wohnungen beträgt die Anforderung erf R'_w = 52 dB und erf $L'_{n,w}$ = 63 dB.
6) Für Wände mit Türen gilt die Anforderung erf R'_w (Wand) = erf R_w (Tür) + 15 dB; Wandbreiten ≤ 30 cm bleiben dabei unberücksichtigt.
7) Keine Anforderungen an Treppenläufe in Gebäuden mit Aufzug und an Treppen in Gebäuden mit nicht mehr als zwei Wohnungen.
8) Bei Türen gilt statt R'_w der Wert R_w für Direktübertragung. Prüfung von R_w in einem Prüfstand ohne Flankenübertragung.
9) Die Werte gelten für Türen, die von Hausfluren oder Treppenräumen in Dielen oder Flure vor Wohn- und Arbeitsräumen führen; Türen, die unmittelbar von Hausfluren oder Treppenräumen in Aufenthaltsräume von Wohnungen führen, müssen den Vorschlägen für den erhöhten Schallschutz genügen.
10) Bei Decken unter Bädern und WCs dürfen beim Nachweis des erhöhten Schallschutzes weichfedernde Bodenbeläge angerechnet werden.
11) Bei Decken zwischen Unterrichtsräumen und „besonders lauten" Räumen, z. B. Sporthallen, Musik- und Werkräumen, ist $L'_{n,w}$ = 46 dB einzuhalten, bei entsprechenden Wänden R'_w = 55 dB. Außerdem gilt Fußnote 2).

2.2 Rechenwerte für Gebäude in Massivbauart nach Beiblatt 1

Die folgenden Ausführungsbeispiele für Innenbauteile in massiven Bauten gelten ohne bauakustische Eignungsprüfung (siehe Abschn. 2.1) als geeignet, die jeweiligen Anforderungen an den Schallschutz und die Vorschläge für einen erhöhten Schallschutz gemäß Tabellen 1 und 2 zu erfüllen.

Die für das bewertete Schalldämm-Maß angegebenen Rechenwerte $R'_{w,R}$ gelten unter der V o r a u s s e t z u n g mittlerer Längsleitungsverhältnisse, das heißt

Tabelle 2 **Empfehlungen zum Schutz gegen Schallübertragungen aus dem eigenen Wohn- und Arbeitsbereich** nach Beiblatt 2   Alle Angaben in dB

Bauteile	normaler Schallschutz R'_w	normaler Schallschutz $L'_{n,w}$	erhöhter Schallschutz R'_w	erhöhter Schallschutz $L'_{n,w}$
1 Wohngebäude				
Decken in Einfamilienhäusern außer Kellerdecken und Decken unter nicht ausgebauten Dachräumen[1]	50	56	≥ 55	≤ 46
Treppen und Treppenpodeste in Einfamilienhäusern[2]	–	–	–	≤ 53
Wände ohne Türen zwischen „lauten" und „leisen" Räumen unterschiedlicher Nutzung	40	–	≥ 47	–
2 Büro und Verwaltungsgebäude				
Decken, Treppen und Treppenraumwände	wie Tabelle 1 Ziffer 1			
Wände zwischen Räumen mit üblicher Bürotätigkeit sowie zwischen Fluren und diesen Räumen[3]	37	–	≥ 42	–
Wände zwischen Räumen mit konzentrierter Tätigkeit oder zur Behandlung vertraulicher Angelegenheiten[3]	45	–	≥ 52	–
Türen bei üblicher Bürotätigkeit[4]	27	–	≥ 32	–
Türen bei erhöhten Anforderungen[4]	37	–	–	–

[1] Bei Decken zwischen Wasch- und Aborträumen sowie zwischen Fluren gelten nur die Vorschläge für den Trittschallschutz, um eine waagerechte, schräge oder nach oben gerichtete Trittschallübertragung in Aufenthaltsräume zu vermeiden.
[2] Hinsichtlich der Trittschallübertragung gilt Fußnote [1] analog.
[3] Es ist darauf zu achten, daß die Werte nicht durch eine Nebenwegübertragung über Flur und Türen verschlechtert werden.
[4] Bei Türen gilt statt R'_w der Wert R_w für Direktübertragung. Prüfung von R_w in einem Prüfstand ohne Flankenübertragung.

– die biegesteifen und unverkleideten flankierenden Bauteile haben eine mittlere flächenbezogene Masse $m'_{L,Mittel}$ von etwa 300 kg/m² (Ermittlung von $m'_{L,Mittel}$ siehe S. 474); sie sind biegesteif an das trennende Bauteil angeschlossen, sofern dieses eine flächenbezogene Masse von > 150 kg/m² hat und nicht aus einer Wand mit zwei biegeweichen Schalen oder aus einer Holzbalkendecke besteht;
– die Anschlüsse zwischen trennendem Bauteil und den flankierenden Bauteilen sind dicht.

Bei anderen Längsleitungsverhältnissen sind die Rechenwerte $R'_{w,R}$ mit den Korrekturwerten $K_{L,1}$ nach Tabelle 12 zu korrigieren.

Bekleidete, biegeweiche oder mit einer biegeweichen Schale versehene flankierende Bauteile führen nur im Zusammenhang mit zweischaligen trennenden Bauteilen (mit wenigstens einer biegeweichen Schale) unter bestimmten Voraussetzungen zu einer Korrektur (siehe Korrekturwerte $K_{L,2}$ auf S. 475).

Wände

Für einschalige, biegesteife Wände enthält Tabelle 3 Rechenwerte des bewerteten Schalldämm-Maßes $R'_{w,R}$ in Abhängigkeit von der flächenbezogenen Masse der Wände. Zwischenwerte sind gradlinig zu interpolieren und auf ganze dB zu runden. Wände mit unmittelbar aufgebrachtem Putz nach DIN 18 550 Teil 1 oder mit Beschichtungen gelten als einschalig.

Voraussetzung für den in Tabelle 3 angegebenen Zusammenhang zwischen Luftschalldämmung und flächenbezogener Masse einschaliger Wände ist ein geschlossenes Gefüge und ein fugendichter Aufbau. Ist diese Voraussetzung nicht erfüllt, sind die Wände zumindest einseitig durch einen vollflächig haftenden Putz bzw. durch eine entsprechende Beschichtung gegen unmittelbaren Schalldurchgang abzudichten.

Die Rechenwerte von Tabelle 3 dürfen um 2 dB erhöht werden
— bei verputzten Wänden aus Gasbeton oder Leichtbeton mit Blähtonzuschlag und Steinrohdichten $\leq 0{,}8$ kg/dm^3 und $m' \leq 250$ kg/m^2;
— bei Wänden aus Gips-Wandbauplatten nach DIN 4102 Teil 2 mit $m' \leq 125$ kg/m^2, sofern diese am Rand ringsum mit 2 bis 4 mm dicken Streifen aus Bitumenfilz eingebaut werden.

Tabelle 3 gilt nicht für Wände mit Bekleidungen hoher dynamischer Steifigkeit (z. B. aus Leichtbau- oder Hartschaumplatten) und zusätzlicher Abdeckung aus Putz, Gipskartonplatten oder Fliesen. Ausgenommen sind Leichtbauplatten nach DIN 1101, die an einschalige biegesteife Wände entsprechend DIN 1102 angedübelt und verputzt werden.

Die flächenbezogene Masse einer Wand ergibt sich aus der Dicke der Wand und deren Rohdichte sowie einem etwaigen Zuschlag für ein- oder beidseitigen Putz.

Die Rohdichte ist wie folgt anzunehmen:
— bei Normalbetonwänden, die fugenlos oder aus geschoßhohen Tafeln hergestellt sind, zu 2 300 kg/m^3;
— bei Leichtbetonwänden sowie Wänden aus Plansteinen oder -platten in Dünnbettmörtel aus dem Nennwert der Rohdichteklasse, der für Werte $> 1\,000$ kg/m^3 um 100 kg/m^3, für Werte $\leq 1\,000$ kg/m^3 um 50 kg/m^3 abzumindern ist;
— bei gemauerten Wänden, die aus Steinen oder Platten gemäß DIN 1053 Teil 1 oder DIN 4103 Teil 1 mit normalen Mörtelfugen hergestellt sind, nach Tabelle 4.

Für den Zuschlag aus Putz können folgende Mörtel-Rohdichten angenommen werden: für Gipsputz 1 000 kg/m^3, für Kalk-, Kalkzement- und Zementputz 1 500 kg/m^3 (bei $d = 20$ mm), 1 650 kg/m^3 (bei $d = 15$ mm) und 1 800 kg/m^3 (bei $d = 10$ mm).

DIN 4109 Schallschutz

Tabelle 3 **Einschalige, biegesteife Wände und Decken (Rechenwerte $R'_{w,R}$)**

m' kg/m²	$R'_{w,R}$ dB	m' kg/m²	$R'_{w,R}$ dB	m' kg/m²	$R'_{w,R}$ dB	m' kg/m²	$R'_{w,R}$[1] dB
85	34	160	42	320	50	630	58
90	35	175	43	350	51	680	59
95	36	190	44	380	52	740	60
105	37	210	45	410	53	810	61
115	38	230	46	450	54	880	62
125	39	250	47	490	55	960	63
135	40	270	48	530	56	1040	64
150	41	295	49	580	57		

[1] Diese Werte gelten nur für die Ermittlung des Schalldämm-Maßes zweischaliger Wände aus biegesteifen Schalen (siehe Text).

Tabelle 4 **Rohdichten einschaliger, gemauerter Wände[1] (Rechenwerte)**

Rohdichteklassen der Steine/Platten[2] kg/dm³	Wand-Rohdichte in kg/m³ bei	
	Normalmörtel	Leichtmörtel mit $\varrho \leq 1000$ kg/m³
2,20	2080	1940
2,00	1900	1770
1,80	1720	1600
1,60	1540	1420
1,40	1360	1260
1,20	1180	1090
1,00	1000	950
0,90	910	860
0,80	820	770
0,70	730	680
0,60	640	590
0,50	550	500
0,40	460	410

[1] Gilt für Wände aus Steinen und Platten nach DIN 1053 Teil 1 und DIN 4103 Teil 1; bei Dünnbettverlegung siehe Anmerkungen im Text.
[2] Werden Hohlblocksteine nach DIN 106, DIN 18 151 und DIN 18 153 umgekehrt vermauert und die Hohlräume satt mit Sand oder mit Normalmörtel gefüllt, so darf eine um 400 kg/m³ höhere Wandrohdichte angesetzt werden.

Für zweischalige Wände aus zwei schweren, biegesteifen Schalen mit durchgehender Trennfuge kann das bewertete Schalldämm-Maß $R'_{w,R}$ näherungsweise aus der Summe der flächenbezogenen Masse der beiden Einzelschalen unter Berücksichtigung etwaiger Putze — wie bei einschaligen biegesteifen Wänden — nach Tab. 3 ermittelt werden; dabei dürfen auf das nach Tab. 3 ermittelte Schalldämm-Maß $R'_{w,R}$ für die zweischalige Ausführung mit durchgehender Trennfuge 12 dB aufgeschlagen werden.

Die Wände müssen im Querschnitt gemäß Abbildung 2 ausgebildet werden. Die flächenbezogene Masse der Einzelschale mit einem etwaigen Putz muß mindestens 150 kg/m², die Dicke der Trennfuge muß mindestens 30 mm betragen. Bei einem Schalenabstand $\geq$ 50 mm darf die flächenbezogene Masse der Einzelschale $\geq$ 100 kg/m² betragen.

Der Fugenhohlraum ist mit dicht an dicht verlegten mineralischen Faserdämmplatten nach DIN 18 165 Teil 2, Typ T, auszufüllen. Bei Einzelschalen mit $m' \geq$ 200 kg/m² und einer Fugendicke $\geq$ 30 mm darf auf das Einlegen von Dämmschichten verzichtet werden. Der Fugenhohlraum ist dann mit Lehren herzustellen, die nachträglich entfernt werden müssen.

Gösele empfiehlt, die Trennfuge grundsätzlich mindestens 40 mm dick auszuführen und mit Faserdämmplatten zu füllen, die im Deckenbereich vor dem Anbetonieren mit Folie o. ä. abzudecken sind. Mit Schalengewichten von etwa 150 kg/m² sind dann die Werte für einen erhöhten Schallschutz auch bei Haustrennwänden (R'_w = 67 dB) ohne Probleme zu erreichen. Ein gemeinsames Fundament ist schalltechnisch unschädlich, wenn die zu schützenden Räume nicht unmittelbar an das Fundament angrenzen (Baugewerbe, Heft 4/1992).

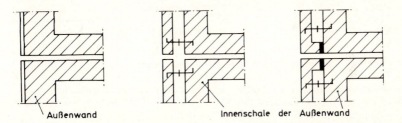

Abb. 2   Ausführungsbeispiele für zweischalige Trennwände aus zwei schweren, biegesteifen Schalen mit bis zum Fundament durchgehender Trennfuge

Die Luftschalldämmung einschaliger, biegesteifer Wände kann mit **biegeweichen Vorsatzschalen** verbessert werden. Rechenwerte enthält Tabelle 5.

Ausführungsbeispiele und Rechenwerte für Wände aus **zwei biegeweichen Schalen** auf Holzunterkonstruktion enthält Tabelle 6; für Wände in Ständerbauart siehe Tabelle 13 (Seite 479). Von entscheidender Bedeutung ist bei Trennwänden dieser Art die Ausbildung der flankierenden Bauteile (siehe dazu Seite 474 ff.).

Tabelle 5 Einschalige, biegesteife Wände mit biegeweicher Vorsatzschale (Rechenwerte)

Wandgruppe A (mit Verbindung der Schalen)		Wandgruppe B (ohne bzw. federnde Verbindung)	
Masse der Massivwand in kg/m²	bewertetes Schalldämm-Maß $R'_{w,R}$ in dB		
100	48		
150	48		
200	49		
250	51		
300	53		
350	54		
400	55		
450	56		
500	57		

bewertete Schalldämm-Maße $R'_{w,R}$ um jeweils 1 dB höher als bei A

1 Holzwolle-Leichtbauplatten nach DIN 1101, $d \leq 25$ mm, verputzt; Ausführung nach DIN 1102
2 Gipskartonplatten nach DIN 18 180, $d = 12,5$ oder 15 mm; Ausführung nach DIN 18 181, auch mit Ständern aus C-Profilen nach DIN 18 182 Teil 1; oder Spanplatten nach DIN 68 763, Dicke 10 bis 16 mm
3 Holzstiele, an schwerer Schale befestigt
4 freistehende Holzstiele
5 Hohlraumfüllung mit Faserdämm-Matte oder -Platte nach DIN 18 165 Teil 1, Typ WL-w oder W-w, Nenndicke 20 bis 60 mm, längenbezogener Strömungswiderstand $\Xi \geq 5$ kN·s/m⁴
6 freistehende Holzwolle-Leichtbauplatten nach DIN 1101, $d \geq 50$ mm, verputzt; Ausführung nach DIN 1102; bei Hohlraumfüllung nach 5 genügt ein Abstand von 20 mm
7 Gipskartonplatten nach DIN 18 180, $d = 12,5$ oder 15 mm auf Faserdämmplatten nach DIN 18 165 Teil 1, Typ WV-s, Nenndicke ≥ 40 mm, $s' \leq 5$ MN/m³; Ausführung nach DIN 18 181, an schwerer Schale streifen- oder punktförmig angesetzt

Massivbauten — DIN 4109

Tabelle 6 Wände aus zwei biegeweichen Schalen, auf Holzunterkonstruktion oder freistehend (Rechenwerte)

Ein- oder zweilagige Bekleidung aus Gipskartonplatten, $d = 12{,}5$ oder 15 mm, oder Spanplatten, $d = 13$ bis 16 mm	Lagen je Schale	s mm	s_D [1] mm	$R'_{w,R}$ [2] dB	$R_{w,R}$ [3] dB
	1	60	40	38	38
	2	60	40	46	46
	1	100	60	44	43
	1	125	40	49	53
	2	125	40	–	60
	1	160	40	49	53
	2	200	80	50	65
Schalen aus HWL-Platten nach DIN 1101 [4]	s_{HWL}				
	25 oder 35	≥ 100	–	50	55
	≥ 50	30 bis 50	–	50	55
Schalen freistehend	≥ 50	$= s_D$	20 bis < 30	50	55

[1] Faserdämmstoffe nach DIN 18 165 Teil 1 mit $\Xi \geq 5$ kN·s/m^4.
[2] Gilt für mittlere Flankenübertragungs-Verhältnisse in Massivbauten mit $m'_{L,Mittel} = 300$ kg/m^2.
[3] Gilt für Trennwände in Skelettbauten (siehe Abschn. 2.3).
[4] Verputzte Holzwolle-Leichtbauplatten, Ausführung nach DIN 1102, Abstand der Stiele 500 bis 670 mm (bei $s_{HWL} = 25$), 500 bis 1 000 mm (bei $s_{HWL} = 35$).

DIN 4109 Schallschutz

Tabelle 7 **Massivdecken ohne oder mit Unterdecken (Rechenwerte)**

Deckenarten	Masse[1]) kg/m²	ohne		mit Unterdecke[3])	
Stahlbeton-Vollplatten aus Normal- oder Leichtbeton, Gasbeton-Deckenplatten		$Schalldämm\text{-}Maß$ $R'_{w,R}$ in dB[2])			
		a	b	a	b
	150	41	49	49	52
	200	44	51	51	54
	250	47	53	53	56
	300	49	55	55	58
	350	51	56	56	59
Stahlsteindecke nach DIN 1045, 20.2 mit Deckenziegeln nach DIN 4159	400	53	57	57	60
	450	54	58	58	61
	500	55	59	59	62
Stahlbetonrippendecken nach DIN 1045, 19.7.8 und 21.2, mit Zwischenbauteilen nach DIN 4158 oder DIN 4160		*Äquivalenter Norm-Trittschallpegel* $L_{n,w,eq,R}$ in dB[5])			
Stahlbetonhohldielen nach DIN 1045, 19.7.9 und Stahlbetondielen nach DIN 4028	135	86		75	
	160	85		74	
	190	84		74	
	225	82		73	
	270	79		73	
	320	77		72	
Balkendecken nach DIN 1045, 19.7.7	380	74		71	
	450	71		69	
	530	69		67	

Fußnoten siehe Seite 471

Tabelle 7 Fortsetzung

Stahlbetonrippendecken nach DIN 1045, 21.2 oder Plattenbalkendecken nach DIN 1045, 21.1, ohne Zwischenbauteile 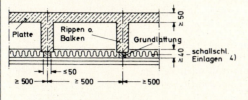 Unterdecke³) mit Traglattung 30<F b≤ 50	$R'_{w,R}$ und $L'_{n,w,eq,R}$ wie bei Stahlbeton-Vollplatten in Abhängigkeit von der Masse der Platte ohne Berücksichtigung von Rippen und Balken

1) Flächenbezogene Masse einschl. eines etwaigen Verbundestrichs oder Estrichs auf Trennlage oder eines unmittelbar aufgebrachten Putzes.
2) Spalten a für Massivdecken mit unmittelbar aufgebrachten Estrichen oder Gehbelägen, Spalten b für Massivdecken mit schwimmenden Estrichen oder anderen schwimmend verlegten Belägen, z. B. schwimmend verlegten Holzfußböden, sofern sie ein $\Delta L_w \geq$ 24 dB haben.
3) Biegeweiche Unterdecken, zum Beispiel Putz auf Putzträger oder Gipskartonplatten nach DIN 18 180, Dicke 12,5 oder 15 mm, oder HWL-Platten nach DIN 1101, $d \geq$ 25 mm, verputzt.
4) Zum Beispiel Faserdämm-Matten nach DIN 18 165 Teil 1, Typ WL-w oder W-w, Nenndicke 40 mm, längenbezogener Strömungswiderstand $\Xi \geq$ 5 kN · s/m⁴.
5) Bei Verwendung von schwimmenden Estrichen mit mineralischen Bindemitteln sind die Tabellenwerte für Decken mit Unterdecken um 2 dB zu erhöhen.

Tabelle 8 **Schwimmende Böden auf Massivdecken (Rechenwerte $\Delta L_{w,R}$)**

Art der Deckenauflage	$\Delta L_{w,R}$ in dB bei s' in MN/m³ ≤				
	50	40	30	20	15	10
1 Schwimmende Estriche auf Dämmstoffen nach DIN 18164 T 2 und DIN 18165 T 2¹⁾						
Gußasphaltestriche nach DIN 18 560 Teil 2 mit $m' \geq$ 45 kg/m²	20 *20*	22 *22*	24 *24*	26 *26*	27 *29*	29 *32*
Estriche nach DIN 18 560 Teil 2 mit $m' \geq$ 70 kg/m²	22 *23*	24 *25*	26 *27*	28 *30*	29 *33*	30 *34*
2 Schwimmende Holzfußböden						
Unterböden aus Holzspanplatten nach DIN 68771 auf Lagerhölzern mit Dämmstreifen-Unterlagen nach DIN 18165 Teil 2 mit $s' \leq$ 20 MN/m³; Breite der Dämmstreifen ≥ 100 mm, Dicke im eingebauten Zustand ≥ 10 mm; zwischen den Lagerhölzern Faserdämmstoffe nach DIN 18 165 Teil 1 mit Kennbuchstabe w, Nenndicke ≥ 30 mm, längenbezogener Strömungswiderstand $\Xi \geq$ 5 kN·s/m⁴	$\Delta L_{w,R}$ in dB 24					
Unterböden nach DIN 68 771 aus mindestens 22 mm dicken Holzspanplatten nach DIN 68 763, vollflächig schwimmend auf Faserdämmstoffen nach DIN 18 165 Teil 2 mit $s' \leq$ 10 MN/m³	25					

1) Die kursiv gedruckten Werte gelten für schwimmende Estriche mit weichfedernden Bodenbelägen; maßgebend ist der größere Wert, entweder des Estrichs oder des Belags gemäß Tabelle 9.

Tabelle 9 **Weichfedernde Bodenbeläge**[1]) **auf Massivdecken (Rechenwerte** $\Delta L_{w,R}$)

Art der Deckenauflage	$\Delta L_{w,R}$ in dB
1 Bodenbeläge aus Linoleum und PVC	
Linoleum-Verbundverlag nach DIN 18 173	14[2])
PVC-Beläge nach DIN 16 952	
– mit genadeltem Jutefilz als Träger nach Teil 1	13[2])
– mit Korkment als Träger nach Teil 2	16[2])
– mit Unterschicht aus PVC-Schaumstoff nach Teil 3	16[2])
– mit Synthesefaser-Vliesstoff als Träger nach Teil 4	13[2])
2 Textile Bodenbeläge nach DIN 61 151	
Nadelvlies unbeschichtet, Dicke = 5 mm	20
Polteppiche[3]), Dicken nach DIN 53 855	
– Unterseite geschäumt, Normdicke a_{20} = 4 mm	19
– Unterseite geschäumt, Normdicke a_{20} = 6 mm	24
– Unterseite geschäumt, Normdicke a_{20} = 8 mm	28
– Unterseite ungeschäumt, Normdicke a_{20} = 4 mm	19
– Unterseite ungeschäumt, Normdicke a_{20} = 6 mm	21
– Unterseite ungeschäumt, Normdicke a_{20} = 8 mm	24

[1]) Bodenbeläge müssen durch Hinweis auf die jeweilige Norm gekennzeichnet sein. Das maßgebliche Verbesserungsmaß $\Delta L_{w,R}$ muß auf dem Erzeugnis oder der Verpackung angegeben sein, bei textilen Bodenbelägen zusammen mit der Werksbescheinigung nach DIN 50049.
[2]) Die Werte sind Mindestwerte; sie gelten nur für aufgeklebte Bodenbeläge.
[3]) Pol aus Polyamid, Polypropylen, Polyacrylnitril, Polyester, Wolle und deren Mischungen.

Massivdecken

Rohdecken, Unterdecken und Deckenauflagen sind so auszuwählen, daß die gebrauchsfertige Decke folgende Bedingungen erfüllt:

– Der Rechenwert der Luftschalldämmung $R'_{w,R}$ muß den Anforderungen gemäß Tabellen 1 und 2 entsprechen.

– Der Norm-Trittschallpegel $L'_{n,w,R} = L_{n,w,eq,R} - \Delta L_{w,R}$ muß um mindestens 2 dB unter den zulässigen Pegeln $L'_{n,w}$ gemäß Tabellen 1 und 2 liegen. Das für eine ausgewählte Massivdecke notwendige Verbesserungsmaß ergibt sich danach zu erf $\Delta L_{w,R} = L_{n,w,eq,R} + 2$ dB $-$ erf $L'_{n,w}$.

Liegt der zu schützende Raum nicht unmittelbar unter der betrachteten Decke, sondern schräg darunter (z. B. Wohnraum schräg unter einem Bad), dann dürfen von dem berechneten $L'_{n,w,R}$ 5 dB abgezogen (zum TSM_R 5 dB hinzugezählt) werden, sofern die zugehörigen Trennwände ober- und unterhalb der Decke eine flächenbezogene Masse von ≥ 150 kg/m^2 haben. Für andere Raumanordnungen gelten die Korrekturwerte der Tabelle 23.

Die flächenbezogene Masse von Massivdecken ohne Hohlräume ist wie bei Wänden zu ermitteln, bei Decken aus Leichtbeton mit den entsprechenden Abminderungen. Bei Massivdecken mit Hohlräumen ist die flächenbezogene

Massivbauten DIN 4109

Masse entweder aus den Rechenwerten der DIN 1055 Teil 1 abzüglich 15 % oder aus dem vorhandenen Querschnitt mit 2 300 kg/m³ zu berechnen.

Aufbeton und unbewehrter Beton aus Normalbeton ist mit 2 100 kg/m³ in Ansatz zu bringen. Für Verbundestriche und Estriche auf Trennschicht gelten die Rechenwerte nach DIN 1055 Teil 1 mit einem Abzug von 10 %. Die flächenbezogene Masse von Putz ist wie bei den Wänden zu ermitteln.

Tabelle 10 **Beispiele für Holzbalkendecken (Rechenwerte $R'_{w,R}$ und $L'_{n,w,R}$)**

Deckenausbildung	Lagen der Unterdecke	$R'_{w,R}$ in dB	$L'_{n,w,R}$ in dB[1])
(Schnittzeichnung mit Bezeichnungen 1, 2, 5, 8, 7, 3, 4 Beliebiger Belag, Federbügel ≥ 400)	1 2	50 50	56 53
Ausbildung wie vor, aber anstelle der oberen Spanplatte 40 mm Estrich	1	50	51

1 Spanplatten nach DIN 68 763, gespundet oder mit Nut und Feder
2 Holzbalken
3 Gipskartonplatten nach DIN 18 180, 12,5 oder 15 mm dick, Spanplatten nach DIN 68 763, 13 oder 16 mm dick, oder Holzwolle-Leichtbauplatten nach DIN 1101, Dicke ≥ 25 mm, verputzt.
4 Faserdämmplatte nach DIN 18 165 Teil 2, Typ T, dynamische Steifigkeit $s' \leq 15$ MN/m³, angegebene Dicke im belasteten Zustand
5 Faserdämmstoff nach DIN 18 165 Teil 1, Typ WL-w oder W-w, $\Xi \geq 5$ kN·s/m⁴; bei Dämmstoffdicken ≥ 100 mm kein seitliches Hochziehen erforderlich.
7 Unterkonstruktion aus Holz; Befestigung über akustisch geeignete Federbügel oder Federschienen; kein fester Kontakt zwischen Latte und Balken; ein weichfedernder Faserdämmstreifen, z. B. nach 4, darf zwischengelegt werden. Andere Unterkonstruktionen dürfen verwendet werden, wenn nachgewiesen ist, daß sie sich hinsichtlich der Schalldämmung gleich oder besser als die hier angegebene Ausführung verhalten.
8 Mechanische Verbindungsmittel oder Verleimung

[1]) Bei zusätzlicher Verwendung eines weichfedernden Bodenbelags dürfen in Abhängigkeit vom Verbesserungsmaß des Belags Zuschläge gemacht werden: 2 dB für $\Delta L_{w,R} \geq 20$ dB und 6 dB für $\Delta L_{w,R} \geq 25$ dB.

Massive Treppenläufe und -podeste

Tabelle 11 enthält Rechenwerte des bewerteten Norm-Trittschallpegels, bezogen auf einen unmittelbar angrenzenden Aufenthaltsraum. Die Werte $L'_{n,w,R}$ sind anzuwenden, wenn kein zusätzlicher trittschalldämmender Gehbelag bzw. schwimmender Estrich aufgebracht wird. Falls ein solcher Belag oder Estrich aufgebracht wird, ergibt sich der Rechenwert zu $L'_{n,w,R} = L_{n,w,eq,R}$ (gemäß Tabelle 11) $-\Delta L_{w,R}$.

Zur Ermittlung der flächenbezogenen Masse siehe unter Massivdecken.

Tabelle 11 **Massive Treppenläufe und -podeste aus Stahlbeton $d \geq 120$ mm**
(Rechenwerte $L_{n,w,eq,R}$ und $L'_{n,w,R}$) Angaben in dB

Treppe und Treppenraumwand	$L_{n,w,eq,R}$	$L'_{n,w,R}$
Treppenpodest mit einschaliger biegesteifer Treppenraumwand ($m' \geq 380$ kg/m²) fest verbunden	66	70
Treppenlauf mit einschaliger biegesteifer Treppenraumwand ($m' \geq 380$ kg/m²) fest verbunden	61	65
Treppenlauf, von einschaliger biegesteifer Treppenraumwand abgesetzt	58	58
Treppenpodest, mit einer Treppenraumwand mit durchgehender Gebäudetrennfuge fest verbunden	≤ 53	≤ 50
Treppenlauf, von Treppenraumwand mit durchgehender Gebäudetrennfuge abgesetzt	≤ 46	≤ 43
Treppenlauf wie vor, aber auf Treppenpodest elastisch gelagert	38	42

Korrekturwerte $K_{L,1}$

In den vorstehenden Tabellen enthaltene Schalldämm-Maße $R'_{w,R}$ müssen mit einem Korrekturwert $K_{L,1}$ gemäß Tabelle 12 versehen werden, wenn die mittlere flächenbezogene Masse $m'_{L,Mittel}$ der flankierenden Bauteile wesentlich von 300 kg/m² abweicht. Dabei sind nur biegesteife, unverkleidete flankierende Bauteile zu berücksichtigen (siehe Beispiele).

Der Mittelwert $m'_{L,Mittel}$ ist je nach Art des trennenden Bauteils unterschiedlich zu ermitteln. Er ergibt sich

- bei biegesteifen Trennwänden und -decken als arithmetisches Mittel aus den flächenbezogenen Massen $m'_{L,i}$ der flankierenden Bauteile (siehe Beispiel 1),
- bei Trennwänden aus biegeweichen Schalen und bei Holzbalkendecken gemäß Abbildung 3 (siehe Beispiel 2).

Massivbauten DIN 4109

Für die Werte $K_{L,1}$ in Tabelle 12 wird vorausgesetzt, daß die flankierenden Bauteile zu beiden Seiten des trennenden Bauteils in einer Ebene liegen und auf beiden Seiten von gleicher flächenbezogener Masse sind. Ist dies nicht der Fall, ist für die Berechnung anzunehmen, daß das jeweils leichtere flankierende Bauteil auch im Nachbarraum vorhanden ist.

Tabelle 12 **Korrekturwerte** $K_{L,1}$ **für das bewertete Schalldämm-Maß** $R'_{w,R}$

Art des trennenden Bauteils	$K_{L,1}$ in dB für mittleres m'_L in kg/m² von						
	450	400	350	300	250	200	150	100
Massive Wände und Decken (auch Wände nach Abb. 2)	–	0	0	0	0	–1	–1	–1
Wände mit Vorsatzschale nach Tabelle 5								
Massive Decken mit Unterdecken und/oder schwimmenden Belägen nach Tabelle 7	–	+2	+1	0	–1	–2	–3	–4
Zweischalige Wände aus biegeweichen Schalen nach Tabelle 6, Holzbalkendecken nach Tabelle 10, mit $R'_{w,R}$ in dB = 50	+4	+3	+2	0	–2	–4	–7	–
49	+2	+2	+1	0	–2	–3	–6	–
47	+1	+1	+1	0	–2	–3	–6	–
45	+1	+1	+1	0	–1	–2	–5	–
43	0	0	0	0	–1	–2	–4	–
41	0	0	0	0	–1	–1	–3	–

Korrekturwerte $K_{L,2}$

Besteht das trennende Bauteil aus einer Wand mit biegeweicher Vorsatzschale, aus zwei biegeweichen Schalen oder aus einer Decke mit schwimmenden Böden, so ergibt sich ein zusätzlicher Korrekturwert $K_{L,2}$, wenn gleichzeitig flankierende Bauteile entweder

- in beiden Räumen mit einer im Bereich des trennenden Bauteils unterbrochenen Verkleidung oder Vorsatzschale bzw. einem schwimmenden Estrich versehen sind oder

- aus biegeweichen, im Bereich des trennenden Bauteils unterbrochenen Schalen bestehen.

$K_{L,2}$ ergibt sich in Abhängigkeit von der Anzahl der so beschaffenen flankierenden Bauteile zu +1 dB bei 1 Bauteil, zu +3 dB bei 2 Bauteilen und zu +6 dB bei 3 Bauteilen.

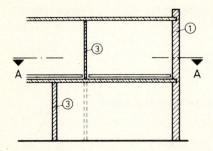 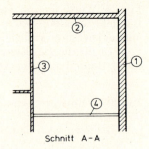

Schnitt A–A

Beispiel 1: Massivdecke mit schwimmendem Estrich, ohne Unterdecke, als trennendes Bauteil
$m' = 400$ kg/m², $R'_{w,R}$ nach Tab. 7 = 57 dB

Flankierende Bauteile:

① Außenwand, einschalig, $m'_{L,1} = 450$ kg/m²
② tragende Innenwand, einschalig, $m'_{L,2} = 200$ kg/m²
③ einschal. Trennwände, $m'_{L,3} = 100$ bzw. 250 kg/m²
④ leichte Trennwand aus zwei biegeweichen Schalen

Für ③ wird angenommen, daß die leichtere, obere Wand auch im unteren Raum in der gleichen Ebene steht.

Damit ergibt sich:
$$m'_{L,\text{Mittel}} = \frac{450 + 200 + 100}{3} = 250 \text{ kg/m}^2$$

$K_{L,1} = -1$ dB; $K_{L,2}$ für 1 flankierendes Bauteil mit biegeweichen Schalen $= +1$ dB;

damit $R'_{w,R} = 57 - 1 + 1 = 57$ dB.

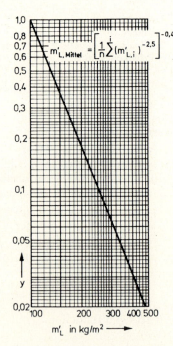

Abb. 3 Diagramm zur Ermittlung von $m'_{L,\text{Mittel}}$ für trennende Bauteile aus biegeweichen Schalen

Beispiel 2: Holzbalkendecke mit Estrich gemäß Tabelle 10, $R'_{w,R} = 50$ dB

① $m'_{L,1} = 450$ kg/m² → $y_1 = 0{,}023$
② $m'_{L,2} = 200$ kg/m² → $y_2 = 0{,}18$
③ $m'_{L,3} = 100$ kg/m² → $y_3 = 1{,}0$

$y_m = \frac{1}{3}(0{,}023 + 0{,}18 + 1{,}0) = 0{,}40$

→ $m'_{L,\text{Mittel}} = 145$ kg/m²

$K_{L,1} = -4$ dB, $K_{L,2} = +1$ dB
$R'_{w,R} = 50 - 4 + 1 = 47$ dB

2.3 Rechenwerte für Skelettbauten und Holzhäuser nach Beiblatt 1

Die Ausführungsbeispiele und Rechenwerte für den Nachweis des Schallschutzes in Skelettbauten und Holzhäusern wurden neu in das Normenwerk aufgenommen. Sie lassen sich in die folgenden drei Problemkreise gliedern:

- Nachweis der horizontalen Luftschallübertragung in massiven Skelettbauten durch leichte Trennwände aus biegeweichen Schalen und die mitwirkenden flankierenden Bauteile;
- Hinweise zum Nachweis der vertikalen Schallübertragung in massiven Skelettbauten;
- Nachweis der Schalldämmung in Häusern, deren trennende und flankierende Bauteile aus Holzrippen bzw. -balken mit biegeweichen Schalen bestehen (Holzhäuser).

Nachweis der Luftschalldämmung

Wie in Abschnitt 1 im Zusammenhang mit Abb. 1 (Seite 459) bereits ausgeführt, ist bei Skelettbauten und Holzhäusern wegen der fehlenden biegesteifen Anbindung der trennenden an die flankierenden Bauteile in der Regel nur der Flankenübertragungsweg Ff zu berücksichtigen. In diesen Gebäuden sind daher nur das Labor-Schalldämm-Maß $R_{w,R}$ sowie die Labor-Schall-Längsdämm-Maße $R_{L,w,R,i}$ der flankierenden Bauteile maßgebend. Daneben spielt die Schallübertragung durch Undichtigkeiten eine große Rolle.

Voraussetzungen für den Eignungsnachweis und die im folgenden mitgeteilten Rechenwerte sind daher, daß

- alle an der Schallübertragung beteiligten Bauteile, z. B. auch Lüftungskanäle, erfaßt werden,
- Undichtigkeiten, vor allem an den Anschlüssen, weitgehend vermieden werden (soweit sie nicht bei den folgenden Ausführungsbeispielen mit erfaßt sind),
- die Einflüsse von Einbauleuchten und ungünstig angeordneten Steckdosen erfaßt werden,
- die flankierenden Bauteile zu beiden Seiten des Trennwandanschlusses konstruktiv gleich ausgeführt sind,
- das verwendete Dichtungsmaterial dauerelastisch ist; poröse Dichtungsstreifen wirken nur unter Preßdruck.

Ein vereinfachter Nachweis kann wie folgt geführt werden:

$$R_{w,R} \geq \text{erf } R'_w + 5 \text{ dB}; \qquad R_{L,w,R,i} \geq \text{erf } R'_w + 5 \text{ dB};$$

Hierin bedeuten:

$R_{w,R}$ Rechenwert des erforderlichen bewerteten Schalldämm-Maßes der Trennwand bzw. -decke in dB (ohne Längsleitung über flankierende Bauteile)

DIN 4109 Schallschutz

$R_{L,w,R,i}$ Rechenwert des erforderlichen bewerteten Schall-Längsdämm-Maßes des i-ten flankierenden Bauteils in dB (ohne Schallübertragung durch das trennende Bauteil)

erf R'_w Das bei den betrachteten Räumen angestrebte resultierende Schalldämm-Maß in dB; in der Regel die in den Tabellen 1 und 2 enthaltenen Mindestanforderungen bzw. Richtwerte und Vorschläge für einen erhöhten Schallschutz.

Ein aufwendigeres Rechenverfahren zur Ermittlung des resultierenden Schalldämm-Maßes $R'_{w,R}$ ist ebenfalls in Beiblatt 1 enthalten. Es führt unter Umständen zu wirtschaftlicheren Konstruktionen. Rechenwerte $R'_{w,R}$ werden nur für Holzbalkendecken bei bestimmten Längsleitungsverhältnissen mitgeteilt (siehe Tabelle 17).

Leichte Trennwände in massiven Skelettbauten

Ausführungsbeispiele und Rechenwerte $R_{w,R}$ für Montagewände in S t ä n derbauart enthält Tabelle 13, für Trennwände auf Holzunterkonstruktion Tabelle 6 (Seite 469). Ausführungsbeispiele und Rechenwerte $R_{L,w,R}$ für flankierende Bauteile können den Tabellen 14 bis 16 und den Abbildungen 4 bis 8 entnommen werden.

Bei Unterdecken mit dichter Abschottung des Deckenhohlraums gemäß Abb. 6 a) und 6 b) kann das Schall-Längsdämm-Maß nach Tabelle 15 um 20 dB, höchstens aber auf 60 dB erhöht werden. Bei Abdichtung mittels Absorberschott gemäß Abb. 6 c) hängt das Verbesserungsmaß $\Delta R_{L,w,R}$ von der Breite des Schotts ab. Aber auch hier gilt: $R_{L,w,R} + \Delta R_{L,w,R} \leq 60$ dB.

b in mm	300	400	500	600	800	1 000
$\Delta R_{L,w,R}$ in dB	12	14	15	17	20	22

Fußnoten zu Tabelle 13

1) Für Einfachständerwände einfache, zweifache oder dreifache, für Doppelständerwände immer zweifache Beplankungen aus Gipskartonplatten nach DIN 18 180, verarbeitet nach DIN 18 181, Fugen verspachtelt; bei einfacher und doppelter Beplankung dürfen auch 13 bis 16 mm dicke Spanplatten nach DIN 68 763 verwendet werden.
2) Kurzbezeichnung für das Ständerprofil nach DIN 18 182 Teil 1 (Steghöhe × Blechdicke in mm).
3) Mindestabstand der Schalen.
4) Mindestdicke der Hohlraumdämpfung aus Faserdämmstoffen nach DIN 18 165 Teil 1, Typ WL-w oder W-w, längenbezogener Strömungswiderstand $\Xi \geq 5$ kN · s/m⁴.

Skelettbauten DIN 4109

Tabelle 13 **Bewertete Schalldämm-Maße $R_{w,R}$ für Trennwände aus Gipskartonplatten[1] in Ständerbauart nach DIN 18183 mit umlaufend dichten Anschlüssen an Wänden und Decken (Rechenwerte)**

Ausführungsbeispiele	s_B[1]) mm	Ständer [2])	s[3]) mm	s_D[4]) mm	$R_{w,R}$ dB
	Einfachständerwände (Abb. a)				
a)	12,5	CW 50 × 06	50	40	43
		CW 75 × 06	75	40	45
		CW 100 × 06	100 100 100	40 60 80	47 48 51
	2 × 12,5	CW 50 × 06	50	40	50
		CW 75 × 06	75 75	40 60	51 52
		CW 100 × 06	100 100 100	40 60 80	53 55 56
b)	15+12,5	CW 50 × 06	50	40	51
		CW 75 × 06	75 75	40 60	52 53
		CW 100 × 06	100 100	40 60	54 56
	3 × 12,5	CW 50 × 06	50	40	56
		CW 75 × 06	75	60	55
		CW 100 × 06	100 100 100	40 60 80	58 59 60
	Doppelständerwände (Abb. b und c)				
c)	2 × 12,5	CW 50 × 06 oder CW 75 × 06 (Abb. b)	100	40	59
		CW 50 × 06 (Abb. c)	105	40 80	61 63
		CW 100 × 06 (Abb. c)	205	40 80	63 65

Fußnoten siehe linke Seite

Massive Decken in Skelettbauten

Die Luftschallübertragung in vertikaler Richtung ist bei Skelettbauten mit Massivdecken von untergeordneter Bedeutung, wenn die Außenwand im Bereich der Massivdecke unterbrochen ist. Für den Nachweis können bei Massivdecken ohne Unterdecken annähernd die Rechenwerte $R'_{w,R}$ nach Tabelle 7 = $R_{w,R}$ gesetzt werden. Für Massivdecken mit Unterdecken kann ohne weiteren Nachweis eine Verbesserung von $\Delta R_{w,R} = 10$ dB gegenüber den Rechenwerten gleichartiger Massivdecken ohne Unterdecke zugrunde gelegt werden, wenn die Unterdecke für sich allein ein bewertetes Schalldämm-Maß $R_w \geq 15$ dB aufweist und die Abhängehöhe $h \geq 200$ mm ist. Unterdecken gemäß Tabelle 15 mit vollflächig ausgeführter, mindestens 50 mm dicker Dämmstoffauflage erfüllen diese Voraussetzung.

Die Luftschall-Längsleitung über innere flankierende Wände aus biegeweichen Schalen kann vernachlässigt werden, wenn die Massivdecke nicht unterbrochen ist. Für durchlaufende leichte Außenwände aus biegeweichen Schalen gilt Abb. 8, Erläuterung 2 sinngemäß. Für durchlaufende biegesteife Außenwände gelten die Rechenwerte nach Tabelle 14 (gegebenenfalls einschl. Fußnote 2), bei Anordnung von Vorsatzschalen die Werte nach Tabelle 16.

Die Trittschalldämmung kann wie in Massivbauten nachgewiesen werden. Wird eine Unterdecke mit den vorbeschriebenen Voraussetzungen verwendet, so dürfen die Rechenwerte $L'_{n,w,eq,R}$ ebenfalls um 10 dB höher als für eine gleichartige Decke ohne Unterdecke nach Tabelle 7 angenommen werden.

Häuser in Holzbauart

Die Rechenwerte $R_{w,R}$ für Trennwände sind den Tabellen 6 und 13 zu entnehmen, für Holzbalkendecken als trennende Bauteile gilt Tabelle 17. Die Tabelle enthält auch die Rechenwerte für den Norm-Trittschallpegel.

Für die Längsleitung in horizontaler Richtung über flankierende Wände sowie für die Längsleitung über flankierende Holzbalkendecken gilt Tabelle 18.

Skelettbauten DIN 4109

Tabelle 14 **Bewertetes Schall-Längsdämm-Maß $R_{\text{L,w,R}}$ massiver flankierender Bauteile[1]) von Trennwänden (Rechenwerte)**

m' in kg/m² =	100	200	300	350	400
für Decken: $R_{\text{L,w,R}}$ in dB =	41	51	56	58	60
für Wände[2]): $R_{\text{L,w,R}}$ in dB =	43	53	58	60	62

[1]) Gilt für Oberseiten von Massivdecken ohne schwimmende Fußböden, für Unterseiten von Massivdecken ohne Unterdecken sowie für Längswände (z. B. Außen- oder Flurwände) ohne Vorsatzschalen auf der Trennwandseite; Ermittlung von m' wie bei Massivbauten (siehe S. 465 und 472).
[2]) Bei durchgehenden Außenwandbrüstungen dürfen diese Werte um $\Delta R_{\text{L,w,R}} = 10 \lg h_\text{R}/h_\text{B}$ dB erhöht werden (h_R = Raumhöhe, h_B = Brüstungshöhe).

Tabelle 15 **Bewertetes Schall-Längsdämm-Maß $R_{\text{L,w,R}}$ von Unterdecken, Abhängehöhe $h = 400$ mm[1]) (Rechenwerte)**

Bauart bzw. Decklage der Unterdecke	m' [2]) kg/m²	$R_{\text{L,w,R}}$ in dB für s_D[3]) =		
		0 mm	50 mm	100 mm
Unterdecken mit geschlossener Fläche nach Abb. 4				
Ausführung nach Abb. 4 a)	≥ 9	40	51	57
	≥ 11	43	55	59
	≥ 22[4])	50	56	–
Ausführung nach Abb. 4 b)	≥ 11	43	58	–
Ausführung nach Abb. 4 c)	≥ 22[4])	50	63	–
Unterdecken mit gegliederter Fläche nach Abb. 5				
Mineralfaser-Deckenplatten in Einlege-Montage (Ausführung nach Abb. 5 a), Platten mit durchbrochenener Oberfläche und ohne oberseitige Dichtschicht	≥ 4,5	26	37	45
	≥ 6	28	40	48
	≥ 8	31	43	52
	≥ 10	33	44	54
Mineralfaser-Deckenplatten wie vor, aber Platten mit unterseitig geschlossener Oberfläche oder mit oberseitiger Dichtschicht	≥ 4,5	30	43	52
	≥ 6	35	48	57
	≥ 8	40	53	60
	≥ 10	44	57	–
Leichtspan-Akustikplatten nach DIN 68 762 (Ausführung nach Abb. 5 b)	≥ 8	–	43	52
Metall-Deckenplatten nach Abb. 5 c)	≥ 8	28	44	51

[1]) Für $h > 400$ mm und $s_\text{D} \geq 50$ mm sind die Werte $R_{\text{L,w,R}}$ abzumindern, und zwar um 2 dB bei $h = 600$ mm, um 5 dB bei $h = 800$ mm und um 6 dB bei $h = 1\,000$ mm.
[2]) Flächenbezogene Masse der Decklage.
[3]) Dicke der Mineralfaser-Auflage in vollflächiger Ausführung (bei Leichtspan-Akustikplatten in Plattenstücken); erfolgt die Auflage der Decken nach Abb. 5 a und 5 c in Form einzelner Plattenstücke, so sind die Tabellenwerte bei $s_\text{D} = 50$ mm um 4 dB, bei $s_\text{D} = 100$ mm um 6 dB abzumindern.
[4]) Die Decklage ist zweilagig auszuführen.

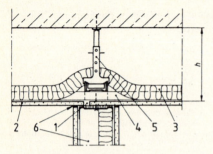

a) Trennwandanschluß an Unterdecke, Decklage durchlaufend (für $R_{L,w} \geq 55$ dB Trennung erforderlich, z. B. durch Fugenschnitt)

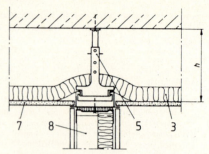

a) Unterdecke in Bandraster-Bauart mit Mineralfaser-Deckenplatten in Einlegemontage

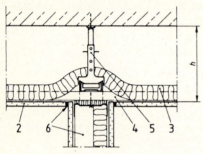

b) Trennwandanschluß an Unterdecke mit Trennung der Decklage

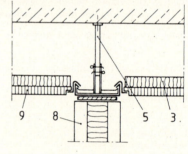

b) Unterdecke in Bandraster-Bauart mit Leichtspan-Akustik-Platten

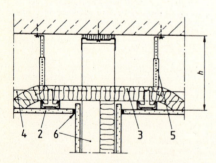

c) Trennwandanschluß an Massivdecke mit Trennung der Unterdecke in Decklage und Unterkonstruktion

c) Unterdecke in Bandraster-Bauart mit perforierten Metall-Deckenplatten in Einlegemontage

Abb. 4 Ausführungsbeispiele für Unterdecken mit geschlossener Fläche

Abb. 5 Ausführungsbeispiele für Unterdecken mit gegliederter Fläche

Skelettbauten DIN 4109

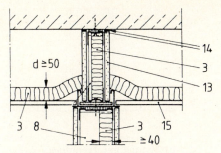

a) Abschottung des Deckenhohlraumes durch ein Plattenschott

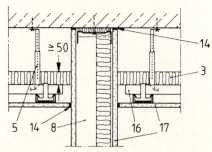

b) Die bis zur Massivdecke hochgezogene Beplankung wirkt als Abschottung des Deckenhohlraumes

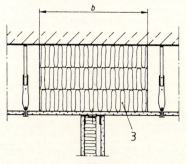

c) Abschottung durch Absorberschott

Abb. 6 Ausführungsbeispiele für Unterdecken mit Abschottung im Deckenhohlraum

Erläuterungen zu Abb. 4, 5 und 6:

1 Bei Schall-Längsdämm-Maßen $R_{L.w.R} \geq 55$ dB ist die Decklage im Anschlußbereich der Trennwand durch eine Fuge zu trennen.

2 Gipskartonplatten mit geschlossener Fläche nach DIN 18 180, $d \leq 15$ mm, verarbeitet nach DIN 18 181, bzw. Spanplatten nach DIN 68 763, $d \leq 16$ mm, fugendicht gestoßen

3 Hohlraumdämpfung aus Faserdämmstoff DIN 18 165 Teil 1, mit $\Xi \geq 5$ kN·s/m⁴

4 Die Unterkonstruktion aus Holzlatten oder CD-Profilen aus Stahlblech nach DIN 18 182 Teil 1, Achsabstände ≥ 400 mm, kann durchlaufen.

5 Abhänger nach DIN 18 168 Teil 1

6 Trennwand als zweischalige Einfach- oder Doppelständerwand mit dichter Abschlußausführung durch Verspachtelung oder dicht gestoßene Schalen oder Verwendung einer Anschlußdichtung

7 Mineralfaser-Deckenplatten in Einlegemontage, Rohdichte ≥ 300 kg/m³, mit oder ohne Dichtschichten

8 Trennwand aus biegeweichen Schalen mit dichtem Anschluß

9 Leichtspan-Akustikplatten DIN 68 762, Typ LF, $m' \geq 5$ kg/m², etwa 18 mm dick, obere Seite mit Natron-Kraftpapier (80 g/m²) abgedichtet

10 Perforierte oder glatte Metall-Deckenplatten mit Einlage aus Faserdämmstoff

11 Schwerauflage, z. B. aus Gipskartonplatten nach DIN 18 180 oder Stahlblech, die auch auf die Stirnseiten der Plattenkonstruktion aufgelegt werden kann

12 Rostwinkel zur Fixierung der Zargenabstände

13 Gipskartonplatten DIN 18 180, verarbeitet nach DIN 18 181, Fugen verspachtelt

14 Dichte Anschlußausführung durch Verspachtelung der dicht gestoßenen Schalen und/oder eine Anschlußdichtung

15 Decklage der Unterdecke aus Platten mit geschlossener Fläche nach Abb. 4 oder Deckenplatten nach Abb. 5

16 Unterkonstruktion aus CD-Profilen aus Stahlblech nach DIN 18 182 Teil 1

17 Dichte Decklage der Unterdecke bzw. der Beplankung der Wand, $m' \geq 10$ kg/m², z. B. aus Gipskartonplatten (mit dichten Fugen), ausgeführt nach DIN 18 181

DIN 4109 — Schallschutz

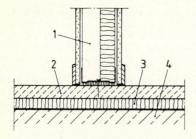

a) Estrich durchlaufend[1]);
   bei Gußasphaltestrich $R_{L,w,R} = 44$ dB
   bei anderen Estrichen $R_{L,w,R} = 38$ dB

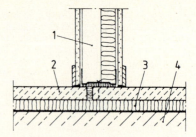

b) Estrich mit Trennfuge;
   $R_{L,w,R} = 55$ dB.

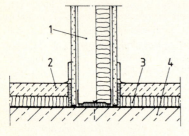

c) Estrich durch Trennwand konstruktiv getrennt; $R_{L,w,R}$ 70 dB

Erläuterungen:

1 Trennwand mit Unterkonstruktion aus Holz oder Metall oder elementierte Trennwand; Anschluß am Estrich ist mit Anschlußdichtung abgedichtet.

2 Estrich

3 Faserdämmstoff nach DIN 18 165 Teil 2, Typ T oder TK

4 Flächenbezogene Masse der Massivdecke $m' \geqslant 300$ kg/m^2

Abb. 7 Bewertete Schall-Längsdämm-Maße $R_{L,w,R}$ von schwimmenden Estrichen nach DIN 18 560 Teil 2 (Rechenwerte)

Erläuterungen zu Abb. 8:

1 Trennwand als Einfach- oder Doppelständerwand nach DIN 18 183 mit einlagiger bzw. zweilagiger Beplankung aus Gipskartonplatten nach DIN 18 180, verarbeitet nach DIN 18 181 mit verspachtelten Fugen und dichtem Anschluß an die flankierende Wand

2 Flankierende Wand sinngemäß nach 1; für $R_{L,w,R} \geqslant 55$ dB ist in einer durchlaufenden Beplankung im Anschlußbereich der Trennwand eine Fuge anzuordnen; handelt es sich um eine Außenwand mit Fenstern, so kann $R_{L,w,R} = 50$ dB ohne weiteren Nachweis angenommen werden.

3 Übliche Hohlraumdämpfung aus Faserdämmstoff

---

[1]) Diese Ausführung sollte nur bei geringen Anforderungen an die Schalldämmung der Trennwand verwendet werden. Zur Minderung der Trittschallübertragung sollte anstelle eines durchlaufenden schwimmenden Estrichs ein weichfedernder Bodenbelag verwendet werden. Dieser sollte im Bereich Trennwand getrennt und beidseitig hochgezogen werden.

Tabelle 16 **Bewertete Schall-Längsdämm-Maße $R_{L,w,R}$ von flankierenden, biegesteifen Wänden mit biegeweicher Vorsatzschale (Rechenwerte)**

m' der biegesteifen Wand in kg/m²	100	200	250	300	400
Wand nach Abb. a) $R_{L,w,R}$ in dB	63	70	71	72	73
Wand nach Abb. b) $R_{L,w,R}$ in dB	53	57	57	58	58

Erläuterungen:
1 Trennwand als Einfach- oder Doppelständerwand mit Unterkonstruktion aus Holz oder Metall nach DIN 18 183; mit Anschlußdichtung an biegesteifer Schale
2 Trennwand wie 1, jedoch an der biegeweichen Schale angeschlossen
3 Hohlraumdämpfung aus Faserdämmstoff gemäß Abb. 4 bis 6
4 Biegeweiche Vorsatzschale, z. B. aus Gipskartonplatten nach DIN 18 180, verarbeitet nach DIN 18 181; Fugen verspachtelt, d = 12,5 oder 15 mm (siehe auch Tabelle 5)
5 Faserdämmstoff nach DIN 18 165 Teil 1, Typ WV, längenbezogener Strömungswiderstand $\Xi \geq 5$ kN · s/m⁴ und dynamische Steifigkeit $s' \leq 5$ MN/m³
6 Massivwand; Fußnote 2 zu Tabelle 14 gilt entsprechend

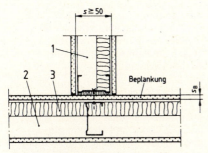

a) durchlaufende Beplankung der flankierenden Wand;
für s_B = 12,5 mm wird $R_{L,w,R}$ = 53 dB;
für s_B = 2 × 12,5 mm wird $R_{L,w,R}$ = 57 dB

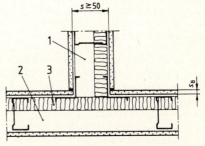

b) Beplankung und Ständerkonstruktion der flankierenden Wand unterbrochen;
für s_B = 12,5 mm wird $R_{L,w,R}$ = 73 dB;
für s_B = 2 × 12,5 mm wird $R_{L,w,R}$ = 75 dB

Abb. 8 Bewertete Schall-Längsdämm-Maße $R_{L,w,R}$ von Montagewänden aus Gipskartonplatten in Ständerbauart nach DIN 18 183 (Rechenwerte); Erläuterungen siehe Seite 484

Tabelle 17 Bewertete Schalldämm-Maße $R_{w,R}$ und $R'_{w,R}$ und Norm-Trittschallpegel $L'_{n,w,R}$ von Holzbalkendecken (Rechenwerte)

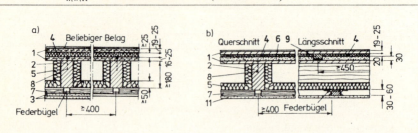

Zeile	Deckenausbildung	$R_{w,R}$ dB	$R'_{w,R}$[1] dB	$L'_{n,w,R}$[2] dB	dB
1	gemäß Abb. a, aber Holzlattung direkt mit Balken verbunden, einlagige Unterdecke	53	50	64	56
2	gemäß Abb. a, einlagige Unterdecke	57	54	56	49
3	gemäß Abb. a, zweilagige Unterdecke	62	57	53	46
4	gemäß Abb. b, einlagige Unterdecke	65	57	51	44
5	gemäß Abb. a, aber anstelle der oberen Spanplatte 50 mm Zementestrich, einlagige Unterdecke	65	57	51	44
6	wie Zeile 5, aber Holzlattung direkt mit Balken verbunden	60	54	56	49

1 Spanplatten nach DIN 68 763, gespundet oder mit Nut und Feder
2 Holzbalken
3 Gipskartonplatten nach DIN 18 180, 12,5 oder 15 mm dick, Spanplatten nach DIN 68 763, 13 oder 16 mm dick, oder – bei einlagigen Unterdecken – Holzwolle-Leichtbauplatten nach DIN 1101, Dicke ≥ 25 mm, verputzt
4 Faserdämmplatte nach DIN 18 165 Teil 2, Typ T, dynamische Steifigkeit $s' \leq 15$ MN/m^3, angegebene Dicke im belasteten Zustand
5 Faserdämmstoff nach DIN 18 165 Teil 1, Typ WL-w oder W-w, $\varXi \geq 5$ kN·s/m^4; bei Dämmstoffdicken ≥ 100 mm kein seitliches Hochziehen erforderlich
6 Trockener Sand
7 Unterkonstruktion aus Holz; Befestigung über akustisch geeignete Federbügel oder Federschienen; kein fester Kontakt zwischen Latte und Balken; ein weichfedernder Faserdämmstreifen, z. B. nach 4, darf zwischengelegt werden. Andere Unterkonstruktionen dürfen verwendet werden, wenn nachgewiesen ist, daß sie sich hinsichtlich der Schalldämmung gleich oder besser als die hier angegebene Ausführung verhalten.
8 Mechanische Verbindungsmittel oder Verleimung
9 Lagerholz 40 × 60 mm auf Faserdämmplatte gem. Ziffer 4, d unter Belastung ≥ 10 mm

[1] Die Werte $R'_{w,R}$ gelten unter der Voraussetzung, daß flankierende Wände nach den Tabellen 6 oder 13 ausgebildet und in der Deckenebene unterbrochen sind.
[2] Erste Spalte für Decken ohne Bodenbelag, zweite Spalte für Bodenbeläge mit $\Delta L_{w,R} \geq 26$ dB.

Tabelle 18 **Bewertetes Schall-Längsdämm-Maß in horizontaler Richtung von Wänden in Holzbauart und Holzbalkendecken (Rechenwerte in dB)**

Ausführung der flankierenden Bauteile	$R_{\text{L,w,R}}$
Wände mit Beplankung aus Spanplatten, d ≤ 16 mm, oder GKP, d ≤ 15 mm	
ohne Dämmschicht im Gefach	48
mit Dämmschicht im Gefach	50
mit Dämmschicht, raumseitige Beplankung unterbrochen	54
mit Dämmschicht, zweilagige raumseitige Beplankung	54
Elemente mit Dämmschicht, im Anschlußbereich gestoßen	54[1]
Holzbalkendecken nach Tabelle 17	
Längsleitung an der Deckenunterseite, Deckenbekleidung nicht unterbrochen	48
im Anschlußbereich unterbrochen	51
Längsleitung an der Deckenoberseite, obere Spanplatte auf 25 mm Mineralfaserplatte, im Anschlußbereich unterbrochen	65

[1] Ist die Trennwand als Doppelständerwand ausgebildet und wird sichergestellt, z. B. durch Einlegen eines Faserdämmstoffes, daß im Elementstoß kein direkter Kontakt zwischen den beiden Teilen der flankierenden Wand auftritt, darf $R_{\text{L,w,R}}$ auf 62 dB erhöht werden.

3 Schutz gegen Geräusche aus haustechnischen Anlagen und Betrieben

3.1 Begriffe und Anforderungen

Haustechnische Anlagen im Sinne der Norm sind zu einem Gebäude gehörende

- Ver- und Entsorgungsanlagen,
- Transportanlagen,
- fest eingebaute, betriebstechnische Anlagen,
- Gemeinschaftswaschanlagen,
- Schwimmanlagen, Saunen und dergleichen,
- Sportanlagen,
- zentrale Staubsauganlagen,
- Müllabwurfanlagen,
- Garagenanlagen.

Außer Betracht bleiben Geräusche von ortsveränderlichen Maschinen und Geräten (z. B. Staubsauger, Waschmaschinen, Küchengeräte und Sportgeräte) im eigenen Wohnbereich.

Als Betriebe gelten Handwerks- und Gewerbebetriebe aller Art, z. B. auch Gaststätten und Theater.

DIN 4109 enthält für diesen Bereich
- zulässige Schalldruckpegel in schutzbedürftigen Räumen (Tabelle 19),
- Anforderungen an die Luft- und Trittschalldämmung von Bauteilen zwischen „besonders lauten" und schutzbedürftigen Räumen (Tabelle 20),
- Anforderungen an Armaturen und Geräte der Wasserinstallation (Tabelle 21).

Als schutzbedürftig gelten dabei folgende Aufenthaltsräume:
- Wohnräume, einschließlich Wohndielen,
- Schlafräume, einschließlich Übernachtungsräume in Beherbergungsstätten und Bettenräume in Krankenhäusern und Sanatorien,
- Unterrichtsräume in Schulen, Hochschulen und ähnlichen Einrichtungen,
- Büroräume (ausgenommen Großraumbüros), Praxisräume, Sitzungsräume und ähnliche Arbeitsräume.

„Laute" Räume sind
- Räume, in denen häufigere und größere Körperschallanregungen als in Wohnungen stattfinden, z. B. Heizungsräume,
- Räume, in denen der maximale Schalldruckpegel L_{AF} 75 dB(A) nicht übersteigt und die Körperschallanregung nicht größer ist als in Bädern, Aborten oder Küchen.

Als „besonders laut" gelten
- Räume mit „besonders lauten" haustechnischen Anlagen oder Anlageteilen, wenn der maximale Schalldruckpegel des Luftschalls in diesen Räumen häufig mehr als 75 dB(A) beträgt,
- Aufstellräume für Auffangbehälter von Müllabwurfanlagen und deren Zugangsflure zu den Räumen vom Freien,
- Betriebsräume von Handwerks- und Gewerbebetrieben einschließlich Verkaufsstätten, wenn der maximale Schalldruckpegel des Luftschalls in diesen Räumen häufig mehr als 75 dB(A) beträgt,
- Galsträume, z. B. von Gaststätten, Cafés, Imbißstuben,
- Räume von Kegelbahnen,
- Küchenräume von Beherbergungsstätten, Krankenhäusern, Sanatorien, Gaststätten; außer Betracht bleiben Kleinküchen, Aufbereitungsküchen sowie Mischküchen,
- Theaterräume,
- Sporthallen,
- Musik- und Werkräume.

Haustechnische Anlagen **DIN 4109**

Tabelle 19 **Höchstwerte für die zulässigen Schallpegel in schutzbedürftigen Räumen von Geräuschen aus haustechnischen Anlagen und Betrieben**

Geräuschquelle	Wohn- und Schlafräume	Unterrichts- und Arbeitsräume
	kennzeichnender Schalldruckpegel in dB(A)[1]	
Wasser- und Abwasserinstallationen sonstige haustechnische Anlagen Betriebe von 6 bis 22 Uhr Betriebe von 22 bis 6 Uhr	$L_{In} \leq 35$[2] $L_{AF,max} \leq 30$[3] $L_r \leq 35$[4] $L_r \leq 25$[4]	$L_{In} \leq 35$[2] $L_{AF,max} \leq 35$[3] $L_r \leq 35$[3,4] $L_r \leq 35$[3,4]

1) Definitionen des kennzeichnenden Schalldruckpegels siehe Abschn. 1 „Schalldruckpegel".
2) Einzelne, kurzzeitige Spitzen, die beim Betätigen der Armaturen und Geräte nach Tabelle 6 (Öffnen, Schließen, Umstellen, Unterbrechen u. a.) entstehen, sind z. Z. nicht zu berücksichtigen. Auch Nutzergeräusche wie das Aufstellen eines Zahnputzbechers auf die Abstellplatte, hartes Schließen des WC-Deckels, Spureinlauf etc. unterliegen nicht den Anforderungen.
3) Bei lüftungstechnischen Anlagen sind um 5 dB(A) höhere Werte zulässig, sofern es sich um Dauergeräusche ohne auffällige Einzeltöne handelt.
4) Einzelne kurzzeitige Spitzenwerte dürfen die angegebenen Werte um nicht mehr als 10 dB(A) überschreiten.

Armaturen und Geräte der Wasserinstallation müssen aufgrund des nach DIN 52 218 Teile 1 bis 4 gemessenen Armaturengeräuschpegels L_{ap} (siehe Abschn. 1) in die Armaturengruppen gemäß Tabelle 21, Auslaufarmaturen und daran anzuschließende Auslaufvorrichtungen außerdem in die Durchflußklassen Z, A, B, C oder D, Eckventile in A oder B eingestuft werden. Zur Zeit wird diese Prüfung im Rahmen der nach den Bauordnungen der Länder erforderlichen Prüfzeichenpflicht für Armaturen und Geräte der Wasserinstallation durchgeführt.

Tabelle 21 **Armaturengruppen**

Armaturenart	L_{ap}[1]	Gruppe
Auslaufarmaturen, Geräteanschluß-Armaturen, Druckspüler, Spülkästen, Durchflußwassererwärmer, Durchgangsarmaturen, Drosselarmaturen, Druckminderer, Brausen	≤ 20 dB(A)[2]	I
	≤ 30 dB(A)[2]	II
Auslaufvorrichtungen, die direkt an die Auslaufarmatur angeschlossen werden, wie Strahlregler, Durchflußbegrenzer, Kugelgelenke, Rohrbelüfter, Rückflußverhinderer	≤ 15 dB(A)	I
	≤ 25 dB(A)	II

1) Armaturengeräuschpegel L_{ap} für den kennzeichnenden Fließdruck bzw. Durchfluß nach DIN 52 218 Teile 1-4; die Werte dürfen bei den in DIN 52 218 Teile 1-4 für die einzelnen Armaturen genannten oberen Grenzen der Fließdrücke bzw. Durchflüsse um bis zu 5 dB(A) überschritten werden.
2) Bei Geräuschen, die beim Betätigen der Armaturen entstehen (Öffnen, Schließen, Unterbrechen u. a.), wird der A-bewertete Schallpegel dieser Geräusche, gemessen bei Zeitbewertung „FAST" der Meßinstrumente, erst dann zur Bewertung herangezogen, wenn es die Meßverfahren nach DIN 52 218 Teile 1 bis 4 zulassen.

Tabelle 20 **Anforderungen an die Luft- und Trittschalldämmung von Bauteilen zwischen „besonders lauten" und schutzbedürftigen Räumen**

Zeile	„Besonders laute" Räume, Bauteile	erf R'_w in dB [1]	erf $L'_{n,w}$ in dB [2]
1	Räume mit „besonders lauten" haustechnischen Anlagen und		
2	Betriebsräume von Handwerks- und Gewerbebetrieben; Verkaufsstätten		
	Decken, Wände	57/62[3]	—
	Fußböden der „besonders lauten" Räume	—	43[4]
3a	Küchenräume von Beherbergungsstätten, Krankenhäusern etc. und		
4	Gasträume, die bis 22 Uhr in Betrieb sind		
	Decken, Wände	55	—
	Fußböden der „besonders lauten" Räume	—	43
3b	Küchen wie 3a, aber auch nach 22 Uhr in Betrieb, und		
5	Gasträume mit $L_{AF} \leq 85$ dB(A), auch nach 22 Uhr in Betrieb		
	Decken, Wände	62[5]	—
	Fußböden der „besonders lauten" Räume	—	33
6	Räume von Kegelbahnen		
	Decken, Wände	67	—
	Fußboden der Keglerstube	—	33
	Fußboden der Kegelbahn	—	13
7	Gasträume mit $85 \leq L_{AF} \leq 95$ dB(A), z. B. mit elektro-akustischen Anlagen		
	Decken, Wände	72	—
	Fußböden der „besonders lauten" Räume	—	28

[1] Bezogen auf den im Bauwerk eingebauten Zustand, d. h. einschließlich der Schallnebenwege.
[2] Die für Maschinen erforderliche Körperschalldämmung ist mit diesem Wert nicht erfaßt; hierfür sind gegebenenfalls weitere Maßnahmen erforderlich – siehe auch Hinweise in Abschnitt 5.2.
[3] Der erste Wert gilt für Schalldruckpegel zwischen 75 und 80 dB(A), der zweite für Schalldruckpegel zwischen 81 und 85 dB(A).
[4] Nicht erforderlich, wenn geräuscherzeugende Anlagen ausreichend körperschallgedämmt aufgestellt werden; eventuelle Anforderungen nach Tabelle 19 bleiben hiervon unberührt.
[5] Für Küchenräume gilt der Wert nur, wenn Großküchenanlagen unterhalb von Wohnungen liegen; für andere Küchenräume wird nur erf $R'_w = 57$ dB verlangt.

Die Armaturen müssen gemäß Prüfbescheid mit dem Prüfzeichen, der Armaturengruppe, gegebenenfalls der Durchflußklasse und dem Herstellerkennzeichen versehen sein.

Haustechnische Anlagen DIN 4109

3.2 Nachweise und Ausführungsbeispiele

Die in Tabelle 20 an die L u f t s c h a l l d ä m m u n g gestellten Anforderungen gelten als erfüllt, wenn eine der in Tabelle 22 enthaltenen Ausführungen angewandt wird. Weitere Ausführungsbeispiele und Nachweismöglichkeiten entsprechend den Abschnitten 2.2 und 2.3.

Tabelle 22 **Ausführungsbeispiele für trennende und flankierende Bauteile bei neben- oder übereinanderliegenden Räumen mit Anforderungen erf R'_w von 55 bis 72 dB**

Zeile	Anforderung erf R'_w dB	Lage der Räume	Trennende Bauteile (Wände, Decken) [1]	Flankierende Bauteile beiderseits der trennenden Bauteile [2]
1.1	55	nebeneinanderliegend	Einschalige biegesteife Wand $m' \geq 490$ kg/m²	a) Einschalige biegesteife Wände $m' \geq 300$ kg/m² b) Massivdecke, $m' \geq 300$ kg/m²
1.2			Zweischalige Wand aus einer schweren biegesteifen Schale $m' \geq 350$ kg/m² mit biegeweicher Vorsatzschale auf einer Seite	
1.3		übereinanderliegend	Massivdecke $m' \geq 300$ kg/m² mit schwimmendem Estrich	nach Zeile 1.1 und 1.2, a)
2.1	57	nebeneinanderliegend	Einschalige biegesteife Wand $m' \geq 580$ kg/m²	a) Einschalige biegesteife Wände $m' \geq 250$ kg/m² b) Massivdecke, $m' \geq 350$ kg/m²
2.2			Zweischalige Wand aus einer schweren biegesteifen Schale $m' \geq 450$ kg/m² mit biegeweicher Vorsatzschale auf einer Seite	
2.3		übereinanderliegend	Massivdecke $m' \geq 400$ kg/m² mit schwimmendem Estrich	nach Zeile 1.1 und 1.2, a)

[1] Zweischalige biegesteife Wände mit durchgehender Gebäudetrennfuge gemäß Abb. 2, biegesteife Wände mit biegeweicher Vorsatzschale gemäß Tabelle 5, untergehängte Decken gemäß Tabelle 7, schwimmende Estriche gemäß Tabelle 8.
[2] Flankierende einschalige Wände sind fest mit dem trennenden Bauteil zu verbinden; anstelle der angegebenen einschaligen Wände können auch biegesteife Wände mit $m' \geq 100$ kg/m² und biegeweicher Vorsatzschale gemäß Wandgruppe B der Tabelle 5 verwendet werden.

Fortsetzung umseitig

Zeile	Anforderung erf R'_w dB	Lage der Räume	Trennende Bauteile (Wände, Decken) [1]	Flankier. Bauteile beiderseits der trennenden Bauteile [2]
3.1	62	nebeneinanderliegend	Zweischalige Wand mit durchgehender Gebäudetrennfuge, flächenbezogene Masse jeder Schale $m' \geq 160$ kg/m²	keine Anforderungen
3.2	62	nebeneinanderliegend	Dreischalige Wand aus einer schweren biegesteifen Schale $m' \geq 500$ kg/m² mit je einer biegeweichen Vorsatzschale auf beiden Seiten	a) Einschalige biegesteife Wände $m' \geq 400$ kg/m² b) Massivdecke, $m' \geq 300$ kg/m²
3.3	62	übereinanderliegend	Massivdecke $m' \geq 500$ kg/m² mit schwimmendem Estrich und untergehängter, biegeweicher Decke	nach Zeile 1.1 und 1.2, a)
4.1	67	nebeneinanderliegend	Zweischalige Wand mit durchgehender Gebäudetrennfuge, flächenbezogene Masse jeder Schale $m' \geq 250$ kg/m²	keine Anforderungen
4.2	67	nebeneinanderliegend	Dreischalige Wand aus einer schweren biegesteifen Schale $m' \geq 700$ kg/m² mit je einer biegeweichen Vorsatzschale auf beiden Seiten	a) Einschalige biegesteife Wände, $m' \geq 450$ kg/m² b) Massivdecke $m' \geq 450$ kg/m²
4.3	67	übereinanderliegend	Massivdecke $m' \geq 700$ kg/m² mit schwimmendem Estrich und untergehängter, biegeweicher Decke	nach Zeile 4.2, a)
5.1	72	nebeneinanderliegend	Zweischalige Wand mit durchgehender Gebäudetrennfuge, flächenbezogene Masse jeder Schale $m' \geq 370$ kg/m²	keine Anforderungen
5.2	72	übereinanderliegend	Bei übereinanderliegenden Räumen können diese hohen Anforderungen in der Regel nicht erfüllt werden.	

Haustechnische Anlagen — DIN 4109

Der bewertete **Normtrittschallpegel** $L'_{n,w,R}$ ist nach Abschnitt 2.2 mit einem zusätzlichen Korrekturglied K_T aus dem Ansatz

$$L'_{n,w,R} = L_{n,w,eq,R} - \Delta L_{w,R} - K_T$$

zu ermitteln, wobei K_T die Ausbreitungsverhältnisse zwischen der Anregung im „besonders lauten" Raum und dem schutzbedürftigen Raum gemäß Tabelle 23 berücksichtigt.

Der so errechnete Wert $L'_{n,w,R}$ muß mindestens 2 dB niedriger als erf $L'_{n,w}$ gemäß Tabelle 20 sein.

Tabelle 23 **Korrekturwerte K_T**

Lage des schutzbedürftigen Raumes	K_T in dB
unmittelbar unter „besonders lautem" Raum	0
neben oder schräg unter „besonders lautem" Raum	5
wie vor, jedoch ein Raum dazwischenliegend	10
unmittelbar über „besonders lautem" Raum[1]	10
neben oder schräg unter „besonders lautem" Raum, jedoch durch Haustrennfuge ($d \geq 50$ mm) getrennt	15

[1]) In Gebäuden ohne tragende Wände (Skelettbauten) ist $K_T = 20$ dB; ist der „besonders laute" Raum ein Kellerraum, gilt $L'_{n,w,R} = 63$ dB $- \Delta L_{w,R} - 15$ dB, wobei $\Delta L_{w,R}$ das Verbesserungsmaß des im Keller verwendeten Fußbodens ist.

Für Armaturen und Geräte der **Wasserinstallation** kann der Nachweis, daß die Höchstwerte nach Tabelle 19 nicht überschritten werden, normalerweise ohne bauakustische Messungen erbracht werden. Er gilt als erbracht, wenn

- der Ruhedruck der Wasserversorgungsanlage vor den Armaturen nicht mehr als 5 bar beträgt;
- Durchgangsarmaturen, z. B. Absperrventile, im Betrieb voll geöffnet sind und nicht zum Drosseln verwendet werden;
- der für die Eingruppierung in Durchflußklassen zugrunde gelegte Durchfluß beim Betrieb der Armaturen nicht überschritten wird;
- einschalige Wände, an oder in denen Armaturen oder Wasser- und Abwasserleitungen befestigt sind, eine flächenbezogene Masse von mindestens 220 kg/m² haben oder wenn durch Eignungsprüfung nachgewiesen ist, daß sich eine leichtere Wand nicht ungünstiger verhält;
- Armaturen der Gruppe II und deren Leitungen nicht an Wänden angebracht werden, die im selben Geschoß oder in den Geschossen darunter oder darüber schutzbedürftige Räume begrenzen oder auf begrenzende Wände solcher Räume stoßen;
- Abwasserleitungen in schutzbedürftigen Räumen nicht freiliegend verlegt werden.

Durch Lüftungsschächte und -kanäle, die Aufenthaltsräume miteinander verbinden, kann die Luftschalldämmung des trennenden Bauteils infolge Nebenwegübertragung über Schachtöffnungen und -wände verschlechtert werden. Die Schallübertragung ist um so geringer,
- je weiter die Schachtöffnungen auseinanderliegen,
- je kleiner der Schachtquerschnitt und die Öffnungsquerschnitte sind,
- je größer das Verhältnis von Umfang zu Fläche des Schachtquerschnitts ist (ein Querschnitt von der Form eines flachen Rechtecks ist günstiger als ein quadratischer Querschnitt),
- je größer die Schallabsorption der Innenwände des Schachtes ist.

Schächte und Kanäle entsprechen den Anforderungen nach Abschnitt 2.1, wonach die Luftschalldämmung von Wänden und Decken zwischen Aufenthaltsräumen durch Schächte und Kanäle nicht verschlechtert werden darf, wenn sie wie folgt ausgebildet werden. Die Beispiele beschränken sich auf übereinanderliegende Räume mit Anforderungen an das bewertete Schalldämm-Maß R'_w der Decken von 53 bis 55 dB entsprechend Tabelle 1. Andere Ausführungen bedürfen eines Nachweises durch eine Eignungsprüfung.

Durch schallabsorbierende Auskleidungen sowie durch die Begrenzung der Lufteinlaßfläche darf die Lüftungsfähigkeit nicht unzulässig verringert werden.

Sammelschächte ohne Nebenschächte können in jedem zweiten Geschoß einen Anschluß erhalten, wenn
- der Schachtwerkstoff genügend schallabsorbierend ist (z. B. wie bei unverputztem Mauerwerk, haufwerksporigem Leichtbeton u. ä.)
- der Schachtquerschnitt höchstens 270 cm^2 (z. B. 13,5 cm × 20 cm)
- und die Querschnittsfläche der Anschlußöffnung höchstens 180 cm^2 (ohne Berücksichtigung etwa vorhandener Gitterstege) beträgt.

Sammelschächte ohne Nebenschächte können in jedem Geschoß einen Anschluß erhalten, wenn der Schacht wie beschrieben ausgebildet ist, die Querschnittsfläche der Anschlußöffnung jedoch höchstens 60 cm^2 beträgt.

Sammelschachtanlagen mit einem Hauptschacht und Nebenschächten können in jedem Geschoß einen Anschluß erhalten, wenn der Schachtwerkstoff genügend schallabsorbierend ist (siehe oben).

Einzelschächte bzw. Einzelschachtanlagen nach DIN 18017 Teil 1 sind erforderlich, wenn
- der Schachtwerkstoff nicht schallabsorbierend ist (z. B. bei gefügedichtem Beton) und auch nicht schallabsorbierend ausgekleidet ist oder
- die Querschnittsfläche der Anschlußöffnung mehr als 270 cm^2 beträgt.

Nebeneinanderliegende Einzelschachtanlagen mit dünnwandigen Kanälen (z. B. aus Asbestzementrohren, Wickelfalzrohren aus Metall o. ä.) müssen einen Luftzwischenraum von ≥ 40 mm haben, der mit weichfedernden Dämmstoffen mit einem längenbezogenen Strömungswiderstand $\varXi \geq 5$ kN · s/m^4 ausgefüllt ist.

Bei Schächten und Kanälen mit motorisch betriebener Lüftung sind neben den Anforderungen nach Abschnitt 2.1 auch die Anforderungen nach Tabelle 19, Fußnote 3 an die höchstzulässigen Schallpegel in Aufenthaltsräumen durch Geräusche aus Lüftungsanlagen zu beachten. Beim Einbau von Ventilatoren, Maschinen und Aggregaten müssen zusätzliche Maßnahmen hinsichtlich der Körperschalldämmung sowie der Luftschalldämmung und -dämpfung getroffen werden. Dies gilt sowohl für die Schallübertragungen über das Bauwerk als auch für die Übertragungen über die Schächte und Kanäle selbst.

Für Entlüftungsanlagen nach DIN 18 017 Teil 3 (Einzelentlüftungsanlagen zum Betrieb nach Bedarf und Zentralentlüftungsanlagen zur dauernden Entlüftung von Räumen mehrerer Aufenthaltsbereiche) gilt das Vorstehende sinngemäß.

4 Schutz gegen Außenlärm
4.1 Anforderungen

Für Außenbauteile von Aufenthaltsräumen – bei Wohnungen mit Ausnahme von Küchen, Bädern und Hausarbeitsräumen – sind unter Berücksichtigung der unterschiedlichen Raumarten und Raumnutzungen die in den Tabellen 24 und 25 aufgeführten resultierenden Schalldämm-Maße $R'_{w,res}$ einzuhalten. Die Werte sind entsprechend dem Verhältnis der gesamten Außenfläche des Raumes $S_{(W+F)}$ zur Grundfläche des Raumes S_G nach Tabelle 26 zu erhöhen oder zu vermindern.

Die Anforderungen gelten auch für Decken von Aufenthaltsräumen, die zugleich den oberen Gebäudeabschluß bilden, sowie für Dächer und Dachschrägen von ausgebauten Dachräumen. Bei Decken unter nicht ausgebauten Dachräumen und bei Kriechböden sind die Anforderungen durch Dach und Decke gemeinsam zu erfüllen. Die Anforderungen gelten als erfüllt, wenn das Schalldämm-Maß der Decke allein um nicht mehr als 10 dB unter dem erforderlichen resultierenden Schalldämm-Maß $R'_{w,res}$ liegt.

Bei der Berechnung des resultierenden Schalldämm-Maßes sind zur vorübergehenden Lüftung vorgesehene Einrichtungen (z. B. Lüftungsflügel und -klappen) im geschlossenen Zustand, zur dauernden Lüftung vorgesehene Einrichtungen (z. B. schallgedämpfte Lüftungsöffnungen, auch mit mechanischem Antrieb) im Betriebszustand anzunehmen. Die Bezugsflächen von Lüftungseinrichtungen und Rolladenkästen sind bei der Ermittlung von $R'_{w,res}$ zu berücksichtigen, bei Nachweisen mit Hilfe der Einzelwerte R'_w und R_w nach Tabelle 24 entweder im Wand- oder Fensteranteil.

DIN 4109 — Schallschutz

Tabelle 24 Anforderungen an die Luftschalldämmung von Außenbauteilen in Aufenthaltsräumen von Wohnungen[1])

Lärm-pegel-bereich	Außen-lärmpegel in dB(A)	erf. $R'_{w,res}$ in dB	Schalldämm-Maße R'_w/R_w für Wand/Fenster in dB bei Fensterflächenanteilen von					
			10 %	20 %	30 %	40 %	50 %	60 %
I	≤ 55	30	30/25	30/25	35/25	35/25	50/25	30/30
II	56 bis 60	30	30/25	30/25	35/25	35/25	50/25	30/30
III	61 bis 65	35	35/30 40/25	35/30	35/32 40/30	40/30	40/32 50/30	45/32
IV	66 bis 70	40	40/32 45/30	40/35	45/35	45/35	40/37 60/35	40/37
V	71 bis 75	45	45/37 50/35	45/40 50/37	50/40	50/40	50/42 60/40	60/42
VI	76 bis 80	50	55/40	55/42	55/45	55/45	60/45	–
VII	> 80	[2])	–	–	–	–	–	–

[1]) Die Einzelwerte R'_w und R_w gelten nur für Wohngebäude mit üblicher Raumhöhe von etwa 2,5 m und Raumtiefen von mindestens 4,5 m. Für andere Aufenthaltsräume in Wohnungen sowie für Übernachtungs- und Unterrichtsräume ist nur das resultierende Schalldämm-Maß $R'_{w,R,res}$ maßgebend (zur Ermittlung von Rechenwerten $R'_{w,R,res}$ siehe *Schneider*, Bautabellen, Kap. 10).
[2]) Die Anforderungen sind aufgrund der örtlichen Gegebenheiten festzulegen.

Tabelle 25 Anforderungen an die Luftschalldämmung von Außenbauteilen

Lärmpegelbereich	I	II	III	IV	V	VI	VII
Bettenräume[1])	35	35	40	45	50	n. örtl. Gegeb.	
Büroräume[2])	–	30	30	35	40	45	50

[1]) Gilt für Bettenräume in Krankenhäusern und Sanatorien.
[2]) Ist der Außenlärm im Vergleich zum im Raum entstehenden „Arbeitslärm" gering, werden keine Anforderungen gestellt.

Tabelle 26 Korrekturwerte in dB für erf $R'_{w,res}$ gemäß Tabellen 24 und 25 im Verhältnis der zu einem Aufenthaltsraum gehörenden Gesamtfläche der Außenbauteile $S_{(W+F)}$ und seiner Grundfläche S_G[1])

$S_{(W+F)}/S_G$	2,5	2,0	1,6	1,3	1,0	0,8	0,6	0,5	0,4
Korrektur	+5	+4	+3	+2	+1	0	–1	–2	–3

[1]) Für Wohnräume gemäß Tabelle 24 Fußnote 1 Satz 1 darf ohne besonderen Nachweis ein Korrekturwert von −2 dB angenommen werden. In den Einzelwerten R'_w und R_w der Tabelle 24 ist diese Korrektur schon berücksichtigt.

4.2 Ermittlung des „maßgeblichen Außenlärmpegels"

Für die Festlegung der erforderlichen Luftschalldämmung von Außenbauteilen gegenüber Außenlärm werden verschiedene Lärmpegelbereiche zugrunde gelegt, denen die jeweils vorhandenen oder zu erwartenden maßgeblichen Außenlärmpegel zuzuordnen sind.

Zur Bestimmung des maßgeblichen Außenlärmpegels werden die Lärmbelastungen in der Regel berechnet.

Für die von der maßgeblichen Lärmquelle abgewandten Gebäudeseiten darf der maßgebliche Außenlärmpegel ohne besonderen Nachweis
- bei offener Bebauung um 5 dB(A),
- bei geschlossener Bebauung bzw. bei Innenhöfen um 10 dB(A)

gemindert werden.

Sofern es im Sonderfall gerechtfertigt erscheint, sind zur Ermittlung des maßgeblichen Außenlärmpegels auch Messungen zulässig (siehe dazu Anhang B zu DIN 4109).

Beim Straßenverkehrslärm ist, sofern für die Einstufung in Lärmpegelbereiche keine anderen Festlegungen, z. B. gesetzliche Vorschriften oder Verwaltungsvorschriften, Bebauungspläne[1]) oder Lärmkarten, maßgebend sind, der aus dem Nomogramm Abb. 9 ermittelte Mittelungspegel zugrunde zu legen.

Für die Fälle, in denen das Nomogramm nicht anwendbar ist, können die Pegel aber auch ortsspezifisch berechnet oder gemessen werden. Bei Berechnungen sind die Beurteilungspegel für den Tag (6.00 bis 22.00 Uhr) nach DIN 18005 Teil 1 zu bestimmen, wobei zu den errechneten Werten 3 dB(A) zu addieren sind.

Beim Schienen- und Wasserverkehrslärm sind die Beurteilungspegel für den Tag (6.00 bis 22.00 Uhr) nach DIN 18005 Teil 1 zu bestimmen, wobei zu den errechneten Werten 3 dB(A) zu addieren sind.

---

1) Im Beiblatt 1 zu DIN 18 005 Teil 1 (Schallschutz im Städtebau; Berechnungsverfahren, 5.87) werden Orientierungswerte angegeben, die den schutzbedürftigen Baugebieten und Flächennutzungen im Rahmen der Bauleitplanung zugeordnet werden sollen. Die Orientierungswerte für den Beurteilungspegel am Tag (6.00–22.00 Uhr), die bereits auf den Rand der betroffenen Flächen bezogen werden sollten, lauten:
 – bei reinen Wohngebieten, Wochenend- und Ferienhausgebieten   50 dB
 – bei allgemeinen Wohngebieten, Kleinsiedlungs- und Campingplatzgebieten   55 dB
 – bei Friedhöfen, Kleingarten- und Parkanlagen   55 dB
 – bei besonderen Wohngebieten, Dorf- und Mischgebieten   60 dB
 – bei Kerngebieten und Gewerbegebieten   65 dB

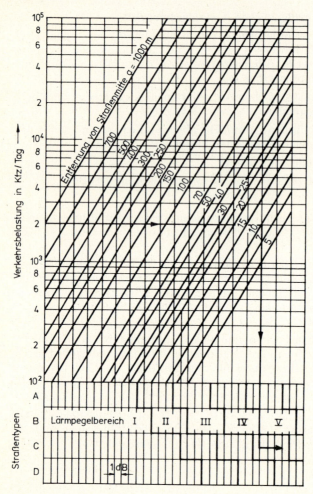

Folgende Zuschläge sind gegebenenfalls zu machen:

+ 3 dB(A), wenn der Immissionsort an einer Straße mit beidseitig geschlossener Bebauung liegt,

+ 2 dB(A), wenn die Straße eine Längsneigung von mehr als 5 % hat,

+ 3 dB(A), wenn der Immissionsort weniger als 100 m von der nächsten lichtsignalgeregelten Kreuzung oder Einmündung entfernt ist.

Abb. 9 Nomogramm zur Ermittlung des maßgeblichen Außenlärmpegels vor Hausfassaden für typische Straßenverkehrssituationen (Zuschlag von 3 dB(A) gegenüber Freifeldausbreitung gemäß DIN 18 005 Teil 1 ist berücksichtigt)

Beim **Fluglärm** gelten in Gebieten, für die nach dem „Gesetz zum Schutz gegen Fluglärm" oder nach entsprechenden Landesvorschriften äquivalente Dauerschallpegel festgelegt sind, diese im Regelfall als maßgebliche Außenlärmpegel[1]). Für die übrigen Gebiete siehe DIN 4109 Ziffer 5.5.5.

Beim **Industrie- und Gewerbelärm** wird im Regelfall der nach der TALärm im Bebauungsplan für die jeweilige Gebietskategorie angegebene Tag-Immissionsrichtwert als maßgeblicher Außenlärmpegel eingesetzt.

Bei **Überlagerung** von Schallimmissionen verschiedener Lärmquellen errechnet sich der resultierende Außenlärmpegel $L_{a,res}$ aus den einzelnen maßgeblichen Außenlärmpegeln $L_{a,i}$ nach der Gleichung:

$$L_{a,\,res} = 10 \lg \sum_{i=1}^{n} (10^{0,1 \cdot L_{a,i}}) \text{ in dB(A)}$$

4.3 Ausführungsbeispiele

Die folgenden Tabellen enthalten Rechenwerte für ausgewählte Beispiele von Außenbauteilen aus **biegeweichen** Schalen. Zum Schutz gegen Fluglärm gelten die entsprechenden Ausführungsbeispiele der SchallschutzV.

Für bauakustisch **einschalige** Außenwände (Wände mit innen- oder außenseitigem Wärmeschutz sind zweischalig!), Decken und Dächer kann das bewertete Schalldämm-Maß $R'_{w,R}$ nach der flächenbezogenen Masse gemäß Abschnitt 2.2 ermittelt werden. Dabei gilt als flächenbezogene Masse:

- bei zweischaligem Mauerwerk mit Luftschicht nach DIN 1053 Teil 1 die Summe der flächenbezogenen Massen beider Schalen; $R'_{w,R}$ darf gegenüber Tabelle 3 um 5 dB bzw., wenn die flächenbezogene Masse der an die Innenschale der Außenwand anschließenden Trennwände größer als 50 % der flächenbezogenen Masse der inneren Außenwandschale ist, um 8 dB erhöht werden;
- bei Sandwichelementen aus Beton mit einer Dämmschicht aus Hartschaum gemäß DIN 18 164 Teil 1 die flächenbezogene Masse beider Schalen; $R'_{w,R}$ ist gegenüber Tabelle 3 um 2 dB zu vermindern;
- bei Außenwänden mit Bekleidungen nach DIN 18 515 oder 18 516 Teil 1 oder vergleichbaren belüfteten Dächern die flächenbezogene Masse der inneren Schale;
- bei Dächern mit Kiesschüttung die Masse einschließlich Kiesschüttung.

---

[1]) Die Tabellen 24 und 25 gelten nicht für Fluglärm, soweit er im „Gesetz zum Schutz gegen Fluglärm" geregelt ist. In diesem Fall sind die Anforderungen an die Luftschalldämmung der SchallschutzV der Bundesregierung zu entnehmen.

Tabelle 27 **Ausführungsbeispiele für belüftete Außenwände in Holzbauart**

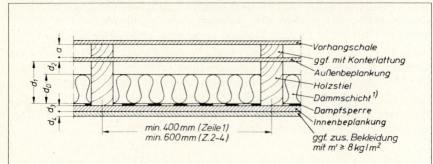

Beplankungen aus:
- Holzwerkstoffen (Spanplatten nach DIN 68 763 oder Baufurnierplatten nach DIN 68 705 Teil 3 und Teil 5), $m' \geq 8$ kg/m²
- Gipskartonplatten nach DIN 18 180, $m' \geq 8$ kg/m² (nur innen)

Zeile	$R'_{w,R}$ in dB	Wandausbildung[2]
1	35	$d_1 \geq 80$ mm; $d_{2,3} \geq 10$ mm; $d_D \geq 60$ mm; Vorhangschale mit $m' \geq 10$ kg/m²; keine Bekleidung; eine der beiden Beplankungen darf auch aus 18 mm Nut- und Feder-Brettschalung bestehen
2	42	$d_1 \geq 100$ mm; $d_2 \geq 10$ mm; $d_3 = 13$ bis 19 mm; $d_D \geq 70$ mm; Vorhangschale mit $m' \geq 10$ kg/m²; zusätzliche innere Bekleidung
3	45	wie Zeile 2, aber $d_D \geq 100$ mm und innere Beplankung auf Zwischenlattung
4	52	$d_2 \geq 6$ mm; $d_3 \geq 12$ mm; $d_D \geq 100$ mm; Vorsatzschale aus 11,5 cm Mauerwerk im Abstand von ≥ 40 mm; zusätzliche innere Bekleidung

[1] Faserdämmstoff nach DIN 18 165 Teil 1 mit $\Xi \geq 5$ kN · s/m⁴.
[2] Mechanische Verbindungsmittel (z. B. Nägel, Klammern) für Befestigung der Beplankungen an den Rippen; lediglich in Zeile 1 auch Verleimung zulässig.

Tabelle 28 **Ausführungsbeispiele für unbelüftete Außenwände in Holzbauart**

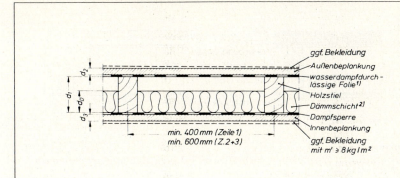

Zeile	$R'_{w,R}$ in dB	Wandausbildung[3])
1	35	$d_1 \geq 100$ mm; $d_{2,3} = 10$ bis 19 mm; $d_D \geq 60$ mm; Beplankungen aus Span- oder Bau-Furnierplatten; eine der beiden Beplankungen darf auch aus 18 mm Nut- und Feder-Brettschalung bestehen, die Außenbeplankung auch aus 4 mm Faserzementplatten, die Innenbeplankung auch aus Gipskartonplatten; keine Bekleidungen
2	42	$d_1 \geq 100$ mm; $d_2 \geq 10$ mm; $d_3 = 13$ bis 19 mm; $d_D \geq 70$ mm; Beplankungen aus Span- oder Bau-Furnierplatten, die Innenbeplankung auch aus Gipskartonplatten; Außenbekleidung aus 20 bis 50 mm Hartschaumplatten mit Putz; zusätzliche Innenbekleidung
3	48	wie Zeile 2, aber $d_D \geq 140$ mm und Außenbeplankung aus 35 mm Holzwolle-Leichtbauplatten, Außenbekleidung aus 20 mm mineralischem Putz

[1]) Nur bei Beplankung mit Brettern gemäß Zeile 1 erforderlich.
[2]) Faserdämmstoff nach DIN 18 165 Teil 1 mit $\Xi \geq 5$ kN · s/m⁴.
[3]) Mechanische Verbindungsmittel (z. B. Nägel, Klammern) für Befestigung der Beplankungen an den Rippen; lediglich in Zeile 1 auch Verleimung zulässig.

Glasbaustein-Wände nach DIN 4242 mit einer Wanddicke ≥ 80 mm aus Glasbausteinen nach DIN 18 175 gelten ohne besonderen Nachweis als geeignet, die Anforderung erf. $R'_w \leq 35$ dB zu erfüllen.

Tabelle 29 **Ausführungsbeispiele für Dächer in Holzbauart**

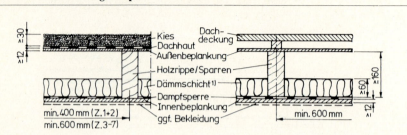

Beplankungen aus:
- Holzwerkstoffen (Spanplatten nach DIN 68 763 oder Baufurnierplatten nach DIN 68 705 Teil 3 und Teil 5)
- Nut- und Feder-Brettschalung
- Gipskartonplatten nach DIN 18 180

Zeile	$R'_{w,R}$ in dB	Dachausbildung[2]
Flachdächer, belüftet oder nicht belüftet (Abb. a)		
1	35	ohne Kiesauflage; ohne zusätzliche Bekleidung
2	40	mit Kiesauflage, ohne zusätzliche Bekleidung
3	45	wie Zeile 2, aber Rippenabstand $\geq$ 600 mm
4	50	wie Zeile 3, aber mit zusätzlicher innerer Bekleidung aus Spanplatten, Brettschalung oder Gipskartonplatten mit $m' \geq 8$ kg/m^2
Geneigte Dächer, belüftet oder nicht belüftet (Abb. b)		
5	35	Dachdeckung auf Querlattung und ggf. Konterlattung; keine zusätzliche Bekleidung
6	40	wie Zeile 5, aber zusätzliche Bekleidung aus Holz, Span- oder Gipskartonplatten mit $m' \geq 6$ kg/m^2
7	45	wie Zeile 6, aber mit zusätzlichen Anforderungen an die Dichtheit der Dachhaut (z. B. Faserzementplatten auf 20 mm Rauhspund, Falzziegel nach DIN 456, Betondachsteine nach DIN 1115, Dachziegel oder -steine ohne Falz in Mörtelbettung); wird die untere Beplankung auf Zwischenlattung verlegt, kann die zusätzliche Bekleidung entfallen

[1]) Faserdämmstoff nach DIN 18 165 Teil 1 mit $\Xi \geq 5$ kN · s/m^4.
[2]) Mechanische Verbindungsmittel (z. B. Nägel, Klammern), für Zeilen 1 und 2 auch Verleimung.

Außenlärm DIN 4109

Tabelle 30 **Ausführungsbeispiele für Fenster, Türen, Fensterverglasungen**[1])

Zeile	$R_{w.R}$ in dB	Konstruktionsmerkmale[2])	Einfachfenster mit IV[3])	Verbundfenster[4]) mit 2 EV	Verbundfenster[4]) mit EV + IV	Kastenfenster[5]) 2 EV oder EV + IV
1	25	Verglasung, $d \geq$ " $R_{w.R} \geq$ Zwischenraum $\geq$	6 mm 27 dB 8 mm	6 mm — 6)	6) — 6)	— — —
2	30	Verglasung, $d \geq$ " $R_{w.R} \geq$ Zwischenraum $\geq$	6 mm 30 dB 12 mm	6 mm — 30 mm	6) — 30 mm	— — —
3	32	Verglasung, $d \geq$ " $R_{w.R} \geq$ Zwischenraum $\geq$	8 mm 32 dB 12 mm	8 mm — 30 mm	4 mm + 4/12/4 — 30 mm	— — —
4	35	Verglasung, $d \geq$ " $R_{w.R} \geq$ Zwischenraum $\geq$	10 mm 35 dB 16 mm	8 mm — 40 mm	6 mm + 4/12/4 — 40 mm	— — —
5	37	Verglasung, $d \geq$ " $R_{w.R} \geq$ Zwischenraum $\geq$	— 37 dB —	10 mm — 40 mm	6 mm + 6/12/4 — 40 mm	8 mm bzw. 4 mm + 4/12/4 100 mm
6	40	Verglasung, $d \geq$ " $R_{w.R} \geq$ Zwischenraum $\geq$	— 42 dB —	14 mm — 50 mm	8 mm + 8/12/4 — 50 mm	8 mm bzw. 6 mm + 4/12/4 100 mm
7	42	Verglasung, $d \geq$ " $R_{w.R} \geq$ Zwischenraum $\geq$	— 45 dB —	16 mm — 50 mm	8 mm + 8/12/4 — 50 mm	10 mm bzw. 8 mm + 4/12/4 100 mm
8	45	Verglasung, $d \geq$ " $R_{w.R} \geq$ Zwischenraum $\geq$	— — —	18 mm — 60 mm	8 mm + 8/12/4 — 60 mm	12 mm bzw. 8 mm + 6/12/4 100 mm

[1]) Die Tabelle gilt für einflügelige Fenster und mehrflügelige Fenster mit festem Mittelstück mit bis zu 3 m² großen Einzelscheiben. Bei mehrflügeligen Fenstern ohne festes Mittelstück oder bei Einzelscheiben über 3 m² sind die Rechenwerte um 2 dB abzumindern.
[2]) Sämtliche Flügel müssen ausreichende Steifigkeit und bei Holzfenstern mindestens Doppelfalze, bei Metall- und Kunststoff-Fenstern mindestens zwei wirksame Anschläge haben. Die Fenster ab Zeile 2 müssen umlaufende, weichfedernde, dauerelastische, alterungsbeständige und leicht auswechselbare Falzdichtungen haben; ab Zeile 6 sind 2 Falzdichtungen erforderlich, und der Zwischenraum darf nicht belüftet werden.
[3]) Einfachfenster mit Isolierverglasung; das Isolierglas muß dauerhaft und im eingebauten Zustand erkennbar mit dem Maß $R_{w.R}$ und dem Herstellerwerk gekennzeichnet sein.
[4]) Verbundfenster mit 2 Einfachscheiben oder Einfachscheibe + Isolierglasscheibe.
[5]) Für Kastenfenster ist eine schallisolierende Leibung sinnvoll, da sie durch Alterung der Falzdichtung entstehende Undichtigkeiten teilweise ausgleichen kann.
[6]) Keine Anforderungen.

5 Hinweise für Planung und Ausführung
nach **Beiblatt 2 zu DIN 4109**

5.1 Zur Luft- und Trittschalldämmung

Grundrißplanung

Wohn- und Schlafräume sollen möglichst so angeordnet werden, daß sie wenig vom Außenlärm betroffen werden und von Treppenräumen durch andere Räume wie Wasch- und Aborträume, Küchen, Flure u. ä. getrennt sind.

Beiderseits an Wohnungstrennwände angrenzende Räume sollten Räume gleichartiger Nutzung sein; z. B. sollte Küche neben Küche, Schlafraum neben Schlafraum liegen, sofern nicht durchgehende Gebäudetrennfugen vorhanden sind.

Luftschalldämmung einschaliger Bauteile

Einschalige Bauteile haben im allgemeinen eine um so bessere Luftschalldämmung, je schwerer sie sind (siehe Abschn. 2.2, Tab. 3).

Die Biegesteifigkeit des trennenden Bauteils kann sich jedoch auch ungünstig auf die Luftschalldämmung auswirken, wenn nämlich die Grenzfrequenz f_g zwischen 200 und 2 000 Hz liegt (siehe Abschn. 1). Dies ist z. B. der Fall bei
- Platten oder plattenförmigen Bauteilen aus Normal- oder Leichtbeton, Mauerwerk, Gips oder Glas mit flächenbezog. Massen zwischen 20 und 100 kg/m^2,
- Platten aus Holz oder Holzwerkstoffen mit flächenbezogenen Massen über 15 kg/m^2.

Günstig wirkt sich eine hohe Biegesteifigkeit bei dicken Wänden mit $f_g \leq 200$ Hz aus. Zu diesen Bauteilen gehören platten- oder tafelförmige Bauteile aus Normal- oder Leichtbeton sowie aus Mauerwerk mit einer flächenbezogenen Masse von mindestens 150 kg/m^2.

Als biegeweich im akustischen Sinne gelten Platten mit einer Grenzfrequenz oberhalb 2 000 Hz. Sie haben ihre wesentliche Bedeutung für die Konstruktion zweischaliger Bauteile.

Zu den biegeweichen Platten gehören z. B.:
- Gipskartonplatten bis 18 mm Dicke
- Putzschalen, z. B. auf Rohr- oder Drahtgewebe
- Holzwolle-Leichtbauplatten, einseitig verputzt, auf Unterkonstruktion oder freistehend
- Faserzementplatten bis 10 mm Dicke
- Glasplatten bis 8 mm Dicke
- Stahlblech bis 2 mm Dicke
- Spanplatten bis 16 mm Dicke.

Große Hohlräume können die Schalldämmung gegenüber gleich schweren Bauteilen ohne Hohlräume verringern. Deswegen haben die meisten Hohlkörperdecken vergleichsweise geringe Schalldämmwerte.

Putz verbessert die Luftschalldämmung von Bauteilen nur entsprechend seinem (meist geringen) Anteil an flächenbezogener Masse, sofern er nicht auch eine dichtende Funktion hat.

Gemauerte Wände mit nur unvollständig vermörtelten Fugen und Wände aus luftdurchlässigem Material (Einkornbeton, haufwerksporiger Leichtbeton) erhalten die ihrer flächenbezogenen Masse entsprechende Schalldämmung erst mit einem zumindest einseitigen, dichten und vollflächig haftenden Putz oder einer Beschichtung.

Wird bei derartigen Rohbauwänden ein Wand-Trockenputz nach DIN 18 181 in der Art verwendet, daß Gipskartonplatten nach DIN 18 180 mit einzelnen Gipsbatzen oder -streifen an der Wand befestigt werden, ist mit einer Verringerung der Schalldämmung gegenüber naß verputzten Wänden zu rechnen. Die Ursache ist in Undichtheiten der Rohbauwand und in Schwingungen der nicht an den Gipsbatzen haftenden Teile der Gipskartonplatten zu suchen. Der Mangel läßt sich beheben, wenn auf einer Seite zwischen Rohbauwand und Gipskartonplatten Faserdämmstoffe nach DIN 18 165 Teil 1 angebracht werden.

Bekleidungen aus vollflächig oder punktweise angesetzten oder anbetonierten Platten hoher dynamischer Steifigkeit, wie Holzwolle-Leichtbauplatten oder harte Schaumkunststoffplatten, verschlechtern die Schalldämmung durch Resonanz, die im Frequenzbereich von 200 bis 2 000 Hz liegen kann.

Luftschalldämmung zweischaliger Bauteile

Bei zweischaligen Bauteilen läßt sich eine bestimmte Luftschalldämmung mit einer geringeren flächenbezogenen Masse erreichen als bei einschaligen. Die bewerteten Schalldämm-Maße R'_w können zum Teil erheblich über denen für einschalige Bauteile liegen. Wegen des großen Einflusses der Biegesteifigkeit der Schalen und der Eigenfrequenz des Schwingungssystems, das aus der Masse der beiden Schalen und der zwischen ihnen wirksamen Federung gebildet wird, besteht keine so einfache Abhängigkeit zwischen Masse und Schalldämm-Maß wie bei einschaligen Bauteilen (siehe Abschn. 2.2, Tab. 3).

Doppelwände aus zwei schweren, biegesteifen Schalen sind nur dann von Vorteil, wenn zwischen den Schalen eine über die ganze Haustiefe und -höhe durchgehende Fuge angeordnet wird, welche die Flankenübertragung unterbricht (siehe Beispiele in Abschn. 2.2, Abb. 2). Solche Wände haben wesentliche Bedeutung für Haustrennwände, insbesondere bei Einfamilien-Doppel- und Einfamilien-Reihenhäusern.

Bei zweischaligen Wänden aus zwei schweren, biegesteifen Schalen mit durchlaufenden, flankierenden Bauteilen, insbesondere bei starrem Randanschluß, wird der Schall hauptsächlich über diesen Anschluß übertragen. Solche Wände haben im Regelfall keine höhere, eher eine geringere Schalldämmung, als sich nach Abschnitt 2.2, Tabelle 3 für einschalige Wände mit gleicher flächenbezogener Masse ergeben würde.

Doppelwände aus zwei biegeweichen Einzelschalen oder aus einer biegesteifen Wand mit biegeweicher Vorsatzschale haben nur für Frequenzen oberhalb ihrer Eigenfrequenz f_o (siehe Abschn. 1) eine bessere Luftschalldämmung als die von gleich schweren einschaligen Bauteilen. Im Bereich der Eigenfrequenz ist die Luftschalldämmung geringer. Die Eigenfrequenz soll deshalb unter 100 Hz liegen.

In der Norm werden 4 Fälle unterschieden, um dieses Ziel zu erreichen:

1. Zwischen den Schalen ist nur eine Luftschicht mit einer schallabsorbierenden Einlage, die mit den Schalen nicht vollflächig verklebt und deren Gefügesteifigkeit vernachlässigbar klein ist[1]). Mit $f_0 \leq 85$ Hz gilt dann:
   a) für Wände aus zwei biegeweichen Einzelschalen $\qquad m' \cdot a \geq 1{,}0$
   b) für schwere Wände mit biegeweicher Vorsatzschale
      oder Massivdecken mit Unterdecke $\qquad m' \cdot a \geq 0{,}5$
2. Die Dämmschicht ist mit beiden Schalen vollflächig fest verbunden. Dann gilt:
   a) für Wände aus zwei biegeweichen Einzelschalen $\qquad s'/m' \leq 0{,}14$
   b) für schwere Wände mit biegeweicher Vorsatzschale
      oder Massivdecken mit schwimmenden Estrichen $\qquad s'/m' \leq 0{,}28$

m' flächenbezogene Masse einer biegeweichen Einzelschale in kg/m²
a lichter Schalenabstand in m
s' dynamische Steifigkeit der Dämmschicht in MN/m³

Trittschalldämmung von Massivdecken

Die Trittschalldämmung einschaliger Decken nimmt mit der Masse und der Biegesteifigkeit zu. Eine ausreichende Trittschalldämmung kann jedoch im Gegensatz zur Luftschalldämmung allein durch Erhöhung der flächenbezogenen Masse nicht erreicht werden. Eine Verbesserung durch Deckenauflagen ist immer notwendig.

Die Trittschalldämmung einschaliger Decken kann durch eine zweite Schale (mit Abstand angebracht) verbessert werden. Als zweite Schale am wirksamsten ist der schwimmende Estrich, weil er bereits das Eindringen von Körperschall in die Deckenkonstruktion weitgehend verhindert und zudem die Luftschalldämmung verbessert. Voraussetzung ist, daß er vollkommen schallbrückenfrei ausgeführt wird, was eine besonders sorgfältige Arbeit voraussetzt.

Durch eine untergehängte Schale (Unterdecke) wird zwar auch die Trittschalldämmung verbessert. Die Wirkung ist jedoch begrenzt, weil – ohne schwimmenden Estrich – Körperschall auf die flankierenden Bauteile übertragen wird und über diese – unter Umgehung der untergehängten Schale – als Luftschall abgestrahlt wird.

Schwimmende Estriche bestehen aus einer lastverteilenden Estrichplatte, die auf einer weichfedernden Dämmschicht liegt. Die Verbesserung

---

[1]) Längenspezifischer Strömungswiderstand $\Xi \geq 5$ kN · s/m⁴, z. B. Faserdämmstoffe nach DIN 18 165 Teil 1.

der Trittschalldämmung beginnt oberhalb der Eigenfrequenz (siehe oben Fall 2 b).

Schallbrücken, d. h. feste Verbindungen zwischen Estrich und Decke oder seitlichen Wänden, verschlechtern die trittschalldämmende Wirkung eines schwimmenden Estrichs erheblich. Häufig entstehen Schallbrücken bei schwimmenden Estrichen auch durch Ausgleichsspachtelmassen und harte Fußleisten, Türzargen, Aussteifungsprofile, nachträglich eingesetzte Heizkörperkonsolen u. ä. Besondere Sorgfalt hinsichtlich der Vermeidung von Schallbrücken ist auch beim Randanschluß von schwimmenden Estrichen in Feuchträumen und bei der Durchführung von Installationsleitungen durch den Fußboden, z. B. in Bädern, erforderlich.

Schwimmende Holzfußböden (Unterböden aus Holzspanplatten, siehe Beispiele in Abschn. 2.2, Tab. 8) wirken bauakustisch ähnlich wie schwimmende Estriche. Das Dröhnen des Fußbodens kann durch Schallschluckmaterial zwischen den Lagerhölzern gedämpft werden.

Weichfedernde Bodenbeläge verbessern nur die Trittschalldämmung (siehe Beispiele in Abschn. 2.2, Tab. 9).

Unmittelbar auf Massivdecken aufgebrachte harte Bodenbeläge verbessern weder die Luft- noch die Trittschalldämmung, erstere allenfalls entsprechend der geringen flächenbezogenen Masse des Belages. Zu den harten Bodenbelägen gehören Beläge wie Linoleum und Kunststoffe ohne Trägerschichten, Parkett, Steinholz (ein- und zweischichtig), Spachtelböden, Zement-, Anhydrit- und Gußasphalt-Estriche, Leichtbeton-Estriche, Terrazzo, Fliesen und Steinplatten.

Flankenübertragung

Als Flankenübertragung bezeichnet man den Teil der Luftschallübertragung auf Nebenwegen, der ausschließlich über die Bauteile erfolgt (siehe Abschn. 1, Abb. 1). Die Flankenübertragung wird beeinflußt durch die Masse, die Biegesteifigkeit und die innere Dämpfung der angrenzenden Bauteile sowie des trennenden Bauteils und durch die Ausbildung der Anschlußstellen zwischen den trennenden und den flankierenden Bauteilen.

Durch die Flankenübertragung wird das Schalldämm-Maß R der Trenndecke oder Trennwand zum Schalldämm-Maß R' vermindert. Damit wird der erreichbaren Luftschalldämmung zwischen zwei Räumen eine Grenze gesetzt, die z. B. bei einschaligen trennenden Bauteilen je nach flächenbezogener Masse des Bauteils bei einem bewerteten Schalldämm-Maß R'_w von 55 bis 58 dB liegt, wenn nicht besondere Maßnahmen zur Verringerung der Flankenübertragung durchgeführt werden.

Zur Erzielung einer guten Luftschalldämmung zwischen benachbarten Räumen müssen deshalb nicht nur Trenndecke und Trennwand, sondern auch die flankierenden Bauteile entweder genügend schwer sein oder in geeigneter Weise zweischalig ausgebildet werden.

Die bereits bei der Luftschalldämmung durch einschalige trennende Bauteile als ungünstig aufgeführten B e k l e i d u n g e n mit unmittelbar angebrachten Dämmplatten hoher dynamischer Steifigkeit bewirken auch eine ungünstige Flankenübertragung.

Über leichten Trennwänden durchlaufende a b g e h ä n g t e D e c k e n können durch Flankenübertragung die Schalldämmung ungünstig beeinflussen (Weg I in Abb. 10). Dasselbe gilt für die Nebenwegübertragung durch den Hohlraum oberhalb der abgehängten Decke (Weg II in Abb. 10), wenn dieser Weg nicht durch Abschottung oder durch Einlage schallabsorbierender Stoffe unterbrochen wird.

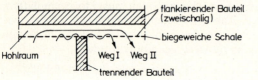 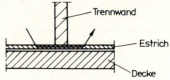

Abb. 10 Schallübertragung über untergehängte Decke

Abb. 11 Schallübertragung entlang eines schwimmenden Estrichs

Unter leichten Trennwänden durchlaufende s c h w i m m e n d e E s t r i c h e nach Abbildung 11 verstärken die Flankenübertragung des Luftschalls und die Trittschallübertragung in Horizontalrichtung. Wenn keine Trennfuge im Estrich möglich ist, muß unter Umständen auf den schwimmenden Estrich verzichtet werden; für die Trittschalldämmung gegenüber den darunterliegenden Räumen müssen dann entsprechend schwere Decken mit Verbundestrich oder Estrich auf Trennschicht oder mit Deckenauflagen aus weichfedernden, nicht durchgehenden Bodenbelägen verwendet werden.

Unter Türen durchlaufende schwimmende Estriche bewirken eine starke Trittschallübertragung in den Nachbarraum. Eine Trennfuge ist unerläßlich, wenn Anforderungen an den Trittschallschutz gestellt werden, z. B. zwischen Fluren und Unterrichts- oder Krankenräumen.

Türen

Die Schalldämmung von Einfachtüren hängt gleichermaßen von der Schalldämmung des Türblattes wie von der Dichtung der Falze und insbesondere von der Dichtung der unteren Türfuge ab. Bei Doppeltüren kommt noch der Einfluß des Abstandes der beiden Türblätter hinzu.

Die Schalldämmung von Türblättern kann gegenüber den Normalausführungen durch Erhöhung der flächenbezogenen Masse (z. B. Sandfüllung in Hohlräumen von Holztürblättern) oder durch Verwendung zweischaliger Konstruktionen aus biegeweichen Platten (z. B. Stahlblech, Sperrholz mit innenseitig aufgeklebter Bleifolie) verbessert werden.

Die Anforderungen an die Dichtung steigen mit den Anforderungen an die Schalldämmung. Weichfedernde Dichtungsstreifen in den Falzen sind erst wirksam, wenn geeignete Beschläge vorhanden sind, die ein dichtes Anliegen der Falze auf ihrer ganzen Länge gewährleisten (ohne daß der Kraftaufwand für die Betätigung des Verschlusses zu groß wird).

An der unteren Türfuge ist eine besondere Dichtung erforderlich, z. B. in Form einer Schleifdichtung oder einer sich beim Öffnen abhebenden Dichtung, wenn auf den unteren Anschlag mittels Türschwelle verzichtet werden muß.

Bei Wänden zwischen Unterrichtsräumen oder ähnlichen Räumen und „besonders lauten" Räumen (z. B. Sporthallen, Musikräumen, Werkräumen) (siehe Abschn. 2.1, Tab. 1) ist darauf zu achten, daß die dort gestellte Anforderung durch eine Nebenwegübertragung über Flur und Türen nicht verschlechtert wird. Etwa vorhandene Türen vom „besonders lauten" Raum und vom Unterrichtsraum zum Flur sollen möglichst weit voneinander entfernt angeordnet werden oder so ausgebildet sein, daß eine Schallübertragung über diesen Weg soweit wie möglich vermindert wird.

Treppen

Massive Treppenläufe sollen von den Wänden einen Abstand haben, damit beim Begehen kein Trittschall unmittelbar übertragen wird. Aus den Wänden auskragende Stufen sind sowohl bei Massivtreppen als auch bei Holz- und Metalltreppen zu vermeiden.

Die Trittschallübertragung kann auch dadurch wirkungsvoll verringert werden, daß Treppenläufe oder -stufen körperschallgedämmt auf den Podesten aufgelagert und die Podeste mit einem schwimmenden Estrich versehen werden. Auf die Vermeidung von Schallbrücken insbesondere im Bereich der Wohnungseingangstür ist besonders zu achten.

5.2 Zu haustechnischen Anlagen

Durch eine zweckmäßige G r u n d r i ß a u s b i l d u n g wird die Geräuschübertragung vermindert, insbesondere wenn zwischen dem Raum mit der Schallquelle und dem schutzbedürftigen Raum ein weiterer, nicht besonders schutzbedürftiger Raum vorgesehen wird. Dies gilt sowohl bei überwiegender Luftschall- als auch Körperschallanregung. Die Abnahme des Schallpegels beträgt in solchen Fällen in der Regel etwa 10 dB(A).

Bäder, Aborte und Küchen sollten daher in Mehrfamilienhäusern möglichst übereinander oder in horizontaler Richtung nebeneinander angeordnet werden. Bei wechselnden Wohnungsgrundrissen sind in der Regel zusätzliche Schallschutzmaßnahmen erforderlich.

In „b e s o n d e r s l a u t e n" Räumen kann der Schallpegel durch schallabsorbierende Bekleidungen oder Kapselungen vermindert werden. Derartige Maßnahmen sind allerdings für benachbarte schutzbedürftige Räume nur wirksam, wenn die Körperschallanregung nicht überwiegt. Die durch absorbierende Bekleidung von Decke und Wänden erreichbare Pegelminderung ist selten größer als 5 dB(A).

Meistens ist diese Maßnahme bei haustechnischen Anlagen nicht anwendbar, weil Körperschallanregung vorherrscht. Sie ist auch dann nicht anwendbar, wenn das störende Geräusch in Form von Sprache und Musik durch elektroakustische Anlagen (z. B. in Diskotheken) erzeugt wird, weil die Betreiber im allgemeinen die akustische Verbesserung durch Einstellen einer größeren Leistung der Übertragungsanlagen zunichte machen.

Durch Kapselung von Maschinen, Geräten und Rohrleitungen kann die Abstrahlung des Luftschalls gegebenenfalls um 15 bis 30 dB(A) vermindert werden (siehe dazu VDI-Richtlinie 2711).

Zur Verringerung der Körperschallübertragung, z. B. bei Geräuschen von Wasser- und Abwasseranlagen oder Benutzergeräuschen in Bad und WC, stehen im wesentlichen folgende Maßnahmen zur Verfügung:
— schwere Ausbildung des unmittelbar angeregten Bauteils oder Anordnen einer Vorsatzschale auf der dem schutzbedürftigen Raum zugewandten Seite,
— körperschallgedämmte Befestigung von Geräten, Sanitärgegenständen o. ä. an Wänden und Decken, dauerelastische Verfugung zwischen Badewanne und Wand,
— Ummantelung von Rohrleitungen mit weichfederndem Dämmstoff, soweit diese in Wänden und Massivdecken verlegt werden,
— Aufstellen von Badewannen und Klosettbecken auf schwimmenden Estrichen und alleinige Befestigung im Estrich, Aufstellen größerer Anlagen auf schwimmend gelagerten Betonplatten oder weichfedernd gelagerten Fundamenten.

Wenn Abwasserleitungen in Wandschlitzen verlegt werden, sollte die flächenbezogene Masse der Restwand zum schutzbedürftigen Raum hin mindestens 220 kg/m^2 betragen. Andernfalls sollten Vorsatzschalen gemäß Tabelle 5 an der Seite des schutzbedürftigen Raumes angeordnet werden. Außerdem sollten starke Richtungsänderungen von Abwasserleitungen grundsätzlich vermieden werden.

Von Heizungsanlagen in Kellerräumen mit einer Heizkessel-Nennleistung bis etwa 100 kW werden Kessel- und Brennergeräusche in der Regel nur durch Luftschall übertragen. Deshalb sollte die Kellerdecke möglichst schwer ausgeführt und im Erdgeschoß ein schwimmender Estrich auf einer weichfedernden Dämmschicht verlegt werden. Bei größeren Heizungsanlagen können zusätzlich körperschalldämmende Maßnahmen unter den Kesseln erforderlich werden (siehe dazu VDI-Richtlinie 2715).

Heizungsanlagen in höherliegenden Geschossen sollten auf eine schwimmend gelagerte Betonplatte gestellt werden.

Bei größeren Anlagen kann eine zusätzliche Luftschallübertragung über den Schornstein erfolgen; durch einen Schalldämpfer zwischen Heizkessel und Schornstein kann diese vermindert werden.

Unter ungünstigen Umständen muß die Geräuschausbreitung über Belüftungsöffnungen ins Freie vor den Fenstern der schutzbedürftigen Räume beachtet werden. Dieser Übertragungsweg läßt sich vorherberechnen (siehe VDI 2571); erforderlichenfalls sind Schalldämpfer anzuordnen.

Für Anlagen zur Lüftung und Klimatisierung enthält VDI 2081 Maßnahmen zur Geräuschminderung.

Bei Aufzugsanlagen kommen die Geräusche von der Maschinenanlage, meistens von den Getrieben und Bremsen; außerdem spielen Relaisgeräusche eine Rolle. Die Grundrißausbildung ist von großer Bedeutung; für Planung und Ausführung von Maßnahmen zur Geräuschminderung siehe VDI 2566.

Zur Lärmminderung bei Müllabwurfanlagen werden folgende Maßnahmen vorgeschlagen:

- Der Schacht soll unten nicht abgeknickt sein, so daß der Müll senkrecht in den Auffangbehälter fällt. Der innere Schacht sollte gegenüber dem Bauwerk körperschalldämmend ausgeführt sein und eine möglichst hohe innere Dämpfung haben.
- Hohe Dämpfungswerte lassen sich durch Schüttungen aus geglühtem Sand (auch nur abschnittsweise) zwischen äußerem und innerem Schacht erreichen.
- Der Auffangbehälter sollte Gummiräder besitzen und auf einem schwimmenden Estrich stehen. Der bewertete Norm-Trittschallpegel im Aufstellungs- und Zufahrtsbereich sollte, gemessen in Richtung der Lärmausbreitung, $L_{n,w,R} \leq 43$ dB betragen.
- Die den Müllraum umschließenden Bauteile sollten ein bewertetes Schalldämm-Maß $R'_{w,R}$ von 55 dB haben.

Das Öffnen und Schließen von Garagentoren erzeugt Körperschall. Zur Verminderung können die Torrahmen körperschallgedämmt befestigt und die Stöße beim Betätigen der Tore durch federnde Puffer vermieden werden.

Ölhydraulisch betriebene Schließanlagen für Garagentore und Hebeanlagen für Kraftfahrzeuge neigen zu lästigem „Singen", das je nach Einzelfall mit Flüssigkeitsschalldämpfern im Hydrauliksystem oder mit Kapselung der Hydraulikpumpe gemindert werden kann.

DIN 18 195   Bauwerksabdichtungen

Bauwerksabdichtungen nach DIN 18 195

DIN 18 195 ist im August 1983, Teil 7 erst im Juni 1989, als Ersatz für die Normblätter DIN 4031, 4117 und 4122 erschienen. Geringfügig überarbeitet wurden Teil 5 (2.84) und Teil 9 (12.86).

Teil 1 Allgemeines, Begriffe
Teil 2 Stoffe
Teil 3 Verarbeitung der Stoffe
Teil 4 Abdichtungen gegen Bodenfeuchtigkeit; Bemessung und Ausführung
Teil 5 Abdichtungen gegen nichtdrückendes Wasser;Bemessung und Ausführung
Teil 6 Abdichtungen gegen von außen drückendes Wasser; Bemessung und Ausführung
Teil 7 Abdichtungen gegen von innen drückendes Wasser; Bemessung und Ausführung
Teil 8 Abdichtungen über Bewegungsfugen
Teil 9 Durchdringungen, Übergänge, Abschlüsse
Teil 10 Schutzschichten und Schutzmaßnahmen

1 Stoffe für Bauwerksabdichtungen nach DIN 18 195 Teil 2 und Teil 3

Die bisher in den einzelnen Normblättern enthaltenen Aufstellungen über zu verwendende Stoffe werden in Zukunft für alle Arten von Abdichtungen im Teil 2 der Norm zusammengefaßt. Diese Stoffübersicht wird im folgenden wiedergegeben, wobei der größte Teil der in der Norm mitgeteilten Baustoffdaten für die Planung von Bauwerksabdichtungen entbehrlich erscheint und deshalb nicht in die Übersicht aufgenommen wurde.

Übersicht über die zu verwendenden Abdichtungsstoffe

Zeile	Abdichtungsstoff	Erläuterung
1	*Bitumen-Voranstrichmittel*	
1.1	Bitumenlösung	Festkörpergehalt 30 bis 50 Gew.-%
1.2	Bitumenemulsion	Festkörpergehalt $\geq$ 30 Gew.-%
2	*Klebemassen und Deckaufstrichmittel, heiß zu verarbeiten*	
2.1	Bitumen nach DIN 1995, ungefüllt	Bindemittelgehalt $\geq$ 99 Gew.-%
2.2	Bitumen nach DIN 1995, gefüllt	Bindemittelgehalt $\geq$ 50 Gew.-%
2.3	Geblasenes Bitumen[1]), ungefüllt	Bindemittelgehalt $\geq$ 99 Gew.-%
2.4	Geblasenes Bitumen[1]), gefüllt	Bindemittelgehalt $\geq$ 50 Gew.-%
3	*Deckaufstrichmittel, kalt zu verarbeiten*	
3.1	Bitumenlösung, ungefüllt	Bindemittelgehalt $\geq$ 55 Gew.-%
3.2	Bitumenlösung, gefüllt	Bindemittelgehalt 30 bis 50 Gew.-%
3.3	Bitumenemulsion	Bindemittelgehalt $\geq$ 30 Gew.-%
4	*Spachtelmassen, heiß zu verarbeiten*	
4.1	Spachtelmasse 13/16[2]) (Asphalt-	Bindemittelgehalt 13 bis 16 Gew.-%
4.2	Spachtelmasse 18/22[2]) mastix)	Bindemittelgehalt 18 bis 22 Gew.-%
Fußnoten siehe Seite 514		

Zeile	Abdichtungsstoff	Erläuterung
5	*Spachtelmassen, kalt zu verarbeiten*	
5.1	Bitumenlösung	Bindemittelgehalt 25 bis 70 Gew.-%
5.2	Bitumenemulsion	Bindemittelgehalt $\geq$ 35 Gew.-%
6	*Nackte Bitumenbahnen*	
6.1	Nackte Bitumenbahnen R 500 N	nach DIN 52 129
7	*Bitumendachbahnen*	
7.1	Bitumendachbahn R 500	nach DIN 52 128
7.2	Glasvlies-Bitumendachbahn V 13	nach DIN 52 143
8	*Bitumen-Dichtungsbahnen*	
8.1	Dichtungsbahnen Cu 0,1 D und Al 0,2 D	nach DIN 18 190 Teil 4
8.2	Dachdichtungsbahnen J 300 DD, G 200 DD und PV 200 DD	nach DIN 52 130
9	*Bitumen-Schweißbahnen*	
9.1	Bitumen-Schweißbahnen J 300 S4 und S5, G 200 S4 und S5, V 60 S4 und PV 200 S5	nach DIN 52 131
9.2	Bitumen-Schweißbahn mit 0,1 mm dicker Kupferbandeinlage	in Anlehnung an DIN 52 131
10	*Kunststoff-Dichtungsbahnen*	
10.1	Polyisobutylen-(PIB-)Bahn	nach DIN 16 935
10.2	Polyvinylchlorid-(PVC-P-)Bahn, bitumenbeständig	nach DIN 16 937
10.3	dto., aber nicht bitumenbeständig	nach DIN 16 938
10.4	Ethylencopolymerisat-Bitumen-(ECB-)Bahn	nach DIN 16 729
11	*Metallbänder, kalottengerieffelt*[3])	
11.1	Kupferband	Werkstoff Sf-Cu nach DIN 1708; Dicke 0,1 mm
11.2	Kupferband	dto., aber Dicke 0,2 mm
11.3	Aluminiumband	Werkstoff Al 99,5 nach DIN 1712 T3; Dicke 0,2 mm
11.4	Edelstahlband	Werkstoff 1.4401 nach DIN 17 440; Dicke 0,05 bis 0,065 mm
12	*Stoffe für Trennschichten/Trennlagen*	
12.1	Ölpapier	flächenbez. Masse $\geq$ 50 g/m^2
12.2	Rohglasvlies nach DIN 52 141	flächenbez. Masse 60 bis 100 g/m^2
12.3	Lochglasvlies-Bitumenbahnen, einseitig grob besandet	flächenbez. Masse $\geq$ 150 g/m^2
12.4	Vlies aus Chemiefasern	flächenbez. Masse $\geq$ 150 g/m^2
12.5	Polyethylen-(PE-)Folie	flächenbez. Masse 140 bis 180 g/m^2
13	*Stoffe für Schutzlagen*	
13.1	Bahn aus PVC halbhart	$\geq$ 1 mm dick

Fußnoten siehe umseitig

DIN 18 195   Bauwerksabdichtungen

Zeile	Abdichtungsstoff	Erläuterung
14	Stoffe zum Verfüllen von Fugen in Schutzschichten	
14.1	Vergußmassen aus Bitumen	heiß und kalt zu verarbeiten
14.2	Kunststoff-Fugenmassen	
14.3	Bänder und Profilstäbe	

[1]) Eine Norm über geblasenes Bitumen befindet sich in Vorbereitung.
[2]) Bitumensorte: Destillationsbitumen nach DIN 1995.
[3]) In Sonderfällen auch unprofiliert; allgemeine Anforderungen: Poren- und rissefrei, plan- und geradegereckt; Lieferart: 600 mm breite Rollen, bei Kupferband bis höchstens 1000 mm breit. Die Dicke ist aus der flächenbezogenen Masse des unprofiliertem Bandes zu bestimmen.

Einbauverfahren

Art des Verfahrens	anwendbar für[1])
Bürstenstreichverfahren Ungefüllte Klebemasse mit Bürste auftragen; Bahnen hohlraumfrei einrollen und anbügeln	alle Bitumenbahnen PIB- und ECB-Bahnen, bitumenbestänt. PVC-P-Bahnen
Gießverfahren Bahnen in ausgegossene, ungefüllte Klebemasse einrollen	alle Bitumenbahnen
Gieß- und Einwalzverfahren Bahnen in ausgegossene, gefüllte Klebemasse einwalzen	alle Bitumenbahnen, Metallbänder
Flämmverfahren Aufgetragene Klebemasse durch Wärmezufuhr aufschmelzen und Bahnen ausrollen	Bitumenbahnen (außer nackten) PIB- und ECB-Bahnen, bitumenbestänt. PVC-P-Bahnen
Schweißverfahren Unterseiten beim Ausrollen erhitzen	Bitumen-Schweißbahnen
Lose Verlegung mit mechanischer Befestigung oder dauernd wirksamer Auflast	Kunststoff-Dichtungsbahnen und daraus gefertigte Planen
Quellverschweißung[2]) Verbindungsflächen mit Quellverschweißmittel anlösen und durch Druck verbinden	Naht- und Stoßverbindungen von PVC-P- und ECB-Bahnen
Warmgasverschweißung[3]) Verbindungsflächen mit Warmgas plastifizieren, sonst wie vor	Naht- und Stoßverbindungen von PVC-P- und ECB-Bahnen
Heizelementverschweißung[3]) Verbindungsflächen durch Heizkeil plastifizieren, sonst wie vor	Naht- und Stoßverbindungen von PVC-P- und ECB-Bahnen

[1]) Hier wird auf die grundsätzliche Anwendbarkeit abgestellt; in den folgenden Abschnitten wird die Anwendung der insgesamt möglichen Verfahren für den speziellen Fall teilweise eingeschränkt.
[2]) Schweißnahtbreite für einfache Nähte 30 mm.
[3]) Schweißnahtbreite für einfache Nähte 20 mm (PVC-P) bzw. 30 mm (ECB).

2 Abdichtungen gegen Bodenfeuchtigkeit nach DIN 18 195 Teil 4

Geltungsbereich

Abdichtungen in nichtbindigen Böden[1])

- gegen im Boden vorhandenes, kapillar gebundenes und durch Kapillarkräfte auch entgegen der Schwerkraft fortleitbares Wasser (Bodenfeuchtigkeit, Saugwasser, Haftwasser, Kapillarwasser),
- bei senkrechten und unterschnittenen Wandbauteilen auch gegen das von Niederschlägen herrührende und nichtstauende Sickerwasser.

Im Unterschied zu DIN 4117 gilt DIN 18 195 Teil 4 nicht mehr für Abdichtungen aus Anstrichen und Beschichtungsmassen auf Kunststoffbasis und/oder auf der Basis mineralischer Bindemittel.

Stoffe

Es dürfen die in der Übersicht des Abschnittes 1 unter den Zeilen 1 bis 10 aufgeführten Abdichtungsstoffe verwendet werden.

Mindest-Verbrauchsmengen

Abdichtungsstoffe gemäß Abschnitt 1		Arbeitsgänge	Verbrauchsmenge[2]) in kg/m^2
1	Voranstrichmittel		
1.1	Bitumenlösung	1	0,2 bis 0,3
1.2	Bitumenemulsion	1	0,2 bis 0,3
2	Deckaufstrichmittel, heiß		
2.1–4	Bitumen	2	2,5 bis 4,0
3	Deckaufstrichmittel, kalt		
3.1–2	Bitumenlösung	3	1,0 bis 1,6
3.3	Bitumenemulsion	3	1,1 bis 1,3
4	Spachtelmassen, heiß		
4.1–2	Asphaltmastix	1	9 bis 13
5	Spachtelmassen, kalt		
5.1–2	Bitumen	2	1,3 bis 2,0
[2]) Bei Ziffern 2 bis 5 Festkörpermenge			

---

[1]) Feuchtigkeit ist im Boden immer vorhanden, mit Bodenfeuchtigkeit im Sinne dieser Norm ist daher immer zu rechnen. Bei bindigen Böden und/oder Hanglagen ist jedoch immer das Andringen von Wasser in tropfbar-flüssiger Form anzunehmen. Für die Abdichtung von Bauwerken oder Bauteilen in solchen Böden und/oder Geländeformen gelten deshalb die Festlegungen für Abdichtungen gegen nichtdrückendes, gegebenenfalls auch gegen drückendes Wasser, wenn die Gefahr des Aufstauens besteht. Gegen diese Gefahr können auch Maßnahmen nach DIN 4095 getroffen werden.

DIN 18 195 Bauwerksabdichtungen

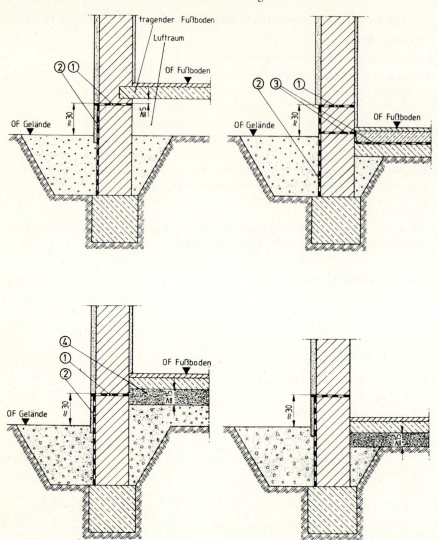

Abb. 1   Nichtunterkellerte Gebäude

Erläuterungen ① bis ④ siehe Seiten 518 und 519

Bodenfeuchtigkeit   **DIN 18 195**

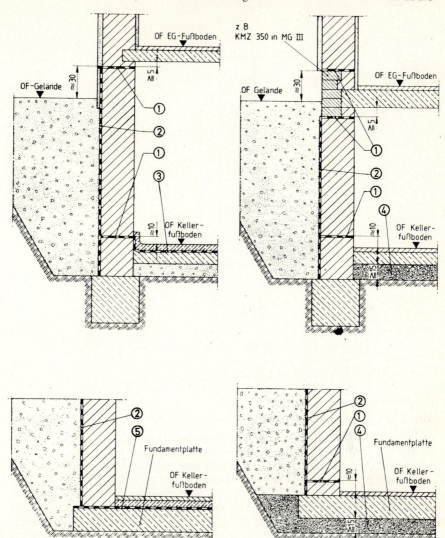

Abb. 2   Gebäude mit gemauerten Kellerwänden

Erläuterungen ① bis ⑤ siehe Seiten 518 und 519

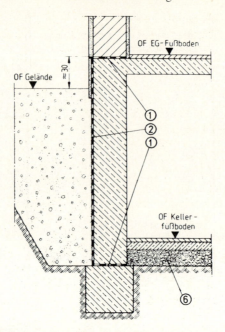

Abb. 3 Gebäude mit Kellerwänden aus Beton

Ausführung

Die folgenden Erläuterungen beziehen sich auf die Abbildungen 1 bis 3:

① Waagerechte Abdichtungen in Außen- und Innenwänden gegen aufsteigende Feuchtigkeit aus mindestens 1 Lage Bahnen nach Abschn. 1, Zeilen 7.1, 8 oder 10 (nach Zeile 10.3 nur, wenn anschließende Abdichtungen nicht aus Bitumenwerkstoffen bestehen); Bahnen nicht aufkleben; 20 cm Überlappung der Stöße; Auflagerflächen bei Betonwänden mit Mörtel MG III, bei gemauerten Wänden mit Mörtel MG II abgeglichen; bei Kellerinnenwänden nur untere Abdichtungslage erforderlich; bei Kellerwänden aus Beton anstelle der unteren Abdichtungslage gegebenenfalls auch andere Maßnahmen.

② Abdichtung aller erdberührten Flächen von Umfassungswänden gegen das Eindringen von Feuchtigkeit, beginnend am Fundamentabsatz und anschließend an die waagerechte Abdichtung ①; oberhalb des Geländes darf sie entfallen, wenn dort ausreichend wasserabweisende Bauteile verwendet werden; andernfalls ist die Abdichtung hinter der Sockelbekleidung hochzuziehen; folgende Ausführungen sind möglich:

Bituminöse Aufstriche aus einem kaltflüssigen Voranstrich und mindestens zwei heiß- oder drei kaltflüssig aufzubringenden Aufstrichen; Voranstrich und Aufstrich aus den gleichen Grundstoffen; heißflüssige Aufstriche unmittelbar nach dem Erkalten des vorhergehenden, kaltflüssige erst nach dem Trocknen des vorhergehenden aufzubringen;

S p a c h t e l m a s s e n, kalt zu verarbeiten, in der Regel in zwei Schichten auf einem kaltflüssigen Voranstrich;

B i t u m e n b a h n e n, einlagig, mit Klebemasse auf kaltflüssigem Voranstrich; nackte Bitumenbahnen mit zusätzlichem Deckaufstrich; Bitumen-Schweißbahnen auch im Schweißverfahren aufzubringen; Naht- und Stoßüberdeckung 10 cm;

③ Abdichtung tiefliegender Fußböden gegen aufsteigende Feuchtigkeit mit heißflüssigen Spachtelmassen, Bitumen- oder Kunststoffbahnen auf Unterlage aus Beton oder gleichwertig standfester Unterlage; Kanten, Ecken und Kehlen runden; fertige Abdichtung vor mechanischen Beschädigungen schützen; folgende Ausführungen sind möglich:

H e i ß f l ü s s i g e   S p a c h t e l m a s s e n in einer Mindestdicke von 7 mm;

B i t u m e n b a h n e n in 1 Lage lose verlegt oder mit heißflüssiger Bitumen-Klebemasse punktweise oder vollflächig verklebt; nackte Bitumenbahnen immer vollflächig verklebt und mit einem zusätzlichen Deckaufstrich aus der gleichen Klebemasse; Naht- und Stoßüberdeckungen 10 cm, vollflächig verklebt, bei Bitumen-Schweißbahnen verschweißt;

K u n s t s t o f f - D i c h t u n g s b a h n e n, soweit bitumenverträglich, auf kaltflüssigem Voranstrich; PIB-Bahnen auf Klebemasse im Flämmverfahren; PVC-P-Bahnen, nicht bitumenbeständig, lose mit mechanischer Befestigung; PVC-P-Bahnen, bitumenbeständig, oder ECB-Bahnen entweder mit Bitumen verklebt oder lose mit mechanischer Befestigung; Naht- und Stoßüberdeckung 5 cm.

Betonflächen erforderlichenfalls vorher mit Mörtel MG III, Mauerwerksflächen mit Mörtel MG II abreiben.

K u n s t s t o f f - D i c h t u n g s b a h n e n in 1 Lage lose verlegt; Naht- und Stoßüberdeckungen 5 cm, verschweißt; soweit bitumenverträglich, auch in Heißbitumen verlegt mit verklebten, 10 cm überdeckten Stößen; PIB-Bahnen mit einer Trennschicht gemäß Abschnitt 1, Zeile 12, abdecken.

④ Kapillarbrechende grobkörnige Schüttung bei Gebäuden mit geringen Anforderungen an die Raumnutzung; Abdeckung mit Folie; bei tiefliegenden Fußböden muß mit Durchfeuchtung der Wände unterhalb der waagerechten Abdichtung gerechnet werden.

⑤ Abdichtung von Fundamentplatten gegen aufsteigende Feuchtigkeit; Abdichtungsstoffe wie unter ③; die untere waagerechte Abdichtung gemäß ① kann entfallen; Wand ist gegen Verschiebungen aus Erddruck o. ä. zu sichern.

⑥ Abdichtungen des Fußbodens je nach Anforderungen an den Kellerraum gemäß ③ oder ④.

3 Abdichtungen gegen nichtdrückendes Wasser
nach DIN 18 195 Teil 5

Geltungsbereich

Diese Norm gilt für Abdichtungen mit Bitumenwerkstoffen, Metallbändern und Kunststoffbahnen gegen nichtdrückendes Wasser, d. h. gegen Wasser in tropfbar-flüssiger Form (im Gegensatz zur Bodenfeuchtigkeit), z. B. Niederschlags-, Sicker- oder Brauchwasser, das auf die Abdichtung keinen oder nur vorübergehend einen geringfügigen hydrostatischen Druck ausübt.

Diese Norm gilt nicht für die Abdichtung der Fahrbahntafeln von Brücken.

Stoffe

Es dürfen die in der Übersicht des Abschnittes 1 aufgeführten Abdichtungsstoffe verwendet werden, ausgenommen kalt zu verarbeitende Deckaufstrichmittel nach Zeile 3 und kalt zu verarbeitende Spachtelmassen nach Zeile 5.

Anforderungen und bauliche Erfordernisse

Abdichtungen nach dieser Norm müssen Bauwerke oder Bauteile gegen nichtdrückendes Wasser schützen und gegen natürliche oder durch Lösungen aus Beton bzw. Mörtel entstandene Wässer unempfindlich sein.

Die Abdichtung muß das zu schützende Bauwerk oder den zu schützenden Bauteil in dem gefährdeten Bereich umschließen oder bedecken und das Eindringen von Wasser verhindern.

Sie darf bei den zu erwartenden Bewegungen der Bauteile, z. B. durch Schwingungen, Temperaturänderungen oder Setzungen, ihre Schutzwirkung nicht verlieren. Die erforderlichen Angaben über die zu erwartenden Bewegungen müssen bei der Planung einer Bauwerksabdichtung vorliegen.

Die Abdichtung muß ferner Risse, die z. B. durch Schwinden entstehen, überbrücken können. Durch konstruktive Maßnahmen ist jedoch sicherzustellen, daß solche Risse zum Zeitpunkt ihres Auftretens nicht breiter als 0,5 mm sind und daß durch eine eventuelle weitere Bewegung die Breite der Risse auf höchstens 2 mm und der Versatz der Rißkanten in der Abdichtungsebene auf höchstens 1 mm beschränkt bleiben.

Durch bautechnische Maßnahmen, z. B. durch Anordnung von Gefälle, ist für eine dauernd wirksame Abführung des auf die Abdichtung einwirkenden Wassers zu sorgen. Bei Abdichtungen im Erdreich sind erforderlichenfalls Maßnahmen nach DIN 4095 zu treffen.

Entwässerungseinläufe, die die Abdichtung durchdringen, müssen sowohl die Oberfläche des Bauwerks als auch die Abdichtungsebene dauerhaft entwässern.

Ausführung

Je nach Größe der auf die Abdichtung einwirkenden Beanspruchungen durch Wasser, Verkehrslasten und Temperaturen werden hoch und mäßig beanspruchte Abdichtungen unterschieden. Eine besondere Beanspruchung aus Verkehrslasten ergibt sich für Abdichtungen, die auf Dämmschichten hergestellt sind. Zur Vermeidung von Schäden durch Verformungen sind Dämmstoffe zu wählen, die den statischen und dynamischen Anforderungen genügen.

Abdichtungen sind m ä ß i g beansprucht, wenn

— die Verkehrslasten vorwiegend ruhend nach DIN 1055 Teil 3 sind und die Abdichtung nicht unter befahrenen Flächen liegt,

— die Temperaturschwankung an der Abdichtung nicht mehr als 40 K beträgt,

— die Wasserbeanspruchung gering und nicht ständig ist.

Hierzu gehören z. B. Abdichtungen von Naßräumen in Wohnungen, von überdachten Balkonen oder von Kelleraußenwänden und -fußböden in nichtbindigen Böden.

Abdichtungen sind h o c h beansprucht, wenn eine oder mehrere der genannten Grenzen überschritten werden. Dies ist der Fall z. B. bei der Abdichtung von Deckenbauteilen im Freien, von befahrenen oder stark begangenen Deckenflächen oder von Naßräumen in öffentlichen Gebäuden und im Industriebau.

Abdichtungen dürfen nur bei Witterungsverhältnissen, die sich nicht nachteilig auf sie auswirken, hergestellt werden, es sei denn, daß schädliche Wirkungen durch besondere Vorkehrungen mit Sicherheit verhindert werden.

Auf einem Untergrund aus Einzelelementen, z. B. Fertigteilplatten, sind erforderlichenfalls vor dem Aufbringen der Abdichtung geeignete Maßnahmen zur Überbrückung der Plattenstöße zu treffen.

Die Abdichtung von waagerechten und schwach geneigten Flächen ist an anschließenden, höhergehenden Bauteilen in der Regel 15 cm über die Oberfläche der Schutzschicht, des Belages oder der Überschüttung hochzuführen und dort zu sichern.

Die Abdichtung der Wandflächen von Naßräumen ist mindestens 20 cm über die oberste Wasserentnahmestelle hochzuführen.

Abdichtungen sind in der Regel mit Schutzschichten zu versehen. Diese Schutzschichten sind unverzüglich nach Fertigstellung der Abdichtung herzustellen, andernfalls sind Schutzmaßnahmen zu treffen (siehe dazu Abschnitt 7).

Für die zulässige Druckbelastung der einzelnen Abdichtungsarten gelten die entsprechenden Werte von DIN 18 195 Teil 6 (siehe Abschn. 4).

Abdichtungen für hohe und mäßige Beanspruchung

Erforderliche Lagenzahl für Stoffe nach Abschn. 1 Zeile:									Einbauverfahren[1])	Bemerkungen
Nackte Bitumenbahnen 6.1	Glasvlies-Dachbahnen 7.2	Bitumen-Dichtungsbahnen 8[5])	Bitumen-Schweißbahnen 9[5])	PIB- oder ECB-Bahnen 10.1/4	PVC-P-Bahnen { bitumenbest 10.2 / nicht bit.best.10.3	Metallbänder 11	Deckaufstriche (heiß) 2	Asphaltmastix 4.1		
a) hoch beanspruchte Abdichtungen										
3							1		B, G, GE	Einpreßdruck mindestens 10 kN/m²
	2						1		B, G, F	⎫ auch gemischte Ausführung
		2							G, S	⎭ möglich
1	1						1		wie	Bitumen-Dichtungsbahn wasserseit.
1		1							oben	Bitumen-Schweißbahn wasserseitig
2				1			1		B, G, F[4])	$d \geq 1{,}5$ mm (PIB) bzw. $\geq 2{,}0$ mm (ECB)
2					1		1		B, G, F[4])	$d \geq 1{,}5$ mm
					1				S	zwischen Schutzbahnen einbauen[2])
						1			GE	nur Kupferband $\geq 0{,}1$ mm oder Edelstahlband $\geq 0{,}05$ mm, 20 mm Gußasphalt als Schutzschicht[3])
1						1	1		s. oben	Bitumenbahnen wasserseitig
b) mäßig beanspruchte Abdichtungen										
2							1		B, G, GE	Nackte Bitumenbahnen einpressen
	1						1		B, G, F	
		1							G, S	
				1					B, G, F[4])	$d \geq 1{,}5$ mm, mit Trennlage aus Polyethylenfolie oder nackter Bitumenbahn mit Deckaufstrich
					1				s. oben	$d \geq 1{,}2$ mm, Schutzbahn[2]) oberhalb
								2		$d = $ i. M. insgesamt 15 mm
								1		$d = $ i. M. 10 mm, Schutzschicht aus 20 mm Gußasphalt[3])[6])

Nichtdrückendes Wasser DIN 18 195

Mindesteinbaumenge an Klebe- und Deckaufstrichmasse je Schicht in kg/m²

Art der Klebe- oder Aufstrichmasse	Bürstenstreich- oder Flämmverfahren	Gieß- verfahren	Gieß- und Einwalzverf.	Deck- aufstrich
Bitumen ungefüllt	1,5	1,3	–	1,5
Bitumen gefüllt[1])	–	–	2,5	–

[1]) Für $\varrho = 1{,}5$ t/m³; bei anderen Rohdichten muß das Gewicht je m² dem Verhältnis der Rohdichten entsprechend umgerechnet werden.

Ausbildung von Nähten, Stößen und Anschlüssen

Abdichtungsstoffe	Art der Verbindung	Überdeckung in cm an		
		Nähten	Stößen	Anschlüssen
Nackte Bitumenbahnen und Bitumen-Dichtungsbahnen	verklebt	10	10	10
Bitumen-Schweißbahnen	verschweißt	10	10	10
Metallbänder	verklebt	10	20	20
PIB- und ECB-Bahnen	verklebt	10	10	10
	verschweißt[1])	5	5	5
PVC-P-Bahnen	verklebt	10	10	10
	verschweißt[2])	5	5	5

[1]) PIB-Bahnen quellverschweißt mit Quellschweißmittel, ECB-Bahnen mit Warmgas oder Heizelement verschweißt.
[2]) quellverschweißt mit Tetrahydrofuran (THF); bei Heißverschweißung mit Warmgas oder Heizelement genügen 3 cm Überdeckung.

Fußnoten zur nebenstehenden Tabelle
[1]) Die Abkürzungen stehen für folgende Einbauverfahren:
B Bürstenstreichverfahren, G Gießverfahren, GE Gieß- und Einwalzverfahren, F Flämmverfahren, S Schweißverfahren.
[2]) Geeignete Schutzbahnen sind z. B. mindestens 1 mm dicke PVC-Bahnen, halbhart, oder mindestens 2 mm dicke und 300 g/m² schwere Bahnen aus Polyestervlies. Obere Schutzlagen aus PVC halbhart sind an den Nähten und Stößen zu verschweißen.
[3]) Näheres über Schutzschichten siehe Abschnitt 7.
[4]) Die nackten Bitumenbahnen sind im Bürstenstreich- oder im Gießverfahren, die Kunststoff-Dichtungsbahnen im Bürstenstreich- oder im Flämmverfahren einzubauen, Verkleben von Nähten und Stößen auch im Gießverfahren.
[5]) Es sind nur Bahnen mit Gewebe- oder Metallbandeinlagen zugelassen.
[6]) Diese Abdichtung ist auch bei hoher Beanspruchung anwendbar, wenn Durchdringungen, Übergänge und Abschlüsse aus anderen bitumenverträglichen Dichtungsstoffen hergestellt werden.

4 Abdichtungen gegen drückendes Wasser

4.1 Von außen drückendes Wasser nach DIN 18195 Teil 6

Geltungsbereich

Teil 6 der Norm gilt für Abdichtungen mit Bitumenwerkstoffen, Metallbändern und Kunststoff-Dichtungsbahnen gegen von außen drückendes Wasser.

Stoffe

Von den in Abschnitt 1 zusammengestellten Abdichtungsstoffen dürfen verwendet werden:
- Voranstrichmittel sowie heiß zu verarbeitende Klebemassen und Deckaufstrichmittel nach den Zeilen 1 und 2;
- nackte Bitumenbahnen, Bitumen-Dichtungsbahnen und Bitumen-Schweißbahnen nach den Zeilen 6, 8 und 9;
- Kunststoff-Dichtungsbahnen nach den Zeilen 10.1, 10.2 und 10.4;
- Metallbänder nach Zeile 11.1 und 11.4.

Anforderungen und bauliche Erfordernisse

Die Abdichtung wird in der Regel auf der dem Wasser zugekehrten Bauwerksseite angeordnet; sie muß eine geschlossene Wanne bilden oder das Bauwerk allseitig umschließen. Die Abdichtung ist bei nichtbindigem Boden mindestens 300 mm über den höchsten Grundwasserstand zu führen, darüber ist das Bauwerk durch eine Abdichtung gegen Bodenfeuchtigkeit oder gegen nichtdrückendes Wasser zu schützen. Bei bindigem Boden ist die Wanne mindestens 300 mm über die geplante Geländeoberfläche zu führen.

Der höchste Grundwasserstand ist aus möglichst langjährigen Beobachtungen zu ermitteln.

Hinsichtlich des Verhaltens der Abdichtung gegenüber Bauwerksbewegungen und beim Überbrücken von Rissen siehe Abschnitt 3. Risse dürfen unter den folgenden Abdichtungen höchstens 5 mm breit, der Versatz der Rißkanten höchstens 2 mm hoch werden.

Die Abdichtung kann keine planmäßigen Kräfte in ihrer Ebene aufnehmen, sie ist also statisch als reibungslos anzusehen.

Ein unbeabsichtigtes Ablösen der Abdichtung von ihrer Unterlage ist durch konstruktive Maßnahmen auszuschließen.

Die zu erwartenden Temperaturbeanspruchungen der Abdichtung sind bei der Planung zu berücksichtigen. Die Temperatur an der Abdichtung muß um mindestens 30 °C unter dem Erweichungspunkt nach R. u. K. der Klebemassen und Beschichtungsstoffe bleiben.

Gegen die Abdichtung muß hohlraumfrei gemauert oder betoniert werden. Insbesondere sind Nester im Beton an der wasserabgewandten Seite von wasserdruckhaltenden Abdichtungen unzulässig. Dies gilt uneingeschränkt für alle in dieser Norm behandelten Abdichtungsarten.

Drückendes Wasser **DIN 18 195**

Abdichtungen mit nackten Bitumenbahnen (Deckaufstrich erforderlich)

a) 500er nackte Bitumen-bahnen gemäß Abschn. 1, Zeile 6.1, mit und ohne Metallbandeinlage	Zul. Druck-belastg. in MN/m^2	Lagenanzahl bei						Erforder-licher Einpreß-druck in kN/m^2
		Bürstenstreich- oder Gießverf.[1]			Gieß- und Ein-walzverfahren			
		und einer Eintauchtiefe in m						
		≤ 4	≤ 9	≥ 9	≤ 4	≤ 9	> 9	
ohne Metallbandeinlage	0,6	3	4	5	3	3	4	10
mit 1 Lage Metallband[2]	1,0	3	3	4	3	3	3	keiner
mit 2 Lagen Metallband[2]	1,5	4	4	5	4	4	4	keiner
b) 2 Lagen nackte Bitu-menbahnen gemäß Abschn. 1, Zeile 6.1 und 1 Lage Kunststoff-Dichtungsbahn		Dicke der Kunststoffbahn in mm bei einer Eintauchtiefe in m						
		≤ 4	≤ 9	> 9	≤ 4	≤ 9	> 9	
PIB-Bahn nach DIN 16 935	0,6	1,5	2,0	2,0	Verfahren nicht zugelassen			keiner
PVC-P-Bahn nach DIN 16 937	1,0	1,5	1,5	2,0				keiner
ECB-Bahn nach DIN 16 729	1,0	2,0	2,0	2,0				keiner

[1] Die Metallbänder sind immer im Gieß- und Einwalzverfahren mit gefülltem Bitumen aufzukleben. Kunststoff-Dichtungsbahnen im Bürstenstrich- oder Flämmverfahren.
[2] Kupfer- oder Edelstahlband als zweite bzw. vierte Lage von der Wasserseite her.

Abdichtungen mit Bitumen-Dichtungs- oder -Schweißbahnen

Zulässige Druckbelastung im allgemeinen 1,0 MN/m^2, bei Glasgewebeeinlagen 0,8 MN/m^2; kein Einpreßdruck erforderlich; Bitumen-Dichtungsbahnen sind im Gieß-, im Flämm- oder im Gieß- und Einwalzverfahren, Bitumen-Schweißbahnen im Schweißverfahren aufzubringen; Dichtungsbahnen mit Deckaufstrich.

Eintauch-tiefe in m	Art der Dich-tungsbahn[1]	Lagen-anzahl	Art der Einlage	Lagen-anzahl	Art der Einlage
≤ 4	D oder Sch	2	Gewebe[2]	–	–
≤ 9	D oder Sch	3	Gewebe	–	–
	D	2	Gewebe	+ 1	PEPT
	D	1	Gewebe	+ 1	Kupferband
	Sch	1	Gewebe	+ 1	Kupferband
> 9	D	2	Gewebe	+ 1	Kupferband
	D	2	PEPT	+ 1	Kupferband
	Sch	2	Gewebe	+ 1	Kupferband

[1] D = Bitumen-Dichtungsbahn; Sch = Bitumen-Schweißbahn.
[2] Bei Bitumen-Dichtungsbahnen und bis 4 m Eintauchtiefe anstatt Gewebeeinlagen auch Kupfer-band- oder PEPT-Einlage möglich.

Mindesteinbaumenge an Klebe- und Aufstrichmasse je Schicht
Es gelten die Mengenangaben aus Abschnitt 3.

Ausbildung von Nähten, Stößen und Anschlüssen siehe Abschnitt 3.

4.2 Von innen drückendes Wasser nach DIN 18 195 Teil 7

Geltungsbereich und Stoffe

Teil 7 der Norm gilt für die Abdichtung von Trinkwasserbehältern, Speicherbecken, Schwimmbecken und ähnlichen Behältern gegen den Wasserdruck von innen. Er gilt nicht für die Abdichtung von Erdbauwerken oder im Chemieschutz.

Für g e k l e b t e Abdichtungen sind die in Abschnitt 4.1 genannten Stoffe zu verwenden.

Für l o s e v e r l e g t e Abdichtungen können verwendet werden:

- PVC-P- und ECB-Dichtungsbahnen nach Abschn. 1, Zeilen 10.2 bis 10.4;
- PVC-P- und ECB-Dachbahnen nach DIN 16 729, 16 730 und 16 734.

Anforderungen, bauliche Erfordernisse, Ausführung

Grundsätzlich gelten die unter 4.1 wiedergegebenen Anforderungen und baulichen Erfordernisse auch für Abdichtungen gegen von innen drückendes Wasser.

G e k l e b t e Abdichtungen sind nach den vorstehenden Tafeln auszuführen. Kehlen müssen mit einem Radius von 40 mm ausgerundet, Kanten mindestens mit 30 × 30 mm abgefast sein.

Für die Ausführung l o s e v e r l e g t e r Abdichtungen gilt:

Dicke der Bahnen bei Eintauchtiefen bis 9 m mindestens 1,5 mm, bei größeren Tiefen mindestens 2 mm.

Die Abdichtung ist an Kehlen, Kanten und Ecken mit Formstücken oder Zulagen aus dem Bahnenmaterial zu verstärken, die mit der Abdichtungslage zu verschweißen sind.

Die Abdichtung ist am oberen Rand und in der Regel auch an Kehlen, Kanten und Ecken mechanisch auf dem Untergrund zu befestigen. Bei senkrechten oder stark geneigten Flächen über 4 m Höhe sind außerdem Zwischenbefestigungen vorzusehen.

Zur Befestigung sind kunststoffkaschierte Bleche, kunststoffkaschierte Metallprofile oder Kunststoffprofile zu verwenden, die auf dem Abdichtungsuntergrund angebracht und an denen die Kunststoffbahnen angeschweißt werden. Die zwischen Abdichtung und Untergrund eingeschlossene Luft muß während der Behälterfüllung entweichen können.

Befestigungsmittel müssen korrosionsbeständig und mit dem Abdichtungsstoff verträglich sein. Wenn sie die Abdichtung durchdringen, müssen sie mit Bahnenmaterial überdeckt werden, das mit der Abdichtung wie an Nahtverbindungen zu verschweißen ist.

Ist mit schädlichen Einflüssen aus dem Untergrund zu rechnen, muß eine Trenn- oder Schutzbahn, z. B. aus Chemiefaservlies, unter der Abdichtung angeordnet werden. Schutzschichten sind, soweit erforderlich, als *feste* Schichten gemäß Abschnitt 7 auszubilden.

5 Abdichtungen über Bewegungsfugen nach DIN 18 195 Teil 8

Die Ausbildung von Bewegungsfugen in Abdichtungen nach den Abschnitten 2 bis 4 wird gemeinsam im Teil 8 der Norm behandelt.

Stoffe

Es dürfen die in der Übersicht des Abschnittes 1 unter den Ziffern 1, 2, 6, 8 bis 11 und 14 aufgeführten Stoffe verwendet werden, zur Verstärkung oder Stützung der Abdichtung im Fugenbereich außerdem noch die im folgenden genannten Elastomer- und Bitumen-Bahnen sowie Profilbänder.

Bauliche Erfordernisse

Die Fugen sollen möglichst gradlinig und ohne Vorsprünge verlaufen. Der Schnittwinkel von Fugen untereinander und mit Kehlen oder Kanten soll nicht wesentlich vom rechten Winkel abweichen.

Die Bauwerksabdichtung soll zu beiden Seiten der Fugen in derselben Ebene liegen. Der Abstand der Fugen von parallel verlaufenden Kehlen und Kanten sowie von Durchdringungen muß mindestens die halbe Breite der Verstärkungsstreifen (siehe Tabelle) zuzüglich der erforderlichen Anschlußbreite für die Flächenabdichtung betragen. Wenn dies im Einzelfall bei Abdichtungen gegen nichtdrückendes Wasser nicht eingehalten werden kann, sind Sonderkonstruktionen, z. B. Stützbleche, erforderlich.

Fugen müssen auch in angrenzenden Bauteilen, z. B. Schutzschichten, an der gleichen Stelle wie in dem abzudichtenden Bauteil ausgebildet werden. Von dieser Regel darf nur bei Dehnungsfugen, d. h. bei Fugen, die ausschließlich Bewegungen parallel zur Abdichtungsebene aufzunehmen haben, unter der Geländeoberfläche abgewichen werden.

Die Verformung der Abdichtung, die sich aus ihrer mechanischen Beanspruchung ergibt, muß bei der Ausbildung der abzudichtenden und angrenzenden Bauteile berücksichtigt werden, z. B. durch die Anordnung von Fugenkammern (siehe Tabelle).

Fugenfüllstoffe müssen mit den vorgesehenen Abdichtungsstoffen verträglich sein.

Ausführung

Es wird unterschieden zwischen

- Fugen des Typs I, das sind Fugen für langsam ablaufende und einmalige oder selten wiederholte Bewegungen, z. B. Setzungsbewegungen oder Längenänderungen durch jahreszeitliche Temperaturschwankungen, und
- Fugen des Typs II, das sind Fugen für schnell ablaufende oder häufig wiederholte Bewegungen, z. B. Bewegungen durch wechselnde Verkehrslasten oder Längenänderungen durch tageszeitliche Temperaturschwankungen.

Fugen des Typs I mit Bewegungen bis zu 5 mm bei Abdichtungen gegen Bodenfeuchtigkeit sind wie folgt abzudichten:
- Bei Flächenabdichtungen aus Bitumenwerkstoffen durch mindestens 1 Lage Bitumen-Dichtungs- oder -Schweißbahn, 0,50 m breit, mit Gewebe- oder Metallbandeinlage;
- bei Flächenabdichtungen aus Kunststoff-Dichtungsbahnen ohne weitere Verstärkung (Durchziehen der Dichtungsbahnen).

Fugen des Typs I mit Bewegungen über 5 mm sowie alle Fugen des Typs I bei Abdichtungen gegen nichtdrückendes und gegen von außen drückendes Wasser sind mit durchlaufenden Abdichtungen auszuführen und mit Verstärkungsstreifen gemäß Tabelle zu verstärken. Die Streifen können bestehen aus:
- Kupferband, 0,2 mm dick (Abschn. 1, Ziffer 11.2)
- Edelstahlband, 0,05 mm dick (Abschn. 1, Ziffer 11.4)
- Kunststoff-Dichtungsbahnen, 1,5 mm dick (Abschn. 1, Ziffer 10)
- Elastomer-Bahnen nach DIN 7864, 1,0 mm dick
- Bitumenbahnen mit Polyestervlieseinlage, 3,0 mm dick

Bewegung zur Abdichtungsebene ausschließlich		kombinierte Bewegung	Verstärkungsstreifen		Fugenkammer in waagerechten und schwach geneigten Flächen	
senkrecht mm	parallel mm	mm	Anzahl Stück	Breite mm	Breite[1] mm	Tiefe mm
10	10	10	2	≥ 300	–	–
20	20	15	2	≥ 500	100	50 bis 80
30	30	20	3	≥ 500	100	50 bis 80
40	–	25	4	≥ 500	100	50 bis 80

[1]) Gesamtbreite einschließlich Fugenbreite.

Die Verstärkungsstreifen sind voneinander durch jeweils eine Abdichtungslage oder eine zusätzliche Lage aus nackter Bitumenbahn R 500 N zu trennen, an der Außenseite liegende Metallbänder durch eine Lage R 500 N zu schützen.

Werden bei Abdichtungen gegen von außen drückendes Wasser nur 2 Verstärkungsstreifen eingebaut, so kommen dafür nur die vorgenannten Metallbänder in Frage, für weitere Lagen auch Kunststoff-Dichtungsbahnen in der Eintauchtiefe entsprechender Dicke (siehe dazu Abschn. 4).

Bei Flächenabdichtungen aus lose verlegten Kunststoff-Dichtungsbahnen ist anstelle der Verstärkungsstreifen eine Unterstützung der Bahnen im Fugenbereich vorzunehmen. Diese kann bestehen aus

- ca. 0,5 mm dicken und ca. 0,20 m breiten kunststoffbeschichteten Blechen (erforderlichenfalls auf einer Fugenseite an der Abdichtungsunterlage zu befestigen),
- einzubetonierenden, außenliegenden Profilbändern aus hochpolymeren Werkstoffen.

Fugen des Typs I mit größeren Bewegungen als in der Tabelle angegeben sind grundsätzlich mit Hilfe von Los- und Festflanschkonstruktionen (siehe Abschnitt 6) abzudichten.

Fugen des Typs II sind in Abhängigkeit von Größe und Häufigkeit der Fugenbewegungen sowie von der Wasserbeanspruchung nach den Erfordernissen des Einzelfalles, z. B. durch schlaufenartige Anordnung der Abdichtungsstoffe oder mit Hilfe von Los- und Festflanschkonstruktionen (siehe dazu Abschn. 6), Abdichtungen gegen von außen drückendes Wasser grundsätzlich mit Los- und Festflanschkonstruktionen oder anderen Sonderkonstruktionen abzudichten.

6 Durchdringungen, Übergänge, Abschlüsse nach DIN 18 195 Teil 9

Die für alle Arten von Abdichtungen (nach den Teilen 4 bis 7 der DIN 18 195) geltenden Bestimmungen über Durchdringungen, Übergänge und Abschlüsse werden im Teil 9 der Norm zusammengefaßt.

Begriffe (nach DIN 18 195 Teil 1)

Durchdringungen sind Bauteile, die die Bauwerksabdichtung durchdringen, z. B. Rohrleitungen, Kabel, Geländerstützen, Einläufe, Brunnentöpfe, Telleranker.

Übergänge sind die Verbindungen unterschiedlicher Abdichtungssysteme.

Abschlüsse sind die gesicherten Enden (Ränder) von Bauwerksabdichtungen.

Einbauteile sind Hilfsmittel zur Herstellung wasserdichter Anschlüsse an Durchdringungen, bei Übergängen oder bei Abschlüssen, wie z. B. Manschetten, Klemmschienen, Los- und Festflanschkonstruktionen.

Klebeflansche und Anschweißflansche sind flächige Einbauteile, die mit den Durchdringungen von Abdichtungen wasserundurchlässig und fest verbunden sind und zum wasserdichten Auf- oder Einkleben einer bituminösen Abdichtung oder zum Anschweißen einer Kunststoffabdichtung geeignet sind.

Manschetten sind tüllenförmige, an die Durchdringungen von Abdichtungen angeformte Einbauteile, die wasserdicht an die Durchdringungen angeschlossen werden, z. B. mit Schellen. In Sonderfällen können Manschetten aus der Abdichtung selbst hergestellt sein.

Schellen sind ringförmig zu schließende Spannvorrichtungen zum wasserdichten Anschluß von Abdichtungen und Manschetten an durchdringende Bauteile kreisförmigen Querschnitts.

Klemmschienen sind Einbauteile aus flanschartigen Metallprofilen, mit denen Abschlüsse von Bauwerksabdichtungen unmittelbar an Bauwerksteile angeklemmt werden.

Los- und Festflanschkonstruktionen sind Stahlkonstruktionen zum Einklemmen einer Abdichtung, um durch Anpressen eine wasserdichte Verbindung herzustellen.

Anforderungen

Durchdringungen, Übergänge und Abschlüsse dürfen auch bei zu erwartenden Bewegungen der Bauteile ihre Funktion nicht verlieren. Soweit erforderlich, sind dafür besondere Maßnahmen zu treffen, z. B. die Anordnung von Mantelrohrkonstruktionen mit Stopfbuchsen für Rohr- und Kabeldurchführungen.

Durchdringungen, Übergänge und Abschlüsse müssen so angeordnet werden, daß die Bauwerksabdichtung fachgerecht angeschlossen werden kann.

Ausführung von Durchdringungen, Übergängen und Abschlüssen

Bodenfeuchtigkeit	Abdichtungen gegen nichtdrückendes Wasser	drückendes Wasser
Anschlüsse an Durchdringungen mit		
Klebe- bzw. Anschweißflanschen, Manschetten mit und ohne Schellen[1]	Klebe bzw. Anschweißflanschen, Manschetten mit und ohne Schellen, Los- und Festflanschkonstruktionen	Los- und Festflanschkonstruktionen
Übergänge mit		
	Klebe- bzw. Anschweißflanschen, Klemmschienen, Los- und Festflanschkonstruktionen	Los- und Festflanschkonstruktionen; bei unverträglichen Stoffen als Doppelflansche mit Trennleiste
Abschlüsse durch Verwahren der Abdichtungsränder in Nuten oder Klemmschienen; Lage der Verwahrung:		
keine Festlegung	mindestens 150 mm über Oberkante Belag	
[1] Anschlüsse an Durchdringungen von Aufstrichen und Spachtelmassen auch mit spachtelbaren Stoffen.		

Ausbildung von Einbauteilen

Einbauteile müssen gegen natürliche und/oder durch Lösungen aus Beton bzw. Mörtel entstandene aggressive Wässer unempfindlich und mit den anzuschließenden Abdichtungsstoffen verträglich sein. Grundsätzlich ist bei der Stoffwahl für Einbauteile die Gefahr der Korrosion, z. B. infolge elektrolytischer Vorgänge, zu beachten. Erforderlichenfalls sind nichtrostende Stoffe zu verwenden oder geeignete Korrosionsschutzmaßnahmen zu treffen. Die der Abdichtung zugewandten Kanten von Einbauteilen müssen frei von Graten sein.

Klebeflansche, Anschweißflansche und Manschetten sollen so angeordnet werden, daß ihre Außenkanten mindestens 150 mm von Bauwerkskanten und -kehlen sowie mindestens 500 mm von Bauwerksfugen entfernt sind.

Bei Abdichtungen aus Bitumenbahnen oder aus aufgeklebten Hochpolymerbahnen müssen die Anschlußflächen mindestens 100 mm breit sein, wobei die Abdichtung erforderlichenfalls in diesem Bereich zu verstärken ist. Enden auf der Anschlußfläche mehrere Lagen, so sind sie gestaffelt anzuschließen.

Sollen Hochpolymerbahnen mit Anschweißflanschen verbunden werden, sind die Schweißnahtbreiten nach Teil 3 einzuhalten.

Abdichtungen müssen auf den Anschlußflächen von Klebeflanschen, Anschweißflanschen und Manschetten enden und dürfen nicht aufgekantet werden.

Schellen müssen in der Regel aus Metall bestehen und mehrfach nachspannbar sein. Soweit für den Einbau erforderlich, dürfen sie mehrteilig sein. Ihre Anpreßflächen müssen mindestens 25 mm breit sein.

Der Anpreßdruck ist in Abhängigkeit von den verwendeten Abdichtungsstoffen so zu bemessen, daß die Abdichtung nicht abgeschnürt wird.

Klemmschienen sollen eine Breite von mindestens 50 mm und eine Dicke von 5 bis 7 mm haben. Die Einzellänge soll 2,50 m nicht überschreiten.

Klemmschienen sind mit Sechskantschrauben $\geq$ 8 mm Durchmesser in Dübeln an ausreichend ebenen Bauwerksflächen zu befestigen, wobei die Abdichtungsränder wasserdicht zwischen Klemmschienen und Bauwerksflächen eingeklemmt werden. An Bauwerkskanten und -kehlen sind Klemmschienen so zu unterbrechen, daß sie sich bei temperaturbedingter Ausdehnung nicht gegenseitig behindern.

Der Schraubenabstand untereinander soll 150 bis 200 mm, der Schraubenabstand vom Ende der Klemmschiene darf höchstens 75 mm betragen.

Die umfangreichen Bestimmungen über Los- und Festflanschkonstruktionen werden hier nicht wiedergegeben.

7 Schutzschichten und Schutzmaßnahmen nach DIN 18 195 Teil 10

Geltungsbereich

Diese Norm gilt für Schutzschichten auf Bauwerksabdichtungen nach DIN 18 195 Teile 4 bis 7. Sie gilt ferner für Schutzmaßnahmen, die vorzusehen sind, um Bauwerksabdichtungen bis zur Fertigstellung des Bauwerks vor Beschädigungen zu schützen.

Anforderungen an Schutzschichten

Schutzschichten werden nach den für ihre Herstellung verwendeten Stoffen unterschieden in
— feste Schutzschichten, z. B. aus Mauerwerk, Ortbeton, Mörtel oder Platten, und
— weiche Schutzschichten, z. B. aus Gußasphalt oder Bitumen-Dichtungsbahnen.

Schutzschichten müssen Bauwerksabdichtungen dauerhaft vor schädigenden Einflüssen statischer, dynamischer und thermischer Art schützen. Sie können in Einzelfällen zugleich Nutzschichten des Bauwerks bilden.

Bewegungen und Verformungen der Schutzschichten dürfen die Abdichtungen nicht beschädigen. Erforderlichenfalls sind Schutzschichten von der Abdichtung zu trennen und durch Fugen aufzuteilen.

Darüber hinaus müssen an Aufkantungen und Durchdringungen der Abdichtung ausreichend breite Fugen in der Schutzschicht vorhanden sein.

Ferner sind in festen Schutzschichten Fugen im Bereich von Neigungswechseln, z. B. beim Übergang von schwach zu stark geneigten Flächen, anzuordnen, sofern die Neigungen mehr als 2 m lang sind.

Bauwerksfugen sind in festen Schutzschichten an gleicher Stelle zu übernehmen (zur Ausbildung der Fugen siehe Abschn. 5).

Fugen in waagerechten oder schwach geneigten Schutzschichten müssen verschlossen sein, für Fugen über Bauwerksfugen sind dafür Einlagen und/oder Verguß vorzusehen.

Schutzschichten sind im Rahmen des Bauablaufs so bald wie möglich nach Fertigstellung der Abdichtung herzustellen.

Ausführung von Schutzschichten

Schutzschichten aus Mauerwerk sind 11,5 cm dick in Mörtelgruppe II oder III nach DIN 1053 Teil 1 herzustellen. Dabei sind senkrechte Schutzschichten von waagerechten oder geneigten durch Fugen mit Einlagen zu trennen. Senkrechte Schutzschichten sind durch senkrechte Fugen im Abstand von höchstens 7 m zu unterteilen und von den Eckenbereichen zu trennen.

Freistehende Schutzschichten, die vor Herstellung der Abdichtung ausgeführt werden und als Abdichtungsrücklage dienen, dürfen mit höchstens 12,5 cm dicken und 24 cm breiten Vorlagen verstärkt werden. Die abdichtungsseitige Fläche des Mauerwerks ist mit einem glattgeriebenen, etwa 1 cm dicken Putz der Mörtelgruppe II nach DIN 18 550 zu versehen. Alle Ecken und Kanten sind zu runden, die Ecke am Fuß des Mauerwerks ist als Kehle mit etwa 4 cm großem Halbmesser auszubilden. Die Einlagen der senkrechten Fugen müssen auch den Kehlenbereich erfassen.

Bei senkrechten Schutzschichten, die nach Herstellung der Abdichtung ausgeführt werden, ist eine in der Regel 4 cm dicke Fuge zwischen Abdichtung und Mauerwerk vorzusehen, die hohlraumfrei mit Mörtel der Mörtelgruppe II auszufüllen ist.

Schutzschichten aus Beton müssen mindestens in der Betongüte B 10, bei Anordnung von Bewehrung mindestens in B 15 nach DIN 1045 hergestellt werden. Die Bewehrung muß die danach erforderliche Betondeckung aufweisen. Als Zuschlag für den Beton darf nur Kies mit einer Korngröße bis zu 8 mm verwendet werden.

Die Schutzschichten sollen mindestens 5 cm dick sein; werden sie auf Flächen mit einem größeren Neigungswinkel als 18° (etwa 33 %) angeordnet, sind sie in der Regel zu bewehren.

Anordnung von Fugen wie bei Schutzschichten aus Mauerwerk.

Schutzschichten aus Mörtel dürfen nur auf nicht begeh- oder befahrbaren, vorzugsweise auf senkrechten Flächen oder auf Flächen, die mehr als 18° (etwa 33 %) geneigt sind, hergestellt werden. Sie müssen mindestens 2 cm dick sein und aus Mörtel der Mörtelgruppe II oder III nach DIN 1053 Teil 1 bestehen. Sofern sie durch Drahtgewebe bewehrt werden, ist Mörtel der Mörtelgruppe III zu verwenden.

Schutzschichten aus Mörtel sind erforderlichenfalls gegen Ausknicken zu sichern.

Schutzschichten aus Betonplatten, z. B. großformatigen Betonfertigteilen, die vor Herstellung der Abdichtung ausgeführt werden und als Abdichtungsrücklage dienen, sind während des Bauzustandes unverschieblich anzuordnen. Fugen sind mit Mörtel der Mörtelgruppe III nach DIN 1053 Teil 1 bündig zu schließen, so daß die abdichtungsseitigen Flächen der Schutzschichten stetige Abdichtungsrücklagen bilden.

Betonplatten auf waagerechten oder leicht geneigten Abdichtungen sind vollflächig im Mörtelbett zu lagern. Die Gesamtdicke der Schutzschicht muß mindestens 5 cm, die des Mörtelbettes mindestens 2 cm betragen. Die Fugen sind erforderlichenfalls mit Vergußmasse zu füllen.

Bei Schutzschichten für die Abdichtung von Terrassen und ähnlichen Flächen mit Neigungen bis zu 2° (etwa 3 %) dürfen Betonplatten auch in einem mindestens 3 cm dicken, ungebundenen Kiesbett aus Kies der Korngröße 4/8 mm verlegt werden.

Schutzschichten aus Gußasphalt sind mindestens 2 cm dick herzustellen, der Gußasphalt muß der Beanspruchung der Schutzschicht entsprechend zusammengesetzt sein.

Wird eine Schutzschicht aus Gußasphalt auf der Bitumenoberschicht einer Abdichtung hergestellt, so ist zwischen ihnen eine Trennlage aus Stoffen nach Abschnitt 1, Zeile 12, anzuordnen. Bei dem Einbau auf blanken Metallbändern oder auf Mastixabdichtungen ist eine Trennlage nicht erforderlich.

Schutzschichten aus Bitumen-Dichtungsbahnen dürfen nur an senkrechten Flächen in Tiefen über 3 m unter Geländeoberfläche und nur dort angeordnet werden, wo nachträgliche Beschädigungen, z. B. durch Erdaufgrabungen, ausgeschlossen sind. Sie sind aus Dichtungsbahnen mit Metallbandeinlage nach Abschnitt 1 Zeile 8.1, herzustellen und im Bürstenstreich-, im Gieß- oder im Gieß- und Einwalzverfahren einzubauen. Die Bahnen müssen sich an den Längs- und Querseiten um mind. 5 cm überdecken.

Nach der Herstellung von Schutzschichten aus Bitumen-Dichtungsbahnen muß eine erforderliche Verfüllung des Arbeitsraumes bzw. der Baugrube lagenweise in einer Schichtdicke, die von der Art der Verfüllung abhängig ist, jedoch nicht mehr als 30 cm betragen soll, ausgeführt werden. Das Verfüllmaterial sollte bis zu einem Abstand von 50 cm von der Schutzschicht aus Sand der Korngruppe 0/4 mm bestehen. Bei Verwendung von Verdichtungsgeräten müssen scharfe Kanten, z. B. der Rüttelplatte, gesichert sein.

Schutzmaßnahmen

Schutzmaßnahmen dienen im Gegensatz zu Schutzschichten dem vorübergehenden Schutz der Abdichtung während der Bauarbeiten. Sie müssen auf die Dauer des maßgebenden Bauzustandes, z. B. einer Arbeitsunterbrechung, abgestimmt sein.

Werden vor senkrechten oder stark geneigten Abdichtungen Bewehrungseinlagen einschließlich Montage- und Verteilereisen verlegt, so muß ihr lichter Abstand von der Abdichtung mindestens 5 cm betragen. Unvermeidliche Abstandshalter dürfen sich nicht schädigend in die Abdichtung eindrücken.

Bituminöse Abdichtungen sind vor Einbau der Bewehrung mit einem Anstrich aus Zementmilch zu versehen, um mechanische Beschädigungen der Abdichtung beim Einbau der Bewehrung erkennen zu lassen.

Wird auf der wasserabgewandten Seite einer senkrechten Abdichtung konstruktives Mauerwerk erstellt, so ist zwischen Abdichtung und Mauerwerk ein 5 cm breiter Zwischenraum zu belassen, der beim Aufmauern schichtweise mit Mörtel der Mörtelgruppe III auszufüllen und sorgfältig mit Stampfern zu verdichten ist.

Senkrechte und stark geneigte Abdichtungen sind gegen Wärmeeinwirkung, z. B. Sonneneinstrahlung, zu schützen, z. B. durch Zementmilchanstrich, Abhängen mit Planen oder Wasserberieselung, damit die Gefahr des Abrutschens vermieden wird.

Dachabdichtungen nach DIN 18 531

Anwendungsbereich und Begriffe

Die Norm gilt für die Planung von Dachabdichtungen aus Bitumen- und/oder Hochpolymerbahnen, die auf einer Unterlage, z. B. einer Schalung, einer Dämmschicht oder unmittelbar auf der tragenden Unterkonstruktion, flächig aufliegen.

Sie gilt *nicht* für Dach*deckungen*, z. B. aus Dachziegeln oder aus Blechtafeln, und auch *nicht* für Dachflächen, die zum Aufenthalt von Personen vorgesehen sind, als Verkehrsfläche dienen oder bepflanzt werden sollen. Solche Dachflächen sind gemäß DIN 18 195 Teil 5 abzudichten.

Zur Dachabdichtung gehören auch die Anschlüsse an aufgehende Bauteile, die Abschlüsse am Dachrand, Durchdringungen und Fugenausbildungen. Nach der Dachneigung gegen die Waagerechte werden vier Dachneigungsgruppen unterschieden:

I: bis 3° (5 %) II: über 3° bis 5° (9 %) III: über 5° bis 20° (36 %)
IV: über 20°

Stoffe

Für Dachabdichtungen sollen Bahnen gemäß folgender Aufstellung verwendet werden. Darüber hinaus sind auch Abdichtungsbahnen zulässig, die den Nachweis ihrer Gebrauchstauglichkeit in geeigneter Form erbracht haben.

a) Bitumen-Bahnen
— Glasvlies-Bitumendachbahnen gemäß Übersicht auf S. 513, Zeile 7.2,
— Bitumen-Dichtungsbahnen und -Dachdichtungsbahnen gemäß o. g. Übersicht, Zeile 8,
— Bitumen-Schweißbahnen gemäß o. g. Übersicht, Zeile 9.1,
— Polymerbitumen-Dachdichtungsbahnen und -Schweißbahnen nach DIN 52 132 und 52 133.

b) Hochpolymerbahnen (Kunststoff- und Kautschukbahnen)
— Kunststoff-Dichtungsbahnen gemäß o.g. Übersicht, Zeile 10,
— Kunststoff-Dachbahnen aus ECB nach DIN 16 729,
— Kunststoff-Dachbahnen aus PVC-P nach DIN 16 730, 16 734 und 16 735,
— Kunststoff-Dachbahnen aus PIB nach DIN 16 731,
— Kunststoff-Dachbahnen und -Dichtungsbahnen aus PE-C nach DIN 16 736 und 16 737.

Die Stoffe müssen mit anderen Stoffen und Bauteilen, mit denen sie in Berührung kommen, verträglich sein. Bei Unverträglichkeiten sind zur Vermeidung von Schäden geeignete Maßnahmen, z. B. die Anordnung von Trennschichten, vorzusehen.

Brandverhalten

Sofern Dachabdichtungen widerstandsfähig gegen Flugfeuer und strahlende Wärme sein müssen, ist der Nachweis nach DIN 4102 Teil 7 zu führen. Hinsichtlich bereits klassifizierter Bedachungen siehe DIN 4102, Abschnitt 3 (S. 412).

Lagesicherheit

Dachabdichtungen müssen auf einer Unterlage flächig aufliegen. Durch Sicherungsmaßnahmen müssen Kräfte, die auf die Dachabdichtung einwirken, z. B. Windkräfte, Schwerkraft bei geneigten Dächern, sicher in die Unterlage abgeleitet werden. Bei Gebäuden bis 20 m Höhe kann die Dachabdichtung durch Aufkleben, mechanische Befestigung oder Auflast nach den folgenden Absätzen gesichert werden. Bei höheren Gebäuden muß die Lagesicherheit rechnerisch nach DIN 1055 Teil 4 nachgewiesen werden.

Soll durch Aufkleben gesichert werden, müssen Bitumenbahnen mindestens zu 10 % in gleichmäßiger Verteilung mit der Unterlage verklebt werden. Bei Dachkonstruktionen aus Profilblechen sind in der Regel darüber hinaus im Randbereich mindestens 3 Stück mechanische Befestigungselemente je m² vorzusehen (Breite der Randbereiche = 1/8 der Dachbreite, mindestens aber 1 m, höchstens 2 m). Wird die Lagesicherheit rechnerisch untersucht, ist ein Sicherheitsfaktor von $v = 1,5$ zu berücksichtigen.

Elemente zur mechanischen Befestigung, z. B. Tellerdübel, Spreizdübel, Holzschrauben, selbstbohrende Schrauben mit Haltetellern, sollen für eine dynamische Ausreißkraft von mindestens 0,5 kN konstruiert sein. Ihre Eignung ist durch Prüfzeugnis nachzuweisen. Das gilt nicht für Breitkopfstifte.

Durch die mechanische Befestigung darf die Wasserundurchlässigkeit der Dachabdichtung nicht beeinträchtigt werden, die Befestigungsstellen sind daher in der Regel zu überkleben oder zu überschweißen. Die zu befestigenden Bahnen müssen so beschaffen sein, daß sie unter der zu erwartenden Beanspruchung nicht aus den Befestigungsmitteln ausreißen.

Die nachfolgenden Ausführungsbeispiele für Dachabdichtungen mit mechanischer Befestigung gelten ohne besonderen Nachweis als lagesicher:

a) Auf Stahltrapezprofilen ist die Dachabdichtung einschließlich eventueller weiterer Schichten des Dachaufbaus, z. B. Dampfsperre, Wärmedämmung, mit Befestigungselementen an den Obergurten zu befestigen, und zwar im Innenbereich mit 4 Stück je m², im Randbereich (siehe oben) mit 6 Stück je m², im Eckbereich (Überlappung der Randbereiche) mit 8 Stück je m².

b) Auf Schalungen aus Holz oder Holzwerkstoffen ist die untere Lage der Dachabdichtung im Bereich der Bahnenüberdeckungen mit korrosionsgeschützten Breitkopfstiften im Abstand von etwa 10 cm auf die Unterlage zu nageln. Zur weiteren Verbesserung der Lagesicherheit kann bei Verwendung von 1 m breiten Bahnen eine weitere Nagelreihe in Bahnenmitte mit Nagelabständen von etwa 25 cm vorgesehen werden, oder es können 50 cm breite Bahnen verwendet werden.

Lagesicherheit

DIN 18 531

Die untere Lage darf auch durch eine Sturmverdrahtung befestigt werden. Sie ist dazu mit korrosionsgeschützten Drähten von etwa 1 mm Durchmesser kreuzweise im Abstand von etwa 33 cm zu überspannen, die an den Kreuzungspunkten durch korrosionsgeschützte Breitkopfstifte mit der Unterlage zu verbinden sind.

Sicherung durch A u f l a s t ist bei lose verlegten Dachabdichtungen erforderlich. Dazu eignen sich in der Regel nur Dächer der Neigungsgruppe I. Die Auflast muß mindestens den Werten der Tabelle 1 entsprechen. Es dürfen mindestens 5 cm dicke Kiesschüttungen aus ungebrochenem Gestein der Korngruppe 16/32 nach DIN 4226 Teil 1 sowie ausreichend dimensionierte Betonplatten, Betonverbundpflaster o. ä. verwendet werden. Bei einer Dachhöhe über 20 m sind im Rand- und Eckbereich in jedem Fall Platten, Pflaster oder eine Kombination aus Kiesschüttung und Platten mit dem Mindestgewicht nach Tabelle 1 vorzusehen.

Tabelle 1 **Erforderliche Auflasten**

Höhe des Daches über Gelände in m	Auflast im		
	Innenbereich kg/m^2	Randbereich[1]) kg/m^2	kg/m^2
bis 8	40	80	120
über 8 bis 20	65	130	190
über 20	80	160	260

[1]) Die erste Spalte gilt, wenn die Abdichtung am Rand und an Durchdringungen kraftschlüssig mit der Unterlage verbunden ist. Sonst gilt die zweite Spalte.

Planungsgrundsätze

An die U n t e r l a g e n von Dachabdichtungen sind folgende Anforderungen zu stellen:

- Ortbetonflächen müssen ausreichend erhärtet, trocken und frei von Nestern und Graten sein.
- Flächen aus Betonfertigteilen dürfen keine Absätze haben; die Fugen müssen geschlossen sein.
- Bei Holzschalungen sollen gespundete Bretter der Güteklasse III von 8 bis 16 cm Breite und mindestens 24 mm Dicke (im ungehobelten Zustand) verwendet werden. Sie müssen nach DIN 68800 Teil 3 mit einem Holzschutzmittel, das ein Prüfzeichen hat und mit den in Berührung kommenden Stoffen verträglich ist, versehen sein.
- Spanplatten müssen Typ V 100 G nach DIN 68763 und Bau-Furniersperrholz muß Typ BFU 100 G (früher Verleimungsart AW 100) nach DIN 68705 Teil 3 entsprechen. Die Platten müssen trocken, gleichmäßig dick, tritt- und biegefest sein und dürfen keine Binde- und Schutzmittel

enthalten, die den Dachaufbau schädlich beeinflussen. Im übrigen gilt die „Vorläufige Richtlinie für Bemessung und Ausführung von Dachschalungen aus Holzspanplatten oder Bau-Furniersperrholz", Fassung Mai 1976.

- Dämmschichten müssen aus genormten Dämmstoffen bestehen, z. B. nach DIN 18161 Teil 1, DIN 18164 Teil 1, DIN 18165 Teil 1 oder DIN 18174. Die Eignung anderer Stoffe ist z. B. durch eine allgemeine bauaufsichtliche Zulassung nachzuweisen.
- Stahltrapezprofile müssen DIN 18807 Teile 1 bis 3 entsprechen. Die Dachabdichtung ist auf einer Unterlage aus Schalung oder einer Dämmschicht zu verlegen.

Für die Abdichtung selbst und den Oberflächenschutz gilt:

- Dachabdichtungen sind in der Regel in mehreren Lagen auszuführen, die untereinander vollflächig zu verkleben sind. Sie dürfen auch einlagig hergestellt werden, wenn unter Berücksichtigung der Beanspruchung die Eigenschaften der Stoffe dies zulassen.
- Bei Dächern der Dachneigungsgruppe I muß der erhöhten Beanspruchung, z. B. durch Schmutzablagerung und langsam ablaufendes bzw. verbleibendes Niederschlagswasser, durch Auswahl hierfür geeigneter Stoffe Rechnung getragen werden.
- Als Oberflächenschutz sind in der Regel Kiesschüttungen, mindestens 5 cm dick, und Plattenbeläge (siehe Sicherung durch Auflast) zu verwenden.
- Bei Dachabdichtungen aus Bitumenbahnen, die keine Auflast erfordern, darf der Oberflächenschutz auch aus einem werkseitig auf die Bitumenbahnen aufgebrachten oder auf der Baustelle auf die Dachabdichtung aufgeklebten mineralischen Oberflächenschutz, z. B. einer Besplittung oder Beschichtung, bestehen. Solche Beschichtungen gelten jedoch nicht als abdichtende Schicht der Dachabdichtung.

Bewegungsfugen sollten untereinander und mit Kehlen oder Kanten einen Schnittwinkel von etwa 90° bilden. Sie dürfen nicht durch Bauwerksecken und in einer Kehle oder Kante verlaufen, ihr Abstand zu parallel verlaufenden Kehlen oder Kanten soll mindestens 50 cm betragen. Die Dachabdichtung soll an Bewegungsfugen aus der wasserführenden Ebene herausgehoben werden, z. B. durch Anordnung von Dämmstoffkeilen oder durch Aufkantung. Teile von Dachflächen, die durch solche Anhebungen getrennt werden, sind unabhängig voneinander zu entwässern.

Dachentwässerungen sind nach DIN 1986 Teil 1, Teil 2 und Teil 4 zu planen und auszuführen. Bei nichtdurchlüfteten Dächern sowie bei Dächern der Dachneigungsgruppen I und II werden Innenentwässerungen empfohlen. Die Abläufe von Innenentwässerungen müssen an den tiefsten Stellen der Dachfläche vorgesehen werden. Dafür sind bei der Planung die am Bauwerk zu erwartenden Verformungen und Durchbiegungen zu berücksichtigen.

Anschlüsse sollen bei den Dachneigungsgruppen I und II mindestens 15 cm, bei den Dachneigungsgruppen III und IV mindestens 10 cm über die fertige Dachoberfläche, z. B. Oberfläche Kiesschüttung oder Plattenbelag, hochgezogen werden. Sie sollen aus den gleichen Abdichtungsstoffen wie die Dachabdichtung hergestellt werden und müssen gegen hinterlaufendes Wasser und gegen Abrutschen, z. B. durch Überhangstreifen und Klemmschienen, gesichert werden. Anschlüsse, die eine Bewegung zwischen aufgehendem Bauteil und Dachabdichtung erlauben sollen (bewegliche Anschlüsse), müssen mit besonderen Hilfskonstruktionen hergestellt werden.

Abschlüsse sollen bei Dächern mit Innenentwässerung der Dachneigungsgruppen I und II mindestens 10 cm, bei den Dachneigungsgruppen III und IV mindestens 5 cm über die fertige Dachoberfläche, z. B. Oberfläche Kiesschüttung oder Plattenbelag, angehoben werden. Die Anhebung ist in der Regel mit Dachrandaufkantungen herzustellen. Die Abschlüsse sind bis zur Außenkante der Dachaufkantungen zu führen und gegen Abrutschen zu sichern.

Abschlüsse an Dachrandaufkantungen sind in der Regel durch Bleche, Metall- oder andere Profile abzudecken. Die obere Fläche der Abdeckungen soll ein Gefälle zur Dachseite aufweisen, ihre äußeren senkrechten Schenkel sollen den oberen Rand von Putz oder Verkleidung der Fassaden je nach Gebäudehöhe zwischen 5 und 10 cm überdecken. Hat die Dachfläche eine Attika, die wesentlich höher ist als die erforderliche Anhebung, ist anstelle des Abschlusses ein Anschluß (siehe oben) vorzusehen.

Bei Dächern mit Außenentwässerungen sind die Abschlüsse in der Regel durch Verwendung von Traufblechen so herzustellen, daß das Niederschlagswasser sicher in die außenliegenden Dachrinnen abgeleitet wird.

Durchdringungen sind sinngemäß wie Anschlüsse auszubilden, wobei die Dachabdichtung mit Klebeflanschen, Klemmflanschen oder besonderen Einbauteilen an die durchdringenden Bauteile anzuschließen ist.

Lichtkuppeln und vergleichbare Einbauteile, die an die Dachabdichtung angeschlossen werden, sollen mit einem Aufsetzkranz versehen sein. Der Anschluß der Dachabdichtung soll aus der wasserführenden Ebene herausgehoben werden, z. B. durch Hochführen der Dachabdichtung am Aufsetzkranz oder durch Anordnung eines zusätzlichen Bohlenkranzes unter dem Aufsetzkranz. Ein solcher Bohlenkranz ist zur festen Montage von Lichtkuppeln auch dann vorzusehen, wenn sie auf Dämmschichten angeordnet werden.

Sofern durch andere Bestimmungen kein größeres Maß vorgeschrieben ist, soll der Abstand der Außenkanten der Klebeflansche von Aufsatzkränzen untereinander mindestens 30 cm betragen.

Blitzschutzanlagen dürfen nicht auf Dachabdichtungen befestigt oder aufgeklebt werden. Durchführungen von Halterungen sind wie Durchdringungen zu behandeln. Im übrigen wird auf DIN VDE 0185 Teil 1 und Teil 2 verwiesen.

DIN 4095   Dränung

Dränung zum Schutz baulicher Anlagen nach DIN 4095

Die Norm ist mit dem Untertitel „Planung, Bemessung und Ausführung" im Juni 1990 neu erschienen. Sie ersetzt die Ausgabe 12.73 mit Beiblatt 12.73.

Anwendungsbereich und Begriffe

Die Norm gilt für die Dränung auf, an und unter erdberührten baulichen Anlagen als Grundlage für Planung, Bemessung und Ausführung im Zusammenhang mit Maßnahmen zur Bauwerksabdichtung (siehe DIN 18195 Teil 5). Sie gilt n i c h t für die Wasserbevorratung durch Dränschichten bei erdüberschütteten Decken.

Es werden Regelausführungen für definierte Voraussetzungen angegeben, für die keine weiteren Nachweise erforderlich sind (Regelfall). Für vom Regelfall abweichende Bedingungen sind besondere Nachweise zu führen (Sonderfall, im folgenden nicht wiedergegeben).

D r ä n u n g ist die Entwässerung des Bodens durch Dränschicht und Dränleitung, um das Entstehen von drückendem Wasser zu verhindern. Dabei soll ein Ausschlämmen von Bodenteilchen nicht auftreten (filterfeste Dränung).

Eine D r ä n a n l a g e besteht aus Dränschicht, Dränleitung, Kontroll- und Spüleinrichtungen sowie Ableitungen.

Die D r ä n s c h i c h t ist eine wasserdurchlässige Schicht. Sie besteht entweder aus einer Filterschicht, die das Ausschlämmen von Bodenteilchen durch das fließende Wasser verhindert, und einer Sickerschicht, die das Wasser aus dem Bauteilbereich ableitet, (Stufenfilter) o d e r aus einer filterfesten Sickerschicht mit abgestufter Körnung (Mischfilter).

Festlegen der Dränmaßnahmen

Die Entscheidung über Art und Ausführung von Dränung und Bauwerksabdichtung ist auf der Grundlage vorausgegangener Untersuchungen des Geländes, des Baugrundes, des Wasseranfalls und der Grundwasserstände zu fällen. Trockene Baugruben geben noch keinen Anhalt, ob Dränmaßnahmen erforderlich werden. Der Wasseranfall durch Regen, Schneeschmelze oder aus angrenzenden Einzugsflächen ist zu beachten. Außerdem soll der ungünstigste Grundwasserstand ermittelt werden, beispielsweise durch Schürfen und Bohrungen, aus örtlichen Erfahrungen bei Nachbargrundstücken oder durch Befragen von Ämtern.

Ist nur mit Bodenfeuchtigkeit in nichtbindigen Böden und ebenem Gelände zu rechnen, so ist in der Regel keine Dränung, sondern nur eine Abdichtung nach DIN 18195 Teil 4 erforderlich.

Muß mit Wasser in tropfbar-flüssiger Form gerechnet werden, was bei bindigen Böden und/oder Hanglagen normalerweise der Fall ist (siehe Fußnote auf Seite 515), so ist eine Abdichtung nach DIN 18195 Teil 5 zusammen mit einer

Dränung möglich, wenn dadurch ein Aufstauen des anfallenden Wassers vermieden werden kann. In anderen Fällen, oder wenn Grundwasser ansteht, ist nach DIN 18195 Teil 6 abzudichten. Eine Dränung erübrigt sich dann.

Eine Dränanlage in R e g e l a u s f ü h r u n g ohne besonderen Nachweis ist möglich, wenn die folgenden Bedingungen erfüllt sind:
- Der Boden ist schwach durchlässig.
- Bei Dränung vor Wänden ist das Gelände höchstens leicht geneigt, die Gebäudehöhe $\leq$ 15 m, die Einbautiefe $\leq$ 3 m und die Länge der Dränleitung zwischen Hoch- und Tiefpunkt $\leq$ 60 m.
- Bei Dränung unter Bodenplatten ist die bebaute Fläche $\leq$ 200 m^2.

Planung im Regelfall

Vor W ä n d e n muß die Dränschicht alle erdberührten Flächen bedecken und etwa 0,15 m unter Geländeoberfläche abgedeckt werden. Am Fußpunkt ist die drucklose Weiterleitung des Wassers bei mineralischer Ummantelung des Dränrohres durch mindestens 0,3 m Einbindung sicherzustellen. Die Dränschicht muß an Durchdringungen, Lichtschächten usw. dicht anschließen.

Die Dränleitung muß alle erdberührten Wände erfassen. Bei Gebäuden ist sie möglichst als Ringleitung zu planen. Bei Verwendung von Kiessand, z. B. der Körnung 0/8 mm Sieblinie A 8 oder 0/32 mm Sieblinie B 32 nach DIN 1045, darf die Breite oder der Durchmesser der Wassereintrittsöffnungen der Rohre maximal 1,2 mm und die Wassereintrittsfläche mindestens 20 cm^2 je m Rohrlänge betragen. Bei Verwendung von gebrochenem Material muß die Eignung mit dem Rohrhersteller abgestimmt werden.

Die Dränleitung ist entlang der Außenfundamente anzuordnen. Die Auflagerung auf Fundamentvorsprüngen ist im Regelfall unzulässig. Bei unregelmäßigen Grundrissen ist ein größerer Abstand von den Streifenfundamenten zulässig, wenn die sickerfähige und filterfeste Verbindung zwischen senkrechter Dränschicht und Dränleitung sichergestellt ist. Die Rohrsohle ist am Hochpunkt mindestens 0,2 m unter Oberfläche Rohbodenplatte anzuordnen. In keinem Fall darf der Rohrscheitel die Oberfläche der Rohbodenplatte überschreiten. Der Rohrgraben darf nicht tiefer als die Fundamentsohle geführt werden; die Fundamente sind notfalls zu vertiefen, oder der Rohrgraben ist außerhalb des Druckausbreitungsbereiches der Fundamente zu verlegen.

Mögliche Ausführungen von Dränanlagen vor Wänden sind in den Bildern 1 und 2 dargestellt. Andere Kombinationen von flächigen Dränschichten, Dränleitungen und filterfesten Umhüllungen der Dränleitungen sind möglich (siehe dazu Tabelle 1).

Unter B o d e n p l a t t e n dürfen im Regelfall Flächendränschichten ohne Dränleitungen ausgeführt werden. Die Entwässerung muß sichergestellt sein, z. B. durch Durchbrüche in den Streifenfundamenten mit ausreichendem Querschnitt (mindestens DN 50) und Gefälle zur äußeren Dränleitung.

DIN 4095 Dränung

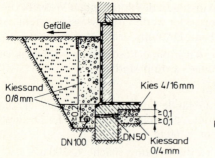

Abb. 1 Beispiel einer Dränanlage mit mineralischer Dränschicht

Abb. 2 Beispiel einer Dränanlage mit Dränelementen

Tabelle 1 **Beispiele für die Ausführung im Regelfall**

Baustoffe	Mindestdicken in m		
a) Dränschichten	W	B	R[1])
Mischfilter aus Kiessand 0/8 nach Sieblinie A 8 (DIN 1045) oder 0/32 nach Sieblinie B 32 (DIN 1045)	0,50	[2])	0,15
Filterschicht aus Körnung 0/4a (DIN 4226 T 1) und Sickerschicht aus Körnung 4/16 (DIN 4226 T 1)	0,10 0,20	0,10 0,10	0,10 0,15
Filter aus Filtervlies (z. B. Spinnvlies) und Sickerschicht aus Körnung 8/16 (DIN 4226 T 1)	0,20	0,15	0,10
Dränsteine (z. B. aus haufwerksporigem Beton) oder Dränplatten (z. B. aus Schaumkunststoff), gegebenenfalls mit zusätzlichem Filtervlies, oder Dränmatten aus Kunststoff als Verbundelemente	[3])	–	–
b) Rohre und Schächte			
Dränleitungen, glatt oder gewellt, aus Beton, Faserzement, Steinzeug, Ton, Kunststoff (auch mit Ummantelung)	$\geq$ DN 100 Gefälle $\geq$ 0,5%		
Kontrollrohre	$\geq$ DN 100		
Spülrohre bei Richtungswechsel der Dränleitung, mindestens aber alle 50 m	$\geq$ DN 300		
Übergabeschacht	$\geq$ DN 1000		

[1]) W = vor Wänden, B = unter Bodenplatten, R = zur Umhüllung von Dränrohren.
[2]) Als alleinige Dränschicht unter Bodenplatten nicht zu empfehlen, da der Durchlässigkeitsbeiwert nur bei 10^{-4} m/s liegt.
[3]) Dränsteine aus haufwerksporigem Beton müssen einen Durchlässigkeitsbeiwert von mindestens $4 \cdot 10^{-3}$ m/s haben; für den Wasserabfluß bei nichtmineralischen verformbaren Dränelementen ist mit einer Abflußspende von $q' = 0,30$ l/(s·m) vor Wänden und $q = 0,005$ l/(s·m²) unter Bodenplatten zu rechnen.

Ausführungsbeispiele und Richtwerte für Dränanlagen in Regelausführung enthält Tabelle 1.

Die Vorflut muß auch bei hohem Wasserstand ausreichend sein. Es ist anzustreben, einen Anschluß in freiem Gefälle an einen offenen Vorfluter oder Regenwasserkanal zu schaffen, also möglichst ohne Pumpen auszukommen. Sind Pumpen notwendig, ist eine regelmäßige Wartung erforderlich.

Die Ableitung ist, falls notwendig, durch eine geeignete Vorrichtung, z. B. Rückstauklappe, gegen Stau aus dem Vorfluter zu sichern. Die Stausicherung muß zugänglich sein und gewartet werden.

Das Wasser kann auch in einen wasseraufnahmefähigen Untergrund, beispielsweise über einen Sickerschacht, versickert werden, sofern baulich und wasserrechtlich möglich.

Bauausführung

Dränleitungen benötigen ein stabiles Rohrleitungsplanum im vorgesehenen Gefälle. Sie werden in der Regel am Tiefpunkt beginnend geradlinig zwischen den Kontrollpunkten verlegt. Die Überwachung und Reinigung der gesamten Dränleitung muß möglich sein. Daher sind bei stumpfen Stößen und Einmündungen Muffen oder Kupplungen zu verwenden. Die Dränleitungen sind gegen Lageveränderung zu sichern, z. B. durch gleichzeitigen beidseitigen Einbau der Sickerschicht. Die erste Lage bis 0,15 m über Rohrscheitel ist von Hand leicht zu verdichten. Darüber darf ein Verdichtungsgerät eingesetzt werden.

Sickerschichten sind vollflächig mit staufreiem Anschluß an die Dränleitung einzubauen. Sande und Kiese sind vor Wänden entweder im gesamten Arbeitsraum oder nur in Teilbereichen einzubauen. Entmischungen dürfen beim Einbau nicht auftreten. Entsprechend den Anforderungen an die Oberfläche ist zu verdichten. Unter Bodenplatten ist ebenfalls leicht zu verdichten.

Dränsteine sind vor Wänden im Verband so zu verlegen, daß die Kammern lotrecht ineinander übergehen. Für Anschlüsse oder Aussparungen sind Formsteine zu verwenden. Dränsteine dürfen nur bis zu standsicherer Höhe errichtet werden. Bei größeren Wandhöhen muß abschnittsweise beigefüllt werden.

Dränplatten sind vor Wänden mit versetzten Fugen lückenlos zu verlegen und punktweise mit einem geeignetem Kleber zu befestigen.

Dränmatten werden vor Wänden stumpf gestoßen oder mit Überdeckung verlegt und sind entweder auf Dauer (z. B. durch Kleben) oder bis zum Abschluß der Baugrubenverfüllung (z. B. durch vorübergehende Befestigung oberhalb der Abdichtung) zu befestigen. Befestigungen durch die Abdichtung müssen gegen nichtdrückendes Wasser dicht sein. Die Überlappungen der Geotextilien sind gegen Abheben zu sichern. Ein sattes Anliegen am Bauwerk muß sichergestellt sein, was besonders an Knickpunkten zu beachten ist (z. B. durch Beschweren des Fußpunktes).

DIN 4095   Dränung

Filterschichten sind vollflächig und lückenlos auf und um die Sickerschicht bzw. das Dränelement zu verlegen. Bei Verwendung von Mineralstoffen darf keine Entmischung eintreten.

Filtervliese sind an den Stößen mindestens 0,1 m zu überlappen und durch Verklammern oder Verkleben miteinander zu verbinden.

Das Verfüllen der Baugruben ist nach Einbau der Dränanlage möglichst umgehend vorzunehmen. Anschließend muß die Funktionsfähigkeit der Dränleitungen, beispielsweise durch Spiegelung, überprüft werden. Das Prüfergebnis ist in einem Protokoll niederzuschreiben.

6 Baustoffe und Bauteile

MAUERSTEINE UND WANDBAUPLATTEN
Mauerziegel
Vollziegel und Hochlochziegel
Auszug aus **DIN 105 Teil 1** (8.89)

1 Anwendungsbereich

Vollziegel und Hochlochziegel sind Baustoffe für tragendes und nichttragendes Mauerwerk. Sie werden vorwiegend zur Erstellung von Außen- und Innenwänden verwendet. Hierbei gelten für tragende Wände DIN 1053 Teil 1, Teil 2 und Teil 4, für nichttragende innere Trennwände DIN 4103 Teil 1.

2 Begriff

Mauerziegel sind Ziegel, die aus Ton, Lehm oder tonigen Massen mit oder ohne Zusatzstoffe geformt und gebrannt werden. Die Zusatzstoffe dürfen die Eigenschaften der Ziegel auch auf Dauer nicht nachteilig beeinflussen.

3 Anforderungen

3.1 Form

Ziegel müssen die Gestalt eines von Rechtecken begrenzten Körpers haben; dies gilt nicht für Formziegel und Handformziegel. Die Stirnflächen von Ziegeln dürfen mit Nuten und Federn oder bei Steinbreiten $\geq$ 240 mm mit Mörteltaschen versehen werden (vgl. Mitteilungen 6/1993 des DIBt). Zur besseren Putzhaftung sind an den Seitenflächen Rillen oder ähnliches zulässig.

3.2 Ziegelarten

3.2.1 Vollziegel sind Ziegel, deren Querschnitt durch Lochung senkrecht zur Lagerfläche bis 15 % gemindert sein darf.

3.2.2 Hochlochziegel sind senkrecht zur Lagerfläche gelochte Ziegel. Sie dürfen mit Lochung A, B oder C ausgeführt werden.

3.2.3 Mauertafelziegel sind Ziegel, die für die Erstellung von Mauertafeln nach DIN 1053 Teil 4 bestimmt sind.

3.2.4 Handformziegel sind Ziegel mit unregelmäßiger Oberfläche, deren Gestalt von der prismatischen Form geringfügig abweichen darf.

3.2.5 Formziegel sind Ziegel, die aus anwendungstechnischen Gründen von der in Abschnitt 3.1 beschriebenen Form abweichen.

3.2.6 Vormauerziegel sind Ziegel, deren Frostbeständigkeit durch Prüfung nachgewiesen ist. Die Oberflächen dürfen strukturiert sein.

3.2.7 **Klinker** sind Ziegel, die oberflächig gesintert sind (Massenanteil der Wasseraufnahme bis etwa 7 %) und deren Frostbeständigkeit durch Prüfung nachgewiesen ist. Außerdem müssen sie besondere Bedingungen hinsichtlich der Scherbenrohdichte (siehe Abschnitt 3.5.2) erfüllen und mindestens die Druckfestigkeitsklasse 28 haben. Die Oberflächen dürfen strukturiert sein.

3.3 Löcher und Stege

3.3.1 Die Löcher und Stege müssen Tabelle 1 entsprechen.

Die Löcher sollen möglichst gleichmäßig über die Lagerfläche verteilt sein; ihre Querschnittsform ist beliebig.

Tabelle 1 **Lochungsarten, Löcher und Stege**

Spalte	1	2	3	4	5	6
Zeile	Art	Kurzzeichen	Gesamtlochquerschnitt in % der Lagerfläche[1]	Löcher[2]) Einzelquerschnitt cm^2	Maße[3])	Stege
1	Vollziegel	Mz	≤ 15	≤ 6 etwaige Grifflöcher nach Abschnitt 3.3.2	$k \leq 15$ $d \leq 20$ $d' \leq 18$	Mindestdicke der Außenwandungen 10 mm. Bei Vormauerziegeln und Klinkern muß die Mindestdicke der Außenwandungen an den Sichtseiten 20 mm betragen.
2	Hochlochziegel mit Lochung A	HLzA	> 15 ≤ 50	$\leq 2,5$ etwaige Grifflöcher nach Abschnitt 3.3.2	keine Festlegungen	
3	Hochlochziegel mit Lochung B	HLzB	> 15 ≤ 50	≤ 6 etwaige Grifflöcher nach Abschnitt 3.3.2	$k \leq 15$ $d \leq 20$ $d' \leq 18$	
4	Hochlochziegel mit Lochung C[4])	HLzC	≤ 50	≤ 16	$k \leq 25$ $d \leq 45$ $d' \leq 35$	

[1]) Lagerfläche = Länge × Breite des Ziegels. Bei Ziegeln mit Grifflöchern darf der Lochanteil 55 % betragen.
[2]) Ausschließlich etwaiger Mörteltaschen
[3]) Hierbei bedeuten: k = kleinere Seitenlänge bei rechteckigen, d = Durchmesser bei kreisförmigen und d' = kleinerer Durchmesser oder kleinere Diagonale bei ellipsenförmigen oder rhombischen Lochquerschnitten.
[4]) 5seitig geschlossen, Dicke der Abdeckung ≥ 5 mm

3.3.2 Grifflöcher sind nur dort anzuordnen, wo sie zur Handhabung erforderlich sind. Bei Anordnung von Grifflöchern darf die Gesamtfläche der Grifflöcher und Mörteltaschen nicht mehr als 12,5 % der Lagerfläche des Ziegels nach Tabelle 1 betragen.

Der Querschnitt des einzelnen Griffloches darf höchstens 50 cm^2 sein. Die Randzone um das Griffloch muß mindestens 50 mm breit sein, der Bereich zwischen den Grifflöchern bei einem Grifflochquerschnitt $\leq$ 16 cm^2 (Daumenlöcher) mindestens 50 mm, bei einem Grifflochquerschnitt > 16 cm^2 jedoch mindestens 70 mm (vgl. Mitteilungen 6/1993 des DIBt). Soll bei Ziegeln im Format 2 DF mit einer Rohdichte $\geq$ 1,6 kg/dm^3 ein Griffloch vorgesehen werden, so darf die Breite der Randzone auf 40 mm verringert werden. Bei der Ermittlung des Gesamtlochquerschnittes sind die Grifflöcher, aber nicht die Mörteltaschen dem Lochanteil hinzuzurechnen.

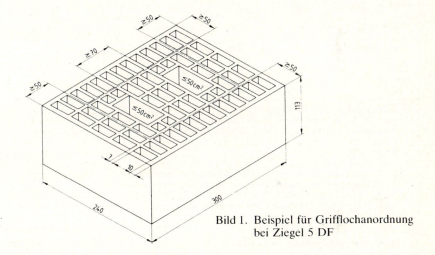

Bild 1. Beispiel für Grifflochanordnung bei Ziegel 5 DF

3.4 Maße

3.4.1 Die Nennmaße, Kleinst- und Größtmaße der Ziegel sind in Tabelle 2 angegeben. Innerhalb der Lieferungen für ein Bauwerk dürfen sich jedoch die Maße der größten und kleinsten Ziegel höchstens um die in Tabelle 2, Spalte 5, angegebene Maßspanne t unterscheiden.

3.4.2 Bei Ziegeln, die ohne sichtbar vermörtelte Stoßfuge versetzt werden sollen (Vermörtelung nur der Mörteltaschen oder Ziegel mit Nuten und Federn an beiden Stirnflächen; vgl. Mitteilungen 6/1993 des DIBt), soll das Nennmaß der Länge mindestens 5 mm größer sein als der Wert nach Tabelle 2. Die in Tabelle 2 festgelegten Grenzmaße gelten sinngemäß, jedoch darf das Größtmaß der Länge das Nennmaß der Länge nach Tabelle 2 um nicht mehr als 9 mm überschreiten.

Tabelle 2 **Maße**

Spalte	1	2	3	4	5
Zeile	Maße[1])	Nennmaß	Kleinstmaß	Größtmaß	Maßspanne t (siehe Abschnitt 3.4.1)
1	Länge l bzw. Breite b	115	110	120	6
2		145	139	148	7
3		175	168	178	8
4		240	230	245	10
5		300	290	308	12
6		365	355	373	12
7		490	480	498	12
8	Höhe[2]) h	52	50	54	3
9		71	68	74	4
10		113	108	118	4
11		238	233	243	6

1) Bei Vormauerziegeln und Klinkern, die für nichttragende Verblendschalen verwendet werden sollen und die nicht im Verband mit anderem Mauerwerk gemauert werden, dürfen hiervon abweichende Werkmaße, die jedoch in folgenden Grenzen liegen müssen, gewählt werden:
Länge $190 \leq l \leq 290$
Breite $90 \leq b < 115$
Höhe $40 \leq h < 113$
Die Grenzabmaße von den Werkmaßen sind entsprechend den in Spalte 3 und Spalte 4 angegebenen Maßen (bei geradliniger Einschaltung der Zwischenwerte) einzuhalten.
2) Werden Ziegel mit einer Höhe von 155 bzw. 175 mm hergestellt, so gelten die in Spalte 3 und Spalte 4 angegebenen Maße (bei geradliniger Einschaltung der Zwischenwerte) entsprechend.

Bei Ziegeln mit Nuten und Federn gilt als Länge das Maß von der Außenfläche Feder der einen Stirnfläche bis zur Nutengrundfläche der anderen Stirnfläche (vgl. Mitteilungen 6/1993 des DIBt).

Die Ziegel müssen mindestens an einer Stoßfläche Mörteltaschen oder an beiden Stoßflächen Nuten und Federn aufweisen (vgl. Mitteilungen 6/1993 des DIBt). Die Mörteltaschen müssen bei beidseitiger Anordnung mindestens 15 mm und dürfen höchstens 25 mm und bei einseitiger Anordnung mindestens 30 mm und höchstens 40 mm tief sein. Sie müssen etwa über die halbe Steinbreite reichen.

3.4.3 Mauertafelziegel müssen abweichend von Tabelle 2 Steinlängen von 247, 297, 373 oder 495 mm haben.

Hinsichtlich der Grenzmaße einschließlich Toleranzen gilt Abschnitt 3.4.1 sinngemäß. Die Ziegel müssen im mittleren Bereich mindestens einen Lochkanal von 50 bis 90 mm Länge und 30 bis 50 mm Breite und an den Stoßflächen eine Aussparung von ebenfalls 30 bis 60 mm Breite und 25 bis 45 mm Tiefe (Länge) haben. Die Löcher sind so anzuordnen, daß sich bei den im

Verband vermauerten Ziegeln senkrecht durchlaufende Kanäle ergeben. Die seitlich verbleibenden Ziegelbereiche müssen an den Stoßflächen mindestens 40 mm und in der Längsrichtung mindestens 55 mm dick sein (siehe Bild 2).

Bei der Ermittlung des Gesamtlochquerschnittes sind die Kanäle, aber nicht die Aussparungen dem Lochanteil hinzuzurechnen.

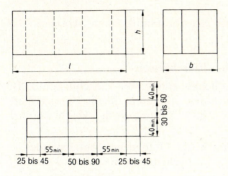

Bild 2. Mauertafelziegel

3.5 Rohdichte

3.5.1 Ziegelrohdichte

Die Ziegelrohdichten müssen für die jeweiligen Rohdichteklassen in den in Tabelle 3 angegebenen Grenzen liegen.

3.5.2 Scherbenrohdichte

Vollklinker und Hochlochklinker müssen eine mittlere Scherbenrohdichte von mindestens 1,90 kg/dm^3 (kleinster Einzelwert 1,80 kg/dm^3) haben.

Tabelle 3 **Ziegelrohdichte**

Rohdichte-klasse	Mittelwert der Ziegelrohdichte[1]) kg/dm^3
1,2	1,01 bis 1,20
1,4	1,21 bis 1,40
1,6	1,41 bis 1,60
1,8	1,61 bis 1,80
2,0	1,81 bis 2,00
2,2	2,01 bis 2,20

[1]) Einzelwerte dürfen die Klassengrenzen um nicht mehr als 0,1 kg/dm^3 unter- bzw. überschreiten.

Tabelle 4 **Druckfestigkeit**

Spalte	1	2	3
Zeile	Druck-festig-keits-klasse	Druckfestigkeit N/mm^2 Mittelwert	kleinster Einzelwert
1	4	5,0	4,0
2	6	7,5	6,0
3	8	10,0	8,0
4	12	15,0	12,0
5	20	25,0	20,0
6	28	35,0	28,0

3.6 Druckfestigkeit

Es gelten die Druckfestigkeitsklassen nach Tabelle 4. Die angegebenen Mittelwerte und kleinsten Einzelwerte dürfen bei der aufgrund der Prüfergebnisse vorgenommenen Einstufung nach Abschnitt 6.4.4 nicht unterschritten werden.

3.7 Frostbeständigkeit

Vormauerziegel und Klinker müssen frostbeständig nach Abschnitt 6.5 sein.

3.8 Gehalt an schädlichen, treibenden Einschlüssen

3.8.1 Die Ziegel sollen frei von schädlichen, treibenden Einschlüssen, z. B. Kalk, sein. Falls Ziegel treibende Einschlüsse enthalten, die die Verwendbarkeit zu beeinträchtigen scheinen, ist die Prüfung nach Abschnitt 6.6.1 (Dampftest) durchzuführen.

Die Prüfung gilt als bestanden, wenn keine Gefügezerstörungen oder je 100 cm^2 Außenfläche nicht mehr als 5 Absprengungen höchstens 3 mm tief auftreten.

Läßt das Prüfergebnis keine sichere Beurteilung zu, so ist eine vergleichende Druckfestigkeitsprüfung nach Abschnitt 6.4 durchzuführen. Diese Prüfung gilt als bestanden, wenn die Ziegel in die gleiche Druckfestigkeitsklasse wie die nicht dem Dampftest unterworfenen Ziegel eingestuft werden können.

3.8.2 Vormauerziegel und Klinker sollen frei von treibenden Einschlüssen sein, die Absprengungen verursachen können. Die Prüfung ist nach Abschnitt 6.6.1 durchzuführen, falls nach Augenschein der Verdacht besteht, daß Absprengungen durch Einschlüsse verursacht werden können. Die Prüfung gilt als nicht bestanden, wenn an mehr als 2 von 6 geprüften Ziegeln bis zu 2 leichte Absprengungen von einem Durchmesser zwischen 2 und 5 mm oder wenn an mehr als 1 von 6 geprüften Ziegeln bis zu 2 Absprengungen von einem Durchmesser zwischen 5 und 10 mm über Einschlüssen auf den Sichtflächen auftreten. Die Prüfung gilt ebenfalls als nicht bestanden, wenn Absprengungen von einem Durchmesser von mehr als 10 mm auftreten.

3.9 Gehalt an schädlichen und ausblühenden Salzen

3.9.1 Ziegel sollen frei von schädlichen Salzen sein, die zur Gefügezerstörung der Ziegel oder des Putzes führen. Die Prüfung auf schädliche Salze gilt als bestanden, wenn bei der an unvermauerten Probekörpern durchgeführten Prüfung nach Abschnitt 6.6.2 der getrennt ausgewiesene Massenanteil an Magnesiumsulfat ($MgSO_4$) 0,12 % nicht übersteigt.

3.9.2 Vormauerziegel und Klinker müssen außerdem frei von Salzen sein, die zu Ausblühungen führen, welche das Aussehen der unverputzten Mauerfläche dauernd beeinträchtigen. Die gegebenenfalls erforderliche Prüfung nach Abschnitt 6.6.2 gilt als bestanden, wenn der Massenanteil des nachgewiesenen Natrium- und Kaliumsulfates ($Na_2SO_4 + K_2SO_4$) an unvermauerten Ziegeln 0,08 % und der gleichzeitig ausgewiesene Massenanteil an Magnesiumsulfat ($MgSO_4$) 0,08 % nicht übersteigt.

4 Bezeichnung

Für die verschiedenen Ziegelarten gelten folgende Kurzzeichen:

Mz	Vollziegel
HLz	Hochlochziegel
VMz	Vormauer-Vollziegel
VHLz	Vormauer-Hochlochziegel
KMz	Vollklinker
KHLz	Hochlochklinker
HLzT	Mauertafelziegel

Formziegel und Handformziegel haben keine Kurzzeichen.

Vormauerziegel oder Klinker mit von den Nennmaßen nach Tabelle 2 abweichenden Werkmaßen (siehe Tabelle 2, Fußnote 1) erhalten zum Kurzzeichen den Buchstaben v bzw. k (z. B. vMz, kMz).

Hochlochziegel werden nach dem Kurzzeichen HLz zusätzlich mit den Buchstaben A, B oder C, entsprechend Tabelle 1, bezeichnet.

Ziegel sind in der Reihenfolge DIN-Hauptnummer, Ziegelart (Kurzzeichen), Druckfestigkeitsklasse, Rohdichteklasse und Format-Kurzzeichen nach Tabelle 5 zu bezeichnen.

Bezeichnungsbeispiele:

Bezeichnung eines Vollziegels (Mz) der Druckfestigkeitsklasse 12, der Rohdichteklasse 1,8, der Länge $l = 240$ mm, der Breite $b = 115$ mm und der Höhe $h = 113$ mm (2 DF):

Ziegel DIN 105 Mz 12−1,8−2 DF

Bezeichnung eines Hochlochziegels (HLz) mit Lochung A der Druckfestigkeitsklasse 12, der Rohdichteklasse 1,2, der Länge $l = 240$ mm, der Breite $b = 115$ mm und der Höhe $h = 113$ mm (2 DF):

Ziegel DIN 105 HLzA 12−1,2−2 DF

5 Kennzeichnung

Sämtliche Ziegel (außer Ziegel für sichtbar bleibendes Mauerwerk) sind mit einem Werkzeichen (Herstellerzeichen) zu kennzeichnen.

Ferner müssen die versandbereiten Ziegel auf einer Längsseite eine mindestens 20 mm breite Farbkennzeichnung der Druckfestigkeitsklasse (siehe Tabelle 6) und eine Angabe über die Rohdichteklasse erhalten.

DIN 105 Teil 1

Es genügt, wenn auf höchstens 200, bei Ziegeln ≥ 10 DF auf 50 Ziegel ein gekennzeichneter Ziegel entfällt.

Werden Ziegel paketiert, genügt es, wenn die Verpackung oder ein Beipackzettel die Angaben über Werkzeichen, Rohdichteklasse und Druckfestigkeitsklasse enthält; dies gilt auch für Vormauerziegel und Klinker.

Tabelle 5 **Format-Kurzzeichen (Beispiele)**

Format-Kurzzeichen	Maße bzw.		
	l	b	h
1 DF (Dünnformat)	240	115	52
NF (Normalformat)	240	115	71
2 DF	240	115	113
3 DF	240	175	113
4 DF	240	240	113
5 DF	240	300	113
6 DF	240	365	113
8 DF	240	240	238
10 DF	240	300	238
12 DF	240	365	238
15 DF	365	300	238
18 DF	365	365	238
16 DF	490	240	238
20 DF	490	300	238

Tabelle 6 **Kennzeichnung**

Druckfestigkeitsklasse	Farbe
4	blau
6	rot
8	[1]
12	ohne
20	gelb
28	braun

[1] Keine Farbkennzeichnung; Kennzeichnung erfolgt nur durch Aufstempelung der Druckfestigkeitsklasse in schwarzer Farbe.

Mauerziegel
Leichthochlochziegel
Auszug aus **DIN 105 Teil 2** (8.89)

1 Anwendungsbereich

Leichthochlochziegel sind wegen ihrer gegenüber Ziegeln nach DIN 105 Teil 1 erhöhten Wärmedämmung besonders für die Herstellung von Außenwänden geeignet. Für die Verwendung bei der Herstellung tragender Wände gelten DIN 1053 Teil 1, Teil 2 und Teil 4, für nichttragende Trennwände DIN 4103 Teil 1.

2 Begriff

Leichthochlochziegel sind Ziegel, die aus Ton, Lehm oder tonigen Massen mit oder ohne Zusatzstoffe (porenbildende Stoffe) geformt und gebrannt werden. Ihre Rohdichte beträgt höchstens 1,0 kg/dm^3. Die Zusatzstoffe dürfen die Eigenschaften der Ziegel auch auf Dauer nicht nachteilig beeinflussen.

3 Anforderungen

3.1 Form

Ziegel müssen die Gestalt eines von Rechtecken begrenzten Körpers haben (dies gilt nicht für Formziegel).

Die Stirnflächen von Ziegeln dürfen mit Nuten und Federn oder bei Steinbreiten $\geq$ 240 mm mit Mörteltaschen versehen werden. (Vgl. Mitteilungen 6/1993 des DIBt.)

3.2 Ziegelarten

3.2.1 **Leichthochlochziegel** sind senkrecht zur Lagerfläche gelochte Ziegel. Sie dürfen mit Lochung A, B oder C ausgeführt werden. Leichthochlochziegel W sind Ziegel der Lochung B mit einer Höhe von 238 mm, die die zusätzlichen Anforderungen des Abschnittes 3.3.3 erfüllen müssen.

3.2.2 **Mauertafel-Leichtziegel** sind Ziegel, die für die Erstellung von Mauertafeln nach DIN 1053 Teil 4 bestimmt sind.

3.2.3 **Formleichtziegel** sind Ziegel, die aus anwendungstechnischen Gründen von der in Abschnitt 3.1 beschriebenen Form abweichen.

3.2.4 **Vormauerleichthochlochziegel** sind Ziegel, deren Frostbeständigkeit durch Prüfung nachgewiesen ist. Die Oberflächen dürfen strukturiert sein.

3.3 Löcher und Stege

3.3.1 Die Löcher und Stege müssen Tabelle 1 entsprechen.

Die Löcher sollen möglichst gleichmäßig über die Lagerfläche verteilt sein; ihre Querschnittsform ist beliebig.

3.3.2 Grifflöcher sind nur dort anzuordnen, wo sie zur Handhabung erforderlich sind. Bei Anordnung von Grifflöchern darf die Gesamtfläche der Grifflöcher und Mörteltaschen nicht mehr als 12,5 % der Lagerfläche des Ziegels nach Tabelle 1 betragen.

Die Randzone um das Griffloch muß mindestens 50 mm breit sein, der Bereich zwischen den Grifflöchern bei einem Grifflochquerschnitt $\leq 16 \text{ cm}^2$ (Daumenlöcher) mindestens 50 mm, bei einem Grifflochquerschnitt $> 16 \text{ cm}^2$ jedoch mindestens 70 mm. (Vgl. Mitteilungen 6/1993 des DIBt.)

Bei der Ermittlung des Gesamtlochquerschnittes sind die Grifflöcher, aber nicht die Mörteltaschen dem Lochanteil hinzuzurechnen.

Tabelle 1 **Lochungsarten, Löcher und Stege**

Spalte	1	2	3	4	5	6
Zeile	Art	Kurzzeichen	Gesamtlochquerschnitt in % der Lagerfläche[1]	Löcher[2] Einzelquerschnitt cm²	Maße[3]	Stege
1	Hochlochziegel mit Lochung A	HLzA	> 15 ≤ 50	$\leq 2,5$ etwaige Grifflöcher nach Abschnitt 3.3.2	keine Festlegungen	Mindestdicke der Außenwandungen 10 mm[5] Bei Vormauerziegeln und Klinkern muß die Mindestdicke der Außenwandungen an den Sichtseiten 20 mm betragen.
2	Hochlochziegel mit Lochung B	HLzB	> 15 ≤ 50	≤ 6 etwaige Grifflöcher nach Abschnitt 3.3.2	$k \leq 15$ $d \leq 20$ $d' \leq 18$	
3	Hochlochziegel mit Lochung C[4]	HLzC	≤ 50	≤ 16	$k \leq 25$ $d \leq 45$ $d' \leq 35$	

[1] Lagerfläche = Länge × Breite des Ziegels. Bei Ziegeln mit Grifflöchern darf der Lochanteil 55 % betragen.
[2] Ausschließlich etwaiger Mörteltaschen
[3] Hierbei bedeuten: k = kleinere Seitenlänge bei rechteckigen, d = Durchmesser bei kreisförmigen und d' = kleinerer Durchmesser oder kleinere Diagonale bei ellipsenförmigen oder rhombischen Lochquerschnitten.
[4] 5seitig geschlossen, Dicke der Abdeckung ≥ 5 mm
[5] Die Summe der Stegdicken senkrecht zur Wanddicke bzw. bezogen auf die Steinlänge darf 180 mm/m nicht unterschreiten.

DIN 105 Teil 2

3.3.3 Leichthochlochziegel W müssen hinsichtlich der Lochung folgende zusätzliche Anforderungen erfüllen:

Die Lochreihenzahl in Richtung der Wanddicke (Ziegelbreite) muß der Tabelle 2 entsprechen.

Wird die Lochreihenzahl von Tabelle 2 unterschritten, muß die Scherbenrohdichte nach Abschnitt 3.5.2 eingehalten sein.

Die Summe der Stegdicken senkrecht zur Wanddicke bzw. bezogen auf die Ziegellänge muß ≤ 250 mm/m sein (siehe Bild 1).

Tabelle 2 **Lochreihenzahl**

Ziegel-breite	Lochreihenzahl
115	5 bis 6
175	8 bis 9
240	11 bis 12
300	13 bis 15
365	16 bis 18
490	21 bis 23

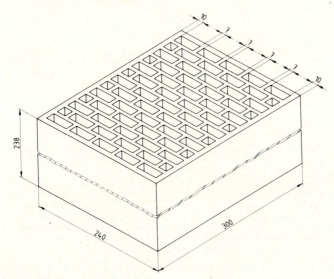

(Gesamtstegdicke 4×7 mm $+ 2 \times 10$ mm $= 48$ mm auf 240 mm entspricht $200/1000 \leq 250$)

Bild 1. Hochlochziegel W 10DF (300)

3.4 Maße

3.4.1 Die Nennmaße, Kleinst- und Größtmaße der Ziegel sind in Tabelle 3 angegeben. Innerhalb der Lieferungen für ein Bauwerk dürfen sich jedoch die Maße der größten und kleinsten Ziegel höchstens um die in Tabelle 3, Spalte 5, angegebene Maßspanne t unterscheiden.

3.4.2 Bei Ziegeln, die ohne sichtbar vermörtelte Stoßfuge versetzt werden sollen (Vermörtelung nur der Mörteltaschen oder Ziegel mit Nuten und Federn an beiden Stirnflächen; vgl. Mitteilungen 6/1993 des DIBt.), soll das Nennmaß der Länge mindestens 5 mm größer sein als der Wert nach Tabelle 3.

Die in Tabelle 3 festgelegten Grenzmaße gelten sinngemäß, jedoch darf das Größtmaß der Länge das Nennmaß der Länge nach Tabelle 3 um nicht mehr als 9 mm überschreiten. Bei Ziegeln mit Nuten und Federn gilt als Länge das Maß von der Außenfläche Feder der einen Stirnfläche bis zur Nutengrundfläche der anderen Stirnfläche. (Vgl. Mitteilungen 6/1993 des DIBt.)

Die Ziegel müssen mindestens an einer Stoßfläche Mörteltaschen oder an beiden Stoßflächen Nuten und Federn aufweisen. (Vgl. Mitteilungen 6/1993

Tabelle 3 **Maße**

Spalte	1	2	3	4	5
Zeile	Maße[1])	Nennmaß	Kleinstmaß	Größtmaß	Maßspanne t (siehe Abschnitt 3.4.1)
1	Länge l bzw. Breite b	115	110	120	6
2		145	139	148	7
3		175	168	178	8
4		240	230	245	10
5		300	290	308	12
6		365	355	373	12
7		490	480	498	12
8	Höhe[2]) h	71	68	74	4
9		113	108	118	4
10		238	233	243	6

[1]) Bei Vormauerziegeln, die für nichttragende Verblendschalen verwendet werden sollen und die nicht im Verband mit anderem Mauerwerk gemauert werden, dürfen hiervon abweichende Werkmaße, die jedoch in folgenden Grenzen liegen müssen, gewählt werden:
Länge $190 \leq l \leq 290$
Breite $90 \leq b < 115$
Höhe $40 \leq h < 113$
Die Grenzabmaße von den Werkmaßen sind entsprechend den in Spalte 3 und Spalte 4 angegebenen Maßen (bei geradliniger Einschaltung der Zwischenwerte) einzuhalten.

[2]) Werden Ziegel mit einer Höhe von 155 bzw. 175 mm hergestellt, so gelten die in Spalte 3 und Spalte 4 angegebenen Maße (bei geradliniger Einschaltung der Zwischenwerte) entsprechend.

des DIBt.) Die Mörteltaschen müssen bei beidseitiger Anordnung mindestens 15 mm und dürfen höchstens 25 mm und bei einseitiger Anordnung mindestens 30 mm und höchstens 40 mm tief sein. Sie müssen etwa über die halbe Steinbreite reichen.

3.4.3 Mauertafel-Leichtziegel müssen abweichend von Tabelle 3 Steinlängen von 247, 297, 373 oder 495 mm haben.

Hinsichtlich der Grenzmaße und Toleranzen gilt Abschnitt 3.4.1 sinngemäß. Die Ziegel müssen im mittleren Bereich mindestens einen Lochkanal von 50 bis 90 mm Länge und 30 bis 50 mm Breite und an den Stoßflächen eine Aussparung von ebenfalls 30 bis 60 mm Breite und 25 bis 45 mm Tiefe (Länge) haben. Die Löcher sind so anzuordnen, daß sich bei den im Verband vermauerten Ziegeln senkrecht durchlaufende Kanäle ergeben. Die seitlich verbleibenden Ziegelbereiche müssen an den Stoßflächen mindestens 40 mm und in der Längsrichtung mindestens 55 mm dick sein (siehe Bild 2).

Bei der Ermittlung des Gesamtlochquerschnittes sind die Kanäle, aber nicht die Aussparungen dem Lochanteil hinzuzurechnen.

3.5 Rohdichte

3.5.1 Ziegelrohdichte

Die Ziegelrohdichten müssen für die jeweiligen Rohdichteklassen in den in Tabelle 4 angegebenen Grenzen liegen.

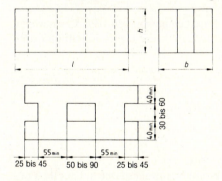

Bild 2

Tabelle 4 **Ziegelrohdichte**

Rohdichte-klasse	Mittelwert der Ziegelrohdichte[1]) kg/dm^3
0,6	0,51 bis 0,60
0,7	0,61 bis 0,70
0,8	0,71 bis 0,80
0,9	0,81 bis 0,90
1,0	0,91 bis 1,00

[1]) Einzelwerte dürfen die Klassengrenzen um nicht mehr als 0,05 kg/dm³ unter- bzw. überschreiten.

3.5.2 Scherbenrohdichte

Bei Leichthochlochziegeln W, bei denen die Lochreihenzahl in Richtung der Wanddicke nach Tabelle 2 unterschritten wird, darf die Scherbenrohdichte in Abhängigkeit von der Ziegelrohdichte höchstens die in Tabelle 5 genannten Werte erreichen.

3.6 Druckfestigkeit

Es gelten die Druckfestigkeitsklassen nach Tabelle 6. Die angegebenen Mittelwerte und kleinsten Einzelwerte dürfen bei der aufgrund der Prüfergebnisse vorgenommenen Einstufung nach Abschnitt 6.4 nicht unterschritten werden.

DIN 105 Teil 2

Tabelle 5 **Zulässige Scherbenrohdichte**

Ziegel-rohdichte kg/dm^3	Scherbenrohdichte kg/dm^3 max.
0,60	1,18
0,70	1,30
0,80	1,45
0,90	1,60
1,00	1,75

Tabelle 6 **Druckfestigkeit**

Spalte	1	2	3
Zeile	Druck-festig-keits-klasse	Druckfestigkeit N/mm^2	
		Mittel-wert	kleinster Einzel-wert
1	2	2,5	2,0
2	4	5,0	4,0
3	6	7,5	6,0
4	8	10,0	8,0
5	12	15,0	12,0
6	20	25,0	20,0
7	28	35,0	28,0

Abschnitte 3.7, 3.8, 3.91, 3.92 wie DIN 105 Teil 1

3.9.3 Werden bei Verwendung von Porosierungsmitteln die Grenzwerte nach Abschnitt 3.9.1 und 3.9.2 überschritten, so ist die Unschädlichkeit durch den Hersteller nachzuweisen.

4 Bezeichnung

Für die verschiedenen Ziegelarten gelten folgende Kurzzeichen:

HLz Leichthochlochziegel
VHLz Vormauer-Leichthochlochziegel
HLzT Mauertafel-Leichtziegel

Vormauer-Leichthochlochziegel mit von den Nennmaßen nach Tabelle 3 abweichenden Werkmaßen (siehe Tabelle 3, Fußnote 1) erhalten zum Kurzzeichen den Buchstaben v (vHLz).

Formziegel haben kein besonderes Kurzzeichen.

Leichthochlochziegel werden nach dem Kurzzeichen HLz zusätzlich mit den Buchstaben A, B oder C, entsprechend Tabelle 1, oder mit W, wenn sie die zusätzlichen Anforderungen nach Abschnitt 3.3.3 erfüllen, bezeichnet.

Leichthochlochziegel sind in der Reihenfolge DIN-Hauptnummer, Ziegelart (Kurzzeichen), Druckfestigkeitsklasse, Rohdichteklasse und Format-Kurzzeichen nach Tabelle 7 zu bezeichnen. Bei Ziegeln W ohne Mörteltasche ist die vorgesehene Wanddicke hinter dem Format-Kurzzeichen anzufügen (z. B. Wanddicke = 300 mm (300)).

Tabelle 7 **Format-Kurzzeichen (Beispiele)**

Format-Kurzzeichen	Maße bzw.		
	l	b	h
NF	240	115	71
2 DF	240	115	113
3 DF	240	175	113
4 DF	240	240	113
5 DF	240	300	113
6 DF	240	365	113
8 DF	240	240	238
10 DF	240	300	238
12 DF	240	365	238
15 DF	365	300	238
18 DF	365	365	238
16 DF	490	240	238
20 DF	490	300	238

Tabelle 8 **Kennzeichnung**

Druckfestigkeitsklasse	Farbe
2	grün
4	blau
6	rot
8	[1])
12	ohne
20	gelb
28	braun

[1]) Keine Farbkennzeichnung; Kennzeichnung erfolgt nur durch Aufstempelung der Druckfestigkeitsklasse in schwarzer Farbe.

Bezeichnungsbeispiel:

Bezeichnung eines Leichthochlochziegels (HLz) ohne Mörteltasche, mit der Lochung W, der Druckfestigkeitsklasse 6, der Rohdichteklasse 0,7, der Länge $l = 240$ mm, der Breite $b = 300$ mm und der Höhe $h = 238$ mm (10 DF) für eine Wanddicke von 300 mm (300):

Ziegel DIN 105 – HLzW 6 – 0,7 – 10 DF (300)

5 Kennzeichnung

Sämtliche Ziegel (außer Ziegel für sichtbar bleibendes Mauerwerk) sind mit einem Werkzeichen (Herstellerzeichen) und dem Kennzeichen der Lochungsart zu kennzeichnen.

Ferner müssen die versandbereiten Ziegel auf einer Längsseite eine mindestens 20 mm breite Farbkennzeichnung der Druckfestigkeitsklasse (siehe Tabelle 8) und eine Angabe über die Rohdichteklasse erhalten.

Es genügt, wenn auf höchstens 200, bei Ziegeln $\geq$ 10 DF auf 50 Ziegel ein gekennzeichneter Ziegel entfällt.

Werden Ziegel paketiert, genügt es, wenn die Verpackung oder ein Beipackzettel die Angaben über Werkzeichen, Lochungsart, Rohdichteklasse und Druckfestigkeitsklasse enthält. Dies gilt auch für Vormauerziegel.

Mauerziegel
Hochfeste Ziegel und hochfeste Klinker
nach **DIN 105 Teil 3** (5.84)

Begriff und Bezeichnungen

Hochfeste Ziegel und Klinker bestehen aus Ton, Lehm oder tonigen Massen mit oder ohne Zusatzstoffen.

Vormauerziegel und Klinker müssen frostbeständig sein nach DIN 52 252 Teil 1.

Ziegelarten: Mz Vollziegel (bis 15 % Lochung senkrecht zur Lagerfuge möglich), HLz Hochlochziegel, KMz Vollklinker, KHLz Hochlochklinker, HLzT Mauertafelziegel.

Maße

Zeile	Maße[1])	Nennmaß	Kleinstmaß	Größtmaß	Maßspanne t
1	Länge l bzw. Breite b	115	112	118	5
2		145	141	148	6
3		175	170	178	7
4		240	233	245	10
5		300	293	308	12
6	Höhe[2]) h	52	50	54	3
7		71	69	73	3
8		113	110	116	4
9		238	233	243	6

1) Bei Vormauerziegeln und Klinkern, die für nichttragende Verblendschalen verwendet werden sollen und die nicht im Verband mit anderem Mauerwerk gemauert werden, dürfen hiervon abweichende Werkmaße, die jedoch in folgenden Grenzen liegen müssen, gewählt werden:
Länge $\quad 190 \leq l \leq 290$
Breite $\quad 90 \leq b < 115$
Höhe $\quad 40 \leq h < 113$
Für die gewählten Nennmaße gelten Grenzmaße, die sich durch geradliniges Einschalten der Zwischenwerte nach den in den Spalten 3 und 4 angegebenen Maßen ermitteln lassen.
2) Werden Ziegel mit einer Höhe von 155 bzw. 175 mm hergestellt, so gelten die Toleranzen (bei geradliniger Einschaltung der Zwischenwerte) entsprechend.

Maße

Ziegelrohdichte

Es gibt die folgenden Rohdichteklassen mit einem Mittelwert der Ziegelrohdichte in kg/dm^3 (Klammerwerte). Einzelwerte dürfen die Klassenwerte um nicht mehr als 0,1 kg/dm^3 unter- bzw. überschreiten.

1,2 (1,01 bis 1,20)   1,8 (1,61 bis 1,80)
1,4 (1,21 bis 1,40)   2,0 (1,81 bis 2,00)
1,6 (1,41 bis 1,60)   2,2 (2,01 bis 2,50)

Druckfestigkeit und Farbmarkierung

Druckfestig-keitsklasse	Druckfestigkeit in N/mm^2		Farbmarkierung
	Mittelwert	Kleinster Einzelwert	
36	45,0	36,0	ein violetter Streifen
48	60,0	48,0	zwei schwarze Streifen
60	75,0	60,0	drei schwarze Streifen

Bezeichnung

Die Bezeichnung der Ziegel erfolgt sinngemäß nach DIN 105 Teil 1.

Mauerziegel
Keramikklinker
nach **DIN 105 Teil 4** (5.84)

Begriff und Bezeichnungen

Keramikklinker bestehen aus hochwertigen, dichtbrennenden Tonen mit oder ohne Zusatzstoffe. Sie sind frostbeständig und haben einen Massenanteil der Wasseraufnahme von höchstens 6 %.

Keramikklinkerarten: KK Keramik-Vollklinker, KHK Keramik-Hochlochklinker.

Klinker-Maße

Zeile	Abmessung	Nennmaß	Kleinstmaß	Größtmaß	Maßspanne t
1	Länge	240	235	245	8
2	Breite	115	112	118	4
3		52	50	54	2
4	Höhe	71	69	73	3
5		113	110	116	4

Klinkermaße

Bei Keramikklinkern, die für nichttragende Verblendschalen verwendet werden sollen und die nicht im Verband mit anderem Mauerwerk gemauert werden, dürfen abweichende Werkmaße, die jedoch in folgenden Bereichen liegen müssen, gewählt werden:

Länge $190 \leq l \leq 290$, Breite $90 \leq b < 115$, Höhe $40 \leq h < 113$

Ziegelrohdichte

Es gibt die folgenden Rohdichteklassen mit einem Mittelwert der Ziegelrohdichte in kg/dm^3 (Klammerwerte). Einzelwerte dürfen die Klassenwerte um nicht mehr als $0,1 \, kg/dm^3$ unter- bzw. überschreiten.

1,4 (1,21 bis 1,40)   2,0 (1,81 bis 2,00)
1,6 (1,41 bis 1,60)   2,2 (2,01 bis 2,50)
1,8 (1,61 bis 1,80)

Druckfestigkeit

Im Mittel 75 N/mm^2, mindestens kleinster Einzelwert 60 N/mm^2.

Bezeichnung

Bezeichnung eines Keramik-Hochlochklinkers (KHK) mit Lochung B der Druckfestigkeitsklasse 60, der Rohdichteklasse 1,6, der Länge $l = 240$ mm, der Breite $b = 115$ mm und der Höhe $h = 52$ mm (DF):

Klinker DIN 105 − KHKB 60 − 1,6 − DF

DIN 105 Teil 5

Mauerziegel
Leichtlanglochziegel und Leichtlangloch-Ziegelplatten
nach **DIN 105 Teil 5** (5.84)

Begriff und Bezeichnungen
Leichtlanglochziegel und Leichtlangloch-Ziegelplatten bestehen aus Ton, Lehm oder tonigen Massen mit und ohne Zusatzstoffen (porenbildenden Stoffen).

Ziegelarten: LLz Leichtlanglochziegel, LLp Leichtlangloch-Ziegelplatten.

Maße für Leichtlanglochziegel

Zeile	Maße	Nennmaß	Kleinstmaß	Größtmaß	Maßspanne t
1	Länge l	240	230	248	10
2		365	355	373	12
3		490	480	498	15
4	Breite b	115	110	120	6
5		175	168	178	8
6		240	230	245	10
7		300	290	308	12
8	Höhe $h^{1)}$	71	68	74	4
9		113	108	118	4
10		238	233	243	6

1) Werden Ziegel mit einer Höhe von 155 bzw. 175 mm hergestellt, so gelten die Toleranzen (bei geradliniger Einschaltung) entsprechend.

Maße für Leichtlochziegel-Ziegelplatten

Zeile	Maße	Nennmaß	Kleinstmaß	Größtmaß	Maßspanne t
1	Länge l	330	317	333	12
2		495	480	500	15
3		995	975	1000	18
4	Höhe h	175	168	178	8
5		238	230	245	10
6		320	310	328	12
7	Dicke s	40	38	42	3
8		50	48	52	3
9		60	57	63	4
10		70	67	73	4
11		80	76	84	5
12		100	96	104	5
13		115	100	120	6

Ziegelrohdichte

Es gibt die folgenden Rohdichteklassen mit einem Mittelwert der Ziegelrohdichte in kg/dm³ (Klammerwerte). Einzelwerte dürfen die Klassenwerte um nicht mehr als 0,1 kg/dm³ unter- bzw. überschreiten.

0,5 (0,41 bis 0,50)   0,8 (0,71 bis 0,80)
0,6 (0,51 bis 0,60)   0,9 (0,81 bis 0,90)
0,7 (0,61 bis 0,70)   1,0 (0,91 bis 1,00)

Druckfestigkeit und Farbmarkierung

Druckfestig-keitsklasse	Druckfestigkeit in N/mm²		Farbe
	Mittelwert	Kleinster Einzelwert	
2	2,5	2,0	grün
4	5,0	4,0	blau
6	7,5	6,0	rot
12	15,0	12,0	ohne

Bezeichnung sinngemäß nach DIN 105 Teil 2

DIN 106 Teil 1

Kalksandsteine
Vollsteine, Lochsteine, Blocksteine, Hohlblocksteine
nach **DIN 106 Teil 1** (9.80)

Begriff und Anwendungsbereich

Kalksandsteine bestehen aus Kalk und kieselsäurehaltigen Zuschlägen. Sie werden unter Dampfdruck gehärtet.

Kalksandsteine werden für tragendes und nichttragendes Mauerwerk vorwiegend zur Erstellung von Außen- und Innenwänden verwendet.

Art und Form der Steine

Vollsteine sind Mauersteine mit einer Steinhöhe von $\leq$ 113 mm, deren Querschnitt durch Lochung senkrecht zur Lagerfläche bis zu 15 % gemindert sein darf.

Lochsteine sind, abgesehen von durchgehenden Grifföffnungen, fünfseitig geschlossene Mauersteine mit einer Steinhöhe $\leq$ 113 mm, deren Querschnitt durch Lochung senkrecht zur Lagerfläche um mehr als 15 % gemindert sein darf.

Blocksteine sind, abgesehen von durchgehenden Grifföffnungen, fünfseitig geschlossene Mauersteine mit einer Steinhöhe $>$ 113 mm, deren Querschnitt durch Lochung senkrecht zur Lagerfläche bis zu 15 % gemindert sein darf.

Hohlblocksteine sind, abgesehen von durchgehenden Grifföffnungen, fünfseitig geschlossene Mauersteine mit einer Steinhöhe $>$ 113 mm, deren Querschnitt durch Lochung senkrecht zur Lagerfläche um mehr als 15 % gemindert sein darf.

Plansteine sind Voll- und Lochsteine, die in Dünnbettmörtel zu versetzen sind. An sie werden erhöhte Anforderungen an die zulässigen Abweichungen für die Höhe gestellt. (Vgl. Mitteilungen 6/1993 des DIBt.)

Maße (vgl. Mitteilungen 6/1993 des DIBt)

Die Maße der KS-Steine in mm sind der folgenden Tafel zu entnehmen. Sie können beliebig miteinander kombiniert werden.

Länge[1])	240	248	298	300	308	365	373	490	498	623			
Breite[2]) [3])	115	123	145	175	185	240	248	298	300	365	373	490	498
Höhe	52	71	113	155	175	238	249						

1) Bei Steinen mit Nut- und Federsystemen gelten die Maße als Abstand zwischen der Außenfläche der einen Stirnseite und der Nutengrundfläche der anderen Stirnseite.
2) Steinbreite gleich Wanddicke.
3) Plansteine dürfen auch in den Breiten 150, 200, 225 und 275 mm hergestellt werden.

Bezeichnung (vgl. Fußnoten der Tabelle „Format-Kurzzeichen")

Kurzzeichen der Steinarten: Voll- und Blocksteine   ohne
                              Loch- und Hohlblocksteine   L

DIN 106 Teil 1

Beispiele:
Bezeichnung eines Kalksandsteines (KS) mit ≤ 15 % Lochflächenanteil, der Druckfestigkeitsklasse 12, der Rohdichteklasse 1,6, des Formates 2 DF:
Kalksandstein DIN 106 − KS 12 − 1,6 − DF
Bezeichnung eines Kalksandsteines (KS) mit > 15 % Lochflächenanteil (Steinart L), der Druckfestigkeitsklasse 6, der Rohdichteklasse 1,2, des Formates 3 DF:
Kalksandstein DIN 106 − KS L − 6 − 1,2 − 3 DF.

Format-Kurzzeichen

Kurz-zeichen[1])	Länge	Breite	Höhe	Kurz-zeichen[1])	Länge	Breite	Höhe
	mm				mm		
1 DF	240	115	52	8 DF[2])	240	240	238
NF	240	115	71	10 DF[2])	300	240	238
2 DF	240	115	113	12 DF[2])	365	240	238
3 DF	240	175	113	15 DF[2])	365	300	238
4 DF	240	240	113	16 DF[2])	490	240	238
5 DF	300	240	113	20 DF[2])	490	300	238
6 DF	365	240	113				

DF = Dünnformat   NF = Normalformat

1) Bei Steinen der nicht aufgeführten Maßkombinationen sind statt der Format-Kurzzeichen die Maße in der Reihenfolge Länge×Breite×Höhe anzugeben, wobei die Steinbreite gleich der Mauerwerksdicke ist.
2) Bei Block- und Hohlblocksteinen ist bei der Bestellung die gewünschte Mauerwerksdicke hinter das Format-Kurzzeichen zu setzen, z. B. für eine Mauerwerksdicke von 240 mm (240): 12 DF (240)

Druckfestigkeit (N/mm^2)

Festig-keits-klasse	Anforderungen		Kenn-zeichn.[1]) erford.
	Mittelw.	kleinst. Einzelw.	
4	5,0	4,0	ja
6	7,5	6,0	ja
8	10,0	8,0	ja
12	15,0	12,0	nein
20	25,0	20,0	ja
28	35,0	28,0	ja
36	45,0	36,0	ja
48	60,0	48,0	ja
60	75,0	60,0	ja

1) Wird statt der Stempelung eine Farbkennzeichnung ausgeführt, sind folgende Farben anzuwenden:
Festigkeitsklasse:
4 blau, 6 und 8 rot, 12 ohne, 20 gelb, 28 braun, 36 violett, 48 zwei schwarze Streifen, 60 drei schwarze Streifen.

Rohdichtekennzeichnung

Roh-dichte-klasse kg/dm^3	Kennzeichnung erforderlich		
	Vollst.	Lochst.	Blockst. Hohlbl.St.
0,6	ja	ja	ja
0,7	ja	ja	ja
0,8	ja	ja	ja
0,9	ja	ja	ja
1,0	ja	ja	ja
1,2	ja	ja	ja
1,4	ja	nein	nein
1,6	nein	nein	nein
1,8	nein	−	ja
2,0	nein	−	ja
2,2	ja	−	−

Kalksandsteine

Vormauersteine und Verblender
nach **DIN 106 Teil 2** (11.80)

Begriff und Anwendungsbereich

KS-Vormauersteine sind Kalksandsteine, die mindestens der Druckfestigkeitsklasse 12 angehören und frostbeständig nach Abschnitt 7.4.3.1 (nicht abgedruckt) sind.

KS-Verblender sind Kalksandsteine, die mindestens der Druckfestigkeitsklasse 20 angehören. Die Anforderungen an die Frostbeständigkeit nach Abschnitt 7.4.3.2 (nicht abgedruckt) sind höher als bei KS-Vormauersteinen.

KS-Vormauersteine und KS-Verblender sind für Sichtmauerwerk, an das Anforderungen nach Frostbeständigkeit gestellt werden, bestimmt.

Art und Form der Steine

Vollsteine sind Mauersteine mit einer Steinhöhe von ≤ 113 mm, deren Querschnitt durch Lochung senkrecht zur Lagerfläche bis zu 15 % gemindert sein darf.

Lochsteine sind, abgesehen von durchgehenden Grifföffnungen, fünfseitig geschlossene Mauersteine mit einer Steinhöhe ≤ 113 mm, deren Querschnitt durch Lochung senkrecht zur Lagerfläche um mehr als 15 % gemindert sein darf.

Blocksteine sind, abgesehen von durchgehenden Grifföffnungen, fünfseitig geschlossene Mauersteine mit einer Steinhöhe > 113 mm, deren Querschnitt durch Lochung senkrecht zur Lagerfläche bis zu 15 % gemindert sein darf.

Hohlblocksteine sind, abgesehen von durchgehenden Grifföffnungen, fünfseitig geschlossene Mauersteine mit einer Steinhöhe > 113 mm, deren Querschnitt durch Lochung senkrecht zur Lagerfläche um mehr als 15 % gemindert sein darf.

Maße

Die Maße der KS-Steine in mm sind der folgenden Tafel zu entnehmen. Sie können beliebig miteinander kombiniert werden. Ergänzungssteine sind möglich, wenn sie DIN 4172 entsprechen.

Länge	240	300	365	490		
Breite	115	175	240	300	365	490
Höhe	52	71	113	175	238	

Für KS-Verblender gilt folgende Einschränkung:
Länge ≤ 300 mm, Breite ≤ 240 mm, Höhe ≤ 113 mm

DIN 106 Teil 2

Für 300 mm dickes Mauerwerk sind auch Formate mit dem Grundflächenmaß 300 mm × 145 mm zulässig.

Für Steine mit Mörteltaschen, die stumpf gestoßen vermauert werden sollen, kann das Steinmaß in Richtung der Mauerwerkslängsachse um 8 mm erhöht werden.

Für KS-Vormauersteine und KS-Verblender, die für nichttragende Verblendschalen verwendet werden, dürfen hiervon abweichende Maße gewählt werden, die jedoch in folgenden Grenzen liegen müssen:

190 mm ≤ Länge ≤ 290 mm
 90 mm ≤ Breite ≤ 115 mm
 40 mm ≤ Höhe ≤ 113 mm

Gegenseitige Abhängigkeit der Steinhöhenmaße bei Vermauerung nach DIN 1053 Teil 1:

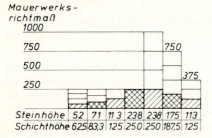

Druckfestigkeit

Druckfestigkeits-klasse	Anforderungen an die Druckfestigkeit N/mm^2		Kennzeichnung[2]) erforderlich
	Mittelwert	kleinster Einzelwert	
12[1])	15,0	12,0	nein
20	25,0	20,0	ja
28	25,0	28,0	ja
36	45,0	36,0	ja
48	60,0	48,0	ja
60	75,0	60,0	ja

1) Zeile 1 gilt nicht für KS-Verblender.
2) Wird statt der Stempelung eine Farbkennzeichnung ausgeführt, sind folgende Farben anzuwenden:
Festigkeitsklasse:
12 ohne, 20 gelb, 28 braun, 36 violett, 48 zwei schwarze Streifen, 60 drei schwarze Streifen.

DIN 106 Teil 2

Format-Kurzzeichen

Kurz-zeichen[1])	Länge mm	Breite mm	Höhe mm	Kurz-zeichen[1])	Länge mm	Breite mm	Höhe mm
1 DF	240	115	52	8 DF[2])	240	240	238
NF	240	115	71	10 DF[2])	300	240	238
2 DF	240	115	113	12 DF[2])	365	240	238
3 DF	240	175	113	15 DF[2])	365	300	238
4 DF	240	240	113	16 DF[2])	490	240	238
5 DF	300	240	113	20 DF[2])	490	300	238
6 DF	365	240	113				

DF = Dünnformat NF = Normalformat

1) Bei Steinen der nicht aufgeführten Maßkombinationen sind statt der Format-Kurzzeichen die Maße in der Reihenfolge Länge×Breite×Höhe anzugeben, wobei die Steinbreite gleich der Mauerwerksdicke ist.
2) Bei Block- oder Hohlblocksteinen ist bei der Bestellung die gewünschte Mauerwerksdicke hinter das Format-Kurzzeichen zu setzen, z. B. für eine Mauerwerksdicke von 240 mm (240): 12 DF (240)

Rohdichtekennzeichnung

Rohdichteklasse kg/dm^3	Kennzeichnung erforderlich		
	Vollsteine	Lochsteine	Block- und Hohlblocksteine
1,0	–	ja	ja
1,2	ja	ja	ja
1,4	ja	nein	nein
1,6	nein	nein	nein
1,8	nein	–	ja
2,0	nein	–	ja
2,2	ja	–	–

Bezeichnung (Vgl. Fußnoten der Tabelle „Format-Kurzzeichen".)

Kurzzeichen der Steinarten: KS-Vormauersteine KS Vm
KS-Verblender KS Vb
Voll- und Blocksteine ohne
Loch- und Hohlblocksteine L

Beispiele: Bezeichnung eines Kalksandsteines (KS) als Vormauerstein (Vm) mit $\geq$ 15 % Lochflächenanteil (Steinart L), der Druckfestigkeitsklasse 12, der Rohdichteklasse 1,2, des Formates 2 DF:

Kalksandstein DIN 106 – KS VmL – 12 – 1,2 – 2 DF

Bezeichnung eines Kalksandsteines (KS) als Verblender (Vb) mit $\leq$ 15 % Lochflächenanteil, der Druckfestigkeitsklasse 28, der Rohdichteklasse 1,8, des Formates NF: **Kalksandstein DIN 106 – KS Vb – 28 – 1,8 – NF**

Hüttensteine
Vollsteine, Lochsteine, Hohlblocksteine
nach **DIN 398** (6.76)

Hüttensteine sind Mauersteine, die aus künstlich gewonnenen Zuschlägen (z. B. Hochofenschlacke) und mineralischen Bindemitteln bestehen und durch Pressen oder Rütteln verdichtet und an der Luft oder in kohlensäurehaltigen Abgasen oder unter Dampf gehärtet worden sind.

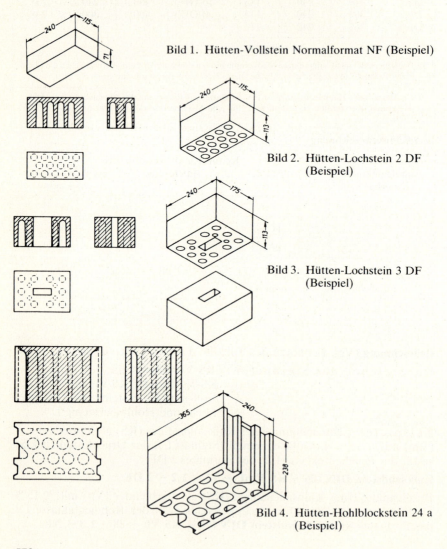

Bild 1. Hütten-Vollstein Normalformat NF (Beispiel)

Bild 2. Hütten-Lochstein 2 DF (Beispiel)

Bild 3. Hütten-Lochstein 3 DF (Beispiel)

Bild 4. Hütten-Hohlblockstein 24 a (Beispiel)

DIN 398

Form, Maße, Druckfestigkeiten

Hütten-Vollsteine (HSV) sind Mauersteine, deren Querschnitt durch Lochung senkrecht zur Lagerfläche bis 25 % gemindert sein darf (Normalformat ohne Lochung siehe Bild 1).

Hütten-Lochsteine (HSL) sind fünfseitig geschlossene Mauersteine, abgesehen von durchgehenden Grifföffnungen, mit Lochungen senkrecht zur Lagerfläche (siehe Bild 2 und 3).

Hütten-Hohlblocksteine (HHbl) sind großformatige, fünfseitig geschlossene Mauersteine mit Hohlräumen senkrecht zur Lagerfläche (siehe Bild 4).

Maße, Druckfestigkeiten, Gewichte

Spalte	1	2	3	4	5	6	7	8	9	10	11	12	13	14	15	16	17	18	19	20	21
Zeile	Form	Formate	Maße mm			Höchstwerte der mittleren Rohdichte in kg/dm^3															
			l	b	h	2,00		1,80		1,60		1,40		1,20		1,00					
						Mittelwerte der Druckfestigkeit in MN/m^2 (obere Zeile)[1] / Gewicht[2] in kg (untere Zeile)															
1	Hütten-Vollsteine HSV	Dünnformat DF	240	115	52	35,0 25,0 – / 3,0				35,0 25,0 – / 2,7		–		–		–		–		–	
2		Normalformat NF	240	115	71	35,0 25,0 15,0 / 4,1				35,0 25,0 15,0 / 3,7		25,0 15,0 – / 3,3		–		–		–		–	
3		2 DF (= 1 1/2 NF)	240	115	113	–				35,0 25,0 15,0 / 5,9		25,0 15,0 – / 5,3		–		–		–		–	
4		3 DF (= 2 1/4 NF)	240	175	113	–				35,0 25,0 15,0 / 9,0		25,0 15,0 – / 8,0		–		–		–		–	
5		5 DF (= 3 3/4 NF)	240	300	113	–				35,0 25,0 15,0 / 16,0		25,0 15,0 – / 14,5		–		–		–		–	
6	Hütten-Lochsteine HSL	2 DF (= 1 1/2 NF)	240	115	113	–				–		15,0 7,5 / 5,3		–		15,0 7,5 / 4,6		15,0 7,5 / 4,0		–	
7		3 DF (= 2 1/4 NF)	240	175	113	–				–		15,0 7,5 / 8,0		–		15,0 7,5 / 7,0		15,0 7,5 / 6,0		–	
8		5 DF (= 3 3/4 NF)	240	300	113	–				–		15,0 7,5 / 13,7		–		15,0 7,5 / 12,0		15,0 7,5 / 10,3		–	
9	Hütten-Hohlblocksteine HHbl	30 a	240	300	238	–				–		15,0 7,5 / 28,9		–		15,0 7,5 / 25,2		15,0 7,5 / 21,6		15,0 7,5 / 18,0	
10		30 b	240	300	175	–				–		15,0 7,5 / 21,2		–		15,0 7,5 / 18,5		15,0 7,5 / 15,8		15,0 7,5 / 13,3	
11		24 a	365[3]	240	238	–				–		–		–		–		15,0 7,5 / 26,7		15,0 7,5 / 22,1	
12		24 b	365[3]	240	175	–				–		–		–		–		15,0 7,5 / 19,6		15,0 7,5 / 16,4	
13		17.5	365[3]	175	238	–				–		–		–		–		15,0 7,5 / 19,4		15,0 7,5 / 16,2	

1) Gerundet auf eine Stelle nach dem Komma.
2) Keine Normforderung, Anhaltswert für Baustellenprüfung.
 Die angegebenen Gewichte beziehen sich auf das Trockengewicht + 5 Gewichts-% für den Feuchtigkeitsgehalt. Wenn dieses Gewicht bei der Prüfung nicht überschritten wird, kann im allgemeinen angenommen werden, daß die Steine die in *Tabelle 1* angegebenen Rohdichten besitzen.
3) Mit Aussparungen zum Vermörteln auch 370 mm.

DIN 398

Für 300 mm dickes Mauerwerk sind auch Formate mit dem Grundflächenmaß 300 mm × 145 mm zulässig.

Die zur Herstellung eines fachgerechten Mauerverbandes notwendigen Ergänzungssteine sind ebenfalls zulässig.

Frostbeständigkeit

Frostbeständigkeit wird gefordert von Hüttensteinen mit den Druckfestigkeiten 35,0 MN/m^2 und 15,0 MN/m^2, wenn diese als Vormauersteine verwendet werden sollen.

Bezeichnung und Farbmarkierung

Die Hüttensteine sind in der Reihenfolge Form, Rohdichte, Druckfestigkeit, Format und DIN-Nummer zu bezeichnen.

B e z e i c h n u n g s b e i s p i e l :

Bezeichnung eines Hüttenlochsteines (HSL) der Rohdichte 1,60 kg/dm^3, der Druckfestigkeitsklasse 12 N/mm^2 (bisher: 150 kp/cm^2) und des Formats 2 DF:

Hüttenlochstein HSL 1,6 − 12 − 2 DF DIN 398

Werden Hüttensteine mit einer Druckfestigkeit von 12 N/mm^2, 20 N/mm^2 oder 28 N/mm^2 als Vormauersteine verlangt, dann ist vor das Kurzzeichen der Steinart der Buchstabe V zu setzen. Zum Beispiel:

Hütten-Vollstein VHSV 1,6 − 15 DF DIN 398

Farbmarkierung

Druckfestigkeitsklasse	6 N/mm^2	12 N/mm^2	20 N/mm^2	28 N/mm^2
Farbzeichen	rot	schwarz[1])	weiß	braun
1) Nicht gefordert.				

Hüttensteine (außer Vormauersteine) sind nach ihrer Druckfestigkeit mindestens an jedem 200. Stein durch Farbmarkierung auf der Stirn- oder Längsseite zu kennzeichnen. Ferner ist mindestens jeder 200. Stein mit einem Herstellerzeichen zu versehen.

Gasbeton-Blocksteine und Gasbeton-Plansteine
nach **DIN 4165** (12.86)*)

Gasbetonsteine bestehen aus dampfgehärtetem Gasbeton. Gasbeton-Blocksteine sind in Normal- oder Leichtmörtel zu versetzen, Gasbeton-Plansteine

Tab. 1 Maße der Gasbeton-Blocksteine

Länge[1]) ± 3	Breite ± 3	Höhe ± 3
240	115[2])	
300	150	
323	175	115
365	200	175
490	240	190
615	300	240
740	365[3])	

1) Für Steine mit Mörteltaschen darf und für Steine mit Nut- und Federausbildung muß das Steinmaß in Richtung der Steinlänge um 9 mm erhöht werden.
2) Aus produktionstechnischen Gründen sind auch 120 mm und 125 mm zulässig.
3) Auch 375 mm sind zulässig.

Tab. 2 Maße der Gasbeton-Plansteine

Länge ± 1,5	Breite ± 1,5	Höhe ± 1
249		
299	115[1])	
312	150	
332	175	124
374	200	186
499	250	199
599	300	249
624	365	
749	375	

1) Aus produktionstechnischen Gründen sind auch 120 mm und 125 mm zulässig.

*) Vgl. Hinweise auf der nächsten Seite

Festigkeitsklasse, Druckfestigkeit, Rohdichteklasse, Farbkennzeichnung

Festigkeits-klasse	Farbkenn-zeichnung	Druckfestigkeit Mittelwert min. N/mm²	Druckfestigkeit kleinster Einzelwert N/mm²	Rohdichte-klasse	mittlere[1]) Rohdichte kg/dm³
2	grün	2,5	2,0	0,4	0,31 bis 0,40
				0,5	0,41 bis 0,50
4	blau	5,0	4,0	0,6	0,51 bis 0,60
				0,7	0,61 bis 0,70
				0,8	0,71 bis 0,80
6	rot	7,5	6,0	0,7	0,61 bis 0,70
				0,8	0,71 bis 0,80
8	keine[2])	10,0	8,0	0,8	0,71 bis 0,80
				0,9	0,81 bis 0,90
				1,0	0,91 bis 1,00

1) Einzelwerte dürfen die Klassengrenzen höchstens um 0,05 kg/dm³ über- oder unterschreiten.
2) Kennzeichnung erfolgt nur durch Aufstempelung der Festigkeits- und Rohdichteklasse in schwarzer Farbe.

DIN 4166

in Dünnbettmörtel. Sie können für tragendes und für nichttragendes Mauerwerk verwendet werden.

Bezeichnung

Bezeichnung eines Gasbeton-Blocksteins (G) der Festigkeitsklasse 2, der Rohdichte 0,50 kg/dm^3, der Länge 490 mm, der Breite 300 mm und der Höhe 240 mm:

Gasbeton-Blockstein DIN 4165 − G 2 − 0,5 − 490 × 300 × 240

bzw. eines Plansteins (GP):

Gasbeton-Planstein DIN 4165 − GP 2 − 0,5 − 499 × 300 × 249

Hinweis (vgl. Mitteilungen 6/1993 des DIBt)

In Abschnitt „Form, Maße" ist zu ergänzen:

„An den Stirnseiten der Steine dürfen auch Grifftaschen angebracht sein."

Anstelle von nur 1 mm bis 2 mm dürfen die Federbreite und -tiefe allseitig bis zu 5 mm kleiner als die entsprechenden Maße der Nut sein.

In Tabelle 1 wird für die Länge zusätzlich das Maß 590 mm aufgenommen.

In Tabelle 2 werden zusätzlich folgende Maße aufgenommen:

für die Breite: 240 mm und
für die Länge: 149 mm und 174 mm.

Gasbeton-Bauplatten und Gasbeton-Planbauplatten
nach **DIN 4166** (12.86)

Gasbeton-Bauplatten und -Planbauplatten werden aus dampfgehärtetem Gasbeton hergestellt. Sie werden für nichttragendes Mauerwerk verwendet.

Maße von in Mörtel zu verlegenden Gasbeton-Bauplatten

Länge[1] ± 3	Dicke ± 3	Höhe ± 3
365 490 615 740 990	25 30 50 75 100 125[2] 150 175 200	240

1) Für Platten und Mörteltaschen darf und für Platten mit Nut und Feder muß die Länge der Platte um 9 mm vergrößert werden.
2) Aus produktionstechnischen Gründen sind auch 115 mm und 120 mm zulässig.

Maße von in Dünnbettmörtel zu verlegenden Gasbeton-Planbauplatten

Länge ± 1,5	Breite ± 1,5	Höhe ± 1
374 499 624 749 999	25 30 50 75 100 125[1] 150 175 200	249 499 624

1) Aus produktionstechnischen Gründen sind auch 115 mm und 120 mm zulässig.

Rohdichteklassen

Rohdichteklasse	mittlere Rohdichte[1]) kg/dm^3
0,4	0,31 bis 0,40
0,5	0,41 bis 0,50
0,6	0,51 bis 0,60
0,7	0,61 bis 0,70
0,8	0,71 bis 0,80
0,9	0,81 bis 0,90
1,0	0,91 bis 1,00

1) Einzelwerte dürfen die Klassengrenzen um nicht mehr als 0,05 kg/dm^3 über- oder unterschreiten.

Gasbeton-Bauplatten werden in Normal- oder Leichtmörtel versetzt, Gasbeton-Planbauplatten in Dünnbettmörtel.

Kennzeichnung

Mindestens jede 10. Gasbeton-Bauplatte oder Gasbeton-Planbauplatte ist mit der Plattenart, der Rohdichteklasse und dem Herstellerzeichen durch Stempelung mit schwarzer Farbe oder Prägung zu kennzeichnen.

Werden Gasbeton-Bauplatten und Gasbeton-Planbauplatten paketiert, genügt es, wenn die Verpackung oder eine im Paket außen liegende Platte gekennzeichnet wird. Bei der Kennzeichnung ist auch die Stelle, die die Fremdüberwachung durchführt, anzugeben.

Bezeichnung

Bezeichnung einer Gasbeton-Bauplatte (Gpl) der Rohdichteklasse 0,5, der Länge 490 mm, der Dicke 100 mm und der Höhe 240 mm:

Gasbeton-Bauplatte DIN 4166 − Gpl − 0,5 − 490 × 100 × 240

bzw. mit Nut (N):

Gasbeton-Bauplatte DIN 4166 − Gpl − 0,5 − 490 × 100 × 240 N

Bezeichnung einer Gasbeton-Planbauplatte (GPpl) der Rohdichteklasse 0,5, der Länge 499 mm, der Dicke 100 mm und der Höhe 249 mm mit Nut und Feder (NF):

Gasbeton-Planbauplatte DIN 4166 − GPpl − 0,5 − 499 × 100 × 249 NF

DIN 18 147 Teil 2

Baustoffe und Bauteile für dreischalige Hausschornsteine
Formstücke aus Leichtbeton für die Außenschale
nach **DIN 18 147 Teil 2** (11.82)

Anwendung

Die Norm gilt für werkmäßig hergestellte Formstücke aus Leichtbeton, die zur Herstellung der Außenschale von dreischaligen Hausschornsteinen mit Dämmstoffschicht und beweglicher Innenschale verwendet werden sollen. Die Schornsteine sind zum Anschluß von Regelfeuerstätten bestimmt.

Die Norm kann auch auf Formstücke für Schornsteingruppen, die lichte Querschnitte für einschalige Schornsteine enthalten, angewendet werden, wenn folgendes eingehalten wird:

Ausgangsstoffe, Gefüge, Rohdichte und Druckfestigkeit müssen neben den Anforderungen dieser Norm auch den entsprechenden Anforderungen von DIN 18 150 Teil 1 genügen. Wenn die lichten Querschnitte für einschalige Schornsteine es erfordern, müssen auch Gasdurchlässigkeit des Betons sowie Form und Maße der Formstücke den Anforderungen von DIN 18 150 Teil 1 genügen.

Rohdichte: $\leq$ 180 kg/dm^3 des bei 105°C getrockneten Betons

Mindestdruckfestigkeit der Formstücke aus Leichtbeton für die Außenschale

Festigkeitsklasse	Mittelwert in N/mm^2	kleinster Einzelwert in N/mm^2
ALB 4	5,0	4,0
ALB 6	7,5	6,0
ALB 8	10,0	8,0
ALB 12	15,0	12,0

Bezeichnung: z. B. **Formstück DIN 18 147 − ALB 6**

Form und Maße

Einzelschornsteine,   Schornsteingruppen,   Lüftungsschächte

Die Formstücke können für Einzelschornsteine oder für Schornsteingruppen, auch mit verschiedenen lichten Querschnitten, hergestellt werden. Formstücke können auch lichte Querschnitte für einschalige Schornsteine nach DIN 18 150 Teil 1 und lichte Querschnitte von Lüftungsschächten für die Entlüftung eines Heizraums oder eines anderen besonderen Aufstellraumes für Feuerstätten enthalten. Schornsteingruppen dürfen höchstens 2 Reihen lichter Querschnitte und höchstens 4 lichte Querschnitte je Reihe haben. Nebeneinanderliegende lichte Querschnitte müssen durch Zungen voneinander getrennt sein.

Lichte Querschnitte

von Formstücken, die für Schornsteine bestimmt sind, müssen in Hinblick auf die Maße der Formstücke der Innenschale und der Dämmstoffschicht festgelegt werden. Die lichte Querschnittsfläche eines Lüftungsschachtes darf nicht weniger als 180 cm^2, die kleinste Seitenlänge eines rechteckigen lichten Querschnitts nicht weniger als 10 cm betragen.

Die längere Seite rechteckiger lichter Querschnitte für Lüftungsschächte darf nicht mehr als das 2fache, wenn eine längere Seite an einem Schornstein anliegt, höchstens das 2,5fache der kürzeren Seite betragen.

Wangen und Zungen

können vollwandig oder mit Zellen ausgebildet sein.

Die Länge der Zellen darf höchstens das 5fache der Dicke der dünnsten anliegenden Schale betragen. Die Zellen sind halbkreisförmig zu runden. Sie müssen oben geschlossen sein. Die Stege zwischen den Zellen müssen mindestens eine Breite von $^1/_5$ der Zellenlänge haben.

Mindestdicken der Wangen, Zungen und Schalen von Formstücken aus Leichtbeton für die Außenschale, die Bestandteile von Schornsteinwänden sind, müssen der folgenden Tafel entsprechen.

1	2	3	4
größte Seitenlänge oder Durchmesser der lichten Querschnitte	Mindestdicke [cm]		
	Wangen	Zungen	Schalen
bis 40 cm	4,0	3,5	2,5
über 40 bis 60 cm	5,0	3,5	3,0
über 60 bis 80 cm	6,0	4,0	4,0
über 80 bis 100 cm	7,0	4,0	4,0
über 100 cm	8,0	5,0	4,0

Für Zungen neben kreisförmigen lichten Querschnitten genügt jedoch, daß die kleinste Zungendicke mindestens den Werten nach Spalte 4 entspricht.

Vollwandige Wangen von Lüftungsschächten müssen mindestens 5,0 cm dick sein. Sie müssen jedoch mindestens 2,0 cm dünner als die Mindestwangendicken von Schornsteinformstücken für einschalige Schornsteine nach DIN 18 150 Teil 1 mit gleichem lichtem Querschnitt sein. Ausnahme: Der lichte Querschnitt ist rechteckig, und seine längere Seite beträgt mindestens das 1,75fache der kürzeren. Die Dicke vollwandiger Zungen zwischen Lüftungsschächten muß bei einem größten Schachtquerschnitt bis 400 cm^2 mindestens 3,5 cm, bei einem größten Schachtquerschnitt bis 3000 cm^2 mindestens 4,0 cm und bei größeren Schachtquerschnitten mindestens 4,5 cm betragen.

DIN 18 147 Teil 2

Wangen von Lüftungsschächten mit Zellen und entsprechende Zungen zwischen diesen Lüftungsschächten müssen mindestens 8,0 cm dick sein, die Schalendicke muß mindestens $^3/_{10}$ der Wangen- bzw. Zungendicke betragen. Die Wangen müssen außerdem mindestens 2,0 cm dünner als die Mindestwangendicken von Schornsteinformstücken für einschalige Schornsteine nach DIN 18 150 Teil 1 mit gleichem lichtem Querschnitt sein. Ausnahme: wie oben.

Höhe

Die Höhe der Formstücke muß 24,0; 32,3 oder 49,0 cm betragen.

DIN 18 147 Teil 3

Baustoffe und Bauteile für dreischalige Hausschornsteine
Formstücke aus Leichtbeton für die Innenschale
nach **DIN 18 147 Teil 3** (11.82)

Anwendung
Die Norm gilt für werkmäßig hergestellte Formstücke aus Leichtbeton, die zur Herstellung der Innenschale von dreischaligen Hausschornsteinen mit Dämmstoffschicht und beweglicher Innenschale verwendet werden sollen. Die Schornsteine sind zum Anschluß von Regelfeuerstätten bestimmt. Die Norm überläßt dem Hersteller, im nachstehend bestimmten Rahmen wesentliche Eigenschaften der Formstücke selbst festzulegen und in den technischen Lieferangaben mitzuteilen. Die Formstücke unterliegen den zusätzlichen Anforderungen der Bescheide über ihre allgemeine bauaufsichtliche Zulassung.

Anforderungen an den Leichtbeton
Der Leichtbeton muß für Formstücke für Innenschalen geeignet sein, die gegen Abgase mit Temperaturen bis 500°C, gegen Rußbrände im Inneren von Schornsteinen und gegen Kehrbeanspruchung widerstandsfähig sind. Die Formstücke müssen frei von Rissen sein; Oberflächenrisse bleiben außer Betracht.

Die Formstücke müssen aus Leichtbeton mit geschlossenem Gefüge bestehen. Die Oberflächen der Formstücke müssen geschlossen und möglichst glatt sein. Dies darf nicht durch Schlämmen oder Putzen erreicht werden.

Die Rohdichte des bei 105°C getrockneten Betons (ohne Transportbewehrung) darf nicht mehr als 1,90 kg/dm³ betragen.

Mindestdruckfestigkeit der Formstücke aus Leichtbeton für die Innenschale

Festigkeitsklasse	Mittelwert in N/mm²	kleinster Einzelwert in N/mm²
ILB 8	10,0	8,0
ILB 12	15,0	12,0

Die Säulendruckfestigkeit der Anschlußformstücke für die Innenschale ist nach den „Richtlinien für die Zulassung und Überwachung von Innenrohrformstücken und Innenrohrformsteinen aus Schamotte zur Herstellung der Innenschale mehrschaliger Hausschornsteine" des Instituts für Bautechnik, Berlin, zu ermitteln.

Die Gasdurchlässigkeit eines Formstückes darf bei einem Überdruck von 100 Pa im Inneren 0,003 m³ je s (Luftvolumenstrom bei 20°C) und je m² innerer Formstückoberfläche nicht überschreiten.

Das Wasseraufnahmevermögen des bei 105°C getrockneten Betons darf höchstens 20 % der Trockenmasse betragen.

Form, Maße

Lichte Querschnitte

Formstücke für die Innenschale dürfen nur einen lichten Schornsteinquerschnitt umfassen. Der Querschnitt darf rund oder rechteckig sein. Die längere Seite darf höchstens 1,5mal so lang wie die kürzere sein. Die Mindestlänge der Seiten beträgt 10 cm.

Die lichte Querschnittsfläche eines Schornsteins darf nicht weniger als 100 cm^2 und soll nicht mehr als 4 500 cm^2 betragen. Bei rechteckigen lichten Querschnitten kann die Querschnittsminderung durch Rundung der Ecken außer Betracht bleiben, wenn der Rundungshalbmesser nicht mehr als das 0,2fache der Länge der kürzeren Seite des lichten Querschnitts oder nicht mehr als 3 cm beträgt.

Wände

Die Wände der Formstücke müssen vollwandig sein.

Regelmaße für die Wanddicke

Durchmesser runder lichter Querschnitte cm	größte Seitenlänge rechteckiger lichter Querschnitte cm	Wanddicke cm
bis 22,5	bis 20	3,0
über 22,5 bis 30	über 20 bis 27,5	3,5
über 30 bis 40	über 27,5 bis 35	4,0
über 40 bis 60	über 35 bis 55	5,0
über 60	über 55	6,0

Höhe

Die Höhe der Formstücke muß 24,0; 32,3 oder 49,0 cm betragen. Bei einem lichten Durchmesser oder einer kleinsten Seitenlänge des lichten Querschnitts von mindestens 25,0 cm kann die Höhe auch 99 cm betragen.

Anschlüsse und Reinigungsöffnungen

Hierfür müssen besondere Formstücke hergestellt werden. Lose Anschlußstutzen müssen an einem Ende so hergerichtet sein, daß die ganze Stirnfläche der Außenwand der Innenschale angeschmiegt werden kann. Anschlußformstücke für Feuerstätten, die Anschlüsse mit einer Steigung, in Strömungsrichtung gesehen, ermöglichen, sollten bevorzugt werden; der Steigungswinkel sollte 30° oder 45° gegenüber der Waagerechten betragen.

Baustoffe u. Bauteile für dreischalige Hausschornsteine
Formstücke aus Schamotte für die Innenschale
nach **DIN 18147 Teil 4** (11.82)

Begriff und Anwendung

Formstücke aus Schamotte sind Schornsteinformstücke, die aus keramischen Tonen und Rohschamotte oder anderen mineralischen Zusatzstoffen gebrannt und für die Herstellung der Innenschale mehrschaliger Schornsteine bestimmt sind.

Anforderungen an die Schamotte

Die Schamotte muß für Formstücke für Innenschalen geeignet sein, die gegen Abgastemperaturen bis 500 °C, gegen Rußbrände im Innern von Schornsteinen und gegen Kehrbeanspruchung widerstandsfähig sind. Die Formstücke müssen frei von Rissen sein; Oberflächenrisse bleiben außer Betracht.

Die Rohdichte der bei 110 °C getrockneten Schamotte soll zwischen 1,80 kg/dm^3 und 2,20 kg/dm^3 betragen.

Die mittlere Druckfestigkeit der Formstücke muß mindestens 20,0 N/mm^2 betragen; kein Einzelwert darf 18,0 N/mm^2 unterschreiten.

Das Wasseraufnahmevermögen der bei 110 °C getrockneten Schamotte soll mindestens 4 % und darf höchstens 15 % der Trockenmasse betragen.

Form, Maße

Lichte Querschnitte wie Abschnitt „Lichte Querschnitte" in DIN 18 147 T 3. Die Wände der Formstücke müssen vollwandig sein.

Regelmaße für die Wanddicke

Durchmesser runder, lichter Querschnitte cm	größte Seitenlänge rechteckiger, lichter Querschnitt cm	Wanddicke d cm
bis 14,0	bis 12,0	1,5
über 14,0 bis 18,0	über 12,0 bis 16,0	2,0
über 18,0 bis 22,5	über 16,0 bis 20,0	2,5
über 22,5 bis 45,0	über 20,0 bis 40,0	3,0
über 45,0 bis 70,0	über 40,0 bis 60,0	4,0
über 70,0	über 60,0	5,0

Höhe

Die Höhe der Formstücke muß 24,3; 32,6 oder 49,3 cm betragen. Anschlußformstücke können bis 1,00 m hoch sein.

Anschlüsse und Reinigungsöffnungen siehe DIN 18 147 T 3

DIN 18 148

Hohlwandplatten aus Leichtbeton
nach **DIN 18 148** (10.75)

Hohlwandplatten aus Leichtbeton bestehen aus mineralischen Zuschlägen und hydraulischen Bindemitteln. Es handelt sich um fünfseitig geschlossene Mauersteine mit Kammern senkrecht zur Lagerfläche.

Hohlwandplatten aus Leichtbeton eignen sich für die Herstellung von Wänden und Bauteilen, die überwiegend durch ihr Eigengewicht beansprucht werden (z. B. Leichte Trennwände nach DIN 4103).

Maße und Gewichte

Höchstwerte der mittleren Plattenrohdichte (kg/dm^3)[1])			0,60	0,70	0,80	0,90	1,00	1,20	1,40
Format	Länge l	Breite b	Höhe h	Plattengewicht (kg)[2])					
10	490[3])	100	238	7,4	8,6	9,8	11,0	12,3	14,7	17,2
10 ×			175	5,4	6,3	7,2	8,1	9,0	10,8	12,6
11,5		115	238	8,5	9,9	11,3	12,7	14,1	16,9	19,7
11,5 ×			175	6,2	7,3	8,3	9,3	10,4	12,4	14,5

1) Platten der mittleren Rohdichte von z.B. 0,61 kg/dm^3 sind in die Rohdichteklasse 0,70 einzuordnen.
2) Keine Normforderung. Anhaltswert für Baustellenprüfung.
Die angegebenen Gewichte beziehen sich auf das Trockengewicht + 5 Gew.-% für den Feuchtigkeitsgehalt. Wenn dieses Gewicht bei der Prüfung nicht überschritten wird, kann im allgemeinen angenommen werden, daß die Platten die in der Tabelle angegebenen Plattenrohdichten besitzen.
3) Hohlwandplatten mit Stirnseitennut auch 495 mm.

Beispiel für eine Hohlwandplatte o h n e Stirnseitennut:

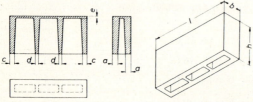

Beispiel für eine Hohlwandplatte m i t Stirnseitennut:

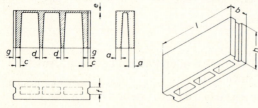

Hohlblöcke aus Leichtbeton

Auszug aus **DIN 18 151** (9.87)

1 Anwendungsbereich

Hohlblöcke aus Leichtbeton sind Mauersteine für tragendes und nichttragendes Mauerwerk. Sie werden vorwiegend zur Erstellung von Außen- und Innenwänden nach DIN 1053 Teil 1 und Teil 2 verwendet.

2 Begriff

Hohlblöcke aus Leichtbeton (Hbl) sind großformatige, fünfseitig geschlossene Mauersteine mit Kammern senkrecht zur Lagerfläche.

3 Ausgangsstoffe

3.1 Allgemeines

Hohlblöcke aus Leichtbeton werden hergestellt aus mineralischen Zuschlägen und hydraulischen Bindemitteln.
Ausgangsstoffe, Mischungsverhältnis, Herstellungsart und Art der Nachbehandlung während des Erhärtens sind so zu wählen, daß die Anforderungen dieser Norm erfüllt werden.

3.2 Bindemittel

Als Bindemittel dürfen nur Zement nach DIN 1164 Teil 1 oder hydraulische Bindemittel verwendet werden, deren Brauchbarkeit – z. B. durch eine allgemeine bauaufsichtliche Zulassung[1]) – nachgewiesen worden ist.

3.3 Zuschläge

Es dürfen nur solche Zuschläge verwendet werden, die sich für die Herstellung von Leichtbeton (siehe DIN 1045) eignen und DIN 4226 Teil 2 entsprechen. Zumischungen von Zuschlägen mit dichtem Gefüge nach DIN 4226 Teil 1 sind zulässig; deren Volumenanteil darf höchstens 15 % des verdichteten Betons betragen.

3.4 Zusatzstoffe

Als Zusatzstoffe dürfen nur Baukalk nach DIN 1060 Teil 1, Gesteinsmehl nach DIN 4226 Teil 1, Traß nach DIN 51043 und Steinkohlenflugasche mit gültigem Prüfzeichen[2]) als Betonzusatzstoff nach DIN 1045 verwendet werden.
Die Zugabe von anorganischen Farbstoffen (siehe DIN 53237) ist zulässig, soweit hierdurch die Eigenschaften der Hohlblöcke nicht ungünstig beeinflußt werden.

3.5 Zusatzmittel

Es dürfen nur Betonzusatzmittel mit Prüfzeichen[2]) verwendet werden.

---

[1]) Allgemeine bauaufsichtliche Zulassungen werden vom Institut für Bautechnik, Berlin, erteilt.
[2]) Vergleiche Prüfzeichenverordnung der Länder; Prüfzeichen werden vom Institut für Bautechnik, Berlin, erteilt.

Tabelle 1 **Außenmaße der Hohlblöcke**

Spalte	1	2	3	4	5
Zeile	Form	Format-kurzzeichen	Länge[1]) l ± 3	Maße Breite b ± 3	Höhe h ± 4
1	1K Hbl	12DF	495	175	238[2])
2	2K Hbl	9DF	370		
3	2K Hbl 3K Hbl 4K Hbl	16DF	495	240	
4		12DF	370		
5		8DF	245		
6	2K Hbl 3K Hbl 4K Hbl 5K Hbl	20DF	495	300	
7		15DF	370		
8		10DF	245		
9	3K Hbl 4K Hbl 5K Hbl 6K Hbl	24DF	495	365	
10		18DF	370		
11		12DF	245		
12	5K Hbl 6K Hbl	16DF	245	490	

1) Die angegebenen Längen gelten im Regelfall für knirsch gestoßene Vermauerung. Bei Hohlblöcken mit Nut- und Federausbildung an den Stirnseiten dürfen die Längen 247 mm, 372 mm bzw. 497 mm betragen. Längen von 240 mm, 365 mm bzw. 490 mm sind zulässig, bei Hohlblöcken mit ebenflächigen Stirnseiten verbindlich.
2) Regional auch 175 mm.

4 Anforderungen

4.1 Form und Maße

4.1.1 Form

Hohlblöcke haben die Form eines von Rechtecken begrenzten Körpers, wobei die Stirnseiten ebenflächig mit Aussparungen (Stirnseitennuten) und/oder mit Nut- und Federausbildung versehen sein können.

Hohlblöcke dürfen auch mit einer ebenflächigen Stirnseite ausgeführt werden, wenn die gegenüberliegende Stirnseite mit einer Stirnseitennut versehen wird, die die doppelte Tiefe e nach Tabelle 2 aufweist.

Die Hohlblöcke müssen mindestens die in Bild 8 festgelegte Anzahl von Querstegen enthalten. Die inneren Querstege von 370 mm und 495 mm langen Drei-, Vier-, Fünf- und Sechskammer-Hohlblöcken sind gegeneinander zu versetzen. Das Versetzen der inneren Querstege ist auch bei anderen Hohlblöcken zulässig.

Tabelle 2 **Maße von Stegen und Stirnseitennuten**

Spalte	1	2	3	4	5	6	7	8
			Außenstege			Stirnseitennut		
		Hohl-blöcke nach Tabelle 1 Zeile	längs	quer	Innen-stege	Breite		Tiefe
Zeile	Form		a_1 min.	a_2 min.	c min.	d_1 ± 10³⁾	Σd_2 ± 10	e ± 3
1	1K Hbl	1 und 2	50	30	40	75	70	
2		1 und 2	35	30	30			
3		3	50	35	35	120	100	
4	2K Hbl	4 und 5	50	35	35			
5		6	60	35	40	140	120	
6		7 und 8	50	35	35			
7		3 bis 5	35²⁾	30	30	120	100	
8		6	35	35	35	140	120	
9	3K Hbl	7 und 8	35	35	30			20⁴⁾
10		9	40	35	35	160	145	
11		10 und 11¹⁾	35	35	30			
12		3 bis 5	30	30	30	120	100	
13	4K Hbl	6 bis 8	30	30	30	140	120	
14		9 bis 11¹⁾	30	30	30	160	145	
15		6 bis 8	30	30	25	140	120	
16	5K Hbl	9 bis 11¹⁾	30	30	30	160	145	
17		12¹⁾	35	35	35	200	200	
18	6K Hbl	9 bis 11¹⁾	30	30	25	160	145	
19		12¹⁾	30	30	30	200	200	

1) Für Hohlblöcke nach Tabelle 1, Zeilen 11 und 12 erhöhen sich die Mindeststegdicken um jeweils 5 mm, wenn sie ohne inneren Quersteg hergestellt werden.
2) Für 240 mm breite Steine der Festigkeitsklasse 2 darf das Stegmaß a_1 30 mm betragen.
3) Bei Nut- und Federausbildung mit Stirnseitennut $^{+10}_{-40}$ mm.
4) Bei Steinlängen von 240 mm, 365 mm bzw. 490 mm ist die Stirnseitennut 15 mm tief.

240 mm lange Hohlblöcke mit ebenflächigen Stirnseiten müssen je Kammerreihe mindestens einen inneren Quersteg, 365 mm und 490 mm lange Hohlblöcke mit ebenflächigen Stirnseiten je Kammerreihe mindestens zwei innere Querstege enthalten.

DIN 18151

Die Ziffern in Tabelle 1, Spalte 1 geben die Anzahl der Hohlkammerreihen in Steinbreiterichtung (Wanddickerichtung) an.

Bei entsprechender Kammeranordnung dürfen die Hohlblöcke auch mit unterbrochenem Außenquersteg hergestellt werden (siehe Bild 4). Die Summe der Nutbreiten $\Sigma\, d_2$ — symmetrisch über den Querschnitt verteilt — ist Tabelle 2, Spalte 7 zu entnehmen.

Anmerkung: $\Sigma\, d_2$ entspricht etwa 40 % der Breite des Steines.

Griffhilfen sind zulässig.

4.1.2 Maße

Für die Außenmaße und Grenzabmaße der Hohlblöcke gilt Tabelle 1. Ergänzungssteine zur Herstellung eines sachgerechten Mauerverbandes sind zulässig; ihre Maße müssen DIN 4172 entsprechen.

Die Mindestdicke der Stege sowie die Maße und Grenzabmaße der Stirnseitennuten sind in Tabelle 2 angegeben. Bei Hohlblöcken mit ebenflächigen Stirnseiten gilt für alle Außenstege als Mindestdicke das Maß a_1 nach Tabelle 2 in Abhängigkeit von der Anzahl der Kammerreihen in der jeweiligen Richtung. Die Dicke der Abdeckung f beträgt mindestens 15 mm.

Die Nut- und Federausbildung an den Stirnseiten muß eine einwandfreie Verzahnung der Stoßflächen sicherstellen. Die Einbindetiefe der Feder in die Nut muß mindestens 10 mm betragen.

Die Hohlblöcke brauchen den bildlichen Darstellungen nicht zu entsprechen; nur die angegebenen Maße sind einzuhalten.

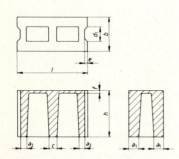

Bild 1. Einkammer-Hohlblock, 1K Hbl (Beispiel)

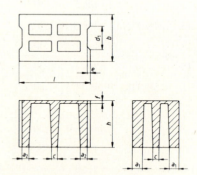

Bild 2. Zweikammer-Hohlblock, 2K Hbl (Beispiel)

DIN 18 151

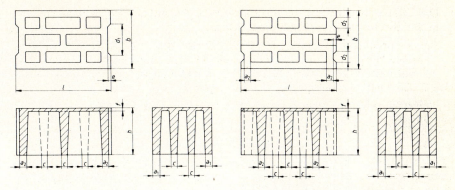

Bild 3. Dreikammer-Hohlblock,
3K Hbl (Beispiel)

Bild 4. Dreikammer-Hohlblock,
3K Hbl mit unterbrochenem
Außenquersteg (Beispiel)

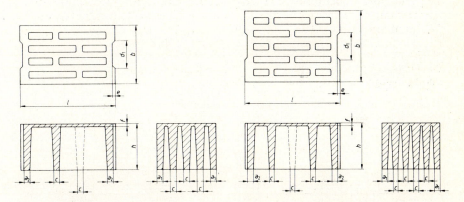

Bild 5. Vierkammer-Hohlblock,
4K Hbl (Beispiel)

Bild 6. Fünfkammer-Hohlblock,
5K Hbl (Beispiel)

DIN 18 151

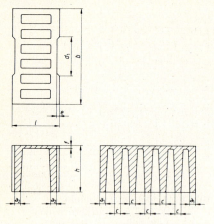

Bild 7. Sechskammer-Hohlblock, 6K Hbl (Beispiel)

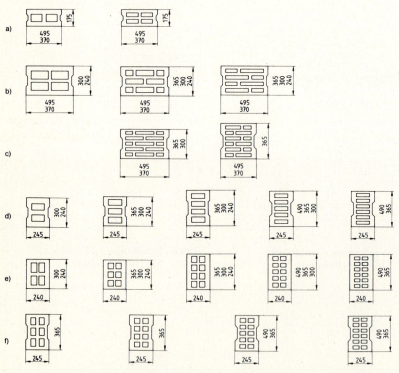

Bild 8. Querschnitte der Hohlblöcke mit der jeweils erforderlichen Mindestanzahl von Querstegen, die zusätzliche Anordnung weiterer Innenquerstege ist gestattet. (Maße nach Tabelle 1)

4.2 Steinrohdichte

Die Mittelwerte der Steinrohdichte der Hohlblöcke müssen für die jeweiligen Rohdichteklassen innerhalb der in Tabelle 3 angegebenen Grenzen liegen.

Einzelwerte dürfen die Klassengrenzen um nicht mehr als 0,1 kg/dm^3 unter- bzw. überschreiten.

Tabelle 3 **Steinrohdichte**

Rohdichteklasse	Mittelwert der Steinrohdichte[1] kg/dm^3
0,5	0,41 bis 0,50
0,6	0,51 bis 0,60
0,7	0,61 bis 0,70
0,8	0,71 bis 0,80
0,9	0,81 bis 0,90
1,0	0,90 bis 1,00
1,2	1,01 bis 1,20
1,4	1,21 bis 1,40

[1]) Ermittlung nach Abschnitt 7.2.1

4.3 Druckfestigkeit

Die Hohlblöcke müssen spätestens 28 Tage nach der Herstellung bzw. beim Verlassen des Herstellwerkes mindestens die in Tabelle 4 angegebenen Anforderungen erfüllen.

Tabelle 4 **Druckfestigkeit und Kennzeichnung**

Festigkeits-klasse	Anforderungen an die Druckfestigkeit		Kennzeichnung	
	Mittelwert N/mm^2	kleinster Einzelwert[1] N/mm^2	Anzahl der Nuten	Farbzeichen
2	2,5	2,0	–	grün
4	5,0	4,0	1	blau
6	7,5	6,0	2	rot
8	10,0	8,0	–	[2])

[1]) Mit einer Aussagewahrscheinlichkeit von 90 % stellt der kleinste Einzelwert die 5 % Quantile der Grundgesamtheit dar.
[2]) Keine Farbkennzeichnung. Kennzeichnung erfolgt durch Aufstempelung der Festigkeitsklasse und Rohdichteklasse in schwarzer Farbe.

5 Benennung und Bezeichnung

5.1 Benennung

Nur Hohlblöcke, die den Bestimmungen dieser Norm entsprechen, dürfen Hohlblöcke aus Leichtbeton nach DIN 18151 genannt werden.

Die Hohlblöcke dürfen auch nach den verwendeten Zuschlägen benannt werden, wenn der Volumenanteil der anderen Zuschläge 15 % des verdichteten Betons nicht überschreitet.

5.2 Bezeichnung

Hohlblöcke aus Leichtbeton (Hbl) sind in der nachstehenden Reihenfolge zu bezeichnen:

a) Benennung
b) Norm-Hauptnummer
c) Form (Kammeranzahl)
d) Festigkeitsklasse
e) Rohdichteklasse
f) Maße (Format-Kurzzeichen) sowie, wenn unterschiedliche Breiten bei gleichen Format-Kurzzeichen möglich sind, zusätzlich mit der Breite des Steines
g) Q für Quarzsandzusatz, wenn dieser zugemischt wird.

Für 175 mm hohe Hohlblöcke (siehe Tabelle 1, Fußnote 2) sind anstelle des Format-Kurzzeichens die Außenmaße (Länge × Breite × Höhe) anzugeben.

Bezeichnung eines Dreikammer-Hohlblocks (3K Hbl) aus Leichtbeton der Festigkeitsklasse 2, der Rohdichteklasse 0,7, der Länge l = 495 mm, der Breite b = 300 mm, der Höhe h = 238 mm (20 DF):

Hohlblock DIN 18151 − 3K Hbl 2 − 0,7 − 20 DF − 300

6 Kennzeichnung

Jede Liefereinheit (z. B. Steinpaket) oder mindestens jeder 50. Hohlblock, ausgenommen Hbl 2, ist nach Tabelle 5 zur Angabe der Festigkeitsklasse auf einer Längsseite durch Nuten, die etwa 10 mm breit, 5 mm tief und mindestens 40 mm lang sein müssen, oder durch eine Farbmarkierung auf der Längs- oder Stirnseite zu kennzeichnen. Sind Hohlblöcke durch Farbzeichen und Nuten gekennzeichnet, so gilt die Farbkennzeichnung. Ferner ist mindestens jeder 50. Hohlblock bzw. jede Liefereinheit mit der Rohdichteklasse zu kennzeichnen und mit einem Herstellerzeichen (Werkzeichen) zu versehen.

Werden Hohlblöcke paketiert, genügt es, wenn die Verpackung oder der Beipackzettel die vorgenannten Angaben enthält.

DIN 18 152

Vollsteine und Vollblöcke aus Leichtbeton
nach **DIN 18 152** (4.87)

Vollsteine
Vollsteine (V) sind Mauersteine aus Leichtbeton ohne Kammern mit einer Höhe bis 115 mm.

Vollblöcke
Vollblöcke (Vbl) sind Mauersteine aus Leichtbeton ohne Kammern mit einer Höhe von 238 mm.

Vollblöcke S (Vbl S) sind Vollblöcke mit Schlitzen.

Vollblöcke S-W (Vbl S-W) sind Vollblöcke mit Schlitzen, die im Hinblick auf ihre besonderen Wärmedämmeigenschaften bestimmte Anforderungen hinsichtlich der Zuschläge, der Form und der Maße erfüllen müssen.

Maße und Formate der Vollsteine (V)

Format-Kurzzeichen	Länge l ± 3	Maße Breite b ± 3	Höhe h ± 3
DF (Dünnformat)	240	115	52
NF (Normalformat)	240	115	71
1,7 DF	240	115	95[1]
2 DF	240	115	113
3 DF	240	175	113
3,1 DF	300	145	113
4 DF	240	240	115
5 DF	300	240	115
6 DF	365	240	115
6,8 DF	490[2]	240	95[1]
8 DF	490[2]	240	115
10 DF	490[2]	300	115

[1]) Regional bedingt
[2]) Auch 495 mm, wenn der Vollstein mit Stirnseitennuten ausgestattet ist.

Maße und Formate der Vollblöcke (Vbl)

Format-Kurzzeichen	Länge[1] l ± 3	Maße Breite b ± 3	Höhe h ± 3
6 DF	245	175	238
8 DF	245	240	238
10 DF	245	300	238
12 DF	245	365	238
16 DF	245	490	238
10 DF	305	240	238
9 DF	370	175	238
12 DF	370	240	238
15 DF	370	300	238
18 DF	370	365	238
24 DF	370	490	238
8 DF	495	115	238
12 DF	495	175	238
16 DF	495	240	238
20 DF	495	300	238
24 DF	495	365	238

[1]) Die angegebenen Längen gelten im Regelfall für knirsch gestoßene Vermauerung. Bei Vollblöcken mit Nut- und Federausbildung an den Stirnseiten dürfen die Längen 247 mm, 307 mm, 372 mm bzw. 497 mm betragen. Längen von 240 mm, 300 mm, 365 mm bzw. 490 mm sind zulässig, bei Vollblöcken mit zwei ebenflächigen Stirnseiten verbindlich.

DIN 18 152

Zuschläge

Es dürfen nur Zuschläge verwendet werden, die sich für die Herstellung von Leichtbeton eignen und DIN 4226 Teil 2 entsprechen. Zumischungen von Zuschlägen mit dichtem Gefüge nach DIN 4226 Teil 1 sind zulässig. In den Rohdichteklassen ≤ 1,4 darf deren Volumenanteil höchstens 15 % des verdichteten Betons betragen.

Als Zuschlag für Vbl S-W ist ausschließlich Naturbims (NB), ausschließlich Blähton (BT) oder ein Gemisch aus Blähton und Naturbims (BT/NB) zulässig.

Steinrohdichte

Rohdichte-klasse	$\varrho^{1)}$ kg/dm³
0,5	0,41 bis 0,50
0,6	0,51 bis 0,60
0,7	0,61 bis 0,70
0,8	0,71 bis 0,80
0,9	0,81 bis 0,90
1,0	0,91 bis 1,00
1,2	1,01 bis 1,20
1,4	1,21 bis 1,40
1,6	1,41 bis 1,60
1,8	1,61 bis 1,80
2,0	1,81 bis 2,00

1) Mittelwert der Steinrohdichte

Steindruckfestigkeit und Kennzeichnung

Steinfestig-keitsklasse	Anforderungen an die Druckfestigkeit		Anzahl der Nuten	Farb-zeichen
	Mittelwert N/mm²	kleinster Einzel-wert[1]) N/mm²		
2	2,5	2,0	–	grün
4	5,0	4,0	1	blau
6	7,5	6,0	2	rot
8	10,0	8,0	–	[2])
12	15,0	12,0	3	schwarz

1) Mit einer Aussagewahrscheinlichkeit von 90 % stellt der kleinste Einzelwert die 5 %-Fraktile der Grundgesamtheit dar.
2) Keine Farbkennzeichnung. Kennzeichnung erfolgt durch Aufstempelung der Festigkeitsklasse und Rohdichteklasse in schwarzer Farbe.

Bezeichnung

Vollstein aus Leichtbeton   V

Vollblock aus Leichtbeton   Vbl

Vollblock aus Leichtbeton mit Schlitzen   Vbl S

Vollblock aus Leichtbeton mit Schlitzen
und besonderen Wärmedämmeigenschaften   Vbl S-W

Bezeichnung eines Vollsteins aus Leichtbeton (V) der Steinfestigkeitsklasse 6, der Rohdichteklasse 1,2, der Länge $l = 240$ mm, der Breite $b = 115$ mm und der Höhe $h = 113$ mm (2 DF):

Vollstein DIN 18 152 – V 6 – 1,2 – 2 DF

Bezeichnung eines Vollblocks aus Leichtbeton (Vbl) mit Schlitzen und unter Erfüllung der besonderen Anforderungen hinsichtlich der Wärmedämmeigenschaften nach den Abschnitten 3 und 4 (S-W) der Steinfestigkeitsklasse 2, der Rohdichteklasse 0,5 der Länge $l = 495$ mm, der Breite $b = 300$ mm, der Höhe $h = 238$ mm (20 DF), aus Naturbims (NB):

Vollblock DIN 18 152 – Vbl S-W 2 – 0,5 – 20 DF – 300 – NB

Mauersteine aus Beton (Normalbeton)
Auszug aus **DIN 18 153** (9.89)

1 Anwendungsbereich

Diese Norm gilt für die Herstellung von Mauersteinen aus Beton.

2 Zweck

Diese Norm dient der Festlegung von Begriffen, Ausgangsstoffen, Anforderungen, Kennzeichnung, Benennung, Bezeichnung, Prüfung und Überwachung von Mauersteinen aus Beton, die vorwiegend für Mauerwerk nach DIN 1053 Teil 1 und Teil 2 Verwendung finden.

3 Begriffe

3.1 Hohlblöcke

Hohlblöcke aus Beton (Hbn) sind großformatige, fünfseitig geschlossene Mauersteine mit Kammern senkrecht zur Lagerfläche.

3.2 Vollblöcke

Vollblöcke aus Beton (Vbn) sind Mauersteine ohne Kammern mit einer Höhe von 175 oder 238 mm.

3.3 Vollsteine

Vollsteine aus Beton (Vn) sind Mauersteine ohne Kammern mit einer Höhe bis 115 mm.

3.4 T-Hohlblöcke

T-Hohlblöcke aus Beton (Tbn) sind großformatige, T-förmige Mauersteine mit Kammern senkrecht zur Lagerfläche.

3.5 Vormauersteine

Vormauersteine aus Beton (Vm) sind Mauersteine ohne Kammern mit ebener, bruchrauher oder werksteinmäßig bearbeiteter Sichtfläche (Läuferseite).

3.6 Vormauerblöcke

Vormauerblöcke aus Beton (Vmb) sind Mauersteine mit Kammern und ebener oder werksteinmäßig bearbeiteter Sichtfläche.

4 Ausgangsstoffe

4.1 Allgemeines

Mauersteine aus haufwerksporigem oder gefügedichtem Beton werden hergestellt aus mineralischen Zuschlägen und hydraulischen Bindemitteln.

Ausgangsstoffe, Mischungsverhältnis, Herstellungsart und Art der Nachbehandlung während des Erhärtens sind so zu wählen, daß die Anforderungen dieser Norm erfüllt werden.

4.2 Bindemittel

Als Bindemittel dürfen nur Zement nach DIN 1164 Teil 1 und/oder hydraulische Bindemittel, deren Brauchbarkeit nachgewiesen ist − z. B. durch eine allgemeine bauaufsichtliche Zulassung[1] −, verwendet werden.

4.3 Zuschläge

Es dürfen nur Zuschläge verwendet werden, die sich für die Herstellung von Beton eignen und DIN 4226 Teil 1 und/oder Teil 2 entsprechen.

4.4 Zusatzstoffe

Als Zusatzstoffe dürfen nur Baukalk nach DIN 1060 Teil 1, Gesteinsmehl nach DIN 4226 Teil 1, Traß nach DIN 51043 und Betonzusatzstoffe mit gültigem Prüfzeichen[2] nach DIN 1045 verwendet werden.

Die Zugabe von anorganischen Farbstoffen (siehe DIN 53237) ist zulässig, soweit hierdurch die Eigenschaften der Steine nicht ungünstig beeinflußt werden.

4.5 Zusatzmittel

Es dürfen nur Betonzusatzmittel mit Prüfzeichen[2] verwendet werden.

5 Anforderungen

5.1 Form und Maße

5.1.1 Form

Mauersteine aus Beton haben die Form eines von Rechtecken begrenzten Körpers, wobei die Stirnseiten von Hbn und Vbn sowie von 490 mm langen Vn (8 DF und 10 DF nach Tabelle 13) ebenflächig, mit Aussparungen (Stirnseitennuten) und/oder mit Nut- und Federausbildung versehen sein können.

Hbn und Vbn dürfen auch mit einer ebenflächigen Stirnseite ausgeführt werden, wenn die gegenüberliegende Stirnseite mit einer Stirnseitennut versehen wird, die die doppelte Tiefe e nach Tabelle 6 besitzt.

Die Stirnseiten von Vmb können ebenflächig oder mit Aussparungen (Stirnseitennuten) versehen sein (siehe Bild 12). Nut- und Federausbildungen an den Stirnseiten der Vmb sind unzulässig.

---

1) Allgemeine bauaufsichtliche Zulassungen werden vom Institut für Bautechnik, Berlin, erteilt.
2) Prüfzeichen werden vom Institut für Bautechnik, Berlin, erteilt.

Hbn müssen mindestens die in Bild 9 festgelegte Anzahl von Querstegen enthalten. Die Innenquerstege können durchgehend oder gegeneinander versetzt sein.

Tabelle 1 **Maße der Hohlblöcke (Hbn)**

Spalte	1	2	3	4	5
Zeile	Form	Format-Kurzzeichen	Länge[1] l ± 3	Maße Breite b ± 3	Höhe h ± 4
1	1K Hbn	8 DF	495	115	
2	1K Hbn	12 DF	495	175	
3	2K Hbn	9 DF	370		
4		16 DF	495	240	238[2]
5		12 DF	370		
6	2K Hbn	10 DF	305		
7	3K Hbn	8 DF	245		
8	4K Hbn	20 DF	495	300	
9		15 DF	370		
10		10 DF	245		
11	3K Hbn 4K Hbn	18 DF	370	365	
12	5K Hbn	12 DF	245		
13	4K Hbn 5K Hbn 6K Hbn	16 DF	245	490	

1) Die angegebenen Längen gelten im Regelfall für knirsch gestoßene Vermauerung. Bei Steinen mit Nut- und Federausbildung an den Stirnseiten dürfen die Längen 247, 307, 372, bzw. 497 mm betragen. Längen von 240, 300, 365 bzw. 490 mm sind zulässig, bei Blöcken mit zwei ebenflächigen Stirnseiten verbindlich.
2) 238 mm ist das Vorzugsmaß, 175 mm sind ebenfalls zulässig.

DIN 18153

Die Ziffern in Tabelle 1 Spalte 1, geben die Anzahl der Hohlkammerreihen in Steinbreite-(Wanddicke-)richtung an. Die Kammern müssen gleichmäßig verteilt angeordnet sein.

240 mm und 300 mm lange Hbn mit ebenflächigen Stirnseiten müssen je Kammerreihe mindestens einen, 365 mm lange Hbn mit ebenflächigen Stirnseiten je Kammerreihe mindestens zwei und

490 mm lange Hbn mit ebenflächigen Stirnseiten je Kammerreihe mindestens drei Innenquerstege enthalten.

Tbn müssen Bild 8 entsprechen.

Bei entsprechender Kammeranordnung dürfen die Hbn auch mit unterbrochenem Außenquersteg (Beispiel siehe Bild 4) hergestellt werden. Die Summe der Breiten der Stirnseitennuten $\Sigma\, d_2$ — symmetrisch über dem Querschnitt verteilt — ist Tabelle 6, Spalte 3, zu entnehmen.

Anmerkung: $\Sigma\, d_2$ entspricht etwa 40 % der Steinbreite.

Bei Hbn, Vbn und Vmb sind Griffhilfen, bei Vn und Vm 90 mm bis 110 mm lange und 30 mm bis 45 mm breite Grifflöcher zulässig. Der Querschnitt von Vbn, Vn und Vm darf durch Grifflöcher bis 15 % der Lagerfläche gemindert sein.

Tabelle 2 **Maße der Vollblöcke (Vbn)**

1	2	3
Länge[1] l ± 3	Breite b ± 3	Höhe h ± 4
245	115	175
305	175	238
370	240	
495	300	
	365	

[1] Die angegebenen Längen gelten im Regelfall für knirsch gestoßene Vermauerung. Bei Vbn mit Nut- und Federausbildung an den Stirnseiten dürfen die Längen 247, 307, 372 bzw. 497 mm betragen. Längen von 240, 300, 365 bzw. 490 mm sind zulässig, bei Vbn mit zwei ebenflächigen Stirnseiten verbindlich.

Tabelle 3 **Maße der Vollsteine (Vn)**

1	2	3
Länge l ± 3	Breite b ± 3	Höhe h ± 3
240	115	52
300	145	71
365	175	95
490[1]	240	113
	300	115
	365	

[1] Auch 495 mm, wenn der Vn mit Stirnseitennuten ausgestattet ist.

DIN 18 153

Tabelle 4 **Maße**[1]) **der Vormauersteine (Vm)**

1	2	3	4
Länge l ± 3	Breite[2]) b ± 3	Höhe h	Grenz- abmaße
190 240	90 100	52 71	± 2
490	115 140 190	95 113 115 175 238	± 3

[1]) Vorzugsmaße, Zwischenmaße sind zulässig.
[2]) Bei bruchrauher oder werksteinmäßig bearbeiteter Oberfläche $^{+5}_{-3}$ mm an der tiefsten Stelle der Fläche.

Tabelle 5 **Maße**[1]) **der Vormauerblöcke (Vmb)**

1	2	3
Länge[2]) l ± 3	Breite b ± 3	Höhe h ± 3
190 240 290 490	90 100 115 140 190 240	175 190 238

[1]) Vorzugsmaße, Zwischenmaße sind zulässig.
[2]) Für Vmb mit Stirnseitennuten jeweils 5 mm größere Längen.

(Tabelle 6 siehe folgende Seite)

Tabelle 7 **Mindestmaße der Stege von Hohlblöcken (Hbn)**

Spalte	1	2	3	4	5
Zeile	Form	Hohl- blöcke nach Ta- belle 1 Zeile...	Außenstege[1]) längs a_1 min.	quer a_2 min.	Innen- stege c min.
1	1K Hbn	1	35	25	25
2	1K Hbn	2 bis 3	40	25	25
3		2 bis 3	30	25	25
4	2K Hbn	4 bis 7	35	25	25
5		8 bis 10	40	25	25
6		4 bis 7	30	25	20
7	3K Hbn	8 bis 10	30	25	20
8		11 bis 12	30	25	25
9		4 bis 7	25	20	20
10	4K Hbn	8 bis 10	30	20	20
11		11 bis 12	30	20	20
12		13	35	25	25
13		11 bis 12	25	20	20
14	5K Hbn	13	30	20	20
15	6K Hbn	13	25	20	20

[1]) Bei Hbn mit ebenflächigen Stirnseiten gilt für alle Außenstege als Mindestdicke das Maß a_1 in Abhängigkeit von der Anzahl der Kammerreihen in der jeweiligen Richtung.

DIN 18 153

Tabelle 6 **Maße der Stirnseitennuten bei Hohlblöcken (Hbn), Vollblöcken (Vbn) und Vollsteinen (Vn)**

Steinbreite b	Stirnseitennut		
	Breite		Tiefe e ± 3
	d_1 $\pm 10^{1)}$	$\Sigma\, d_2^{\,2)}$ ± 10	
115	45	–	
175	75	70	
240	120	100	$20^{3)}$
300	140	120	
365	160	145	
490	200	200	

[1]) Bei Nut- und Federausbildung mit Stirnseitennut $^{+10}_{-40}$ mm.
[2]) Für Hbn mit unterbrochenem Außenquersteg.
[3]) Bei Steinlängen von 240, 300, 365 bzw. 490 mm ist die Stirnseitennut 15 mm tief.

Tabelle 8 **Mindestmaße der Stege, Maße der Stirnseitennuten von Vormauerblöcken (Vmb)**

Form	Länge l	Breite b	Außenstege			Innenstege c min.	Stirnseitennuten	
			längs a_1 min.	quer			Breite d ± 5	Tiefe e ± 2
				$a_2^{\,1)}$ min.	$a_3^{\,1)}$ min.			
A	190	90	30	40	50	–	45	
		100	35	40	50	–	50	
		115	40	40	50	–	55	
		140	50	45	50	–	70	
B	240 und 290	90	30	40	50	25	45	
		100	35	40	50	30	50	
		115	40	40	50	30	55	
		140	50	45	50	35	70	20
		190	50	45	50	35	90	
		240	50	45	50	35	120	
C	490	90	30	40	50	25	45	
		100	35	40	50	30	50	
		115	40	40	50	30	55	
		140	50	45	50	35	70	
		190	50	45	50	35	90	
		240	50	45	50	35	120	

[1]) Das Maß a_2 gilt für Vmb ohne Stirnseitennut. Das Maß a_3 gilt für Vmb mit Stirnseitennut.

5.2 Steinrohdichte

Die Mittelwerte der Steinrohdichte der Mauersteine müssen für die jeweilige Rohdichteklasse innerhalb der in Tabelle 9 angegebenen Bereiche liegen.

Einzelwerte dürfen die Klassengrenzen um nicht mehr als 0,1 kg/dm^3 unter- bzw. überschreiten.

Mauersteine aus Beton werden in den folgenden Rohdichteklassen hergestellt:
- Hbn, Tbn   0,9 bis 2,0
- Vbn und Vn   1,4 bis 2,4
- Vm und Vmb   1,6 bis 2,4

5.3 Steindruckfestigkeit

Die Mauersteine müssen, geprüft nach Abschnitt 8.3, spätestens 28 Tage nach der Herstellung bzw. beim Verlassen des Herstellwerkes die Anforderungen nach Tabelle 10 erfüllen.

Mauersteine aus Beton werden in den folgenden Steinfestigkeitsklassen hergestellt:
- Hbn, Tbn   2 bis 12
- Vbn und Vn   4 bis 28
- Vm und Vmb   6 bis 48

Tabelle 9 **Steinrohdichte**

	1	2
	Rohdichteklasse	Mittelwert der Steinrohdichte kg/dm^3
1	0,9	0,81 bis 0,90
2	1,0	0,91 bis 1,00
3	1,2	1,01 bis 1,20
4	1,4	1,21 bis 1,40
5	1,6	1,41 bis 1,60
6	1,8	1,61 bis 1,80
7	2,0	1,81 bis 2,00
8	2,2	2,01 bis 2,20
9	2,4	2,21 bis 2,40

Tabelle 10 **Steindruckfestigkeit**

1	2	3
Steinfestigkeitsklasse	Anforderungen an die Steindruckfestigkeit	
	Mittelwert N/mm^2	kleinster Einzelwert[1] N/mm^2
2	2,5	2,0
4	5,0	4,0
6	7,5	6,0
8	10,0	8,0
12	15,0	12,0
20	25,0	20,0
28	35,0	28,0
36	45,0	36,0
48	60,0	48,0

[1] Mit einer Aussagewahrscheinlichkeit von 90 % stellt der kleinste Einzelwert das 5 %-Quantil der Grundgesamtheit dar.

5.4 Frostwiderstandsfähigkeit

Die Vm und Vmb dürfen auch nach wiederholtem Frost-Tau-Wechsel keine wesentlichen Schäden aufweisen.

Prüfung und Beurteilung siehe Abschnitt 8.4.

Die Mauersteine aus Beton brauchen den bildlichen Darstellungen nicht zu entsprechen; nur die angegebenen Maße sind einzuhalten.

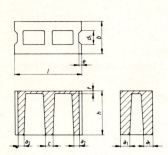

Bild 1. Einkammer-Hohlblock,
1K Hbn (Beispiel)

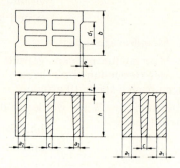

Bild 2. Zweikammer-Hohlblock,
2K Hbn (Beispiel)

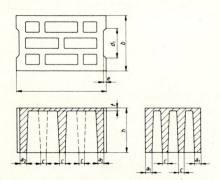

Bild 3. Dreikammer-Hohlblock,
3K Hbn (Beispiel)

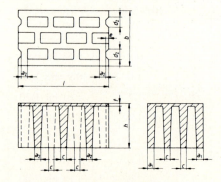

Bild 4. Dreikammer-Hohlblock
mit unterbrochenem
Außenquersteg,
3K Hbn (Beispiel)

DIN 18 153

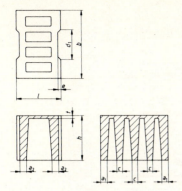

Bild 5. Vierkammer-Hohlblock, 4K Hbn (Beispiel)

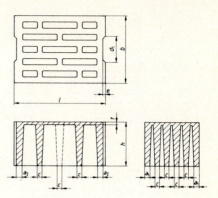

Bild 6. Fünfkammer-Hohlblock, 5K Hbn (Beispiel)

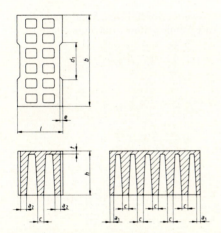

Bild 7. Sechskammer-Hohlblock, 6K Hbn (Beispiel)

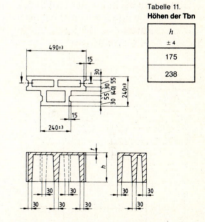

Bild 8. T-Hohlblock, Tbn

Tabelle 11.
Höhen der Tbn

h
± 4
175
238

601

DIN 18 153

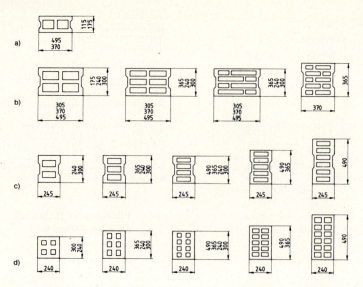

Bild 9. Querschnitte der Hohlblöcke mit der jeweils erforderlichen Mindestanzahl von Innenquerstegen. Die zusätzliche Anordnung weiterer Innenquerstege ist gestattet.

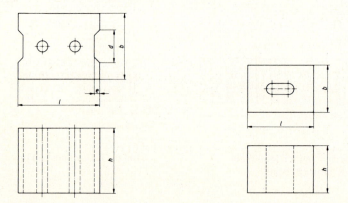

Bild 10. Vollblock mit Griffloch, Vbn (Beispiel)

Bild 11. Vollstein mit Griffloch, Vn

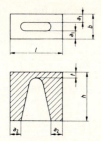
Form A, Länge 190 mm
(Beispiel ohne Stirnseitennut)

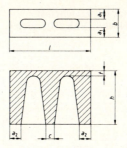
Form B, Länge 240 mm und 290 mm
(Beispiel ohne Stirnseitennut)

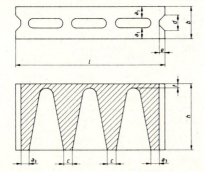
Form C, Länge 490 mm
(Beispiel mit Stirnseitennut)

Bild 12. Vormauerblöcke, Vmb (Beispiele)

6 Benennung und Bezeichnung

6.1 Benennung

Nur Mauersteine, die den Bestimmungen dieser Norm entsprechen, dürfen Hohlblöcke, Vollblöcke, Vormauersteine, Vormauerblöcke, Vollsteine oder T-Hohlblöcke aus Beton nach DIN 18153 genannt werden.

6.2 Bezeichnung

6.2.1 Hohlblöcke

Hbn sind in der nachstehenden Reihenfolge zu bezeichnen:

a) Benennung

b) DIN-Nummer

c) Anzahl der Kammerreihen

d) Steinfestigkeitsklasse

e) Rohdichteklasse

f) Maße (Format-Kurzzeichen mit Steinbreite)

(Für 175 mm hohe Hbn sind anstelle des Format-Kurzzeichens die Außenmaße (Länge × Breite × Höhe) anzugeben.)

DIN 18 153

Tabelle 12 **Format-Kurzzeichen für Vollblöcke, Vbn (Beispiele)**

1	2	3	4
Format-Kurz-zeichen	Maße		
	Länge[1]) bzw. Breite		Höhe
4 DF	245	115	238
5 DF	305	115	238
6 DF	370	115	238
6 DF	245	175	238
8 DF	495	115	238
8 DF	245	240	238
9 DF	370	175	238
10 DF	245	300	238
12 DF	370	240	238
15 DF	370	300	238
16 DF	495	240	238
18 DF	370	365	238
20 DF	495	300	238

[1]) Die entsprechenden Format-Kurzzeichen gelten auch für Vbn mit Längen von 240, 365 bzw. 490 mm (siehe Fußnote zu Tabelle 2).

Tabelle 13 **Format-Kurzzeichen für Vollsteine Vn (Beispiele)**

1	2	3	4
Format-Kurz-zeichen	Maße		
	Länge bzw. Breite		Höhe
1 DF (Dünn-format)	240	115	52
1 NF (Normal-format)	240	115	71
2 DF	240	115	113[1])
3 DF	240	175	113[1])
4 DF	240	240	115
5 DF	240	300	115
6 DF	240	365	115
8 DF	240	490	115
10 DF	300	490	115

[1]) Gilt auch für 115 mm hohe Steine.

Bezeichnung eines Vierkammer-Hohlblocks aus Beton (4K Hbn) der Steinfestigkeitsklasse 4, der Rohdichteklasse 1,4 und der Länge $l = 370$ mm, der Breite $b = 300$ mm, der Höhe $h = 238$ mm (15 DF):

Hohlblock DIN 18 153 — 4K Hbn 4 — 1,4 — 15 DF — 300

6.2.2 Vollblöcke und Vollsteine

Vbn und Vn sind in der nachstehenden Reihenfolge zu bezeichnen:

a) Benennung

b) DIN-Nummer

c) Steinfestigkeitsklasse

d) Rohdichteklasse

e) Maße (Format-Kurzzeichen siehe Tabelle 12 bzw. Tabelle 13, bei Vbn mit Breite des Mauersteines). Für Mauersteine, deren Maßkombination in Tabelle 12 bzw. Tabelle 13 nicht aufgeführt ist, sind anstelle des Format-Kurzzeichens die Außenmaße (Länge × Breite × Höhe) anzugeben.

Bezeichnung eines Vbn der Steinfestigkeitsklasse 6, der Rohdichteklasse 1,6 und der Länge l = 245 mm, der Breite b = 300 mm, der Höhe h = 238 mm (10 DF):

Vollblock DIN 18153 — Vbn 6 — 1,6 — 10 DF — 300

Bezeichnung eines Vn der Steinfestigkeitsklasse 12, der Rohdichteklasse 1,8 und der Länge l = 365 mm, der Breite b = 240 mm, der Höhe h = 115 mm (6 DF):

Vollstein DIN 18153 — Vn 12 — 1,8 — 6 DF

6.2.3 Vormauersteine und Vormauerblöcke

Bei Mauersteinen mit Außenmaßen, die DIN 4172 nicht entsprechen, sind anstelle des Format-Kurzzeichens die Maße (Länge × Breite × Höhe) einzusetzen.

Vm sind in der nachstehenden Reihenfolge zu bezeichnen:

a) Benennung
b) DIN-Nummer
c) Steinfestigkeitsklasse
d) Rohdichteklasse
e) Maße (Format-Kurzzeichen siehe Tabelle 14)

Bezeichnungsbeispiele:

Bezeichnung eines Vm der Steinfestigkeitsklasse 28, der Rohdichteklasse 2,2, der Länge l = 240 mm, der Breite b = 115 mm, der Höhe h = 113 mm (2 DF):

Vormauerstein DIN 18153 — Vm 28 — 2,2 — 2 DF

Bezeichnung eines Vm der Steinfestigkeitsklasse 20, der Rohdichteklasse 1,8, der Länge l = 240 mm, der Breite b = 100 mm, der Höhe h = 95 mm:

Vormauerstein DIN 18153 — Vm 20 — 1,8 — 240 x 100 x 95

Vmb sind in der nachstehenden Reihenfolge zu bezeichnen:

a) Benennung
b) DIN-Nummer
c) Form nach Bild 12
d) Steinfestigkeitsklasse
e) Rohdichteklasse
f) Maße (Format-Kurzzeichen siehe Tabelle 14)

Bezeichnung eines Vmb der Form C, der Steinfestigkeitsklasse 12, der Rohdichteklasse 1,6, der Länge l = 490 mm, der Breite b = 115 mm, der Höhe h = 238 mm (8 DF):

Vormauerblock DIN 18153 — Vmb C 12 — 1,6 — 8 DF

DIN 18 153

Tabelle 14 **Format-Kurzzeichen für Vormauersteine, Vm, und Vormauerblöcke, Vmb (Beispiele)**

1	2	3	4
Format-Kurz-zeichen	Länge l^1)	Maße Breite b	Höhe h
DF	240	115	52
NF[2])	240	115	71
2 DF	240	115	113[3])
3 DF	240	115	175
4 DF	240	115	238
6 DF	240	240	175
6 DF	490	115	175
8 DF	240	240	238
8 DF	490	115	238
12 DF	490	240	175
16 DF	490	240	238

1) Für Vmb mit Stirnseitennuten jeweils 5 mm größere Längen
2) Normalformat
3) Gilt auch für 115 mm.

Tabelle 15 **Kennzeichnung**

1	2	3
Steinfestig-keitsklasse	Anzahl der Nuten	Farbzeichen
2	–	grün
4	1	blau
6	2	rot
8	–	[1])
12	3	schwarz
20	–	gelb
28	–	braun
36	–	violett
48	–	zwei schwarze Streifen

1) Keine Farbkennzeichnung. Kennzeichnung erfolgt durch Aufstempeln der Festigkeitsklasse und Rohdichteklasse in schwarzer Farbe.

7 Kennzeichnung

Jede Liefereinheit (z. B. Steinpaket) oder mindestens jeder 50. Mauerstein aus Beton, mit Ausnahme von Mauersteinen der Festigkeitsklasse 2, ist nach Tabelle 15 zur Angabe der Festigkeitsklasse auf einer Längsseite durch Nuten, die etwa 10 mm breit, 5 mm tief und mindestens 40 mm lang sein müssen, oder durch eine Farbmarkierung auf einer Längs- oder Stirnseite zu kennzeichnen. Sind Steine durch Farbzeichen und Nuten gekennzeichnet, so gilt die Farbkennzeichnung. Ferner ist mindestens jeder 50. Stein bzw. jede Liefereinheit mit der Rohdichteklasse zu kennzeichnen und mit einem Herstellerzeichen (Werkzeichen) zu versehen.

Werden Mauersteine paketiert, genügt es, wenn die Verpackung oder der Beipackzettel die vorgenannten Angaben enthält.

DIN 18 162

Wandbauplatten aus Leichtbeton; unbewehrt
nach **DIN 18 162** (8.76)

Wandbauplatten aus Leichtbeton bestehen aus mineralischen Zuschlägen und hydraulischen Bindemitteln. Es handelt sich um Bauplatten ohne Hohlräume, die für die Herstellung von Wänden und Bauteilen geeignet sind, die überwiegend durch ihre Eigenlast beansprucht werden (z. B. Leichte Trennwände nach DIN 4103).

Maße und Gewichte

Format	Länge l mm	Dicke d mm	Höhe h mm	Höchstwerte der mittleren Plattenrohdichte (kg/dm³)[1]				
				0,80	0,90	1,00	1,20	1,40
				Plattengewicht[2] kg				
5	990[3]	50	320	13,3	15,0	16,6	20,0	23,3
5×			240	10,0	11,2	12,5	15,0	17,5
6		60	320	16,0	18,0	20,0	24,0	28,0
6×			240	12,0	13,5	15,0	18,0	21,0
7		70	320	18,6	21,0	23,3	27,9	31,5
7×			240	14,0	15,7	17,5	21,0	24,5
10×	490	100	240	9,9	11,1	12,3	14,8	17,3

1) Platten der mittleren Rohdichte von z. B. 0,81 kg/dm³ sind in die Rohdichteklasse 0,90 einzuordnen.
2) Die angegebenen Werte sind keine Anforderungen; sie dienen lediglich der Information, z. B. für Prüfungen auf der Baustelle. Die angegebenen Gewichte beziehen sich auf das Trockengewicht + 5 Gew.-% für den Feuchtigkeitsgehalt. Wenn dieses Gewicht bei der Prüfung nicht überschritten wird, kann im allgemeinen angenommen werden, daß die Platten die in der Tabelle angegebenen Plattenrohdichten besitzen.
3) Als Ergänzungsplatten Länge 490 mm.

Benennung und Bezeichnung

B e n e n n u n g

Wandbauplatten aus Leichtbeton dürfen nach einem der verwendeten Leichtzuschläge benannt werden, wenn der Anteil der anderen Zuschläge 15 Vol.-% des verdichteten Betons nicht überschreitet.
Beispiel für die Benennung: „Wandbauplatten aus Ziegelsplitt"

B e z e i c h n u n g

Wandbauplatten aus Leichtbeton (Wpl) sind in der Reihenfolge Plattenrohdichte, Format, Plattenlänge und DIN-Nummer zu bezeichnen.
Bezeichnung einer Wandbauplatte aus Leichtbeton (Wpl) mit 1,20 kg/dm³ (1,2) Plattenrohdichte, Format 6 und Plattenlänge 990 mm:

Wandbauplatte Wpl 1,2 – 6 – 990 DIN 18 162

DIN 18 175

Glasbausteine
Anforderungen, Prüfung
nach **DIN 18 175** (5.77)

Glasbausteine dienen zur Herstellung wandartiger Bauteile nach DIN 4242 (Glasbaustein-Wände). Sie dürfen keine Bauwerkslasten erhalten. Glasbausteine nach DIN 18175 sind Hohl-Glaskörper, die aus mehreren durch Verschmelzen miteinander verbundenen Teilen bestehen. Sie sind luftdicht verschlossen. Beispiel für einen Glasbaustein siehe Bild unten.

Maße, Gewichte, Druckfestigkeiten

Länge l ± 2	Breite b ± 2	Höhe h ± 2	Gewicht kg min.	Druckfestigkeiten MN/m^2 Mittelwert min.	Einzelwert min.
115	115	80	1,0	7,5	6,0
190	190	80	2,2	7,5	6,0
240	115	80	1,8	6,0	4,8
240	240	80	3,5	7,5	6,0
300	90	100	2,4	6,0	4,8
300	196	100	4,5	6,0	4,8
300	300	100	6,7	7,5	6,0

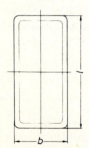
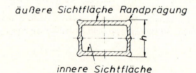

Bild 1. Glasbaustein, rechteckig (Beispiel)

Bezeichnung

Glasbausteine sind in der Reihenfolge DIN-Nummer, Länge, Breite und Höhe zu bezeichnen.

Bezeichnungsbeispiel:

Bezeichnung eines Glasbausteines von Länge l = 240 mm, Breite b = 115 mm und Höhe h = 80 mm:

Glasbaustein DIN 18 175 − 240 × 115 × 80

DÄMMSTOFFE UND BAUPLATTEN
Holzwolle-Leichtbauplatten und Mehrschicht-Leichtbauplatten als Dämmstoffe für das Bauwesen
Anforderungen und Prüfung
Auszug aus **DIN 1101** (11.89)

1 Anwendungsbereich und Zweck

Diese Norm gilt für werksmäßig hergestellte Holzwolle-Leichtbauplatten und Mehrschicht-Leichtbauplatten, die als Dämmstoffe für den Wärmeschutz, Schallschutz (Schalldämmung und Schallschluckung) und Brandschutz im Bauwesen verwendet werden. Sie gilt auch für Holzwolle-Leichtbauplatten und Mehrschicht-Leichtbauplatten mit zusätzlichen Ausstattungen wie profilierte Kanten und/oder Oberflächen und/oder einseitige oder beidseitige Oberflächen-Beschichtung und/oder Dampfsperre.

Für die Verwendung und Verarbeitung gilt DIN 1102.

2 Begriffe

2.1 Holzwolle-Leichtbauplatten

Holzwolle-Leichtbauplatten sind Leichtbauplatten aus Holzwolle und mineralischen Bindemitteln – nachstehend auch HWL-Platten (HWL) genannt.

2.2 Mehrschicht-Leichtbauplatten

Mehrschicht-Leichtbauplatten sind Leichtbauplatten aus einer Schicht aus den Dämmstoffen Hartschaum oder Mineralfasern und einer ein- (Zweischichtplatten) oder beidseitigen (Dreischichtplatten) Schicht aus mineralisch gebundener Holzwolle – nachstehend auch Hartschaum-ML-Platten (HS-ML) und Mineralfaser-ML-Platten (Min-ML) oder, wenn beide Arten gemeint sind, ML-Platten genannt.

3 Bezeichnung

3.1 Holzwolle-Leichtbauplatten (HWL-Platten)

HWL-Platten sind in folgender Reihenfolge zu bezeichnen:
- Benennung
- Norm-Hauptnummer
- Kurzzeichen der HWL-Platte (bei Abweichung von den Vorzugsdicken ist das Kurzzeichen entsprechend abzuwandeln)
- Brandverhalten nach DIN 4102 Teil 1
- Abweichungen von den Standardplatten (wie zusätzliche Ausstattungen der Platten nach Tabelle 2 sowie Länge und Breite bei Abweichung von der Vorzugslänge und -breite nach Tabelle 3) sind zusätzlich anzugeben.

Bezeichnung einer HWL-Platte von 50 mm Dicke mit 2 000 mm Länge und 500 mm Breite, schwerentflammbar nach DIN 4102 Teil 1 (B 1):

Leichtbauplatte DIN 1101 − HWL 50 − B 1

3.2 Mehrschicht-Leichtbauplatten (ML-Platten)

ML-Platten sind in folgender Reihenfolge zu bezeichnen:
− Benennung
− Norm-Hauptnummer
− Kurzzeichen der ML-Platte (bei Abweichung von den Vorzugsdicken ist das Kurzzeichen entsprechend abzuwandeln)
− Dicke der Schichten
− Wärmeleitfähigkeitsgruppe der Hartschaumschicht bzw. Mineralfaserschicht
− Brandverhalten nach DIN 4102 Teil 1
− Abweichungen von den Standardplatten (wie zusätzliche Ausstattungen der Platten nach Tabelle 2 sowie Länge und Breite bei Abweichung von der Vorzugslänge und -breite nach Tabelle 4) sind zusätzlich anzugeben.

Bezeichnung einer Hartschaum-ML-Platte von 50 mm Dicke als Dreischichtplatte mit beidseitigen Holzwolleschichten von je 5 mm Dicke, 2 000 mm Länge und 500 mm Breite, Wärmeleitfähigkeitsgruppe 040 der Hartschaumschicht, normalentflammbar nach DIN 4102 Teil 1 (B 2):

Leichtbauplatte DIN 1101 − HS-ML 50/3 − 5/40/5 − 040 − B 2

Bezeichnung einer Mineralfaser-ML-Platte von 50 mm Dicke als Dreischichtplatte mit Holzwolleschichten von 5 mm Dicke auf der einen und 10 mm Dicke auf der anderen Seite, 2 000 mm Länge und 500 mm Breite, Wärmeleitfähigkeitsgruppe 045 der Mineralfaserschicht, schwerentflammbar nach DIN 4102 Teil 1 (B 1):

Leichtbauplatte DIN 1101 − Min-ML 50/3 − 5/35/10 − 045 − B 1

4 Anwendungstypen

Nach der Verwendbarkeit der HWL-Platten und ML-Platten als Wärmedämmstoffe im Bauwerk werden diesen die in Tabelle 1 aufgeführten Anwendungstypen mit den entsprechenden Typkurzzeichen zugeordnet. Die HWL-Platten und ML-Platten müssen stets allen diesen in Tabelle 1 zugeordneten Anwendungstypen gleichzeitig entsprechen; HWL-Platten und ML-Platten, die nur einzelnen Anwendungstypen entsprechen, sind nicht zulässig.

Anmerkung: Hinsichtlich der Eignung der HWL-Platten und ML-Platten für die Anwendungsbereiche Luftschalldämmung, Trittschalldämmung, Schallabsorption (Schallschluckung) und Brandschutz (Feuerwiderstandsdauer von Bauteilen) siehe DIN 1102.

DIN 1101

Tabelle 1 **Anwendungstypen**

Zeile	Typ-kurz-zeichen	Verwendung im Bauwerk	Zuordnung der Platten zu den Anwendungstypen	
1	W	Wärmedämmstoffe, nicht druckbelastbar, z. B. für Wände, Decken und belüftete Dächer		ML-Platten
2	WD	Wärmedämmstoffe, druckbelastbar, z. B. zum Anbetonieren als verlorene Schalung, für Dächer und Böden		
3	WV	Wärmedämmstoffe, beanspruchbar auf Abreißfestigkeit (Querzugfestigkeit), z. B. für Fassaden mit mineralischem Putz	HWL-Platten	
4	WB[1]	Wärmedämmstoffe, beanspruchbar auf Biegung, z. B. zur Bekleidung von windbelasteten Fachwerk- und Ständerkonstruktionen		
5	WS	Wärmedämmstoffe mit erhöhter Belastbarkeit für Sondereinsatzgebiete, z. B. für Parkdecks	–	

[1] Ausgenommen HWL-Platten der Dicke < 15 mm und ML-Zweischichtplatten aller Dicken.

Tabelle 2 **Lieferformen**

Lieferform	
Standardplatten	Platten mit zusätzlicher Ausstattung (auch nach Vereinbarung)
HWL-Platten	Profilierungen an Kanten und/oder Oberflächen
ML-Platten	
Hartschaum-ML-Platten zweischichtig dreischichtig	und/oder
	Oberflächen-Beschichtung einseitig oder beidseitig
Mineralfaser-ML-Platten zweischichtig dreischichtig[1])	und/oder
	Dampfsperre

[1] mit unterschiedlichen Holzwolleschichtdicken (siehe Tabelle 4)

Tabelle 3 **Holzwolle-Leichtbauplatten (HWL-Platten), Maße, Grenzabmaße und Kurzzeichen**

Kurzzeichen	Dicke[1] $^{+3}_{-2}$[2]	Breite[1] ± 5[2]	Länge[1] $^{+5}_{-10}$[2]
HWL 15	15		
HWL 25	25		
HWL 35	35	500	2000
HWL 50	50		
HWL 75	75		
HWL 100	100		

[1] Vorzugsmaße; andere Maße sind zu vereinbaren.
[2] Grenzabmaße des gemessenen Mittelwertes der Einzelplatte von den angegebenen Maßen.

DIN 1101

Tabelle 4 **Mehrschicht-Leichtbauplatten (ML-Platten), Maße, Grenzabmaße und Kurzzeichen**

Kurzzeichen		Dicke[1] $\pm^3_2$ [3]		Breite[2] ± 5 [3]	Länge[2] $\pm^5_{10}$ [3]	Anzahl der Schichten	Schichtdicke[1]			
		Hartschaum-ML-Platten	Mineralfaser-ML-Platten				erste Holzwolleschicht im Mittel	Hartschaumschicht	Mineralfaserschicht	zweite Holzwolleschicht im Mittel
HS-ML 15/2	–	15	–				10	–	–	
HS-ML 25/2	–	25	–				20	–	–	
HS-ML 35/2	–	35	–				30	–	–	
HS-ML 50/2	–	50	–			2	45	–	–	
–	Min-ML 50/2	–	50				5	–	45	–
HS-ML 75/2	–	75	–				70	–	–	
–	Min-ML 75/2	–	75				–	70	–	
HS-ML 100/2	–	100	–				95	–	–	
–	Min-ML 100/2	–	100				–	95	–	
HS-ML 25/3	–	25	–	500	2000			15	–	5
HS-ML 35/3	–	35	–				5	25	–	5
HS-ML 50/3	–	50	–					40	–	
–	Min-ML 50/3	–	50				5 / 7,5	–	35	10 / 7,5
HS-ML 75/3	–	75	–			3	5	65	–	5
–	Min-ML 75/3	–	75				5 / 7,5	–	60	10 / 7,5
HS-ML 100/3	–	100	–				5	90	–	5
–	Min-ML 100/3	–	100				5 / 7,5	–	85	10 / 7,5
HS-ML 125/3	–	125	–				5	115	–	5

[1] Vorzugsdicken. Andere Dicken und/oder im Aufbau abweichende Schichtdicken sind zu vereinbaren; die Holzwolleschicht (Einzelschicht) muß hierbei im Mittel mindestens 5 mm dick sein. Bei Mineralfaser-ML-Platten der Baustoffklasse A 2 nach DIN 4102 Teil 1 (nichtbrennbar) sind auch Holzwolleschichten (Einzelschichten) zulässig, die im Mittel unter 5 mm dick sind.
[2] Vorzugsmaße. Andere Breiten und Längen sind zu vereinbaren.
[3] Grenzabmaße des gemessenen Mittelwertes der Einzelplatte von den angegebenen Maßen.

5 Lieferformen

Als Lieferformen werden bei HWL-Platten und ML-Platten Standardplatten und Platten mit zusätzlicher Ausstattung unterschieden (siehe Tabelle 2).

6.8 Wärmeleitfähigkeit

6.8.1 Holzwolle-Leichtbauplatten (HWL-Platten)

Bei HWL-Platten muß die Wärmeleitfähigkeit λ_Z nach DIN 52 612 Teil 2 wie folgt eingehalten werden:

– Dicke $\geq$ 25 mm:
   λ_Z höchstens 0,090 W/(m·K)
– Dicke 15 mm
   λ_Z höchstens 0,15 W/(m·K)

HWL-Platten der Dicken < 15 mm dürfen wärmeschutztechnisch nicht berücksichtigt werden.

6.8.2 Mehrschicht-Leichtbauplatten (ML-Platten)

Bei ML-Platten dürfen Holzwolleschichten (Einzelschichten) mit Dicken < 10 mm zur Berechnung des Wärmedurchlaßwiderstandes $1/\lambda$ nicht berücksichtigt werden. Bei Holzwolleschichten mit Dicken $\geq$ 10 mm muß für die Einzelschicht die Wärmeleitfähigkeit λ_Z nach DIN 52 612 Teil 2 wie folgt eingehalten werden:

– Holzwolleschicht Dicke von 10 mm bis < 25 mm:
   λ_Z höchstens 0,15 W/(m·K)
– Holzwolleschicht Dicke $\geq$ 25 mm:
   λ_Z höchstens 0,090 W/(m·K)

Für die Hartschaum- bzw. Mineralfaserschicht gilt hinsichtlich der Wärmeleitfähigkeit λ_Z nach DIN 52 612 Teil 2:

– Hartschaumschicht (Polystyrol-Partikelschaum) nach DIN 18 164 Teil 1 mit der Wärmeleitfähigkeitsgruppe
   040: λ_Z höchstens 0,040 W/(m·K)
– Mineralfaserschicht nach DIN 18165 Teil 1 mit der Wärmeleitfähigkeitsgruppe
   040: λ_Z höchstens 0,040 W/(m·K)
   045: λ_Z höchstens 0,045 W/(m·K)

Andere als die genannten Wärmeleitfähigkeitsgruppen sowie andere Hartschaumschichten nach DIN 18 164 Teil 1 als die genannten und deren Wärmeleitfähigkeitsgruppen sind zu vereinbaren, und es gelten dann für die Wärmeleitfähigkeit λ_Z nach DIN 52612 Teil 2 die Anforderungen nach DIN 18164 Teil 1 bzw. DIN 18165 Teil 1.

6.9 Brandverhalten

HWL-Platten und Mineralfaser-ML-Platten müssen der Baustoffklasse B 1 nach DIN 4102 Teil 1 (schwerentflammbar) entsprechen.

Hartschaum-ML-Platten müssen mindestens der Baustoffklasse B 2 nach DIN 4102 Teil 1 (normalentflammbar) entsprechen.

Anmerkung: In DIN 4102 Teil 4 sind klassifiziert
- Holzwolle-Leichtbauplatten (HWL-Platten) als Baustoffe der Klasse B 1 (schwerentflammbar),
- Hartschaum-Mehrschicht-Leichtbauplatten (Hartschaum-ML-Platten) als Baustoffe der Klasse B 2 (normalentflammbar);

der Nachweis über das Brandverhalten nach DIN 4102 Teil 1 ist damit erbracht.

Für Mineralfaser-Mehrschicht-Leichtbauplatten (Mineralfaser-ML-Platten) ist der Nachweis der Baustoffklasse B 1 nach DIN 4102 Teil 1 (schwerentflammbar) derzeit durch ein Prüfzeichen[1]) zu führen; eine Klassifizierung in DIN 4102 Teil 4 ist in Vorbereitung.

Ein- oder beidseitiger mineralischer Porenverschluß der Holzwollestruktur als Oberflächen-Beschichtung und/oder Dampfsperren aus anorganischen Stoffen (Alu-Folie oder ähnliches) verschlechtern das Brandverhalten nicht; eine Klassifizierung in DIN 4102 Teil 4 ist in Vorbereitung.

Leichtbauplatten mit nichtmineralischen Oberflächen-Beschichtungen und/oder Dampfsperren aus organischen Stoffen müssen mindestens der Baustoffklasse B 2 nach DIN 4102 Teil 1 (normalentflammbar) entsprechen, wobei der Nachweis durch ein Prüfzeugnis einer hierfür anerkannten Prüfstelle zu führen ist.

Leichtbauplatten mit nichtmineralischen Oberflächen-Beschichtungen und/oder Dampfsperren aus organischen Stoffen der Baustoffklasse B 1 nach DIN 4102 Teil 1 (schwerentflammbar) sowie Hartschaum-Mehrschicht-Leichtbauplatten (Hartschaum-ML-Platten) der Baustoffklasse B 1 und Mineralfaser-Mehrschicht-Leichtbauplatten (Mineralfaser-ML-Platten) der Baustoffklasse A 2 nach DIN 4102 Teil 1 (nichtbrennbar) unterliegen der Prüfzeichenpflicht[1]).

---

1) Prüfzeichen werden durch das Institut für Bautechnik, Reichpietschufer 74–76, 10785 Berlin, erteilt.

6.10 Ausgangsstoffe

6.10.1 Holzwolle-Leichtbauplatten (HWL-Platten)

Für HWL-Platten darf nur langfaserige Holzwolle aus gesundem Holz verwendet werden.

6.10.2 Mehrschicht-Leichtbauplatten (ML-Platten)

Bei Hartschaum-ML-Platten müssen die Hartschaumschichten DIN 18 164 Teil 1 entsprechen.

Bei Mineralfaser-ML-Platten müssen die Mineralfaserschichten DIN 18 165 Teil 1 und der Baustoffklasse A nach DIN 4102 Teil 1 (nichtbrennbar) entsprechen.

Für die Holzwolleschichten von ML-Platten darf nur langfaserige Holzwolle aus gesundem Holz verwendet werden.

6.11 Bindemittel

Als Bindemittel für HWL-Platten und die Holzwolleschichten der ML-Platten sind Zement nach DIN 1164 Teil 1 oder kaustisch gebrannter Magnesit zu verwenden.

6.12 Schädliche Bestandteile

HWL-Platten und ML-Platten dürfen keine schädlichen Bestandteile enthalten, insbesondere nicht solche, die auf andere, üblicherweise mit HWL-Platten und ML-Platten in Verbindung kommende Bauteile, Befestigungsmittel, Anstriche und Putze schädlich wirken. Der Anteil wasserlöslicher Chloride in den HWL-Platten und den Holzwolleschichten der ML-Platten darf höchstens 0,35 % Cl⁻, bezogen auf die Masse, betragen.

Als wasserlösliches Chlorid gilt die bei dreimaliger Extraktion mit destilliertem Wasser in der Soxhlet-Apparatur auslaugbare Chloridmenge (Durchführung siehe Abschnitt 7.10). Sie wird in Prozent, bezogen auf die Masse der bei 105 °C getrockneten Auslaugprobe, angegeben.

DIN 1102

Holzwolle-Leichtbauplatten und Mehrschicht-Leichtbauplatten nach DIN 1101 als Dämmstoffe für das Bauwesen
Verwendung, Verarbeitung
DIN 1102 (11.89)

1 Anwendungsbereich

Diese Norm gilt für die Verwendung und Verarbeitung von Holzwolle-Leichtbauplatten und Mehrschicht-Leichtbauplatten nach DIN 1101 mit Dicken $\geq$ 15 mm, die als Dämmstoffe für den Wärmeschutz, Schallschutz (Schalldämmung und Schallschluckung) und Brandschutz im Bauwesen verwendet werden. Sie gilt auch für Holzwolle-Leichtbauplatten und Mehrschicht-Leichtbauplatten mit zusätzlichen Ausstattungen wie profilierte Kanten und/oder Oberflächen und/oder einseitige oder beidseitige Oberflächen-Beschichtung und/oder Dampfsperre.

Holzwolle-Leichtbauplatten werden nachstehend auch HWL-Platten genannt, Mehrschicht-Leichtbauplatten ML-Platten oder, wenn eine bestimmte Art gemeint ist, Hartschaum-ML-Platten oder Mineralfaser-ML-Platten; bei ML-Platten wird auch noch in Zweischicht- und Dreischichtplatten unterschieden.

Anmerkung: In dieser Norm wird zwecks Straffung auch nur von Leichtbauplatten oder Platten gesprochen, wenn grundsätzlich alle Leichtbauplatten (HWL- und ML-Platten) gemeint sind, nur von Platten auch dann, wenn eindeutig hervorgeht, welche der HWL- und ML-Platten im einzelnen gemeint sind.

2 Verwendung

Holzwolle-Leichtbauplatten (HWL-Platten) und Mehrschicht-Leichtbauplatten (ML-Platten) werden als wand- und deckenbildende Dämmstoffe verwendet und mit mineralischem Putz verputzt, jedoch auch mit keramischen Bekleidungen, mit Gipskartonplatten, Gipsfaserplatten oder ähnlichen Platten sowie mit hinterlüfteten Bekleidungen aus Brettern, Schindeln, Dachziegeln, Schiefer oder dergleichen bekleidet; sie werden auch mit werksmäßiger Oberflächen-Beschichtung oder unverputzt eingebaut und auf Decken verlegt.

Für die Verwendung von HWL-Platten und ML-Platten zum Zwecke des Wärme-, Schall- und Brandschutzes siehe Tabelle 1 und die Abschnitte 2.1 bis 2.3.

2.1 Wärmeschutz

Für die Anforderungen an den Wärmeschutz gelten Wärmeschutzverordnung und DIN 4108 Teil 2.

Für die Anforderungen an den klimabedingten Feuchteschutz gilt DIN 4108 Teil 3.

Rechenwerte der Wärmeleitfähigkeit λ_R und Richtwerte von Wasserdampf-Diffusionswiderstandszahlen μ enthält DIN 4108 Teil 4.

Anmerkung: DIN 4108 Teil 3 enthält unter anderem folgende Außenbauteile, für die unter den dort genannten Bedingungen kein rechnerischer Nachweis des Tauwasserausfalls infolge Wasserdampfdiffusion erforderlich ist:

a) Außenwände:
  - Mauerwerk nach DIN 1053 Teil 1 aus künstlichen Steinen
    - mit außenseitig angebrachter Wärmedämmschicht
    - mit raumseitig angebrachter Wärmedämmschicht
    - mit raumseitig angebrachten HWL-Platten nach DIN 1101
  - Wände aus Normalbeton nach DIN 1045 oder gefügedichtem Leichtbeton nach DIN 4219 Teil 1 und Teil 2
    - mit außenseitig angebrachter Wärmedämmschicht

Tabelle 1 **Verwendung für den Wärme-, Schall- und Brandschutz**

Plattenart	Wärme-schutz	Schallschutz			Brandschutz
		Luft-schallschutz	Tritt-schallschutz	Schallabsorption (Schallschluckung)	Feuerwiderstandsdauer von Bauteilen
HWL-Platten	●	●	● in Kombination mit Mineralfaser-Dämmstoffen[1]	● unverputzt und ohne Oberflächen-Beschichtung	● auch unverputzt und ohne Oberflächen-Beschichtung
Hartschaum-ML-Platten	●	●	—	●[2] unverputzt und ohne Oberflächen-Beschichtung	—
Mineral-faser-ML-Platten	●	●	—	● unverputzt und ohne Oberflächen-Beschichtung	● auch unverputzt und ohne Oberflächen-Beschichtung

● geeignet
1) Mineralfaser-Trittschalldämmplatten nach DIN 18 165 Teil 2.
2) Nur Hartschaum-ML-Platten mit Holzwollschichten der Dicke $\geq$ 20 mm.

b) Dächer: – nichtbelüftete Dächer
– belüftete Dächer

2.2 Schallschutz

Bei Anforderungen an den Schallschutz ist DIN 4109 zu beachten. Diese Norm enthält auch das Verfahren zum Nachweis des geforderten Schallschutzes von Bauteilen unter Verwendung von Leichtbauplatten, sofern nicht eine Klassifizierung in Beiblatt 1 zu DIN 4109 besteht.

Anmerkung: Beiblatt 1 zu DIN 4109 enthält unter anderem die nachfolgend aufgeführten, hinsichtlich ihres Schallschutzes klassifizierten Bauteile, die unter Verwendung von HWL-Platten erstellt werden können:

a) luftschalldämmende biegeweiche Vorsatzschalen von massiven Trennwänden
  – aus HWL-Platten auf senkrechten Hölzern
  – aus HWL-Platten als freistehende Wandschale
b) luftschalldämmende zweischalige Trennwände aus zwei biegeweichen Schalen
  – aus HWL-Platten auf zwei Reihen senkrechter Hölzer
  – aus HWL-Platten als freistehende Wandschalen
c) luftschalldämmende Außenwände aus biegeweichen Schalen in Holzbauart:
  – außenseitige Schale aus verputzten HWL-Platten
  – raumseitige Schale aus Gipskartonplatten auf Spanplatten oder ähnlichem
  – im Gefach Faserdämmstoffe.

Einzelheiten der Ausführung siehe Abschnitt 3.

Durch das Andübeln von Leichtbauplatten an massiven einschaligen Wänden wird die Luftschalldämmung nicht verschlechtert[1], sofern die in Fußnote 1 aufgeführten Bedingungen eingehalten werden.

Die Schallabsorptionsgrade α von Leichtbauplatten sind von den betreffenden Leichtbauplatten-Herstellern zu erfahren.

2.3 Brandschutz

Das Brandverhalten von Bauteilen unter Verwendung von Leichtbauplatten ist durch ein gültiges Prüfzeugnis einer hierfür anerkannten Prüfstelle nachzuweisen, sofern nicht eine Klassifizierung in DIN 4102 Teil 4 besteht.

---

[1] Die Luftschalldämmung massiver einschaliger Wände wird, weder was Schalldurchgang noch Schall-Längsleitung betrifft, nicht verschlechtert, wenn 50 mm dicke ML-Dreischichtplatten oder HWL-Platten verwendet und je m² mit höchstens 6 Befestigungsdübeln aus Kunststoff mit Gewindeschrauben aus Stahl nach Abschnitt 3.5.3.2, Verteilung nach Bild 3, angedübelt und nach Abschnitt 3.10.2 oder Abschnitt 3.10.3 verputzt werden (siehe Beiblatt 1 zu DIN 4109 (11.89) Abschnitt 2.2.4, und Beiblatt 2 zu DIN 4109 (11.89) Abschnitt 1.3.3).

Anmerkung: DIN 4102 Teil 4 enthält unter anderem die nachfolgend aufgeführten, hinsichtlich ihres Feuerwiderstands klassifizierten Bauteile, die unter Verwendung von HWL-Platten erstellt werden können:
a) Decken und Dächer:
- Stahlbetonplattendecken sowie gleichzustellende Dächer aus Normalbeton mit anbetonierten unverputzten HWL-Platten
- Stahlträgerdecken mit Abdeckungen aus Leichtbeton oder Normalbeton und Rippendecken aus Stahlbeton oder Spannbeton sowie gleichzustellende Dächer mit Unterdecken aus unverputzten HWL-Platten
- Holzbalkendecken (als Geschoßdecken oder Decken unter nicht ausgebauten Dachräumen) sowie gleichzustellende Dächer mit unterseitiger Bekleidung aus unverputzten HWL-Platten
- Holzbalkendecken mit teilweise freiliegenden Holzbalken (als Geschoßdecken oder Decken unter nicht ausgebauten Dachräumen) sowie gleichzustellende Dächer mit unterseitiger Bekleidung aus unverputzten HWL-Platten
- Dächer aus Holzsparren und Holzbindern mit unterseitiger Bekleidung aus verputzten bzw. unverputzten HWL-Platten
- Dächer aus Holzsparren mit oberseitiger Bekleidung aus HWL-Platten, Mineralfaser-Dämmschicht im Gefach und unterseitiger Bekleidung aus Gipskarton-Bauplatten

b) Außenwände:
- Außenwände aus nicht ausgemauertem Holzfachwerk mit beidseitiger Bekleidung aus HWL-Platten, verputzt oder bekleidet
- Außenwände aus Holzfachwerk mit ausgefüllten Gefachen aus HWL-Platten und raumseitiger Bekleidung aus HWL-Platten, verputzt
- Außenwände in Holztafelbauweise mit außenseitiger Bekleidung aus verputzten HWL-Platten

c) Trennwände:
- zweischalige Trennwände aus zwei biegeweichen Schalen aus verputzten HWL-Platten als freistehende Wandschalen.

Durch die Anordnung von HWL-Platten oder ML-Platten an massiven Bauteilen wird nach DIN 4102 Teil 4 deren Feuerwiderstandsklasse nicht verschlechtert.

3 Verarbeitung
3.1 Allgemeines
Alle Angaben zur Befestigung der Leichtbauplatten nach DIN 1101 schließen ein, daß die Platten mit mineralischem Putz versehen werden können, soweit in den betreffenden Abschnitten nichts anderes vermerkt ist.

3.1.1 Behandlung der Platten vor dem Einbau

HWL-Platten und ML-Platten müssen lufttrocken sein, wenn sie eingebaut werden. Deshalb müssen sie feuchtigkeitsgeschützt angeliefert und trocken gelagert werden. Die Lagerung muß flach, das Tragen hochkant erfolgen.

3.1.2 Hinweise über die jeweils zum Einbau geeigneten Platten

Hinweise über die jeweils zum Einbau für die verschiedenen Verwendungszwecke geeigneten Platten enthalten die Abschnitte 3.2 bis 3.8. In diesen ist auch, sofern zutreffend und nicht unmittelbar vermerkt, auf Tabelle 2 verwiesen, die Eignungshinweise für Platten mit zusätzlichen Ausstattungen und ML-Dreischichtplatten mit Holzwolleschichten unterschiedlicher Dicke enthält.

3.1.3 Maßnahmen bei außenseitig angebrachten Platten

An der Außenseite von Außenwänden sollen die Platten erst 300 mm über Gelände beginnen. Der Überstand der Platten einschließlich des Außenputzes soll gegenüber dem Sockel mindestens 20 mm betragen. Wegen des Schutzes gegen aufsteigende Feuchtigkeit ist DIN 18195 Teil 4 zu beachten.

Werden die Platten weiter heruntergeführt, sind sie durch geeignete Maßnahmen vor Durchfeuchtung zu schützen.

Auf die Platten ist als Wetterschutz entweder ein Außenputz nach den Abschnitten 3.10.1 und 3.10.2 bzw. 3.10.4 oder eine hinterlüftete Bekleidung aus Brettern, Schindeln, Dachziegeln, Schiefer oder dergleichen aufzubringen. Bei hinterlüfteter Bekleidung auf HWL-Platten und Mineralfaser-ML-Platten sollte die außenseitige Oberfläche der Platten vorher mit einem porenschließenden Glattstrich versehen werden, oder es werden Platten mit geeigneter Oberflächen-Beschichtung verwendet. Statt dessen dürfen die Platten auch mit wasserabweisenden, jedoch dampfdurchlässigen Bahnen abgedeckt werden.

3.2 Anbetonieren (verlorene Schalung)[2]

3.2.1 Anbringen von Haftsicherungsankern und Betonieren

Die Platten sind je m^2 mit mindestens 6 einzubetonierenden Haftsicherungsankern aus korrosionsgeschütztem oder nichtrostendem Stahl oder aus Kunststoff zu versehen, je nach Typ vor dem Verlegen der Platten oder nach dem Verlegen der Platten und dem Einbau der Bewehrung; die Verteilung soll Bild 1 entsprechen. Bei Kleinflächen (Stützen, Stürze, Deckenränder und ähnliches) gilt das Verteilungsschema nach Bild 1 sinngemäß.

Bei ML-Platten (geeignet sind nur ML-Dreischichtplatten) muß der Ankerkopf die äußere Holzwolleschicht erfassen, und die Ankerlänge soll der Plattendicke plus etwa 40 mm entsprechen. Bei ML-Dreischichtplatten als Sichtplatten (unverputzt bleibend oder mit geeigneter Oberflächen-Beschichtung) kann von vorstehender Regel abgewichen werden.

---

[2] DIN 1045 ist zu beachten.

Die Anker von HWL-Platten müssen ausreichend tief in die Holzwolleschicht greifen.

Die Platten dürfen vor dem Betonieren nicht angenäßt werden. Als Beton ist solcher der Regelkonsistenz erforderlich. Beim Ausschalen ist besonders darauf zu achten, daß gegebenenfalls verwendete Heftnägel die Plattenflächen nicht beschädigen.

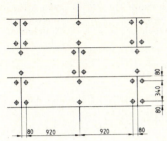

Bild 1. Verteilungsschema für Haftsicherungsanker; mindestens 6 Haftsicherungsanker/m^2

3.2.2 Verlegen der Platten

3.2.2.1 Verlegen auf der Deckenschalung

Zum Anbetonieren an Decken eignen sich HWL-Platten und ML-Dreischichtplatten. Eignungshinweise für Platten mit zusätzlichen Ausstattungen und ML-Dreischichtplatten mit Holzwolleschichten unterschiedlicher Dicke enthält Tabelle 2.

Die Platten sind vor dem Einbringen des Betons auf nicht eingeölter Deckenschalung im Verband und mit dichtschließenden Fugen zu verlegen. Es darf keine Zementschlämme in die Fugen laufen. Als Abstandshalter für die untere Bewehrungslage sind Abstandshalter mit großer Aufstandsfläche zu verwenden und für die obere Bewehrungslage solche, die zwischen der unteren und oberen Bewehrungslage eingebaut werden können. Platten sowie verzinkte Stahlanker dürfen mit der Bewehrung von Stahl- und Spannbetonbauteilen sowie anderen Stahlteilen keinen Kontakt haben.

Bei Sichtplatten – im Innenbereich – (unverputzt bleibend oder mit geeigneter Oberflächen-Beschichtung) kann von der Verlegung im Verband abgewichen werden.

Hinsichtlich der Erhöhung der Feuerwiderstandsdauer von Stahlbetonplattendecken durch anbetonierte unverputzte HWL-Platten nach DIN 1101 (F 60-AB bis F 180–AB) siehe DIN 4102 Teil 4 (03.81), Tabellen 10, 12 und 13.

3.2.2.2 Verlegen in der Wandschalung

Zum Anbetonieren an Wänden eignen sich HWL-Platten und ML-Dreischichtplatten. Eignungshinweise für Platten mit zusätzlichen Ausstattungen und ML-Dreischichtplatten mit Holzwolleschichten unterschiedlicher Dicke enthält Tabelle 2.

DIN 1102

Tabelle 2 **Eignungshinweise für Platten mit zusätzlichen Ausstattungen und ähnlichem**

Lieferform, zusätzliche Ausstattung und ähnliches	Geeignet zum					
	Anbetonieren (verlorene Schalung)		Befestigen an Hölzern	Befestigen an Profilen aus Metall, Kunststoff oder ähnlichem	Andübeln an massiven Bauteilen	Anblenden mit Dünnbettmörtel oder Mörtel an Massiv-Wänden im Innenbereich
	an Decken	an Wänden				
	nach Abschnitt					
	3.2.2.1	3.2.2.2	3.3[2])	3.4	3.5[2])	3.6
HWL-Platten und ML-Dreischichtplatten[1]) mit – **profilierten Kanten** z. B. mit an den Kanten umlaufendem, wechselseitigem Stufenfalz	●[3])	●	●[3])	●[3])	●[3])	●[3])
und/oder						

– **jeweils geeigneter Oberflächen-Beschichtung**[4])
  – einseitig
  – beidseitig
	●
	–
		–
		–
			●
			●
				●
				●
					●
					●
						●
						●

und/oder						
– **Dampfsperre**	[5])	[5])	[5])	[5])	[5])	[5])

● geeignet
1) Bei ML-Dreischichtplatten mit Holzwolleschichten unterschiedlicher Dicke ist die Lage der dickeren Holzwolleschicht entsprechend der Anwendung mit dem betreffenden Leichtbauplatten-Hersteller abzustimmen.
2) Bei Verwendung nach Abschnitt 3.3.3.1, letzter Absatz, und Abschnitt 3.5 (Ausnahmen beachten) sind auch ML-Zweischichtplatten geeignet.
3) Besonders geeignet bei Sichtplatten (unverputzt bleibend oder mit geeigneter Oberflächen-Beschichtung) im Innenbereich, um z. B. Wärmebrücken zu vermeiden oder beim Anbetonieren an Decken ein Auslaufen von Zementschlämme zu verhindern. Beim Anbetonieren an Decken, auch solchen von offenen Durchfahrten, Passagen und ähnlichem, ist ein an den Kanten umlaufender, wechselseitiger Stufenfalz besonders geeignet.
4) Als Sichtplatten im Innenbereich, soweit in den einzelnen Abschnitten nichts anderes vermerkt.
5) Beim Einbau von Platten mit Dampfsperre ist DIN 4108 Teil 3 zu beachten.

Die Platten sind vor dem Einbringen des Betons in die nicht eingeölte Wandschalung im Verband und mit dichtschließenden Fugen zu verlegen. Die Längskanten der Platten müssen waagerecht liegen. Es darf keine Zementschlämme in die Fugen laufen. Wo erforderlich, sind die Platten mit Stauchkopfnägeln oder Nagelstiften ohne Kopf behelfsmäßig an die Schalung anzuheften. Platten sowie verzinkte Stahlanker dürfen mit der Bewehrung von Stahl- und Spannbetonbauteilen sowie anderen Stahlteilen keinen Kontakt haben.

Hinsichtlich Platten an der Außenseite von Außenwänden siehe auch Abschnitt 3.1.3.

3.3 Befestigen an Hölzern

3.3.1 Geeignete Platten

Zum Befestigen an Hölzern eignen sich HWL-Platten und ML-Dreischichtplatten (siehe jedoch Abschnitte 3.3.3.1 und 3.3.3.3 bis 3.3.3.5). Eignungshinweise für Platten mit zusätzlichen Ausstattungen und ML-Dreischichtplatten mit Holzwolleschichten unterschiedlicher Dicke enthält Tabelle 2.

3.3.2 Befestigen der Platten

Für Querschnitte und Mittenabstände der Unterstützungshölzer der Platten gilt Tabelle 3.

Die Platten sind dicht gestoßen im Verband und mit ihren Längskanten rechtwinklig zu den Hölzern anzubringen. Bei Wänden sollen die Längskanten der Platten waagerecht liegen, und die unterste Plattenreihe soll in ganzer Länge auf Holz befestigt werden. Hinsichtlich Platten an der Außenseite von Außenwänden siehe auch Abschnitt 3.1.3.

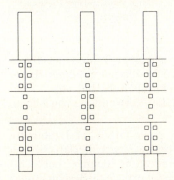

Bild 2. Schema für die Befestigung an Hölzern z. B. bei HWL-Platten 35 mm mit den Maßen 500 mm × 2000 mm

Bei Sichtplatten — im Innenbereich — (unverputzt bleibend oder mit geeigneter Oberflächen-Beschichtung) kann von den für die Unterstützungshölzer angegebenen Mittenabständen und den Regeln des zweiten Absatzes abgewichen werden; hinsichtlich der Mittenabstände der Unterstützungshölzer gelten dann die Verarbeitungsrichtlinien des betreffenden Leichtbauplatten-Herstellers.

Tabelle 3 **Unterstützungshölzer (Mindestquerschnitte und Höchst-Mittenabstände) für die HWL-Platten und ML-Dreischichtplatten**

Platten-dicke	Unterstützungshölzer[1]) für							
	Holzwolle-Leichtbauplatten (HWL-Platten)			ML-Dreischichtplatten			
	Breite	Dicke	Mitten-abstand[2])	Breite	Dicke	Mittenabstand[2])	
						bei senkrechten Bauteilen	bei waagerechten und geneigten Bauteilen
	mindestens	mindestens	höchstens	mindestens	mindestens	höchstens	höchstens
15	50	30	500	–	–	–	–
25	50	30	670	50	30	500	500
35	50	30	670	50	30	670	500
50	60	40	1000	60	40	1000	500
75	60	40	1000	60	40	1000	500
100	60	40	1000	60	40	1000	500
125	–	–	–				

1) Unterstützungshölzer an Decken (in der Regel Traglattung einschließlich etwaiger Grundlattung) müssen nach DIN 18168 Teil 1 mindestens, ansonsten sollen sie der Sortierklasse S 10 (früher Güteklasse II) nach DIN 4074 Teil 1 entsprechen.
2) Bei Unterkonstruktionen aus anderen Werkstoffen gelten die gleichen Mittenabstände (siehe auch Abschnitt 3.4); bei Decken gilt außerdem DIN 18168 Teil 1.

Für Nägel und Schrauben gilt Tabelle 4. Platten mit einer Breite von 500 mm sind an jedem Holz mit mindestens 3 (siehe Bild 2), Platten mit einer Breite bis 625 mm mit mindestens 4 Nägeln oder Schrauben zu befestigen. Bei Decken sollen die Platten angeschraubt werden; bei Verwendung von Nägeln sind diese schräg einzuschlagen.

Werden anstelle von Leichtbauplatten-Stiften nach DIN 1144 Drahtstifte nach DIN 1151 oder Schrauben aus Stahl verwendet, sind Unterlegscheiben aus Stahl mit einem Außendurchmesser von mindestens 20 mm – bei Sichtplatten (unverputzt bleibend oder mit geeigneter Oberflächen-Beschichtung) von 12 mm, sofern bei Schrauben dieses Maß nicht bereits der Schraubenkopf erreicht – erforderlich. Alle Nägel, Schrauben und Scheiben müssen verzinkt oder in anderer Weise gegen Korrosion geschützt sein.

Werden andere Befestigungsmittel verwendet, ist deren Brauchbarkeit durch einen Einstufungsschein bzw. eine Prüfbescheinigung nach DIN 1052 Teil 2 nachzuweisen.

DIN 1102

Tabelle 4 **Befestigungsmittel auf Holz für die HWL-Platten und ML-Dreischichtplatten, korrosionsgeschützt**

Platten-dicke	Leichtbauplatten-Stifte nach DIN 1144		Drahtstifte nach DIN 1151 (mit Unterlegscheiben aus Stahl)		Schrauben aus Stahl (mit Unterlegscheiben aus Stahl)	
	Durchmesser	Länge mindestens	Durchmesser	Länge mindestens	Durchmesser mindestens	Länge mindestens
15[1]	3,1	40	2,2	45	5	45
25	3,1	50	2,5	55	5	50
35	3,1	60[2]	3,1	65[2]	5	60[2]
50	3,4	90	3,4	90	6	90
75	–	–	4,2	110	6	110
100	–	–	–	–	6	140
125[3]	–	–	–	–	6	160

1) Nur HWL-Platten
2) Bei HWL-Platten Länge mindestens 70 mm; hierbei 3,4 mm Durchmesser bei Leichtbauplatten-Stiften nach DIN 1144.
3) Nur ML-Dreischichtplatten

Für Gebäude über 8 m Höhe sind im Bereich von 2 m Breite an der Außenseite von Außenwandecken zur Aufnahme der Windlasten die doppelte Anzahl von Befestigungsmitteln zu verwenden.

Beim Anbringen an Decken gilt für die Ausführung und Befestigung der Unterkonstruktion auch DIN 18168 Teil 1.

Auf Hölzern befestigte, sonst hohl liegende Platten, die verputzt werden sollen, sind – zur Stabilisierung – auch im Innenbereich mit einem Spritzbewurf zu versehen. Der Spritzbewurf ist nach Abschnitt 3.10.3 auszuführen.

3.3.3 Befestigen der Platten bei speziellen Konstruktionen

3.3.3.1 Befestigen an Wänden aus nicht ausgemauertem Holzfachwerk

Die Platten nach Abschnitt 3.3.1 müssen folgende Mindestdicken haben:

a) bei Außenwänden:
   – außenseitig 35 mm
     (siehe auch Abschnitt 3.1.3)
   – raumseitig 25 mm

b) bei Innenwänden: 25 mm

Handelt es sich um ein Holzfachwerk mit einer für tragende Zwecke geeigneten ganzflächigen Beplankung und werden hierauf die Platten vollflächig aufgebracht, so können alle Platten nach DIN 1101 verwendet werden,

ML-Zweischichtplatten müssen jedoch mindestens 25 mm dick sein. Gegebenenfalls ist auch Abschnitt 3.1.3 zu beachten.

3.3.3.2 Befestigen an der Unterseite von Dachsparren und Deckenbalken aus Holz

Die Platten sollen nicht unmittelbar am Tragwerk, sondern an quer dazu verlaufenden Holzlatten befestigt werden; in jedem Fall müssen die Querkanten der Platten auf einem Unterstützungsholz aufliegen.

Werden bei Dachsparren und Kehlbalkendecken HWL-Platten und Mineralfaser-ML-Dreischichtplatten unterseitig befestigt und befindet sich keine zusätzliche Dämmschicht im belüfteten Gefach, sollte die raumabgewandte Seite der Platten vorher mit einem porenschließenden Glattstrich versehen werden, oder es werden Platten mit geeigneter Oberflächen-Beschichtung verwendet[3]). Statt dessen dürfen die Platten auch mit dampfdurchlässigen Bahnen abgedeckt werden.

3.3.3.3 Befestigen an der Oberseite von Dachsparren aus Holz

Die Platten nach Abschnitt 3.3.1 müssen mindestens 35 mm dick sein.

Vorzugs-Mittenabstand der Holzsparren 670 mm, Höchst-Mittenabstand 1 000 mm.

Es ist mit Montagehilfen (lastverteilenden Brettern) zu arbeiten. Schwebende Stöße der Querkanten der Platten sind zu vermeiden. Die Platten sind von der Traufe aus mit ihren Längskanten rechtwinklig zu den Sparren dicht gestoßen im Verband zu verlegen und je Unterstützung mit mindestens 2 Befestigungsmitteln zu befestigen. Zum Schutz gegen Feuchtigkeit sind die Platten, an der Traufe beginnend, mit wasserabweisenden, jedoch dampfdurchlässigen Bahnen abzudecken, die an den Stößen mindestens 200 mm zu überlappen sind. Die Bahnen sind durch die Konterlattung festzuhalten.

Die Lastabtragung ist durch eine statische Berechnung nachzuweisen, sofern nicht eine statische Typprüfung des betreffenden Leichtbauplatten-Herstellers herangezogen werden kann.

Bei Mittenabständen der Sparren über 1 000 mm sind für die Platten aussteifende Konstruktionen erforderlich, die statisch nachzuweisen sind.

3.3.3.4 Befestigen an Hölzern als luftschalldämmende biegeweiche Vorsatzschale von massiven Trennwänden

Es handelt sich hierbei um zwei in Beiblatt 1 zu DIN 4109 klassifizierte biegeweiche luftschalldämmende Vorsatzschalen. Der damit zu erzielende Luftschallschutz hängt von der flächenbezogenen Masse der mindestens einseitig verputzten einschaligen massiven Trennwand ab und wird beeinflußt von der mittleren flächenbezogenen Masse der flankierenden Bauteile (siehe Beiblatt 1 zu DIN 4109 (11.89), Abschnitt 2.4, Tabellen 7 und 8 sowie Abschnitt 3).

---

[3] Für die Außenseite von HWL-Platten und Mineralfaser-ML-Dreischichtplatten gilt dies sinngemäß, wenn diese bei Abseitenwänden im Dachgeschoß die äußere Schicht bilden und nicht verputzt werden.

Die Konstruktionen eignen sich nur für Gebäude in Massivbauart.

Hierbei sind HWL-Platten der Dicke ≥ 25 mm an senkrechten Hölzern zu befestigen und zu verputzen; die dem Wandinnern zugekehrte Seite der HWL-Platten muß unbehandelt bleiben, also ohne Oberflächen-Beschichtung oder Putz. HWL-Platten und Putz sind dicht an den angrenzenden Massivbauteilen anzuschließen.

Zu beachten ist folgendes:

- Werden die senkrechten Hölzer direkt an der einschaligen, biegesteifen Trennwand befestigt, sind höchstens 60 mm breite und mindestens 60 mm dicke Hölzer erforderlich.
- Werden die senkrechten Hölzer freistehend vor der einschaligen, biegesteifen Trennwand erstellt – womit eine noch bessere Luftschalldämmung erzielt wird –, ist zwischen dieser und den Hölzern ein Abstand von mindestens 20 mm einzuhalten und der Querschnitt der Hölzer je nach Raumhöhe den statischen Erfordernissen anzupassen, hierbei jedoch Breite höchstens 60 mm und Dicke mindestens 60 mm, Verankerung der Hölzer an Boden und Decke z. B. mit verzinkten Metallwinkeln; Querhölzer wie Schwellenhölzer oder solche zur Aussteifung oder ähnliches der freistehenden senkrechten Hölzer sind nicht zulässig.

In beiden Fällen darf der Mittenabstand der Hölzer 500 mm nicht unterschreiten; im übrigen gilt Tabelle 3.

- Zur Stabilisierung sind die HWL-Platten mit einem Spritzbewurf nach Tabelle 6 zu versehen. Vor dem Auftragen des Putzes – hierfür gilt ebenfalls Tabelle 6 – muß der Spritzbewurf erhärtet und trocken sein; die Putzdicke ohne Anrechnung des Spritzbewurfs muß mindestens 15 mm betragen (siehe auch Abschnitt 3.10.3).
- Das Einschneiden von Leitungsschlitzen in die Vorsatzschalen ist nicht zulässig.

3.3.3.5 Befestigen an Hölzern als luftschalldämmende Trennwand aus zwei biegeweichen Schalen

Es handelt sich hierbei um eine in Beiblatt 1 zu DIN 4109 klassifizierte zweischalige nichttragende Trennwand aus zwei biegeweichen luftschalldämmenden Schalen. Der zu erzielende Luftschallschutz wird bei Gebäuden in Massivbauart beeinflußt von der mittleren flächenbezogenen Masse der flankierenden Bauteile und bei Gebäuden in Skelett- und Holzbauart von den Rechenwerten der bewerteten Schall-Längsdämm-Maße der flankierenden Bauteile (siehe Beiblatt 1 zu DIN 4109 (11.89) Abschnitt 2.5, Tabelle 10 und Abschnitt 3 bzw. Abschnitte 5 und 6 sowie Tabelle 24).

Hierbei sind HWL-Platten der Dicke 25 mm oder 35 mm an senkrechten Hölzern, die in zwei voneinander unabhängigen Reihen gegeneinander versetzt angeordnet sind, zu befestigen und zu verputzen; die dem Wandinnern zugekehrten Seiten der HWL-Platten müssen unbehandelt bleiben, also ohne

Oberflächen-Beschichtung oder Putz. HWL-Platten und Putz sind dicht an den angrenzenden Bauteilen anzuschließen.

Zu beachten ist folgendes:

a) Querschnitt der Hölzer: Breite höchstens 60 mm, Dicke je nach Raumhöhe nach statischen Erfordernissen, in der Regel 80 mm.

b) Die zwei voneinander unabhängigen Reihen der senkrechten, gegeneinander versetzten Hölzer sind so an Boden und Decke zu verankern, z. B. mit verzinkten Metallwinkeln, daß sich im Wandhohlraum

 – zwischen den beiden HWL-Platten-Schalen ein Abstand von mindestens 100 mm ergibt und

 – zwischen jedem Holz und der jeweils gegenüberliegenden HWL-Platten-Schale ein Abstand von mindestens 20 mm eingehalten wird.

c) Der Mittenabstand der Hölzer jeder Reihe darf 500 mm nicht unterschreiten; im übrigen gilt Tabelle 3.

d) An den seitlichen Wandanschlüssen darf ein entsprechend dickes Holz als gemeinsamer Befestigungsgrund für beide HWL-Platten-Schalen verwendet werden.

e) Querhölzer wie Schwellenhölzer oder solche zur Aussteifung oder ähnliches der freistehenden senkrechten Hölzer sind nicht zulässig.

f) Für Spritzbewurf und Putz gilt Abschnitt 3.3.3.4, vorletzter Absatz.

g) Das Einschneiden von Leitungsschlitzen in die HWL-Platten-Wandschalen ist nicht zulässig.

3.4 Befestigen an Profilen aus Metall, Kunststoff oder ähnlichem

Metallprofile müssen korrosionsgeschützt sein, Kunststoffprofile müssen aus ausreichend alterungsbeständigem Kunststoff bestehen.

Ihre Tragfähigkeit muß der der Unterstützungshölzer nach Tabelle 3 entsprechen.

Hinsichtlich der Mittenabstände gilt Tabelle 3, hinsichtlich der Befestigungsmittel gelten die Angaben für Schrauben nach Tabelle 4 sinngemäß.

Bei der Dimensionierung von Abhängekonstruktionen sind die flächenbezogenen Massen nach DIN 1101 (11.89) Tabellen 5 und 6, gegebenenfalls unter Berücksichtigung der zugehörigen Fußnoten, zugrunde zu legen.

Im übrigen gelten die Abschnitte 3.3.1 und 3.3.2 sinngemäß.

3.5 Andübeln an massiven Bauteilen

3.5.1 Geeignete Platten

Zum Andübeln an massiven Bauteilen eignen sich HWL-Platten und ML-Platten; werden bei den Konstruktionen Anforderungen an den Luftschallschutz gestellt, sind Abschnitt 3.5.3.4 und Fußnote 1 zu beachten. Eignungshinweise für Platten mit zusätzlichen Ausstattungen und ML-Dreischichtplatten mit Holzwolleschichten unterschiedlicher Dicke enthält Tabelle 2.

3.5.2 Untergrund und Verlegen der Platten

Der massive Untergrund muß tragfähig sein, größere Unebenheiten sind auszugleichen.

Die Platten sind dicht gestoßen im Verband anzubringen; bei Wänden müssen die Längskanten der Platten waagerecht liegen. Bei Sichtplatten − im Innenbereich − (unverputzt bleibend oder mit geeigneter Oberflächen-Beschichtung) kann von der Verlegung im Verband abgewichen werden.

Bei ML-Zweischichtplatten dient die Holzwolleschicht als Putzträger.

Die Dübellöcher sind durch die Platten bzw. Plattenfugen hindurch zu bohren.

3.5.3 Andübeln der Platten

3.5.3.1 Andübeln an der Außenseite von Außenwänden bei Gebäuden über 8 m Höhe

Für Gebäudehöhen über 8 m[4]) ist die Brauchbarkeit der Befestigungsdübel für diesen Verwendungszweck nachzuweisen, z. B. durch eine allgemeine bauaufsichtliche Zulassung. Die erforderliche Anzahl der Befestigungsdübel je m^2 und deren Verteilung auf die Fläche der Leichtbauplatten richtet sich nach Gebäudehöhe, Untergrundbeschaffenheit und zulässiger Beanspruchung des Befestigungsdübels unter Zugrundelegung der Lastannahmen nach DIN 1055 Teil 1 und Teil 4.

Wird als Putzbewehrung Drahtnetzgewebe verwendet (siehe Tabelle 5), kann dieses mittels geeigneter Vorrichtung am Befestigungsdübel angebracht werden.

Wird auf den angedübelten Platten eine hinterlüftete Bekleidung, z. B. nach Abschnitt 3.1.3, aufgebracht und sind die Platten außer durch ihre Eigenlast einschließlich etwaiger − geeigneter − Oberflächen-Beschichtung keinen zusätzlichen Beanspruchungen (z. B. aus Wind oder Eigenlast der Bekleidung) ausgesetzt, gilt für das Andübeln der Platten Abschnitt 3.5.3.2.

Im übrigen ist Abschnitt 3.1.3 zu beachten.

3.5.3.2 Andübeln an der Außenseite von Außenwänden bei Gebäuden bis 8 m Höhe

Anmerkung: Für Gebäudehöhen bis 8 m sind je m^2 mindestens 6 Befestigungsdübel wie nachstehend beschrieben zu verwenden; für die Verteilung gilt Bild 3.

Hinsichtlich der Beschaffenheit der Befestigungsdübel gilt:

a) Dübelhülse samt Kopfplatte und Gewindeschraube oder -nagel bzw. − wo zulässig − Stahlstift müssen eine serienmäßig gelieferte Befestigungseinheit bilden.

---

[4]) Für Gebäudehöhen über 22 m sind hinsichtlich des Brandschutzes die entsprechenden Anforderungen zu beachten.

b) Der Außendurchmesser der Dübelhülse muß mindestens 8 mm, der Durchmesser der ausreichend dick bemessenen Kopfplatte mindestens 50 mm betragen.

c) Bei Kunststoff-Dübeln dürfen für Dübelhülse samt Kopfplatte nur solche Kunststoffe verwendet werden, die als Dübelwerkstoff von allgemein bauaufsichtlich zugelassenen Dübeln verwendet werden, z. B. Polyamid. Die zugehörigen Gewindeschrauben oder -nägel müssen aus korrosionsgeschütztem Stahl bestehen.

d) Bei Metall-Dübeln (Leichtmetall-Dübel sind unzulässig) müssen Dübelhülse samt Kopfplatte und Gewindeschraube oder -nagel oder Stahlstift korrosionsgeschützt sein.

e) Die Dübellänge ist so zu bemessen, daß im tragfähigen Untergrund eine Verankerungstiefe

– bei Kunststoff-Dübeln von mindestens 50 mm und

– bei Metall-Dübeln von mindestens 30 mm

sichergestellt ist.

f) Im Innenbereich sind folgende Abweichungen zulässig:

– bei Kunststoff-Dübeln: Beim Andübeln von Sichtplatten (unverputzt bleibend oder mit geeigneter Oberflächen-Beschichtung) an Beton als Untergrund Verankerungstiefe mindestens 40 mm, und statt Gewindeschrauben oder -nägel können auch korrosionsgeschützte Stahlstifte verwendet werden.

– bei Metall-Dübeln: Verankerungstiefe mindestens 25 mm.

Wird als Putzbewehrung Drahtnetzgewebe verwendet (siehe Tabelle 5), kann dieses mittels geeigneter Vorrichtung am Befestigungsdübel angebracht werden.

Im übrigen ist Abschnitt 3.1.3 zu beachten.

3.5.3.3 Andübeln an der Raumseite von Außenwänden und an Innenwänden

Werden die Platten verputzt, sind je m^2 6 Befestigungsdübel nach Abschnitt 3.5.3.2 zu verwenden; für die Verteilung gilt Bild 3.

Handelt es sich um Sichtplatten (unverputzt bleibend oder mit geeigneter Oberflächen-Beschichtung), genügen je m^2 4 Befestigungsdübel nach Abschnitt 3.5.3.2, Verteilung nach Bild 4; bei bewährten Verlegesystemen kann sich die Anzahl der Dübel weiter verringern, und es gilt dann das Dübel-Verteilungsschema des betreffenden Leichtbauplatten-Herstellers.

3.5.3.4 Andübeln an massiven Trennwänden als luftschalldämmende biegeweiche Vorsatzschale

Die Konstruktion eignet sich nur für Gebäude in Massivbauart.

Hierbei sind ML-Dreischichtplatten der Dicke 50 mm je m^2 mit 4 Befestigungsdübeln aus Kunststoff mit Gewindeschrauben aus Stahl nach Abschnitt 3.5.3.2, Verteilung nach Bild 5, an die einschalige, biegesteife Trennwand anzudübeln und mindestens 15 mm dick mit Werk-Trockenmörtel der Mörtelgruppe P IV nach DIN 18550 Teil 1 und Teil 2 mit Bewehrung aus Glasfasergewebe (siehe Abschnitt 3.10.3 und Tabelle 6) zu verputzen; die dem Wandinnern zugekehrte Seite der ML-Dreischichtplatten muß unbehandelt bleiben, also ohne Oberflächen-Beschichtung oder Putz. ML-Dreischichtplatten und Putz sind dicht an den angrenzenden Massivbauteilen anzuschließen. Das Einschneiden von Leitungsschlitzen in die Vorsatzschale ist nicht zulässig.

Der mit der beschriebenen biegeweichen luftschalldämmenden Vorsatzschale zu erzielende Luftschallschutz ist unter Berücksichtigung der flächenbezogenen Masse der mindestens einseitig verputzten einschaligen massiven Trennwand und der mittleren flächenbezogenen Masse der flankierenden Bauteile von dem betreffenden Leichtbauplatten-Hersteller zu erfahren.

3.5.3.5 Andübeln an Decken

Die Brauchbarkeit der Befestigungsdübel für diesen Verwendungszweck ist nachzuweisen, z. B. durch eine allgemeine bauaufsichtliche Zulassung.

Bei Sichtplatten (unverputzt bleibend oder mit geeigneter Oberflächen-Beschichtung) mit einer Eigenlast der Platten einschließlich Beschichtung von höchstens 0,15 kN/m^2 und Beton als Untergrund sind Befestigungsdübel nach Abschnitt 3.5.3.2 zulässig, und zwar sind je m^2 entweder 4 Befestigungsdübel, Verteilung nach Bild 4, oder 6 Befestigungsdübel, Verteilung nach Bild 3, zu verwenden; jeder Befestigungsdübel darf jedoch mit höchstens 0,025 kN beansprucht werden.

3.6 Anblenden mit Dünnbettmörtel oder Mörtel an Massiv-Wänden im Innenbereich

3.6.1 Geeignete Platten

Zum Anblenden mit Dünnbettmörtel oder Mörtel an Massivwänden im Innenbereich eignen sich HWL-Platten und ML-Dreischichtplatten. Eignungshinweise für Platten mit zusätzlichen Ausstattungen und ML-Dreischichtplatten mit Holzwolleschichten unterschiedlicher Dicke enthält Tabelle 2.

3.6.2 Untergrund und Verlegen der Platten

Die Platten dürfen nur an der Raumseite von Außenwänden und an Innenwänden angeblendet werden. An der Außenseite von Außenwänden und an Decken dürfen Platten nicht angeblendet werden.

Der Untergrund muß eben, staubfrei sowie haft- und tragfähig sein; loser Putz ist abzuschlagen.

Die Platten sind dicht gestoßen im Verband anzubringen, und zwar so, daß die Längskanten der Platten waagerecht liegen.

Angeblendete Platten, die verputzt werden sollen, sind, sobald der Anblendmörtel ausreichend tragfähig ist, mit einem Spritzbewurf nach Abschnitt 3.10.3 zu versehen.

DIN 1102

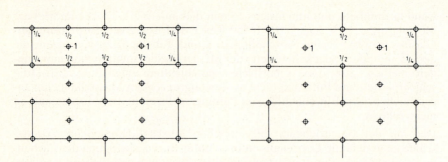

Bild 3. Verteilungsschema für Befestigungsdübel bei 6 Befestigungsdübeln/m^2

Bild 4. Verteilungsschema für Befestigungsdübel bei 4 Befestigungsdübeln/m^2

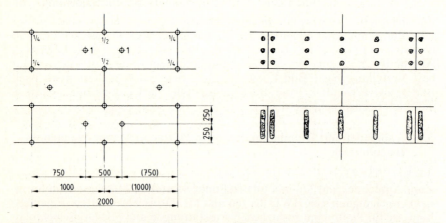

Bild 5. Verteilungsschema für Befestigungsdübel beim Andübeln als luftschalldämmende biegeweiche Vorsatzschale; 4 Befestigungsdübel/m^2

Bild 6. Auftragsschema für Mörtelpunkte bzw. Mörtelstreifen

3.6.3 Anblenden der Platten
3.6.3.1 Anblenden mit Dünnbettmörtel

Die Platten sind mit punkt- oder streifenförmig aufgebrachtem Dünnbettmörtel (auch Baukleber genannt) nach DIN 18156 Teil 2 anzublenden. Es sind mindestens 15 Mörtelpunkte je m^2 oder Mörtelstreifen im Mittenabstand von etwa 500 mm quer zur Längsachse der Platten erforderlich (siehe Bild 6).

3.6.3.2 Anblenden mit Mörtel

Der Mörtel muß der Mörtelgruppe P II oder P III nach DIN 18550 Teil 1 und Teil 2 entsprechen. Glatter Anblendgrund ist aufzurauhen oder mit einem Mörtelbewurf zu versehen. Für diesen und den Ansetzmörtel ist die gleiche Mörtelgruppe zu verwenden. Der Ansetzmörtel ist vollflächig mindestens 10 mm dick auf die Platten aufzutragen. Er darf auch streifenförmig aufgebracht werden; die Mörtelstreifen sind im Mittenabstand von etwa 500 mm quer zur Längsachse der Platten anzuordnen (siehe Bild 6).

3.7 Erstellen von freistehenden luftschalldämmenden biegeweichen Wandschalen aus HWL-Platten

3.7.1 Freistehende Wandschale aus HWL-Platten als luftschalldämmende biegeweiche Vorsatzschale von massiven Trennwänden

Hinsichtlich Klassifizierung dieser biegeweichen luftschalldämmenden Vorsatzschale in Beiblatt 1 zu DIN 4109 und zu erzielendem Luftschallschutz gilt Abschnitt 3.3.3.4, erster Absatz, sinngemäß.

Die Konstruktion eignet sich nur für Gebäude in Massivbauart.

Hierbei ist eine Vorsatzschale aus HWL-Platten der Dicke $\geqslant$ 50 mm freistehend entweder mit Abstand oder unter Zwischenlage von Faserdämmstoffen vor der einschaligen, biegesteifen Trennwand zu erstellen und zu verputzen; die dem Wandinnern zugekehrte Seite der HWL-Platten muß unbehandelt bleiben, also ohne Oberflächen-Beschichtung oder Putz. HWL-Platten, Putz und gegebenenfalls Faserdämmstoff sind dicht an den angrenzenden Massivbauteilen anzuschließen.

Zu beachten ist folgendes:

a) Die Vorsatzschale eignet sich für Wände bis 6 m Länge und 3 m Höhe. Bei Überschreitung dieser Wandmaße sind aussteifende Konstruktionen in diesen Abständen erforderlich.

b) Die HWL-Platten sind im waagerechten Verband unter Verwendung von Dünnbettmörtel (auch Baukleber genannt) nach DIN 18156 Teil 2 in den Stoß- und Lagerfugen mit dichtschließenden Fugen selbsttragend zu versetzen. Dabei ist

  – entweder ein Abstand von 30 bis 50 mm von der einschaligen massiven Trennwand einzuhalten

  – oder die HWL-Platten-Schale unter gleichzeitiger Zwischenlage von mindestens 20 mm dicken Faserdämmstoffen[5]) vor der einschaligen massiven Trennwand zu erstellen.

In beiden Fällen muß sichergestellt sein, daß keine Schallbrücken durch Mörtelkontakte mit der massiven Trennwand entstehen.

---

[5]) Faserdämmstoffe nach DIN 18 165 Teil 1, Anwendungstyp W-w, längenbezogener Strömungswiderstand $\varXi \leqslant 5$ kN·s/m^4.

c) Zur Stabilisierung der Vorsatzschale und zur Putzbewehrung ist die gesamte Fläche der HWL-Platten mit geschweißtem und verzinktem Drahtnetzgewebe zu überspannen, das an den Übergängen zu den angrenzenden Massivbauteilen in mindestens 100 mm Breite herumzuführen und dort in Abständen von ≤ 250 mm zu befestigen ist, z. B. durch verzinkte Hartstahlnägel mit verzinkten Unterlegscheiben; hinsichtlich Art und Qualität des Drahtnetzgewebes und dessen Befestigung in der Fläche gelten die Tabellen 5 und 7 sinngemäß.

d) Auf HWL-Platten und Drahtnetzgewebe ist ein Spritzbewurf nach Tabelle 6 aufzubringen. Vor dem Auftragen des Putzes — hierfür gilt bis auf die Putzbewehrung ebenfalls Tabelle 6 — muß der Spritzbewurf erhärtet und trocken sein; die Putzdicke ohne Anrechnung des Spritzbewurfs muß mindestens 15 mm betragen (siehe auch Abschnitt 3.10.3).

e) Das Einschneiden von Leitungsschlitzen in die Vorsatzschale ist nicht zulässig.

3.7.2 Freistehende Wandschalen aus HWL-Platten als luftschalldämmende Trennwand aus zwei biegeweichen Schalen

3.7.2.1 Grundkonstruktion

Hinsichtlich Klassifizierung dieser zweischaligen nichttragenden Trennwand aus zwei biegeweichen luftschalldämmenden Schalen in Beiblatt 1 zu DIN 4109 und zu erzielendem Luftschallschutz bei Gebäuden sowohl in Massivbauart als auch in Skelett- und Holzbauart gilt Abschnitt 3.3.3.5, erster Absatz, sinngemäß.

Hierbei sind zwei Wandschalen aus HWL-Platten der Dicke ≥ 50 mm freistehend entweder mit Abstand zueinander oder unter Zwischenlage von Faserdämmstoffen zu erstellen und zu verputzen. Die Putzdicke ohne Anrechnung des Spritzbewurfs muß mindestens 15 mm betragen. Die dem Wandinnern zugekehrte Seite der HWL-Platten muß unbehandelt bleiben, also ohne Oberflächen-Beschichtung oder Putz. HWL-Platten, Putz und gegebenenfalls Faserdämmstoff sind dicht an den angrenzenden Bauteilen anzuschließen.

Zu beachten ist folgendes:

a) Die Wandschalen eignen sich für nichttragende Trennwände bis 6 m Länge und 3 m Höhe. Bei Überschreitung dieser Wandmaße sind aussteifende Konstruktionen in diesen Abständen erforderlich.

b) Beide Wandschalen sind gleichzeitig zu erstellen,
   - entweder mit Abstand von 30 bis 50 mm zueinander
   - oder unter Zwischenlage von mindestens 20 mm dicken Faserdämmstoffen (siehe auch Fußnote auf Seite 581).

c) Die HWL-Platten sind nach Abschnitt 3.7.1 zu versetzen und weiterzubehandeln (Stabilisierung, Putzbewehrung sowie Spritzbewurf und Putz).

d) Das Einschneiden von Leitungsschlitzen in die HWL-Platten-Wandschalen ist nicht zulässig.

3.7.2.2 Zusatzmaßnahmen für Feuerwiderstandsklassen F 30-B bis F 180-B nach DIN 4102 Teil 2

Die Trennwand ist unter Beibehaltung der Klassifizierung nach Beiblatt 1 zu DIN 4109 in DIN 4102 Teil 4 als raumabschließende nichttragende Wand zwischen angrenzenden Massivbauteilen bei Brandbeanspruchung von jeweils einer Seite in den Feuerwiderstandsklassen F 30-B bis F 180-B- klassifiziert, wenn die nachstehenden Anforderungen erfüllt sind (siehe DIN 4102 Teil 4 (03.81) Abschnitt 4.8, Tabelle 43).

— F 30-B bis F 120-B:
Zwischen den beiden Wandschalen Faserdämmstoff aus Mineralfasern nach DIN 18 165 Teil 1, Dicke $\geq$ 40 mm, Baustoffklasse A nach DIN 4102 Teil 1, Schmelzpunkt $\geq$ 100 °C, Rohdichte $\geq$ 30 kg/m^3, Anwendungstyp W-w, längenbezogener Strömungswiderstand $\varXi \geq$ 5 kN·s/m^4.

F 180-B: Ausführung wie F 30-B bis F 120-B, jedoch Putzdicke ohne Anrechnung des Spritzbewurfs mindestens 20 mm.

3.8 Verlegen auf Decken

3.8.1 Verlegen bei luft- und trittschalldämmenden schwimmenden Estrichen auf Massivdecken

Die Höhe des mit dem schwimmenden Estrich zu verbessernden Luft- und Trittschallschutzes hängt von der flächenbezogenen Masse der Massivdecke und der dynamischen Steifigkeit der zu verwendenden Mineralfaser-Trittschalldämmplatten nach DIN 18 165 Teil 2 ab, der Luftschallschutz wird außerdem beeinflußt von der mittleren flächenbezogenen Masse der flankierenden Bauteile. Einzelheiten der schalltechnischen Wertigkeit sind von den betreffenden Leichtbauplatten-Herstellern zu erfahren.

Hierbei ist

— ein Estrich nach DIN 18 560 Teil 1 und Teil 2 mit einer flächenbezogenen Masse von mindestens 70 kg/m^2

— auf HWL-Platten der Dicke $\geq$ 25 mm mit darunter befindlichen, auf der Massivdecke verlegten Mineralfaser-Trittschalldämmplatten nach DIN 18 165 Teil 2, dynamische Steifigkeit je nach angestrebtem Trittschallschutz,

aufzubringen.

Zu beachten ist folgendes:

— Beide Plattenarten sind mit dichtschließenden Fugen im Verband zu verlegen, die Fugen der oberen Lage sind gegenüber denen der unteren zu versetzen.

— An Wänden und anderen aufgehenden Bauteilen sind vor dem Verlegen beider Plattenarten schalldämmende Randstreifen anzuordnen.

- Bei Naß-Estrichen sind die HWL-Platten vor dem Aufbringen des Estrichs mit einer nackten Bitumenbahn mit Schrenzpapiereinlage, flächenbezogene Masse der Einlage mindestens 100 g/m^2, oder mit einer mindestens 0,1 mm dicken Polyethylenfolie oder ähnlichem feuchtigkeitssperrend abzudecken. Die Abdeckungen sind am Wandanschluß hochzuziehen und an den Stößen mindestens 80 mm zu überlappen; bei Fließestrich[6]) ist erforderlichenfalls die Abdeckung durch Verkleben oder Verschweißen so auszubilden, daß sie bis zum Erstarren des Estrichs wasserundurchlässig ist.
- Bei Gußasphalt-Estrichen ist eine Abdeckung der HWL-Platten mit Papier oder ähnlichem ausreichend, ebenfalls am Wandanschluß hochgezogen und an den Stößen mindestens 80 mm überlappt.

Bei Gußasphalt-Estrichen übernehmen die HWL-Platten bei Punktbelastung eine druckverteilende Funktion.

3.8.2 Verlegen als Wärmedämmschicht unter Estrichen

Als Wärmedämmschicht unter Estrichen eignen sich HWL-Platten und ML-Platten; Polystyrol-Hartschaum-ML-Platten eignen sich jedoch nicht unter Gußasphalt-Estrichen.

Zur Vermeidung von Wärmebrücken sind Platten mit Kanten-Profilierungen, z. B. mit an den Kanten umlaufendem, wechselseitigem Stufenfalz, besonders geeignet.

Auf Decken, die an das Erdreich grenzen, ist vor dem Verlegen der Platten eine Abdichtung gegen aufsteigende Feuchtigkeit nach DIN 18 195 Teil 4 aufzubringen.

Die Platten sind mit dichtschließenden Fugen im Verband zu verlegen.

Hinsichtlich Abdeckungen gilt Abschnitt 3.8.1.

3.8.3 Verlegen als Wärmedämmschicht zwischen Lagerhölzern von Holzböden

Als Wärmedämmschicht zwischen Lagerhölzern von Holzböden eignen sich HWL-Platten und ML-Platten, die mit dichtschließenden Fugen zu verlegen sind.

Bei Decken, die an das Erdreich grenzen, ist Abschnitt 3.8.2, dritter Absatz, zu beachten.

3.8.4 Verlegen als Wärmedämmschicht auf Decken unter nicht ausgebauten Dachräumen

Als Wärmedämmschicht auf Decken unter nicht ausgebauten Dachräumen eignen sich Hartschaum-ML-Zweischichtplatten mit Oberflächen-Beschichtung aus mineralischem Porenverschluß der Holzwollestruktur. Voraussetzung hierfür ist, daß der Dachraum nicht häufig begangen und nicht als Wäschetrockenboden benutzt wird. Zur Vermeidung von Wärmebrücken ist die

---

[6]) Baustellenestrich, der durch Zugabe eines Fließmittels ohne nennenswerte Verteilung und Verdichtung eingebracht werden kann.

Verwendung von Platten mit Kanten-Profilierungen, z. B. mit an den Kanten umlaufendem, wechselseitigem Stufenfalz erforderlich.

Der tragende Untergrund muß ausreichend trocken sein und eine ebene Oberfläche besitzen.

Die Platten sind dicht gestoßen im Verband zu verlegen.

3.9 Befestigen von Leitungen, Rohren und sanitären Einrichtungen

Elektrische Leitungen[7]) werden in der Regel in ausgefräste Schlitze der Platten eingebettet und mit verzinkten Hakennägeln befestigt.

Wasser-, Gas- und Heizungsrohre sowie Waschbecken und Spülkästen und ähnliches dürfen nur an massiven Bauteilen oder an Balken befestigt werden. Bei Wandteilen ausschließlich aus Leichtbauplatten dürfen Waschbecken, Spülkästen und Ähnliches nur mittels Entlastungsschienen angebracht werden.

Werden Leitungsrohre eingelassen, müssen diese elastisch mit wärmedämmenden Stoffen umhüllt werden; dadurch wird auch der Gefahr einer Korrosionsbildung und eines Abzeichnens der Rohrleitungen auf dem Putz begegnet. Über den Aussparungen ist eine Putzbewehrung aus geschweißtem und verzinktem Drahtnetzgewebe anzubringen, das auf beiden Seiten je mindestens 100 mm über die Aussparung hinausreichen muß; hinsichtlich Art und Qualität des Drahtnetzgewebes und dessen Befestigung gelten die Tabellen 5 und 7 sinngemäß. Hierauf ist ein mindestens 10 mm dicker Spritzbewurf nach Tabelle 6 anzubringen.

3.10 Verputzen

3.10.1 Grundsätzliches

Die Platten müssen frei von Staub und Trennmitteln (Schalöle, Wachse oder ähnliches), unbeschädigt und nach dieser Norm befestigt sein.

Die Anordnung von Dehnungsfugen im Außenputz ist gegebenenfalls einzuplanen, Bauteilfugen sind zu beachten.

In der Regel ist eine ganzflächige Putzbewehrung erforderlich, hinsichtlich Zuordnung, Art, Lage und Befestigung gelten die Tabellen 5 und 6, hinsichtlich Überlappungen und der Anordnung im Fenster- und Türbereich gilt Tabelle 7.

3.10.2 Außenputz

Für das Aufbringen von Außenputz auf Leichtbauplatten gilt Tabelle 5.

Der Spritzbewurf, der nach DIN 18 550 Teil 1 nicht als Putzlage zählt, dient nicht nur der dort beschriebenen Vorbereitung des Putzgrundes, sondern vor allem dem Feuchteschutz, nämlich Schutz vor Regen und Anmachwasser aus

---

[7] Nach DIN VDE 0100 Teil 520 sind auf Baustoffen der Klassen B 1 und B 2 nach DIN 4102 Teil 1 (schwerentflammbar bzw. normalentflammbar) nur Mantelleitungen nach DIN VDE 0250 Teil 204 oder im Brandverhalten mindestens gleichwertige Kabel oder Leitungen mit Mantel zulässig.

dem Unterputz. Der Spritzbewurf ist deshalb sofort nach dem Anbringen bzw. Ausschalen der Platten aufzubringen, sofern der Feuchtezustand der Platten dies zuläßt; bei Putzbewehrung aus Drahtnetzgewebe ist dieses vorher anzubringen.

Vor dem Auftragen des Unterputzes muß der Spritzbewurf erhärtet und trocken sein; dies ist erfahrungsgemäß nach 4 Wochen der Fall, kann aber je nach Jahreszeit und Witterung auch abweichen.

Vor dem Aufbringen des Oberputzes muß der Unterputz ausreichend erhärtet und trocken sein; erfahrungsgemäß ist z. B. bei Mörteln der Mörtelgruppe P II eine Standzeit von 1 Tag je mm Unterputzdicke ausreichend.

Damit sich der Putz unter Sonneneinstrahlung nicht zu stark erwärmt, wählt man für den Oberputz möglichst helle Farben und – wegen ihrer Schattenwirkung – eine rauhe Putzstruktur. Rauher Putz hat außerdem den Vorteil, daß keine Bindemittelanreicherung auf der Oberfläche entsteht; glatt geriebene Oberputze neigen zu Schwindrissen.

Handelt es sich um Kleinflächen (Stützen, Stürze, Deckenränder und ähnliches) und wurden diese mit Hartschaum-ML-Platten gedämmt, deren zu verputzende Holzwolleschicht im Mittel 5 mm dick ist, kann von den Regeln des zweiten Absatzes abgewichen werden. In diesem Fall sollte jedoch baldmöglichst ein Unterputz mit eingebettetem Glasfaser-Armierungsgewebe nach Tabelle 5 aufgebracht werden.

3.10.3 Innenputz

Für das Aufbringen von Innenwandputz und Innendeckenputz auf Leichtbauplatten gilt Tabelle 6.

Ein Spritzbewurf ist in der Regel nicht erforderlich, nur in den Fällen nach Tabelle 6, Fußnote 1.

Vor dem Auftragen des Putzes muß der Spritzbewurf erhärtet und trocken sein; dies ist erfahrungsgemäß nach 3 bis 4 Wochen der Fall.

Wird Mörtel der Mörtelgruppe P III im Putzsystem (Unterputz, Oberputz, Einlagenputz) verwendet, ist eine objektbezogene Beratung durch den betreffenden Leichtbauplatten-Hersteller erforderlich.

Bei Verwendung von Mörteln der Mörtelgruppe P II

– muß sichergestellt sein, daß eine gleichmäßige Putzdicke aufgetragen werden kann; gegebenenfalls müssen Unebenheiten z. B. an Übergängen unterschiedlicher Materialien oder ähnlichem vorher ausgeglichen werden

– als Einlagenputz ist als abschließende Oberflächengestaltung eine Beschichtung oder ein Schlämmanstrich erforderlich

– ist als Standzeit sowohl für die Ausgleichsputzlage als auch für den Unterputz oder Einlagenputz erfahrungsgemäß 1 Tag je mm Schichtdicke ausreichend.

DIN 1102

Tabelle 5 Putzsysteme für mineralische Außenputze nach DIN 18 550 Teil 1 und Teil 2 auf HWL-Platten und ML-Platten

Die Putzsysteme sind zeilengetreu einzuhalten. Mittlere Putzdicke (Unterputz und Oberputz): 20 mm; Spritzbewurf bleibt außerdem ohne Anrechnung.

Zeile	Anforderung bzw. Putzanwendung	Ganzflächige Putzbewehrung aus		geeignet für	Mörtelgruppe für			Zusatzmittel[3]
		Drahtnetzgewebe	Glasfaser-Armierungsgewebe		Spritzbewurf[1]	Unterputz	Oberputz[2]	
1	ohne besondere Anforderung	Fassaden jeder Größe	Fassaden in Mischbauweise[7] und – bei objektbezogener Beratung – auch für größere zusammenhängende Flächen unter Verwendung von **Werk-Trockenmörtel** (für den Spritzbewurf auch Baustellenmörtel[5])		P III	P I	P I	–
2						P II	P I	–
3		unter Verwendung von **Baustellenmörtel**[5][6] oder **Werk-Trockenmörtel**				P II	P II	–
4	wasserhemmend	Gewebeart und Verarbeitung: Drahtnetzgewebe, geschweißt und verzinkt. Drahtdicke 1 mm, Maschenweite 20 mm × 20 mm bis 25 mm × 25 mm. **mit Spritzbewurf umhüllt:** Das Drahtnetzgewebe ist so auf den Leichtbauplatten zu befestigen, daß eine vollständige Umhüllung der Drähte mit dem Spritzbewurf möglich ist (z. B. in korrosionsgeschützte Metall-Laschen von Befestigungsdübeln – siehe Abschnitte 3.5.3.1 und 3.5.3.2 – einhängen). Tabelle 7 ist außerdem zu beachten.	Gewebeart und Verarbeitung. Glasfaser-Armierungsgewebe, ausreichend alkalibeständig. Maschenweite etwa 8 mm. Reißfestigkeit in Kette und Schuß ≥ 1500 N je 5 cm (≥ 150 daN je 5 cm). **im Unterputz eingebettet:** Etwa ²/₃ der Gesamt-Unterputzdicke auftragen und grob abziehen. Nach Eindrücken der Bewehrung (glatt und ohne Falten) restliche Unterputzdicke frisch in frisch aufbringen. Die Mörtelkonsistenz beider Schichten muß gleich sein. Für Einlagenputz als Außensockelputz gilt das im vorstehenden Absatz Gesagte sinngemäß. Tabelle 7 ist außerdem zu beachten.		P III	P II	P I	erforderlich
5						P II	P I	–
6						P II	P II	–
7						P I c	P I	erforderlich
8	wasserabweisend[4]				P III	P II	P I	erforderlich
9						P II	P II	erforderlich
10	erhöhte Festigkeit				P III	P II	P I	–
11	Kellerwand-Außenputz				P III	P III	P III	–
12	Außensockelputz					–	P III	–
13					P III	P III	P III	–

[1]) Volldeckend, Sand 0/4 mm oder 0/8 mm; der Anteil an Grobkorn soll möglichst groß sein. In den Fällen des Abschnittes 3.10.2, letzter Absatz, kann auf den Spritzbewurf verzichtet werden.
[2]) Ist als Putzsystem für Unterputz und Oberputz nur in der Spalte „Oberputz" eine Mörtelgruppe genannt, so bedeutet dies, daß die betreffende Anforderung von einem damit hergestellten einlagigen Putz erfüllt werden kann. Oberputze können mit abschließender Oberflächengestaltung oder ohne diese ausgeführt werden (z. B. bei zu beschichtenden Flächen).
[3]) Eignungsnachweis erforderlich (siehe DIN 18550 Teil 2 (1.85), Abschnitt 3.4).
[4]) Oberputze mit gerieberer Struktur können besondere Maßnahmen erforderlich machen.
[5]) Die Zusammensetzung der Mörtelgruppen als Baustellenmörtel enthält DIN 18550 Teil 2 (1.85), Tabelle 3.
[6]) Werden ML-Platten mit zu verputzenden Holzwolleschichten der Dicken ≤ 15 mm großflächig an Fassaden angebracht, sollte nach DIN 4108 Teil 3 für die Schlagregen-Beanspruchungsgruppen II (wasserhemmender Außenputz erforderlich) und III (wasserabweisender Außenputz erforderlich) Werkmörtel verwendet werden.
[7]) Für mit Leichtbauplatten gedämmte Stützen, Stürze, Deckenränder, auskragende Balkonplatten, offene Durchfahrten, Passagen, Kniestöcke, Rolladenkästen und sonstige Teilflächen.

639

DIN 1102

Tabelle 6 **Putzsysteme für mineralische Innenwandputze und Innendeckenputze nach DIN 18 550 Teil 1 und Teil 2 aus Werk-Trockenmörtel** (für etwaigen Spritzbewurf auch Baustellenmörtel[1]))
auf HWL-Platten und ML-Platten
Die Putzsysteme sind zeilengetreu einzuhalten. Mittlere Putzdicke: etwa 15 mm bei einlagigen Putzen, je nach Art des Oberputzes etwa 20 mm bei zweilagigen Putzen (Unterputz etwa 15 mm); etwaiger Spritzbewurf bleibt ohne Anrechnung.

Zeile	Anforderung bzw. Putzanwendung	Ganzflächige Putzbewehrung aus **Glasfaser-Armierungsgewebe**	Maschenweite etwa	Mörtelgruppe für		
				Spritzbewurf[1])	Unterputz	Oberputz [2])[3])
1	nur geringe Beanspruchung	Gewebeart und Verarbeitung[4]): Glasfaser-Armierungsgewebe, Reißfestigkeit in Kette und Schuß ≥1200 N je 5 cm (≥120 dN je 5 cm)	8	–	–	P I a,b
2			8	–	P I a,b	P I a,b
3			8	–	P II	P I a,b, P IV d
4			5	–	P IV	P IV d
5		**im Unterputz bzw. Einlagenputz eingebettet:** Etwa 2/3 der Gesamt-Unterputz- bzw. -Einlagenputzdicke aufbringen und grob abziehen. Nach Eindrücken der Bewehrung (glatt und ohne Falten) restliche Unterputz- bzw. Einlagenputzdicke frisch in frisch aufbringen. Die Mörtelkonsistenz beider Schichten muß gleich sein. Tabelle 7 ist außerdem zu beachten.	8	–	–	P I c
6			8	–	P I c	P I c
7			8	–	–	P II [7])
8			8	–	P II	P Ic, P II, P IVa,b,c,d[8])
9	übliche Beanspruchung [5])		–[9])	P III [9])[10])	–	P III [9])[10])
10			–[9])	P III [9])[10])	P III [9])[10])	P I c, P II, P III [9])[10])
11			5	–	–	P IV a,b,c,d [8])
12			5	–	P IV a,b,c,d [8])	P IV a,b,c,d [8])
13	Feuchträume[6])		8	–	–	P II [7])
14			8	–	P II	P II
15			–[9])	P III [9])	–	P III [9])
16			–[9])	P III [9])	P III [9])	P II, P III [9])

1) Ein Spritzbewurf aus Mörtel der Mörtelgruppe P III ist in folgenden Fällen erforderlich (meist zur Stabilisierung):
  a) auf Platten, die nicht unmittelbar auf einem massiven Untergrund befestigt sind und verputzt werden sollen, wie z.B. bei Holzständerbauweise, Dachschrägen, Lattenunterkonstruktion und ähnlichem nach Abschnitt 3.3
  b) auf HWL-Platten als biegeweiche Vorsatzschalen bzw. biegeweiche Schalen
    – nach den Abschnitten 3.3.3.4 und 3.3.3.5
    – nach den Abschnitten 3.7.1 und 3.7.2 (auf HWL-Platten und das darauf angebrachte ganzflächige Drahtnetzgewebe, siehe Abschnitte 3.7.1 und 3.7.2)
  c) auf Platten, die mit Dünnbettmörtel an Massiv-Wänden im Innenbereich angeblendet wurden und verputzt werden sollen, nach Abschnitt 3.6
  d) auf Platten als Untergrund für keramische Bekleidungen (Fliesen oder ähnliches) nach Abschnitt 3.11 (auf Platten und das darauf angebrachte ganzflächige Drahtnetzgewebe, siehe Abschnitt 3.11)

e) Bei der Überbrückung von Aussparungen nach Abschnitt 3.9 (auf Platten bzw. Aussparung und das darauf angebrachte Drahtnetzgewebe, siehe Abschnitt 3.9)
f) wenn der betreffende Leichtbauplatten-Hersteller dies fordert.
Spritzbewurf grundsätzlich volldeckend, Sand 0/4 mm; der Anteil an Grobkorn soll möglichst groß sein. Die Zusammensetzung der Mörtelgruppe als Baustellenmörtel enthält DIN 18 550 Teil 2 (01.85) Tabelle 3.

2) Bei mehreren genannten Mörtelgruppen ist jeweils nur eine als Oberputz zu verwenden. Sind als Putzsystem für Unterputz und Oberputz nur in der Spalte „Oberputz" Mörtelgruppen genannt, so bedeutet dies, daß die jeweiligen Anforderungen von einem damit hergestellten einlagigen Putz erfüllt werden können.
3) Oberputze können mit abschließender Oberflächengestaltung oder ohne diese ausgeführt werden (z. b. bei zu beschichtenden Flächen).
4) Beim Einbau des Glasfaser-Armierungsgewebes im Deckenbereich ist besonderes handwerkliches Geschick erforderlich und dem Abbindeverhalten hinsichtlich der Arbeitsweise „frisch in frisch" besondere Beachtung zu schenken. Alternativ zur ganzflächigen Bewehrung ist im Deckenbereich auch der Einbau von 150 mm breiten Streifen des vorgeschriebenen Glasfaser-Armierungsgewebes über den Plattenfugen − ebenfalls eingebettet − zulässig. Dazu wird im Fugenbereich Mörtel etwa 10 mm dick und 200 mm breit aufgebracht und grob abgezogen, in den die Streifen des Glasfaser-Armierungsgewebes eingedrückt werden, daraufhin wird frisch in frisch weiter- oder fertiggeputzt.
5) Schließt die Anwendung bei geringer Beanspruchung ein.
6) Hierzu zählen nicht häusliche Küchen und Bäder (siehe DIN 18 550 Teil 1 (01.85) Abschnitt 4.2.3.3). Für die Anwendung in häuslichen Küchen und Bädern herkömmlicher Art sind die Putzsysteme nach Zeilen 5 bis 12 für „übliche Beanspruchung" geeignet.
7) Als abschließende Oberflächengestaltung Beschichtung oder Schlammanstrich erforderlich.
8) P IV d Kalkgipsmörtel, für die Anforderung „übliche Beanspruchung" bei Überarbeitung von DIN 18 550 Teil 1 (01.85) Tabellen 5 und 6 zur Aufnahme vorgesehen.
9) Mörtel der Mörtelgruppe P III im Putzsystem (Unterputz, Oberputz, Einlagenputz) bleibt bei Innenputz auf spezielle Anwendungsbereiche beschränkt; es ist eine objektbezogene Beratung durch den betreffenden Leichtbauplatten-Hersteller erforderlich.
10) Zeilen 9 und 10 nicht als Innendeckenputz.

Tabelle 7 **Putzbewehrung: Stöße und Anschlüsse**

Ganzflächige Putzbewehrung aus	Überlappung an den Stößen nach Bild 7 mindestens	Laibungen von Fenstern und Türen nach den Bildern 7 und 8	Ecken von Fenster- und Türöffnungen nach den Bildern 7 und 8	Übergreifen auf benachbarte Bauteile[1] nach Bild 8 mindestens
Drahtnetzgewebe (siehe Tabelle 5)	50	mit weitergeführtem, entsprechend abgewinkeltem Drahtnetzgewebe bewehren	durch diagonal angeordnete Streifen zusätzlich bewehren	100
Glasfaser-Armierungsgewebe (siehe Tabellen 5 und 6)	100	mit entsprechend herumgeführtem Gewebe bewehren		200[2]

1) Bei mit Leichtbauplatten gedämmten Teilflächen, wie Stützen, Stürze, Deckenränder, auskragende Balkonplatten, offene Durchfahrten, Passagen, Kniestöcke, Rolladenkästen und ähnliches.
2) Im Innenbereich ist bei einspringenden Ecken und Kehlungen ein Kellenschnitt dem Übergreifen des Armierungsgewebes vorzuziehen.

DIN 1102

Mörtel der Mörtelgruppe P I sollten zweilagig aufgebracht werden, vor dem Aufbringen der zweiten muß die darunterliegende Putzlage ausreichend erhärtet sein.

3.10.4 Anwendung anderer Putzsysteme

Abweichend von den Abschnitten 3.10.2 und 3.10.3 dürfen auch andere sich bereits auf Leichtbauplatten bewährte Putzsysteme aus Mörtel nach DIN 18 550 Teil 1 und Teil 2 angewandt werden. Es gelten dann die Verarbeitungsrichtlinien der jeweiligen Putzhersteller bzw. -anbieter.

Anmerkung: Als mineralische Außenputze aus Mörtel nach DIN 18 550 Teil 1 und Teil 2 haben sich z. B. Systeme bewährt, bei denen als ganzflächige Putzbewehrung alkalibeständiges Glasfaser-Armierungsgewebe auf den Unterputz aufgespachtelt wird; ein Spritzbewurf ist hierbei in der Regel nicht erforderlich. Armierungsgewebe und Mörtelgruppen für Unterputz, Spachtel und Oberputz stellen eine Systemeinheit dar.

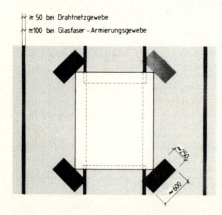

Bild 7. Ganzflächige Putzbewehrung: Stoßüberlappung, Laibungsbereich von Fenstern und Türen; zusätzliche Bewehrung der Ecken von Fenster- und Türöffnungen

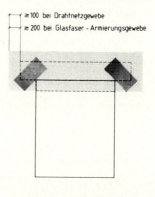

Bild 8. Ganzflächige Putzbewehrung bei mit Leichtbauplatten gedämmten Teilflächen am Beispiel Fenstersturz: Übergreifen auf benachbarte Bauteile, Laibungsbereich; zusätzliche Bewehrung der Ecken der Fensteröffnung

3.11 Keramische Bekleidungen

Als Untergrund für keramische Bekleidungen (Fliesen oder ähnliches) eignen sich alle Leichtbauplatten-Flächen auf der Raumseite von Außenwänden und von Innenwänden, sofern die Platten wie zu verputzende Platten nach dieser Norm befestigt sind.

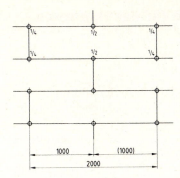

Bild 9. Verteilungsschema für Befestigungsdübel bei 2 Befestigungsdübeln/m^2

Werden jedoch ML-Dreischichtplatten nach Abschnitt 3.6 mit Dünnbettmörtel oder Mörtel an Massivwänden angeblendet, sind diese Platten je m^2 mit 2 Befestigungsdübeln nach Abschnitt 3.5.3.2, Verteilung nach Bild 9, abzusichern.

Bei biegeweichen Vorsatzschalen und biegeweichen Schalen aus HWL-Platten tritt durch keramische Bekleidungen keine Verschlechterung der Luftschalldämmung ein.

Auf den Leichtbauplatten-Flächen ist ganzflächig eine Putzbewehrung aus geschweißtem und verzinktem Drahtnetzgewebe anzubringen; hinsichtlich Art und Qualität des Drahtnetzgewebes und dessen Befestigung gelten die Tabellen 5 und 7 sinngemäß.

Hierauf ist ein Spritzbewurf nach Tabelle 6 erforderlich, nach dessen Erhärtung und Trocknung

- entweder die keramischen Bekleidungen im Mörtelbett versetzt direkt angebracht werden können; Dicke des Spritzbewurfs jedoch mindestens 10 mm
- oder ein Unterputz mit Mörtel der Mörtelgruppe P II für die Klebung im Dünnbettverfahren aufzubringen ist.

3.12 Bekleidung mit Gipskartonplatten, Gipsfaserplatten oder ähnlichen Platten

Als Untergrund für die Bekleidung mit Gipskartonplatten nach DIN 18180, Gipsfaserplatten oder ähnlichen Platten eignen sich alle Leichtbauplatten-Flächen auf der Raumseite von Außenwänden und von Innenwänden, sofern nicht ein mineralischer Putz aus Gründen des Schallschutzes und/oder Brandschutzes erforderlich ist.

Für das Anblenden der Gipskartonplatten gilt DIN 18 181.

DIN 18164 Teil 1

Schaumkunststoffe als Dämmstoffe für das Bauwesen
Dämmstoffe für die Wärmedämmung
Auszug aus **DIN 18 164 Teil 1** (8.92)

1 Anwendungsbereich und Zweck

Diese Norm gilt für harte Schaumstoffe gemäß DIN 7726 (im folgenden auch Hartschaum genannt), die in Form von Platten oder Bahnen für Wärmedämmzwecke im Bauwesen verwendet werden.

Sie gilt auch für profilierte Platten und Bahnen sowie für Schaumstoffe in Verbindung mit Pappe, Papier, Glasvlies, Besandungen, Kunststoffolien, Metallfolien, Dach- und Dichtungsbahnen und ähnlichen Beschichtungen, sofern diese werksmäßig aufgebracht werden (siehe Abschnitt 5).

Diese Norm gilt nicht für Wärmedämmstoffe mit Beschichtungen, die dicker als 5 mm je Schicht sind, und andere Verbundbaustoffe[1]). Sie gilt ferner nicht für Schaumkunststoffe für Trittschalldämmzwecke (siehe DIN 18 164 Teil 2) und nicht für Schaumkunststoffe, die auf der Baustelle hergestellt werden (siehe DIN 18 159 Teil 1 und Teil 2).

2 Stoffarten, Begriffe

2.1 Stoffarten

In dieser Norm werden Dämmstoffe aus

- Phenolharz(PF)-Hartschaum
- Polystyrol(PS)-Hartschaum
- Polyurethan(PUR)-Hartschaum

behandelt.

2.2 Dämmstoffe aus Phenolharz(PF)-Hartschaum

Ein Dämmstoff aus Phenolharz-Hartschaum ist ein überwiegend geschlossenzelliger, harter Schaumstoff, der aus Phenolharzen durch Zugabe eines Treibmittels und eines Härters mit oder ohne Zufuhr äußerer Wärme erzeugt wird.

2.3 Dämmstoffe aus Polystyrol(PS)-Hartschaum

Ein Dämmstoff aus Polystyrol-Hartschaum ist ein überwiegend geschlossenzelliger, harter Schaumstoff aus Polystyrol oder Mischpolymerisaten mit überwiegendem Polystyrolanteil. Nach der Herstellungsart ist zu unterscheiden zwischen Partikelschaumstoff aus verschweißtem, geblähtem Polystyrolgranulat (im folgenden Partikelschaum genannt) und extrudergeschäumtem Polystyrolschaumstoff[2]) (im folgenden Extruderschaum genannt).

---

1) Für Mehrschicht-Leichtbauplatten aus Hartschäumen und Holzwolle gilt DIN 1101. Für Gipskarton-Verbundplatten gilt DIN 18 184.

2) Hierfür werden geeignete Treibmittel verwendet. Bei Dämmstoffen nach dieser Norm mit anderen Treibmitteln als vollhalogenierten Kohlenwasserstoffen muß der Zuschlagswert Z zur Ermittlung eines Rechenwertes der Wärmeleitfähigkeit festgelegt werden. (Siehe auch Hinweis zu dieser Fußnote auf der folgenden Seite.)

Hinweis: Zu Fußnote 2 (vgl. Mitteilungen 6/1993 des DIBt).
1. Für die Verwendung von Dämmstoffen nach Abschnitt 2.2, 2.3 (Extruderschaum XPS) und 2.4 der Norm mit anderen Treibmitteln als vollhalogenierten Kohlenwasserstoffen bedarf es gemäß den bauaufsichtlichen Vorschriften eines besonderen Brauchbarkeitsnachweises, dem auch die zugrunde zu legenden Baustoffkennwerte zu entnehmen sind (z. B. einer allgemeinen bauaufsichtlichen Zulassung). Hiervon abweichend gilt folgendes:
1.1 Für die Verwendung von Phenolharz(PF)-Hartschaum nach Abschnitt 2.2 der Norm mit Pentan als Treibmittel (Zellgas Luft) bedarf es keines besonderen Brauchbarkeitsnachweises. Der Zuschlagswert ist hierbei Z = 0,20 (s. DIN 52 612 Teil 2, Ausgabe Juni 1984, Zeile 15 „sonstige Schaumkunststoffe").
1.2 Für die Verwendung von extrudergeschäumtem Polystyrolschaumstoff (XPS) nach Abschnitt 2.3 der Norm mit teilhalogeniertem HFCKW 142b oder mit dem Treibmittelgemisch aus den teilhalogenierten HFCKW 142b und HFCKW 22 als Treibmittel bedarf es keines Nachweises der Brauchbarkeit, wenn

— der Extruderschaum geschlossenzellig ist und die Geschlossenzelligkeit bei Prüfung nach DIN ISO 4590/11.86 „Schaumstoffe; Bestimmung des Volumenanteils offener und geschlossener Zellen in harten Schaumstoffen", Methode 2 ohne Ziffer 5.4, mindestens 95 % beträgt,
— der Nachweis des Treibmittels duch eine qualitative Zellgasanalyse nach mindestens 42 Tagen durchgeführt wird, wobei bei dem Treibmittelgemisch noch mindestens 25 Vol.-% HFCKW 142b im Zellgas nachgewiesen werden müssen, und
— zusätzliche Prüfungen entsprechend Ziffer 2 durchgeführt werden.

Die Zuschlagswerte Z betragen dann:

$Z = 0,10$ für $\lambda_{10.g} \geq 0,031$ W/(m · K)
$Z = 0,20$ für $\lambda_{10.g} \geq 0,027$ W/(m · K)

(Zwischenwerte sind linear zu interpolieren).

1.3 Für die Verwendung von Polyurethan(PUR)-Hartschaum nach Abschnitt 2.4 der Norm mit CO_2 (aufgrund der Wasser-Isocyanat-Reaktion) oder mit Pentan oder mit teilhalogeniertem HFCKW 141b als Treibmittel bedarf es keines besonderen Brauchbarkeitsnachweises, wenn

— der PUR-Hartschaum geschlossenzellig ist und die Geschlossenzelligkeit bei Prüfung nach DIN ISO 4590/11.86 „Schaumstoffe; Bestimmung des Volumenanteils offener und geschlossener Zellen in harten Schaumstoffen", Methode 2 ohne Ziffer 5.4 mindestens 90 % beträgt,
— der Nachweis des Treibmittels durch eine qualitative Zellgasanalyse nach mindestens 42 Tagen durchgeführt wird,

- die Rohdichte des PUR-Hartschaums abweichend von Abschnitt 6.4 und Tabelle 1 der Norm bei Treibmittel CO_2 mindestens 35 kg/m³ beträgt und
- zusätzliche Prüfungen entsprechend Ziffer 2 durchgeführt werden.

Die Zuschlagswerte betragen dann:

a) ohne gasdiffusionsdichte Deckschichten entsprechend DIN 52 612 Teil 2 und mit Pentan oder mit HFCKW 141b als Treibmittel

$Z = 0{,}20$ für $\lambda_{10,g} \geq 0{,}025$ W/(m · K)
$Z = 0{,}30$ für $\lambda_{10,g} \geq 0{,}023$ W/(m · K)

(Zwischenwerte sind linear zu interpolieren),

b) ohne gasdiffusionsdichte Deckschichten entsprechend DIN 52 612 Teil 2 und Treibmittel CO_2

$Z = 0{,}10$,

c) mit gasdiffusionsdichten Deckschichten entsprechend DIN 52 612 Teil 2 und mit Pentan oder mit HFCKW 141b als Treibmittel

$Z = 0{,}10$.

2. Werden die Zuschlagswerte Z nach Ziffer 1.2 oder Ziffer 1.3 verwendet, sind abweichend bzw. zusätzlich zu den Festlegungen der Norm folgende Prüfungen durchzuführen:

- Bestimmung der Zusammensetzung des Zellgases durch Gaschromatographie an den beiden Hartschaumplatten, die für die Wärmeleitfähigkeitsmessung verwendet werden. Hierzu sind aus jeder Platte mindestens 2 Gasproben mittels Injektionsspritze zu entnehmen (Lohmeyer, S. und Müller, G.: Bestimmung der Porengasmenge und -zusammensetzung in Polyurethanschäumen. Kältetechnik − Klimatisierung 22 (1970), H. 9, S. 291−294).

- Im Rahmen der Eigenüberwachung sind zusätzlich zu den Festlegungen des Abschnitts 9.2 der Norm folgende Prüfungen durchzuführen:

    Ausgangsstoffe: laufende Kontrolle der Ausgangsstoffe des Treib-Mittels und der Mischungsverhältnisse
    Wärmeleitfähigkeit*): 1 × wöchentlich
    Geschlossenzelligkeit*): 1 × monatlich

    *) Prüfverfahren ist mit der fremdüberwachenden Stelle zu vereinbaren

- Im Rahmen der Fremdüberwachung sind zusätzlich zu den Festlegungen des Abschnitts 9.3 der Norm folgende Prüfungen durchzuführen:

    Zellgaszusammensetzung: 2 × jährlich
    Geschlossenzelligkeit: 2 × jährlich

2.4 Dämmstoffe aus Polyurethan(PUR)-Hartschaum

Dämmstoffe aus Polyurethan-Hartschaum sind überwiegend geschlossenzellige, harte Schaumstoffe, die in Gegenwart von Katalysatoren und Treibmitteln[2]) durch chemische Reaktion von Polyisocyanaten mit aciden Wasserstoff enthaltenden Verbindungen und/oder durch Trimerisierung von Polyisocyanaten erzeugt werden.

3 Bezeichnung

Schaumstoffe für die Wärmedämmung sind in folgender Reihenfolge zu bezeichnen:

a) Benennung
b) Norm-Hauptnummer
c) Stoffart und Lieferform
d) Anwendungszweck (Typkurzzeichen)
e) Wärmeleitfähigkeitsgruppe
f) Brandverhalten nach DIN 4102 Teil 1
g) Nenndicke in mm

Bezeichnung eines Schaumstoffes als Wärmedämmstoff aus Polyurethan (PUR)-Hartschaum als Platte (P) des Anwendungstyps WD, Wärmeleitfähigkeitsgruppe 030, normalentflammbar Baustoffklasse B 2 nach DIN 4102 Teil 1, Nenndicke $d = 50$ mm:

Wärmedämmstoff DIN 18 164 – PUR P – WD – 030 – B 2 – 50

Beschichtungen und Profilierungen sowie Länge und Breite (sofern nicht Vorzugsmaße nach Tabelle 2) sind gesondert anzugeben.

4 Anwendungstypen und Rohdichten

Nach der Verwendbarkeit der Schaumstoffe für die Wärmedämmung im Bauwerk werden die in Tabelle 1 aufgeführten Anwendungstypen mit den entsprechenden Typkurzzeichen unterschieden[3]).

5 Herstellungsart, Beschichtung, Profilierung, Lieferform

Schaumstoffe nach dieser Norm werden nach folgenden Herstellungsarten gefertigt:

a) Platten oder Bahnen, die aus Blöcken in Nennmaßen geschnitten werden (Blockware)

---

[3] Die Wasserdampfdurchlässigkeit von Schaumstoffen ist unterschiedlich und nicht Gegenstand dieser Norm.
Zur Bestimmung der Wasserdampf-Diffusionswiderstandszahlen siehe DIN 52 615.
Angaben über Wasserdampf-Diffusionswiderstandszahlen enthält DIN 4108 Teil 4.

b) Platten oder Bahnen, die in kontinuierlichem Band gefertigt und dann auf Nennmaße geschnitten werden (Bandware)

c) Platten, die unmittelbar in Nennmaßen gefertigt werden (Automatenplatten).

Platten oder Bahnen können ein- oder mehrseitig beschichtet sein. Die Beschichtungen können aus Pappe, Papier, Glasvlies, Besandungen, Kunststoff- oder Metallfolien, Dach- und Dichtungsbahnen o. ä. bestehen.

Platten und Bahnen können in ihren äußeren Zonen gegenüber dem Kern verdichtet sein.

Sie können an den Oberflächen und/oder Kanten Profilierungen haben.

Als Lieferformen werden Platten und Bahnen unterschieden. Beschichtete und profilierte Platten oder Bahnen gelten als gesonderte Lieferformen.

6 Anforderungen

6.1 Allgemeines

Für den Nachweis der Einhaltung der Anforderungen sind die Prüfungen nach Abschnitt 7 anzuwenden.

Tabelle 1 **Anwendungstypen und Rohdichten**

Typ-kurz-zeichen	Verwendung im Bauwerk[1])	Rohdichte in trockenem Zustand bei			
		Phenol-harz-Hartschaum kg/m^3 mindestens	Polystyrol-Hartschaum		Polyure-than-Hartschaum kg/m^3 mindestens
			Partikel-schaum kg/m^3 mindestens	Extruder-schaum kg/m^3 mindestens	
W	**W**ärmedämmstoffe, nicht druckbelastet, z.B. in Wänden und belüfteten Dächern[1])	30	15	25	30
WD	**W**ärmedämmstoffe, **d**ruckbelastet, z.B. unter druckverteilenden Böden (ohne Trittschallanforderung) und in unbelüfteten Dächern unter der Dachhaut[1])	35	20		
WS	**W**ärmedämmstoffe, mit erhöhter Belastbarkeit für **S**ondereinsatzgebiete, z.B. Parkdecks[2])		30	30	

1) Schaumstoffe
– der Anwendungstypen WD und WS können auch wie der Anwendungstyp W,
– des Anwendungstyps WS können **nicht** wie der Anwendungstyp WD
verwendet werden.

1) Unterschiede hinsichtlich der Anforderungen siehe auch Abschnitt 6.6 und 6.9.

6.2 Beschaffenheit

Platten und Bahnen müssen an allen Stellen gleichmäßig dick und von gleichmäßigem Gefüge sein. Sie müssen gerade und parallele Kanten haben.

Die Platten müssen rechtwinklig, ihre Oberflächen eben sein. Die Anforderung an die Rechtwinkligkeit ist erfüllt, wenn bei der Prüfung nach Abschnitt 7.2 bei 500 mm Schenkellänge die Abweichung für jede Einzelmessung 3 mm nicht überschreitet.

Bei profilierten Platten muß das Profil über die ganze Fläche und/oder Kante gleichmäßig sein.

6.3 Maße

Die Maße der Platten und Bahnen sind in Tabelle 2, die zulässigen Grenzabweichungen in Tabelle 3 angegeben.

6.4 Rohdichte

Der Mittelwert der Rohdichte[4]) in trockenem Zustand für die in Tabelle 1 angegebenen Anwendungstypen muß mindestens gleich den in Tabelle 1 angegebenen Werten sein. Einzelwerte (auf zwei wertanzeigende Ziffern gerun-

Tabelle 2 **Maße**

Lieferform	Nennlängen und Nennbreiten[1])	Nenndicken[2]) d
Platten (P)	1000 × 500	20 30 40 50 60 80 100
Bahnen (B)	5000 × 1000	20 30 40 50 60 80 100

1) Die angegebenen Maße sind Vorzugsmaße. Andere Längen und Breiten sind zu vereinbaren. Anmerkung: Gemäß der neuen Modulordnung nach ISO 1040 und DIN 18 000 z.B. 1 200 mm × 600 mm.
2) Die angegebenen Dicken sind Vorzugsmaße. Bei Beschichtungen mit einer Dicke < 2 mm je Schicht beziehen sich die angegebenen Dicken auf den Schaumstoff einschließlich der Beschichtung. Bei Beschichtungen mit einer Dicke ≥ 2 mm je Schicht beziehen sich die angegebenen Dicken nur auf den Schaumstoff. Die Dicke der Beschichtung ist zusätzlich anzugeben. Nenndicken, die keine Vorzugsmaße sind, sind auf ganzzahlige Vielfache von 5 mm gerundet anzugeben.

---

4) Stoffrohdichte ohne Beschichtungen oder Luftschichten, z. B. von profilierten Platten.

det angegeben) dürfen den in Tabelle 1 angegebenen Mindestwert um nicht mehr als 10 % unterschreiten.

Bei Polyurethan-Hartschaum müssen alle Einzelwerte gleich oder größer als der in Tabelle 1 angegebene Mindestwert sein.

6.5 Zugfestigkeit

Die Zugfestigkeit (nur als Maß für die Verschweißung) bei Platten und Bahnen des Anwendungstyps W aus Polystyrol-Partikelschaum einschließlich etwaiger Beschichtungen muß im Mittel mindestens 0,10 N/mm^2 betragen.

Einzelwerte dürfen bis 20 % unter diesem Wert liegen.

Tabelle 3 **Grenzabweichungen**

Lieferform	Grenzabweichungen der gemessenen Einzelwerte von den angegebenen Nennmaßen			
	Länge	Breite	Dicke	
			≤ 50 mm	> 50 mm
Platten	± 0,8% oder ± 10 mm[1]	± 2 mm	+ 3 mm − 2 mm	
Bahnen	− 10 mm[2]	± 0,8% oder ± 10 mm[1]	± 2 mm	+ 3 mm − 2 mm

[1] Der kleinere Wert ist maßgebend.
[2] Überschreitung ist nicht begrenzt.

6.6 Druckspannung bei 10 % Stauchung oder Druckfestigkeit

Die Druckspannung bei 10 % Stauchung oder die Druckfestigkeit, ermittelt nach Abschnitt 7.6, muß bei den Anwendungstypen W (ausgenommen Polystyrol-Partikelschaum) und WD im Mittel mindestens 0,10 N/mm^2, bei dem Anwendungstyp WS mindestens 0,15 N/mm^2 betragen.

Einzelwerte dürfen bis 10 % unter diesen Werten liegen.

6.7 Wärmeleitfähigkeit

Die Schaumstoffe werden in Wärmeleitfähigkeitsgruppen eingestuft. Für die Anforderungen an die Wärmeleitfähigkeitsgruppen gilt Tabelle 4[5].

6.8 Brandverhalten

Schaumstoffe nach dieser Norm müssen einschließlich etwaiger Beschichtungen mindestens der Baustoffklasse B 2 nach DIN 4102 Teil 1 (normalentflammbar) entsprechen.

Schaumstoffe der Baustoffklasse B 1 nach DIN 4102 Teil 1 (schwerentflammbar) unterliegen der Prüfzeichenpflicht[6].

[5] Der zugehörige Rechenwert der Wärmeleitfähigkeit λ_R ist DIN 4108 zu entnehmen.
[6] Prüfzeichen werden durch das Institut für Bautechnik, Reichpietschufer 72−76, 10785 Berlin, erteilt.

Tabelle 4 **Wärmeleitfähigkeitsgruppen**

Gruppe	Anforderungen an die Wärmeleitfähigkeit $\lambda_z{}^1$) W/(m · K)
020	$\leq 0{,}020$
025	$\leq 0{,}025$
030	$\leq 0{,}030$
035	$\leq 0{,}035$
040	$\leq 0{,}040$
045²)	$\leq 0{,}045$

1) Wärmeleitfähigkeit λ_z nach DIN 52 612 Teil 2 (siehe jedoch Fußnote 2 zu den Abschnitten 2.3 und 2.4)..
2) Diese Gruppe darf nur für PF-Hartschaum in Anspruch genommen werden.

Bei Schaumstoffen der Baustoffklasse B 2 nach DIN 4102 Teil 1 (normalentflammbar) ist das Brandverhalten durch ein Prüfzeugnis einer hierfür anerkannten Prüfstelle nachzuweisen.

6.9 Formbeständigkeit bei Wärmeeinwirkung

Schaumstoffe des Anwendungstyps W müssen bei der Prüfung nach Abschnitt 7.9.1 bis 70°C, Schaumstoffe des Anwendungstyps WD müssen bei der Prüfung nach Abschnitt 7.9.2 bis 80°C unter Belastung formbeständig sein. Schaumstoffe des Anwendungstyps WS müssen bei der Prüfung nach Abschnitt 7.9.3 bis 70°C unter erhöhter Belastung formbeständig sein.

6.10 Irreversible Längenänderungen

Schaumstoffe nach dieser Norm dürfen bei der Prüfung nach Abschnitt 7.10 für keinen Einzelwert größere irreversible Längenänderungen als + 1 % oder – 0,3 % aufweisen.

6.11 Beständigkeit

Schaumstoffe müssen ausreichend alterungsbeständig sein[7]).

7 Kennzeichnung

Nach dieser Norm hergestellte und überwachte Schaumstoffe (siehe Abschnitt 9) sind auf ihrer Verpackung, möglichst auch auf dem Erzeugnis selbst, in deutlicher Schrift wie folgt zu kennzeichnen:

---

7) Schaumstoffe und etwaige Beschichtungen dürfen im Bauwerk nicht mit Stoffen in Berührung kommen, durch deren Einwirkung sie aufgelöst werden oder quellen, wie es bei Klebern, Holzschutzmitteln und anderem der Fall sein kann. Die in dieser Norm behandelten Schaumstoffe unterscheiden sich auf Grund ihres chemischen Aufbaus in ihrer Beständigkeit gegenüber Heißklebern, z. B. Heißbitumen. Die Hersteller haben deshalb für einzelne Produkte besondere Verlegehinweise herausgegeben.

DIN 18 164 Teil 1

a) Stoffart und Lieferform
b) Anwendungszweck (Typkurzzeichen)
c) DIN 18 164 Teil 1
d) „nicht unter Estrichen" (nur beim Anwendungstyp W)
e) Wärmeleitfähigkeitsgruppe
f) Brandverhalten nach DIN 4102 Teil 1[8])
g) Nenndicke in mm; Länge und Breite in mm, wenn sie von den in Tabelle 2 genannten Vorzugsmaßen abweichen
h) Name und Anschrift des Herstellers (beziehungsweise des Lieferers oder Importeurs, falls diese den Schaumstoff unter ihrem Namen in den Verkehr bringen)
i) Herstellwerk (gegebenenfalls auch Produktionslinie und Herstellungsdatum[9])
j) Einheitliches Überwachungszeichen[10])

Beispiel:

Polyurethan-Wärmedämmplatte WD
DIN 18 164 Teil 1

Wärmeleitfähigkeitsgruppe 030
DIN 4102 – B 2

50 mm, 1 200 mm × 600 mm

Müller, Postfach 47 11, 09221 Adorf
Werk Adorf, 27. 11. 1991

Einheitliches Überwachungszeichen[11])

---

[8] Bei prüfzeichenpflichtigen Schaumstoffen Kennzeichnung laut Prüfbescheid.
[9] Das Herstellungsdatum darf auch verschlüsselt angegeben werden. (z. B. Chargennummer).
[10] Siehe z. B. „Mitteilungen Institut für Bautechnik", Heft 2/1982, S. 41.

DIN 18 164 Teil 2

Schaumkunststoffe als Dämmstoffe für das Bauwesen
Dämmstoffe für Trittschalldämmung
Polystyrol-Partikelschaumstoffe
Auszug aus **DIN 18 164 Teil 2** (3.91)

1 Anwendungsbereich und Zweck

Diese Norm gilt für werkmäßig hergestellte Polystyrol-Partikelschaumstoffe – im folgenden Schaumstoffe genannt –, die als Platten und Bahnen für Trittschalldämmzwecke im Bauwesen verwendet werden (Trittschalldämmstoffe). Die Schaumstoffe dienen auch der Verbesserung der Wärmedämmung und in Verbindung mit einem Estrich auch der Verbesserung der Luftschalldämmung.

Die Norm gilt auch für Schaumstoffe mit (Oberflächen-)Beschichtungen und Profilierungen (siehe auch Abschnitt 5).

Sie gilt nicht für Schaumstoffe, die nur für Wärmedämmzwecke[1]) verwendet werden.

Anmerkung: Trittschalldämmstoffe, die nicht dieser Norm oder anderen Normen, z. B. DIN 18 165 Teil 2, entsprechen, bedürfen nach den bauaufsichtlichen Vorschriften eines besonderen Brauchbarkeitsnachweises, z. B. durch allgemeine bauaufsichtliche Zulassung.

2 Begriffe

Trittschalldämmstoffe aus Polystyrol-Partikelschaumstoff (EPS) sind aus vorgeschäumten geschlossenzelligen Polystyrolpartikeln auf der Basis von Polystyrol oder Mischpolymerisaten mit überwiegendem Polystyrolanteil verschweißte harte Schaumstoffe (Hartschaum), deren Zellen Luft enthalten.

Trittschalldämmstoffe aus Polystyrol-Partikelschaumstoffen sind elastifiziert.

3 Bezeichnung

Schaumstoffe für die Trittschalldämmung sind in folgender Reihenfolge zu bezeichnen:

a) Benennung

b) Norm-Hauptnummer

c) Schaumstoffart

---

1) Schaumstoffe für die Wärmedämmung werden in DIN 18 164 Teil 1 behandelt.

d) Anwendungszweck (Typkurzzeichen mit Steifigkeitsgruppe)
e) Wärmedurchlaßwiderstand[2])
f) Brandverhalten nach DIN 4102 Teil 1
g) Nenndicken d_L und d_B in der Form d_L/d_B in mm

Bezeichnung eines Schaumstoffes als Trittschall(TS)-Dämmstoff aus Polystyrol-Partikelschaumstoff (EPS), Lieferform Platte (P), des Anwendungstyps TK, Steifigkeitsgruppe 15, Wärmedurchlaßwiderstand $1/\Lambda = 0{,}66$ m²·K/W, schwerentflammbarer Baustoff B 1 nach DIN 4102 Teil 1, Nenndicken $d_L = 33$ mm und $d_B = 30$ mm (33/30):

TS-Dämmstoff DIN 18 164 − EPS − P − TK 15 − 0,66 − B 1 33/30

Etwaig vorhandene Beschichtungen sind gesondert anzugeben.

4 Anwendungstyp

Tabelle 1 **Anwendungstyp**

Typkurzzeichen	Verwendung im Bauwerk
TK	Trittschalldämmstoffe für Decken mit Anforderungen an den Luft- und Trittschallschutz nach DIN 4109, z. B. für Estriche nach DIN 18560 Teil 2; auch geeignet für Verwendungen mit geforderter geringerer Zusammendrückbarkeit, z.B. unter Fertigteilestrichen

Tabelle 2 **Vorzugsmaße und Grenzabweichungen für Längen und Breiten**

Lieferform	Vorzugsmaße	Grenzabweichungen des festgestellten Einzelwertes von den angegebenen Maßen (Nennmaßen)
Platten (P)	1000 × 500	Länge: ± 2%
		Breite: ± 0,5%
Bahnen (B)	5000 × 1000	Länge: − 2%[1])
		Breite: ± 1%

1) Überschreitung ist nicht begrenzt.

5 Lieferform, Beschichtung, Profilierung

Schaumstoffe werden in den Lieferformen Platten (P) und Bahnen (B) hergestellt.

Platten und Bahnen können mit Beschichtungen, z. B. aus Pappe, Papier, Glasvlies, Folien und zusätzlichen Trägerschichten, versehen sein.

---

2) Die Wärmeleitfähigkeitsgruppe kann zusätzlich angegeben werden.

Beschichtungen können von wesentlichem Einfluß auf die Eigenschaften der Erzeugnisse sein (z. B. das Brandverhalten nach Abschnitt 6.8). Sie dürfen nicht zur Verbesserung der dynamischen Steifigkeit aufgebracht werden.

Platten und Bahnen dürfen an den Oberflächen und/oder Kanten Profilierungen haben.

Beschichtete und profilierte Platten und Bahnen gelten als gesonderte Lieferformen.

6 Anforderungen

6.1 Allgemeines

Für den Nachweis der Einhaltung der Anforderungen sind die Prüfungen nach Abschnitt 7 anzuwenden.

A n m e r k u n g : Schaumstoffe und etwaig vorhandene Beschichtungen dürfen im Bauwerk nicht mit Stoffen in Berührung kommen, durch deren Einwirkung sie aufgelöst werden oder quellen, wie es z. B. bei Klebstoffen der Fall sein kann. Ebenso kann ein Anschmelzen bei Einwirkung von höheren Temperaturen auftreten. Die Hersteller haben deshalb für einzelne Produkte besondere Verlegehinweise herausgegeben.

6.2 Beschaffenheit

Platten und Bahnen müssen an allen Stellen gleichmäßig dick und von gleichmäßigem Gefüge sein und gerade und parallele Kanten haben.

Bei profilierten Platten muß das Profil über die ganze Fläche und/oder Kante gleichmäßig sein.

Platten müssen rechtwinklig, ihre Oberflächen eben sein. Die Anforderung an die Rechtwinkligkeit ist erfüllt, wenn bei der Prüfung nach Abschnitt 7.2 bei 500 mm Schenkellänge die Abweichung im Mittel 2 mm, die größte Einzelabweichung 3 mm nicht überschreitet.

Schaumstoffe müssen ausreichend alterungsbeständig sein.

6.3 Maße

6.3.1 Länge und Breite

Für Länge und Breite sind Vorzugsmaße und Grenzabweichungen in Tabelle 2 angegeben.

Länge und Breite sind nach Abschnitt 7.3.1 zu messen.

6.3.2 Dicke

Als Nenndicke werden die Werte d_L und d_B in der Form d_L/d_B auf ganze Millimeter gerundet angegeben; z. B. 33/30 bei einer Dicke $d_L = 33$ mm und einer Dicke unter Belastung $d_B = 30$ mm.

Die Dicken d_B sind möglichst in Stufen von 5 mm anzugeben. Die kleinste Dicke d_B beträgt 15 mm.

Die Dicken beziehen sich auf den Schaumstoff einschließlich etwaig vorhandener Beschichtung (siehe Abschnitt 5).

Die Grenzabweichungen für die Dicken sind in Tabelle 3 angegeben.

Die Dicke d_L ist nach Abschnitt 7.3.2.1, die Dicke unter Belastung d_B nach Abschnitt 7.3.2.2 zu messen.

Tabelle 3 **Grenzabweichungen für die Dicken**

1	2	3	4	5	6	7
					Grenzabweichungen	
Lieferform	Anwendungstyp	Nenndicke unter Belastung	Nenndickendifferenz	Zulässige Überschreitung der gemessenen Nenndickendifferenzen von den angegebenen Nenndickendifferenzen	des gemessenen Mittelwertes der Stichprobe d_{LM} bzw. d_{BM} von der Nenndicke d_L bzw.	jedes gemessenen Einzelwertes der Stichprobe d_{LE} bzw. d_{BE} von der Nenndicke d_L bzw.
		d_B	$d_L - d_B$	$d_L - d_B$ (Einzelwert)	d_B	d_B
Platten (P) und Bahnen (B)	TK	< 30	≤ 2	2	+2 / 0	+3 / −1
		≥ 30	≤ 3		+3 / 0	+5 / −1

Anmerkung: Wenn aus Gründen des Wärmeschutzes eine größere Dämmstoffdicke erforderlich ist, wird empfohlen, eine Trittschalldämmplatte TK nach dieser Norm mit einer druckbelastbaren Wärmedämmplatte zu kombinieren.

6.4 Flächenbezogene Masse

An die flächenbezogene Masse der Schaumstoffe für Trittschalldämmzwecke wird keine Anforderung gestellt; ihr Wert − im trockenen Zustand − ist jedoch festzustellen.

6.5 Zugfestigkeit

Die Zugfestigkeit bei Platten und Bahnen einschließlich etwaig vorhandener Beschichtungen muß mindestens 0,02 N/mm^2 betragen.

6.6 Dynamische Steifigkeit

Platten und Bahnen müssen ein ausreichendes Federungsvermögen haben. Das Federungsvermögen wird gekennzeichnet durch die dynamische Steifigkeit s' der Dämmschicht einschließlich der in ihr eingeschlossenen Luft.

Die Schaumstoffe für die Trittschalldämmung werden nach ihrer dynamischen Steifigkeit in Steifigkeitsgruppen nach Tabelle 4 eingeteilt.
Für profilierte Platten siehe auch Abschnitt 7.6.

Tabelle 4 **Steifigkeitsgruppen**

Steifigkeits-gruppe	Anforderungen an den Mittelwert der dynamischen Steifigkeit s' MN/m^3
30	≤ 30
20	≤ 20
15	≤ 15
10	≤ 10

6.7 Wärmeleitfähigkeit und Wärmedurchlaßwiderstand

Schaumstoffe sind in Abhängigkeit von ihrer Wärmeleitfähigkeit in Wärmeleitfähigkeitsgruppen einzustufen.

Entsprechend ihrer Wärmeleitfähigkeitsgruppe werden den Schaumstoffen in Abhängigkeit von der Nenndicke d_B die in Tabelle 5 genannten Wärmedurchlaßwiderstände $1/\Lambda$ zugeordnet.

Tabelle 5 **Wärmedurchlaßwiderstand**

d_B	Wärmedurchlaßwiderstand $1/\Lambda$ $m^2 \cdot K/W$	
	Wärmeleitfähig-keitsgruppe 040[1])	Wärmeleitfähig-keitsgruppe 045[1])
15	0,37	0,33
20	0,50	0,44
25	0,62	0,55
30	0,75	0,66
35	0,87	0,77
40	1,00	0,88

[1]) Zuordnung der Anforderungen an die Wärmeleitfähigkeit λ_z (λ_z nach DIN 52612 Teil 2) zu den Wärmeleitfähigkeitsgruppen siehe DIN 18164 Teil 1.

Tabelle 6

d_B	Steifigkeits-gruppe	Wärmedurchlaß-widerstand $1/\Lambda$ $m^2 \cdot K/W$
15	30	0,33
20	20	0,44
25	15	0,55
30	15	0,66
35	10	0,77
40	10	0,88

Anmerkung zu den Abschnitten 6.3.2, 6.6 und 6.7: Zwischen den Eigenschaften „Dicke unter Belastung d_B" „Steifigkeitsgruppe" und

„Wärmedurchlaßwiderstand" $1/\Lambda$ besteht eine teilweise Abhängigkeit, so daß nicht jede Kombination möglich ist. Unter Zugrundelegung der Wärmeleitfähigkeitsgruppe 045 werden in Tabelle 6 übliche Kombinationen von Eigenschaften angegeben:

6.8 Brandverhalten

Schaumstoffe nach dieser Norm müssen auch einschließlich etwaig vorhandener Beschichtungen mindestens der Baustoffklasse B 2 nach DIN 4102 Teil 1 (normalentflammbar) entsprechen.

Schaumstoffe nach dieser Norm der Baustoffklasse B 1 nach DIN 4102 Teil 1 (schwerentflammbar) unterliegen der Prüfzeichenpflicht[3]).

8 Kennzeichnung

Nach dieser Norm hergestellte und überwachte Schaumstoffe (siehe Abschnitt 9) sind auf ihrer Verpackung, möglichst auch auf dem Erzeugnis selbst, in deutlicher Schrift wie folgt zu kennzeichnen:

a) Schaumstoffart und Lieferform

b) Anwendungszweck (Typkurzzeichen mit Steifigkeitsgruppe)

c) DIN 18164 Teil 2

d) Wärmedurchlaßwiderstand und Wärmeleitfähigkeitsgruppe

e) Brandverhalten nach DIN 4102 Teil 1[5])

f) Nenndicken d_L und d_B; Länge und Breite in mm, wenn sie von den in Tabelle 2 genannten Vorzugsmaßen abweichen

g) Name und Anschrift des Herstellers (beziehungsweise des Lieferers oder Importeurs, falls diese den Schaumstoff unter ihrem Namen in den Verkehr bringen)

h) Herstellwerk (gegebenenfalls auch Produktionslinie) und Herstellungsdatum[6])

i) Einheitliches Überwachungszeichen[7])

Beispiel:

Polystyrol-Trittschalldämmplatte TK 15 DIN 18 164 Teil 2

Wärmedurchlaßwiderstand $1/\Lambda = 0{,}66$ m² · K/W

Wärmeleitfähigkeitsgruppe 045

DIN 4102 − B 1 − PA-III ... (Nr. des Prüfzeichens) 33/30 mm

Müller, Postfach 47 11, 9200 Adorf

Werk Adorf, 27. 11. 1990

... (Einheitliches Überwachungszeichen)

---

[3] Prüfzeichen werden vom Institut für Bautechnik, Berlin, erteilt.
[5] Bei prüfzeichenpflichtigen Schaumstoffen Kennzeichnung laut Prüfbescheid.
[6] Das Herstellungsdatum darf auch verschlüsselt angegeben werden (z. B. Chargennummer).
[7] Siehe z. B. „Mitteilungen Institut für Bautechnik", Heft 2/1982, S. 41.

DIN 18 165 Teil 1

Faserdämmstoffe für das Bauwesen
Dämmstoffe für die Wärmedämmung
nach **DIN 18 165 Teil 1** (7.91)

Anwendungsbereich und Zweck

Diese Norm gilt für werksmäßig hergestellte Faserdämmstoffe, die als Matten, Filze und Platten für Wärmedämmzwecke und – bei entsprechender Eignung und zusätzlicher Kennzeichnung – auch für Schalldämm- und Schallschluckzwecke im Bauwesen verwendet werden (Wärmedämmstoffe).

Die Norm gilt auch für Faserdämmstoffe mit (Oberflächen-)Beschichtungen oder Trägermaterialien sowie für profilierte Erzeugnisse (siehe auch Abschnitt 5).

Sie gilt nicht für Faserdämmstoffe für Trittschalldämmzwecke[1]) sowie nicht für Schallschluckplatten[2]) (Akustikplatten) und Holzfaserplatten[3]).

Begriffe

Faserdämmstoffe sind Mineralfaser-Dämmstoffe und pflanzliche Faserdämmstoffe.

Mineralfaser-Dämmstoffe sind Dämmstoffe aus künstlichen Mineralfasern, die aus einer silikatischen Schmelze (z. B. Glas-, Gesteins- oder Schlackenschmelze) gewonnen werden, mit oder ohne Faserbindung.

Pflanzliche Faserdämmstoffe sind Dämmstoffe aus Pflanzenfasern mit oder ohne Faserbindung.

Als Pflanzenfasern können verwendet werden:

a) Kokosfasern

b) Holzfasern; chemisch und mechanisch aufbereitet[4])

c) Torffasern

Brandverhalten

Faserdämmstoffe nach dieser Norm müssen einschließlich etwaig vorhandener Beschichtungen oder Trägermaterialien mindestens der Baustoffklasse B 2 nach DIN 4102 Teil 1 (normalentflammbar) entsprechen.

Faserdämmstoffe der Baustoffklasse A nach DIN 4102 Teil 1 (nichtbrennbar) mit brennbaren organischen Bestandteilen und der Baustoffklasse B 1 nach DIN 4102 Teil 1 (schwerentflammbar) unterliegen der Prüfzeichenpflicht[5]).

---

1) Faserdämmstoffe für die Trittschalldämmung werden in DIN 18165 Teil 2 behandelt.
2) Siehe z. B. DIN 18169 und DIN 68762
3) Siehe DIN 68755
4) Chemisch: z. B. durch Natronlauge, mechanisch: z. B. gerissen
5) Prüfzeichen werden durch das Institut für Bautechnik, Berlin, erteilt.

DIN 18 165 Teil 1

Bei Faserdämmstoffen der Baustoffklasse A nach DIN 4102 Teil 1 (nichtbrennbar) ohne brennbare organische Bestandteile und der Baustoffklasse B 2 nach DIN 4102 Teil 1 (normalentflammbar) ist das Brandverhalten durch ein Prüfzeugnis einer hierfür anerkannten Prüfstelle nachzuweisen.

Bei Mineralfaser-Dämmstoffen, die als brandschutztechnisch notwendige Dämmschicht für klassifizierte Brandschutzkonstruktionen nach DIN 4102 Teil 4 verwendet werden sollen, müssen die Mindestrohdichte und erforderlichenfalls der Schmelzpunkt nach DIN 4102 Teil 17 angegeben werden.

Anwendungstypen

Typkurzzeichen[1])	Verwendung im Bauwerk[2])
W	Wärmedämmstoffe, nicht druckbelastbar, z.B. für Wände, Decken und Dächer
WL	Wärmedämmstoffe, nicht druckbelastbar, z.B. für Dämmungen zwischen Sparren- und Balkenlagen
WD	Wärmedämmstoffe, druckbelastbar, z.B. unter druckverteilenden Böden (ohne Trittschallanforderung) und in Dächern unter der Dachhaut
WV	Wärmedämmstoffe, beanspruchbar auf Abreiß- und Scherbeanspruchung, z. B. für angesetzte Vorsatzschalen ohne Unterkonstruktion

[1] Faserdämmstoffe des Anwendungstyps WV können für angesetzte schalldämmende Vorsatzschalen verwendet werden, wenn sie ausreichend weichfedernd sind. Der Hersteller muß die dynamische Steifigkeit s' angeben. Solche Faserdämmstoffe erhalten neben dem Typkurzzeichen den zusätzlichen Kennbuchstaben s.
Faserdämmstoffe der Anwendungstypen W, WL, WD und WV können auch für die Hohlraumdämpfung z.B. in zweischaligen, leichten Trennwänden und bei Vorsatzschalen mit Unterkonstruktion und für Schallschluckzwecke verwendet werden (z.B. in Unterdecken auf gelochten Platten). Wenn solche Faserdämmstoffe normal zur Dämmstofffläche einen längenbezogenen Strömungswiderstand Ξ von mindestens 5 kN · s/m^4 haben, erhalten sie neben dem Typkurzzeichen den zusätzlichen Kennbuchstaben w; z.B. W−w.

[2] Faserdämmstoffe
– des Anwendungstyps W können auch wie der Anwendungstyp WL,
– des Anwendungstyps WD können auch wie die Anwendungstypen W, WL, WV,
– des Anwendungstyps WV können auch wie die Anwendungstypen W und WL verwendet werden.

Bezeichnung

Bezeichnung eines Faserdämmstoffes als Wärmedämmstoff aus Mineralfasern (Min) als Platte (P) des Anwendungstyps W, Wärmeleitfähigkeitsgruppe 035, nichtbrennbarer Baustoff A 2 nach DIN 4102 Teil 1, Nenndicke $d = 80$ mm:

Faserdämmstoff DIN 18 165 − MinP − W − 035 − A 2 − 80

Etwaige vorhandene Beschichtungen oder Trägermaterialien sind gesondert abzugeben.

Lieferform

Lieferform	Faserbindung, Beschichtung[1][2]), Trägermaterial[1][3])	Verbindung von Beschichtung oder Trägermaterial mit den Fasern	Lieferart
Matten (M)	mit oder ohne Binde- und/oder Schmälzmittel, mit oder ohne Trägermaterial	versteppt oder vernadelt	gerollt
Filze (F)	gebunden, mit oder ohne Beschichtung	verklebt	
Platten (P)			eben

1) Beschichtungen und Trägermaterialien können von wesentlichem Einfluß auf die Eigenschaften der Erzeugnisse sein (z.B. auf das Brandverhalten nach Abschnitt 6.7).
2) Z.B. Papier, Aluminium-Folie, Kunststoff-Folie, Farbbeschichtung
3) Z.B. Drahtgeflecht, Wellpappe, Vlies

Wärmeleitfähigkeitsgruppen

Gruppe	Anforderungen an die Wärmeleitfähigkeit λ_Z[1]) W/(m · K)
035	$\leq 0{,}035$
040	$\leq 0{,}040$
045[2])	$\leq 0{,}045$
050[2])	$\leq 0{,}050$

1) Wärmeleitfähigkeit λ_Z nach DIN 52 612 Teil 2.
2) Nicht zulässig für den Anwendungstyp WL wegen möglicher zusätzlicher Wärmeverluste infolge Durchströmung des Faserdämmstoffes bei Belüftung im Dach.

Faserdämmstoffe für das Bauwesen
Dämmstoffe für die Trittschalldämmung
nach **DIN 18 165 Teil 2** (3.87)

Anwendungsbereich und Zweck

Diese Norm gilt für werksmäßig hergestellte Faserdämmstoffe, die als Matten, Filze und Platten für Trittschalldämmzwecke im Bauwesen verwendet werden (Trittschalldämmstoffe). Die Faserdämmstoffe dienen auch der Verbesserung der Luftschalldämmung und der Wärmedämmung.

Die Norm gilt auch für Faserdämmstoffe mit (Oberflächen-)Beschichtungen.

Sie gilt nicht für Faserdämmstoffe, die nur für Wärmedämmzwecke[1]) verwendet werden.

Begriffe

Faserdämmstoffe sind Mineralfaser-Dämmstoffe und pflanzliche Faserdämmstoffe (aus: DIN 18 165 Teil 1 (03.87)).

Mineralfaser-Dämmstoffe (Min) sind Dämmstoffe aus künstlichen Mineralfasern, die aus einer silikatischen Schmelze (z. B. Glas-, Gesteins- oder Schlackenschmelze) gewonnen werden, mit oder ohne Faserbindung (aus: DIN 18 165 Teil 1 (03.87)).

Pflanzliche Faserdämmstoffe (Pfl) sind Dämmstoffe aus Pflanzenfasern mit oder ohne Faserbindung.

Als Pflanzenfasern können verwendet werden:

a) Kokosfasern

b) Holzfasern; chemisch und mechanisch aufbereitet[2])

c) Torffasern.

Anwendungstypen

Typkurzzeichen	Verwendung im Bauwerk
T	Trittschalldämmstoffe, z.B. unter schwimmenden Estrichen nach DIN 18 560 Teil 2
TK	Trittschalldämmstoffe mit geringer Zusammendrückbarkeit, z.B. unter Fertigteilestrichen

Maße

Als Nenndicke werden die Werte d_L und d_B in der Form d_L/d_B auf ganze Millimeter gerundet angegeben; z. B. 20/15 bei einer Dicke $d_L = 20$ mm und einer Dicke unter Belastung $d_B = 15$ mm.

---

1) Faserdämmstoffe für die Wärmedämmung werden in DIN 18 165 Teil 1 behandelt.
2) Chemisch: z. B. durch Natronlauge; mechanisch: z. B. gerissen

DIN 18 165 Teil 2

Lieferformen

Lieferform	Faserbindung, Beschichtung[1])[2])	Verbindung einer Beschichtung mit den Fasern	Lieferart
Matten (M)	mit oder ohne Binde- und/oder Schmälzmittel, versteppt oder vernadelt, mit oder ohne Beschichtung	versteppt oder vernadelt	gerollt
Filze F)	gebunden, mit oder ohne Beschichtung	versteppt oder verklebt	
Platten (P)			eben

[1]) Beschichtungen können von wesentlichem Einfluß auf die Eigenschaften der Erzeugnisse sein (z.B. auf das Brandverhalten nach Abschnitt 6.8).
[2]) Z.B. Papier, Kunststoff-Folien

Dynamische Steifigkeit

Matten, Filze und Platten müssen ein ausreichendes Federungsvermögen haben. Das Federungsvermögen wird gekennzeichnet durch die dynamische Steifigkeit s' der Dämmschicht einschließlich der in ihr eingeschlossenen Luft.

Die Faserdämmstoffe für die Trittschalldämmung werden nach ihrem Federungsvermögen (dynamische Steifigkeit) in Gruppen eingeteilt (siehe Tabelle).

Wärmeleitfähigkeit

Faserdämmstoffe werden in Wärmeleitfähigkeitsgruppen eingestuft (siehe Tabelle).

Steifigkeitsgruppen

Steifigkeitsgruppe	Anforderungen an den Mittelwert der dynamischen Steifigkeit s' MN/m³
90	≤ 90
70	≤ 70
50	≤ 50
40	≤ 40
30	≤ 30
20	≤ 20
15	≤ 15
10	≤ 10
Zulässige Überschreitung der Einzelwerte 5%	

Wärmeleitfähigkeitsgruppen

Gruppe	Anforderungen an die Wärmeleitfähigkeit λ_Z[1]) W/(m · K)
035	≤ 0,035
040	≤ 0,040
045	≤ 0,045
050	≤ 0,050

[1]) Wärmeleitfähigkeit λ_Z nach DIN 52 612 Teil 2.

DIN 18 165 Teil 2

Brandverhalten

Faserdämmstoffe nach dieser Norm müssen einschließlich etwaig vorhandener Beschichtungen mindestens der Baustoffklasse B 2 nach DIN 4102 Teil 1 (normalentflammbar) entsprechen.

Bezeichnung

Bezeichnung eines Faserdämmstoffes als Trittschalldämmstoff aus Mineralfasern (Min) als Platte (P) des Anwendungstyps T, Steifigkeitsgruppe 20, Wärmeleitfähigkeitsgruppe 040, schwerentflammbarer Baustoff B 1 nach DIN 4102 Teil 1, Nenndicken $d_L = 20$ mm und $d_B = 15$ mm (20/15):

Faserdämmstoff DIN 18 165 − MinP − T20 − 040 − B 1 − 20/15

Etwaig vorhandene Beschichtungen sind gesondert anzugeben.

Gipskartonplatten

Arten, Anforderungen, Prüfung
Auszug aus **DIN 18 180** (9.89)

1 Anwendungsbereich

Diese Norm gilt für bandgefertigte Gipskartonplatten. Sie gilt sinngemäß auch für werkmäßig mechanisch bearbeitete Plattenarten, wie z. B. Gipskarton-Zuschnittplatten und Gipskarton-Lochplatten.

Gipskartonplatten werden insbesondere als Wand- und Deckenbekleidungen, als Beplankungen für Montagewände sowie für die Herstellung vorgefertigter Bauteile verwendet.

Für die Verarbeitung gilt DIN 18181. Bei Montagewänden sind DIN 4103 Teil 1, Teil 4 und DIN 18183, bei Unterdecken und Deckenbekleidungen DIN 18168 Teil 1 zusätzlich zu beachten.

2 Begriff

Gipskartonplatten nach dieser Norm sind im wesentlichen aus Gips bestehende Platten, deren Flächen und Längskanten mit einem festhaftenden, dem Verwendungszweck entsprechenden Karton ummantelt sind.

Sie können werkmäßig mechanisch – z. B. durch Zuschneiden, Bohren, Anfasen – oder in anderer Weise – z. B. durch Beschichten – weiterbearbeitet werden.

3 Plattenarten und Verwendung

A n m e r k u n g : Es ist vorgesehen, daß die Platten nach den Abschnitten 3.1 und 3.2.1 als Baustoffe der Klasse A 2 in DIN 4102 Teil 4 aufgenommen werden.

3.1 Bandgefertigte Gipskartonplatten

3.1.1 G i p s k a r t o n - B a u p l a t t e n (Kurzzeichen: GKB) zum Befestigen auf flächiger Unterlage, zum Ansetzen als Wand-Trockenputz nach DIN 18 181 und zur Herstellung von Gipskarton-Verbundplatten nach DIN 18 184; ab 12,5 mm Dicke bei baustellenmäßiger Verarbeitung zum Befestigen auf Unterkonstruktion für Wand- und Deckenbekleidungen nach DIN 18 181, für Decklagen an Unterdecken und Deckenbekleidungen nach DIN 18 168 Teil 1 sowie für die Beplankung von Montagewänden nach DIN 18 183 und von nichttragenden inneren Trennwänden nach DIN 4103 Teil 4.

3.1.2 Gipskarton-Feuerschutzplatten (Kurzzeichen: GKF) für Anwendungsbereiche der Gipskarton-Bauplatten nach Abschnitt 3.1.1 mit Anforderungen an die Feuerwiderstandsdauer der Bauteile[1]).

3.1.3 Gipskarton-Bauplatten-imprägniert (Kurzzeichen: GKBI) können für die Anwendungsbereiche der Gipskarton-Bauplatten nach Abschnitt 3.1.1 Verwendung finden. Sie haben zusätzlich eine verzögerte Wasseraufnahme.

3.1.4 Gipskarton-Feuerschutzplatten-imprägniert (Kurzzeichen: GKFI) können für die Anwendungsbereiche der Gipskarton-Feuerschutzplatten nach Abschnitt 3.1.2 Verwendung finden. Sie haben zusätzlich eine verzögerte Wasseraufnahme.

3.1.5 Gipskarton-Putzträgerplatten (Kurzzeichen: GKP) werden vorwiegend als Putzträger auf Unterkonstruktionen verwendet.

3.2 Werkmäßig mechanisch bearbeitete Platten

Die bandgefertigten Gipskartonplatten können für bestimmte Anwendungszwecke werkmäßig mechanisch weiterbearbeitet werden.

3.2.1 Gipskarton-Zuschnittplatten sind im Regelfall rechteckig zugeschnittene Platten. Quadratische Gipskarton-Zuschnittplatten werden als Gipskarton-Kassetten bezeichnet.

3.2.2 Gipskarton-Lochplatten sind Gipskartonplatten mit durchgehenden Löchern verschiedener Form (z. B. Rundlöcher, Schlitze); die Löcher können in besonderen Lochfeldern und Mustern angeordnet sein. Quadratische Gipskarton-Lochplatten werden als Gipskarton-Lochkassetten bezeichnet.

4 Beschaffenheit

4.1 Der mit Karton ummantelte Kern der Gipskartonplatten besteht im wesentlichen aus Gips. Er darf Zusätze zur Erzielung bestimmter Eigenschaften enthalten.

4.2 Der Kern von Gipskarton-Feuerschutzplatten und Gipskarton-Feuerschutzplatten-imprägniert enthält Zusätze für die Verbesserung des Gefügezusammenhaltes bei Beflammung.

4.3 Die bandgefertigten Gipskartonplatten haben rechteckige geschlossene Flächen. Die Sichtflächen der Platten sind eben und ohne Erhebungen und/oder Vertiefungen, die über die übliche Beschaffenheit des Kartons hinausgehen.

4.4 Die bandgefertigten Gipskartonplatten haben kartonummantelte Längskanten. Die Querkanten der Platten sind nicht kartonummantelt.

Die Bilder 1 bis 5 zeigen Beispiele für die Ausbildung der Längskanten.

---

[1]) Anwendung nach DIN 4102 Teil 4 oder entsprechend einem Prüfzeugnis einer dafür bauaufsichtlich anerkannten Prüfstelle.

DIN 18 180

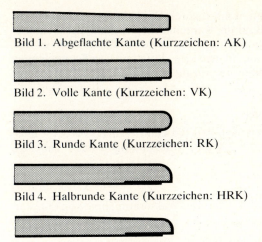

Bild 1. Abgeflachte Kante (Kurzzeichen: AK)

Bild 2. Volle Kante (Kurzzeichen: VK)

Bild 3. Runde Kante (Kurzzeichen: RK)

Bild 4. Halbrunde Kante (Kurzzeichen: HRK)

Bild 5. Halbrunde abgeflachte Kante (Kurzzeichen: HRAK)

5 Anforderungen

5.1 Maße und flächenbezogene Masse

Bandgefertigte Gipskartonplatten nach Abschnitt 3.1 müssen bei Prüfung nach den Abschnitten 8.3.1 und 8.3.3 die Anforderungen nach Tabelle 1 erfüllen.

Tabelle 1 **Maße und flächenbezogene Massen von Gipskartonplatten nach Abschnitt 3.1**

Dicken		Regel-breite	Regel-länge	Flächenbezogene Masse kg/m²				
Nenn-maß s	Grenz-abmaß	0 - 5	0 - 5	GKB	GKBI	GKF[1]	GKFI[1]	GKP
9,5	± 0,5	1 250	2000 bis 4000 in Stufen von 250	⩽ 9,5	–	8 bis 10	–	–
12,5	± 0,5			⩽ 12,5	⩽ 12,5	10 bis 13	10 bis 13	–
15	± 0,5			⩽ 15	⩽ 15	13 bis 16	13 bis 16	–
9,5	± 0,5	400	1500 2000	–	–	–	–	⩽ 9,5
⩾ 18	± 0,9	600 1 250	2000 bis 3500 in Stufen von 250	⩽ 1,0 · s	–	0,8 · s bis 1,0 · s	–	

[1] Bei einer Unterschreitung der flächenbezogenen Masse ist das Brandverhalten der Bauteile gesondert nachzuweisen.

Bei allseitig zugeschnittenen Platten mit rechten Winkeln und Kantenlängen ≥ 500 mm darf das Grenzabmaß für die Kantenlänge ± 0,15 % des Nennmaßes betragen; dabei darf die Abweichung vom rechten Winkel nicht größer als 0,2 % des Nennmaßes der Kantenlänge sein. Bei kleineren Kantenlängen sind die Abweichungen einzuhalten, die für die jeweils kürzere Kantenlänge gelten.

5.2 Bruchlast und Durchbiegung

Bandgefertigte Gipskartonplatten nach den Abschnitten 3.1.1 bis 3.1.4 müssen bei Prüfung nach Abschnitt 8.3.4 die Anforderungen nach Tabelle 2 (nicht abgedruckt) erfüllen.

5.3 Wasseraufnahme

Bei der Prüfung nach Abschnitt 8.3.5 darf die Wasseraufnahme von Gipskartonplatten nach den Abschnitten 3.1.3 und 3.1.4 einen Massenanteil von 10 % nicht überschreiten.

5.4 Gefügezusammenhalt bei Beflammung

Bei Prüfung nach Abschnitt 8.3.6 muß bei Gipskartonplatten nach den Abschnitten 3.1.2 und 3.1.4 der Gefügezusammenhalt über 20 min erhalten bleiben.

5.5 Brandverhalten

Gipskartonplatten mit geschlossener Oberfläche müssen mindestens der Baustoffklasse A 2 (nichtbrennbar) nach DIN 4102 Teil 1 entsprechen.

6 Bezeichnung

Gipskartonplatten werden mit der Benennung, der DIN-Hauptnummer, dem Kurzzeichen der Plattenart, der Dicke, der Länge, der Kantenausbildung (Kurzzeichen) und der Baustoffklasse nach DIN 4102 Teil 1 bezeichnet. Die Breite ist nur anzugeben, wenn Abweichungen von den Regelbreiten nach Tabelle 1 vorliegen.

Beispiel:

Bezeichnung einer Gipskarton-Bauplatte (GKB) der Dicke 12,5 mm und der Länge 2 000 mm mit abgeflachter Längskante (AK), Baustoffklasse DIN 4102 − A 2:

Platte DIN 18 180 − GKB 12,5 − 2 000 AK − A 2

7 Kennzeichnung

Jede Gipskartonplatte nach Abschnitt 3.1 ist in deutlich lesbarer Schrift mit dem Firmen- oder Markennamen, einem Hinweis auf das Herstellwerk, der DIN-Hauptnummer, dem Kurzzeichen der Plattenart, der Baustoffklasse nach DIN 4102 Teil 1 und dem einheitlichen Überwachungszeichen zu kennzeichnen. Dieser Aufdruck ist in folgenden Farben auszuführen:

blau bei Gipskarton-Bauplatten (GKB)
  bei Gipskarton-Bauplatten-imprägniert (GKBI)
  bei Gipskarton-Putzträgerplatten (GKP)
rot bei Gipskarton-Feuerschutzplatten (GKF)
  bei Gipskarton-Feuerschutzplatten-imprägniert (GKFI)

Beispiel:

Marke XYZ, Werkzeichen, DIN 18 180 GKF

DIN 4102 − A 2, Überwachungszeichen

Die Kennzeichnung ist auf der Plattenrückseite so anzubringen, daß sie in Längsrichtung der Gipskartonplatten und damit auch der Kartonfasern verläuft.

DIN 18 181

Gipskartonplatten im Hochbau
Grundlagen für die Verarbeitung
DIN 18 181 (9.90)

1 Anwendungsbereich

Diese Norm gilt für die Verarbeitung von Gipskartonplatten nach DIN 18 180 auf der Baustelle.

2 Lagerung, Transport und Einbau

Gipskartonplatten sind bei Lagerung, Transport und Einbau vor Durchfeuchtung zu schützen.

Nach dem Einbau dürfen Gipskartonplatten keiner längerwährenden Durchfeuchtung ausgesetzt werden.

3 Verarbeitung mit Unterkonstruktion

3.1 Unterkonstruktionen

3.1.1 Allgemeines

Die Unterkonstruktion kann aus Metall, Holz oder anderen geeigneten Werkstoffen bestehen. Sie muß eine ebene Auflage für die Gipskartonplatten bilden.

Stöße in der Unterkonstruktion sind versetzt anzuordnen; die zu stoßenden Teile sind dabei in geeigneter Weise zu verbinden.

Werden Teile der Unterkonstruktion, z. B. für Öffnungen, unterbrochen, so ist eine Auswechslung vorzunehmen.

Im Bereich von Bewegungsfugen nach Abschnitt 6 muß die Unterkonstruktion getrennt werden.

3.1.2 Metallunterkonstruktion

Für Unterkonstruktionen aus Metall werden im Regelfall Profile aus Stahlblech nach DIN 18 182 Teil 1 verwendet.

3.1.3 Holzunterkonstruktion

Das für Unterkonstruktionen aus Holz verwendete Bauholz muß mindestens der Sortierklasse S 10 nach DIN 4074 Teil 1 entsprechen. Das Holz soll beim Einbau einen den Baubedingungen entsprechenden Feuchtegehalt haben; er darf jedoch höchstens 20 % betragen.

Für den vorbeugenden Holzschutz gilt DIN 68 800 Teil 3; die Verwendung ölhaltiger Holzschutzmittel ist nicht zulässig.

DIN 18 181

3.2 Unterkonstruktion für leichte Deckenbekleidungen und Unterdecken

Die Unterkonstruktion für leichte Deckenbekleidungen und Unterdecken nach DIN 18168 Teil 1 besteht im Regelfall aus Tragprofilen oder Traglatten, die mit quer dazu angeordneten Grundprofilen bzw. Grundlatten verbunden sind. Die Tragprofile oder Traglatten tragen die Decklage aus Gipskartonplatten (Beplankung). Die Unterkonstruktion ist an tragenden Bauteilen zu verankern.

Bei Schraubverbindungen von Grundlatten und Traglatten sind die Latten an jedem Kreuzungspunkt miteinander durch hierfür genormte oder durch hierfür zugelassene Verbindungselemente zu verbinden. Dabei darf je Kreuzungspunkt abweichend von DIN 1052 Teil 1 eine Schraube angeordnet werden. Die Eindringtiefe ist nach Abschnitt 3.4.1.5 einzuhalten, sie muß jedoch mindestens 24 mm betragen.

Abhänger und Verbindungselemente sind nach DIN 18 168 Teil 1 und Teil 2 zu wählen.

Tabelle 1 enthält Angaben über zulässige Stützweiten für Grundprofile bzw. Grundlatten und Tragprofile bzw. Traglatten. Die in dieser Tabelle angege-

Tabelle 1 **Zulässige Stützweiten für Unterkonstruktionen mit Beplankungsdicken von ≥ 12,5 mm**

Spalte	1		2	3	4	5	6	7
Zeile	Unterkonstruktionen		Zulässige Stützweiten[1)][2)] bei einer Gesamtlast					
			bis 0,15 kN/m^2		über 0,15 kN/m^2 bis 0,30 kN/m^2		über 0,30 kN/m^2 bis 0,50 kN/m^2	
Profile aus Stahlblech nach DIN 18 182 Teil 1								
1	Grundprofil	CD 60×27×06	900		750		600	
2	Tragprofil	CD 60×27×06	1000		1000		750	
Holzlatten (Breite × Höhe)								
3	Grundlatte, direkt befestigt	48 ×24	750		650		600	
4		50 ×30	850		750			
5		60 × 40	1000		850		700	
6	Grundlatte, abgehängt	30 ×50[3)]	1000		850		700	
7		40 × 60	1200		1000		850	
8	Traglatte	48 × 24	700		600		500	
9		50 × 30	850		750		600	

1) Unter Stützweite ist bei Grundprofilen oder Grundlatten der Abstand der Abhängungen und bei Tragprofilen oder Traglatten der Achsabstand der Grundprofile bzw. der Grundlatten zu verstehen.
2) Bei Anforderungen an den Brandschutz sind gegebenenfalls kleinere Stützweiten nach DIN 4102 Teil 4 einzuhalten.
3) Nur in Verbindung mit Traglatten von 50 mm Breite und 30 mm Höhe.

DIN 18 181

bene Gesamtlast besteht aus der Eigenlast der Decke und gegebenenfalls den in der Bauvorlage vorgegebenen Zusatzlasten. Unmittelbar an der Beplankung befestigte Einzellasten dürfen 0,06 kN je Plattenspannweite nach Tabelle 2 und je Meter nicht überschreiten.

Bei Einhaltung der Stützweiten nach Tabelle 1 gelten die Bedingungen nach DIN 18 168 Teil 1 als erfüllt.

3.3 Unterkonstruktion für Montagewände und freistehende Vorsatzschalen

Für die Unterkonstruktion von Montagewänden und freistehenden Vorsatzschalen gilt DIN 18183 und DIN 4103 Teil 4.

Tabelle 2 **Spannweiten der Gipskartonplatten**

Spalte	1	2	3	4
Zeile	Plattenart	Plattendicke	Spannweite bei Plattenanordnung in	
			Querbefestigung max.	Längsbefestigung max.
Montagewände und Vorsatzschalen[1])				
1	Gipskartonplatten mit geschlossener Sichtfläche	12,5	625	625
2		15	750	
3		18	900	
4		25	1250	
Deckenbekleidungen und Unterdecken[2])				
5	Gipskartonplatten mit geschlossener Sichtfläche	12,5	500	420
6		15	550	
7		18	625	
8	Gipskarton-Lochplatten[3])	9,5	320	[4])
9		12,5		
10	Gipskarton-Putzträgerplatten	9,5	500	–

1) Spannweite im Bereich keramischer Beläge
  – bei einlagiger Beplankung ≤ 500 mm,
  – bei mehrlagiger Beplankung ≤ 625 mm.
2) Bei Anforderungen an den Brandschutz gilt DIN 4102 Teil 4.
3) Angaben gelten auch für Vorsatzschalen.
4) Bei Gipskarton-Lochkassetten mit einer Seitenlänge bis 625 mm ist Längsbefestigung mit einer Spannweite bis 320 mm zulässig.

3.4 Verbindung mit der Unterkonstruktion

3.4.1 Feste Verbindung

3.4.1.1 Einlagige Beplankung

Gipskartonplatten mit geschlossenen Sichtflächen sind bei einlagiger Beplankung mit versetzten Querstößen im Verband anzubringen. Querstöße sind mit einem Versatz von mindestens 400 mm anzuordnen.

3.4.1.2 Mehrlagige Beplankung

Bei mehrlagigen Beplankungen sind die einzelnen Plattenlagen mit versetzten Fugen zu verlegen und mit der Unterkonstruktion zu verbinden.

3.4.1.3 Zusätzlich aufgeklebte Plattenlagen

Auf ein- oder mehrlagig beplankte Montagewände und Vorsatzschalen, die nach den Abschnitten 3.4.1.1, 3.4.1.2 und 3.4.1.4 ausgeführt sind, darf eine zusätzliche Plattenlage aufgeklebt werden.

3.4.1.4 Befestigung

Die Gipskartonplatten können in Querbefestigung oder in Längsbefestigung angebracht werden. Bei Querbefestigung verläuft die Rückseitenstempelung rechtwinklig, bei Längsbefestigung parallel zu den Tragprofilen oder Traglatten.

Für die zulässigen Spannweiten der Gipskartonplatten gilt Tabelle 2. Die Abstände der Verbindungselemente vom Plattenrand müssen bei kartonummantelten Kanten mindestens 10 mm, bei geschnittenen Kanten mindestens 15 mm betragen.

3.4.1.5 Befestigungsmittel

Für die Abstände der Befestigungsmittel gilt Tabelle 3.

Das Befestigen der Gipskartonplatten auf der Unterkonstruktion erfolgt maschinell mit Schnellbauschrauben nach DIN 18182 Teil 2, Klammern nach DIN 18 182 Teil 3 oder Nägeln nach DIN 18 182 Teil 4 oder von Hand mit Gipskartonplattennägeln.

Die Befestigungsmittel dürfen nur so weit versenkt werden, wie es für ein einwandfreies Verspachteln erforderlich ist.

Die erforderliche Mindestlänge ergibt sich aus der jeweils vorhandenen Beplankungsdicke und der notwendigen Mindesteindringtiefe.

Die Eindringtiefe s muß bei Holzunterkonstruktionen betragen:

- für Schnellbauschrauben $s \geq 5\ d_N$
- für Klammern $s \geq 15\ d_N$
- für Nägel, glatt $s \geq 12\ d_N$
- für Nägel, gerillt $s \geq 8\ d_N$

Dabei ist d_N der Nenndurchmesser bei Schnellbauschrauben, der Drahtdurchmesser bei Klammern und der Schaftdurchmesser bei Nägeln.

DIN 18 181

Bei Unterkonstruktionen aus Metall muß die Länge der Schnellbauschrauben so bemessen sein, daß diese das Metallprofil um mindestens 10 mm durchstoßen.

Im Bereich von Decken und Dachschrägen dürfen Klammern und glatte Nägel nur mit Beharzung bzw. nur gerillte Nägel verwendet werden.

Tabelle 3 **Abstände der Befestigungsmittel**

Spalte	1	2	3	4
		Abstände der Befestigungsmittel		
Zeile	Plattenart	Schnellbau-schrauben nach DIN 18 182 Teil 2 max.	Klammern[1]) nach DIN 18 182 Teil 3 max.	Nägel[2]) nach DIN 18 182 Teil 4 max.
Montagewände und Vorsatzschalen[3])				
1	Gipskartonplatten mit geschlossener Sichtfläche	250	80	120[4])
2	Gipskarton-Lochplatten	170	80	120
Deckenbekleidungen und Unterdecken[3])				
3	Gipskartonplatten mit geschlossener Sichtfläche, Gipskarton-Lochplatten	170	80	120

1) Klammern sind so einzutreiben, daß der Winkel zwischen Klammerrücken und Kartonfaserrichtung etwa 45⁰ beträgt.
2) Die Abstände gelten auch für von Hand eingetriebene Gipskartonplattennägel.
3) Bei mehrlagiger Beplankung dürfen für die unteren Plattenlagen die Abstände der Befestigungsmittel bis zum 3fachen vergrößert werden.
4) Bei Konstruktionen ohne Brandschutzanforderungen 170 mm.

Tabelle 4 **Spannweiten bei allseitig freier Auflagerung**

Spalte	1	2	3	4
			Spannweite	
Zeile	Plattenart	Plattendicke	quadratische Platten max.	rechteckige Platten[1]) max.
1	Gipskartonplatten mit geschlossener Sichtfläche	$\geq 12{,}5$	625	420
2	Gipskarton-Lochplatten	12,5	420	320

1) Die Angaben gelten für die kürzere Spannrichtung.

3.4.2 Lösbare Verbindung

Gipskartonplatten können bei Montagewänden und Vorsatzschalen lösbar über Klemmverbindungen mit der Unterkonstruktion verbunden werden. Dabei soll die Auflagebreite für die Gipskartonplatte 10 mm, die Breite des Profils für die Einfassung des Plattenrandes mindestens 4 mm betragen. Ein Versatz der Längsfugen ist nicht erforderlich.

3.4.3 Freie Auflagerung von Gipskartonplatten

Für Gipskartonplatten mit allseitig freier Auflagerung (Einlegemontage) gelten für die Spannweiten der Platten die Werte nach Tabelle 4.

Bei Überschreiten der Spannweiten nach Tabelle 4 sind die Gipskartonplatten rückseitig auszusteifen; für diese Spannweiten gilt Tabelle 2.

4 Verarbeitung ohne Unterkonstruktion

4.1 Wand-Trockenputz

Als Wand-Trockenputz werden Gipskartonplatten im Regelfall mit Ansetzgips nach DIN 1168 Teil 1 unmittelbar an senkrechte Bauteile angesetzt. Die Mittenabstände der Befestigungspunkte oder Befestigungsstreifen aus Ansetzgips sind wie folgt zu wählen:

- bei Plattendicken $<$ 12,5 mm $\approx$ 400 mm
- bei Plattendicken $\geqslant$ 12,5 mm $\approx$ 550 mm

Im Bereich von Waschbecken, Konsolen, Schornsteinwangen und ähnlichem ist vollflächig anzusetzen.

Bei ebenem Untergrund können Gipskartonplatten auch im Dünnbettverfahren angesetzt werden.

Der Untergrund muß trocken, frostfrei, ausreichend tragfähig und gegen aufsteigende und durchschlagende Feuchte geschützt sein. Glatter oder stark saugender Untergrund ist vor dem Ansetzen des Wandtrockenputzes vorzubehandeln. Unebenheiten des Untergrundes bis 20 mm können mit Ansetzgips ausgeglichen werden. Größere Unebenheiten sind durch Auffüllen (z. B. Streifen aus Gipskartonplatten) auszugleichen.

4.2 Angesetzte Vorsatzschalen

Angesetzte Vorsatzschalen sind in Verbindung mit plattenförmigen Dämmstoffen angesetzte Gipskartonplatten.

Bei der Ausführung von Vorsatzschalen durch getrennte Verlegung von Dämmstoffplatten und Gipskartonplatten sind die Dämmstoffe am Untergrund mit Ansetzgips oder geeigneten Klebern sinngemäß nach Abschnitt 4.1 dicht gestoßen anzusetzen.

Bei Verwendung von Faserdämmstoffplatten ist deren Fläche vor dem Ansetzen der Gipskartonplatten mit Ansetzgips vollflächig zu überziehen. Anschließend sind die Gipskartonplatten mit streifenförmig oder vollflächig dünn aufgetragenem Ansetzgips oder Fugengips anzusetzen.

Die Verarbeitung von Vorsatzschalen aus werksmäßig hergestellten Gipskarton-Verbundplatten erfolgt sinngemäß nach Abschnitt 4.1.

5 Verspachtelung der Fugen

Das Verspachteln darf erst erfolgen, wenn keine größeren Längenänderungen der Gipskartonplatten, z. B. infolge Feuchte- oder Temperaturänderungen, auftreten. Für das Verspachteln darf die Raumtemperatur etwa 10 °C nicht unterschreiten.

Das Verspachteln erfolgt mit Fugengips nach DIN 1168 Teil 1 oder mit anderen geeigneten Spachtelmassen.

Die Fugen werden je nach Kantenausbildung der Gipskartonplatten mit oder ohne Bewehrungsstreifen mit dafür geeigneten Spachtelmassen geschlossen. Bei mehrlagiger Beplankung ist in den unteren Plattenlagen ein Füllen der Fugen ausreichend.

Die sichtbaren Teile der Befestigungsmittel sind stets zu verspachteln.

6 Bewegungsfugen

Dehnfugen des Rohbaues sind in die Konstruktionen mit Gipskartonplatten zu übernehmen.

Wand- und Deckenflächen aus Gipskartonplatten mit Seitenlängen ab etwa 15 m erfordern die Anordnung von Dehnfugen. Diese sind ferner erforderlich bei wesentlich eingeengten Deckenflächen, z. B. bei Einschnürungen durch Wandvorsprünge. Thermisch hoch beanspruchte Einbauten, z. B. Einbauleuchten, sind von den Gipskartonplatten zu trennen.

Gipskartonplatten und Bauteile aus anderen Baustoffen sind voneinander zu trennen.

7 Verarbeitung von Gipskarton-Putzträgerplatten

Gipskarton-Putzträgerplatten können fest nach Abschnitt 3.4.1 oder mit Klemmverbindungen in Queranordnung an der Unterkonstruktion befestigt werden. Der Achsabstand der Tragprofile oder Traglatten darf 500 mm nicht überschreiten. Zwischen den abgerundeten Längskanten der Gipskarton-Putzträgerplatten ist ein Abstand von etwa 5 mm einzuhalten.

Die Querkanten der Gipskarton-Putzträgerplatten werden dicht gestoßen.

Vor dem Verputzen sind die Fugen an den Längskanten mit einem langsam versteifenden, pastenförmig angemachten Gips so auszudrücken, daß sich auf der Plattenrückseite ein beidseitig übergreifender Wulst bildet. Gipskarton-Putzträgerplatten werden einlagig etwa 10 mm dick mit einem dafür geeigneten Gipsmörtel verputzt.

8 Verarbeitung von Gipskartonplatten in Räumen mit höherer Feuchte

In Räumen mit nutzungsbedingt zeitweise hoher Luftfeuchte ist der Einbau von Gipskartonplatten zulässig, wenn durch geeignete Lüftungsmöglichkeiten die anfallende hohe Feuchte innerhalb eines üblichen Nutzungszyklus wieder abgeführt werden kann. Vorzugsweise sind für diese Anwendungsfälle Gipskarton-Bauplatten imprägniert (GKBI) oder Gipskarton-Feuerschutzplatten imprägniert (GKFI) zu verwenden.

Für Räume mit nutzungsbedingt ständig hoher Luftfeuchte sind Gipskartonplatten im Regelfall nicht geeignet.

Ist bei zweckbestimmter Nutzung mit zeitweisem Wasserbeschlag der Flächen zu rechnen, z. B. im Wandbereich häuslicher Duschen, so sind die Oberflächen, Anschlußfugen und freiliegenden Schnittflächen (z. B. für Installationsdurchführungen) in geeigneter Weise abzudichten. Es dürfen bituminöse oder nichtbituminöse Abdichtungsstoffe verwendet werden. Abdichtung und Oberflächenbeschichtung, z. B. mit Fliesen, müssen so aufeinander abgestimmt sein, daß sowohl die abdichtende Wirkung als auch der dauerhafte Halt der Beschichtung sichergestellt werden.

DIN 18 184

Gipskarton-Verbundplatten
mit Polystyrol- oder Polyurethan-Hartschaum als Dämmstoff
nach **DIN 18 184** (6.91)

Gipskarton-Verbundplatten nach DIN 18 184 bestehen aus Gipskarton-Bauplatten und damit werksmäßig verbundenen Dämmstoffplatten aus Polystyrol- Hartschaum (PS) oder Polyurethan-Hartschaum (PUR). Zwischen Gipskarton- und Dämmplatten können dampfbremsende oder dampfsperrende Schichten angeordnet sein.

Gipskarton-Verbundplatten werden als Wand- und Deckenbekleidungen verwendet. Die Befestigung erfolgt auf einer Unterkonstruktion mit mechanischen Befestigungsmitteln; an senkrechten flächigen Bauteilen können die Platten auch ohne Unterkonstruktion mittels Kleber befestigt werden.

Die Dämmschicht ist an den Längs- bzw. Querkanten nach Bild 1 oder Bild 2 anzuordnen, so daß dichte Fugenstöße sichergestellt werden.

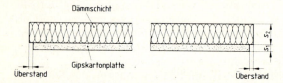

Bild 1. Schnitt durch eine Gipskarton-Verbundplatte mit zweiseitigem Überstand

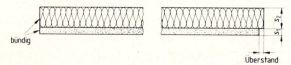

Bild 2. Schnitt durch eine Gipskarton-Verbundplatte mit einseitigem Überstand

Schichtdicken für die Verbundplatten in mm

Gipskartonplatte[1]) Schichtdicke s_1	Dämmschicht[2]) Schichtdicke s_2
9,5	20 30
12,5	20 30 40 50 60

1) Dickentoleranz nach DIN 18 180.
2) Dickentoleranz nach DIN 18 164 Teil 1.

Maße

Als Nennmaße für die Gipskarton-Verbundplatten gelten die Regelmaße der verwendeten Gipskarton-Bauplatten z.B.

Breite: $(1250 \, {}^{0}_{-5})$ mm

Länge: $(2500 \, {}^{0}_{-5})$ mm

Die Summe der Überstände der Dämmschicht gegenüber der Gipskarton-Bauplatte darf in Längs- und in Querrichtung an gegenüberliegenden Meßstellen jeweils 10 mm nicht überschreiten. Dabei dürfen die Überstände an einer Plattenlängsseite nicht mehr als 3 mm voneinander abweichen.

Brandverhalten

Ohne besonderen Nachweis nach DIN 4102 Teil 4 sind Gipskarton-Verbundplatten Baustoffe der Baustoffklasse DIN 4102−B 2 (normalentflammbar).

Baustoffen der Baustoffklasse DIN 4102−B 1 (schwerentflammbar) unterliegen der Prüfzeichenpflicht.

Bezeichnung

Bezeichnung einer Gipskarton-Verbundplatte (VB) der Baustoffklasse DIN 4102−B 1 (schwerentflammbar), bestehend aus einer Gipskarton-Bauplatte und Polystrol (PS)-Hartschaum als Platte (P) der Baustoffklasse DIN 4102−B 1 mit dem Typkurzzeichen W, Wärmeleitfähigkeitsgruppe 025, mit einer Dicke der Gipskarton-Bauplatte s_1 = 12,5 mm und einer Dicke der Polystrol-Hartschaumplatte s_2 = 30 mm, Baustoffklasse der Verbundplatte DIN 4102−B 1 (B 1):

Verbundplatte DIN 18 184 − VBPSP − W − 025 − 12,5 − 30 − B 1

Bezeichnung einer Gipskarton-Verbundplatte (VB) der Baustoffklasse DIN 4102 − B 2 (normalentflammbar), bestehend aus einer Gipskarton-Bauplatte und Polyurethan (PUR)-Hartschaum als Platte (P) der Baustoffklasse DIN 4102−B 2 mit dem Typkurzzeichen W, Wärmeleitfähigkeitsgruppe 020, mit s_1 = 9,5 mm un s_2 = 20 mm, Baustoffklasse der Verbundplatte DIN 4102−B 2 (B 2):

Verbundplatte DIN 18 184 − VBPURP − W − 020 − 9,5 − 20 − B 2

Kennzeichnung

Gipskarton-Verbundplatten (VB) nach dieser Norm sind in deutlich lesbarer Schrift und abriebfest mit dem Namen des Herstellers, der Plattenart, der DIN-Nummer, der Baustoffklasse und gegebenenfalls dem Prüfzeichen sowie dem Überwachungszeichen zu kennzeichnen. Dieser Aufdruck ist in folgenden Farben auszuführen:

bei Verwendung von Polystyrol-Hartschaumplatten in blauer Schrift,

bei Verwendung von Polyurethan-Hartschaumplatten in schwarzer Schrift.

DIN EN 121

BODENBELÄGE, PUTZE, ESTRICHE
Stranggepreßte keramische Fliesen und Platten mit niedriger Wasseraufnahme (E ≤ 3 %) − Gruppe AI
Auszug aus **DIN EN 121** (12.91)

1 Anwendungsbereich und Zweck

Diese Europäische Norm befaßt sich mit den Maßen, den zulässigen Abweichungen, den mechanischen, physikalischen und chemischen Güteanforderungen, der Oberflächenbeschaffenheit und der Bezeichnung stranggepreßter keramischer Platten.

Diese Norm gilt nur für stranggepreßte keramische Platten mit niedriger Wasseraufnahme (E ≤ 3 %), gemäß EN 87 Gruppe AI, für Wand- und Bodenbeläge im Innen- und Außenbereich unter jeglichen Witterungsbedingungen. Die Norm gilt nur für stranggepreßte keramische Platten der 1. Sorte.

3 Beschreibung

Nach EN 87 werden 2 Gruppen stranggepreßter keramischer Platten unterschieden: Spaltplatten und einzeln gezogene Platten. Spaltplatten werden als Doppelplatten geformt und nach dem Brennen in Einzelplatten gespalten, daher der Name „Spaltplatten". Die parallelen Rillen auf der Rückseite dieser Platten sind kennzeichnend für Spaltplatten.

Einzeln gezogene Platten erhalten ihre Form durch Abschneiden von einem einzeln gezogenen Strang. Sie werden vielfach nachgepreßt.

Die Oberfläche stranggepreßter keramischer Platten kann eben, profiliert, wellig, dekoriert oder auf andere Weise gestaltet sein. Sie kann glasiert oder teilglasiert (GL) in glänzend, halbmatt oder matt ausgeführt oder unglasiert (UGL) sein.

4 Formen und Maße

4.1 Spaltplatten

Formen und Maße sind in Bild 1 und den Tabellen 1 und 2 angegeben.

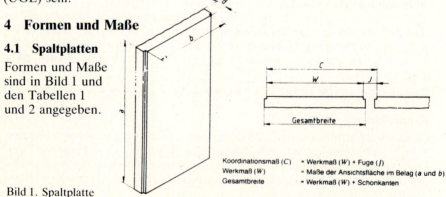

Bild 1. Spaltplatte

Anmerkung: Die Form der Schonkanten ist freibleibend, aber der Abstand zwischen der Innenkante und der abgestuften äußeren Schonkante beträgt max. 2 mm.

DIN EN 121

Tabelle 1. **Modulare Vorzugsmaße für Spaltplatten**

Koordi-nierungs-maße (C) (cm)	Werkmaß (W) (mm)		Dicke (d) (mm)
	Länge (a)	Breite (b)	
M 30 × 30 M 30 × 15 M 25 × 25 M 25 × 6,2 M 25 × 12,5 M 20 × 20 M 20 × 10 M 20 × 5 M 15 × 15 M 10 × 10	Die vom Hersteller gewählten Werkmaße müssen eine Fugen-breite von 5 bis 10 mm zulassen.		Die Dicke ist vom Hersteller anzu-geben.

Tabelle 2. **Nichtmodulare Maße für Spaltplatten**
Die gebräuchlichsten Maße sind:

Nennmaß (N) (cm)	Werkmaß (W) (mm)		Dicke (d) (mm)
	Länge (a)	Breite (b)	
24 × 11,5 24 × 7,3 22 × 11 21,9 × 6,6 21,7 × 10,5	Der Hersteller muß seine Werkmaße derart wäh-len, daß die Differenz zwischen Nennmaß und Werkmaß nicht mehr als ± 3 mm beträgt.		Die Dicke ist vom Hersteller anzu-geben.

4.2 Einzeln gezogene Platten (Floor Quarries)

Formen und Maße sind in Bild 2 und den Tabellen 3 und 4 angegeben.

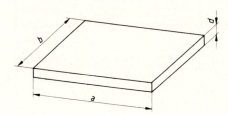
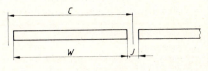

Koordinationsmaß (C) = Werkmaß (W) + Fuge (J)
Werkmaß (W) = Maße a und b

Bild 2. Einzeln gezogene Platte

Tabelle 3. **Modulare Vorzugsmaße für einzeln gezogene Platten**

Koordi-nierungs-maße (C) (cm)	Werkmaß (W) (mm)		Dicke (d) (mm)
	Länge (a)	Breite (b)	
M 30 × 15 M 25 × 25 M 25 × 12,5 M 20 × 20 M 20 × 10 M 20 × 5 M 15 × 15 M 10 × 10	Die vom Hersteller gewählten Werkmaße müssen eine Fugen-breite von 3 bis 11 mm zulassen.		Die Dicke ist vom Hersteller anzu-geben.

Tabelle 4. **Nichtmodulare Maße für einzeln gezogene Platten**
Die gebräuchlichsten Maße sind:

Nennmaß (N) (cm)	Werkmaß (W) (mm)		Dicke (d) (mm)
	Länge (a)	Breite (b)	
28 × 14 26 × 13 22,9 × 22,9 20,3 × 20,3 15,2 × 15,2 15,2 × 7,6 15 × 15 14 × 14 13 × 13	Der Hersteller muß seine Werkmaße derart wäh-len, daß die Differenz zwischen Nennmaß und Werkmaß nicht mehr als ± 3 mm beträgt.		Die Dicke ist vom Hersteller anzu-geben.

4.3 Andere Maße

Für stranggepreßte keramische Platten mit Maßen, die nicht in den Tabellen angeführt sind, gelten die vom Hersteller angegebenen Werkmaße. Die Anforderungen für Werkmaß und Dicke sind entsprechend den obigen Tabellen zu stellen.

4.4 Zubehörteile

Bei Zubehörteilen sind die Maße und deren Abweichungen nicht genormt. Diese sind vom Hersteller im Bedarfsfall anzugeben.

5 Güteanforderungen

Anforderungen an Maße und Oberflächenbeschaffenheit sowie physikalische und chemische Eigenschaften sind in Tabelle 5 aufgeführt.

Für Probenahme und Annahmebedingungen gilt EN 163.

Tabelle 5. **Güteanforderungen**

	Spaltplatten	einzeln gezogene Platten	Prüfung nach
Maße und Oberflächenbeschaffenheit			
Länge und Breite			
e Grenzabweichung des Mittelwertes jeder Platte (2 oder 4 Kanten) vom Werkmaß (W) in %	± 1,25	± 2	EN 98
f Grenzabweichung des Mittelwertes jeder Platte (2 oder 4 Kanten) vom Mittelwert aus 10 Proben (20 oder 40 Kanten) in %	± 1,25	± 1,5	EN 98
Dicke			
Grenzabweichung des Mittelwertes jeder Platte vom Werkmaß (W) für die Dicke in %	± 10	± 10	EN 98
Geradheit der Kanten[1]) (Ansichtsfläche)			
Grenzabweichung von der Geradheit, bezogen auf das entsprechende Werkmaß in %	± 0,5	± 0,6	EN 98
Rechtwinkligkeit[1])			
Grenzabweichung von der Rechtwinkligkeit, bezogen auf das entsprechende Werkmaß in %.	± 1,5	± 1	EN 98
Ebenflächigkeit			
Grenzabweichung von der Ebenflächigkeit in %			
a) Mittelpunktswölbung, bezogen auf die aus dem Werkmaß errechnete Diagonale	± 0,5	± 1,5	EN 98
b) Kantenwölbung, bezogen auf das entsprechende Werkmaß	± 0,5	± 1,5	EN 98
c) Windschiefe, bezogen auf die aus dem Werkmaß errechnete Diagonale	± 0,8	± 1,5	EN 98
Oberflächenbeschaffenheit[2])	Min. 95% der Platten sollen frei von sichtbaren Fehlern sein, die das Aussehen einer größeren Plattenfläche beeinträchtigen.		EN 98
Physikalische Eigenschaften			
Wasseraufnahme in %	im Mittel ≤ 3 max. Einzelwert 3,3		EN 99
Biegefestigkeit in N/mm²	im Mittel ≥ 20 kleinster Einzelwert 18		EN 100

Tabelle 5. (Fortsetzung)

	Spaltplatten	einzeln gezogene Platten	Prüfung nach
Ritzhärte der Oberfläche (Mohs)			
a) glasierte Platten	min. 5		EN 101
b) unglasierte Platten	min. 6		EN 101
Widerstand gegen Verschleiß			
Widerstand gegen Tiefenverschleiß von unglasierten Platten, Volumenverlust in mm³	max. 300		
Widerstand gegen Oberflächenverschleiß von glasierten Platten, Verschleißklasse I bis IV	Die Verschleißklasse ist vom Hersteller anzugeben.		EN 102
Thermischer Längenausdehnungs-Koeffizient von Raumtemperatur bis 100 °C	$4 \times 10^{-6} \mathrm{K}^{-1}$ bis $8 \times 10^{-6} \mathrm{K}^{-1}$	$5 \times 10^{-6} \mathrm{K}^{-1}$ bis $13 \times 10^{-6} \mathrm{K}^{-1}$	EN 103
Temperaturwechselbeständigkeit	gefordert		EN 104
Widerstand gegen Glasurrisse — glasierte Platten[3]	gefordert		EN 105
Frostbeständigkeit	gefordert		EN 202
Chemische Eigenschaften			
Beständigkeit glasierter Platten gegen Fleckenbildner Klasse 1 bis 3	min. Klasse 2		EN 122
Beständigkeit gegen Haushaltschemikalien und Schwimmbadwasserzusätze, außer gegen flußsäurehaltige Reinigungsmittel und deren Verbindungen			
a) glasierte Platten, Klasse AA bis D	min. Klasse AA	min. Klasse B	
b) unglasierte Platten	gefordert		EN 106
Beständigkeit gegen Säuren und Laugen (außer gegen Flußsäure und deren Verbindungen)			
a) glasierte Platten, Klasse AA bis D	gefordert, wenn vereinbart, für die vom Hersteller angegebene chemische Beständigkeitsklasse		EN 122
b) unglasierte Platten	gefordert[4]		EN 106

[1] Nur anwendbar auf Platten mit geraden Kanten.
[2] Bedingt durch den Brennvorgang, sind geringfügige Abweichungen von der jeweiligen Standardfarbe unvermeidbar. Die Grösse der zulässigen Farbabweichung soll zwischen den betroffenen Parteien vereinbart werden. Dies gilt nicht für gewollte Unregelmäßigkeiten der Frabnuancen in der Ansichtsfläche von stranggepreßten Platten mit niedriger Wasseraufnahme (die unglasiert, teilglasiert oder glasiert sein können), sowie für das Farbspiel innerhalb eines Belages, das gewünscht oder charakteristisch für das beteffende Material ist. Flecken oder farbige Punkte, die absichtlich aus dekorativen Gründen aufgebracht wurden, sind nicht als Fehler zu betrachten.
[3] Gewisse Dekore von Platten neigen zur Glasurrißbildung. Sofern der Hersteller darauf hinweist, wird die Prüfung der Glasurrißbeständigkeit nach EN 105 nicht angewendet.
[4] Geringfügige Farbänderungen gelten nicht als chemischer Angriff.

6 Kennzeichnung und Bezeichnung

6.1 Kennzeichnung

Stranggepreßte keramische Platten und/oder ihre Verpackung sind wie folgt zu kennzeichnen:

a) Handelszeichen des Herstellers und/oder entsprechende Herstellungszeichen und das Erzeugerland,

b) Zeichen der 1. Sorte,

c) Plattentyp, z. B. Spaltplatte, einzeln gezogene Platte, und Hinweis auf diese europäische/nationale Norm,
d) Nenn- und Werkmaße, modular (M) oder nichtmodular,
e) Oberflächenbeschaffenheit, z. B. glasiert (GL) oder unglasiert (UGL).

6.2 Bezeichnung

Stranggepreßte keramische Platten sind den folgenden Beispielen entsprechend zu bezeichnen:

Spaltplatte EN 121 A I, M 25 cm × 12,5 cm (W 240 mm × 115 mm) GL

Einzeln gezogene Platte EN 121 A I, M 20 cm × 10 cm (W 193 mm × 95 mm) UGL

7 Bestellung

Bei der Bestellung sind Einzelheiten wie Maße, Dicke, Beschaffenheit der Oberfläche, Farbe, Profilierung, Verschleißklasse bei glasierten Fliesen und Platten[5]) und gegebenenfalls Sondereigenschaften, wie z. B. chemische Beständigkeit, besonders zu vereinbaren.

Stranggepreßte keramische Fliesen und Platten mit einer Wasseraufnahme von 3 % $< E \leq$ 6 % (Gruppe A II a) − Teil 1
Auszug aus **DIN EN 186 Teil 1** (12. 91)

Nationales Vorwort

Diese Europäische Norm wurde vom Technischen Komitee CEN/TC 67 „Keramische Fliesen und Platten" des Europäischen Komitees für Normung (CEN) aufgestellt.

Sie gehört zu einer Reihe von Europäischen Normen, die unter Mitwirkung des Normenausschusses Bauwesen (NABau) und des Normenausschusses Materialprüfung (NMP) im DIN erarbeitet wurden.

3 Beschreibung

wie Abschnitt 3 in DIN EN 121

---

[5] Es kann z. B. auf die Vereinbarung zwischen EUF (Europäische Union der Fliesenfachverbände) und CEC (Féderation Européenne des Fabricants des Carreaux céramiques) Bezug genommen werden.

DIN EN 186 Teil 1

4 Formen und Maße

4.1 Spaltplatten

Formen und Maße sind in Bild 1 und den Tabellen 1 und 2 angegeben.

Bild 1. Spaltplatte
    siehe DIN EN 121 (Bild 1)

Tabelle 1. **Modulare Vorzugsmaße für Spaltplatten**

Koordinierungsmaße (C) (cm)	Werkmaß (W) (mm)		Dicke (d) (mm)
	Länge (a)	Breite (b)	
M 10 × 10 M 15 × 15 M 20 × 5 M 20 × 10 M 20 × 20 M 25 × 6,25 M 25 × 12,5 M 25 × 25 M 30 × 15 M 30 × 30	Die vom Hersteller gewählten Werkmaße müssen eine Fugenbreite von 5 bis 10 mm zulassen.		Die Dicke ist vom Hersteller anzugeben.

Tabelle 2. **Nichtmodulare Maße für Spaltplatten**
Die gebräuchlichsten Maße sind:

Nennmaß (N) (cm)	Werkmaß (W) (mm)		Dicke (d) (mm)
	Länge (a)	Breite (b)	
20 × 20 21,7 × 10,5 21,9 × 6,6 22 × 11 24 × 7,3 24 × 11,5 30 × 30	Der Hersteller muß seine Werkmaße derart wählen, daß die Differenz zwischen Nennmaß und Werkmaß nicht mehr als ± 3 mm beträgt.		Die Dicke ist vom Hersteller anzugeben.

4.2 Einzeln gezogene Platten (Quarry tiles)

Formen und Maße sind in Bild 2 und den Tabellen 3 und 4 angegeben.
Bild 2. Einzeln gezogene Platte
    siehe DIN EN 121 (Bild 2)

Tabelle 3. **Modulare Vorzugsmaße für einzeln gezogene Platten**

Koordinierungsmaße (C) (cm)	Werkmaß (W) (mm)		Dicke (d) (mm)
	Länge (a)	Breite (b)	
M 10 × 10 M 15 × 15 M 20 × 5 M 20 × 10 M 20 × 20 M 25 × 12,5 M 25 × 25 M 30 × 15	Die vom Hersteller gewählten Werkmaße müssen eine Fugenbreite von 3 bis 11 mm zulassen.		Die Dicke ist vom Hersteller anzugeben.

Tabelle 4. **Nichtmodulare Maße für einzeln gezogene Platten**
Die gebräuchlichsten Maße sind:

Nennmaß (N) (cm)	Werkmaß (W) (mm)		Dicke (d) (mm)
	Länge (a)	Breite (b)	
13 × 13 14 × 14 15 × 15 15,2 × 7,6 15,2 × 15,2 18 × 18 20 × 10 20 × 20 20,3 × 20,3 22,9 × 22,9 26 × 13 28 × 14	Der Hersteller muß seine Werkmaße derart wählen, daß die Differenz zwischen Nennmaß und Werkmaß nicht mehr als ± 3 mm beträgt.		Die Dicke ist vom Hersteller anzugeben.

DIN EN 186 Teil 1

4.3 Andere Maße

Für stranggepreßte keramische Platten mit Maßen, die nicht in den Tabellen angeführt sind, gelten die vom Hersteller angegebenen Werkmaße. Die Anforderungen für Werkmaß und Dicke sind entsprechend den obigen Tabellen zu stellen.

4.4 Zubehörteile

Abmessungen von Zubehörteilen und deren Abweichungen sind nicht genormt. Diese sind vom Hersteller im Bedarfsfall anzugeben.

5 Güteanforderungen

Anforderungen an Maße und Oberflächenbeschaffenheit sowie physikalische und chemische Eigenschaften sind in Tabelle 5 aufgeführt.

Für Probenahme und Annahmebedingungen gilt EN 163.

Tabelle 5. **Güteanforderungen**

	Spaltplatten	einzeln gezogene Platten	Prüfung nach
Maße und Oberflächenbeschaffenheit			
Länge und Breite			
e Grenzabweichung des Mittelwertes jeder Platte (2 oder 4 Kanten) vom Werkmaß (W) in %	± 1,25	± 2	EN 98
f Grenzabweichung des Mittelwertes jeder Platte (2 oder 4 Kanten) vom Mittelwert aus 10 Proben (20 oder 40 Kanten) in %	± 1,0	± 1,5	EN 98
Dicke			
Grenzabweichung des Mittelwertes jeder Platte vom Werkmaß (W) für die Dicke in %	± 10	± 10	EN 98
Geradheit der Kanten[1]) (Ansichtsfläche)			
Grenzabweichung von der Geradheit, bezogen auf das entsprechende Werkmaß in %	± 0,5	± 0,6	EN 98
Rechtwinkligkeit[1])			
Grenzabweichung von der Rechtwinkligkeit, bezogen auf das entsprechende Werkmaß in %.	± 1,5	± 1	EN 98
Ebenflächigkeit			
Grenzabweichung von der Ebenflächigkeit in %			
a) Mittelpunktswölbung, bezogen auf die aus dem Werkmaß errechnete Diagonale	± 0,5	± 1,5	EN 98
b) Kantenwölbung, bezogen auf das entsprechende Werkmaß	± 0,5	± 1,5	EN 98
c) Windschiefe, bezogen auf die aus dem Werkmaß errechnete Diagonale	± 0,8	± 1,5	EN 98
Oberflächenbeschaffenheit[2])	Min. 95 % der Platten sollen frei von sichtbaren Fehlern sein, die das Aussehen einer größeren Plattenfläche beeinträchtigen.		EN 98
Physikalische Eigenschaften			
Wasseraufnahme in %	im Mittel 3 < E ≤ 6 max. Einzelwert 6,5		EN 99
Biegefestigkeit in N/mm^2	im Mittel ≥ 20 kleinster Einzelwert 18		EN 100

Tabelle 5. (Fortsetzung)

	Spaltplatten	einzeln gezogene Platten	Prüfung nach
Ritzhärte der Oberfläche (Mohs)			
a) glasierte Platten	min. 5		EN 101
b) unglasierte Platten	min. 6		EN 101
Widerstand gegen Verschleiß			
Widerstand gegen Tiefenverschleiß von unglasierten Platten, Volumenverlust in mm^3	max. 393		
Widerstand gegen Oberflächenverschleiß von glasierten Platten, Verschleißklasse I bis IV	Die Verschleißklasse ist vom Hersteller anzugeben.		EN 102
Thermischer Längenausdehnungs-Koeffizient von Raumtemperatur bis 100°C in K^{-1}	max. 10×10^{-6}	max. 12×10^{-6}	EN 103
Temperaturwechselbeständigkeit	gefordert		EN 104
Widerstand gegen Glasurrisse — glasierte Platten[3])	gefordert		EN 105
Frostbeständigkeit	gefordert, wenn vereinbart		EN 202
Chemische Eigenschaften			
Beständigkeit glasierter Platten gegen Fleckenbildner Klasse 1 bis 3	min. Klasse 2		EN 122
Beständigkeit gegen Haushaltschemikalien und Schwimmbadwasserzusätze, außer gegen flußsäurehaltige Reinigungsmittel und deren Verbindungen			
a) glasierte Platten, Klasse AA bis D	min. Klasse B		
b) unglasierte Platten	gefordert		EN 106
Beständigkeit gegen Säuren und Laugen (außer gegen Flußsäure und deren Verbindungen)			
a) glasierte Platten, Klasse AA bis D	gefordert, wenn vereinbart, für die vom Hersteller angegebene chemische Beständigkeitsklasse		EN 122
b) unglasierte Platten	gefordert[4])		EN 106

[1]) Nur anwendbar auf Platten mit geraden Kanten.
[2]) Bedingt durch den Brennvorgang, sind geringfügige Abweichungen von der jeweiligen Standardfarbe unvermeidbar. Die Grösse der zulässigen Farbabweichung soll zwischen den betroffenen Parteien vereinbart werden. Dies gilt nicht für gewollte Unregelmäßigkeiten der Frabnuancen in der Ansichtsfläche von stranggepreßten Platten mit niedriger Wasseraufnahme (die unglasiert, teilglasiert oder glasiert sein können), sowie für das Farbspiel innerhalb eines Belages, das gewünscht oder charakteristisch für das betreffende Material ist. Flecken oder farbige Punkte, die absichtlich aus dekorativen Gründen aufgebracht wurden, sind nicht als Fehler zu betrachten.
[3]) Gewisse Dekore von Platten neigen zur Glasurrißbildung. Sofern der Hersteller darauf hinweist, wird die Prüfung der Glasurrißbeständigkeit nach EN 105 nicht angewendet.
[4]) Geringfügige Farbänderungen gelten nicht als chemischer Angriff.

6 Kennzeichnung und Bezeichnung

6.1 Kennzeichnung

Stranggepreßte keramische Platten und/oder ihre Verpackung sind wie folgt zu kennzeichnen:

a) Handelszeichen des Herstellers und/oder entsprechende Herstellungszeichen und das Erzeugerland,

b) Zeichen der 1. Sorte,

c) Plattentyp, z. B. Spaltplatte, einzeln gezogene Platte, und Hinweis auf diese europäische/nationale Norm,

DIN EN 186 Teil 2

d) Nenn- und Werkmaße, modular (M) oder nichtmodular,

e) Oberflächenbeschaffenheit, z. B. glasiert (GL) oder unglasiert (UGL).

6.2 Bezeichnung

Stranggepreßte keramische Platten sind den folgenden Beispielen entsprechend zu bezeichnen:

Spaltplatte EN 186 Teil 1 A II a, M 25 cm × 12,5 cm (W 240 mm × 115 mm) GL

Einzeln gezogene Platte EN 186 Teil 1 A II a, M 20 cm × 10 cm (W 193 mm × 95 mm) UGL

7 Bestellung

Bei der Bestellung sind Einzelheiten wie Maße, Dicke, Beschaffenheit der Oberfläche, Farbe, Profilierung, Verschleißklasse bei glasierten Fliesen und Platten[5]) und gegebenenfalls Sondereigenschaften wie z. B. chemische Beständigkeit, besonders zu vereinbaren.

Stranggepreßte keramische Fliesen und Platten mit einer Wasseraufnahme von 3 % < E ≤ 6 % (Gruppe A II a) − Teil 2
Auszug aus **DIN EN 186 Teil 2** (12.91)

1 Anwendungsbereich und Zweck

Diese Europäische Norm befaßt sich mit den Maßen, den zulässigen Abweichungen, den mechanischen, physikalischen und chemischen Güteanforderungen, der Oberflächenbeschaffenheit und der Bezeichnung keramischer Platten.

Diese Norm gilt nur für stranggepreßte keramische Platten mit einer Wasseraufnahme von 3 % < E ≤ 6 %, entsprechend der Gruppe AII a nach EN 87, für Wand- und Bodenbeläge im Innen- und Außenbereich. Sie erfaßt nur stranggepreßte keramische Platten der 1. Sorte.

Diese Norm ist in 2 Teile geteilt.

Die Mehrheit der Platten, die in die Gruppe A IIa fallen, wird von Teil 1 dieser Norm abgedeckt. Dieser Teil 2 behandelt einige spezielle Produkte, die unter verschiedenen Bezeichnungen hergestellt werden (Terre cuite in Frankreich und Belgien, Cotto in Italien und Baldosin catalan in Spanien).

3 Beschreibung wie Abschnitt 3 in DIN EN 121

---

[5]) Es kann z. B. auf die Vereinbarung zwischen EUF (Europäische Union der Fliesenfachverbände) und CEC (Féderation Européenne des Fabricants des Carreaux céramiques) Bezug genommen werden.

DIN EN 186 Teil 2

4 Formen und Maße

4.1 Spaltplatten

Formen und Maße sind in Bild 1 und den Tabellen 1 und 2 angegeben.

Bild 1. Spaltplatte
    siehe DIN EN 121 (Bild 1)

Tabelle 1. **Modulare Vorzugsmaße für Spaltplatten**

Koordinierungsmaße (C) (cm)	Werkmaß (W) (mm)		Dicke (d) (mm)
	Länge (a)	Breite (b)	
M 10 × 10 M 15 × 15 M 20 × 5 M 20 × 10 M 20 × 20 M 25 × 6,2 M 25 × 12,5 M 25 × 25 M 30 × 15 M 30 × 30	Die vom Hersteller gewählten Werkmaße müssen eine Fugenbreite von 5 bis 10 mm zulassen.		Die Dicke ist vom Hersteller anzugeben.

Tabelle 2. **Nichtmodulare Maße für Spaltplatten**
Die gebräuchlichsten Maße sind:

Nennmaß (N) (cm)	Werkmaß (W) (mm)		Dicke (d) (mm)
	Länge (a)	Breite (b)	
20 × 20 21,7 × 10,5 21,9 × 6,6 22 × 11 24 × 7,3 24 × 11,5 30 × 30	Der Hersteller muß seine Werkmaße derart wählen, daß die Differenz zwischen Nennmaß und Werkmaß nicht mehr als ± 3 mm beträgt.		Die Dicke ist vom Hersteller anzugeben.

4.2 Einzeln gezogene Platten (Quarry tiles)

Formen und Maße sind in Bild 2 und den Tabellen 3 und 4 angegeben.

Bild 2. Einzeln gezogene Platte
    siehe DIN EN 201 (Bild 2)

Tabelle 3. **Modulare Vorzugsmaße für einzeln gezogene Platten**

Koordinierungsmaße (C) (cm)	Werkmaß (W) (mm)		Dicke (d) (mm)
	Länge (a)	Breite (b)	
M 10 × 10 M 15 × 15 M 20 × 5 M 20 × 10 M 20 × 20 M 25 × 12,5 M 25 × 25 M 30 × 15	Die vom Hersteller gewählten Werkmaße müssen eine Fugenbreite von 3 bis 11 mm zulassen.		Die Dicke ist vom Hersteller anzugeben.

Tabelle 4. **Nichtmodulare Maße für einzeln gezogene Platten**
Die gebräuchlichsten Maße sind:

Nennmaß (N) (cm)	Werkmaß (W) (mm)		Dicke (d) (mm)
	Länge (a)	Breite (b)	
13 × 13 14 × 14 15 × 15 15,2 × 7,6 15,2 × 15,2 18 × 18 20 × 10 20 × 20 20,3 × 20,3 22,9 × 22,9 26 × 13 28 × 14	Der Hersteller muß seine Werkmaße derart wählen, daß die Differenz zwischen Nennmaß und Werkmaß nicht mehr als ± 3 mm beträgt.		Die Dicke ist vom Hersteller anzugeben.

DIN EN 186 Teil 2

4.3 Andere Maße

Für stranggepreßte keramische Platten mit Maßen, die nicht in den Tabellen angeführt sind, gelten die vom Hersteller angegebenen Werkmaße. Die Anforderungen für Werkmaß und Dicke sind entsprechend den obigen Tabellen zu stellen.

4.4 Zubehörteile

Abmessungen von Zubehörteilen und deren Abweichungen sind nicht genormt. Diese sind vom Hersteller im Bedarfsfall anzugeben.

5 Güteanforderungen

Anforderungen an Maße und Oberflächenbeschaffenheit sowie physikalische und chemische Eigenschaften sind in Tabelle 5 aufgeführt.

Für Probenahme und Annahmebedingungen gilt EN 163.

Tabelle 5. **Güteanforderungen**

	Spaltplatten	einzeln gezogene Platten	Prüfung nach
Maße und Oberflächenbeschaffenheit			
Länge und Breite			
e Grenzabweichung des Mittelwertes jeder Platte (2 oder 4 Kanten) vom Werkmaß (W) in %	± 1,5	± 2	EN 98
f Grenzabweichung des Mittelwertes jeder Platte (2 oder 4 Kanten) vom Mittelwert aus 10 Proben (20 oder 40 Kanten) in %	± 1,5	± 1,5	EN 98
Dicke			
Grenzabweichung des Mittelwertes jeder Platte vom Werkmaß (W) für die Dicke in %	± 10	± 10	EN 98
Geradheit der Kanten[1] (Ansichtsfläche)			
Grenzabweichung von der Geradheit, bezogen auf das entsprechende Werkmaß in %	± 1	± 1	EN 98
Rechtwinkligkeit[1]			
Grenzabweichung von der Rechtwinkligkeit, bezogen auf das entsprechende Werkmaß in %.	± 1,5	± 1	EN 98
Ebenflächigkeit			
Grenzabweichung von der Ebenflächigkeit in %			
a) Mittelpunktswölbung, bezogen auf die aus dem Werkmaß errechnete Diagonale	± 1	± 1,5	EN 98
b) Kantenwölbung, bezogen auf das entsprechende Werkmaß	± 1	± 1,5	EN 98
c) Windschiefe, bezogen auf die aus dem Werkmaß errechnete Diagonale	± 1,5	± 1,5	EN 98
Oberflächenbeschaffenheit[2]	Min. 95 % der Platten sollen frei von sichtbaren Fehlern sein, die das Aussehen einer größeren Plattenfläche beeinträchtigen.		EN 98
Physikalische Eigenschaften			
Wasseraufnahme in %	im Mittel $3 < E \leq 6$ max. Einzelwert 6,5		EN 99
Biegefestigkeit in N/mm²	im Mittel ≥ 10 kleinster Einzelwert 9		EN 100

Tabelle 5. (Fortsetzung)

	Spaltplatten	einzeln gezogene Platten	Prüfung nach
Ritzhärte der Oberfläche (Mohs)			
a) glasierte Platten	min. 5		EN 101
b) unglasierte Platten	min. 5		EN 101
Widerstand gegen Verschleiß			
Widerstand gegen Tiefenverschleiß von unglasierten Platten, Volumenverlust in mm^3	max. 771		
Widerstand gegen Oberflächenverschleiß von glasierten Platten, Verschleißklasse I bis IV	Die Verschleißklasse ist vom Hersteller anzugeben.		EN 102
Thermischer Längenausdehnungs-Koeffizient von Raumtemperatur bis 100°C in K^{-1}	max. 10×10^{-6}	max. 12×10^{-6}	EN 103
Temperaturwechselbeständigkeit	gefordert		EN 104
Widerstand gegen Glasurrisse — glasierte Platten[3]	gefordert		EN 105
Frostbeständigkeit	gefordert, wenn vereinbart		EN 202
Chemische Eigenschaften			
Beständigkeit glasierter Platten gegen Fleckenbildner Klasse 1 bis 3	min. Klasse 2		EN 122
Beständigkeit gegen Haushaltschemikalien und Schwimmbadwasserzusätze, außer gegen flußsäurehaltige Reinigungsmittel und deren Verbindungen			
a) glasierte Platten, Klasse AA bis D	min. Klasse B		
b) unglasierte Platten	gefordert		EN 106
Beständigkeit gegen Säuren und Laugen (außer gegen Flußsäure und deren Verbindungen)			
a) glasierte Platten, Klasse AA bis D	gefordert, wenn vereinbart, für die vom Hersteller angegebene chemische Beständigkeitsklasse		EN 122
b) unglasierte Platten	gefordert[4]		EN 106

[1] Nur anwendbar auf Platten mit geraden Kanten.
[2] Bedingt durch den Brennvorgang, sind geringfügige Abweichungen von der jeweiligen Standardfarbe unvermeidbar. Die Grösse der zulässigen Farbabweichung soll zwischen den betroffenen Parteien vereinbart werden. Dies gilt nicht für gewollte Unregelmäßigkeiten der Frabnuancen in der Ansichtsfläche von stranggepreßten Platten mit niedriger Wasseraufnahme (die unglasiert, teilglasiert oder glasiert sein können), sowie für das Farbspiel innerhalb eines Belages, das gewünscht oder charakteristisch für das beteffende Material ist. Flecken oder farbige Punkte, die absichtlich aus dekorativen Gründen aufgebracht wurden, sind nicht als Fehler zu betrachten.
[3] Gewisse Dekore von Platten neigen zur Glasurrißbildung. Sofern der Hersteller darauf hinweist, wird die Prüfung der Glasurrißbeständigkeit nach EN 105 nicht angewendet.
[4] Geringfügige Farbänderungen gelten nicht als chemischer Angriff.

6 Kennzeichnung und Bezeichnung

6.1 Kennzeichnung

Stranggepreßte keramische Platten und/oder ihre Verpackung sind wie folgt zu kennzeichnen:

a) Handelszeichen des Herstellers und/oder entsprechende Herstellungszeichen und das Erzeugerland,

b) Zeichen der 1. Sorte,

c) Plattentyp, z. B. Spaltplatte, einzeln gezogene Platte, und Hinweis auf diese europäische/nationale Norm,

d) Nenn- und Werkmaße, modular (M) oder nichtmodular,

e) Oberflächenbeschaffenheit, z. B. glasiert (GL) oder unglasiert (UGL).

6.2 Bezeichnung

Stranggepreßte keramische Platten sind den folgenden Beispielen entsprechend zu bezeichnen:

Spaltplatte EN 186 Teil 2 A II a, M 25 cm × 12,5 cm (W 240 mm × 115 mm) GL

Einzeln gezogene Platte EN 186 Teil 2 A II a, M 20 cm × 10 cm (W 193 mm × 95 mm) UGL

7 Bestellung

Bei der Bestellung sind Einzelheiten wie Maße, Dicke, Beschaffenheit der Oberfläche, Farbe, Profilierung, Verschleißklasse bei glasierten Fliesen und Platten[5]) und gegebenenfalls Sondereigenschaften, wie z. B. chemische Beständigkeit, besonders zu vereinbaren.

Stranggepreßte keramische Fliesen und Platten mit einer Wasseraufnahme von 6 % < E ≤ 10 % (Gruppe A II b) − Teil 1
Auszug aus **DIN EN 187 Teil 1** (12.91)

1 Anwendungsbereich und Zweck

Diese Europäische Norm befaßt sich mit den Maßen, den zulässigen Abweichungen, den mechanischen, physikalischen und chemischen Güteanforderungen, der Oberflächenbeschaffenheit und der Bezeichnung keramischer Platten.

Diese Norm gilt nur für stranggepreßte keramische Platten mit einer Wasseraufnahme von 6 % < E ≤ 10 %, entsprechend der Gruppe A II b nach EN 87, für Wand- und Bodenbeläge im Innen- und Außenbereich. Sie erfaßt nur stranggepreßte keramische Platten der 1. Sorte.

Diese Norm ist in 2 Teile geteilt.

Teil 1 gilt für die Mehrheit der keramischen Platten der Gruppe A II b. Der Teil 2 gilt für bestimmte keramische Platten der Produktreihe A II b, die in einzelnen Ländern hergestellt werden, z. B. Terre cuite in Frankreich und Belgien, Cotto in Italien und Baldosin catalan in Spanien.

3 Beschreibung wie Abschnitt 3 in DIN EN 121

---

[5]) Es kann z. B. auf die Vereinbarung zwischen EUF (Europäische Union der Fliesenfachverbände) und CEC (Féderation Européenne des Fabricants des Carreaux céramiques) Bezug genommen werden.

DIN EN 187 Teil 1

4 Formen und Maße
4.1 Spaltplatten
Formen und Maße sind in Bild 1 und den Tabellen 1 und 2 angegeben.

Bild 1. Spaltplatte   siehe DIN EN 121 (Bild 1)

Tabelle 1. **Modulare Vorzugsmaße für Spaltplatten**

Koordinierungsmaße (C) (cm)	Werkmaß (W) (mm)		Dicke (d) (mm)
	Länge (a)	Breite (b)	
M 10 × 10 M 15 × 15 M 20 × 5 M 20 × 10 M 20 × 20 M 25 × 6,25 M 25 × 12,5 M 25 × 25 M 30 × 7,5 M 30 × 10 M 30 × 15 M 30 × 30 M 30 × 30 M 40 × 20	Die vom Hersteller gewählten Werkmaße müssen eine Fugenbreite von 5 bis 10 mm zulassen.		Die Dicke ist vom Hersteller anzugeben.

Tabelle 2. **Nichtmodulare Maße für Spaltplatten**
gebräuchliche Maße:

Nennmaß (N) (cm)	Werkmaß (W) (mm)		Dicke (d) (mm)
	Länge (a)	Breite (b)	
20 × 20 21,7 × 10,5 21,9 × 6,6 22 × 11 24 × 7,3 24 × 11,5 30 × 30 40 × 20	Der Hersteller muß seine Werkmaße derart wählen, daß die Differenz zwischen Nennmaß und Werkmaß nicht mehr als ± 3 mm beträgt.		Die Dicke ist vom Hersteller anzugeben.

4.2 Einzeln gezogene Platten (Quarry tiles)
Formen und Maße sind in Bild 2 und den Tabellen 3 und 4 angegeben.

Bild 2. Einzeln gezogene Platte   (siehe DIN EN 121 (Bild 2)

Tabelle 3. **Modulare Vorzugsmaße für einzeln gezogene Platten**

Koordinierungsmaße (C) (cm)	Werkmaß (W) (mm)		Dicke (d) (mm)
	Länge (a)	Breite (b)	
M 10 × 10 M 15 × 15 M 20 × 5 M 20 × 10 M 20 × 20 M 25 × 12,5 M 25 × 25 M 30 × 15	Die vom Hersteller gewählten Werkmaße müssen eine Fugenbreite von 3 bis 11 mm zulassen.		Die Dicke ist vom Hersteller anzugeben.

Tabelle 4. **Nichtmodulare Maße für einzeln gezogene Platten**
gebräuchliche Maße:

Nennmaß (N) (cm)	Werkmaß (W) (mm)		Dicke (d) (mm)
	Länge (a)	Breite (b)	
10 × 10 13 × 13 14 × 14 15 × 15 15,2 × 7,6 15,2 × 15,2 18 × 18 20 × 10 20 × 20 20,3 × 20,3 22,9 × 22,9 26 × 13 28 × 14 30 × 30	Der Hersteller muß seine Werkmaße derart wählen, daß die Differenz zwischen Nennmaß und Werkmaß nicht mehr als ± 3 mm beträgt.		Die Dicke ist vom Hersteller anzugeben.

4.3 Andere Maße

Für stranggepreßte keramische Platten mit Maßen, die nicht in den Tabellen angeführt sind, gelten die vom Hersteller angegebenen Werkmaße. Die Anforderungen für Werkmaß und Dicke sind entsprechend den obigen Tabellen zu stellen.

4.4 Zubehörteile

Abmessungen von Zubehörteilen und deren Abweichungen sind nicht genormt. Diese sind vom Hersteller im Bedarfsfall anzugeben.

5 Güteanforderungen

Anforderungen an Maße und Oberflächenbeschaffenheit sowie physikalische und chemische Eigenschaften sind in Tabelle 5 aufgeführt.

Für Probenahme und Annahmebedingungen gilt EN 163.

Tabelle 5. **Güteanforderungen**

	Spaltplatten	einzeln gezogene Platten	Prüfung nach
Maße und Oberflächenbeschaffenheit			
Länge und Breite			
e Grenzabweichung des Mittelwertes jeder Platte (2 oder 4 Kanten) vom Werkmaß (W) in %	± 2	± 2	EN 98
f Grenzabweichung des Mittelwertes jeder Platte (2 oder 4 Kanten) vom Mittelwert aus 10 Proben (20 oder 40 Kanten) in %	± 1,5	± 1,5	EN 98
Dicke			
Grenzabweichung des Mittelwertes jeder Platte vom Werkmaß (W) für die Dicke in %	± 10	± 10	EN 98
Geradheit der Kanten[1]) (Ansichtsfläche)			
Grenzabweichung von der Geradheit, bezogen auf das entsprechende Werkmaß in %	± 1	± 1	EN 98
Rechtwinkligkeit[1])			
Grenzabweichung von der Rechtwinkligkeit, bezogen auf das entsprechende Werkmaß in %.	± 1,5	± 1	EN 98
Ebenflächigkeit			
Grenzabweichung von der Ebenflächigkeit in %			
a) Mittelpunktswölbung, bezogen auf die aus dem Werkmaß errechnete Diagonale	± 0,7	± 1,5	EN 98
b) Kantenwölbung, bezogen auf das entsprechende Werkmaß	± 0,7	± 1,5	EN 98
c) Windschiefe, bezogen auf die aus dem Werkmaß errechnete Diagonale	± 1	± 1,5	EN 98
Oberflächenbeschaffenheit[2])	Min. 95 % der Platten sollen frei von sichtbaren Fehlern sein, die das Aussehen einer größeren Plattenfläche beeinträchtigen.		EN 98
Physikalische Eigenschaften			
Wasseraufnahme in %	im Mittel $6 < E \leq 10$ max. Einzelwert 11		EN 99
Biegefestigkeit in N/mm²	im Mittel $\geq 17,5$ kleinster Einzelwert 15		EN 100

DIN EN 187 Teil 1

Tabelle 5. (Fortsetzung)

	Spaltplatten	einzeln gezogene Platten	Prüfung nach
Ritzhärte der Oberfläche (Mohs)			
a) glasierte Platten	min. 5		EN 101
b) unglasierte Platten	min. 6		EN 101
Widerstand gegen Verschleiß			
Widerstand gegen Tiefenverschleiß von unglasierten Platten. Volumenverlust in mm³	max. 649		
Widerstand gegen Oberflächenverschleiß von glasierten Platten. Verschleißklasse I bis IV	Die Verschleißklasse ist vom Hersteller anzugeben.		EN 102
Thermischer Längenausdehnungs-Koeffizient von Raumtemperatur bis 100°C in K [1]	max. 10×10^{-6}		EN 103
Temperaturwechselbeständigkeit	gefordert		EN 104
Widerstand gegen Glasurrisse — glasierte Platten[3]	gefordert		EN 105
Frostbeständigkeit	gefordert, wenn vereinbart		EN 202
Feuchtedehnung — unglasierte Platten in mm/m	max. 0,6		EN 155
Chemische Eigenschaften			
Beständigkeit glasierter Platten gegen Fleckenbildner Klasse 1 bis 3	min. Klasse 2		EN 122
Beständigkeit gegen Haushaltschemikalien und Schwimmbadwasserzusätze, außer gegen flußsäurehaltige Reinigungsmittel und deren Verbindungen			
a) glasierte Platten, Klasse AA bis D	min. Klasse B		
b) unglasierte Platten	gefordert		EN 106
Beständigkeit gegen Säuren und Laugen (außer gegen Flußsäure und deren Verbindungen)			
a) glasierte Platten, Klasse AA bis D	gefordert, wenn vereinbart, für die vom Hersteller angegebene chemische Beständigkeitsklasse		EN 122
b) unglasierte Platten	gefordert,[4] wenn vereinbart		EN 106

[1]) Nur anwendbar auf Platten mit geraden Kanten.
[2]) Bedingt durch den Brennvorgang, sind geringfügige Abweichungen von der jeweiligen Standardfarbe unvermeidbar. Die Grösse der zulässigen Farbabweichung soll zwischen den betroffenen Parteien vereinbart werden. Dies gilt nicht für gewollte Unregelmäßigkeiten der Frabnuancen in der Ansichtsfläche von stranggepreßten Platten mit niedriger Wasseraufnahme (die unglasiert, teilglasiert oder glasiert sein können), sowie für das Farbspiel innerhalb eines Belages, das gewünscht oder charakteristisch für das beteffende Material ist. Flecken oder farbige Punkte, die absichtlich aus dekorativen Gründen aufgebracht wurden, sind nicht als Fehler zu betrachten.
[3]) Gewisse Dekore von Platten neigen zur Glasurrißbildung. Sofern der Hersteller darauf hinweist, wird die Prüfung der Glasurrißbeständigkeit nach EN 105 nicht angewendet.
[4]) Geringfügige Farbänderungen gelten nicht als chemischer Angriff.

6 Kennzeichnung und Bezeichnung

6.1 Kennzeichnung

Stranggepreßte keramische Platten und/oder ihre Verpackung sind wie folgt zu kennzeichnen:

a) Handelszeichen des Herstellers und/oder entsprechende Herstellungszeichen und das Erzeugerland,
b) Zeichen der 1. Sorte,
c) Plattentyp, z. B. Spaltplatte, einzeln gezogene Platte, und Hinweis auf diese europäische/nationale Norm,

695

d) Nenn- und Werkmaße, modular (M) oder nichtmodular,
e) Oberflächenbeschaffenheit, z. B. glasiert (GL) oder unglasiert (UGL).

6.2 Bezeichnung

Stranggepreßte keramische Platten sind den folgenden Beispielen entsprechend zu bezeichnen:

Spaltplatte EN 187 Teil 1 A II b, M 25 cm × 12,5 cm (W 240 mm × 115 mm) GL

Einzeln gezogene Platte EN 187 Teil 1 A II b, M 20 cm × 10 cm (W 193 mm × 95 mm) UGL

7 Bestellung

Bei der Bestellung sind Einzelheiten wie Maße, Dicke, Beschaffenheit der Oberfläche, Farbe, Profilierung, Verschleißklasse bei glasierten Fliesen und Platten[5]) und gegebenenfalls Sondereigenschaften, wie z. B. chemische Beständigkeit, besonders zu vereinbaren.

Stranggepreßte keramische Fliesen und Platten mit einer Wasseraufnahme von 6 % < E ≤ 10 % (Gruppe A II b) − Teil 2
Auszug aus **DIN EN 187 Teil 2** (12.91)

1 Anwendungsbereich und Zweck

Diese Europäische Norm befaßt sich mit den Maßen, den zulässigen Abweichungen, den mechanischen, physikalischen und chemischen Güteanforderungen, der Oberflächenbeschaffenheit und der Bezeichnung keramischer Platten.

Diese Norm gilt nur für stranggepreßte keramische Platten mit einer Wasseraufnahme von 6 % < E ≤ 10 %, entsprechend der Gruppe A II b nach EN 87, für Innen- und Außenanwendung (siehe Abschnitt 7 Bestellung), hauptsächlich auf Fußböden und auch an Wänden. Sie erfaßt nur stranggepreßte keramische Platten der 1. Sorte.

Diese Norm ist in 2 Teile geteilt.

Teil 1 gilt für die Mehrheit der keramischen Platten der Gruppe A II b. Der Teil 2 gilt für bestimmte keramische Platten der Produktgruppe A II b, die in einzelnen Ländern hergestellt werden, z. B. Terre cuite in Frankreich und Belgien, Cotto in Italien und Baldosin catalan in Spanien.

3 Beschreibung wie Abschnitt 3 in DIN EN 121.

---

[5]) Es kann z. B. auf die Vereinbarung zwischen EUF (Europäische Union der Fliesenfachverbände) und CEC (Féderation Européenne des Fabricants des Carreaux céramiques) Bezug genommen werden.

DIN EN 187 Teil 2

4 Formen und Maße
4.1 Spaltplatten

Formen und Maße sind in Bild 1 und den Tabellen 1 und 2 angegeben.
Bild 1. Spaltplatte
    siehe DIN EN 121 (Bild 1)

Tabelle 1. **Modulare Vorzugsmaße für Spaltplatten**

Koordinierungsmaße (C) (cm)	Werkmaß (W) (mm)		Dicke (d) (mm)
	Länge (a)	Breite (b)	
M 10 × 10 M 15 × 15 M 20 × 5 M 20 × 10 M 20 × 20 M 25 × 6,25 M 25 × 12,5 M 25 × 25 M 30 × 7,5 M 30 × 10 M 30 × 15 M 30 × 30 M 40 × 20	Die vom Hersteller gewählten Werkmaße müssen eine Fugenbreite von 5 bis 10 mm zulassen.		Die Dicke ist vom Hersteller anzugeben.

Tabelle 2. **Nichtmodulare Maße für Spaltplatten**
Die gebräuchlichsten Maße sind:

Nennmaß (N) (cm)	Werkmaß (W) (mm)		Dicke (d) (mm)
	Länge (a)	Breite (b)	
20 × 20 21,7 × 10,5 21,9 × 6,6 22 × 11 24 × 7,3 24 × 11,5 30 × 30 40 × 20	Der Hersteller muß seine Werkmaße derart wählen, daß die Differenz zwischen Nennmaß und Werkmaß nicht mehr als ± 3 mm beträgt.		Die Dicke ist vom Hersteller anzugeben.

4.2 Einzeln gezogene Platten (Quarry tiles)

Formen und Maße sind in Bild 2 und den Tabellen 3 und 4 angegeben.
Bild 2. Einzeln gezogene Platte
    siehe DIN EN 121 (Bild 2)

Tabelle 3. **Modulare Vorzugsmaße für einzeln gezogene Platten**

Koordinierungsmaße (C) (cm)	Werkmaß (W) (mm)		Dicke (d) (mm)
	Länge (a)	Breite (b)	
M 10 × 10 M 15 × 15 M 20 × 5 M 20 × 10 M 20 × 20 M 25 × 12,5 M 25 × 25 M 30 × 15	Die vom Hersteller gewählten Werkmaße müssen eine Fugenbreite von 3 bis 11 mm zulassen.		Die Dicke ist vom Hersteller anzugeben.

Tabelle 4. **Nichtmodulare Maße für einzeln gezogene Platten**
Die gebräuchlichsten Maße sind:

Nennmaß (N) (cm)	Werkmaß (W) (mm)		Dicke (d) (mm)
	Länge (a)	Breite (b)	
10 × 10 13 × 13 14 × 14 15 × 15 15,2 × 7,6 15,2 × 15,2 18 × 18 20 × 10 20 × 20 20,3 × 20,3 22,9 × 22,9 26 × 13 28 × 14 30 × 30	Der Hersteller muß seine Werkmaße derart wählen, daß die Differenz zwischen Nennmaß und Werkmaß nicht mehr als ± 3 mm beträgt.		Die Dicke ist vom Hersteller anzugeben.

4.3 Andere Maße

Für stranggepreßte keramische Platten mit Maßen, die nicht in den Tabellen angeführt sind, gelten die vom Hersteller angegebenen Werkmaße. Die Anforderungen für Werkmaß und Dicke sind entsprechend den obigen Tabellen zu stellen.

4.4 Zubehörteile

Abmessungen von Zubehörteilen und deren Abweichungen sind nicht genormt. Diese sind vom Hersteller im Bedarfsfall anzugeben.

5 Güteanforderungen

Anforderungen an Maße und Oberflächenbeschaffenheit sowie physikalische und chemische Eigenschaften sind in Tabelle 5 aufgeführt.

Für Probenahme und Annahmebedingungen gilt EN 163.

Tabelle 5. **Güteanforderungen**

	Spaltplatten	einzeln gezogene Platten	Prüfung nach
Maße und Oberflächenbeschaffenheit			
Länge und Breite			
e Grenzabweichung des Mittelwertes jeder Platte (2 oder 4 Kanten) vom Werkmaß (W) in %	± 2	± 2	EN 98
f Grenzabweichung des Mittelwertes jeder Platte (2 oder 4 Kanten) vom Mittelwert aus 10 Proben (20 oder 40 Kanten) in %	± 1,5	± 1,5	EN 98
Dicke			
Grenzabweichung des Mittelwertes jeder Platte vom Werkmaß (W) für die Dicke in %	± 10	± 10	EN 98
Geradheit der Kanten[1] (Ansichtsfläche)			
Grenzabweichung von der Geradheit, bezogen auf das entsprechende Werkmaß in %	± 1	± 1	EN 98
Rechtwinkligkeit[1]			
Grenzabweichung von der Rechtwinkligkeit, bezogen auf das entsprechende Werkmaß in %.	± 1,5	± 1	EN 98
Ebenflächigkeit			
Grenzabweichung von der Ebenflächigkeit in %			
a) Mittelpunktswölbung, bezogen auf die aus dem Werkmaß errechnete Diagonale	± 1	± 1,5	EN 98
b) Kantenwölbung, bezogen auf das entsprechende Werkmaß	± 1	± 1,5	EN 98
c) Windschiefe, bezogen auf die aus dem Werkmaß errechnete Diagonale	± 1,5	± 1,5	EN 98
Oberflächenbeschaffenheit[2]	Min. 95 % der Platten sollen frei von sichtbaren Fehlern sein, die das Aussehen einer größeren Plattenfläche beeinträchtigen.		EN 98
Physikalische Eigenschaften			
Wasseraufnahme in %	im Mittel 6 < E ≤ 10 max. Einzelwert 11		EN 99
Biegefestigkeit in N/mm²	im Mittel ≥ 8 kleinster Einzelwert 7		EN 100

DIN EN 187 Teil 2

Tabelle 5. (Fortsetzung)

	Spaltplatten	einzeln gezogene Platten	Prüfung nach
Ritzhärte der Oberfläche (Mohs)			
a) glasierte Platten	min. 4		EN 101
b) unglasierte Platten	min. 4		EN 101
Widerstand gegen Verschleiß			
Widerstand gegen Tiefenverschleiß von unglasierten Platten, Volumenverlust in mm^3	max. 1419		
Widerstand gegen Oberflächenverschleiß von glasierten Platten, Verschleißklasse I bis IV	Die Verschleißklasse ist vom Hersteller anzugeben.		EN 102
Thermischer Längenausdehnungs-Koeffizient von Raumtemperatur bis 100°C in K^{-1}	max. 10×10^{-6}		EN 103
Temperaturwechselbeständigkeit	gefordert		EN 104
Widerstand gegen Glasurrisse — glasierte Platten[3]	gefordert		EN 105
Frostbeständigkeit	gefordert, wenn vereinbart		EN 202
Feuchtedehnung — unglasierte Platten in mm/m	max. 0,6		
Chemische Eigenschaften			
Beständigkeit glasierter Platten gegen Fleckenbildner Klasse 1 bis 3	min. Klasse 2		EN 122
Beständigkeit gegen Haushaltschemikalien und Schwimmbadwasserzusätze, außer gegen flußsäurehaltige Reinigungsmittel und deren Verbindungen			
a) glasierte Platten. Klasse AA bis D	min. Klasse B		
b) unglasierte Platten	gefordert		EN 106
Beständigkeit gegen Säuren und Laugen (außer gegen Flußsäure und deren Verbindungen)			
a) glasierte Platten. Klasse AA bis D	gefordert, wenn vereinbart, für die vom Hersteller angegebene chemische Beständigkeitsklasse		EN 122
b) unglasierte Platten	gefordert,[4] wenn vereinbart		EN 106

[1] Nur anwendbar auf Platten mit geraden Kanten.
[2] Bedingt durch den Brennvorgang, sind geringfügige Abweichungen von der jeweiligen Standardfarbe unvermeidbar. Die Grösse der zulässigen Farbabweichung soll zwischen den betroffenen Parteien vereinbart werden. Dies gilt nicht für gewollte Unregelmäßigkeiten der Frabnuancen in der Ansichtsfläche von stranggepreßten Platten mit niedriger Wasseraufnahme (die unglasiert, teilglasiert oder glasiert sein können), sowie für das Farbspiel innerhalb eines Belages, das gewünscht oder charakteristisch für das betreffende Material ist. Flecken oder farbige Punkte, die absichtlich aus dekorativen Gründen aufgebracht wurden, sind nicht als Fehler zu betrachten.
[3] Gewisse Dekore von Platten neigen zur Glasurrißbildung. Sofern der Hersteller darauf hinweist, wird die Prüfung der Glasurrißbeständigkeit nach EN 105 nicht angewendet.
[4] Geringfügige Farbänderungen gelten nicht als chemischer Angriff.

6 Kennzeichnung und Bezeichnung

6.1 Kennzeichnung

Stranggepreßte keramische Platten und/oder ihre Verpackung sind wie folgt zu kennzeichnen:

a) Handelszeichen des Herstellers und/oder entsprechende Herstellungszeichen und das Erzeugerland,

b) Zeichen der 1. Sorte,

c) Plattentyp, z. B. Spaltplatte, einzeln gezogene Platte, und Hinweis auf diese Europäische/nationale Norm,

d) Nenn- und Werkmaße, modular (M) oder nichtmodular,

e) Oberflächenbeschaffenheit, z. B. glasiert (GL) oder unglasiert (UGL).

6.2 Bezeichnung

Stranggepreßte keramische Platten sind den folgenden Beispielen entsprechend zu bezeichnen:

Spaltplatte EN 187 Teil 2 A II b, M 25 cm × 12,5 cm (W 240 mm × 115 mm) GL

Einzeln gezogene Platte EN 187 Teil 2 A II b, M 20 cm × 10 cm (W 193 mm × 95 mm) UGL

7 Bestellung

Bei der Bestellung sind Einzelheiten wie Maße, Dicke, Beschaffenheit der Oberfläche, Farbe, Profilierung, Verschleißklasse bei glasierten Fliesen und Platten[5]) und gegebenenfalls Sondereigenschaften, wie z. B. chemische Beständigkeit, besonders zu vereinbaren.

Stranggepreßte keramische Fliesen und Platten mit einer Wasseraufnahme von $E > 10\%$ (Gruppe A III)

Auszug aus **DIN EN 188** (12.91)

Vorwort

Die vorliegende Europäische Norm wurde von dem Technischen Komitee CEN/TC 67 „Keramische Fliesen und Platten", mit dessen Sekretariat UNI betraut ist, ausgearbeitet.

Entsprechend den Gemeinsamen CEN/CENELEC-Regeln sind folgende Länder gehalten, diese Europäische Norm zu übernehmen:

Belgien, Dänemark, Deutschland, Finnland, Frankreich, Griechenland, Irland, Island, Italien, Luxemburg, Niederlande, Norwegen, Österreich, Portugal, Schweden, Schweiz, Spanien und das Vereinigte Königreich.

---

[5] Es kann z. B. auf die Vereinbarung zwischen EUF (Europäische Union der Fliesenfachverbände) und CEC (Féderation Européenne des Fabricants de Carreaux céramiques) Bezug genommen werden.

DIN EN 188

1 Anwendungsbereich und Zweck

Diese Europäische Norm befaßt sich mit den Maßen, den zulässigen Abweichungen, den mechanischen, physikalischen und chemischen Güteanforderungen, der Oberflächenbeschaffenheit und der Bezeichnung keramischer Platten.

Diese Norm gilt nur für stranggepreßte keramische Platten mit einer Wasseraufnahme von E > 10 %, gemäß EN 87, Gruppe A III, für Wand- und Bodenbeläge im Innen- und Außenbereich. Die Platten sind generell nicht für Anwendungsbereiche bestimmt, wo Frost auftreten kann. Die Norm erfaßt nur stranggepreßte keramische Platten der 1. Sorte.

3 Beschreibung

Wie Abschnitt 3 in DIN EN 121

4 Formen und Maße

4.1 Spaltplatten

Formen und Maße sind in Bild 1 und den Tabellen 1 und 2 angegeben.

Bild 1. Spaltplatte
      siehe DIN EN 121 (Bild 1)

Tabelle 1. **Modulare Vorzugsmaße für Spaltplatten**

Koordinierungsmaße (C) (cm)	Werkmaß (W) (mm)		Dicke (d) (mm)
	Länge (a)	Breite (b)	
M 10 × 10 M 15 × 15 M 20 × 5 M 20 × 10 M 20 × 20 M 25 × 6,25 M 25 × 12,5 M 25 × 25 M 30 × 7,5 M 30 × 10 M 30 × 15 M 30 × 30 M 40 × 20	Die vom Hersteller gewählten Werkmaße müssen eine Fugenbreite von 5 bis 10 mm zulassen.		Die Dicke ist vom Hersteller anzugeben.

Tabelle 2. **Nichtmodulare Maße für Spaltplatten**
Die gebräuchlichsten Maße sind:

Nennmaß (N) (cm)	Werkmaß (W) (mm)		Dicke (d) (mm)
	Länge (a)	Breite (b)	
20 × 20 21,7 × 10,5 21,9 × 6,6 22 × 11 24 × 7,3 24 × 11,5 30 × 30 40 × 20	Der Hersteller muß seine Werkmaße derart wählen, daß die Differenz zwischen Nennmaß und Werkmaß nicht mehr als ± 3 mm beträgt.		Die Dicke ist vom Hersteller anzugeben.

701

DIN EN 188

4.2 Einzeln gezogene Platten (Quarry tiles)

Formen und Maße sind in Bild 2 und den Tabellen 3 und 4 angegeben.

Bild 2. Einzeln gezogene Platte
       siehe DIN EN 121 (Bild 2)

Tabelle 3. **Modulare Vorzugsmaße für einzeln gezogene Platten**

Koordinierungsmaße (C) (cm)	Werkmaß (W) (mm)		Dicke (d) (mm)
	Länge (a)	Breite (b)	
M 10 × 10 M 15 × 15 M 20 × 5 M 20 × 10 M 20 × 20 M 25 × 12,5 M 25 × 25 M 30 × 15	Die vom Hersteller gewählten Werkmaße müssen eine Fugenbreite von 3 bis 11 mm zulassen.		Die Dicke ist vom Hersteller anzugeben.

Tabelle 4. **Nichtmodulare Maße für einzeln gezogene Platten**
Die gebräuchlichsten Maße sind:

Nennmaß (N) (cm)	Werkmaß (W) (mm)		Dicke (d) (mm)
	Länge (a)	Breite (b)	
10 × 10 13 × 13 14 × 14 15 × 15 15,2 × 7,6 15,2 × 15,2 18 × 18 20 × 10 20 × 20 20,3 × 20,3 22,9 × 22,9 26 × 13 28 × 14 30 × 30	Der Hersteller muß seine Werkmaße derart wählen, daß die Differenz zwischen Nennmaß und Werkmaß nicht mehr als ± 3 mm beträgt.		Die Dicke ist vom Hersteller anzugeben.

4.3 Andere Maße

Für stranggepreßte keramische Platten mit Maßen, die nicht in den Tabellen angeführt sind, gelten die vom Hersteller angegebenen Werkmaße. Die Anforderungen für Werkmaß und Dicke sind entsprechend den obigen Tabellen zu stellen.

4.4 Zubehörteile

Bei Zubehörteilen sind die Maße und deren Abweichungen nicht genormt. Diese sind vom Hersteller im Bedarfsfall anzugeben.

5 Güteanforderungen

Anforderungen an Maße und Oberflächenbeschaffenheit sowie physikalische und chemische Eigenschaften sind in Tabelle 5 aufgeführt.

Für Probenahme und Annahmebedingungen gilt EN 63.

Tabelle 5. Güteanforderungen

	Spaltplatten	einzeln gezogene Platten	Prüfung nach
Maße und Oberflächenbeschaffenheit			
Länge und Breite			
e Grenzabweichung des Mittelwertes jeder Platte (2 oder 4 Kanten) vom Werkmaß (W) in %	± 2	± 2	EN 98
f Grenzabweichung des Mittelwertes jeder Platte (2 oder 4 Kanten) vom Mittelwert aus 10 Proben (20 oder 40 Kanten) in %	± 1,5	± 1,5	EN 98
Dicke			
Grenzabweichung des Mittelwertes jeder Platte vom Werkmaß (W) für die Dicke in %	± 10	± 10	EN 98
Geradheit der Kanten[1]) (Ansichtsfläche)			
Grenzabweichung von der Geradheit, bezogen auf das entsprechende Werkmaß in %	± 1	± 1	EN 98
Rechtwinkligkeit[1])			
Grenzabweichung von der Rechtwinkligkeit, bezogen auf das entsprechende Werkmaß in %.	± 1,5	± 1	EN 98
Ebenflächigkeit			
Grenzabweichung von der Ebenflächigkeit in %			
a) Mittelpunktswölbung, bezogen auf die aus dem Werkmaß errechnete Diagonale	± 1	± 1,5	EN 98
b) Kantenwölbung, bezogen auf das entsprechende Werkmaß	± 1	± 1,5	EN 98
c) Windschiefe, bezogen auf die aus dem Werkmaß errechnete Diagonale	± 1,5	± 1,5	EN 98
Oberflächenbeschaffenheit[2])	Min. 95 % der Platten sollen frei von sichtbaren Fehlern sein, die das Aussehen einer größeren Plattenfläche beeinträchtigen.		EN 98
Physikalische Eigenschaften			
Wasseraufnahme in %	im Mittel > 10		EN 99
Biegefestigkeit in N/mm^2	im Mittel > 8 kleinster Einzelwert 7		EN 100
Ritzhärte der Oberfläche (Mohs)			
a) glasierte Platten	min. 4		EN 101
b) unglasierte Platten	min. 3		EN 101
Widerstand gegen Verschleiß			
Widerstand gegen Tiefenverschleiß von unglasierten Platten, Volumenverlust in mm^3	max. 2365		
Widerstand gegen Oberflächenverschleiß von glasierten Platten, Verschleißklasse I bis IV	Die Verschleißklasse ist vom Hersteller anzugeben.		EN 102
Thermischer Längenausdehnungs-Koeffizient von Raumtemperatur bis 100°C in K^{-1}	max. 10 × 10^{-6}		EN 103
Temperaturwechselbeständigkeit[3])	gefordert		EN 104

[1]) Nur anwendbar auf Platten mit geraden Kanten.
[2]) Bedingt durch den Brennvorgang, sind geringfügige Abweichungen von der jeweiligen Standardfarbe unvermeidbar. Die Grösse der zulässigen Farbabweichung soll zwischen den betroffenen Parteien vereinbart werden. Dies gilt nicht für gewollte Unregelmäßigkeiten der Farbnuancen in der Ansichtsfläche von stranggepreßten Platten mit niedriger Wasseraufnahme (die unglasiert, teilglasiert oder glasiert sein können), sowie für das Farbspiel innerhalb eines Belages, das gewünscht oder charakteristisch für das betreffende Material ist. Flecken oder farbige Punkte, die absichtlich aus dekorativen Gründen aufgebracht wurden, sind nicht als Fehler zu betrachten.
[3]) Unglasierte Platten werden genauso geprüft wie glasierte Platten.

DIN EN 188

Tabelle 5. (Fortsetzung)

	Spaltplatten	einzeln gezogene Platten	Prüfung nach
Widerstand gegen Glasurrisse — glasierte Platten[1])	gefordert		EN 105
Frostbeständigkeit	gefordert, wenn vereinbart		EN 202
Feuchtedehnung — unglasierte Platten in mm/m	max. 0,6		EN 155
Chemische Eigenschaften			
Beständigkeit glasierter Platten gegen Fleckenbildner Klasse 1 bis 3	min. Klasse 2		EN 122
Beständigkeit gegen Haushaltschemikalien und Schwimmbadwasserzusätze, außer gegen flußsäurehaltige Reinigungsmittel und deren Verbindungen			
a) glasierte Platten, Klasse AA bis D	min. Klasse B		EN 122
b) unglasierte Platten	gefordert		EN 106
Beständigkeit gegen Säuren und Laugen (außer gegen Flußsäure und deren Verbindungen)			
a) glasierte Platten, Klasse AA bis D	gefordert, wenn vereinbart, für die vom Hersteller angegebene chemische Beständigkeitsklasse		EN 122
b) unglasierte Platten	gefordert,[5]) wenn vereinbart		EN 106

[4]) Gewisse Dekore von Platten neigen zur Glasurrißbildung. Sofern der Hersteller darauf hinweist, wird die Prüfung der Glasurrißbeständigkeit nach EN 105 nicht angewendet.
[5]) Geringfügige Farbänderungen gelten nicht als chemischer Angriff.

6 Kennzeichnung und Bezeichnung

6.1 Kennzeichnung

Stranggepreßte keramische Platten und/oder ihre Verpackung sind wie folgt zu kennzeichnen:

a) Handelszeichen des Herstellers und/oder entsprechende Herstellungszeichen und das Erzeugerland,
b) Zeichen der 1. Sorte,
c) Plattentyp, z. B. Spaltplatte, einzeln gezogene Platte, und Hinweis auf diese Europäische/nationale Norm,
d) Nenn- und Werkmaße, modular (M) oder nichtmodular,
e) Oberflächenbeschaffenheit, z. B. glasiert (GL) oder unglasiert (UGL).

6.2 Bezeichnung

Stranggepreßte keramische Platten sind den folgenden Beispielen entsprechend zu bezeichnen:

Spaltplatte EN 188 A III, M 25 cm × 12,5 cm (W 240 mm × 115 mm) GL
Einzeln gezogene Platte EN 188 A III, M 20 cm × 10 cm (W 193 mm × 95 mm) UGL

7 Bestellung

Bei der Bestellung sind Einzelheiten wie Maße, Dicke, Beschaffenheit der Oberfläche, Farbe, Profilierung, Verschleißklasse bei glasierten Fliesen und Platten[6]) und gegebenenfalls Sondereigenschaften, wie z. B. chemische Beständigkeit, besonders zu vereinbaren.

Parkett
Parkettstäbe, Parkettriemen und Tafeln für Tafelparkett
Auszug aus **DIN 280 Teil 1** (4.90)   Maße in mm

1 Anwendungsbereich

Diese Norm gilt für Parkettstäbe, Parkettriemen und Tafeln für Tafelparkett (im folgenden kurz Parketthölzer genannt) aus Eiche, Rotbuche, Kiefer, Esche sowie anderen geeigneten europäischen und überseeischen Laub- und Nadelhölzern.

2 Begriffe

Parkett ist ein Holzfußboden, der aus Parkettstäben, Tafeln für Tafelparkett, Mosaikparkettlamellen, Parkettriemen, Parkettdielen, Parkettplatten und industriell hergestellten Fertigparkett-Elementen besteht.

Parkettstäbe sind ringsum genutete Parketthölzer, die beim Verlegen durch Hirnholzfedern (Querholzfedern) verbunden werden.

Tafeln für Tafelparkett sind Verlegeeinheiten, die nach Mustern oder Zeichnungen aus verschiedenen Holzarten in verschiedenen Formen und Abmessungen, massiv oder furniert, hergestellt werden. Die Tafeln sind ringsum genutet und werden beim Verlegen mit Hirnholzfedern (Querholzfedern) verbunden, oder sie sind mit Nut und angehobelter Feder versehen.

---

[6] Es kann z. B. auf die Vereinbarung zwischen EUF (Europäische Union der Fliesenfachverbände) und CEC (Féderation Européenne des Fabricants des Carreaux céramiques) Bezug genommen werden.

3 Maße und Bezeichnung von Parkettstäben

Breite b

| 45 | 50 | 55 | 60 | 65 | 70 | 75 | 80 |

Länge l

zul. Abw. ± 0,2								
250	280	300	320	350	360	400	420
450	460*)	490	500	550	560	600**)	
und darüber hinaus von 50 zu 50 gestuft bis 1000								

*) nur für überseeische Hölzer
**) Stäbe ab 600 mm werden auch Langhölzer genannt.

Anmerkung: Hölzer aus Importfriesen und für Würfelabmessungen dürfen innerhalb der Breiten und Längen nach dieser Norm zum Vermeiden von Holzverlusten auf bestmögliche Nutzbreite und Nutzlänge bearbeitet werden.

3.4 Bezeichnung

Bezeichnung eines Parkettstabes (ST) von $b = 60$ mm Breite und $l = 360$ mm Länge, Eiche-Natur (EI-N)[1], einschließlich der erforderlichen Hirnholzfedern:

Parkettstab DIN 280 – ST – 60 × 360 EI-N

Bezeichnung eines Parkettriemens (RI) von $b = 70$ mm Breite und $l = 600$ mm Länge, Buche-Rustikal (BU-R)[1]:

Parkettriemen DIN 280 – RI – 70 × 600 – BU-R

Bezeichnung einer Tafel (TA) für Tafelparkett, das den Anforderungen dieser Norm entspricht:

Tafel DIN 280 – TA

4 Sortiermerkmale

4.1 Allgemeines

Zur Berücksichtigung unvermeidbarer Sortierungsunterschiede dürfen 2 % der Parketthölzer die Merkmale der nachfolgenden Sortierung haben, z. B. 98 % Natur, 2 % Gestreift.

---

1) Kurzzeichen für Holzarten nach DIN 4076 Teil 1

4.2 Eiche (EI)

4.2.1 Eiche-Natur (EI-N)

Die Parketthölzer müssen auf der Oberseite riß- und splintfrei sein. Ihre Farbe ist durch das natürliche Wachstum gegeben. Besonders auffallende grobe Struktur- und Farbunterschiede sind unzulässig. Gesunde, festverwachsene Äste bis 8 mm größtem Durchmesser sind zulässig. Schwarze Äste bis 1 mm sind zulässig, wenn sie nicht in Gruppen auftreten.

4.2.2 Eiche-Gestreift (EI-G)

Die Parketthölzer müssen auf der Oberseite rißfrei sein. Fester Splint, Farbe und Struktur ergeben das lebhafte Gesamtbild dieser Sortierung. Besonders auffallende, grobe Strukturunterschiede sind unzulässig. Gesunde, festverwachsene Äste bis 10 mm Durchmesser sind zulässig.

4.2.3 Eiche-Rustikal (EI-R)

Der Charakter dieser Sortierung wird durch betonte Farben, Äste und lebhafte Struktur bestimmt. Fester Splint, gesunde, festverwachsene Äste und Lagerflecken sind zulässig, schwarze Äste jedoch nur bis 15 mm Durchmesser.

4.3 Rotbuche (BU), gedämpft/ungedämpft

4.3.1 Buche-Natur (BU-N)

Die Parketthölzer müssen auf der Oberseite rißfrei sowie ohne grauen, braunen und roten Kern sein. Ihre Farbe ist durch das natürliche Wachstum gegeben. Gesunde, festverwachsene Äste bis 8 mm Durchmesser sind zulässig.

4.3.2 Buche-Rustikal (BU-R)

Die Parketthölzer dürfen festverwachsene Äste haben. Grauer, brauner und roter Kern, Farbunterschiede sowie Stock- und Lagerflecken sind zulässig.

4.4 Kiefer (KI)

4.4.1 Kiefer-Natur (KI-N)

Die Parketthölzer müssen auf der Oberseite frei von Bläue sein. Festverwachsene Äste bis 8 mm Durchmesser sowie Strukturunterschiede sind zulässig.

4.4.2 Kiefer-Rustikal (KI-R)

Die Parketthölzer dürfen an der Oberseite Bläue und gesunde, festverwachsene Äste haben.

4.5 Esche und andere europäische Holzarten

Parketthölzer aus Esche und anderen geeigneten europäischen Holzarten richten sich hinsichtlich der Maße, Bezeichnung, Anforderungen und Bearbeitung nach den Angaben dieser Norm. Die Sortierung erfolgt nach den Gegebenheiten der jeweiligen Holzart.

4.6 Überseeische Nadelhölzer (z. B. Carolinapine: PIR) und Laubhölzer (z. B. Amerikanisches Mahagoni: MAE)

4.6.1 Natur (N)

Die Parketthölzer müssen auf der Oberseite ast-, riß-, splint- und bläuefrei sein. Ihre Farbe ist durch das natürliche Wachstum gegeben.

4.6.2 Rustikal (R)

Die Parketthölzer dürfen gesunde, festverwachsene Äste bis 10 mm Durchmesser und Farbunterschiede haben.

5 Anforderungen

Die Abschnitte 5.1 bis 5.3 gelten sinngemäß für alle Parketthölzer, auch wenn sie in Holzart, Profil und Maßen von dieser Norm abweichen.

5.1 Holzbeschaffenheit

Das Holz muß gesund sein. Kleine Trockenrisse in Ästen und Haarrisse auf der Oberseite dürfen mit Füllstoffen behandelt werden. Die Oberseite muß frei von Insektenfraßstellen sein, siehe Erläuterungen.

Stehende und liegende Jahrringe sowie Markstrahlen sind zulässig.

Die losen Federn sollen aus Weichholz (Hirnholz) bestehen.

5.2 Feuchtegehalt

Der Feuchtegehalt der fertigen Parketthölzer hat bei europäischen Holzarten zum Zeitpunkt der Lieferung (9 ± 2) %, bezogen auf die Darrmasse, zu betragen (Bestimmung nach DIN 52 183).

Die Federn dürfen keinen höheren Feuchtegehalt als die Parketthölzer haben.

Anmerkung: Abweichende Gleichgewichts-Holzfeuchten einiger überseeischer Hölzer sind entsprechend zu berücksichtigen.

5.3 Bearbeitung

Die Parketthölzer müssen in Länge und Breite parallel, rechtwinklig, an der Oberseite scharfkantig, gerade bearbeitet und gehobelt oder geschliffen sein. Die Unterseite kann mit Einfräsungen versehen sein.

5.4 Tafeln für Tafelparkett

Bei furniertem Tafelparkett muß die begehbare Schicht mindestens 5 mm dick und aus fehlerfreiem, ausgesuchtem Sägefurnier hergestellt sein.

Änderungen

Gegenüber der Ausgabe Dezember 1970 und DIN 280 T 3 (12.70) wurden folgende Änderungen vorgenommen:

a) Teil 1 und Teil 3 der Norm wurden zusammengefaßt.
b) 2 % Grenzabmaße von den Sortiermerkmalen wurden aufgenommen.
c) Die Sortierungen wurden geändert:

Die bisherigen Sortierungen „Exquisit" und „Standard" wurden als „Natur" zusammengefaßt.

Bei Eiche wurde die Sortierung „Gestreift" neu aufgenommen.
d) Verschiedene Holzarten wurden neu aufgenommen.

Erläuterungen

Der Arbeitsausschuß NHM-4.7 „Parkett" hat DIN 280 Teil 1 und Teil 3 überarbeitet und wegen verschiedener technischer Entwicklungsprozesse im Teil 1 zusammengefaßt.

Nach Abschnitt 5.1 muß das Parkettholz gesund sein. Insektenfraßstellen sind an der Oberseite der Parkettstäbe unzulässig. Seit Jahrzehnten werden gesunder Splint und Insektenfraß an der Unterseite zugelassen, da sie den Gebrauchswert des Parketts nicht beeinträchtigen. Parketthölzer nach dieser Norm sind bei Temperaturen von mehr als 60 °C und hoher Luftfeuchte technisch getrocknet: Insekten, deren Eier, Larven und Puppen im Holz werden dadurch abgetötet.

Parkett
Mosaikparkettlamellen
DIN 280 Teil 2 (4.90)

1 Anwendungsbereich

Diese Norm gilt für Mosaikparkettlamellen aus Eiche sowie anderen geeigneten europäischen und überseeischen Laub- und Nadelhölzern.

2 Begriffe

Mosaikparkettlamellen sind kleine Parketthölzer, deren Kanten (schmale Seiten) glatt bearbeitet sind und die, zu bestimmten Verlegeeinheiten (Platten) flach zusammengesetzt, Muster verschiedener Art ergeben.

Weitere Begriffe siehe DIN 280 Teil 1.

3 Maße und Bezeichnung

Breite b: bis 25 mm $^{+\,0,1}_{-\,0,2}$ mm

Länge l: bis 165 mm $\pm\,0,2$ mm

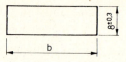

Bezeichnung einer Mosaikparkettlamelle (Ml) von $b = 24$ mm Breite und $l = 120$ mm Länge, Eiche-Natur (EI-N)[1]):

Lamelle DIN 280 − Ml − 24 × 120 − EI-N

4 Sortiermerkmale

Zur Berücksichtigung unvermeidbarer Sortierungsunterschiede dürfen 2 % der Mosaikparkettlamellen die Merkmale der nachfolgenden Sortierung haben.

4.1 Eiche (EI)

4.1.1 Eiche-Natur (EI-N)

Die Mosaikparkettlamellen sind auf der Oberseite ast-[2]), riß- und splintfrei. Ihre Farbe ist durch das natürliche Wachstum gegeben. Besonders auffallende grobe Struktur- und Farbunterschiede sind unzulässig.

4.1.2 Eiche-Gestreift (EI-G)

Die Mosaikparkettlamellen sind auf der Oberseite ast-[2]) und rißfrei. Fester Splint prägt den lebhaften Charakter dieser Sortierung. Besonders auffallende, grobe Strukturunterschiede sind unzulässig.

4.1.3 Eiche-Rustikal (EI-R)

Der Charakter dieser Sortierung wird durch betonte Farben, Äste und lebhafte Struktur bestimmt. Die Äste müssen fest sein und dürfen die Haltbarkeit der Lamellen nicht beeinträchtigen.

4.2 Andere europäische sowie überseeische Laub- und Nadelhölzer, z. B. Buche (BU), Amerikanisches Mahagoni (MAE)

4.2.1 Natur (N)

Die Mosaikparkettlamellen müssen auf der Oberseite ast-[2]), riß- und bläuefrei sein. Naturbedingte Farbunterschiede sind zulässig.

4.2.2 Rustikal (R)

Der Charakter dieser Sortierung wird durch betonte Farben, Äste und lebhafte Struktur bestimmt. Die Äste müssen fest sein und dürfen die Haltbarkeit der Lamellen nicht beeinträchtigen.

---

[1] Kurzzeichen für Holzarten nach DIN 4076 Teil 1
[2] Gesunde Äste bis 2 mm Durchmesser sind zulässig. Schwarze Äste mit weniger als 1 mm Durchmesser sind dann zulässig, wenn sie nicht in Gruppen auftreten.

5 Anforderungen

Die Abschnitte 5.1 bis 5.3 gelten sinngemäß für alle Mosaikparkettlamellen, auch wenn sie in Holzart, Bearbeitung und Abmessungen von dieser Norm abweichen.

5.1 Holzbeschaffenheit

Das Holz muß gesund sein. Kleine Trockenrisse in Ästen und Haarrisse auf der Oberseite dürfen mit Füllstoffen behandelt werden. Die Oberseite muß frei von Insektenfraßstellen sein.

Stehende und liegende Jahrringe sowie Markstrahlen sind zulässig.

5.2 Feuchtegehalt

Der Feuchtegehalt der fertigen Mosaikparkettlamellen hat bei europäischen Holzarten zum Zeitpunkt der Lieferung (9 ± 2) %, bezogen auf die Darrmasse, zu betragen (Bestimmung nach DIN 52 183).

Anmerkung: Abweichende Gleichgewichts-Holzfeuchten einiger überseeischer Hölzer sind entsprechend zu berücksichtigen.

5.3 Bearbeitung

Die Mosaikparkettlamellen müssen in der Länge und Breite parallel, rechtwinklig, an der Oberseite scharfkantig, gerade bearbeitet und an den Längskantenflächen gehobelt, gefräst oder geschliffen sein.

Änderungen

Gegenüber der Ausgabe Dezember 1970 wurden folgende Änderungen vorgenommen:

a) 2 % Grenzabmaße von den Sortiermerkmalen wurden aufgenommen.

b) Abschnitt 4.2 wurde erweitert um andere europäische Holzarten.

c) In Abschnitt 4.2.2 wurde „Gestreift" ersetzt durch „Rustikal".

Parkett
Fertigparkett-Elemente
DIN 280 Teil 5 (4.90)

1 Anwendungsbereich

Diese Norm gilt für Fertigparkett-Elemente mit stab- oder mosaikparkettähnlichem Erscheinungsbild aus Eiche sowie anderen geeigneten europäischen und überseeischen Laub- und Nadelhölzern.

2 Begriffe

Fertigparkett-Element ist ein industriell hergestelltes, fertig oberflächenbehandeltes (z. B. versiegeltes) Fußbodenelement aus Holz oder einer Verbindung von Holz, Holzwerkstoffen und anderen Baustoffen, dessen Oberseite aus Holz besteht und das auch unmittelbar nach seiner Verlegung (Montage) auf der Baustelle keiner Nachbehandlung (z. B. weiterer Versiegelung) bedarf. Fertigparkett-Elemente haben im allgemeinen quadratische oder rechteckige Formen.

Weitere Begriffe siehe DIN 280 Teil 1.

3 Maße und Bezeichnung

Die Maße für die Dicke, Breite und Länge werden vom Hersteller aufgrund der technischen Gegebenheiten gewählt. Die Art des Unterbodens und die vorgesehene Beanspruchung sollten bei der Bestellung angegeben werden.

Tabelle 1 **Maße in mm**

Form	Dicke t	Breite b (Deckmaß) ± 0,1 %	Länge l (Deckmaß) ± 0,1 %
lang	7 bis 26	100 bis 240	ab 1200
kurz	7 bis 26	100 bis 400	ab 400
quadratisch	7 bis 26	200 bis 650	200 bis 650

Bezeichnung eines Fertigparkett-Elementes (FE) von $t = 14$ mm Dicke, $b = 200$ mm Breite und $l = 2\,500$ mm Länge aus Eiche (EI)[1], Sortierung XX (siehe Abschnitt 4.2.2):

Fertigparkett-Element DIN 280 − FE − 14 × 200 × 2 500 − EI-XX

---

[1] Kurzzeichen für Holzarten nach DIN 4076 Teil 1

4 Sortiermerkmale

4.1 Allgemeines

Die Sortierung hat den Zweck holztechnologischer und gestalterischer Charakterisierung der Fertigparkett-Elemente.

Die Sortierungskennzeichnung, z. B. XXX, kann durch eine werkseigene ergänzt werden.

Wenn als Zusatz eine genormte Sortierungsbezeichnung, z. B. „Natur", verwendet wird, muß die Oberseite der Fertigparkett-Elemente den entsprechenden Festlegungen nach DIN 280 Teil 1 oder Teil 2 entsprechen.

Zur Berücksichtigung unvermeidbarer Sortierungsunterschiede dürfen 2 % der Fertigparkett-Elemente die Merkmale der nachfolgenden Sortierung haben.

4.2 Eiche (EI)

4.2.1 Eiche XXX (EI-XXX)

Die Fertigparkett-Elemente sind auf der Oberseite ast-[2]), riß- und splintfrei. Ihre Farbe ist durch das natürliche Wachstum gegeben. Besonders auffallende grobe Struktur- und Farbunterschiede sind unzulässig[3]).

4.2.2 Eiche XX (EI-XX)

Die Fertigparkett-Elemente sind auf der Oberseite ast-[2]) und rißfrei. Der Charakter kann durch Splint und lebhafte Struktur bestimmt sein.

4.2.3 Eiche X (EI-X)

Die Fertigparkett-Elemente sind auf der Oberseite rißfrei. Der Charakter wird durch betonte Holzfarben, Äste und lebhafte Struktur bestimmt. Die Äste müssen fest sein.

4.3 Anwendung

Diese Sortierungsbestimmungen gelten für die Holzart Eiche bei stab- oder mosaikparkettähnlichem Erscheinungsbild. Fertigparkett-Elemente aus anderen Holzarten richten sich hinsichtlich der Maße, Bezeichnung, Anforderung und Bearbeitung nach den Angaben dieser Norm. Die Sortierung erfolgt nach den Gegebenheiten der jeweiligen Holzart.

5 Allgemeine Anforderungen

Fertigparkett-Elemente müssen in jeder Richtung unter Berücksichtigung der holztechnologischen Eigenschaften formstabil sein. Je nach Konstruk-

---

[2] Gesunde Äste bis 2 mm Durchmesser sind zulässig. Schwarze Äste mit weniger als 1 mm Durchmesser sind dann zulässig, wenn sie nicht in Gruppen auftreten.

[3] Ausgenommen sind Farbtönungen der Parketthölzer, die z. B. bei Polymerholz erzeugt werden.

DIN 280 Teil 5

tionsart werden sie schwimmend verlegt, mit der Unterkonstruktion vernagelt oder mit dem Unterboden verklebt.

Die Dicke der begehbaren Schicht ist auf die Gesamtkonstruktion des Elementes abzustimmen und muß mindestens 2,0 mm betragen.

6 Gütebedingungen

Die Abschnitte 6.1 bis 6.3 gelten sinngemäß für alle Fertigparkett-Elemente, auch wenn sie in Holzart und Abmessungen von dieser Norm abweichen.

6.1 Holzbeschaffenheit

Das Holz der Fertigparkett-Elemente muß gesund sein. Kleine Trockenrisse in Ästen und Haarrisse auf der Oberseite dürfen mit Füllstoffen behandelt werden. Die Oberseite muß frei von Insektenfraßstellen sein. Stehende und liegende Jahrringe sowie Markstrahlen sind zulässig.

6.2 Feuchtegehalt

Der Feuchtegehalt der Fertigparkett-Elemente hat bei europäischen Holzarten zum Zeitpunkt der Lieferung (8 ± 2) %, bezogen auf die Darrmasse, zu betragen (Bestimmung nach DIN 52 183).

Anmerkung: Bei überseeischen Holzarten und bei speziellen Anwendungsbereichen, wie z. B. Einsatz von Fußbodenheizung, sind die Feuchtegehalte dem Erfahrungswert des jeweiligen Holzes und der Holzwerkstoffe sowie der Verwendungsart anzupassen.

6.3 Bearbeitung

Die Fertigparkett-Elemente müssen in Länge und Breite parallel, rechtwinklig und an der Oberseite scharfkantig, gerade bearbeitet, gehobelt oder gefräst, geschliffen und fertig oberflächenbehandelt sein. Bei fachgerecht hergestelltem und verlegtem Fertigparkett darf die Kante eines Elementes höchstens 0,2 mm über der Kante des angefügten Elementes liegen.

Änderungen

Gegenüber der Ausgabe Juni 1973 wurden folgende Änderungen vorgenommen:

a) Abschnitt „Anwendungsbereich" aufgenommen.

b) Die Mindestdicke der Elemente wurde von 8 mm auf 7 mm reduziert.

c) Die Mindestdicke der begehbaren Schicht wurde auf 2 mm festgelegt.

d) Wenn bei der Sortierung eine genormte Sortierungsbezeichnung zusätzlich verwendet wird, so kann sich diese auch auf DIN 280 Teil 2 beziehen.

e) 2 % zulässige Abweichungen von den Sortiermerkmalen wurden aufgenommen.

DIN 18 158

Bodenklinkerplatten
nach **DIN 18 158** (9.86)

Anwendungsbereich und Zweck
Diese Norm gilt für unglasierte Bodenklinkerplatten, die vorwiegend zu Bodenbelägen im gewerblichen und im Wohnbereich, z. B. auf Balkonen und Terrassen, sowie für Gehwege verwendet werden.

Begriff und Eigenschaften
Bodenklinkerplatten nach dieser Norm werden aus Ton, Lehm oder tonigen Massen im Trockenpreßverfahren geformt und bei Temperaturen über 1 000 °C gebrannt. Dem Rohmaterial dürfen andere Stoffe, z. B. Fluß- oder Magerungsmittel, zugesetzt werden.

Bodenklinkerplatten haben ein dichtes Materialgefüge; sie sind biege-, druck- und abriebfest sowie widerstandsfähig gegen Witterungseinflüsse, Frosteinwirkung und verschiedene chemische Einflüsse.

Formen und Maße
Bodenklinkerplatten haben vorwiegend rechteckige Form. Die Ansichtsflächen können eben oder profiliert sein. Die Kanten können gefast oder ungefast sein.

Koordinierungsmaße C (Nennmaße) mm	Werkmaße W		
	Breite b mm	Länge a mm	Dicke s mm
300 × 300	290	290	10; 15;
250 × 250	240	240	20; 25;
125 × 250	115	240	30; 35
200 × 200	194	194	oder
100 × 200	94	194	40

Bezeichnung
Bodenklinkerplatten werden nach den Koordinierungsmaßen (Nennmaßen) und dem Werkmaß der Dicke bezeichnet.

Beispiel: Bezeichnung einer Bodenklinkerplatte mit den Werkmaßen $b = 115$ mm, $a = 240$ mm (125 × 250) und $s = 20$ mm:

Bodenklinkerplatte DIN 18 158 − 125 × 250 × 20

Farbe sowie die Beschaffenheit der Oberfläche und der Kanten sind besonders zu vereinbaren.

DIN 18 171

Linoleum
Anforderungen, Prüfungen
nach **DIN 18 171** (2.78)

Begriff
Linoleum im Sinne dieser Norm ist ein Bodenbelag in Bahnen oder Platten, der im wesentlichen aus folgenden Ausgangsstoffen hergestellt ist:

a) oxidiertes und/oder polymerisiertes Leinöl und/oder andere geeignete trocknende Öle

b) natürliche und/oder künstliche Harze

c) Kork- und Holzmehl oder Holzmehl

d) Pigmente und/oder mineralische Füllstoffe

e) Jute oder andere geeignete Unterlagsgewebe.

Linoleum ist in der Masse bis zum Unterlagsgewebe gleichmäßig zusammengesetzt und gleichmäßig einheitlich oder unterschiedlich eingefärbt. Es weist eine geschlossene Oberfläche auf.

Bezeichnung
Linoleum wird nach seiner Dicke in mm bezeichnet. Bezeichnung eines Linoleums von 2,5 mm Dicke:

Linoleum DIN 18 171 − 2,5

Kennzeichnung
Jede Verpackungseinheit ist mit DIN 18 171 und der Dicke der Bahn bzw. der Platten zu kennzeichnen.

Lieferform und Abmessungen
Linoleum wird im Regelfall in Bahnen (Rollen) geliefert; es kann auch in Platten geliefert werden.

Die Breite der Bahnen beträgt üblicherweise 200 cm. Die Länge und Breite der Bahnen sind bei Bestellung zu vereinbaren.

Die Kantenlängen der Platten sind bei Bestellung zu vereinbaren.

DIN 18 173

Linoleum-Verbundbelag
Anforderungen, Prüfungen
nach **DIN 18 173** (2.78)

Begriff

Linoleum-Verbundbelag im Sinne dieser Norm ist ein Bodenbelag in Bahnen oder Platten aus einer Linoleum-Nutzschicht, auf einer Trägerschicht aus Korkment und einem Unterlagsgewebe einer dieser Schichten. Das Linoleum ist im wesentlichen aus folgenden Ausgangsstoffen hergestellt:

a) oxidiertes und/oder polymerisiertes Leinöl und/oder andere geeignete trocknende Öle

b) Kork- und Holzmehl oder Holzmehl

c) natürliche und/oder künstliche Harze

d) Pigmente und/oder mineralische Füllstoffe.

Korkment besteht im wesentlichen aus grobkörnigem Korkmehl in Verbindung mit den vorstehend unter a), c) und d) aufgeführten Stoffen.

Linoleum-Verbundbelag ist in der Nutzschicht gleichmäßig zusammengesetzt und gleichmäßig einheitlich oder unterschiedlich eingefärbt. Er weist eine geschlossene Oberfläche auf.

Bezeichnung

Linoleum-Verbundbelag wird nach seiner Dicke in mm bezeichnet. Bezeichnung eines Linoleum-Verbundbelages von 4 mm Dicke:

Verbundlinoleum DIN 18 173 − 4

DIN 18 550 Teil 1

Putz
Begriffe und Anforderungen
Auszug aus **DIN 18 550 Teil 1** (1.85)

1 Anwendungsbereich

Diese Norm gilt für Putze auf Wänden und Decken, die den geltenden Normen, insbesondere DIN 1045, DIN 1053 Teil 1, DIN 4103 Teil 1 und DIN 4232, entsprechen.

3.2 Putzmörtel und Beschichtungsstoffe

3.2.1 Putzmörtel

Putzmörtel ist ein Gemisch von einem oder mehreren Bindemitteln, Zuschlag mit einem überwiegenden Kornanteil zwischen 0,25 und 4 mm und Wasser, gegebenenfalls auch Zusätzen. In Sonderfällen kann bei Mörtel für Oberputz der Kornanteil > 4 mm überwiegen. Bei Mörteln aus Baugipsen und Anhydritbindern kann der Zuschlag entfallen.

Putzmörtel werden entsprechend Tabelle 1 den Putzmörtelgruppen P I oder P V zugeordnet, wenn sie die dort angeführten mineralischen Bindemittel enthalten und bestimmte, auf Erfahrung gründende Mischungsverhältnisse Bindemittel zu Zuschlag aufweisen. So zusammengesetzte Frischmörtel ergeben bei handwerksgerechter Verarbeitung erfahrungsgemäß bestimmte Eigenschaften der Festmörtel. Angaben für die Zusammensetzung derartiger Mörtel sind in DIN 18 550 Teil 2, Ausgabe Januar 1985, Abschnitt 3.2.1, enthalten.

Für Mörtel mit anderer Zusammensetzung ist durch Eignungsprüfungen (siehe DIN 18557) nachzuweisen, daß sie in den erforderlichen Eigenschaften den Putzmörtelgruppen entweder entsprechen oder der damit hergestellte Putz die in Abschnitt 4 festgelegten Anforderungen erfüllt; dabei soll die Art des Bindemittels dem der Putzmörtelgruppe entsprechen.

Tabelle 1 **Putzmörtelgruppen**

Putzmörtel-gruppe[1])	Art der Bindemittel
P I	Luftkalke[2]), Wasserkalke, Hydraulische Kalke
P II	Hochhydraulische Kalke, Putz- und Mauerbinder, Kalk-Zement-Gemische
P III	Zemente
P IV	Baugipse ohne und mit Anteilen an Baukalk
P V	Anhydritbinder ohne und mit Anteilen an Baukalk

1) Weitergehende Aufgliederung der Putzmörtelgruppen siehe DIN 18 550 Teil 2, Ausgabe Januar 1985, Tabelle 3.
2) Ein begrenzter Zementzusatz ist zulässig.

Es werden unterschieden:

3.2.1.1 Nach dem Zustand
- Frischmörtel: der gebrauchsfertige, verarbeitbare Mörtel
- Festmörtel: der verfestigte Mörtel

3.2.1.2 Nach dem Ort der Herstellung
- Baustellenmörtel: der auf der Baustelle aus den Ausgangsstoffen zusammengesetzte und gemischte Mörtel
- Werkmörtel: der in einem Werk aus den Ausgangsstoffen zusammengesetzte und gemischte Mörtel, der – gegebenenfalls nach weiterer Bearbeitung – die Anforderungen der jeweiligen Anwendungsnorm erfüllen muß (siehe DIN 18 557).

3.3.2 Beschichtungsstoffe

Beschichtungsstoffe für die Herstellung von Kunstharzputzen (Begriff siehe DIN 55 945) bestehen aus organischen Bindemitteln in Form von Dispersionen oder Lösungen und Füllstoffen/Zuschlägen mit überwiegendem Kornanteil > 0,25 mm. Sie werden im Werk gefertigt und verarbeitungsfähig geliefert (siehe auch DIN 18 558).

Nach Tabelle 2 werden folgende Beschichtungsstoff-Typen unterschieden:

Tabelle 2 **Beschichtungsstoff-Typen für Kunstharzputze**

Beschichtungsstoff-Typ	für Kunstharzputz als
P Org 1	Außen- und Innenputz
P Org 2	Innenputz

3.3 Ausgangsstoffe

3.3.1 Bindemittel

3.3.1.1 Mineralische Bindemittel

Mineralische Bindemittel im Sinne dieser Norm sind Baukalke nach DIN 1060 Teil 1, Putz- und Mauerbinder nach DIN 4211, Zemente nach DIN 1164 Teil 1, Baugipse ohne werkseitig beigegebene Zusätze nach DIN 1168 Teil 1, Anhydritbinder nach DIN 4208 oder andere bauaufsichtlich zugelassene Bindemittel.

3.3.1.2 Organische Bindemittel

Organische Bindemittel im Sinne dieser Norm sind Polymerisatharze als Dispersion oder als Lösung (siehe DIN 18 558).

3.3.2 Zuschläge

Zuschläge werden bei der Herstellung von Beschichtungsstoffen nach DIN 18 558 auch als Füllstoffe bezeichnet.

3.3.2.1 Mineralischer Zuschlag

Mineralischer Zuschlag ist ein Gemenge (Haufwerk) aus ungebrochenen und/oder gebrochenen Körnern von natürlichen und/oder künstlichen mineralischen Stoffen, die

- ein dichtes Gefüge besitzen, z. B. Natursand, Brechsand, Granulat (Zuschlag mit dichtem Gefüge),
- ein poriges Gefüge besitzen, z. B. Perlit, Blähton, geblähte Schmelzflüsse (Zuschlag mit porigem Gefüge).

3.3.2.2 Organischer Zuschlag

Organischer Zuschlag ist ein Gemenge (Haufwerk) aus Körnern organischer Stoffe, die

- ein dichtes Gefüge besitzen, z. B. Kunststoffgranulate (Zuschlag mit dichtem Gefüge),
- ein poriges Gefüge besitzen, z. B. geschäumte Kunststoffe (Zuschlag mit porigem Gefüge).

3.3.3 Zusätze

3.3.3.1 Zusatzmittel

Zusatzmittel im Sinne dieser Norm sind Zusätze, die die Mörteleigenschaften durch chemische und/oder physikalische Wirkung beeinflussen und in geringer Menge zugegeben werden, wie z. B. Luftporenbildner, Dichtungsmittel, Erstarrungsbeschleuniger und solche Zusätze, die den Haftverbund zwischen Putzmörtel und Putzgrund verbessern sollen.

3.3.3.2 Zusatzstoffe

Zusatzstoffe im Sinne dieser Norm sind fein aufgeteilte Zusätze, die die Mörteleigenschaften beeinflussen und deren Stoffraumanteil im Gegensatz zu den Zusatzmitteln im Regelfall zu berücksichtigen ist.

3.3.4 Anmachwasser

Anmachwasser ist das Wasser, das dem Mörtel beim Mischen zugegeben wird.

3.3.5 Verdünnungsmittel

Verdünnungsmittel im Sinne der Norm sind Flüssigkeiten, die gegebenenfalls zur Einstellung der Verarbeitungskonsistenz von Beschichtungsstoffen für Kunstharzputze nach DIN 18 558 verwendet werden.

3.4 Putzarten

Nach den zu erfüllenden Anforderungen (siehe Abschnitt 4.2) werden unterschieden:

3.4.1 Putze, die allgemeinen Anforderungen genügen

3.4.2 Putze, die zusätzlichen Anforderungen genügen

- Wasserhemmender Putz

- Wasserabweisender Putz
- Außenputz mit erhöhter Festigkeit
- Innenwandputz mit erhöhter Abriebfestigkeit
- Innenwand- und Innendeckenputz für Feuchträume

3.4.3 Putze für Sonderzwecke

- Wärmedämmputz
- Putz als Brandschutzbekleidung
- Putz mit erhöhter Strahlungsabsorption

3.5 Putzgrund, Vorbereitung des Putzgrundes, Putzlagen, Putzträger, Putzbewehrung

3.5.1 Putzgrund

Putzgrund ist der Bauteil, der geputzt wird.

3.5.2 Vorbereitung des Putzgrundes

Zur Vorbereitung des Putzgrundes gehören alle Maßnahmen, die einen festen und dauerhaften Verbund zwischen Putz und Putzgrund fördern, z. B. durch Verhinderung eines zu schnellen, unterschiedlichen oder zu schwachen Wasserentzugs durch den Putzgrund.

Dazu gehören insbesondere:

a) nicht voll deckender (warzenförmiger) Spritzbewurf,

b) voll deckender Spritzbewurf,

c) Putzhaftbrücken auf der Basis organischer Bindemittel,

d) Grundierungen auf der Basis organischer Bindemittel.

3.5.3 Putzlage, Unterputz, Oberputz

Eine Putzlage ist eine in einem Arbeitsgang durch einen oder mehrere Anwürfe des gleichen Mörtels bzw. Auftragen des Beschichtungsstoffes (einschließlich des erforderlichen Grundanstrichs) ausgeführte Putzschicht. Es gibt ein- und mehrlagige Putze. Untere Lagen werden Unterputz, die oberste Lage wird Oberputz genannt.

Der Spritzbewurf ist keine Putzlage; er dient lediglich der Vorbereitung des Putzgrundes.

3.5.4 Putzträger

Putzträger sind flächig ausgebildet und dienen dazu, das Haften des Putzes zu verbessern oder einen von der tragenden Konstruktion weitgehend unabhängigen Putz zu ermöglichen. Als Putzträger können z. B. metallische Putzträger, Gipskarton-Putzträgerplatten nach DIN 18 180, Holzwolle-Leichtbauplatten nach DIN 1101 und Mehrschicht-Leichtbauplatten nach DIN 1104 Teil 1, Ziegeldrahtgewebe, Rohrmatten verwendet werden.

3.5.5 Putzbewehrung

Putzbewehrungen sind Einlagen im Putz, z. B. aus Metall, aus mineralischen Fasern oder aus Kunststoff-Fasern, die zur Verminderung der Rißbildung dienen.

3.6 Putzsysteme

Die Lagen eines Putzes, die in ihrer Gesamtheit und in Wechselwirkung mit dem Putzgrund die Anforderungen an den Putz erfüllen, werden als Putzsystem bezeichnet. In bestimmten Fällen kann auch ein einlagiger Putz als Putzsystem bezeichnet werden.

3.7 Putzanwendung

Die Putzanwendung kennzeichnet den Putz nach seiner örtlichen Lage im Bauwerk und der dadurch gegebenen Beanspruchungsart.

3.7.1 Außenputz

Außenputz ist auf Außenflächen aufgebrachter Putz. Es werden unterschieden:

a) Außenwandputz auf über dem Sockel liegenden Flächen,
b) Kellerwand-Außenputz im Bereich der Erdanschüttung,
c) Außensockelputz im Bereich oberhalb der Anschüttung oder ähnlich,
d) Außendeckenputz auf Deckenuntersichten, die der Witterung ausgesetzt sind.

3.7.2 Innenputz

Innenputz ist auf Innenflächen aufgebrachter Putz. Es werden unterschieden:

a) Innenwandputz für Räume üblicher Luftfeuchte einschließlich der häuslichen Küchen und Bäder,
b) Innenwandputz für Feuchträume,
c) Innendeckenputz für Räume üblicher Luftfeuchte einschließlich der häuslichen Küchen und Bäder,
d) Innendeckenputz für Feuchträume.

5.2 Anwendung bewährter Putzsysteme

In den Tabellen 3 bis 6 (nicht abgedruckt) sind bewährte Putzsysteme für verschiedene Anwendungsbereiche und Hinweise angegeben. Bei Anwendung dieser Putzsysteme sowie sach- und fachgerechter Ausführung können jeweils die in Abschnitt 4 (nicht abgedruckt) genannten Anforderungen an den Putz ohne weiteren Nachweis als erfüllt angesehen werden (siehe jedoch DIN 18 550 Teil 2, Abschnitt 2.4).

Dies gilt auch dann, wenn für eine oder mehrere Putzlagen Mörtel angewendet werden, die in ihrer Zusammensetzung von der der Mörtelgruppe abweichen, sofern für die verwendeten Mörtel durch Eignungsprüfungen nachgewiesen ist, daß sie in den erforderlichen Eigenschaften den Mörtelgruppen entsprechen (siehe Abschnitt 3.2.1). Bei Außenputzen muß jedoch sichergestellt sein, daß Unterputze für Kunstharzputze überwiegend hydraulisch erhärten. Diese Forderung gilt bei Verwendung von Mörteln der Gruppe P II und P III als erfüllt.

Putz
Putze aus Mörteln mit mineralischen Bindemitteln; Ausführung
Auszug aus **DIN 18 550 Teil 2** (1.85)

4 Putzaufbau

Der Aufbau eines Putzes richtet sich nach den Anforderungen an den Putz und nach der Beschaffenheit des Putzgrundes.

In DIN 18 550 Teil 1, Ausgabe Januar 1985, Tabellen 3 bis 6, sind bewährte Putzsysteme angegeben, bei denen die Anforderungen an die jeweiligen Putzarten für die verschiedenen Putzanwendungen als erfüllt angesehen werden.

Bei Verwendung anderer Putzsysteme ist ein Nachweis der Eignung erforderlich (siehe DIN 18 550 Teil 1, Ausgabe Januar 1985, Abschnitt 5.3). Bei Verwendung unterschiedlicher Mörtel für die einzelnen Lagen ist deren gegenseitige Beeinflussung zu berücksichtigen.

Bei der Wahl der Mörtelgruppen ist darüber hinaus zu berücksichtigen, ob der Putz später mit anderen Stoffen beschichtet werden soll (siehe DIN 18 550 Teil 1, Ausgabe Januar 1985, Abschnitte 4.2.2.3 und 4.2.3.1).

Die in DIN 18 550 Teil 1, Ausgabe Januar 1985, Abschnitt 5.1 gestellte Anforderung der Aufnahme der in den einzelnen Putzlagen auftretenden Spannungen kann bei Putzen mit mineralischen Bindemitteln im allgemeinen dann als erfüllt angesehen werden, wenn die Festigkeit des Oberputzes geringer als die Festigkeit des Unterputzes ist oder beide Putzlagen gleich fest sind. Bei den Putzsystemen nach DIN 18 550 Teil 1, Ausgabe Januar 1985, Tabellen 3 bis 6, ist dies bereits berücksichtigt. Bei der Festigkeitsabstufung zwischen dem Putzgrund und dem Unterputz ist diese Regel sinngemäß anzuwenden. Ausnahmen bilden Kellerwandaußenputz oder Sockelputz.

In begründeten Fällen kann ein Putzsystem gewählt werden, das von den vorstehenden Grundsätzen abweicht.

Die Eignung derartiger Systeme ist durch Erfahrung zu begründen oder durch probeweise Putzausführung, die langfristig zu beobachten ist, nachzuweisen.

Werden Baustoffe als Putzgrund verwendet, für die z. B. in anderen Normen abweichende Festlegungen bestehen, sind diese zu beachten. Darüber hinaus sind ergänzende Angaben des Herstellers zu beachten.

5 Putzdicke

Die mittlere Dicke von Putzen, die allgemeinen Anforderungen genügen, muß außen 20 mm (zulässige Mindestdicke 15 mm) und innen 15 mm betragen (zulässige Mindestdicke 10 mm), bei einlagigen Innenputzen aus Werk-Trockenmörtel sind 10 mm ausreichend (zulässige Mindestdicke 5 mm). Die jeweils zulässigen Mindestdicken müssen sich auf einzelne Stellen beschränken. Die Dicke von Putzen, die zusätzlichen Anforderungen genügen sollen, ist so zu wählen, daß diese Anforderungen sicher erfüllt werden. Einlagige wasserabweisende Putze aus Werkmörtel sollen an Außenflächen eine mittlere Dicke von 15 mm (erforderliche Mindestdicke 10 mm) haben. Bei Putzen mit erhöhter Wärmedämmung und erhöhter Strahlungsabsorption richtet sich die Dicke nach dem angestrebten physikalischen Effekt. Die Mindestdicke von Wärmedämmputzen muß 20 mm betragen.

Bei Bauteilen, an die besondere schall- oder brandschutztechnische Anforderungen gestellt werden, kann eine bestimmte Putzdicke zur Erfüllung der Aufgaben erforderlich sein.

6.6 Putzweise

Entsprechend der Putzweise werden die Putze nach der Art ihrer Oberflächenbehandlung und der dadurch entstehenden Struktur eingeteilt.

6.6.1 Gefilzter und geglätteter Putz

erhält seine Oberfläche durch Bearbeitung mit Filzscheibe bzw. Glättkelle (Traufel). Bei fein geriebenen, gefilzten oder geglätteten Putzen besteht die Gefahr, daß beim Verreiben eine Bindemittelanreicherung an der Oberfläche entsteht, die z. B. die Entstehung von Schwindrissen fördert und bei Luftkalkmörtel das Erhärten der tieferen Schichten hemmt.

6.6.2 Geriebener Putz oder Reibeputz

wird je nach Art des verwendeten Werkzeugs (Holzscheibe, Traufel und dergleichen) als Münchener Rauhputz, Rillenputz, Wurmputz, Madenputz, Rindenputz, Altdeutscher Putz usw. bezeichnet.

6.6.3 Kellenwurfputz

erhält seine Struktur durch das Anwerfen des Mörtels. Im Regelfall wird ein Zuschlag grober Körnung bis etwa 10 mm verwendet.

6.6.4 Kellenstrichputz

wird nach dem Auftragen mittels Kelle oder Traufel fächer- oder schuppenförmig verstrichen.

6.6.5 Spritzputz

wird durch zwei- oder mehrlagiges Aufsprenkeln eines feinkörnigen, dünnflüssigen Mörtels mittels Spritzputzgerät hergestellt.

6.6.6 Kratzputz

wird durch Kratzen mit einem Nagelbrett, einem Sägeblatt oder einer Ziehklinge hergestellt. Hierdurch wird die bindemittel- und damit spannungsreiche Oberfläche des angetragenen Oberputzes entfernt. Durch das herausspringende Korn entsteht die hierfür charakteristische Putzstruktur. Der richtige Zeitpunkt des Kratzens richtet sich nach dem Erhärtungsverlauf des Putzes. Er ist dann erreicht, wenn das Korn beim Kratzen herausspringt und nicht im Nagelbrett hängen bleibt.

Kratzputz ist nicht zu bemängeln, wenn sich einzelne Körner beim Abreiben mit der Hand lösen lassen.

6.6.7 Waschputz

erhält seine Struktur durch Abwaschen der an der Oberfläche befindlichen, noch nicht erhärteten Bindemittelschlämme. Er erfordert ausgewählte Zuschläge grober Körnung sowie einen Unterputz, der der Mörtelgruppe III entspricht.

Putz
Wärmedämmputzsysteme aus Mörteln mit mineralischen Bindemitteln und expandiertem Polystyrol (EPS) als Zuschlag
Auszug aus **DIN 18 550 Teil 3** (3.91)

1 Anwendungsbereich

Diese Norm gilt für außenliegende Wärmedämmputzsysteme aus Mörteln mit mineralischen Bindemitteln und mit expandiertem Polystyrol (EPS) als überwiegendem Zuschlag im Unterputz auf massiven Wänden und unter Decken aus mineralischen Baustoffen, das heißt insbesondere Mauerwerk nach DIN 1053 Teil 1, Teil 2 und Teil 4 sowie Beton und Stahlbeton nach DIN 1045 und Leichtbeton mit haufwerksporigem Gefüge nach DIN 4232.

A n m e r k u n g : Außenliegende Wärmedämmputzsysteme, die nicht dieser Norm entsprechen, bedürfen eines bauaufsichtlichen Brauchbarkeitsnachweises.

2 Zweck

Diese Norm beschreibt die Anforderungen, die Prüfverfahren, die Ausführung, die Überwachung und die Kennzeichnung der Mörtel und Wärmedämmputzsysteme.

3 Begriff

Wärmedämmputzsystem

Ein Wärmedämmputzsystem im Sinne dieser Norm ist ein Putzsystem aus aufeinander abgestimmtem, wärmedämmendem Unterputz und wasserabweisendem Oberputz, die aus Werk-Trockenmörtel nach DIN 18 557 herzustellen sind.

A n m e r k u n g : Der Oberputz kann einschichtig, z. B. als Kratzputz, oder zweischichtig, z. B. mit Ausgleichsschicht und Strukturschicht, hergestellt werden.

4 Ausgangsstoffe

4.1 Bindemittel

Für Putze im Sinne dieser Norm dürfen nur folgende Bindemittel verwendet werden:
- Baukalk nach DIN 1060 Teil 1
- Zement nach DIN 1164 Teil 1 und Teil 100
- Putz- und Mauerbinder nach DIN 4211

oder solche, deren Eignung anderweitig, z. B. durch eine allgemeine bauaufsichtliche Zulassung, nachgewiesen ist.

4.2 Zuschläge
Als organischer Zuschlag ist expandiertes Polystyrol (EPS) zu verwenden.

Mineralischer Zuschlag soll DIN 18 550 Teil 1, Abschnitt 3.3.2.1, und DIN 18 550 Teil 2, Abschnitte 2.2.1 bis 2.2.3, entsprechen.

4.3 Zusätze
Für Zusätze gilt DIN 18 550 Teil 2 (01.85), Abschnitt 2.4. Dabei darf der Anteil der organischen Zusätze 2 % der Gesamtmasse nicht überschreiten.

4.4 Anmachwasser
Für Anmachwasser gilt DIN 18 550 Teil 2, Abschnitt 2.3.

4.5 Putzbewehrung
Für Putzbewehrung gilt DIN 18 550 Teil 2, Abschnitt 2.5.

5 Anforderungen

5.1 Mörtel für den Unterputz

5.1.1 Zusammensetzung
Der Werk-Trockenmörtel muß aus mineralischen Bindemitteln nach Abschnitt 4.1 hergestellt werden und mindestens 75 % Volumenanteil expandiertes Polystyrol (EPS) als Zuschlag enthalten. Der EPS-Anteil ist durch eine Eignungsprüfung nach DIN 18 557 (05.82), Abschnitt 4.5, festzulegen.

Die Bestimmung des EPS-Anteils erfolgt nach Abschnitt 6.2.3.

5.1.2 Schüttdichte des Werk-Trockenmörtels
Die Schüttdichte des Werk-Trockenmörtels darf bei Prüfung nach Abschnitt 6.2.2 höchstens 0,30 kg/dm^3 betragen.

Abweichungen von ±10 % gegenüber dem bei der Eignungsprüfung ermittelten Wert sind zulässig.

5.1.3 Rohdichte des Festmörtels
Die Rohdichte des Festmörtels (lufttrocken) muß bei Prüfung nach Abschnitt 6.4.1 mindestens 0,20 kg/dm^3 betragen.

Abweichungen von ±10 % gegenüber dem bei der Eignungsprüfung ermittelten Wert sind zulässig.

5.1.4 Druckfestigkeit des Festmörtels
Die Druckfestigkeit des Festmörtels muß bei Prüfung nach Abschnitt 6.4.2 mindestens 0,40 N/mm^2 betragen.

5.1.5 Wärmeleitfähigkeit des Festmörtels

Die Wärmeleitfähigkeit $\lambda_{10,tr}$ des Festmörtels darf bei Prüfung nach Abschnitt 6.4.3 die Werte der Tabelle 1 für die jeweilige Wärmeleitfähigkeitsgruppe nicht überschreiten.

Tabelle 1 **Wärmeleitfähigkeitsgruppen**

Gruppe	Anforderungen an die Wärmeleitfähigkeit $\lambda_{10,tr}$ W/(m · K) max.
060	0,057
070	0,066
080	0,075
090	0,085
100	0,094

5.1.6 Wasseraufnahme des Unterputzes

Der Unterputz muß wasserhemmend sein. Dies gilt als erfüllt, wenn der Wasseraufnahmekoeffizient w des Festmörtels bei der Prüfung nach Abschnitt 6.4.4

$$w \leq 2,0 \text{ kg/(m}^2\cdot\text{h}^{0,5})$$

beträgt.

5.2 Mörtel für den Oberputz

5.2.1 Zusammensetzung

Der Werk-Trockenmörtel muß aus mineralischen Bindemitteln nach Abschnitt 4.1 und mineralischem Zuschlag nach Abschnitt 4.2 bestehen. Für Zusätze gilt Abschnitt 4.3.

Die Zusammensetzung ist durch eine Eignungsprüfung nach DIN 18 557 (05.82), Abschnitt 4.5, festzulegen.

5.2.2 Druckfestigkeit des Festmörtels

Die Druckfestigkeit des Festmörtels muß bei Prüfung nach Abschnitt 6.4.2 mindestens 0,80 N/mm² betragen und darf 3,0 N/mm² nicht überschreiten.

5.2.3 Wasseraufnahme des Oberputzes

Der Oberputz muß wasserabweisend sein. Dies gilt als erfüllt, wenn der Wasseraufnahmekoeffizient w des Festmörtels bei Prüfung nach Abschnitt 6.4.4

$$w \leq 0,5 \text{ kg/(m}^2\cdot\text{h}^{0,5})$$

beträgt.

5.3 Putzsystem

5.3.1 Haftzugfestigkeit

Es muß ein ausreichender Haftverbund zwischen den einzelnen Lagen des Putzsystems sowie zwischen Unterputz und Putzgrund sichergestellt sein. Dies gilt als erfüllt, wenn bei Bestimmung der Haftzugfestigkeit nach Abschnitt 8 der Bruch nicht in einer Haftfläche erfolgt.

5.3.2 Brandverhalten

Wärmedämmputzsysteme nach dieser Norm sind schwerentflammbar (Baustoffklasse B 1 nach DIN 4102 Teil 1).

9 Anwendung und Ausführung

Soweit in diesem Abschnitt nichts anderes bestimmt ist, gelten für die Anwendung und Ausführung des Wärmedämmputzsystems DIN 18 550 Teil 1 und Teil 2 sinngemäß.

Der Unterputz muß mindestens 20 mm und darf in der Regel höchstens 100 mm dick sein.

Die mittlere Dicke des ein- oder mehrschichtigen Oberputzes muß 10 mm (Dicke mindestens 8 mm, höchstens 15 mm) betragen. Bei mehrschichtigem Oberputz muß die Ausgleichsschicht mindestens 6 mm dick sein.

Die Zeitspanne zwischen Fertigstellung des Unterputzes und Aufbringen des Oberputzes muß mindestens 7 Tage betragen, bei größeren Dicken des Unterputzes jedoch mindestens 1 Tag je 10 mm Dicke.

Bei ungünstigen Witterungsbedingungen (hohe Luftfeuchte und niedrige Temperaturen) sind diese Zeiten zu verlängern.

Wird die Anordnung von Putzträgern erforderlich, so gilt DIN 18 550 Teil 2. In bestimmten Fällen, z. B. bei nicht tragfähigen, bei nicht oder mangelhaft saugenden Altputzen oder bei solchen Putzen, die mit Anstrichen versehen sind, haben sich für Wärmedämmputzsysteme wellenförmige oder ebene Putzträger aus geschweißtem Drahtnetz mit jeweils besonderen Befestigungselementen bewährt. Die Angaben des Herstellers sind zu beachten.

10 Lieferung, Kennzeichnung und Lagerung

10.1 Lieferform und Kennzeichnung

10.1.1 Mörtel für den Unterputz

Der Werk-Trockenmörtel für den Unterputz darf nur als Gebinde in Säcken von höchstens 100 l Volumen angeliefert werden. Eine Beförderung im Silo ist nicht statthaft. Auf den Säcken müssen in deutlichem Druck folgende Angaben gemacht werden:

a) Bezeichnung des Mörtels für den Unterputz (Unterputzmörtel für Wärmedämmputzsystem ... nach DIN 18 550 Teil 3)

b) Bezeichnung des oder der Oberputzmörtel und Hersteller
c) Brandverhalten „DIN 4102 – B 1"
d) Wärmeleitfähigkeitsgruppe
e) ... (Einheitliches Überwachungszeichen)
f) Herstellwerk; wenn dies verschlüsselt angegeben wird, auch Lieferwerk
g) Verarbeitungsanweisung
h) Hinweis auf Lagerungsbedingungen

10.1.2 **Mörtel für den Oberputz**

Zusätzlich zu den in DIN 18 557 (05.82), Abschnitte 6.1.1 und 6.2, enthaltenen Hinweisen über Lieferform und Kennzeichnung sind Angaben über verwendbare Mörtel für die Unterputze zu machen.

10.2 Lieferschein

Auf dem Lieferschein sind folgende Angaben zu machen:

a) Bezeichnung des Mörtels für den Unterputz (Unterputzmörtel für Wärmedämmputzsystem ... nach DIN 18 550 Teil 3)
b) Bezeichnung des Mörtels für den Oberputz (Oberputzmörtel für Wärmedämmputzsystem ... nach DIN 18 550 Teil 3)
c) ... (Einheitliches Überwachungszeichen)
d) Herstellwerk; wenn dies verschlüsselt angegeben wird, auch Lieferwerk

10.3 Lagerung

Für die Lagerung von Mörteln für Unter- und Oberputze gilt DIN 18 557 (05.82), Abschnitt 6.3. Eine Lagerung des Mörtels für Unterputze im Silo ist jedoch nicht statthaft.

Erläuterungen

Wärmedämmputze sind nach DIN 18 550 Teil 1 Putze mit einem Rechenwert der Wärmeleitfähigkeit $\leq 0,2$ W/(m·K). Diese Anforderung gilt als erfüllt, wenn die Trockenrohdichte des erhärteten Mörtels ≤ 600 kg/m^3 ist. So geringe Rohdichten sind nur durch die Verwendung von Zuschlägen niedriger Rohdichte zu erreichen.

Wärmedämmputze mit expandiertem Polystyrol als Zuschlag, die zum Schutz gegen Witterungseinflüsse und mechanische Einwirkungen eines Oberputzes aus mineralischen Bindemitteln und mineralischem Zuschlag bedürfen, werden seit etwa 25 Jahren hergestellt. Sie wurden entwickelt zur Verwendung auf Mauerwerk aus Leichtmauersteinen und zur Verbesserung der Wärmedämmung von Außenwänden bestehender Gebäude. Mit der Verwendung von Polystyrol als Zuschlag entsprachen diese Putze jedoch in ihrer Zusammensetzung nicht den Anforderungen nach DIN 18 550 Teil 1 und Teil 2. Die aus Wärmedämmputz und Oberputz bestehenden Wärmedämmputzsysteme bedurften damit als neue, noch nicht gebräuchliche und bewährte Baustoffe zunächst einer allgemeinen bauaufsichtlichen Zulassung. Um die auf den Markt drängenden Wärmedämmputzsysteme beurteilen zu können, wurde beim Institut für Bautechnik ein Sachverständigenausschuß einberufen. Dieser erarbeitete in Zusammenarbeit mit allen Beteiligten, Herstellern, Verwendern, Wissenschaftlern und Behörden, Empfehlungen für Beurteilungs- und Prüfkriterien dieser Putze. Auf der Grundlage dieser Empfehlungen wurden vom Institut für Bautechnik die „Richtlinien für mineralische Wärmedämmputzsysteme mit expandiertem Polystyrol als Zuschlag (IfBt-Ri 3.6-00)" − Fassung April 1985 − (veröffentlicht in den Mitteilungen des Instituts für Bautechnik, Heft 4/1985) herausgegeben. Nach Herausgabe der Richtlinien konnte auf Beschluß der obersten Bauaufsichtsbehörden der Länder auf eine bauaufsichtliche Zulassung verzichtet werden, wenn die hergestellten Wärmedämmputzsysteme diesen Richtlinien entsprachen. Gleichzeitig aber wurde von den Behörden empfohlen, auf der Grundlage dieser Richtlinien eine Norm für Wärmedämmputzsysteme, bestehend aus Wärmedämmputzen mit expandiertem Polystyrol als Zuschlag und Oberputz, zu erarbeiten. Eine solche Norm konnte nur den Normen der Reihe DIN 18 550 zugeordnet werden, da in DIN 18 550 Teil 1 (01.85), Abschnitt 3.3.2.2, organischer Zuschlag bereits genannt ist. Hinsichtlich der Ausführung fehlten jedoch noch entsprechende Angaben, da sich DIN 18 550 Teil 2 (01.85) nur auf Putze aus Mörteln mit mineralischen Bindemitteln und mineralischem Zuschlag bezieht. Mit den Arbeiten zur Aufstellung einer entsprechenden Norm wurde im Juni 1986 begonnen.

Seit dem Aufkommen der Wärmedämmputze wurden diese, um eine bessere Wärmedämmung zu erzielen, laufend weiterentwickelt. So konnte die Rohdichte von etwa 550 kg/m^3 auf etwa 200 kg/m^3 bis 300 kg/m^3 verringert werden, anstelle von Dicken von etwa 20 mm können nunmehr Dicken bis 100 mm erreicht werden. Das Aufbringen größerer Dicken ermöglicht auch die Anwendung zur Steigerung des Wärmeschutzes von Außenwänden neu errichteter Gebäude.

Wärmedämmputzsysteme aus Mörtel mit mineralischen Bindemitteln und anderen Leichtzuschlägen als expandiertem Polystyrol bedürfen auch weiterhin eines bauaufsichtlichen Brauchbarkeitsnachweises.

Zu Abschnitt 1
Wärmedämmputzsysteme nach dieser Norm sind unter Berücksichtigung der Angaben in DIN 18 550 Teil 1, Abschnitt 4.2.2, anwendbar.

Zu Abschnitt 5.1.6
Mit dem in diesem Abschnitt geforderten Wert für die Wasseraufnahme des Unterputzes entspricht die Anforderung an die wasserhemmende Wirkung der Anforderung an wasserhemmende Putzsysteme nach DIN 18 550 Teil 1 (01.85), Abschnitt 4.2.2.2.1.

Zu Abschnitt 5.3.2

Aufgrund der Erkenntnisse, die der Sachverständigenausschuß bei der Bearbeitung von Anträgen auf Zulassung von Wärmedämmputzsystemen mit expandiertem Polystyrol als Zuschlag gewinnen konnte, sind diese Wärmedämmputze schwerentflammbar, wenn die Rohdichte des Festmörtels $\geq$ 200 kg/m^3 ist. Dementsprechend konnte bereits in den oben genannten Richtlinien die Feststellung getroffen werden, daß Wärmedämmputze nach diesen Richtlinien schwerentflammbar (Baustoffklasse DIN 4102 – B 1) sind. Da nach Abschnitt 5.1.3 die Rohdichte des Festmörtels ebenfalls mindestens 0,20 kg/dm^3 betragen muß, kann die Feststellung, daß Wärmedämmputze nach dieser Norm schwerentflammbar sind, auch in DIN 18 550 Teil 3 übernommen werden.

Kunstharzputze
Begriffe, Anforderungen, Ausführung
Auszug aus **DIN 18 558** (1.85)

1 Anwendungsbereich

Diese Norm gilt für Kunstharzputze auf Wand- und Deckenflächen. Sie werden als Oberputz auf Unterputz aus Mörteln mit mineralischen Bindemitteln oder auf Beton mit geschlossenem Gefüge[1]) verwendet.

Für Unterputze aus Mörtel mit mineralischen Bindemitteln gelten DIN 18 550 Teil 1 und Teil 2.

2 Zweck

Diese Norm enthält die Beschreibung der
- Eigenschaften von Beschichtungsstoffen für die Herstellung von Kunstharzputzen,
- Eigenschaften von Kunstharzputzen und
- die bei der Herstellung, Verarbeitung und Beurteilung verwendeten Begriffe. Sie legt ferner Anforderungen fest und regelt die Überwachung.

3 Begriffe und Einteilung

3.1 Kunstharzputz

Kunstharzputze sind Beschichtungen[2]) mit putzartigem Aussehen. Für die Herstellung von Kunstharzputzen werden Beschichtungsstoffe aus organischen Bindemitteln in Form von Dispersionen oder Lösungen und aus Zuschlägen/Füllstoffen mit überwiegendem Kornanteil > 0,25 mm verwendet.

Kunstharzputze erfordern einen vorherigen Grundanstrich[2]).

Beschichtungsstoffe für die Herstellung von Kunstharzputzen, im weiteren nur als Beschichtungsstoff bezeichnet, werden im Werk gefertigt und verarbeitungsfähig geliefert. Mit Ausnahme geringer Zugaben von Verdünnungsmitteln (Wasser oder organisches Lösemittel) zur Regulierung der Konsistenz sind Veränderungen der Beschichtungsstoffe unzulässig.

3.2 Beschichtungsstoff-Typen

Nach Anwendung und Bindemittelanteil werden 2 Typen von Beschichtungsstoffen unterschieden (siehe Tabelle 1).

---

1) Für die Anwendung von Kunstharzputz auf bewehrten Bauteilen aus Gasbeton nach DIN 4223 (z. Z. Entwurf) liegt das Merkblatt Nr. 11 „Beschichtungen, Tapezier- und Klebearbeiten auf Gasbeton", herausgegeben vom Bundesausschuß Farbe und Sachwertschutz, Börsenstraße 1, 60313 Frankfurt/Main, vor.
2) Begriff siehe DIN 55945.

Tabelle 1 **Beschichtungsstoff-Typen**

Beschichtungsstoff-Typ	für Kunstharzputz als
P Org 1	Außen- und Innenputz
P Org 2	Innenputz

3.3 Ausgangsstoffe

3.3.1 Organische Bindemittel

Organische Bindemittel im Sinne dieser Norm sind Polymerisatharze als Kunststoffdispersion[3]) oder als Lösung.

3.3.2 Zuschlag

Es wird zwischen mineralischem und organischem Zuschlag unterschieden. Zuschläge zur Herstellung von Beschichtungsstoffen werden auch als Füllstoffe bezeichnet.

3.3.2.1 Mineralischer Zuschlag

Mineralischer Zuschlag ist ein Gemenge (Haufwerk) aus ungebrochenen und/oder gebrochenen Körnern von natürlichen und/oder künstlichen mineralischen Stoffen, die

- ein dichtes Gefüge besitzen, z. B. Natursand, Brechsand, Granulat (Zuschlag mit dichtem Gefüge)
- ein poriges Gefüge besitzen, z. B. Perlit, Blähton, geblähte Schmelzflüsse (Zuschlag mit porigem Gefüge).

(aus: DIN 18 550 Teil 1 (01.85))

3.3.2.2 Organischer Zuschlag

Organischer Zuschlag ist ein Gemenge (Haufwerk) aus Körnern organischer Stoffe, die

- ein dichtes Gefüge besitzen, z. B. Kunststoffgranulate (Zuschlag mit dichtem Gefüge)
- ein poriges Gefüge besitzen, z. B. geschäumte Kunststoffe (Zuschlag mit porigem Gefüge)

(aus: DIN 18 550 Teil 1 (01.85).

3.3.3 Zusätze

3.3.3.1 Zusatzmittel

Zusatzmittel im Sinne dieser Norm sind Hilfsmittel, die die Eigenschaften des Beschichtungsstoffes und/oder des Kunstharzputzes durch chemische und/oder physikalische Wirkung beeinflussen und in geringer Menge zugegeben werden; hierzu gehören z. B. Filmbildehilfsmittel, Entschäumer, Verdickungsmittel.

---

[3]) Begriffe siehe DIN 55947.

3.3.3.2 Zusatzstoffe

Zusatzstoffe im Sinne dieser Norm sind Stoffe, die die Eigenschaften des Beschichtungsstoffes und/oder Kunstharzputzes beeinflussen und deren Stoffraumanteil im Gegensatz zu den Zusatzmitteln nicht vernachlässigt werden darf; hierzu gehören z. B. Weiß- und Buntpigmente.

3.3.4 Verdünnungsmittel

Verdünnungsmittel im Sinne dieser Norm sind Flüssigkeiten, die zur Einstellung der Verarbeitungskonsistenz von Beschichtungsstoffen verwendet werden; je nach Bindemittelart des Beschichtungsstoffes wird Wasser oder organisches Lösemittel verwendet.

3.6 Putzanwendung

Die Putzanwendung kennzeichnet den Kunstharzputz nach seiner örtlichen Lage am Bauwerk und der dadurch gegebenen Beanspruchung.

Hiernach werden unterschieden:

a) Außenputz
 - auf aufgehenden Flächen
 - für Sockel im Bereich oberhalb der Anschüttung
 - für Deckenuntersichten

b) Innenputz
 - für Wände in Räumen mit üblicher Luftfeuchte einschließlich der häuslichen Küchen und Bäder
 - für Wände in Feuchträumen
 - für Decken in Räumen mit üblicher Luftfeuchte einschließlich der häuslichen Küchen und Bäder
 - für Decken in Feuchträumen

3.7 Oberflächenstrukturen und -effekte

Je nach Art des Beschichtungsstoffes, des Auftragverfahrens und der Oberflächenbehandlung werden Kunstharzputze nach Oberflächenstrukturen bzw. -effekten unterschieden:

Kratzputz, Reibeputz, Rillenputz, Spritzputz, Rollputz, Buntsteinputz, Modellierputz, Streichputz.

4 Bezeichnung

Bezeichnung eines Beschichtungsstoffes für Außen- und Innenputz (P Org 1):

Beschichtungsstoff DIN 18 558 – P Org 1

Bezeichnung eines Beschichtungsstoffes für Innenputz (P Org 2):
Beschichtungsstoff DIN 18 558 − P Org 2

8.2 Anwendung bewährter Putzsysteme

Für die Verwendung von Kunstharzputz aus Beschichtungsstoffen nach dieser Norm sind in den Tabellen 2 bis 5 bewährte Putzsysteme für verschiedene Anwendungsbereiche angegeben. Bei Anwendung dieser Systeme sowie sach- und fachgerechter Ausführung können jeweils die in Abschnitt 6 (nicht abgedruckt) genannten Anforderungen an den Putz ohne weiteren Nachweis als erfüllt angesehen werden.

8.3 Anwendung anderer Putzsysteme

Sollen andere als in den Tabellen 2 bis 5 angegebene Putzsysteme angewendet werden, so sind Eignungsprüfungen für das vorgesehene Putzsystem durchzuführen.

Estriche im Bauwesen
Begriffe, allgemeine Anforderungen, Prüfung
Auszug aus **DIN 18 560 Teil 1** (5.92)

1 Anwendungsbereich
Diese Norm gilt für Anhydritestriche, Gußasphaltestriche, Magnesiaestriche und Zementestriche.

2 Begriffe

2.1 Estrich
Estrich ist ein auf einem tragenden Untergrund oder auf einer zwischenliegenden Trenn- oder Dämmschicht hergestelltes Bauteil, das unmittelbar als Boden nutzfähig ist oder mit einem Belag, gegebenenfalls frisch in frisch, versehen werden kann.

Anmerkung: Der Begriff „Estrich" wird im Sprachgebrauch auch als Bezeichnung für den aus den Ausgangsstoffen gemischten Baustoff in frischem oder erhärtetem Zustand verwendet.

2.2 Verbundestrich
Verbundestrich ist ein mit dem tragenden Untergrund verbundener Estrich.

2.3 Estrich auf Trennschicht
Estrich auf Trennschicht ist ein Estrich, der von dem tragenden Untergrund durch eine dünne Zwischenlage getrennt ist.

2.4 Estrich auf Dämmschicht
(auch: Schwimmender Estrich)

Estrich auf Dämmschicht (schwimmender Estrich) ist ein auf einer Dämmschicht hergestellter Estrich, der auf seiner Unterlage beweglich ist und keine unmittelbare Verbindung mit angrenzenden Bauteilen, z. B. Wänden oder Rohren, aufweist.

2.5 Heizestrich
Heizestrich ist ein beheizbarer Estrich, der in der Regel als Estrich auf Dämmschicht ausgeführt wird.

2.6 Industrieestrich
Industrieestrich ist ein Estrich für hohe Beanspruchung.

2.7 Einschichtiger Estrich
Einschichtiger Estrich ist ein Estrich, der in einem Arbeitsgang in der erforderlichen Dicke hergestellt wird.

2.8 Mehrschichtiger Estrich

Mehrschichtiger Estrich ist ein in mehreren Schichten hergestellter Estrich. Die einzelnen Schichten werden im Verbund hergestellt.

Anmerkung: Wird die Oberschicht unmittelbar genutzt, wird sie auch Nutzschicht genannt.

2.9 Baustellenestrich

Baustellenestrich ist ein Estrich, der aus den – gegebenenfalls vorgemischten – Ausgangsstoffen auf der Baustelle hergestellt oder der einbaufertig in gemischtem Zustand auf die Baustelle geliefert und dort in frischem Zustand eingebaut wird.

Anmerkung: Baustellenestrich, der durch Zugabe eines Fließmittels ohne nennenswerte Verteilung und Verdichtung eingebracht werden kann, wird als Fließestrich bezeichnet.

2.10 Fertigteilestrich

Fertigteilestrich ist ein Estrich, der aus vorgefertigten, kraftübertragend miteinander verbundenen Platten besteht.

2.11 Anhydritestrich

Anhydritestrich ist ein Estrich, der aus Anhydritbinder, Zuschlag und Wasser sowie gegebenenfalls unter Zugabe von Zusätzen (Zusatzstoffe, Zusatzmittel) hergestellt wird.

2.12 Gußasphaltestrich

Gußasphaltestrich ist ein Estrich, der aus Bitumen und Zuschlag sowie gegebenenfalls unter Zugabe von Zusätzen hergestellt wird.

2.13 Magnesiaestrich

Magnesiaestrich ist ein Estrich, der aus Kaustischer Magnesia, Zuschlag (Füllstoffen) und einer wäßrigen Salzlösung – im allgemeinen Magnesiumchlorid – sowie gegebenenfalls unter Zugabe von Zusätzen, z. B. Farbstoffen, hergestellt wird. Magnesiaestrich bis zur Rohdichteklasse 1,6 wird Steinholzestrich genannt.

2.14 Zementestrich

Zementestrich ist ein Estrich, der aus Zement, Zuschlag und Wasser sowie gegebenenfalls unter Zugabe von Zusätzen (Zusatzstoffe, Zusatzmittel) hergestellt wird.

Anmerkung: Zementestrich mit Zuschlag aus Naturstein und einer geschliffenen Oberfläche wird Terrazzo genannt.

2.15 Zementgebundener Hartstoffestrich

Zementgebundener Hartstoffestrich ist ein Zementestrich mit Zuschlag aus Hartstoffen. Er besteht aus einer Schicht, der Hartstoffschicht, oder aus zwei Schichten, der Übergangsschicht und der Hartstoffschicht.

2.16 Hartstoffschicht

Eine Hartstoffschicht ist die Nutzschicht eines zementgebundenen Hartstoffestrichs, die aus Zement, Hartstoff und Wasser sowie gegebenenfalls unter Zugabe von Zusätzen (Zusatzstoffe, Zusatzmittel) hergestellt wird.

2.17 Kunstharzestrich

Kunstharzestrich ist ein Estrich, der aus Reaktionsharzen und Zuschlag sowie gegebenenfalls unter Zugabe von Zusätzen (Zusatzstoffen, Zusatzmitteln) hergestellt wird.

2.18 Übergangs- oder Unterschicht

Eine Übergangs- oder Unterschicht ist die untere Schicht eines zwei- oder mehrschichtigen Estrichs.

2.19 Ausgleichestrich

a) Ausgleichestrich ist ein Estrich, der vor der Herstellung des eigentlichen Estrichs auf den tragenden Untergrund aufgebracht wird, um größere Unebenheiten, als sie nach DIN 18 202 zulässig sind, auszugleichen.

b) Ausgleichestrich ist die die Heizelemente umhüllende Schicht bei Heizestrichen der Bauart C nach DIN 18 560 Teil 2.

2.20 Haftbrücke

Eine Haftbrücke ist eine Schicht oder ein Mittel, um den Verbund des Estrichs mit dem tragenden Untergrund oder den Verbund zwischen Estrichschichten zu verbessern.

2.21 Tragender Untergrund

Der tragende Untergrund ist das Bauteil, das alle Belastungen aus dem Estrich aufnehmen muß.

2.22 Bewegungsfuge

Eine Bewegungsfuge ist eine Fuge im Estrich, die ihn vollständig in zwei Teile trennt.

2.23 Scheinfuge (auch: Eingeschnittene Fuge)

Eine Scheinfuge ist eine Fuge im Estrich, die höchstens bis zur Hälfte der Estrichdicke in den Estrich eingeschnitten wird.

2.24 Randfuge

Eine Randfuge ist eine Fuge, die den Estrich von seitlich angrenzenden und eingebauten Bauteilen trennt.

2.25 Dämmschicht

Eine Dämmschicht ist eine Schicht aus Stoffen zur Wärmedämmung (siehe DIN 4108 Teil 4) und/oder zur Schalldämmung (siehe DIN 4109).

2.26 Zusatzstoff

Ein Zusatzstoff ist ein Zusatz zum Estrich mit nennenswertem Volumenanteil, wie z. B. Traß, Flugasche, Farbpigmente oder Kunstharzdispersionen.

2.27 Zusatzmittel

Ein Zusatzmittel ist ein Zusatz zum Estrich, der als Volumenanteil nicht berücksichtigt zu werden braucht und der durch chemische und/oder physikalische Wirkung die Estricheigenschaften, z. B. Verarbeitbarkeit, Erhärten oder Erstarren, ändert.

3 Kurzzeichen

Kurzzeichen für Estriche werden nach dem verwendeten Bindemittel gebildet:

AE = Anhydritestrich
GE = Gußasphaltestrich
ME = Magnesiaestrich
ZE = Zementestrich

Die vollständigen Bezeichnungen für die verschiedenen Estricharten sind in DIN 18 560 Teil 2, Teil 3, Teil 4 und Teil 7 angegeben.

4 Allgemeine Anforderungen

4.1 Ausgangsstoffe

4.1.1 Bindemittel

Als Bindemittel für Estriche dürfen verwendet werden:

- für Anhydritestrich: Anhydritbinder der Festigkeitsklasse AB 20 nach DIN 4208,
- für Gußasphaltestrich: Bitumen nach DIN 1995, Hochvakuum- oder Hartbitumen oder ein Gemisch aus diesen,
- für Magnesiaestrich: Kaustische Magnesia nach DIN 273 Teil 1 in der Regel in Verbindung mit einer wäßrigen Lösung aus Magnesiumchlorid nach DIN 273 Teil 2.

— für Zementestrich: Zemente nach DIN 1164 Teil 1 und Teil 100 oder bauaufsichtlich zugelassene Zemente.

4.1.2 Zuschlag

Zuschlag für Anhydrit-, Gußasphalt- oder Zementestrich muß DIN 4226 Teil 1 oder Teil 2, Zuschlag für Gußasphaltestrich darüber hinaus DIN 1996 Teil 10 entsprechen. Als Füller für Gußasphaltestrich ist gemahlener Naturstein mit einem Massenanteil der Korngröße unter 0,09 mm von mindestens 80 % zu verwenden.

Für hochbeanspruchbare Gußasphaltestriche nach DIN 18 560 Teil 7 ist gebrochenes Gestein mit einem Schlagzertrümmerungswert von höchstens 18 % (Massenanteile) nach TL Min-StB zu verwenden. Es muß ferner die folgende Korngrößenverteilung in Massenanteilen aufweisen:

Korngröße

unter 0,9 mm   (Füller): 20 bis 30 %
  0,9 mm bis 2 mm (Sand):   15 bis 40 %
      über 2 mm   (Splitt): 40 bis 55 %

Als Zuschlag (Füllstoffe) für Magnesiaestrich dürfen organische Stoffe, anorganische Stoffe oder Gemenge dieser beiden verwendet werden, sofern sie den Erhärtungsvorgang nicht beeinträchtigen.

Zuschlag für zementgebundenen Hartstoffestrich muß DIN 1100 entsprechen.

Für Estriche im Freien ist Zuschlag mit erhöhten Anforderungen hinsichtlich des Frostwiderstandes nach DIN 4226 Teil 1 zu verwenden.

4.1.3 Zugabewasser

Das Zugabewasser darf keine Bestandteile enthalten, die das Erhärten oder andere Eigenschaften des Estrichs ungünstig beeinflussen. Im Zweifelsfall ist eine Untersuchung seiner Eignung zur Estrichherstellung erforderlich.

4.1.4 Zusätze

Zusätze (Zusatzstoffe, Zusatzmittel) dürfen keine nachteiligen Auswirkungen auf den Estrich oder auf angrenzende Bauteile haben.

4.2 Estrich

4.2.1 Allgemeines

Ein Estrich muß in jeder Schicht in Dicke, Rohdichte und mechanischen Eigenschaften möglichst gleichmäßig sein und eine ebene Oberfläche mit Ebenheitstoleranzen nach DIN 18 202 aufweisen, die eine für den Verwendungszweck ausreichende Oberflächenfestigkeit besitzen muß.

Anmerkung: Werden bei Anhydrit-, Magnesia- und Zementestrich für besondere Anwendungsgebiete zusätzliche Anforderungen an Verschleißwiderstand gestellt, so müssen die Kennwerte für diese Anforderungen auf die Festigkeitsklassen abgestimmt werden.

Geringe material- und herstellungsbedingte Farb- und Strukturunterschiede in der Oberfläche des Estrichs sind zulässig.

4.2.2 Dicke

Die Dicke eines Estrichs sowie die Ober- bzw. Nutzschichtdicke eines mehrschichtigen Estrichs müssen auf die jeweilige Estrichart und den jeweiligen Verwendungszweck des Estrichs abgestimmt sein. Soweit nichts anderes bestimmt ist, ist die Dicke eines Estrichs aus den Werten der Tabelle 1, erste Spalte, und die Ober- bzw. Nutzschichtdicke eines mehrschichtigen Estrichs bzw. die Dicke einer Hartstoffschicht aus den Werten der Tabelle 2, erste Spalte, zu wählen.

Die in den ersten Spalten der Tabellen 1 und 2 angegebenen Nenndicken sind die Mindestwerte der mittleren Estrichdicke bzw. der mittleren Ober- bzw. Nutzschichtdicke.

Bei der Prüfung der Dicke dürfen die Werte der zweiten und dritten Spalten der Tabelle 1 bzw. 2 nicht unterschritten werden.

Tabelle 1. **Estrichdicken**

	Estrichdicke in mm	
Nenndicke	kleinster Einzelwert	Mittelwert aus mindestens 10 Proben bzw. Meßstellen
10	$\geq -^{1)}$	≥ 10
15	$\geq -^{1)}$	≥ 15
20	≥ 15	≥ 20
25	≥ 20	≥ 25
30	≥ 25	≥ 30
35	≥ 30	≥ 35
40	≥ 35	≥ 40
45	≥ 40	≥ 45
50	≥ 45	≥ 50
60	≥ 50	≥ 60
70	≥ 60	≥ 70
80	≥ 70	≥ 80

1) Diese Werte sind im Einzelfall zu vereinbaren.

Tabelle 2. **Ober- bzw. Nutzschichtdicke mehrschichtiger Estriche bzw. Dicke einer Hartstoffschicht**

Nenndicke	Ober- bzw. Nutzschichtdecke in mm	
	kleinster Einzelwert	Mittelwert aus mindestens 10 Proben
4	≥ 3	≥ 4
5	≥ 3	≥ 5
6	≥ 4	≥ 6
8	≥ 5	≥ 8
10	≥ 6	≥ 10
15	≥ 10	≥ 15
20	≥ 15	≥ 20

4.2.3 Trockenrohdichte

Für Magnesiaestrich gelten für die Trockenrohdichte die Rohdichteklassen der Tabelle 3.

Anforderungen an die Trockenrohdichte sind nur zu stellen, wenn dies wegen der Wärmeleitfähigkeit und/oder der Eigenlast erforderlich ist.

Tabelle 3. **Rohdichteklassen für Magnesiaestriche**

Rohdichte-klasse	Trockendichte in kg/dm^3	
	Mittelwert jeder Serie	größter Einzelwert
0,4	≤ 0,40	0,50
0,8	≤ 0,80	0,90
1,2	≤ 1,20	1,30
1,4	≤ 1,40	1,50
1,6	≤ 1,60	1,70
1,8	≤ 1,80	1,90
2,0	≤ 2,00	2,10
2,2	≤ 2,20	2,30

4.2.4 Mechanische Kennwerte

4.2.4.1 Allgemeines

Im allgemeinen genügen Anhydrit-, Magnesia- und Zementestriche den vorgesehenen Beanspruchungen, wenn sie die erforderliche Druck- und Biegezugfestigkeit der entsprechenden Festigkeitsklasse aufweisen. Das gleiche gilt für Gußasphaltestriche bei Einhaltung der erforderlichen Härte.

Hochbeanspruchbare Estriche nach DIN 18 560 Teil 7 müssen darüber hinaus weitere Anforderungen, z. B. an den Schleifverschleiß oder an die Oberflächenhärte, erfüllen.

DIN 18560 Teil 1

4.2.4.2 Festigkeit und Härte

Anhydritestrich wird nach seiner bei der Güteprüfung einer Prismenserie im Alter von 28 Tagen ermittelten Druckfestigkeit in die Festigkeitsklassen AE 12 bis AE 40 nach Tabelle 4 unterteilt.

Gußasphaltestrich wird aufgrund seiner Härte (Eindringtiefe) in die Härteklassen GE 10 bis GE 100 nach Tabelle 5 unterteilt.

Magnesiaestrich wird nach seiner bei der Güteprüfung einer Prismenserie im Alter von 28 Tagen ermittelten Druckfestigkeit in die Festigkeitsklasse ME 5 bis ME 50 nach Tabelle 6 unterteilt.

Zementestrich wird nach seiner bei der Güteprüfung einer Prismenserie im Alter von 28 Tagen ermittelten Druckfestigkeit in die Festigkeitsklassen ZE 12 bis ZE 65 nach Tabelle 7 unterteilt. Zementestriche der Festigkeitsklassen ZE 55 M, ZE 65 A und ZE 65 KS werden als Hartstoffestriche hergestellt.

Tabelle 4. **Anhydritestriche, Festigkeitsklassen**

Festigkeits-klasse	Güteprüfung			Eignungsprüfung
	Druckfestigkeit in N/mm^2		Biegezugfestigkeit in N/mm^2	Druckfestigkeit in N/mm^2
	kleinster Einzelwert (Nennfestigkeit)	Mittelwert jeder Serie (Serienfestigkeit)	Mittelwert jeder Serie (Serienfestigkeit)	Richtwert
AE 12	12	$\geq$ 15	$\geq$ 3	18
AE 20	20	$\geq$ 25	$\geq$ 4	30
AE 30[1])	30	$\geq$ 35	$\geq$ 6	40
AE 40[1])	40	$\geq$ 45	$\geq$ 7	50

1) Eignungsprüfung erforderlich (siehe Abschnitt 5.2.2, zweiter Absatz)

Tabelle 5. **Gußasphaltestriche, Härteklassen, Wasseraufnahme, Biegezugfestigkeit**

Härteklasse	Eindringtiefe in mm			Wasseraufnahme, Volumenanteil in %	Biegezugfestigkeit in N/mm^2
	Stempelquerschnitt 100 mm^2		Stempelquerschnitt 500 mm^2		
	bei (22$\pm$1)°C Prüfdauer 5 h	bei (40$\pm$1)°C Prüfdauer 2 h	bei (40$\pm$1)°C Prüfdauer 0,5 h	[2]) [3])	[2])
GE 10	$\leq$ 1,0	$\leq$ 4,0 ($\leq$ 2,0)[1])	–	$\leq$ 0,7	$\geq$ 8
GE 15	$\leq$ 1,5	$\leq$ 6,0	–	$\leq$ 0,7	$\geq$ 8
GE 40	–	–	> 1,5 bis 4,0	$\leq$ 0,7	–
GE 100	–	–	> 4,0 bis 10,0	$\leq$ 0,7	–

1) Klammerwert für Heizestrich.
2) Wert für die Eignungsprüfung bei hochbeanspruchbarem Gußasphaltestrich.
3) Nur für Gußasphaltestrich in Naßräumen und im Freien.

Tabelle 6. **Magnesiaestriche, Festigkeitsklassen**

Festigkeits-klasse	Güteprüfung			Eignungsprüfung
	Druckfestigkeit in N/mm^2		Biegezugfestigkeit in N/mm^2	Druckfestigkeit in N/mm^2
	kleinster Einzelwert (Nennfestigkeit)	Mittelwert jeder Serie (Serienfestigkeit)	Mittelwert jeder Serie (Serienfestigkeit)	Richtwert
ME 5	5	$\geq$ 8	$\geq$ 3	12
ME 7	7	$\geq$ 10	$\geq$ 4	15
ME 10	10	$\geq$ 15	$\geq$ 5	20
ME 20	20	$\geq$ 25	$\geq$ 7	30
ME 30	30	$\geq$ 35	$\geq$ 8	40
ME 40[1]	40	$\geq$ 45	$\geq$ 10	50
ME 50[1]	50	$\geq$ 55	$\geq$ 11	60

[1] Eignungsprüfung erforderlich (siehe Abschnitt 5.2.2, zweiter Absatz).

Tabelle 7. **Zementestriche, Festigkeitsklassen**

Festig-keits-klasse	Güteprüfung			Eignungsprüfung
	Druckfestigkeit in N/mm^2		Biegezugfestigkeit in N/mm^2	Druckfestigkeit in N/mm^2
	kleinster Einzelwert (Nennfestigkeit)	Mittelwert jeder Serie (Serienfestigkeit)	Mittelwert jeder Serie (Serienfestigkeit)	Richtwert
ZE 12	12	$\geq$ 15	$\geq$ 3	18
ZE 20	20	$\geq$ 25	$\geq$ 4	30
ZE 30	30	$\geq$ 35	$\geq$ 5	40
ZE 40[1]	40	$\geq$ 45	$\geq$ 6	50
ZE 50[1]	50	$\geq$ 55	$\geq$ 7	60
ZE 55 M[1][2]	55	$\geq$ 70	$\geq$ 11	80
ZE 65 A[1][2]	65	$\geq$ 75	$\geq$ 9	80
ZE 65 KS[1][2]	65	$\geq$ 75	$\geq$ 9	80

[1] Eignungsprüfung erforderlich (siehe Abschnitt 5.2.2, zweiter Absatz).
[2] M, A, KS: Hartstoffgruppe nach DIN 1100.

4.2.4.3 Verschleißwiderstand

Anforderungen an den Verschleißwiderstand sind nur zu stellen, wenn der Estrich unmittelbar schleifenden, rollenden und/oder stoßenden Beanspruchungen ausgesetzt ist.

Bei Anhydrit- oder Zementestrichen für schleifende Beanspruchung kann der Verschleißwiderstand über den Schleifverschleiß (siehe Abschnitt 4.2.4.4), bei Magnesiaestrichen für rollende und stoßende Beanspruchungen über die Festigkeit und die Oberflächenhärte (siehe Abschnitt 4.2.4.5) beurteilt werden.

DIN 18 560 Teil 1

4.2.4.4 Schleifverschleiß

Der Schleifverschleiß von Anhydrit- und Zementestrichen ist auf den jeweiligen Verwendungszweck des Estrichs abzustimmen. Werte für den Schleifverschleiß enthält Tabelle 8, die Prüfung ist nach DIN 52 108 durchzuführen.

Tabelle 8. **Schleifverschleiß für Anhydrit- und Zementestriche**

Nennwert	Schleifverschluß in cm^3/50 cm^2		Eignungs- prüfung
	Güteprüfung		
	größter Einzelwert	Mittelwert jeder Serie	Richtwert
22	25	≤ 22	20
15	17	≤ 15	13
12	13	≤ 12	11
9	10	≤ 9	8
6[1]	7	≤ 6	—[4]
3[2]	4	≤ 3	—[4]
1,5[3]	2	≤ 1,5	—[4]

1) Für ZE 65 A
2) Für ZE 55 M
3) Für ZE 65 KS
4) Der Richtwert bleibt dem Hersteller freigestellt.

4.2.4.5 Oberflächenhärte

Die Oberflächenhärte von Magnesiaestrichen ist auf den jeweiligen Verwendungszweck des Estrichs abzustimmen. Werte für die Oberflächenhärte enthält Tabelle 9, die Prüfung ist nach DIN 272 durchzuführen.

Tabelle 9. **Oberflächenhärte für Magnesiaestriche**

Nennwert	Oberflächenhärte in N/mm^2		Eignungs- prüfung
	Güteprüfung		
	kleinster Einzelwert	Mittelwert jeder Serie	Richtwert
30	25	≥ 30	35
40	35	≥ 40	50
50	45	≥ 50	60
70	60	≥ 70	80
100	80	≥ 100	120
150	130	≥ 150	180
200	170	≥ 200	220

DIN 18 560 Teil 1

4.3 Estrich im Freien

Als Estrich im Freien eignen sich Gußasphalt- und Zementestriche. Hierfür sind Gußasphaltestriche in der Regel der Härteklasse GE 40 zu verwenden. Zementestriche sind, wenn sie durch Taumittel beansprucht werden, in Anlehnung an DIN 1045 herzustellen.

6 Ausführung

6.1 Anhydritestrich

Anhydritestrich ist unverzüglich nach Beendigung des Mischvorganges bzw. nach Anlieferung auf der Baustelle einzubringen, zu verteilen, der Konsistenz entsprechend abzuziehen und zu verdichten. Die Oberfläche ist erforderlichenfalls abzureiben und zu glätten. Pudern oder Nässen der Oberfläche ist unzulässig.

Beim Einbringen darf die Temperatur des Anhydritestrichs 5 °C nicht unterschreiten. Sie soll anschließend wenigstens 2 Tage auf mindestens 5 °C gehalten werden. Ferner ist der Estrich wenigstens 2 Tage vor schädlichen Einwirkungen, wie z. B. Wärme, Schlagregen und Zugluft, zu schützen. Dies ist bei kleineren Bauwerken im allgemeinen ohne besondere Maßnahmen sichergestellt, wenn das Bauwerk geschlossen ist.

Anhydritestrich soll unbehindert austrocknen können und darf nicht einer dauernden Feuchtigkeitsbeanspruchung ausgesetzt werden. Bereiche im Estrich, in denen mit Feuchtigkeitsanreicherung zu rechnen ist, müssen durch eine Dampfsperre davor geschützt werden. Eine solche Maßnahme ist vom Planverfasser bei der Bauwerksplanung festzulegen.

Anhydritestrich sollte nicht vor Ablauf von 2 Tagen begangen und nicht vor Ablauf von 5 Tagen höher belastet werden.

6.2 Gußasphaltestrich

Gußasphaltestrich ist in stationären Mischanlagen nach einer vorher festgelegten Rezeptur aufzubereiten und in Rührwerkskochern zur Baustelle zu transportieren. Das Mischgut ist mit einer Temperatur von 220 bis 250 °C einzubauen.

Die Oberfläche des frischen, noch heißen Gußasphaltestrichs ist mit Sand abzureiben. Gußasphaltestrich bedarf keiner Nachbehandlung.

Der frisch verlegte Gußasphaltestrich darf nach dem Abkühlen, in der Regel nach 2 bis 3 Stunden, benutzt werden.

6.3 Magnesiaestrich

Bei der Herstellung von Magnesiaestrich soll das Mischungsverhältnis von wasserfreiem Magnesiumchlorid ($MgCl_2$) zu Magnesiumoxid (MgO) zwischen 1 : 2,0 und 1 : 3,5 Massenanteilen liegen.

Magnesiaestrich ist unverzüglich nach Beendigung des Mischvorganges bzw. nach Anlieferung auf der Baustelle einzubringen, zu verteilen und der Konsistenz entsprechend abzuziehen und zu verdichten. Die Oberfläche ist erforderlichenfalls abzureiben und zu glätten.

Beim Einbringen darf die Temperatur des Magnesiaestrichs 5 °C nicht unterschreiten. Sie soll anschließend wenigstens 2 Tage auf mindestens 5 °C gehalten werden. Ferner ist der Estrich wenigstens 2 Tage vor schädlichen Einwirkungen, wie z. B. Wärme, Schlagregen und Zugluft, zu schützen. Dies ist bei kleineren Bauwerken im allgemeinen ohne besondere Maßnahmen sichergestellt, wenn das Bauwerk geschlossen ist.

Magnesiaestrich soll unbehindert austrocknen können und darf nicht einer dauernden Feuchtigkeitsbeanspruchung ausgesetzt werden. Bereiche im Estrich, in denen mit Feuchtigkeitsanreicherung zu rechnen ist, müssen durch eine Dampfsperre davor geschützt werden. Eine solche Maßnahme ist vom Planverfasser bei der Bauwerksplanung festzulegen.

Magnesiaestrich sollte nicht vor Ablauf von 2 Tagen begangen und nicht vor Ablauf von 5 Tagen höher belastet werden.

6.4 Zementestrich

Bei der Herstellung von Zementestrich ist der Zementgehalt auf das notwendige Maß zu beschränken.

Der Zuschlag soll bei Estrichdicken bis 40 mm ein Größtkorn von 8 mm, bei Estrichdicken über 40 mm ein Größtkorn von 16 mm nicht überschreiten. Die Kornzusammensetzung des Zuschlags sollte im Bereich 3 der Sieblinien nach DIN 1045 liegen.

Zementestrich ist unverzüglich nach Beendigung des Mischvorganges bzw. nach Anlieferung auf der Baustelle einzubringen, zu verteilen und der Konsistenz entsprechend abzuziehen und zu verdichten. Die Oberfläche ist erforderlichenfalls abzureiben und zu glätten. Pudern, Nässen oder Aufbringen von Feinmörtel sind unzulässig.

Beim Einbringen darf die Temperatur des Zementestrichs 5 °C nicht unterschreiten. Sie soll anschließend wenigstens 3 Tage auf mindestens 5 °C gehalten werden. Ferner ist der Estrich wenigstens 3 Tage, bei niedrigen Temperaturen oder langsam erhärtenden Zementen entsprechend länger, vor dem Austrocknen und auch danach noch wenigstens 1 Woche vor schädlichen Einwirkungen, z. B. durch Wärme und Zugluft, zu schützen, um das Schwinden gering zu halten. Dies ist bei kleineren Bauwerken im allgemeinen ohne besondere Maßnahmen sichergestellt, wenn das Bauwerk geschlossen ist.

Zementestrich sollte nicht vor Ablauf von 3 Tagen begangen und nicht vor Ablauf von 7 Tagen höher belastet werden.

Estriche im Bauwesen
Estriche und Heizestriche auf Dämmschichten (schwimmende Estriche) Auszug aus **DIN 18 560 Teil 2** (5.92)

1 Anwendungsbereich

Diese Norm gilt zusammen mit DIN 18 560 Teil 1 für Estriche auf Dämmschichten, im folgenden schwimmende Estriche genannt. Sie haben den Zweck, Anforderungen an den Wärme- und/oder den Schallschutz zu erfüllen. Als Heizestriche dienen sie außerdem zur Aufnahme der Heizelemente für die Raumheizung.

Für schwimmende Estriche, die hohen Beanspruchungen unterliegen, ist zusätzlich DIN 18 560 Teil 7 zu beachten.

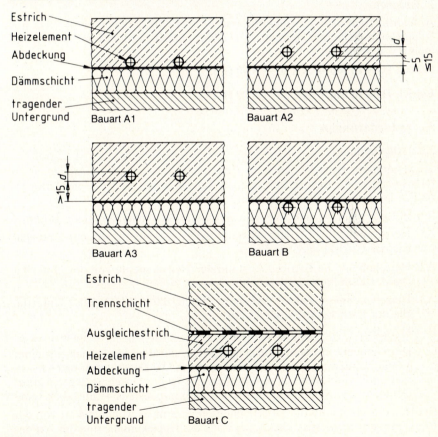

Bild 1. Bauarten von Heizestrichen

2 Bezeichnung

Schwimmende Estriche sind mit der Benennung „Estrich", der DIN-Hauptnummer sowie mit dem Kurzzeichen für Estrichart und Festigkeits- bzw. Härteklasse nach DIN 18 560 Teil 1 und darüber hinaus mit dem Buchstaben „S" (für schwimmend) und der Nenndicke der Estrichschicht in mm zu bezeichnen.

Heizestriche sind ferner mit dem Buchstaben „H" und der Überdeckung der Heizelemente in mm zu bezeichnen.

1. Beispiel:

Anhydritestrich der Festigkeitsklasse 20 (AE 20), schwimmend (S), mit 40 mm Nenndicke:

Estrich DIN 18 560 − AE 20 − S 40

2. Beispiel:

Anhydritestrich der Festigkeitsklasse 20 (AE 20), schwimmend (S), mit 70 mm Nenndicke, als Heizestrich (H) mit einer Überdeckung der Heizelemente von 45 mm:

Estrich DIN 18 560 − AE 20 − S 70 H 45

Estrich DIN 18 560 − AE 20 − S 70 H 45

3 Anforderungen

3.1 Allgemeines

Schwimmende Estriche müssen den allgemeinen Anforderungen nach DIN 18 560 Teil 1 entsprechen, jedoch werden in der Regel keine Anforderungen an den Verschleißwiderstand gestellt.

Bei Heizestrichen werden folgende Bauarten unterschieden (siehe Bild 1):

A1: Heizelemente im Estrich, Abstand der Heizelemente von der Unterfläche der Estrichplatte bis 5 mm.

A2: Heizelemente im Estrich, Abstand der Heizelemente von der Unterfläche der Estrichplatte über 5 bis 15 mm.

A3: Heizelemente im Estrich, Abstand der Heizelemente von der Unterfläche der Estrichplatte über 15 mm.

B: Heizelemente unter dem Estrich in bzw. auf der Dämmschicht.

C: Heizelemente in einem Ausgleichestrich, auf den der Estrich mit einer zweilagigen Trennschicht aufgebracht wird. Die Dicke des Ausgleichsestrichs muß mindestens 20 mm größer sein als der Durchmesser der Heizelemente. Der aufgebrachte Estrich muß mindestens 45 mm dick sein.

Bei Heizestrichen muß die Oberflächentemperatur in Abhängigkeit von der Bindemittelart, der Estrichdicke, der Lage der Heizelemente und der Art des Belages begrenzt sein.

Die Temperatur im Bereich der Heizelemente darf
- bei Gußasphaltestrichen   45 °C,
- bei Anhydrit- und Zementestrichen   60 °C

auf Dauer nicht überschreiten.

3.2 Dicke und Festigkeits- bzw. Härteklassen

3.2.1 Unbeheizbare Estriche

Für unbeheizbare Estriche bei einer gleichmäßig verteilten Verkehrslast bis 1,5 kN/m² (im Wohnungsbau) muß der gewählte Nennwert der Estrichdicke in Abhängigkeit von der Art des Estrichs und der Dämmschichtdicke mindestens der Tabelle 1 entsprechen.

Bei höheren Verkehrslasten als 1,5 kN/m² müssen im allgemeinen größere Dicken als nach Tabelle 1 festgelegt werden.

Ferner können bei Gußasphaltestrichen in unbeheizten Räumen oder in Räumen mit niedrigen Temperaturen andere Härteklassen als nach Tabelle 1 erforderlich werden.

Beim Einbau des Estrichs als Fließestrich sind auch andere als in Tabelle 1 angegebene Festigkeitsklassen möglich, wenn die bei der Bestätigungsprüfung geforderten Werte für die Biegezugfestigkeit nachgewiesen werden können.

Bei anderen als den angegebenen Festigkeitsklassen ist eine von Tabelle 1 abweichende Dicke möglich, die jedoch mindestens 30 mm betragen muß. In diesem Fall sind für eine gegebenenfalls durchzuführende Bestätigungsprüfung bei Anhydrit-, Magnesia- und Zementestrich die Werte für die Biegezugfestigkeit zu vereinbaren.

3.2.2 Heizestriche

Die Dicke und die Festigkeits- bzw. Härteklasse von Heizestrichen muß in Abhängigkeit von der gewählten Bauart der Tabelle 2 entsprechen. Die Nenndicke über den Heizelementen (Überdeckungshöhe) soll aus fertigungstechnischen Gründen nicht weniger als etwa das Dreifache des Größtkorns des Zuschlages, mindestens aber 25 mm (Bauart A3) betragen.

Bei anderen als den angegebenen Festigkeitsklassen ist eine von Tabelle 2 abweichende Dicke möglich, die jedoch bei den Bauarten A1 und A3 mindestens (30 + d) mm, bei der Bauart A2 (35 + d) mm und bei den Bauarten B und C mindestens 30 mm betragen muß. Dabei muß in einer Eignungsprüfung nachgewiesen werden, daß der Estrich hinsichtlich der Tragfähigkeit
– bei Stein- und keramischen Bodenbelägen auch hinsichtlich der Durchbiegung – einem Zementestrich der Festigkeitsklasse ZE 20 mit einer Dicke von 45 mm entspricht.

Bei Heizestrichen der Bauart C muß der Ausgleichestrich mindestens aus Zementestrich ZE 20 oder einem Estrich gleichwertiger Festigkeitsklasse bestehen. Wird als Ausgleichestrich Anhydritestrich verwendet, müssen die Massenanteile seiner Feuchte bei Aufbringen der Trennschicht unter 0,5 % liegen.

Ausgleichestriche bei der Bauart C neigen wegen der geringen Überdeckung der Heizelemente zu Schwindrissen, die jedoch in der Regel ihre Funktionsfähigkeit nicht beeinträchtigen. Sie haben keine lastverteilende Funktion, ihre Oberflächen müssen abgerieben sein.

3.3 Dämmschichten

Die Dämmschichten müssen aus Dämmstoffen nach DIN 18 164 Teil 1 oder Teil 2 oder nach DIN 18 165 Teil 1 oder Teil 2 bestehen.

Andere Dämmstoffe dürfen verwendet werden, wenn ihre Brauchbarkeit den bauaufsichtlichen Vorschriften entsprechend nachgewiesen ist, z. B. durch eine allgemeine bauaufsichtliche Zulassung.

Bei Heizestrichen darf die Zusammendrückbarkeit der Dämmschicht nicht mehr als 5 mm betragen (siehe Tabelle 2, Fußnote 2). Werden Trittschall- und Wärmedämmstoffe in einer Dämmschicht zusammen eingesetzt, soll der Dämmstoff mit der geringeren Zusammendrückbarkeit oben liegen. Dies gilt nicht für trittschalldämmende Heizsystemplatten.

Bei Heizestrichen mit elektrischer Beheizung muß die oberste Lage der Dämmschicht kurzzeitig gegen eine Temperaturbeanspruchung von 90 °C widerstandsfähig sein (Typ WD nach DIN 18 164 Teil 1 und DIN 18 165 Teil 1).

Anmerkung 1: Die Zusammendrückbarkeit ergibt sich aus der Differenz zwischen der Lieferdicke d_L und der Dicke unter Belastung d_B des Dämmstoffs. Sie ist aus der Kennzeichnung der Dämmstoffe ersichtlich, z. B. 20/15: $d_L = 20$ mm, $d_B = 15$ mm. Bei mehreren Lagen ist die Zusammendrückbarkeit der einzelnen Lagen zu addieren.

Anmerkung 2: Die sich unter dem Eigengewicht einstellende Zusammendrückung liegt in der Regel unter der Zusammendrückbarkeit.

4 Bauliche Erfordernisse

4.1 Tragender Untergrund

Der tragende Untergrund muß zur Aufnahme des schwimmenden Estrichs ausreichend trocken sein und eine ebene Oberfläche aufweisen.

Er darf keine punktförmigen Erhebungen, Rohrleitungen oder ähnliches aufweisen, die zu Schallbrücken und/oder Schwankungen in der Estrichdicke führen können. Die Toleranzen der Höhenlage und der Neigung des tragenden Untergrundes müssen DIN 18 202 entsprechen.

Für Heizestriche aus Fertigteilen müssen darüber hinaus die besonderen Anforderungen des Herstellers an die Ebenheit des tragenden Untergrundes beachtet werden.

Falls Rohrleitungen auf dem tragenden Untergrund verlegt sind, müssen sie festgelegt sein. Durch einen Ausgleich ist wieder eine ebene Oberfläche zur Aufnahme der Dämmschicht − mindestens jedoch der Trittschalldämmung − zu schaffen. Die dazu erforderliche Konstruktionshöhe muß eingeplant sein. Ungebundene Schüttungen aus Natur- oder Brechsand dürfen für den Ausgleich nicht verwendet werden.

Fugen im tragenden Untergrund müssen vollkantig sein, eine gleichmäßige Breite aufweisen und geradlinig verlaufen.

Soll die Oberfläche des schwimmenden Estrichs im Gefälle liegen, so muß dies bereits im tragenden Untergrund vorhanden sein, damit der Estrich in gleichmäßiger Dicke hergestellt werden kann.

Abdichtungen gegen Bodenfeuchtigkeit und gegen nichtdrückendes Wasser müssen vom Bauwerksplaner festgelegt werden und vor Einbau des Estrichs hergestellt sein (siehe DIN 18 195 Teil 4 und Teil 5).

4.2 Aufgehende Bauteile

Aufgehende Bauteile, für die ein Wandputz vorgesehen ist, müssen zum Verlegen der Dämmschichten schwimmender Estriche verputzt sein.

4.3 Heizestriche

Bei der Planung von Heizestrichen sind die Heizkreise und die Estrichfelder aufeinander abzustimmen.

Bewegungsfugen im tragenden Untergrund dürfen nicht von Heizelementen gekreuzt werden. Anschlußleitungen, die Bewegungsfugen kreuzen müssen, sind in geeigneter Weise, z. B. durch Rohrhülsen, zu schützen.

Tabelle 1. **Nenndicken und Festigkeit bzw. Härte unbeheizbarer Estriche auf Dämmschichten für Verkehrslasten bis 1,5 kN/m²**

Estrichart	Estrichnenndicke in mm bei einer Dämmschichtdicke d_B[1]		Bestätigungsprüfung			
			Biegezugfestigkeit β_{BZ} in N/mm²		Eindringtiefe (Härte) in mm	
	bis 30 mm	über 30 mm	kleinster Einzelwert	Mittelwert	bei (22 ± 1)°C	bei (40 ± 1)°C
Anhydrit AE 20 Magnesia ME 7[3] Zement ZE 20	≥ 35[2]	≥ 40[2]	$\geq 2{,}0$	$\geq 2{,}5$	−	−
Gußasphalt GE 10	≥ 20	≥ 20	−	−	$\leq 1{,}0$	$\leq 4{,}0$

1) Die Zusammendrückbarkeit der Dämmstoffe unter Belastung darf nicht mehr als 10 mm, bei Gußasphaltestrich nicht mehr als 5 mm betragen. Bei einer Zusammendrückbarkeit über 5 mm ist die Estrichnenndicke um 5 mm zu erhöhen.
2) Unter Stein- und keramischen Belägen muß die Estrichnenndicke mindestens 45 mm betragen.
3) Die Oberflächenhärte bei Steinholzestrichen muß mindestens 30 N/mm² betragen.

6 Ausführung

6.1 Dämmschicht

6.1.1 Verlegen

Zur Herstellung der Dämmschicht müssen die Dämmstoffe dicht gestoßen verlegt werden, dabei sind Dämmplatten im Verband anzuordnen. Mehrlagige Dämmschichten sind so zu verlegen, daß die Stöße gegeneinander versetzt sind, dabei dürfen höchstens zwei Lagen aus Trittschalldämmstoffen bestehen.

Die Dämmschicht muß vollflächig auf der Unterlage aufliegen. Hohlstellen sind durch geeignete Maßnahmen zu beseitigen.

6.1.2 Abdecken

Vor dem Aufbringen des Estrichs muß die Dämmschicht mit einer Polyethylenfolie von mindestens 0,1 mm Dicke oder mit einem anderen Erzeugnis vergleichbarer Eigenschaften abgedeckt werden. Bei Heizestrichen sind Polyethylenfolien von mindestens 0,2 mm Dicke zu verwenden. Die einzelnen Bahnen müssen sich an den Stößen mindestens 80 mm überdecken.

Zur Abdeckung sind auch andere Stoffe oder Maßnahmen zulässig, wenn eine den obengenannten Stoffen gleichwertige Funktion nachgewiesen wird.

Bei Gußasphaltestrich ist eine Abdeckung der Dämmschicht mit Papier oder ähnlichem ausreichend.

Die Abdeckung ist an den Rändern bis zur Oberkante des Randstreifens nach Abschnitt 6.2 hochzuführen, sofern der Randstreifen nicht selbst die Funktion der Abdeckung erfüllt.

Falls erforderlich, ist bei Fließestrich die Abdeckung der Dämmschicht z. B. durch Verkleben oder Verschweißen so auszubilden, daß sie bis zum Erstarren des Estrichs wasserundurchlässig ist.

Abdeckungen können nicht als geeignete Maßnahmen zum dauernden Schutz der Dämmschicht gegen Feuchtigkeit angesehen werden.

6.1.3 Schutzmaßnahmen

Die Dämmschicht ist, falls erforderlich, durch geeignete Maßnahmen vor Feuchtigkeit, z. B. durch Dampfsperren, zu schützen. Solche Maßnahmen sind vom Planverfasser bei der Bauwerksplanung festzulegen.

Die Dämmschicht und ihre Abdeckung dürfen auch beim Einbau des Estrichs und gegebenenfalls der Heizelemente nicht in ihrer Funktionsfähigkeit beeinträchtigt werden, z. B. durch Verwendung ungeeigneter Kniebretter. Bei dem Transport des Estrichmörtels über die Dämmschicht mit Karren müssen Bohlen oder ähnliches verlegt werden. Ebenso sind andere, auch kurzzeitige größere Belastungen der Dämmschicht zu vermeiden, damit ihre dämmende Wirkung nicht herabgesetzt wird.

Tabelle 2. **Nenndicken und Festigkeit bzw. Härte von Heizestrichen auf Dämmschichten für Verkehrslasten bis 1,5 kN/m²**

Estrichart	Bauart	Estrich-nenndicke in mm[1)][2)]	Überdek-kungshöhe in mm	Bestätigungsprüfung Biegezugfestigkeit β_{BZ} in N/mm²	
				kleinster Einzelwert	Mittelwert
		min.	min.	min.	min.
Anhydrit AE 20 Zement ZE 20	A1 A2 A3 B, C	45 + d 50 + d 45 + d 45	45 — 25[3)] —	2,0	2,5
				Eindringtiefe (Härte) in mm	
				bei (22 ± 1)°C max.	bei (40 ± 1)°C max.
Gußasphalt GE 10	A1	35	15	1	2

1) d ist der äußere Durchmesser der Heizelemente.
2) Die Zusammendrückbarkeit der Dämmschicht darf höchstens 5 mm betragen.
3) Die Summe der Abstände der Heizelemente von der Ober- und der Unterfläche der Estrichplatte muß mindestens 45 mm betragen.

6.2 Randstreifen

An Wänden und anderen aufgehenden Bauteilen, z. B. Türzargen, Rohrleitungen, sind vor dem Einbau des Estrichs schalldämmende Randstreifen (Randfugen) anzuordnen.

Bei Gußasphaltestrichen genügt in der Regel das Hochziehen der Abdeckung. Soll jedoch auf Gußasphaltestrichen Holzpflaster oder Parkett verlegt werden, muß der Randstreifen so dick sein, daß die Fuge zwischen Estrich und Wand etwa 10 mm beträgt.

Die Randstreifen müssen vom tragenden Untergrund bis zur Oberfläche des Belages reichen und bei Heizestrichen eine Bewegung von mindestens 5 mm ermöglichen.

Bei mehrlagigen Dämmschichten muß der Randstreifen vor dem Einbringen der obersten Dämmschicht verlegt sein. Der Randstreifen muß gegen Lageveränderung beim Einbringen des Estrichs gesichert sein.

Die überstehenden Teile des Randstreifens und der hochgezogenen Abdeckung dürfen erst nach Fertigstellung des Fußbodenbelages bzw. bei textilen und elastischen Belägen erst nach Erhärtung der Spachtelmasse abgeschnitten werden.

6.3 Estrich

6.3.1 Allgemeines

Der Estrich ist nach DIN 18 560 Teil 1 herzustellen.

Bei der Herstellung von Heizestrichen aus Anhydritbinder oder Zement dürfen nur solche Zusatzmittel verwendet werden, die den Volumenanteil der Luftporen des Mörtels nach DIN EN 196 Teil 1 um nicht mehr als 5 % erhöhen.

6.3.2 Bewehrung

Eine Bewehrung von Estrichen auf Dämmschicht ist grundsätzlich nicht erforderlich. Jedoch kann eine Bewehrung insbesondere bei Zementestrichen zur Aufnahme von Stein- oder keramischen Belägen zweckmäßig sein, weil dadurch die Verbreiterung von eventuell auftretenden Rissen und der Höhenversatz der Rißkanten vermieden werden.

Anmerkung: Das Entstehen von Rissen kann durch eine Estrichbewehrung nicht verhindert werden.

Wenn eine Bewehrung aus Stahlmatten vorgesehen werden soll, sind dafür Betonstahlmatten nach DIN 488 Teil 4 mit Maschenweiten bis 150 mm × 150 mm oder Betonstahlgitter mit folgenden Parametern zu verwenden:

Maschenweite 50 mm × 50 mm,

Stabdurchmesser 2 mm,

Stahlfestigkeit 700 N/mm^2

oder

Maschenweite 75 mm × 75 mm oder

100 mm × 100 mm,

Stabdurchmesser 3 mm,

Stahlfestigkeit 500 N/mm^2.

Estrichbewehrungen müssen so beschaffen sein und so eingebaut werden, daß eine Beschädigung vorher eingebrachter Konstruktionen ausgeschlossen ist. Sie sind insbesondere bei ihrer Verwendung in Anhydritestrichen gegen Korrosion zu schützen.

Die Bewehrung ist im Bereich von Bewegungsfugen zu unterbrechen und bei Heizestrichen etwa im mittleren Drittel der Estrichdicke anzuordnen.

6.3.3 Estrichfugen

Über Bauwerksfugen sind auch im Estrich Fugen anzuordnen (Bewegungsfugen). Außerdem ist der Estrich von aufgehenden Bauteilen durch Fugen zu trennen (Randfugen). Darüber hinaus notwendige Fugen sind so anzuordnen, daß möglichst gedrungene Felder entstehen.

Bei der Festlegung von Fugenabständen und Estrichfeldgrößen sind die Art des Bindemittels, der vorgesehene Belag und die Beanspruchung, z. B. durch Temperatur, zu berücksichtigen.

Bei

— beheizten Zementestrichen, die zur Aufnahme von Stein- oder keramischen Belägen vorgesehen sind, und bei

- elektrisch beheizten Zementestrichen (siehe auch DIN 44 576 Teil 3)

sollen bei Flächengrößen ab etwa 40 m² Estrichfelder, durch Bewegungsfugen getrennt, angelegt werden. Bei Flächen unter 40 m² sollen auch dann Bewegungsfugen angelegt werden, wenn eine Seitenlänge 8 m überschreitet.

Werden in Heizestrichen Scheinfugen angeordnet, so dürfen sie höchstens bis zu einem Drittel der Estrichdicke eingeschnitten werden.

Über die Anordnung der Fugen ist ein Fugenplan zu erstellen, aus dem Art und Anordnung der Fugen zu entnehmen sind. Der Fugenplan ist vom Bauwerksplaner zu erstellen und als Bestandteil der Leistungsbeschreibung dem Ausführenden vorzulegen.

Anmerkung 1: Über die Anforderungen des Abschnitts 6.3.3 hinaus wird empfohlen, bei Heizestrichen Bewegungsfugen im Estrich und im Bodenbelag unabhängig von der Art des Estrichs und des Bodenbelags in jedem Fall entsprechend den angegebenen Flächenmaßen anzuordnen. Wird bei Anhydrit- oder Gußasphaltestrichen darauf verzichtet, sollte jedoch die Dicke des Randstreifens entsprechend dimensioniert sein (siehe Abschnitt 6.2).

Anmerkung 2: Bei der Anordnung der Bewegungsfugen soll möglichst von einspringenden Ecken, z. B. an Wandpfeilern und Kaminen, ausgegangen werden, d. h. von den Stellen, an denen Erweiterungen oder Verengungen der Estrichfläche auftreten. Bei Heizestrichen sollen auch in Türlaibungen und Durchgängen Schein- oder Bewegungsfugen angeordnet werden.

Anmerkung 3: Bei Heizestrichen der Bauarten A1 bis A3 sollen Bewegungs- und Randfugen nur von Anbindeleitungen und nur in einer Ebene überquert werden. In diesem Falle sollen die Anbindeleitungen mit einem flexiblen Schutzrohr von etwa 0,3 m Länge versehen sein. Um die Funktionsfähigkeit der Fugen in diesem Bereich sicherzustellen, sollen die Anbindeleitungen durch geeignete Maßnahmen, z. B. durch Profile mit entsprechenden Aussparungen, vollflächig umschlossen werden.

Anmerkung 4: Bewegungsfugen zwischen den Estrichfeldern sollen oberseitig mit einem geeigneten Dichtstoff verschlossen werden.

Anmerkung 5: In Zementestrichen können Scheinfugen zur zusätzlichen Unterteilung der durch die Bewegungsfugen aufgeteilten Estrichfelder angeordnet werden. Nach dem Erhärten und Austrocknen des Estrichs sollen Scheinfugen kraftschlüssig, z. B. durch Vergießen mit Kunstharz, geschlossen werden. Die derart hergestellten und geschlossenen Scheinfugen müssen nicht beim Einbau der Bodenbeläge berücksichtigt werden, d. h., sie müssen nicht deckungsgleich in die Bodenbeläge übernommen werden.

Estriche im Bauwesen
Verbundestriche
Auszug aus **DIN 18 560 Teil 3** (5.92)

1 Anwendungsbereich

Diese Norm gilt zusammen mit DIN 18 560 Teil 1 für Estriche, die im Verbund mit dem tragenden Untergrund hergestellt werden. Sie haben den Zweck, die Oberfläche eines tragenden Untergrundes nutzfähig zu gestalten. Sie können unmittelbar (ohne Belag) genutzt oder mit einem Belag versehen werden.

Für Verbundestriche, die hohen Beanspruchungen unterliegen, ist zusätzlich DIN 18 560 Teil 7 zu beachten.

2 Bezeichnung

Verbundestriche sind mit der Benennung „Estrich", der DIN-Hauptnummer, dem Kurzzeichen für Estrichart und Festigkeits- bzw. Härteklasse nach DIN 18 560 Teil 1 und darüber hinaus mit dem Buchstaben „V" (für Verbund) sowie mit der Nenndicke der Estrichschicht in mm zu bezeichnen.

Beispiel:

> Zementestrich der Festigkeitsklasse 30 (ZE 30), als Verbundestrich (V), mit 25 mm Nenndicke:
> **Estrich DIN 18 560 − ZE 30 − V 25**

3 Anforderungen

3.1 Allgemeines

Verbundestriche müssen den allgemeinen Anforderungen nach DIN 18 560 Teil 1 entsprechen. Anforderungen an den Schleifverschleiß können nur an unmittelbar genutzte Verbundestriche gestellt werden.

3.2 Dicke

Die Dicke von Verbundestrichen ist nach DIN 18 560 Teil 1 zu wählen. Sie soll aus fertigungstechnischen Gründen nicht weniger als etwa das Dreifache des Größtkorns des Zuschlages betragen.

Die Estrichnenndicke sollte bei einschichtigem Estrich

− 40 mm bei Gußasphaltestrichen und

− 50 mm bei Anhydrit-, Magnesia- und Zementestrichen nicht überschreiten.

Anmerkung: Die Dicke von Verbundestrichen ist nicht maßgebend für ihre Beanspruchbarkeit, da der Verbund des Estrichs mit dem tragenden Untergrund die Übertragung aller statischen und dynamischen Kräfte sicherstellt.

3.3 Festigkeitsklasse bzw. Härteklasse

Die Festigkeitsklasse bzw. Härteklasse des Verbundestrichs muß auf die Art der Nutzung und der Beanspruchung abgestimmt werden. Sie muß Tabelle 1 entsprechen.

Tabelle 1. **Festigkeitsklasse, Härteklasse**

Estrichart	Festigkeitsklasse bzw. Härteklasse nach DIN 18 560 Teil 1 bei Nutzung	
	mit Belag	ohne Belag
Anhydritestrich Magnesiaestrich Zementestrich	$\geq$ AE 12 $\geq$ ME 5 $\geq$ ZE 12	$\geq$ AE 20 $\geq$ ME 20 $\geq$ ZE 20
Gußasphaltestrich – für unbeheizte Räume – für Räume mit besonders niedrigen Temperaturen	GE 15 oder GE 40 GE 40 oder GE 100	

4 Bauliche Erfordernisse

4.1 Tragender Untergrund

Der tragende Untergrund muß den statischen und konstruktiven Anforderungen entsprechen. Die möglichen Arten des tragenden Untergrundes und ihre Eignung für die einzelnen Estricharten enthält Tabelle 2.

Die Ebenheit der Oberfläche des tragenden Untergrundes muß den Ebenheitstoleranzen nach DIN 18 202 entsprechen, sofern nicht ein Zementestrich „frisch auf frisch" auf einen Betonuntergrund aufgebracht wird.

Tabelle 2. **Eignung tragender Untergründe für Verbundestriche**

Estrichart	Untergrund						
	Beton	Anhydritestrich	Magnesiaestrich	Zementestrich	Gußasphaltestrich[1]	Holz[2]	Stahl[2]
Anhydritestrich	+	+	–	+	–	–	o
Gußasphaltestrich	o	–	–	o	+	–	o
Magnesiaestrich[3]	+	o	+	+	o	+	o
Zementestrich	+	o	–	+	–	–	o
Zeichenerklärung: + geeignet o geeignet mit besonderen Maßnahmen – nicht geeignet							
1) Sowie andere bitumengebundene Trag- und Deckschichten. 2) Bei ausreichender Biegesteifigkeit. 3) Bei Stahlbetondecken ist eine Sperrschicht vorzusehen.							

Rohrleitungen, Kabel und anderes dürfen nicht auf dem tragenden Untergrund verlegt sein (siehe auch Abschnitt 4.2). Zum kraftübertragenden Verbund muß seine Oberfläche eine ausreichende Festigkeit, eine griffige und saubere — bei Magnesiaestrichen auch geschlossene — Struktur aufweisen und möglichst frei von Rissen und losen Bestandteilen sein. Sie darf außerdem nicht durch Öl, Kraftstoff, Mörtelreste, Anstrichmittel oder ähnliches verschmutzt sein.

Besteht der tragende Untergrund aus Beton, dürfen Anreicherungen von Feinstteilen sowie Betonzusatzmittel und Nachbehandlungsmittel den Verbund mit dem Estrich nicht beeinträchtigen.

Anmerkung: Ist die Oberfläche des tragenden Untergrundes nicht so beschaffen, um dem Estrich eine ausreichende Haftung zu bieten, müssen besondere Maßnahmen zur Sicherung des Verbundes getroffen werden, z. B. die mechanische Bearbeitung der Oberfläche und/oder die Anordnung von Haftbrücken.

Sich öffnende Risse im tragenden Untergrund können in diesem Bereich zu Rissen im Verbundestrich führen.

Fugen im tragenden Untergrund müssen gerade, fluchtend und vollkantig sein. Sie sollen möglichst als Preßfugen ausgebildet sein; Bewegungsfugen sind möglichst schmal zu halten.

4.2 Ausgleichestrich

Ein Ausgleichestrich ist erforderlich, wenn der tragende Untergrund größere Unebenheiten aufweist oder wenn Rohrleitungen oder Kabel darauf verlegt sind. Der Ausgleichestrich muß mit dem Untergrund fest verbunden sein und Rohrleitungen und Kabel so überdecken, daß er seinerseits als tragender Untergrund geeignet ist.

4.3 Einbauteile aus Metall

Einbauteile aus Metall müssen, falls erforderlich, mit einem auf das Bindemittel des Estrichs abgestimmten Korrosionsschutz versehen sein.

4.4 Estrichfugen

Über Bauwerksfugen sind Bewegungsfugen im Estrich auszubilden.

Anmerkung: Wenn Schein- oder Preßfugen des tragenden Untergrundes nicht im Estrich übernommen werden, können in diesem Bereich im Estrich Risse entstehen, die jedoch in der Regel seine Gebrauchsfähigkeit nicht beeinträchtigen.

4.5 Kantenschutz

Werden als Kantenschutz Metallprofile vorgesehen, so müssen sie im tragenden Untergrund verankert werden.

4.6 Fugenfüllung

Fugen im Estrich sollen mit Fugenmassen oder Fugenprofilen versehen werden, die die Estrichfugen ausfüllen und vor Verschmutzung schützen.

6 Ausführung

Die Estriche sind nach DIN 18 560 Teil 1 herzustellen.

Estriche im Bauwesen
Estriche auf Trennschicht

Auszug aus **DIN 18 560 Teil 4** (5.92)

1 Anwendungsbereich

Diese Norm gilt zusammen mit DIN 18 560 Teil 1 für Estriche, die von dem tragenden Untergrund durch eine dünne Zwischenlage (Trennschicht) getrennt sind. Sie haben den Zweck, die Oberfläche eines tragenden Untergrundes nutzfähig zu gestalten. Sie können unmittelbar (ohne Belag) genutzt oder mit einem Belag versehen werden.

Für Estriche auf Trennschicht, die hohen Beanspruchungen unterliegen, ist zusätzlich DIN 18 560 Teil 7 zu beachten.

2 Bezeichnung

Estriche auf Trennschicht sind mit der Benennung „Estrich", der DIN-Hauptnummer, dem Kurzzeichen für Estrichart und Festigkeits- bzw. Härteklasse nach DIN 18 560 Teil 1 und darüber hinaus mit dem Buchstaben „T" (für Trennschicht) und der Nenndicke der Estrichschicht in mm zu bezeichnen.

Beispiel:

Gußasphaltestrich der Härteklasse 15 (GE 15), als Estrich auf Trennschicht (T) mit 25 mm Nenndicke:

Estrich DIN 18 560 − GE 15 − T 25

3 Anforderungen

3.1 Allgemeines

Estriche auf Trennschicht müssen den allgemeinen Anforderungen nach DIN 18 560 Teil 1 entsprechen. Anforderungen an den Schleifverschleiß können nur an unmittelbar genutzte Estriche auf Trennschicht gestellt werden.

3.2 Dicke

Die Dicke von Estrichen auf Trennschicht ist nach DIN 18 560 Teil 1 zu wählen. Sie soll aus fertigungstechnischen Gründen nicht weniger als etwa das Dreifache des Größtkorns des Zuschlages betragen.

Die Estrichnenndicke sollte bei einschichtigem Estrich

- 20 mm bei Gußasphaltestrichen und
- 30 mm bei Anhydrit- und Magnesiaestrichen sowie
- 35 mm bei Zementestrichen

nicht unterschreiten.

3.3 Festigkeitsklasse bzw. Härteklasse

Die Festigkeitsklasse bzw. Härteklasse des Estrichs auf Trennschicht muß auf die Art der Nutzung und der Beanspruchung abgestimmt werden. Sie muß Tabelle 1 entsprechen.

Tabelle 1. **Festigkeitsklasse, Härteklasse**

Estrichart	Festigkeitsklasse bzw. Härteklasse nach DIN 18 560 Teil 1 bei Nutzung	
	mit Belag	ohne Belag
Anhydritestrich	$\geq$ AE 20	$\geq$ AE 20
Magnesiaestrich	$\geq$ ME 7	$\geq$ ME 20
Zementestrich	$\geq$ ZE 20	$\geq$ ZE 20
Gußasphaltestrich – für beheizte Räume – für unbeheizte Räume – für Räume mit besonders niedrigen Temperaturen	GE 10 oder GE 15 GE 15 oder GE 40 GE 40 oder GE 100	

4 Bauliche Erfordernisse

4.1 Tragender Untergrund

Der tragende Untergrund muß den statischen und konstruktiven Anforderungen entsprechen und eine ebene Oberfläche mit Ebenheitstoleranzen nach DIN 18 202 aufweisen.

Er darf keine punktförmigen Erhebungen, Rohrleitungen oder ähnliches aufweisen. Falls Rohrleitungen auf dem tragenden Untergrund verlegt sind, müssen sie befestigt sein. Durch einen Ausgleich ist wieder ein tragender Untergrund mit einer ebenen und bei Ausgleichestrichen glatten Oberfläche zur Aufnahme der Trennschicht herzustellen. Die Oberfläche darf keine punktförmigen Erhebungen, lose Bestandteile oder Mörtelreste aufweisen. Ungebundene Schüttungen aus Natur- oder Brechsand dürfen für den Ausgleich nicht verwendet werden.

Fugen im tragenden Untergrund müssen gerade, fluchtend und vollkantig sein. Sie sollen möglichst als Preßfugen ausgebildet sein; Bewegungsfugen sind möglichst schmal zu halten.

4.2 Ausgleichestrich

Ein Ausgleichestrich ist erforderlich, wenn der tragende Untergrund größere Unebenheiten aufweist oder wenn Rohrleitungen oder Kabel darauf verlegt sind. Der Ausgleichestrich muß mit dem Untergrund fest verbunden sein und Rohrleitungen und Kabel so überdecken, daß er seinerseits als tragender Untergrund geeignet ist.

4.3 Einbauteile aus Metall

Einbauteile aus Metall müssen, falls erforderlich, mit einem auf das Bindemittel des Estrichs abgestimmten Korrosionsschutz versehen sein.

4.4 Estrichfugen

Über Bauwerksfugen und an den Rändern sind Bewegungs- bzw. Randfugen auszubilden. Darüber hinaus notwendige Fugen sind so anzuordnen, daß möglichst gedrungene Felder entstehen.

Anmerkung: Bei der Festlegung von Fugenabständen und Estrichfeldgrößen sind die Art des Bindemittels, der vorgesehene Belag und die Beanspruchung, z. B. durch Temperatur, zu berücksichtigen.

4.5 Kantenschutz

Werden als Kantenschutz Metallprofile vorgesehen, so müssen sie im tragenden Untergrund verankert werden.

4.6 Fugenfüllung

Fugen im Estrich sollen mit Fugenmassen oder Fugenprofilen versehen werden, die die Estrichfugen ausfüllen und vor Verschmutzung schützen.

DIN 18 560 Teil 4

6 Ausführung

6.1 Trennschicht

Die Trennschicht ist in der Regel zweilagig, bei Gußasphaltestrich einlagig auszuführen. Abdichtungen und Dampfsperren dürfen als eine Lage der Trennschicht gelten.

Für die Trennschicht ist
- Polyethylenfolie von mindestens 0,1 mm Dicke,
- kunststoffbeschichtetes Papier von mindestens 0,15 mm Dicke,
- bitumengetränktes Papier von mindestens 100 g/m² Flächengewicht,
- Rohglasvlies von mindestens 50 g/m² Flächengewicht

oder ein anderes Erzeugnis mit vergleichbaren Eigenschaften zu verwenden.

Die Lagen der Trennschicht sollen möglichst glatt und ohne Aufwerfungen verlegt sein. Bei Anhydrit-, Magnesia- und Zementestrich ist die Trennschicht zur Ausbildung der Randfuge an angrenzenden Bauteilen hochzuziehen.

6.2 Estrich

Der Estrich ist nach DIN 18 560 Teil 1 auszuführen.

HOLZ UND HOLZWERKSTOFFE

Sortierung von Nadelholz nach Tragfähigkeit
Nadelschnittholz
DIN 4074 Teil 1 (9.89)

(Alle Maße sind in mm angegeben.)

1 Anwendungsbereich und Zweck

Diese Norm gilt für Nadelschnitthölzer, deren Querschnitte nach der Tragfähigkeit zu bemessen sind.

Sie legt Sortiermerkmale und -klassen als Voraussetzung für die Anwendung von Rechenwerten für den Standsicherheitsnachweis nach z. B. DIN 1052 Teil 1 oder DIN 1074 fest. Nach zwei Verfahren kann sortiert werden:

- visuell (nach Abschnitt 5)
- maschinell (nach Abschnitt 6).

Für bestimmte Verwendungszwecke des Holzes gelten spezielle Normen bezüglich der Sortierung nach der Tragfähigkeit: DIN 68 362 und DIN 4568 Teil 2 für Holzleitern, DIN 15 147 für Flachpaletten.

2 Begriffe

2.1 Schnittholz

Holzerzeugnis von mindestens 6 mm Dicke, das durch Sägen oder Spanen von Rundholz parallel zur Stammachse hergestellt wird. Dabei wird nach Tabelle 1 unterschieden:

Tabelle 1 **Schnittholzeinteilung**

	Dicke d bzw. Höhe h	Breite b
2.1.1 Latte	$d \leq 40$	$b < 80$
2.1.2 Brett[1]	$d \leq 40$	$b \geq 80$
2.1.3 Bohle[1]	$d > 40$	$b > 3\,d$
2.1.4 Kantholz einschließlich Kreuzholz (Rahmen) und Balken	$b \leq h \leq 3\,b$	$b > 40$

[1]) Vorwiegend hochkant biegebeanspruchte Bretter und Bohlen sind wie Kantholz zu sortieren.

A n m e r k u n g : Die Definitionen der Schnitthölzer in DIN 68 252 Teil 1 und DIN 68 365 sind nicht einheitlich und decken nicht alle Querschnitte ab.

2.2 Holzfeuchte

2.2.1 Mittlere Holzfeuchte bedeutet nach dieser Norm Mittelwert der Feuchte eines Holzquerschnitts.

Anmerkung: Holzfeuchte in %, bezogen auf die Darrmasse, Bestimmung nach DIN 52 183.

2.2.2 Schnittholz gilt als

a) **frisch**, wenn es eine mittlere Holzfeuchte von über 30 % hat (bei Querschnitten über 200 cm² über 35 %),

b) **halbtrocken**, wenn es eine mittlere Holzfeuchte von über 20 % und von höchstens 30 % hat (bei Querschnitten über 200 cm² höchstens 35 %),

c) **trocken**, wenn es eine mittlere Holzfeuchte bis 20 % hat.

Anmerkung: Eine mittlere Holzfeuchte bis 20 % kann kurzfristig nur durch technische Trocknung erreicht werden. Eine mittlere Holzfeuchte unter 15 % ist in der Regel nur durch technische Trocknung zu erreichen.

2.3 Sollquerschnitt

Der Sollquerschnitt bezieht sich auf eine mittlere Holzfeuchte von 30 %.

Anmerkung: Als mittleres Schwind-/Quellmaß für die Querschnittsmaße Breite und Dicke bzw. Höhe ist ein Rechenwert von 0,24 % je 1 % Holzfeuchteänderung anzunehmen.

3 Bezeichnung

Bezeichnung eines Kantholzes Sortierklasse S 10, aus Fichte (FI):

Kantholz DIN 4074 − S 10 − FI

4 Sortiermerkmale

4.1 Baumkante

Die Breite k der Baumkante wird schräg gemessen und als Bruchteil K der größeren Querschnittsseite angegeben (siehe Bild 1).

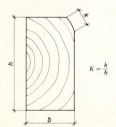

Bild 1. Messung und Berechnung der Baumkante

4.2 Äste

4.2.1 Allgemeines

Zwischen verwachsenen und nicht verwachsenen Ästen wird nicht unterschieden. Astlöcher werden im Sinne dieser Norm mit Ästen gleichgesetzt. Astrinde wird dem Ast hinzugerechnet.

4.2.2 Äste in Kanthölzern

4.2.2.1 Maßgebend ist der kleinste sichtbare Durchmesser d der Äste. Bei angeschnittenen Ästen gilt die Bogenhöhe (siehe d_1 in Bild 2), wenn diese kleiner als der Durchmesser ist.

4.2.2.2 Die Ästigkeit A berechnet sich aus dem nach Abschnitt 4.2.2.1 bestimmten Durchmesser d, geteilt durch das Maß b bzw. h der zugehörigen Querschnittsseite (siehe Bild 2). Maßgebend ist der größte Ast.

4.2.3 Äste in Brettern, Bohlen und Latten[1]

4.2.3.1 Äste werden kantenparallel und dort gemessen, wo der Astquerschnitt zutage tritt. Der auf einer inneren (rechten) Seite sichtbare Teil eines Kantenastes (a_2 in Bild 3) bleibt unberücksichtigt, wenn das auf der Schmalseite vorhandene Astmaß (a_3), auf die Schmalseite bezogen, die in Ziffer 2.1 der Tabelle 3 angegebenen Werte nicht überschreitet.

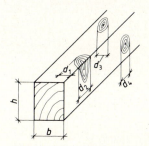
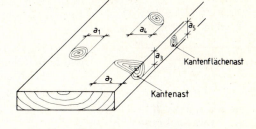

Bild 2. Messung und Berechnung der Ästigkeit in Kanthölzern

Bild 3. Messung der Äste in Brettern, Bohlen und Latten

4.2.3.2 Als Sortiermerkmale sind zwei Kriterien zu berücksichtigen:

— Einzelast: Die Ästigkeit A berechnet sich aus der Summe der nach Abschnitt 4.2.3.1 bestimmten Astmaße a auf allen Schnittflächen, auf denen der Ast auftritt, geteilt durch das doppelte Maß der Breite b (siehe Bild 4).

— Astansammlung: Die Ästigkeit A berechnet sich aus der Summe der nach Abschnitt 4.2.3.1 bestimmten Astmaße a aller Astschnittflächen, die sich überwiegend innerhalb einer Meßlänge von 150 mm befinden, geteilt durch das doppelte Maß der Breite b (siehe Bild 5). Astmaße, die sich

---

[1] Vorwiegend hochkant biegebeanspruchte Bretter und Bohlen sind wie Kantholz zu sortieren.

überlappen, werden nur einfach berücksichtigt. Äste, deren kleinster Durchmesser an keiner Schnittfläche 5 mm übersteigt, bleiben unberücksichtigt.

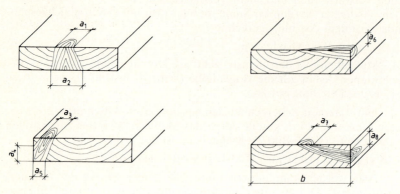

Bild 4. Berechnung der Ästigkeit A bei Einzelast

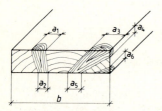

Bild 5. Berechnung der Ästigkeit A bei Astansammlung

4.3 Jahrringbreite

Die Jahrringbreite wird in radialer Richtung in mm gemessen. Bei Schnitthölzern, die Mark enthalten, bleibt ein Bereich von 25 mm, ausgehend von der Markröhre, außer Betracht.

Es gilt die mittlere Jahrringbreite nach DIN 52 181.

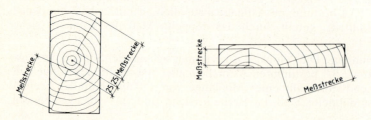

Bild 6. Maßgebender Bereich für die Bestimmung der Jahrringbreite

4.4 Faserneigung

Die Faserneigung wird berechnet als Abweichung „e" der Fasern auf 1 000 mm Länge. Örtliche Faserabweichungen, wie sie z. B. von Ästen hervorgerufen werden, bleiben unberücksichtigt. Die Faserneigung wird nach Augenschein, Schwindrissen, dem Jahrringverlauf oder mit Hilfe eines geeigneten Ritzgerätes (siehe DIN 52 181) gemessen.

Anmerkung: Drehwuchs ist in frischem Zustand schwer zu erkennen.

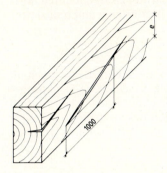

Bild 7. Bestimmung der Faserneigung nach Schwindrissen

4.5 Risse

4.5.1 Unterschieden wird zwischen Blitz- und Frostrissen, Ringschäle sowie Schwindrissen (Trockenrissen).

4.5.2 Blitz- und Frostrisse sind radial gerichtete Risse, die am stehenden Baum entstehen. Sie sind an einer Nachdunkelung des angrenzenden Holzes und Frostrisse zusätzlich an einer örtlichen Krümmung der Jahrringe zu erkennen.

4.5.3 Unter Ringschäle wird ein Riß verstanden, der den Jahrringen folgt.

Bild 8. Frostriß   Bild 9. Blitzriß

4.5.4 Schwindrisse (Trockenrisse) sind radial gerichtete Risse, die als Folge der Holztrocknung am gefällten Stamm bzw. am Schnittholz entstehen.

Anmerkung: Übliche Schwindrisse beeinträchtigen die Tragfähigkeit nicht.

4.6 Verfärbungen

Als Verfärbung gilt die Veränderung der natürlichen Holzfarbe.

4.6.1 Bläue entsteht durch Befall mit Bläuepilzen. Bläuepilze leben von Inhaltsstoffen. Sie greifen die Zellwände nicht an und sind daher ohne Einfluß auf die Festigkeitseigenschaften.

4.6.2 Braune und rote Streifen werden durch Pilzbefall hervorgerufen. Eine Festigkeitsminderung liegt in der Regel noch nicht vor, solange sie nagelfest sind, also die Härte des Holzes nicht erkennbar vermindert ist. Bei trockenem Holz ist eine weitere Ausdehnung des Befalls nicht möglich.

4.6.3 Rot- und Weißfäule stellen einen fortgeschrittenen Befall durch holzzerstörende Pilze dar. Sie sind an einer fleckigen Verfärbung und reduzierter Oberflächenhärte zu erkennen.

4.7 Druckholz

Druckholz wird im lebenden Baum als Reaktion auf äußere Beanspruchungen gebildet und ist durch eine vom üblichen Holz verschiedene Struktur gekennzeichnet. In mäßigem Umfang ist Druckholz ohne wesentlichen Einfluß auf die Festigkeitseigenschaften, kann aber wegen des ausgeprägten Längsschwindverhaltens eine erhebliche Krümmung des Schnittholzes verursachen.

4.8 Insektenfraß

Stehende Bäume und frisches Rundholz können von sogenannten Frischholzinsekten befallen werden. Der Befall ist auf der Holzoberfläche an den Fraßgängen (Bohrlöchern) zu erkennen. Bohrlöcher mit einem Durchmesser bis 2 mm rühren vom holzbrütenden Borkenkäfer (Trypodendron lineatum; Synonym: Xyloterus lineatus) her. Sie sind in dem bisher festgestellten Ausmaß ohne praktischen Einfluß auf die Festigkeitseigenschaften. Eine Ausdehnung des Befalls ist in trockenem Holz nicht möglich.

4.9 Mistelbefall

Mistel (Viscum album) ist eine auf Bäumen wachsende Halbschmarotzerpflanze, deren Senkerwurzeln im Holz des Wirtsbaumes Löcher hinterlassen. Senkerlöcher (etwa 5 mm Durchmesser) liegen in den betroffenen Schnitthölzern meist dicht beisammen und verursachen dann eine enge Durchlöcherung.

4.10 Krümmung

4.10.1 Das in radialer und tangentialer Richtung unterschiedliche Schwindmaß kann zu einer Querkrümmung (Schüsselung), Drehwuchs und Druckholz können zu einer Längskrümmung und Verdrehung des Schnittholzes führen. Die Krümmung hängt wesentlich von der Holzfeuchte ab. Sie ist bei frischem Schnittholz in der Regel noch nicht zu erkennen und erreicht ihr größtes Ausmaß erst, wenn das Holz getrocknet ist.

4.10.2 Verdrehung und Längskrümmung werden berechnet als Pfeilhöhe h an der Stelle der größten Verformung, bezogen auf 2 000 mm Meßlänge.

Bild 10. Verdrehung von Schnittholz

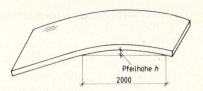
Bild 11. Längskrümmung von Schnittholz-Krümmung in Richtung der Dicke

Bild 12. Querkrümmung (Schüsselung) von Schnittholz

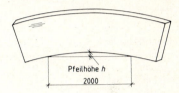
Bild 13. Längskrümmung von Schnittholz-Krümmung in Richtung der Breite

4.10.3 Querkrümmung wird berechnet als Pfeilhöhe h, bezogen auf die Breite des Schnittholzes.

4.11 Markröhre

Die Markröhre ist die zentrale Röhre im Stamm innerhalb des ersten Jahrringes.

5 Visuelle Sortierung

5.1 Sortierklassen (S)

Nach visuell feststellbaren Merkmalen werden drei Klassen unterschieden:
- Klasse S 7: Schnittholz mit geringer Tragfähigkeit
- Klasse S 10: Schnittholz mit üblicher Tragfähigkeit
- Klasse S 13: Schnittholz mit überdurchschnittlicher Tragfähigkeit

5.2 Anforderungen

5.2.1 Sortierkriterien

Die Anforderungen an Kantholz sind aus Tabelle 2, die Anforderungen an Bretter, Bohlen und Latten aus Tabelle 3 zu entnehmen.

Anmerkung: Sonstige Schäden, wie z. B. mechanische Schädigung oder extremer Rindeneinschluß, sind sinngemäß zu berücksichtigen.

DIN 4074 Teil 1

Tabelle 2 **Sortierkriterien für Kanthölzer bei der visuellen Sortierung**

Sortiermerkmale (siehe Abschnitt 4)	Sortierklassen		
	S 7	S 10	S 13
1. Baumkante	alle vier Seiten müssen durchlaufend vom Schneidwerkzeug gestreift sein	bis ⅓, in jedem Querschnitt muß mindestens ⅓ jeder Querschnittsseite von Baumkante frei sein	bis ⅛, in jedem Querschnitt muß mindestens ⅔ jeder Querschnittsseite von Baumkante frei sein
2. Äste	bis ⅗	bis ⅖ nicht über 70	bis ⅕ nicht über 50
3. Jahrringbreite – im allgemeinen – bei Douglasie	– –	bis 6 bis 8	bis 4 bis 6
4. Faserneigung	bis 200 mm/m	bis 120 mm/m	bis 70 mm/m
5. Risse – radiale Schwindrisse (= Trockenrisse) – Blitzrisse Frostrisse Ringschäle	zulässig nicht zulässig	zulässig nicht zulässig	zulässig nicht zulässig
6. Verfärbungen – Bläue – nagelfeste braune und rote Streifen – Rotfäule Weißfäule	zulässig bis zu ⅗ des Querschnitts oder der Oberfläche zulässig nicht zulässig	zulässig bis zu ⅖ des Querschnitts oder der Oberfläche zulässig nicht zulässig	zulässig bis zu ⅕ des Querschnitts oder der Oberfläche zulässig nicht zulässig
7. Druckholz	bis zu ⅗ des Querschnitts oder der Oberfläche zulässig	bis zu ⅖ des Querschnitts oder der Oberfläche zulässig	bis zu ⅕ des Querschnitts oder der Oberfläche zulässig
8. Insektenfraß	Fraßgänge bis 2 mm Durchmesser von Frischholzinsekten zulässig		
9. Mistelbefall	nicht zulässig	nicht zulässig	nicht zulässig
10. Krümmung – Längskrümmung, Verdrehung	bis 15 mm/2 m	bis 8 mm/2 m	bis 5 mm/2 m

DIN 4074 Teil 1

Tabelle 3 **Sortierkriterien für Bohlen, Bretter und Latten bei der visuellen Sortierung**[1])

Sortiermerkmale (siehe Abschnitt 4)	Sortierklassen		
	S 7	S 10	S 13
1. Baumkante	alle vier Seiten müssen durchlaufend vom Schneidwerkzeug gestreift sein	bis $1/3$, in jedem Querschnitt muß mindestens $1/3$ jeder Querschnittsseite von Baumkante frei sein	bis $1/8$, in jedem Querschnitt muß mindestens $2/3$ jeder Querschnittsseite von Baumkante frei sein
2. Äste 2.1 Einzelast	bis $1/2$	bis $1/3$	bis $1/5$ Kantenflächenäste nach DIN 68 256, die sich über $1/3$ der Breite erstrecken, sind nicht zulässig
2.2 Astansammlung	bis $2/3$	bis $1/2$	bis $1/3$
3. Jahrringbreite — im allgemeinen — bei Douglasie	— —	bis 6 bis 8	bis 4 bis 6
4. Faserneigung	bis 200 mm/m	bis 120 mm/m	bis 70 mm/m
5. Risse — radiale Schwindrisse (= Trockenrisse) — Blitzrisse Frostrisse Ringschäle	zulässig nicht zulässig	zulässig nicht zulässig	zulässig nicht zulässig
6. Verfärbungen — Bläue — nagelfeste braune und rote Streifen	zulässig bis zu $3/5$ des Querschnitts oder der Oberfläche zulässig	zulässig bis zu $2/5$ des Querschnitts oder der Oberfläche zulässig	zulässig bis zu $1/5$ des Querschnitts oder der Oberfläche zulässig
— Rotfäule Weißfäule	nicht zulässig	nicht zulässig	nicht zulässig
7. Druckholz	bis zu $3/5$ des Querschnitts oder der Oberfläche zulässig	bis zu $2/5$ des Querschnitts oder der Oberfläche zulässig	bis zu $1/5$ des Querschnitts oder der Oberfläche zulässig
8. Insektenfraß	Fraßgänge bis 2 mm Durchmesser von Frischholzinsekten zulässig		

(Fortsetzung der Tabelle siehe folgende Seite)

Sortiermerkmale (siehe Abschnitt 4)	Sortierklassen		
	S 7	S 10	S 13
9. Mistelbefall	nicht zulässig	nicht zulässig	nicht zulässig
10. Krümmung – Längskrümmung, Verdrehung – Querkrümmung	bis 15 mm/2 m bis 1/20	bis 8 mm/2 m bis 1/30	bis 5 mm/2 m bis 1/50
11. Markröhre	zulässig	zulässig	nicht zulässig

1) Vorwiegend hochkant biegebeanspruchte Bretter und Bohlen sind wie Kantholz zu sortieren.

5.2.2 Maßhaltigkeit

Abweichungen von den vorgesehenen Querschnittsmaßen nach unten sind, bezogen auf eine mittlere Holzfeuchte von 30 %, zulässig bis 3 % bei 10 % der Menge.

5.2.3 Toleranzen

Bei nachträglicher Inspektion einer Lieferung sortierten Holzes sind ungünstige Abweichungen von den geforderten Grenzwerten zulässig bis 10 % bei 10 % der Menge.

5.3 Kennzeichnung

Schnitthölzer der Sortierklasse S 13 sind dauerhaft, eindeutig und deutlich zu kennzeichnen. Hierbei muß die Kennzeichnung angeben

– Sortierklasse

– Name des Betriebes, in dem sortiert wurde

– Name des ausführenden Sortierers.

6 Maschinelle Sortierung

6.1 Allgemeines

Schnittholz nach dieser Norm darf maschinell nur mit einer nach DIN 4074 Teil 3 geprüften und registrierten Sortiermaschine sortiert werden. Die Registrierung wird durch die Berechtigung zum Führen des DIN-Prüf- und Überwachungszeichens in Verbindung mit der zugehörigen Registernummer nachgewiesen (siehe DIN 4074 Teil 3).

Betriebe, die Schnittholz nach dieser Norm maschinell sortieren, müssen den Nachweis erbringen, daß ihre Werkseinrichtung und ihr Fachpersonal nach DIN 4074 Teil 4 überprüft wurden. Der Nachweis gilt als erbracht, wenn eine Eignungsbescheinigung nach DIN 4074 Teil 4 ausgestellt ist.

6.2 Sortierklassen (MS)

Nach maschinell zu ermittelnden Eigenschaften und zusätzlichen visuellen Sortiermerkmalen (siehe Tabelle 4) werden vier Klassen unterschieden:
- Klasse MS 7: Schnittholz mit geringer Tragfähigkeit
- Klasse MS 10: Schnittholz mit üblicher Tragfähigkeit
- Klasse MS 13: Schnittholz mit überdurchschnittlicher Tragfähigkeit
- Klasse MS 17: Schnittholz mit besonders hoher Tragfähigkeit

Tabelle 4 **Zusätzliche Sortierkriterien für Schnittholz bei der maschinellen Sortierung**

Sortiermerkmale (siehe Abschnitt 4)	Sortierklassen			
	MS 7	MS 10	MS 13	MS 17
1. Baumkante	alle vier Seiten müssen durchlaufend vom Schneidwerkzeug gestreift sein	bis $1/3$, in jedem Querschnitt muß mindestens $1/3$ jeder Querschnittsseite von Baumkante frei sein	bis $1/8$, in jedem Querschnitt muß mindestens $2/3$ jeder Querschnittsseite von Baumkante frei sein	bis $1/8$, in jedem Querschnitt muß mindestens $2/3$ jeder Querschnittsseite von Baumkante frei sein
5. Risse – radiale Schwindrisse (= Trockenrisse) – Blitzrisse Frostrisse Ringschäle	zulässig nicht zulässig	zulässig nicht zulässig	zulässig nicht zulässig	zulässig nicht zulässig
6. Verfärbungen – Bläue – nagelfeste braune und rote Streifen – Rotfäule Weißfäule	zulässig bis zu $3/5$ des Querschnitts oder der Oberfläche zulässig nicht zulässig	zulässig bis zu $2/5$ des Querschnitts oder der Oberfläche zulässig nicht zulässig	zulässig bis zu $1/5$ des Querschnitts oder der Oberfläche zulässig nicht zulässig	zulässig bis zu $1/5$ des Querschnitts oder der Oberfläche zulässig nicht zulässig
8. Insektenfraß	Fraßgänge bis 2 mm Durchmesser von Frischholzinsekten zulässig			
9. Mistelbefall	nicht zulässig	nicht zulässig	nicht zulässig	nicht zulässig
10. Krümmung – Längskrümmung, Verdrehung	bis 15 mm/2 m	bis 8 mm/2 m	bis 5 mm/2 m	bis 5 mm/2 m

6.3 Anforderungen

6.3.1 Sortierkriterien

Für die Anforderungen an Nadelschnittholz der jeweiligen Klasse gelten Abschnitt 6.4 und Tabelle 4.

6.3.2 Maßhaltigkeit

Abweichungen von den vorgesehenen Querschnittsmaßen nach unten sind, bezogen auf eine Holzfeuchte von 30 %, zulässig bis 1,5 %. Größere Einzelabweichungen nach unten sind in den Klassen MS 17 und MS 13 unzulässig, in den Klassen MS 10 und MS 7 zulässig bis 3 % bei 10 % der Menge.

6.3.3 Toleranzen

Bei nachträglicher Inspektion einer Lieferung sortierten Holzes sind ungünstige Abweichungen von den geforderten, visuell festzustellenden Grenzwerten zulässig bis 10 % bei 10 % der Menge.

6.4 Sortiermaschine

Für die Anforderungen an die Prüfergebnisse der Sortiermaschinen nach Abschnitt 6.1 und die gegebenenfalls verlangten, maschinenspezifisch erforderlichen, visuellen Zusatzkontrollen gelten die in deren Registrierbescheiden in Abhängigkeit von den Sortierklassen angegebenen Werte.

6.5 Kennzeichnung maschinell sortierten Schnittholzes

Schnitthölzer der Sortierklassen MS 7 bis MS 17 sind dauerhaft, eindeutig und deutlich zu kennzeichnen. Hierbei muß die Kennzeichnung angeben

- Sortierklasse
- Name des Betriebes, in dem sortiert wurde
- Typ der Maschine, mit der sortiert wurde
- Name des ausführenden Sortierers.

Erläuterungen

Diese Norm wurde erarbeitet vom Arbeitsausschuß NHM-1.7 „Bauholz, Güte".

Die Überarbeitung und Anpassung an den Stand der Technik war u. a. auch aus sicherheitsrelevanten Gründen dringend erforderlich. Die Neuausgabe der Norm stimmt in allen wesentlichen Punkten mit der z. Z. von CEN/TC 124 erarbeiteten EN-Norm überein. Ihre Veröffentlichung erfolgt in Übereinstimmung mit Abschnitt 6.2.3 der Geschäftsordnung, Teil 2, des CEN/CENELEC.

Die Klassen S 7, S 10, S 13 bzw. MS 7, MS 10, MS 13 entsprechen den früheren und in DIN 1052 Teil 1 bis Teil 3, Ausgabe 04.88, aufgeführten Güteklassen III, II, I.

DIN 4078

Sperrholz
Vorzugsmaße
Auszug aus **DIN 4078** (3.79)

2 Mitgeltende Normen

DIN 57 372	Prüfung von Sperrholz; Bestimmung der Plattenmaße
DIN 68 705 Teil 2	Sperrholz; Sperrholz für allgemeine Zwecke, Gütebedingungen
DIN 68 705 Teil 3	Sperrholz; Bau-Furnierplatten; Gütebedingungen
DIN 68 705 Teil 4	Sperrholz; Bau-Tischlerplatten; Gütebedingungen
DIN 68 705 Teil 5	Bau-Furniersperrholz aus Buche; Eigenschaften, Prüfung, Überwachung

3 Begriffe

3.1 Sperrholz
Platte, die aus mindestens drei miteinander verleimten Holzlagen besteht. Die Faserrichtungen aneinanderliegender Holzlagen kreuzen sich üblicherweise im rechten Winkel. Im allgemeinen sind die Deck- und Innenlagen auf beiden Seiten der Kern- oder Mittellage symmetrisch angeordnet.

3.2 Furniersperrholz FU (Furnierplatte)
Sperrholz, bei dem alle Lagen aus parallel zur Plattenebene liegenden Furnieren bestehen.

3.3 Stabsperrholz ST (Tischlerplatte mit Stabmittellage)
Sperrholz, dessen Mittellage aus aneinandergeleimten Holzleisten besteht, die in der Regel etwa 24 mm bis höchstens 30 mm breit sind.

3.4 Stäbchensperrholz STAE (Tischlerplatte mit Stäbchenmittellage)
Sperrholz, dessen Mittellage aus hochkant zur Plattenebene stehenden bis 8 mm dicken Holzstäbchen oder Furnierstreifen besteht, die miteinander verleimt sind.

4.1 Vorzugsmaße
Sperrholz wird weitgehend in den nachstehenden Vorzugsmaßen gefertigt:

4.1.1 Furniersperrholz

Dicke: 4, 5, 6, 8, 10, 12, 15, 18, 20, 22, 25, 30, 35, 40, 50 mm
Länge: 1 220, 1 250, 1 500, 1 530, 1 830, 2 050, 2 200, 2 440, 2 500, 3 050 mm
Breite: 1 220, 1 250, 1 500, 1 530, 1 700, 1 830, 2 050, 2 440, 2 500, 3 050 mm

DIN 4078

4.1.2 Stab- und Stäbchensperrholz

Dicke: 13, 16, 19, 22, 25, 28, 30, 38 mm
Länge: 1 220, 1 530, 1 830, 2 050, 2 500, 4 100 mm
Breite: 2 440, 2 500, 3 500, 5 100, 5 200, 5 400 mm

4.2 Zu vereinbarende Maße

Von dieser Norm abweichende Maße, Zuschnitte und Fixmaße können zwischen Hersteller und Abnehmer vereinbart werden.

DIN 68 705 Teil 3

Sperrholz
Bau-Furniersperrholz
Auszug aus **DIN 68 705 Teil 3** (12.81)

1 Anwendungsbereich

Diese Norm gilt für Bau-Furniersperrholz, Kurzzeichen BFU, das aufgrund definierter und überwachter elastomechanischer Eigenschaften für tragende und aussteifende Zwecke im Bauwesen vorgesehen ist.

A n m e r k u n g : Sperrholz für allgemeine Zwecke siehe DIN 68 705 Teil 2, Bau-Stabsperrholz, Bau-Stäbchensperrholz siehe DIN 68 705 Teil 4, Bau-Furniersperrholz aus Buche siehe DIN 68 705 Teil 5.

2 Plattentypen und Bezeichnung

2.1 Plattentypen

BFU 20	nicht wetterbeständig verleimtes Bau-Furniersperrholz (früher Verleimungsart IF 20) für den Anwendungsbereich der Holzwerkstoffklasse 20
BFU 100	wetterbeständig verleimtes Bau-Furniersperrholz (früher Verleimungsart AW 100) für den Anwendungsbereich der Holzwerkstoffklasse 100
BFU 100 G	wetterbeständig verleimtes Bau-Furniersperrholz (früher Verleimungsart AW 100), das durch Verwendung von Holzarten mit hoher Resistenz (siehe Abschnitt 3.2.1) oder durch Behandlung mit Holzschutzmitteln (siehe Abschnitt 3.8) für den Anwendungsbereich der Holzwerkstoffklasse 100 G vorgesehen ist.

A n m e r k u n g : Holzwerkstoffklassen 20, 100 und 100 G nach DIN 68 800 Teil 2.

Definitionsgemäß wird unter „Leim" ein Klebstoff verstanden, dessen Lösungsmittel Wasser ist. Für Sperrholz können die eingeführten Begriffe „Leim" und „Verleimung" beibehalten werden, da hier im wesentlichen wasserlösliche Klebstoffe eingesetzt werden.

2.2 Bezeichnung

Platten nach dieser Norm werden wie folgt bezeichnet:
- Benennung
- DIN-Hauptnummer
- Plattentyp
- Dicke in mm
- etwaige Sondereigenschaften

779

Bezeichnungsbeispiel:

Bezeichnung von Bau-Furniersperrholz des Plattentyps BFU 20 mit 18 mm Dicke:

Sperrholz DIN 68 705 – BFU 20 – 18

3 Eigenschaften

3.1 Maße und zulässige Abweichungen

BFU-Platten werden in Maßen hergestellt, die auf den Verwendungszweck abgestimmt sind (Vorzugsmaße nach DIN 4078). Die Maximalabmessungen sind von den Herstellern zu erfragen; die Mindestdicke muß 4 mm betragen.

Zulässige Abweichungen von den Nennmaßen ab Herstellwerk:

Dicke ungeschliffen: $\pm 6\,\%$

Dicke geschliffen: $^{+0,2}_{-0,5}$ mm

Bei geschliffenen Plattentypen BFU 100 und BFU 100 G sind zusätzliche Dickenabweichungen von ±3 % zulässig.

Länge und Breite: ±3 mm

Rechtwinkligkeit (gemessen auf 1 000 mm Schenkellänge): 1 mm

Geradheit der Kanten (gemessen auf jeweils 1 000 mm Kantenlänge): 1,5 mm

3.2 Furniere

3.2.1 Holzarten

Holzarten für die Plattentypen BFU 20 und BFU 100 nach Wahl des Herstellers, sofern die Anforderungen der Norm erfüllt sind. Ausgeschlossen sind helle tropische Holzarten, z. B. Limba und Abachi, solange die nach DIN 68 800 Teil 5, Ausgabe Mai 1978, Abschnitt 7.2, für diese Holzarten geforderten Schutzmaßnahmen gegen Insekten nicht bauaufsichtlich geregelt sind.

BFU 100 G-Platten sind aus splintfreien Furnieren einer Holzart herzustellen, die mindestens der Resistenzklasse 2 nach DIN 68364 entspricht, wenn kein Holzschutz nach Abschnitt 3.8 erfolgt.

3.2.2 Anforderungen an Deck- und Absperrfurniere[1]

Ausbesserungen an Deck- und Absperrfurnieren müssen ebenso beständig sein wie der Plattentyp.

---

[1] Absperrfurnier (Unterfurnier) ist die Innenlage unter der Decklage mit quer zu dieser verlaufender Faserrichtung.

Zulässig sind:

a) Holzverfärbungen und Farbfehler, sofern diese nicht die Festigkeitseigenschaften der Furniere beeinträchtigen
b) Risse und offene Fugen, wenn sie vereinzelt vorkommen und nicht breiter als 4 mm sind
c) Äste und Aststellen (auch ausgebesserte), wenn sie vereinzelt vorkommen und ihr Durchmesser bei Platten aus drei Furnierlagen nicht größer als 30 mm, bei Platten aus fünf und mehr Furnierlagen nicht größer als 60 mm ist
d) Insektenfraßlöcher, wenn sie vereinzelt vorkommen
e) Klebebänder, wenn die Bindefestigkeit der Verleimung nach Abschnitt 3.7 eingehalten wird.

3.2.3 Anforderungen an Innenfurniere

Die Innenfurniere dürfen keine Fehler haben, die die Einhaltung der Biegefestigkeit nach Abschnitt 3.5 gefährden.

3.2.4 Zusammensetzen von Furnieren

Alle Furnierlagen dürfen aus Streifen beliebiger Breite bestehen.

Der Einsatz anderer Leime bedarf, insbesondere hinsichtlich des Langzeitverhaltens, nach den bauaufsichtlichen Vorschriften des Nachweises der Brauchbarkeit, z. B. durch eine allgemeine bauaufsichtliche Zulassung.

Anmerkung: Allgemeine bauaufsichtliche Zulassungen erteilt das Institut für Bautechnik, Reichpietschufer 72–76, 10785 Berlin.

3.4 Plattenaufbau

BFU-Platten müssen symmetrisch zur Mittelebene aufgebaut sein. Die Dicke der Deckfurniere darf 3,2 mm, die der Absperr- und Innenfurniere 4,4 mm nicht überschreiten.

3.6 Feuchtigkeitsgehalt

Der Feuchtigkeitsgehalt von BFU-Platten muß ab Herstellwerk mindestens 5 % und darf höchstens 15 % betragen.

3.8 Holzschutz

BFU 100 G-Platten sind gegen holzzerstörende Pilze (Basidiomyceten) mit einem bei der Herstellung der Platten zuzugebenden Holzschutzmittel zu schützen (siehe DIN 68 800 Teil 5 und Prüfbescheid für das Holzschutzmittel), wenn sie nicht aus Holzarten mit hoher Resistenz nach Abschnitt 3.2.1 bestehen.

3.9 Brandverhalten

BFU-Platten müssen mindestens der Baustoff-Klasse B 2 (normalentflammbar) nach DIN 4102 Teil 1 entsprechen.

Anmerkung: Nach DIN 4102 Teil 4 gelten genormte Sperrholzplatten mit einer Rohdichte $\geq$ 400 kg/m^3 und einer Dicke $>$ 2 mm oder solche mit einer Rohdichte $\geq$ 230 kg/m^3 und einer Dicke $>$ 5 mm ohne besonderen Nachweis als Baustoff der Baustoffklasse B 2 (normalentflammbar) nach DIN 4102 Teil 1. Sollen Sperrholzplatten hinsichtlich ihres Brandverhaltens höheren Anforderungen genügen (z. B. Baustoffklasse B 1 nach DIN 4102 Teil 1), so müssen die entsprechenden Eigenschaften nachgewiesen werden. Baustoffe einer solchen Baustoffklasse unterliegen nach den bauaufsichtlichen Vorschriften der Prüfzeichenpflicht. Prüfzeichen erteilt das Institut für Bautechnik, Reichpietschufer 72−76, 10785 Berlin.

DIN 68 763

Spanplatten
Flachpreßplatten für das Bauwesen; Begriffe, Eigenschaften, Prüfung, Überwachung
Auszug aus **DIN 68 763** (9.90)

1 Anwendungsbereich

Diese Norm gilt für Flachpreßplatten (im folgenden kurz Platten genannt), die im Bauwesen, z.B. für tragende und aussteifende Zwecke, entsprechend DIN 1052, Teil 1 und Teil 3, sowie DIN 68 800 Teil 2 verwendet werden.

2 Begriffe

2.1 Spanplatte

Plattenförmiger Holzwerkstoff hergestellt durch Verpressen von im wesentlichen kleinen Teilen aus Holz und/oder anderem holzartigen Material (z.B. Flachsschäben, Hanfschäben) mit Klebstoffen.

2.2 Flachpreßplatte

Spanplatte, deren Späne vorzugsweise parallel zur Plattenebene liegen. Sie wird einschichtig, mehrschichtig oder mit stetigem Übergang in der Struktur hergestellt. Nach der Oberfläche werden unterschieden: geschliffene und ungeschliffene Platten.

2.3 Holzspanplatte

Spanplatte, deren Spanmaterial nur aus Holzspänen besteht.

3 Plattentypen

Nach der Verklebung und den Holzschutzmittel-Zusätzen werden folgende Plattentypen unterschieden:

V 20: Verklebung beständig bei Verwendung in Räumen mit im allgemeinen niedriger Luftfeuchte; Klebstoffe: Aminoplaste, alkalisch härtende Phenolharze, polymere Diphenylmethan-Diisocyanate (PMDI)[1].

V 100: Verklebung beständig gegen hohe Luftfeuchte; Klebstoffe: alkalisch härtende Phenoplaste, Phenolresorcinharze, PMDI[1])

---

[1] Die Verwendung anderer Klebstoffe bedarf insbesondere hinsichtlich ihres Langzeitverhaltens nach den bauaufsichtlichen Vorschriften des Nachweises der Brauchbarkeit, z.B. durch eine allgemeine bauaufsichtliche Zulassung.

V 100 G: Verklebung beständig gegen hohe Luftfeuchte; Klebstoffe: alkalisch härtende Phenoplaste, Phenoresorcinharze, PMDI[1]). Mit einem Holzschutzmittel[2]) geschützt gegen holzzerstörende Pilze (Basidiomyceten).

Die bei den einzelnen Plattentypen genannten Klebstoffe dürfen innerhalb des jeweiligen Plattentyps schichtweise (Mittelschicht/Deckschicht) kombiniert werden.

Anmerkung: Plattentyp V100G nur Holzspanplatte, siehe Abschnitt 2.3.

4.2 Klebstoffe

Die Platten müssen mit den in Abschnitt 3 angegebenen Klebstoffen hergestellt sein. Die Klebstoffart ist in Zweifels- oder Schadensfällen nachzuweisen.

Der Alkaligehalt von Spanplatten darf in der Deckschicht 1,7 % (rechnerisch ermittelt) und über den gesamten Querschnitt der Platte 20 % (analytisch ermittelt) nicht überschreiten, jeweils bezogen auf atro Plattenmasse. Berechnungsformel bzw. Bestimmungsmethode siehe Abschnitte 5.2.2 und 5.2.3.

Die Platten müssen hinsichtlich Formaldehyd den Festlegungen der Emissionsklasse E1 nach der „ETB-Richtlinie über die Verwendung von Spanplatten hinsichtlich der Vermeidung unzumutbarer Formaldehydkonzentration in der Raumluft" entsprechen.

7 Bezeichnung

Bezeichnung einer Flachpreßplatte vom Typ V20, Emissionsklasse E1, der Nenndicke 19 mm, der Länge 5000 mm, der Breite 2000 mm aus Holzspänen (H):

Flachpreßplatte DIN 68 763 − V20 − E1 − 19 × 5000 × 2000 − H

---

[2] Nach den bauaufsichtlichen Vorschriften dürfen nur Holzschutzmittel verwendet werden, die ein gültiges Prüfzeichen haben. Prüfzeichen mit zugehörigem Prüfbescheid erteilt das Institut für Bautechnik, Reichpietschufer 74−76, 10785 Berlin.

DIN 68 771

Unterböden aus Holzspanplatten
DIN 68 771 (9.73)

1 Geltungsbereich

Diese Norm gilt für Unterböden aus Holzspanplatten für Fußböden in Räumen, die zum dauernden Aufenthalt von Menschen bestimmt sind. In speziellen Anwendungsfällen (z. B. Schwingböden in Sportstätten, Lagerhallen u. ä.) sind die jeweiligen Anforderungen und konstruktiven Eigenheiten zu berücksichtigen. Unterböden, die zugleich tragende Bestandteile von Decken in Tafelbauart sind, müssen unter Beachtung des Feuchtigkeitsschutzes nach DIN 68 800 Teil 2 auf der Grundlage der ETB-Richtlinie für die Bemessung und Ausführung von Holzhäusern in Tafelbauart, Ergänzung zu DIN 1052, bemessen werden.

Sollen besondere Anforderungen an den Wärme- bzw. Schallschutz erfüllt werden, so sind die Normen DIN 4108 bzw. DIN 4109 zu beachten.

2 Ausführungsarten

Behandelt werden die drei häufigsten Anwendungsfälle.

2.1 Verlegen auf Lagerhölzern oder Deckenbalken

Befestigen der Platten auf Lagerhölzern oder auf Balken von Holzbalkendecken. Die Platten wirken statisch als Ein- oder Mehrfeldplatten. Zur Verbesserung der Schalldämmung können unter den Lagerhölzern Dämmstreifen angeordnet werden (siehe Bild 1).

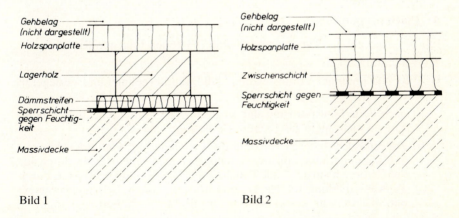

Bild 1

Bild 2

2.2 Vollflächig schwimmende Verlegung

Platten werden ohne zusätzliche Unterstützung und ohne Befestigung an der Unterkonstruktion vollflächig auf einer Zwischenschicht (z. B. Dämmschicht) angeordnet. Sie wirken statisch als Platten auf elastischer Unterlage (siehe Bild 2).

2.3 Abdecken und Ausgleichen vorhandener Holzfußböden

Befestigen von Holzspanplatten auf vorhandenen Holzfußböden aller Art als ebene Ausgleichsschicht für zusätzlich aufzubringende Beläge (siehe Bild 3).

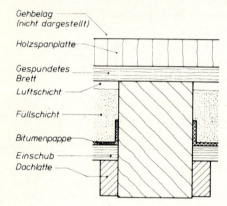

Bild 3

3 Plattentypen

Für die Auswahl der Typen nach DIN 68 763 gelten folgende Richtlinien:

- V 100. Allgemein
- V 20. Nur unter der Voraussetzung, daß Bauunternehmer und Verleger in jeder Hinsicht gewährleisten, daß
   a) nach dem Transport und der Lagerung die Plattenfeuchtigkeit beim Einbau nicht mehr als 13 Gew.-% beträgt, und
   b) während der späteren Nutzung die Erhöhung der Plattenfeuchtigkeit gegenüber der tatsächlichen Feuchtigkeit beim Einbau (z. B. durch aus dem Erdreich aufsteigende Feuchtigkeit, durch Baufeuchtigkeit, durch Tauwasserbildung infolge Dampfdiffusion, durch Reinigungswasser) mit Sicherheit an keiner Stelle mehr als 3 Gew.-% betragen kann.
- V 100 G. In Sonderfällen (z. B. für Unterböden auf nicht ausreichend belüfteten Holzbalkendecken in Bädern).

Entsprechende Feuchtigkeits-Schutzmaßnahmen (siehe Abschnitt 5) sind in jedem Fall vorzunehmen.

4 Anforderungen an die Unterkonstruktion

4.1 Verlegen von Lagerhölzern oder Deckenbalken

Die Rohdecke muß ausreichend trocken und so eben sein, daß die Funktion der Dampfbremse (siehe Feuchtigkeitsschutz) nicht beeinträchtigt wird. Auch die übrigen Bestandteile des Fußbodens müssen trocken eingebracht werden. Direkte Verbindungen zwischen Lagerholz und Rohdecke bzw. den angrenzenden Wänden sind zu vermeiden.

Für Holzbalkendecken gelten die Anforderungen sinngemäß.

4.2 Vollflächig schwimmende Verlegung

Für die Rohdecke gelten die gleichen Anforderungen wie unter Abschnitt 4.1. Die Zwischenschicht muß trocken sein und ist vollflächig anzuordnen. Bei Einzellasten sind in die Zwischenschicht eingelegte Holzleisten zu empfehlen.

4.3 Abdecken und Ausgleichen vorhandener Holzfußböden

Der vorhandene Boden muß trocken und fest sein, beschädigte bzw. nicht einwandfreie Bestandteile sind auszubessern. Das Knarren alter Dielen ist vor dem Aufbringen des neuen Fußbodens zu beseitigen (zusätzliches Verschrauben). Bei großen Unebenheiten können für den Ausgleich zusätzliche Zwischenschichten erforderlich werden (siehe vollflächig schwimmende Verlegung).

5 Feuchtigkeitsschutz

Der bauphysikalische Feuchtigkeitsschutz muß so bemessen sein, daß eine Tauwasserbildung innerhalb des Fußbodens verhindert wird. Ferner darf keine Durchfeuchtung der Platten aus den zusätzlich eingebrachten Materialien aus der Unterkonstruktion oder aus dem Untergrund erfolgen. Die Platten sind vor Feuchtigkeitseinwirkungen aus der Nutzung (z. B. durch schlecht abgedichtete Fugen im Belag eindringendes Reinigungswasser) zu schützen.

5.1 Verlegen auf Lagerhölzern oder Deckenbalken

Auf massiven Rohdecken ist eine dampfbremsende Schicht, deren Produkt aus Wasserdampfdiffusionswiderstandsfaktor und Dicke mindestens 20 m betragen sollte, vollflächig anzuordnen (z. B. 0,2 mm dicke PE-Folie, in Heißbitumen verklebte Dichtungspappen bzw. -bahnen). Die Dampfbremse ist an den Raumwänden so hochzuziehen, daß auch die Plattenränder geschützt sind. Die Folienstöße sind abzudichten (verschweißen, verkleben) bzw. ausreichend zu überlappen (Überlappungsbreite mindestens 30 cm), wobei der Stoß möglichst unter einem Lagerholz liegen sollte. Beschädigungen der Dampfbremse sind unbedingt zu vermeiden.

Bei Holzbalkendecken ist es im allgemeinen ausreichend, wenn der Hohlraum unter dem Fußboden in jedem Gefach durch genügend große Öffnungen an beiden Enden mit der Luft des darüberliegenden Raumes verbunden ist. In speziellen Fällen ist rechnerisch nachzuweisen, ob bzw. an welcher Stelle eine zusätzliche Dampfbremse in der Decke erforderlich ist. Bei der Bemessung des Feuchtigkeitsschutzes ist der Feuchtigkeitsgehalt der Holzbalken sowie der übrigen eingebauten Materialien zu berücksichtigen.

5.2 Vollflächig schwimmende Verlegung

Anforderungen an die dampfbremsende Schicht wie unter Abschnitt 5.1. Sie ist unter der Zwischenschicht anzuordnen und an den seitlichen Wänden mindestens bis Oberkante Fußboden hochzuziehen. Bei Böden in nicht unterkellerten Räumen oder bei Schüttstoffen für die Zwischenschicht mit höherer Feuchte kann eine zusätzliche Dampfbremse auf der Zwischenschicht erforderlich werden.

5.3 Abdecken und Ausgleichen vorhandener Holzfußböden

Durch weitgehend dampfundurchlässige Beläge können die Feuchtigkeitsverhältnisse in den Dielenböden entscheidend verändert werden. Besteht aufgrund der Nutzungsart übereinanderliegender Räume die Gefahr der Durchfeuchtung des Fußbodens infolge Dampfdiffusion, so ist durch Verringerung der Dampfdurchlässigkeit an der Deckenunterseite oder durch Einschalten eines belüfteten Hohlraumes unter dem Fußboden für Abhilfe zu sorgen.

6 Verarbeitung der Platten

6.1 Transport, Lagerung

Der Feuchtigkeitsgehalt der Holzspanplatten beträgt ab Werk (9 ± 4) %, bezogen auf das Darrgewicht. Transport und Lagerung der Platten müssen so erfolgen, daß dieser Feuchtigkeitsbereich nicht überschritten wird. Eine Lagerung der Platten in Feuchträumen bzw. im Freien (auch mit Abdeckung) ist zu vermeiden. Die Platten sind eben, waagerecht und auf trockenem Untergrund zu lagern.

6.2 Verlegen und Befestigen

Die Platten müssen beim Einbau und Aufbringen des Belags trocken sein.

Die Verlegung der Holzspanplatten sollte unter „normalen" Klimabedingungen, also weder in überheizten noch in ungelüfteten, kalt-feuchten Räumen vorgenommen werden.

Beim Verlegen ist auf einen ausreichenden Randabstand zwischen Fußboden und Wand zu achten, der ≈ 2 bis 3 mm je m Raumtiefe, mindestens jedoch 10 bis 15 mm betragen sollte. Dadurch kann sich der Fußboden in seiner Ebene

DIN 68 771

bewegen. Besteht die Gefahr der Körperschallübertragung, so sind weichfedernde Dämmschichten zwischen Fußboden und Wand anzuordnen.

Verlegte Platten sollen sofort mit dem vorgesehenen Belag versehen werden, damit mögliche Feuchtigkeitseinwirkungen und eventuelle Beschädigungen vermieden werden (siehe auch Abschnitt 7).

6.2.1 Verlegen der Lagerhölzer und Deckenbalken

Die Plattenstöße sind zu versetzen. Die parallel zu den Lagerhölzern oder Deckenbalken verlaufenden Plattenstöße sind auf diesen anzuordnen.

Die Platten werden auf die Auflager geschraubt; Abstand der Schrauben untereinander: an den Plattenrändern ≈ 20 bis 30 cm, an übrigen Auflagen: ≈ 40 bis 50 cm. Die Vertiefungen an den Schraubenköpfen sind auszuspachteln und, falls erforderlich, überzuschleifen. Die Plattenstöße rechtwinklig zu den Auflagern sollten zusätzlich verleimt werden.

Tabelle 1. **Maximale Stützweite (Achsabstand der Unterstützungen)** [1])

Statisches System	rechnerische Durchbiegung f	Belastung		Maximale Stützweite l in cm für Plattendicke in mm				
		F	q	13	16	19	22	25
		kN	kN/m²					
Einfeldplatte	$f = \dfrac{1}{300} \cdot l$	1		21	27	35	41	50
		2		11	15	21	24	31
	$f = \dfrac{1}{500} \cdot l$	1		16	21	27	32	38
		2		11	15	19	22	27
	$f = \dfrac{1}{300} \cdot l$		2	41	48	57	62	71
Mehrfeldplatte	$f = \dfrac{1}{300} \cdot l$	1		24	31	40	46	56
		2		13	18	25	28	36
	$f = \dfrac{1}{500} \cdot l$	1		19	24	31	36	44
		2		13	17	22	25	31
	$f = \dfrac{1}{300} \cdot l$		2	45	53	62	68	78

[1]) Die maximale Stützweite für den Lastfall „Einzellast F" wurde nach den „Leichtdach-Richtlinien", Fassung Mai 1967, Abschnitt 3.3 unter der Annahme einer Plattenbreite von mindestens 80 cm ermittelt.

Die zulässige Stützweite der Platten in Abhängigkeit von der Dicke, dem statischen System, der Art und Größe der Belastung sowie der zulässigen Durchbiegung geht aus Tabelle 1 hervor.

In Abweichung von DIN 1055 Teil 3 sollte hier die gleichmäßig verteilte Belastung q nur bei beweglichen Verkehrslasten (Personen) zugrunde gelegt werden, während für normale Einrichtungsgegenstände in Wohnzimmern die Einzellast $F = 1$ kN, für schwere Einrichtungsgegenstände $F = 2$ kN berücksichtigt werden sollte.

Bei dauernd wirkenden Einzellasten empfiehlt es sich, die rechnerische Durchbiegung auf $1/500$ der Stützweite l zu beschränken.

6.2.2 Vollflächig schwimmende Verlegung

Hierfür sind nur Holzspanplatten mit umlaufendem Randprofil (z. B. Nut und Feder) geeignet. Die Platten werden mit versetzten Stoßfugen verlegt. Alle Plattenränder sind zu verleimen.

Der erforderliche Preßdruck kann z. B. durch Verkeilen der Fußbodenfläche an den umlaufenden Rändern oder durch geeignete Spannvorrichtungen erzeugt werden. Die Verkeilung ist nach Abbinden des Leimes zu entfernen, um die Bewegungsmöglichkeit des Fußbodens nicht zu beeinträchtigen. Als federnde Zwischenschicht sind entsprechende Dämmplatten sowie lose anorganische bzw. fäulnisbeständige organische Schüttstoffe geeignet. Sand ist nicht zu empfehlen. Bei üblicher Belastung ist je nach Steifigkeit des Untergrundes eine Plattendicke von 19 bis 22 mm ausreichend.

6.2.3 Abdecken und Ausgleichen vorhandener Holzfußböden

Verlegen und Befestigen wie unter Abschnitt 6.2.1 beschrieben. Im Normalfall ist eine Plattendicke von 10 mm ausreichend. Bei größeren Unebenheiten, z. B. bei breiten, geschüsselten Dielen, sollten die Angaben in Tabelle 1 berücksichtigt werden.

7 Fußbodenbeläge

Geeignet sind alle gebräuchlichen Belagarten, wie Parkett, Kunststoff- und Gummibeläge, Linoleum sowie Textilbeläge. Für die Verklebung sind die Anweisungen der Herstellwerke zu beachten, gegebenenfalls sind Probeklebungen vorzunehmen.

Der Belag muß so bald wie möglich verlegt werden, um die Holzspanplatten vor ungünstigen Klimaeinflüssen zu schützen (z. B. Schüsselungen, Verwölbungen, Markierung einzelner Stoßfugen oder Abzeichnen einzelner Platten).

Für die hartplastische („schubfeste") Verklebung von Parkett können schwimmend verlegte Holzspanplatten-Unterböden nur empfohlen werden, wenn die gesamte Fußbodenkonstruktion in jeder Beziehung trocken ist und trocken bleibt. In allen anderen Fällen empfiehlt es sich, Parkett auf Unterböden nach den Abschnitten 2.1 und 2.3 zu verkleben.

DIN 1045

7 Rohbaukonstruktionen

Beton und Stahlbeton
Bemessung und Ausführung
Auszug aus **DIN 1045** (7.88)

Inhaltsübersicht

1 Allgemeines
2 Begriffe
3 Bautechnische Unterlagen
4 Bauleitung
5 Personal und Ausstattung der Unternehmen, Baustellen und Werke
6 Baustoffe
7 Nachweis der Güte der Baustoffe und Bauteile für Baustellen
8 Überwachung (Güteüberwachung) von Baustellenbeton B II, von Fertigteilen und von Transportbeton
9 Bereiten und Befördern des Betons
10 Fördern, Verarbeiten und Nachbehandeln des Betons
11 Betonieren bei kühler Witterung und bei Frost
12 Schalungen, Schalungsgerüste, Ausschalen und Hilfsstützen
13 Einbau der Bewehrung und Betondeckung
14 Bauteile und Bauwerke mit besonderen Beanspruchungen
15 Grundlagen zur Ermittlung der Schnittgrößen
16 Grundlagen für die Berechnung der Formänderungen
17 Bemessung
18 Bewehrungsrichtlinien
19 Stahlbetonfertigteile
20 Platten und plattenartige Bauteile
21 Balken, Plattenbalken und Rippendecken
22 Punktförmig gestützte Platten
23 Wandartige Träger
24 Schalen und Faltwerke
25 Druckglieder

2 Begriffe

2.1 Baustoffe

2.1.1 Stahlbeton

Stahlbeton (bewehrter Beton) ist ein Verbundbaustoff aus Beton und Stahl (in der Regel Betonstahl) für Bauteile, bei denen das Zusammenwirken von Beton und Stahl für die Aufnahme der Schnittgrößen nötig ist.

2.1.2 Beton

Beton ist ein künstlicher Stein, der aus einem Gemisch von Zement (gegebenenfalls auch Mischbinder), Betonzuschlag und Wasser – gegebenenfalls auch mit Betonzusatzmitteln und Betonzusatzstoffen (Betonzusätze) – durch Erhärten des Zementleims (Zement-Wasser-Gemisch) entsteht.

2.1.3 Andere Baustoffe

2.1.3.5 Betonzusatzmittel

Betonzusatzmittel sind Betonzusätze, die durch chemische oder physikalische Wirkung oder durch beide die Betoneigenschaften, z. B. Verarbeitbarkeit, Erhärten oder Erstarren, ändern.

2.1.3.6 Betonzusatzstoffe

Betonzusatzstoffe sind fein aufgeteilte Betonzusätze, die bestimmte Betoneigenschaften beeinflussen und als Volumenbestandteile zu berücksichtigen sind (z. B. latent hydraulische Stoffe, Pigmente zum Einfärben des Betons).

2.1.3.7 Bewehrung

Bewehrungen heißen die Stahleinlagen im Beton, die für Stahlbeton nach Abschnitt 2.1.1 erforderlich sind.

2.1.3.8 Zwischenbauteile und Deckenziegel

Zwischenbauteile und Deckenziegel sind statisch mitwirkende oder nicht mitwirkende Fertigteile aus bewehrtem oder unbewehrtem Normal- oder Leichtbeton oder aus gebranntem Ton, die bei Balkendecken oder Stahlbetonrippendecken oder Stahlsteindecken verwendet werden (siehe DIN 4158, DIN 4159 und DIN 4160). Statisch mitwirkende Zwischenbauteile und Deckenziegel müssen mit Beton verfüllbare Stoßfugenaussparungen haben zur Gewährleistung der Druckübertragung in Balken- bzw. Rippenlängsrichtung und gegebenenfalls zur Aufnahme der Querbewehrung. Sie können über die volle Höhe der Rohdecke oder nur über einen Teil dieser Höhe reichen.

2.3 Betonprüfstellen

2.3.1 Betonprüfstellen E[1]

Betonprüfstellen E sind die ständigen Betonprüfstellen für die Eigenüberwachung von Beton B II auf Baustellen, von Beton- und Stahlbetonfertigteilen und von Transportbeton.

2.3.2 Betonprüfstellen F

Betonprüfstellen F sind die anerkannten Prüfstellen für die Fremdüberwachung von Baustellenbeton B II, von Beton- und Stahlbetonfertigteilen und von Transportbeton, die die im Rahmen der Überwachung (Güteüberwachung) vorgesehene Fremdüberwachung anstelle einer anerkannten Überwachungsgemeinschaft oder Güteschutzgemeinschaft durchführen können.

---

[1] Siehe auch Merkblatt für Betonprüfstelle E.

2.3.3 Betonprüfstelle W[2])

Betonprüfstellen W stehen für die Prüfung der Druckfestigkeit und der Wasserundurchlässigkeit an in Formen hergestellten Probekörpern zur Verfügung.

3 Bautechnische Unterlagen

3.2 Zeichnungen

3.2.1 Allgemeine Anforderungen

Die Maße der Bauteile und ihre Bewehrung sind durch Zeichnungen eindeutig und übersichtlich darzustellen. Die Zeichnungen müssen mit den Ergebnissen der statischen Berechnung übereinstimmen und alle für die Ausführung der Bauteile und für die Prüfung der Berechnungen erforderlichen Maße enthalten.

3.3 Statische Berechnungen

Die Standsicherheit und die ausreichende Bemessung der baulichen Anlage und ihrer Baustelle sind in der statischen Berechnung übersichtlich und leicht prüfbar nachzuweisen.

3.4 Baubeschreibung

Angaben, die für die Bauausführung oder für die Prüfung der Zeichnungen oder der statischen Berechnung notwendig sind, die aber aus den Unterlagen nach den Abschnitten 3.2 und 3.3 nicht ohne weiteres entnommen werden können, müssen in einer Baubeschreibung enthalten und – soweit erforderlich – erläutert sein.

4 Bauleitung

4.1 Bauleiter des Unternehmens

Bei Bauarbeiten, die nach den bauaufsichtlichen Vorschriften genehmigungspflichtig sind, muß der Unternehmer oder der von ihm beauftragte Bauleiter oder ein fachkundiger Vertreter des Bauleiters während der Arbeiten auf der Baustelle anwesend sein. Er hat für die ordnungsgemäße Ausführung der Arbeiten nach den bautechnischen Unterlagen zu sorgen, insbesondere für

a) die planmäßigen Maße der Bauteile;

b) die sichere Ausführung und räumliche Aussteifung der Schalungen, der Schalungs- und Traggerüste und der Vermeidung ihrer Überlastung, z. B. beim Fördern des Betons, durch Lagern von Baustoffen und dergleichen (siehe Abschnitt 12);

---

[2]) Siehe auch Merkblatt für Betonprüfstelle W.

c) die ausreichende Güte der verwendeten Baustoffe, namentlich des Betons (siehe Abschnitte 6.5.1 und 7);

d) die Übereinstimmung der Betonstahlsorte, der Durchmesser und der Lage der Bewehrung sowie gegebenenfalls der Schweißverbindungen mit den bauaufsichtlich genehmigten Zeichnungen (siehe Abschnitt 3.2);

e) die richtige Wahl des Zeitpunktes für das Ausschalen und Ausrüsten (siehe Abschnitt 12.3);

f) die Vermeidung der Überlastung fertiger Bauteile;

g) das Ausschalten von Fertigteilen mit Beschädigungen, die das Tragverhalten beeinträchtigen können, und

h) den richtigen Einbau etwa notwendiger Montagestützen (siehe Abschnitt 19.5.2).

4.2 Anzeigen über den Beginn der Bauarbeiten

Der bauüberwachenden Behörde bzw. dem von ihr mit der Bauüberwachung Beauftragten sind bei Bauten, die nach den bauaufsichtlichen Vorschriften genehmigungspflichtig sind, möglichst 48 Stunden vor Beginn der betreffenden Arbeiten vom Unternehmen oder dem Bauleiter anzuzeigen:

a) bei Verwendung von Baustellenbeton das Vorliegen einer schriftlichen Anweisung auf der Baustelle für die Herstellung mit allen nach Abschnitt 6.5 erforderlichen Angaben;

b) der beabsichtigte Beginn des erstmaligen Betonierens, bei mehrgeschossigen Bauten auf Verlangen der Beginn des Betonierens für jedes einzelne Geschoß; bei längerer Unterbrechung – besonders nach längeren Frostzeiten – der Wiederbeginn der Betonarbeiten;

c) bei Verwendung von Beton B II die fremdüberwachende Stelle;

d) bei Bauten aus Fertigteilen der Beginn des Einbaues und auf Verlangen der Beginn der Herstellung der für die Gesamttragwirkung wesentlichen Verbindungen;

e) der Beginn von wesentlichen Schweißarbeiten auf der Baustelle.

4.3 Aufzeichnungen während der Bauausführung

Bei genehmigungspflichtigen Arbeiten sind entsprechend ihrer Art und ihrem Umfang auf der Baustelle fortlaufend Aufzeichnungen über alle für die Güte und Standsicherheit der baulichen Anlage und ihrer Teile wichtigen Angaben in nachweisbarer Form, z. B. auf Vordrucken (Bautagebuch), vom Bauleiter oder seinem Vertreter zu führen. Sie müssen folgende Angaben enthalten, soweit sie nicht schon in den Lieferscheinen (siehe Abschnitt 5.5 und wegen der Aufbewahrung Abschnitt 4.4 Absatz 1) enthalten sind:

a) die Zeitabschnitte der einzelnen Arbeiten (z. B. des Einbringens des Betons und des Ausrüstens);

b) die Lufttemperatur und die Witterungsverhältnisse zur Zeit der Ausführung der einzelnen Bauabschnitte oder Bauteile bis zur vollständigen Entfernung der Schalung und ihrer Unterstützung. Frosttage sind dabei unter Angabe der Temperatur und der Ablesezeit besonders zu vermerken.

Während des Herstellens, Einbringens und Nachbehandelns von Beton B II (auch von Transportbeton B II) sind die Lufttemperaturen unter + 8 °C und über + 25 °C, die Maximal- und die Minimaltemperatur des Tages — gemessen im Schatten — einzutragen. Bei Lufttemperaturen unter + 5 °C und über + 30 °C ist auch die Temperatur des Frischbetons festzustellen und einzutragen;

c) bei Verwendung von Baustellenbeton den Namen der Lieferwerke und die Nummern der Lieferscheine für Zement, Zuschlaggemische bzw. getrennte Zuschlagkorngruppen, werkgemischten Betonzuschlag, Betonzusätze; ferner Betonzusammensetzung, Zementgehalt je m^3 verdichteten Betons, Art und Festigkeitsklasse des Zements, Art, Sieblinie und Korngruppen des Zuschlags, gegebenenfalls Zusatz von Mehlkorn, Art und Menge von Betonzusatzmitteln und -zusatzstoffen, Frischbetonrohdichte der hergestellten Probekörper und Konsistenzmaß des Betons und bei Beton B II auch der Wasserzementwert (w/z-Wert);

d) bei Verwendung von Fertigteilen den Namen der Lieferwerke und die Nummern der Lieferscheine.

Es ist ferner anzugeben, für welches Bauteil oder für welchen Bauabschnitt diese verwendet wurden. Wegen des Inhalts der Lieferscheine siehe Abschnitt 5.5.2;

e) bei Verwendung von Transportbeton den Namen der Lieferwerke und die Nummern der Lieferscheine, das Betonsortenverzeichnis nach Abschnitt 5.4.4 und das Fahrzeugverzeichnis nach Abschnitt 5.4.6. Es ist ferner anzugeben, für welches Bauteil oder für welchen Bauabschnitt dieser verwendet wurde. Wegen des Inhalts der Lieferscheine siehe Abschnitt 5.5.3. Wegen der Eintragung beim Abholen von Transportbeton siehe Abschnitt 5.5.3;

f) die Herstellung aller Betonprobekörper mit ihrer Bezeichnung, dem Tag der Herstellung und Angabe der einzelnen Bauteile bzw. Bauabschnitte, für die der zugehörige Beton verwendet wurde, das Datum und die Ergebnisse ihrer Prüfung und die geforderte Festigkeitsklasse.

Dies gilt auch für Probekörper, die vom Transportbetonwerk oder von seinem Beauftragten hergestellt werden, soweit sie für die Baustelle angerechnet werden (siehe Abschnitt 7.4.3.5.1). Ferner sind aufzuzeichnen Art und Ergebnisse etwaiger Nachweise der Betonfestigkeit am Bauwerk (siehe Abschnitt 7.4.5);

g) gegebenenfalls die Ergebnisse von Frischbetonuntersuchungen (Konsistenz, Rohdichte, Zusammensetzung), von Prüfungen der Bindemittel nach Abschnitt 7.2, des Zuschlags nach Abschnitt 7.3 (z. B. Sieblinien) — auch von werkgemischtem Betonzuschlag —, der gewichtsmäßigen

Nachprüfung des Zuschlaggemisches bei Zugabe nach Raumteilen (siehe Abschnitt 9.2.2), der Zwischenbauteile usw.;

h) Betonstahlsorte und gegebenenfalls die Prüfergebnisse von Betonstahlschweißungen (siehe DIN 4099).

4.4 Aufbewahrung und Vorlage der Aufzeichnungen

Die Aufzeichnungen müssen während der Bauzeit auf der Baustelle bereitliegen und sind den mit der Bauüberwachung Beauftragten auf Verlangen vorzulegen. Sie sind ebenso wie die Lieferscheine (siehe Abschnitt 5.5) nach Abschluß der Arbeiten mindestens 5 Jahre vom Unternehmer aufzubewahren.

Nach Beendigung der Bauarbeiten sind die Ergebnisse aller Druckfestigkeitsprüfungen einschließlich der an ihrer Stelle durchgeführten Prüfungen des Wasserzementwertes der bauüberwachenden Behörde, bei Verwendung von Beton B II auch der fremdüberwachenden Stelle zu übergeben.

5.5 Lieferscheine

5.5.1 Allgemeine Anforderungen

Jeder Lieferung von Stahlbetonfertigteilen, von Zwischenbauteilen aus Beton und gebranntem Ton und von Transportbeton ist ein numerierter Lieferschein beizugeben.

5.5.2 Stahlbetonfertigteile

Bei Stahlbetonfertigteilen sind neben den im Abschnitt 5.5.1 geforderten Angaben folgende erforderlich:

a) Festigkeitsklasse des Betons;

b) Betonstahlsorte;

c) Positionsnummern nach Abschnitt 3.2.2;

d) Betondeckung nach Abschnitt 1.3.2.

5.5.3 Transportbeton

Bei Transportbeton sind über Abschnitt 5.5.1 hinaus folgende Angaben erforderlich:

a) Menge, Festigkeitsklasse und Konsistenz des Betons, Hinweise auf seine Eignung für unbewehrten Beton oder für Stahlbeton sowie Nummer der Betonsorte gemäß Verzeichnis nach Abschnitt 5.4.4, soweit erforderlich auch besondere Eigenschaften des Betons nach Abschnitt 6.5.7;

b) Uhrzeit von Be- und Entladung sowie Nummer des Fahrzeugs gemäß Verzeichnis nach Abschnitt 5.4.6;

c) Im Falle des Abschnitts 7.4.3.5.1, letzter Absatz, Hinweis, daß eine fremdüberwachte statistische Qualitätskontrolle durchgeführt wird.

Darüber hinaus ist für Beton B I mindestens bei der ersten Lieferung und für Beton B II stets das Betonsortenverzeichnis entweder vollständig oder ein entsprechender Auszug daraus mit dem Lieferschein zu übergeben.

6 Baustoffe

6.5 Beton

6.5.1 Festigkeitsklassen des Betons und ihre Anwendung

Der Beton wird nach seiner bei der Güteprüfung im Alter von 28 Tagen an Würfeln mit 200 mm Kantenlänge ermittelten Druckfestigkeit in Festigkeitsklassen B 5 bis B 55 eingeteilt (siehe Tabelle 1).

Tabelle 1 **Festigkeitsklassen des Betons und ihre Anwendung**

Betongruppe	Festigkeitsklasse des Betons	Nennfestigkeit[12] β_{WN} (Mindestwert für die Druckfestigkeit β_{W28} jedes Würfels nach Abschnitt 7.4.3.5.2) N/mm^2	Serienfestigkeit β_{WS} (Mindestwert für die mittlere Druckfestigkeit β_{Wm} jeder Würfelserie) N/mm^2	Herstellung nach	Anwendung
Beton B I	B 5	5,0	8,0	Abschnitt 6.5.5	Nur für unbewehrten Beton
	B 10	10	15		
	B 15	15	20		
Beton B II	B 25	25	30	Abschnitt 6.5.6	Für unbewehrten u. bewehrten Beton
	B 35	35	40		
	B 45	45	50		
	B 55	55	60		

[12] Der Nennfestigkeit liegt die 5 %-Fraktile der Grundgesamtheit zugrunde.

6.5.3 Konsistenz des Betons

(1) Beim Frischbeton werden vier Konsistenzbereiche unterschieden (siehe Tabelle 2). Beton mit der fließfähigen Konsistenz KF darf nur als Fließbeton entsprechend der „Richtlinie für Beton mit Fließmittel und für Fließbeton; Herstellung, Verarbeitung und Prüfung" unter Zugabe eines Fließmittels (FM) verwendet werden.

(2) Im Übergangsbereich zwischen steifem und plastischem Beton kann im Einzelfall je nach Zusammenhaltevermögen des Frischbetons die Anwendung des Verdichtungsmaßes oder des Ausbreitmaßes zweckmäßiger sein.

(3) In den Konsistenzbereichen KP und KR kann bei Verwendung von Splittbeton, sehr mehlkornreichem Beton, Leicht- oder Schwerbeton das Verdichtungsmaß zweckmäßiger sein.

(4) In den beiden vorgenannten Fällen sind Vereinbarungen über das anzuwendende Prüfverfahren und die einzuhaltenden Konsistenzmaße zu treffen.

DIN 1045

Sinngemäß gilt dies auch für andere, in DIN 1048 Teil 1 aufgeführte Konsistenzprüfverfahren.

(5) Die Verarbeitbarkeit des Frischbetons muß den baupraktischen Gegebenheiten angepaßt sein. Für Ortbeton der Gruppe B I ist vorzugsweise weicher Beton KR (Regelkonsistenz) oder fließfähiger Beton KF zu verwenden.

Tabelle 2 **Konsistenzbereiche des Frischbetons**

	1	2	3	4
	Konstistenzbereiche		Ausbreitmaß a cm	Verdichtungsmaß v
	Bedeutung	Kurzzeichen		
1	steif	KS	–	$\geq 1{,}20$
2	plastisch	KP	35 bis 41	1,19 bis 1,08[13]
3	weich	KR	42 bis 38	1,07 bis 1,02[13]
4	fließfähig	KF	49 bis 60	–

[13] Das Verdichtungsmaß empfiehlt sich vor allem für Betone nach Absatz (3).

6.5.7 Beton mit besonderen Eigenschaften

6.5.7.2 Wasserundurchlässiger Beton

Wasserundurchlässiger Beton für Bauteile mit einer Dicke von etwa 10 bis 40 cm muß so dicht sein, daß die größte Wassereindringtiefe bei der Prüfung nach DIN 1048 Teil 1 (Mittel von drei Prüfkörpern) 50 mm nicht überschreitet.

Bei Bauteilen mit einer Dicke von etwa 10 bis 40 cm darf der Wasserzementwert 0,60 und bei dickeren Bauteilen 0,70 nicht überschreiten.

Wasserundurchlässiger Beton geringerer Festigkeitsklasse als B 35 darf auch unter den Bedingungen für Beton B I hergestellt werden, wenn der Zementgehalt bei Zuschlaggemischen 0 bis 16 mm mindestens 400 kg/m^3, bei Zuschlaggemischen 0 bis 32 mm mindestens 350 kg/m^3 beträgt und wenn die Kornzusammensetzung des Zuschlaggemisches im günstigen Bereich (Bereich ③) der Bilder 2 bzw. 3 (nicht abgedruckt) liegt.

7 Nachweis der Güte der Baustoffe und Bauteile für Baustellen

7.4 Beton

7.4.3.5 Druckfestigkeit

7.4.3.5.1 Anzahl der Probewürfel

Bei Baustellen- und Transportbeton B I der Festigkeitsklasse B 15 und B 25 und bei tragenden Wänden und Stützen aus B 5 und B 10 ist für jede verwendete Betonsorte (siehe Abschnitt 5.4.4), und zwar jeweils für höchstens 500 m³ Beton,

jedes Geschoß im Hochbau und

je 7 Arbeitstage, an denen betoniert wird,

eine Serie von 3 Probewürfeln herzustellen.

Diejenige Forderung, die die größte Anzahl von Würfelserien ergibt, ist maßgebend. Bei Beton B II ist – soweit bei der Verwendung von Transportbeton im folgenden nichts anderes festgelegt ist – die doppelte Anzahl der im ersten Absatz geforderten Würfelserien zu prüfen. Die Hälfte der hiernach geforderten Würfelprüfungen kann ersetzt werden durch die doppelte Anzahl von w/z-Wertbestimmungen nach DIN 1048 Teil 1.

Die vom Transportbetonwerk bei der Eigenüberwachung (siehe DIN 1084 Teil 3) durchgeführten Festigkeitsprüfungen dürfen auf die vom Bauunternehmen durchzuführenden Festigkeitsprüfungen von Beton B I und von Beton B II angerechnet werden, soweit der Beton für die Herstellung der Probekörper auf der betreffenden Baustelle entnommen wurde.

Werden auf einer Baustelle in einem Betoniervorgang weniger als 100 m³ Transportbeton B I eingebracht, so kann das Prüfungsergebnis einer Würfelserie, die auf einer anderen Baustelle mit Beton desselben Werkes und derselben Zusammensetzung in derselben Woche hergestellt wurde, auf die im ersten Absatz dieses Abschnittes geforderten Prüfungen angerechnet werden, wenn das Transportbetonwerk für diese Betonsorte unter statistischer Qualitätskontrolle steht (siehe DIN 1084 Teil 3) und diese ein ausreichendes Ergebnis hatte.

12 Schalungen, Schalungsgerüste, Ausschalen, Hilfsstützen

12.3 Ausrüsten und Ausschalen

12.3.1 Ausschalfristen

Ein Bauteil darf erst dann ausgerüstet oder ausgeschalt werden, wenn der Beton ausreichend erhärtet ist (siehe Abschnitt 7.4.4), bei Frost nicht etwa nur hartgefroren ist, und wenn der Bauleiter des Unternehmens das Ausrüsten und Ausschalen angeordnet hat. Der Bauleiter darf das Ausrüsten oder Ausschalen nur anordnen, wenn er sich von der ausreichenden Festigkeit des Betons überzeugt hat. War die Temperatur des Betons seit seinem Einbringen stets mindestens +5°C, so können für das Ausschalen und Ausrüsten im allgemeinen die Fristen der Tabelle 8 als Anhaltswerte angesehen werden. Die Fristen der Spalten 3 und 4 dieser Tabelle gelten – bezogen auf das Einbringen des Ortbetons – als Anhaltswerte auch für Montagestützen unter Stahlbetonfertigteilen, wenn diese Fertigteile durch Ortbeton ergänzt werden und die Tragfähigkeit der so zusammengesetzten Bauteile von der Festigkeitsentwicklung des Ortbetons abhängig ist (siehe z. B. Abschnitt 19.4 und 19.7.6).

DIN 1045

Die Ausschalfristen sind gegenüber der Tabelle 8 zu vergrößern, u. U. zu verdoppeln, wenn die Betontemperatur in der Erhärtungszeit überwiegend unter + 5 °C lag. Tritt während des Erhärtens Frost ein, so sind die Ausschal- und Ausrüstungsfristen für ungeschützten Beton mindestens um die Dauer des Frostes zu verlängern (siehe Abschnitt 11).

Tabelle 8 **Ausschalfristen (Anhaltswerte)**

	1	2	3	4
	Festigkeitsklasse des Zements	Für die seitliche Schalung der Balken und für die Schalung der Wände und Stützen	Für die Schalung der Deckenplatten	Für die Rüstung (Stützung) der Balken, Rahmen und weitgespannten Platten
		Tage	Tage	Tage
1	Z 25	4	10	28
2	Z 35 L	3	8	20
3	Z 35 F und Z 45 L	2	5	10
4	Z 45 F und Z 55	1	3	6

12.3.2 Hilfsstützen

Um die Durchbiegungen infolge von Kriechen und Schwinden kleinzuhalten, sollen Hilfsstützen stehenbleiben oder sofort nach dem Ausschalen gestellt werden. Hilfsstützen sollen in den einzelnen Stockwerken übereinander angeordnet werden.

Bei Platten und Balken mit Stützweiten bis zu etwa 8 m genügen Hilfsstützen in der Mitte der Stützweite. Bei größeren Stützweiten sind mehr Hilfsstützen zu stellen. Bei Platten mit weniger als 3 m Stützweite sind Hilfsstützen in der Regel entbehrlich.

19 Stahlbetonfertigteile

19.1 Bauten aus Stahlbetonfertigteilen

Für Bauten aus Stahlbetonfertigteilen und für die Fertigteile selbst gelten die Bestimmungen für entsprechende Bauten und Bauteile aus Ortbeton, soweit in den folgenden Abschnitten nichts anderes gesagt ist.

Auf die Einhaltung der Konstruktionsgrundsätze nach Abschnitt 15.8.1 ist bei Bauten aus Fertigteilen besonders zu achten. Tragende und aussteifende Fertigbauteile sind durch Bewehrung oder gleichwertige Maßnahmen miteinander und gegebenenfalls mit Bauteilen aus Ortbeton so zu verbinden, daß sie auch durch außergewöhnliche Beanspruchungen (Bauwerkssetzung, starke Erschütterungen, bei Bränden usw.) ihren Halt nicht verlieren.

19.2 Allgemeine Anforderungen an die Fertigteile

Stahlbetonfertigteile gelten als werkmäßig hergestellt, wenn sie in einem Betonfertigteilwerk (Betonwerk) hergestellt sind, das die Anforderungen des Abschnitts 5.3 erfüllt.

19.3 Mindestmaße

Die Mindestdicke darf bei werkmäßig hergestellten Fertigteilen um 2 cm kleiner sein als bei entsprechenden Bauteilen aus Ortbeton, jedoch nicht kleiner als 4 cm. Die Plattendicke von vorgefertigten Rippendecken muß jedoch mindestens 5 cm sein. Wegen der Maße von Druckgliedern siehe Abschnitt 25.2.1.

Unbewehrte Plattenspiegel von Kassettenplatten dürfen abweichend hiervon mit einer Mindestdicke von 2,5 cm ausgeführt werden, wenn sie nur bei Reinigungs- und Ausbesserungsarbeiten begangen werden und der Rippenabstand in der einen Richtung höchstens 65 cm und in der anderen bei B 25 höchstens 65 cm, bei B 35 höchstens 100 cm und bei B 45 oder Beton höherer Festigkeit höchstens 150 cm ist. Die Plattenspiegel dürfen keine Löcher haben.

Die Dicke d von Stahlbetonhohldielen muß für Geschoßdecken mindestens 6 cm, für Dachdecken, die nur bei Reinigungs- und Ausbesserungsarbeiten betreten werden, mindestens 5 cm sein. Das Maß d_1 muß mindestens $1/4\,d$, das Maß d_2 mindestens $1/5\,d$ sein (siehe Bild 38). Die nach Abzug der Hohlräume verbleibende kleinste Querschnittsbreite $b_0 = b - \Sigma a$ muß mindestens $1/3\,b$ sein, sofern nach Abschnitt 17.5.3 keine größere Breite erforderlich ist.

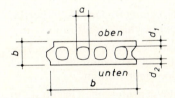

Bild 38. Stahlbetonhohldielen

19.7 Geschoßdecken, Dachdecken und vergleichbare Bauteile mit Fertigteilen

19.7.1 Anwendungsbereich und allgemeine Bestimmungen

Geschoßdecken, Dachdecken und vergleichbare Bauteile mit Fertigteilen dürfen verwendet werden

bei vorwiegend ruhender, gleichmäßig verteilter Verkehrslast (siehe DIN 1055 Teil 3), bei ruhenden Einzellasten, wenn hinsichtlich ihrer Verteilung der 1. Absatz von Abschnitt 20.2.5 eingehalten ist,

und bei Radlasten bis 7,5 kN (z. B. Personenkraftwagen),

bei Fabriken und Werkstätten nur nach den Bedingungen von Tabelle 27 in Abschnitt 19.7.5 (nicht abgedruckt).

19.7.4 Deckenscheiben aus Fertigteilen

19.7.4.1 Allgemeine Vorschriften

Eine aus Fertigteilen zusammengesetzte Decke gilt als tragfähige Scheibe, wenn sie im endgültigen Zustand eine zusammenhängende, ebene Fläche bildet, die Einzelteile der Decke in den Fugen druckfest miteinander verbunden sind und wenn die in der Scheibenebene wirkenden Lasten durch Bogen- oder Fachwerkwirkung zusammen mit den dafür bewehrten Randgliedern und Zugpfosten aufgenommen werden können. Die zur Fachwerkwirkung erforderlichen Zugpfosten können durch Bewehrungen gebildet werden, die in den Fugen zwischen den Fertigteilen verlegt und in den Randgliedern entsprechend Abschnitt 18 verankert werden. Die Bewehrung der Randglieder und Zugpfosten ist rechnerisch nachzuweisen.

Bei Deckenscheiben, die zur Ableitung der Windkräfte eines Geschosses dienen, darf auf die Anordnung von Zugpfosten verzichtet werden, wenn die Länge der kleineren Seite der Scheibe höchstens 10 m und die Länge der größeren Seite höchstens das 1,5fache der kleineren Seite beträgt und wenn die Scheibe auf allen Seiten von einem Stahlbetonringanker umschlossen wird, dessen Bewehrung unter Gebrauchslast eine Zugkraft von mindestens 30 kN aufnehmen kann (z. B. mindestens 2 Stäbe mit dem Durchmesser 12 mm oder eine Bewehrung mit gleicher Querschnittsfläche).

19.7.6 Fertigplatten mit statisch mitwirkender Ortbetonschicht

Die Dicke der Ortbetonschicht muß mindestens 5 cm betragen. Die Oberfläche der Fertigplatten im Anschluß an die Ortbetonschicht muß rauh sein.

Bei einachsig gespannten Platten muß die Hauptbewehrung stets in der Fertigplatte liegen. Die Querbewehrung richtet sich nach Abschnitt 20.1.6.3. Sie kann in der Fertigplatte oder im Ortbeton angeordnet werden.

Bei zweiachsig gespannten Platten ist die Feldbewehrung einer Richtung in der Fertigplatte, die der anderen im Ortbeton anzuordnen. Bei der Ermittlung der Schnittgrößen solcher Platten darf die günstige Wirkung einer Drillsteifigkeit nicht in Rechnung gestellt werden.

Bei raumgroßen Fertigplatten kann die Bewehrung beider Richtungen in die Fertigplatte gelegt werden.

19.7.7 Balkendecken mit und ohne Zwischenbauteilen

Balkendecken sind Decken aus ganz oder teilweise vorgefertigten Balken im Achsabstand von höchstens 1,25 m mit Zwischenbauteilen, die in der Längsrichtung der Balken nicht mittragen, oder Decken aus Balken ohne solche

Zwischenbauteile, z. B. aus unmittelbar nebeneinander verlegten Stahlbetonfertigteilen.

19.7.8 Stahlbetonrippendecken mit ganz oder teilweise vorgefertigten Rippen

19.7.8.2 Stahlbetonrippendecken mit statisch mitwirkenden Zwischenbauteilen

Die Stoßfugenaussparungen statisch mitwirkender Zwischenbauteile (siehe Begriffsbestimmung, Abschnitt 2.1.3.8) sind in einem Arbeitsgang mit den Längsrippen sorgfältig mit Beton auszufüllen.

19.7.9 Stahlbetonhohldielen

Bei Stahlbetonhohldielen (Mindestmaße siehe Abschnitt 19.3) mit einer Verkehrslast bis zu 3,5 kN/m^2 darf auf Bügel und bei Breiten bis zu 50 cm auch auf eine Querbewehrung verzichtet werden, wenn die Schubspannungen die Werte der Tabelle 13, Zeile 1 b (nicht abgedruckt), nicht überschreiten.

19.7.10 Vorgefertigte Stahlsteindecken

Bilden mehrere vorgefertigte Streifen von Stahlsteindecken die Decke eines Raumes, so sind zur Querverbindung Maßnahmen erforderlich, die denen nach Abschnitt 19.7.5 gleichwertig sind.

19.8 Wände aus Fertigteilen

19.8.1 Allgemeines

Für Wände aus Fertigteilen gelten die Bestimmungen für Wände aus Ortbeton (siehe Abschnitt 25.5), sofern in den folgenden Abschnitten nichts anderes gesagt ist.

Tragende und aussteifende Wände (siehe Abschnitt 25.5) dürfen nur aus geschoßhohen Fertigteilen zusammengesetzt werden, mit Ausnahme von Paßstücken im Bereich von Treppenpodesten.

19.8.2 Mindestdicken

19.8.2.1 Fertigteilwände mit vollem Rechteckquerschnitt

Für die Mindestdicke tragender Fertigteilwände gilt Abschnitt 25.5.3.2, Tabelle 33.

20 Platten und plattenartige Bauteile

20.1 Platten

20.1.1 Begriff und Plattenarten

Platten sind ebene Flächentragwerke, die quer zu ihrer Ebene belastet sind; sie können linienförmig oder auch punktförmig gelagert sein.

Je nach ihrer statischen Wirkung werden einachsig und zweiachsig gespannte Platten unterschieden.

Einachsig gespannte Platten tragen ihre Last im wesentlichen in einer Richtung ab (Spannrichtung). Beanspruchungen quer zur Spannrichtung, die aus der Behinderung der Querdehnung, aus der Querverteilung von Einzel- oder Streckenlasten oder durch eine in der Rechnung nicht berücksichtigte Auflagerung parallel zur Spannrichtung entstehen, brauchen nicht nachgewiesen zu werden. Diese Beanspruchungen sind jedoch durch konstruktive Maßnahmen zu berücksichtigen (siehe Abschnitt 20.1.6.3).

Bei zweiachsig gespannten Platten werden beide Richtungen für die Tragwirkung herangezogen. Vierseitig gelagerte Rechteckplatten, deren größere Stützweite nicht größer als das Zweifache der kleineren ist, sowie dreiseitig oder an zwei benachbarten Rändern gelagerte Rechteckplatten sind im allgemeinen als zweiachsig gespannt zu berechnen und auszubilden.

Werden sie zur Vereinfachung des statischen Systems als einachsig gespannt berechnet, so sind die aus den vernachlässigten Tragwirkungen herrührenden Beanspruchungen durch eine geeignete konstruktive Bewehrung zu berücksichtigen.

20.1.3 Plattendicke

Die Plattendicke muß mindestens sein

a) im allgemeinen 7 cm

b) bei befahrbaren Platten für Personenkraftwagen 10 cm
  für schwerere Fahrzeuge 12 cm

c) bei Platten, die nur ausnahmsweise, z. B. bei Ausbesserungs- oder Reinigungsarbeiten, begangen werden, z. B. Dachplatten 5 cm

20.2 Stahlsteindecken

20.2.1 Begriff

Stahlsteindecken sind Decken aus Deckenziegeln, Beton oder Zementmörtel und Betonstahl, bei denen das Zusammenwirken der genannten Baustoffe zur Aufnahme der Schnittgrößen nötig ist. Der Zementmörtel muß wie Beton verdichtet werden.

20.2.2 Anwendungsbereich

Stahlsteindecken dürfen verwendet werden bei den unter a) bis c) angegebenen, gleichmäßig verteilten und vorwiegend ruhenden Verkehrslasten nach DIN 1055 Teil 3 und bei Decken, die nur mit Personenkraftwagen befahren werden. Decken mit Querbewehrung nach Absatz b) und c) dürfen auch bei Fabriken und Werkstätten mit leichtem Betrieb verwendet werden.

a) $p \leq 3{,}5$ kN/m^2 einschließlich dazugehöriger Flure bei voll- und teilvermörtelten Decken ohne Querbewehrung;

b) $p \leq 5{,}0$ kN/m^2
  bei teilvermörtelten Decken mit obenliegender Mindestquerbewehrung nach Abschnitt 20.1.6.3 in den Stoßfugenaussparungen der Deckenziegel;

c) p unbeschränkt

bei vollvermörtelten Decken mit untenliegender Mindestquerbewehrung nach Abschnitt 20.1.6.3 in den Stoßfugenaussparungen der Deckenziegel.

Stahlsteindecken dürfen als tragfähige Scheiben, z. B. für die Aufnahme von Windlasten, verwendet werden, wenn sie den Bedingungen des Abschnitts 19.7.4.1 entsprechen.

20.2.4 Deckendicke

Die Dicke von Stahlsteindecken muß mindestens 9 cm betragen.

21 Balken, Plattenbalken und Rippendecken

21.1 Balken und Plattenbalken

21.1.1 Begriffe, Auflagertiefe, Stabilität

Balken sind überwiegend auf Biegung beanspruchte stabförmige Träger beliebigen Querschnitts.

Plattenbalken sind stabförmige Tragwerke, bei denen kraftschlüssig miteinander verbundene Platten und Balken (Rippen) bei der Aufnahme der Schnittgrößen zusammenwirken. Sie können als einzelne Träger oder als Plattenbalkendecke ausgeführt werden.

Für die Auflagertiefe von Balken und Plattenbalken gilt der erste Absatz des Abschnitts 20.1.2; sie muß jedoch mindestens 10 cm betragen. Für die Dicke der Platten von Plattenbalken gilt Abschnitt 20.1.3; sie muß mindestens 7 cm betragen.

Bei sehr schlanken Bauteilen ist auf die Stabilität gegen Kippen und Beulen zu achten.

21.2 Stahlbetonrippendecken

21.2.1 Begriff und Anwendungsbereich

Stahlbetonrippendecken sind Plattenbalkendecken mit einem lichten Abstand der Rippen von höchstens 70 cm, bei denen kein statischer Nachweis für die Platten erforderlich ist. Zwischen den Rippen können unterhalb der Platte statisch nicht mitwirkende Zwischenbauteile nach DIN 4158 oder DIN 4160 liegen. An die Stelle der Platte können ganz oder teilweise Zwischenbauteile nach DIN 4158 oder DIN 4159 oder Deckenziegel nach DIN 4159 treten, die in Richtung der Rippen mittragen. Diese Decken sind für Verkehrslasten $p \leq 5{,}0$ kN/m^2 zulässig, und zwar auch bei Fabriken und Werkstätten mit leichtem Betrieb, aber nicht bei Decken, die von Fahrzeugen befahren werden, die schwerer als Personenkraftwagen sind. Einzellasten über 7,5 kN sind durch bauliche Maßnahmen (z. B. Querrippen) unmittelbar auf die Rippen zu übertragen.

23 Wandartige Träger

23.1 Begriff

Wandartige Träger sind in Richtung ihrer Mittelfläche belastete ebene Flächentragwerke, für die die Voraussetzungen des Abschnitts 17.2.1 nicht mehr zutreffen, sie sind deshalb nach der Scheibentheorie zu behandeln. Heft 240 enthält entsprechende Angaben für einfache Fälle.

23.3 Bauliche Durchbildung

Wandartige Träger müssen mindestens 10 cm dick sein.

24 Schalen und Faltwerke

24.1 Begriffe und Grundlagen der Berechnung

Schalen sind einfach oder doppelt gekrümmte Flächentragwerke geringer Dicke mit oder ohne Randaussteifung.

Faltwerke sind räumliche Flächentragwerke, die aus ebenen, kraftschlüssig miteinander verbundenen Scheiben bestehen.

25 Druckglieder

25.1 Anwendungsbereich

Es wird zwischen stabförmigen Druckgliedern mit $b \leq 5\,d$ und Wänden mit $b > 5\,d$ unterschieden, wobei $b \geq d$ ist.

25.2 Bügelbewehrte, stabförmige Druckglieder

25.2.1 Mindestdicken

Die Mindestdicke bügelbewehrter, stabförmiger Druckglieder ist in Tabelle 31 festgelegt.

Tabelle 31 **Mindestdicken bügelbewehrter, stabförmiger Druckglieder in cm**

Querschnittsform	stehend hergestellte Druckglieder aus Ortbeton	Fertigteile und liegend hergestellte Druckglieder
Vollquerschnitt, Dicke	20	14
Aufgelöster Querschnitt, z. B. I-, T- und L-förmig (Flansch- und Stegdicke)	14	7
Hohlquerschnitt (Wanddicke)	10	5

Bei aufgelösten Querschnitten nach Tabelle 31, Zeile 2, darf die kleinste gesamte Flanschbreite nicht geringer sein als die Werte der Zeile 1.

Beträgt die freie Flanschbreite mehr als das 5fache der kleinsten Flanschdicke, so ist der Flansch als Wand nach Abschnitt 25.5 zu behandeln.

Die Wandungen von Hohlquerschnitten sind als Wände nach Abschnitt 25.5 zu behandeln, wenn ihre lichte Seitenlänge größer ist als die 10fache Wanddicke.

25.3 Umschnürte Druckglieder

25.3.2 Mindestdicke und Betonfestigkeit

Der Durchmesser d_k des Kernquerschnittes muß bei Ortbeton mindestens 20 cm, bei werkmäßig hergestellten Druckgliedern mindestens 14 cm betragen. Wegen weiterer Angaben siehe Abschnitt 17.3.2.

25.5 Wände

25.5.1 Allgemeine Grundlagen

Wände im Sinne dieses Abschnitts sind überwiegend auf Druck beanspruchte, scheibenartige Bauteile, und zwar

a) tragende Wände zur Aufnahme lotrechter Lasten, z. B. Deckenlasten; auch lotrechte Scheiben zur Abtragung waagerechter Lasten (z. B. Windscheiben) gelten als tragende Wände;

b) aussteifende Wände zur Knickaussteifung tragender Wände, dazu können jedoch auch tragende Wände verwendet werden;

c) nichttragende Wände werden überwiegend nur durch ihre Eigenlast beansprucht, können aber auch auf ihre Fläche wirkende Windlasten auf tragende Bauteile, z. B. Wand- oder Deckenscheiben, abtragen.

25.5.3 Mindestwanddicke

Aussteifende Wände müssen mindestens 8 cm dick sein.

Die Mindestdicken der Tabelle 33 gelten auch für Wandteile mit $b < 5\,d$ zwischen oder neben Öffnungen oder für Wandteile mit Einzellasten, auch wenn sie wie bügelbewehrte, stabförmige Druckglieder nach Abschnitt 25.2 ausgebildet werden.

Tabelle 33 **Mindestwanddicken für tragende Wände in cm**

Festigkeitsklasse des Betons	Herstellung	Mindestwanddicken für Wände aus			
		unbewehrtem Beton		Stahlbeton	
		Decken über Wänden		Decken über Wänden	
		nicht durchlaufend	durchlaufend	nicht durchlaufend	durchlaufend
bis B 10	Ortbeton	20	14	–	–
ab B 15	Ortbeton	14	12	12	10
	Fertigteil	12	10	10	8

DIN 1052 Teil 1

Holzbauwerke
Berechnung und Ausführung
Auszug aus **DIN 1052 Teil 1** (4.88)

Inhaltsübersicht

1 Anwendungsbereich
2 Begriffe
3 Standsicherheitsnachweis und Zeichnungen
4 Materialkennwerte
5 Zulässige Spannungen
6 Allgemeine Bemessungsregeln
7 Bemessungsregeln für Zugstäbe
8 Bemessungsregeln für biegebeanspruchte Bauglieder
9 Bemessungsregeln für Druckstäbe
10 Verbände, Scheiben, Abstützungen
11 Holztafeln
12 Leimverbindungen
13 Ausführung
14 Kennzeichnung von Voll- und Brettschichtholz

Anhang A   Nachweis der Eignung zum Leimen von tragenden Holzbauteilen

1 Anwendungsbereich

Diese Norm gilt für die Berechnung und Ausführung von Bauwerken und von tragenden und aussteifenden Bauteilen aus Holz und Holzwerkstoffen; sie gilt auch für Fliegende Bauten (siehe DIN 4112), Bau- und Lehrgerüste, Absteifungen und Schalungsunterstützungen (siehe DIN 4420 Teil 1 und Teil 2 sowie DIN 4421) und für hölzerne Brücken (siehe DIN 1074), soweit in diesen Normen nichts anderes bestimmt ist.

Für mechanische Holzverbindungen gilt DIN 1052 Teil 2 und für Holzhäuser in Tafelbauart ergänzend DIN 1052 Teil 3.

2 Begriffe

2.1 Voll- und Brettschichtholz
2.1.1 Vollholz

Vollholz sind entrindete Rundhölzer und Bauschnitthölzer (Kanthölzer, Bohlen, Bretter und Latten) aus Nadel- und Laubholz.

2.1.2 Brettschichtholz

Brettschichtholz (BSH) besteht aus mindestens drei breitseitig faserparallel verleimten Brettern oder Brettlagen (siehe auch Abschnitt 12.6) aus Nadelholz.

2.2 Holzwerkstoffe

Holzwerkstoffe im Sinne dieser Norm sind

a) Bau-Furniersperrholz nach DIN 68 705 Teil 3 (BFU) und Teil 5 (BFU-BU) der Klasse 100 bzw. 100 G, für Holztafeln nach Abschnitt 11 und für Deckenschalungen auch Bau-Furniersperrholz nach DIN 68 705 Teil 3 (BFU) der Klasse 20.

b) Flachpreßplatten nach DIN 68 763 der Klassen 100 und 100 G, für Holztafeln nach Abschnitt 11 und für Deckenschalungen auch der Klasse 20.

c) Harte und mittelharte Holzfaserplatten nach DIN 68 754 Teil 1 (Verwendung nur für Holzhäuser in Tafelbauart, siehe DIN 1052 Teil 3).

2.3 Holztafeln, Beplankungen, Dachschalungen

2.3.1 Holztafeln

Holztafeln sind Verbundkonstruktionen unter Verwendung von Rippen aus Bauschnittholz, Brettschichtholz oder Holzwerkstoffen und mittragenden oder aussteifenden Beplankungen aus Holz oder Holzwerkstoffen, die ein- oder beidseitig angeordnet sein können. Holztafeln (im folgenden Tafeln genannt) werden als tragende Wand-, Decken- oder Dachtafeln unter Belastungen nach Bild 1 verwendet.

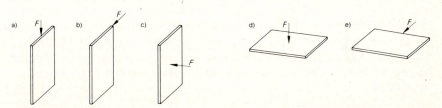

Bild 1. Tragende Tafeln, Belastungsarten

    a) bis c) Wandtafeln   d) und e) Decken- oder Dachtafeln

2.3.2 Beplankungen

Beplankungen sind

a) mittragend, wenn sie rechnerisch zur Aufnahme und Weiterleitung von Lasten bestimmt sind, oder

b) aussteifend, wenn sie nur zur Knick- oder Kippaussteifung der Rippen dienen sollen.

2.3.3 Dachschalungen

Dachschalungen sind tragende, flächenartige Bauteile aus Brettern, Bohlen oder Holzwerkstoffen, die die Dachhaut tragen und nur zu Reinigungs- und Instandsetzungsarbeiten begangen werden.

3 Standsicherheitsnachweis und Zeichnungen

3.1 Statische Berechnung

3.1.1 Die statische Berechnung muß übersichtlich und leicht prüfbar sein. Insbesondere sind in ihr auch anzugeben:

a) Lastannahmen,

b) vorgesehene Baustoffe,

c) Maße der tragenden Bauteile einschließlich Formen und Maße der Querschnitte,

d) Beanspruchungen der Bauteile, Verbindungen, Anschlüsse und Stöße,

e) erforderlichenfalls Verformungen und Überhöhungen.

3.1.2 Für Bauteile und Verbindungen, die statisch offensichtlich ausreichend bemessen sind, kann auf einen rechnerischen Nachweis verzichtet werden.

3.2 Zeichnungen

3.2.1 Der statischen Berechnung sind in der Regel zeichnerische Unterlagen beizufügen, aus denen insbesondere auch die Maße der tragenden Bauteile und ihrer Querschnittswerte, ferner die Ausbildung der Anschlüsse, Stöße und Verbände, die Anzahl und Anordnung der Verbindungsmittel, erforderliche Überhöhungen und sonstige wichtige Einzelheiten hervorgehen.

3.2.2 Die Anordnung von Verbindungsmitteln in verschiedenen Ebenen, bei Nägeln ihre Kopfseite, muß erforderlichenfalls aus den Zeichnungen ersichtlich sein.

3.3 Baubeschreibung

Angaben, die für die Bauausführung (einschließlich Transport und Montage) oder für die Prüfung der statischen Berechnung und der Zeichnungen notwendig sind, aber aus den Unterlagen nach den Abschnitten 3.1 und 3.2 nicht ersichtlich sind, sind in einer Baubeschreibung zu erläutern.

3.4 Bezeichnungen

In der statischen Berechnung, auf den Zeichnungen und erforderlichenfalls in der Baubeschreibung sind alle Baustoffe und Bauteile mit der Bezeichnung nach der jeweiligen dafür maßgebenden Norm zu bezeichnen.

Die Holzarten nach Tabelle 1 sind zumindest wie folgt zu bezeichnen:

a) Holzarten nach Tabelle 1, Zeile 1, mit dem Kurzzeichen NH und der Güteklasse,

b) Brettschichtholz nach Tabelle 1, Zeile 2, mit dem Kurzzeichen BSH und der Güteklasse,

c) Holzarten nach Tabelle 1, Zeile 3, mit dem Kurzzeichen LH und dem Zeichen der Holzartgruppe (A, B oder C).

Wird bei der Verwendung von Bau-Furniersperrholz nach DIN 68 705 Teil 3 oder Teil 5 oder von Flachpreßplatten nach DIN 68 763 von größeren Rechenwerten des Elastizitäts- oder Schubmoduls nach Tabelle 2 bzw. Tabelle 3, Fußnote 1, ausgegangen, so ist dies zusätzlich zur Normbezeichnung des Holzwerkstoffes deutlich kenntlich zu machen.

Wird bei keilgezinkten Querschnitten beim Spannungsnachweis in den nach Abschnitt 12.3 erlaubten Fällen der Verschwächungsgrad v nicht berücksichtigt, so ist dies auch bei der Bauteilbezeichnung in der statischen Berechnung und auf der Zeichnung deutlich kenntlich zu machen.

Die mechanischen Verbindungsmittel sind mit den für die Berechnung und Ausführung nach DIN 1052 Teil 2 maßgebenden Angaben zu bezeichnen.

A n m e r k u n g : Bei Verwendung von Baustoffen und Bauteilen nach allgemeiner bauaufsichtlicher Zulassung gilt für die Bezeichnung der jeweilige Zulassungsbescheid.

4 Materialkennwerte

4.1 Elastizitäts-, Schub- und Torsionsmoduln

4.1.1 Bei der Berechnung elastischer Formänderungen sind für den Elastizitäts- und Schubmodul bei Voll- und Brettschichtholz die Werte in Tabelle 1, bei Bau-Furniersperrholz nach DIN 68 705 Teil 3 und Teil 5 die Werte in Tabelle 2 und bei Flachpreßplatten nach DIN 68 763 die Werte in Tabelle 3 zugrunde zu legen.

Verdrehungen von Voll- und Brettschichtholz dürfen näherungsweise nach der Elastizitätstheorie für isotrope Werkstoffe berechnet werden. Hierbei dürfen die G_T-Werte (G_T Torsionsmodul) für Vollholz mit $2/3\ G$, für Brettschichtholz mit $G_T = G$ angenommen werden.

4.1.2 Die Werte für die Elastizitäts- und Schubmoduln sind abzumindern

a) um $1/6$:

bei Vollholz oder Brettschichtholz in Bauteilen, die der Witterung allseitig ausgesetzt sind oder bei denen mit einer vorübergehenden Durchfeuchtung zu rechnen ist,

b) um $1/4$:

bei dauernder Durchfeuchtung, z. B. dauernd im Wasser befindlichen Bauteilen.

DIN 1052 Teil 1

Bei Laubholz der Holzartgruppe C braucht bezüglich der Feuchte keine Abminderung vorgenommen zu werden (siehe Tabelle 1).

Tabelle 1 **Rechenwerte für Elastizitäts- und Schubmoduln in MN/m² für Voll- und Brettschichtholz** (Holzfeuchte ≤ 20 %)

	Holzart	Elastizitätsmodul		Schubmodul G
		parallel der Faserrichtung $E_{\parallel}$	rechtwinklig zur Faserrichtung $E_{\perp}$	
1	Fichte, Kiefer, Tanne, Lärche, Douglasie, Southern Pine, Western Hemlock[1])	10 000[2])[3])	300[4])	500
2	Brettschichtholz aus Holzarten nach Zeile 1	11 000	300	500
3	Laubhölzer der Gruppe			
	A Eiche, Buche, Teak, Keruing (Yang)	12 500	600	1 000
	B Afzelia, Merbau, Angelique (Basralocus)	13 000	800	1 000
	C Azobé (Bongossi), Greenheart	17 000[5])	1 200[5])	1 000[5])

1) Botanische Namen: Picea abies Karst. (Fichte), Pinus sylvestris L. (Kiefer), Abies alba Mill. (Tanne), Larix decidua Mill. (Lärche), Pseudotsuga menziesii Franco (Douglasie), Pinus palustris (Southern Pine), Tsuga heterophylla Sarg. (Western Hemlock).
2) Für Güteklasse III: $E_{\parallel}$ = 8 000 MN/m².
3) Für Baurundholz: $E_{\parallel}$ = 12 000 MN/m².
4) Für Güteklasse III: $E_{\perp}$ = 240 MN/m².
5) Diese Werte gelten unabhängig von der Holzfeuchte.

Bei Verwendung von Bau-Furniersperrholz BFU 100 G und von Flachpreßplatten V 100 G, in denen eine Feuchte (Feuchtegehalt nach DIN 52183) von mehr als 18 % über eine längere Zeitspanne (mehrere Wochen) zu erwarten ist, sind die E- und G-Werte für Bau-Furniersperrholz BFU 100 G um $1/4$ und für Flachpreßplatten V 100 G um $1/3$ abzumindern (siehe DIN 68 800 Teil 2).

4.2 Feuchte und Schwindmaße

4.2.1 Als Gleichgewichtsfeuchte im Gebrauchszustand gilt die nach einer gewissen Zeitspanne im Mittel sich einstellende Feuchte des Holzes und der Holzwerkstoffe im fertigen Bauwerk. Als Gleichgewichtsfeuchte gelten folgende Werte der Holzfeuchte:

a) bei allseitig geschlossenen Bauwerken
   - mit Heizung   (9 ± 3) %
   - ohne Heizung   (12 ± 3) %

Tabelle 2 **Rechenwerte für Elastizitäts- und Schubmoduln in MN/m² für Baufurniersperrholz** nach DIN 68 705 Teil 3 und Teil 5

Art der Beanspruchung	Elastizitätsmodul $E^{1)2)3)}$				Schubmodul $G^{1)2)4)}$ parallel und rechtwinklig zur Faserrichtung der Deckfurniere
	parallel		rechtwinklig		
	zur Faserrichtung der Deckfurniere				
	Lagenanzahl		Lagenanzahl		Lagenanzahl
	3	≥ 5	3	≥ 5	≥ 3
1 Biegung rechtwinklig zur Plattenebene	8 000	5 500	400	1 500	250 (400)
2 Biegung, Druck und Zug in Plattenebene	4 500		1 000	2 500	500 (700)

1) Größere Werte dürfen verwendet werden, wenn dies im Rahmen der Herstellung des Bau-Furniersperrholzes durch Prüfzeugnis der fremdüberwachenden Stelle nachgewiesen ist.
2) Für Bau-Furniersperrholz aus Okoumé und Pappel sind die Rechenwerte für den Elastizitätsmodul und Schubmodul um $1/5$ abzumindern.
3) Für Bau-Furniersperrholz aus Buche nach DIN 68 705 Teil 5 gelten die im Beiblatt 1 zu DIN 68 705 Teil 5 angegebenen Werte.
4) Die Werte in Klammern ( ) gelten für Bau-Furniersperrholz aus Buche nach DIN 68 705 Teil 5.

Tabelle 3 **Rechenwerte für Elastizitäts- und Schubmoduln in MN/m² für Flachpreßplatten** nach DIN 68 763

Art der Beanspruchung		Elastizitätsmodul $E^{1)}$						Schubmodul $G^{1)}$				
		Plattennenndicke in mm						Plattennenndicke in mm				
		bis 13	über 13 bis 20	über 20 bis 25	über 25 bis 32	über 32 bis 40	über 40 bis 50	bis 13	über 13 bis 20	über 20 bis 25	über 25 bis 32	über 32 bis 40	über 40 bis 50
1	Biegung rechtwinklig zur Plattenebene	3 200	2 800	2 400	2 000	1 600	1 200	200			100		
2	Biegung in Plattenebene	2 200	1 900	1 600	1 300	1 000	800	1 100	1 000	850	700	550	450
3	Druck, Zug in Plattenebene	2 200	2 000	1 700	1 400	1 100	900	—					

1) Größere Werte dürfen verwendet werden, wenn dies im Rahmen der Überwachung der Herstellung der Flachpreßplatten durch Prüfzeugnis der fremdüberwachenden Stelle nachgewiesen ist.

b) bei überdeckten, offenen Bauwerken (15 ± 3) %

c) bei Konstruktionen, die der Witterung
allseitig ausgesetzt sind (18 ± 6) %

4.2.2   Ist die Holzfeuchte beim Einbau höher als die in Abschnitt 4.2.1 genannten Werte, so darf dieses Holz nur für solche Bauwerke verwendet werden, bei denen es nachtrocknen kann und deren Bauteile gegenüber den hierbei auftretenden Schwindverformungen nicht empfindlich sind.

4.2.3   Schwind- oder Quellmaße für Holz rechtwinklig zur Faserrichtung und für Holzwerkstoffe in Plattenebene sind in Tabelle 4 angegeben.

Tabelle 4 **Rechenwerte der Schwind- und Quellmaße in %**

	Baustoff	Schwind- und Quellmaß für Änderung der Holzfeuchte um 1 % unterhalb des Fasersättigungsbereichs
1	Fichte, Kiefer, Tanne, Lärche, Douglasie, Southern Pine, Western Hemlock, Brettschichtholz, Eiche	0,24[1]
2	Buche, Keruing, Angelique, Greenheart	0,3[1]
3	Teak, Afzelia, Merbau	0,2[1]
4	Azobé (Bongossi)	0,36[1]
6	Bau-Furniersperrholz	0,020[2]
7	Flachpreßplatten	0,035[2]

[1] Mittel aus den Werten tangential und radial zum Jahrring bzw. zur Zuwachszone.
[2] Werte gelten in Plattenebene.

4.2.4   Schwinden oder Quellen des Holzes in Faserrichtung braucht nur in Sonderfällen berücksichtigt zu werden (Schwind- und Quellmaß des Holzes in Faserrichtung im Durchschnitt 0,01 %). Das gleiche gilt für Holzwerkstoffe in Plattenebene. Schwinden oder Quellen darf bei Holzwerkstoffen rechtwinklig zur Plattenebene vernachlässigt werden.

4.2.5   Bei behindertem Quellen oder Schwinden dürfen die Werte in Tabelle 4 und in Abschnitt 4.2.4 mit dem halben Betrag berücksichtigt werden.

4.2.6   Holzwerkstoffklassen sind in Abhängigkeit von den zu erwartenden Feuchtebeanspruchungen nach DIN 68 800 Teil 2 zu wählen.

4.3   Kriechverformungen

Beim Durchbiegungsnachweis nach Abschnitt 8.5 sowie bei Verdrehungsberechnungen ist erforderlichenfalls die Kriechverformung infolge der ständigen Last zu berücksichtigen.

Die Kriechverformung darf bei auf Biegung beanspruchten Bauteilen proportional zur elastischen Verformung angenommen werden. Sie ist nachzuweisen, wenn die ständige Last mehr als 50 % der Gesamtlast beträgt.

Für Einfeldträger mit der ständigen Last g und der Gesamtlast q darf die Kriechzahl φ nach Gleichung (1) berechnet werden.

$$\varphi = \frac{1}{\eta_k} - 1 \tag{1}$$

Bei anderen Tragsystemen und nicht gleichmäßig verteilter Last darf sinngemäß verfahren werden.

In Gleichung (1) ist für Bauteile aus Holz und Bau-Furniersperrholz bei einer Gleichgewichtsfeuchte im Gebrauchszustand $\leq 18\,\%$

$$\eta_k = \frac{3}{2} - \frac{g}{q} \tag{2}$$

bei einer Gleichgewichtsfeuchte $> 18\,\%$

$$\eta_k = \frac{5}{3} - \frac{4}{3}\frac{g}{q} \tag{3}$$

einzusetzen.

Für Flachpreßplatten sind für φ die 2fachen Werte in Rechnung zu stellen, sofern ihre Holzfeuchte nicht ständig unter 15 % liegt (siehe DIN 68 800 Teil 2).

Die Abminderung der Elastizitäts- und Schubmodul nach Abschnitt 4.1.2 ist zu beachten.

Bei Dächern ist der Schneelastanteil von $0{,}5\,(s_0 - 0{,}75) \cdot s/s_0$ als ständig wirkend anzunehmen; s, s_0 bedeuten den Rechenwert der Schneelast bzw. die Regelschneelast nach DIN 1055 Teil 5 in kN/m².

Bei Wohnhausdächern, ausgenommen Flachdächer, dürfen Kriechverformungen für den Durchbiegungsnachweis vernachlässigt werden.

4.4 Einfluß von Temperaturänderungen

Der Einfluß von Temperaturänderungen darf bei Holz und Holzwerkstoffen in Holzkonstruktionen vernachlässigt werden.

6 Allgemeine Bemessungsregeln

6.1 Allgemeines

Auf die räumliche Aussteifung der Bauteile und ihre Stabilität ist besonders zu achten. Die bei Versagen oder Ausfall eines Bauteiles auftretenden Folgen für die Standsicherheit der Gesamtkonstruktion sind zu beachten und gegebenenfalls durch geeignete Maßnahmen einzugrenzen.

DIN 1052 Teil 1

6.3 Mindestquerschnitte

6.3.1 Tragende einteilige Einzelquerschnitte von Vollholzbauteilen müssen eine Mindestdicke von 24 mm und mindestens 14 cm^2 Querschnittsfläche (11 cm^2 für Lattungen) haben, soweit nicht wegen der Verbindungsmittel größere Mindestmaße erforderlich sind.

Maße der für Brettschichtholz verwendeten Einzelbretter siehe Abschnitt 12.6.

6.3.2 Mindestdicken für Tafeln siehe Abschnitt 11.1.1.

6.3.3 Die Mindestdicke tragender Platten aus Holzwerkstoffen beträgt für Flachpreßplatten 8 mm, für Bau-Furniersperrholz 6 mm. Bau-Furniersperrholz muß, sofern es nur Aussteifungszwecken dient, aus mindestens drei Lagen, für alle sonstigen tragenden Bauteile aus mindestens fünf Lagen bestehen.

11 Holztafeln

11.1 Allgemeines

11.1.1 Baustoffe, Mindestdicken und Querschnittsschwächungen

Für die Beplankung von Tafeln darf die Holzwerkstoffklasse 20 nach DIN 68 800 Teil 2 verwendet werden, sofern nicht aus Gründen des Holzschutzes andere Holzwerkstoffklassen erforderlich werden.

Bei Tafeln sind die in Tabelle 13 angegebenen Mindestdicken, örtliche Schwächungen ausgenommen, einzuhalten. Rippen aus Bauschnittholz müssen mindestens der Güteklasse II, Schnittklasse A nach DIN 4074 Teil 1 entsprechen. Sie müssen auf die Mindestdicke von 24 mm frei von Baumkanten sein. Bei Rippen unter Beplankungsstößen muß auf beiden Seiten des Stoßes die Scharfkantigkeit auf je 24 mm Dicke, bei verleimten Tafeln (ausgenommen Nagelpreßleimung) auf je 12 mm Dicke vorliegen.

Tabelle 13 **Mindestdicke bei Tafeln**

Baustoff	Mindestdicken	
	Rippen[1] mm	Beplankungen mm
Bauschnittholz, Brettschichtholz	24	–
Bau-Furniersperrholz	15	6
Flachpreßplatten	16	8

[1] Querschnittsfläche für Bauschnittholz mindestens 14 cm^2, bei Holzwerkstoffen mindestens 10 cm^2

Aussparungen in mittragenden Beplankungen dürfen beim Nachweis der Spannungen vernachlässigt werden, wenn auf einer Fläche von 2,5 m^2 einer Tafel die Gesamtfläche aller Aussparungen höchstens 300 cm^2 beträgt. Dabei darf die größte Ausdehnung der einzelnen Öffnung 200 mm nicht überschreiten; dieser Höchstwert gilt auch für die Summe aller Aussparungsbreiten innerhalb des Querschnittes einer Tafel.

11.1.2 Feuchtegehalt

Der Feuchtegehalt des Holzes darf bei der Herstellung der Tafeln 18 %, für zu verleimende Teile 15 % nicht überschreiten.

11.5 Ausführung von Tafeln

Stöße von Beplankungen in Richtung der Tragrippen sind immer auf Rippen aus Vollholz oder Brettschichtholz anzuordnen. Beplankungsstöße auf den Schnittflächen von Rippen aus Holzwerkstoffen sind unzulässig. Die Mindestbreite der Leimfläche zwischen Rippe und Beplankung von 10 mm ist bei Beplankungsstößen beiderseits des Stoßes einzuhalten.

An den freien Plattenrändern im Bereich von Beplankungsstößen sind unterschiedliche Durchbiegungen der Beplankungen bei Lasten rechtwinklig zur Plattenebene zu verhindern, z. B. durch Nut-Feder-Verbindung der Platten.

Im Kopf- und Fußbereich von Wandtafeln für Scheiben sind waagerechte Rippen anzuordnen.

Während der Herstellung des Bauwerkes ist dafür zu sorgen, daß die übrige Konstruktion auch vor Fertigstellung der Decken- oder Dachscheibe standsicher ist.

12 Leimverbindungen

12.1 Herstellungsnachweis

Verleimte tragende Holzbauteile dürfen nur verwendet werden, wenn sie von Betrieben hergestellt worden sind, die eine bestimmungsgemäße Herstellung nachgewiesen haben (siehe Anhang A).

Anmerkung: Ein Verzeichnis der Betriebe, die einen solchen Nachweis geführt haben, wird beim Institut für Bautechnik, Reichpietschufer 74–76, 10785 Berlin, geführt und in den Mitteilungen des Instituts für Bautechnik veröffentlicht.

Bei allgemein bauaufsichtlich zugelassenen Holzbauteilen sind außerdem die entsprechenden Bestimmungen der Zulassung zu beachten, gegebenenfalls auch ein zusätzlicher Überwachungsnachweis.

12.2 Holzfeuchte zum Zeitpunkt der Verleimung

Für Leimverbindungen dürfen nur Hölzer mit höchstens 15 % Feuchte verwendet werden.

13 Ausführung

13.1 Abbund und Montage

13.1.1 Alle Teile eines Tragwerkes sind so zusammenzufügen und zu montieren, daß kein Teil durch Zwängungen oder sonstige Zustände unzulässig beansprucht wird.

13.1.2 Tragende Bolzen und Klemmbolzen von Dübelverbindungen sind nachzuziehen, wenn mit einem erheblichen Schwinden des Holzes gerechnet werden muß. Sie müssen hierzu genügend Gewindelänge aufweisen und bis zur Beendigung des Schwindens zugänglich bleiben.

13.1.3 Bei mit Paßbolzen angeschlossenen außenliegenden Metallteilen ist darauf zu achten, daß zur Aufnahme von Loch-Leibungskräften der volle Schaftquerschnitt auf der erforderlichen Länge vorhanden ist.

13.2 Dachschalungen

13.2.1 Dachschalungen unter Dachdeckungen

Für Schalungen als Träger von Dachdeckungen dürfen Holz mindestens der Güteklasse II nach DIN 4074 Teil 1 und Holzwerkstoffe der Holzwerkstoffklasse 100 bzw. 100 G (siehe DIN 68 800 Teil 2) verwendet werden. Parallel zu den Auflagern verlaufende Stöße dürfen nur auf den unterstützenden Bauteilen (z. B. Pfetten oder Sparren) angeordnet werden. Die Auflagertiefe muß mindestens 20 mm betragen.

Die rechtwinklig zu den Auflagern verlaufenden freien Ränder von Brettern, Bohlen oder Holzwerkstoffen müssen bei einem Verhältnis lichte Weite l_w zur Plattendicke d größer als 30 miteinander durch Nut und Feder oder gleichwertige Maßnahmen verbunden werden.

13.2.2 Dachschalungen unter Dachabdichtungen

Zusätzlich zu den Festlegungen nach Abschnitt 13.2.1 sind die folgenden Anforderungen zu erfüllen:

Es sind Holzwerkstoffe der Holzwerkstoffklasse 100 G zu verwenden.

Fugen sind unter Berücksichtigung der zu erwartenden Längen- und Breitenänderungen infolge Quellens auszubilden. Diese sind in der Regel bei Flachpreßplatten mit 2 mm/m und bei Bau-Furniersperrholz mit 1 mm/m zu berücksichtigen.

Die rechtwinklig zu den Auflagern verlaufenden freien Ränder müssen stets miteinander durch Nut und Feder oder gleichwertige Maßnahmen verbunden sein.

Die Dachneigung soll mindestens 2 % betragen. Kleinere Neigungen dürfen nur unter folgenden Bedingungen ausgeführt werden:

a) Die Dachabdichtung muß auch für vorübergehend stehendes Wasser dauerhaft dicht sein.

b) Bei der Bemessung der Dachschalung einschließlich Unterkonstruktion ist eine Wassersackbildung erforderlichenfalls zu berücksichtigen.

14 Kennzeichnung von Voll- und Brettschichtholz

Folgende Bauteile sind dauerhaft, eindeutig und deutlich lesbar zu kennzeichnen:

a) Bauteile aus den Holzarten nach Tabelle 1, Zeile 1, der Güteklassen I und III mit der Güteklasse, dem Zeichen des Sortierwerkes und des dort verantwortlichen Fachmannes; bei aus mehreren Einzelhölzern vorgefertigten Bauteilen darf sich die Kennzeichnung der Güteklasse I auf die Bereiche beschränken, in denen die Rechenwerte der Güteklasse I in Rechnung gestellt sind,

b) Brettschichtholz nach Tabelle 1, Zeile 2, der Güteklasse I und bei Bauteilen über 10 m Länge auch der Güteklasse II mit der Güteklasse, dem Herstelltag und dem Zeichen des Herstellwerkes,

c) Bauteile aus Laubholz nach Tabelle 1, Zeile 3, mit dem Zeichen der Holzartgruppe (A, B oder C), dem Zeichen des Sortier- bzw. Herstellwerkes und des dort verantwortlichen Fachmannes.

Als Verbundquerschnitte verleimte tragende Holzbauteile sind auch bei Verwendung von Voll- oder Brettschichtholz der Güteklasse II stets mit dem Herstelltag und dem Zeichen des Herstellwerkes zu kennzeichnen.

DIN 1053 Teil 1

Mauerwerk
Rezeptmauerwerk
Auszug aus **DIN 1053 Teil 1** (2.90)

Inhalt

1 Anwendungsbereich
2 Begriffe
3 Bautechnische Unterlagen
4 Druckfestigkeit des Mauerwerks
5 Baustoffe
6 Berechnungsgrundlagen
7 Bemaßung
8 Bauteile und Konstruktionsdetails
9 Ausführung
10 Eignungsprüfungen
11 Kontrollen und Güteprüfungen auf der Baustelle
12 Natursteinmauerwerk
Anhang: Mauermörtel

1 Anwendungsbereich

Diese Norm gilt für die Berechnung und Ausführung von Mauerwerk aus künstlichen und natürlichen Steinen.

Mauerwerk nach dieser Norm darf entweder nach dem vereinfachten Verfahren (Voraussetzungen siehe Abschnitt 6.1) oder nach dem genaueren Verfahren (siehe Abschnitt 7.3) berechnet werden.

Bei der Wahl der Bauteile sind auch die Funktionen der Wände hinsichtlich des Wärme-, Schall-, Brand- und Feuchteschutzes zu beachten. Bezüglich der Vermauerung mit und ohne Stoßfugenvermörtelung siehe Abschnitte 9.2.1 und 9.2.2.

Es dürfen nur Baustoffe verwendet werden, die den in dieser Norm genannten Normen entsprechen.

Anmerkung: Die Verwendung anderer Baustoffe bedarf nach den bauaufsichtlichen Vorschriften eines besonderen Nachweises der Brauchbarkeit, z. B. durch eine allgemeine bauaufsichtliche Zulassung.

2 Begriffe

2.1 Rezeptmauerwerk (RM)

Rezeptmauerwerk ist Mauerwerk, dessen Druckfestigkeit in Abhängigkeit von Steinfestigkeitsklassen, Mörtelarten und Mörtelgruppen nach den Tabellen 3 und 4 (nicht abgedruckt) festgelegt wird.

2.2 Tragende Wände

Tragende Wände sind überwiegend auf Druck beanspruchte, scheibenartige Bauteile zur Aufnahme vertikaler Lasten, z. B. Deckenlasten, sowie horizontaler Lasten, z. B. Windlasten.

2.3 Aussteifende Wände

Aussteifende Wände sind scheibenartige Bauteile zur Aussteifung des Gebäudes oder zur Knickaussteifung tragender Wände. Sie gelten stets auch als tragende Wände.

2.4 Nichttragende Wände

Nichttragende Wände sind scheibenartige Bauteile, die überwiegend nur durch ihre Eigenlast beansprucht werden und auch nicht zum Nachweis der Gebäudeaussteifung oder der Knickaussteifung tragender Wände herangezogen werden.

2.5 Ringanker

Ringanker sind in Wandebene liegende horizontale Bauteile zur Aufnahme von Zugkräften, die in den Wänden infolge von äußeren Lasten oder von Verformungsunterschieden entstehen können.

2.6 Ringbalken

Ringbalken sind in Wandebene liegende horizontale Bauteile, die außer Zugkräfte auch Biegemomente infolge von rechtwinklig zur Wandebene wirkenden Lasten aufnehmen können.

3 Bautechnische Unterlagen

Als bautechnische Unterlagen gelten insbesondere die Bauzeichnungen, der Nachweis der Standsicherheit und eine Baubeschreibung sowie etwaige Zulassungs- und Prüfbescheide.

Für die Beurteilung und Ausführung des Mauerwerks sind in den bautechnischen Unterlagen mindestens Angaben über

a) Wandaufbau,

b) Art, Rohdichteklasse und Druckfestigkeitsklasse der zu verwendenden Steine,

c) Mörtelart, Mörtelgruppe,

d) Ringanker und Ringbalken,

e) Schlitze und Aussparungen,

f) Verankerungen der Wände,

g) Bewehrungen des Mauerwerks,

h) verschiebliche Auflagerungen

erforderlich.

5 Baustoffe

5.1 Mauersteine

Es dürfen nur Steine verwendet werden, die DIN 105 Teil 1 bis Teil 5, DIN 106 Teil 1 und Teil 2, DIN 398, DIN 1057 Teil 1, DIN 4165, DIN 18 151, DIN 18 152 und DIN 18 153 entsprechen.

Für die Verwendung von Natursteinen gilt Abschnitt 12.

5.2 Mauermörtel

5.2.1 Anforderungen

Es dürfen nur Mauermörtel verwendet werden, die den Bedingungen des Anhanges A entsprechen.

5.2.2 Verarbeitung

Zusammensetzung und Konsistenz des Mörtels müssen vollfugiges Vermauern ermöglichen. Dies gilt besonders für Mörtel der Gruppen III und III a. Werkmörteln dürfen auf der Baustelle keine Zuschläge und Zusätze (Zusatzstoffe und Zusatzmittel) zugegeben werden. Bei ungünstigen Witterungsbedingungen (Nässe, niedrige Temperaturen) ist ein Mörtel mindestens der Gruppe II zu verwenden.

Der Mörtel muß vor Beginn des Erstarrens verarbeitet sein.

5.2.3 Anwendung

5.2.3.1 Allgemeines

Mörtel unterschiedlicher Arten und Gruppen dürfen auf einer Baustelle nur dann gemeinsam verwendet werden, wenn sichergestellt ist, daß keine Verwechslung möglich ist.

5.2.3.2 Normalmörtel

Es gelten folgende Einschränkungen:

a) Mörtelgruppe I:
   - Nicht zulässig für Gewölbe und Kellermauerwerk.
   - Nicht zulässig bei mehr als zwei Vollgeschossen und bei Wanddicken kleiner als 240 mm, dabei ist als Wanddicke bei zweischaligen Außenwänden die Dicke der Innenschale maßgebend.
   - Nicht zulässig für Vermauern der Außenschale nach Abschnitt 8.4.3.

b) Mörtelgruppen II und II a:
   - Nicht zulässig für Gewölbe.

c) Mörtelgruppen III und III a:
   - Nicht zulässig für Vermauern der Außenschale nach Abschnitt 8.4.3 (außer nachträglichem Verfugen).

5.2.3.3 Leichtmörtel
Es gelten folgende Einschränkungen:
Nicht zulässig für Gewölbe und der Witterung ausgesetztes Sichtmauerwerk (siehe auch Abschnitte 8.4.2.2 und 8.4.3).

5.2.3.4 Dünnbettmörtel
Es gelten folgende Einschränkungen:
Nicht zulässig für Gewölbe und für Mauersteine mit Maßabweichungen der Höhe von mehr als 1,0 mm (Anforderungen an Plansteine).

6 Berechnungsgrundlagen

6.1 Allgemeines

Der Nachweis der Standsicherheit darf mit dem gegenüber DIN 1053 Teil 2 vereinfachten Verfahren nach den Abschnitten 6 und 7 dieser Norm geführt werden, wenn die folgenden und die in Tabelle 1 enthaltenen Voraussetzungen erfüllt sind:

- Gebäudehöhe über Gelände nicht mehr als 20 m,
- Stützweite der aufliegenden Decken $l \leq 6{,}0$ m, sofern nicht die Biegemomente aus dem Deckendrehwinkel durch konstruktive Maßnahmen, z. B. Zentrierleisten, begrenzt werden; bei zweiachsig gespannten Decken ist für l die kürzere der beiden Stützweiten einzusetzen.

Tabelle 1. **Voraussetzungen für die Anwendung des vereinfachten Verfahrens**

	Bauteil	Voraussetzungen		p kN/m²
		d mm	h_s	
1	Innenwände	≥ 115 < 240	$\leq 2{,}75$ m	≤ 5
2		≥ 240	—	
3	einschalige Außenwände	$\geq 175^{1)}$ < 240	$\leq 2{,}75$ m	
4		≥ 240	$\leq 12 \cdot d$	
5	Tragschale zweischaliger Außenwände und zweischalige Haustrennwände	$\geq 115^{2)}$ $< 175^{2)}$	$\leq 2{,}75$ m	$\leq 3^{3)}$
6		≥ 175 < 240		≤ 5
7		≥ 240	$\leq 12 \cdot d$	

1) Bei eingeschossigen Garagen und vergleichbaren Bauwerken, die nicht zum dauernden Aufenthalt von Menschen vorgesehen sind, auch $d \geq 115$ mm zulässig.
2) Geschoßanzahl maximal zwei Vollgeschosse zuzüglich ausgebautes Dachgeschoß; aussteifende Querwände im Abstand $\leq 4{,}50$ m bzw. Randabstand von einer Öffnung $\leq 2{,}0$ m.
3) Einschließlich Zuschlag für nichttragende innere Trennwände.

Als Gebäudehöhe darf bei geneigten Dächern das Mittel von First- und Traufhöhe gelten.

Ist die Gebäudehöhe größer als 20 m oder treffen die in diesem Abschnitt enthaltenen Voraussetzungen nicht zu oder soll die Standsicherheit des Bauwerkes oder einzelner Bauteile genauer nachgewiesen werden, ist der Standsicherheitsnachweis nach DIN 1053 Teil 2 zu führen.

8.1.2 Tragende Wände

8.1.2.1 Allgemeines

Wände, die mehr als ihre Eigenlast aus einem Geschoß zu tragen haben, sind stets als tragende Wände anzusehen. Wände, die der Aufnahme von horizontalen Kräften rechtwinklig zur Wandebene dienen, dürfen auch als nichttragende Wände nach Abschnitt 8.1.3 ausgebildet sein.

Tragende Innen- und Außenwände sind mit einer Dicke von mindestens 115 mm auszuführen, sofern aus Gründen der Standsicherheit, der Bauphysik oder des Brandschutzes nicht größere Dicken erforderlich sind.

Die Mindestmaße tragender Pfeiler betragen 115 mm × 365 mm bzw. 175 mm × 240 mm.

Tragende Wände sollen unmittelbar auf Fundamente gegründet werden. Ist dies in Sonderfällen nicht möglich, so ist auf ausreichende Steifigkeit der Abfangkonstruktion zu achten.

8.1.3 Nichttragende Wände

8.1.3.1 Allgemeines

Nichttragende Wände müssen auf ihre Fläche wirkende Lasten auf tragende Bauteile, z. B. Wand- oder Deckenscheiben, abtragen.

8.1.3.2 Nichttragende Außenwände

Bei Ausfachungswänden von Fachwerk-, Skelett- und Schottsystemen darf auf einen statischen Nachweis verzichtet werden, wenn

a) die Wände vierseitig gehalten sind (z. B. durch Verzahnung, Versatz oder Anker),

b) die Bedingungen nach Tabelle 9 erfüllt sind und

c) Normalmörtel mindestens der Mörtelgruppe II a verwendet werden.

In Tabelle 9 ist ε das Verhältnis der größeren zur kleineren Seite der Ausfachungsfläche.

Bei Verwendung von Steinen der Festigkeitsklassen ≥ 20 und gleichzeitig bei einem Seitenverhältnis $\varepsilon = h/l \geq 2{,}0$ dürfen die Werte der Tabelle 9, Spalten 3, 5 und 7, verdoppelt werden (h, l Höhe bzw. Länge der Ausfachungsfläche).

8.1.3.3 Nichttragende innere Trennwände

Für nichttragende innere Trennwände, die nicht durch auf ihre Fläche wirkende Windlasten beansprucht werden, siehe DIN 4103 Teil 1.

Tabelle 9 Größte zulässige Werte der Ausfachungsfläche von nichttragenden Außenwänden ohne rechnerischen Nachweis.

1	2	3	4	5	6	7
Wand-dicke d	Größte zulässige Werte[1]) der Ausfachungsfläche bei einer Höhe über Gelände von					
	0 bis 8 m		8 bis 20 m		20 bis 100 m	
	$\varepsilon = 1{,}0$ m²	$\varepsilon \geq 2{,}0$ m²	$\varepsilon = 1{,}0$ m²	$\varepsilon \geq 2{,}0$ m²	$\varepsilon = 1{,}0$ m²	$\varepsilon \geq 2{,}0$ m²
115[2])	12	8	8	5	6	4
175	20	14	13	9	9	6
240	36	25	23	16	16	12
≥ 300	50	33	35	23	25	17

1) Bei Seitenverhältnissen $1{,}0 \leq \varepsilon < 2{,}0$ dürfen die größten zulässigen Werte der Ausfachungsflächen geradlinig interpoliert werden.
2) Bei Verwendung von Steinen der Festigkeitsklassen ≥ 12 dürfen die Werte dieser Zeile um 1/3 vergrößert werden.

Nichttragende innere Trennwände, die Windlasten erhalten können, müssen wie nichttragende Außenwände nach Abschnitt 8.1.3.2 behandelt werden.

8.3 Schlitze und Aussparungen

Schlitze und Aussparungen, bei denen die Grenzwerte nach Tabelle 10 eingehalten werden, dürfen ohne Berücksichtigung bei der Bemessung des Mauerwerks ausgeführt werden.

Vertikale Schlitze und Aussparungen sind auch dann ohne Nachweis zulässig, wenn die Querschnittsschwächung, bezogen auf 1 m Wandlänge, nicht mehr als 6 % beträgt und die Wand nicht drei- oder vierseitig gehalten gerechnet ist. Hierbei müssen eine Restwanddicke nach Tabelle 10, Spalte 8, und ein Mindestabstand nach Spalte 9 eingehalten werden.

Alle übrigen Schlitze und Aussparungen sind bei der Bemessung des Mauerwerks zu berücksichtigen.

8.4 Außenwände

8.4.1 Allgemeines

Außenwände sollen so beschaffen sein, daß sie Schlagregenbeanspruchungen standhalten. Dies gilt zwingend, wenn die Gebäude dem dauernden Aufenthalt von Menschen dienen.

DIN 1053 Teil 1

Tabelle 10 **Ohne Nachweis zulässige Schlitze und Aussparungen in tragenden Wänden**

1	2	3	4	5	6
	Horizontale und schräge Schlitze[1]) nachträglich hergestellt		Vertikale Schlitze und Aussparungen nachträglich hergestellt		
Wand-dicke	Schlitzlänge		Tiefe[4])	Einzel-schlitz-breite[5])	Abstand der Schlitze und Aussparungen von Öffnungen
	unbeschränkt Tiefe[3])	≤ 1,25 m lang[2]) Tiefe			
≥ 115	–	–	≤ 10	≤ 100	
≥ 175	0	≤ 25	≤ 30	≤ 100	
≥ 240	≤ 15	≤ 25	≤ 30	≤ 150	≥ 115
≥ 300	≤ 20	≤ 30	≤ 30	≤ 200	
≥ 365	≤ 20	≤ 30	≤ 30	≤ 200	

1) Horizontale und schräge Schlitze sind nur zulässig in einem Bereich ≤ 0,4 m ober- oder unterhalb der Rohdecke sowie jeweils an einer Wandseite. Sie sind nicht zulässig bei Langlochziegeln.
2) Mindestabstand in Längsrichtung von Öffnungen ≥ 490 mm, vom nächsten Horizontalschlitz zweifache Schlitzlänge.
3) Die Tiefe darf um 10 mm erhöht werden, wenn Werkzeuge verwendet werden, mit denen die Tiefe genau eingehalten werden kann. Bei Verwendung solcher Werkzeuge dürfen auch in Wänden ≥ 240 mm gegenüberliegende Schlitze mit jeweils 10 mm Tiefe ausgeführt werden.
4) Schlitze, die bis maximal 1 m über den Fußboden reichen, dürfen bei Wanddicken ≥ 240 mm bis 80 mm Tiefe und 120 mm Breite ausgeführt werden.
5) Die Gesamtbreite von Schlitzen nach Spalte 5 und Spalte 7 darf je 2 m Wandlänge die Maße in Spalte 7 nicht überschreiten. Bei geringeren Wandlängen als 2 m sind die Werte in Spalte 7 proportional zur Wandlänge zu verringern.

1	7	8	9	10
	Vertikale Schlitze und Aussparungen in gemauertem Verband			
Wand-dicke			Mindestabstand der Schlitze und Aussparungen	
	Breite[5])	Restwanddicke	von Öffnungen	untereinander
≥ 115	–	–		
≥ 175	≤ 260	≥ 115	≥ 2fache Schlitzbreite bzw. ≥ 365	≥ Schlitzbreite
≥ 240	≤ 385	≥ 115		
≥ 300	≤ 385	≥ 175		
≥ 365	≤ 385	≥ 240		

8.4.2 Einschalige Außenwände

8.4.2.1 Geputzte einschalige Außenwände

Bei Außenwänden aus nicht frostwiderstandsfähigen Steinen ist ein Außenputz, der die Anforderungen nach DIN 18550 Teil 1 erfüllt, anzubringen oder ein anderer Witterungsschutz vorzusehen. Erfolgt der Witterungsschutz nur durch Putz, so soll die Wanddicke für Räume, die dem dauernden Aufenthalt von Menschen dienen, mindestens 240 mm sein.

8.4.2.2 Unverputzte einschalige Außenwände (einschaliges Verblendmauerwerk)

Bleibt bei einschaligen Außenwänden das Mauerwerk an der Außenseite sichtbar, so muß jede Mauerschicht mindestens zwei Steinreihen gleicher Höhe aufweisen, zwischen denen eine durchgehende, schichtweise versetzte, hohlraumfrei vermörtelte, 20 mm dicke Längsfuge verläuft (siehe Bild 5). Die Mindestwanddicke beträgt 310 mm. Alle Fugen müssen vollfugig und haftschlüssig vermörtelt werden.

Bei einschaligem Verblendmauerwerk gehört die Verblendung zum tragenden Querschnitt. Für die zulässige Beanspruchung ist die im Querschnitt verwendete niedrigste Steinfestigkeitsklasse maßgebend.

Die Fugen der Sichtflächen sollen — soweit kein Fugenglattstrich ausgeführt wird — mindestens 15 mm tief, flankensauber ausgekratzt und anschließend handwerksgerecht ausgefugt werden.

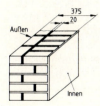

Bild 5. Schnitt durch 375 mm dickes einschaliges Verblendmauerwerk (Prinzipskizze)

8.4.3 Zweischalige Außenwände

8.4.3.1 Konstruktionsarten und allgemeine Bestimmungen für die Ausführung

Nach dem Wandaufbau wird unterschieden nach zweischaligen Außenwänden

— mit Luftschicht
— mit Luftschicht und Wärmedämmung
— mit Kerndämmung
— mit Putzschicht.

Bei Anordnung einer nichttragenden Außenschale (Verblendschale oder geputzte Vormauerschale) vor einer tragenden Innenschale (Hintermauerschale) ist folgendes zu beachten:

a) Bei der Bemessung ist als Wanddicke nur die Dicke der tragenden Innenschale anzunehmen. Wegen der Mindestdicke der Innenschale siehe Abschnitt 8.1.2.1. Bei Anwendung des vereinfachten Verfahrens ist Abschnitt 6.1 zu beachten.

b) Die Mindestdicke der Außenschale beträgt 90 mm. Dünnere Außenschalen sind Bekleidungen, deren Ausführung in DIN 18 515 geregelt ist.

Die Außenschale soll über ihre ganze Länge und vollflächig aufgelagert sein. Bei unterbrochener Auflagerung (z. B. auf Konsolen) müssen in der Abfangebene alle Steine beidseitig aufgelagert sein.

c) Außenschalen von 115 mm Dicke sollen in Höhenabständen von etwa 12 m abgefangen werden. Ist die 115 mm dicke Außenschale nicht höher als zwei Geschosse oder wird sie alle zwei Geschosse abgefangen, dann darf sie bis zu einem Drittel ihrer Dicke über ihr Auflager vorstehen. Für die Ausführung der Fugen der Sichtflächen von Verblendschalen siehe Abschnitt 8.4.2.2.

d) Außenschalen von weniger als 115 mm Dicke dürfen nicht höher als 20 m über Gelände geführt werden und sind in Höhenabständen von etwa 6 m abzufangen. Bei Gebäuden bis zwei Vollgeschossen darf ein Giebeldreieck bis 4 m Höhe ohne zusätzliche Abfangung ausgeführt werden. Diese Außenschalen dürfen maximal 15 mm über ihr Auflager vorstehen. Die Fugen der Sichtflächen von diesen Verblendschalen sollen in Glattstrich ausgeführt werden.

e) Die Mauerwerksschalen sind durch Drahtanker aus nichtrostendem Stahl mit den Werkstoffnummern 1.4401 oder 1.4571 nach DIN 17 440 zu verbinden (siehe Tabelle 11). Die Drahtanker müssen in Form und Maßen Bild 6 entsprechen. Der vertikale Abstand der Drahtanker soll höchstens 500 mm, der horizontale Abstand höchstens 750 mm betragen.

Tabelle 11 **Mindestanzahl und Durchmesser von Drahtankern je m² Wandfläche**

		Drahtanker	
		Mindestanzahl	Durchmesser
1	mindestens, sofern nicht Zeilen 2 und 3 maßgebend	5	3
2	Wandbereich höher als 12 m über Gelände oder Abstand der Mauerwerksschalen über 70 bis 120 mm	5	4
3	Abstand der Mauerwerksschalen über 120 bis 150 mm	7 oder 5	4 5

An allen freien Rändern (von Öffnungen, an Gebäudeecken, entlang von Dehnungsfugen und an den oberen Enden der Außenschalen) sind zusätzlich zu Tabelle 11 drei Drahtanker je m Randlänge anzuordnen.

Andere Verankerungsarten der Drahtanker sind zulässig, wenn durch Prüfzeugnis nachgewiesen wird, daß diese Verankerungsart eine Zug- und Druckkraft von mindestens 1 kN bei 1,0 mm Schlupf je Drahtanker aufnehmen kann. Wird einer dieser Werte nicht erreicht, so ist die Anzahl der Drahtanker entsprechend zu erhöhen.

Die Drahtanker sind unter Beachtung ihrer statischen Wirksamkeit so auszuführen, daß sie keine Feuchte von der Außen- zur Innenschale leiten können (z. B. Aufschieben einer Kunststoffscheibe, siehe Bild 6).

Andere Ankerformen (z. B. Flachstahlanker) und Dübel im Mauerwerk sind zulässig, wenn deren Brauchbarkeit nach den bauaufsichtlichen Vorschriften nachgewiesen ist, z. B. durch eine allgemeine bauaufsichtliche Zulassung.

Bei nichtflächiger Verankerung der Außenschale, z. B. linienförmig oder nur in Höhe der Decken, ist ihre Standsicherheit nachzuweisen.

Bei gekrümmten Mauerwerksschalen sind Art, Anordnung und Anzahl der Anker unter Berücksichtigung der Verformung festzulegen.

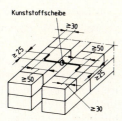

Bild 6. Drahtanker für zweischaliges Mauerwerk für Außenwände

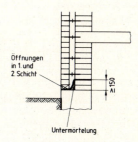

Bild 7. Fußpunktausführung bei zweischaligem Verblendmauerwerk (Prinzipskizze)

f) Die Innenschalen und die Geschoßdecken sind an den Fußpunkten der Zwischenräume der Wandschalen gegen Feuchtigkeit zu schützen (siehe Bild 7). Die Abdichtung ist im Bereich des Zwischenraumes im Gefälle nach außen, im Bereich der Außenschale horizontal zu verlegen. Dieses gilt auch bei Fenster- und Türstürzen sowie im Bereich von Sohlbänken.

Die Aufstandsfläche muß so beschaffen sein, daß ein Abrutschen der Außenschale auf ihr nicht eintritt. Die erste Ankerlage ist so tief wie möglich anzuordnen. Die Dichtungsbahn für die untere Sperrschicht muß DIN 18 195 Teil 4 entsprechen. Sie ist bis zur Vorderkante der Außenschale zu verlegen, an der Innenschale hochzuführen und zu befestigen.

8.4.3.2 Zweischalige Außenwände mit Luftschicht

Bei zweischaligen Außenwänden mit Luftschicht ist folgendes zu beachten:

a) Die Luftschicht soll mindestens 60 mm und darf höchstens 150 mm dick sein. Die Dicke der Luftschicht darf bis auf 40 mm vermindert werden, wenn der Fugenmörtel mindestens an einer Hohlraumseite abgestrichen wird. Die Luftschicht darf nicht durch Mörtelbrücken unterbrochen werden. Sie ist beim Hochmauern durch Abdecken oder andere geeignete Maßnahmen gegen herabfallenden Mörtel zu schützen.

b) Die Außenschalen sollen unten und oben mit Lüftungsöffnungen (z. B. offene Stoßfugen) versehen werden, wobei die unteren Öffnungen auch zur Entwässerung dienen. Das gilt auch für die Brüstungsbereiche der Außenschale. Die Lüftungsöffnungen sollen auf 20 m^2 Wandfläche (Fenster und Türen eingerechnet) eine Fläche von jeweils etwa 7 500 mm^2 haben.

c) Die Luftschicht darf erst 100 mm über Erdgleiche beginnen und muß von dort bzw. von Oberkante Abfangkonstruktion (siehe Abschnitt 8.4.3.1, Aufzählung c)) bis zum Dach bzw. bis Unterkante Abfangkonstruktion ohne Unterbrechung hochgeführt werden.

d) In der Außenschale sollen vertikale Dehnungsfugen angeordnet werden. Ihre Abstände richten sich nach der klimatischen Beanspruchung (Temperatur, Feuchte usw.), der Art der Baustoffe und der Farbe der äußeren Wandfläche. Darüber hinaus muß die freie Beweglichkeit der Außenschale auch in vertikaler Richtung sichergestellt sein.

Die unterschiedlichen Verformungen der Außen- und Innenschale sind insbesondere bei Gebäuden mit über mehrere Geschosse durchgehender Außenschale auch bei der Ausführung der Türen und Fenster zu beachten. Die Mauerwerksschalen sind an ihren Berührungspunkten (z. B. Fenster- und Türanschlägen) durch eine wasserundurchlässige Sperrschicht zu trennen.

Die Dehnungsfugen sind mit einem geeigneten Material dauerhaft und dicht zu schließen.

8.4.3.3 Zweischalige Außenwände mit Luftschicht und Wärmedämmung

Bei Anordnung einer zusätzlichen matten- oder plattenförmigen Wärmedämmschicht auf der Außenseite der Innenschale ist außerdem zu beachten:

a) Der lichte Abstand der Mauerwerksschalen darf 150 mm nicht überschreiten.

b) Die Luftschichtdicke von mindestens 40 mm darf nicht durch Unebenheit der Wärmedämmschicht eingeengt werden. Wird diese Luftschichtdicke unterschritten, gilt Abschnitt 8.4.3.4.

c) Hinsichtlich der Eigenschaften und Ausführung der Wärmedämmschicht ist Abschnitt 8.4.3.4, Aufzählung a), sinngemäß zu beachten.

8.4.3.4 Zweischalige Außenwände mit Kerndämmung

Abweichend von Abschnitt 8.4.3.1, Aufzählung b), ist die Außenschale mindestens 115 mm dick auszuführen.

Der lichte Abstand der Mauerwerksschalen darf 150 mm nicht überschreiten. Der Hohlraum zwischen den Mauerwerksschalen darf ohne verbleibende Luftschicht verfüllt werden, wenn Wärmedämmstoffe verwendet werden, die für diesen Anwendungsbereich genormt sind oder deren Brauchbarkeit nach den bauaufsichtlichen Vorschriften nachgewiesen ist, z. B. durch eine allgemeine bauaufsichtliche Zulassung.

Für die Außenschale sind keine glasierten Steine oder Steine bzw. Beschichtungen mit vergleichbar hoher Wasserdampf-Diffusionswiderstandszahl zulässig.

Auf die vollfugige Vermauerung der Verblendschale und die sachgemäße Verfugung der Sichtflächen ist besonders zu achten.

Entwässerungsöffnungen in der Außenschale sollen auf 20 m^2 Wandfläche (Fenster und Türen eingerechnet) eine Fläche von mindestens 5 000 mm^2 im Fußpunktbereich haben.

Als Baustoffe für die Wärmedämmung dürfen z. B. Platten, Matten, Granulate und Schüttungen aus Dämmstoffen, die dauerhaft wasserabweisend sind, sowie Ortschäume verwendet werden.

Bei der Ausführung gilt insbesondere:

a) Platten- und mattenförmige Mineralfaserdämmstoffe sowie Platten aus Schaumkunststoffen und Schaumglas als Kerndämmung sind an der Innenschale so zu befestigen, daß eine gleichmäßige Schichtdicke sichergestellt ist.

   Platten- und mattenförmige Mineralfaserdämmstoffe sind so dicht zu stoßen, Platten aus Schaumkunststoffen so auszubilden und zu verlegen (Stufenfalz, Nut und Feder oder versetzte Lagen), daß ein Wasserdurchtritt an den Stoßstellen dauerhaft verhindert wird.

   Materialausbruchstellen bei Hartschaumplatten (z. B. beim Durchstoßen der Drahtanker) sind mit einer lösungsmittelfreien Dichtungsmasse zu schließen.

   Die Außenschale soll so dicht, wie es das Vermauern erlaubt (Fingerspalt), vor der Wärmedämmschicht errichtet werden.

b) Bei lose eingebrachten Wärmedämmstoffen (z. B. Mineralfasergranulat, Polystyrolschaumstoff-Partikeln, Blähperlit) ist darauf zu achten, daß der Dämmstoff den Hohlraum zwischen Außen- und Innenschale vollständig ausfüllt. Die Entwässerungsöffnungen am Fußpunkt der Wand müssen funktionsfähig bleiben. Das Ausrieseln des Dämmstoffes ist in geeigneter Weise zu verhindern (z. B. durch nichtrostende Lochgitter).

c) Ortschaum als Kerndämmung muß beim Ausschäumen den Hohlraum zwischen Außen- und Innenschale vollständig ausfüllen. Die Ausschäumung muß auf Dauer in ihrer Wirkung erhalten bleiben.

Für die Entwässerungsöffnungen gilt Aufzählung b) sinngemäß.

8.4.3.5 Zweischalige Außenwände mit Putzschicht

Auf der Außenseite der Innenschale ist eine zusammenhängende Putzschicht aufzubringen. Davor ist so dicht, wie es das Vermauern erlaubt (Fingerspalt), die Außenschale (Verblendschale) vollfugig zu errichten.

Wird statt der Verblendschale eine geputzte Außenschale angeordnet, darf auf die Putzschicht auf der Außenseite der Innenschale verzichtet werden.

Für die Drahtanker nach Abschnitt 8.4.3.1, Aufzählung e), genügt eine Dicke von 3 mm.

Bezüglich der Entwässerungsöffnungen gilt der Abschnitt 8.4.3.2, Aufzählung b), sinngemäß. Auf obere Entlüftungsöffnungen darf verzichtet werden.

Bezüglich der Dehnungsfugen gilt Abschnitt 8.4.3.2, Aufzählung d).

8.5.2 Gewölbte Kappen zwischen Trägern

Bei vorwiegend ruhender Verkehrslast nach DIN 1055 Teil 3 ist für Kappen, deren Dicke erfahrungsgemäß ausreicht (Trägerabstand bis etwa 2,50 m), ein statischer Nachweis nicht erforderlich.

Die Mindestdicke der Kappen beträgt 115 mm.

Es muß im Verband gemauert werden (Kuff oder Schwalbenschwanz).

Die Stichhöhe muß mindestens $1/10$ der Kappenstützweite sein.

Die Endfelder benachbarter Kappengewölbe müssen Zuganker erhalten, deren Abstände höchstens gleich dem Trägerabstand des Endfeldes sind. Sie sind mindestens in den Drittelpunkten und an den Trägerenden anzuordnen. Das Endfeld darf nur dann als ausreichendes Widerlager (starre Scheibe) für die Aufnahme des Horizontalschubes der Mittelfelder angesehen werden, wenn seine Breite mindestens ein Drittel seiner Länge ist. Bei schlankeren Endfeldern sind die Anker über mindestens zwei Felder zu führen. Die Endfelder als Ganzes müssen seitliche Auflager erhalten, die in der Lage sind, den Horizontalschub der Mittelfelder auch dann aufzunehmen, wenn die Endfelder unbelastet sind. Die Auflager dürfen durch Vormauerung, dauernde Auflast, Verankerung oder andere geeignete Maßnahmen gesichert werden.

Über den Kellern von Gebäuden mit vorwiegend ruhender Verkehrslast von maximal 2 kN/m^2 darf ohne statischen Nachweis davon ausgegangen werden, daß der Horizontalschub von Kappen bis 1,3 m Stützweite durch mindestens 2 m lange, 240 mm dicke und höchstens 6 m voneinander entfernte Querwände aufgenommen wird, wobei diese gleichzeitig mit den Auflagerwänden der Endfelder (in der Regel Außenwände) im Verband zu mauern sind oder, wenn Loch- bzw. stehende Verzahnung angewendet wird, durch statisch gleichwertige Maßnahmen zu verbinden sind.

Mauerwerk
Bewehrtes Mauerwerk
Auszug aus **DIN 1053 Teil 3** (2.90)

Inhalt:

1   **Anwendungsbereich**
2   **Bewehrungsführung**
3   **Baustoffe**
4   **Bemessung**
5   **Bewehrungsregeln**
6   **Korrosionsschutz der Bewehrung**
7   **Ausführung**
8   **Kontrollen und Güteprüfungen auf der Baustelle**

Anhang A Anforderungen an Steine für bewehrtes Mauerwerk

Anhang B Regelungen zur Berechnung und Ausführung von Mauertafeln nach DIN 1053 Teil 4

1 Anwendungsbereich

Diese Norm gilt für tragende Bauteile aus bewehrtem Mauerwerk, bei dem die Bewehrung statisch in Rechnung gestellt wird.

Anforderungen hinsichtlich des Wärme-, Schall-, Brand- und Feuchteschutzes sind zu beachten.

Anmerkung: Die Richtlinien für die Bemessung und Ausführung von Flachstürzen dürfen innerhalb ihres Anwendungsbereiches weiterhin angewendet werden.

2 Bewehrungsführung

Es werden folgende Arten der Bewehrungsführung im Mauerwerk, die auch kombiniert werden dürfen, unterschieden:

a) horizontale Bewehrung in den Lagerfugen (siehe Bild 1)

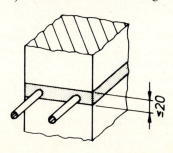

Bild 1. Horizontale Bewehrung in der Lagerfuge (Prinzipskizze)

b) horizontale Bewehrung in Formsteinen (siehe Bilder 2 und 3)

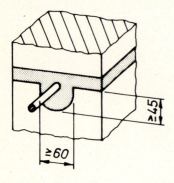

Bild 2. Horizontale Bewehrung in Formsteinen

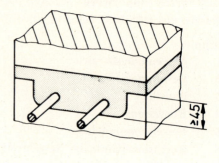

Bild 3. Horizontale Bewehrung in trogförmigen Formsteinen (Prinzipskizze)

c) vertikale Bewehrung in Formsteinen mit kleiner Aussparung (siehe Bild 4)

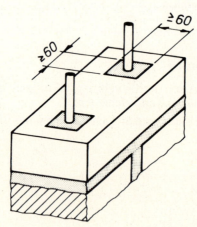

Bild 4. Vertikale Bewehrung in Formsteinen mit kleiner Aussparung (Prinzipskizze)

d) vertikale Bewehrung in Formsteinen mit großer Aussparung (siehe Bild 5)

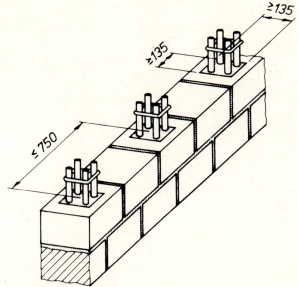

Bild 5. Vertikale Bewehrung in Formsteinen mit großer Aussparung (Prinzipskizze)

e) Bewehrung in ummauerten Aussparungen (siehe Bilder 6 und 7)

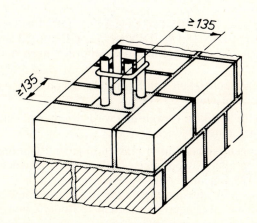

Bild 6. Bewehrung in ummauerten Aussparungen (Prinzipskizze)

DIN 1053 Teil 3

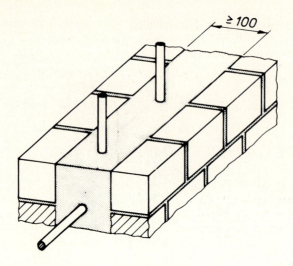

Bild 7. Bewehrung in durchgehenden, ummauerten Aussparungen (Prinzipskizze)

3 Baustoffe

3.1 Mauersteine

Es dürfen Steine nach DIN 105 Teil 1 bis Teil 5, DIN 106 Teil 1 und Teil 2, DIN 398, DIN 4165, DIN 18 151, DIN 18 152, DIN 18 153 und Formsteine verwendet werden. Zusätzlich gelten die Anforderungen nach Anhang A, Abschnitt A.1.

Lochanteil und Druckfestigkeit von Formsteinen sind nach Anhang A, Abschnitt A.2.2, zu ermitteln.

Bei Formsteinen für vertikale Bewehrung wird zwischen „kleinen" und „großen" Aussparungen unterschieden.

Kleine Aussparungen (siehe Bild 4) müssen in jeder Richtung ein Mindestmaß von 60 mm, große Aussparungen (siehe Bild 5) in jeder Richtung ein Mindestmaß von 135 mm aufweisen. Bei Formsteinen für horizontale Bewehrung darf die Höhe der Aussparung wegen des hinzukommenden Lagerfugenmörtels auf 45 mm verringert werden (siehe Bilder 2 und 3).

Bei Ringankern nach DIN 1053 Teil 1 darf auf die Anforderungen an die Mauersteine nach Anhang A, Abschnitt A.1, verzichtet werden.

3.2 Mauermörtel

Es darf nur Mauermörtel nach DIN 1053 Teil 1 mit Ausnahme von Normalmörtel der Mörtelgruppe I verwendet werden.

Die Bewehrung darf nur in Normalmörtel der Mörtelgruppen III und III a nach DIN 1053 Teil 1 eingebettet werden.

Der Zuschlag muß dichtes Gefüge aufweisen und DIN 4226 Teil 1 entsprechen.

3.3 Beton zum Verfüllen von Aussparungen mit ungeschützter Bewehrung

Zum Verfüllen ist Beton mindestens der Festigkeitsklasse B 15 nach DIN 1045 zu verwenden, soweit nicht hinsichtlich des Korrosionsschutzes der Bewehrung eine höhere Festigkeitsklasse erforderlich ist. Das Größtkorn darf 8 mm nicht überschreiten.

3.4 Betonstahl

Es ist gerippter Betonstahl nach DIN 488 Teil 1 zu verwenden.

5 Bewehrungsregeln

5.1 Allgemeines

Auf das Bewehren von Bauteilen oder Teilen von Mauerwerk sind sinngemäß die Regeln für Stahlbeton nach DIN 1045 anzuwenden. Die Feldbewehrung ist jedoch ungestaffelt über die volle Stützweite zu führen.

5.2 Mindestbewehrung

Zur Vermeidung breiter Risse müssen Mindestwerte des Bewehrungsgrades eingehalten werden. Die Mindestwerte für reine Lastbeanspruchung sind in Tabelle 1 angegeben. Wenn lastunabhängige Zwängungen sehr breite Risse befürchten lassen, wird ein Bewehrungsgehalt von mindestens 0,2 % des Gesamtquerschnittes in oder annähernd in Richtung des Zwanges empfohlen. Überwiegt der Betonquerschnitt, gilt für die Mindestbewehrung des Betonquerschnittes DIN 1045.

Die Tabellenwerte gelten für BSt 420 S und BSt 500 S.

Tabelle 1. **Mindestbewehrung**

Lage der Hauptbewehrung	Mindestbewehrung, bezogen auf den Gesamtquerschnitt	
	Hauptbewehrung min μ_H	Querbewehrung min μ_Q
Horizontal in Lagerfugen oder Aussparungen nach den Bildern 1 bis 3	mindestens vier Stäbe mit einem Durchmesser von 6 mm je m	–
Vertikal in Aussparungen oder Sonderverbänden nach den Bildern 4 bis 6	0,1 %	falls $\mu_H < 0{,}5\,\%$: $\mu_Q = 0$ Zwischenwerte geradlinig interpolieren falls $\mu_H > 0{,}6\,\%$: $\mu_Q = 0{,}2\,\mu_H$
In durchgehenden, ummauerten Aussparungen nach Bild 7	0,1 %	0,2 μ_H

5.3 Stababstände in plattenartig beanspruchten Bauteilen

Für den Mindestabstand zwischen Bewehrungsstäben gilt DIN 1045.

Der Höchstwert der Stababstände darf bei der Hauptbewehrung 250 mm, bei der Querbewehrung 375 mm betragen.

Wird die Bewehrung nach Bild 5 angeordnet, so ist sie nach DIN 1045 zu verbügeln. In diesem Fall darf der Mittenabstand der Bewehrungskörbe 750 mm nicht überschreiten.

6 Korrosionsschutz der Bewehrung

6.1 Ungeschützte Bewehrung in Mauermörtel

Eine ungeschützte Bewehrung darf in den Mauermörtel nur bei Bauteilen eingelegt werden, die einem dauernd trockenen Raumklima (Umweltbedingungen nach DIN 1045 (7.88), Tabelle 10, Zeile 1) ausgesetzt sind, z. B. in Innenwänden.

6.2 Ungeschützte Bewehrung in betonverfüllten Aussparungen

Ungeschützte Bewehrung darf nur in betonverfüllten Aussparungen verwendet werden, wenn die Anforderungen nach den Abschnitten 7.4 und 7.5 eingehalten werden.

6.3 Geschützte Bewehrung

Wenn nicht die Abschnitte 6.1 oder 6.2 zutreffen, ist die Bewehrung durch besondere Maßnahmen gegen Korrosion (z. B. durch Feuerverzinkung oder Kunststoffbeschichtung) zu schützen, deren Brauchbarkeit z. B. durch eine allgemeine bauaufsichtliche Zulassung nachgewiesen ist.

6.4 Einwirkung korrosiver Medien

Bei Verwendung feuerverzinkter Bewehrung ist der Gehalt an zinkaggressiven Bestandteilen, insbesondere Sulfaten und Chloriden, im Mörtel und in den Mauersteinen zu begrenzen. Der Sand muß den Anforderungen nach DIN 4226 Teil 1 genügen. Für Zusatzstoffe und Zusatzmittel im Mörtel gilt DIN 1053 Teil 1 (2.90), Anhang A, Abschnitte A.2.3 bzw. A.2.4. Für Zusatzstoffe und Zusatzmittel im Füllbeton gilt DIN 1045 (7.88), Abschnitt 6.3. Für hydraulisch gebundene Wandbausteine ist der Gehalt an Sulfat und Chlorid nach DIN 4226 Teil 1 und Teil 2 zu begrenzen.

Bei äußerer Einwirkung von aggressiven Medien, wie Sulfaten und Chloriden, ist eine feuerverzinkte Bewehrung nicht zulässig. Die Bewehrung ist durch andere Maßnahmen zu schützen.

7 Ausführung

7.1 Allgemeines

Für die Ausführung gilt DIN 1053 Teil 1, sofern im folgenden nichts anderes festgelegt ist.

Tabelle 3 gibt einen Überblick über Anforderungen und Einschränkungen, die zu beachten sind.

7.2 Mindestdicke

Bewehrtes Mauerwerk muß mindestens 115 mm dick sein.

7.3 Fugen

Lagerfugen sind stets vollfugig zu mauern. Stoßfugen sind bei horizontaler Spannrichtung und Bewehrungsführung ebenfalls vollfugig auszuführen. Bei vertikaler Spannrichtung und Bewehrungsführung sind knirsch gestoßene Steine mit unvermörtelter Stoßfuge zulässig.

Fugen mit Bewehrung nach Bild 1 dürfen bis 20 mm dick werden; als Richtmaß für die Fugendicke gilt der zweifache Stabdurchmesser.

7.4 Bewehrung

Die Bewehrung ist in den Mörtel einzubetten, so daß dieser sie allseitig dicht umschließt. In Aussparungen mit ungeschützter Bewehrung nach den Bildern 2, 3, 5, 6 oder 7 muß durch Abstandhalter oder andere Maßnahmen sichergestellt werden, daß die Bewehrung planmäßig liegt und allseitig von Beton umhüllt wird.

DIN 1053 Teil 3

In die Fugen nach Bild 1 dürfen höchstens 8 mm dicke Stäbe oder Bewehrungselemente eingelegt werden, in Aussparungen jedoch bis zu einem Stabdurchmesser von 14 mm. Stäbe mit Durchmessern größer als 14 mm sind nur in betonverfüllten Aussparungen zulässig.

Bei Ausführung nach Bild 7 sind die Mauerwerksschalen in jedem Fall durch Anker zu verbinden, z. B. Drahtanker nach DIN 1053 Teil 1.

7.5 Überdeckung

Bei ungeschützter Bewehrung in betonverfüllten Aussparungen nach den Bildern 2, 3, 5, 6 oder 7 sind die Mindestwerte der Überdeckung nach DIN 1045 einzuhalten. Mauersteine dürfen nicht angerechnet werden.

Der Abstand zwischen Stahl- und Wandoberfläche muß mindestens 30 mm betragen.

Die Mörteldeckung in Formsteinen muß allseitig mindestens das Zweifache des Stabdurchmessers betragen.

7.6 Verfüllen der Aussparungen

Formsteine mit **kleiner Aussparung** nach Bild 4 dürfen nur mit Mörtel der Gruppe III oder III a in jeder Steinlage verfüllt werden. **Große Aussparungen** zur Aufnahme einer vertikalen Bewehrung müssen mindestens nach jedem Meter Wandhöhe verfüllt und verdichtet werden.

8 Kontrollen und Güteprüfungen auf der Baustelle

Jeder Mauersteinlieferung ist ein Lieferschein oder ein Beipackzettel beizufügen, aus dem neben der Normbezeichnung des Mauersteins und der zusätzlichen Kennzeichnung BM ersichtlich ist, daß die Mauersteine den Anforderungen für bewehrtes Mauerwerk (BM) genügen. Der bauausführende Unternehmer hat zu kontrollieren, ob die Angaben auf dem Lieferschein oder dem Beipackzettel mit den bautechnischen Unterlagen übereinstimmen. Im übrigen gilt DIN 18 200 in Verbindung mit den entsprechenden Normen für die Mauersteine.

Tabelle 3. **Anforderungen und Einschränkungen bei der Ausführung**

		Horizontale Bewehrung			Vertikale Bewehrung		
		in der Lagerfuge	in Formsteinen		in Formsteinen mit kleiner Aussparung	in Formsteinen mit großer Aussparung oder in ummauerten Aussparungen	
		nach Bild 1	nach Bildern 2 oder 3		nach Bild 4	nach Bildern 5, 6 oder 7	
Füllmaterial		Mörtel der Gruppe III oder III a	Mörtel der Gruppe III oder III a	Beton $\geq$ B 15	Mörtel der Gruppe III oder III a	Mörtel der Gruppe III oder III a	Beton $\geq$ B 15
Verfüllen der vertikalen Aussparungen		–	–		in jeder Steinlage	mindestens nach jedem Meter Wandhöhe	
maximaler Stabdurchmesser		8	14		14	nach DIN 488 Teil 1	
Überdeckung		zur Wandoberfläche $\geq$ 30	allseitig mindestens das 2fache des Stabdurchmessers; zur Wandoberfläche $\geq$ 30	nach DIN 1045	allseitig mindestens das 2fache des Stabdurchmessers; zur Wandoberfläche $\geq$ 30	nach DIN 1045	
Korrosionsschutz	bei dauernd trockenem Raumklima	keine besonderen Anforderungen			keine besonderen Anforderungen		
	in allen anderen Fällen	Feuerverzinken oder andere dauerhafte Maßnahmen[1])	nach DIN 1045		Feuerverzinken oder andere dauerhafte Maßnahmen[1])	nach DIN 1045	
Mindestdicke des bewehrten Mauerwerks		115					

[1]) Die Brauchbarkeit ist z. B. durch eine allgemeine bauaufsichtliche Zulassung nachzuweisen.

Anhang A
Anforderungen an Steine für bewehrtes Mauerwerk
A.1   Zusätzliche Anforderungen an Steine nach Abschnitt 3.1

Es gelten folgende Einschränkungen:
a) Der Lochanteil darf nicht mehr als 35 % betragen; Aussparungen bei Formsteinen zählen nicht zum Lochanteil.[1])
b) Bei nicht kreisförmigen Lochquerschnitten dürfen die Stege zwischen den Löchern nicht gegeneinander versetzt sein.

---

[1]) Lochanteil von 50 % bei Ziegel möglich (vgl. Zulassung des Deutschen Instituts für Bautechnik). Weitere Informationen: Bundesverband der Ziegelindustrie, Bonn.

A.2 Formsteine

A.2.1 Allgemeines

Formsteine müssen, abgesehen von Form und Maßen, in ihren Eigenschaften den Steinen einer der in Abschnitt 3.1 angegebenen Normen entsprechen. Dieses gilt auch für die Überwachung.

A.3 Einordnung der Formsteine in Steinfestigkeitsklassen

Formsteine sind aufgrund des Prüfergebnisses in eine Steinfestigkeitsklasse einzuordnen und zu kennzeichnen. Dabei ist in gleicher Weise vorzugehen wie bei genormten Steinen aus dem gleichen Material.

A.4 Kennzeichnung

Die Kennzeichnung muß den Regelungen in den Steinnormen entsprechen und ist um die Buchstaben BM auf dem Lieferschein zu erweitern.

Anhang B
Regelungen zur Berechnung und Ausführung von Mauertafeln nach DIN 1053 Teil 4

Mauertafeln nach DIN 1053 Teil 4 dürfen als vertikal bewehrtes, plattenartig beanspruchtes Mauerwerk nach DIN 1053 Teil 3 berechnet und ausgeführt werden. Die Berechnung dieses Mauerwerks muß vollständig nach DIN 1053 Teil 3 erfolgen. Für die Anforderungen an die Mauerziegel, an den Mauermörtel, an den Beton, an die Bewehrung und an den Korrosionsschutz sowie für die Ausführung solcher Mauertafeln gelten zusätzlich bzw. einschränkend zu DIN 1053 Teil 4 die Regelungen nach DIN 1053 Teil 3 mit den folgenden Abweichungen.

Abweichend von Abschnitt 7.6 dürfen auch kleine Aussparungen nach Bild 4 mit Beton nach Abschnitt 3.3 verfüllt werden. Der Beton muß die Konsistenz KF nach DIN 1045 aufweisen und ist mit geeigneten Maßnahmen zu verdichten.

Abweichend von Abschnitt 7.6, dürfen bei Mauertafeln nach DIN 1053 Teil 4, bei denen das Fluchten der Aussparungen durch technische Maßnahmen (z. B. durch Setzmaschine) gesichert ist, die Aussparungen geschoßhoch mit Beton der Konsistenz KF nach DIN 1045 oder entsprechend fließfähigem Mörtel der Gruppe III oder III a verfüllt werden. Bei kleinen Aussparungen darf die Bewehrung nachträglich ungestoßen geschoßhoch in den frischen Beton eingebracht werden, wenn durch geeignete Maßnahmen eine Zentrierung sichergestellt ist.

DIN 4232

Wände aus Leichtbeton mit haufwerkporigem Gefüge
Bemessung und Ausführung
Auszug aus **DIN 4232** (9.87)

1 Anwendungsbereich

Diese Norm gilt für unbewehrte[1]) Wände aus Leichtbeton mit haufwerksporigem Gefüge. Die Wände werden als geschoßhohe und großformatige Fertigteile werkmäßig hergestellt. Sie dürfen nur bei vorwiegend ruhenden Lasten nach DIN 1055 Teil 3 (06.71), Abschnitt 1.4, in Gebäuden bis zu vier Vollgeschossen, unter Umweltbedingungen nach DIN 1045 (7.88), Tabelle 10, Zeilen 1 bis 3, verwendet werden.

2 Begriff

Leichtbeton mit haufwerksporigem Gefüge nach dieser Norm ist Beton mit Zuschlag mit porigem und/oder dichtem Gefüge, der nur so viel Feinmörtel besitzt, daß dieser die Zuschlagkörner umhüllt, jedoch die Hohlräume zwischen den Körnern nach dem Verdichten nicht ausfüllt.

3 Werke

Für Personal und Ausstattung von Werken, die Leichtbeton herstellen und/oder verarbeiten, gilt DIN 1045 (7.88), Abschnitt 5, sinngemäß.

4 Baustoffe

4.1 Zement
Bei der Betonherstellung ist Zement nach DIN 1164 Teil 1 zu verwenden.

4.2 Zuschlag
Der Zuschlag muß DIN 4226 Teil 1 oder Teil 2 entsprechen. Das zulässige Größtkorn richtet sich nach der Wanddicke. Bei Wanddicken bis 18 cm soll das Größtkorn des Zuschlags 16 mm nicht überschreiten.

4.3 Zugabewasser
Das Zugabewasser muß den Anforderungen nach DIN 1045 (7.88), Abschnitt 6.4, entsprechen.

---

[1]) Abgesehen von Bewehrung nach den Abschnitten 6.4, 6.7, 6.8, 6.15 und 7.2.4.2.

DIN 4232

4.4 Leichtbeton
4.4.1 Allgemeines
Der Leichtbeton wird nach seiner Zuordnung zu einer Festigkeitsklasse nach Abschnitt 4.4.2, zu einer Rohdichteklasse nach Abschnitt 4.4.3 und erforderlichenfalls durch den Rechenwert der Wärmeleitfähigkeit nach DIN 4108 Teil 4 bezeichnet.

4.4.2 Festigkeitsklassen und ihre Anwendung
(1) Der Leichtbeton wird nach seiner bei der Güteprüfung (siehe DIN 1045) im Alter von 28 Tagen an Würfeln von 200 mm Kantenlänge ermittelten Druckfestigkeit in Festigkeitsklassen LB 2 bis LB 8 eingeteilt (siehe Tabelle 1).

(2) Werden zum Nachweis der Druckfestigkeit Würfel mit 150 mm Kantenlänge verwendet, so darf die Beziehung $\beta_{w200} = 0{,}95\,\beta_{w150}$ benutzt werden.

Tabelle 1 **Festigkeitsklassen**

Spalte	1	2	3
Zeile	Festigkeitsklasse	Nennfestigkeit β_{WN} (Mindestwert für die Druckfestigkeit β_{W28} jedes Würfels) N/mm²	Serienfestigkeit β_{WS} (Mindestwert für die mittlere Druckfestigkeit β_{Wm} jeder Würfelserie) N/mm²
1	LB 2	2,0	4,0
1	LB 5	5,0	8,0
3	LB 8	8,0	11,0

Tabelle 2 **Rohdichteklassen**

Spalte	1	2
Zeile	Rohdichteklasse	Grenzen des Mittelwertes der Beton-Trockenrohdichte ϱ_d kg/dm³
1	0,5	0,41 bis 0,050
2	0,6	0,51 bis 0,60
3	0,7	0,61 bis 0,70
4	0,8	0,71 bis 0,80
5	0,9	0,81 bis 0,90
6	1,0	0,91 bis 1,00
7	1,2	1,01 bis 1,20
8	1,4	1,21 bis 1,40
9	1,6	1,41 bis 1,60
10	1,8	1,61 bis 1,80
11	2,0	1,81 bis 2,00

4.4.3 Rohdichteklassen
Der Leichtbeton wird nach Tabelle 2 in die Rohdichteklassen 0,5 bis 2,0 eingeteilt. Für die Zuordnung des Leichtbetons zu einer der Rohdichteklassen ist seine Trockenrohdichte ϱ_d maßgebend.

4.4.4 Betonzusammensetzung

Die für die jeweilige Festigkeitsklasse bzw. Rohdichteklasse erforderliche Betonzusammensetzung ist aufgrund einer Eignungsprüfung nach Abschnitt 8.1.2 festzulegen.

4.5 Betonstahl

Es ist Betonstahl nach DIN 488 Teil 1 zu verwenden.

6 Bauliche Durchbildung

6.1 Mindestmaße von Wänden und Pfeilern

6.1.1 Mindestdicke von Wänden

(1) Sofern mit Rücksicht auf die Standsicherheit, die Montage, den Wärme-, Schall- oder Brandschutz keine dickeren Wände erforderlich sind, richtet sich die Mindestdicke d von Wänden nach Tabelle 3.

Tabelle 3 **Mindestdicke d von Wänden**

Spalte	1	2	3
Zeile	Wandart		d cm min.
1	tragende Wände	allgemein	2
2	tragende Wände	nur zur Knickaussteifung tragender Wände	12
3	nicht tragende Wände	leichte Trennwände	8

(2) Wände, die nach Abschnitt 7.2.2 als drei- oder vierseitig gehalten gelten sollen, müssen jedoch den Anforderungen nach Tabelle 4 entsprechen.

(3) Die Anforderungen nach Tabelle 4 müssen auch erfüllt sein, wenn nach Abschnitt 7.1 auf den Nachweis der räumlichen Steifigkeit und Stabilität verzichtet werden darf.

6.1.2 Mindestquerschnitte von Tür- und Fensterpfeilern

Es muß ein Mindestquerschnitt von 500 cm^2 vorhanden sein, wobei eine Mindestbreite von 25 cm nicht unterschritten werden darf.

Tabelle 4 **Anforderungen an tragende Wände, die nach Abschnitt 7.2.2 als drei- oder vierseitig gehalten gelten sollen oder die nach Abschnitt 7.1 zur Gebäudeaussteifung herangezogen werden**

Spalte	1	2	3	4
Zeile	Wandarten	Wanddicke d cm	Abstand der aussteifenden Querwände m	Anforderungen an die Geschoßdecke l m
1	einschalige Außenwände	20	$\leq 8{,}0$	keine
2	Innenschale zweischaliger Außenwände	17,5	$\leq 6{,}0$	keine
3		15	$\leq 6{,}0$	$l \leq 4{,}5$
4	tragende Innenwände	20	$\leq 8{,}0$	keine
5		17,5	$\leq 6{,}0$	keine
6		15	$\leq 6{,}0$	$l \leq 4{,}5$
7		12	$\leq 4{,}5$	$l \leq 4{,}5$ durchlaufend: $0{,}7 \leq l_1/l_2 \leq 1{,}42$

l Stützweite der belastenden Deckenplatte; bei kreuzweise gespannten Deckenplatten die kleinere Stützweite

l_1, l_2 Stützweiten der beiden angrenzenden Deckenplatten rechtwinklig zur Wand

6.3 Querschnittsschwächungen

(1) In tragenden Wänden, deren Dicke $d \leq 15$ cm ist, sind Schlitze unzulässig.

(2) Schlitze sind durch Einlegen von Leisten auszusparen.

(3) Ein nachträgliches Einstemmen von Schlitzen ist unzulässig.

(4) Das nachträgliche Einfräsen ist nur bei lotrechten Schlitzen zulässig.

(5) Schlitze müssen von den Rändern der Wandtafeln einen Abstand von mindestens 1,5 d haben.

(6) In tragenden Wänden sind waagerechte und schräge Schlitze bei der Bemessung nach Abschnitt 7.2.3 zu berücksichtigen.

(7) Lotrechte Schlitze dürfen bei der Bemessung unberücksichtigt bleiben, wenn ihre Tiefe höchstens ⅙ der Wanddicke, aber nicht mehr als 3 cm, ihre Breite höchstens gleich der Wanddicke ist und ihr gegenseitiger Abstand mindestens 1 m beträgt.

6.4 Tür- und Fensterstürze

(1) Stürze über Türen und Fenstern mit einer lichten Weite bis zu 1,5 m dürfen in Gebäuden mit Verkehrslasten bis zu 2,75 kN/m² (einschließlich der dazugehörigen Flure) aus Leichtbeton mit haufwerksporigem Gefüge hergestellt werden, wenn sie innerhalb eines Wandelementes liegen und gleichzeitig mit diesem betoniert werden. Eine Belastung von Leichtbetonstürzen durch Einzellasten von zusammen mehr als 10 kN ist nicht zulässig.

(2) Die Höhe der Stürze richtet sich nach Tabelle 5.

Tabelle 5 **Höhe von Tür- und Fensterstürzen aus haufwerksporigem Leichtbeton**

Spalte	1	2	3
Zeile	lichte Weite der Wandöffnung m	Belastung	Mindesthöhe cm
1	≤ 1,00	nach Absatz 1	20
2	≤ 1,50		40
3		parallel gespannte Decken	30

(3) In Stürzen sind mindestens 2 Stäbe mit $d_s = 14$ mm oder eine gleichwertige Bewehrung anzuordnen.

(4) Die Stürze dürfen nicht zur Übertragung von Schubkräften aus Scheibenwirkung herangezogen werden.

6.5 Kellerwände

Für Umfassungswände des Kellergeschosses und des Sockels dürfen bis mindestens 30 cm über dem angrenzenden Gelände nur die Festigkeitsklassen LB 5 und LB 8 verwendet werden.

6.6 Maßnahmen gegen Schwind- und Temperaturrisse

Zur Vermeidung grober Schwind- und Temperaturrisse sind Maßnahmen nach DIN 1045 (7.88), Abschnitt 14.4, vorzusehen.

6.7 Ringanker

(1) In die Außen- und Querwände, die zur Gebäudeaussteifung dienen, sind als Ringanker in Höhe jeder Decke zwei den Gebäudeteil umlaufende Bewehrungsstäbe mit $d_s \geq 12$ mm zu legen.

DIN 4103 Teil 2

Nichttragende innere Trennwände
Trennwände aus Gips-Wandbauplatten
Auszug aus **DIN 4103 Teil 2** (10.85)

1 Anwendungsbereich

Diese Norm ist anzuwenden für die Ausführung von nichttragenden inneren Trennwänden aus „Wandbauplatten aus Gips" nach DIN 18163 — im folgenden Gips-Wandbauplatten genannt. Sie legt die Bedingungen fest, unter denen die Anforderungen nach DIN 4103 Teil 1 als nachgewiesen gelten.

2 Allgemeines

Trennwände aus Gips-Wandbauplatten sind nichttragende innere Trennwände nach DIN 4103 Teil 1; sie werden nicht zur Gebäudeaussteifung herangezogen. Die Wände können ein- oder mehrschalig ausgeführt sein.

Bei entsprechender Ausführung übernehmen die Wände Aufgaben des Brand-, Wärme- und/oder Schallschutzes.

Tabelle 1 **Zulässige Wandhöhe h für Wände, die mindestens oben und unten angeschlossen sind, eine beliebige Wandlänge l besitzen und große Öffnungen aufweisen dürfen**

Einbau-bereich[1]) nach DIN 4103 Teil 1	Zulässige Wandhöhe $h^{2})$ in mm bei der Plattendicke			Randlagerung
	60 mm	80 mm	100 mm	
	und der Plattenart[3]) nach DIN 18 163			
	PW, GW, SW	PW	PW, GW	PW, GW, SW	
1	3 500	4 500		7 000	
2	nur mit Nachweis möglich	2 750	3 500	5 000	

1) Nach DIN 4103 Teil 1 werden folgende Einbaubereiche unterschieden:
 — Einbaubereich 1: Bereiche mit geringer Menschenansammlung, wie sie z. B. in Wohnungen, Hotel-, Büro- und Krankenräumen und ähnlich genutzten Räumen einschließlich der Flure vorausgesetzt werden müssen.
 — Einbaubereich 2: Bereiche mit großer Menschenansammlung, wie sie z. B. in größeren Versammlungsräumen, Schulräumen, Hörsälen, Ausstellungs- und Verkaufsräumen und ähnlich genutzten Räumen vorausgesetzt werden müssen. Hierzu zählen auch stets Trennwände zwischen Räumen mit einem Höhenunterschied der Fußböden ≥ 1,00 m.
2) Für Wände über 5 000 mm Höhe, an die Anforderungen nach DIN 4102 Teil 4 gestellt werden, ist ein entsprechender Nachweis zu führen.
3) Nach DIN 18 163 werden folgende Plattenarten unterschieden:
 Porengips-Wandbauplatte PW mit einer Rohdichte über 0,6 bis 0,7 kg/dm³,
 Gips-Wandbauplatte GW mit einer Rohdichte über 0,7 bis 0,9 kg/dm³ und Gips-Wandbauplatte SW mit einer Rohdichte über 0,8 bis 1,2 kg/dm³.

Tabelle 2 **Zulässige Wandlänge *l* in Abhängigkeit von der Wandhöhe *h* bei Wänden, die keine großen Öffnungen aufweisen und vierseitig angeschlossen sind**

Einbau-bereich[1]) nach DIN 4103 Teil 1	Höhe h[2]) in mm	Zulässige Wandlänge l in mm bei der Plattendicke und der Plattenart[3]) nach DIN 18 163				Randlagerung
		60 mm	80 mm		100 mm	
		PW, GW, SW	PW	GW, SW	PW, GW, SW	
1	3 000	Wandlänge beliebig				
	3 500	Wandlänge beliebig				
	4 000	8 000				
	4 500					
	5 000		12 500			
	5 500		13 750			
	6 000					
	6 500	nur mit Nachweis möglich				
	7 000					
2	3 000	4 500	6 000	Wandlänge beliebig		
	3 500		7 000			
	4 000		8 000	10 000		
	4 500					
	5 000	nur mit Nachweis möglich				
	5 500				16 500	

Fußnoten [1]) bis [3]) siehe Tabelle 1

5 Wandöffnungen und Schlitze

5.1 Öffnungen

Große Öffnungen (z. B. Türen) sind beim Aufbau der Wände anzulegen oder später auszusägen. Über diesen Wandöffnungen können je nach deren Größe und Lage weitere Maßnahmen (z. B. Einlegen von Schlitzbandstahl, T-Profilen) erforderlich sein.

Kleine Öffnungen, deren lichte Maße kleiner als $1/4$ der Geschoßhöhe oder der Wandlänge sind oder deren Gesamtfläche kleiner als $1/10$ der Wandfläche ist, sind ohne Abminderung der Maße nach Tabelle 2 oder Tabelle 3 zulässig. Sie dürfen ausgesägt, ausgefräst oder gebohrt werden.

5.2 Schlitze

Schlitze dürfen die Wand in ihrer Standsicherheit nicht beeinträchtigen.
Schlitze für Installationsleitungen und ähnliches sind in die Wände einzufrä-

Tabelle 3 **Zulässige Wandlänge *l* in Abhängigkeit von der Wandhöhe *h* bei Wänden, die keine großen Öffnungen aufweisen und dreiseitig (d. h. unten und seitlich) angeschlossen sind**

Einbau-bereich[1]) nach DIN 4103 Teil 1	Höhe h[2])	Zulässige Wandlänge l in mm bei der Plattendicke				Randlagerung
		60 mm	80 mm		100 mm	
		und der Plattenart[3]) nach DIN 18 163				
	in mm	PW, GW, SW	PW	GW, SW	PW, GW, SW	
1	1 500	2 250	2 500		2 750	
	2 000	2 500	3 000	3 500	3 500	
	2 500	3 000	3 500	4 000	4 000	
	3 000	3 250	3 750	4 250	4 500	
	3 500	3 500	4 000	4 500	5 000	
	4 000	nur mit Nachweis möglich	4 250	4 750	5 250	
	4 500		4 500	5 000	5 500	
	5 000		5 250		5 750	
	5 500			5 500	6 000	
	6 000				6 000	
2	1 500	1 500	2 000	2 250	2 500	
	2 000		2 250	2 500	2 750	
	2 500		2 500	3 000	3 250	
	3 000	nur mit Nachweis möglich		3 250	3 500	
	3 500			3 500	3 750	
	4 000				4 000	

Fußnoten [1]) bis [3]) siehe Tabelle 1

sen oder einzuschneiden; sie sind mit Gips (z. B. Fugengips oder Haftputzgips nach DIN 1168 Teil 1) so zu schließen, daß eine ausreichende Überdeckung (mindestens 1 cm) der Einbauteile vorhanden ist.

Waagerechte Schlitze dürfen nicht länger als etwa 1 m sein, wenn ihre Tiefe die halbe Wanddicke erreicht; längere waagerechte Schlitze dürfen in der Tiefe höchstens $\frac{1}{3}$ der Wanddicke erreichen. Parallel verlaufende waagerechte Schlitze im Abstand von weniger als 50 cm sind zu vermeiden.

Werden Schlitze nicht geschlossen, so ist die Restdicke der Wand für die Wandmaße maßgebend.

6 Konsollasten

6.1 Leichte Konsollasten

Leichte Konsollasten ($\leq 0{,}4$ kN/m) nach DIN 4103 Teil 1 (z. B. Bilder, kleine Bücherregale, kleine Wandschränke und dergleichen) dürfen an der Wand

z. B. mit Bilderhaken, Spreizdübeln oder Schraubdübeln ohne weiteren Nachweis angebracht werden.

6.2 Schwere Konsollasten

Konsollasten über 0,4 bis 1,0 kN/m Wandlänge, deren vertikale Wirkungslinie (Hebelarm) höchstens 0,5 m von der Wandoberfläche entfernt ist (z. B. Hängeschränke, Waschbecken und dergleichen), dürfen ohne Nachweis an Wänden befestigt werden, sofern die Wanddicke mindestens 8 cm beträgt und die Wandhöhe − unabhängig von der Art des Wandanschlusses an den angrenzenden Bauteil − $2/3$ der Werte nach Tabelle 1 nicht überschreitet. Zur Befestigung sind auf die jeweilige Last abgestimmte Befestigungsmittel entsprechend der Vorschrift der Hersteller zu verwenden.

Die Befestigung von Konsollasten von mehr als 1,0 kN/m oder mit Hebelarm von mehr als 0,5 m ist nur dann zulässig, wenn die Tragsicherheit unter Berücksichtigung aller sonstigen nach DIN 4103 Teil 1 erforderlichen Nachweise für die gewählten Wandmaße ausreicht.

DIN 4103 Teil 4

Nichttragende innere Trennwände
Unterkonstruktion in Holzbauart
DIN 4103 Teil 4 (11.88)

1 Anwendungsbereich

Diese Norm gilt für nichttragende innere Trennwände mit Unterkonstruktion in Holzbauart (im folgenden kurz Trennwände genannt) einschließlich ihrer Anschlüsse an die benachbarten Bauteile.

Werden die Festlegungen dieser Norm von einer gewählten Konstruktion erfüllt, so gilt der Nachweis der Einhaltung der Anforderungen nach DIN 4103 Teil 1 als erbracht.

A n m e r k u n g : Werden im Einzelfall weitergehende qualitative Ansprüche an die Trennwände gestellt (z. B. bezüglich ihres Schwingungsverhaltens bei dynamischer Einwirkung wie Türenschlagen) dann sollte vor allem die Querschnittshöhe h gegenüber den Mindestwerten nach Tabelle 1 vergrößert werden.

Zur Begrenzung der klimatisch bedingten Formänderungen gelten die Werte nach Tabelle 1 für Wände mit Holzwerkstoffbeplankungen unter der Voraussetzung, daß der Unterschied der relativen Feuchte der Raumluft zu beiden Seiten der Trennwände längerfristig (für die Dauer von Tagen oder Wochen) gering bleibt, z. B. gelten sie für Aufenthaltsräume in Wohnungen mit üblicher Beheizung und Belüftung. Dagegen ist die Querschnittshöhe h für Trennwände mit Holzwerkstoffbeplankungen zwischen Räumen mit unterschiedlicher Luftfeuchte zu vergrößern, wenn nicht andere Maßnahmen ergriffen werden (z. B. dampfsperrende Oberfläche).

Die Dicke von Holzwerkstoffen ohne dampfsperrende Oberflächen sollte zur Begrenzung klimatisch bedingter Formänderungen über die Werte nach Tabelle 3 hinaus vergrößert werden.

2 Begriff

Trennwände bestehen aus der Unterkonstruktion (nach Bild 1) unter Verwendung von Holz oder Holzwerkstoffen mit einer ein- oder beidseitigen (statisch nicht mitwirkenden) Bekleidung oder (statisch mitwirkenden) Beplankung.

3 Werkstoffe

3.1 Unterkonstruktionen

a) Vollholz oder verleimtes Holz, Güteklasse II, nach DIN 4074 Teil 1; bezüglich der Holzfeuchte ist DIN 1052 Teil 1 zu beachten.

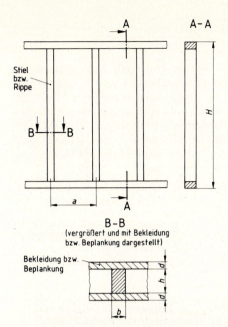

Bild 1. Konstruktion von Trennwänden

b) Flachpreßplatten nach DIN 68 763, Normtyp je nach Anwendungsbereich nach DIN 68 800 Teil 2, Emissionsklasse E 1 nach der Richtlinie über die Verwendung von Spanplatten (Formaldehyd-Richtlinie) hinsichtlich der Vermeidung unzumutbarer Formaldehydkonzentrationen in der Raumluft.

3.2 Bekleidungen oder Beplankungen

a) Bretterschalung.

b) Holzwerkstoffe:
Spanplatten nach DIN 68 761 Teil 1 und Teil 4, DIN 68 763, DIN 68 764 Teil 1 und Teil 2, DIN 68 765,

Sperrholz nach DIN 68 705 Teil 2 bis Teil 5,

harte Holzfaserplatten nach DIN 68 750, DIN 68 751 und DIN 68 754 Teil 1.

c) Gipskartonplatten nach DIN 18 180[1].

d) Ebene Asbestzement-Tafeln nach DIN 274 Teil 4.

e) Andere Werkstoffe, deren Brauchbarkeit (z. B. durch Zulassung, Prüfzeugnis) nachgewiesen ist. Dazu gehören Gipsfaserplatten, mineralisch gebundene Flachpreßplatten.

---

[1] Für Montagewände aus Gipskartonplatten auf Metallunterkonstruktion gilt DIN 18 183.

4 Maße

4.1 Unterkonstruktion aus Holz

Die erforderlichen Mindestquerschnitte für die Holzstiele bzw. -rippen von Trennwänden gehen in Abhängigkeit vom Einbaubereich und von der Wandhöhe aus Tabelle 1 hervor. Sie gelten für einen Achsabstand der Holzstiele von $a = 625$ mm; Öffnungen bleiben dabei unberücksichtigt. Bei kleineren Achsabständen dürfen die Querschnittsbreiten b proportional zum Achsabstand der Holzstiele a verringert werden. Sie gelten ferner nur, solange nicht auf Grund der gewählten Verbindungsmittel zwischen Holz und Bekleidung oder Beplankung größere Maße erforderlich werden.

Die angegebenen Querschnittswerte gelten für Trennwände zwischen Räumen mit annähernd gleichen klimatischen Verhältnissen (siehe Abschnitt 1).

Die in Tabelle 1 aufgeführten Querschnittsbreiten b dürfen unterschritten werden, wenn die Querschnittshöhe h zugleich derart vergrößert wird, daß das Widerstandsmoment des neuen Querschnitts mindestens gleich dem des Mindestquerschnitts ist.

Tabelle 1 **Erforderliche Mindestquerschnitte b/h für Holzstiele oder -rippen bei einem Achsabstand $a = 625$ mm in Abhängigkeit von Einbaubereich, Wandhöhe und Wandkonstruktion**

	Einbaubereich nach DIN 4103 Teil 1					
	1			2		
Wandhöhe H	2 600	3 100	4 100	2 600	3 100	4 100
Wandkonstruktion	Mindestquerschnitte b/h					
Beliebige Bekleidung[1])	60/60		60/80	60/80		
Beidseitige Beplankung aus Holzwerkstoffen[2]) oder Gipsbauplatten[3]), mechanisch verbunden[4])	40/40	40/60	40/80	40/60	40/60	40/80
Beidseitige Beplankung aus Holzwerkstoffen, geleimt[5])	30/40	30/60	30/80	30/40	30/60	30/80
Einseitige Beplankung aus Holzwerkstoffen[5]) oder Gipsbauplatten, mechanisch verbunden	40/60	60/60		60/60		

1) Z. B. Bretterschalung.
2) Genormte Holzwerkstoffe und mineralisch gebundene Flachpreßplatten.
3) Siehe Abschnitt 4.4.3.
4) Siehe Abschnitt 4.4.
5) Wände mit einseitiger, aufgeleimter Beplankung aus Holzwerkstoffplatten können wegen der zu erwartenden, klimatisch bedingten Formänderungen (Aufwölben der Wände) allgemein nicht empfohlen werden.

Beispiel: Der Querschnitt 60 mm × 60 mm nach Tabelle 1 kann durch den Querschnitt 40 mm × 80 mm ersetzt werden, da für 40 mm × 80 mm $W = 4 \cdot 8^2/6 = 42{,}7 \text{ cm}^3 > W = 6 \cdot 6^2/6 = 36 \text{ cm}^3$ für 60 mm × 60 mm ist.

Liegt die tatsächliche Wandhöhe zwischen den in Tabelle 1 vorgegebenen Werten, dann dürfen die erforderlichen Querschnitte durch lineare Interpolation ermittelt werden.

Die Maße der waagerechten Hölzer am Kopf- und Fußpunkt der Wände sind konstruktiv zu wählen.

4.2 Unterkonstruktion aus Spanplatten

Anstelle von Holz dürfen auch Spanplatten nach DIN 68 763 für die Unterkonstruktion verwendet werden, wenn eine beidseitige Beplankung aus mindestens 13 mm dicken Spanplatten nach DIN 68 763 durch Verleimung aufgebracht wird. Unter Beplankungsstößen sind jedoch Holzrippen anzuordnen. Das gilt nicht für Elementstöße (siehe auch Bild 2).

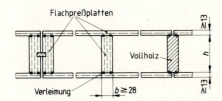

Bild 2. Trennwände mit Unterkonstruktion aus Spanplatten nach DIN 68 763

Die Mindestbreite b der Spanplatten-Rippen beträgt 28 mm. Als Rippenhöhe h sind für die Einbaubereiche 1 und 2 in Abhängigkeit von der Wandhöhe H die Mindestwerte nach Tabelle 2 einzuhalten, die konstruktiv gewählt sind.

Tabelle 2 **Mindesthöhe von Spanplatten-Rippen**

H	h min.
2 600	60
3 100	80
4 100	100

4.3 Bekleidungen und Beplankungen

Die erforderlichen Mindestdicken der Bekleidungen oder Beplankungen von Trennwänden sind für 2 Unterstützungsabstände in Tabelle 3 aufgeführt.

Zwischen den Werten für die beiden Unterstützungsabstände a darf linear interpoliert werden.

Tabelle 3 **Mindestdicken d von Bekleidungen oder Beplankungen in Abhängigkeit vom Unterstützungsabstand**

	d min.	
Unterstützungsabstand a	1250/2	1250/3
Holzwerkstoffe, organisch oder mineralisch gebunden ohne zusätzliche Bekleidung mit zusätzlicher Bekleidung[1])	13[3]) 10	10 8
Bretterschalung	≈ 12	≈ 12
Gipsbauplatten[2])	12,5	12,5

[1]) Z. B. mit Bretterschalung, Gipsbauplatten
[2]) Siehe Abschnitt 4.4.3.
[3]) Für mineralisch gebundene Platten Mindestdicke 12 mm

4.4 Verbindung der Bekleidungen oder Beplankungen mit der Unterkonstruktion

4.4.1 Holzwerkstoffplatten

Erfolgt die Verbindung mit Hilfe von mechanischen Verbindungsmitteln, z. B. Nägeln, Klammern, Schrauben, dann darf der Abstand der Verbindungsmittel untereinander 80 d_v nicht überschreiten, jedoch nicht größer sein als 200 mm; dabei ist d_v der Durchmesser des Verbindungsmittels. Die übrigen Festlegungen nach DIN 1052 Teil 1 sind einzuhalten.

Werden die Beplankungen aufgeleimt, dann ist DIN 1052 Teil 1 zu beachten.

4.4.2 Bretterschalungen

Die Befestigung mit mechanischen Verbindungsmitteln darf beliebig sein, sollte jedoch den üblichen Handwerksregeln entsprechen.

4.4.3 Gipsbauplatten

Gipsbauplatten im Sinne dieser Norm sind Gipskartonplatten nach DIN 18 180 und Gipsfaserplatten.

Die Befestigung ist auf der Grundlage von DIN 18 181 mit mechanischen Verbindungsmitteln durchzuführen.

4.5 Verbindung der lotrechten mit den waagerechten Hölzern

Eine Verbindung dieser Hölzer untereinander ist nicht erforderlich, wenn eine ein- oder beidseitige Beplankung aus plattenförmigen Werkstoffen vorliegt. Im anderen Fall, z. B. bei Bretterschalungen, ist die Verbindung konstruktiv zu wählen, z. B. über 2 Stichnägel je Verbindungsstelle oder über gleichwertige Maßnahmen.

5 Anschluß der Trennwände an angrenzende Bauteile

5.1 Allgemeines

Der Anschluß der Trennwände an angrenzende Bauteile kann als fester Anschluß oder als gleitender Anschluß ausgebildet werden (siehe Bild 3). Der gleitende Anschluß ist z. B. für den Anschluß Trennwand an die obere Decke vorzusehen, wenn mit einer größeren Durchbiegung der Decke zu rechnen ist..

Bild 3. Anschluß von Trennwänden an angrenzende Bauteile

a) fester Anschluß   b) gleitender Anschluß

5.2 Ausbildung

5.2.1 R e g e l f a l l (siehe Bild 4)

Die Trennwände sind am Kopf- und Fußpunkt mindestens mit einer Holzschraube von 6 mm Durchmesser je Meter Wandlänge oder über Verbindungsmittel mit gleicher Tragfähigkeit an die angrenzenden Bauteile anzuschließen. Für den seitlichen Anschluß an angrenzende Wände sind konstruktiv je Seite mindestens 2 Holzschrauben von 6 mm Durchmesser oder statisch gleichwertige Verbindungsmittel zu wählen.

5.2.2 S o n d e r f a l l (siehe Bild 5)

Bei Trennwänden mit beidseitiger Beplankung aus genormten Holzwerkstoffen oder Gipsbauplatten bis zu einer Länge von $L = 5\,000$ mm genügt eine Befestigung an angrenzenden Holzbauteilen mit mindestens 2 Holzschrauben von 12 mm Durchmesser je Seite, wenn die Trennwände am Fußpunkt aufsitzen.

DIN 4103 Teil 4

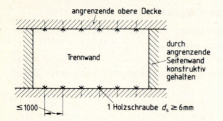
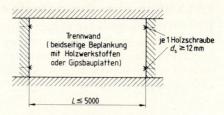

Bild 4. Anschlußmöglichkeiten für Trennwände an angrenzende Bauteile (Regelfall)

Bild 5. Anschlußmöglichkeiten für Trennwände an angrenzende Bauteile (Sonderfall)

6 Anbringen von leichten Konsollasten

Die Trennwände sind für die Aufnahme leichter Konsollasten nach DIN 4103 Teil 1 ohne weiteren Nachweis geeignet. Der Anschluß der Konsollasten kann bei plattenförmigen Beplankungen nach Abschnitt 3 an jeder Stelle mit geeigneten Anschlußmitteln erfolgen; bei Bretterschalungen ist er im Bereich der Stiele vorzunehmen, wenn nicht andere konstruktive Maßnahmen getroffen werden (z. B. waagerechte Zwischenhölzer, ausreichend dicke Bretter mit tragfähiger Befestigung).

Nichttragende innere Trennwände aus künstlichen Steinen und Wandbauplatten*)

2 Begriffe

Nichttragende innere Trennwände sind Raumtrennwände, die keine statischen Aufgaben für die Gesamtkonstruktion, insbesondere der Gebäudeaussteifung, zu erfüllen haben; d. h., sie können entfernt werden, ohne daß die Standsicherheit des Gebäudes beeinträchtigt wird. Die Standsicherheit der Trennwände selbst ist durch die Verbindung mit den an sie grenzenden Bauteilen gegeben.

Grenzabmessungen für vierseitig[1]) gehaltene Wände ohne Auflast[2]) bei Verwendung von Ziegeln oder Leichtbetonsteinen[3])

d cm	max. Wandlänge in m (Tabellenwert) im Einbaubereich I (oberer Wert) im Einbaubereich II (unterer Wert)				
	bei einer Wandhöhe in m				
	2,5	3,0	3,5	4,0	4,5
5,0	3,0 1,5	3,5 2,0	4,0 2,5	– –	– –
6,0	4,0 2,5	4,5 3,0	5,0 3,5	5,5 –	– –
7,0	5,0 3,0	5,5 3,5	6,0 4,0	6,5 4,5	7,0 5,0
9,0	6,0 3,5	6,5 4,0	7,0 4,5	7,5 5,0	8,0 5,5
10,0	7,0 5,0	7,5 5,5	8,0 6,0	8,5 6,5	9,0 7,0
11,5	10,0 6,0	10,0 6,5	10,0 7,0	10,0 7,5	10,0 8,0
12,0	12,0 6,0	12,0 6,5	12,0 7,0	12,0 7,5	12,0 8,0
17,5	keine Längenbegrenzung				
	12,0	12,0	12,0	12,0	12,0
Fußnoten [1]), [2]), [3]) siehe Seite 862					

---

*) Auszug aus einem Merkblatt der Deutschen Gesellschaft für Mauerwerksbau, Schloßallee 10, 53179 Bonn, Tel. 02 28/22 16 97. Das Merkblatt kann dort kostenlos angefordert werden.

Nichttragende Trennwände

4 Anforderungen

Nach DIN 4103 Teil 1 müssen nichttragende innere Trennwände und ihre Anschlüsse an angrenzende Bauteile statischen (vorwiegend ruhenden) und stoßartigen Belastungen widerstehen.

Es wird zwischen zwei Einbaubereichen unterschieden:

Einbaubereich I:
Bereiche mit geringer Menschenansammlung, wie sie z. B. in Wohnungen, Hotel-, Büro- und Krankenräumen und ähnlich genutzten Räumen einschließlich der Flure vorausgesetzt werden müssen.

Einbaubereich II:
Bereiche mit großer Menschenansammlung, wie sie z. B. in größeren Versammlungsräumen, Schulräumen, Hörsälen, Ausstellungs- und Verkaufsräumen und ähnlich genutzten Räumen vorausgesetzt werden müssen.

Grenzabmessungen für vierseitig[1]) gehaltene Wände mit Auflast[2]) bei Verwendung von Ziegeln oder Leichtbetonsteinen[4])

d cm	max. Wandlänge in m (Tabellenwert) im Einbaubereich I (oberer Wert) im Einbaubereich II (unterer Wert) bei einer Wandhöhe in m				
	2,5	3,0	3,5	4,0	4,5
5,0	5,5 2,5	6,0 3,0	6,5 3,5	– –	– –
6,0	6,0 4,0	6,5 4,5	7,0 5,0	– –	– –
7,0	8,0 5,5	8,5 6,0	9,0 6,5	9,5 7,0	– 7,5
9,0	12,0 7,0	12,0 7,5	12,0 8,0	12,0 8,5	12,0 9,0
10,0	12,0 8,0	12,0 8,5	12,0 9,0	12,0 9,5	12,0 10,0
11,5	keine Längenbegrenzung				
		12,0	12,0	12,0	12,0
12,0	keine Längenbegrenzung				
				12,0	12,0
17,5	keine Längenbegrenzung				

Fußnoten [1]), [2]), [3]) siehe Seite 862

Nichttragende Trennwände

Hierzu zählen auch stets Trennwände zwischen Räumen mit einem Höhenunterschied der Fußböden $\geq 1,00$ m.

6.1 Wand

Der Nachweis auf Aufnahme der horizontalen Streifenlast nach DIN 4103 Teil 1 kann rechnerisch oder durch Versuche erfolgen. Da ein rechnerischer Nachweis dem wirklichen Tragverhalten der nichttragenden inneren Trennwände nicht gerecht wird, werden in /1/*) im Rahmen eines Forschungsvorhabens Grenzabmessungen entwickelt, die zur Feststellung der Biegegrenztragfestigkeit auf den nach DIN 4103 Teil 1 geforderten Versuchen mit horizontaler Beanspruchung beruhen. In Abhängigkeit von Einbaubereich, Wanddicke und Wandhöhe werden in den aus /1/*) entnommenen Tabellen 2 bis 4 für die verschiedenen Steinarten und Halterungsbedingungen Grenzabmessungen angegeben (vgl. Merkblatt „Nichttragende innere Trennwände aus künstlichen Steinen und Wandplatten", Deutsche Gesellschaft für Mauerwerksbau, Bonn).

Grenzabmessungen für dreiseitig gehaltene Wände (der obere Rand ist frei) ohne Auflast[2]) bei Verwendung von Ziegeln oder Leichtbetonsteinen[5])

d cm	max. Wandlänge in m (Tabellenwert) im Einbaubereich I (oberer Wert) im Einbaubereich II (unterer Wert) bei einer Wandhöhe in m						
	2,0	2,25	2,50	3,0	3,50	4,0	4,5
5,0	3,0 1,5	3,5 2,0	4,0 2,5	5,0 –	6,0 –	– –	– –
6,0	5,0 2,5	5,5 2,5	6,0 3,0	7,0 3,5	8,0 4,0	9,0 –	– –
7,0	7,0 3,5	7,5 3,5	8,0 4,0	9,0 4,5	10,0 5,0	10,0 6,0	10,0 7,0
9,0	8,0 4,0	8,5 4,0	9,0 5,0	10,0 6,0	10,0 7,0	12,0 8,0	12,0 9,0
10,0	10,0 5,0	10,0 5,0	10,0 6,0	12,0 7,0	12,0 8,0	12,0 9,0	12,0 10,0
11,5	8,0 6,0	9,0 6,0	10,0 7,0	10,0 8,0	12,0 9,0	12,0 10,0	12,0 10,0
12,0	8,0 6,0	9,0 6,0	10,0 7,0	12,0 8,0	12,0 9,0	12,0 10,0	12,0 10,0
17,5	keine Längenbegrenzung						
	8,0	9,0	10,0	12,0	12,0	12,0	12,0

Fußnoten [2]), [5]) siehe Seite 862

*) *Kirtschig/Anstötz*: Zur Tragfähigkeit von nichttragenden inneren Trennwänden in Massivbauweise, Mauerwerk-Kalender 1986, S. 697 ff.

Nichttragende Trennwände

Fußnoten zu den Tabellen auf den Seiten 859 bis 861
1) Bei dreiseitiger Halterung (ein freier, vertikaler Rand) sind die max. Wandlängen zu halbieren.
2) „Ohne Auflast" bedeutet, daß der obere Anschluß so ausgeführt wird, daß durch die Verformung der angrenzenden Bauteile keine Auflast entsteht. „Mit Auflast": Durch Verformung der angrenzenden Bauteile entsteht geringe Auflast (starrer Anschluß).
3) Bei Verwendung von Gasbeton-Blocksteinen und Kalksandsteinen mit Normalmörtel sind die max. Wandlängen zu halbieren. Dies gilt nicht bei Verwendung von Dünnbettmörteln oder Mörteln der Gruppe III. Bei Verwendung der Mörtelgruppe III sind die Steine vorzunässen.
4) Bei Verwendung von Gasbeton-Blocksteinen und Kalksandsteinen mit Normalmörtel und Wanddicken < 10 cm sind die max. Wandlängen zu halbieren. Dies gilt auch für 10 cm dicke Wände der genannten Steinarten und Normalmörtel im Einbaubereich II. Die Einschränkungen sind nicht erforderlich bei Verwendung von Dünnbettmörteln oder Mörteln der Gruppe III. Bei Verwendung der Mörtelgruppe III sind die Steine vorzunässen.
5) Bei Verwendung von Steinen aus Gasbeton und Kalksandsteinen mit Normalmörtel sind die max. Wandlängen wie folgt zu reduzieren:
   a) bei 5, 6 und 7 cm dicken Wänden auf 40 %
   b) bei 9 und 10 cm dicken Wänden auf 50 %
   c) bei 11,5 und 12 cm dicken Wänden im Einbaubereich II auf 50 % (keine Abminderung im Einbaubereich I)
Die Reduzierung der Wandlängen ist nicht erforderlich bei Verwendung von Dünnbettmörteln oder Mörteln der Gruppe III. Bei Verwendung der Mörtelgruppe III sind die Steine vorzunässen.

Stichwortverzeichnis

	Seite
Abdichtung von Bauwerken (s. Bauwerksabdichtungen)	512
Altenwohnstätten Planungsempfehlungen des Bundesministers für Raumordnung, Städtebau und Wohnungswesen	139
Altenwohnungen Planungsempfehlungen zum Bau und zum Umbau von Wohnungen	147
Außenlärm Bauliche Maßnahmen zum Schutz gegen −	495
Außenschalen von Mauerwerk	729
Bad Küche − WC, DIN 18 022	159
Barrierefreie Wohnungen, DIN 18 025 Teil 1 und 2	165
Baugesetzbuch	102
Bauholz, Gütebedingungen, DIN 4074	765
Baunutzungskosten von Hochbauten, DIN 18 960 Teil 1	41
Baunutzungsverordnung	114
Bauwerksabdichtungen, DIN 18 195 Teil 2−10	512
Berechnungsverordnung (II. BV)	51
Beton; Beton und Stahlbeton, DIN 1045	791
Mauersteine aus −, DIN 18 153	593
Blitzschutzanlage, DIN 57 185 Teil 1 und 2	339, 377
Bodenklinkerplatten, DIN 18 158	715
Brandverhalten von Baustoffen und Bauteilen, DIN 4102 Teil 1−18	381
Dachrinnen Regenfalleitungen außerhalb von Gebäuden und −, DIN 18 460	333
Denkmalschutz	129
Dränung zum Schutz baulicher Anlagen, DIN 4095	540
Elektrische Anlagen in Wohngebäuden, DIN 18 015 Teil 1, 2 und 3	251
Elektrizitätszähler; Nischen für Zählerplätze, DIN 18 013	249
Elektroinstallationen, Schaltzeichen, DIN 40 900	270
Entwässerungsanlagen für Gebäude und Grundstücke; technische Bestimmungen für den Bau, DIN 1986 Teil 1	193
Estriche, DIN 18 560 Teil 1, 2, 3 und 4	737
Faserdämmstoffe; Trittschalldämmung, DIN 18 165 Teil 2	662
Wärmedämmung, DIN 18 165 Teil 1	659
Feuchteschutz, klimabedingter, DIN 4108 Teil 3	434
Freiflächen zum Spielen, DIN 18 034	183
Gasbeton-Bauplatten, DIN 4166	574
Gasbeton-Blocksteine und Plansteine, DIN 4165	573
Gesetz über die Umweltverträglichkeitsprüfung UVPG	126
Gesetz zur Erleichterung des Wohnungsbaus	102
Gesetz zur Erleichterung von Investitionen und der Ausweisung und Bereitstellung von Wohnbauland	100

	Seite
Gesetzliche Vorschriften für den Wohnungsbau	45, 440
Gipskartonplatten, DIN 18 180	665
Gipskartonplatten, Verarbeitung, DIN 18 181	670
Gipskarton-Verbundplatten, DIN 18 184	678
Glasbausteine, DIN 18 175	608
Grundflächen und Rauminhalte von Hochbauten, DIN 277 Teil 1	39
Hausanschlußräume Bautechnische Richtlinien, DIN 18 012	244
Hausschornsteine Anforderungen, Planung und Ausführung, DIN 18 160 Teil 1	301
Baustoffe und Bauteile, DIN 18 147 Teil 2 bis 4	579
Hochfeste Ziegel, DIN 105 Teil 3	560
Hochlochziegel, DIN 105 Teil 1	545
Hohlblocksteine aus Leichtbeton, DIN 18 151	583
Hohlwandplatten aus Leichtbeton, DIN 18 148	582
Holz; Bauholz, DIN 4074	765
Holzbauwerke, DIN 1052 Teil 1	808
Holzwolle-Leichtbauplatten, DIN 1101	609
Verarbeitung, DIN 1102	616
Hüttensteine, DIN 398	570
Innenraumbeleuchtung mit Tageslicht, DIN 5034	155
Investitionserleichterungs- und Wohnbaulandgesetz	100
Kalksandsteine Vollsteine, Lochsteine usw., DIN 106 Teil 1	565
Vormauersteine und Verblender, DIN 106 Teil 2	567
Keramikklinker; Mauerziegel, DIN 105 Teil 4	562

	Seite
Keramische Spaltplatten, EN 121, EN 186, EN 187, EN 188	680
Kleinkläranlagen, DIN 4261	232
Klinker; Mauerziegel, DIN 105 Teil 3	560
Klinkerplatten, DIN 18 158	715
Kosten im Hochbau, DIN 276	12
Küchen, Bäder, WCs im Wohnungsbau, DIN 18 022	159
Kunstharzputz, DIN 18 558	733
Leichtbauplatten; Holzwolle, DIN 1101	609
Verarbeitung, DIN 1102	616
Leichtbeton Hohlblocksteine, DIN 18 151	583
Hohlwandplatten, DIN 18 148	582
Vollsteine und Vollblöcke, DIN 18 152	591
Wandbauplatten, DIN 18 162	607
Leichthochlochziegel, DIN 105 Teil 2	553
Leichtlanglochziegel, DIN 105 Teil 5	563
Linoleum, DIN 18 171	716
Linoleum-Verbundbelag, DIN 18 173	717
Lochsteine; Kalksandsteine, DIN 106 Teil 1	565
Lüftung von Bädern und Toilettenräumen ohne Außenfenster, DIN 18 017 Teil 1 und 3	285
Maßnahmengesetz zum Baugesetzbuch	102
Maßordnung im Hochbau, DIN 4172	1
Maßtoleranzen im Bauwesen, nach DIN 18 201, 18 202 und 18 203 Teil 1–3	6
Mauersteine aus Beton, DIN 18 153	593
Mauerwerk Rezeptmauerwerk, DIN 1053 Teil 1	820

	Seite
Bewehrtes Mauerwerk, DIN 1053 Teil 3	833
Mauerziegel	
Hochfeste Ziegel und Klinker, DIN 105 Teil 3	553
Keramikklinker, DIN 105 Teil 4	562
Leichthochlochziegel, DIN 105 Teil 2	553
Leichtlanglochziegel und Ziegelplatten, DIN 105 Teil 5	563
Vollziegel, Hochlochziegel, DIN 105 Teil 1	545
Modulordnung im Bauwesen, DIN 18 000	3
Nichttragende innere Trennwände aus künstlichen Steinen und Wandbauplatten	859
aus Gips-Wandbauplatten, DIN 4103 Teil 2	848
Unterkonstruktion in Holzbauart, DIN 4103 Teil 4	852
Nischen für Zählerplätze Elektrizitätszähler, DIN 18 013	249
Parkett	
Fertigparkettelemente, DIN 280 Teil 5	712
Mosaikparkettlamellen, DIN 280 Teil 2	709
Parkettstäbe und Tafeln, DIN 280 Teil 1	705
Putz	
Ausführung, DIN 18 550 Teil 2	723
Begriffe und Anforderungen, DIN 18 550 Teil 1	718
Kunstharzputz, DIN 18 558	733
Wärmedämmputzsysteme, DIN 18 550 Teil 3	726
Rauminhalte und Grundflächen von Hochbauten, DIN 277 Teil 1	39
Regenfalleitungen außerhalb von Gebäuden und Dachrinnen; Begriffe, Bemessungsgrundlagen, DIN 18 460	333
Rollstuhlbenutzer, DIN 18 025 Teil 1	165
Schallschutz im Hochbau, DIN 4109 mit Beiblatt 1 und 2	457
Schallschutz im Städtebau Orientierungswerte, DIN 18 005, Bbl	125
Schaltzeichen für Elektroinstallationen, DIN 40 900	270
Schaumkunststoffe	
Trittschalldämmung, DIN 18 164 Teil 2	653
Wärmedämmung, DIN 18 164 Teil 1	644
Spanplatten	
Flachpreßplatten, DIN 68 763	783
Sperrholz	
Bau-Furniersperrholz, DIN 68 705 Teil 3	779
Vorzugsmaße, DIN 4078	777
Spielplätze für Wohnanlagen Flächen und Ausstattungen für Spiele im Freien; Planungsgrundlagen, DIN 18 034	183
Stahlbeton, DIN 1045	791
Tageslicht in Innenräumen, DIN 5034	155
Toleranzen siehe Maßtoleranzen	6
Trennwände aus Gips-Wandbauplatten, DIN 4103 Teil 2	848
Nichttragende innere Trennwände aus künstlichen Steinen und Wandbauplatten	859
Unterkonstruktion in Holzbauart, DIN 4103 Teil 4	852
Trinkwasser-Installationen Technische Regeln für − (TRWI), DIN 1988	243

	Seite
Umweltverträglichkeitsprüfung UVPG Gesetz über die –	126
Unterkonstruktionen in Holzbauart, DIN 4103 Teil 4	852
Verblender Kalksandsteine, DIN 106 Teil 2	567
Verordnung über wohnwirtschaftliche Berechnungen, II. BV	51
Vollsteine aus Kalksandstein, DIN 106 Teil 1	565
Vollsteine aus Leichtbeton, DIN 18 152	591
Vollziegel, Mauerziegel, DIN 105 Teil 1	545
Vormauersteine, Kalksandstein, DIN 106 Teil 2	567
Wärmeschutz im Hochbau, DIN 4108 Teil 1–5	414
Wärmeschutzverordnung	440

	Seite
Wände aus Leichtbeton, DIN 4232	843
Wandbauplatten aus Leichtbeton, DIN 18 162	607
WCs Küchen, Bäder, –, DIN 18 022	159
Wohnflächenberechnung, II. BV	51
Wohnungen, barrierefreie	165
Wohnungen für ältere Menschen und Menschen mit Behinderungen Planungsempfehlungen für Bau und Umbau	147
Wohnungen für Rollstuhlbenutzer	165
Wohnungsbau-Erleichterungsgesetz WoBauErlG	102
Wohnungsbaugesetz, Zweites	51
Zählerplätze Nischen für –, DIN 18 013	249
Ziegelplatten, DIN 105 Teil 5	563

Normenverzeichnis
(nach DIN-Nummern)

DIN		Ausgabe	Überschrift (gekürzt)	Seite
105*			Mauerziegel	545
	Teil 1	8.89	Vollziegel und Hochlochziegel	545
	Teil 2	8.89	Leichthochlochziegel	553
	Teil 3	5.84	Hochfeste Ziegel und Klinker	560
	Teil 4	5.84	Keramikklinker	562
	Teil 5	5.84	Leichtlanglochziegel	563
106*			Kalksandsteine	565
	Teil 1	9.80	Vollsteine, Lochsteine usw.	565
	Teil 2	11.80	Vormauersteine und Verblender	567
EN 121		12.91	Keramische Platten	680
EN 186	Teil 1	12.91	Keramische Platten	684
	Teil 2	12.91	Keramische Platten	688
EN 187	Teil 1	12.91	Keramische Platten	692
	Teil 2	12.91	Keramische Platten	696
EN 188		12.91	Keramische Platten	700
276		6.93	Kosten im Hochbau	12
277*	Teil 1	6.87	Grundflächen, Rauminhalte	39
280			Parkett	705
	Teil 1	4.90	Parkettstäbe und Tafeln	705
	Teil 2	4.90	Mosaikparkettlamellen	709
	Teil 5	4.90	Fertigparkett-Elemente	712
398*		6.76	Hüttensteine	570
1045*		7.88	Beton und Stahlbeton	791
1052*	Teil 1	4.88	Holzbauwerke	808
1053*	Teil 1	2.90	Rezeptmauerwerk	820
	Teil 3	2.90	Bewehrtes Mauerwerk	833
1101		11.89	Holzwolle-Leichtbauplatten	609
1102		11.89	Holzwolle-Leichtbauplatten (Verarbeitung)	616
1986*	Teil 1	6.88	Entwässerungsanlagen	193
1988*		12.88	Trinkwasser-Installationen	243
4074*	Teil 1	9.89	Bauholz: Gütebedingungen	765
4078		3.79	Sperrholz: Vorzugsmaße	777
4095		6.90	Dränung	540
4102*			Brandverhalten	381
	Teil 1*	5.81	Baustoffe	382
	Teil 2*	9.77	Bauteile	383
	Teil 3*	9.77	Brand- und Außenwände	383
	Teil 4*	3.94	Klassifizierte Bauteile	386

* Mindestens in einem Bundesland bauaufsichtlich eingeführt.

DIN		Ausgabe	Überschrift (gekürzt)	Seite
	Teil 5*	9.77	Feuerschutzabschlüsse	383
	Teil 6*	9.77	Lüftungsleitungen	383
	Teil 7*	3.87	Bedachungen	383
	Teil 8	5.86	Kleinprüfstand (Hinweis)	381
	Teil 9	5.90	Kabelabschottungen	383
	Teil 11	12.85	Rohrummantelungen	383
	Teil 12	1.91	Kabelanlagen, Funktionserhalt (Hinweis)	381
	Teil 13	5.90	Brandschutzverglasungen	383
	Teil 14	5.90	Bodenbeläge (Hinweis)	381
	Teil 15	5.90	Brandschacht (Hinweis)	381
	Teil 16	5.90	Brandschacht (Hinweis)	381
	Teil 17	12.90	Schmelzpunkt von Dämmstoffen (Hinweis)	381
	Teil 18	3.91	Feuerschutzabschlüsse, Dauerfunktionsprüfung (Hinweis)	381
4103			Nichttragende innere Trennwände	848
	Teil 2	10.85	Trennwände aus Gips-Wandbauplatten	848
	Teil 4	11.88	Trennwände, Unterkonstruktion in Holz	852
4108*			Wärmeschutz	414
	Teil 1	8.81	Größen und Einheiten	414
	Teil 2	8.81	Anforderungen	433
	Teil 3	8.81	Feuchteschutz	434
	Teil 4	11.91	Rechenwerte	416
	Teil 5	8.81	Berechnungsverfahren	414
4109*		11.89	Schallschutz	457
	Beibl. 1	11.89	Ausführungsbeispiele	463
	Beibl. 2	11.89	Hinweise, Empfehlungen	504
4165		12.86	Gasbeton-Blocksteine	573
4166		12.86	Gasbeton-Bauplatten	574
4172		7.55	Maßordnung im Hochbau	1
4232*		9.87	Wände aus Leichtbeton	843
4261	Teil 1	2.91	Kleinkläranlagen	232
5034			Tageslicht	155
	Teil 1	2.83	Tageslicht in Innenräumen	155
	Teil 2	2.85	Tageslicht in Innenräumen	155
18 000		5.84	Modulordnung im Bauwesen	3
18 005	Beibl.	5.87	Schallschutz im Städtebau	125
18 012		6.82	Hausanschlußräume	244

* Mindestens in einem Bundesland bauaufsichtlich eingeführt.

DIN		Ausgabe	Überschrift (gekürzt)	Seite
18 013		4.81	Zählerplätze	249
18 015			Elektrische Anlagen	251
	Teil 1	3.92	Planungsgrundlagen	251
	Teil 2	11.84	Art und Umfang der Ausstattung	261
	Teil 3	7.90	Leitungsführungen und Anordnung der Betriebsmittel	266
18 017			Lüftung	285
	Teil 1	2.87	Einzelschachtanlagen	285
	Teil 3	8.90	Ventilatoren	289
18 022		11.89	Küchen, Bäder, WC	159
18 025			Barrierefreie Wohnungen	165
	Teil 1	12.92	Wohnungen für Rollstuhlbenutzer	165
	Teil 2	12.92	Planungsgrundlagen	176
18 034		10.88	Spielplätze	183
18 147			Bauteile für Hausschornsteine	576
	Teil 2	11.82	Formstücke aus Leichtbeton, Außenschale	576
	Teil 3	11.82	Formstücke aus Leichtbeton, Innenschale	579
	Teil 4	11.82	Formstücke aus Schamotte, Innenschale	581
18 148*		10.75	Hohlwandplatten aus Leichtbeton	582
18 151*		9.87	Hohlblöcke aus Leichtbeton	583
18 152*		4.87	Vollsteine aus Leichtbeton	591
18 153*		9.89	Mauersteine aus Beton	593
18 158		9.86	Bodenklinkerplatten	715
18 160*			Hausschornsteine	301
	Teil 1	2.87	Planung und Ausführung	301
18 162		8.76	Wandbauplatten aus Leichtbeton	607
18 164*			Schaumkunststoffe als Dämmstoffe	644
	Teil 1	8.92	Dämmstoffe für Wärmedämmung	644
	Teil 2	3.91	Dämmstoffe für Trittschalldämmung	653
18 165			Faserdämmstoffe	659
	Teil 1	7.91	Dämmstoffe für Wärmedämmung	659
	Teil 2	3.87	Dämmstoffe für Trittschalldämmung	662
18 171		2.78	Linoleum	716
18 173		2.78	Linoleum-Verbundbelag	717
18 175*		5.77	Glasbausteine	608

---

* Mindestens in einem Bundesland bauaufsichtlich eingeführt.

DIN		Ausgabe	Überschrift (gekürzt)	Seite
18 180		9.89	Gipskartonplatten	665
18 181		9.90	Gipskartonplatten, Verarbeitung	670
18 184		6.91	Gipskarton-Verbundplatten	678
18 195*			Bauwerksabdichtungen	512
	Teil 1	8.83	Begriffe	512
	Teil 2	8.83	Stoffe	512
	Teil 3	8.83	Verarbeitung der Stoffe	512
	Teil 4*	8.83	Bodenfeuchtigkeit	515
	Teil 5*	2.84	Nichtdrückendes Wasser	520
	Teil 6*	8.83	Drückendes Wasser von außen	524
	Teil 7	6.89	Drückendes Wasser von innen	526
	Teil 8	8.83	Bewegungsfugen	527
	Teil 9	12.86	Durchdringungen	529
	Teil 10	8.83	Schutzschichten	532
18 201		12.84	Toleranzen (Begriffe)	6
18 202		5.86	Toleranzen (Bauwerke)	7
18 203			Toleranzen (Fertigteile)	10
	Teil 1	2.85	Stahl- und Spannbeton	10
	Teil 2	5.86	Stahl	11
	Teil 3	8.84	Holz und Holzwerkstoffe	11
18 460		5.89	Regenfalleitungen	333
18 531		9.91	Dachabdichtungen	535
18 550			Putz	718
	Teil 1	1.85	Begriffe, Anforderungen	718
	Teil 2	1.85	Ausführung	723
	Teil 3	3.91	Wärmedämmputzsysteme	726
18 558		1.85	Kunstharzputze	733
18 560			Estriche im Bauwesen	737
	Teil 1	5.92	Begriffe, Anforderungen	737
	Teil 2	5.92	Estriche auf Dämmschichten	749
	Teil 3	5.92	Verbundestriche	758
	Teil 4	5.92	Estriche auf Trennschicht	761
18 960	Teil 1	4.76	Baunutzungskosten	41
40 900		3.88	Schaltzeichen, graphische Symbole	270
57 185	Teil 1	11.82	Blitzschutzanlage; Allgemeines	339
	Teil 2	11.82	Blitzschutzanlage; Besondere Anlagen	377
68 705*	Teil 3	12.81	Bau-Furniersperrholz	779
68 763*		9.90	Flachpreßplatten	783
68 771		9.73	Unterböden	785

---

* Mindestens in einem Bundesland bauaufsichtlich eingeführt.

Hinweise

Folgende Normen, die in vorherigen Auflagen der Wohnungsbau-Normen enthalten waren, sind ersatzlos zurückgezogen worden.

DIN 280	Teil 4	Parkettdielen, Parkettplatten
DIN 283	Teil 1	Wohnungen; Begriffe
	Teil 2	Wohnungen; Berechnung der Wohnflächen und Nutzflächen

Für Flächenberechnungen sind jetzt ausschließlich die II. Berechnungsverordnung §§ 42–44 und DIN 277 anzuwenden.

DIN 18 011   Stellflächen, Abstände und Bewegungsflächen im Wohnungsbau

Die nachstehenden beiden Normen sind nicht mehr abgedruckt worden, weil sie z. T. mißverständliche Begriffsdefinitionen enthalten. Im übrigen enthalten die Landesbauordnungen die bauordnungsrechtlich verbindlichen Angaben für die Planung.

DIN 18 064   Treppen; Begriffe

DIN 18 065   Gebäudetreppen; Hauptmaße

Weitere Normen aus dem Inhalt vorhergehender Auflagen, ausnahmslos selten angewandte Normen, wurden zugunsten wichtigerer Vorschriften in der vorliegenden 20. Auflage nicht abgedruckt:

DIN 18 100		Türen; Wandöffnungen für Türen
DIN 18 101		Türen; Türen für den Wohnungsbau
DIN 18 150	Teil 1	Hausschornsteine; Formstücke, Anforderungen
DIN 18 163		Wandbauplatten aus Gips
DIN 68 706	Teil 1	Sperrtüren